TECNOLOGIA ORIENTADA PARA GESTÃO

A AUTORA

Paige Baltzan

É professora do departamento de Informações Comerciais e Analítica do Daniels College of Business, da University of Denver. Possui Bacharelado (BS/BA) em Contabilidade/Sistemas de Informação pela Bowling Green State University e MBA com especialização em Sistemas de Informação pela Universidade de Denver. Paige é coautora de vários livros, incluindo *Business Driven Information Systems*, *Essentials of Business Driven Information Systems, I-Series*, e também colaboradora na obra *Management Information Systems for the Information Age*.

Antes de entrar para o corpo docente do Daniels College, em 1999, trabalhou por vários anos para uma grande empresa de telecomunicações e para uma empresa de consultoria internacional, na qual atendia clientes nos Estados Unidos, na América do Sul e na Europa. Paige mora em Lakewood, Colorado, com seu marido, Tony, e suas filhas Hannah e Sophie.

B197t   Baltzan, Paige.
           Tecnologia orientada para gestão / Paige Baltzan ; tradução: Rodrigo Dubal ; revisão técnica: Ângela Freitag Brodbeck. – 6. ed. – Porto Alegre : AMGH, 2016.
           xxii, 586 p. : il. ; 28 cm.

           ISBN 978-85-8055-548-6

           1. Administração – Sistemas de informação. I. Título.

           CDU 005.94

Catalogação na publicação: Poliana Sanchez de Araujo – CRB 10/2094

PAIGE BALTZAN

Daniels College of Business
University of Denver

TECNOLOGIA ORIENTADA PARA GESTÃO

6ª EDIÇÃO

Tradução
Rodrigo Dubal

Revisão técnica
Ângela Freitag Brodbeck
Doutora em Administração pela UFRGS
Professora Associada da UFRGS – Escola de Administração
Membro do Grupo de Pesquisa em Sistemas de Informação e Apoio à Decisão – UFRGS

AMGH Editora Ltda.

2016

Obra originalmente publicada sob o título *Business Driven Technology, 6ᵗʰ edition*
ISBN 978-0-07-337690-5 / 0-07-33-7690-6

Edição original © 2015, McGraw-Hill Global Education Holdings, LLC. Tradução para língua portuguesa © 2016, AMGH Editora Ltda., uma empresa do Grupo A Educação S.A. Todos os direitos reservados.

Gerente editorial: *Arysinha Jacques Affonso*

Colaboraram nesta edição:

Editora: *Mariana Belloli*

Leitura final: *Miriam Cristina Machado*

Capa: *Maurício Pamplona*

Editoração eletrônica: *Techbooks*

Reservados todos os direitos de publicação, em língua portuguesa, à
AMGH EDITORA LTDA., uma parceria entre GRUPO A EDUCAÇÃO S.A. e McGRAW-HILL EDUCATION
Av. Jerônimo de Ornelas, 670 – Santana
90040-340 – Porto Alegre – RS
Fone: (51) 3027-7000   Fax: (51) 3027-7070

Unidade São Paulo
Av. Embaixador Macedo Soares, 10.735 – Pavilhão 5 – Cond. Espace Center
Vila Anastácio – 05095-035 – São Paulo – SP
Fone: (11) 3665-1100   Fax: (11) 3667-1333

É proibida a duplicação ou reprodução deste volume, no todo ou em parte, sob quaisquer formas ou por quaisquer meios (eletrônico, mecânico, gravação, fotocópia, distribuição na Web e outros), sem permissão expressa da Editora.

SAC 0800 703-3444 – www.grupoa.com.br

IMPRESSO NO BRASIL
PRINTED IN BRAZIL

Em memória de Allan R. Biggs, meu pai, meu mentor e minha inspiração.

Paige

AGRADECIMENTOS

Há muitas pessoas a quem queremos agradecer de coração por seu trabalho árduo, entusiasmo e dedicação nesta edição de *Tecnologia orientada para gestão*.

Ao corpo docente do Daniels College of Business da Universidade de Denver – Richard Scudder, Don McCubbrey, Paulo Bauer, Hans Hultgren, David Paul, Dan Connolly e Ked Davisson – obrigada. Seu *feedback*, conselhos e apoio são verdadeiramente valorizados e muito apreciados.

Oferecemos nossa sincera gratidão e profundo apreço aos nossos valiosos revisores cujas opiniões foram essenciais.

Etido Akpan
Freed Hardemann University

Dennis Anderson
Bentley University

Kaan Ataman
Chapman University – Orange

Vikram Bhadauria
Southern Arkansas University

Utpal Bose
University of Houston – Downtown

Traci Carte
University of Oklahoma

Carey Cole
James Madison University

Charles DeSassure
Tarrant County College – Campus SE

Mike Eom
University of Portland

Ahmed Eshra
St. John's University – Jamaica

Deborah Geil
Bowling Green State University

Naveen Gudigantala
University of Portland

Saurabh Gupta
University of North Florida

Vernard Harrington
Radford University

Shoreh Hashimi
University of Houston – Downtown

Tracey Hughes
Southern Arkansas University

Keri Larson
The University of Alabama – Birmingham

Linda Lynam
University of Central Missouri

Michael Magro
Shenandoah University

Richard McMahon
University of Houston – Downtown

Don Miller
Avila University

Allison Morgan
Howard University

Vincent Nestler
University of California – San Bernardino

Sandra Newton
Sonoma State University

Ahmet Ozkul
University of New Haven

Susan Peterson
University of California – San Diego

Julie Pettus
Missouri State University

Gerald Plumlee
Southern Arkansas University

Pauline Ratnasingham
University of Central Missouri

Julio Rivera
University of Alabama – Birmingham

Thomas Sandman
California State University – Sacramento

Dmitriy Shalteyev
Christopher Newport University

Lakisha Simmons
Belmont University

Ron Sones
Liberty University

Nathan Stout
University of Oklahoma

Stephen Taraszewski
Youngstown State University

Sharon Testa
Merrimack College

John Wee
University of Mississippi

Chuck West
Bradley University

Melody White
University of North Texas

Benjamin Yeo
Chapman University

Zehai Zhou
University of Houston – Downtown

PREFÁCIO

Hoje, a tecnologia é um fator essencial para as empresas operarem com sucesso em ambientes competitivos. É fundamental que o profissional de administração compreenda a estreita relação entre gestão e tecnologia e o impacto direto da informação sobre as atividades e os resultados do negócio.

Tecnologia orientada para gestão vem ao encontro dessa necessidade. Mas, diferentemente de outras obras sobre Sistemas de Informação (MIS)[*], este livro discute várias iniciativas e necessidades de negócios primeiro para depois abordar como a tecnologia dá suporte a essas iniciativas. A premissa para essa abordagem em particular é que as iniciativas de negócios devem direcionar as escolhas tecnológicas – e não o contrário.

Além disso, *Tecnologia orientada para gestão* adota uma estrutura flexível. Percebemos que hoje os professores precisam ter a capacidade de abordar temas os mais diversos. Enquanto alguns preferem se concentrar em redes e infraestrutura ao longo de todo o curso, outros optam por se concentrar na ética e na segurança. Por isso, este livro permite que o professor personalize o seu curso de acordo com suas necessidades e com as necessidades de seus alunos.

O livro está dividido em 20 capítulos, organizados em 5 unidades, que tratam de conceitos e tópicos essenciais, como identificação de vantagens competitivas; medição do sucesso de iniciativas estratégicas; bancos de dados e *data warehouses*; inteligência de negócios (BI); gerenciamento da cadeia de fornecimento (SCM); gestão do relacionamento com o cliente (CRM); e planejamento de recursos empresariais (ERP). Esses capítulos são complementados por 12 plug-ins de gestão e 12 plug-ins de tecnologia (estes últimos em inglês e disponíveis online), que proporcionam uma reflexão mais aprofundada do conteúdo principal do livro. Os capítulos e os plug-ins são independentes entre si, podendo ser trabalhados em conjunto ou separadamente, quantos forem desejados e em qualquer ordem – o que for mais adequado para os objetivos do professor ou dos alunos. Assim, o professor pode:

- Abordar um, alguns ou todos os capítulos.
- Abordar um, alguns ou todos os plug-ins de gestão.
- Abordar um, alguns ou todos os plug-ins de tecnologia.

Informações detalhadas sobre a estrutura do livro, seus recursos e formato estão nas próximas páginas. Em seguida, você encontrará também informações detalhadas sobre os plug-ins de gestão e os plug-ins de tecnologia (em inglês), além de outros recursos complementares, e instruções sobre como fazer o download dos conteúdos online a partir do nosso site, **www.grupoa.com.br**.

---

[*] N. de R.T.: MIS – Management Information System, traduzido nesta obra como Sistemas de Informação.

PASSO A PASSO

Este texto está organizado em torno da sequência tradicional de temas e conceitos em tecnologia da informação. No entanto, a apresentação do material não é tradicional. O texto é dividido em quatro seções principais: (1) unidades, (2) capítulos, (3) plug-ins de gestão e (4) plug-ins de tecnologia (em inglês). Isso é bem diverso dos modelos de livros que estamos acostumados. O objetivo é proporcionar aos alunos e professores apenas os conceitos e tópicos mais essenciais no texto, permitindo que os professores personalizem o curso escolhendo temas para aprofundar entre um conjunto de plug-ins que exploram os assuntos com mais detalhes. Todos os tópicos que formam o núcleo da disciplina são contemplados, incluindo CRM, SCM, Modelo das Cinco Forças de Porter, análise da cadeia de valor, vantagem competitiva, segurança da informação e ética.

> *Tecnologia orientada para gestão inclui quatro componentes principais:*
> - 5 unidades centrais
> - 20 capítulos
> - 12 plug-ins de gestão
> - 12 plug-ins de tecnologia (em inglês)

UNIDADES

Unidade 1: Como alcançar o sucesso empresarial
- Capítulo 1: Tecnologia orientada para gestão
- Capítulo 2: Identificando vantagens competitivas
- Capítulo 3: Iniciativas estratégicas para a implementação de vantagens competitivas
- Capítulo 4: Medindo o sucesso de iniciativas estratégicas
- Capítulo 5: Estruturas organizacionais que apoiam iniciativas estratégicas

UNIDADE 2: Explorando a inteligência de negócios
- Capítulo 6: Valorização de informações organizacionais
- Capítulo 7: Armazenamento da informação organizacional – bancos de dados
- Capítulo 8: Acesso a informações organizacionais – *data warehouse*

Unidade 3: Como agilizar as operações de negócios
- Capítulo 9: Capacitação da organização – tomada de decisão
- Capítulo 10: Ampliação da organização – gerenciamento da cadeia de fornecimento
- Capítulo 11: Construção de uma organização voltada para o cliente – gestão do relacionamento com o cliente
- Capítulo 12: Integração da organização de ponta a ponta – planejamento de recursos empresariais

UNIDADE 4: Criando a inovação
- Capítulo 13: Construção de organizações inovadoras
- Capítulo 14: Negócio eletrônico
- Capítulo 15: Construção de parcerias colaborativas
- Capítulo 16: Integração de tecnologias sem fio nos negócios

Unidade 5: Transformando organizações
- Capítulo 17: Desenvolvimento de software para agilizar as operações
- Capítulo 18: Metodologias para apoiar organizações dinâmicas
- Capítulo 19: Gerenciamento de projetos organizacionais
- Capítulo 20: Desenvolvimento de uma organização do século XXI

G: PLUG-INS DE GESTÃO

- G1: Noções básicas de negócios
- G2: Processos de negócios
- G3: Noções básicas de hardware e software
- G4: Infraestruturas de TI
- G5: Redes e telecomunicações
- G6: Segurança da informação
- G7: Ética
- G8: Gestão de operações
- G9: Infraestruturas de TI sustentáveis
- G10: Inteligência de negócios
- G11: Sistemas globais de informação
- G12: Tendências globais

T: PLUG-INS DE TECNOLOGIA

- T1: Produtividade pessoal usando TI (conteúdo online)
- T2: Competências básicas usando o Excel (conteúdo online)
- T3: Solução de problemas usando o Excel (conteúdo online)
- T4: Tomada de decisões usando o Excel (conteúdo online)
- T5: Criação de aplicativos de banco de dados (conteúdo online)
- T6: Competências básicas usando o Access (conteúdo online)
- T7: Solução de problemas usando o Access (conteúdo online)
- T8: Tomada de decisões usando o Access (conteúdo online)
- T9: Criação de páginas Web (conteúdo online)
- T10: Criação de páginas Web usando HTML (conteúdo online)
- T11: Criação de páginas Web usando o Dreamweaver (conteúdo online)
- T12: Criação de gráficos de Gantt com Excel e Project (conteúdo online)

Aplique seus conhecimentos
Glossário
Notas

Créditos das fotos
Índice

Formato, recursos e destaques

Tecnologia orientada para gestão, 6ª edição, está na vanguarda de suas discussões, apresenta conceitos em um formato fácil de entender e permite que os alunos participem ativamente da aprendizagem. A natureza dinâmica da tecnologia da informação exige que todos os estudantes, mais especificamente estudantes de administração, estejam a par das tecnologias atuais e emergentes. Os estudantes se deparam com temas complexos e precisam de uma explicação clara e concisa para que possam compreender e utilizar os conceitos ao longo de suas carreiras. Ao envolvê-los na análise de numerosos estudos de caso, exercícios, projetos e questões que reforçam conceitos, este livro cria uma experiência única de aprendizagem para professores e alunos.

- **Esquema lógico.** Alunos e professores vão encontrar um texto bem organizado, com tópicos que fluem de maneira lógica de uma unidade para outra e de um capítulo para o outro. A definição de cada termo é fornecida antes que ele seja abordado no capítulo e, no final do livro, há um extenso glossário para consulta. Cada unidade apresenta uma introdução, um estudo de caso da unidade, objetivos de aprendizagem, resumo da unidade, casos de encerramento, termos-chave e algumas questões na seção "Tomando decisões de negócios". Os plug-ins seguem os mesmos elementos pedagógicos, com exceção que os plug-ins de tecnologia (em inglês) não incluem os casos.
- **Explicações detalhadas.** Cada tópico introduzido é tratado em detalhes. As explicações são escritas de modo que os alunos possam compreender as ideias apresentadas e relacioná-las com outros conceitos apresentados nas unidades centrais e nos plug-ins.
- **Base teórica sólida.** O livro baseia-se na teoria e prática de sistemas de informação atuais e em sua relação com o ambiente de negócios. As revistas e os sites acadêmicos e profissionais em que o texto se baseia podem ser encontrados nas "Referências" no final do livro, servindo de roteiro para leituras adicionais relevantes que podem auxiliar na aprendizagem que vai além do âmbito da unidade, do capítulo ou do plug-in.
- **Material para incentivar a discussão.** Todas as unidades contêm uma variada seleção de estudos de caso e de atividades de resolução de problemas individuais e em grupo relacionada com o uso da tecnologia da informação nos negócios. Dois casos detalhados no final de cada unidade refletem os conceitos dos capítulos. Esses casos incentivam os alunos a pensar sobre os conceitos apresentados e, depois, aplicar esses conceitos a uma situação que podem encontrar em uma organização. Diferentes pessoas em uma organização podem ver os mesmos fatos a partir de diferentes pontos de vista, e os casos irão incentivar os alunos a considerar alguns desses pontos de vista.
- **Flexibilidade em ensino e aprendizagem.** Enquanto a maioria dos livros didáticos que são "apenas texto" deixam os professores por conta própria quando se trata de escolher os casos, este livro vai muito mais longe. Várias opções são fornecidas para os professores com seleções de caso de diversas fontes, incluindo **CIO**, **Harvard Business Journal**, **Wired**, **Forbes** e **Time**, para citar apenas alguns. Portanto, os professores podem usar apenas o texto, o texto acompanhado de uma seleção completa de casos, ou qualquer mescla intermediária.
- **Temas integradores.** Vários temas são analisados ao longo do texto, o que aumenta a integração com o material. Entre esses temas, estão técnicas e metodologias de valor agregado, ética e responsabilidade social, globalização e obtenção de vantagem competitiva. Tais temas são essenciais para um entendimento completo sobre as estratégias que uma empresa deve reconhecer, formular e implementar. Além de abordar esses tópicos nos capítulos principais, muitas ilustrações são fornecidas por sua relevância para a prática de negócios. Essas ilustrações incluem breves exemplos no texto, bem como mais detalhes apresentados nos plug-ins correspondentes (de negócios e/ou de tecnologia).

x Passo a passo

Objetivos de aprendizagem e introdução

Introdução. Posicionada antes do caso de cada unidade, a introdução apresenta o tom geral dos capítulos. Conceitos temáticos também são amplamente definidos.

Objetivos de aprendizagem. Concentram-se no que os alunos devem aprender para responder às questões após a conclusão do capítulo ou do plug-in.

Introdução

A tomada de decisão e a resolução de problemas no mundo digital atual englobam soluções em larga escala que são oportunamente orientadas e estrategicamente focadas. A abordagem de "livro de receitas" tradicional da tomada de decisão não funciona mais. Os recursos de tomada de decisão e de resolução de problemas agora são os traços mais procurados nos futuros executivos. Para dizer o mínimo, os tomadores de decisão e solucionadores de problemas têm um potencial de carreira ilimitado.

O *comércio eletrônico* é a realização de negócios na Internet, não apenas de compra e venda, mas também de atendimento ao cliente e de colaboração com os parceiros de negócios. (A Unidade 4 examina o comércio eletrônico em detalhes.) Com o rápido crescimento da tecnologia da informação e o uso vertiginoso da Internet, o comércio eletrônico está rapidamente se tornando o padrão. Esta unidade concentra-se na tecnologia para ajudar a tomar decisões, a resolver problemas e a encontrar novas oportunidades inovadoras. A unidade também destaca como juntar as pessoas com os melhores processos de TI e as melhores ferramentas em soluções completas e flexíveis que podem aproveitar as oportunidades de negócios (ver Figura Unidade 3.1). Os capítulos da Unidade 3 são os seguintes:

- **Capítulo 9** – Capacitação da organização – tomada de decisão
- **Capítulo 10** – Ampliação da organização – gerenciamento da cadeia de fornecimento
- **Capítulo 11** – Construção de uma organização voltada para o cliente – gestão do relacionamento com o cliente
- **Capítulo 12** – Integração da organização de ponta a ponta – planejamento de recursos empresariais

OBJETIVOS DE APRENDIZAGEM

9.1 Explicar a importância da tomada de decisão para os gestores em cada um dos três principais níveis da organização, além das características de decisão associadas.

9.2 Classificar os diferentes sistemas de apoio operacional, sistemas de apoio à gestão e sistemas de apoio estratégicos, e explicar como os gestores podem utilizar esses sistemas para tomar decisões e obter vantagens competitivas.

9.3 Descrever a inteligência artificial e identificar seus cinco tipos principais.

Caso da unidade e questões sobre o caso da unidade

CASO DA UNIDADE 1

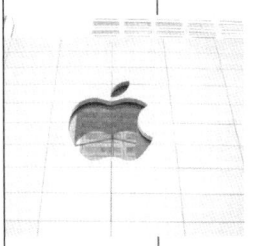

Apple – combinando tecnologia, negócios e entretenimento

Pode ser difícil de acreditar, mas há pouco mais de uma década a Apple estava à beira da falência. A Apple Inc., ressurgindo depois de quase ser esquecida para sempre, está abrindo caminho no mundo digital com a inovação e a criatividade que faltaram à empresa nos últimos vinte anos. A característica única das vantagens competitivas da Apple é que isso se deve aos clientes e usuários, e não aos funcionários da empresa. Isso mesmo: a empresa aceita de bom grado produtos criados pelos clientes para vender aos clientes, uma tendência nova para as empresas.

Capitalizando com o iPod

Com milhões de iPods nas mãos dos consumidores, muitas pessoas encontraram maneiras de capitalizar com esse produto. John Lin criou o protótipo de um controle remoto para o iPod e levou o invento para o Macworld, onde foi um sucesso. Poucos meses depois, a companhia de Lin recebeu a aprovação da Apple e um compromisso de exposição para vendas nas lojas de varejo da empresa. "Essa é a forma como a Apple apoia a economia de iPod", explicou Lin.

Caso da unidade. Para aumentar o interesse dos alunos, as unidades começam com um estudo de caso que destaca uma organização reconhecida e de valor comprovado no mundo dos negócios. Esse recurso serve para reforçar conceitos com exemplos relevantes de empresas de destaque. A discussão do caso está integrada ao longo dos capítulos de cada unidade.

QUESTÕES SOBRE O CASO DA UNIDADE

1. Explique como a Apple alcançou o sucesso nos negócios utilizando informação, tecnologia da informação e pessoas.
2. Descreva os tipos de informação que os funcionários de uma loja da Apple exigem e compare-os com os tipos de informação de que os executivos da empresa necessitam. Há alguma ligação entre esses dois tipos de informação?

Questões sobre o caso da unidade. Posicionadas no final de cada capítulo, questões pertinentes relacionam o caso da unidade com conceitos importantes do capítulo.

Projetos e estudos de caso

> **Estudos de caso.** Estudos de casos ilustram como empresas de destaque implementaram com sucesso muitos dos conceitos abordados no texto. Todos os casos promovem o pensamento crítico. Perfis de empresas são especialmente atraentes e relevantes para os alunos, ajudando a estimular o interesse e as discussões em sala de aula.

APLIQUE SEUS CONHECIMENTOS

Visão geral dos projetos de aplicação AYK (Apply Your Knowledge).

Número do projeto	Nome do projeto	Tipo de projeto	Plug-in	Área de foco	Nível do projeto	Conjunto de competências	Número da página
1	Destino financeiro	Excel	T2	Orçamento pessoal	Introdutório	Fórmulas	520
2	Fluxo de caixa	Excel	T2	Fluxo de caixa	Introdutório	Fórmulas	520
3	Orçamento de tecnologia	Excel	T1, T2	Hardware e software	Introdutório	Fórmulas	520
4	Rastreamento de doações	Excel	T2	Relacionamento com funcionários	Introdutório	Fórmulas	520
5	Conversão de moeda	Excel	T2	Comércio global	Introdutório	Fórmulas	521
6	Comparação de custos	Excel	T2	Custo total de propriedade	Introdutório	Fórmulas	521
7	Gerenciamento do tempo	Excel ou Project	T12	Gerenciamento de projetos	Introdutório	Gráficos de Gantt	522
8	Maximização do lucro	Excel	T2, T4	Análise estratégica	Intermediário	Fórmulas ou Solver	522
9	Análise de segurança	Excel	T3	Filtragem de dados	Intermediário	Formatação condicional, filtro automático, subtotal	523
10	Coleta de dados	Excel	T3	Análise de dados	Intermediário	Formatação condicional	524

CASO DO CAPÍTULO 1: O Mundo é Plano – Thomas Friedman

Em seu livro *O Mundo é Plano*, Thomas Friedman descreve o processo em cascata não planejado de mudanças tecnológicas e sociais que de fato conseguiu igualar o mundo econômico e "acidentalmente tornou Pequim, Bangalore e Bethesda vizinhos de porta". Há boas chances de que Bhavya, em Bangalore, leia o seu próximo raio X, ou como Friedman aprendeu em primeira mão, a "Vovó Betty com seu roupão de banho" faça uma reserva de avião na JetBlue da sua casa em Salt Lake City.

Friedman acredita que essa é a Globalização 3.0. "Na Globalização 1.0, que começou por volta de 1492, o mundo passou de tamanho grande para médio. Na Globalização 2.0, a era que nos apresentou as empresas multinacionais, ele passou de médio para pequeno. E por volta do ano 2.000, veio a Globalização 3.0, em que o mundo deixou de ser pequeno para tornar-se minúsculo. Há uma diferença entre fazer chamadas telefônicas de longa distância mais baratas pela Internet e passear por Riad com um PDA em que você pode ter tudo que o Google oferece no seu bolso. É uma diferença de grau tão grande que se torna uma diferença de gênero", afirma Friedman. A Figura 1.10 exibe a lista de "niveladores" de Friedman.

Friedman diz que esses niveladores convergiram em torno do ano 2000 e "criaram um mundo plano: uma plataforma global com acesso à Internet para várias formas de partilha de conhecimentos e de trabalho, independentemente do tempo, distância, localização e, cada vez mais, do idioma". No exato momento em que essa plataforma surgiu, três grandes economias materializavam-se: a da Índia, China e a da antiga União Soviética", e 3 bilhões de pessoas que estavam fora do jogo começaram a participar do espetáculo". A convergência final pode determinar o destino dos Estados Unidos neste capítulo da globalização. A "tempestade política perfeita", como Friedman a descreve – a queda das economias *dot-com*, os ataques de 11 de setembro e o escândalo da Enron – "confundiu-nos completamente como país." No exato momento em que precisamos encarar o fato da globalização e a necessidade de competir em um mundo novo, "estamos procurando em um lugar completamente diferente".

FIGURA 1.10
As 10 forças de Thomas Friedman que tornaram o mundo plano.

1. Queda do Muro de Berlim	Os acontecimentos de 9 de novembro de 1989 mudaram o equilíbrio do poder mundial para democracias e mercados livres.
2. A oferta pública inicial de ações da Netscape	Em 9 de agosto de 1995, a oferta desencadeou um investimento maciço em cabos de fibra óptica.
3. Software de fluxo de trabalho	O aumento das aplicações que vão do PayPal a VPNs permitiu uma coordenação mais rápida e mais estreita entre funcionários distantes.
4. Código aberto	Comunidades com auto-organização, como a do Linux, deram início a uma revolução colaborativa.
5. Terceirização	A migração de funções de negócios para a Índia poupou dinheiro e salvou a economia do Terceiro Mundo.
6. Offshoring	Contratos de produção fizeram a China obter destaque econômico.
7. Cadeia de fornecimento	Redes robustas de fornecedores, varejistas e clientes aumentaram a eficiência do negócio.
8. Insourcing	Gigantes da logística tomaram o controle das cadeias de fornecimento dos clientes, ajudando lojinhas de bairro a se tornarem globais.
9. Informação	Poderosos mecanismos de busca permitiram que qualquer um pudesse usar a Internet como uma "cadeia de fornecimento pessoal de conhecimento".
10. Sem fio	As tecnologias sem fio aumentaram a colaboração, tornando-a móvel e pessoal.

> **Aplique seus conhecimentos.** No final do livro, há um conjunto de 33 projetos destinados a reforçar as iniciativas de negócios abordadas. Esses projetos ajudam a desenvolver as habilidades de aplicação e resolução de problemas por meio de cenários de negócios desafiadores e criativos.

Tomando decisões de negócios

> **Tomando decisões de negócios.** Pequenos projetos orientados por cenários ajudam os alunos a se concentrar na tomada de decisões, à medida que relacionam os tópicos dos capítulos e dos plug-ins.

TOMANDO DECISÕES DE NEGÓCIOS

1. **Melhoria da qualidade da informação**

   A HangUps Corporation projeta e distribui estruturas para organização de armários. A empresa opera cinco sistemas diferentes: entrada de pedidos, vendas, gestão de estoque, expedição e faturamento. Ela tem problemas graves de qualidade das informações, incluindo informação em falta, imprecisa, redundante e incompleta. A empresa quer implementar um *data warehouse* contendo informações dos cinco sistemas diferentes para ajudar a manter uma visão única do cliente, conduzir as decisões de negócios e realizar a análise multidimensional. Identifique como a organização pode melhorar a sua qualidade de informação quando começar a projetar e construir seu *data warehouse*.

2. **Atualidade da informação**

   A atualidade das informações é uma consideração importante para todas as organizações. As organizações precisam decidir a frequência de backups e a frequência das atualizações de um *data warehouse*. Em grupo, descreva os requisitos de periodicidade para backups e atualizações de um *data warehouse* para:

   - Sistemas de monitoramento das condições meteorológicas.
   - Estoques de concessionárias de carros.
   - Previsões de vendas de pneus de veículos.
   - Taxas de juros.
   - Estoques de restaurante.
   - Estoques de mercearia.

3. **Entidades e atributos**

   A Martex Inc. é uma fabricante de equipamentos esportivos e suas linhas principais de atuação incluem equipamentos de corrida, tênis, golfe, natação, basquete e aeróbica. A Martex abastece atualmente quatro fornecedores principais, Sam's Sports, Total Effort, The Underline e Maximum Workout. A empresa quer desenvolver um banco de dados para organizar seus produtos. Em grupo, identifique os diferentes tipos de classes de entidade e os atributos relacionados que a Martex gostaria de considerar ao projetar seu banco de dados.

Elementos de fim de unidade

CASO 2 DE ENCERRAMENTO DA UNIDADE

Zillow

Zillow.com é um site imobiliário que auxilia pr...
locatários, agentes imobiliários, profissionais d...
de propriedades a encontrar e compartilhar in...

TOMANDO DECISÕES DE NEGÓCIOS

1. **Melhoria da qualidade da informação**

   A HangUps Corporation projeta e distribui estruturas para organização de armários. A empresa opera cinco sistemas diferentes: entrada de pedidos, vendas, gestão de estoque, expedição e faturamento. Ela tem problemas graves de qualidade das informações, incluindo informação em falta, imprecisa, redundante e incompleta. A empresa quer implementar um *data warehouse* contendo informações dos cinco sistemas diferentes para ajudar a manter uma visão única do cliente, conduzir as decisões de negócios e realizar a análise multidimensional. Identifique como a organização pode melhorar a sua qualidade de informação quando começar a projetar e construir se...

2. **Atualidade da informação**

   A atualidade das informações é uma cons...
   As organizações precisam decidir a frequ...
   de um *data warehouse*. Em grupo, descre...
   atualizações de um *data warehouse* para:

TERMOS-CHAVE

Atributos 95	Governança de dados 90
Banco de dados 93	Granularidade da informação 85
Catálogo dinâmico 99	
Chave estrangeira 95	Inconsistência da informação 87
Chave primária 95	
Criador de conteúdo 99	Infográficos (gráfico de informações) 111
Cubo 107	
Dashboards de inteligência de negócios 112	Informação em tempo real 87
	Informação estática 99
Data marts 105	Informações analíticas 86
Data warehouse 106	Informações dinâmicas 99
Dicionário de dados 94	Informações transacionais 85
Editor de conteúdo 99	Informar 113
Elemento de dados (ou campo	Integração 101

Cada unidade contém apoio pedagógico completo na forma de:
- **Resumo da unidade.** Revisão dos principais pontos da unidade em formato de resumo.
- **Termos-chave.** Com números de páginas para indicar onde são discutidos no texto.
- **Dois estudos de caso para encerrar.** Reforçam importantes conceitos com exemplos selecionados de negócios e organizações de destaque. Questões para discussão seguem cada estudo de caso.
- **Pensamento crítico de negócios.** Pequenos projetos orientados por cenários que ajudam os alunos a se concentrar individualmente na tomada de decisões, à medida que relacionam com os tópicos dos capítulos.
- **Aplique seus conhecimentos.** Projetos aprofundados que ajudam os alunos a se concentrar na aplicação das habilidades e dos conceitos que aprenderam em toda a unidade.
- **Projetos de aplicação da seção "Aplique seus conhecimentos".** Destaca os diferentes projetos de aplicação de conhecimentos disponíveis no final do livro que tomam os conceitos de Sistemas de Informação e desafiam os alunos a aplicá-los usando o Excel, o Access e outras ferramentas.
- **Desafio empresarial.** Esta seção oferece um empolgante caso de gestão que dá aos estudantes a tarefa de aplicar os conceitos de Sistemas de Informação em sua própria empresa *start-up*.

Sobre os plug-ins e outros materiais de apoio

Os plug-ins são módulos de texto que incluem resultados de aprendizagem dos alunos, estudos de caso, vinhetas de negócios e material de fim de capítulo, como termos-chave, questões e projetos individuais e em grupo, além de exercícios de estudo de caso. Eles proporcionam uma reflexão mais aprofundada do conteúdo principal, apresentado neste livro, e foram projetados para que o professor possa personalizar suas aulas e abordar temas selecionados de forma mais detalhada.

Por exemplo, os alunos vão aprender sobre várias facetas da gestão do relacionamento com o cliente (CRM), sobretudo no Capítulo 11; no entanto, a gestão do relacionamento com o cliente tem seu próprio plug-in de gestão, o qual fornece a professores e alunos a capacidade de abordar o CRM com mais detalhes, se assim desejarem. Da mesma forma, os alunos receberão uma introdução à tomada de decisão na Unidade 3. Os plug-ins de tecnologia baseados em Excel permitem aprender sobre o uso de ferramentas de tomada de decisão, como tabelas dinâmicas (Pivot Table) e gerenciamento de cenários.

Para fazer download dos plug-ins de tecnologia (em inglês), bem como de outros materiais de apoio (em inglês), como planilhas e apresentações em PowerPoint®, siga estes passos:

- Acesse o nosso site, **www.grupoa.com.br**.
- Cadastre-se gratuitamente.
- Encontre a página do livro por meio do campo de busca.
- Clique no link Conteúdo Online para fazer o download do material.

Professores encontrarão material complementar exclusivo (em inglês) no site do Grupo A, como apresentações em PowerPoint®, testes, exercícios e estudos de caso. Para fazer download desse material, siga estes passos:

- Acesse o nosso site, **www.grupoa.com.br**.
- Cadastre-se gratuitamente como professor.
- Encontre a página do livro por meio do campo de busca.
- Clique no link Material para o Professor para fazer download do material.

O site da edição em inglês deste livro oferece uma ampla gama de recursos para estudantes e professores – alguns de acesso livre, outros de acesso restrito. Caso tenha interesse em explorar esses recursos, acesse **www.mhhe.com/bdt6e**. Como toda fonte baseada na Web, esse endereço eletrônico e o conteúdo lá disponível estão sujeitos a serem retirados da Web a qualquer momento. A gestão desse conteúdo é feita exclusivamente pela autora e pela editora original, logo, o Grupo A não se responsabiliza pela disponibilização do conteúdo caso o site do livro deixe de existir.

PLUG-IN
G1 Noções básicas de negócios

Foco em gestão. Com foco nos plug-ins de gestão, seu curso terá uma abordagem gerencial aos Sistemas de Informação.

OBJETIVOS DE APRENDIZAGEM

1. Definir as três formas comuns de empresas.
2. Listar e descrever os sete departamentos comumente encontrados na maioria das organizações.

OA 1 Definir as três formas comuns de negócios.

Introdução

Um outdoor junto a uma estrada no Colorado afirma: "Falhar em planejar é planejar para falhar". A Playnix Toys colocou esse outdoor depois de completar 20 anos de sucesso no segmento de brinquedos no Colorado. A missão da empresa é fornecer opções diferenciadas de brinquedos de alta qualidade para crianças de todas as idades. Quando começou, ela despertou o interesse por utilizar estratégias de marketing e promoções singulares. O mercado de brinquedos é altamente competitivo. As grandes cadeias de lojas como Wal-

Foco na tecnologia. Se as habilidades técnicas e práticas são as mais importantes, inclua os plug-ins de tecnologia em seu curso de Sistemas de Informação.

PLUG-IN
T7 Problem Solving Using Access 2013

LEARNING OUTCOMES

1. Describe the process of using the Query Wizard using Access.
2. Describe the process of using the Design view for creating a query using Access.
3. Describe the process of adding a calculated field to a query using Access.
4. Describe the process of using aggregate functions to calculate totals in queries using Access.
5. Describe how to format results displayed in calculated fields using Access.

Introduction

A *query* is a tool for extracting, combining, and displaying data from one or more tables, according to criteria you specify. For example, in a book inventory database, you could create a query to view a list of all hardcover books with more than 500 pages that you purchased in the past five months. In a query, you can sort information, summarize data (display totals, averages, counts, and so on), display the results of calculations on data, and choose exactly which fields are shown. You can view the results of a query in a tabular format, or you can view the query's data through a form or on a report (which is covered in Plug-In T8, "Decision Making Using Access 2013"). In this plug-in, you will learn how to use the Query Wizard

SUMÁRIO

UNIDADE 1
Como alcançar o sucesso empresarial 2

Introdução 3
Apple – combinando tecnologia, negócios e entretenimento 4

CAPÍTULO 1: TECNOLOGIA ORIENTADA PARA GESTÃO 7
Competindo na era da informação 7
  Dados 8
  Informação 9
  Inteligência de negócios 10
  Conhecimento 11
O desafio: empresas departamentais 12
A solução: sistemas de informação para gestão 13
  Caso do Capítulo 1: O Mundo é Plano – Thomas Friedman 16

CAPÍTULO 2: IDENTIFICANDO VANTAGENS COMPETITIVAS 18
Identificando vantagens competitivas 18
Modelo das Cinco Forças: avaliação da atratividade da indústria 20
  Poder de compra 20
  Poder do fornecedor 21
  Ameaça de produtos ou serviços substitutos 21
  Ameaça de novos participantes 22
  Rivalidade entre os concorrentes existentes 22
  Análise do setor aéreo 22
As três estratégias genéricas – escolha de um foco de negócios 23
Análise da cadeia de valor – execução de estratégias de negócios 25
  Caso do Capítulo 2: Entrevista da BusinessWeek *com Michael Porter* 27

CAPÍTULO 3: INICIATIVAS ESTRATÉGICAS PARA A IMPLEMENTAÇÃO DE VANTAGENS COMPETITIVAS 29
Reengenharia de processos de negócios 29
Gerenciamento da cadeia de fornecimento 33
Gestão do relacionamento com o cliente (CRM) 35
Planejamento de recursos empresariais 38
  Caso do Capítulo 3: Tem leite? É bom para você – a menos que esteja contaminado! 40

CAPÍTULO 4: MEDINDO O SUCESSO DE INICIATIVAS ESTRATÉGICAS 43
Métricas: a medição do sucesso 43
  Métricas de eficiência e eficácia 44
  Inter-relações entre as métricas de eficiência e eficácia do SIGE 46
Métricas para iniciativas estratégicas 46
  Métricas do site 47
  Métricas do gerenciamento da cadeia de fornecimento (SCM) 47
  Métricas da gestão do relacionamento com o cliente (CRM) 48
  Métricas da reengenharia de processos de negócios (bpr) e do planejamento de recursos empresariais (ERP) 48
  Caso do Capítulo 4: Manipulação de dados para encontrar a sua versão da verdade 51

CAPÍTULO 5: ESTRUTURAS ORGANIZACIONAIS QUE APOIAM INICIATIVAS ESTRATÉGICAS 52
Estruturas 52
Funções e responsabilidades da TI 52
A lacuna entre o pessoal de negócios e o de TI 54
  Melhoria da comunicação 55
Princípios básicos das organizações – ética e segurança 55
Ética 55
Segurança: quanto o tempo ocioso custará ao seu negócio? 56
  Proteção dos ativos intelectuais 58
  Caso do Capítulo 5: Dilemas executivos na era da informação 60
Resumo da unidade 62
Termos-chave 62
  Caso 1 de encerramento da unidade: O melhor do melhor do melhor – com menos de 25 anos 63
  Caso 2 de encerramento da unidade: Business 2.0: decisões de negócios erradas 65
Tomando decisões de negócios 67
Aplique seus conhecimentos 70
Projetos de aplicação AYK 78
Desafio empresarial 78

UNIDADE 2
Explorando a inteligência de negócios 80

Introdução 81
Comunicando as informações 82

CAPÍTULO 6: VALORIZAÇÃO DE INFORMAÇÕES ORGANIZACIONAIS 85
As vantagens de uma informação de alta qualidade para os negócios 85
  Tipos de informação: transacional e analítica 85
  Atualidade da informação 87
  Qualidade da informação 87
  Governança da informação 90
  Caso do Capítulo 6: Microtargeting *político – O que os analistas de dados fizeram por Obama* 90

CAPÍTULO 7: ARMAZENAMENTO DA INFORMAÇÃO ORGANIZACIONAL – BANCOS DE DADOS 93
Armazenamento de informações usando um sistema de gerenciamento de banco de dados relacional 93
  Armazenamento de elementos de dados em entidades e atributos 94

Criação de relacionamentos com chaves 95
Exemplo de banco de dados relacional da Coca-cola 95
Uso do banco de dados relacional para obter vantagens de negócios 95
Maior flexibilidade 97
Maior escalabilidade e desempenho 97
Menos redundância de informações 98
Maior integridade da informação (qualidade) 98
Maior segurança da informação 98
Sites baseados em dados 99
Integração de informações entre múltiplos bancos de dados 101
Caso do Capítulo 7: O guardião das chaves *103*

CAPÍTULO 8: ACESSO A INFORMAÇÕES ORGANIZACIONAIS – *DATA WAREHOUSE* 105
Acesso a informações organizacionais 105
Histórico do armazenamento de dados 105
Princípios do *data warehouse* 106
Análise multidimensional e mineração de dados 107
Limpeza ou depuração de informações 108
Apoiando decisões com a inteligência de negócios 111
O problema: rico em dados, pobre em informação 111
A solução: inteligência de negócios 112
Inteligência de negócios visual 113
Caso do Capítulo 8: Mineração no data warehouse *113*
Resumo da unidade 115
Termos-chave 115
Caso 1 de encerramento da unidade: Visualização de dados: histórias da era da informação *116*
Caso 2 de encerramento da unidade: Zillow *117*
Tomando decisões de negócios 119
Aplique seus conhecimentos 121
Projetos de aplicação AYK 126
Desafio empresarial 127

UNIDADE 3
Como agilizar as operações de negócios 128

Introdução 129
Ação, afinal – Actionly 130

CAPÍTULO 9: CAPACITAÇÃO DA ORGANIZAÇÃO – TOMADA DE DECISÃO 133
Tomando decisões de negócios 133
O processo de tomada de decisão 133
Fundamentos da tomada de decisão 133
Apoio: melhorar a tomada de decisão com sistemas de informação 137
Sistemas de apoio operacional 137
Sistemas de apoio gerencial 139
Sistemas de apoio estratégico 140
O futuro: inteligência artificial 143
Sistemas especialistas 144
Redes neurais 144
Algoritmos genéticos 145
Agentes inteligentes 145
Realidade virtual 146
Caso do Capítulo 9: O Grande Desafio da DARPA (Agência de Projetos de Pesquisa Avançada de Defesa – Defense Advanced Research Projects Agency) *147*

CAPÍTULO 10: AMPLIAÇÃO DA ORGANIZAÇÃO – GERENCIAMENTO DA CADEIA DE FORNECIMENTO 148
O papel da TI na cadeia de fornecimento 148
Visibilidade 148
Comportamento do consumidor 149
Concorrência 150
Velocidade 151
Fatores de sucesso do gerenciamento da cadeia de fornecimento 151
RFID (identificação por radiofrequência) e a cadeia de fornecimento 152
Integração de RFID e software 154
Caso do Capítulo 10: RFID – O rastreamento do futuro da cadeia de fornecimento *155*

CAPÍTULO 11: CONSTRUÇÃO DE UMA ORGANIZAÇÃO VOLTADA PARA O CLIENTE – GESTÃO DO RELACIONAMENTO COM O CLIENTE 157
Gestão do relacionamento com o cliente (CRM) 157
O lado feio do CRM – clientes irritados 159
Tendências atuais: SRM, PRM e ERM 160
Gestão de relacionamento com o fornecedor 162
Gestão de relacionamento com o parceiro 162
Gestão de relacionamento com o empregado 162
Caso do Capítulo 11: Você consegue encontrar os seus clientes? 164

CAPÍTULO 12: INTEGRAÇÃO DA ORGANIZAÇÃO DE PONTA A PONTA – PLANEJAMENTO DE RECURSOS EMPRESARIAIS 166
Planejamento de recursos empresariais (ERP) 166
Unindo a organização 167
A evolução do ERP 168
Integração de SCM, CRM e ERP 169
Ferramentas de integração 169
Componentes centrais e estendidos do ERP 171
Componentes centrais do ERP 171
Componentes estendidos do ERP 173
ERP custa caro 174
Caso do Capítulo 12: A Shell Canada acelera a produtividade com o ERP *175*
Resumo da unidade 177
Termos-chave 177
Caso 1 de encerramento da unidade: A fidelidade do cliente pode ser uma coisa ruim? *178*
Caso 2 de encerramento da unidade: Acelerando as vendas da Harley-Davidson *179*
Tomando decisões de negócios 182
Aplique seus conhecimentos 183
Desafio empresarial 188
Projetos de aplicação AYK 189

UNIDADE 4
Criando a inovação 190

Introdução 191
Pinterest – painéis na Internet 192

CAPÍTULO 13: CONSTRUÇÃO DE ORGANIZAÇÕES INOVADORAS 196
Tecnologias diruptivas e Web 1.0 196
  Tecnologia diruptiva *versus* tecnologia sustentada 196
  Internet e World Wide Web – os maiores revolucionários dos negócios 198
  WEB 1.0: o catalisador do negócio eletrônico 198
As vantagens do negócio eletrônico 199
  Maior alcance global 199
  Abertura de novos mercados 200
  Redução de custos 202
  Melhoria das operações 202
  Melhoria da eficácia 202
Caso do Capítulo 13: Falha na inovação 204

CAPÍTULO 14: NEGÓCIO ELETRÔNICO 206
Modelos do negócio eletrônico 206
  Empresa-empresa (B2B) 206
  Empresa-consumidor (B2C) 207
  Consumidor-empresa (C2B) 207
  Consumidor-consumidor (C2C) 207
  Formatos de negócio eletrônico e estratégias para geração de receitas 208
Ferramentas de negócio eletrônico para conexão e comunicação 209
  Email 209
  Mensagens instantâneas 210
  Podcasting 210
  Videoconferência 211
  Webconferência 211
  Sistemas de gerenciamento de conteúdo 211
Desafios do negócio eletrônico 212
  Identificação de segmentos de mercado limitados 212
  Gerenciamento da confiança do consumidor 212
  Garantia da defesa do consumidor 212
  Adesão às regras de tributação 212
Caso do Capítulo 14: eBiz 213

CAPÍTULO 15: CONSTRUÇÃO DE PARCERIAS COLABORATIVAS 215
Web 2.0: Vantagens do Business 2.0 215
  Compartilhamento de conteúdo por meio do código aberto 215
  Conteúdo gerado por usuários 216
  Colaboração dentro da organização 216
  Colaboração fora da organização 217
Conectando as comunidades com o Business 2.0 218
  Tagging (marcação) social 219
Ferramentas do Business 2.0 para colaboração 220
  Blogs 220
  Wikis 221
  Mashups 221

Desafios do Business 2.0 222
  Dependência da tecnologia 222
  Vandalismo das informações 222
  Violações de direitos autorais e plágio 222
Web 3.0: Definindo a próxima geração de oportunidades de negócios online 223
  Governo eletrônico: o governo se torna online 223
  M-business: apoio a empresas em qualquer lugar 224
Caso do Capítulo 15: Redes sociais e Ashton Kutcher 225

CAPÍTULO 16: INTEGRAÇÃO DE TECNOLOGIAS SEM FIO NOS NEGÓCIOS 227
Categorias de rede sem fio 227
  Redes de área pessoal 227
  LANs sem fio 228
  WMANs 229
  WWAN – sistema de comunicação celular 230
  WWAN – sistema de comunicação por satélite 231
Aplicações de negócios das redes sem fio 232
  Identificação por radiofrequência (RFID) 233
  Sistema de posicionamento global (GPS) 234
  Sistemas de informação geográfica (GIS) 235
Vantagens da mobilidade nos negócios 237
  Aumenta a mobilidade 237
  Fornece acesso imediato aos dados 238
  Aumenta a capacidade de localização e monitoramento 238
  Melhora o fluxo de trabalho 238
  Fornece oportunidades de negócios móveis 239
  Fornece alternativa para a fiação 239
Desafios da mobilidade nos negócios 240
  Proteção contra roubo 240
  Proteção de conexões sem fio 240
  Prevenção de vírus em dispositivos móveis 241
  Questões de privacidade com RFID e LBS 241
Caso do Capítulo 16: Eletricidade sem fio 243
Resumo da unidade 245
Termos-chave 245
Caso 1 de encerramento da unidade: BBC usa a Web 3.0 para novo site de música 246
Caso 2 de encerramento da unidade: Redes sociais 247
Tomando decisões de negócios 250
Aplique seus conhecimentos 254
Desafio empresarial 260
Projetos de aplicação AYK 261

UNIDADE 5
Transformando organizações 262

Introdução 263
Compartilhar – ou não compartilhar 264

CAPÍTULO 17: DESENVOLVIMENTO DE SOFTWARE PARA AGILIZAR AS OPERAÇÕES 268
O ciclo de vida do desenvolvimento de sistemas 268
  Fase 1: planejamento 270
  Fase 2: análise 270
  Fase 3: design 271

Fase 4: desenvolvimento 272
Fase 5: testes 272
Fase 6: implementação 274
Fase 7: manutenção 275
Problemas de software e problemas de negócios 275
Requisitos de negócios incertos ou ausentes 276
Pular fases do SDLC 277
Incapacidade de gerenciar o escopo do projeto 277
Incapacidade de gerenciar o plano do projeto 277
Mudança de tecnologia 277
Caso do Capítulo 17: Redução da ambiguidade em requisitos de negócios 278

CAPÍTULO 18: METODOLOGIAS PARA APOIAR ORGANIZAÇÕES DINÂMICAS 280
Metodologia de desenvolvimento de software 280
Metodologia de desenvolvimento rápido de aplicação 282
Metodologia de programação extrema 282
Metodologia de processo unificado racional 283
Metodologia SCRUM 283
Caso do Capítulo 18: O pontapé inicial do seu projeto 284

CAPÍTULO 19: GERENCIAMENTO DE PROJETOS ORGANIZACIONAIS 287
Usar o gerenciamento de projetos para fornecer projetos bem-sucedidos 287
Saldo da restrição tripla 288
Diagramas principais do planejamento de projeto 290
Projetos de terceirização 291
Vantagens da terceirização 293
Desafios da terceirização 294
Caso do Capítulo 19: Death March 295

CAPÍTULO 20: DESENVOLVIMENTO DE UMA ORGANIZAÇÃO DO SÉCULO XXI 296
Desenvolvimento das organizações 296
Maior foco na infraestrutura de TI 297
Maior foco na segurança 297
Maior foco no negócio eletrônico 298
Maior foco na integração 299
Caso do Capítulo 20: Desastres no Aeroporto Internacional de Denver 300
Resumo da unidade 302
Termos-chave 302
Caso 1 de encerramento da unidade: Twitter 303
Caso 2 de encerramento da unidade: As mulheres na tecnologia 305
Tomando decisões de negócios 307
Aplique seus conhecimentos 308
Desafio empresarial 311
Projetos de aplicação AYK 313

G: Plug-ins de gestão 314

T: Plug-ins de tecnologia 318

G1: Noções básicas de negócios 322
Introdução 322
Tipos de empresa 322
Empresa individual 323
Sociedade 323
Companhia aberta (corporação) 323
Operações internas de uma corporação 325
Contabilidade 325
Demonstrações financeiras 325
Finanças 327
Análise financeira 327
Recursos humanos 328
Técnicas de gerenciamento 328
Vendas 329
O processo de vendas 329
Participação de mercado 329
Marketing 331
Composto de marketing 332
Segmentação do cliente 333
Ciclo de vida do produto 333
Operações/produção 333
A transformação de corporações 333
Sistemas de informação para gestão 335
Resumo do plug-in 336
Termos-chave 336
Caso de encerramento 1: Batalha dos brinquedos – a FAO Schwarz está de volta! 337
Caso de encerramento 2: Gestores de negócios inovadores 338
Tomando decisões de negócios 340

G2: Processos de negócios 342
Introdução 342
Avaliação dos processos de negócios 342
Entendendo a importância dos processos de negócios 343
Melhoria dos processos de negócios 345
Reengenharia de processos de negócios (BPR) 346
Projeto de processos de negócios 347
Gerenciamento do processo de negócios (BPM) 349
O BPM é uma questão de negócios ou de tecnologia da informação? 351
Ferramentas de BPM 351
Riscos e recompensas do BPM 352
Fatores críticos de sucesso 352
Exemplos de modelagem do processo de negócios 352
Resumo do plug-in 357
Termos-chave 357
Caso de encerramento 1: Racionalização dos processos na Adidas 357
Caso de encerramento 2: A 3Com otimiza processos de promoção de produtos 358
Tomando decisões de negócios 360

G3: Noções básicas de hardware e software 362
Introdução 362
Noções básicas de hardware 362
Unidade central de processamento 363
Armazenamento primário 364
Armazenamento secundário 366

Dispositivos de entrada 367
Dispositivos de saída 369
Dispositivos de comunicação 370
Tipos de computador 370
Noções básicas de software 372
Software de sistema 372
Software de aplicação 373
Distribuindo software de aplicação 374
Resumo do plug-in 375
Termos-chave 375
Caso de encerramento 1: Mudando os circuitos na Circuit City 375
Caso de encerramento 2: Pontos de ruptura de eletrônicos 377
Tomando decisões de negócios 379

G4: Infraestruturas de TI 380

As vantagens comerciais de uma infraestrutura de TI sólida 380
Apoio às operações: infraestrutura de TI de informação 382
Plano de backup e recuperação 382
Plano de recuperação de desastres 383
Plano de continuidade de negócios 385
Apoio à mudança: infraestrutura de TI ágil 386
Acessibilidade 388
Disponibilidade 388
Facilidade de manutenção 388
Portabilidade 389
Confiabilidade 389
Escalabilidade 389
Usabilidade 390
Resumo do plug-in 391
Termos-chave 391
Caso de encerramento 1: Sucesso na consolidação do servidor do Chicago Tribune 391
Caso de encerramento 2: Tema o pinguim 392
Tomando decisões de negócios 394

G5: Redes e telecomunicações 396

Introdução 396
Noções básicas de rede 396
Arquitetura 397
Redes ponto a ponto 397
Redes cliente/servidor 399
Topologia 399
Protocolos 399
Ethernet 400
Transmission control protocol/internet protocol 401
Meios 403
Meios com fio 403
Meios sem fio 404
Resumo do plug-in 405
Termos-chave 405
Caso de encerramento 1: Cuidado onde pisa – Prada 405
Caso de encerramento 2: Bancos dependem da segurança de rede 406
Tomando decisões de negócios 408

G6: Segurança da informação 410

Ameaças à segurança causadas por hackers e vírus 410
A primeira linha de defesa – pessoas 412
A segunda linha de defesa – tecnologia 413
Pessoas: autenticação e autorização 413
Dados: prevenção e resistência 415
Ataque: detecção e resposta 417
Resumo do plug-in 418
Termos-chave 418
Caso de encerramento 1: Pensando como o inimigo 418
Caso de encerramento 2: Caçadores de hackers 419
Tomando decisões de negócios 420

G7: Ética 422

Ética da informação 422
Informações não têm ética, as pessoas têm 424
Desenvolvimento de políticas de gerenciamento da informação 425
Política de uso ético de computadores 426
Política de privacidade da informação 427
Política de uso aceitável 427
Política de privacidade de email 428
Política de mídia social 429
Política de monitoramento do local de trabalho 429
Resumo do plug-in 431
Termos-chave 431
Caso de encerramento 1: Sarbanes-Oxley: Onde tecnologia da informação, finanças e ética se encontram 432
Caso de encerramento 2: Invadindo sua privacidade 433
Tomando decisões de negócios 434

G8: Gestão de operações 436

Introdução 436
Fundamentos da gestão de operações 437
Papel da TI no GO 439
Sistemas estratégicos de negócios da GO 440
Estratégia competitiva da GO 441
Custo 442
Qualidade 442
Entrega 443
Flexibilidade 443
Serviço 443
GO e a cadeia de fornecimento 444
Resumo do plug-in 445
Termos-chave 445
Caso de encerramento 1: Como a Levi's colocou seus jeans no Walmart 445
Caso de encerramento 2: O hospital digital 448
Tomando decisões de negócios 450

G9: Infraestruturas de TI sustentáveis 452

A TI e o meio ambiente 452
Aumento do lixo eletrônico 453
Aumento do consumo de energia 453
Aumento das emissões de carbono 453

Apoiar o meio ambiente: infraestruturas de TI sustentáveis 454
   Computação em grade 454
   Computação virtualizada 456
   Computação em nuvem 460
   Arquitetura orientada a serviços 462
Resumo do plug-in 467
Termos-chave 467
Caso de encerramento 1: UPS investe US$ 1 bilhão para se tornar ecológica 467
Caso de encerramento 2: Transformando o lixo eletrônico em ouro 469
Tomando decisões de negócios 470

G10: Inteligência de negócios 472

BI Operacional, Tática e Estratégica 472
   Valor operacional da BI 473
Mineração de dados 474
   Análise de agrupamento 475
   Detecção de associação 476
   Análise estatística 477
Benefícios de negócio da BI 478
   Categorias de benefícios da BI 479
Resumo do plug-in 481
Termos-chave 481
Caso de encerramento 1: Negócios inteligentes: isso não é um oximoro? 481
Caso de encerramento 2: O cérebro por trás do "Big, Bad Burger" e outras histórias de inteligência de negócios 484
Tomando decisões de negócios 486

G11: Sistemas globais de informação 488

Introdução 488
Globalização 488
   Desafios culturais de negócios 489
   Desafios políticos de negócios 490
   Desafios geoeconômicos globais de negócios 490
Estratégias de negócios de TI global 490
   Governança e conformidade 491
Arquiteturas corporativas globais 493
Problemas globais de informação 494
   Privacidade de informações 494
   Europa 495
   Estados unidos 496
   Canadá 496
Desenvolvimento de sistemas globais 497
Resumo do plug-in 498
Termos-chave 498
Caso de encerramento 1: O automóvel Nano de US$ 2.500 da Tata 498
Caso de encerramento 2: Governança global 500
Tomando decisões de negócios 502

G12: Tendências globais 504

Introdução 504
Razões para observar as tendências 504
Tendências moldam o nosso futuro 505
   A população mundial vai dobrar nos próximos 40 anos 505
   As pessoas em países desenvolvidos estão vivendo mais 506
   O crescimento das indústrias da informação está criando uma sociedade global dependente do conhecimento 506
   A economia global está se tornando mais integrada 507
   A economia e a sociedade são dominadas pela tecnologia 508
   O ritmo da inovação tecnológica está aumentando 508
   O tempo está se tornando um dos bens mais preciosos do mundo 508
Tecnologias moldam o nosso futuro 509
   Tinta digital 509
   Papel digital 509
   Teleliving 511
   Fontes alternativas de energia 512
   Computação autônoma 512
Resumo do plug-in 514
Termos-chave 514
Caso de encerramento 1: Ferrovias autônomas 514
Caso de encerramento 2: Progressão sem fio 515
Tomando decisões de negócios 516

Aplique seus conhecimentos 518
Glossário 541
Notas 559
Créditos das fotos 566
Índice 567

TECNOLOGIA ORIENTADA PARA GESTÃO

UNIDADE 1
Como alcançar o sucesso empresarial

Esta unidade prepara o cenário para você entrar no mundo da tecnologia orientada para gestão. O capítulo começa do zero, fornecendo uma descrição clara do que é tecnologia da informação e de que forma ela se encaixa nas estratégias de negócios e nas atividades organizacionais. Também fornece uma visão geral de como as organizações operam em ambientes competitivos e como elas devem definir e redefinir continuamente suas estratégias de negócios para criar vantagens competitivas. Fazendo isso, as organizações conseguem sobreviver e prosperar. Os indivíduos que compreendem e podem acessar e analisar os diversos sistemas de informação em toda a empresa melhoram substancialmente suas capacidades de tomada de decisão e de resolver problemas. O mais importante é que a tecnologia da informação é apresentada como um fator essencial para ajudar as organizações a operar com sucesso em ambientes competitivos.

Como estudante de Administração, você deve entender a estreita correlação entre gestão e tecnologia. Primeiro, você precisa entender o papel da tecnologia da informação nas atividades cotidianas de negócios, o papel dela em apoiar e implementar iniciativas na empresa, e então as estratégias globais de negócios. Depois de ler este capítulo, você deverá ter adquirido um entendimento sólido dos sistemas de informação voltados aos negócios, fundamentos da tecnologia e estratégia de negócios. Também deverá ter avaliado os vários tipos de sistemas de informação utilizados pelas organizações e como pode usá-los para ajudar a tomar decisões embasadas de forma estratégica. Todos os líderes devem levar em consideração as muitas preocupações éticas e de segurança expressas pelos clientes hoje. Essas preocupações influenciam diretamente a probabilidade de um cliente adotar as tecnologias eletrônicas e realizar negócios pela Web. Nesse sentido, essas preocupações afetam os resultados de uma empresa. As provas estão nos noticiários recentes sobre como o preço das ações das organizações cai drasticamente quando ocorrem violações de privacidade e de segurança da informação. Além disso, as organizações podem enfrentar problemas, caso fracassem no cumprimento de suas obrigações éticas, de privacidade e de segurança, relativas ao tratamento da informação em suas empresas.

Introdução

A informação está em todos os lugares. A maioria das organizações valoriza a informação como um ativo estratégico. Pense na Apple e em seus iPods, acessórios para iPod e iTunes Music Store. O sucesso da Apple depende muito das informações sobre seus clientes, fornecedores, mercados e operações para essas linhas de produtos. Por exemplo, a Apple deve prever a quantidade de pessoas que vão comprar um iPod, a fim de estimar a quantidade de acessórios para iPod e as vendas no iTunes do ano seguinte. Prever compradores demais leva a empresa a produzir em excesso; estimativas que apontam poucos compradores podem resultar na perda de vendas, devido à falta de produtos (o que resulta em mais receitas perdidas).

Compreender o impacto direto que as informações têm nos resultados de uma organização é fundamental para a administração de um negócio bem-sucedido. Este texto concentra-se em informações, negócios, tecnologia e no conjunto integrado de atividades usadas para a gestão da maioria das organizações. Muitas dessas atividades são as principais características dos negócios hoje – gerenciamento da cadeia de fornecimento, gestão do relacionamento com o cliente, planejamento dos recursos empresariais, terceirização, integração, negócio eletrônico e outros. As cinco unidades centrais deste livro cobrem em detalhe essas atividades importantes. Cada unidade é dividida em capítulos que apresentam objetivos de aprendizagem individual e estudos de caso. Além das cinco unidades centrais, há "plug-ins" de gestão e de tecnologia (em inglês – veja a Figura Unidade 1.1) que abordam temas apresentados nas unidades.

Os capítulos da Unidade 1 são os seguintes:

- **Capítulo 1** – Tecnologia orientada para gestão
- **Capítulo 2** – Identificando vantagens competitivas
- **Capítulo 3** – Iniciativas estratégicas para a implementação de vantagens competitivas
- **Capítulo 4** – Medindo o sucesso de iniciativas estratégicas
- **Capítulo 5** – Estruturas organizacionais que apoiam iniciativas estratégicas

FIGURA UNIDADE 1.1
O formato e a abordagem deste livro.

Plug-ins de gestão
- G1: Noções básicas de negócios
- G2: Processos de negócios
- G3: Noções básicas de hardware e software
- G4: Infraestruturas de TI
- G5: Redes e telecomunicações
- G6: Segurança da informação
- G7: Ética
- G8: Gestão de operações
- G9: Infraestruturas de TI sustentáveis
- G10: Inteligência de negócios
- G11: Sistemas globais de informação
- G12: Tendências globais

UNIDADES CENTRAIS
- Unidade 1: Como alcançar o sucesso empresarial
- Unidade 2: Explorando a inteligência de negócios
- Unidade 3: Como agilizar as operações de negócios
- Unidade 4: Criando a inovação
- Unidade 5: Transformando organizações

Plug-ins de tecnologia
- T1. Produtividade pessoal usando TI *
- T2. Competências básicas usando o Excel *
- T3. Solução de problemas usando o Excel *
- T4. Tomada de decisões usando o Excel *
- T5. Criação de aplicativos de banco de dados *
- T6. Competências básicas usando o Access *
- T7. Solução de problemas usando o Access *
- T8. Tomada de decisões usando o Access *
- T9. Criação de páginas Web *
- T10. Criação de páginas Web usando HTML *
- T11. Criação de páginas Web usando o Dreamweaver *
- T12. Criação de gráficos de Gantt com Excel e Project *

* Plug-in em inglês disponível em www.grupoa.com.br

CASO DA UNIDADE 1

Apple – combinando tecnologia, negócios e entretenimento

Pode ser difícil de acreditar, mas há pouco mais de uma década a Apple estava à beira da falência. A Apple Inc., ressurgindo depois de quase ser esquecida para sempre, está abrindo caminho no mundo digital com a inovação e a criatividade que faltaram à empresa nos últimos vinte anos. A característica única das vantagens competitivas da Apple é que isso se deve aos clientes e usuários, e não aos funcionários da empresa. Isso mesmo: a empresa aceita de bom grado produtos criados pelos clientes para vender aos clientes, uma tendência nova para as empresas.

Capitalizando com o iPod

Com milhões de iPods nas mãos dos consumidores, muitas pessoas encontraram maneiras de capitalizar com esse produto. John Lin criou o protótipo de um controle remoto para o iPod e levou o invento para o Macworld, onde foi um sucesso. Poucos meses depois, a companhia de Lin recebeu a aprovação da Apple e um compromisso de exposição para vendas nas lojas de varejo da empresa. "Essa é a forma como a Apple apoia a economia de iPod", explicou Lin.

No mercado de iPod, centenas de empresas foram incentivadas a desenvolver mais de 500 acessórios – de tudo, desde carregadores para o carro até bolsas Fendi de US$ 1.500. Eric Tong, vice-presidente da fabricante de cabos e periféricos Belkin, acredita que 75% dos proprietários de iPod compram pelo menos um acessório – essas vendas já chegam a mais de 30 milhões de acessórios. Com a maioria dos produtos com preços entre US$ 10 e US$ 200, isso coloca a economia iPod bem acima dos US$ 300 milhões e, talvez, perto de US$ 6 bilhões. Entre os acessórios populares para iPod, estão os seguintes:

- Altec Lansing Technologies – alto-falantes e docks de recarga para iPod (US$ 150).
- Belkin – transmissor FM portátil TuneCast (US$ 40).
- Etymotic Research – fones de ouvido de última geração (US$150).
- Griffin Technology – transmissor FM iTrip (US$ 35).
- Kate Spade – bolsa de imitação de crocodilo Geneva para iPod mini (US$ 55).

- Apple – conjunto de capas em seis cores: verde, roxo, azul, laranja, rosa e cinza (US$ 29).
- Apple – conector de câmera digital (US$ 29).

Capitalizando com o iPhone

Olhar para alguém usando um iPhone é uma experiência interessante porque há uma boa chance de o usuário não estar dando um telefonema. Ele pode estar fazendo várias coisas, desde jogar até negociar ações, assistir a um programa de TV ou mesmo fazer negócios com uma versão móvel do software de gestão de clientes da salesforce.com. Em uma brilhante jogada estratégica, a Apple permitiu que pessoas de fora da empresa oferecessem alguns tipos de software para o iPhone, e, em menos de seis meses, mais de 10 mil aplicativos haviam sido criados. Na verdade, há mais de 15 mil apps disponíveis na App Store do iTunes, e o número de downloads desses aplicativos chega a 500 milhões. Agora, muitos dos aplicativos do iPhone estão disponíveis para iPad.

O mercado de aplicativos para iPhone e iPad está ficando tão grande em relação a de outros smartphones que alguns desenvolvedores afirmam que não faz sentido adaptar apps para o Android, do Google, ou para qualquer outro concorrente do iPhone. De acordo com Jeff Holden, CEO da Pelago Inc., quando criou sua empresa de rede social, sua intenção era seguir o conhecimento tradicional para criar uma empresa de software de tamanho considerável e que tivesse rápido crescimento: colocar os programas no maior número possível de plataformas e dispositivos. Mas, ao analisar os números, chegou a uma conclusão de negócios interessante: os 13 milhões de donos de iPhone já tinham baixado mais apps do que o 1,1 bilhão de outros proprietários de celulares! Para empresários, o desenvolvimento de um programa para o iPhone fornece de modo automático um mercado significativamente maior: quase 94 vezes maior do que a concorrência. "Por que criar alguma coisa para outro dispositivo que não o iPhone?", perguntou-se Holden.

Capitalizando com o iPad

O último lançamento da Apple, o iPad, é um tablet portátil e leve, semelhante ao iPhone, que permite aos clientes fazer download de aplicativos, verificar emails e tocar música, tudo com o toque de um botão. O iPhone e o iPad são multitarefas, permitindo aos clientes ler uma página Web durante o download de um email em segundo plano quando conectado a redes sem fio. A chegada do iPad resultou na expansão simultânea da rede de acessórios. Como o iPad foi projetado com uma tela exposta e sem câmera, teclado separado, slots de cartão de memória ou portas de expansão, pode-se dizer que foi construído especificamente para acessórios. A maioria dos proprietários vai modificá-lo de alguma forma, seja para deixar a aparência diferente, seja para dar uma proteção mais eficiente. Alguns dos novos acessórios incluem:

- Protetor de tela iPad Clear Armor – US$ 35.
- Capa que imita livro iPad Antique – US$ 40.
- Teclado sem fio para iPad – US$ 99.
- Capa protetora para iPad – US$ 35.
- Stand de luxo iPad Joule – US$ 130.

A Apple superou de forma clara os rivais principais por meio do desenvolvimento do seu player de MP3, o iPod, e continua a fazer seus produtos menores e menos caros, enquanto fornece recursos complementares, como jogos e aplicativos. Para o iPhone, a Apple desenvolveu um app exclusivo chamado Siri, um sistema de ativação por voz que é capaz de reconhecer comandos de voz. O Siri pode executar todos os tipos de funções, desde discar para um contato e criar um email até realizar serviços de localização, como "encontrar meu telefone", o que garante que os telefones perdidos sejam encontrados rapidamente.

A mais recente oferta da Apple é um novo serviço chamado iCloud. O iCloud tem a capacidade de recolher todo o conteúdo, incluindo vídeos, fotos, músicas, livros, etc., dos dispositivos do cliente, como iPods, iPads e iPhones, e armazenar esse conteúdo em um local seguro na "nuvem". Os clientes da Apple não precisam mais se preocupar com o backup de seus aplicativos ou dados, porque tudo é automaticamente enviado e armazenado no iCloud, quando utilizam um dispositivo Apple. Em um setor tão dinâmico, impulsionado pela tecnologia e com concorrentes no encalço, a Apple está constantemente pressionada a desenvolver novos produtos e extensões de produto. Felizmente, a empresa permanece na liderança, concentrando-se nas seguintes vantagens competitivas:

- **Foco no cliente:** A Apple é orientada pela satisfação do consumidor e garante que os clientes envolvam-se de modo ativo no desenvolvimento de produtos e aplicativos.
- **Recursos e capacidades:** A Apple continua a investir pesadamente em pesquisa e desenvolvimento para tirar partido das novas tecnologias, melhores instalações e infraestruturas em nuvem.
- **Visão estratégica:** A Apple tem um claro alinhamento de sua visão, missão e liderança e objetivos de negócios.
- **Marca:** A Apple é líder em fidelidade à marca, uma vez que alcançou o status de empresa *cult* com sua imagem de produto autêntico.
- **Foco na qualidade:** A Apple tem um compromisso excepcional com a qualidade.[1]

CAPÍTULO 1

Tecnologia orientada para gestão

OBJETIVOS DE APRENDIZAGEM

1.1 Descrever a era da informação e as diferenças entre dados, informação, inteligência de negócios e conhecimento.

1.2 Identificar os diferentes departamentos de uma empresa e por que eles devem trabalhar juntos para alcançar o sucesso.

1.3 Explicar o pensamento sistêmico e como os sistemas de informação para gestão permitem as comunicações de negócios.

Competindo na era da informação

Você sabia que...

- O filme Avatar levou mais de quatro anos para ser realizado e custou US$ 450 milhões.
- O verdadeiro nome de Lady Gaga é Stefani Joanne Angelina Germanotta.
- Os clientes pagam US$ 2,6 milhões por um espaço publicitário de 30 segundos para anunciar durante o Super Bowl.[2]

Um *fato* é a confirmação ou validação de um evento ou objeto. No passado, as pessoas conheciam os fatos pelos livros, em primeiro lugar. Hoje, simplesmente apertando um botão, elas podem descobrir qualquer coisa, de qualquer lugar, a qualquer momento. Vivemos na *era da informação*, em que quantidades infinitas de fatos estão amplamente disponíveis para quem usa um computador. O impacto da tecnologia da informação no ambiente de negócios global é equivalente ao impacto da imprensa nas publicações e da energia elétrica na produtividade. As *start-ups* de estudantes universitários praticamente não existiam antes da era da informação. Agora, é bem comum ler sobre um aluno do curso de Administração que cria uma empresa multimilionária no dormitório estudantil. Pense em Mark Zuckerberg, que iniciou o Facebook em seu quarto, ou Michael Dell (Dell Computers) e Bill Gates (Microsoft), que criaram suas lendárias empresas enquanto eram estudantes universitários.

Você pode pensar que só os estudantes que conhecem muito bem a tecnologia avançada conseguem competir na era da informação. Isso não é verdade. Muitos líderes empresariais têm criado oportunidades excepcionais ao unir o poder da era da informação com métodos tradicionais de negócios. Aqui estão apenas alguns exemplos:

- A Amazon não é uma empresa de tecnologia: seu foco de negócios original era vender livros – e agora vende quase tudo.
- A Netflix não é uma empresa de tecnologia: seu principal foco de negócios é alugar vídeos.
- A Zappos não é uma empresa de tecnologia: seu principal foco de negócios é vender sapatos, bolsas, roupas e acessórios.

O fundador da Amazon, Jeff Bezos, em um primeiro momento, viu uma oportunidade de mudar a maneira como as pessoas compram livros. Usando o poder da era da informação para adequar ofertas a cada cliente e acelerar o processo de pagamento, ele de fato abriu milhões de pequenas livrarias virtuais, com uma seleção de produtos muito maior e muito mais barata do que as livrarias tradicionais. O sucesso de seu modelo de negócios

OA 1.1 Descrever a era da informação e as diferenças entre dados, informação, inteligência de negócios e conhecimento.

original o levou a expandir a Amazon para difundir muitos outros tipos de produtos. Os fundadores da Netflix e da Zappos fizeram a mesma coisa para vídeos e sapatos. Todos eram profissionais de negócios, e não especialistas em tecnologia. No entanto, entendiam o suficiente sobre a era da informação para aplicá-la a um segmento em particular, criando empresas inovadoras que agora são líderes de setores inteiros.

Os alunos que entendem de negócios, além do poder associado à era da informação, vão criar suas próprias oportunidades e, talvez, até mesmo novas indústrias, como os cofundadores Chris DeWolfe e Tom Anderson fizeram com o Myspace, e como Mark Zuckerberg fez com o Facebook. Nosso principal objetivo neste livro é capacitar você com o conhecimento necessário para competir na era da informação. Os direcionadores fundamentais da era da informação são:

- Dados
- Informações
- Inteligência de negócios
- Conhecimento (ver Figura 1.1)

DADOS

Dados são fatos brutos que descrevem as características de um evento ou objeto. Antes da era da informação, os gestores reuniam e analisavam dados manualmente, uma demorada e complicada tarefa sem a qual não teriam muito conhecimento sobre a forma de gerir seus negócios. Na falta de dados, os gestores frequentemente tinham de tomar decisões de negócios sobre quantos produtos fabricar, quanta matéria-prima comprar ou quantos funcionários contratar com base na intuição ou pressentimentos. Na era da informação, gerentes de sucesso compilam, analisam e compreendem grandes quantidades de dados diariamente, o que os ajuda a tomar decisões de negócios mais bem-sucedidas.

A Figura 1.2 mostra os dados de vendas do atacado do Tony, uma empresa fictícia que fornece lanches para lojas. Os dados destacam características como data do pedido, clien-

FIGURA 1.1
Diferenças entre dados, informações, inteligência de negócios e conhecimento.

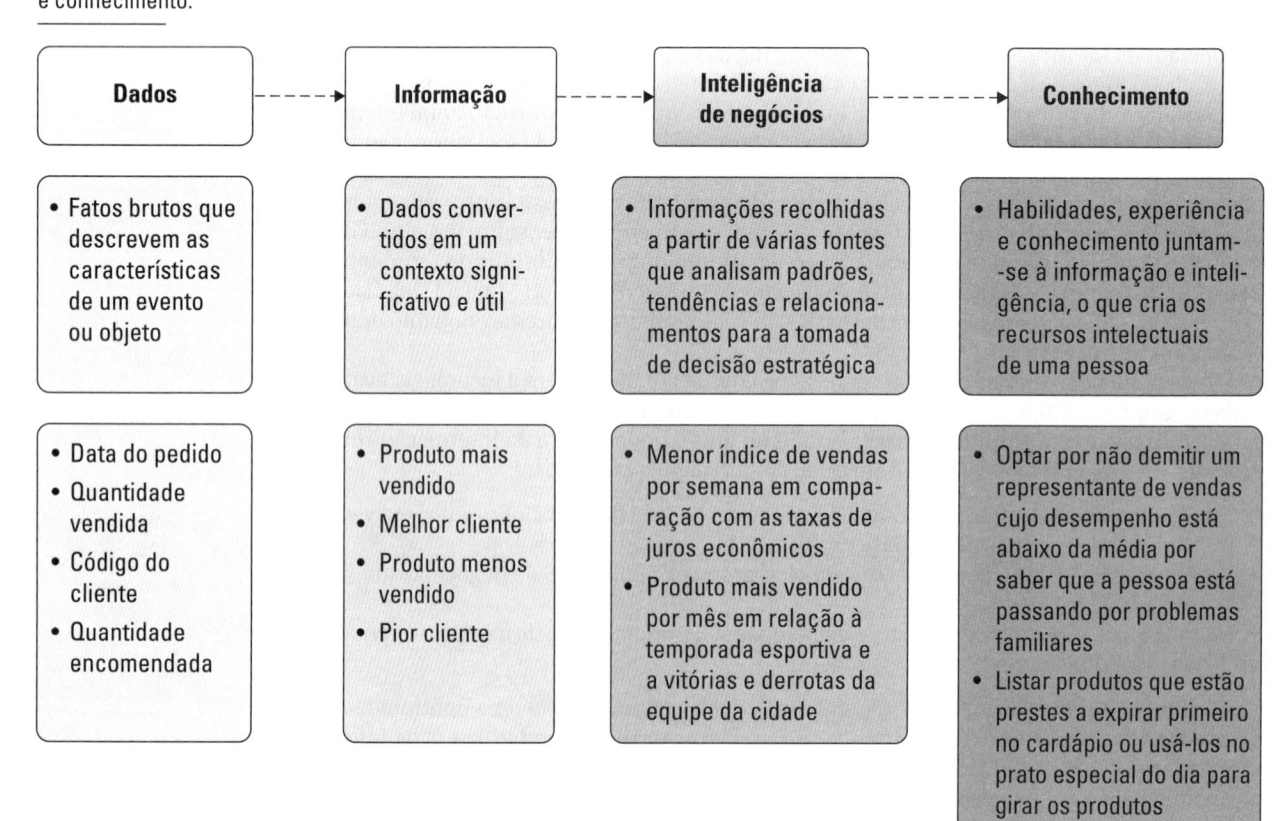

Dados	Informação	Inteligência de negócios	Conhecimento
• Fatos brutos que descrevem as características de um evento ou objeto	• Dados convertidos em um contexto significativo e útil	• Informações recolhidas a partir de várias fontes que analisam padrões, tendências e relacionamentos para a tomada de decisão estratégica	• Habilidades, experiência e conhecimento juntam-se à informação e inteligência, o que cria os recursos intelectuais de uma pessoa
• Data do pedido • Quantidade vendida • Código do cliente • Quantidade encomendada	• Produto mais vendido • Melhor cliente • Produto menos vendido • Pior cliente	• Menor índice de vendas por semana em comparação com as taxas de juros econômicos • Produto mais vendido por mês em relação à temporada esportiva e a vitórias e derrotas da equipe da cidade	• Optar por não demitir um representante de vendas cujo desempenho está abaixo da média por saber que a pessoa está passando por problemas familiares • Listar produtos que estão prestes a expirar primeiro no cardápio ou usá-los no prato especial do dia para girar os produtos

te, representante de vendas, produto, quantidade e lucro. A segunda linha da Figura 1.2, por exemplo, mostra que Roberta Cross vendeu 90 caixas de Ruffles ao Walmart por US$ 1.350, resultando em um lucro de US$ 450 (observe que Lucro = Vendas – Custos). Esses dados são úteis para a compreensão das vendas individuais; no entanto, não fornecem muito insight sobre o desempenho, como um todo, dos negócios do Tony. Tony precisa responder a perguntas que vão ajudá-lo a gerenciar suas operações do dia a dia, como:

- Quem são os meus melhores clientes?
- Quem são os meus clientes menos rentáveis?
- Qual é o meu produto mais vendido?
- Qual é o meu produto menos vendido?
- Quem é o meu representante de vendas mais forte?
- Quem é o meu representante de vendas mais fraco?

O que Tony precisa, em outras palavras, não é de dados, mas de informações.

INFORMAÇÃO

Informações são dados convertidos em um contexto significativo e útil. Ter a informação certa no momento certo e em tempo hábil pode valer uma fortuna. Ter a informação errada no momento certo, ou a informação certa no momento errado, pode ser um desastre. A verdade sobre a informação é que o seu valor se mede pelo quanto as pessoas a utilizam. Pessoas que usam a mesma informação podem tomar decisões diferentes, dependendo de como a interpretam ou analisam. Assim, a informação só tem valor na medida em que as pessoas a usam bem.

Tony pode analisar seus dados de vendas e transformá-los em informações para responder a todas as perguntas acima e entender como sua empresa está operando. As Figuras 1.3 e 1.4, por exemplo, mostram que o Walmart é o melhor cliente de Roberta Cross, e que a Ruffles é o melhor produto de Tony, medido em termos de vendas totais. De posse dessa informação, Tony pode identificar e, em seguida, tratar questões como produtos fracos e representantes de vendas de baixo desempenho.

Uma *variável* é uma característica de dados que representa um valor que muda ou varia ao longo do tempo. Por exemplo, nos dados de Tony, o preço e a quantidade encomendada podem variar. Alterar as variáveis também permite aos gestores criar cenários hipotéticos para estudar as possibilidades futuras. Tony pode achar que é valioso antecipar como vendas ou aumento de custos afetam a lucratividade. Para estimar quanto um aumento de 20% nos preços pode melhorar os lucros, Tony simplesmente muda a variável preço de todos os pedidos, calculando automaticamente a quantidade de novos lucros. Para estimar quanto um aumento de 10% nos custos diminui os lucros, ele muda a variável custo de to-

Data do pedido	Cliente	Representante de vendas	Produto	Qtde	Preço unitário	Total de vendas	Custo unitário	Custo total	Lucro
4-Jan	Walmart	PJ Helgoth	Doritos	41	US$ 24	US$ 984	US$ 18	US$ 738	US$ 246
4-Jan	Walmart	Roberta Cross	Ruffles	90	US$ 15	US$ 1.350	US$ 10	US$ 900	US$ 450
5-Jan	Safeway	Craig Schultz	Ruffles	27	US$ 15	US$ 405	US$ 10	US$ 270	US$ 135
6-Jan	Walmart	Roberta Cross	Ruffles	67	US$ 15	US$ 1.005	US$ 10	US$ 670	US$ 335
7-Jan	7-Eleven	Craig Schultz	Pringles	79	US$ 12	US$ 948	US$ 6	US$ 474	US$ 474
7-Jan	Walmart	Roberta Cross	Ruffles	52	US$ 15	US$ 780	US$ 10	US$ 520	US$ 260
8-Jan	Kroger	Craig Schultz	Ruffles	39	US$ 15	US$ 585	US$ 10	US$ 390	US$ 195
9-Jan	Walmart	Craig Schultz	Ruffles	66	US$ 15	US$ 990	US$ 10	US$ 660	US$ 330
10-Jan	Target	Craig Schultz	Ruffles	40	US$ 15	US$ 600	US$ 10	US$ 400	US$ 200
11-Jan	Walmart	Craig Schultz	Ruffles	71	US$ 15	US$ 1.065	US$ 10	US$ 710	US$ 355

FIGURA 1.2
Dados da empresa de lanches do Tony.

Data do pedido	Cliente	Representante de vendas	Produto	Qtde	Preço unitário	Total de vendas	Custo unitário	Custo total	Lucro
26-Abr	Walmart	Roberta Cross	Fritos	86	US$ 19	US$ 1.634	US$ 17	US$ 1.462	US$ 172
29-Ago	Walmart	Roberta Cross	Fritos	76	US$ 19	US$ 1.444	US$ 17	US$ 1.292	US$ 152
7-Set	Walmart	Roberta Cross	Fritos	20	US$ 19	US$ 380	US$ 17	US$ 340	US$ 40
22-Nov	Walmart	Roberta Cross	Fritos	39	US$ 19	US$ 741	US$ 17	US$ 663	US$ 78
30-Dez	Walmart	Roberta Cross	Fritos	68	US$ 19	US$ 1.292	US$ 17	US$ 1.156	US$ 136
7-Jul	Walmart	Roberta Cross	Pringles	79	US$ 18	US$ 1.422	US$ 8	US$ 632	US$ 790
6-Ago	Walmart	Roberta Cross	Pringles	21	US$ 12	US$ 252	US$ 6	US$ 126	US$ 126
2-Out	Walmart	Roberta Cross	Pringles	60	US$ 18	US$ 1.080	US$ 8	US$ 480	US$ 600
15-Nov	Walmart	Roberta Cross	Pringles	32	US$ 12	US$ 384	US$ 6	US$ 192	US$ 192
21-Dez	Walmart	Roberta Cross	Pringles	92	US$ 12	US$ 1.104	US$ 6	US$ 552	US$ 552
28-Fev	Walmart	Roberta Cross	Ruffles	67	US$ 15	US$ 1.005	US$ 10	US$ 670	US$ 335
6-Mar	Walmart	Roberta Cross	Ruffles	8	US$ 15	US$ 120	US$ 10	US$ 80	US$ 40
16-Mar	Walmart	Roberta Cross	Ruffles	68	US$ 15	US$ 1.020	US$ 10	US$ 680	US$ 340
23-Abr	Walmart	Roberta Cross	Ruffles	34	US$ 15	US$ 510	US$ 10	US$ 340	US$ 170
4-Ago	Walmart	Roberta Cross	Ruffles	40	US$ 15	US$ 600	US$ 10	US$ 400	US$ 200
18-Ago	Walmart	Roberta Cross	Ruffles	93	US$ 15	US$ 1.395	US$ 10	US$ 930	US$ 465
5-Set	Walmart	Roberta Cross	Ruffles	41	US$ 15	US$ 615	US$ 10	US$ 410	US$ 205
12-Set	Walmart	Roberta Cross	Ruffles	8	US$ 15	US$ 120	US$ 10	US$ 80	US$ 40
28-Out	Walmart	Roberta Cross	Ruffles	50	US$ 15	US$ 750	US$ 10	US$ 500	US$ 250
21-Nov	Walmart	Roberta Cross	Ruffles	79	US$ 15	US$ 1.185	US$ 10	US$ 790	US$ 395
29-Jan	Walmart	Roberta Cross	Sun Chips	5	US$ 22	US$ 110	US$ 18	US$ 90	US$ 20
12-Abr	Walmart	Roberta Cross	Sun Chips	85	US$ 22	US$ 1.870	US$ 18	US$ 1.530	US$ 340
16-Jun	Walmart	Roberta Cross	Sun Chips	55	US$ 22	US$ 1.210	US$ 18	US$ 990	US$ 220
				1.206	US$ 383	US$ 20.243	US$ 273	US$ 14.385	US$ 5.858

A classificação dos dados revela a informação de que as vendas totais de Roberta Cross para o Walmart foram de US$ 20.243, resultando em um lucro de US$ 5.858. (Lucro de US$ 5858 = Vendas de US$ 20.243 – Custos de US$ 14.385.)

FIGURA 1.3
Dados da empresa do Tony ordenados por cliente "Walmart" e a representante de vendas "Roberta Cross".

dos os pedidos, calculando automaticamente a quantidade de lucros cessantes. Manipular variáveis é uma ferramenta importante para qualquer negócio.

INTELIGÊNCIA DE NEGÓCIOS

Inteligência de negócios (*BI – Business Intelligence*) é a informação obtida a partir de múltiplas fontes, como fornecedores, clientes, concorrentes, parceiros e indústrias, que analisa padrões, tendências e relacionamentos para a tomada de decisão estratégica. A BI manipula múltiplas variáveis e, em alguns casos, até mesmo centenas de variáveis, incluindo itens como taxas de juros, condições meteorológicas e, até mesmo, preços da gasolina. Tony poderia usar a BI para analisar os dados internos, como vendas da empresa, além dos dados externos sobre o ambiente, como concorrentes, finanças, clima, feriados e, até mesmo, eventos esportivos. Ambas as variáveis internas e externas afetam a venda de lanches, e analisar essas variáveis vai ajudar Tony a determinar os níveis de pedidos e as previsões de

Informação da empresa de Tony	Nome	Lucro total
Quem é o melhor cliente de vendas totais de Tony?	Walmart	US$ 560.789
Quem é o cliente menos valioso de vendas totais de Tony?	Walgreens	US$ 45.673
Quem é o melhor cliente de Tony em questão de lucro?	7-Eleven	US$ 324.550
Quem é o cliente menos valioso de Tony em questão de lucro?	King Soopers	US$ 23.908
Qual o produto mais vendido de Tony em vendas totais?	Ruffles	US$ 232.500
Qual o produto menos vendido de Tony em vendas totais?	Pringles	US$ 54.890
Qual é o produto mais vendido de Tony em lucro?	Tostitos	US$ 13.050
Qual é o produto menos vendido de Tony em lucro?	Pringles	US$ 23.000
Quem é o melhor representante de vendas de Tony em lucro?	R. Cross	US$ 1.230.980
Quem é o pior representante de vendas de Tony em lucro?	Craig Schultz	US$ 98.980
Qual é o produto que mais vende do melhor representante de vendas por lucro total?	Ruffles	US$ 98.780
Qual é o melhor cliente do melhor representante de vendas por lucro total?	Walmart	US$ 345.900
Qual é o produto que menos vende do melhor representante de vendas por lucro total?	Sun Chips	US$ 45.600
Qual é o pior cliente do melhor representante de vendas por lucro total?	Krogers	US$ 56.050

FIGURA 1.4
Informação obtida após a análise de dados da empresa de Tony.

vendas. Por exemplo, a BI pode prever requisitos de estoque para a empresa de Tony para a semana anterior ao Super Bowl no caso de, digamos, o time da casa estar jogando, a temperatura média ficar acima dos 20º e o mercado de ações apresentar bom desempenho. Isso é a BI no seu melhor aspecto, incorporando todos os tipos de variáveis internas e externas a fim de antecipar o desempenho dos negócios.

Gestores de primeira linha usam a BI para definir o futuro do negócio, analisar mercados, indústrias e economias, a fim de determinar a direção estratégica que a empresa deve seguir para permanecer rentável. Tony vai definir a direção estratégica da empresa, o que pode incluir novos sabores de batatas fritas ou energéticos como novas linhas de produtos, ou escolas e hospitais como novos segmentos de mercado.

CONHECIMENTO

Conhecimento inclui habilidades, experiência e expertise, além de dados e informações, criando assim os recursos intelectuais de uma pessoa. Os ***trabalhadores do conhecimento*** são indivíduos valorizados por sua capacidade de interpretar e analisar informações. Os trabalhadores de hoje geralmente são chamados de trabalhadores do conhecimento e utilizam a BI com a experiência pessoal para tomar decisões baseadas em informações e intuição, um recurso valioso para qualquer empresa.

Imagine que Tony analise seus dados e descubra que o seu representante de vendas mais fraco do período é Craig Schultz. Se Tony considerasse apenas essa informação, poderia concluir que demitir Craig fosse uma boa decisão de negócios. No entanto, Tony sabe como a empresa funciona, sabe que Craig esteve de licença médica por várias semanas: consequentemente, seus números de vendas estão baixos. Sem esse conhecimento adicional, Tony poderia ter tomado uma má decisão de negócios, enviado uma mensagem negativa aos demais empregados e feito seus melhores representantes de vendas começarem a procurar outros empregos.

O ponto-chave desse cenário é que é simplesmente impossível coletar todas as informações sobre cada situação – e que mesmo com isso, pode ser fácil equivocar-se sobre um problema. Usar dados, informação, inteligência de negócios e conhecimento para tomar decisões e resolver problemas é a chave para encontrar o sucesso nos negócios. Esses direcionadores fundamentais da era da informação são a fundação dos sistemas de negócios.

OA 1.2 Identificar os diferentes departamentos de uma empresa e por que eles devem trabalhar juntos para alcançar o sucesso.

O desafio: empresas departamentais

As empresas geralmente são organizadas por departamento ou área funcional, como:

- **Contabilidade:** registra, mede e comunica transações monetárias.
- **Finanças:** lida com questões financeiras estratégicas, incluindo dinheiro, sistema bancário, crédito, investimentos e ativos.
- **Recursos humanos:** mantém políticas, planos e procedimentos para a gestão eficaz dos funcionários.
- **Marketing:** dá suporte a vendas por meio de planejamento, fixação de preços e promoção de produtos ou serviços.
- **Gestão de operações:** gerencia o processo de converter ou transformar recursos em bens ou serviços.
- **Vendas:** desempenha a função de venda de bens ou serviços (ver Figura 1.5).

Cada departamento realiza suas próprias atividades. Vendas e marketing centram-se em passar bens ou serviços para as mãos dos consumidores; esses departamentos mantêm dados transacionais. Finanças e contabilidade focam na gestão de recursos da empresa e mantêm dados monetários. Gestão de operações se concentra na fabricação e mantêm da-

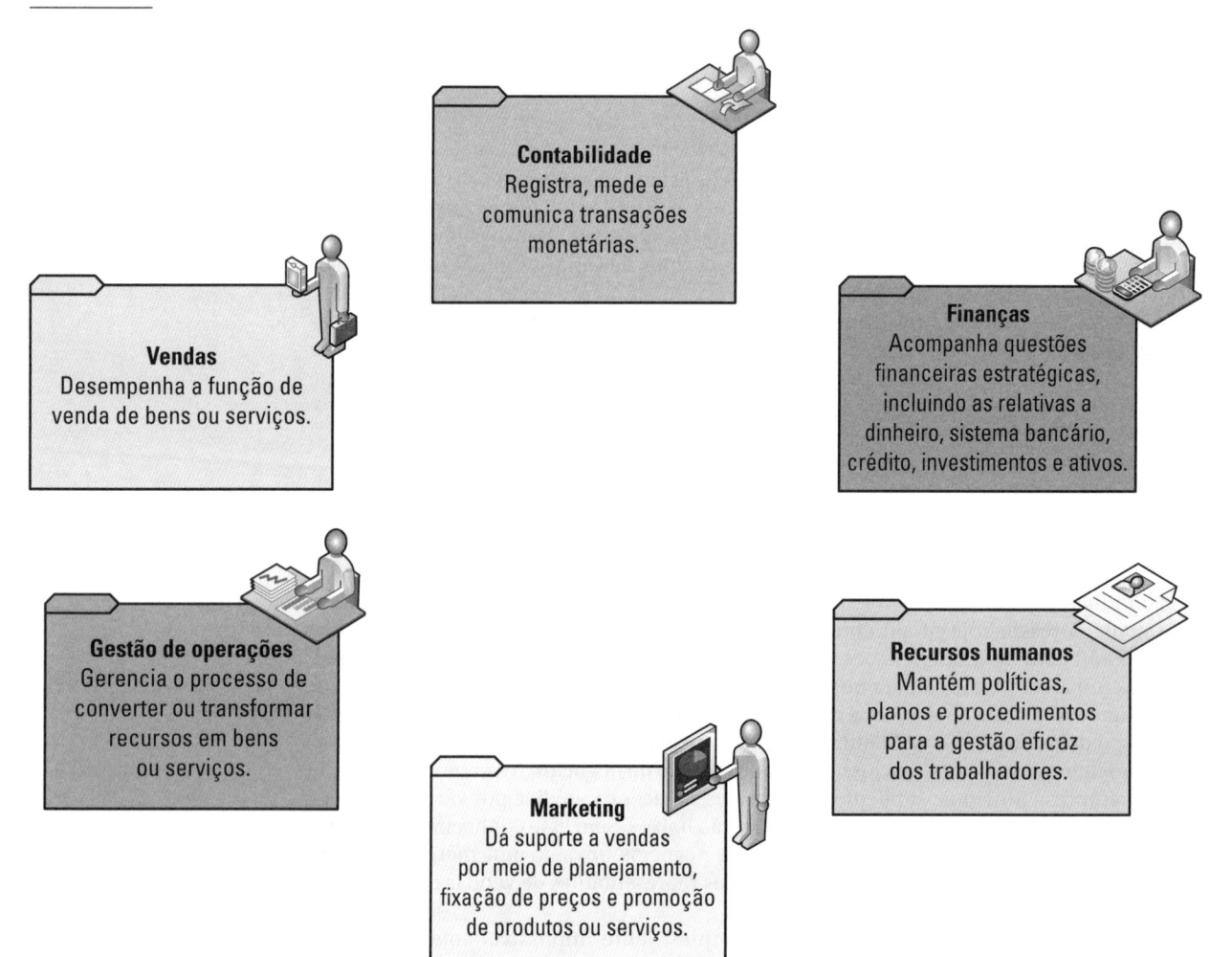

FIGURA 1.5
Departamentos trabalhando de forma independente.

Contabilidade
Registra, mede e comunica transações monetárias.

Vendas
Desempenha a função de venda de bens ou serviços.

Finanças
Acompanha questões financeiras estratégicas, incluindo as relativas a dinheiro, sistema bancário, crédito, investimentos e ativos.

Gestão de operações
Gerencia o processo de converter ou transformar recursos em bens ou serviços.

Recursos humanos
Mantém políticas, planos e procedimentos para a gestão eficaz dos trabalhadores.

Marketing
Dá suporte a vendas por meio de planejamento, fixação de preços e promoção de produtos ou serviços.

FIGURA 1.6 Departamentos trabalhando juntos.

- **Contabilidade** — Dados monetários
- **Vendas** — Dados transacionais
- **Finanças** — Dados monetários
- **Gestão de operações** — Dados de produção
- **Recursos humanos** — Dados de funcionários
- **Marketing** — Dados transacionais
- **Decisões de negócios**

dos de produção, enquanto recursos humanos se concentra na contratação e treinamento de pessoas e mantém dados de funcionários. Embora cada departamento tenha seus próprios foco e dados, ninguém pode trabalhar de forma independente, se o intuito é a empresa funcionar como um todo. É fácil ver como uma decisão de negócio tomada por um departamento pode afetar outros. O marketing precisa analisar a produção e os dados de vendas para conceber promoções de produtos e estratégias de publicidade. A produção precisa entender as previsões de vendas para determinar as necessidades de fabricação da empresa. As vendas precisam contar com informações de operações para entender o estoque, realizar pedidos e fazer a previsão de demanda do consumidor. Todos os departamentos precisam entender as informações dos departamentos de contabilidade e finanças para fins orçamentários. Para a empresa ser bem-sucedida, todos os departamentos devem trabalhar em conjunto como uma única unidade que compartilha informação, e não operar de forma independente ou em silo (ver Figura 1.6).

A solução: sistemas de informação para gestão

OA1.3 Explicar o pensamento sistêmico e como os sistemas de informação para gestão permitem as comunicações de negócios.

Você provavelmente se lembra da velha história de três cegos que tentavam descrever um elefante. O primeiro, sentindo a circunferência do elefante, disse que o animal parecia muito com uma parede. O segundo, sentindo a tromba do elefante, declarou que o bicho era como uma cobra. O terceiro homem sentiu as presas e disse que o elefante era como uma árvore ou uma bengala. As empresas que operam em departamentos enxergam apenas uma parte do elefante, um erro fundamental que dificulta uma operação bem-sucedida.

As empresas bem-sucedidas operam de modo multidisciplinar, integrando as operações de todos os departamentos. Os sistemas são o principal facilitador das operações multidisciplinares. ***Sistema*** é um conjunto de peças que se reúnem a fim de alcançar um objetivo comum. Um carro é um bom exemplo de um sistema, uma vez que a remoção de uma peça, como o volante ou acelerador, faz todo o sistema parar de funcionar.

Antes de pensar em como os sistemas funcionam, é importante ter uma sólida compreensão do processo de produção básico de produtos e serviços. ***Bens*** são itens materiais

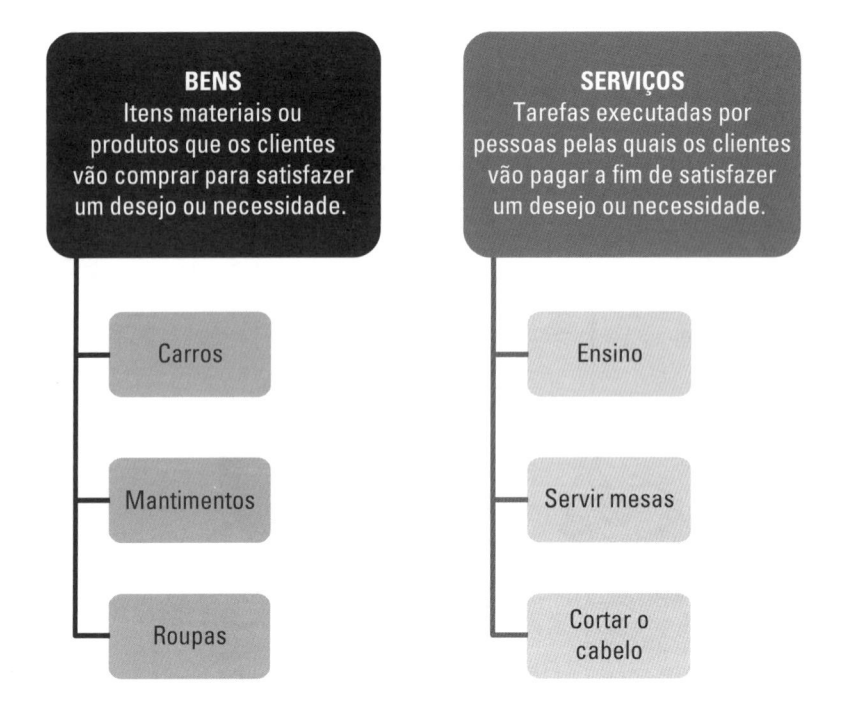

FIGURA 1.7
Diferentes tipos de bens e serviços.

BENS
Itens materiais ou produtos que os clientes vão comprar para satisfazer um desejo ou necessidade.
- Carros
- Mantimentos
- Roupas

SERVIÇOS
Tarefas executadas por pessoas pelas quais os clientes vão pagar a fim de satisfazer um desejo ou necessidade.
- Ensino
- Servir mesas
- Cortar o cabelo

ou produtos que os clientes vão comprar para satisfazer um desejo ou necessidade. Roupas, mantimentos, celulares e carros são exemplos de produtos que as pessoas compram para satisfazer as suas necessidades. ***Serviços*** são tarefas executadas por pessoas pelas quais os clientes vão pagar a fim de satisfazer um desejo ou necessidade. Servir mesas, ensinar e cortar o cabelo são exemplos de serviços pelos quais as pessoas pagam para satisfazer suas necessidades (ver Figura 1.7).

Produção é o processo em que uma empresa pega matérias-primas e as processa ou converte em um produto acabado para seus produtos ou serviços. Basta pensar em fazer um hambúrguer (veja a Figura 1.8). Primeiro, você deve reunir todos os *insumos* ou matérias-primas, como pão, carne, alface, tomate e ketchup. Em segundo lugar, você *processa* as matérias-primas; assim, neste exemplo, você precisa cozinhar a carne, lavar e cortar a alface e o tomate, e colocar todos os itens no pão. Finalmente, você tem seu *resultado* ou produto acabado: o hambúrguer! ***Produtividade*** é a razão pela qual os bens e serviços são produzidos com base na produção total dados os insumos totais. Tomando o exemplo anterior, se uma empresa pode produzir o mesmo hambúrguer com insumos menos caros ou mais hambúrgueres com os mesmos insumos, essa empresa constataria um aumento na produtividade e, possivelmente, um aumento nos lucros. Garantir que a

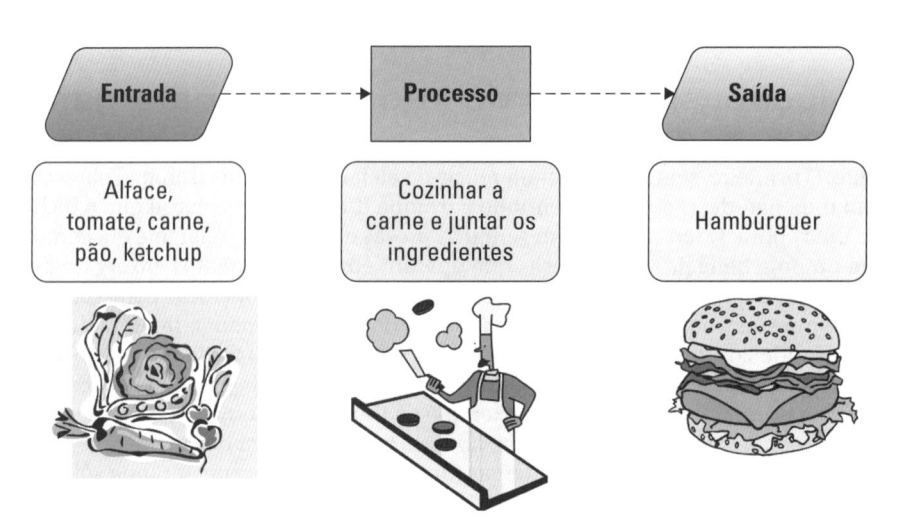

FIGURA 1.8
Exemplo de entrada, processo e saída.

Entrada → **Processo** → **Saída**

Alface, tomate, carne, pão, ketchup → Cozinhar a carne e juntar os ingredientes → Hambúrguer

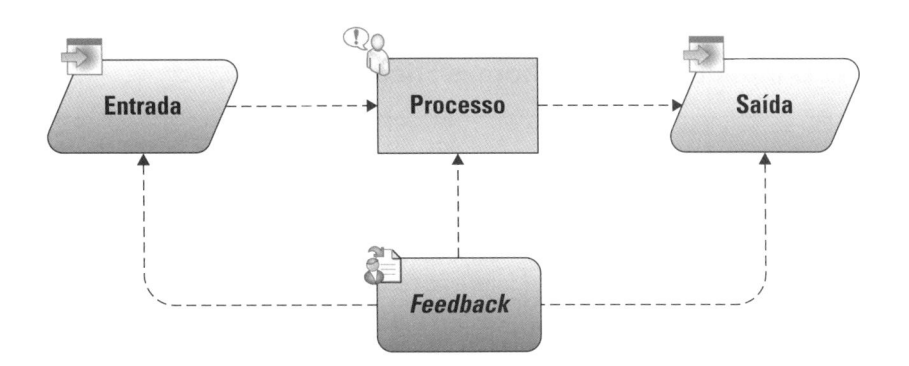

FIGURA 1.9
Visão geral do pensamento sistêmico.

entrada, o processamento e a saída de bens e serviços funcionem em todos os departamentos de uma empresa é a forma de os sistemas agregarem enorme valor para a produtividade geral dos negócios.

Pensamento sistêmico é a forma de monitorar todo o sistema por meio da visualização de múltiplas entradas sendo processadas ou transformadas para produzir resultados enquanto se reúne *feedback* em cada parte de modo contínuo (veja a Figura 1.9). **Feedback** é a informação que retorna ao emissor original (entrada, transformação ou saída) e modifica as ações desse transmissor. O *feedback* ajuda o sistema a manter a estabilidade. Por exemplo, o sistema de um carro monitora continuamente o nível de combustível e acende uma luz de aviso se o nível de gasolina ficar muito baixo. O pensamento sistêmico fornece uma visão completa de como as operações funcionam juntas para criar um produto ou serviço. Os alunos de administração que compreendem o pensamento sistêmico são recursos valiosos, pois podem implementar soluções que consideram todo o processo, e não apenas um único componente.

Sistemas de informação para gestão empresarial (SIGE) são uma função dos negócios, como contabilidade e recursos humanos, que transmite informações sobre pessoas, produtos e processos por toda a empresa para facilitar a tomada de decisão e a resolução de problemas. Os SIGE incorporam o pensamento sistêmico para ajudar as empresas a operar de modo multidisciplinar. Para, por exemplo, atender a pedidos de produtos, um SIGE de vendas transmite um único pedido de cliente por todas as áreas funcionais, incluindo vendas, atendimento de pedidos, transporte, faturamento e, por fim, atendimento ao cliente. Apesar de diferentes áreas funcionais lidarem com diferentes partes do processo de venda, graças ao SIGE, para o cliente a venda é um processo contínuo. Contudo, se uma parte da empresa estiver enfrentando problemas, então será como um carro sem volante: todo o sistema falha. Se o setor de atendimento de pedidos empacota o produto errado, não importa que os departamentos de transporte, faturamento e atendimento ao cliente tenham feito o trabalho corretamente, o cliente não ficará satisfeito quando abrir o pacote.

O SIGE pode ser um importante facilitador do sucesso e da inovação da empresa. Isso não quer dizer que o SIGE seja **igual** a sucesso e inovação do negócio, ou que ele represente isso. O SIGE é uma ferramenta mais valiosa quando aproveita o talento de pessoas que sabem como utilizá-lo e administrá-lo de forma eficaz. Para executar a função do SIGE de maneira eficiente, quase todas as empresas, em especial as grandes e médias, têm um departamento interno de sistemas, muitas vezes chamado de tecnologia da informação (TI), sistemas de informação (SI) ou sistemas de informação para gestão empresarial (SIGE). Para o propósito deste livro, vamos tratar esse departamento como SIGE.

QUESTÕES SOBRE O CASO DA UNIDADE

1. Explique como a Apple alcançou o sucesso nos negócios utilizando informação, tecnologia da informação e pessoas.
2. Descreva os tipos de informação que os funcionários de uma loja da Apple exigem e compare-os com os tipos de informação de que os executivos da empresa necessitam. Há alguma ligação entre esses dois tipos de informação?

CASO DO CAPÍTULO 1: O Mundo é Plano – Thomas Friedman

Em seu livro *O Mundo é Plano*, Thomas Friedman descreve o processo em cascata não planejado de mudanças tecnológicas e sociais que de fato conseguiu igualar o mundo econômico e "acidentalmente tornou Pequim, Bangalore e Bethesda vizinhos de porta". Há boas chances de que Bhavya, em Bangalore, leia o seu próximo raio X, ou como Friedman aprendeu em primeira mão, a "Vovó Betty com seu roupão de banho" faça uma reserva de avião na JetBlue da sua casa em Salt Lake City.

Friedman acredita que essa é a Globalização 3.0. "Na Globalização 1.0, que começou por volta de 1492, o mundo passou de tamanho grande para médio. Na Globalização 2.0, a era que nos apresentou as empresas multinacionais, ele passou de médio para pequeno. E por volta do ano 2.000, veio a Globalização 3.0, em que o mundo deixou de ser pequeno para tornar-se minúsculo. Há uma diferença entre fazer chamadas telefônicas de longa distância mais baratas pela Internet e passear por Riad com um PDA em que você pode ter tudo que o Google oferece no seu bolso. É uma diferença de grau tão grande que se torna uma diferença de gênero", afirma Friedman. A Figura 1.10 exibe a lista de "niveladores" de Friedman.

Friedman diz que esses niveladores convergiram em torno do ano 2000 e "criaram um mundo plano: uma plataforma global com acesso à Internet para várias formas de partilha de conhecimentos e de trabalho, independentemente do tempo, distância, localização e, cada vez mais, do idioma". No exato momento em que essa plataforma surgiu, três grandes economias materializavam-se: a da Índia, China e a da antiga União Soviética", e 3 bilhões de pessoas que estavam fora do jogo começaram a participar do espetáculo". A convergência final pode determinar o destino dos Estados Unidos neste capítulo da globalização. A "tempestade política perfeita", como Friedman a descreve – a queda das economias *dot-com*, os ataques de 11 de setembro e o escândalo da Enron – "confundiu-nos completamente como país." No exato momento em que precisamos encarar o fato da globalização e a necessidade de competir em um mundo novo, "estamos procurando em um lugar completamente diferente".

FIGURA 1.10
As 10 forças de Thomas Friedman que tornaram o mundo plano.

1.	**Queda do Muro de Berlim**	Os acontecimentos de 9 de novembro de 1989 mudaram o equilíbrio do poder mundial para democracias e mercados livres.
2.	**A oferta pública inicial de ações da Netscape**	Em 9 de agosto de 1995, a oferta desencadeou um investimento maciço em cabos de fibra óptica.
3.	**Software de fluxo de trabalho**	O aumento das aplicações que vão do PayPal a VPNs permitiu uma coordenação mais rápida e mais estreita entre funcionários distantes.
4.	**Código aberto**	Comunidades com auto-organização, como a do Linux, deram início a uma revolução colaborativa.
5.	**Terceirização**	A migração de funções de negócios para a Índia poupou dinheiro e salvou a economia do Terceiro Mundo.
6.	**Offshoring**	Contratos de produção fizeram a China obter destaque econômico.
7.	**Cadeia de fornecimento**	Redes robustas de fornecedores, varejistas e clientes aumentaram a eficiência do negócio.
8.	**Insourcing**	Gigantes da logística tomaram o controle das cadeias de fornecimento dos clientes, ajudando lojinhas de bairro a se tornarem globais.
9.	**Informação**	Poderosos mecanismos de busca permitiram que qualquer um pudesse usar a Internet como uma "cadeia de fornecimento pessoal de conhecimento".
10.	**Sem fio**	As tecnologias sem fio aumentaram a colaboração, tornando-a móvel e pessoal.

Friedman acredita que o próximo grande avanço na biociência poderia vir de uma criança de 5 anos de idade que fez o download do genoma humano no Egito. A visão de Bill Gates é semelhante: "Vinte anos atrás, você preferiria ter sido um aluno mediano em Poughkeepsie ou um gênio em Xangai? Vinte anos atrás, você preferiria ser o estudante de Poughkeepsie. Hoje, nem pensar. Você prefere muito mais ser o gênio de Xangai porque agora pode exportar seus talentos para qualquer lugar do mundo".[3]

Questões

1. Você concorda ou discorda da avaliação de Friedman de que o mundo é plano? Certifique-se de justificar sua resposta.
2. Quais são os potenciais impactos de um mundo plano para um aluno em busca de trabalho?
3. O que os alunos podem fazer para se preparar para competir em um mundo plano?
4. Identifique um nivelador atual não mencionado na lista de Friedman.

CAPÍTULO 2
Identificando vantagens competitivas

OBJETIVOS DE APRENDIZAGEM

2.1 Explicar por que as vantagens competitivas são temporárias.
2.2 Descrever o modelo das Cinco Forças de Porter e explicar cada uma delas.
2.3 Comparar as três estratégias genéricas de Porter.
2.4 Demonstrar como uma empresa pode agregar valor por meio da análise da cadeia de valor de Porter.

OA 2.1 Explicar por que as vantagens competitivas são temporárias.

Identificando vantagens competitivas

A gestão de uma empresa hoje é semelhante a liderar um exército: o principal gerente ou comandante garante que todos os participantes tomem a direção certa e realizem suas metas e objetivos. As empresas sem liderança rapidamente implodem, com seus funcionários indo em diferentes direções e tentando alcançar objetivos conflitantes. Para combater esses desafios, os líderes informam e executam estratégias de negócios (da palavra grega *stratus*, que significa exército, e *ago*, de liderança). **Estratégia de negócio** é um plano de liderança que permite atingir um conjunto específico de metas ou objetivos, como exibido na Figura 2.1.

FIGURA 2.1
Exemplos de estratégias de negócios.

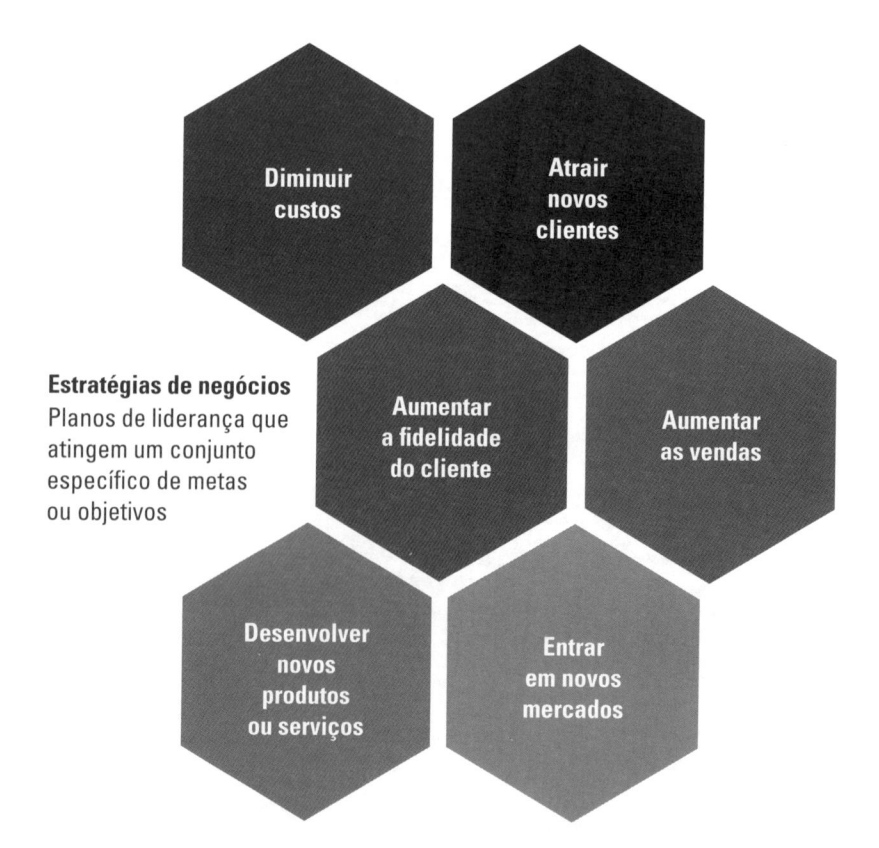

Estratégias de negócios
Planos de liderança que atingem um conjunto específico de metas ou objetivos

- Diminuir custos
- Atrair novos clientes
- Aumentar a fidelidade do cliente
- Aumentar as vendas
- Desenvolver novos produtos ou serviços
- Entrar em novos mercados

Os bons líderes também antecipam infortúnios inesperados, desde greves e recessões econômicas até desastres naturais. As estratégias de negócios desses líderes criam soluções tampões ou folgas, dando à empresa a capacidade de enfrentar qualquer tormenta e se defender de ameaças competitivas ou ambientais. Obviamente, atualizar as estratégias de negócios é um empreendimento contínuo, uma vez que os ambientes interno e externo mudam rapidamente. As estratégias de negócios que igualam competências centrais corporativas e oportunidades resultam em vantagens competitivas, a chave para o sucesso!

Vantagem competitiva é a característica de um produto ou serviço em que os clientes depositam um valor maior do que em ofertas similares da concorrência. As vantagens competitivas fornecem o mesmo produto ou serviço a um preço inferior ou com um valor adicional que pode igualar os melhores preços. Infelizmente, as vantagens competitivas em geral são temporárias, pois os concorrentes logo costumam buscar formas de duplicá-las. As organizações, então, devem desenvolver outra estratégia baseada em uma nova vantagem competitiva. As formas por meio das quais as empresas duplicam suas vantagens competitivas incluem a aquisição de nova tecnologia, a imitação das operações de negócios e a contratação dos principais funcionários de outras organizações. O lançamento do iPod e do iTunes da Apple – uma brilhante fusão de tecnologia, negócios e entretenimento – oferece um excelente exemplo.

No início do ano 2000, Steve Jobs estava concentrado no desenvolvimento de um software para edição de vídeo, quando de repente percebeu que milhões de pessoas estavam usando computadores para ouvir música, uma nova tendência da indústria impulsionada por serviços online ilegais, como o Napster. Jobs ficou preocupado por olhar na direção errada e por haver perdido a oportunidade de ingressar no movimento de música pela Internet. Ele, no entanto, agiu rápido e no prazo de quatro meses tinha desenvolvido a primeira versão do iTunes para o Mac. O próximo desafio de Jobs era fazer um player portátil para o iTunes que pudesse armazenar milhares de músicas e ser totalmente transportável. No prazo de nove meses, nasceu o iPod. Com a combinação do iTunes e do iPod, a Apple criou uma significativa vantagem competitiva no mercado. Muitas empresas começaram a seguir o exemplo da Apple criando reprodutores portáteis de música para competir com o iPod. Além disso, a Apple continua a criar produtos novos e empolgantes para obter vantagens competitivas, como o iPad, uma versão maior do iPod que funciona mais como um computador do que um player de música.[1]

Quando uma empresa é a primeira no mercado com uma vantagem competitiva, ela sai ganhando, como aconteceu com a Apple e o iPod. Essa ***vantagem do pioneirismo (first-mover advantage)*** ocorre quando uma empresa pode aumentar significativamente sua participação no mercado por ser a primeira com uma nova vantagem competitiva. A FedEx criou uma vantagem do pioneirismo ao desenvolver o software de autoatendimento para seus clientes, que permite ao público solicitar a coleta de encomenda, imprimir boletos e rastrear encomendas online. Outras companhias de entrega de encomendas rapidamente começaram a criar seus próprios serviços pela internet. Hoje, o autoatendimento para o cliente na rede é um recurso padrão no setor de entrega de encomendas.

Inteligência competitiva é o processo de coleta de informações sobre o ambiente competitivo, incluindo planos, atividades e produtos dos concorrentes, a fim de melhorar as chances de sucesso da empresa. Significa entender e aprender o máximo possível e o mais rápido possível sobre o que está ocorrendo fora da empresa para permanecer competitivo. A Frito-Lay, fabricante de salgadinhos e doces como Cracker Jacks e Cheetos, não envia seus representantes de vendas aos supermercados apenas para abastecer as prateleiras; eles carregam computadores de mão e registram as ofertas de produtos, o estoque e até mesmo os locais de produtos da concorrência. A Frito-Lay usa essas informações para ganhar inteligência competitiva em tudo, desde a forma como os produtos concorrentes estão sendo vendidos até o posicionamento estratégico de seus próprios produtos.[2]

Os gestores utilizam três ferramentas comuns para analisar a inteligência competitiva e desenvolver vantagens competitivas:

1. O Modelo das Cinco Forças (para avaliação de atratividade setorial).
2. As três estratégias genéricas (para a escolha de um foco de negócios).
3. A análise da cadeia de valor (para a execução de estratégias de negócios).

OA 2.2 Descrever o modelo das Cinco Forças de Porter e explicar cada uma delas.

Modelo das Cinco Forças: avaliação da atratividade da indústria

Michael Porter, professor de Administração da Universidade de Harvard, identificou as seguintes pressões que podem abalar o potencial de vendas:

- Clientes experientes podem forçar os preços para baixo, jogando os rivais uns contra os outros.
- Fornecedores influentes podem reduzir os lucros cobrando preços mais altos pelos suprimentos.
- A concorrência pode roubar clientes.
- Novos operadores no mercado podem roubar capital de investimento em potencial.
- Produtos substitutos podem roubar clientes.

Formalmente definido, o ***Modelo das Cinco Forças de Porter*** analisa as forças competitivas dentro do ambiente em que a empresa opera para avaliar o potencial de rentabilidade em uma indústria. Sua finalidade é combater essas forças competitivas, identificando oportunidades, vantagens competitivas e inteligência competitiva. Se as forças forem fortes, aumentam o poder de concorrência; se forem fracas, enfraquecem o poder de concorrência. Esta seção detalha cada uma das forças e sua estratégia de negócios de sistemas de informação associadas (ver Figura 2.2).[3]

PODER DE COMPRA

Poder de compra é a capacidade dos compradores de afetar o preço que devem pagar por um item. Entre os fatores utilizados para avaliar o poder de compra, estão o número de clientes, a sua sensibilidade ao preço, o porte das encomendas, as diferenças entre os concorrentes e a disponibilidade de produtos substitutos. Se o poder de compra for alto, os clientes podem forçar uma empresa e seus concorrentes a competir por preço, o que normalmente impulsiona os preços para baixo.

Uma maneira de reduzir o poder de compra é por meio da manipulação de ***custos de troca***, custos que deixam os clientes relutantes em mudar para outro produto ou serviço. Os custos de troca incluem valores financeiros e também intangíveis. O custo de troca de médico, por exemplo, inclui os poderosos componentes intangíveis de ter de desenvolver relacionamentos com um novo médico e enfermeiros, bem como a transferência de todo o histórico médico. Com um sistema de informação, no entanto, os pacientes podem armazenar seus registros médicos em DVDs ou pen drives, o que facilita a transmissão. A Inter-

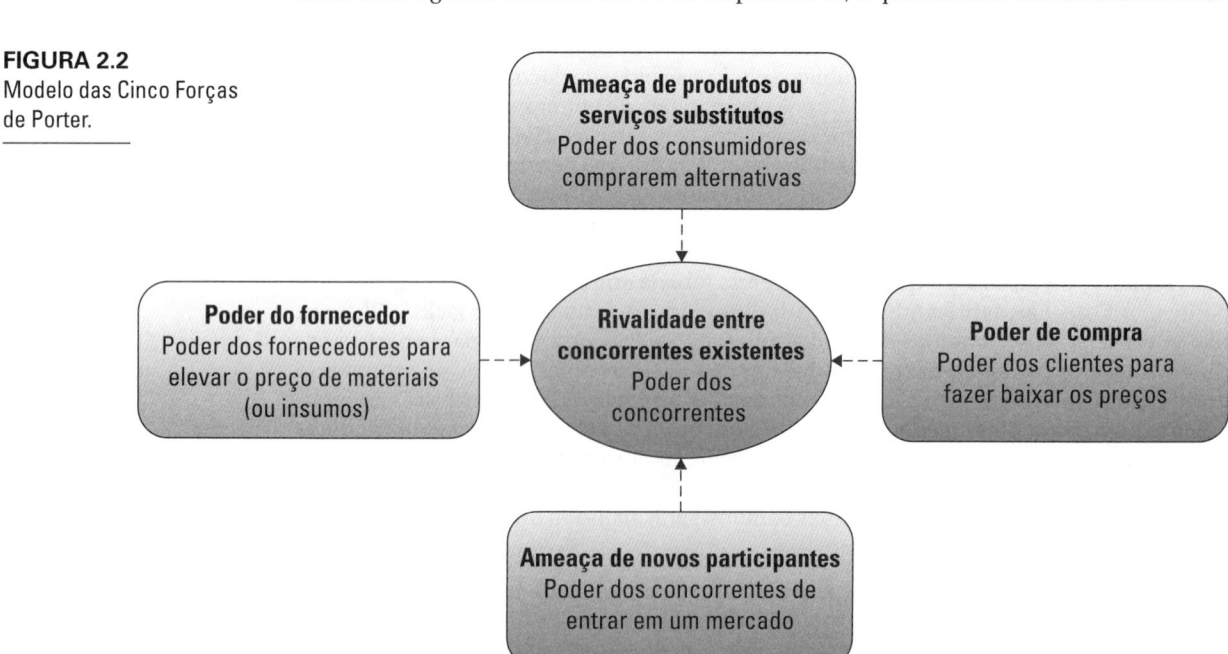

FIGURA 2.2
Modelo das Cinco Forças de Porter.

- **Ameaça de produtos ou serviços substitutos**: Poder dos consumidores comprarem alternativas
- **Poder do fornecedor**: Poder dos fornecedores para elevar o preço de materiais (ou insumos)
- **Rivalidade entre concorrentes existentes**: Poder dos concorrentes
- **Poder de compra**: Poder dos clientes para fazer baixar os preços
- **Ameaça de novos participantes**: Poder dos concorrentes de entrar em um mercado

net também permite que pacientes consultem sites para obter referências dos médicos, o que diminui o receio de experimentar alguém novo.[4]

As empresas também podem reduzir o poder de compra com **programas de fidelidade**, que recompensa os clientes de acordo com seus gastos. O setor aéreo, por exemplo, é famoso por seus programas de passageiro frequente. Por causa das recompensas que os passageiros recebem (passagens aéreas grátis, upgrades ou estadias em hotéis), eles se tornam mais propensos a ser fiéis ou a fazer a maior parte de seus negócios com uma única empresa. No entanto, acompanhar as atividades e contas de milhares ou milhões de clientes que aderem a programas de fidelidade não é prático sem o uso de sistemas de negócios em larga escala. Os programas de fidelidade são, portanto, um bom exemplo de como usar os sistemas de informação para reduzir o poder de compra.[5]

PODER DO FORNECEDOR

A *cadeia de fornecimento* é composta por todas as partes envolvidas, direta ou indiretamente, na obtenção de matérias-primas ou de produtos. Na cadeia de fornecimento típica, uma empresa vai ser tanto um fornecedor (para os clientes) quanto um cliente (de outros fornecedores), como ilustrado na Figura 2.3. O *poder do fornecedor* é a capacidade dos fornecedores de influenciar os preços que cobram por suprimentos (incluindo materiais, mão de obra e serviços). Entre os fatores utilizados para estimar o poder do fornecedor incluem-se o número de fornecedores, o porte dos fornecedores, a singularidade dos serviços e a disponibilidade de produtos substitutos. Se o seu poder for elevado, o fornecedor pode influenciar a indústria ao:

- Cobrar preços mais elevados.
- Limitar a qualidade ou os serviços.
- Mudar os custos para os participantes do setor.[6]

Normalmente, quando um fornecedor aumenta os preços, os compradores repassam o aumento aos clientes, elevando os preços do produto final. Quando o poder do fornecedor é alto, os compradores perdem receitas, pois não podem passar o aumento do preço da matéria-prima aos clientes. Alguns fornecedores poderosos, como as empresas farmacêuticas, chegam a exercer ameaças sobre um setor inteiro quando os substitutos são limitados e o produto é fundamental para os compradores. O paciente que precisa comprar drogas de combate ao câncer não tem poder sobre o preço e deve pagar o que a empresa farmacêutica pede, porque há poucas alternativas disponíveis.

Usar sistemas de informação para encontrar produtos alternativos é uma maneira de diminuir o poder do fornecedor. Hoje, pacientes com câncer podem usar a Internet para pesquisar medicamentos e práticas alternativas, algo quase impossível poucas décadas atrás. Os compradores também podem usar os sistemas de informação para formar grupos ou colaborar com outros compradores, aumentando o tamanho do grupo comprador e reduzindo o poder do fornecedor. Em um exemplo hipotético, um grupo de 30 mil alunos de uma universidade tem muito mais poder sobre o preço de compra de laptops do que um único estudante.[7]

AMEAÇA DE PRODUTOS OU SERVIÇOS SUBSTITUTOS

A *ameaça de produtos ou serviços substitutos* é elevada quando há muitas alternativas para um produto ou serviço; e baixa quando há poucas alternativas disponíveis. Os viajantes, por exemplo, têm vários substitutos para o transporte aéreo, como automóveis, trens e barcos. A tecnologia ainda torna possível a videoconferência e reuniões virtuais, eliminando a necessidade de algumas viagens de negócios. De preferência, uma empresa adoraria estar em um mercado em que há poucos substitutos dos produtos ou serviços que oferece.

FIGURA 2.3
Cadeia de fornecimento tradicional.

Fornecedores → Empresa → Clientes

A Polaroid teve essa vantagem competitiva exclusiva por muitos anos, até não observar a inteligência competitiva. Posteriormente, a empresa foi à falência, quando as pessoas começaram a tirar fotos digitais com qualquer aparelho, de câmeras de vídeo a telefones celulares.

A empresa pode reduzir a ameaça de substitutos ao oferecer valor adicional, ampliando distribuição do produto. Os fabricantes de refrigerantes distribuem seus produtos por meio de máquinas de venda automática, postos de gasolina e lojas de conveniência, aumentando a disponibilidade de refrigerantes em relação a outras bebidas. As empresas também podem oferecer vários serviços complementares, diminuindo a ameaça do produto substituto. Os iPhones, por exemplo, incluem recursos para jogos, vídeos e música, o que faz o telefone celular tradicional não ser um substituto.[8]

AMEAÇA DE NOVOS PARTICIPANTES

A *ameaça de novos participantes* é alta quando a entrada de novos concorrentes em um mercado é fácil, e é baixa quando há obstáculos significativos ao ingresso no mercado. A *barreira de entrada* é uma característica de um produto ou serviço pelo qual os clientes esperam, e os concorrentes que entram devem oferecer o mesmo para sobreviver. Um novo banco, por exemplo, deve oferecer aos seus clientes uma gama de serviços providos pelos sistemas de informação, incluindo caixas eletrônicos, pagamento de contas pela Internet e acompanhamento online da conta. Essas são barreiras significativas para novas empresas que entram no setor bancário. Ao mesmo tempo, o primeiro banco a oferecer esses serviços ganhou uma valiosa vantagem do pioneirismo, mas apenas temporariamente, pois outros concorrentes do setor desenvolveram os seus próprios serviços de sistemas de informação.[9]

RIVALIDADE ENTRE OS CONCORRENTES EXISTENTES

A *rivalidade entre os concorrentes existentes* é elevada quando a concorrência é feroz em um mercado, e baixa quando os concorrentes são mais complacentes. Embora a concorrência seja sempre mais intensa em algumas áreas do que em outras, a tendência geral é o aumento da concorrência em quase todos os setores. A indústria dos supermercados de varejo é intensamente competitiva. Kroger, Safeway e Albertsons, nos Estados Unidos, disputam de muitas maneiras diferentes, essencialmente tentando vencer ou empatar nos preços. A maioria das redes de supermercados tem implementado programas de fidelidade para oferecer aos clientes descontos especiais, ao mesmo tempo que reúnem informações valiosas sobre hábitos de compra desses consumidores. No futuro, espere para ver mercearias usando tecnologias sem fio que rastreiam os movimentos dos clientes em toda a loja para determinar as sequências de compra.

A *diferenciação de produtos* ocorre quando uma empresa desenvolve diferenças únicas em seus produtos ou serviços com a intenção de influenciar a demanda. As empresas podem usar a diferenciação para reduzir a rivalidade. Enquanto muitas empresas vendem livros e vídeos na Internet, a Amazon, por exemplo, diferencia-se por utilizar os perfis de clientes. Quando um cliente acessa várias vezes o Amazon.com, a empresa começa a oferecer produtos sob medida para esse cliente, com base no seu perfil. Dessa forma, a Amazon tem reduzido o poder dos seus rivais, oferecendo aos seus clientes um serviço diferenciado.

Recapitulando: o Modelo das Cinco Forças ajuda os gestores a definir a estratégia de negócios ao identificar a estrutura competitiva e o ambiente econômico de uma indústria. Se as forças forem fortes, aumentam o poder de concorrência; se forem fracas, diminuem o poder de concorrência (veja a Figura 2.4)[10].

ANÁLISE DO SETOR AÉREO

Vamos reunir as Cinco Forças de Porter para examinar as forças competitivas que moldam uma indústria e destacar estratégias de negócios para ajudá-la a manter-se competitiva. Suponha que uma empresa de transporte esteja decidindo se vai entrar no setor de aviação comercial. Se realizada corretamente, a análise das cinco forças deve determinar que essa é uma estratégia de negócios altamente arriscada, porque todas as cinco forças são fortes. Assim, será difícil ter lucro.

	Força fraca: diminui a concorrência ou poucos concorrentes	Força forte: aumenta a concorrência ou muitos concorrentes
Poder de compra	Uma cadeia hoteleira internacional compra leite.	Um único consumidor compra leite
Poder do fornecedor	Uma empresa que fabrica motores de avião.	Uma empresa que fabrica lápis
Ameaça de produtos ou serviços substitutos	Medicamentos contra o câncer de uma empresa farmacêutica.	Café do McDonald's
Ameaça de novos participantes	Uma equipe de hóquei profissional.	Uma empresa de passeio com cães
Rivalidade entre concorrentes existentes	Departamento de veículos motorizados.	Um café

FIGURA 2.4
Exemplos de força e fraqueza das Cinco Forças de Porter.

	Força forte (alta): aumenta a concorrência ou muitos concorrentes
Poder de compra	Muitas companhias aéreas para os compradores escolherem, forçando a concorrência com base no preço.
Poder do fornecedor	Número limitado de fabricantes de aviões e motores para escolher, além de trabalhadores sindicalizados.
Ameaça de produtos ou serviços substitutos	Muitos substitutos, incluindo carros, trens e ônibus. Até mesmo substitutos a viagens, como videoconferências e reuniões virtuais.
Ameaça de novos participantes	Muitas novas companhias aéreas que entram no mercado o tempo todo, incluindo as mais recentes de táxi aéreo.
Rivalidade entre concorrentes existentes	Concorrência intensa – muitos rivais.

FIGURA 2.5
Modelo das Cinco Forças na indústria aeronáutica.

- **Poder de compra:** O poder de compra é alto, porque os clientes têm muitas companhias aéreas para escolher e, normalmente, compram com base no preço, não em função das companhias.
- **Poder do fornecedor:** O poder do fornecedor é alto, já que a escolha de aviões e motores é limitada e a mão de obra sindicalizada (força de trabalho) restringe os lucros das companhias aéreas.
- **Ameaça de produtos ou serviços substitutos:** A ameaça de produtos substitutos é elevada, com muitas alternativas de transporte, incluindo automóveis, trens e barcos, e com substitutos ao transporte, como videoconferência e reuniões virtuais.
- **Ameaça de novos participantes:** A ameaça de novos participantes é alta porque novas companhias aéreas estão continuamente entrando no mercado, incluindo as de táxi aéreo, que oferecem serviço de transporte de baixo custo e sob demanda.
- **Rivalidade entre concorrentes existentes:** A rivalidade no setor aéreo é alta, e sites como o Travelocity.com forçam as empresas a competir na questão do preço (veja a Figura 2.5).[11]

As três estratégias genéricas – escolha de um foco de negócios

OA 2.3 Comparar as três estratégias genéricas de Porter.

Uma vez que a alta administração tenha avaliado a atratividade relativa de uma indústria e decidido entrar nela, a empresa deve formular uma estratégia para fazer isso. Se nossa companhia de exemplo decidiu ingressar no setor aéreo, poderia competir como uma companhia aérea de baixo custo e sem mordomias, ou como uma companhia aérea de luxo, que fornece serviço acima da média e conforto de primeira classe. As duas opções oferecem diferentes maneiras de alcançar vantagens competitivas em um mercado saturado. O operador de baixo custo economiza em despesas e transfere a economia para os clientes na forma de preços baixos. A companhia aérea de luxo gasta em serviços sofisticados e comodidades de primeira classe e passa os custos ao cliente na forma de preços elevados.

Porter identificou três estratégias genéricas de negócios para entrar em um novo mercado: (1) ampla liderança de custos, (2) ampla diferenciação e (3) estratégia focada. Estratégias amplas atingem um grande segmento de mercado, enquanto estratégias focadas atingem um nicho de mercado único com liderança de custos ou diferenciação. Tentar ser tudo para todos é a receita do desastre, pois isso torna difícil projetar uma imagem coerente para todo o mercado. Por essa razão, Porter sugere a adoção de apenas uma das três estratégias genéricas mostradas na Figura 2.6.[12]

A Figura 2.7 aplica as três estratégias a empresas reais, demonstrando as relações entre as estratégias (liderança de custos *versus* diferenciação) e segmentação de mercado (ampla *versus* focada).

- **Mercado amplo e baixo custo:** O Walmart concorre por meio da oferta de uma ampla gama de produtos a preços baixos. Sua estratégia de negócio é ser um provedor de baixo custo de produtos para o consumidor consciente dos custos.
- **Mercado amplo e alto custo:** A Neiman Marcus concorre oferecendo uma ampla gama de produtos diferenciados a preços elevados. Sua estratégia de negócios oferece diversos itens especiais e de liderança de alto nível a consumidores de alta renda.
- **Mercado restrito e baixo custo:** A Payless concorre oferecendo um produto específico – sapatos – a preços baixos. Sua estratégia de negócio é ser um fornecedor de baixo custo de sapatos. A Payless concorre com o Walmart, que também vende sapatos de baixo custo, com uma seleção bem mais ampla de tamanhos e estilos.
- **Mercado restrito e alto custo:** A Tiffany & Co. concorre fornecendo um produto diferenciado – joias – a preços elevados. Sua estratégia de negócios permite à empresa ser um fornecedor de alto custo de joias dos melhores designers para consumidores ricos.

FIGURA 2.6
Três estratégias genéricas de Porter.

	Estratégia de custos	
	Baixo custo	**Alto custo**
Mercado amplo	Liderança de custos	Diferenciação
Mercado restrito	Estratégia focada	

(Âmbito competitivo)

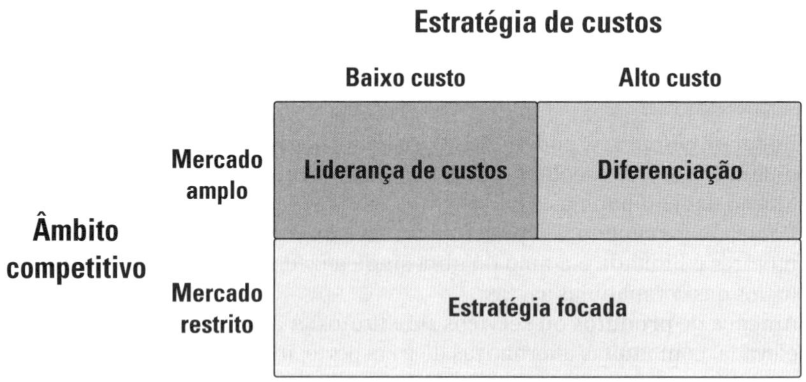

FIGURA 2.7
Exemplos das três estratégias genéricas de Porter.

	Estratégia de custos	
	Baixo custo	**Alto custo**
Mercado amplo	Walmart	Neiman Marcus
Mercado restrito	Payless Shoes	Tiffany & Co.

(Âmbito competitivo)

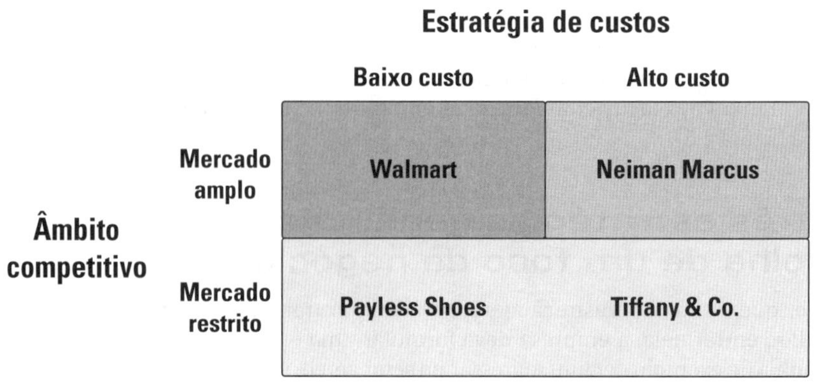

Análise da cadeia de valor – execução de estratégias de negócios

OA 2.4 Demonstrar como uma empresa pode agregar valor por meio da análise da cadeia de valor de Porter.

As empresas auferem lucros recolhendo matérias-primas, que passam por um processo de negócios, para transformá-las em um produto ou serviço que os clientes vão achar valioso. O *processo de negócio* é um conjunto de atividades padronizado que realiza uma tarefa específica, como o atendimento do pedido de um cliente. Depois que uma empresa identifica a indústria em que quer entrar e a estratégia genérica em que vai se concentrar, deve então escolher os processos de negócios necessários para criar seus produtos ou serviços. Obviamente, a empresa vai querer garantir que os processos agreguem valor e criem vantagens competitivas. Para identificar essas vantagens competitivas, Michael Porter criou a *análise da cadeia de valor*, que vê a empresa como uma série de processos de negócios, cada qual agregando valor ao produto ou serviço.

A análise da cadeia de valor é uma ferramenta útil para determinar a forma de criar o maior valor possível para os clientes (ver Figura 2.8). O objetivo dessa análise é identificar os processos em que a empresa pode agregar valor ao cliente e criar uma vantagem competitiva para a própria empresa, com uma vantagem de custos ou de diferenciação do produto.

A *cadeia de valor* agrupa as atividades da empresa em duas categorias: atividades de valor primário e atividades de valor de apoio. As *atividades de valor primário*, mostradas na parte inferior da cadeia de valor da Figura 2.8, adquirem matérias-primas e fabricam, distribuem, comercializam, vendem e prestam serviços de pós-venda.

1. **Logística de entrada:** adquire matérias-primas e recursos e distribui para a produção, conforme necessário.
2. **Operações:** transforma matérias-primas ou insumos em produtos e serviços.
3. **Logística de saída:** distribui produtos e serviços aos clientes.
4. **Marketing e vendas:** promove, determina preços e vende produtos para os clientes.
5. **Serviço:** fornece suporte ao cliente após a venda de bens e serviços.[13]

As *atividades de valor de apoio*, na parte superior da cadeia de valor da Figura 2.8, incluem infraestrutura da empresa, gestão de recursos humanos, desenvolvimento de tecnologia e aquisições. Não é de surpreender que apoiem as atividades de valor primário.

- **Infraestrutura da empresa:** inclui o formato da empresa ou estruturas departamentais, ambiente e sistemas.
- **Gestão de recursos humanos:** fornece treinamento, contratação e remuneração de funcionários.
- **Desenvolvimento de tecnologia:** aplica sistemas de informação aos processos para agregar valor.
- **Aquisições:** compra insumos, como matérias-primas, recursos, equipamentos e suprimentos.

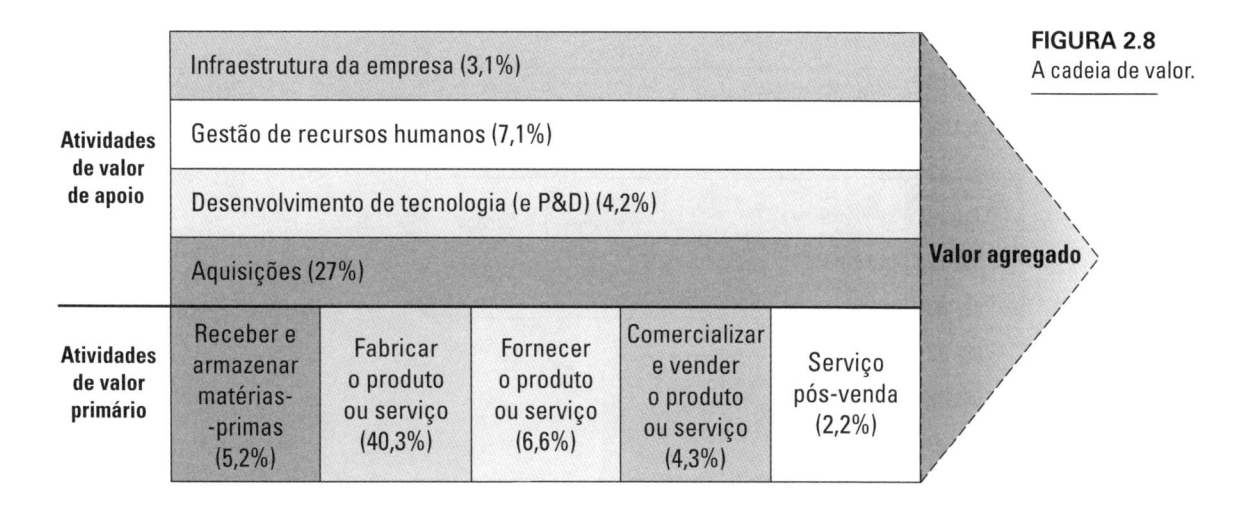

FIGURA 2.8 A cadeia de valor.

Atividades de valor de apoio	Infraestrutura da empresa (3,1%)				
	Gestão de recursos humanos (7,1%)				
	Desenvolvimento de tecnologia (e P&D) (4,2%)				
	Aquisições (27%)				
Atividades de valor primário	Receber e armazenar matérias-primas (5,2%)	Fabricar o produto ou serviço (40,3%)	Fornecer o produto ou serviço (6,6%)	Comercializar e vender o produto ou serviço (4,3%)	Serviço pós-venda (2,2%)

Valor agregado

É fácil entender como uma empresa de manufatura típica pega matérias-primas, como polpa de celulose, e a transforma em papel. Agregar valor neste exemplo pode incluir o uso de matérias-primas de alta qualidade ou a oferta de remessa grátis no dia seguinte para qualquer pedido. No entanto, como pode uma empresa de serviços típica pegar matérias-primas, como tempo, conhecimento e sistemas de informação, e transformá-los em conhecimento valioso de atendimento ao cliente? Um hotel pode usar um sistema de informação para controlar reservas de clientes e então informar aos funcionários da recepção quando um cliente fiel faz check-in, para que o funcionário possa chamá-lo pelo nome e oferecer serviços adicionais, cestas de presente ou quartos de nível superior. Examinar a empresa como uma cadeia de valor permite aos gestores identificar processos de negócios importantes que agregam valor aos clientes e, em seguida, encontrar soluções de sistemas de informação que apoiem esses processos.

Ao realizar uma análise da cadeia de valor, a empresa pode perguntar aos clientes sobre o quanto eles acreditam que cada atividade agrega valor ao produto ou serviço. Essa etapa dá respostas que a empresa pode medir, como mostrado nos percentuais da Figura 2.9, para descrever como cada atividade agrega (ou reduz) valor. Depois, a decisão de vantagem competitiva para a empresa é (1) direcionar atividades de valor agregado alto para melhorar ainda mais o seu valor, (2) direcionar atividades de baixo valor agregado para aumentar seu valor ou (3) realizar uma combinação dos dois processos.

Um SIGE agrega valor para as duas atividades, de valor primário e de apoio. Um exemplo de atividade de valor primário facilitada pelo SIGE é o desenvolvimento de um sistema de gestão de campanhas de marketing capaz de direcionar esse tipo de campanha de forma mais eficiente, reduzindo, assim, os custos. O sistema também ajudaria a empresa a identificar melhor as necessidades do mercado-alvo, aumentando, assim, as vendas. Um exemplo de atividade de valor de apoio facilitada pelo SIGE é o desenvolvimento de um sistema de recursos humanos que pode, de forma mais eficiente, recompensar os funcionários com base no desempenho. O sistema pode também identificar os funcionários que apresentam risco de pedir demissão, dando aos gerentes tempo para encontrar desafios e oportunidades adicionais que ajudem a manter esses funcionários e, deste modo, reduzir os custos da rotatividade.

A análise da cadeia de valor é uma ferramenta muito útil que fornece números concretos e rápidos de avaliação das atividades que agregam valor aos produtos e serviços. Os gestores podem encontrar valor adicional com a análise e criação da cadeia de valor nos termos do Modelo das Cinco Forças de Porter (ver Figura 2.9). Por exemplo, se o objetivo

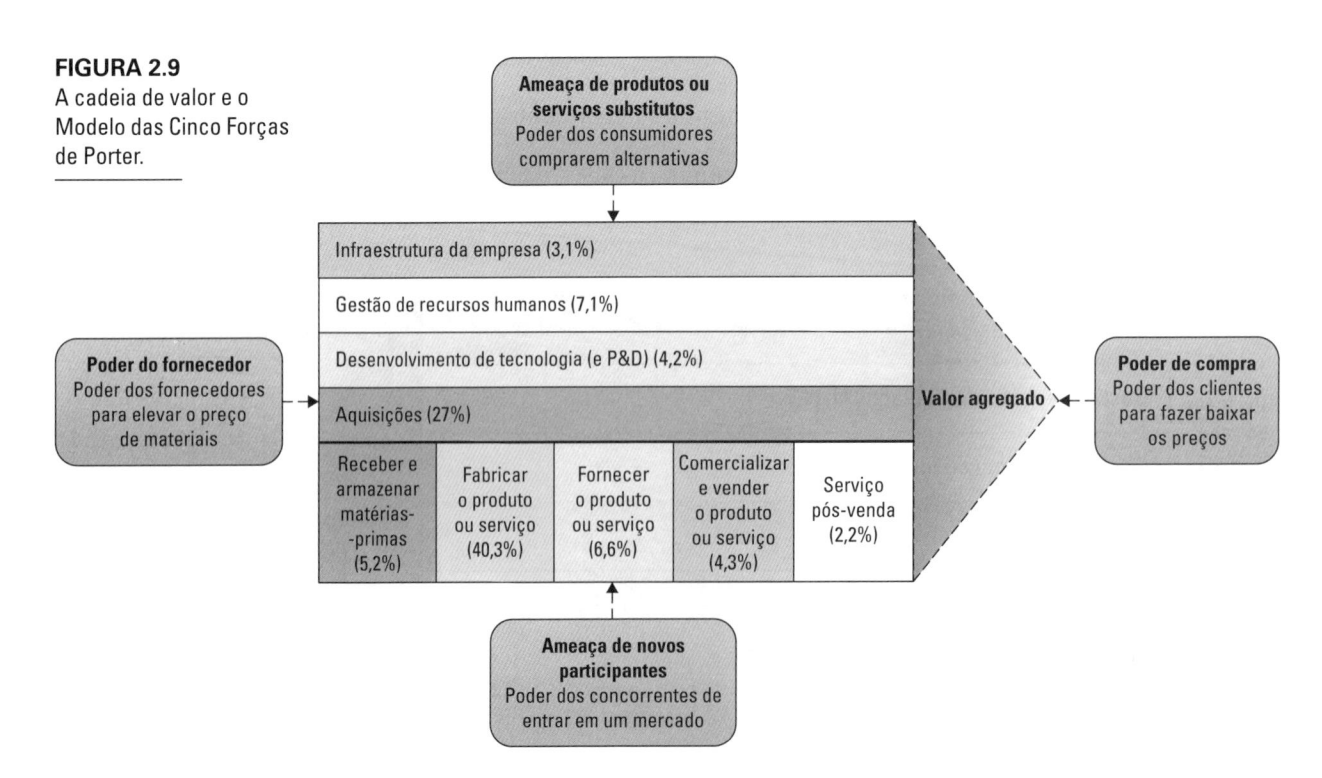

FIGURA 2.9
A cadeia de valor e o Modelo das Cinco Forças de Porter.

é diminuir o poder de compra, uma empresa pode desenvolver a sua atividade de cadeia de valor de "serviço pós-venda", oferecendo altos níveis de atendimento ao cliente. Isso vai aumentar os custos de troca dos clientes e reduzir seu poder. Analisar e desenvolver atividades de valor de apoio pode ajudar a diminuir a ameaça de novos participantes. Analisar e criar atividades de valor primário pode ajudar a diminuir a ameaça de produtos ou serviços substitutos. A avaliação das três estratégias de negócios de Porter é fundamental. As empresas devem se adaptar continuamente aos seus ambientes competitivos, o que pode fazer a estratégia de negócios mudar.[14]

QUESTÕES SOBRE O CASO DA UNIDADE

1. Como a Apple pode usar a inteligência competitiva para obter inteligência de negócios?
2. Usando o Modelo das Cinco Forças de Porter, analise o poder de compra e o poder de fornecedor da Apple.
3. Qual das três estratégias genéricas a Apple está seguindo?
4. Qual das Cinco Forças de Porter a Apple adotou com o lançamento do iPhone e de aplicativos para iPhone desenvolvidos pelo cliente?

CASO DO CAPÍTULO 2: Entrevista da *BusinessWeek* com Michael Porter

O professor de Harvard e autor popular explica o "paradoxo da localização" e fala sobre os desafios competitivos enfrentados pelos Estados Unidos. Desde o seu livro de 1990, *A Vantagem Competitiva das Nações*, o professor de Administração de Harvard Michael Porter tem sido considerado uma das maiores autoridades em desenvolvimento econômico de nações, regiões e cidades. Como acadêmico e consultor, Porter é mais conhecido por seu trabalho sobre a importância do desenvolvimento de polos industriais especializados – elevadas concentrações de empresas em um setor, como os de semicondutores, automóveis ou têxteis. Em uma entrevista com Pete Engardio, Porter explica por que acredita que a globalização tem realmente tornado os polos industriais e as vantagens locais ainda mais importantes, em vez de enfraquecê-los.

Se a globalização significa que o trabalho, a tecnologia e o dinheiro agora podem ir para qualquer lugar por meio da Internet, a localização física de uma indústria ainda importa de verdade?
"Eu chamo isso de paradoxo da localização. Se você pensar na globalização, sua primeira reação é achar que a localização não importa mais. Não existem barreiras para o investimento. Mas o paradoxo é que a localização ainda é importante. Os EUA ainda são o espaço mais importante do mundo, por exemplo, e as regiões têm uma enorme especialização. Qualquer coisa que possa ser facilmente acessada a distância não representa mais uma vantagem competitiva. Porém, quanto menos barreiras houver, mais as coisas serão móveis e mais decisivo será o local. Esse ponto pegou de jeito muitas pessoas realmente inteligentes.

"Como resultado, a metade inferior do território dos EUA está enfrentando mais estresse. Muitas cidades costumavam ter uma vantagem natural, apenas porque estavam nos EUA, mas isso não é mais uma vantagem. Estamos encontrando uma tendência de as regiões ricas ficarem ainda mais ricas".

Como a globalização afetou a ideia de polos regionais?
"Como a globalização continua forte, o que acontece é que os polos devem se tornar mais especializados em locais determinados. A economia global está acelerando o processo pelo qual os polos se concentram mais. Há um polo calçadista na Itália, por exemplo, onde eles continuam a fabricar produtos muito avançados. Design, marketing e tecnologia ainda estão na Itália. Mas grande parte da produção foi deslocada para a Romênia, onde os italianos desenvolveram outro polo. Todas as empresas de produção, na verdade, são de propriedade de italianos. Taiwan fez o mesmo, deslocando a produção para a China. A inovação está em Taiwan, mas suas empresas estão transferindo partes dos polos que não precisam estar lá".

Quais são as grandes diferenças na forma como as comunidades abordam o desenvolvimento hoje, em comparação com 1990, quando o senhor escreveu *A Vantagem Competitiva das Nações*?
"Ocorreu uma enorme mudança nos últimos 15 ou 20 anos. Antes da publicação de *A vantagem competitiva...*, a visão dominante era a de que você precisa manter custos baixos, oferecer incentivos e dispor de um departamento de desenvolvimento que vá atrás de investimento. Eu acho que o nível de sofisticação aumentou, em nível estadual e local. Agora entendem que a competitividade não significa apenas custos baixos.

"Outra grande mudança desde 20 anos atrás é que a noção de polos industriais agora é praticamente onipresente. Muitas regiões atualmente consideram o desenvolvimento nesses termos, e têm identificado centenas e centenas de diferentes polos. Acho que o fato de o crescimento de produtividade ter aumentado significativamente mostra que o desenvolvimento econômico tem sido um grande sucesso ao longo dos últimos anos".

Se cada comunidade está desenvolvendo os mesmos polos industriais, como é que eles se destacam?
"Penso que é muito importante compreender que o nível aumentou substancialmente. Tudo é importante agora. As escolas são importantes. As estradas são importantes. Você tem de compreender que se trata de uma maratona. Além disso, você não pode tentar construir polos por toda parte e estar em todos os lugares. Você tem de criar a partir de seus pontos fortes".

Muitas autoridades locais nos EUA falam bastante sobre a colaboração entre universidades, empresas e governos de toda uma região. Isso é novidade?
"Há um crescente reconhecimento de que a interação entre uma região ou área metropolitana e seus vizinhos é importante. A sobreposição entre os polos é muito importante para estimular o crescimento. Polos isolados são menos poderosos do que os integrados. Isso porque novos polos frequentemente crescem fora dos antigos. Também acho que há mais reconhecimento de que você precisa de muita colaboração entre empresas de determinada região. As empresas percebem que têm vários problemas em comum. Enquanto isso, as universidades costumavam ser vistas como instituições autônomas. Agora, mais economias regionais consideram as universidades como participantes e as estão integrando nos polos industriais".

Será que os EUA têm um problema de competitividade?
"Acho que os EUA estão enfrentando alguns desafios muito sérios. Mas os fatores mais importantes da competitividade não são nacionais. São regionais e locais. As políticas e circunstâncias nacionais explicam cerca de 20 a 25% dos motivos pelos quais uma economia regional está indo bem. O que realmente importa é o lugar onde estão baseadas as competências e instituições altamente competitivas. Alguns desses ativos demoram muito tempo para ser criados. Mas a competitividade está, essencialmente, no âmbito das regiões".[15]

Questões

1. No ambiente global de negócios de hoje, a localização física de uma empresa é importante?
2. Por que a colaboração entre as universidades é significativa?
3. Existe um problema de competitividade nos Estados Unidos?
4. Quais são as grandes diferenças na forma como as comunidades abordam o desenvolvimento hoje em comparação com 1990, quando Porter escreveu *A Vantagem Competitiva das Nações*?

CAPÍTULO 3
Iniciativas estratégicas para a implementação de vantagens competitivas

OBJETIVOS DE APRENDIZAGEM

3.1. Identificar como uma organização pode utilizar a reengenharia de processos de negócios para melhorar suas atividades.

3.2. Explicar o gerenciamento da cadeia de fornecimento e seu papel em um negócio.

3.3. Explicar os sistemas de gestão do relacionamento com clientes e como eles podem ajudar as organizações a compreender os consumidores.

3.4. Resumir a importância dos sistemas de planejamento de recursos empresariais.

Reengenharia de processos de negócios

Este capítulo apresenta iniciativas estratégicas sofisticadas que uma organização pode realizar para ajudá-la a obter vantagens competitivas e eficiência do negócio: reengenharia de processos de negócios, gerenciamento da cadeia de fornecimento, gestão do relacionamento com o cliente e planejamento de recursos empresariais (ver Figura 3.1). Cada uma dessas iniciativas estratégicas é vista em detalhes ao longo do livro. Este capítulo fornece apenas uma breve introdução.

O *processo de negócio* é um conjunto padronizado de atividades que realizam uma tarefa específica, como o processamento de pedidos de um cliente. Os processos de negócio transformam um conjunto de insumos em um conjunto de produtos – bens ou serviços – para outra pessoa ou processo, por meio do uso de pessoas e ferramentas. Compreender os processos de negócio ajuda os gerentes a imaginar como a companhia inteira funciona. O *fluxo de trabalho (workflow)* inclui as tarefas, atividades e responsabilidades necessárias para executar cada passo de um processo de negócio. Compreender os

OA 3.1 Identificar como uma organização pode utilizar a reengenharia de processos de negócios para melhorar suas atividades.

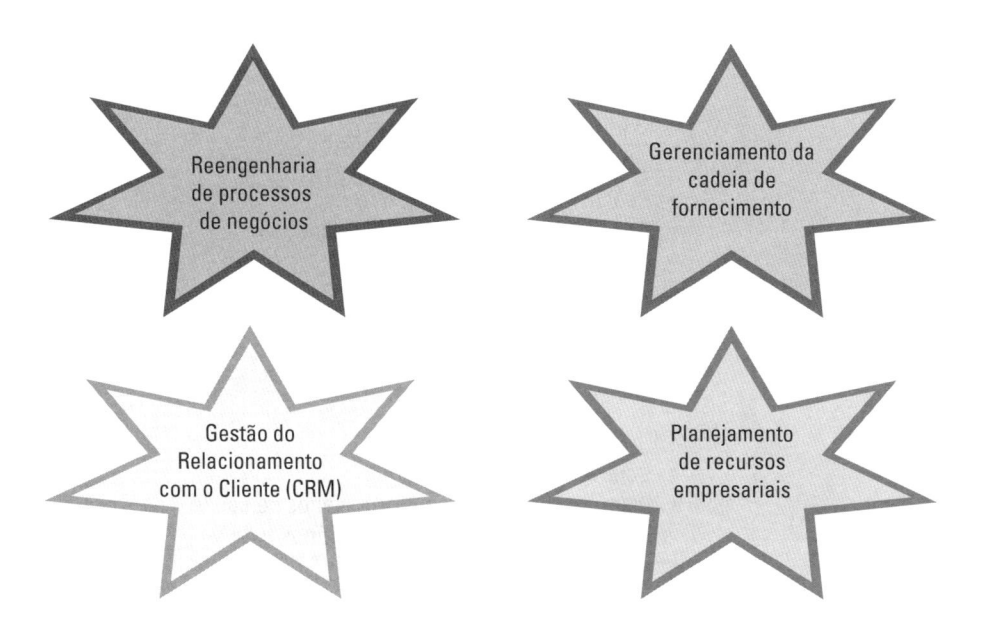

FIGURA 3.1
Iniciativas estratégicas para vantagens competitivas.

- Reengenharia de processos de negócios
- Gerenciamento da cadeia de fornecimento
- Gestão do Relacionamento com o Cliente (CRM)
- Planejamento de recursos empresariais

processos de negócios, fluxo de trabalho, expectativas dos clientes e também o ambiente competitivo dá aos gerentes os ingredientes necessários para projetar e avaliar processos de negócios alternativos, a fim de manter vantagens competitivas quando as circunstâncias internas ou externas mudarem.

A *reengenharia de processos de negócios (BPR – Business Process Reengineering)* é a análise e reestruturação do fluxo de trabalho dentro e entre empresas. A maioria das empresas se orgulha de fornecer produtos e serviços inovadores aos clientes. Mas se os clientes não recebem o que querem com rapidez, precisão e facilidade, até mesmo ofertas fantásticas não impedirão que a empresa tenha consumidores irritados e, finalmente, acabe com o próprio desempenho financeiro comprometido. Para evitar essa armadilha e proteger a sua vantagem competitiva, a empresa deve sempre avaliar todos os processos de negócios em sua cadeia de valor. Melhorar a eficiência e a eficácia de seus processos de negócio vai melhorar a cadeia de valor da empresa.

Os processos de negócios comuns descritos na Figura 3.2 refletem o pensamento funcional. Alguns processos, como um processo de programação, podem ser inteiramente acomodados em um único departamento. No entanto, a maioria, como o pedido de produtos, é multidisciplinar e interdepartamental, abrangendo toda a organização. O processo de "encomenda à entrega" centra-se no processo de pedido do cliente como um todo pela totalidade dos departamentos funcionais (ver Figura 3.3). Outro exem-

FIGURA 3.2
Amostra de processos de negócio.

Contabilidade e finanças
- Criação de demonstrações financeiras
- Pagamento de contas a pagar
- Coleta de contas a receber

Marketing e vendas
- Promoção de descontos
- Comunicação de campanhas de marketing
- Atração de clientes
- Processamento de vendas

Gestão de operações
- Pedido de itens para estoque
- Criação de programações de produção
- Manufatura de bens

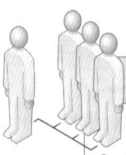

Recursos humanos
- Contratação de funcionários
- Inscrição de funcionários em planos de saúde
- Monitoramento de períodos de férias e de licenças de saúde

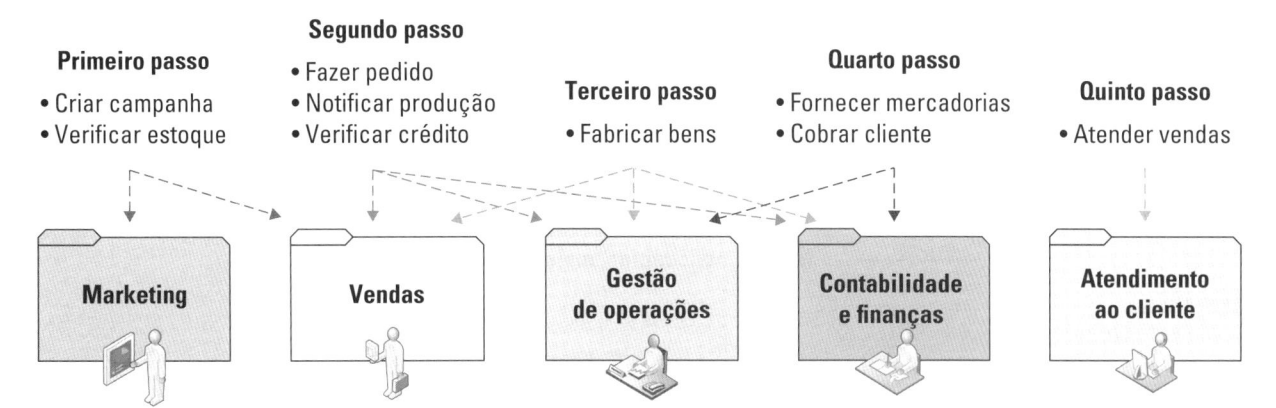

Primeiro passo
- Criar campanha
- Verificar estoque

Segundo passo
- Fazer pedido
- Notificar produção
- Verificar crédito

Terceiro passo
- Fabricar bens

Quarto passo
- Fornecer mercadorias
- Cobrar cliente

Quinto passo
- Atender vendas

Marketing | Vendas | Gestão de operações | Contabilidade e finanças | Atendimento ao cliente

FIGURA 3.3
Cinco etapas no processo de negócio "da encomenda à entrega".

plo é a "concepção do produto", que inclui não só a forma como um produto é desenvolvido, mas também como é comercializado e oferecido. Outros processos de negócio multifuncionais são levar um produto do conceito para o mercado, conquistar clientes, processar empréstimos, prestar serviço de pós-vendas, processar pedidos e lidar com reservas.

Processos voltados para o cliente, também chamados de processos de *front-office*, resultam em um produto ou serviço recebido pelo cliente externo de uma organização. Incluem o atendimento de pedidos, a comunicação com os clientes e o envio de contas e informações de marketing. ***Processos voltados para o negócio***, também chamados de processos de *back-office*, são invisíveis para o cliente externo, mas essenciais para a gestão eficaz do negócio. Incluem o estabelecimento de metas, planejamento do dia a dia, envio de *feedback* de desempenho e recompensas e alocação de recursos. A Figura 3.4 exibe as diferentes categorias de processos voltados para o negócio e para o cliente, com um exemplo de cada um. A visão estratégica de uma empresa deve orientar quais processos de negócios são fundamentais, isto é, que estão diretamente ligados a fatores críticos de sucesso da empresa. O mapeamento desses processos de negócio para a cadeia de valor revela onde os processos atingem os clientes e afetam sua percepção de valor.

A Figura 3.5 destaca uma analogia com a reengenharia de processos de negócio, explicando os diferentes meios de viajar pela mesma rota. A empresa poderia melhorar a forma como viaja ao alterar o meio a pé para o cavalo e depois para carro. Com uma mentalidade BPR, no entanto, olharíamos para além de automatizar e simplificar, a fim de se encontrar uma abordagem completamente diferente. Isso seria ignorar a estrada e a viagem aérea para ir do ponto A ao ponto B. As empresas muitas vezes seguem o mesmo caminho indireto para fazer negócios, não percebendo que pode haver uma maneira diferente, mais rápida e mais direta.

Criar valor para o cliente é a razão principal para instituir o BPR, e o SIGE muitas vezes desempenha um importante papel facilitador. De fato, os novos processos de negócios fizeram a empresa Progressive Insurance reduzir o tempo de seus sinistros, de 31 dias para quatro horas, por exemplo. Normalmente, as empresas de seguro de automóveis seguem este processo padrão de resolução de reclamações: o cliente se envolve em um acidente, tem o carro rebocado e ganha uma carona para casa. Em seguida, ele chama a companhia de seguros para começar o processo de solicitação, que inclui avaliação dos danos, atri-

FIGURA 3.4
Processos voltados para o cliente, específicos do setor e voltados para a empresa.

Processos voltados para o cliente
- Processamento dos pedidos
- Atendimento ao cliente
- Processo de vendas
- Faturamento do cliente
- Envio do pedido

Processos voltados para o cliente de um setor específico
- Banco – Processamento de empréstimo
- Seguro – Processamento de solicitações
- Governo – Alocação de subvenções
- Hotel – Atendimento de reservas
- Companhia aérea – Manuseio de bagagem

Processos voltados para a empresa
- Planejamento estratégico
- Planejamento tático
- Previsão orçamentária
- Treinamento
- Compra de matérias-primas

FIGURA 3.5
Diferentes formas de percorrer a mesma rota.

——— Melhor, mais rápido, mais barato ———▶

buição de culpa e estimativa do custo dos reparos, o que normalmente leva cerca de um mês (ver Figura 3.6). A inovação da Progressive Insurance foi oferecer um processo móvel de solicitação. Quando o cliente sofre um acidente de carro, ele faz a solicitação no local. O avaliador de solicitações da empresa vai ao local do acidente, observa a cena e tira fotografias digitais. Ele então oferece o pagamento do cliente no local, serviços de reboque e uma carona para casa. Um verdadeiro esforço de BPR faz mais para uma empresa do que simplesmente melhorar um processo ao realizá-lo de um modo melhor, mais rápido e mais barato. O esforço de BPR da Progressive Insurance redefiniu as melhores práticas para todo um setor.

Ao selecionar um processo de negócio para reengenharia, os gerentes inteligentes concentram-se nos principais processos que são cruciais para o desempenho, em vez de processos secundários que têm pouco impacto. O esforço para reestruturar um processo de negócio como atividade estratégica exige uma mentalidade diferente do que a exigida nos programas de melhoria contínua de processos de negócios. Uma vez que as empresas tendem a ignorar a importante contribuição que os processos podem dar para a estratégia, elas muitas vezes comprometem os esforços de melhoria de processos ao lançar mão de seus processos atuais como ponto de partida. Os gestores com foco na reengenharia podem, em vez disso, usar vários critérios para identificar oportunidades:

- O processo tem defeitos?
- É viável esperar que a reengenharia do processo seja bem-sucedida?
- Ele tem um grande impacto sobre a orientação estratégica da empresa?
- Ele afeta significativamente a satisfação do cliente?
- É antiquado?
- Ele já está muito abaixo do máximo de desempenho?
- É crucial para a melhoria da produtividade?
- A economia advinda da automatização será claramente visível?
- O retorno sobre o investimento fruto da implementação é alto e de preferência imediata?

FIGURA 3.6
Reengenharia dos processos de solicitação de pagamento do seguro de automóvel.

Empresa A: Processo de resolução das solicitações

Prazo da resolução: 3–8 semanas

Progressive Insurance: Processo de resolução das solicitações

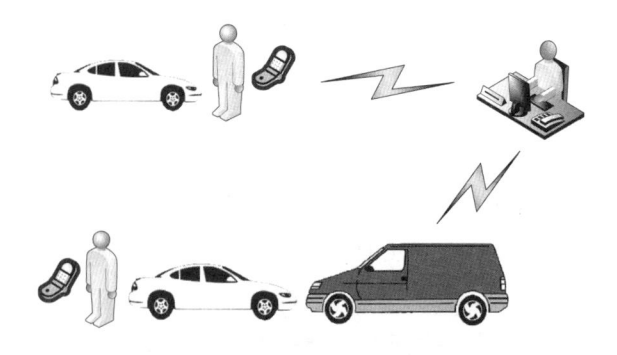

Prazo da resolução: 30 minutos–3 horas

Gerenciamento da cadeia de fornecimento

OA 3.2 Explicar o gerenciamento da cadeia de fornecimento e seu papel em um negócio.

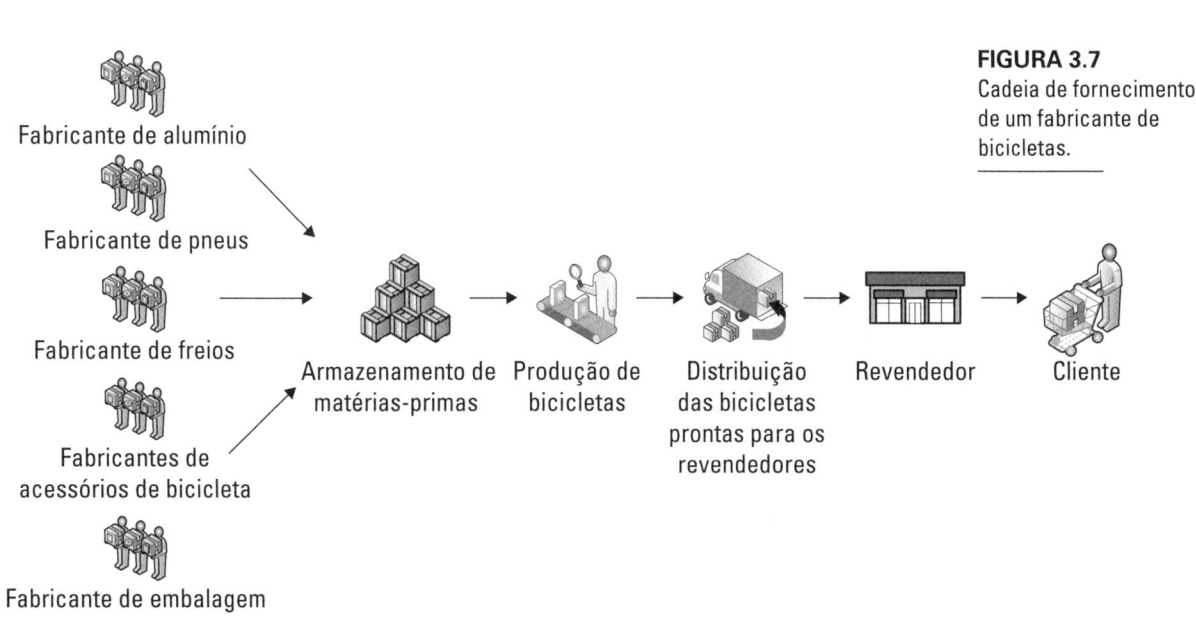

A Trek, líder em produtos e acessórios para bicicletas, ganhou mais de 30% do mercado mundial ao simplificar operações por meio da implementação de vários sistemas de TI. De acordo com Jeff Stang, diretor de TI e contabilidade operacional, a melhoria mais significativa realizada a partir dos novos sistemas foi a capacidade de obter informações fundamentais de gerenciamento para tomar decisões de negócios alinhadas com os objetivos estratégicos da empresa. Outros resultados do sistema incluíam um site de grande sucesso desenvolvido para os 1.400 revendedores da Trek, onde eles podiam fazer pedidos diretamente, verificar a disponibilidade do estoque e visualizar resumos de contas a receber e de créditos. Tonja Green, gerente de canais da Trek para a América do Norte, declarou: "Queríamos oferecer aos nossos revendedores uma maneira mais fácil e mais rápida de registrar seus pedidos e obter informações. Todas as semanas o número de pedidos pela Web aumenta em 25 a 30%, devido ao novo sistema".

A *cadeia de fornecimento* inclui todas as partes envolvidas, direta ou indiretamente, na obtenção de matérias-primas ou produtos. Para entender a cadeia de fornecimento, considere o cliente que compra uma bicicleta Trek de um revendedor. De um lado, a cadeia de fornecimento tem o cliente que faz o pedido de uma bicicleta junto ao revendedor. O comerciante compra a bicicleta do fabricante, a Trek. A Trek adquire matérias-primas, como material de embalagem, metal e acessórios de diversos fornecedores diferentes para fabricar a bicicleta. A cadeia de fornecimento da Trek engloba todas as atividades e partes envolvidas no processo de atendimento do pedido do cliente para a nova bicicleta. A Figura 3.7 exibe uma cadeia de fornecimento típica de um fabricante de bicicletas, incluindo todos os processos e pessoas necessárias para atender o pedido do cliente. A Figura 3.8 destaca as cinco atividades básicas da cadeia de fornecimento que a empresa realiza para fabricar e distribuir produtos. Para automatizar e permitir uma tomada de decisão sofisticada nessas áreas extremamente importantes, as empresas estão se voltando para os sistemas que fornecem previsão de demanda, controle de estoque e fluxos de informações entre fornecedores e clientes.

O *gerenciamento da cadeia de fornecimento (SCM – Supply Chain Management)* é a gestão dos fluxos de informação entre e dentre as atividades da cadeia de fornecimento, para maximizar a eficácia global dessa cadeia e a rentabilidade das empresas. No passado, os esforços de produção concentravam-se principalmente na melhoria da qualidade dentro da empresa; agora esses esforços atingem toda a cadeia de fornecimento, incluindo clientes, clientes dos clientes, fornecedores e fornecedores dos fornecedores. A cadeia de fornecimento de hoje é uma intrincada rede de parceiros de negócios ligados por meio de canais de comunicação e relacionamentos. Os sistemas de gerenciamento da cadeia de fornecimento administram e aprimoram essas relações, com o principal objetivo de criar uma rede rápida, eficiente e de baixo custo de relações comerciais que levam produtos do

FIGURA 3.7
Cadeia de fornecimento de um fabricante de bicicletas.

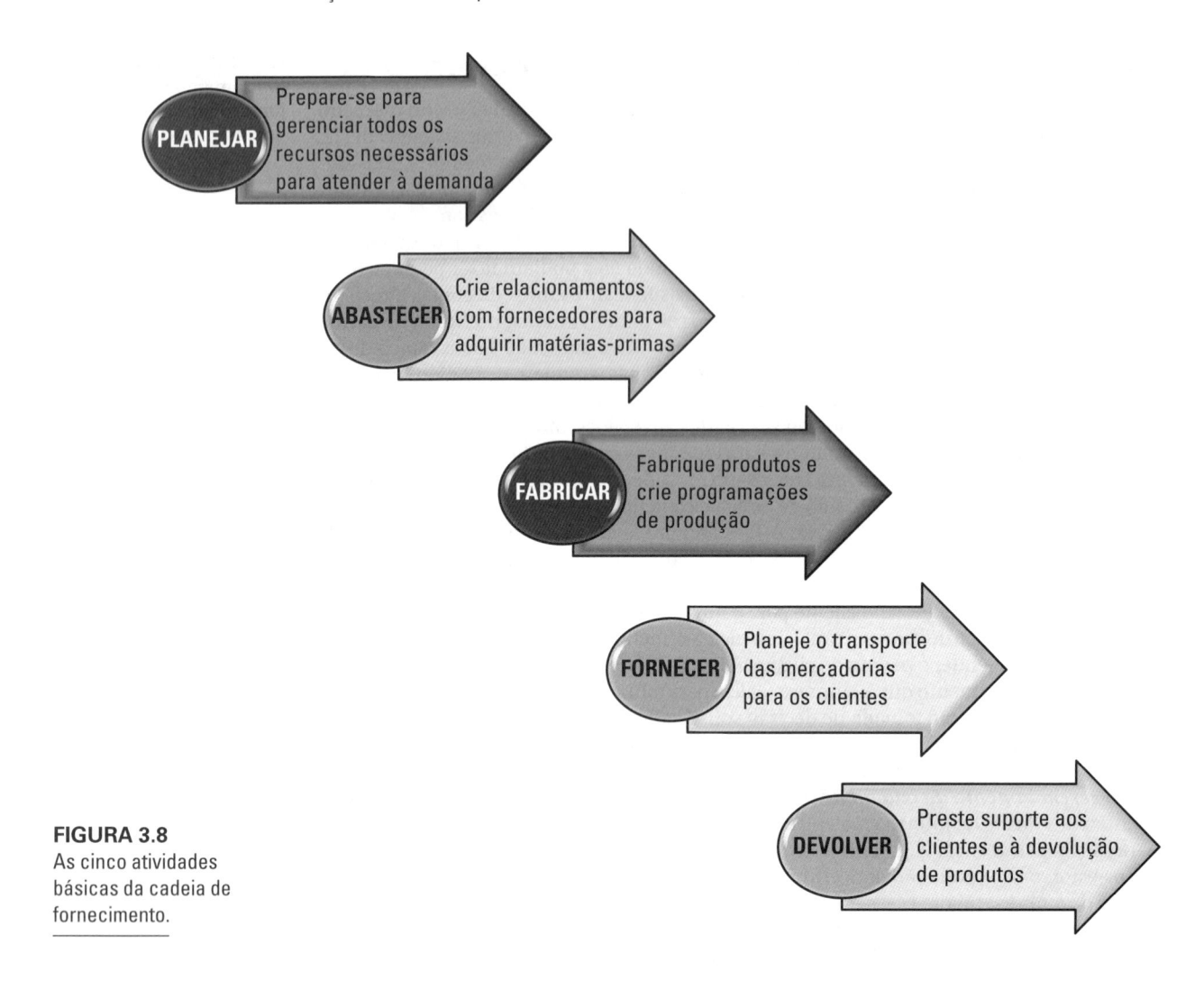

FIGURA 3.8
As cinco atividades básicas da cadeia de fornecimento.

PLANEJAR — Prepare-se para gerenciar todos os recursos necessários para atender à demanda

ABASTECER — Crie relacionamentos com fornecedores para adquirir matérias-primas

FABRICAR — Fabrique produtos e crie programações de produção

FORNECER — Planeje o transporte das mercadorias para os clientes

DEVOLVER — Preste suporte aos clientes e à devolução de produtos

conceito ao mercado. Os sistemas de SCM criam as integrações ou aproximam os elos dos processos e informações entre todos os participantes da cadeia de fornecimento.

São necessárias várias etapas para atingir e realizar cada um dos componentes anteriores. O software de SCM pode habilitar uma organização para gerar eficiências no âmbito dessas etapas, automatizando e melhorando os fluxos de informação pelos e entre diferentes componentes da cadeia de fornecimento.

O Walmart e a Procter & Gamble (P&G) implementaram um sistema de SCM tremendamente bem-sucedido. O sistema ligava os centros de distribuição do Walmart diretamente às centrais de fabricação da P&G. Cada vez que um cliente do Walmart adquire um produto da P&G, o sistema envia uma mensagem à fábrica, alertando a P&G para reabastecer o produto. O sistema também envia um alerta automático para a P&G sempre que o estoque de um produto diminui em um dos centros de distribuição do Walmart. Essa informação em tempo real permite à P&G fabricar e fornecer produtos com eficiência ao Walmart sem ter de manter grandes estoques em seus depósitos. O sistema também gera faturas e recebe pagamentos automaticamente. O sistema de SCM economiza tempo, reduz o estoque e diminui os custos de processamento de pedidos para a P&G. A empresa transfere essas economias ao Walmart na forma de desconto nos preços.[1]

A Figura 3.9 esquematiza as etapas do sistema de SCM para o cliente que compra um produto do Walmart. O diagrama demonstra como a cadeia de fornecimento é dinâmica e envolve o fluxo constante de informações entre as diferentes partes. Por exemplo, o cliente gera informações sobre o pedido de compra ao adquirir um produto do Walmart. O Walmart fornece as informações ao seu depósito ou distribuidor. O depósito ou distribuidor transfere as informações do pedido ao fabricante, que comunica as informações de preços

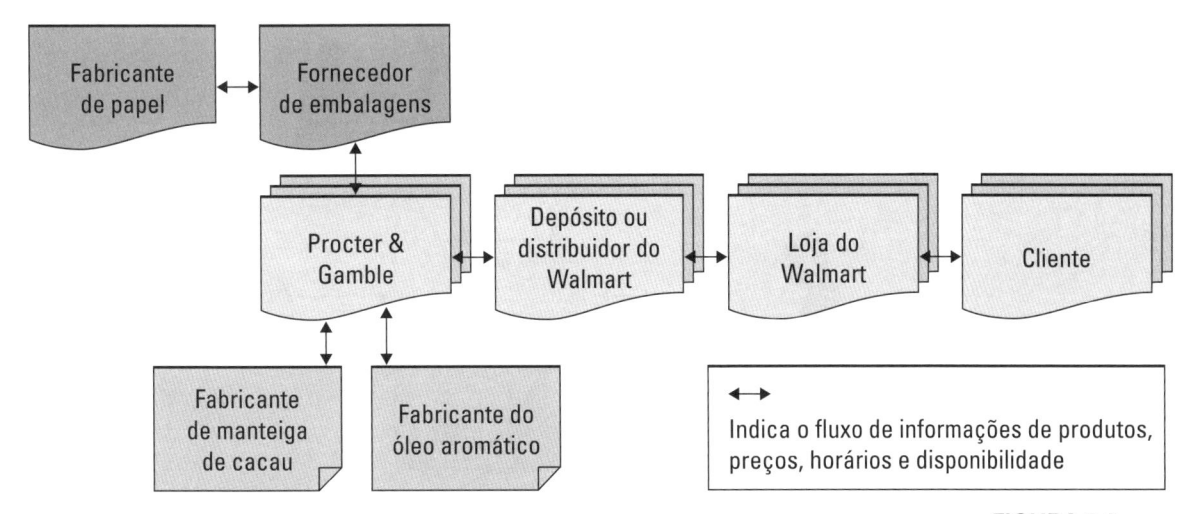

FIGURA 3.9
Cadeia de fornecimento de um produto comprado no Walmart.

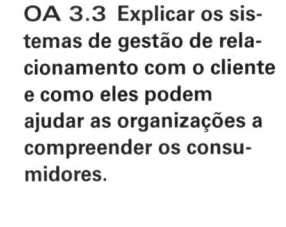

[Diagrama: Fabricante de papel ↔ Fornecedor de embalagens; Procter & Gamble ↔ Depósito ou distribuidor do Walmart ↔ Loja do Walmart ↔ Cliente; Fabricante de manteiga de cacau e Fabricante do óleo aromático conectados à Procter & Gamble. ↔ Indica o fluxo de informações de produtos, preços, horários e disponibilidade]

e disponibilidade para a loja e repõe o produto no varejo. Os fundos de pagamento entre os vários parceiros são transferidos eletronicamente.

Sistemas eficazes e eficientes de gerenciamento da cadeia de fornecimento podem permitir a uma organização:

- Diminuir o poder de seus compradores.
- Aumentar o seu próprio poder de fornecedor.
- Aumentar os custos de troca para reduzir a ameaça de produtos ou serviços substitutos.
- Criar barreiras à entrada, reduzindo assim a ameaça de novos participantes.
- Aumentar a eficiência, enquanto procura uma vantagem competitiva por meio da liderança de custos (ver Figura 3.10).

Gestão do relacionamento com o cliente (CRM)

OA 3.3 Explicar os sistemas de gestão de relacionamento com o cliente e como eles podem ajudar as organizações a compreender os consumidores.

Hoje, a maioria dos concorrentes está a apenas um clique de distância. Esse mercado intenso obrigou as organizações a mudarem o foco em vendas para um foco no cliente.

Charles Schwab recuperou o custo de um sistema multimilionário de gestão de relacionamento com o cliente em menos de dois anos. O sistema, desenvolvido pela Siebel, permite que uma corretora rastreie cada interação com um cliente ou cliente em potencial e, em seguida, forneça serviços (o planejamento da aposentadoria, por exemplo) para as necessidades e interesses de cada cliente. O sistema dá a Schwab uma melhor e mais completa visão de seus clientes, que pode ser usada para determinar quais clientes são investidores sérios e quais não são. Depósitos automatizados de contracheques, por exemplo, são um sinal de um investidor sério, ao passo que saldos estagnados sinalizam um investidor que não é sério. Uma vez que Schwab consegue chegar a essa conclusão, a empresa aloca seus recursos em conformidade, economizando dinheiro ao não investir tempo ou recursos na subvenção de investidores frívolos.[2]

A **gestão do relacionamento com o cliente (CRM – Customer Relationship Management)** envolve o gerenciamento de todos os aspectos do relacionamento de um cliente

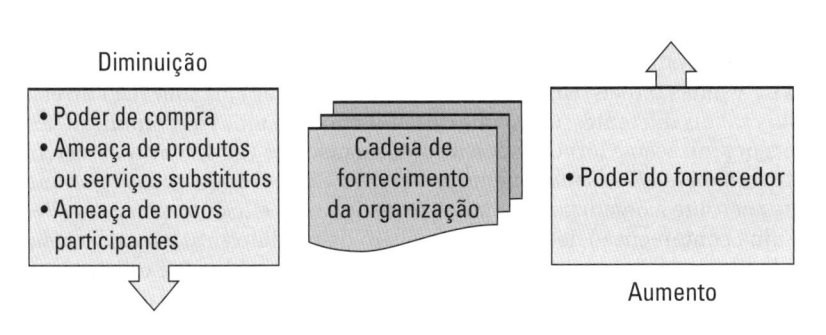

FIGURA 3.10
Efeito do gerenciamento eficaz e eficiente da cadeia de fornecimento sobre as Cinco Forças de Porter.

[Diagrama: Diminuição — Poder de compra, Ameaça de produtos ou serviços substitutos, Ameaça de novos participantes ← Cadeia de fornecimento da organização → Aumento — Poder do fornecedor]

FIGURA 3.11
Visão geral do CRM.

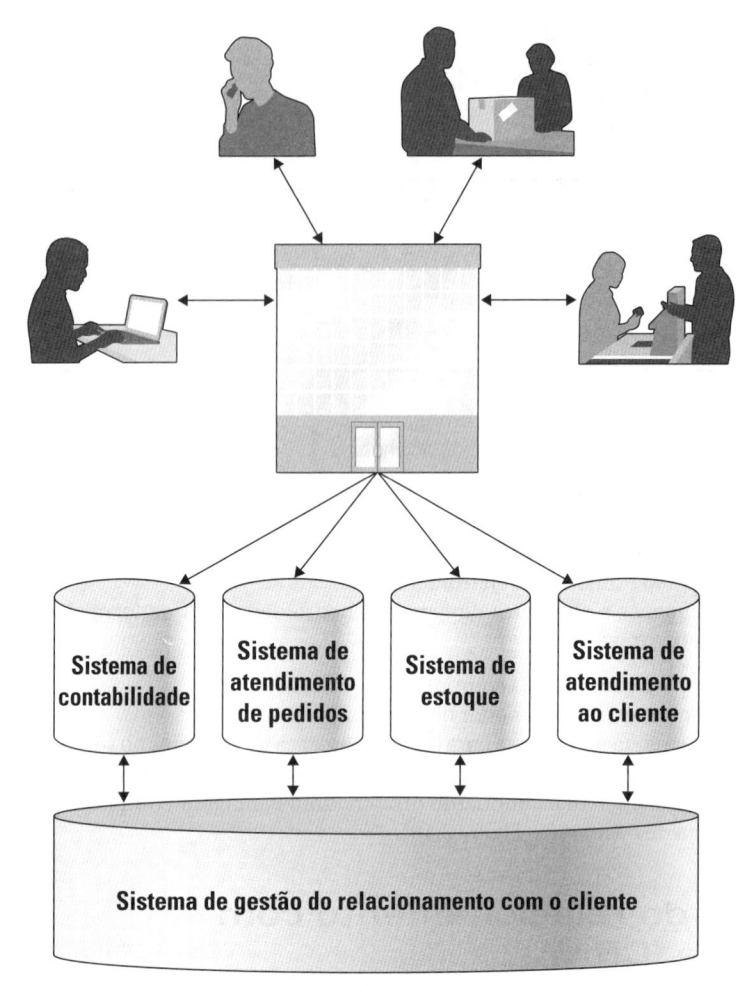

⟷ Os fluxos de informação ao cliente são representados por setas.

com uma organização, a fim de aumentar a fidelização e retenção de clientes, bem como a lucratividade de uma organização. O CRM permite à organização obter insights sobre os comportamentos de compras dos clientes, para desenvolver e implementar estratégias no âmbito de toda a empresa. A Kaiser Permanente adotou uma estratégia de CRM para melhorar e prolongar a vida dos diabéticos. Depois de compilar informações sobre CRM de 84 mil de seus pacientes diabéticos entre os 2,4 milhões associados do norte da Califórnia, ela verificou que apenas 15 a 20% desses pacientes faziam exames oftalmológicos com frequência. (O diabete é a principal causa da cegueira.) Como resultado, a Kaiser agora está exigindo programas mais rigorosos de exame de vista que procuram por diabete e criando grupos de apoio para obesidade e estresse (mais dois fatores que tornam o diabete ainda pior). Essa abordagem de "medicina preventiva" baseada em CRM tem feito a Kaiser economizar somas consideráveis e salvar a visão de pacientes diabéticos.[3]

A Figura 3.11 fornece uma visão geral de um sistema de CRM típico. Os clientes entram em contato com a organização por vários meios, entre os quais call centers, acesso via Web, email, fax e vendas diretas. Um único cliente pode acessar a organização diversas vezes por muitos canais diferentes. O sistema de CRM controla todas as comunicações entre o cliente e a organização e fornece acesso a informações de CRM dentro de sistemas diferentes, da contabilidade ao atendimento de pedidos. Compreender todas as comunicações de clientes permite à organização comunicar-se de modo eficiente com cada cliente. Isso dá a ela uma compreensão detalhada do registro de produtos e serviços de cada cliente, independentemente do canal de comunicação utilizado por eles. Por exemplo, um representante de serviço ao cliente pode facilmente visualizar informações detalhadas da conta e o histórico por meio de um sistema de CRM ao fornecer informações a um cliente, como datas previstas de entrega, informações complementares do produto e informações sobre o pagamento e a cobrança do cliente.

As empresas que compreendem as necessidades individuais dos clientes individuais estão mais bem posicionadas para alcançar o sucesso. É claro que desenvolver um relacionamento com êxito não é uma prática de negócios nova; no entanto, a implementação de sistemas de CRM permite a uma empresa operar de forma mais eficiente e eficaz na área de apoio às necessidades dos clientes. O CRM vai muito além da tecnologia, identificando as necessidades dos clientes e elaborando campanhas de marketing específicas de maneira individual. Isso permite que uma empresa trate seus clientes individualmente e que obtenha insights importantes sobre suas preferências e comportamentos de compra. As empresas que tratam bem os clientes colhem os frutos e, geralmente, têm maiores lucros e clientes altamente leais. Identificar os clientes mais valiosos permite a uma empresa garantir que esses clientes recebam os mais altos níveis de atendimento e a oportunidade, em primeiro lugar, de adquirir novos produtos. As empresas podem encontrar os seus clientes mais valiosos por meio da análise RFM: fator de recência (*Recency*), frequência (*Frequency*) e valor monetário (*Monetary Value*). Em outras palavras, uma organização deve acompanhar:

- com que recência um cliente compra produtos.
- com que frequência um cliente compra produtos.
- o valor monetário de cada compra do cliente.

Depois de reunir essa informação de CRM inicial, a empresa pode analisá-la para identificar padrões e criar campanhas de marketing e promoções de vendas para diferentes segmentos de clientes. Se, por exemplo, um cliente compra apenas no auge da temporada, a empresa deve enviar uma oferta especial durante o período de entressafra. Se um determinado segmento de clientes compra sapatos, mas nunca acessórios, a empresa pode oferecer esse tipo de produto com desconto na compra de um novo par de sapatos. Se a empresa determina que os seus 20% de clientes principais são responsáveis por 80% da receita, pode se concentrar em garantir que esses clientes estejam sempre satisfeitos e recebam o melhor atendimento possível.

Há três fases de CRM: (1) elaboração de relatórios, (2) análise e (3) previsão. As ***tecnologias de relatório de CRM*** ajudam as organizações a identificar os seus clientes por meio de outras aplicações. As ***tecnologias de análise de CRM*** ajudam as organizações a segmentar seus clientes em categorias, como melhores e piores clientes. As ***tecnologias de previsão de CRM*** ajudam as organizações a prever comportamentos do cliente, como o risco de abandono por parte de determinado cliente. A Figura 3.12 destaca algumas das importantes questões que uma organização pode responder nessas áreas utilizando tecnologias de CRM.

RELATÓRIOS Identificação de clientes: Perguntar o que aconteceu	ANÁLISE Segmentação de clientes: Perguntar por que isso aconteceu	PREVISÃO Previsão de clientes: Perguntar o que vai acontecer
• Qual é a receita total por cliente? • Quantas unidades fabricamos? • Quais foram as vendas totais do produto? • Quantos clientes temos? • Quais são os níveis de estoque atuais?	• Por que as vendas não corresponderam às previsões? • Por que a produção foi tão baixa? • Por que não vendemos tantas unidades quanto nos anos anteriores? • Quem são os nossos clientes? • Por que a receita é tão alta? • Por que os níveis de estoque estão baixos?	• Quais são os clientes que apresentam risco de abandono? • Quais os produtos que nossos clientes vão comprar? • Quem são os melhores clientes para uma campanha de marketing? • Como vamos atingir os nossos clientes? • Como serão as vendas este ano? • Quanto estoque precisamos encomendar com antecedência?

FIGURA 3.12
Três fases de CRM.

OA 3.4 Resumir a importância de sistemas de planejamento de recursos empresariais.

Planejamento de recursos empresariais

Os líderes empresariais de hoje precisam de uma quantidade significativa de informações que sejam rapidamente acessíveis com visualização em tempo real em seus negócios, para que as decisões possam ser tomadas quando necessário, sem o tempo adicional do rastreamento de dados e da geração de relatórios. O ***planejamento de recursos empresariais (ERP – Entreprise Resource Planning)*** integra todos os departamentos e funções de uma organização em um único sistema de TI (ou conjunto integrado de sistemas de TI) para que os funcionários possam tomar decisões por meio da visualização de informações em toda a empresa e em todas as operações comerciais.

Muitas organizações não conseguem manter a consistência entre as operações de negócios. Se um departamento isolado, como o de vendas, decide implementar um novo sistema, sem considerar os demais departamentos, a ocorrência de inconsistências pode se dar em toda a empresa. Nem todos os sistemas são fabricados para se comunicar uns com os outros e partilhar dados, e se o departamento de vendas repentinamente implementar um novo sistema que o marketing e a contabilidade não conseguem usar ou se esse sistema for inconsistente no manuseio de informações, as operações da empresa acontecerão em silos. A Figura 3.13 exemplifica dados de um banco de dados de vendas, e a Figura 3.14 apresenta amostras de um banco de dados de contabilidade. Observe as diferenças nos formatos de dados, números e identificadores. Correlacionar esses dados seria difícil, e as inconsistências causariam inúmeros erros de informação a partir de uma perspectiva empresarial.

Los Angeles é uma cidade de 3,5 milhões de habitantes, com 44 mil funcionários públicos e um orçamento de US$ 4 bilhões. No entanto, há alguns anos, cada departamento realizava suas próprias compras. Isso significava que 2 mil pessoas em 600 prédios do poder municipal e 60 depósitos estavam fazendo pedidos de material. Cerca de 120 mil ordens de compra (OC) e 50 mil cheques por ano iam para mais de 7 mil fornecedores. A ineficiência era galopante.

"Havia uma falta de responsabilidade financeira no sistema antigo, e as pessoas podiam realizar despesas não autorizadas", explicou Bob Jensen, gerente do projeto de ERP da cidade. Cada departamento mantinha seus próprios inventários em sistemas diferentes. A falta de correspondência entre os gastos e os itens comprados era enorme. Um departamento fazia compras de uma maneira, enquanto outros preferiam uma abordagem diferente. Os sistemas baseados em mainframe ficavam isolados. A cidade escolheu um sistema de ERP

FIGURA 3.13
Amostras de informações de vendas.

OrderDate	ProductName	Quantity	Unit Price	Unit Cost	Customer ID	SalesRep ID
Monday, January 04, 2015	Mozzarella cheese	41.5	$ 24.15	$ 15.35	AC45	EX-107
Monday, January 04, 2015	Romaine lettuce	90.65	$ 15.06	$ 14.04	AC45	EX-109
Tuesday, January 05, 2015	Red onions	27.15	$ 12.08	$ 10.32	AC67	EX-104
Wednesday, January 06, 2015	Romaine lettuce	67.25	$ 15.16	$ 10.54	AC96	EX-109
Thursday, January 07, 2015	Black olives	79.26	$ 12.18	$ 9.56	AC44	EX-104
Thursday, January 07, 2015	Romaine lettuce	46.52	$ 15.24	$ 11.54	AC32	EX-104
Thursday, January 07, 2015	Romaine lettuce	52.5	$ 15.26	$ 11.12	AC84	EX-109
Friday, January 08, 2015	Red onions	39.5	$ 12.55	$ 9.54	AC103	EX-104
Saturday, January 09, 2015	Romaine lettuce	66.5	$ 15.98	$ 9.56	AC4	EX-104
Sunday, January 10, 2015	Romaine lettuce	58.26	$ 15.87	$ 9.50	AC174	EX-104
Sunday, January 10, 2015	Pineapple	40.15	$ 33.54	$ 22.12	AC45	EX-104
Monday, January 11, 2015	Pineapple	71.56	$ 33.56	$ 22.05	AC4	EX-104
Thursday, January 14, 2015	Romaine lettuce	18.25	$ 15.00	$ 10.25	AC174	EX-104
Thursday, January 14, 2015	Romaine lettuce	28.15	$ 15.26	$ 10.54	AC44	EX-107
Friday, January 15, 2015	Pepperoni	33.5	$ 15.24	$ 10.25	AC96	EX-109
Friday, January 15, 2015	Parmesan cheese	14.26	$ 8.05	$ 4.00	AC96	EX-104
Saturday, January 16, 2015	Parmesan cheese	72.15	$ 8.50	$ 4.00	AC103	EX-109
Monday, January 18, 2015	Parmesan cheese	41.5	$ 24.15	$ 15.35	AC45	EX-107
Monday, January 18, 2015	Romaine lettuce	90.65	$ 15.06	$ 14.04	AC45	EX-109
Wednesday, January 20, 2015	Tomatoes	27.15	$ 12.08	$ 10.32	AC67	EX-104
Thursday, January 21, 2015	Peppers	67.25	$ 15.16	$ 10.54	AC96	EX-109
Thursday, January 21, 2015	Mozzarella cheese	79.26	$ 12.18	$ 9.56	AC44	EX-104
Saturday, January 23, 2015	Black olives	46.52	$ 15.24	$ 11.54	AC32	EX-104
Sunday, January 24, 2015	Mozzarella cheese	52.5	$ 15.26	$ 11.12	AC84	EX-109
Tuesday, January 26, 2015	Romaine lettuce	39.5	$ 12.55	$ 9.54	AC103	EX-104
Wednesday, January 27, 2015	Parmesan cheese	66.5	$ 15.98	$ 9.56	AC4	EX-104
Thursday, January 28, 2015	Peppers	58.26	$ 15.87	$ 9.50	AC174	EX-104
Thursday, January 28, 2015	Mozzarella cheese	40.15	$ 33.54	$ 22.12	AC45	EX-104
Friday, January 29, 2015	Tomatoes	71.56	$ 33.56	$ 22.05	AC4	EX-104
Friday, January 29, 2015	Peppers	18.25	$ 15.00	$ 10.25	AC174	EX-104

FIGURA 3.14
Amostra de informações contábeis.

como parte de um projeto de US$ 22 milhões para integrar compras e relatórios financeiros por toda a cidade. O projeto resultou no corte pela metade do pessoal responsável pelo processamento de cheques, no processamento de OCs mais rápido do que nunca, na redução de 40 funcionários do setor de armazenamento, na redução dos estoques de US$ 50 milhões para US$ 15 milhões e no fornecimento de um único ponto de contato para cada fornecedor. Além disso, foram economizados US$ 5 milhões por ano na consolidação de contratos.[4]

A Figura 3.15 mostra como o sistema de ERP reúne dados de uma empresa, consolida e correlaciona os dados e gera relatórios organizacionais por todo o ambiente empresarial. As implementações de ERP originais prometiam reunir todas as informações em um verdadeiro sistema "empresarial", capaz de atingir todos os processos de negócios dentro da organização. Infelizmente, as soluções de ERP têm ficado aquém dessas promessas, e as implementações típicas costumam atingir apenas 15 a 20% da organização. O problema que o ERP pretende resolver diz respeito ao conhecimento dentro da maioria das organizações o qual reside atualmente nos silos, que são mantidos por um grupo seleto, sem a capacidade de ser compartilhado por toda a organização, o que causa inconsistência nas operações de negócios.

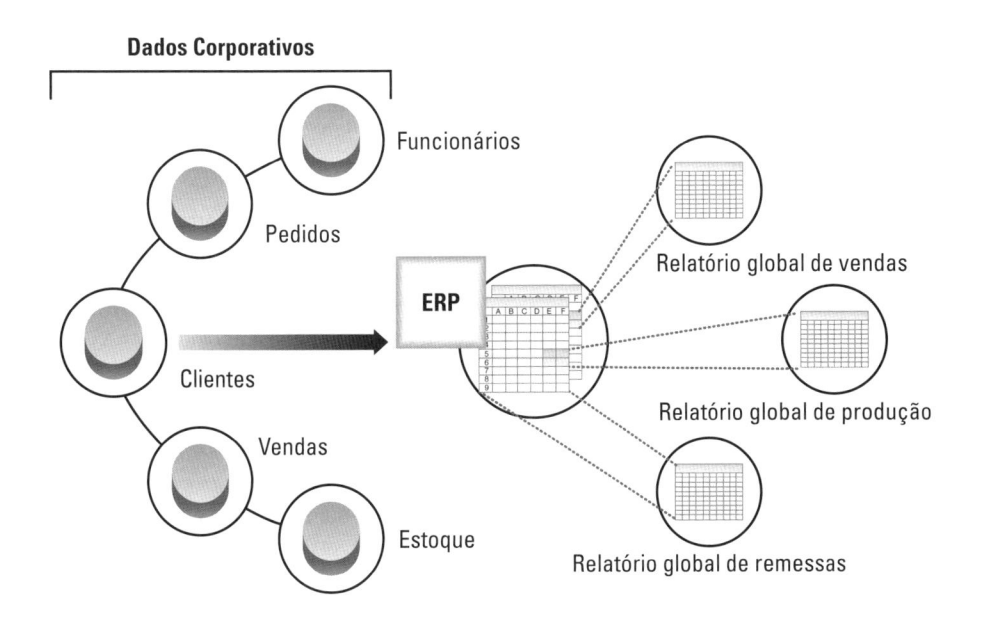

FIGURA 3.15
Sistema de planejamento de recursos empresariais.

> **QUESTÕES SOBRE O CASO DA UNIDADE**
>
> 1. Avalie como a Apple pode ganhar inteligência de negócios com a implementação de um sistema de gestão do relacionamento com o cliente.
> 2. Crie um argumento contra a seguinte declaração: "A Apple não deve investir recursos para criar um sistema de gerenciamento da cadeia de fornecimento."
> 3. Por que uma empresa como a Apple investe em BPR?

CASO DO CAPÍTULO 3: Tem leite? É bom para você – a menos que esteja contaminado!

Dong Lizhong, fazendeiro e produtor de laticínios na China, apostou que trabalhar na fazenda era o seu bilhete premiado para abandonar o trabalho na fábrica. Infelizmente, uma crise de contaminação levou sua atividade leiteira à falência, quando bebês começaram misteriosamente a desenvolver pedras nos rins devido ao consumo de uma fórmula infantil contaminada. Uma substância química chamada melamina – aditivo usado na fabricação do plástico – foi descoberta no leite da terceira maior produtora de laticínios da China. Tragicamente, quatro crianças morreram por causa da contaminação e, pelo menos, 53 mil ficaram doentes. De acordo com a agência de notícias oficial Xinhua, os funcionários sabiam sobre os problemas com o leite durante meses antes de informar o público.

As quatro maiores empresas de laticínios chinesas, responsáveis por quase metade do leite do país, retiraram suas mercadorias das prateleiras. Mais de 20 países, incluindo França, Índia e Coreia do Sul, proibiram não apenas os produtos lácteos provenientes da China, mas também doces, biscoitos e chocolates. "É um revés desastroso. Estimo que vai demorar um ou dois anos para se recuperar a confiança nos laticínios", afirma Luo Yunbo, reitor da Faculdade de Ciência Alimentar e Engenharia Nutricional da Universidade Agrícola da China.

A estação local de ordenha do leite na vila de Dong Lizhong interrompeu as atividades relacionadas à venda do alimento. Os agricultores continuam a ordenhar as vacas, mas agora bebem o leite eles mesmos ou "alimentam os repolhos" – despejam o leite em seus campos de repolho. Dong estima que já perdeu US$ 1.461, ou 1/4 da renda anual do ano passado, em despesas com milho e capim fresco para alimentar suas 20 vacas leiteiras. "A menos que alguém comece a comprar leite, vamos ver muitas vacas serem abatidas muito em breve", afirma Dong.

Corte de custos

Os chineses tradicionalmente não bebem leite. No entanto, como o país tem crescido nas últimas décadas, a indústria nacional de lacticínios cresceu muito. Duas das maiores empresas de laticínios da China se beneficiaram com essa nova tendência: China Mengniu Dairy e Inner Mongolia Yili Industrial Group. Ao mesmo tempo, vários empresários – de produtores de leite a donos de postos de coleta que abastecem os distribuidores do produto – ingressaram na cadeia de fornecimento de produtos lácteos para fazer fortuna. Devido à forte concorrência do setor na China, algumas empresas decidiram cortar custos para reduzir despesas, independentemente das consequências.

Como Mengniu e Yili expandiam suas operações a uma velocidade de tirar o fôlego, as duas empresas encontraram-se na posição única em que a oferta não podia acompanhar a demanda. De acordo com a KPMG, a China consome 25 milhões de toneladas de leite por ano, o que coloca o seu mercado de produtos lácteos à frente dos da França e da Alemanha. Em sua busca por mais leite cru, Mengniu e Yili ampliaram as operações para além de sua base no norte da província da Mongólia Interior e criaram instalações de produção de leite em outras partes da China. Sem qualquer surpresa, a maioria dos problemas de qualidade do leite foram encontrados em fazendas leiteiras das províncias de Hebei e da Mongólia Interior, onde a concorrência para o fornecimento de leite cru tem sido a mais feroz.

A maioria dos produtores na província de Hebei tradicionalmente vendiam o seu leite para as estações de coleta estabelecidas pelo peso-pesado local Sanlu. Nos últimos anos, novas estações de coleta de leite, de propriedade privada, começaram a surgir ao lado de estações existentes para comprar leite cru para a Mengniu e a Yili. Esses novos operadores obtinham o fornecimento de leite cru por meio da oferta de preços ligeiramente mais elevados aos produtores. "Essa competição violou as regras. À medida que os compradores de leite disputavam a oferta do produto, os padrões de qualidade caíam", informa Roger Liu, vice-presidente da American Dairy (ADY), uma empresa de leite em pó com sede na província de Heilongjiang.

Aditivos para aumentar a presença de proteínas

Muitas das estações de ordenha não têm equipamentos para testar a presença de aditivos no leite. Na estação Nanxincheng, 16 famílias trazem suas vacas leiteiras da região para serem ordenhadas em fazendas antigas. Os agricultores prendem as vacas em uma máquina de ordenha, que bombeia o leite diretamente para uma grande cuba. "Eles não testavam o leite lá. Enviavam para Sanlu para fazer os testes", diz Du Yanjun, inspetor do governo incumbido de acompanhar a estação Nanxincheng após a falência por causa da crise de contaminação.

O leite é recolhido das estações e enviado por intermediários para as grandes empresas de laticínios como a Sanlu, que realizam seus próprios testes e classificações. Hoje, supõe-se que intermediários sem escrúpulos adicionavam com frequência melamina no leite cru, a fim de aumentar os níveis de proteína nas amostras do produto, que seria, assim, classificado como superior. A ingestão de melamina pode causar pedras nos rins ou insuficiência renal, especialmente em crianças.

Matthew Estes, presidente e CEO da BabyCare, havia pensado em mudar das fontes australianas e neozelandesas de leite para as empresas de fórmula infantil da China. A BabyCare fez amplos testes de possíveis fornecedores e chegou à conclusão de que não era possível localizar um fornecedor adequado na China. "Não conseguimos encontrar a qualidade que atendesse às nossas normas. Optamos por não vender, em vez de assumir o risco", diz ele.

Para a cadeia

Um tribunal chinês condenou dois dos intermediários primários à morte e um chefe de laticínios à prisão perpétua por suas atuações no escândalo da contaminação do leite. O célere julgamento e as duras sentenças mostram a determinação de Pequim no combate aos persistentes problemas de segurança alimentar do país e a ânsia da liderança comunista em fazer o embaraçoso escândalo virar uma página virada.

Rumo ao Starbucks

A Starbucks Corp. lançou uma nova marca de café cultivado pelos agricultores da China e diz que espera trazer o *blend* para as suas lojas no mundo todo. A empresa de Seattle, que estava fechando lojas nos EUA para cortar custos, diz que a nova mistura é fabricada na província de Yunnan, no sudoeste da China, junto da fronteira com Vietnã, Laos e Myanmar. "Nossa intenção é trabalhar com os funcionários e os camponeses da província de Yunnan para levar o café chinês não (apenas) para a China, mas o café da China para o mundo", contou Martin Coles, presidente da Starbucks Coffee International, à Associated Press. "Em última análise, eu adoraria ver os nossos cafés chineses nas prateleiras de todas as nossas lojas que estão em 49 países ao redor do mundo", acrescentou. A data de lançamento para a distribuição internacional não foi anunciada e vai depender de quanto tempo os agricultores levarão para cultivar grãos suficientes para garantir o abastecimento local e no exterior.

A empresa trabalhou por três anos com agricultores e autoridades da província antes do lançamento, e o café vai combinar inicialmente grãos Arábica da América Latina e da Ásia-Pacífico com o grão local de Yunnan. Mas Coles disse que a empresa espera desenvolver uma fonte de café arábica *superpremium* da província, expandindo-a para novas ofertas da marca na China e, depois, internacionalmente. A nova mistura será chamada de "South of the Clouds", o significado de Yunnan em chinês.[5]

Questões

1. Explique por que a cadeia de fornecimento pode afetar drasticamente o desempenho básico de uma empresa.
2. Faça uma lista de todos os produtos que poderiam ser afetados por um problema na cadeia de fornecimento do leite dos EUA.
3. Como um sistema de CRM pode ajudar a informar os problemas da cadeia de fornecimento?
4. Como o BPR pode ajudar a descobrir problemas na cadeia de fornecimento de uma empresa?
5. Quais são os prós e os contras de a Starbucks terceirizar o cultivo de seus grãos de café para os agricultores chineses?

CAPÍTULO 4

Medindo o sucesso de iniciativas estratégicas

OBJETIVOS DE APRENDIZAGEM

4.1. Definir fatores críticos de sucesso (FCS) e indicadores-chave de desempenho (KPI – *Key Performance Indicators*) e explicar como os gestores os utilizam para medir o sucesso de projetos de SIGE.

4.2. Explicar por que uma empresa deve usar métricas para medir o sucesso de iniciativas estratégicas.

Métricas: a medição do sucesso

Projeto é uma atividade temporária que a empresa realiza para criar um produto, serviço ou resultado único. A construção de uma nova estação de metrô, por exemplo, é um projeto, como é a adoção de um programa de software para permitir a emissão de bilhetes online, por uma cadeia de salas de cinema. Peter Drucker, o famoso escritor de administração, disse certa vez que se você não pode medir algo, você não pode gerenciá-lo. Como os gestores medem o progresso de um projeto de negócios complexo?

Métricas são medidas que avaliam resultados para determinar se um projeto está atingindo suas metas. Duas métricas muito importantes são os fatores críticos de sucesso e os indicadores-chave de desempenho. ***Fatores críticos de sucesso (FCS)*** são as etapas cruciais que as empresas realizam para alcançar suas metas e objetivos e implementar suas estratégias (ver Figura 4.1). ***Indicadores-chave de desempenho (KPI – Key Performance Indicators)*** são as métricas quantificáveis que a empresa utiliza para avaliar o progresso na realização dos fatores críticos de sucesso. Os KPI são muito mais específicos do que os FCS.

É importante compreender a relação entre os fatores críticos de sucesso e os indicadores-chave de desempenho. Os FCS são elementos cruciais para o sucesso de uma estratégia de negócios. Os KPI medem o progresso dos FCS com medições quantificáveis, e um FCS pode ter vários KPI. É claro que as duas categorias vão variar de acordo com a empresa e o setor. Imagine *melhorar as taxas de graduação* como um FCS para uma faculdade. Os KPI para medir esse FCS podem incluir:

- Notas médias por curso e gênero.
- Taxas de abandono do estudante por sexo e especialização.
- Taxa média de graduação por sexo e especialização.
- Tempo gasto em tutoria por sexo e especialização.

Os KPIs podem se concentrar em medidas internas e externas. Um KPI externo comum é a ***participação no mercado (market share)***, quer dizer, a proporção do mercado que uma empresa detém. É calculado por meio da divisão das vendas da empresa pelo total de vendas no mercado para todo o setor. A participação no mercado de uma empresa mede o desempenho externo em relação ao de seus concorrentes. Se, por exemplo, as vendas totais de uma empresa (receitas) são de US$ 2 milhões e as vendas de todo o setor são de US$ 10 milhões, a empresa conquistou 20% do mercado total (2/10 = 20%) ou uma participação no mercado de 20%.

Um KPI interno típico é o ***retorno sobre o investimento (ROI – Return on Investment)***, que indica o poder de ganhos de um projeto. Medimos o ROI dividindo a rentabilidade de um projeto pelos custos. Isso parece fácil, e para muitos departamentos em

OA 4.1 Definir fatores críticos de sucesso (FCS) e indicadores-chave de desempenho (KPI) e explicar como os gestores os utilizam para medir o sucesso de projetos de SIGE.

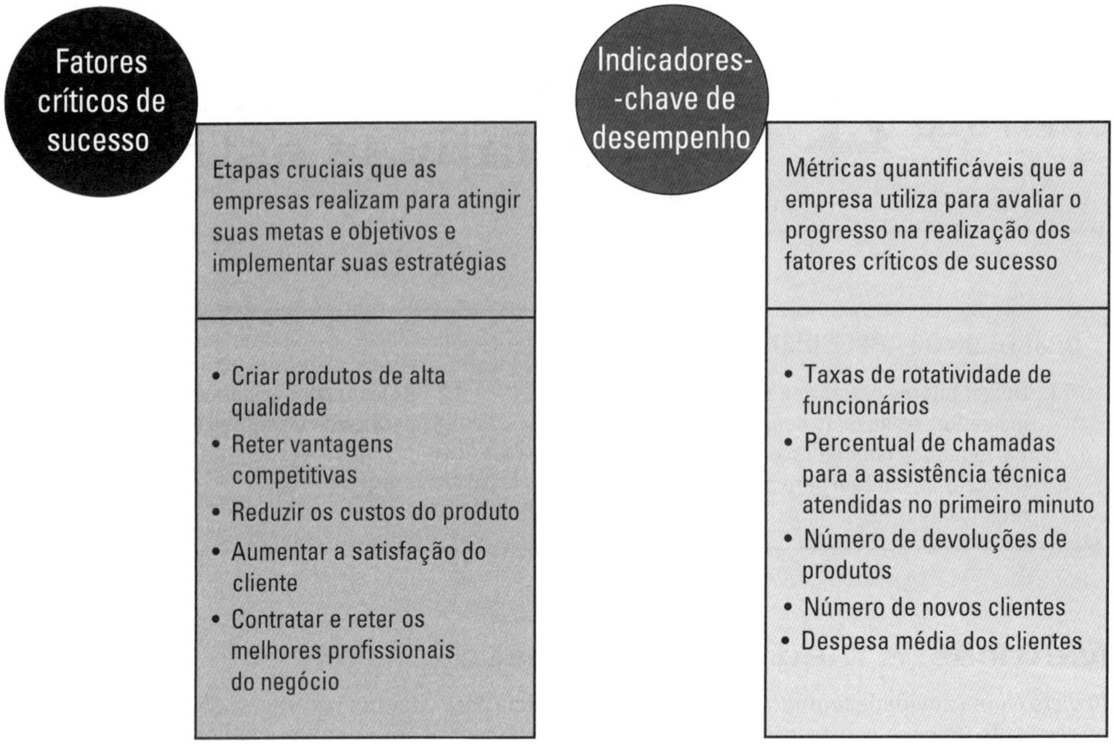

Fatores críticos de sucesso

Etapas cruciais que as empresas realizam para atingir suas metas e objetivos e implementar suas estratégias

- Criar produtos de alta qualidade
- Reter vantagens competitivas
- Reduzir os custos do produto
- Aumentar a satisfação do cliente
- Contratar e reter os melhores profissionais do negócio

Indicadores-chave de desempenho

Métricas quantificáveis que a empresa utiliza para avaliar o progresso na realização dos fatores críticos de sucesso

- Taxas de rotatividade de funcionários
- Percentual de chamadas para a assistência técnica atendidas no primeiro minuto
- Número de devoluções de produtos
- Número de novos clientes
- Despesa média dos clientes

FIGURA 4.1
Métricas de FCS e KPI.

que os projetos são tangíveis e autossuficientes, é fácil mesmo; no entanto, para projetos que são intangíveis e que ultrapassam os limites departamentais (como projetos de SIGE), é um desafio medir o ROI. Imagine a tentativa de calcular o ROI de um extintor de incêndio. Se o extintor de incêndio nunca for usado, o seu ROI será baixo. Se o extintor de incêndio apagar o incêndio que poderia ter destruído todo o edifício, o seu ROI será astronomicamente alto.

A criação de KPI para medir o sucesso de um projeto de SIGE oferece desafios semelhantes. Pense no sistema de email de uma empresa. Como os gestores podem acompanhar os custos departamentais e os lucros associados com o email da empresa? A medição por volume não leva em conta a rentabilidade, pois um email de vendas pode significar um contrato de milhões de dólares, enquanto outros 300 podem não gerar receita alguma. Os departamentos que não geram receita, como o de recursos humanos e o jurídico, precisam do email, mas não podem usá-lo para gerar lucros. Por essa razão, muitos gestores se voltam para as métricas de nível superior, como a eficiência e a eficácia, para medir projetos de SIGE. *Melhores práticas* são as soluções ou métodos de solução de problemas mais bem-sucedidos que foram desenvolvidos por uma organização ou setor específico. Medir os projetos de SIGE ajuda a determinar as melhores práticas para uma indústria.

MÉTRICAS DE EFICIÊNCIA E EFICÁCIA

As *métricas de eficiência do SIGE* medem o desempenho do próprio SIGE, como rendimento, velocidade de operação e disponibilidade do sistema. As *métricas de eficácia do SIGE* medem o impacto que o SIGE tem em processos e atividades de negócios, incluindo taxas de satisfação do cliente e de conversão de clientes. A eficiência centra-se no quanto a empresa está utilizando seus recursos de forma otimizada, ao passo que a eficácia incide sobre quão bem a empresa está atingindo suas metas e objetivos. Peter Drucker dá uma distinção útil entre eficiência e eficácia: Fazer as coisas do modo certo diz respeito à eficiência – obter o máximo de cada recurso. Fazer as coisas certas refere-se à eficácia – definir as metas e os objetivos certos e garantir que sejam realizados. A Figura 4.2 descreve alguns dos tipos mais comuns de métricas de eficiência e de eficácia do SIGE. KPI que medem projetos de SIGE incluem métricas de eficiência e de eficácia. É claro que essas medidas

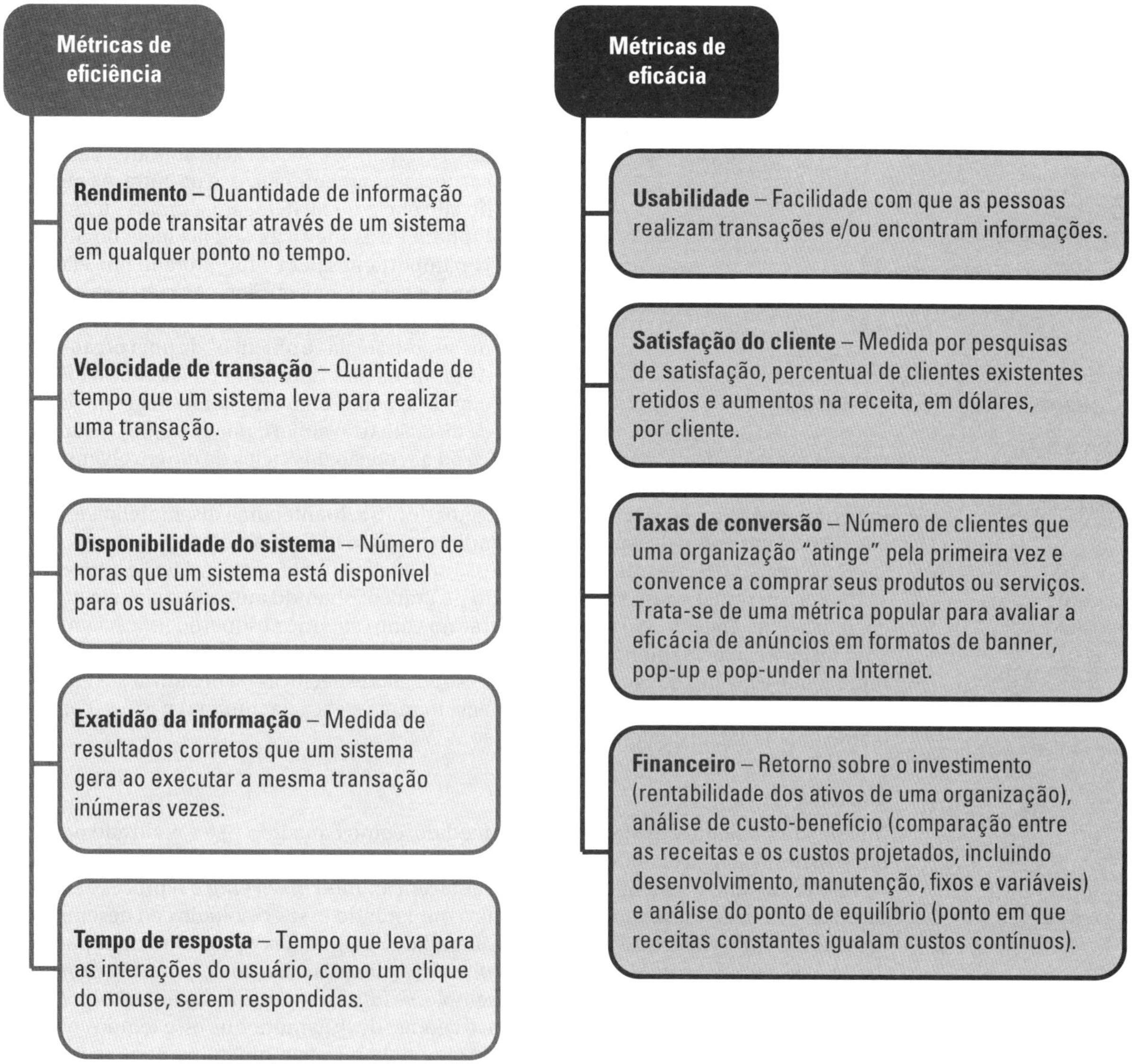

Métricas de eficiência

- **Rendimento** – Quantidade de informação que pode transitar através de um sistema em qualquer ponto no tempo.
- **Velocidade de transação** – Quantidade de tempo que um sistema leva para realizar uma transação.
- **Disponibilidade do sistema** – Número de horas que um sistema está disponível para os usuários.
- **Exatidão da informação** – Medida de resultados corretos que um sistema gera ao executar a mesma transação inúmeras vezes.
- **Tempo de resposta** – Tempo que leva para as interações do usuário, como um clique do mouse, serem respondidas.

Métricas de eficácia

- **Usabilidade** – Facilidade com que as pessoas realizam transações e/ou encontram informações.
- **Satisfação do cliente** – Medida por pesquisas de satisfação, percentual de clientes existentes retidos e aumentos na receita, em dólares, por cliente.
- **Taxas de conversão** – Número de clientes que uma organização "atinge" pela primeira vez e convence a comprar seus produtos ou serviços. Trata-se de uma métrica popular para avaliar a eficácia de anúncios em formatos de banner, pop-up e pop-under na Internet.
- **Financeiro** – Retorno sobre o investimento (rentabilidade dos ativos de uma organização), análise de custo-benefício (comparação entre as receitas e os custos projetados, incluindo desenvolvimento, manutenção, fixos e variáveis) e análise do ponto de equilíbrio (ponto em que receitas constantes igualam custos contínuos).

FIGURA 4.2
Tipos comuns de métricas de eficiência e de eficácia.

não são tão concretas quanto a participação no mercado ou o ROI, mas oferecem informações valiosas sobre o desempenho do projeto.[1]

Os grandes aumentos de produtividade normalmente resultam do aumento da eficácia, que se concentram em FCS. As métricas de eficiência do SIGE, no entanto, são muito mais fáceis de medir, de modo que a maioria dos gestores tende a concentrar-se nelas, muitas vezes, de forma incorreta, para medir o sucesso de projetos de SIGE. Pense em avaliar o sucesso de caixas eletrônicos. Pensando em termos de métricas de eficiência do SIGE, um gerente mediria o número de transações diárias, o valor médio por operação e a velocidade média por operação para determinar o sucesso do caixa eletrônico. Embora esses dados ofereçam métricas sólidas sobre quão bem o sistema está funcionando, eles perdem muitas das vantagens intangíveis ou de valor agregado associadas à eficácia das máquinas. As métricas de eficácia de SIGE podem medir quantos novos clientes abriram conta no banco devido aos locais que dispõem desses caixas ou à sua facilidade de uso. Também podem medir aumentos na satisfação do cliente devido a tarifas reduzidas ou serviços adicionais dos caixas eletrônicos, como venda de selos e ingressos de cinema, que são recursos que economizam tempo e agregam valor importantes para os clientes. Ser um bom gerente significa adotar o ponto de vista agregado oferecido pelas métricas de eficácia do SIGE para analisar todas as vantagens associadas ao projeto de SIGE.

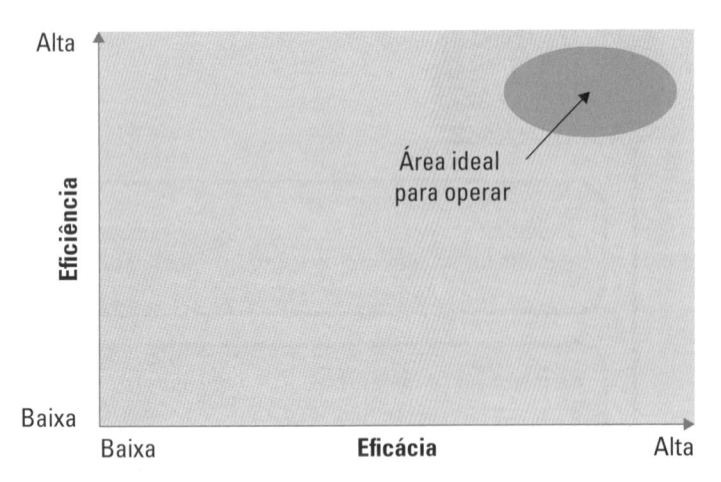

FIGURA 4.3
Inter-relações entre eficiência e eficácia.

INTER-RELAÇÕES ENTRE AS MÉTRICAS DE EFICIÊNCIA E EFICÁCIA DO SIGE

Eficiência e eficácia sem dúvida estão relacionadas. No entanto, o sucesso em uma área não implica, necessariamente, sucesso na outra. As métricas de eficiência do SIGE focam a própria tecnologia. Embora essas métricas de eficiência do SIGE sejam importantes para o monitoramento, elas nem sempre garantem a eficácia. As métricas de eficácia do SIGE são determinadas de acordo com as metas, estratégias e objetivos de uma organização. Aqui, torna-se importante considerar os FCS da empresa, como uma ampla estratégia de liderança de custo (o Walmart, por exemplo), e seus KPI, como o aumento de novos clientes em 10% ou a redução dos ciclos de desenvolvimento de novos produtos para seis meses. No setor privado, o eBay continuamente estabelece padrões de eficiência e eficácia para seus projetos de SIGE. Manter uma disponibilidade de site constante e um ótimo desempenho de rendimentos são FCS para o eBay.

A Figura 4.3 descreve as inter-relações entre eficiência e eficácia. O ideal é uma empresa querer operar no canto superior direito do gráfico, obtendo aumentos significativos na eficiência e na eficácia. No entanto, operar no canto superior esquerdo (eficácia mínima com maior eficiência) ou no canto inferior direito (eficácia significativa com eficiência mínima) pode estar em consonância com as estratégias específicas da organização. Em geral, operar no canto inferior esquerdo (eficiência mínima e eficácia mínima) não é o ideal para o funcionamento de qualquer organização.

Benchmarks

Independentemente de qual processo é medido, como é medido e se é realizado por uma questão de eficiência ou de eficácia, os gestores devem estabelecer **benchmarks**, ou valores de referência, que o sistema deve procurar alcançar. **Benchmarking** é o processo de medição contínua dos resultados do sistema, comparando esses resultados ao desempenho ideal do sistema (valores de referência) e identificando medidas e procedimentos para melhorar o desempenho do sistema. O *benchmark* auxilia na avaliação de como um projeto de SIGE se realiza ao longo do tempo. Por exemplo, se um sistema estabeleceu um *benchmark* de 15 segundos para o tempo de resposta, o gerente deve garantir que esse tempo continue diminuindo até chegar a esse ponto. Se o tempo de resposta repentinamente aumentou para 1 minuto, o gerente deve tomar ciência de que o sistema não está funcionando corretamente e começar a investigar os possíveis problemas. A medição contínua de projetos de SIGE em relação aos *benchmarks* fornece o *feedback* para que os gerentes possam controlar o sistema.

OA 4.2 Explicar por que uma empresa deve usar métricas para medir o sucesso de iniciativas estratégicas.

Métricas para iniciativas estratégicas

O que é uma métrica? Métrica nada mais é do que uma medida padrão para avaliar o desempenho em uma área específica. As métricas são o coração de um bom sistema de gerenciamento com foco no cliente e de qualquer programa voltado para a melhoria contínua. O foco nos clientes e em padrões de desempenho mostra-se sob a forma de métricas que avaliam a capacidade de se atender a necessidades de clientes e objetivos de negócios.

Os líderes de negócios querem monitorar as principais métricas em tempo real para acompanhar ativamente a saúde de suas empresas. Os profissionais de negócios estão, em sua maioria, acostumados com métricas financeiras. Diferentes índices financeiros são utilizados para avaliar o desempenho de uma empresa. As empresas podem obter esclarecimentos adicionais sobre seu desempenho, comparando os índices financeiros em relação aos de outras empresas do próprio setor. Alguns dos índices financeiros mais comuns incluem:

- Taxa interna de retorno (TIR) – taxa em que o valor líquido atual de um investimento é igual a zero.
- Retorno sobre o investimento (ROI) – indica a rentabilidade de um projeto e é medido pela divisão dos benefícios do projeto pelo investimento.
- Método do payback – número de anos para recuperar o custo de uma iniciativa com base no fluxo de caixa líquido anual projetado.
- Análise do ponto de equilíbrio – determina o volume de negócios necessário para ter lucro com os preços atuais praticados para os produtos ou serviços. Por exemplo, se o serviço de mala direta custa US$ 1 mil e cada item gera US$ 50 em receita, a empresa deve gerar 20 vendas para equilibrar e cobrir o custo de envio. O ponto de equilíbrio é o ponto no qual as receitas e as despesas são equivalentes. O ponto é localizado por meio da realização de uma análise de ponto de equilíbrio. Todas as vendas ao longo do ponto de equilíbrio produzem lucros, e qualquer queda nas vendas para abaixo desse ponto produzirá perdas (veja a Figura 4.4).

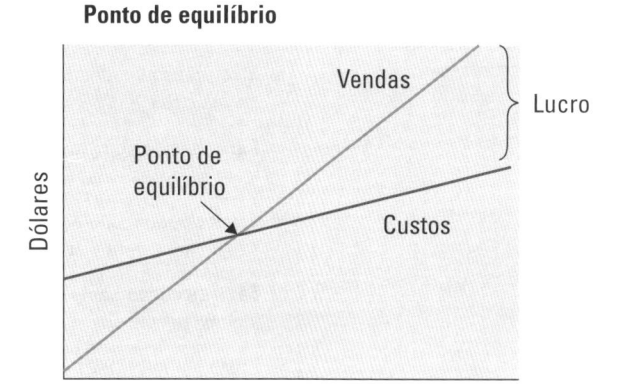

FIGURA 4.4
Análise do ponto de equilíbrio.

A maioria dos gestores está acostumada com as métricas financeiras, mas não com as métricas de sistemas de informação. As seguintes métricas vão ajudar os gestores a medir e administrar suas iniciativas estratégicas:

- Métricas do site.
- Métricas do gerenciamento da cadeia de fornecimento (SCM).
- Métricas da gestão do relacionamento com o cliente (CRM).
- Métricas da reengenharia de processos de negócios (BPR).
- Métricas do planejamento de recursos empresariais (ERP).

MÉTRICAS DO SITE

A maioria das empresas mede o tráfego de um site como o principal determinante do sucesso do site na Internet. No entanto, o tráfego pesado de um site não indica, necessariamente, grandes vendas. Muitas organizações com muito tráfego de site têm vendas mínimas. Uma empresa pode usar a análise do tráfego na Web ou Web analytics para determinar a receita gerada, o número de novos clientes adquiridos, eventuais reduções em chamadas de atendimento ao cliente, e assim por diante. O Yankee Group relata que 66% das companhias determinam o sucesso do site exclusivamente por meio da medição da quantidade de tráfego. A aquisição de novos clientes ficou em segundo lugar na lista, com 34%, e a geração de receita ficou em terceiro, com 23%. A Figura 4.5 exibe algumas métricas que devem ser conhecidas pelos gestores para ajudar a medir o sucesso, além das iniciativas estratégicas da organização. Uma métrica centrada na Web é uma medida do sucesso de iniciativas de Web e de negócio eletrônico. Das centenas de métricas centradas na Web disponíveis, algumas servem para quase qualquer iniciativa de Web ou negócio eletrônico, e outras dependem de uma iniciativa particular.[2]

MÉTRICAS DO GERENCIAMENTO DA CADEIA DE FORNECIMENTO (SCM)

As métricas do gerenciamento da cadeia de fornecimento (SCM – *Supply Chain Management*) ajudam a organização a entender como ela própria funciona dentro de um determinado período de tempo. As medições da cadeia de fornecimento podem abranger muitas áreas, incluindo aquisição, produção, distribuição, armazenamento, estoque, transporte e atendimento ao cliente. No entanto, um bom desempenho em uma parte da cadeia de fornecimento não é suficiente. Uma cadeia de fornecimento é tão forte quanto seu elo mais fraco. A solução é medir todas as áreas-chave da cadeia. A Figura 4.6 exibe métricas comuns do gerenciamento da cadeia de fornecimento.[3]

FIGURA 4.5
Métricas do website.

Métricas do website
■ **Inscrições abandonadas:** Número de visitantes que iniciam o processo de preencher uma página de registro e, em seguida, abandonam a atividade.
■ **Carrinhos de compras abandonados:** Número de visitantes que criam um carrinho e começam a fazer compras e depois abandonam a atividade antes de pagar pela mercadoria.
■ *Click-through:* Contagem do número de pessoas que visitam um site, clicam em um anúncio e são levados para o site do anunciante.
■ **Taxa de conversão:** Percentual de clientes potenciais que visitam um site e realmente compram alguma coisa.
■ **Custo por mil (CPM):** Dólares de vendas gerados por dólar de publicidade. Geralmente é usado no caso de gastar dinheiro para aparecer em um mecanismo de busca.
■ **Exposições de página:** Número médio de exposições de página para um visitante individual.
■ **Total de visitas:** Número de visitas a um site, muitas das quais podem ser pelo mesmo visitante.
■ **Visitantes únicos:** Número de visitantes únicos de um site em um determinado momento. Geralmente é usado pela Nielsen/Net Ratings para classificar os sites mais populares.

MÉTRICAS DA GESTÃO DO RELACIONAMENTO COM O CLIENTE (CRM)

Quer saber quais métricas da gestão do relacionamento com o cliente (CRM – *Customer Relationship Management*) rastreiam e monitoram a utilização de dashboards de emissão de relatórios e de desempenho em tempo real? A melhor prática é não usar mais que sete (duas a mais ou a menos) métricas das centenas possíveis em qualquer nível dado de gerenciamento. A Figura 4.7 exibe métricas de CRM comuns monitoradas pelas organizações.[4]

MÉTRICAS DA REENGENHARIA DE PROCESSOS DE NEGÓCIOS (BPR) E DO PLANEJAMENTO DE RECURSOS EMPRESARIAIS (ERP)

A reengenharia de processos de negócios (BPR – *Business Process Reengineering*) e o planejamento de recursos empresariais (ERP – *Enterprise Resource Planning*) são iniciativas de grande porte que atingem toda a empresa. Medir esses tipos de iniciativas estratégicas é extremamente difícil. Um dos melhores métodos para isso é o balanced scorecard. Essa abordagem estratégica de gerenciamento foi desenvolvida no início da década de 1990 por Robert Kaplan e David Norton, da Faculdade de Administração de Harvard. Ao tratar de alguns pontos fracos e da imprecisão das técnicas anteriores de medição, o balanced scorecard fornece uma receita clara do que as empresas devem medir a fim de equilibrar as perspectivas financeiras.

FIGURA 4.6
Métricas do gerenciamento da cadeia de fornecimento.

Métricas do gerenciamento da cadeia de fornecimento
■ **Pedido em atraso:** Um pedido do cliente que não foi atendido. Um pedido em atraso é a demanda (imediata ou vencida) em relação a um item cujo nível atual de estoque é insuficiente para satisfazer a demanda.
■ **Tempo de ciclo de pedido prometido ao cliente:** O tempo de ciclo antecipado ou acordado de um pedido de compra. É uma lacuna entre a data de criação de compra do pedido e a data de entrega solicitada.
■ **Tempo de ciclo real do pedido do cliente:** O tempo médio que leva para realmente cumprir o pedido de compra de um cliente. Essa medida pode ser vista em um pedido ou em um nível de linha de pedido.
■ **Tempo do ciclo de reposição do estoque:** Medida do tempo de ciclo de produção mais o tempo incluído para distribuir o produto ao centro de distribuição apropriado.
■ **Giro de estoque (rotação de estoque):** O número de vezes que o estoque de uma empresa gira por ano. É uma das métricas mais utilizadas da cadeia de fornecimento.

FIGURA 4.7 Métricas de CRM.

Métricas de vendas	Métricas de atendimento	Métricas de marketing
■ Número de clientes em potencial	■ Casos fechados no mesmo dia	■ Número de campanhas de marketing
■ Número de novos clientes	■ Número de casos tratados pelo agente	■ Novas taxas de retenção de clientes
■ Número de clientes retidos	■ Número de chamadas de atendimento	■ Número de respostas por campanha de marketing
■ Número de perspectivas de vendas abertas	■ Número médio de solicitações de atendimento por tipo	■ Número de compras por campanha de marketing
■ Número de chamadas de vendas	■ Tempo médio de resolução	■ Receita gerada por campanha de marketing
■ Número de chamadas de vendas por perspectiva de venda	■ Número médio de atendimentos por dia	■ Custo por interação por campanha de marketing
■ Quantidade de novas receitas	■ Percentagem de conformidade com o acordo de nível de atendimento	■ Número de novos clientes adquiridos pela campanha de marketing
■ Quantidade de receitas recorrentes	■ Percentual de renovações de serviço	■ Taxa de retenção de cliente
■ Número de propostas apresentadas	■ Nível de satisfação do cliente	■ Número de novas perspectivas de vendas por produto

O ***balanced scorecard*** é um sistema de gerenciamento, além de um sistema de medição, que permite às organizações esclarecerem sua visão e sua estratégia e traduzi-las em ação. Ele fornece um *feedback* em torno dos processos internos de negócios e dos resultados externos, a fim de melhorar continuamente o desempenho estratégico e os resultados. Quando totalmente implantado, o balanced scorecard transforma o planejamento estratégico de um exercício acadêmico no centro nervoso de uma empresa. Kaplan e Norton descrevem a inovação do balanced scorecard da seguinte maneira:

> O balanced scorecard mantém as medidas financeiras tradicionais. Mas as medidas financeiras contam a história de eventos passados, uma história adequada para as empresas da era industrial, para as quais os investimentos em recursos de longo prazo e o relacionamento com os clientes não eram fundamentais para o sucesso. Essas medidas financeiras são inadequadas, porém, para orientar e avaliar o caminho que as empresas da era da informação devem fazer para criar valor futuro por meio de investimentos em clientes, fornecedores, funcionários, processos, tecnologia e inovação.[5]

O balanced scorecard vê a organização a partir de quatro perspectivas, e os usuários devem desenvolver métricas, coletar dados e analisar o seu negócio em relação a cada uma dessas perspectivas:

- A perspectiva de aprendizado e crescimento.
- A perspectiva dos processos internos do negócio.
- A perspectiva do cliente.
- A perspectiva financeira (ver Figura 4.8).

Lembre-se de que as empresas não podem controlar o que não podem medir. Portanto, as métricas devem ser desenvolvidas com base nas prioridades do plano estratégico, o que fornece os direcionadores e critérios principais do negócio-chave para as métricas que a maioria dos gerentes deseja testemunhar.

Um alerta em relação às métricas: não enlouqueça. O truque é encontrar algumas métricas-chave para controlar e que forneçam um discernimento significativo. Lembre-se de amarrar as métricas a outros objetivos financeiros e de negócios na empresa. O mais importante é ter uma ideia boa, sem se tornar escravo das métricas. A regra de ouro é desenvolver sete métricas-chave, duas a mais ou a menos.

FIGURA 4.8
As quatro perspectivas principais do balanced scorecard.

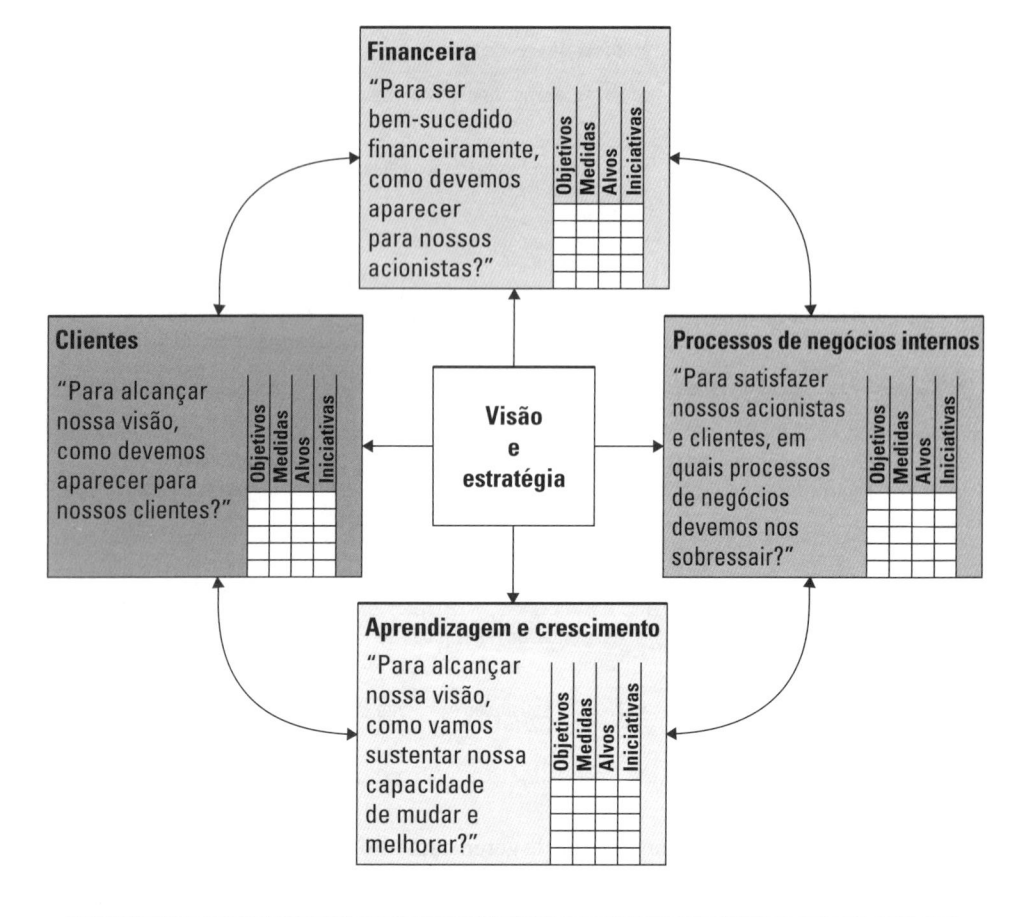

Financeira
"Para ser bem-sucedido financeiramente, como devemos aparecer para nossos acionistas?"
— Objetivos | Medidas | Alvos | Iniciativas

Clientes
"Para alcançar nossa visão, como devemos aparecer para nossos clientes?"
— Objetivos | Medidas | Alvos | Iniciativas

Visão e estratégia

Processos de negócios internos
"Para satisfazer nossos acionistas e clientes, em quais processos de negócios devemos nos sobressair?"
— Objetivos | Medidas | Alvos | Iniciativas

Aprendizagem e crescimento
"Para alcançar nossa visão, como vamos sustentar nossa capacidade de mudar e melhorar?"
— Objetivos | Medidas | Alvos | Iniciativas

QUESTÕES SOBRE O CASO DA UNIDADE

1. Formule uma estratégia que descreva como a Apple pode utilizar um SIGE para melhorar o seu negócio.
2. Formule uma estratégia que descreva como a Apple pode usar as métricas de eficácia do SIGE para melhorar o seu negócio.
3. Liste três métricas de CRM que a Apple deve acompanhar, com as razões pelas quais essas métricas vão agregar valor à estratégia de negócios da Apple.
4. Liste três métricas de SCM que a Apple deve acompanhar, com as razões pelas quais essas métricas vão agregar valor à estratégia de negócios da Apple.
5. Como a Apple pode usar o balanced scorecard para tornar o seu negócio mais eficiente?

CASO DO CAPÍTULO 4: Manipulação de dados para encontrar a sua versão da verdade

Como o aquecimento global pode ser real se há tanta neve e tempo frio? Isso é o que algumas pessoas se perguntaram depois que duas enormes tempestades de neve cobriram Washington, DC, no inverno de 2009-2010. Políticos de toda a capital fizeram piadas e construíram iglus enquanto contestavam a existência da mudança climática. Alguns chegaram à conclusão de que o planeta não poderia se tornar mais quente com toda aquela neve no chão.

Esses comentários incomodaram Joseph Romm, físico e especialista em clima do Center for American Progress. Ele passou semanas transformando dados em informações e gráficos, a fim de mostrar para quem quisesse ouvir o motivo daquele raciocínio estar incorreto. A mudança climática diz respeito, principalmente, à análise de dados, transformando-os em informações para detectar tendências. Não dá para observar a mudança climática olhando pela janela: você tem de examinar décadas de dados meteorológicos com ferramentas avançadas para realmente entender as tendências.

Cada vez mais, vemos políticos, economistas e jornalistas fazendo perguntas difíceis e traduzindo as respostas em argumentos simplistas sobre o que significam os dados. Todos interpretam os dados e os distorcem para apoiar os seus pontos de vista. Você precisa compreender os dados e transformá-los em informações úteis, ou então não vai entender quando alguém está dizendo a verdade ou quando você está sendo enganado.

Pense em dois ou três tipos de dados que os economistas usam para medir a economia.[6]

Questões

1. Como eles transformam os dados em informações?
2. Quais os problemas que eles encontram ao tentar medir a economia?
3. Como gerente, o que você precisa entender ao ler ou ouvir relatórios econômicos e empresariais?

CAPÍTULO 5

Estruturas organizacionais que apoiam iniciativas estratégicas

OBJETIVOS DE APRENDIZAGEM

5.1 Definir as funções de TI primárias, bem como suas responsabilidades associadas.

5.2 Explicar a lacuna entre a TI e os profissionais de negócios.

5.3 Explicar por que ética e segurança são pilares fundamentais das empresas de hoje.

OA 5.1 Definir as funções de TI primárias, bem como suas responsabilidades associadas.

Estruturas

Os funcionários da organização devem trabalhar em conjunto para desenvolver iniciativas estratégicas que criam vantagens competitivas. Compreender a estrutura básica de um típico departamento de TI, inclusive cargos, funções e responsabilidades, ajudará a organização a criar uma equipe coesa em toda a empresa.

Funções e responsabilidades da TI

A tecnologia da informação é uma área funcional relativamente nova, tendo surgido oficialmente na maioria das organizações há apenas 40 anos, mais ou menos. Cargos, funções e responsabilidades muitas vezes diferem drasticamente de organização para organização. Contudo, tendências claras estão sendo desenvolvidas para a elevação a níveis estratégicos de alguns cargos de TI dentro de uma organização.

A maioria das organizações mantém cargos como os de diretor executivo (CEO), diretor financeiro (CFO) e diretor de operações (COO), em níveis estratégicos. Recentemente, foram criados mais cargos estratégicos relacionados à TI, como diretor de sistemas de informação (CIO), diretor de tecnologia (CTO), diretor de segurança (CSO), diretor de privacidade (CPO) e o diretor de conhecimento (CKO). Veja a Figura 5.1.

J. Greg Hanson tem orgulho de ser o primeiro CIO do Senado dos EUA. Ao contrário do que pensam alguns, a tecnologia de que o Senado dispõe é muito boa, de acordo com Hanson. As responsabilidades de Hanson incluem criar a visão de tecnologia do Senado, liderando o departamento de TI e implementando a infraestrutura da TI. Hanson deve trabalhar com todos, desde os 137 administradores de rede até os próprios senadores, para garantir que tudo esteja funcionando normalmente. Hanson está animado em ser o primeiro CIO do Senado dos EUA e orgulhoso da honra e da responsabilidade que acompanham o trabalho.[1]

Um ***diretor de sistemas de informação (CIO – Chief Information Officer)*** é responsável por (1) supervisionar todos os usos da tecnologia da informação e (2) garantir o alinhamento estratégico da TI com as metas e objetivos de negócios. O CIO muitas vezes se reporta diretamente ao CEO. (Veja a Figura 5.2, que mostra a remuneração média do CIO.) Os CIOs devem possuir uma sólida e detalhada compreensão de todos os aspectos de uma organização, além de uma grande compreensão da capacidade da TI. As funções gerais de um CIO incluem:

1. *Gerente* – garantir a entrega de todos os projetos de TI no prazo e dentro do orçamento.
2. *Líder* – garantir que a visão estratégica da TI esteja de acordo com a visão estratégica da organização.

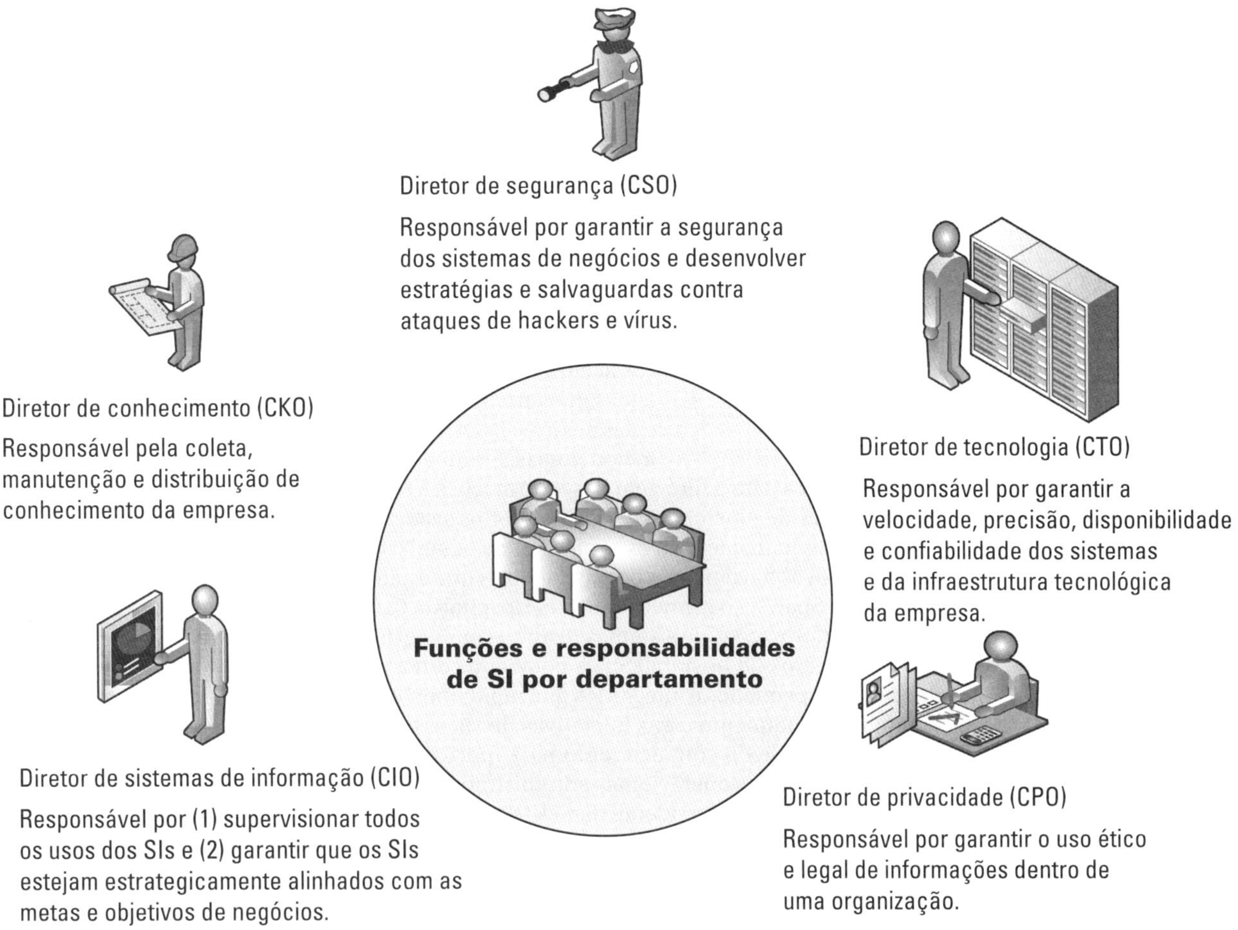

Diretor de segurança (CSO)
Responsável por garantir a segurança dos sistemas de negócios e desenvolver estratégias e salvaguardas contra ataques de hackers e vírus.

Diretor de conhecimento (CKO)
Responsável pela coleta, manutenção e distribuição de conhecimento da empresa.

Diretor de tecnologia (CTO)
Responsável por garantir a velocidade, precisão, disponibilidade e confiabilidade dos sistemas e da infraestrutura tecnológica da empresa.

Diretor de sistemas de informação (CIO)
Responsável por (1) supervisionar todos os usos dos SIs e (2) garantir que os SIs estejam estrategicamente alinhados com as metas e objetivos de negócios.

Diretor de privacidade (CPO)
Responsável por garantir o uso ético e legal de informações dentro de uma organização.

Funções e responsabilidades de SI por departamento

FIGURA 5.1
As funções e responsabilidades do departamento de SI.

3. *Comunicador* – defender e comunicar a estratégia de TI, por meio da criação e da manutenção de relações executivas sólidas.

Embora o diretor de sistemas de informação seja considerado um cargo dentro da TI, os CIOs devem se preocupar com mais do que apenas TI. De acordo com uma pesquisa recente (ver Figura 5.3), a maioria dos CIOs colocou "aumentar a satisfação do cliente" à frente de suas preocupações de qualquer aspecto específico da TI. CIOs que possuem a visão geral de negócios de que a satisfação do cliente é mais importante e decisiva que os aspectos específicos da TI devem ser aplaudidos.

Um *diretor de tecnologia* (**CTO** – *Chief Technology Officer*) é responsável por assegurar o rendimento, a velocidade, a precisão, a disponibilidade e a confiabilidade da tecnologia da informação de uma organização. Os CTOs são semelhantes aos CIOs, exceto pelo fato de que o CIO deve ter uma responsabilidade a mais quanto a garantia de que a TI alinhe-se às iniciativas estratégicas da organização. Os CTOs têm responsabilidade direta na garantia da eficiência dos sistemas de TI em toda a organização. A maioria desses profissionais possui um bom conhecimento de todos os aspectos da TI, incluindo hardware, software e telecomunicações.

Um *diretor de segurança (CSO – Chief Security Officer)* é responsável por garantir a segurança dos sistemas de TI e desenvolver estratégias e proteções da TI contra ataques de hackers e vírus. O papel do CSO cresceu nos últimos anos por causa do número desse tipo de ataque. A maioria dos CSOs possui conhecimento detalhado de redes e telecomunicações

FIGURA 5.2
Remuneração anual média de um CIO por setor nos EUA.

Setor	Rem./ano do CIO (EUA)
Atacado/Varejo/Distribuição	US$ 243.304
Finanças	US$ 210.547
Seguros	US$ 197.697
Produção	US$ 190.250
Assistência Médica/Odontológica/e de Saúde	US$ 171.032
Governo	US$ 118.359
Educação	US$ 93.750

Percentual	Preocupações dos CIOs
94%	Aumentar a satisfação do cliente
92%	Segurança
89%	Evolução da tecnologia
87%	Orçamento
83%	Grupo de trabalho
66%	Análise do retorno do investimento (ROI)
64%	Criar novas aplicações
45%	Terceirização de hospedagem

FIGURA 5.3
O que mais preocupa os CIOs?

porque hackers e vírus geralmente encontram uma forma de entrar nos sistemas de TI através de computadores em rede.

Um *diretor de privacidade (CPO – Chief Privacy Officer)* é responsável por garantir o uso ético e legal das informações dentro de uma organização. Os CPOs são os mais novos cargos de executivo sênior na TI. Recentemente, 150 das 500 companhias da *Fortune* incluíram esse cargo na sua lista de executivos seniores. Muitos CPOs são advogados por formação, o que lhes permite compreender as questões legais muitas vezes complexas que cercam o uso de informações.[2]

Um *diretor de conhecimento (CKO – Chief Knowledge Officer)* é responsável pela coleta, manutenção e distribuição de conhecimento da organização. O CKO projeta programas e sistemas que tornam mais simples a reutilização de conhecimento pelas pessoas. Esses sistemas criam repositórios de documentos, metodologias, ferramentas e práticas organizacionais, e estabelecem métodos para a filtragem das informações. O CKO deve encorajar continuamente as contribuições de funcionários para manter os sistemas atualizados. Esse profissinal pode contribuir diretamente com os resultados da organização, reduzindo a curva de aprendizagem para novos funcionários ou para aqueles que estão assumindo novas funções.

Danny Shaw foi o primeiro CKO do Hospital da Criança de Boston. Sua tarefa inicial foi reunir as informações de sistemas distintos para permitir a análise de eficiência e eficácia dos tratamentos do hospital. Shaw começou com a criação de uma série de sistemas de informações pequenos e integrados que rapidamente demonstraram ser úteis. Em seguida, ampliou gradualmente essas iniciativas de sucesso, criando, passo a passo, uma organização que se vale do conhecimento para funcionar. Os sistemas de informação de Shaw permitiram análises operacionais administrativas e clínicas.[3]

Com a eleição do presidente Barack Obama, ocorreu a nomeação do primeiro diretor de tecnologia (CTO) do país. A descrição do trabalho, conforme o anúncio no Change.gov, afirma que o primeiro CTO deve "garantir a segurança de nossas redes e liderar um esforço interinstitucional, trabalhando com diretores de tecnologia e diretores de segurança da informação de todas as agências federais, para garantir que usem as melhores tecnologias disponíveis e compartilhem as melhores práticas". Um CTO de nível federal demonstra o crescimento contínuo dos cargos de tecnologia para além das empresas privadas dos Estados Unidos. No futuro, espera-se ver mais cargos de tecnologia em organizações governamentais e sem fins lucrativos.

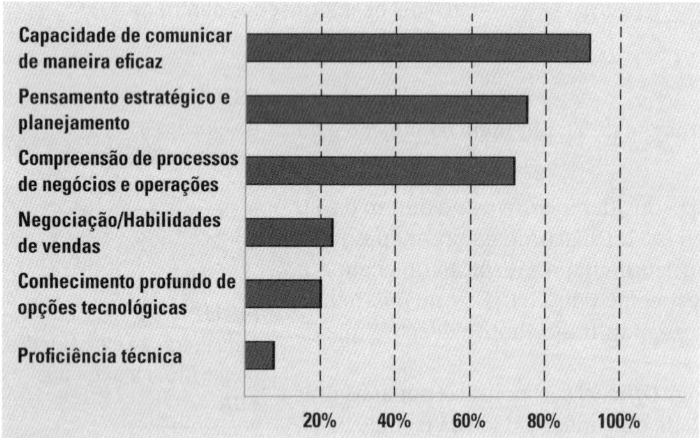

Todos os cargos de TI citados e suas responsabilidades são cruciais para o sucesso de uma organização. Ainda que muitas organizações possam não ter uma pessoa diferente para cada um desses cargos, elas devem ter líderes que assumam a responsabilidade para todas essas áreas de preocupação. As pessoas responsáveis pela TI em toda a empresa e pelas questões relacionadas à TI precisam fornecer orientação e apoio aos empregados da organização. A Figura 5.4 exibe as competências pessoais essenciais para o sucesso em uma função executiva de TI.[4]

FIGURA 5.4
Habilidades importantes para o sucesso nas funções executivas de TI.

OA 5.2 Explicar a lacuna entre a TI e os profissionais de negócios.

A lacuna entre o pessoal de negócios e o de TI

Um dos maiores desafios hoje é a comunicação eficaz entre o pessoal dos negócios e o pessoal da TI. O pessoal de negócios é especialista em áreas funcionais como marketing, contabilidade, vendas, e assim por diante. O pessoal de TI é especialista em tecnologia. Infelizmente, uma lacuna de comunicação muitas vezes existe entre os dois grupos. O pessoal de negócios tem seus próprios vocabulários baseados em suas experiências e especialidades. O pessoal de TI tem seus próprios vocabulários que consistem em acrônimos e termos técnicos. A comunicação eficaz entre o pessoal de negócios e de TI deveria ser uma via de mão dupla, com cada lado esforçando-se para entender o outro (incluindo a comunicação escrita e oral).

MELHORIA DA COMUNICAÇÃO

O pessoal de negócios deve procurar aumentar seu conhecimento sobre TI. Embora não precisem conhecer todos os detalhes técnicos, é vantajoso para a carreira entender o que podem ou não fazer com a TI. Gestores e líderes de negócio devem ler revistas de negócios de TI, como a *InformationWeek* e a *CIO*, para entender um pouco mais do assunto.

Ao mesmo tempo, uma organização deve desenvolver estratégias de integração do seu pessoal de TI em várias funções de negócios. Muito frequentemente, o pessoal de TI é deixado de lado das reuniões de estratégia porque se acredita que eles não entendem de negócios e, portanto, não vão agregar valor algum. Essa é uma posição perigosa a se tomar. O pessoal de TI deve entender de negócios se a organização for determinar quais tecnologias podem ser proveitosas (ou prejudiciais) aos negócios. Com um pequeno esforço de comunicação, o pessoal da TI pode, ao fornecer informações sobre a funcionalidade disponível em um sistema de informação, agregar muito valor em uma reunião sobre como melhorar o serviço ao cliente. Trabalhando em conjunto, o pessoal de negócios e de TI têm o potencial de criar vantagens competitivas no atendimento ao cliente.

É responsabilidade do CIO garantir comunicações eficazes entre o pessoal de negócios e o de TI. Embora o CIO assuma a responsabilidade em um nível que engloba toda a empresa, é responsabilidade de todos os funcionários comunicar-se de maneira eficaz em nível pessoal.

Princípios básicos das organizações – ética e segurança

OA 5.3 Explicar por que ética e segurança são pilares fundamentais das empresas de hoje.

Ética e segurança são dois pilares fundamentais nos quais as organizações devem basear seus negócios. Eventos como os escândalos da Enron e de Bernie Madoff, assim como o 11 de setembro, proporcionaram um novo olhar sobre o significado de ética e segurança. Quando o comportamento de alguns indivíduos consegue arruinar organizações de bilhões de dólares por causa de falhas de ética ou de segurança, o valor de empresas que levam essas questões extremamente a sério deve ser evidente. Reveja os plug-ins de Ética e Segurança para obter uma compreensão detalhada desses tópicos. Devido à importância do assunto, isso será retomado ao longo do livro.

Ética

Ian Clarke, inventor de um serviço de troca de arquivos chamado Freenet, decidiu deixar os Estados Unidos e ir para o Reino Unido, onde as leis de direitos autorais são mais brandas. Wayne Rosso, que inventou o serviço de compartilhamento de arquivos Grokster, deixou os Estados Unidos e foi para a Espanha, novamente dizendo adeus à dura proteção de direitos autorais dos EUA. O compartilhamento de arquivos estimula uma rede legal de pensamento compartilhado que pode melhorar a pesquisa de medicamento, o desenvolvimento de software e o fluxo de informações. As leis de direitos autorais dos EUA, concebidas décadas antes da invenção da Internet, colocam na ilegalidade o compartilhamento de arquivos e muitas outras tecnologias da Internet.[5]

As questões éticas envolvendo a violação de direitos autorais e a propriedade intelectual estão consumindo o mundo do negócio eletrônico. Os avanços na tecnologia tornam mais fácil para as pessoas copiarem tudo, de música a imagens. A tecnologia levanta novos desafios para a nossa **ética** – os princípios e as normas que guiam o nosso comportamento em relação a outras pessoas. Veja a Figura 5.5 para ter uma noção geral dos conceitos, termos e questões éticas decorrentes da evolução tecnológica.

No mundo eletrônico de hoje, a privacidade tornou-se uma questão ética importante. A ***privacidade*** é o direito de ficar sozinho quando se quer, de ter controle sobre os próprios bens pessoais e não ser observado sem consentimento. Algumas das decisões mais problemáticas enfrentadas pelas organizações estão situadas nas águas turvas e turbulentas da privacidade. A carga vem do conhecimento de que toda vez que um empregado toma

FIGURA 5.5
Questões afetadas por avanços tecnológicos.

Propriedade intelectual	Trabalho criativo intangível que se materializa na forma física.
Direitos autorais (copyright)	A proteção jurídica proporcionada à expressão de uma ideia, como uma música, um videogame e alguns tipos de documentos proprietários.
Doutrina do uso justo	Em determinadas situações, é legal usar material com direitos autorais.
Software pirateado	A utilização não autorizada, a cópia, a distribuição ou a venda de software com direitos autorais.
Software falsificado	O software que é fabricado para se parecer ao software real e ser vendido como tal.

FIGURA 5.6
Principais razões de questões de privacidade que reduzem a confiança no negócio eletrônico.

1. A perda da privacidade pessoal é uma das principais preocupações dos americanos no século XXI.
2. Entre os usuários da Internet, 37% estariam "muito" mais inclinados a comprar um produto em um site que tem uma política de privacidade.
3. Privacidade/segurança é o fator número um que transformaria a pessoa que pesquisa na Internet em alguém que compra pela Internet.

uma decisão sobre questões de privacidade, o resultado pode potencialmente afundar a companhia.

A privacidade é um dos maiores problemas éticos enfrentados pelas organizações hoje. A confiança entre companhias, consumidores, parceiros e fornecedores é a estrutura de apoio do universo do negócio eletrônico. Um dos principais ingredientes da confiança é a privacidade. Receios generalizados em relação à privacidade continuam sendo uma das principais barreiras para o crescimento do negócio eletrônico. As pessoas estão preocupadas que sua privacidade seja violada por causa das interações na Web. A menos que a empresa possa tratar do problema da privacidade com eficiência, seus clientes, parceiros e fornecedores podem perder a confiança na organização, o que prejudicaria seus negócios. A Figura 5.6 mostra os resultados de uma pesquisa de *CIO* sobre como as questões de privacidade reduzem a confiança no negócio eletrônico.[6]

Segurança: quanto o tempo ocioso custará ao seu negócio?

O velho axioma dos negócios "tempo é dinheiro" precisa ser atualizado para refletir com mais precisão a interdependência fundamental entre TI e processos de negócios. Para refletir nossa época, a frase deveria dizer "tempo de atividade é dinheiro". A principal causa de inatividade é uma falha de software seguida por erro humano, segundo a pesquisa da Infonetics. O tempo de inatividade não planejado pode ocorrer em qualquer momento e por qualquer causa, desde furacões até pias transbordando ou falhas de rede por falta de energia. Embora os desastres naturais possam parecer ser as causas mais devastadoras de interrupções da TI, dificilmente são as mais frequentes ou as maiores ameaças ao tempo de atividade. A Figura 5.7 destaca as fontes do tempo de inatividade imprevisto.[7]

Segundo o Gartner Group, as empresas perdem, em média, US$ 108 mil de receita por hora que a infraestrutura da TI cai. A Figura 5.8 exibe as quatro categorias associadas ao tempo de inatividade, de acordo com o Gartner Group. Algumas perguntas que as companhias devem fazer ao determinar o custo da inatividade incluem:

- Quantas operações a empresa pode perder sem afetar significativamente os negócios?
- A empresa depende de uma ou mais aplicações de missão crítica para administrar os negócios?
- O quanto de receita a empresa perderá por cada hora que uma aplicação crítica não estiver disponível?
- Qual é o custo de produtividade associado a cada hora de inatividade?

- Como os processos de negócios colaborativos com parceiros, fornecedores e consumidores vão ser afetados por uma inesperada queda da TI?
- Qual é o custo total da perda de produtividade e da perda de receita durante a inatividade não planejada?[8]

Causas de tempo de inatividade não planejado		
Acidente aéreo	Eletricidade estática	Inundação
Acidente de carro	Epidemia	Nevasca
Ameaça de bomba	Evacuação	Oscilação de energia
Avaria do extintor de incêndio	Explosão	Relâmpago
Blecaute	Explosão de tubulação	Roedores
Congelamento da tubulação	Falha do equipamento	Roubo
Construção	Falha na rede	Sabotagem
Curto-circuito	Fogo	Tempestade de gelo
Dados corrompidos	Fraude	Terremoto
Dados fragmentados	Furacão	Terrorismo
Danos causados pela água (vários)	Granizo	Tornado
Danos do fumo	Greve	Vandalismo
Derramamento químico	Hacker	Vento
Descarrilamento de trem	Insetos	Vírus

FIGURA 5.7
Fontes do tempo de inatividade não planejado.

Desempenho financeiro
- Reconhecimento da receita
- Fluxo de caixa
- Garantias de pagamento
- Avaliação de crédito
- Preço das ações

Renda
- Perda direta
- Pagamentos compensatórios
- Receitas futuras perdidas
- Perdas de faturamento
- Perdas em investimentos
- Produtividade perdida

$ Conheça o custo do seu tempo de inatividade por hora, dia e semana.

Danos à reputação
- Clientes
- Fornecedores
- Mercados financeiros
- Bancos
- Parceiros de negócios

Outras despesas
- Funcionários temporários
- Aluguel de equipamentos
- Custos de hora extra
- Despesas de envio extra
- Despesas de viagem
- Obrigações legais

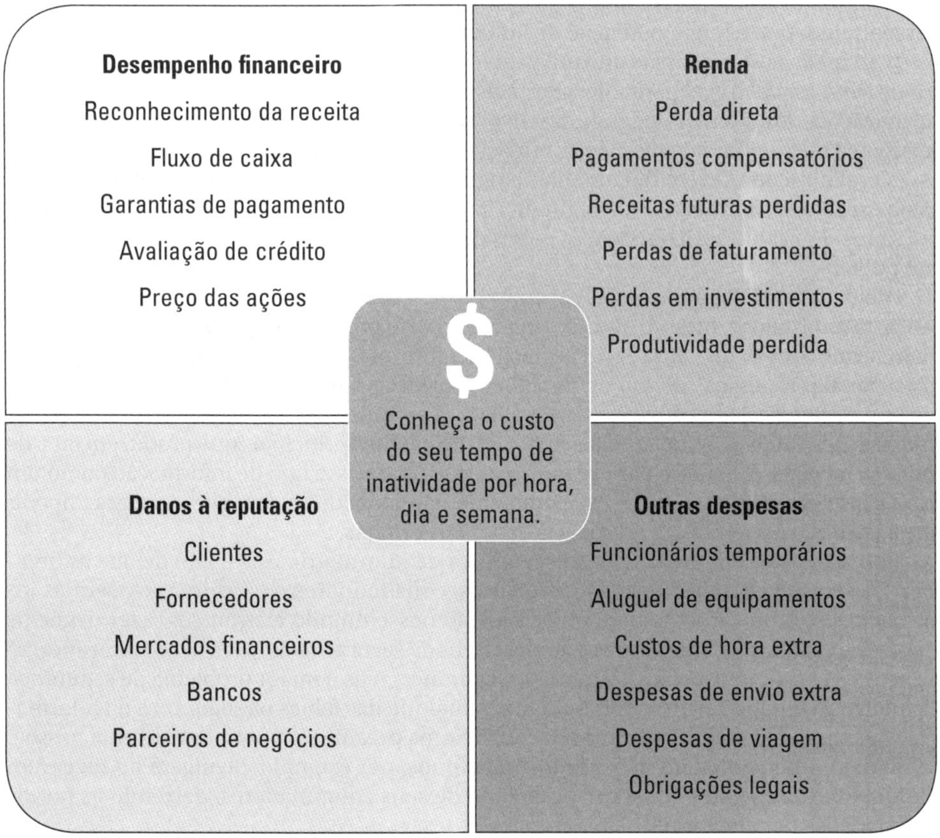

FIGURA 5.8
Custo da inatividade.

A confiabilidade e a solidez dos sistemas de TI nunca foram tão essenciais para o sucesso, uma vez que as empresas lidam com as forças da globalização, com operações 24x7, com regulamentos do governo e do comércio, e com orçamentos e recursos de TI prolongados em demasia. Qualquer tempo inesperado de inatividade da TI no ambiente de negócios de hoje tem o potencial de causar custos de curto e de longo prazo, com consequências de longo alcance. Compreender a função da segurança das informações é fundamental para manter o tempo de inatividade no mínimo e o tempo de atividade no máximo.

PROTEÇÃO DOS ATIVOS INTELECTUAIS

Fumar não é apenas prejudicial para a saúde; também é ruim para a segurança da empresa, de acordo com um novo estudo. Com as companhias proibindo o fumo dentro de seus escritórios, as pessoas são obrigadas a sair para fumar – normalmente em áreas específicas para fumantes, na parte de trás do edifício. As portas que levam a essas áreas são uma grande falha na segurança, conforme o estudo realizado pela NTA Monitor Ltd., um verificador de segurança do Reino Unido com base em Internet.

O verificador da NTA conseguiu entrar facilmente em um edifício corporativo por uma porta traseira que ficava aberta para, segundo a companhia, os fumantes poderem entrar e sair com facilidade e rapidez. Uma vez lá dentro, o verificador pediu que um funcionário o levasse até uma sala de reunião, alegando que o departamento de TI o tinha enviado. Mesmo sem crachá, de acordo com o que foi relatado, ele obteve o acesso sem dificuldades e conseguiu conectar seu laptop à rede da companhia.

A informação organizacional é o capital intelectual. Assim como as empresas protegem seus ativos – mantendo o dinheiro em um banco seguro ou proporcionando um ambiente de trabalho seguro aos empregados –, elas também devem proteger seu capital intelectual. O capital intelectual de uma empresa inclui tudo, desde suas patentes até suas informações transacionais e analíticas. Com cada vez mais falhas de segurança e hackers de computador por toda a parte, uma empresa deve colocar em prática medidas de segurança extremas para sobreviver.

A Lei de Portabilidade e Responsabilidade de Seguros de Saúde (HIPAA – *Health Insurance Portability and Accountability Act*) protege a privacidade e a segurança dos registros pessoais de saúde e tem o potencial de influenciar todos os negócios nos Estados Unidos. A HIPAA afeta as companhias que utilizam o intercâmbio eletrônico de dados (EDI – *Electronic Data Interchange*) para informar registros pessoais de saúde. A HIPAA exige que as organizações de cuidados de saúde desenvolvam, implementem e mantenham medidas de segurança adequadas ao envio de informações eletrônicas sobre saúde. Mais importante: essas organizações devem documentar e manter registros atualizados, detalhando como estão executando as medidas de segurança para todas as transmissões de informações sobre saúde. Em 21 de abril de 2005, as regras de segurança da HIPAA tornaram-se obrigatórias por lei.

Além do setor de saúde, todas as empresas precisam entender a importância da segurança da informação, mesmo que não seja obrigatório por lei. A *segurança da informação* é um termo amplo que abrange a proteção da informação do seu mau uso acidental ou intencional por pessoas dentro ou fora da organização. Com os atuais avanços nas tecnologias e estratégias de negócios, como o CRM, as organizações são capazes de determinar informações valiosas, como quem são os 20% de clientes principais que produzem 80% de todas as receitas. A maioria das organizações considera esse tipo de informação como um capital intelectual valioso, e elas estão implementando medidas de segurança para impedir que a informação seja divulgada ou caia em mãos erradas.

Somando-se à complexidade da segurança da informação está o fato de que as organizações devem permitir que os funcionários, consumidores e parceiros acessem as informações eletronicamente para obter sucesso nesse mundo eletrônico. Fazer negócios eletrônica e automaticamente traz grandes riscos de segurança da informação para as organizações. Há muitos aspectos técnicos de segurança, mas o maior problema de segurança da informação não é técnico, mas humano. A maioria das falhas na segurança da informação é resultado do mau uso de informações de uma organização por parte de uma pessoa, de maneira intencional ou não. Muitos indivíduos, por exemplo, divulgam ou registram claramente suas senhas em adesivos ao lado de seus computadores, deixando as portas escancaradas para invasores.

Percentual do orçamento de TI gasto em segurança da informação

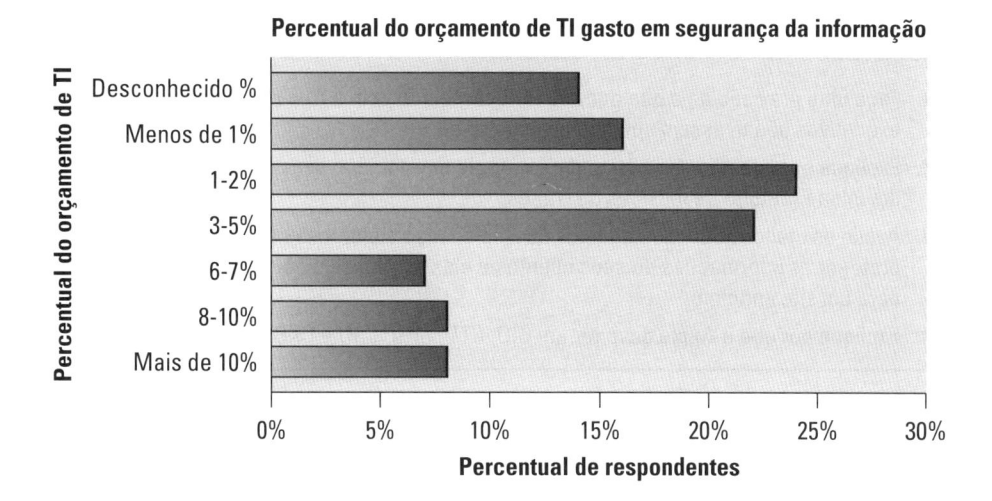

(gráfico de barras horizontais com categorias: Desconhecido %, Menos de 1%, 1-2%, 3-5%, 6-7%, 8-10%, Mais de 10%; eixo x: Percentual de respondentes de 0% a 30%)

FIGURA 5.9
Gastos da organização em segurança da informação.

A Figura 5.9 mostra o tamanho normal do orçamento da segurança da informação de uma organização em relação ao seu orçamento total de TI, segundo a pesquisa de crimes e segurança da informática do CSI/FBI. Dos entrevistados, 46% indicaram que a sua organização gasta entre 1 e 5% do orçamento total de TI em segurança. Apenas 16% indicaram que sua organização gasta menos de 1% do orçamento de TI em segurança.

A Figura 5.10 apresenta o gasto por empregado em relação à segurança de computadores, dividido pelos setores público e privado. A maior média de investimento em segurança do computador por empregado foi encontrada no setor de transportes.[11]

A segurança talvez seja a mais fundamental e essencial de todas as tecnologias/disciplinas que uma organização deve ter diretamente no local para executar sua estratégia de negócios. Sem processos e procedimentos de segurança sólidos, nenhuma das outras tecnologias conseguirá desenvolver vantagens de negócios.

Gastos/investimentos médios relatados em segurança de computadores por funcionário

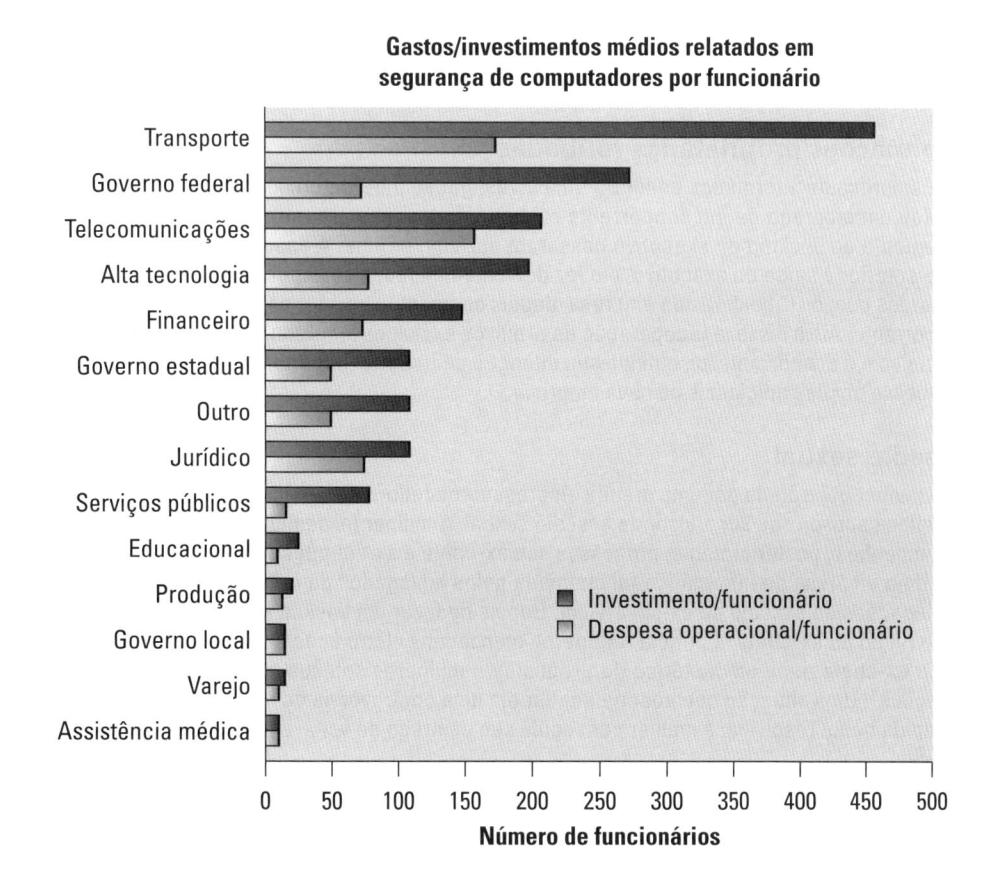

(gráfico de barras horizontais por setor: Transporte, Governo federal, Telecomunicações, Alta tecnologia, Financeiro, Governo estadual, Outro, Jurídico, Serviços públicos, Educacional, Produção, Governo local, Varejo, Assistência médica; eixo x: Número de funcionários de 0 a 500; legenda: Investimento/funcionário, Despesa operacional/funcionário)

FIGURA 5.10
Gastos/investimentos em segurança de computadores por setor.

QUESTÕES SOBRE O CASO DA UNIDADE

1. Faça uma previsão de o que poderia ter acontecido com a Apple se seus principais executivos não tivessem apoiado investimentos em TI.
2. Explique por que não seria ético para a Apple permitir que seus clientes fizessem o download gratuito de músicas do iTunes.
3. Avalie os efeitos sobre os negócios da Apple, caso a empresa não conseguisse proteger as informações de seus clientes e elas acabassem acidentalmente enviadas para um site anônimo.
4. Explique por que a Apple deve ter um CIO, CTO, CPO, CSO e CKO.

CASO DO CAPÍTULO 5: Dilemas executivos na era da informação

A vasta gama de iniciativas de negócios – do gerenciamento da cadeia de fornecimento até a gestão do relacionamento com o cliente, passando pela reengenharia de processos de negócios e o planejamento de recursos empresariais – deixa claro que a tecnologia da informação tem evoluído para além do papel de mera infraestrutura de apoio da estratégia de negócios. Hoje, em muito mais setores, a TI é uma estratégia de negócios, e está rapidamente se tornando uma questão de sobrevivência.

As diretrizes do conselho de administração e da equipe executiva estão cada vez mais salpicadas de – ou até se pode dizer que foram sequestradas por – uma gama maior de questões de TI, desde conformidade até ética e segurança. Na maioria das empresas de hoje, os computadores são ferramentas de negócio essenciais. Eles geram, processam e armazenam grande parte das informações críticas de negócios. Os executivos devem entender como isso pode afetar um negócio, abordando, com êxito, uma ampla gama de necessidades – de grandes projetos de pesquisa eletrônica até a avaliação online de documentos por equipes geograficamente dispersas. Aqui estão alguns exemplos de problemas de TI em nível executivo.

Informações proprietárias roubadas

Uma empresa de informática conduziu uma investigação para determinar se um executivo que aceitou um emprego de um concorrente roubou informações proprietárias. Os discos rígidos do laptop e do desktop do executivo passaram por uma perícia. A análise estabeleceu que na noite anterior à saída do executivo, ele fez download de todas as especificações de processos e acordos com distribuidores da empresa, depois compactou as informações e as enviou para o concorrente. Além disso, a recuperação de arquivos excluídos localizou emails trocados entre o executivo e o concorrente, discutindo sua intenção de fornecer informações proprietárias, caso recebesse opções adicionais na nova empresa.

Assédio sexual

Uma mulher contratada por uma grande empresa fornecedora de serviços para o Departamento de Defesa acusou seu supervisor de assédio sexual. A mulher foi demitida do emprego por mau desempenho e, posteriormente, processou seu ex-chefe e ex-empregador.

Uma empresa de informática foi chamada pelos advogados da requerente para investigar as alegações de assédio do ex-supervisor. Depois de fazer um backup forense das imagens do disco rígido do ex-chefe, a perícia recuperou mensagens eletrônicas excluídas que mostravam que o ex-chefe tinha um histórico de propostas a mulheres sob sua supervisão por "favores especiais". Uma situação que poderia acabar em uma controvérsia do tipo "ele disse/ela disse" foi rapidamente resolvida: a mulher conseguiu seu emprego de volta, e o verdadeiro culpado foi demitido.

Segredos comerciais roubados

O conselho de administração de uma empresa de pesquisa técnica rebaixou o fundador e CEO da empresa. O executivo, descontente por causa do rebaixamento, foi posteriormente demitido. Mais tarde, chegou-se à conclusão de que ele tinha planejado sair quase ao mesmo tempo em que foi demitido e fundar uma empresa concorrente. Após a demissão, o executivo levou para casa dois computadores, que devolveu à empresa quatro dias depois, com outro computador da companhia que ele já tinha usado em casa. Suspeitando que informações críticas tivessem sido roubadas, os advogados da companhia enviaram os computadores para análise em uma empresa de exames forenses.

Depois de fazer um backup forense de imagem dos discos rígidos, a perícia identificou um diretório de arquivos apagado durante esse período o qual tinha o mesmo nome da empresa concorrente que o executivo havia estabelecido. Uma pesquisa específica dos arquivos apagados nesse diretório identificou o arquivo "lista de afazeres" do executivo. Esse arquivo indicava que o executivo planejou copiar o banco de dados da empresa (avaliada em US$ 100 milhões) para seu uso pessoal. Outro item especificava que ele estava prestes a "aprender a destruir provas em um computador".

A análise da empresa de computação forense também provou que o executivo esteve se comunicando com outras empresas concorrentes para estabelecer alianças, em violação do acordo de confidencialidade com a companhia. Também se comprovou que vários arquivos importantes da empresa estavam localizados em mídias de armazenamento portáteis que não tinham sido entregues por ele à empresa.[12]

Questões

1. Explique por que a compreensão da tecnologia, especialmente nas áreas de segurança e ética, é importante para um CEO. Como as ações de um CEO afetam a cultura organizacional?
2. Identifique as razões pelas quais os executivos de setores não tecnológicos precisam se preocupar com a tecnologia e suas ramificações comerciais.
3. Descreva por que o aprendizado contínuo sobre tecnologia permite a um executivo analisar melhor ameaças e oportunidades.
4. Identifique três coisas que um CTO, CPO ou CSO poderia fazer para evitar esses problemas.

RESUMO DA UNIDADE

Compreender e trabalhar com tecnologia tornou-se parte integrante da vida no século XXI. A maioria dos alunos faz cursos em várias disciplinas durante suas carreiras educacionais, como em marketing, gestão de operações, gestão, finanças, contabilidade e tecnologia da informação, planejados para fornecer uma visão das atribuições de cada área funcional. No mundo dos negócios, todas essas áreas estão interligadas e são indissociáveis.

A tecnologia da informação pode ser um importante facilitador de negócios de sucesso e inovação e é mais útil quando se aproveita os talentos das pessoas. A tecnologia em si não é útil, a não ser que as pessoas certas saibam como usá-la e gerenciá-la de maneira eficiente.

As organizações usam a tecnologia da informação para capturar, processar, organizar, distribuir e ajustar informações. Essa tecnologia permite a uma organização:

- Integrar todas as áreas funcionais e as tarefas que desempenham.
- Ter uma visão de suas operações por toda a empresa.
- Utilizar recursos de modo eficiente e eficaz.
- Obter um enorme crescimento de mercado e no setor, conquistando uma visão sobre o mercado em geral (por meio de pesquisa de mercado) e visões sobre as operações internas.

TERMOS-CHAVE

Ameaça de novos participantes 22
Ameaça de produtos ou serviços substitutos 21
Análise da cadeia de valor 25
Atividades de valor de apoio 25
Atividades de valor primário 25
Balanced scorecard 49
Barreira de entrada 22
Benchmark 46
Benchmarking 46
Bens 13
Cadeia de fornecimento 21, 33
Conhecimento 11
Custos de troca 20
Dados 8
Diferenciação de produtos 22
Direitos autorais 56
Diretor de conhecimento (CKO) 54
Diretor de privacidade (CPO) 54
Diretor de segurança (CSO) 53
Diretor de sistemas de informação (CIO) 52
Diretor de tecnologia (CTO) 53
Doutrina do uso justo 56
Era da informação 7
Estratégia de negócios 18
Ética 55
Fato 7

Fatores críticos de sucesso (FCS) 43
Feedback 15
Fluxo de trabalho (*workflow*) 29
Gerenciamento da cadeia de fornecimento (SCM) 33
Gestão do relacionamento com o cliente (CRM) 35
Indicadores-chave de desempenho (KPI) 43
Informações 9
Inteligência competitiva 19
Inteligência de negócios (BI) 10
Melhores práticas 44
Métricas 43
Métricas de eficácia do SIGE 44
Métricas de eficiência do SIGE 44
Modelo das Cinco Forças de Porter 20
Participação de mercado 43
Pensamento sistêmico 15
Planejamento de recursos empresariais (ERP) 38
Poder de compra 20
Poder do fornecedor 21
Privacidade 55
Processos de negócios 24, 29
Processos voltados para o cliente (*front-office*) 31

Processos voltados para o negócio (*back-office*) 31
Produção 14
Produtividade 14
Programas de fidelidade 21
Projeto 43
Propriedade intelectual 56
Reengenharia de processos de negócios (BPR) 30
Retorno sobre o investimento (ROI) 43
Rivalidade entre os concorrentes existentes 22
Segurança da informação 58
Serviços 14
Sistema 13
Sistemas de informação para gestão empresarial (SIGE) 15
Software falsificado 56
Software pirateado 56
Tecnologias de análise de CRM 37
Tecnologias de previsão de CRM 37
Tecnologias de relatório de CRM 37
Trabalhadores do conhecimento 11
Vantagem competitiva 19
Vantagem de pioneiro 19
Variável 9

CASO 1 DE ENCERRAMENTO DA UNIDADE

O melhor do melhor do melhor – com menos de 25 anos

A Bloomberg Businessweek publica um artigo anual com os cinco principais empresários americanos com menos de 25 anos de idade. Contando com 200 a 300 inscrições por ano, fica difícil fazer a escolha de 5. Para ajudar a garantir uma concorrência leal, a revista escolhe 25 e, em seguida, pede aos seus leitores para decidir quais cinco têm o maior potencial. Abaixo estão os cinco vencedores de 2011.

1: SCOREASCORE
Fundador: Jordan Passman, 24
Receita: US$ 250.000
Crescendo em Los Angeles, Jordan Passman conheceu os meandros do negócio da música, no qual seu pai trabalhava como advogado de assuntos musicais de alto gabarito. Passman, querendo seguir os passos do pai, estava trabalhando para a Sociedade Americana de Compositores, quando percebeu uma necessidade não atendida do mercado: os compradores de música no mercado de cinema, comerciais e televisão que buscavam compositores. A ideia nasceu e Passman começou a trabalhar em um site que fazia a conexão entre os compradores de música com os compositores de música. "As pessoas ainda estavam fuçando a Craigslist em busca de compositores, e eu sabia que havia uma porção deles disponíveis que não tinham representação", diz Passman. A ScoreAscore conecta compradores de música que estão procurando por temas para filmes, comerciais, jogos de vídeo ou outras produções com 100 compositores profissionais selecionados representados por Passman, que cobra de 20 a 40% de tarifa por cada transação. Passman aspira ser a próxima ferramenta imprescindível para os cineastas do YouTube!

2: THINKLITE
Fundadores: Dinesh Wadhwani, 21, e Enrico Palmerino, 22
Receita: US$ 3.500.000
Em 2009, os alunos Dinesh Wadhwani e Enrico Palmerino da Babson College estavam lendo um artigo sobre lâmpadas energeticamente eficientes quando as suas próprias lâmpadas queimaram! Os colegas de quarto começaram a elaborar junto um modo de como poderiam criar um negócio com a vantagem competitiva primária de poupar dinheiro com luzes eficientes em energia, em vez de se concentrar unicamente em salvar o meio ambiente, como a maioria dos atuais fabricantes no mercado fez em seus nichos de produto. A missão da ThinkLite é ajudar as empresas a reduzir as contas de energia elétrica por meio da iluminação energeticamente eficiente. A dupla deu início às operações da ThinkLite licenciando tecnologias de empresas privadas da Alemanha, além de equipamentos da Coreia e projetos de Boston, tendo a produção final localizada na China. Os clientes, como AT&T e Kodak, tiveram reduções na conta de luz que variam de 50 a 80%, uma economia significativa para grandes empresas! Agora a ThinkLite tem mais de 100 clientes e está procurando expandir para mercados menores, como restaurantes e lojas.

3: DELTA PRODUCE
Fundadores: Kosta Dionisopoulos, 24, e Christos Marafatsos, 24
Receita: US$ 2.600.000

A cadeia de fornecimento de distribuição de alimentos é um negócio difícil, e levar as mercadorias perecíveis certas para o local correto no momento perfeito é mais uma forma de arte do que de análise e logística. Kosta Dionisopoulos dirigia uma van de entrega de produtos, enquanto frequentava a Universidade de Maryland, quando Christos Marafatsos viu uma oportunidade de começar um negócio exclusivo desse mesmo ramo. A Delta Produce não só fornece alimentos, como também serviços de comercialização online, permitindo aos clientes reduzir os custos por meio da compra a granel ou em grupos. A Delta Produce hoje tem 18 funcionários, e seus clientes incluem restaurantes, supermercados e atacadistas. "Eu e meu sócio somos jovens, por isso interagir pela Internet é algo que estamos acostumados a fazer", diz Marafatsos.

4: APPLETON LEARNING
Fundador: Glenn Clayton, 25
Receita: US$ 4.200.000

Glenn Clayton estava à procura de maneiras de ganhar um dinheiro extra, enquanto frequentava a Universidade do Alabama, por isso começou a dar aulas para alunos do ensino médio. Clayton logo reconheceu a necessidade do mercado e fundou a Appleton Learning, que reúne professores de escolas e alunos. Clayton começou a contratar amigos para ajudar a atender as necessidades de aulas, e até o final do segundo ano estava passando mais de 60 horas por semana gerenciando a Appleton Learning. "Percebi que se as pessoas estavam abandonando grandes empresas de aulas particulares para trabalhar com um garoto de faculdade que operava de uma despensa, então havia uma necessidade no mercado que não estava sendo atendida", diz Clayton. A Appleton Learning viu suas vendas dobrarem anualmente, e Clayton desenvolveu um site exclusivo que reúne alunos e professores, de acordo com suas necessidades individuais e estilos de aprendizagem. A Appleton Learning tem mais de mil professores, incluindo estudantes universitários, profissionais e aposentados, que atendem a mais de 6 mil alunos do ensino médio. A empresa está planejando expandir, abrindo 20 novas agências em toda a região sudeste ao longo dos próximos anos.

5: DESMOS
Fundador: Eli Luberoff, 24
Receita: US$ 200.000

Embora afastado há um ano de Yale, Eli Luberoff notou um problema na área da educação: problemas de compatibilidade de software. Luberoff decidiu criar um software que pudesse superar esses problemas e permitir a professores e alunos colaborar independentemente dos sistemas que estivessem usando ou de sua localização. Ele lançou a sua empresa, Desmos, por meio de testes de software de várias editoras grandes, incluindo McGraw-Hill, Houghton Mifflin Harcourt e Pearson, entre outras. A estratégia da Luberoff para ganhar dinheiro é fornecer o software de graça, ao mesmo tempo que cobra taxas de licenciamento para os editores.[13]

Questões
1. Se tivesse US$ 1 milhão para investir em uma das cinco *start-ups* mencionadas acima, qual você escolheria e por quê? Não se esqueça de justificar a sua resposta usando o Modelo das Cinco Forças de Porter e três análises estratégicas genéricas.
2. Escolha uma das empresas acima e explique por que os dados, informações, inteligência de negócios e conhecimento são importantes para a administrar com sucesso os negócios ao longo dos próximos anos. Certifique-se de listar exemplos dos diferentes tipos de dados, informação, inteligência de negócios e conhecimento que você pode encontrar nessa empresa.
3. Confira os cinco principais nomes com menos de 25 anos mais atuais da *Bloomberg Businessweek*. Escolha uma das empresas e faça uma análise detalhada sobre ela, utilizando as estratégias discutidas neste capítulo. Defina algumas maneiras para a empresa melhorar o seu negócio, criando vantagens competitivas usando as ideias e métodos discutidos ao longo do capítulo.

CASO 2 DE ENCERRAMENTO DA UNIDADE

Business 2.0: decisões de negócios erradas

A revista *Business 2.0* examinou as principais 100 decisões de negócios erradas de todos os tempos, incluindo demissões que não deram certo, atendimentos ao cliente confusos, loucuras de executivos e outras maluquices. Cinco das 10 principais decisões de negócios erradas de todos os tempos foram tomadas porque o pessoal de negócios não entendia de tecnologia da informação. As cinco estão destacadas a seguir. Talvez um bom motivo para você estudar com este livro seja para que não acabe na seção de decisões empresariais ruins da *Business 2.0*!

Má decisão de negócios – 3 de 10: Starbucks

Vencedor: Momento mais idiota – Marketing

A Starbucks instrui os baristas no sudeste dos Estados Unidos a enviar por email um cupom que dá direito a um café gelado grátis para amigos e familiares. Mas emails não respeitam fronteiras geográficas e, pior, podem ser impressos várias vezes.

Depois que o email chegou a todos os cantos do país e foi reproduzido em massa, a Starbucks retirou a oferta, levando a cliente insatisfeita Kelly Coakley a iniciar uma ação coletiva no valor de US$ 114 milhões.

Má decisão de negócios – 4 de 10: Radioshack

Vencedor: Momento mais idiota – Recursos humanos

De: RadioShack
Para: Funcionários da RadioShack
Assunto: Seu ex-emprego

A RadioShack demite 400 funcionários por email. Os empregados atingidos recebem uma mensagem que diz: "O processo de notificação da redução da mão de obra está em andamento. Infelizmente, o seu cargo é um que foi eliminado".

Má decisão de negócios – 7 de 10: AOL

Vencedor: Momento mais idiota – Segurança de dados

Em uma "tentativa de conquistar a comunidade acadêmica com novas ferramentas de pesquisa", a AOL libera as consultas de pesquisa de 657 mil usuários.

Embora a AOL insista que a informação não contém dados de identificação pessoal, o *New York Times* e outros meios de comunicação identificam imediatamente inúmeros usuários específicos, incluindo o pesquisador no. 4417749, a futura ex-assinante da AOL Thelma Arnold, de Lilburn, Geórgia, cujas consultas incluem "roupas íntimas femininas" e "cão que urina em tudo."

A gafe leva à demissão do diretor de tecnologia da AOL e a uma ação judicial no valor de meio bilhão de dólares.

Má decisão de negócios – 8 de 10: UCLA

Vencedor: Momento mais idiota – Comércio eletrônico

Na manhã de 3 de abril de 2006, a Amazon.com envia um email com o título "UCLA ganha!" para praticamente todo mundo a quem a empresa já vendeu um item esportivo, na tentativa de vender um boné que comemora a vitória dos Bruins na partida do campeonato de basquete universitário.

Só há um problema: O jogo não está programado para acontecer antes da noite daquela mesma data. Quando é realizado, a UCLA é trucidada pela Flórida, por 73 a 57.

Má decisão de negócios – 9 de 10: Bank of America

Vencedor: Momento mais idiota – Terceirização

Após o Bank of America anunciar planos para terceirizar 100 empregos de suporte técnico da área da Baía de San Francisco para a Índia, os trabalhadores norte-americanos são informados que devem treinar seus próprios substitutos, a fim de receber seus pagamentos de indenizações.

Aqui estão outras más decisões que não estão nas 10 principais, mas que vale a pena mencionar.

Má decisão de negócios: McDonald's

Provavelmente o tradutor traduziu a frase "marketing viral" de um modo literal demais. O McDonald's promove um concurso promocional no Japão em que distribui 10 mil MP3 players da marca Mickey D's.

Os aparelhos vêm carregados com 10 canções – e, em alguns casos, com a versão da família QQPass do vírus cavalo de Troia que, quando transferidos para um PC, tentam coletar senhas, nomes de usuário e outros dados para, em seguida, encaminhá-los a hackers.

Má decisão de negócios: General Motors

Ao que parece, a expressão "marketing viral" pode causar confusão em qualquer idioma. Como parte de uma promoção conjunta com o programa *The Apprentice* (*O Aprendiz*), da rede NBCTV, a GM lança um concurso para promover a sua SUV Chevy Tahoe. No Chevyapprentice.com, os espectadores encontram clipes de vídeo e de música para criar seus próprios comerciais de 30 segundos.

Entre os novos anúncios do Tahoe que logo proliferam em toda a Web, estão alguns com slogans como "A tecnologia de ontem, hoje" e "O aquecimento global não é um lindo anúncio de SUV: é uma realidade assustadora".

Má decisão de negócios: New York Times Company

Estávamos imaginando como o jornaleiro Billy conseguiu pagar pela bicicleta banhada a ouro. As transportadoras e distribuidoras de jornais de Worcester, em Massachusetts, receberam um bônus inesperado com a remessa habitual do jornal *Telegram & Gazette:* os números dos cartões de crédito e débito de 240 mil assinantes do jornal e sua publicação relacionada, o *Boston Globe*, ambos de propriedade da New York Times Company.

A falha de segurança é o resultado de um programa de reciclagem em que o papel usado na redação e nos escritórios do *Telegram & Gazette* é reutilizado para embrulhar pacotes de jornais.

Má decisão de negócios: Sony

Churrasquinho de computador. Defeitos em baterias fabricadas pela Sony para computadores portáteis fazem inúmeros notebooks explodirem em chamas espetacularmente fotogênicas.

O resultado final é o maior recall da história da informática, com a Dell substituindo as baterias em mais de 4 milhões de laptops. Rapidamente, a Apple (1,8 milhão), Lenovo/IBM (500 mil) e outras empresas fazem a mesma coisa.[14]

Questão

1. Explique por que a tecnologia da informação e os sistemas de informação para gestão empresarial podem ajudá-lo a obter sucesso nos negócios – ou, o que é mais importante, ajudar a evitar desastres de negócios –, independentemente do curso que você fez.

TOMANDO DECISÕES DE NEGÓCIOS

1. **Análise competitiva**

   Cheryl O'Connell é proprietária de uma pequena e sofisticada loja de roupas femininas chamada Excelus. A Excelus tem sido bem-sucedida por muitos anos, em grande parte devido à capacidade de Cheryl de antecipar as necessidades e desejos de sua base de clientes leais e proporcionar-lhes um serviço personalizado. Ela não considera que a TI tenha algum valor e não quer investir capital em algo que não vai afetar diretamente os seus rendimentos. Desenvolva uma proposta descrevendo as oportunidades e ameaças competitivas em potencial que a TI proporciona que Cheryl pode estar perdendo por não adotar a tecnologia da informação. Certifique-se de incluir a análise das Cinco Forças de Porter e examinar qual das três estratégias genéricas Cheryl deve buscar.

2. **Como usar métricas de eficiência e eficácia**

   Você é o CEO de um hospital de tratamento intensivo com 500 leitos. Seu departamento de TI interno é responsável por administrar as aplicações que prestam suporte às funções administrativas (contagem de pacientes, por exemplo), bem como às aplicações médicas (registros médicos, entre outras). Você precisa de garantias de que o departamento de TI funcione com alta qualidade, em comparação com hospitais similares. Que métricas você deve pedir ao seu CIO para conseguir a garantia que procura? Explique o raciocínio por trás de cada métrica sugerida. Além disso, determine a forma como a inter-relação entre as métricas de eficiência e as métricas de eficácia pode impulsionar o sucesso do seu negócio.

3. **Criação de relações empresariais**

   A Synergistics Inc. é uma *start-up* especializada em ajudar empresas a criar relacionamentos internos bem-sucedidos. Você foi recentemente promovido a gerente sênior da área empresarial e de relacionamento de TI. As vendas do seu novo departamento têm diminuído ao longo dos últimos dois anos por diversas razões, inclusive o estouro da bolha das ações de tecnologia, as condições econômicas recentes e uma estratégia de negócios mal divulgada. Sua primeira tarefa no trabalho é preparar um relatório detalhando o seguinte:

   - As principais razões da lacuna entre os lados de TI e de negócios.
   - Estratégias que você pode usar para convencer seus clientes de que essa é uma área fundamental para o sucesso do negócio.
   - Estratégias que seus clientes podem seguir para garantir a existência de sinergias entre os dois lados.

4. **Como agir com ética**

   Suponha que você seja um gerente de TI e que um de seus projetos não está funcionando bem. Você foi contra o projeto desde o início; no entanto, ele recebeu um endosso poderoso de todos os altos executivos. Você sabe que você está perdido e que o projeto está condenado. As razões para o fracasso são numerosas, incluindo que o orçamento inicial foi radicalmente subestimado, a tecnologia está evoluindo e não está estável, a arquitetura nunca foi dimensionada para o crescimento e seus recursos não têm as competências de desenvolvimento necessárias para a nova tecnologia. Um de seus líderes de equipe o procura com um plano para sabotar o projeto que iria acabar com tudo, sem que a culpa recaísse em algum dos envolvidos no projeto. Crie um documento detalhando como você lidaria com essa situação.

5. **Como determinar as estruturas organizacionais de TI**

   Você é o diretor executivo de uma *start-up* do ramo das telecomunicações. A companhia tem atualmente 50 funcionários e planeja aumentar esse número para 3 mil até o final do ano.

   Sua primeira tarefa é determinar como você vai modelar a sua organização. Você decide abordar a estrutura organizacional do departamento de TI em primeiro lugar. Você precisa pensar se vai querer ter um CIO, CPO, CSO, CTO e CKO, e, em caso afirmativo, como será a estrutura de comunicação desses cargos e o motivo para ser desse modo. Você também precisa determinar as diferentes funções e responsabilidades de cada cargo executivo. Depois de ter compilado essa informação, faça uma apresentação, descrevendo a estrutura organizacional do seu departamento de TI.

6. **Aplicação das três estratégias genéricas**

    A unidade examinou exemplos de empresas que perseguem estratégias diferenciadas, de modo que não sejam forçadas a competir exclusivamente com base nos preços. Escolha um setor e, com sua equipe, encontre e compare duas empresas, uma que está competindo com base em preço e outra que optou por seguir uma estratégia diferenciada graças ao uso criativo da TI. Alguns setores que você pode vir a considerar são o de lojas de roupas, supermercados, companhias aéreas e computadores pessoais. Prepare uma apresentação para a turma sobre as formas que a TI está sendo utilizada para ajudar as empresas que se diferenciam a competir contra o provedor de baixo custo. Antes de começar, certifique-se de que cada equipe escolha um setor diferente, se possível.

7. **O Modelo das Cinco Forças**

    A sua equipe está trabalhando para uma pequena empresa de investimentos especializada em tecnologia. A nova empresa, Geyser, acaba de lançar um sistema operacional que pretende competir com os sistemas operacionais da Microsoft. A sua empresa tem uma quantidade significativa de capital investido na Microsoft. Seu chefe, Jan Savage, pediu-lhe para compilar uma análise das Cinco Forças de Porter para a Microsoft, a fim de garantir que o investimento na Microsoft da sua empresa não corra riscos.

8. **O foco em Friedman**

    O novo livro de Thomas Friedman é intitulado *Quente, plano e lotado*: *Os desafios e oportunidades de um novo mundo*. Pesquise na Internet para descobrir o máximo possível de informações sobre esse título. Por que um gerente de negócios se interessaria em ler esse livro? Como o livro vai afetar o negócio global? Você acha que *Quente, plano e lotado* terá um impacto tão grande na sociedade quanto *O mundo é plano* teve nas empresas? Por quê? Ou por que não?[15]

9. **Em busca de Porter**

    Não há dúvida de que Michael Porter é um dos estrategistas de negócios mais influentes do século XXI. Pesquise entrevistas, outros artigos e estratégias de negócios novas ou atualizadas de Michael Porter na Internet. Crie um resumo de suas conclusões para compartilhar com a turma. Como aprender sobre pessoas como Thomas Friedman e Michael Porter pode ajudar na preparação para uma carreira no mundo dos negócios? Cite três outros profissionais de negócios que você acompanharia para ajudá-lo na preparação de sua carreira no mundo dos negócios.

10. **Aluguel de filmes**

    A indústria de aluguel de vídeos é extremamente competitiva. Os clientes têm a escolha de alugar um filme indo até uma loja (Blockbuster), pedindo pelo correio (Netflix) ou assistindo diretamente na própria televisão (pay-per-view ou Netflix). Usando o Modelo das Cinco Forças de Porter (poder de compra, poder do fornecedor, ameaça de novos participantes, ameaça de produtos substitutos e concorrência), avalie a atratividade de entrar no negócio de aluguel de filmes. Certifique-se de incluir a diferenciação do produto, os custos de troca e os programas de fidelidade em sua análise.

11. **Como trabalhar para a melhor**

    Todos os anos, a revista *Fortune* cria uma lista das 100 melhores empresas para se trabalhar. Encontre a lista mais recente. Quais os tipos de dados que você acha que a *Fortune* analisou para fazer a classificação das empresas? Que problemas poderiam ocorrer se a análise dos dados fosse imprecisa? Quais são os tipos de informação que você pode obter ao analisar a lista? Crie cinco perguntas que um aluno em busca de emprego poderia responder ao analisar essa lista.

12. **Pesquisas salariais**

    Pesquisas salariais oferecem ótimas ferramentas para destacar as oportunidades associadas a cargos de TI. Os salários anuais iniciais no setor de TI vão de US$ 50 mil a US$ 85 mil, e muitos estão subindo. A Figura TDN.1 exibe uma pesquisa salarial da *Computerworld*. Pesquise na Internet um levantamento atual de salários relacionados a TI. Que tipos de postos de trabalho estão em ascensão? Se houver algum emprego que você não conheça, pesquise-o na Internet para determinar suas características. Faça uma lista dos três melhores trabalhos que você gostaria de ter, se fosse seguir uma carreira em TI. O que você acha interessante nesses trabalhos? Quais as habilidades que você pode desenvolver para ajudá-lo a se preparar para empregos desse tipo?[16]

13. **Como iniciar o próprio negócio**

    Josh James recentemente vendeu a sua empresa de Web analytics, a Omniture, para a Adobe por US$ 1,8 bilhão. Sim, James fundou a Omniture em seu quarto estudantil! Você já começou a reconhecer as inacreditáveis oportunidades disponíveis para aqueles estudantes que entendem o poder do SIGE, independentemente do curso? Responda às seguintes perguntas.[17]

    a. Por que é tão fácil hoje para os alunos criarem *start-ups*, enquanto ainda estão na faculdade?
    b. O que seria necessário para você começar um negócio em seu quarto estudantil?
    c. Como este livro vai ajudá-lo a se preparar para dar início ao próprio negócio?
    d. Pesquise na Internet e encontre três exemplos de *start-ups* de estudantes universitários.
    e. O que o impede de começar o próprio negócio hoje mesmo? Você vive na era da informação, e, com o poder do SIGE, está mais fácil do que nunca entrar na área dos negócios com muito pouco investimento de capital. Por que não começar o próprio negócio imediatamente?

FIGURA TDN.1
Pesquisa salarial da *Computerworld*.

Descrição do trabalho	Compensação
Analista de inteligência de negócios	US$ 81.866
Especialista em comunicação	US$ 85.938
Arquiteto de banco de dados	US$ 98.995
Especialista em negócio eletrônico	US$ 71.717
Especialista em segurança da informação	US$ 83.693
Analista de sistemas de negócios/tecnologia de sistemas de informação/TI	US$ 78.305
Arquiteto de rede	US$ 96.302
Programador/analista	US$ 75.995
Líder de projeto	US$ 87.922
Analista de sistemas sênior	US$ 89.987
Desenvolvedor de software	US$ 85.684
Engenheiro de software	US$ 93.726
Arquiteto/engenheiro de armazenamento	US$ 111.077
Programador de sistemas	US$ 89.472
Desenvolvedor Web	US$ 66.347

14. **As dez melhores coisas que você vai dizer a seus netos**

    A revista *Wired* publicou recentemente as 10 melhores coisas que você vai dizer a seus netos. Para cada expressão abaixo, tente identificar a que ela está se referindo e por que será considerada ultrapassada.[18]

    - Na minha época, a gente só precisava de 140 caracteres.
    - Costumava haver tanta neve aqui em cima... você podia colocar um esqui nos pés e deslizar até lá embaixo.
    - Concursos de TV davam prêmios em dinheiro para quem conseguia armazenar mais dados na própria cabeça.
    - Bem, os monitores eram maiores, mas eles só exibiam filmes em determinados horários do dia.
    - Todos tinham um, mas ninguém usava para valer. Pensando bem, eu aposto que o meu perfil do LinkedIn ainda está em algum lugar da Web.
    - Tradução: "O inglês costumava ser a língua mais importante. Que loucura, né?"
    - Nossos corpos eram feitos de carne e apoiados em varetas de cálcio.
    - Você costumava manter os arquivos no seu computador e tinha que recorrer a esse mesmo computador para acessá-los!
    - Esse é o novo iPhone 27G? Já é multitarefa?
    - Simplesmente não consigo me acostumar com este maldito bife artificial. A textura não está correta.

APLIQUE SEUS CONHECIMENTOS

1. **Como capitalizar com a carreira**

    Os líderes empresariais precisam se envolver com a tecnologia da informação – qualquer ferramenta baseada em computador utilizada pelas pessoas para trabalhar com informações e dar suporte às necessidades de informação e de processamento de informações de uma organização – pelas seguintes (e principais) razões:

    - A magnitude dos dólares gastos em TI deve ser gerenciada para assegurar o valor do negócio.
    - Pesquisas têm mostrado o tempo todo que quando os líderes empresariais estão envolvidos com a tecnologia da informação, isso oportuniza uma série de iniciativas de negócios, como obter uma vantagem competitiva, agilizar processos empresariais e até mesmo transformar organizações inteiras.
    - Pesquisas têm mostrado o tempo todo que quando os líderes empresariais não estão envolvidos com a TI, os sistemas falham, perde-se receita e até mesmo empresas inteiras podem ir à bancarrota, como resultado das más decisões de gerenciamento da TI.

    Um dos maiores desafios das organizações é: "Como vamos fazer os líderes empresariais se envolverem com a TI?" A pesquisa mostrou que o envolvimento está altamente correlacionado com a experiência pessoal e o aprendizado em TI, incluindo aulas na universidade e seminários executivos sobre o assunto. Uma vez que os líderes empresariais em geral compreendam, por meio da experiência e da educação, eles se tornarão mais propensos a se envolver com TI e a administrar suas organizações para alcançar o sucesso nos negócios utilizando essa tecnologia.

    Foco em projetos

    1. Pesquise na Internet para encontrar exemplos de tipos de tecnologias que são utilizadas atualmente no campo ou setor em que você pretende seguir carreira. Se, por exemplo, você está planejando uma carreira em contabilidade ou finanças, deve conhecer melhor sistemas financeiros, como o Oracle Financials. Se está planejando uma carreira em logística ou distribuição, deve pesquisar os sistemas de gestão

da cadeia de fornecimento. Se planeja uma carreira em marketing, os sistemas de gerenciamento do relacionamento com o clientes, blogs e marketing eletrônico devem fazer parte da sua investigação.
2. A TI é descrita como um capacitador/facilitador de vantagem competitiva, eficácia e eficiência organizacional. Como ferramenta competitiva, a TI pode diferenciar os produtos, serviços e preços de uma organização de seus concorrentes, melhorando a qualidade do produto, diminuindo os prazos de desenvolvimento ou fornecimento do produto, criando novos produtos e serviços baseados em TI e melhorando o atendimento ao cliente antes, durante e depois das transações. Pesquise na Internet e encontre vários exemplos de empresas do setor em que você pretende trabalhar que conseguiram uma vantagem competitiva por meio da TI.
3. Crie um relatório simplificado com os seus resultados. Inclua uma breve visão geral do tipo de tecnologias que encontrou e como as organizações as estão utilizando para obter vantagens competitivas.

2. **Como obter o alinhamento**

A maioria das empresas gostaria de estar na posição de liderança da JetBlue, da Dell ou do Walmart, que têm utilizado a tecnologia da informação para garantir os seus respectivos lugares no mercado. Essas empresas têm o objetivo inflexível de manter baixo o custo da tecnologia, combinando o melhor da TI e da liderança empresarial.

É preciso mais do que um simples aperto de mão entre dois grupos para iniciar o caminho em direção ao lucro: é necessário disciplina operacional e um vínculo entre unidades de negócios e tecnologia. Só recentemente as empresas que não estavam no "caminho do lucro" começaram a seguir o exemplo de seus pares bem-sucedidos, exigindo mais disciplina operacional de seus grupos de TI, e também que as unidades de negócios aumentassem a participação da TI. Preencher essa lacuna é um dos maiores avanços que uma empresa pode realizar.

As empresas que dominam a arte da gestão de TI bem ajustada e de baixo custo terão uma grande vantagem. Seu sucesso vai forçar os concorrentes a também dominarem a arte, ou falharem por completo. Esse fenômeno já ocorreu nos mercados de distribuição de varejo e atacado, que tiveram de reagir à maestria de TI do Walmart, por exemplo. Outros setores farão o mesmo. Essa tendência vai mudar não apenas a cara da TI, como também o futuro das empresas privadas dos EUA.

Enquanto os mercados mundiais continuam a crescer, os ganhos potenciais serão maiores do que nunca. No entanto, o mesmo vale para as perdas potenciais. O futuro pertence àqueles que são sensíveis o suficiente para compreender o significado da TI e dispõem de recursos suficientes para sincronizar a gestão do negócio e a tecnologia da informação.

Foco em projetos
1. Use um recurso para responder à pergunta: "Por que o alinhamento entre TI e negócio é tão difícil?" Utilize as seguintes perguntas para começar a sua análise:
   a. Como as empresas priorizam as demandas das várias unidades de negócios conforme se relacionam com a TI?
   b. Cite alguns dos maiores desafios da TI para o próximo ano.
   c. O que orienta as decisões de TI?
   d. Quem ou o que é a força motriz por trás das decisões de TI?
   e. Que tipos de métricas de eficiência e de eficácia essas empresas podem usar para medir o impacto da TI?
   f. Como uma empresa pode usar métricas financeiras para monitorar e medir os investimentos em TI?
   g. Cite alguns dos problemas com o uso de métricas financeiras para avaliar a TI.

3. **Exame minucioso do mercado**

Para ilustrar a utilização das três estratégias genéricas, verifique a Figura AYK.1. A matriz exibida demonstra as relações entre estratégias (liderança de custos x diferenciação) e segmentação de mercado (ampla x focada).

- A Hyundai está seguindo uma estratégia de liderança de custos ampla. A empresa oferece veículos de baixo custo, em cada linha de modelos, cujo apelo atinge um grande público.
- A Audi segue uma estratégia de diferenciação ampla, com seus modelos Quattro disponíveis por vários preços. A diferenciação da empresa é a segurança e os preços dos seus vários modelos Quattro (superiores aos da Hyundai) para atingir um público grande e estratificado.
- A Kia tem uma estratégia mais focada na liderança de custos. Ela oferece principalmente veículos de baixo custo, nos níveis mais baixos da sua linha de modelos.
- A Hummer oferece a estratégia mais focada na diferenciação do setor (incluindo a Mercedes-Benz).

Foco em projetos

Crie um gráfico semelhante, exibindo cada estratégia para um produto de sua escolha. A estratégia tem de incluir um exemplo do produto nos seguintes mercados: (1) liderança de custos, mercado amplo, (2) diferenciação, mercado amplo, (3) liderança de custos, foco no mercado e (4) diferenciação, foco no mercado. Entre os possíveis produtos, estão:

- Cereal
- Alimentos para cães
- Refrigerantes
- Computadores
- Xampu
- Salgadinhos
- Jeans
- Tênis
- Sandálias

FIGURA AYK.1
As Três Estratégias Genéricas de Porter.

- Mountain bikes
- Programas de TV
- Filmes

4. Classificação da segurança

A Making The Grade é uma organização sem fins lucrativos que ajuda estudantes a aprenderem como alcançar melhores notas na escola. A organização conta com 40 escritórios em 25 estados e mais de 2 mil funcionários. A empresa quer criar um site para oferecer seus serviços pela Internet. Os serviços online da Making The Grade vão oferecer aos pais sete conselhos importantes para se comunicarem com os filhos e ajudá-los a alcançar o sucesso nos estudos. O site vai fornecer informações sobre como manter as linhas de comunicação abertas, estabelecer metas, organizar os estudos, monitorar o progresso com regularidade, identificar pontos de conflito, conhecer o professor do filho e comemorar os sucessos.

Foco em projetos

Você e sua equipe trabalham para o diretor do departamento de segurança da informação. A missão de sua equipe é desenvolver um documento, discutindo a importância da criação de políticas de segurança da informação e um plano de segurança da informação. Certifique-se de incluir o seguinte:

- A importância de educar os funcionários sobre a segurança da informação.
- Alguns exemplos de políticas de segurança da informação de funcionários, especificamente para a Making The Grade.
- Outras áreas importantes que o plano de segurança da informação deve abordar.
- Sinais que a empresa deve procurar para verificar se o site está sendo hackeado.
- Os principais tipos de ataques que a empresa deve esperar.

5. Olhos por toda parte

O filme *Minority Report* mostrou um mundo futurista, onde as pessoas são identificadas exclusivamente por seus olhos. A digitalização dos olhos de cada pessoa dá ou nega acesso a lugares, computadores e qualquer outra coisa com restrições. O filme retrata um mercado negro de globos oculares novos, para ajudar as pessoas a se esconderem das autoridades. (Por que eles apenas não alteram a entrada da base de dados, em vez disso? Teria sido muito mais fácil, mas muito menos dramático.)

A ideia de usar uma assinatura biológica é inteiramente plausível, uma vez que a biometria está sendo amplamente utilizada e deverá ganhar maior aceitação no futuro próximo, pois a falsificação de documentos ficou muito mais fácil com os avanços dos programas gráficos de computador e das impressoras coloridas. Da próxima vez que você pedir um novo passaporte, o documento poderá ter um chip embutido, com as suas informações biométricas codificadas nele. Agentes do Escritório de Investigações Especiais com documentos falsos descobriram que era relativamente fácil entrar nos Estados Unidos a partir do Canadá, do México e da Jamaica, por terra, mar e ar.

A tarefa de policiar as fronteiras é assustadora. Cerca de 500 milhões de estrangeiros entram no país todos os anos e passam por pontos de verificação de identidade. Mais de 13 milhões de cartões de residentes permanentes e de passagem de fronteira foram emitidos pelo governo dos EUA. Além disso, cidadãos de 27 países não precisam de visto para entrar no país. Espera-se que eles tenham passaportes que cumpram com as especificações dos EUA e que sejam legíveis na fronteira.

Na atmosfera de segurança rígida do após 11 de setembro, a passagem irrestrita pela fronteira não é aceitável. O Departamento de Segurança Interna ficou encarregado da segurança das fronteiras do país, e como parte desse plano, novos procedimentos de entrada e saída foram instituídos no início de 2003. Um sistema integrado, que utiliza a biometria, será usado para identificar os visitantes estrangeiros que vão para os Estados Unidos e reduzir a probabilidade de terroristas entrarem no país.

No início de 2003, depois de 6 milhões de cartões biométricos para passagem de fronteira terem sido emitidos, um estudo piloto realizado na fronteira canadense detectou mais de 250 impostores. O teste começava com dois identificadores biométricos: fotografias para reconhecimento facial e verificação de impressões digitais. Sempre que as pessoas entram e saem do país, suas impressões digitais reais e características faciais são comparadas com os dados no chip biométrico do passaporte.

Foco em projetos

Em grupo, discuta o seguinte:

1. Como você se sente sobre ter suas impressões digitais, características faciais e talvez mais das suas características biométricas codificadas em documentos como o passaporte? Explique sua resposta.
2. Você se sentiria da mesma forma se tivesse informações biométricas em sua carteira de motorista, tal qual no passaporte? Por quê?
3. É razoável ter diferentes requisitos de identificação biométrica para visitantes de diferentes nações? Explique sua resposta. Que critérios você recomendaria para decidir quais países se enquadram em que categorias?
4. Os postos de controle utilizados por cidadãos norte-americanos no retorno ao país variam muito no grau de minúcia das verificações e no tempo dispendido. O mais simples envolve apenas passar pelos guardas de fronteira, que podem ou não perguntar a sua cidadania. No outro extremo, exige-se que você passe por longas esperas em aeroportos, onde você tem de ficar em fila com centenas de outros passageiros, enquanto cada pessoa é questionada e deve apresentar um passaporte, que será examinado. Você gostaria que informações biométricas constassem nos passaportes se isso acelerasse o processo, ou acha que as desvantagens na redução da privacidade, causada pelas informações biométricas, superam as vantagens de mais segurança e passagem mais rápida pela fronteira? Explique sua resposta.

6. Como estabelecer limites

Mesmo as pessoas mais éticas às vezes enfrentam escolhas difíceis. Agir com ética significa comportar-se segundo princípios e tratar as outras pessoas com respeito e dignidade. É simples de dizer, mas não tão simples de fazer, já que algumas situações são complexas ou ambíguas. O importante papel da ética em nossas vidas há muito é reconhecido. Já em 44 aC, Cícero dizia que a ética é indispensável para quem quer ter uma boa carreira. Dito isso, Cícero, bem como algumas das maiores mentes ao longo dos séculos, esforçaram-se para formular o modo como as regras de ética devem ser.

Nossa ética está enraizada em nossa história, cultura e religião, e nosso senso de ética pode mudar com o tempo. A era eletrônica traz consigo uma nova dimensão do debate sobre a ética: a quantidade de informações pessoais que podemos coletar e armazenar e a velocidade com a qual podemos acessar e processar essa informação.

Foco em projetos

Em grupo, discuta como você reagiria às seguintes situações:

1. Uma gerente sênior de marketing informa que um dos funcionários dela está à procura de outro emprego e pede para você lhe dar acesso para examinar o email do funcionário.
2. O vice-presidente de vendas informa que fez um acordo para fornecer informações de clientes a um parceiro estratégico e quer que você grave todas as informações de clientes em um DVD.
3. Pedem a você para monitorar o email de seu funcionário para descobrir se ele está assediando outro funcionário.
4. Você será solicitado a instalar um sistema de vigilância por vídeo no escritório para ver se os funcionários estão levando material de escritório para casa.

5. Você está pesquisando na unidade de rede compartilhada e descobre que todo o disco rígido do seu chefe foi copiado para a rede, que todos possam ver. O que você faz?
6. Você foi acidentalmente incluído como destinatário de um email do CEO, que detalha quem serão os alvos da próxima rodada de demissões. O que você faria?

7. **As Cinco Forças de Porter**

    O Modelo das Cinco Forças de Porter é uma estrutura simples para compreender as forças do mercado. Forme grupos e escolha dois produtos da lista abaixo para executar a análise das Cinco Forças de Porter.

    - Computador portátil e computador desktop.
    - PDA e laptop.
    - iPod e Walkman.
    - Leitor de DVD e videocassete.
    - Câmera digital e câmera Polaroid.
    - Telefone celular e BlackBerry.
    - Coca-Cola em garrafa de plástico e Coca-Cola em garrafa de vidro.
    - Dispositivo GPS e mapa rodoviário.
    - Patins e *rollerblades*.
    - Livros digitais e livros impressos.
    - Papel digital e papel.

8. **Medidas de eficiência e de eficácia**

    Em grupo, crie um plano para medir a eficiência e a eficácia deste curso e fazer recomendações sobre como você pode melhorar o curso para torná-lo mais eficiente e mais eficaz. Você deve determinar as formas de comparar a eficiência e a eficácia e as formas de monitorar e medir continuamente em relação ao *benchmark*, a fim de determinar se o curso está se tornando mais ou menos eficiente e eficaz (questionários e exames entre os alunos são os *benchmarks* mais óbvios). Não se esqueça de que seu plano deve abordar o seguinte:

    - Projeto da sala de aula.
    - Temperatura ambiente.
    - Iluminação e recursos eletrônicos da sala de aula.
    - Tecnologia disponível na sala de aula.
    - Duração da aula.
    - Email e mensagens instantâneas.
    - Comparecimento dos alunos.
    - Preparação dos alunos.
    - Tempo de chegada dos alunos.
    - Testes e exames (frequência, duração e notas).

9. **Agregação de valor**

    Para identificar essas vantagens competitivas, Michael Porter criou a análise da cadeia de valor, que vê a empresa como uma série de processos de negócios, cada um deles agregando valor ao produto ou serviço. A análise da cadeia de valor é uma ferramenta útil para determinar como criar o maior valor possível para os clientes. O objetivo dessa análise é identificar os processos em que a empresa pode agregar valor ao cliente e criar uma vantagem competitiva para a própria empresa, com uma vantagem de custos ou de diferenciação do produto.

Foco em projetos

O Starbucks contratou você após a formatura para um cargo temporário que pode se transformar em uma oportunidade de tempo integral. Com novos cafés e lojas de suco surgindo em cada esquina, junto com a recessão global, o Starbucks está preocupado em perder sua participação de mercado para a concorrência. Sua chefe, Heather Sweitzer, está sem ideias para melhorar a rentabilidade da empresa. Você decide que uma das ferramentas mais úteis para a identificação de vantagens competitivas é a análise da cadeia de valor de Porter. É claro que você ainda não tem o conhecimento detalhado para informar todos os elementos necessários, mas sabe o suficiente para começar e pretende levar seu projeto a Sweitzer na próxima semana. Usando seu conhecimento do Starbucks, crie uma análise da cadeia de valor. Sinta-se livre para testar hipóteses sobre as operações; só não se esqueça de listar as que experimentar. Além disso, lembre-se de redigir uma visão geral da ferramenta e seu valor potencial, para que Sweitzer possa entender como ela funciona.

10. **Competição plano**

    "Quando eu era criança, em Minneapolis, meus pais sempre diziam: 'Tom, termine seu jantar. Existem pessoas famintas na China e na Índia.' Hoje eu digo para minhas filhas: 'Terminem sua lição de casa, pois as pessoas na China e na Índia estão famintas pelos seus empregos'. E em um mundo plano, essas pessoas podem conseguir isso, pois não existe mais esse negócio de 'um emprego nos EUA'". Thomas Friedman.

    ### Foco em projetos

    No livro *O Mundo é Plano*, Thomas Friedman descreve a cascata não planejada das mudanças tecnológicas e sociais que nivelou de maneira eficiente o mundo econômico e "acidentalmente transformou Pequim, Bangalore e Bethesda em vizinhos". O vídeo da palestra de Thomas Friedman no MIT examinando o mundo plano está disponível no endereço http://video.mit.edu/watch/the-word-is-flat-9145. Se quiser se preparar para competir em um mundo plano, você deve assistir a esse vídeo e responder às seguintes perguntas:

    - Você concorda ou discorda da avaliação de Friedman de que o mundo é plano?
    - Quais são os potenciais impactos de um mundo plano na busca de um aluno por um emprego?
    - O que os alunos podem fazer para se preparar para competir em um mundo plano?[19]

11. **Wikiblunders (erros crassos da Wikipédia)**

    De acordo com a *PC World*, todos estes fatos falsos apareceram na Wikipédia:

    - Robbie Williams come animais domésticos em bares por dinheiro.
    - David Beckham foi um goleiro chinês no século XVIII.
    - Paul Reiser morreu. (Reiser é ator.)
    - Sinbad está morto. (Sinbad é ator.)
    - Sergey Brin é sexy, está namorando Jimmy Wales, e está morto. (Brin fundou o Google, e Wales, a Wikipedia.)
    - Tony Blair tem adoração por Hitler. (Blair foi primeiro-ministro do Reino Unido.)
    - O nome cristão da Duquesa da Cornualha é Cow-miller.
    - Robert Byrd está morto. (Byrd é senador norte-americano da Virgínia Ocidental.)
    - John Seigenthaler ajudou a assassinar John e Robert Kennedy. (Seigenthaler é jornalista.)
    - Conan O'Brien agride tartarugas marinhas ao praticar canoagem.[20]

    ### Foco em projetos

    Sabemos que as pessoas utilizam a tecnologia da informação para trabalhar com informações. Sabendo disso, como esses tipos de erro podem ocorrer? O que poderia acontecer se você decidisse usar a Wikipédia para coletar inteligência de negócios para um artigo de pesquisa? O que a Wikipédia poderia fazer para ajudar a prevenir esses tipos de erro?

12. **O que há de errado com esse banheiro?**

    Se você fosse o CEO de uma empresa financeira mundial que estivesse passando por uma crise, investiria US$ 1 milhão para reformar o escritório? Provavelmente não, e você está se perguntando se isso, talvez, não se trata de uma brincadeira de um jornal satírico. Mas adivinha: é uma história verdadeira! John Thain, ex-CEO da Merrill Lynch, decidiu gastar US$ 1,2 milhão reformando seu escritório – logo após a Merrill Lynch ter enfrentado enormes perdas financeiras. Thain aprovou pessoalmente todos estes itens:

    - Tapetes: US$ 87.784
    - Mesa de pedestal de mogno: US$ 25.713
    - Aparador do século XIX: US$ 68.179
    - Lustre de teto: US$ 19.751
    - 4 pares de cortinas: US$ 28.091
    - Duas cadeiras de visitas: US$ 87.784
    - Poltrona George IV: US$ 18.468
    - 6 castiçais de parede: US$ 2.741
    - Lixeira revestida com papel de pergaminho: US$ 1.405 (sim, para uma lixeira!!)
    - Venezianas de tecido estilo romano: US$ 10.967
    - Venezianas estilo romano: US$ 7.315
    - Mesa de café: US$ 5.852
    - Cômoda: US$ 35.115[21]

    ### Foco em projetos

    São anos de estudos e experiência profissional para as pessoas desenvolverem as habilidades necessárias para o cargo de CEO. Obviamente, uma companhia como a Merrill Lynch só contrataria uma pessoa altamente qualificada para o emprego. O que você acha que aconteceu com John Thain? Por que ele gastaria uma quantia obscena de dinheiro para redecorar seu escritório, quando a empresa estava passando por problemas financeiros? O que acontece com uma companhia cujos executivos não estão alinhados com as metas da empresa? Como você pode garantir que os executivos da empresa não estejam cometendo erros monumentais, como reformas de banheiro de milhões de dólares?

13. **Eu amo o TED!**

    Pequena organização sem fins lucrativos fundada em 1984, o TED (Technology, Entertainment, Design) realiza conferências sobre ideias que valem a pena conhecer (*Ideas Worth Spreading*). O TED traz pessoas de todo o mundo para compartilhar experiências interessantes, que abrangem as palestras mais inovadoras, informativas e emocionantes já dadas em 20 minutos. Você pode encontrar palestras de Al Gore, Bill Gates, Steve Jobs, Douglas Adams, Steven Levitt, Seth Godin e Malcolm Gladwell, entre outros.[22]

    ### Foco em projetos

    Visite o site www.ted.com e veja os milhares de vídeos que estão disponíveis. Em seguida, responda ao seguinte:

    - Examine o site do TED e encontre três palestras que você gostaria de assistir. Por que você escolheu essas três? Você vai dedicar tempo extraclasse para vê-las?
    - Como você pode ganhar uma vantagem competitiva ao assistir o TED?
    - Como você pode encontrar ideias inovadoras para uma *start-up* observando o TED?
    - Como você pode encontrar inteligência competitiva ao assistir o TED?

PROJETOS DE APLICAÇÃO AYK

Se está à procura de projetos em Excel para incorporar à aula, experimente um destes (em inglês), após a leitura do capítulo.

Número do projeto	Nome do projeto	Tipo de projeto	Área de foco do plug-in	Nível do projeto	Conjunto de competências	Número da página
1	Destino financeiro	Excel	T2	Orçamento pessoal	Fórmulas introdutórias	520
2	Fluxo de caixa	Excel	T2	Fluxo de caixa	Fórmulas introdutórias	520
3	Orçamento de tecnologia	Excel	T1, T2	Hardware e software	Fórmulas introdutórias	520
4	Rastreamento de doações	Excel	T2	Relacionamento com funcionários	Fórmulas introdutórias	520
5	Conversão de moeda	Excel	T2	Comércio global	Fórmulas introdutórias	521
6	Comparação de custos	Excel	T2	Custo total de propriedade	Fórmulas introdutórias	521
7	Gerenciamento do tempo	Excel ou Project	Gerenciamento de projetos T12	Introdutório	Gráficos de Gantt	522

DESAFIO EMPRESARIAL

Crie seu próprio negócio

Há pouco tempo, você herdou o negócio do seu avô, que está convenientemente localizado no centro da cidade. A empresa oferece muitos tipos diferentes de produtos e serviços especializados; inaugurada em 1952, foi um local movimentado por muitos anos. Infelizmente, a empresa tem passado por um declínio nos últimos anos. O negócio é administrado sem computadores e todo o processo de compra ocorre manualmente. Seu avô tinha uma memória extraordinária e conhecia todos os clientes e fornecedores pelo nome, mas, infelizmente, essas informações não se encontram em qualquer lugar da loja. As informações operacionais necessárias para administrar o negócio, como tendências de vendas, informações de fornecedores, informação promocional, e assim por diante, estão todas na memória do seu avô. O estoque é monitorado em um bloco de notas, junto com a folha de pagamento de funcionários e os cupons de vendas. A empresa não tem site, usa muito pouco marketing – exceto o de boca a boca – e, essencialmente, ainda funciona da mesma forma que funcionava em 1952.

Durante este curso, você será o dono e vai administrar o negócio do seu avô, e ao aproveitar as práticas de negócios discutidas no livro, tentará aumentar os lucros, diminuir as despesas e trazer o negócio para o século XXI. Para efeitos do presente caso, escolha o negócio que você deseja administrar e crie um nome para ele. A empresa pode ser, por exemplo, um café chamado The Broadway Café, uma loja de esportes radicais chamada Cutting Edge Sports, ou até mesmo uma loja de filmes chamada The Silver Screen. Tente escolher um negócio pelo qual você está realmente interessado em administrar e que se alinhe com suas metas globais de carreira.

Foco em projetos: Vantagem competitiva

1. Identifique o negócio que você vai criar no decorrer deste curso e escolha um nome para ele.
2. Faça uma análise do poder de compra e do poder do fornecedor do seu negócio, usando o Modelo das Cinco Forças de Porter. Certifique-se de examinar como você pode enfrentar a concorrência com estratégias, como os custos de troca e os programas de fidelidade.
3. Faça uma análise de rivalidade, barreiras à entrada e ameaça de produtos substitutos para o seu negócio, usando o Modelo das Cinco Forças de Porter. Certifique-se de discutir como você poderia combater a concorrência com estratégias, como a de diferenciação do produto.
4. Descreva qual das três estratégias genéricas de Porter você usaria para o seu negócio. Certifique-se de descrever os detalhes de como você vai implementar essa estratégia e como ela vai ajudá-lo a criar uma vantagem competitiva em seu setor.

UNIDADE 2

Explorando a inteligência de negócios

Esta unidade apresenta o conceito de informação e sua importância relativa para as organizações. Ela faz a distinção entre informações armazenadas em bancos de dados transacionais e informações alojadas em *data warehouses* corporativos. A unidade também apresenta uma visão geral dos princípios dos bancos de dados e as etapas necessárias à integração de vários bits de dados armazenados em múltiplos bancos de dados operacionais em um repositório abrangente e centralizado de informações consolidadas, as quais podem se tornar uma poderosa ferramenta de inteligência de negócios.

Como estudante de administração, você deve entender a diferença entre dados transacionais e informação consolidada, e os diferentes tipos de questões que responderia usando um banco de dados transacional ou um *data warehouse* corporativo. Você precisa estar ciente da complexidade de armazenar dados em bancos de dados e do nível de esforço que transformar dados operacionais em informações significativas consolidadas exige. Precisa, também, perceber o poder da informação e a vantagem competitiva que um *data warehouse* traz a uma empresa em termos de facilitação de inteligência de negócios. Compreender o poder da informação o ajudará a se preparar para competir em um mercado mundial. Munido com o poder da informação, você tomará decisões gerenciais inteligentes, atualizadas e baseadas em dados.

Introdução

A informação é poderosa. Ela é útil para comunicar a uma organização o desempenho das suas operações atuais, estimar operações futuras e para fazer estratégias em relação ao seu funcionamento. Abrem-se novas perspectivas quando as pessoas têm a informação certa e sabem como usá-la. A habilidade para entender, digerir, analisar e filtrar informações é a chave para o sucesso para qualquer profissional em qualquer setor. A Unidade 2 demonstra o valor que uma organização pode descobrir e criar ao aprender como gerenciar, acessar, analisar e proteger informações organizacionais. Os capítulos da Unidade 2 são os seguintes:

- **Capítulo 6** – Valorização de informações organizacionais
- **Capítulo 7** – Armazenamento de informação organizacional – Bancos de dados
- **Capítulo 8** – Acesso a informações organizacionais – *Data warehouse*

CASO DA UNIDADE 2

Comunicando as informações

Desde o início dos tempos, o homem se vale de desenhos e imagens para comunicar-se, passando dos rabiscos das cavernas até os hieróglifos e a Internet. Hoje, é mais fácil do que nunca criar uma imagem que vale 100 mil palavras, graças aos avanços tecnológicos. As principais vantagens são bancos e *data warehouse* que capturam enormes quantidades de dados. Informar significa acessar grandes quantidades de dados de diferentes sistemas de informação para gestão. De acordo com uma recente análise de *press releases* realizada pela *PR Newswire*, um artigo ou anúncio que usa imagens visuais pode melhorar significativamente o número de visualizações que uma mensagem gera. Isso pode ser uma vantagem competitiva, de verdade, na era digital.

Um infográfico (ou gráfico de informações) exibe informações esquematicamente, para que possam ser mais facilmente compreendidas. Os infográficos vão direto ao ponto, apresentando informações complexas em um formato visual simples. Eles podem apresentar os resultados de grandes análises de dados, procurando padrões e relações que monitoram mudanças em variáveis ao longo do tempo. Como os infográficos podem tornar-se onipresentes facilmente, os usuários precisam ter cuidado para não exibir dados demais, ou os infográficos resultantes podem acabar em sobrecarga de informação. Infográficos eficazes podem alcançar excelentes resultados de marketing, publicidade e relações públicas. De acordo com a *PR Newswire*, eles obtêm o máximo de vantagem competitiva quando têm o seguinte:

- Resultados de pesquisas que são muito difíceis de se compreender em formato de texto.
- Dados estatísticos que não são interessantes para os leitores.
- Pesquisas de comparação em que o impacto pode ser muito mais significativo quando apresentado visualmente.
- Mensagens para públicos de vários idiomas.
- Qualquer informação que pode usar um elemento visual para tornar-se mais interessante (ver exemplos em Figura Unidade 2.1 até Figura Unidade 2.3).[1]

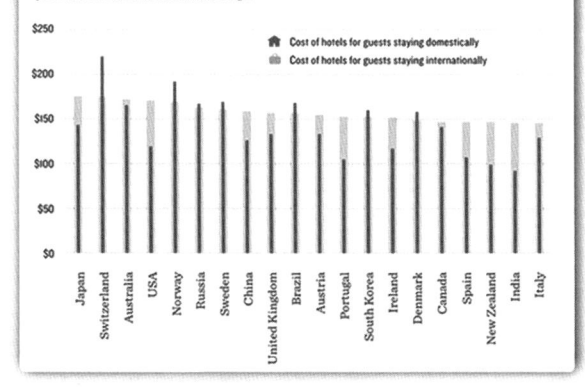

FIGURA UNIDADE 2.1
Infográfico de viagens do Hotels.com.

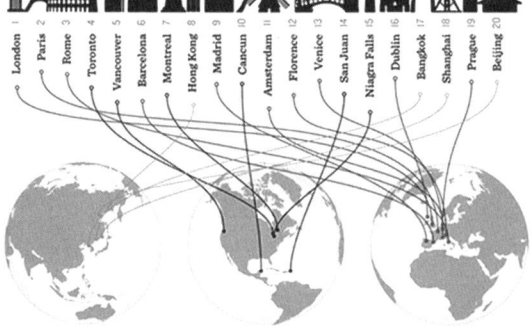

FIGURA UNIDADE 2.2
Infográfico de desperdício de alimentos da Emerson.

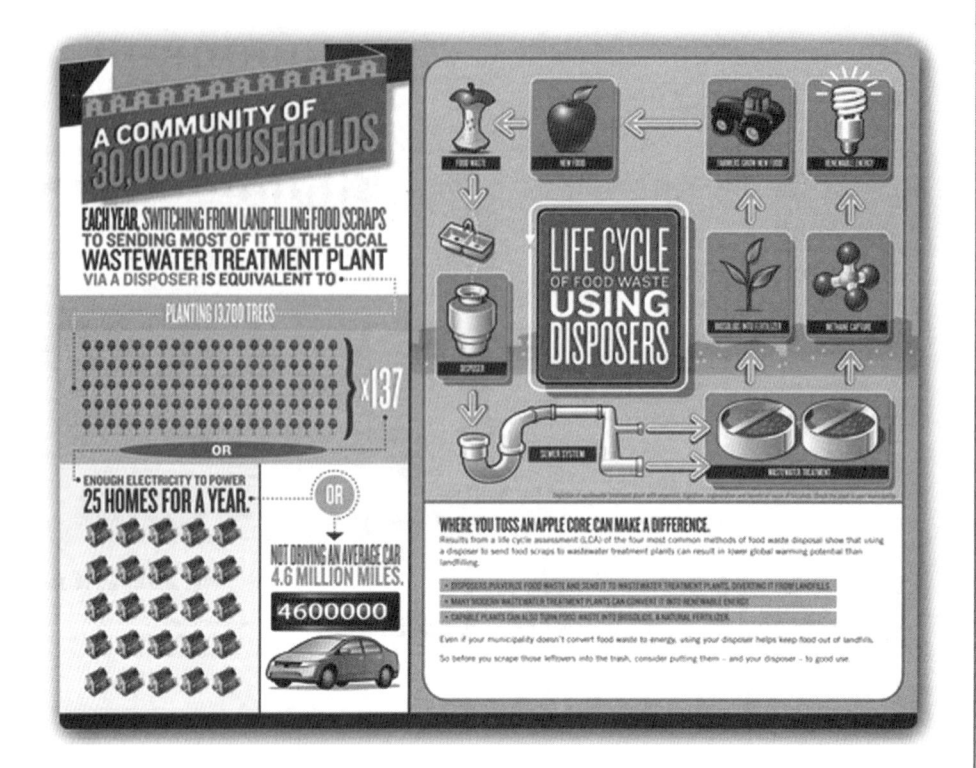

FIGURA UNIDADE 2.3
Infográfico de comportamentos ambientais do cliente da SC Johnson.

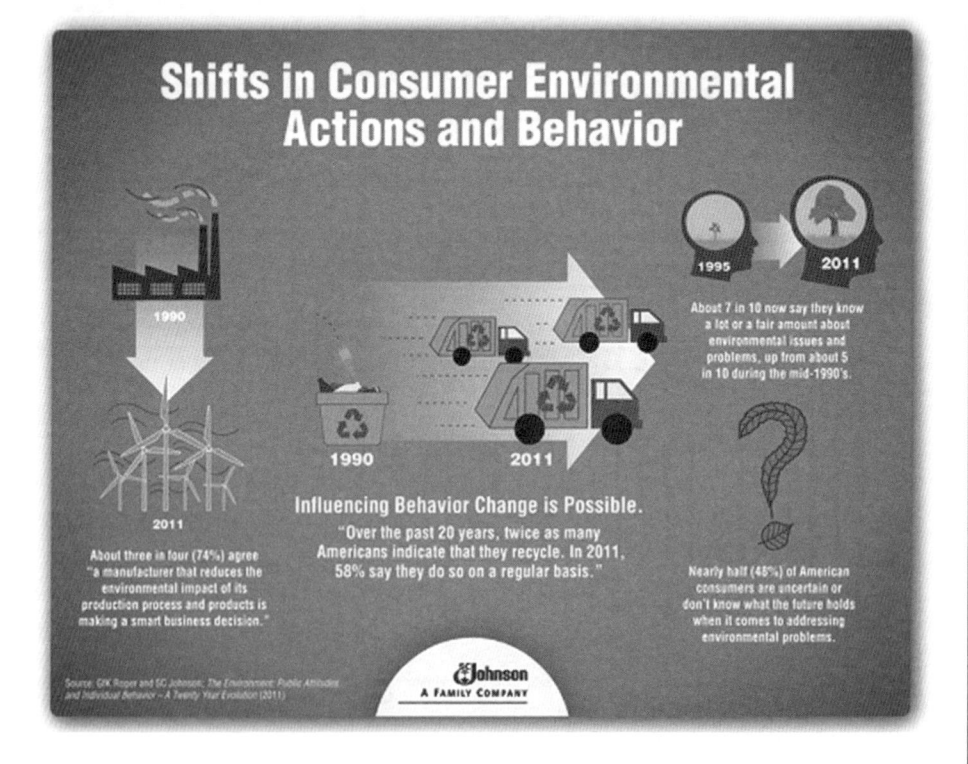

CAPÍTULO 6
Valorização de informações organizacionais

OBJETIVOS DE APRENDIZAGEM

6.1 Explicar as quatro características principais que determinam o valor da informação.

As vantagens de uma informação de alta qualidade para os negócios

OA 6.1 Explicar as quatro características principais que determinam o valor da informação.

A informação é poderosa. Ela é útil para comunicar a uma organização o desempenho das suas operações atuais, para estimar operações futuras e fazer estratégias em relação ao seu funcionamento. A habilidade para entender, digerir, analisar e filtrar informações é a chave para o sucesso para qualquer profissional em qualquer setor. Lembre-se de que novas perspectivas e oportunidades podem surgir quando você dispõe dos dados certos que podem se transformar em informações e servir como inteligência de negócios.

A informação está em todos os lugares da organização. Os gerentes de vendas, o departamento de marketing, os recursos humanos e a administração precisam de informações para tocar seus departamentos e tomar decisões diárias. Ao abordar uma questão importante de negócios, os funcionários devem conseguir obter e analisar todas as informações relevantes para que possam tomar a melhor decisão possível. A informação aparece em diferentes níveis, formatos e granularidades. A *granularidade da informação* refere-se ao grau de detalhamento no interior da informação (boa e detalhada ou grosseira e abstrata). Os funcionários devem conseguir correlacionar diferentes níveis, formatos e granularidades de informação quando tomam decisões. Por exemplo, uma empresa pode recolher informações de vários fornecedores para tomar decisões, apenas para descobrir que essas informações estão em diferentes níveis, formatos e granularidades. Um fornecedor pode enviar informações detalhadas em uma planilha; outro, informações resumidas em um documento do Word – e um terceiro pode enviar informações reunidas de mensagens de email. Os funcionários precisam comparar esses diferentes tipos de informação para saber os que elas revelam em comum e, assim, tomar decisões estratégicas. A Figura 6.1 exibe os diversos níveis, formatos e granularidades da informação organizacional.

Coletar, compilar, classificar e, finalmente, analisar informações de diferentes níveis e em formatos variados de forma bem-sucedida e exibir diferentes granularidades pode proporcionar um grande conhecimento de como está o desempenho de uma organização. Pode haver resultados interessantes e inesperados, como a descoberta de novos mercados, de novas maneiras de encontrar clientes e até mesmo de novas formas de fazer negócios. Depois de entender os diferentes níveis, formatos e granularidades da informação, é importante prestar atenção nas quatro características principais que ajudam a determinar o valor da informação (ver Figura 6.2).

TIPOS DE INFORMAÇÃO: TRANSACIONAL E ANALÍTICA

As *informações transacionais* compreendem todas as informações contidas dentro de um único processo de negócios ou unidade de trabalho, e seu propósito principal é apoiar as tarefas operacionais diárias. As organizações precisam capturar e armazenar as informações transacionais para executar tarefas operacionais e tomar decisões repetitivas, como a

FIGURA 6.1
Níveis, formatos e granularidades da informação organizacional.

Níveis de informação
Do indivíduo, departamento, empresa

- Conhecimento, metas e estratégias do indivíduo
- Metas, receitas, despesas, processos e estratégias do departamento
- Receitas, despesas, processos e estratégias da empresa

Formatos da informação
Documento, apresentação, planilha, banco de dados

- Cartas, memorandos, faxes, emails, relatórios, materiais de marketing e materiais de treinamento
- Produto, estratégia, processo, finanças, cliente e concorrente
- Vendas, marketing, setor de finanças, concorrente, cliente e planilhas de pedido
- Bancos de dados de clientes, funcionários, vendas, pedidos, fornecedores e produção

Granularidades da informação
Detalhe (fina), resumo, agregado (sintética)

- Relatórios para cada vendedor, produto e peça
- Relatórios para todo o pessoal de vendas, todos os produtos e todas as peças
- Relatórios que compreendem departamentos, organizações e empresas

análise diária de relatórios de venda e de planos de produção, a fim de determinar a quantidade de produtos mantidos em estoque. Pense no Walmart, que lida com mais de 1 milhão de transações de clientes a cada hora, e no Facebook, que mantém o controle de 400 milhões de usuários ativos (além das fotos, amigos e links da Web). Além disso, toda vez que uma caixa registradora faz uma venda, um depósito ou retirada é realizado num caixa eletrônico ou um recibo é entregue no posto de gasolina, é necessário haver a captura e o armazenamento das informações transacionais.

As *informações analíticas* compreendem todas as informações organizacionais, e seu propósito principal é apoiar a realização das tarefas de análise gerencial. A informação analítica é útil na tomada de decisões importantes, como saber se a empresa deveria construir uma nova fábrica ou contratar mais pessoal para as vendas. Informações analíticas tornam possível fazer muitas coisas que antes eram difíceis de se realizar, como prever as tendências de negócios no local, prevenir doenças e combater o crime. Empresas de cartão de crédito, por exemplo, processam bilhões de registros transacionais de compras para identificar atividades fraudulentas. Indicadores como cobranças em um país estrangeiro ou compras consecutivas de gasolina são um indício de potencial atividade fraudulenta.

O Walmart usou a enorme quantidade de informações analíticas de que dispunha para identificar muitas tendências incomuns, como uma correlação entre tempestades e Pop-Tarts (biscoito recheado que pode ser aquecido). Exatamente: o Walmart descobriu um aumento na demanda de Pop-Tarts durante a temporada de tempestades.

FIGURA 6.2
As quatro características principais do valor da informação.

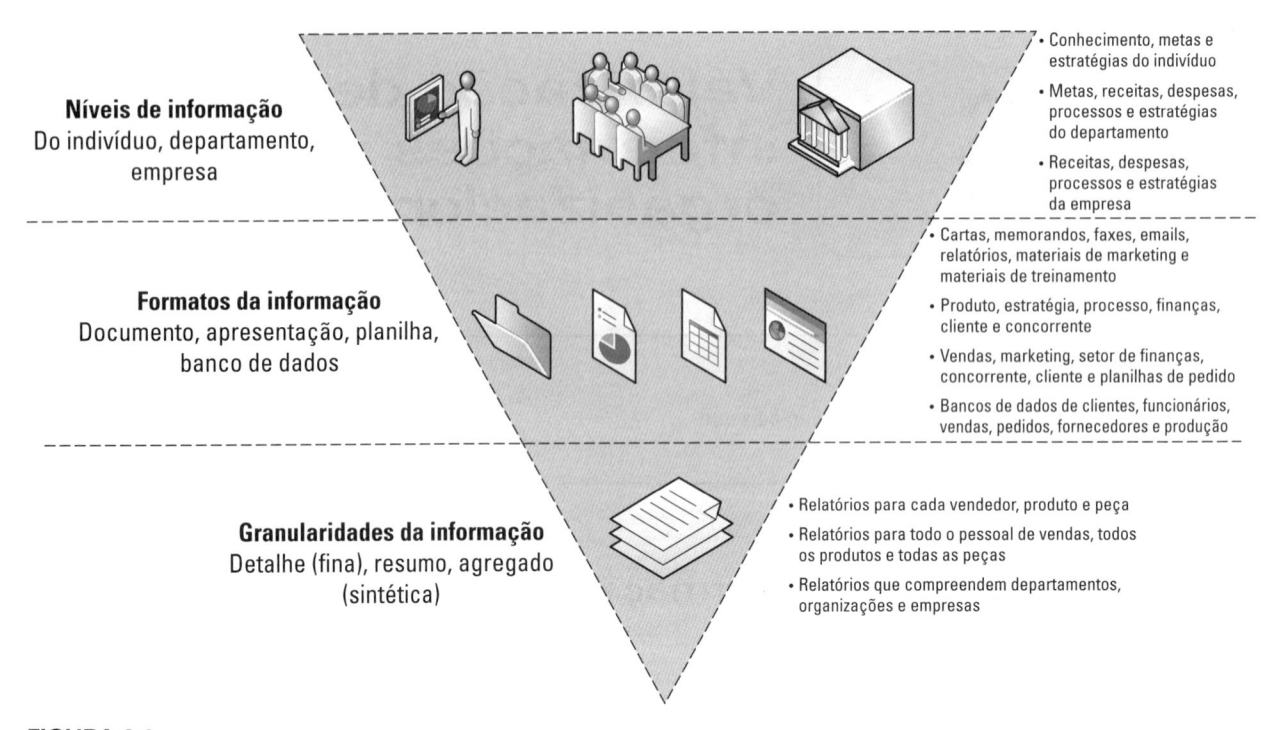

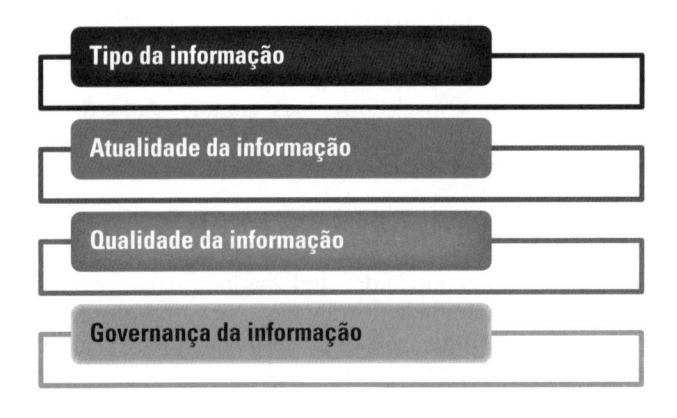

- Tipo da informação
- Atualidade da informação
- Qualidade da informação
- Governança da informação

De posse da informação valiosa, a cadeia de supermercados conseguiu estocar Pop-Tarts que estavam disponíveis para a compra quando os clientes chegaram. A Figura 6.3 exibe diferentes tipos de informação transacional e analítica.

ATUALIDADE DA INFORMAÇÃO

A atualidade é uma característica da informação que depende da situação. Em alguns setores, a informação de alguns dias ou semanas pode permanecer relevante, enquanto em outros, uma informação de apenas alguns minutos pode não valer nada. Algumas organizações, como centros de atendimento de emergência, corretoras de ações e bancos, exigem informações atualizadas a cada segundo. Outras organizações, como companhias de seguros e de construção, exigem apenas informações diárias ou, até mesmo, semanais.

Informação em tempo real significa informação imediata e atualizada. Os *sistemas em tempo real* fornecem informações em tempo real para responder a solicitações. Muitas organizações usam sistemas de tempo real para explorar informações transacionais corporativas decisivas. A crescente demanda por informações em tempo real decorre da necessidade de as organizações tomarem decisões mais rápidas e eficazes, manterem estoques menores, operarem com mais eficiência e controlarem o desempenho com mais cuidado. As informações também precisam ser oportunas no sentido de atender às necessidades dos funcionários – e não ir além disso. Se os funcionários conseguem absorver informações apenas de hora em hora ou diariamente, não há por que coletar informação em tempo real em períodos menores de tempo.

A maioria das pessoas solicita informações em tempo real sem entender uma das maiores armadilhas desse tipo de informação – a mudança contínua. Imaginem o seguinte cenário: três gerentes se encontram no fim do dia para discutir um problema de negócios. Cada um reuniu informações em diferentes momentos do dia para criar um quadro da situação. O quadro apresentado por cada um pode ser diferente devido à discrepância de tempo. Seus pontos de vista sobre o problema podem não ser iguais, já que eles estão baseando as suas análises em informações que estão sempre mudando. Essa abordagem pode não acelerar a tomada de decisões e pode até deixá-la mais devagar. Os tomadores de decisão de negócios devem avaliar a atualidade da informação para cada decisão. As organizações não querem usar informações em tempo real para tomar decisões ruins mais rapidamente.

QUALIDADE DA INFORMAÇÃO

As decisões de negócios são tão boas quanto a qualidade da informação utilizada para tomá-las. *Inconsistência de informação* ocorre quando o mesmo elemento de dados tem valores diferentes. Tomemos por exemplo a quantidade de trabalho que precisa haver para atualizar os dados de um cliente que mudou de sobrenome devido ao casamento. Alterar essa informação em uns poucos sistemas organizacionais vai causar uma inconsistência de dados, associando o cliente 123456 a dois sobrenomes. *Problemas de integridade de*

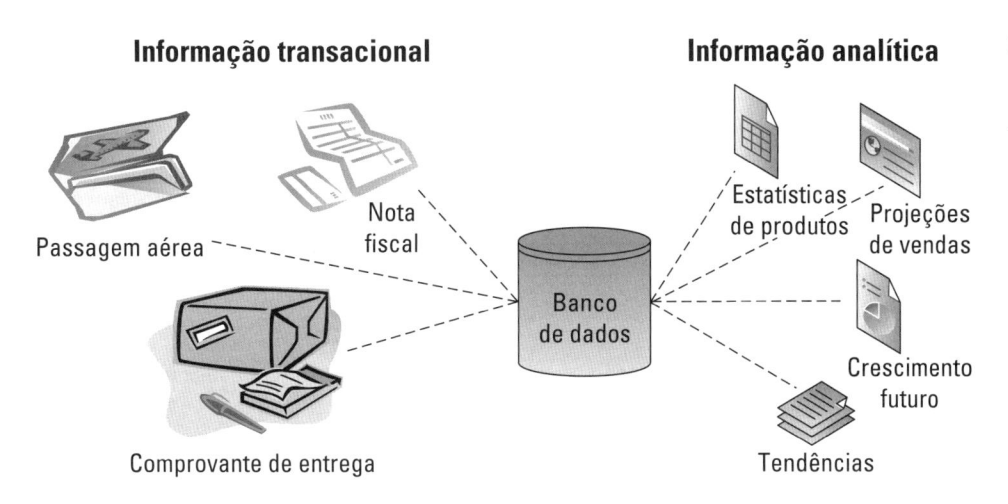

FIGURA 6.3
Informação transacional *versus* analítica.

FIGURA 6.4
Cinco características comuns da informação de alta qualidade.

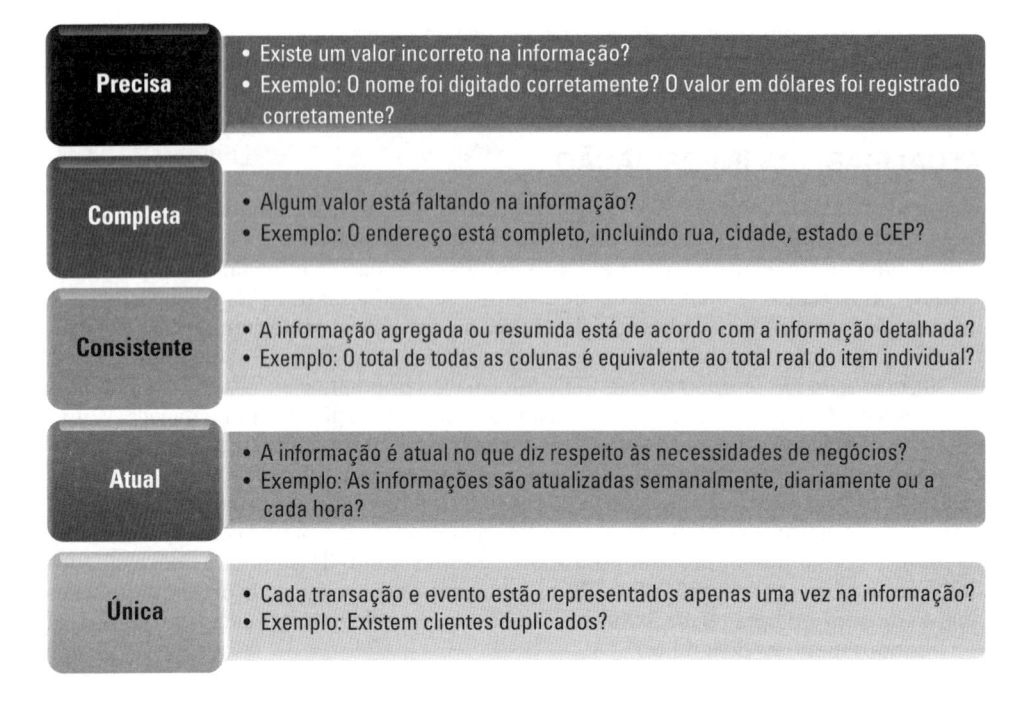

Precisa
- Existe um valor incorreto na informação?
- Exemplo: O nome foi digitado corretamente? O valor em dólares foi registrado corretamente?

Completa
- Algum valor está faltando na informação?
- Exemplo: O endereço está completo, incluindo rua, cidade, estado e CEP?

Consistente
- A informação agregada ou resumida está de acordo com a informação detalhada?
- Exemplo: O total de todas as colunas é equivalente ao total real do item individual?

Atual
- A informação é atual no que diz respeito às necessidades de negócios?
- Exemplo: As informações são atualizadas semanalmente, diariamente ou a cada hora?

Única
- Cada transação e evento estão representados apenas uma vez na informação?
- Exemplo: Existem clientes duplicados?

informações ocorrem quando um sistema produz dados incorretos, inconsistentes ou duplicados. Os problemas de integridade de dados podem fazer os gerentes considerarem os relatórios de sistema inválidos e tomarem decisões com base em outras fontes.

Para garantir que seus sistemas não sofram de problemas de integridade de dados, veja na Figura 6.4 as cinco características comuns da informação de alta qualidade: precisão, integridade, coerência, atualidade e singularidade. A Figura 6.5 apresenta um exemplo de vários problemas associados à utilização de informação de baixa qualidade, incluindo:

1. *Integridade*. Falta o primeiro nome do cliente.
2. Outro problema de *integridade*. O endereço contém apenas o número e não o nome de rua.
3. *Consistência*. Pode haver informação duplicada, pois existe uma ligeira diferença entre os dois clientes na grafia do sobrenome. Endereços e números de telefone similares aumentam essa probabilidade.
4. *Precisão*. Pode ser o caso de informações erradas, porque o telefone do cliente e o seu número de fax são iguais. Alguns clientes podem ter o mesmo número de

FIGURA 6.5
Exemplo de informação de baixa qualidade.

1. Informação em falta (sem nome)
2. Informações incompletas (sem rua)
5. Informações imprecisas (email inválido)

Identidade	Sobrenome	Nome	Rua	Cidade	Estado	CEP	Telefone	Fax	Email
113	Smith		123 S. Main	Denver	CO	80210	(303) 777-1258	(303) 777-5544	ssmith@aol.com
114	Jones	Jeff	12A	Denver	CO	80224	(303) 666-6868	(303) 666-6868	(303) 666-6868
115	Roberts	Jenny	1244 Colfax	Denver	CO	85231	759-5654	853-6584	jr@msn.com
116	Robert	Jenny	1244 Colfax	Denver	CO	85231	759-5654	853-6584	jr@msn.com

3. Informações provavelmente duplicadas (nomes semelhantes, mesmo endereço, número de telefone)
4. Informação provavelmente errada (os números de telefone e de fax são iguais ou estão errados?)
6. Informações incompletas (faltam os códigos de área)

telefone e fax, mas o fato de o cliente ter esse número no campo de email torna a situação muito suspeita.
5. Outro problema de *precisão*. Há informações imprecisas porque o número de telefone está no campo de endereço de email.
6. Outro problema de *integridade*. A informação está incompleta, porque não há um código de área válido para os números de telefone e fax.

A Nestlé se vale de 550 mil fornecedores para vender mais de 100 mil produtos em 200 países. No entanto, devido à falta de informação, a empresa não conseguiu avaliar o seu negócio de forma eficaz. Depois de algumas análises, ela descobriu que tinha 9 milhões de registros de fornecedores, clientes e materiais, metade dos quais duplicados, obsoletos, imprecisos ou incompletos. A análise descobriu que alguns registros utilizavam abreviaturas dos nomes de fornecedores, enquanto outros exibiam os nomes completos. Isso resultou em várias contas do mesmo cliente, tornando impossível determinar o verdadeiro valor dos clientes da Nestlé. Se não identificar a rentabilidade do consumidor, a empresa corre o risco de alienar os seus melhores clientes.[2]

Saber como os problemas de informação de baixa qualidade ocorrem, normalmente, pode ajudar uma empresa a corrigi-los. Enfrentar esses erros vai melhorar bastante a qualidade das informações sobre a empresa e o valor a ser extraído delas. As quatro principais razões para a informação de baixa qualidade são:

1. Clientes online intencionalmente cadastram informações imprecisas para proteger sua privacidade.
2. Sistemas diferentes têm diferentes padrões e formatos para o cadastro de informações.
3. O pessoal responsável pela entrada de dados digita informações abreviadas para economizar tempo ou informação errada por engano.
4. Informações externas e de terceiros contêm inconsistências, imprecisões e erros.

Entenda os custos de usar informações ruins

Usar a informação errada pode levar um gestor a tomar a decisão errada. Decisões erradas, por sua vez, podem custar tempo, dinheiro, reputação e, até mesmo, empregos. Algumas das graves consequências de negócios que ocorrem devido à utilização de informações de baixa qualidade para tomar decisões são as seguintes:

- Incapacidade de monitorar os clientes com precisão.
- Dificuldade em identificar os clientes mais valiosos da organização.
- Incapacidade de identificar oportunidades de venda.
- Perda de oportunidades de receita de marketing por causa de clientes inexistentes.
- Custo do envio de correspondência que não será entregue.
- Dificuldade de rastreamento de receitas por causa de faturas imprecisas.
- Incapacidade de desenvolver relacionamentos sólidos com os clientes.

Entenda as vantagens de usar informações de alta qualidade

Informações de boa qualidade podem melhorar significativamente a tomada de boas decisões e aumentar o lucro final de uma organização. Uma empresa descobriu que, mesmo com o grande número de campos de golfe, Phoenix, no Arizona, não é um bom lugar para vender tacos de golfe. Uma análise revelou que os jogadores típicos em Phoenix são turistas e participantes de convenções, que geralmente trazem os próprios tacos. A análise também mostrou que dois dos melhores lugares para vender tacos de golfe nos Estados Unidos são Rochester, no estado de Nova York, e Detroit, em Michigan. De posse dessa informação valiosa, a empresa pôde posicionar suas lojas estrategicamente e lançar campanhas de marketing.

A informação de alta qualidade não garante automaticamente que cada decisão feita será boa, já que são as pessoas que tomam decisões e ninguém é perfeito. Entretanto, esse tipo de informação assegura uma base precisa para as decisões. O sucesso da organização depende de valorizar e alavancar o verdadeiro valor de uma informação oportuna e de qualidade.

GOVERNANÇA DA INFORMAÇÃO

A informação é um recurso vital e os usuários precisam aprender o que podem e o que não podem fazer com ela. Para assegurar que uma empresa administre corretamente as suas informações, é preciso políticas e procedimentos que estabeleçam regras sobre a forma como a informação é organizada, atualizada, mantida e acessada. Todas as empresas, grandes e pequenas, devem criar uma política de informação relativa à governança de dados. A *governança de dados* refere-se à gestão geral da disponibilidade, utilização, integridade e segurança dos dados da empresa. Uma empresa que apoia um programa de governança de dados tem uma política definida que especifica quem é responsável por várias porções ou aspectos dos dados, incluindo sua precisão, acessibilidade, consistência, atualidade e integridade. A política deve definir claramente os processos relativos a armazenagem, arquivamento, backup e proteção de dados. Além disso, a empresa deve criar um conjunto de procedimentos de identificação do nível de acesso para os funcionários. A empresa precisa, igualmente, implantar controles e procedimentos de aplicação das normas do governo e cumprimento de leis, como a Sarbanes-Oxley.

QUESTÕES SOBRE O CASO DA UNIDADE

1. Liste as razões pelas quais uma empresa desejaria exibir informações em formato gráfico.
2. Disponha as cinco características comuns da informação de alta qualidade e classifique-as em ordem de importância para o Hotels.com.
3. Explique como o Hotels.com está impedindo a ocorrência de problemas associados com a informação de baixa qualidade.

CASO DO CAPÍTULO 6: *Microtargeting* político – O que os analistas de dados fizeram por Obama

Em seu discurso de posse presidencial, o presidente Barack Obama pronunciou uma palavra raramente usada – *dados* – ao mencionar indicadores de crises econômicas e outras crises. Não é surpresa alguma que a palavra "dados" tenha sido dita no discurso de posse do presidente, pois capturar e analisar dados foi crucial para a ascensão de Obama ao poder. Ao longo de sua histórica campanha, Obama usou a Internet não apenas para redes sociais e captação de recursos, mas também para identificar possíveis eleitores indecisos. A equipe de Obama monitorou cuidadosamente estados disputados e distritos eleitorais, pois mil ou dois mil eleitores poderiam ser decisivos – mesmo o foco sendo apenas uma pequena fração do público votante. Os dois partidos políticos contrataram especialistas em tecnologia para ajudar a filtrar a enormidade de dados de consumo e demográficos, para identificar esses eleitores importantes.

Dez "tribos"

A Spotlight Analysis, uma consultoria do partido Democrata, utilizou o *microtargeting* (microdirecionamento) político para analisar detalhes de vizinhanças, tamanho de famílias e padrões de gastos, a fim de classificar cada americano em idade de votar – 175 milhões – em 10 "tribos de valor". Os membros das tribos não compartilham necessariamente da mesma raça, religião ou faixa de renda, mas têm opiniões em comum sobre questões políticas: Deus, comunidade, responsabilidade, oportunidade. A Spotlight identificou uma tribo que se preocupava especialmente com questões morais (mas não necessariamente religiosas) de cerca de 14 milhões de eleitores que a empresa apelidou de "construtores de celeiros". Os construtores de celeiros compreendem muitas raças, religiões e grupos étnicos. Em torno de 40% deles são simpáticos aos democratas, e 27%, aos republicanos. Os construtores de celeiros são ligeiramente menos propensos a ter diploma universitário do que outros grupos apontados pela Spotlight. São ativos em organizações comunitárias, ambivalentes quanto ao governo e se preocupam profundamente em "jogar pelas regras" e "cumprir promessas", para usar as definições da Spotlight. A Spotlight acreditava que os construtores de celeiros tinham a chave da disputa entre Obama e seu adversário republicano, o senador do Arizona John McCain.

Pouco notado fora de empresas famosas, como Google, Amazon e eBay, o *microtargeting* político, que depende de dados, bancos de dados e técnicas de análise de dados, está transformando partidos políticos em máquinas inteligentes, sofisticadas e metódicas. Em nanossegundos, um computador classifica 175 milhões de eleitores em segmentos e rapidamente calcula o potencial de cada eleitor para oscilar de uma posição à esquerda para a outra à direita, ou vice-versa.

Para alguns, o *microtargeting* político sinaliza a desumanização da política. Para outros, esse tipo de análise sofisticada é uma maneira altamente eficiente de identificar potenciais eleitores. A análise, por exemplo, de um eleitor em Richmond, Virgínia, tradicionalmente apenas identifica o número de crianças em idade escolar, tipo de carro, código postal, assinaturas de revistas e saldo de hipoteca. Mas a análise dos dados poderia indicar até se o eleitor tem cães ou gatos. (Os proprietários do gato tendem ligeiramente para os democratas; os donos de cães mostram uma tendência republicana.) Após a análise, o eleitor é colocado em uma tribo política, e os analistas podem tirar conclusões sobre questões que são importantes para esse eleitor em particular. Isso é tão horrível assim?

Grupos por comportamento

Durante gerações, os governos não tinham os meios para estudar comportamentos individuais e simplesmente colocavam todos os cidadãos em grupos enormes, como latinos, judeus, sindicalistas, caçadores, *soccer moms*, entre outros. Com o uso de bancos de dados e técnicas sofisticadas de análise de dados, empresas como a Spotlight podem agrupar indivíduos mais pelo comportamento e escolhas específicas e menos por nomes, cores e clãs que nos marcam desde o nascimento.

Quando a Spotlight iniciou a sua pesquisa, a empresa entrevistou milhares de eleitores do modo tradicional. Inicialmente, os construtores de celeiros não pareceram significativos, e a tribo representou cerca de 9% do eleitorado. No entanto, quando os analistas da Spotlight cavaram mais fundo, descobriram que os construtores de celeiros estavam no epicentro da oscilação política da América. Em 2004, 90% deles votaram em Bush para presidente, mas, em seguida, as inclinações políticas do grupo mudaram, com 64% deles afirmando ter votado nos democratas na eleição de 2006. As pesquisas da Spotlight mostraram que escândalos políticos, projetos faraônicos financiados com o dinheiro de impostos, como a Ponte do Alasca para lugar nenhum, e o trabalho mal feito no caso do furacão Katrina acabaram com a reputação dos republicanos.

De repente, a Spotlight identificou milhões de potenciais eleitores indecisos. O desafio, então, tornou-se encontrar os eleitores indecisos de cada Estado. Para isso, a empresa analisou os dados demográficos e padrões de compras dos construtores de celeiros que responderam à pesquisa pessoalmente. Em seguida, começou a correlacionar os dados dos vários bancos de dados disponíveis comercialmente com os perfis correspondentes. Pela contagem da Spotlight, essa abordagem chegava aos construtores de celeiros três em cada quatro vezes. Assim, os democratas podiam apostar que pelo menos três quartos daqueles eleitores veriam com bons olhos um apelo que salientasse a honestidade e o jogo limpo.

Ainda os eleitores indecisos

Não dá para saber o quanto a estratégia da Spotlight funcionou, e a empresa não relacionou a intenção dos construtores de celeiros com os votos que eles deram de verdade. No entanto, é razoável presumir que, em meio ao oceano de gente diante de Obama no Mall de Washington em 20 de janeiro de 2008, pelo menos alguns foram movidos pelos apelos do *microtargeting*. E se Obama e sua equipe não conseguem honrar seus votos matematicamente perfeitos, os construtores de celeiros podem abandoná-los em massa. São eleitores indecisos, afinal.[3]

Questões

1. Descreva a diferença entre informação transacional e analítica, e determine qual desses tipos a Spotlight usou para identificar as suas 10 tribos.
2. Explique a importância da informação de alta qualidade para o *microtargeting* político.
3. Reveja as cinco características comuns da informação de alta qualidade e classifique-as em ordem de importância para o *microtargeting* político.
4. Em termos de *microtargeting* político, explique a seguinte frase: Nunca é possível ter todas as informações necessárias para fazer uma previsão 100% precisa.
5. Você concorda que o *microtargeting* político indica a desumanização da política?

CAPÍTULO 7

Armazenamento da informação organizacional – bancos de dados

OBJETIVOS DE APRENDIZAGEM

7.1 Descrever um banco de dados, um sistema de gerenciamento de banco de dados e o modelo de banco de dados relacional.

7.2 Identificar as vantagens de negócios de um banco de dados relacional.

7.3 Explicar as vantagens de um site baseado em dados.

7.4 Explicar por que uma organização gostaria de integrar seus bancos de dados.

Armazenamento de informações usando um sistema de gerenciamento de banco de dados relacional

OA 7.1 Descrever um banco de dados, um sistema de gerenciamento de banco de dados e o modelo de banco de dados relacional.

O componente central de qualquer sistema, independentemente do tamanho, é o banco de dados e o sistema de gerenciamento do banco de dados. Em uma definição ampla, um ***banco de dados*** mantém informações sobre vários tipos de objetos (estoque), eventos (transações), pessoas (funcionários) e locais (depósitos). Um ***sistema de gerenciamento de banco de dados (DBMS – Database Management System)*** cria, lê, atualiza e exclui dados do banco de dados, ao mesmo tempo que controla o acesso e a segurança. Os gestores enviam solicitações para o DBMS e ele realiza a manipulação real dos dados no banco de dados. As empresas armazenam suas informações em bancos de dados, e os gestores acessam esses sistemas para responder a questões operacionais, como o número de clientes que compraram o produto A em dezembro ou quais foram as vendas médias por região. Existem duas ferramentas principais disponíveis para recuperar as informações de um DBMS. A primeira é a ***ferramenta QBE*** (***query-by-example***, ou consulta por exemplos) que ajuda os usuários a projetar graficamente a resposta a uma pergunta em relação a um banco de dados. A segunda é a ***ferramenta SQL*** (***Structured Query Language***, ou linguagem de consulta estruturada) que pede aos usuários para escrever linhas de código para responder a perguntas em relação a um banco de dados. Os gerentes normalmente interagem com ferramentas QBE, e os profissionais de TI têm as habilidades necessárias para o código SQL. A Figura 7.1 apresenta o relacionamento entre um banco de dados, um DBMS e um usuário. Alguns dos exemplos mais conhecidos de DBMS incluem MySQL, Microsoft Access, SQL Server, FileMaker, Oracle e FoxPro.

Um ***elemento de dados*** (ou ***campo de dados***) é a menor unidade ou unidade básica de informações. Os elementos de dados podem incluir nome do cliente, endereço, email,

FIGURA 7.1
Relação de banco de dados, DBMS e usuário.

Banco de dados: Clientes, Pedidos, Produtos, Distribuidores

DBMS:
1. Informar novo cliente
2. Encontrar pedido do cliente
3. Informar novos produtos

Usuário

taxa de desconto, método de envio preferido, nome do produto, quantidade, e assim por diante. ***Modelos de dados*** são estruturas lógicas de dados que detalham as relações entre os elementos de dados usando gráficos ou imagens.

Os ***metadados*** fornecem detalhes sobre os dados. Por exemplo, os metadados de uma imagem podem incluir seu tamanho, resolução e data de criação. Metadados sobre um documento de texto podem conter o tamanho do documento, os dados criados, o nome do autor e o resumo. Cada elemento de dados recebe uma descrição, como o nome do cliente. Os metadados são fornecidos para o tipo de dados (texto, numérico, alfanumérico, data, imagem, valor binário) e descrições de possíveis valores predefinidos, como um determinado código de área. Por fim, a relação é definida. Um ***dicionário de dados*** compila todos os metadados sobre os elementos de dados no modelo de dados. Examinar um modelo de dados, junto com a revisão do dicionário de dados, dá uma ideia clara das funções, propósito e regras de negócios do banco de dados.

O DBMS usa três modelos de dados primários para a organização de informações: hierárquico, rede e relacional, o mais comum. O ***modelo de banco de dados relacional*** armazena informações em forma de tabelas bidimensionais relacionadas logicamente. Um ***sistema de gerenciamento de banco de dados relacional*** permite aos usuários criar, ler, atualizar e excluir dados no banco de dados relacional. Embora os modelos hierárquicos e de rede sejam importantes, o livro se concentra apenas no modelo de banco de dados relacional.

ARMAZENAMENTO DE ELEMENTOS DE DADOS EM ENTIDADES E ATRIBUTOS

Para ter flexibilidade na prestação de suporte a operações de negócios, os gestores precisam consultar ou procurar as respostas para as perguntas de negócios, como qual artista vendeu mais álbuns durante um determinado mês. As relações no modelo de banco de dados relacional ajudam os gestores a extrair essa informação. A Figura 7.2 ilustra os principais conceitos do modelo de banco de dados relacional – entidades, atributos, chaves e relações. Uma ***entidade*** (também referida como tabela) armazena informações sobre uma pessoa, lugar, coisa, transação ou evento. As entidades, ou tabelas, de interesse na

FIGURA 7.2
Conceitos básicos do modelo de banco de dados relacional.

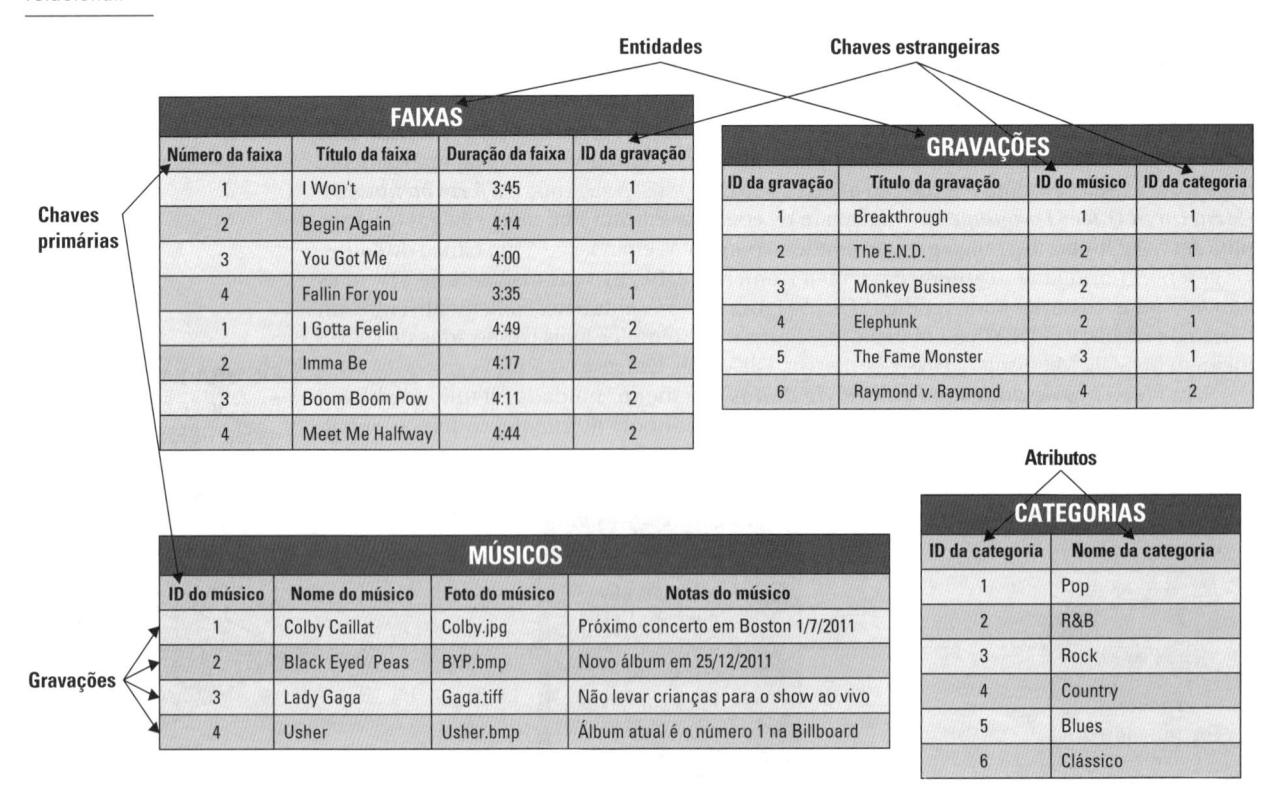

FAIXAS

Número da faixa	Título da faixa	Duração da faixa	ID da gravação
1	I Won't	3:45	1
2	Begin Again	4:14	1
3	You Got Me	4:00	1
4	Fallin For you	3:35	1
1	I Gotta Feelin	4:49	2
2	Imma Be	4:17	2
3	Boom Boom Pow	4:11	2
4	Meet Me Halfway	4:44	2

GRAVAÇÕES

ID da gravação	Título da gravação	ID do músico	ID da categoria
1	Breakthrough	1	1
2	The E.N.D.	2	1
3	Monkey Business	2	1
4	Elephunk	2	1
5	The Fame Monster	3	1
6	Raymond v. Raymond	4	2

MÚSICOS

ID do músico	Nome do músico	Foto do músico	Notas do músico
1	Colby Caillat	Colby.jpg	Próximo concerto em Boston 1/7/2011
2	Black Eyed Peas	BYP.bmp	Novo álbum em 25/12/2011
3	Lady Gaga	Gaga.tiff	Não levar crianças para o show ao vivo
4	Usher	Usher.bmp	Álbum atual é o número 1 na Billboard

CATEGORIAS

ID da categoria	Nome da categoria
1	Pop
2	R&B
3	Rock
4	Country
5	Blues
6	Clássico

Figura 7.2 são *FAIXAS, GRAVAÇÕES, MÚSICOS E CATEGORIAS*. Observe que cada entidade é armazenada em uma tabela bidimensional diferente (com linhas e colunas).

Atributos (também chamados de colunas ou campos) são os elementos de dados associados a uma entidade. Na Figura 7.2, os atributos da entidade *FAIXAS* são *Número da faixa, Título da faixa, Duração da faixa e ID da gravação*. Os atributos da entidade *MÚSICOS* são *ID do músico, Nome do músico, Foto do músico e Notas do músico*. Um **registro** é uma coleção de elementos de dados relacionados (na tabela *MÚSICOS*, isso inclui "3, Lady Gaga, gag.tiff, Não traga crianças jovens para shows"). Cada registro de uma entidade ocupa uma linha na tabela respectiva.

CRIAÇÃO DE RELACIONAMENTOS COM CHAVES

Para gerenciar e organizar várias classes de entidades dentro de um modelo de banco de dados relacional, você deve usar as chaves primárias e as chaves estrangeiras para criar relações lógicas. Uma **chave primária** é um campo (ou grupo de campos) que identifica unicamente uma determinada entidade em uma tabela. Na tabela *GRAVAÇÕES*, a chave primária é o campo *ID da gravação*, que identifica unicamente cada gravação na tabela. As chaves primárias são uma peça fundamental de um banco de dados relacional, pois fornecem uma maneira de distinguir cada registro da tabela. Imagine, por exemplo, que você precisa encontrar informações sobre um cliente chamado Steve Smith. Apenas pesquisar o nome do cliente não seria a maneira ideal de encontrar as informações, pois pode haver 20 clientes com o nome de Steve Smith. Essa é a razão pela qual o modelo de banco de dados relacional usa chaves primárias para identificar de modo exclusivo cada registro. Usar a ID exclusiva de Steve Smith permite ao gestor pesquisar no banco de dados para identificar todas as informações associadas com esse cliente.

Uma **chave estrangeira** é a chave primária de uma tabela que aparece como atributo em uma outra tabela e fornece uma relação entre as duas. Por exemplo, Black Eyed Peas na Figura 7.2 é um dos músicos que aparece na tabela *MÚSICOS*. A sua chave primária, *ID do músico*, é "2". Observe que *ID do músico* também aparece como atributo na tabela *GRAVAÇÕES*. Ao combinar esses atributos, você cria uma relação entre as tabelas MÚSICOS e *GRAVAÇÕES* que afirma que o Black Eyed Peas (*ID do músico 2*) tem várias gravações, incluindo The E.N.D., Monkey Business e Elephunk. Em essência, *ID do músico* na tabela *GRAVAÇÕES* cria uma relação lógica (que é do músico que realizou a gravação) para a tabela *MÚSICOS*. Criar a relação lógica entre as tabelas permite aos gestores consultar os dados e transformá-los em informação útil.

EXEMPLO DE BANCO DE DADOS RELACIONAL DA COCA-COLA

A Figura 7.3 ilustra os principais conceitos do modelo de banco de dados relacional de um pedido de amostra de refrigerante da Coca-Cola. Ela oferece um excelente exemplo de como os dados são armazenados em um banco de dados. O número do pedido, por exemplo, é armazenado na tabela *PEDIDOS* e cada item das linhas é armazenado na tabela *ITEM DO PEDIDO*. As entidades incluem *CLIENTE, PEDIDO, ITEM DO PEDIDO, PRODUTO* e *DISTRIBUIDOR*. Os atributos de *Cliente* incluem *ID do Cliente, Nome do cliente, Nome do contato* e *Telefone*. Os atributos de *Produto* incluem *ID do Produto, Descrição* e *Preço*. As colunas da tabela contêm os atributos. Considere a Hawkins Shipping, um dos distribuidores que aparecem na tabela *DISTRIBUIDOR*. A sua chave primária, *ID do distribuidor*, é DEN8001. Perceba que a *ID do distribuidor* também aparece como atributo na tabela *PEDIDOS*. Isso significa que a Hawking Shipping (*ID do distribuidor* DEN8001) foi responsável pela entrega dos pedidos 34561 e 34562 ao(s) cliente(s) apropriado(s). Portanto, a *ID do distribuidor* na tabela *PEDIDOS* cria uma relação lógica (quem enviou qual pedido) entre *PEDIDO* e *DISTRIBUIDOR*.

Uso do banco de dados relacional para obter vantagens de negócios

OA 7.2 Identificar as vantagens de negócios de um banco de dados relacional.

Muitos gerentes de negócios já conhecem o Excel e outros programas de planilha que podem usar para armazenar dados de negócios. Embora as planilhas sejam excelentes ferramentas de apoio para análise dos dados, elas oferecem funcionalidade limitada em termos

FIGURA 7.3
Banco de dados relacional para a Coca-Cola do Egito (TCCBCE).

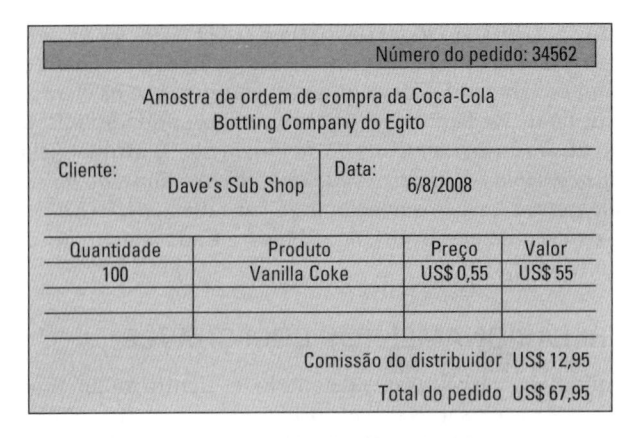

Número do pedido: 34562

Amostra de ordem de compra da Coca-Cola Bottling Company do Egito

Cliente: Dave's Sub Shop	Data: 6/8/2008		
Quantidade	Produto	Preço	Valor
100	Vanilla Coke	US$ 0,55	US$ 55

Comissão do distribuidor US$ 12,95
Total do pedido US$ 67,95

CLIENTE

ID do cliente	Nome do cliente	Nome do contato	Telefone
23	Dave's Sub Shop	David Logan	(555)333-4545
43	Pizza Palace	Debbie Fernandez	(555)345-5432
765	T's Fun Zone	Tom Repicci	(555)565-6655

PEDIDO

ID do pedido	Data do pedido	ID do cliente	ID do distribuidor	Comissão do distribuidor	Total devido
34561	04/07/2008	23	DEN8001	US$ 22,00	US$ 145,75
34562	06/08/2008	23	DEN8001	US$ 12,95	US$ 67,95
34563	05/06/2008	765	NY9001	US$ 29,50	US$ 249,50

ITEM DO PEDIDO

ID do pedido	Num. de item	ID do produto	Quantidade
34561	1	12345AA	75
34561	2	12346BB	50
34561	3	12347CC	100
34562	1	12349EE	100
34563	1	12345AA	100
34563	2	12346BB	100
34563	3	12347CC	50
34563	4	12348DD	50
34563	5	12349EE	100

DISTRIBUIDOR

ID do distribuidor	Nome do distribuidor
DEN8001	Hawkins Shipping
CHI3001	ABC Trucking
NY9001	Van Distributors

PRODUTO

ID do produto	Descrição do produto	Valor
12345AA	Coca-Cola	US$ 0,55
12346BB	Diet Coke	US$ 0,55
12347CC	Sprite	US$ 0,55
12348DD	Diet Sprite	US$ 0,55
12349EE	Vanilla Coke	US$ 0,55

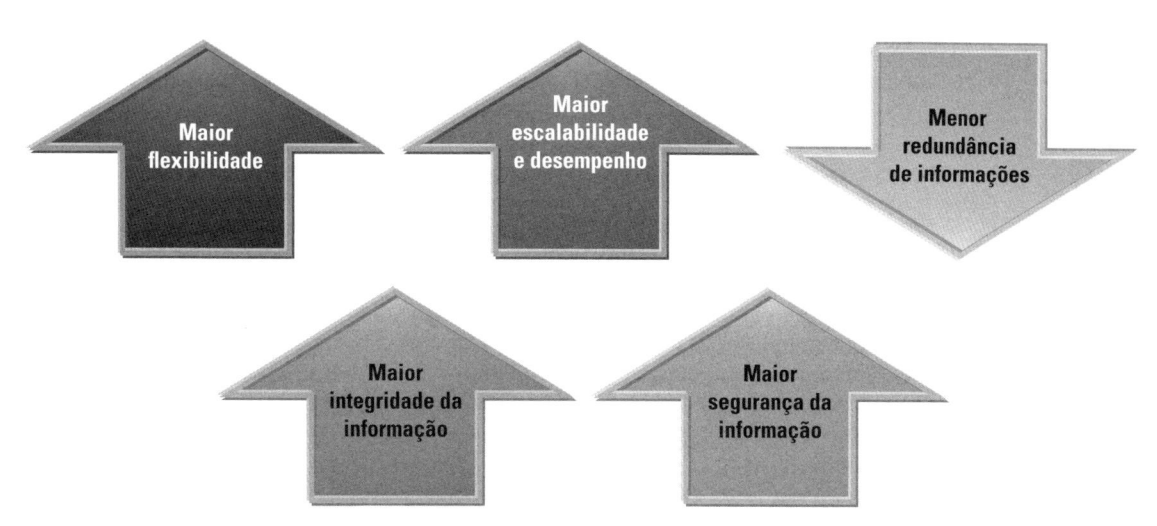

FIGURA 7.4
Vantagens comerciais de um banco de dados relacional.

- Maior flexibilidade
- Maior escalabilidade e desempenho
- Menor redundância de informações
- Maior integridade da informação
- Maior segurança da informação

de segurança, acessibilidade e flexibilidade, além de raramente poderem ser expandidas em função do crescimento da empresa. Da perspectiva de negócios, os bancos de dados relacionais oferecem muitas vantagens em relação ao uso de documentos de texto ou planilhas, como se vê na Figura 7.4.

MAIOR FLEXIBILIDADE

Os bancos de dados tendem a ser um reflexo das estruturas empresariais, e um banco de dados precisa lidar com as mudanças de forma rápida e fácil, assim como qualquer empresa deve fazer. De igual importância é o fato de os bancos de dados precisarem dar flexibilidade ao permitir que cada usuário acesse as informações da maneira que melhor se adapta às suas necessidades. A distinção entre as visões lógicas e físicas é importante para compreender as visões flexíveis do usuário de bancos de dados. A ***visão física da informação*** lida com o armazenamento físico da informação em um dispositivo adequado. A ***visão lógica da informação*** se foca em como os usuários acessam logicamente uma informação para satisfazer as suas necessidades de negócios particulares.

Na ilustração do banco de dados da Figura 7.2, por exemplo, um usuário pode realizar uma consulta para determinar quais gravações têm duração de quatro minutos ou mais. Ao mesmo tempo, outro usuário pode efetuar uma análise para determinar a distribuição de gravações que se relacionam com as diferentes categorias. Por exemplo, existem mais gravações de R&B do que de rock, ou elas estão distribuídas de maneira uniforme? Esse exemplo mostra que, enquanto um banco de dados tem apenas uma visão física, ele pode facilmente suportar múltiplas visões lógicas que garantem mais flexibilidade.

Veja outro exemplo: um negócio de vendas a distância. Um usuário poderá querer um relatório em ordem alfabética, caso em que o sobrenome deve aparecer antes do nome. Outro usuário, trabalhando com um sistema de envio de catálogos, poderia preferir que os nomes aparecessem antes do sobrenome. É possível fazer dos dois modos, mas trata-se de diferentes visões lógicas de uma mesma informação física.

MAIOR ESCALABILIDADE E DESEMPENHO

Em seu primeiro ano de funcionamento, o site oficial do American Family History Immigration Center, www.ellisisland.org, gerou mais de 2,5 bilhões de visitas. O site oferece informações sobre a imigração de pessoas que entraram na América pelo Porto de Nova York e Ellis Island, entre 1892 e 1924. O banco de dados contém mais de 25 milhões de nomes de passageiros, correlacionados com 3,5 milhões de imagens dos manifestos das embarcações.[1]

O banco de dados teve de ser dimensionado para lidar com volumes massivos de informação e o grande número de usuários esperado para o lançamento do site. Além disso, a base de dados teve de trabalhar com rapidez em condições severas de uso. Algumas organizações devem conseguir suportar centenas ou milhares de usuários online, incluindo funcionários, sócios, clientes e fornecedores, que querem acessar e compartilhar informações. Os bancos de dados, hoje, são dimensionados em níveis excepcionais, permitindo que todos os tipos de usuários e programas realizem tarefas de processamento e busca de informação.

MENOS REDUNDÂNCIA DE INFORMAÇÕES

Redundância de informação é a duplicação de dados, ou o armazenamento dos mesmos dados em vários lugares. Os dados redundantes podem causar problemas de armazenamento, além de problemas de integridade de dados, o que torna difícil determinar quais valores são os mais atuais ou os mais precisos. Os funcionários ficam confusos e frustrados quando confrontados com informações incorretas que causam interrupções nos processos e procedimentos de negócios. Um dos principais objetivos de um banco de dados é eliminar informações redundantes, salvando cada informação em apenas um lugar dentro do banco. Isso economiza espaço em disco, facilita a atualização de informações e melhora a sua qualidade.

MAIOR INTEGRIDADE DA INFORMAÇÃO (QUALIDADE)

Integridade da informação é uma medida da qualidade da informação. *Restrições de integridade* são regras que ajudam a assegurar a qualidade da informação. O projeto do banco de dados precisa considerar as restrições de integridade. O banco de dados e o DBMS garantem que os usuários nunca possam violar essas restrições. Existem dois tipos de restrições de integridade: (1) relacional e (2) crítica para o negócio.

As *restrições de integridade relacional* são regras que reforçam restrições básicas e fundamentais baseadas em informações. Por exemplo, uma restrição de integridade relacional não permitiria que alguém criasse um pedido para um cliente não existente, fornecesse uma porcentagem de lucro negativa ou encomendasse uma quantidade inexistente de matéria-prima a um fornecedor. Uma *regra de negócio* define como a companhia administra certos aspectos do seu negócio e normalmente resulta em uma resposta do tipo sim/não ou falso/verdadeiro. Afirmar que a devolução de mercadorias é permitida por até 10 dias após a compra é um exemplo de regra de negócio. As *restrições de integridade crítica para o negócio* reforçam regras de negócio vitais para o sucesso da organização e, com frequência, pedem mais insight e conhecimento que as restrições de integridade relacional. Considere um fornecedor de produtos frescos de uma grande rede de supermercado como a Kroger. O fornecedor pode implementar uma integridade crítica para o negócio, estabelecendo que nenhuma devolução de produto seja aceita após 15 dias da entrega. Isso faz sentido, já que há chances de deterioração dos produtos. Esses tipos de restrições de integridades tendem a refletir as regras por meio das quais uma organização obtém sucesso.

A especificação e o reforço das restrições de integridade produzem informação de melhor qualidade que vai proporcionar apoio às decisões de negócios. Organizações que estabelecem procedimentos específicos para o desenvolvimento de restrições de integridade costumam observar um aumento na precisão que, consequentemente, aumenta o uso da informação organizacional pelos profissionais de negócios.

MAIOR SEGURANÇA DA INFORMAÇÃO

Os gerentes devem proteger as informações, como qualquer ativo, de usuários ou de uso não autorizado. Como os sistemas estão se tornando cada vez mais complexos e disponíveis na Internet em vários dispositivos, a segurança se torna um problema ainda maior. Os bancos de dados oferecem muitos recursos de segurança, incluindo senhas para fornecer autenticação, níveis de acesso para determinar quem pode acessar os dados e controles de acesso para determinar qual o tipo de acesso que se pode ter à informação.

Representantes do atendimento ao cliente, por exemplo, podem precisar de acesso do tipo somente leitura aos dados do cliente, para poder responder perguntas sobre pedidos. É provável que não tenham nem precisem de autorização para mudar ou excluir informações. Os gerentes podem solicitar acesso aos arquivos dos empregados, mas devem ter acesso apenas a esses arquivos, não aos arquivos de funcionários de toda a companhia. Vários recursos de segurança dos bancos de dados podem garantir que indivíduos tenham somente certos tipos de acesso a certos tipos de informação.

Os riscos de segurança estão aumentando à medida que mais e mais bancos de dados e sistemas de DBMS estão sendo transferidos para centros de dados que rodam na nuvem. Os maiores riscos ao usar a computação em nuvem são os de garantir a segurança e privacidade das informações no banco de dados. A implementação de políticas e procedimentos de governança de dados que descrevem os requisitos de gerenciamento de dados pode garantir a segurança da computação em nuvem.

Sites baseados em dados

OA 7.3 Explicar as vantagens de um site baseado em dados.

Criador de conteúdo é a pessoa responsável por criar o conteúdo original do site. *Editor de conteúdo* é a pessoa responsável pela atualização e manutenção do conteúdo do site. *Informação estática* inclui dados fixos que não mudam no caso de uma ação do usuário. *Informações dinâmicas* incluem dados que mudam de acordo com as ações do usuário. Os sites estáticos, por exemplo, fornecem apenas informações que não vão mudar até que o editor de conteúdo as altere. A informação dinâmica muda quando um usuário a solicita. Um site dinâmico muda informações com base nas solicitações dos usuários, como a disponibilidade de entradas para o cinema, os preços de passagens de companhias aéreas ou as reservas em restaurantes. As informações de um site dinâmico são armazenadas em um *catálogo dinâmico*, ou em uma área do site que armazena informação sobre os produtos em um banco de dados.

Os sites mudam para os visitantes do site, dependendo do tipo de informação que eles solicitam. Considere, por exemplo, uma concessionária de automóveis. O comerciante cria um banco de dados com elementos de dados para cada carro disponível para venda, incluindo marca, modelo, cor, ano, consumo, fotos, e assim por diante. Os visitantes do site podem clicar no Porsche e fazer pedidos específicos, como saber a faixa de preço ou o ano de fabricação. Uma vez que o usuário clica em "ir", o site fornece automaticamente uma exibição personalizada da informação solicitada. O revendedor deve criar, atualizar e excluir informações do automóvel à medida que o estoque muda.

Um *site baseado em dados* é um site interativo atualizado constantemente e que se mantém pertinente às necessidades dos clientes por meio do uso do banco de dados. Os recursos baseados em dados são especialmente úteis quando o site oferece um grande número de informações, produtos ou serviços. Os visitantes podem se aborrecer rapidamente ao se deparar com uma avalanche de informações durante as pesquisas no site. Um site que usa dados pode ajudar a limitar a quantidade de informações exibidas para os clientes de acordo com requisitos de pesquisa exclusivos. As empresas também usam sites orientados por dados para disponibilizar a informação de suas bases de dados internos a clientes e parceiros de negócios.

Há uma série de vantagens de usar a Web para acessar os bancos de dados da empresa. Primeiro, os navegadores Web são muito mais fáceis de usar do que acessar diretamente o banco de dados utilizando uma ferramenta de consulta personalizada. Em segundo lugar, a interface Web requer pouca ou nenhuma alteração do modelo de banco de dados. Por fim, custa menos adicionar uma interface Web ao DBMS do que redesenhar e reconstruir o sistema para suportar as mudanças. As vantagens adicionais de sites orientados por dados incluem:

- **Facilidade de gerenciar o conteúdo:** os proprietários do site podem fazer alterações sem depender de profissionais de TI; os usuários podem atualizar um site de dados com pouco ou nenhum treinamento.
- **Facilidade de armazenar grandes quantidades de dados:** esses sites podem manter grandes volumes de informação organizados. Os proprietários podem usar modelos para implementar mudanças em layout, navegação ou estrutura do site. Isso melhora a confiabilidade, escalabilidade e desempenho do site.
- **Facilidade de eliminar erros humanos:** os sites orientados por dados eliminam erros de entrada de dados, acabando com inconsistências e assegurando que todas as informações sejam inseridas corretamente.

A Zappos credita seu sucesso como loja de calçados online ao seu vasto inventário de quase 3 milhões de produtos disponíveis no seu site dinâmico baseado em dados. A empresa criou seu site baseado em dados para um nicho de mercado específico: consumidores

FIGURA 7.5
Zappos.com – um site baseado em dados.

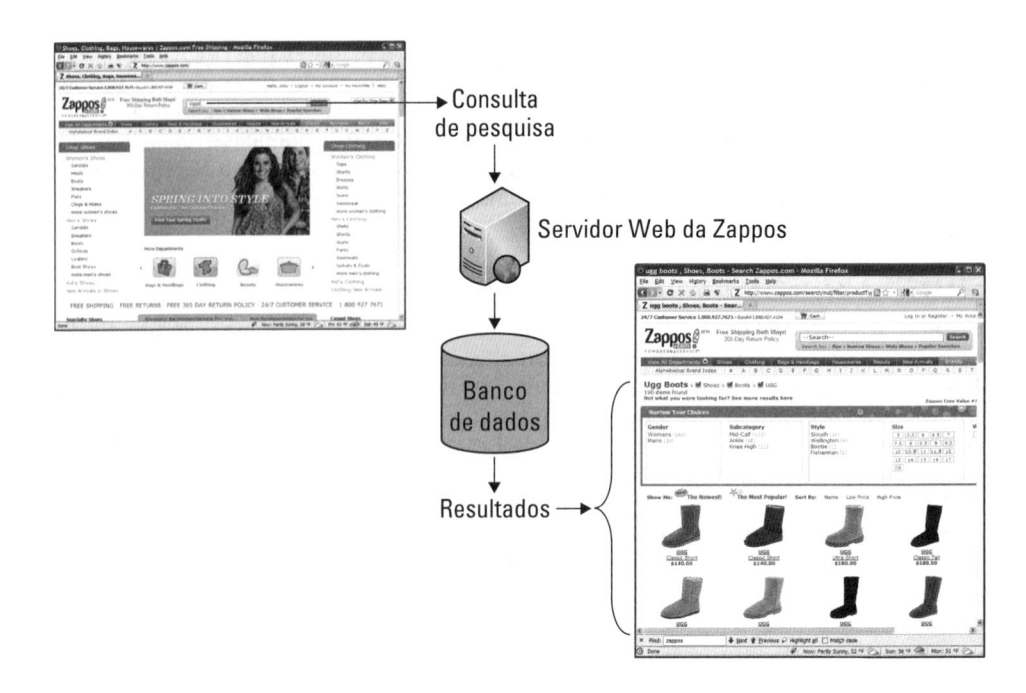

que estavam cansados de descobrir que seus produtos preferidos estavam sempre em falta nas lojas tradicionais. O banco de dados altamente flexível, escalável e seguro da Zappos ajudou a empresa a receber a classificação de loja da Internet mais disponível. A Figura 7.5 exibe o site baseado em dados da Zappos que mostra um usuário consultando o banco de dados e recebendo informações que satisfazem a solicitação do usuário.[2]

Companhias podem aumentar o conhecimento de negócios disponível visualizando os dados acessados e analisados a partir dos seus sites. A Figura 7.6 mostra como fazer consultas ou usar ferramentas analíticas, como a Tabela Dinâmica (Pivot Table), no banco de dados que está ligado ao site pode gerar conhecimento sobre os negócios, como itens pesquisados, perguntas frequentes, produtos comprados em conjunto, entre outros.

FIGURA 7.6
BI em um site baseado em dados.

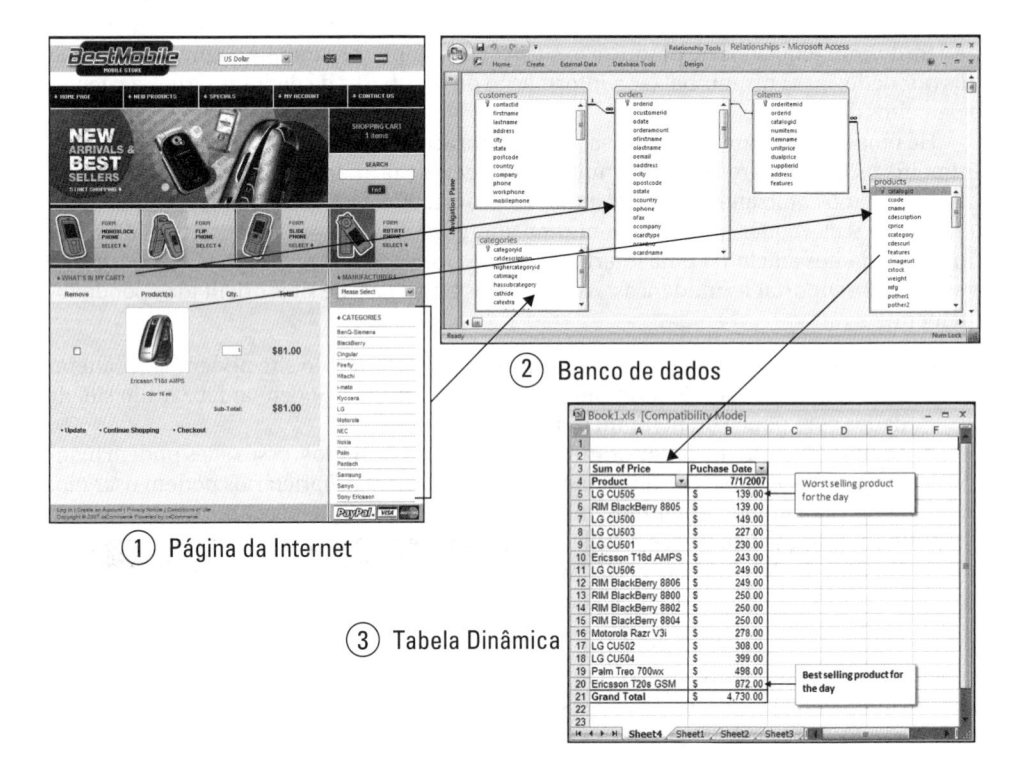

Integração de informações entre múltiplos bancos de dados

OA 7.4 Explicar por que uma organização gostaria de integrar seus bancos de dados.

Até a década de 1990, cada departamento do Ministério de Defesa do Reino Unido (MOD) e a sede do Exército tinham seu próprio sistema, cada sistema tinha seu próprio banco de dados, e o compartilhamento de informações entre departamentos era difícil. Inserir manualmente a mesma informação inúmeras vezes em diferentes sistemas também consumia tempo e era ineficiente. Em muitos casos, a gerência não conseguia nem compilar as informações necessárias para responder a perguntas e tomar decisões.

O Exército resolveu o problema, integrando seus sistemas ou construindo conexões entre seus muitos bancos de dados. Essa integração permite que os diversos sistemas do Exército se comuniquem automaticamente passando informações entre os bancos de dados, o que extingue a necessidade da inserção manual de informação em sistemas múltiplos, porque depois que a informação já está lá, as conexões a enviam imediatamente aos outros bancos de dados. Essas conexões não somente possibilitaram que diferentes departamentos compartilhassem informações, mas também aumentaram drasticamente a qualidade da informação. O Exército agora pode gerar relatórios detalhando sua prontidão e outras questões vitais, tarefas quase impossíveis antes da criação da integração entre sistemas separados.[3]

A ***integração*** permite que sistemas separados se comuniquem diretamente um com o outro. Assim como o Exército do Reino Unido, uma organização provavelmente manterá múltiplos sistemas, cada um com seu próprio banco de dados. Sem integrações, uma organização (1) gastará um tempo considerável cadastrando as mesmas informações em múltiplos sistemas e (2) sofrerá com a baixa qualidade e com a inconsistência típicas de informações redundantes. Mesmo que a maioria das integrações não elimine todas as informações redundantes, elas podem garantir a sua coerência em todos os sistemas.

Uma organização pode escolher entre dois métodos de integração. O primeiro é criar integrações diretas e reversas que conectam os processos (e os seus bancos de dados subjacentes) na cadeia de valor. Uma ***integração direta*** capta as informações de um determinado sistema e as envia automaticamente para todos os sistemas e processos *downstream*. A ***integração reversa*** capta as informações de um determinado sistema e as envia automaticamente para todos os sistemas e processos *upstream*.

A Figura 7.7 demonstra como esse método funciona em sistemas ou processos de vendas, realização de pedidos, atendimento de pedidos e cobrança. No sistema de entrada de pedidos, por exemplo, um empregado pode atualizar as informações de um cliente. Essas informações, por meio das integrações, são enviadas ao sistema de vendas (*upstream*) e aos sistemas de atendimento de pedido e de cobrança (*downstream*).

O ideal seria que uma organização construísse integrações diretas e reversas, o que proporcionaria flexibilidade para criar, atualizar e excluir informações em qualquer um dos sistemas. Entretanto, integrações são caras e difíceis de serem construídas e conservadas, e a maioria das organizações cria apenas integrações diretas (vendas por meio de cobrança, na Figura 7.7). Construir apenas integrações desse tipo implica que uma mudança no

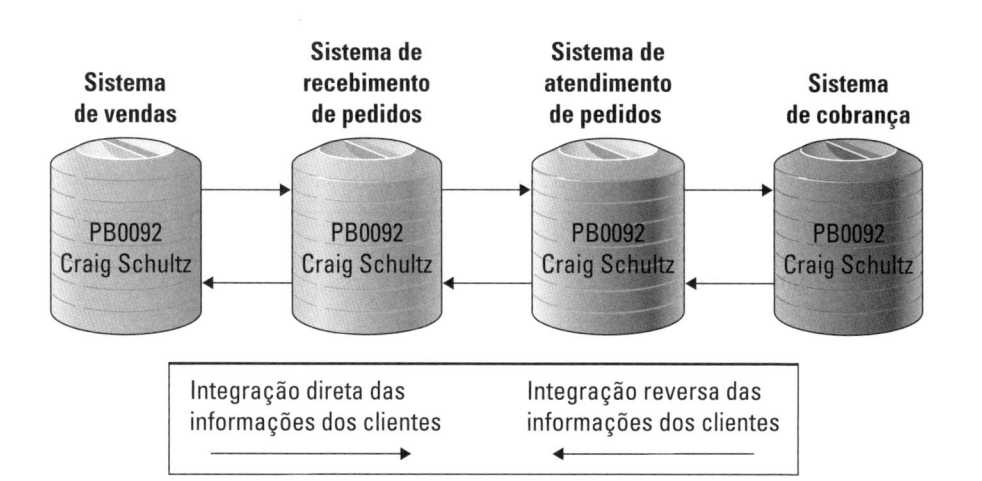

FIGURA 7.7
Exemplo de integração direta e reversa de informações de clientes.

FIGURA 7.8
Integrando informações de clientes entre bancos de dados.

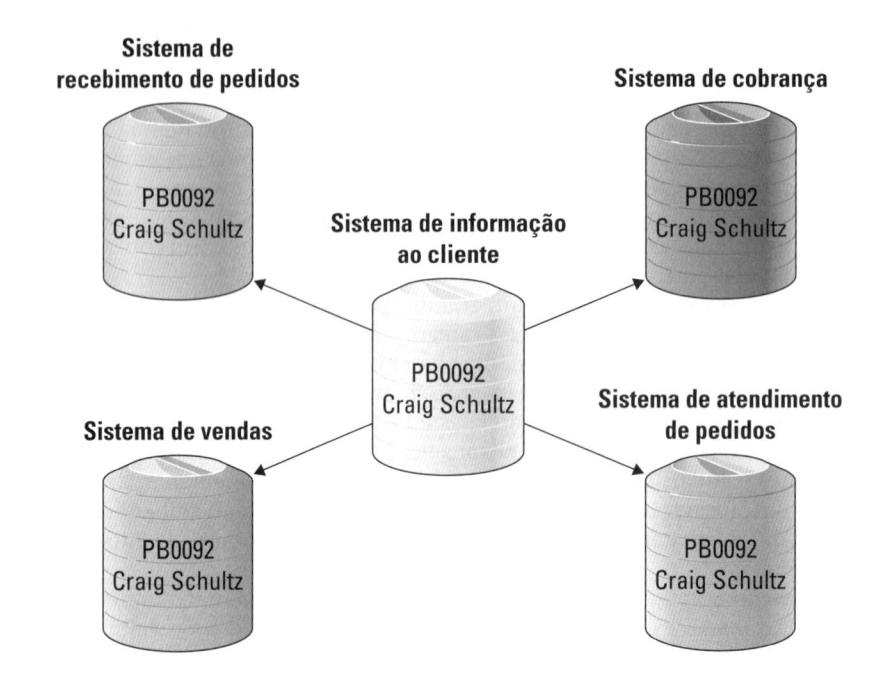

Sistema de recebimento de pedidos — PB0092 Craig Schultz
Sistema de cobrança — PB0092 Craig Schultz
Sistema de informação ao cliente — PB0092 Craig Schultz
Sistema de vendas — PB0092 Craig Schultz
Sistema de atendimento de pedidos — PB0092 Craig Schultz

sistema inicial (vendas) resulte em mudanças em todos os outros sistemas. A integração de informações não é possível para quaisquer mudanças que ocorram fora do sistema inicial, o que, mais uma vez, pode resultar em informação organizacional inconsistente. Para resolver essa questão, as organizações podem impor regras para que todos os sistemas, exceto o sistema inicial, tenham acesso do tipo somente leitura à informação integrada. Essa medida obrigará os usuários a alterarem informações apenas no sistema inicial, o que sempre resultará em integração e vai garantir que a informação organizacional não saia de sincronia.

O segundo método de integração cria um repositório central para um tipo particular de informação. A Figura 7.8 apresenta um exemplo de informação do cliente integrada utilizando esse método em quatro diferentes sistemas da organização. Os usuários podem criar, atualizar e excluir informações dos clientes apenas no banco de dados central de clientes. Enquanto os usuários executam essas tarefas nesse banco de dados, as integrações enviam automaticamente informações novas ou atualizadas para os outros sistemas. Os outros sistemas limitam os usuários a ter acesso de somente leitura às informações de clientes armazenadas. De novo, esse método não elimina redundâncias, mas com certeza garante a consistência das informações entre sistemas múltiplos.

QUESTÕES SOBRE O CASO DA UNIDADE

1. Explique por que a tecnologia de banco de dados é importante para uma empresa.
2. Desenvolva uma lista de possíveis entidades localizadas no banco de dados do Hotels.com.
3. Desenvolva uma lista de possíveis atributos localizados no banco de dados do Hotels.com.

CASO DO CAPÍTULO 7: O guardião das chaves

Mais de 145 mil consumidores em todo o país foram colocados em risco por um roubo de dados ocorrido na gigante de banco de dados ChoicePoint. Os criminosos enganaram a companhia passando-se por empresários legítimos para ter acesso às suas diversas bases de dados, que contêm um tesouro de dados de consumo, incluindo nomes, endereços, números da Seguro Social, relatórios de crédito e outras informações. Pelo menos 50 contas suspeitas foram abertas em nome de empresas de cobrança inexistentes, agências de seguros e outras empresas, de acordo com a companhia.

Sem dúvida, os bancos de dados são uma das mais importantes ferramentas de TI que as organizações usam hoje. Eles contêm grandes repositórios de dados detalhados. Quando ocorre uma transação – uma venda, por exemplo –, o banco de dados armazena todos os detalhes, incluindo nome do cliente, endereço, número do cartão do crédito, produtos adquiridos, descontos recebidos, e assim por diante.

As empresas devem administrar seus bancos de dados com todo o cuidado. Essa função de gerenciamento inclui a organização correta das informações desses repositórios da forma mais eficiente, garantindo que nenhuma informação errada jamais entre nas bases de dados, e – o mais importante – protegendo as informações de ladrões e hackers.

A informação é um bem valioso, e, infelizmente, isso a torna alvo de roubo. As organizações armazenam grandes quantidades de informações de clientes, entre as quais números de Seguro Social, números de cartões de crédito e de contas bancárias – pense apenas nas informações armazenadas no eBay, na Amazon ou na Receita Federal. Quando alguém rouba informações pessoais (não necessariamente subtraindo-as de alguém, mas roubando-as de uma empresa), essa pessoa torna-se uma vítima de roubo de identidade. Veja esta pequena lista de organizações que perderam informações e o grande número de clientes afetados.

- Bank of America: 1,2 milhão de clientes.
- CardSystems: 40 milhões de clientes.
- Citigroup: 3,9 milhões de clientes.
- DSW Shoe Warehouse: 1,4 milhão de clientes.
- TJX Companies: 45,6 milhões de clientes.
- Wachovia: 676 mil clientes.

Somando os números, mais de 90 milhões de pessoas tiveram suas informações pessoais roubadas ou extraviadas nas organizações.

Responsabilidade empresarial na segurança de dados

As empresas podem enfrentar, em breve, severas penas por não seguir práticas de segurança de dados. O Estado de Massachusetts está examinando uma lei que obriga as empresas a pagar por todos os custos associados a uma violação de dados de seus sistemas de TI. Essa ação para proteger dados de clientes em Massachusetts acontece em um momento adequado, quando dois importantes varejistas locais, a TJX Companies e a Stop & Shop, enfrentam as consequências de importantes violações que deixaram alguns de seus clientes expostos à fraude.

Grande parte da despesa relativa à interrupção da atividade fraudulenta, como o cancelamento ou reemissão de cartões de crédito ou de débito, a suspensão de pagamento e o reembolso de clientes, foi absorvida pelos bancos emissores de cartões de crédito ou débito para com as vítimas. Os bancos comerciais que permitem que empresas como a TJX e a Stop & Shop aceitem transações de cartões de crédito e de débito são penalizados com multas da Visa e da MasterCard, entre outras empresas de cartão de crédito, se os comerciantes com quem trabalham forem pegos violando as normas de segurança de dados do setor.

Mas as empresas que tiveram os dados dos clientes roubados sofreram em demasia apenas pelos custos de oferecer a eles serviços de monitoramento de crédito gratuitos e para reparar uma imagem pública manchada. No caso de varejistas conhecidos, esse dano à reputação é facilmente superado quando polpudas vantagens nas vendas são oferecidas para atrair os clientes de volta.

O Projeto de Lei 213 da Câmara de Massachusetts, de autoria do Deputado Michael Costello, propõe alterar as leis gerais da Commonwealth para incluir uma seção que exigiria de toda empresa ou entidade comercial cuja informação confidencial de cliente fosse roubada a notificação dos clientes sobre a violação de dados, asim como tornaria as empresas responsáveis junto aos bancos emissores dos cartões pelos custos em que esses bancos incorressem no caso da violação e de qualquer atividade fraudulenta subsequente. Isso inclui fazer as empresas cobrirem os custos de cancelar ou reemitir cartões, suspender pagamentos ou realizar operações de bloqueio em relação a qualquer conta, abrir ou reabrir uma conta e emitir qualquer reembolso ou crédito realizado a qualquer cliente do banco como resultado de transações não autorizadas.

A legislação de Massachusetts é um passo fundamental para que as empresas invistam em uma melhor segurança de dados. A aprovação dessa lei colocaria Massachusetts à frente de outros estados em termos de proteção de dados de clientes e difusão das penalidades, de modo que as instituições financeiras e os varejistas tivessem incentivos para melhorar a segurança. As empresas especializadas em segurança provavelmente estão acompanhando o que acontece em Massachusetts muito de perto, porque o projeto de lei também criaria uma necessidade urgente para esse tipo de empresa, naquele estado, investir em formas de melhorar a sua capacidade de proteger os dados dos clientes. Se as empresas não vão fazer isso por conta própria, então responsabilizá-las pelas perdas financeiras dos clientes pode ser apenas o necessário para impedir que a próxima violação de dados ocorra.[4]

Questões

1. Quantas organizações têm suas informações pessoais, incluindo o seu número de CPF, números de contas bancárias e números de cartão de crédito?
2. Que informações são armazenadas na sua faculdade? Existe alguma possibilidade de a sua informação ser hackeada e roubada de lá?
3. O que você pode fazer para se proteger contra o roubo de identidade?
4. Você concorda ou discorda da mudança da lei para tornar responsável a empresa em que o furto de dados ocorreu? Por quê?
5. Qual seria o impacto de responsabilizar a empresa em que o roubo de dados ocorreu, nas grandes organizações?
6. Qual seria o impacto de responsabilizar a empresa em que o roubo de dados ocorreu, nas empresas de pequeno porte?

CAPÍTULO 8
Acesso a informações organizacionais – *data warehouse*

OBJETIVOS DE APRENDIZAGEM

8.1 Descrever as funções e finalidades de um *data warehouse* e de *data marts* em uma organização.

8.2 Identificar as vantagens de usar a inteligência de negócios para apoiar a tomada de decisão gerencial.

Acesso a informações organizacionais

OA 8.1 Descrever as funções e finalidades de um *data warehouse* e de repositórios de dados em uma organização.

A Applebee's Neighborhood Grill & Bar registra vendas anuais superiores a US$ 3,2 bilhões e emprega ativamente informações do seu *data warehouse* para aumentar as vendas e cortar os custos. A companhia coleta informações diárias das vendas do dia anterior, e as remete para o seu *data warehouse*, de 1.500 restaurantes localizados em 49 estados e sete países. Compreender as preferências regionais, como as dos texanos que gostam mais de bifes que os clientes de New England, permite à companhia definir sua estratégia corporativa de ser um restaurante que apela para os gostos locais. A empresa valoriza muito o seu *data warehouse*, já que permite tomar decisões de negócios quanto às necessidades dos clientes por região. Ela também usa informações do *data warehouse* para fazer o seguinte:

- Basear seus gastos em mão de obra em um número real de clientes servidos por hora.
- Desenvolver a análise de produtos vendidos em promoções para ajudar a evitar perdas provenientes do excesso de estoque.
- Determinar os custos teóricos e concretos dos alimentos e o uso de ingredientes.[1]

Histórico do armazenamento de dados

Nos anos 1990, as organizações precisavam de informações mais atualizadas sobre os negócios, e isso as fez descobrirem que os sistemas tradicionais de informações operacionais eram pesados demais para fornecer informações relevantes de forma eficiente e rápida. Os sistemas operacionais geralmente incluem contabilidade, cadastro de pedidos, atendimento ao cliente e vendas, e não são apropriados para a realização de análise dos negócios pelas seguintes razões:

- Informações de outras aplicações operacionais não são incluídas.
- Sistemas operacionais não estão integrados ou disponíveis em um só lugar.
- Informações operacionais são principalmente atuais – não incluem o histórico necessário à tomada de boas decisões.
- Informações operacionais frequentemente têm problemas de qualidade (erros) – as informações precisam ser limpas.
- Sem histórico de informações, é difícil dizer como e por que as coisas mudam ao longo do tempo.
- Sistemas operacionais não são projetados para análise e suporte de decisões.

Durante a última metade do século XX, os números e tipos de dados aumentaram. Muitas grandes empresas se viram com informações espalhadas em diversas plataformas e em variadas tecnologias, fazendo o uso de informações retiradas de fontes múltiplas quase impossível. Realizar pedidos de informação nos sistemas operacionais pode levar dias ou semanas ao se utilizar ferramentas de relatório antiquadas que foram planejadas mais para executar o negócio do que para administrá-lo. A partir daí, o *data warehouse* surgiu como um lugar onde informações relevantes poderiam ser mantidas para que relatórios estratégicos pudessem ser utilizados para gerenciamento. A palavra-chave aqui é *estratégia*, uma vez que a maioria dos executivos estava menos preocupada com as operações diárias do que com uma visão global do modelo e funcionalidades de negócios.

Uma ideia fundamental no âmbito do armazenamento de dados é a retirada de dados de múltiplas plataformas e tecnologias (como planilhas, bancos de dados e arquivos do Word) e a sua recolocação em um local que utiliza uma ferramenta de consulta universal. Dessa forma, bancos de dados operacionais poderiam ser mantidos no sistema que fosse mais eficiente para os negócios operacionais, enquanto as informações para consulta e análise (estratégicas) poderiam ser mantidas em um local comum com o uso de uma linguagem comum. Os *data warehouses* avançam ainda mais, ao conferir mais uniformidade à informação, definindo o que cada termo significa e mantendo-o como padrão. Um exemplo disso seria o gênero, ao qual se pode referir de muitas maneiras (Masculino, Feminino, M/F, 1/0), mas deve ser padronizado no *data warehouse*, com uma maneira única de se referir a cada sexo (M/F).

Esse modelo torna o apoio à decisão prontamente acessível sem afetar as operações diárias. Um aspecto que deve ser destacado a respeito de *data warehouses* é que *não* se trata de um local para *todas* as informações dos negócios, mas para informações que interessam ou que ajudam os responsáveis a tomarem decisões estratégicas em relação à missão global da organização.

O armazenamento de dados (*data warehousing*) consiste em estender a transformação de dados em informações. *Data warehouse* oferecem informações externas, integradas, históricas e de nível estratégico para que as empresas possam fazer projeções, identificar tendências e decidir questões importantes. O *data warehouse* coleta e armazena conjuntos integrados de informações do histórico de múltiplos sistemas operacionais e os alimenta com um ou mais repositórios de dados. Ele também pode dar ao usuário final acesso às diferentes informações de toda a empresa.

Princípios do *data warehouse*

Um ***data warehouse, ou armazém de dados***, é um acervo lógico de informações – reunidas a partir de diversos bancos de dados diferentes – que auxilia em atividades de análise de negócios e em tomadas de decisão. O principal objetivo de um *data warehouse* é agregar informações de toda uma organização em um repositório único, de maneira que os gestores possam tomar decisões e empreender atividades de análise de negócios. Assim, enquanto os bancos de dados armazenam os detalhes de todas as transações (por exemplo, a venda de um produto) e eventos (a contratação de um novo empregado), os *data warehouses* armazenam as mesmas informações de uma forma agregada, mais apropriada para dar apoio às tomadas de decisão. Agregar, nesse sentido, pode incluir totais, contas, médias e similares. Devido a esse tipo de agregação, os *data warehouses* suportam apenas o processamento analítico.

O *data warehouse* representado na Figura 8.1 compila as informações de bancos de dados internos ou bancos de dados transacionais e operacionais, e de bancos de dados externos, por meio de um processo de **extração, transformação e carregamento (ETL – Extraction, Transformation, and Loading)**, no qual a informação é extraída dos bancos interno e externo, transformada pelo uso de um conjunto comum de definições da empresa e carregada para dentro de um *data warehouse*. O armazém de dados, por sua vez, envia subconjuntos das informações para *data marts*. Um **data mart, ou repositório de dados**, contém um subconjunto de informações do *data warehouse*. Para fazer a distinção entre armazém de dados e *data mart*, pense que o primeiro tem um foco mais organizacional e que o segundo direciona subconjuntos de informações específicas para as necessidades de uma determinada unidade de negócio, como finanças ou produção e operações.

A Land's End, uma grande loja de vestuário, criou um depósito de dados de toda a organização para que seus funcionários pudessem acessar as informações organizacionais.

Modelo de *data warehouse*

FIGURA 8.1
Modelo de um *data warehouse* típico.

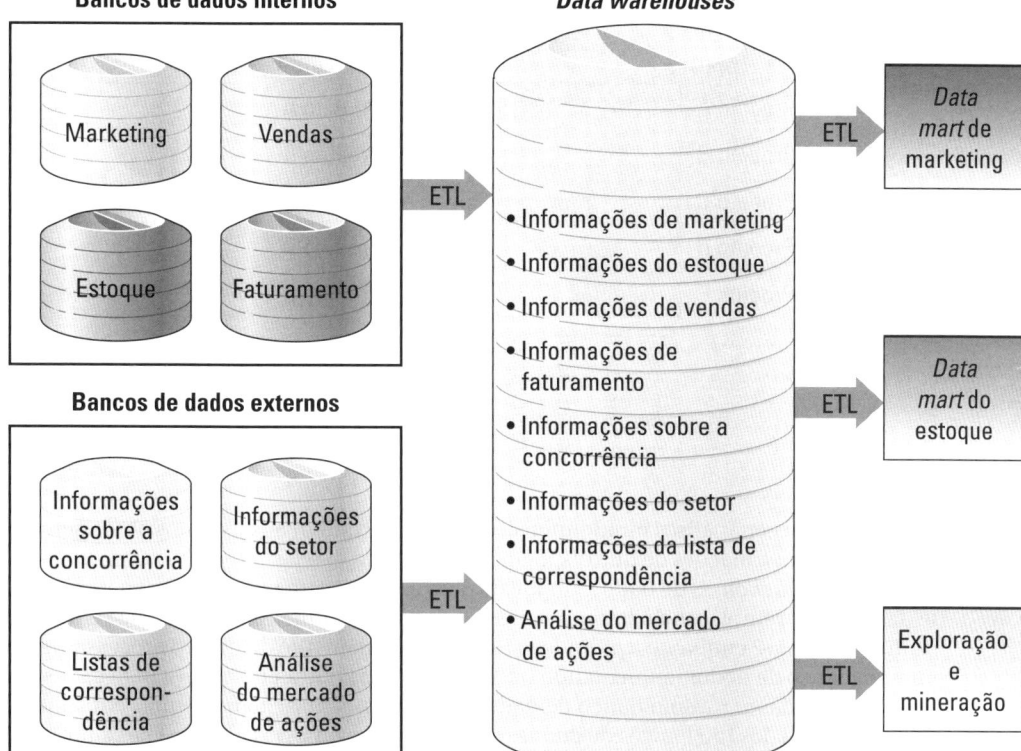

A empresa logo descobriu que poderia ter exagerado. Muitos funcionários não usavam o *data warehouse* porque ele era muito grande, muito complicado e tinha muitas informações irrelevantes. A Land's End sabia que havia informações valiosas lá e que teria de achar uma forma para que seus funcionários as acessassem mais facilmente. Os *data marts* eram a solução perfeita para a sobrecarga de informações da empresa. Quando os funcionários começaram a usá-los, ficaram surpresos com a riqueza da informação. Os repositórios foram um enorme sucesso no caso da Land's End.[2]

ANÁLISE MULTIDIMENSIONAL E MINERAÇÃO DE DADOS

Um banco de dados relacional contém informações em uma série de tabelas bidimensionais. Em um *data warehouse* e em um *data mart*, as informações são multidimensionais, o que significa que eles contêm camadas de colunas e linhas. Por isso, a maioria dos depósitos (*warehouses*) e repositórios (*marts*) são *bancos de dados multidimensionais*. A *dimensão* é uma característica específica da informação. Cada camada de um *data warehouse* ou de um *data mart* representa uma informação de acordo com uma dimensão adicional. ***Cubo*** é o termo comum para a representação de informação multidimensional. A Figura 8.2 mostra um **cubo** (cubo *a*) que representa a informação armazenada (camadas), informação de produto (linhas) e informação de promoção (colunas).

Após a criação de um cubo de informação, os usuários podem começar a destrinchar o cubo para detalhar as informações. O segundo cubo (cubo *b*) da Figura 8.2 mostra um pedaço que representa as informações de promoção II de todos os produtos de todas as lojas. O terceiro cubo (cubo *c*) da Figura 8.2 apresenta apenas informações da promoção III, produto B, na loja 2. Utilizando a análise multidimensional, os usuários podem analisar a informação de diversas maneiras e com qualquer número de dimensões diferentes. Eles podem, por exemplo, desejar adicionar dimensões de informações a uma análise atual, incluindo a categoria do produto, região, e até mesmo a previsão do tempo em relação às condições meteorológicas reais. O verdadeiro valor de um depósito de dados é a sua habi-

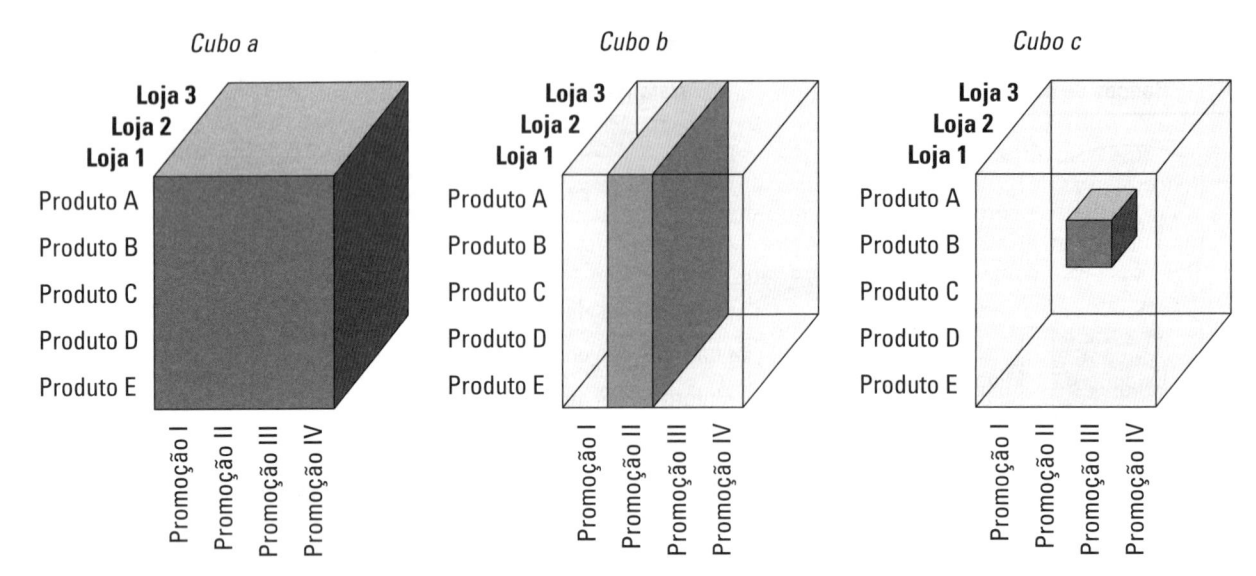

FIGURA 8.2
Cubo de informação para realizar uma análise multidimensional em três lojas diferentes, para cinco produtos diferentes e quatro diferentes promoções.

lidade em fornecer análises multidimensionais que permitem aos usuários obter percepções sobre as informações de que dispõem.

Os *data warehouses* de dados são ideais para aliviar a carga de consultas a um banco de dados. Por exemplo, consultar um banco de dados para obter uma média de vendas do produto B na loja 2 enquanto a promoção III está em andamento dificulta o processamento para um banco de dados, aumentando o tempo que uma outra pessoa leva para cadastrar uma nova venda no mesmo banco de dados. Se uma organização faz muitas consultas a um banco de dados (ou bancos de dados múltiplos), agregar essas informações a um *data warehouse* pode ser útil.

Mineração de dados (*data mining*) é o processo de análise de dados para extrair informações que não são fornecidas apenas pelos dados brutos. A Ruf Strategic Solutions, por exemplo, ajuda as organizações a utilizar métodos estatísticos no âmbito de grandes *data warehouses* para identificar segmentos de clientes que exibem traços comuns. Os profissionais de marketing podem atingir esses segmentos com produtos e promoções especialmente projetados.

A mineração de dados também pode começar em um nível de informação sumária (granularidade grossa) e progredir em níveis crescentes de detalhes (*drill down*) ou o contrário (*drill up*). Para executar a mineração de dados, os usuários precisam das ferramentas adequadas. As **ferramentas de mineração de dados** utilizam diversas técnicas para encontrar padrões e relações em grandes volumes de informação e, a partir deles, inferem regras que preveem um comportamento futuro e guiam a tomada de decisão. Os meios de mineração de dados para *data warehouses* incluem ferramentas de consulta, de comunicação, de análise multidimensional, de estatísticas, e agentes inteligentes.

A Sega of America, uma das maiores fabricantes de videogames, usa a mineração de dados e as ferramentas estatísticas para distribuir seu orçamento de publicidade de mais de US$ 50 milhões por ano. Com o *data warehouse* respectivo, especialistas de linha de produtos e estrategistas de marketing "detalham" as tendências de cada cadeia de lojas de varejo. Seu objetivo é encontrar tendências de compras que os ajudem a determinar quais as estratégias de publicidade estão funcionando melhor e como realocar recursos de publicidade na imprensa, na região e no período.[3]

LIMPEZA OU DEPURAÇÃO DE INFORMAÇÕES

Manter informações de qualidade em um *data warehouse* e um *data mart* é extremamente importante. O Data Warehousing Institute estima que informações de baixa qualidade custam aos negócios norte-americanos 600 bilhões de dólares anualmente. Esse número pode parecer alto, mas não é. Se uma organização está usando um *data warehouse* e um *data mart* para alocar dinheiro para estratégias de publicidade (como no caso da Sega of America), informações de má qualidade certamente terão um impacto negativo na capacidade da empresa em tomar as decisões certas.[4]

Para aumentar a qualidade da informação organizacional e, consequentemente, a eficiência das decisões, as empresas devem criar uma estratégia para manter a informação limpa. Esse é o conceito de limpeza ou depuração das informações. A **limpeza ou depuração das informações** é o processo que seleciona e conserta ou descarta informações inconsistentes, incorretas ou incompletas.

Ferramentas de software especializadas utilizam algoritmos sofisticados para analisar, padronizar, corrigir, combinar e consolidar as informações de um *data warehouse*. Isso é de vital importância porque *data warehouses*, com frequência, contêm informações de muitos bancos de dados diferentes, alguns dos quais podem ser de fora da organização. Em um *data warehouse*, a limpeza de informação ocorre primeiro durante o processo de ETL e, depois, quando a informação está no repositório. As companhias podem escolher o software de limpeza de diferentes vendedores, como Oracle, SAS, Ascential Software e Group 1 Software. O ideal é que as informações depuradas não apresentem erros e sejam consistentes.

A Dr. Pepper/Seven Up, Inc conseguiu integrar seus inúmeros bancos de dados em um único repositório (e, posteriormente, em *data marts*) em menos de dois meses, o que garantiu à companhia acesso a informações limpas e consolidadas. Aproximadamente 600 pessoas na empresa usam os *data marts* para analisar e localizar as vendas de bebidas por dimensões múltiplas, incluindo várias rotas de distribuição, como as de vendas de latinhas e garrafas, vendas de serviços alimentícios em ilhas, vendas do distribuidor principal e contas nacionais e de cadeia. A companhia está agora realizando uma análise profunda de informações de venda que estão atualizadas, limpas e sem erro.[5]

Ao olhar para as informações de clientes, entende-se porque a limpeza de informações é necessária. Informações de clientes existem em diversos sistemas operacionais. Em cada sistema, todos os detalhes dessas informações poderiam mudar, desde a identificação do cliente até as informações de contato (veja a Figura 8.3). Determinar qual informação de contato é precisa e correta para cada cliente depende do processo que está sendo executado.

A Figura 8.4 mostra um nome de cliente cadastrado de forma diferente em diversos sistemas operacionais. A limpeza de informações permite que uma organização conserte esse tipo de inconsistência, além de limpar as informações nos depósitos de dados. A Figura 8.5 mostra as etapas mais comuns na limpeza de informações.

Alcançar a perfeição nas informações é quase impossível. Quanto mais completas e precisas uma organização quer que as suas informações sejam, mais caro é o processo para fazer isso (ver Figura 8.6). O conflito para se ter informações perfeitas está na precisão em oposição à integridade. Informações precisas são informações corretas, enquanto informações completas são aquelas sem lacunas. Uma data de nascimento de 31/2/10 é um exemplo de informação completa, mas imprecisa (o dia 31 de fevereiro não existe). Um endereço contendo Denver, Colorado, sem um código de área é um exemplo de informação incompleta que é precisa. Para as informações que utiliza, a maioria das organizações determina uma porcentagem alta o suficiente para que as decisões sejam tomadas sob um custo razoável, como 85% precisas e 65% completas.

Faturamento
Contato: Hans Hultgren 555-1211

O sistema de faturamento tem a informação "contas a pagar" como um contato do cliente.

Atendimento ao cliente
Contato: Anne Logan 555-1288
Contato: Deborah Bridge 555-6543

O sistema de atendimento ao cliente tem a informação "produto" como um contato do cliente.

Marketing
Contato: Paul Bauer 555-2211
Contato: Don McCubbrey 555-3434

Vendas
Contato: Paul Bauer 555-2211
Contato: Don McCubbrey 555-3434

O sistema de marketing e vendas tem a informação "tomador de decisão" como a informação de contato do cliente.

FIGURA 8.3
Informações de contato em sistemas operacionais.

FIGURA 8.4
Padronização de nomes de clientes a partir de sistemas operacionais.

Vendas

Clientes:
- JD0021 — Jane Doe
- BL0557 — Bob Lake
- JS0288 — Judy Smith
- PB0092 — Pat Burton

Atendimento ao cliente

Clientes:
- 10622FA — Susan Brown
- 10472FB — Judie R Smithe
- 10772FA — Patti Burten
- 10922MC — Larry Trump

Faturamento

Clientes:
- 000980 — Burton, Tricia
- 002670 — Smith, Judie
- 000466 — Burton, Patricia
- 006777 — Lake, Robert P.

Informações do cliente

Clientes:
- 10001 — Jane Doe
- 10002 — Robert P. Lake
- 10003 — Judie R. Smith
- 10004 — Patricia Burton

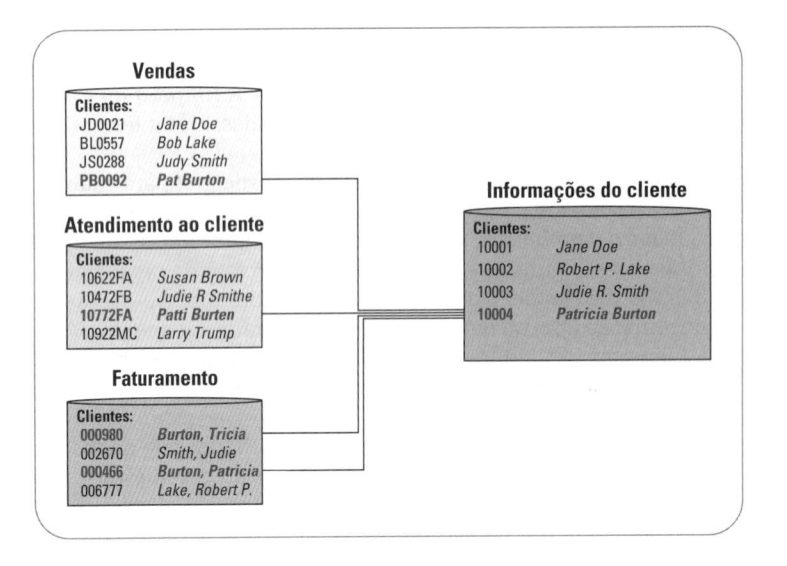

FIGURA 8.5
Atividades de limpeza de informações.

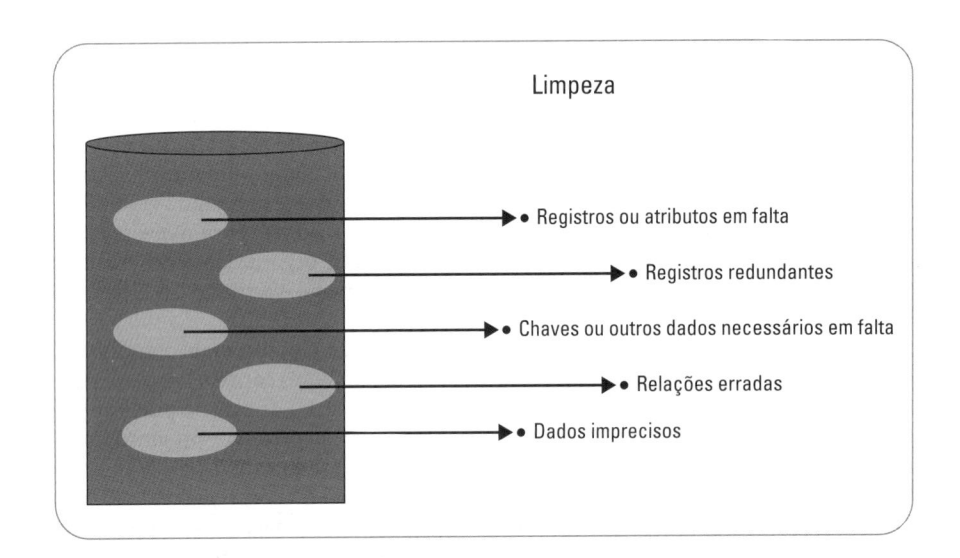

Limpeza
- Registros ou atributos em falta
- Registros redundantes
- Chaves ou outros dados necessários em falta
- Relações erradas
- Dados imprecisos

FIGURA 8.6
Informações precisas e completas.

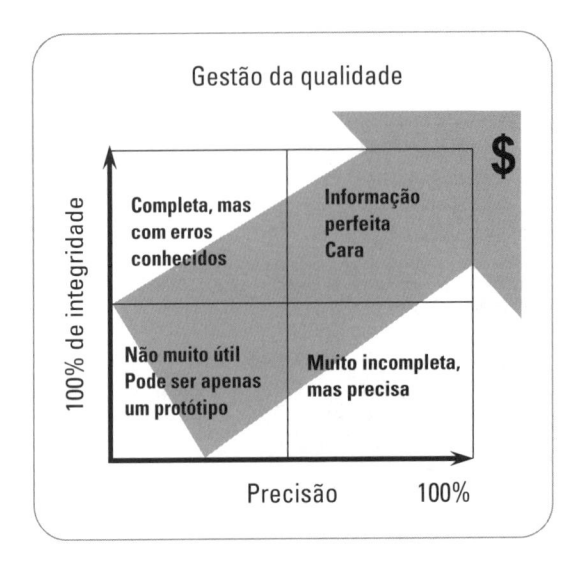

Gestão da qualidade

Eixo Y: 100% de integridade
Eixo X: Precisão — 100%

- Completa, mas com erros conhecidos
- Informação perfeita Cara
- Não muito útil. Pode ser apenas um protótipo
- Muito incompleta, mas precisa

Apoiando decisões com a inteligência de negócios

> **OA 8.2** Identificar as vantagens de usar a inteligência de negócios para apoiar a tomada de decisão gerencial.

Muitas organizações atualmente acham quase impossível compreender suas próprias forças e fraquezas, e muito menos as de seus concorrentes, porque ninguém consegue acessar o enorme volume de dados organizacionais, exceto o departamento de TI. Os dados da organização incluem muito mais do que simples elementos de dados estruturados em um banco de dados: também inclui correio de voz, ligações telefônicas de clientes, mensagens de texto, clips de vídeo, além dos inúmeros novos formatos de dados, como os tuítes do Twitter.

Uma das primeiras referências à inteligência de negócios aparece no livro de Sun Tzu, *A Arte da Guerra*. Sun Tzu afirma que, para ter sucesso na guerra, deve-se ter pleno conhecimento das próprias forças e fraquezas e pleno conhecimento dos pontos fortes e fracos do inimigo. A falta de um ou de outro pode resultar na derrota. Uma certa escola de pensamento traça um paralelo entre os desafios nos negócios e na guerra, especificamente:

- Coleta de informações.
- Entendimento de padrões e significados nas informações.
- Resposta à informação resultante.

Antes do início da era da informação no final do século XX, as empresas às vezes coletavam informações de fontes que não eram automatizadas. À época, faltavam às empresas os recursos de computação para analisar adequadamente as informações e as decisões comerciais, muitas vezes tomadas com base, principalmente, na intuição.

À medida que as empresas começaram a automatizar cada vez mais sistemas, mais e mais informações se tornaram disponíveis. No entanto, a coleta ainda é um desafio, devido à falta de infraestrutura para a troca de informações ou por conta da incompatibilidade entre sistemas. Por vezes, eram necessários meses para que relatórios fossem gerados. Esses relatórios permitiam a tomada consciente de decisões estratégicas de longo prazo. No entanto, a tomada de decisões táticas de curto prazo continuava dependendo da intuição. Nas empresas modernas, a elevação de padrões, da automação e das tecnologias propiciou a disponibilidade de uma vasta quantidade de informação. As tecnologias de *data warehouse* criaram repositórios para armazenar essas informações. Processos aprimorados de ETL aumentaram a coleta rápida da informação. A inteligência de negócios tornou-se a arte de examinar grandes quantidades de dados, extrair informações e transformá-las em conhecimento para ação.

O PROBLEMA: RICO EM DADOS, POBRE EM INFORMAÇÃO

Um cenário de negócios ideal seria o seguinte: Enquanto está a caminho para se encontrar com um cliente, um gerente de negócios analisa dados históricos de consumidores e percebe que o volume de pedidos do cliente diminuiu substancialmente. À medida que examina os dados, ele percebe que o cliente teve um problema de suporte com um determinado produto. Rapidamente, o gerente liga para a equipe de suporte para inteirar-se das informações e descobre que o item sobressalente da peça com defeito pode ser enviado em 24 horas. Além disso, constata que o cliente acessou o site e solicitou informações sobre uma nova linha de produtos. De posse de todas essas informações, o gerente de negócios está preparado para uma reunião produtiva com o seu cliente. Agora ele entende as necessidades e problemas do cliente, e pode lidar com novas oportunidades de vendas com segurança.

Para muitas empresas, esse exemplo não passa de um sonho. A tentativa de reunir todas as informações do cliente realmente levaria horas ou até mesmo dias para se efetivar. Com tantos dados disponíveis, o surpreendente é que é difícil para os gestores obter informações, como níveis de estoque, histórico passado de pedidos ou detalhes de envio. Os gerentes enviam seus pedidos de informação ao departamento de sistemas de informação (SI), onde a pessoa responsável compila vários relatórios. Em alguns casos, pode levar dias para se obter uma resposta, momento em que a informação pode estar ultrapassada e as oportunidades podem ter sido perdidas. Muitas organizações se encontram em posição de serem ricas em dados, mas pobres em informação. Mesmo no mundo eletrônico de hoje, os gestores enfrentam o desafio de transformar os seus dados de negócios em inteligência de negócios.

A SOLUÇÃO: INTELIGÊNCIA DE NEGÓCIOS

Decisões de gestores são numerosas e incluem o fornecimento de informações sobre o serviço, oferecimento de novos produtos e suporte a clientes que enfrentam problemas. Os gestores podem basear suas decisões em dados, experiência ou conhecimento – e, de preferência, em uma combinação desses três itens. A inteligência de negócios (BI – *Business Intelligence*) pode fornecer aos gestores a capacidade de tomar decisões melhores. Alguns exemplos de como diferentes setores utilizam a inteligência de negócios incluem:

- **Companhias aéreas:** Analisar locais de férias populares com listas de viagens de avião atuais.
- **Bancos:** Entender o uso do cartão de crédito por parte do cliente e as taxas de inadimplência.
- **Assistência médica:** Comparar os dados demográficos de pacientes com as doenças mais graves.
- **Seguro:** Prever o valor de sinistros e os custos de cobertura médica.
- **Aplicação da lei:** Monitorar padrões de criminalidade, locais e comportamento criminoso.
- **Marketing:** Analisar dados demográficos do cliente.
- **Varejo:** Prever vendas, níveis de estoque e distribuição.
- **Tecnologia:** Prever falhas de hardware.

A Figura 8.7 mostra como as organizações que utilizam BI podem encontrar as causas de vários problemas apenas perguntando "Por quê?". O processo começa por analisar um relatório, como os montantes de vendas por trimestre. Os gestores vão examinar o relatório à procura do motivo pelo qual as vendas estão em alta ou em baixa. Uma vez que entendam por que um determinado local ou produto está passando por um aumento nas vendas, eles podem compartilhar as informações, em um esforço para elevar as vendas em toda a empresa. Assim que entendem o motivo da diminuição das vendas, eles podem tomar medidas eficazes para resolver o problema. Aqui estão alguns exemplos de como os gestores podem usar BI para responder a perguntas difíceis de negócios:

- **Qual tem sido a posição do negócio?** A perspectiva histórica oferece variáveis importantes para determinar tendências e padrões.
- **Onde o negócio está agora?** Examinar a situação atual dos negócios permite aos gestores tomar medidas eficazes para resolver problemas, antes que eles cresçam e fiquem fora de controle.
- **Para onde o negócio está indo?** Definir a direção estratégica é fundamental para o planejamento e criação de estratégias de negócios sólidas.

Faça uma pergunta simples – como "quem é o meu melhor cliente?" ou "qual é o meu pior produto em vendas" – e você poderá ter tantas respostas quanto funcionários. Bancos de dados, *data warehouses* e *data marts* podem fornecer uma fonte de dados "confiáveis" que possibilitam responder a perguntas sobre clientes, produtos, fornecedores, produção, finanças, fraude e até sobre os funcionários. Também podem alertar os gestores de inconsistências ou ajudar a determinar a causa e os efeitos de decisões de negócios em toda a empresa. Todos

FIGURA 8.7
Como a BI pode responder a perguntas difíceis de clientes.

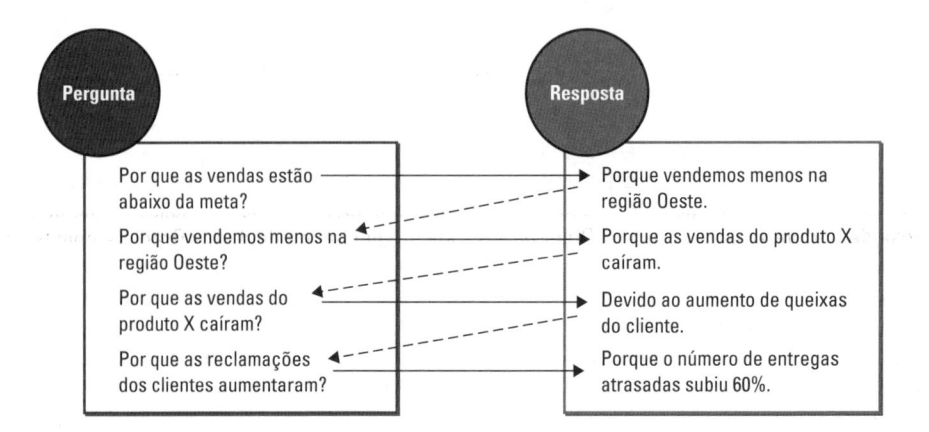

Pergunta
- Por que as vendas estão abaixo da meta?
- Por que vendemos menos na região Oeste?
- Por que as vendas do produto X caíram?
- Por que as reclamações dos clientes aumentaram?

Resposta
- Porque vendemos menos na região Oeste.
- Porque as vendas do produto X caíram.
- Devido ao aumento de queixas do cliente.
- Porque o número de entregas atrasadas subiu 60%.

os aspectos do negócio podem se beneficiar de mais ideias fornecidas pela inteligência de negócios, e você, como aluno de administração, vai se beneficiar da compreensão de como esse tipo de sistema de informação pode ajudá-lo a tomar decisões inteligentes.[6]

INTELIGÊNCIA DE NEGÓCIOS VISUAL

Informar é acessar grandes quantidades de dados de diferentes sistemas de informação para gestão. Um *infográfico (ou gráfico de informações)* exibe informações de forma esquemática, para que possam ser mais facilmente compreendidas. Eles podem apresentar os resultados de grandes análises de dados, procurando padrões e relações que monitoram mudanças em variáveis ao longo do tempo. A *visualização de dados* descreve as tecnologias que permitem aos usuários "ver" ou visualizar dados para transformar informações em uma perspectiva de negócio. As *ferramentas de visualização de dados* vão além dos gráficos e tabelas do Excel, são técnicas de análise sofisticadas, como gráficos de pizza, controles, instrumentos, mapas, gráficos de séries temporais, entre outros. Essas ferramentas podem ajudar a descobrir correlações e tendências em dados que de outra forma passariam despercebidas. *Dashboards de inteligência de negócios* monitoram métricas corporativas, como fatores críticos de sucesso e indicadores-chave de desempenho, e incluem recursos avançados, como controles interativos, permitindo aos usuários manipular dados para fins de análise. A maioria dos fornecedores de software de inteligência de negócios oferece uma série de diferentes ferramentas de visualização de dados e dashboards de inteligência de negócios.

QUESTÕES SOBRE O CASO DA UNIDADE

1. Liste as razões pelas quais uma empresa desejaria exibir informações em formato de gráfico ou visual.
2. Descreva como uma empresa poderia usar um dashboard digital de inteligência de negócios para compreender como está operando.
3. Explique como o departamento de marketing pode utilizar ferramentas de visualização de dados para ajudar no lançamento de um novo produto.
4. Avalie como o Hotels.com está usando BI para identificar tendências e mudar os processos de negócio associados.

CASO DO CAPÍTULO 8: Mineração no *data warehouse*

De acordo com uma pesquisa da Merrill Lynch de 2006, software de inteligência de negócios e ferramentas de mineração de dados estavam no topo da lista de gastos com tecnologia dos CIOs. Aqui estão alguns exemplos de como as empresas estão utilizando ferramentas de *data warehouse* e de mineração de dados (*data mining*) para obter uma valiosa inteligência de negócios.

Ben & Jerry's

Nos dias de hoje, em que todos adoramos tomar sorvete, a Ben & Jerry's não perdeu tempo e resolveu usar a tecnologia de processamento para consultas, relatórios e análise online da empresa de software de BI Business Objects. Por meio de um banco de dados Oracle e com BI da Business Objects, a Ben & Jerry's monitora os ingredientes e a validade de cada embalagem. Se um consumidor liga para reclamar, a equipe de atendimento encontra a embalagem na qual leite, ovos, cerejas ou quaisquer outros ingredientes do fornecedor não atenderam à quase obsessão que a empresa tem por qualidade.

As ferramentas de inteligência de negócios permitem a Ben & Jerry's acessar, analisar e lidar com informações de clientes coletadas pelos departamentos de vendas, de finanças, de compras e de garantia de qualidade. A companhia pode determinar que tipo de leite os clientes preferem na fabricação do sorvete. A tecnologia ajudou a Ben & Jerry's a rastrear mais de 12.500 contatos de consumidores em 2005. As informações variavam de comentários sobre os ingredientes utilizados no sorvete até consultas sobre causas sociais apoiadas pela empresa.

California Pizza Kitchen

A California Pizza Kitchen (CPK) é uma cadeia líder de "casual dining" no segmento de pizza premium, com marca reconhecida e clientela fiel e estabelecida. Fundada em 1985, existem atualmente mais de 130 restaurantes de serviço completo em mais de 26 estados, no Distrito de Colúmbia e em outros cinco países.

Antes de implementar a sua ferramenta de BI, Cognos, a CPK usava planilhas para planejar e acompanhar suas demonstrações financeiras e itens de linha. A equipe de finanças tinha dificuldade em gerir os volumes de dados, os cálculos complexos e as mudanças constantes nas planilhas. Foram duas semanas com duas pessoas trabalhando em tempo integral para obter uma versão das demonstrações financeiras e previsões futuras. Além disso, a equipe estava limitada pela incapacidade do software de conectar células e cálculos em múltiplas planilhas, por isso a atualização de outras áreas de registros corporativos tornou-se uma tarefa demorada. Com o Cognos, os ciclos de previsão trimestrais foram reduzidos de oito para dois dias. Agora a equipe de finanças pode passar mais tempo analisando os resultados, em vez de coletar e inserir dados.

Noodles & Company

A Noodles & Company tem mais de 70 restaurantes nos Estados do Colorado, Illinois, Maryland, Michigan, Minnesota, Texas, Utah, Virginia e Wisconsin. A empresa adquiriu recentemente a ferramenta de BI Cognos para ajudar na implementação de normas de geração de relatórios e comunicar informações operacionais em tempo real para as tarefas de gerenciamento de campo em todo os Estados Unidos.

Antes de implementar a primeira fase da solução Cognos, os profissionais de TI e finanças passaram dias compilando solicitações de relatórios de vários departamentos, incluindo vendas e marketing, recursos humanos, e imobiliário. Desde a conclusão da primeira fase, os relatórios da Cognos operacionais são acessados diariamente pelo site da Noodles & Company. Isso dá aos usuários uma visão única de 360 graus da empresa e fornece relatórios consistentes por toda a empresa.

Os usuários da Noodles & Company aproveitam as capacidades flexíveis de consulta e informação, que permitem ver padrões nos dados para alavancar novas oportunidades de negócios. A ferramenta Cognos permite extrair informações diretamente de uma ampla gama de sistemas relacionais, operacionais e outros.[7]

Questões

1. Explique como a Ben & Jerry's está utilizando ferramentas de inteligência de negócios para continuar a ter sucesso e a ser competitiva em um mercado saturado.
2. Identifique por que a limpeza de informação é fundamental para o sucesso da ferramenta de inteligência de negócios da California Pizza Kitchen.
3. Mostre por que é impossível para a Noodles & Company obter 100% de informações precisas e completas.
4. Descreva como cada uma dessas empresas está usando BI para obter vantagem competitiva.

RESUMO DA UNIDADE

As cinco características comuns de uma informação de qualidade são precisão, integridade, consistência, singularidade e atualidade. Os custos de ter informação de baixa qualidade para uma organização podem ser enormes e resultar na perda de receita e, em última instância, no fracasso empresarial. Bancos de dados mantêm informações sobre vários tipos de objetos, eventos, pessoas e locais, e ajudam a diminuir muitos dos problemas associados à informação de baixa qualidade, como redundância, integridade e segurança.

Um *data warehouse* é um acervo lógico de informações – reunidas a partir de diversos bancos de dados operacionais diferentes – que auxilia em atividades de análise de negócios e na tomada de decisão. *Data marts* contêm um subconjunto de informações do *data warehouse*. As organizações obtêm percepções excelentes sobre seus negócios por meio da mineração da informação contida em *data warehouses* e *data marts*.

Compreender o valor da informação é fundamental para o sucesso do negócio. Os funcionários precisam acessar e analisar de forma otimizada a informação organizacional. Quanto mais conhecimento os funcionários têm sobre como a organização armazena, mantém, fornece acesso e protege as informações, mais bem preparados estarão quando precisarem usar essas informações para tomar decisões críticas de negócios.

TERMOS-CHAVE

Atributos 95
Banco de dados 93
Catálogo dinâmico 99
Chave estrangeira 95
Chave primária 95
Criador de conteúdo 99
Cubo 107
Dashboards de inteligência de negócios 112
Data marts 105
Data warehouse 106
Dicionário de dados 94
Editor de conteúdo 99
Elemento de dados (ou campo de dados), 93
Entidade 94
Extração, transformação e carregamento (ETL) 106
Ferramenta de consulta por exemplos (QBE) 93
Ferramentas de mineração de dados 108
Ferramentas de visualização de dados 113

Governança de dados 90
Granularidade da informação 85
Inconsistência da informação 87
Infográficos (gráfico de informações) 111
Informação em tempo real 87
Informação estática 99
Informações analíticas 86
Informações dinâmicas 99
Informações transacionais 85
Informar 113
Integração 101
Integração direta 101
Integração reversa 101
Integridade da informação 98
Limpeza ou depuração de informações 108
Linguagem de consulta estruturada (SQL) 93
Metadados 94
Mineração de dados 108

Modelo de banco de dados relacional 94
Modelos de dados 94
Problemas de integridade de informações 87
Redundância de informação 98
Registro 95
Regra de negócio 98
Restrições de integridade 98
Restrições de integridade crítica para o negócio 98
Restrições de integridade relacional 98
Sistema de gerenciamento de banco de dados (DBMS) 93
Sistema de gerenciamento de banco de dados relacional 94
Sistemas em tempo real 87
Site baseado em dados 99
Visão física da informação 97
Visão lógica da informação 97
Visualização de dados 113

CASO 1 DE ENCERRAMENTO DA UNIDADE

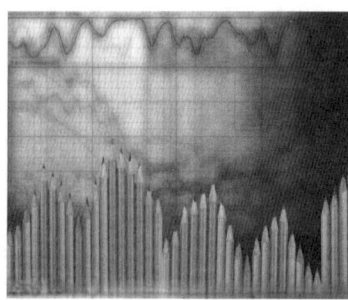

Visualização de dados: histórias da era da informação

No cruzamento da arte e do algoritmo, a visualização de dados abstrai esquematicamente a informação para revelar uma compreensão mais profunda dos dados, envolvendo-os em um elemento de temor. Embora a prática de representar visualmente as dúvidas seja, sem dúvida, o fundamento de todo o design, uma fascinação inédita com a visualização dos dados tem surgido. Depois de o *The New York Times* e o *The Guardian* abrirem recentemente seus arquivos online ao público, artistas correram para dissecar quase dois séculos de informação, dando a essa forma de arte uma nova importância.

Para artistas e designers, a visualização de dados é uma nova fronteira de autoexpressão, alimentada pela proliferação de informações e a evolução das ferramentas disponíveis. Para a empresa, é uma plataforma para a exibição de produtos e serviços no contexto da interação cultural que os envolve, refletindo a crescente demanda dos consumidores por transparência corporativa.

"Olhar para algo comum em uma nova forma torna isso extraordinário", afirma Aaron Koblin, um dos pioneiros mais recentes da disciplina. Como líder de tecnologia do Creative Labs do Google, em San Francisco, ele liderou a série Chrome Experiments da gigante de mecanismos de busca, criada para mostrar a velocidade e a confiabilidade do navegador Chrome.

Esqueça os gráficos de pizza e de barras

A visualização de dados não tem nada a ver com gráficos de pizza ou de barras. E é só ligeiramente relacionada com "infográficos", um design de informação que tende a mostrar objetividade e clareza. Essas representações oferecem apenas uma outra iteração dos dados – reafirmando-os visualmente e tornando-os mais fáceis de sintetizar. A visualização de dados, por outro lado, é uma interpretação, uma maneira diferente de olhar e pensar sobre os dados que, muitas vezes, expõem padrões ou correlações complexos.

A visualização de dados é uma forma de dar sentido ao crescente fluxo de informação com que somos bombardeados e fornece um antídoto criativo à paralisia da análise que pode resultar da carga de processamento de um grande volume de informações desse tipo. "Não se trata de esclarecer os dados", explica Koblin. "Trata-se de contextualizá-los".

Hoje, artistas inspirados por algoritmos estão repensando a relação arte-ciência ao aplicar a análise de dados do hemisfério esquerdo do cérebro a uma história criativa do hemisfério direito. Alguns usam a visualização dos dados como uma ponte entre a informação alienante e seu impacto emocional – veja os retratos de Chris Jordan da cultura de massa global. Outros consideram um ângulo mais tecnológico e concentram-se na utilidade da cultura – o projeto Zoetrope oferece uma visualização temporal e histórica da Web efêmera. Outros ainda são pura indulgência artística – como o projeto Flight Patterns do próprio Koblin, uma visualização do tráfego aéreo na América do Norte.

Como uma empresa pode se beneficiar

Há implicações reais para os negócios aqui. A maioria dos provedores de telefonia celular, por exemplo, oferece um extrato da atividade mensal do usuário. Na maioria das vezes, é uma tabela enorme de várias medidas numéricas de quanto você falou, quando, com quem e quanto custou. A representação visual desses dados pode ajudar a mostrar certos padrões, revelando hábitos de chamada e, talvez, ajudando os usuários a economizar dinheiro.

As empresas também podem usar a visualização de dados para obter uma nova visão do comportamento do consumidor. Ao observar e entender o que as pessoas fazem com os dados – o que acham útil e o que rejeitam como inútil –, os executivos podem fazer a valiosa distinção entre o que os consumidores dizem e o que eles fazem. Mesmo agora, isso pode ser um truque complicado de se fazer atrás do espelho falso que é o ambiente de pesquisa qualitativa tradicional.

É essencial compreender a importância da visão criativa, junto com a maestria técnica dos softwares. A visualização de dados não diz respeito ao uso de todos os dados disponíveis, mas trata de como decidir em quais padrões e elementos se concentrar, em criar uma narrativa e em contar uma história dos dados brutos de uma maneira diferente e atraente.

Em última análise, a visualização de dados é mais que um software complexo ou embelezamento de planilhas. Não é a inovação em prol da inovação. É sobre o mais antigo ritual social: contar histórias. Trata-se de contar a história oculta nos dados de modo diferente, mais cativante, de uma forma que nos atraia, que faça nossos olhos se abrirem um pouco mais e o nosso queixo cair um pouquinho. E, à medida que processamos essa história, ela pode, às vezes, mudar toda a nossa perspectiva.

Questões

1. Identifique os efeitos que as informações de má qualidade podem ter em um projeto de visualização de dados.
2. Como a visualização de dados usa as tecnologias de bancos de dados?
3. Como uma empresa pode usar a visualização de dados para identificar novas tendências?
4. Qual é a correlação entre a mineração de dados e a visualização de dados?
5. A visualização de dados é uma forma de inteligência de negócios? Por quê? Ou por que não?
6. Quais são as questões de segurança associadas à visualização de dados?
7. O que pode acontecer com um projeto de visualização de dados se não for possível limpar ou depurar os dados?

CASO 2 DE ENCERRAMENTO DA UNIDADE

Zillow

Zillow.com é um site imobiliário que auxilia proprietários de casas, compradores, vendedores, locatários, agentes imobiliários, profissionais de hipotecas, proprietários de imóveis e gerentes de propriedades a encontrar e compartilhar informações sobre o setor imobiliário e hipotecas. A Zillow permite aos usuários acessar, de forma anônima e gratuita, os tipos de ferramentas e informações que antes eram reservadas aos profissionais do setor imobiliário. O banco de dados da empresa cobre mais de 90 milhões de lares, o que representa 95% das casas dos Estados Unidos. Somando-se o tamanho das suas bases de dados, a Zillow recalcula as avaliações de cada propriedade todos os dias, para fornecer gráficos históricos das avaliações das casas ao longo do tempo. Em algumas áreas, ela consegue exibir históricos de avaliação de 10 anos, uma vantagem de valor agregado para muitos de seus clientes. Essa coleta de dados representa um *data warehouse* operacional para quem visita o site.

Assim que a Zillow lançou o seu site, gerou imediatamente uma enorme quantidade de tráfego. À medida que a empresa expandia seus serviços, os fundadores percebiam que a chave para o sucesso seria a capacidade do site em processar e gerenciar rapidamente grandes quantidades de dados, em tempo real. A empresa identificou a necessidade de bancos de dados acessíveis, escaláveis, confiáveis e seguros que lhe permitissem continuar aumentando a capacidade de sua infraestrutura indefinidamente, sem sacrificar o desempenho. O tráfego da Zillow continua a crescer, apesar do enfraquecimento do mercado imobiliário. A empresa observa um crescimento do tráfego anual de 30%, e cerca de um terço de todos os profissionais de hipotecas dos EUA visita o site em um determinado mês.

Mineração de dados e inteligência de negócios

Os valores apresentados pela Zestimate® no site da Zillow usam recursos de mineração de dados para detectar tendências na avaliação de imóveis. A mineração de dados também permite à empresa estimar a precisão dos preços da Zestimate ao longo do tempo. A Zillow também criou a primeira pesquisa do setor de acordo com o valor da mensalidade, permitindo aos usuários encontrar casas que estão à venda ou para alugar, com base no valor mensal que eles podem pagar. Além de pesquisar o valor mensal, os usuários também podem inserir outros critérios de pesquisa, como o número de quartos ou de banheiros.

A Zillow também lançou um novo serviço, que visa transformar a forma como os americanos contraem hipotecas. Os mutuários podem usar o novo Mortgage Marketplace (mercado de hipotecas) da Zillow para obter cotações personalizadas de empréstimo de financeiras, sem ter de fornecer nomes, endereços, números de telefone ou do seguro social, nem receber telefonemas indesejados de corretores concorrentes. Os mutuários revelam suas identidades somente após entrar em contato com a financeira de sua escolha. A companhia está entrando em um campo de sites de hipotecas já estabelecido, como LendingTree.com e Lowermybills.com, do Grupo Experian, que cobram das empresas de hipoteca pelas informações do mutuário. A Zillow, que tem um modelo de publicidade, diz que não tem planos de cobrar pelas indicações de vendas.

Para as empresas de hipoteca, as indicações de vendas anônimas são gratuitas: elas podem dar um lance com base nas informações fornecidas pelo mutuário, como salário, bens, qualidade do crédito e tipo de empréstimo. Essas empresas podem pesquisar as solicitações do mutuário e ver cotações de outros corretores antes de fazer uma oferta.[9]

Questões

1. Liste as razões pelas quais a Zillow precisaria usar um banco de dados para tocar o seu negócio.
2. Descreva como a Zillow usa a inteligência de negócios para criar um produto exclusivo para os seus clientes.
3. Como o departamento de marketing da Zillow poderia usar um *data mart* como auxílio no lançamento de um novo produto?
4. Elenque as cinco características comuns da informação de alta qualidade e classifique-as em ordem de importância para a Zillow.
5. Desenvolva uma lista de algumas possíveis entidades e atributos do banco de dados de hipotecas da Zillow.
6. Avalie como a Zillow usa seu site baseado em dados para administrar o seu negócio.

TOMANDO DECISÕES DE NEGÓCIOS

1. **Melhoria da qualidade da informação**

   A HangUps Corporation projeta e distribui estruturas para organização de armários. A empresa opera cinco sistemas diferentes: entrada de pedidos, vendas, gestão de estoque, expedição e faturamento. Ela tem problemas graves de qualidade das informações, incluindo informação em falta, imprecisa, redundante e incompleta. A empresa quer implementar um *data warehouse* contendo informações dos cinco sistemas diferentes para ajudar a manter uma visão única do cliente, conduzir as decisões de negócios e realizar a análise multidimensional. Identifique como a organização pode melhorar a sua qualidade de informação quando começar a projetar e construir seu *data warehouse*.

2. **Atualidade da informação**

   A atualidade das informações é uma consideração importante para todas as organizações. As organizações precisam decidir a frequência de backups e a frequência das atualizações de um *data warehouse*. Em grupo, descreva os requisitos de periodicidade para backups e atualizações de um *data warehouse* para:

   - Sistemas de monitoramento das condições meteorológicas.
   - Estoques de concessionárias de carros.
   - Previsões de vendas de pneus de veículos.
   - Taxas de juros.
   - Estoques de restaurante.
   - Estoques de mercearia.

3. **Entidades e atributos**

   A Martex Inc. é uma fabricante de equipamentos esportivos e suas linhas principais de atuação incluem equipamentos de corrida, tênis, golfe, natação, basquete e aeróbica. A Martex abastece atualmente quatro fornecedores principais, Sam's Sports, Total Effort, The Underline e Maximum Workout. A empresa quer desenvolver um banco de dados para organizar seus produtos. Em grupo, identifique os diferentes tipos de classes de entidade e os atributos relacionados que a Martex gostaria de considerar ao projetar seu banco de dados.

4. **Integração de informações**

   Você está atualmente trabalhando no Departamento de Transportes Públicos de Chatfield. O departamento controla todas as formas de transporte público, incluindo ônibus, metrôs e trens. Cada departamento tem cerca de 300 funcionários e mantém seus próprios sistemas de contabilidade, estoques, compras e recursos humanos. A geração de relatórios entre os departamentos é uma tarefa difícil e, em geral, envolve a coleta e correlação de informações dos diversos sistemas diferentes. Normalmente, essa tarefa leva cerca de duas semanas para gerar balanços e demonstrações dos resultados trimestrais. A sua equipe foi convidada a elaborar um relatório, recomendando o que o Departamento de Transportes Públicos de Chatfield pode fazer para diminuir os problemas de informação e de sistemas. Certifique-se de que seu relatório aborde os diversos motivos que fazem ser tão difícil obter os relatórios departamentais, bem como de que modo você pretende resolver o problema.

5. **Informação – inteligência de negócios ou falta com a verdade?**

   O presidente Obama usou parte de seu discurso de formatura na Universidade Hampton da Virgínia para criticar a enxurrada de informações incompletas ou totalmente incorretas que flui 24 horas por dia nos noticiários. O presidente disse: "Você está amadurecendo em um ambiente em que a mídia está presente 24 horas por dia, sete dias por semana, nos bombardeando com todo tipo de conteúdo e nos expondo a todos os tipos de argumentos, alguns dos quais nem sempre 100% verdadeiros. Com iPods, iPads, Xboxes e PlayStations – nenhum dos quais eu sei como funciona –, a informação se torna uma distração, uma diversão, uma forma de entretenimento, em vez de uma ferramenta de capacitação, em vez de um meio de emancipação".[10]

Você concorda ou discorda da declaração do presidente Obama? Quem é responsável por verificar a exatidão das informações na Internet? O que deve acontecer com as empresas que publicam informações imprecisas? O que deve acontecer com as pessoas que publicam informações imprecisas? O que você deve lembrar ao ler ou citar fontes de informação da Internet?

6. **Acesso ilegal a bancos de dados**

   A Goldman Sachs enfrenta uma ação judicial de US$ 3 milhões de uma companhia que alega que a corretora roubou a propriedade intelectual do seu banco de dados que continha fatos de inteligência de mercado. O Tribunal Distrital dos EUA para o Distrito Sul de Nova York entrou com a ação em 2010, alegando que funcionários da Goldman Sachs usavam as credenciais de acesso de outras pessoas para acessar o banco de dados proprietário da Ipreo, apelidado de Bigdough. Oferecido por assinatura, o Bigdough fornece informações detalhadas sobre mais de 80 mil contatos dentro do setor financeiro. A queixa da Ipreo ao tribunal é de que os funcionários da Goldman Sachs acessaram ilegalmente o Bigdough pelo menos 264 vezes entre 2008 e 2009.[11]

   Você concorda ou discorda da ação judicial? A Goldman Sachs deve ser responsabilizada pelo comportamento de funcionários desonestos? Que tipos de políticas a Goldman Sachs deve implementar para garantir que isso não ocorra novamente?

7. **Armazenamento de dados**

   A informação é um dos ativos mais importantes de qualquer negócio. As empresas devem garantir a precisão, integridade, coerência, atualidade e singularidade da informação. Além disso, a empresa deve ter um serviço de backup confiável. Em parte, graças à computação em nuvem, há muitos serviços de hospedagem de dados na Internet. Esses sites oferecem armazenamento de informações que podem ser acessadas de qualquer lugar do mundo.

   Entre os serviços de hospedagem de dados, incluem-se Hosting (www.hosting.com), Mozy (www.mozy.com), My Docs Online (www.mydocsonline.com) e Box (www.box.net). Acesse alguns desses sites, além de vários outros que você encontra por meio de pesquisa. Quais sites são gratuitos? Há limite para o quanto você pode armazenar? Em caso afirmativo, qual é o limite? Que tipo de informação você pode armazenar (vídeo, texto, fotos, etc.)? Você pode permitir que vários usuários com senhas diferentes acessem a sua área de armazenamento? Existe um período durante o qual você fica obrigado a manter o serviço por contrato (anual, etc.)? Existem níveis de serviços diferentes oferecidos, como pessoal, corporativo, grupo de trabalho? Faz sentido, do ponto de vista empresarial, armazenar dados de negócios na Internet? E dados pessoais?

8. **Como coletar a inteligência de negócios**

   Ao examinar novas oportunidades de negócio, você precisa de conhecimento sobre a concorrência. Uma das coisas que muitos empresários novatos não conseguem fazer é reunir inteligência de negócio sobre os concorrentes – por exemplo, quantos existem e o que diferencia cada um deles. Você pode descobrir que há muitos e que a concorrência seria dura. Ou você pode apurar que existem poucos concorrentes e que os que estão em ação oferecem muito pouco valor.

   Crie uma nova ideia de negócio que você pode lançar na Internet. Pesquise na Web para encontrar empresas semelhantes na área que você escolheu. Quantos sites você achou que oferecem os mesmos produtos ou serviços que está planejando oferecer? Você se deparou com algum site de outro país que tem uma abordagem única que não se vê em qualquer dos sites do seu próprio país? Como você usaria essa informação na busca da sua ideia de negócio?

9. **Dados grátis!**

   A Agência de Estatísticas Trabalhistas dos EUA afirma que o seu papel é ser a "principal agência de pesquisas do governo federal no vasto campo da economia e estatística do trabalho". E os dados que o departamento oferece em seu site estão disponíveis para qualquer pessoa, gratuitamente. Isso pode representar um tesouro de inteligência de negócios e de mineração de dados para aqueles que podem tirar proveito desse recurso. Visite o site www.bls.gov. Que tipo de informações o site oferece? Quais as informações que você considera mais úteis? Que tipo de informação sobre emprego e salários está disponível? Como essa informação está classificada? Como esse tipo de informação pode ser útil para um gerente de negócios? Que tipo de informação demográfica está disponível? Como isso poderia beneficiar uma nova *start-up*?[12]

10. **Explicações sobre bancos de dados relacionais**

    Você foi contratado pela Vision, uma *start-up* de vestuário. A gerente, Holly Henningson, não está acostumada com bancos de dados nem com o valor de negócio associado desse recurso. Henningson pediu para você criar um relatório, detalhando os conceitos básicos de bancos de dados. Ela também gostaria que você desse uma explicação detalhada sobre bancos de dados relacionais, além das vantagens de negócios associados da ferramenta.

APLIQUE SEUS CONHECIMENTOS

1. **Problemas de qualidade de informação**

   A *Real People* é uma revista voltada para trabalhadores que fornece artigos e conselhos sobre inúmeros assuntos, desde manutenção do carro até planejamento familiar. Atualmente, a revista está enfrentando problemas com a sua lista de distribuição. Mais de 30% das revistas enviadas são devolvidas por causa de informações de endereço erradas, e a cada mês são recebidas diversas ligações de clientes irritados, que se queixam de ainda não terem recebido o seu exemplar. A Figura AYK.1 dá uma amostra das informações de cliente da *Real People*. Crie um relatório, detalhando todos os problemas com informação, possíveis causas para esses problemas e soluções para que a companhia conserte a situação.

2. **Mineração no *data warehouse***

   Alana Smith é uma compradora sênior de um grande atacadista que vende diferentes tipos de itens artesanais para lojas de cartões comemorativos, como a Hallmark. A mais recente estratégia de marketing de Alana é enviar a todos os seus clientes uma nova linha de

Identi-ficação	Nome	Nome do meio	Sobrenome	Rua	Cidade	Estado	CEP
433	M	J	Jones	13 Denver	Denver	CO	87654
434	Margaret	J	Jones	13 First Ave.	Denver	CO	87654
434	Brian	F	Hoover	Lake Ave.	Columbus	OH	87654
435	Nick	H	Schweitzer	65 Apple Lane	San Francisco	OH	65664
436	Richard	A		567 55th St.	New York	CA	98763
437	Alana	B	Smith	121 Tenny Dr.	Buffalo	NY	142234
438	Trevor	D	Darrian	90 Fresrdestil	Dallas	TX	74532

FIGURA AYK.1
Dados da amostra.

porta-retratos feitos à mão da Rússia. Os dados de Alana sustentam a sua decisão para a nova linha. A análise que ela faz prevê que serão vendidos uma média de 10 a 15 peças por loja, por dia. Alana está animada com a nova linha e crê que será um sucesso.

Um mês depois, Alana descobre que as peças estão vendendo 50% abaixo das expectativas, com uma média de cinco a oito porta-retratos vendidos por dia em cada loja. Ela decide acessar o *data warehouse* da empresa para determinar por que as vendas estão abaixo das expectativas. Identifique as várias dimensões diferentes de dados que Alana vai querer analisar para ajudá-la a decidir o que está causando os problemas com as vendas desse item.

3. **Depuração de informações**

   Você está trabalhando para a BI, uma *start-up* de consultoria de inteligência de negócios. Há um novo cliente que está interessado na contratação da BI para limpar suas informações. Para avaliar a qualidade do trabalho que você faz, o cliente gostaria que você fizesse uma análise da planilha da Figura AYK.2.

4. **Diferentes dimensões**

   O foco de armazenamento de dados é estender a transformação de dados em informações. Os *data warehouses* oferecem informações de nível estratégico, externas, integradas e históricas para que as empresas possam fazer projeções, identificar tendências e tomar decisões de negócios. O *data warehouse* coleta e armazena conjuntos integrados de informações do histórico de múltiplos sistemas operacionais e os alimenta para um ou mais *data marts*. Ele também pode dar ao usuário final acesso às diferentes informações de toda a empresa.

   ### Foco em projetos

   Você está trabalhando com uma equipe de marketing de uma grande empresa que vende joias em todo o mundo. Seu chefe pediu que você examinasse as seguintes dimensões de dados para determinar quais você quer em seu *data mart* para realizar uma análise de vendas e de mercado (veja a Figura AYK.3). Em equipe, ordene as diferentes dimensões, classificando-as de 1 a 5; 1 significa que a dimensão oferece o mais alto valor e deve estar em seu *data mart*, e 5 indica que a dimensão oferece o valor mais baixo e não é necessária.

5. **Como entender as pesquisas**

   Finja que você é um mecanismo de busca. Escolha um tópico a ser consultado. Pode ser qualquer coisa, como seu livro, filme, banda ou time favorito. Pesquise o assunto no Google, escolha três ou quatro páginas de resultados e as imprima. Em cada impressão, encontre as palavras individuais da sua consulta (como "Seleção Brasileira" ou "O Poderoso Chefão") e use um marcador colorido para destacar cada palavra. Faça isso em cada um dos documentos que você imprimir. Agora prenda com durex esses documentos em uma parede, dê alguns passos para trás e examine o que você imprimiu. Se você não soubesse o que tem escrito no resto de uma página e só pudesse julgar pelas palavras coloridas, que documento você acha que seria o mais relevante? Existe alguma coisa que faria um documento parecer mais importante do que o outro? É melhor que as palavras sejam grandes ou que ocorram várias vezes em uma fonte menor? Você preferiria que as palavras estivessem no topo ou na parte inferior da página? Quantas vezes as palavras precisam aparecer? Pense em duas ou três coisas que você procuraria para ver se um dos documentos corresponde bem com a pesquisa. Esse exercício imita os processos de mecanismo de busca e deve ajudá-lo a entender por que um mecanismo desses retorna certos resultados em detrimento de outros.

FIGURA AYK.2
Depuração de dados.

ID do cliente	Nome	Sobrenome	Endereço	Cidade	Estado	CEP	Telefone	Data do último pedido
233620	Christopher	Lee	12421 W Olympic Blvd	Los Angeles	CA	75080-1100	(972)680-7848	18/04/2002
233621	Bruce	Brandwen	268 W 44th St	New York	PA	10036-3906	(212)471-6077	03/05/2002
233622	Glr	Johnson	4100 E Dry Creek Rd	Littleton	CO	80122-3729	(303)712-5461	06/05/2002
233623	Dave	Owens	466 Commerce Rd	Staunton	VA	24401-4432	(540)851-0362	19/03/2002
233624	John	Coulbourn	124 Action St	Maynard	MA	1754	(978)987-0100	24/04/2002
233629	Dan	Gagliardo	2875 Union Rd	Cheektowaga	NY	14227-1461	(716)558-8191	04/05/2002
23362	Damanceee	Allen	1633 Broadway	New York	NY	10019-6708	(212)708-1576	
233630	Michael	Peretz	235 E 45th St	New York	NY	10017-3305	(212)210-1340	30/04/2002
							(608)238-9690	
233631	Jody	Veeder	440 Science Dr	Madison	WI	53711-1064	X227	27/03/2002
233632	Michael	Kehrer	3015 SSE Loop 323	Tyler	TX	75701	(903)579-3229	28/04 /
233633	Erin	Yoon	3500 Carillon Pt	Kirkland	WA	98033-7354	(425)897-7221	25/03/2002
233634	Madeline	Shefferly	4100 E Dry Creek Rd	Littleton	CO	80122-3729	(303)486-3949	33/03/2002
233635	Steven	Conduit	1332 Enterprise Dr	West Chester	PA	19380-5970	(610)692-5900	27/04/2002
233636	Joseph	Kovach	1332 Enterprise Dr	West Chester	PA	19380-5970	(610)692-5900	28/04/2002
233637	Richard	Jordan	1700 N	Philadelphia	PA	19131-4728	(215)581-6770	19/03/2002
233638	Scott	Mikolajczyk	1655 Crofton Blvd	Crofton	MD	21114-1387	(410)729-8155	28/04/2002
233639	Susan	Shragg	1875 Century Park E	Los Angeles	CA	90067-2501	(310)785-0511	29/04/2002
233640	Rob	Ponto	29777 Telegraph Rd	Southfield	MI	48034-1303	(810)204-4724	05/05/2002
233642	Lauren	Butler	1211 Avenue Of The Americas	New York	NY	10036-8701	(212)852-7494	22/04/2002
233643	Christopher	Lee	12421 W Olympic Blvd	Los Angeles	CA	90064-1022	(310)689-2577	25/03/2002
233644	Michelle	Decker	6922 Hollywood Blvd	Hollywood	CA	90028-6117	(323)817-4655	08/05/2002
233647	Natalia	Galeano	1211 Avenue Of The Americas	New York	NY	10036-8701	(646)728-6911	23/04/2002
233648	Bobbie	Orchard	4201 Congress St	Charlotte	NC	28209-4617	(704)557-2444	11/05/2002
233650	Ben	Konfino	1111 Stewart Ave	Bethpage	NY	11714-3533	(516)803-1406	19/03/2002
233651	Lenee	Santana	1050 Techwood Dr NW	Atlanta	GA	30318-KKRR	(404)885-2000	22/03/2002
233652	Lauren	Monks	7700 Wisconsin Ave	Bethesda	MD	20814-3578	(301)771-4772	19/03/2005
233653	Mark	Woolley	10950 Washington Blvd	Culver City	CA	90232-4026	(310)202-2900	20/04/2002
233654	Stan	Matthews	1235 W St NE	Washington	DC	20018-1107	(202)608-2000	25/03/2002

Dimensão	Valor (1-5)	Dimensão	Valor (1-5)
Número do produto		Temporada	
Localização da loja		Promoção	
Patrimônio líquido do cliente		Forma de pagamento	
Número de pessoal de vendas		Política de comissões	
Hábitos alimentares do cliente		Fabricante	
Horário de funcionamento da loja		Relatório de tráfego	
ID do vendedor		Idioma do cliente	
Estilo do produto		Previsão do tempo	
Data do pedido		Sexo do cliente	
Quantidade de produto		Informações fiscais do local	
Data de envio		Demografia cultural do local	
Taxa de juros atual		Fechamento do mercado de ações	
Custo do produto		Filiação religiosa do cliente	
Filiação política do cliente		Motivo da compra	
Análise do mercado local		Código de vestuário para funcionários	
Hora do pedido		Idade do cliente	
Hábitos de consumo do cliente		Política de férias para funcionários	
Preço do produto		Benefícios dos funcionários	
Taxas de câmbio		Informação atual de tarifa aduaneira	
Margem bruta do produto			

FIGURA AYK.3
Dados do *data warehouse*.

6. Previsão da Netflix

A Netflix Inc., o maior serviço de aluguel de filmes online que existe, fornece a mais de 12 milhões de assinantes acesso a mais de 100 mil títulos de DVD originais, além de uma crescente biblioteca sob demanda com mais de 10 mil escolhas. Os dados e informações são tão importantes para a Netflix, que a empresa criou o Prêmio Netflix, uma competição aberta para qualquer um que conseguisse melhorar os dados utilizados na previsão de avaliações de filmes (um aumento de 10%), com base em avaliações anteriores. O vencedor receberia um prêmio de US$ 1 milhão.

Foco em projetos

A habilidade para buscar, analisar e reunir informações é vital para o sucesso de qualquer organização. Certamente foi para Netflix, pois a empresa ficou feliz em pagar US$ 1 milhão para alguém melhorar a qualidade de suas informações. Em grupo, explique como a Netflix pode usar bancos de dados, *data warehouses* e *data marts* para prever recomendações de filme dos clientes. Aqui estão algumas características que você pode analisar para começar:

- Dados demográficos do cliente.
- Gênero do filme, sua classificação, ano, produtor, tipo.
- Informações do elenco.
- Acesso à Internet.
- Local para coleta de correspondência.

7. Crunch Factory

A Crunch Factory é uma das quatro maiores academias em funcionamento na Austrália, e cada unidade funciona com seu próprio sistema e seu próprio banco de dados. Infelizmente, a empresa não conseguiu desenvolver nenhum tipo de norma de captura de dados e agora enfrenta os desafios associados a informações de baixa qualidade em toda a organização. Um sistema, por exemplo, tem um campo para endereços de email, enquanto o outro não tem. Informações duplicadas de clientes entre os diferentes sistemas é outra questão importante, e a empresa se depara com o envio contínuo de mensagens conflitantes ou concorrentes para clientes das diferentes unidades. Um cliente também pode ter várias contas na empresa, uma representando a adesão, outra representando aulas adicionais e mais uma para um *personal trainer*. A Crunch Factory não tem como identificar que as diferentes contas são, na verdade, do mesmo cliente.

Foco em projetos

Para se manter competitiva e conseguir gerar inteligência de negócios, a Crunch Factory tem de resolver esses desafios. A empresa acaba de contratar você como especialista em qualidade de dados. Sua primeira tarefa é determinar como ela pode transformar as informações de baixa qualidade de que dispõe em inteligência de negócios de alta qualidade. Crie um plano que a Crunch Factory possa implementar detalhando o seguinte:

- Desafios associados a informações de baixa qualidade.
- Vantagens associadas a informações de alta qualidade.
- Recomendações sobre como a empresa pode limpar seus dados.

8. Coisa boa em excesso

A The Castle, uma empresa varejista sofisticada de roupas e acessórios, criou um *data warehouse* corporativo para que todos os seus funcionários pudessem acessar informações para a tomada de decisão. Ela logo descobriu que é possível ter coisas boas em excesso. Os funcionários viram-se abarrotados de dados e incapazes de tomar qualquer decisão, um caso comum chamado de paralisia da análise. Quando os representantes de vendas consultavam o *data warehouse* para verificar se um produto específico estava disponível, de acordo com tamanho, cor e categoria, recebiam centenas de resultados mostrando de tudo, desde pedidos de fabricação até contratos com fornecedores. Tornou-se mais fácil para os representantes de vendas olhar no depósito eles mesmos do que verificar no sistema. Os funcionários constataram que o estoque era, simplesmente, muito grande, muito complicado e continha informações totalmente irrelevantes.

Foco em projetos

A The Castle está empenhada em tornar o seu sistema de *data warehouse* um sucesso e pediu ajuda para você. Crie um plano que detalhe o valor do *data warehouse* para a empresa, como ele pode ser usado por todos os funcionários mais facilmente, além das vantagens de negócios potenciais que a empresa pode receber de seu *data warehouse*.

9. Bagunça no Twitter

Ferramentas de tecnologia que podem prever as vendas da próxima semana, decidir quando aumentar o estoque e determinar quando é necessário mais pessoal são extremamente valiosas. O Twitter não é mais só para twittar sobre onde você está. O Twitter e outros sites de mídia social se tornaram grandes ferramentas para a coleta de inteligência de negócios de clientes, incluindo o que eles gostam ou não gostam, o que precisam e o que desejam. O Twitter é fácil de usar, e as empresas podem acompanhar toda vez que um cliente dá uma declaração sobre um determinado produto ou serviço. Bons negócios transformam essa informação valiosa em inteligência, ao detectar tendências e padrões de opinião do cliente.

Foco em projetos

Você concorda que uma empresa pode usar o Twitter para obter inteligência de negócios? Quantas empresas você acha que estão cientes do Twitter e como exatamente elas podem utilizá-lo para obter BI? Como você acha que o Twitter usa um *data house*? Como você acha que as empresas armazenam informações do Twitter? Como uma empresa pode usar o Twitter em um *data mart*? Como uma empresa usaria cubos para analisar os dados do Twitter?

PROJETOS DE APLICAÇÃO AYK

Se você está à procura de projetos em Access para incorporar à aula, experimente um destes (em inglês), após a leitura do capítulo.

Número do projeto	Nome do projeto	Tipo de projeto	Plug-In	Área de foco	Nível do projeto	Conjunto de competências	Número da página
28	Fatura diária	Access	T5, T6, T7, T8	Análise de negócios	Introdutório	Entidades, relacionamentos e bancos de dados	533
29	Dados de faturamento	Access	T5, T6, T7, T8	Inteligência de negócios	Introdutório	Entidades, relacionamentos e bancos de dados	534
30	Dados de estoque	Access	T5, T6, T7, T8	SCM	Intermediário	Entidades, relacionamentos e bancos de dados	536
31	Call Center	Access	T5, T6, T7, T8	CRM	Intermediário	Entidades, relacionamentos e bancos de dados	537
32	Pipeline de vendas	Access	T5, T6, T7, T8	Inteligência de negócios	Avançado	Entidades, relacionamentos e bancos de dados	538
33	Anúncios classificados na Internet	Access	T5, T6, T7, T8	Ecommerce (Comércio eletrônico)	Avançado	Entidades, relacionamentos e bancos de dados	539

DESAFIO EMPRESARIAL

Crie seu próprio negócio

Foco em projetos

1. Dê um exemplo de seus dados de negócios que se encaixe em cada uma das cinco características comuns da informação de alta qualidade. Explique por que cada característica é importante para os seus dados de negócio e o que pode acontecer se esses dados forem de baixa qualidade. (Certifique-se de identificar o seu negócio e o nome de sua empresa.)
2. Identifique as diferentes entidades e seus atributos associados que podem ser encontrados no seu potencial modelo de banco de dados relacional para o seu banco de dados de vendas.
3. Identifique as vantagens de ter um *data warehouse* para o seu negócio. Que tipos de *data mart* você quer extrair do seu *data warehouse* para ajudá-lo a administrar o negócio e tomar decisões estratégicas?

UNIDADE 3

Como agilizar as operações de negócios

A informação é um ativo poderoso. Trata-se de um importante ativo da organização que permite às empresas realizar iniciativas de negócios e planos estratégicos. As empresas que gerenciam informações estão preparadas para a vantagem competitiva e para o sucesso. Os sistemas de informação são as principais ferramentas que permitem o acesso e o fluxo de informações entre empresas. Esta unidade enfatiza o importante papel que os sistemas de informação de tomada de decisões estratégicas desempenham no aumento da eficiência e da eficácia, em empresas globais, e na garantia da infraestrutura necessária para o gerenciamento da cadeia de fornecimento, gestão de relacionamento com o cliente e planejamento de recursos empresariais. Esses sistemas facilitam interações entre clientes, fornecedores, parceiros e funcionários, fornecendo novos canais de comunicação além daqueles tradicionalmente utilizados por organizações, como encontros cara a cara e comunicações impressas.

Uma cadeia de fornecimento consiste em todas as partes envolvidas, direta ou indiretamente, na aquisição de um produto ou matéria-prima. Essas partes podem ser grupos internos ou departamentos dentro de uma organização, ou companhias externas parceiras e consumidores finais. Como estudante de Administração, você precisa conhecer a importância de uma cadeia de fornecimento para o sucesso organizacional e o papel fundamental que a tecnologia da informação desempenha para garantir o bom funcionamento dessa cadeia.

Ainda, como estudante de Administração, você deve compreender a importante relação que a sua empresa terá com os clientes. Também deve entender como analisar seus dados organizacionais para garantir que você não está apenas atendendo, mas superando as expectativas do cliente. A inteligência de negócios é a melhor maneira de entender as necessidades atuais e – mais importante – as necessidades futuras do seu cliente. Como nunca, as empresas agora estão tecnologicamente fortalecidas para atingir seus objetivos de integrar, analisar e tomar decisões de negócios inteligentes baseadas nos dados de que dispõem.

Você, aluno, deve entender como dar a funcionários, clientes e parceiros de negócios acesso à informação por meio das mais recentes tecnologias, como sistemas de planejamento de recursos empresariais e portais corporativos. Criar o acesso à informação com o auxílio de sistemas de informação facilita a realização de tarefas, ao mesmo tempo que incentiva o compartilhamento e a geração de novas ideias que levam ao desenvolvimento de inovações, à melhoria dos hábitos de trabalho e às melhores práticas.

Introdução

A tomada de decisão e a resolução de problemas no mundo digital atual englobam soluções em larga escala que são oportunamente orientadas e estrategicamente focadas. A abordagem de "livro de receitas" tradicional da tomada de decisão não funciona mais. Os recursos de tomada de decisão e de resolução de problemas agora são os traços mais procurados nos futuros executivos. Para dizer o mínimo, os tomadores de decisão e solucionadores de problemas têm um potencial de carreira ilimitado.

O *comércio eletrônico* é a realização de negócios na Internet, não apenas de compra e venda, mas também de atendimento ao cliente e de colaboração com os parceiros de negócios. (A Unidade 4 examina o comércio eletrônico em detalhes.) Com o rápido crescimento da tecnologia da informação e o uso vertiginoso da Internet, o comércio eletrônico está rapidamente se tornando o padrão. Esta unidade concentra-se na tecnologia para ajudar a tomar decisões, a resolver problemas e a encontrar novas oportunidades inovadoras. A unidade também destaca como juntar as pessoas com os melhores processos de TI e as melhores ferramentas em soluções completas e flexíveis que podem aproveitar as oportunidades de negócios (ver Figura Unidade 3.1). Os capítulos da Unidade 3 são os seguintes:

- **Capítulo 9** – Capacitação da organização – tomada de decisão
- **Capítulo 10** – Ampliação da organização – gerenciamento da cadeia de fornecimento
- **Capítulo 11** – Construção de uma organização voltada para o cliente – gestão do relacionamento com o cliente
- **Capítulo 12** – Integração da organização de ponta a ponta – planejamento de recursos empresariais

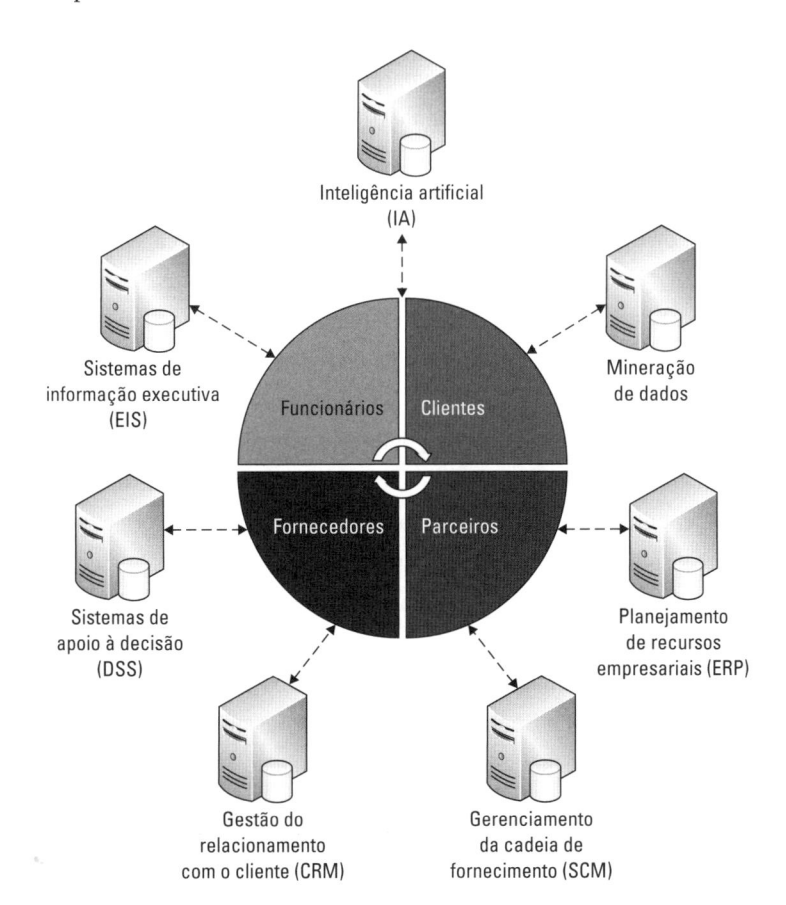

FIGURA UNIDADE 3.1
Sistemas de tomada de decisões, resolução de problemas e aproveitamento de oportunidades.

CASO DA UNIDADE 3

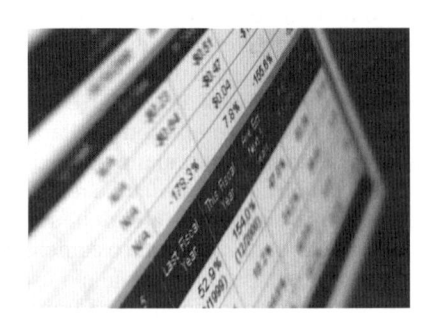

Ação, afinal – Actionly

Os dados estão por toda a Internet! Toneladas e toneladas e mais toneladas de dados! Por exemplo, mais de 152 milhões de blogs são criados a cada ano, além de 100 milhões de contas do Twitter, resultando em 25 bilhões de tweets, 107 trilhões de emails são enviados e 730 bilhões de horas de vídeos do YouTube são assistidas. Conhecida como o setor de mídia social, essa área é, de longe, um dos setores que mais cresce e adquire mais influência no mundo dos negócios. As empresas estão se esforçando para entender a natureza dos impactos, financeiros e estratégicos, do setor de mídia social.

Os dados são valiosos para qualquer empresa, e os dados sobre a Internet são únicos, pois a informação vem diretamente de clientes, fornecedores, concorrentes e, até mesmo, de funcionários. À medida que o setor de mídia social decola, as empresas se veem em desvantagem ao tentar manter-se a par das "conversas online" sobre seus produtos e serviços nos diversos sites de mídia social, como Facebook, Twitter, Myspace, Flickr, LinkedIn, Yelp, Google, blogs, etc.

Toda vez que ocorre um problema, há uma solução de negócios em potencial, e a Actionly.com escolheu capitalizar com o problema de excesso de dados. A Actionly monitora múltiplos canais de mídia social por meio de um serviço de rastreamento que busca palavras-chave específicas de setores, marcas, empresas e tendências. Os clientes da Actionly escolhem uma palavra-chave para monitorar – como uma marca, nomes de produtos, termos da indústria ou concorrentes – e, em seguida, a empresa coleta, de forma contínua, os dados desses canais sociais e extrai esses dados para um painel digital homogêneo. O painel digital rastreia as informações desejadas – como tendências de mercado, empresas específicas, marcas competitivas, indústrias inteiras (por exemplo, tecnologia limpa) – ao monitorar simultaneamente Twitter, Facebook, Google, YouTube, Flickr e blogs. Depois de concluir uma pesquisa, a Actionly.com usa o Google Analytics para criar gráficos e tabelas que indicam a frequência com que cada palavra-chave foi encontrada ao longo dos vários canais. Além disso, o serviço vincula cada canal ao painel e filtra esses canais com conexões "positivas" e "negativas", permitindo aos usuários responder a qualquer comentário.

O modelo de negócios da Actionly.com está destinado a ser um sucesso nessa indústria emergente. A empresa tem a vantagem do pioneiro, pois foi a primeira empresa de gerenciamento de marca online a oferecer esse serviço aos clientes. E se beneficia ao utilizar os próprios serviços para garantir que a sua marca permaneça como a número um em todos os sites de mídia social. A Actionly usa o Google Analytics para ajudar a transformar os dados coletados dos vários sites de mídia social em valiosa inteligência de negócios. Seu painel digital monitora várias métricas-chave, incluindo:

- **Gestão da reputação:** O painel digital fácil de usar da Actionly permite aos clientes observar e analisar tendências e monitora menções sobre marcas, com base em dados históricos e também naqueles atualizados continuamente. Um cliente pode, por exemplo, visualizar gráficos que destacam as principais tendências no período de 30 dias em relação a marcas, produtos ou empresas específicos.
- **ROI social:** Ao acessar o Google Analytics a partir da Actionly, o cliente pode analisar o desempenho de sua campanha por tweets individuais ou posts no Facebook para verificar o que está tendo sucesso e o que está falhando. O Actionly analisa cada post e clique para acompanhar *page views* (o número de acessos), informações turísticas, conclusões de meta, e assim por diante, por meio do seu painel digital, permitindo aos usuários personalizar relatórios de acompanhamento do desempenho de posts diários.
- **Análise do Twitter:** Depois de adicionar contas do Twitter ao painel digital, o usuário pode analisar os dados para ver os gráficos de seguidores, menções e retweets. Isso elimina a necessidade de acompanhar manualmente diversas contas do Twitter. O usuário também pode visualizar os dados em gráfico ou exportá-los no formato do Excel para análise posterior.
- **Monitoramento de campanha de marketing:** Se uma empresa está lançando uma grande promoção ou concurso, pode enviar mensagens em várias contas do Facebook ou do Twitter; tudo que o usuário tem de fazer é selecionar quais contas do Twitter ou Facebook quer usar e quando. O monitoramento de campanha da Actionly auxilia o usuário a ver que posts estão encontrando boa acolhida entre os clientes e avalia métricas como *page views*, inscrições, conversões e receitas por post. A Actionly até mesmo segmenta os dados por post, conta, campanha ou canal, permitindo aos usuários medir o desempenho ao longo do tempo.
- **Desempenho de clique:** A Actionly acompanha o desempenho por hora e dia da semana, permitindo aos clientes ver quais cliques estão recebendo mais atenção. O algoritmo da empresa atribui de forma automática um sentimento aos *tweets*, permitindo que o cliente filtre imediatamente mensagens positivas, negativas ou neutras, para responder às informações de maneira rápida.
- **Análise de sentimento:** Analisar o *feedback* positivo e negativo ajuda na avaliação do desempenho da marca ao longo do tempo, permitindo que o cliente tente aumentar o sentimento positivo. No entanto, nenhuma amostragem de sentimento é 100% precisa, devido a complexidades de interpretação, cultura, sarcasmo e outras nuances da língua. Se, por exemplo, a Actionly monitorar incorretamente uma métrica, a empresa pode alterá-la, permitindo que os usuários atribuam os seus sentimentos únicos diretamente aos seus tweets. O usuário também pode optar por ter alertas positivos ou negativos para palavras-chave enviadas por email, assim que a palavra-chave for publicada, para ajudar na administração online da reputação da marca e da empresa.

- **Análise competitiva:** A Actionly rastreia a inteligência do concorrente, ao assistir a lançamentos de novos produtos, aquisições ou *feedback* dos clientes, permitindo que uma empresa se mantenha na frente de novos participantes, a blogs relacionados com o mercado, novidades ou seminários/webinars relacionados com a indústria.
- **Encontre pessoas com influência:** O painel digital da Actionly permite ao usuário se relacionar diretamente com as pessoas mais influentes que estão ditando o rumo das conversas online sobre produtos e serviços. A Actionly identifica pessoas influentes e determina a relevância delas para a companhia, marca ou produto. Em seguida, compila uma lista dessas pessoas, baseada em usuários com o maior número de seguidores e que tenham estado ativos para buscas específicas nos últimos 30 dias.[1]

CAPÍTULO 9

Capacitação da organização – tomada de decisão

OBJETIVOS DE APRENDIZAGEM

9.1 Explicar a importância da tomada de decisão para os gestores em cada um dos três principais níveis da organização, além das características de decisão associadas.

9.2 Classificar os diferentes sistemas de apoio operacional, sistemas de apoio à gestão e sistemas de apoio estratégicos, e explicar como os gestores podem utilizar esses sistemas para tomar decisões e obter vantagens competitivas.

9.3 Descrever a inteligência artificial e identificar seus cinco tipos principais.

Tomando decisões de negócios

OA 9.1 Explicar a importância da tomada de decisão para os gestores em cada um dos três principais níveis da organização, juntamente com as características de decisão associadas.

As estratégias de Porter descritas na Unidade 1 sugerem que a entrada nos mercados deve acontecer quando de posse de uma vantagem competitiva, seja de liderança de custo global, de diferenciação ou de foco. Para alcançar esses resultados, os gestores precisam tomar decisões e prever as necessidades e requisitos de negócios futuros. A questão mais importante e mais desafiadora que os gestores enfrentam atualmente é como estabelecer as bases para o sucesso de amanhã, ao mesmo tempo que concorrem para vencer no ambiente de negócios de hoje. A empresa não terá um futuro se não cultivar estratégias para o amanhã. O objetivo desta seção é dar mais detalhes sobre o Modelo das Cinco Forças de Porter, as três estratégias genéricas e a análise da cadeia de valor, para demonstrar como os gestores podem aprender os conceitos e práticas da tomada de decisão de negócios para agregar valor. Além disso, também será destacado como as empresas que avançam rumo ao século XXI estão aproveitando sistemas de informação avançados que geram vantagens competitivas significativas em toda a cadeia de valor.

Como examinamos na Unidade 1, a tomada de decisão é um dos aspectos mais importantes e desafiadores da gestão. As decisões vão desde opções de rotina, como quantos itens encomendar ou quantas pessoas contratar, até ocasiões inesperadas, como o que fazer se um funcionário importante pede demissão de repente ou se materiais necessários não chegam. Hoje, com grandes volumes de informações disponíveis, os gestores são desafiados a tomar decisões altamente complexas – algumas das quais envolvem muito mais informações do que o cérebro humano pode compreender – em prazos cada vez mais exíguos. A Figura 9.1 exibe os três principais desafios que os gestores enfrentam na tomada de decisões.

O PROCESSO DE TOMADA DE DECISÃO

O processo de tomada de decisões tem papel fundamental na comunicação e liderança para projetos operacionais, gerenciais e estratégicos. ***Analytics**** é a ciência da tomada de decisão baseada em fatos. Existem inúmeros modelos acadêmicos de tomada de decisões. A Figura 9.2 apresenta apenas um exemplo.[2]

FUNDAMENTOS DA TOMADA DE DECISÃO

Alguns conceitos fundamentais sobre estrutura organizacional vão ajudar a nossa discussão sobre ferramentas de sistemas de informação para a tomada de decisão. A estrutura de

---

* N. de R.T.: Não há termo em português que expresse o sentido original. "Analytics" é um conjunto de técnicas de análise de volumes de informações armazenadas em bancos de dados.

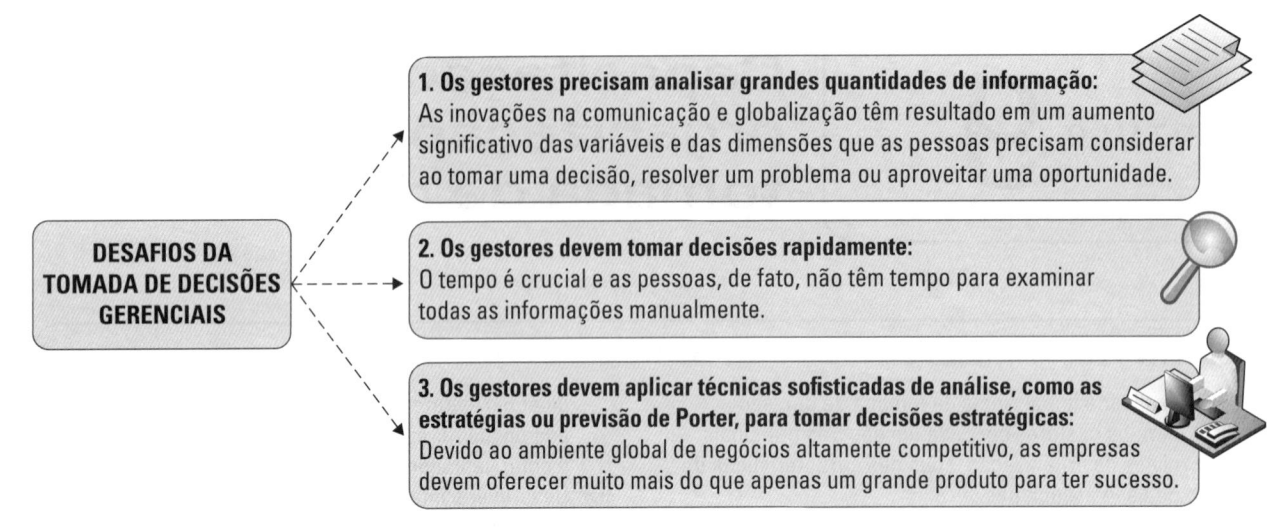

DESAFIOS DA TOMADA DE DECISÕES GERENCIAIS

1. Os gestores precisam analisar grandes quantidades de informação:
As inovações na comunicação e globalização têm resultado em um aumento significativo das variáveis e das dimensões que as pessoas precisam considerar ao tomar uma decisão, resolver um problema ou aproveitar uma oportunidade.

2. Os gestores devem tomar decisões rapidamente:
O tempo é crucial e as pessoas, de fato, não têm tempo para examinar todas as informações manualmente.

3. Os gestores devem aplicar técnicas sofisticadas de análise, como as estratégias ou previsão de Porter, para tomar decisões estratégicas:
Devido ao ambiente global de negócios altamente competitivo, as empresas devem oferecer muito mais do que apenas um grande produto para ter sucesso.

FIGURA 9.1
Desafios da tomada de decisões gerenciais.

uma organização típica é semelhante a de uma pirâmide, e os diferentes níveis pedem diferentes tipos de informação para ajudar na tomada de decisão, na resolução de problemas e no aproveitamento de oportunidades (ver Figura 9.3).

Operacional

No ***nível operacional***, os funcionários desenvolvem, controlam e mantêm as atividades de negócio básicas necessárias para o funcionamento das operações cotidianas. Decisões operacionais são consideradas ***decisões estruturadas***, que surgem em situações em que os processos estabelecidos oferecem soluções possíveis. Decisões estruturadas são tomadas

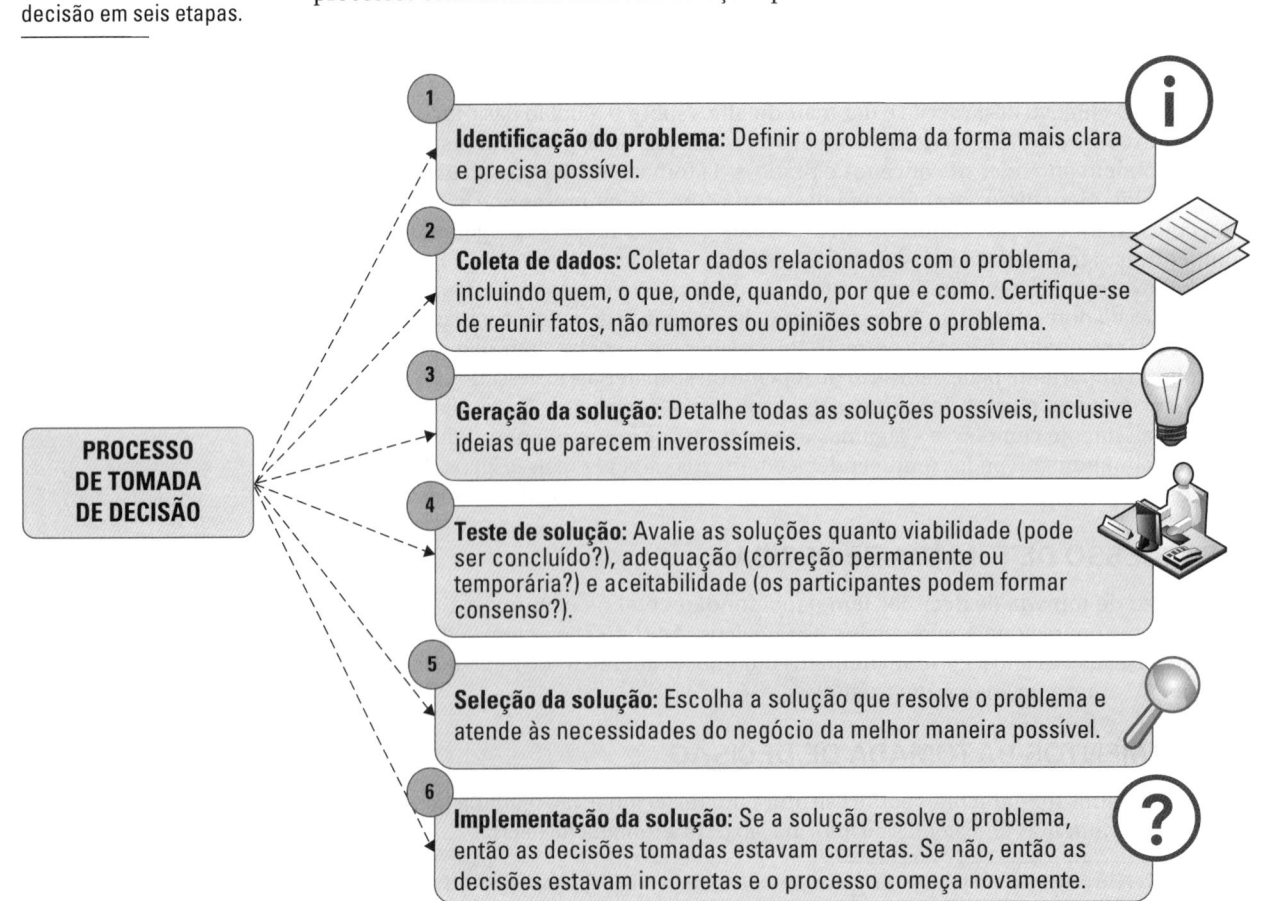

FIGURA 9.2
O processo de tomada de decisão em seis etapas.

PROCESSO DE TOMADA DE DECISÃO

1. **Identificação do problema:** Definir o problema da forma mais clara e precisa possível.

2. **Coleta de dados:** Coletar dados relacionados com o problema, incluindo quem, o que, onde, quando, por que e como. Certifique-se de reunir fatos, não rumores ou opiniões sobre o problema.

3. **Geração da solução:** Detalhe todas as soluções possíveis, inclusive ideias que parecem inverossímeis.

4. **Teste de solução:** Avalie as soluções quanto viabilidade (pode ser concluído?), adequação (correção permanente ou temporária?) e aceitabilidade (os participantes podem formar consenso?).

5. **Seleção da solução:** Escolha a solução que resolve o problema e atende às necessidades do negócio da melhor maneira possível.

6. **Implementação da solução:** Se a solução resolve o problema, então as decisões tomadas estavam corretas. Se não, então as decisões estavam incorretas e o processo começa novamente.

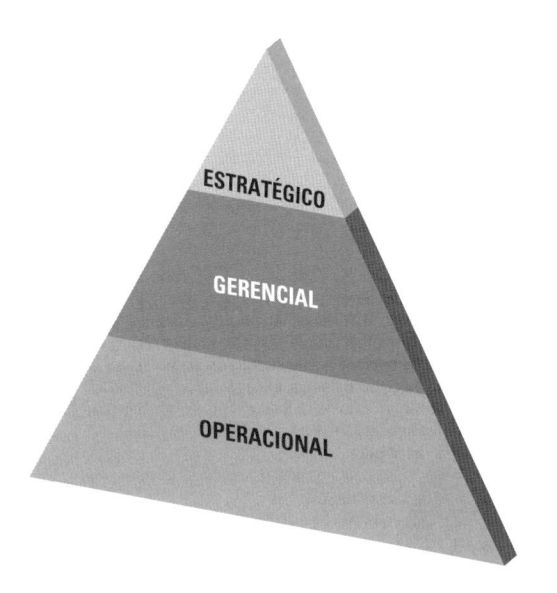

FIGURA 9.3
Estrutura comum da empresa.

com frequência e são quase de natureza repetitiva. Elas afetam as estratégias de negócios de curto prazo. Refazer pedidos de itens do estoque, realizar a designação de funcionário para tarefas e criar cronogramas de produção semanais são exemplos de decisões de rotina estruturadas. A Figura 9.4 destaca os elementos essenciais necessários para a tomada de decisões operacionais. Todos os elementos da figura já são conhecidos, exceto as métricas que, em seguida, serão examinadas, em detalhe.

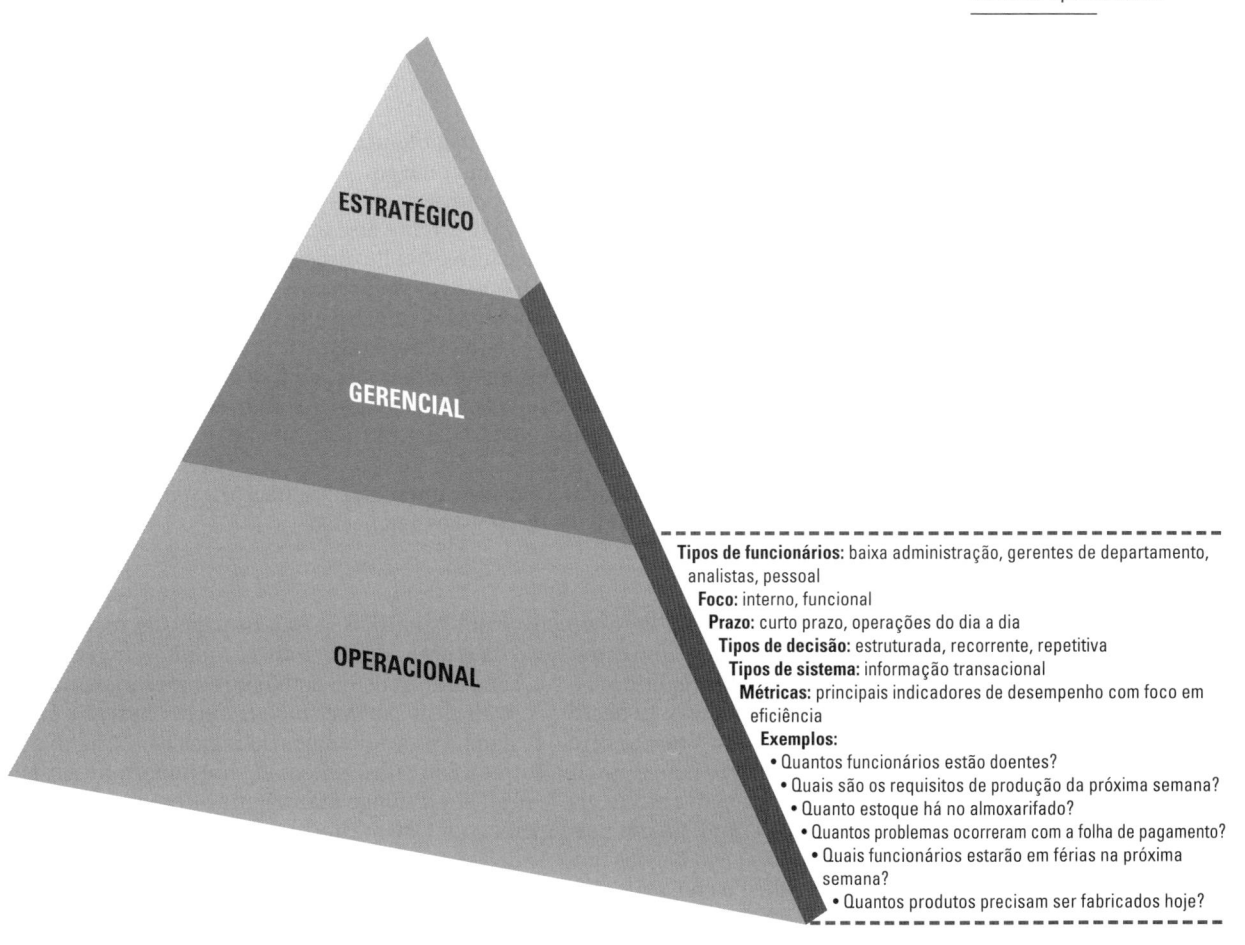

FIGURA 9.4
Visão geral de tomada de decisão operacional.

Tipos de funcionários: baixa administração, gerentes de departamento, analistas, pessoal
Foco: interno, funcional
Prazo: curto prazo, operações do dia a dia
Tipos de decisão: estruturada, recorrente, repetitiva
Tipos de sistema: informação transacional
Métricas: principais indicadores de desempenho com foco em eficiência
Exemplos:
- Quantos funcionários estão doentes?
- Quais são os requisitos de produção da próxima semana?
- Quanto estoque há no almoxarifado?
- Quantos problemas ocorreram com a folha de pagamento?
- Quais funcionários estarão em férias na próxima semana?
- Quantos produtos precisam ser fabricados hoje?

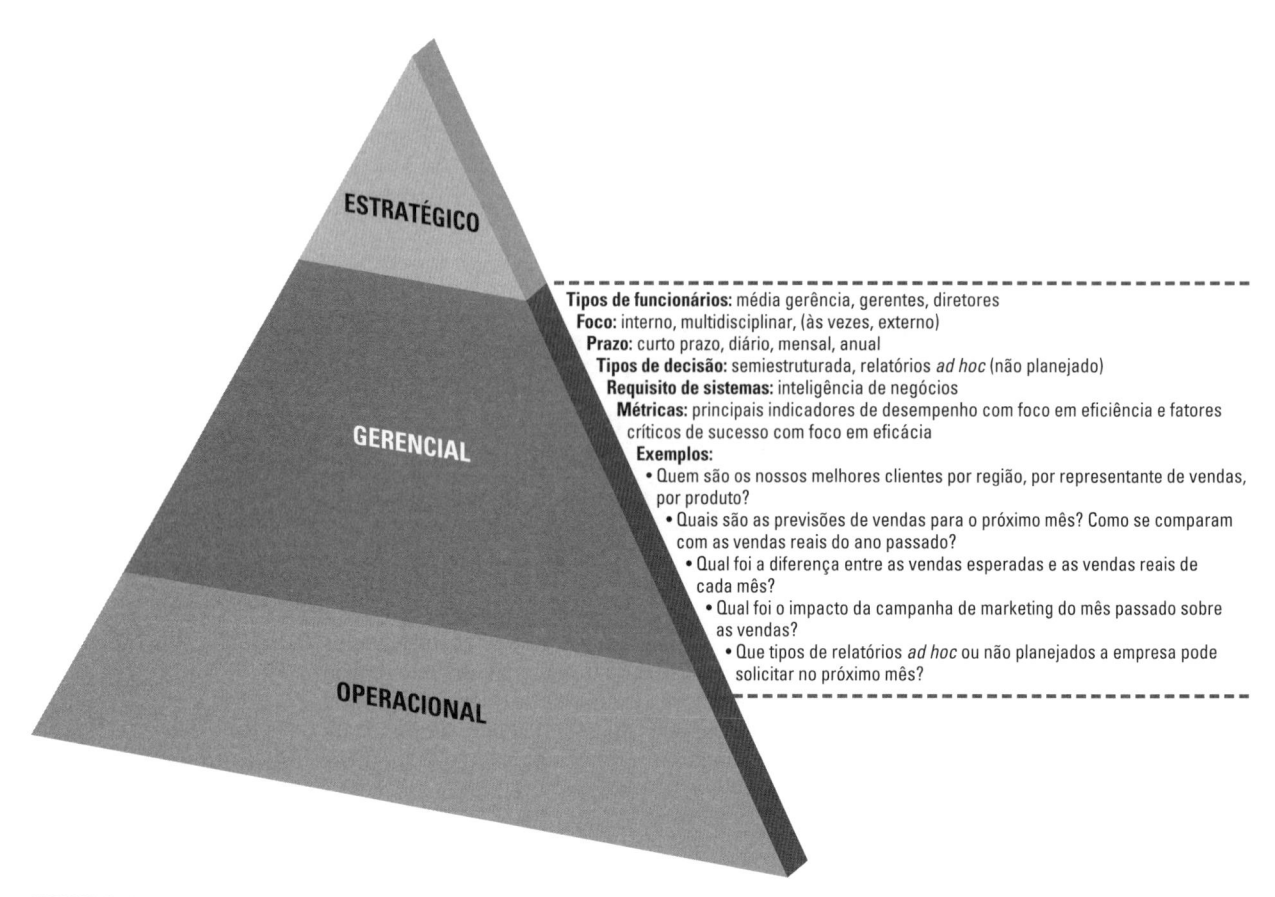

Tipos de funcionários: média gerência, gerentes, diretores
Foco: interno, multidisciplinar, (às vezes, externo)
Prazo: curto prazo, diário, mensal, anual
Tipos de decisão: semiestruturada, relatórios *ad hoc* (não planejado)
Requisito de sistemas: inteligência de negócios
Métricas: principais indicadores de desempenho com foco em eficiência e fatores críticos de sucesso com foco em eficácia
Exemplos:
- Quem são os nossos melhores clientes por região, por representante de vendas, por produto?
- Quais são as previsões de vendas para o próximo mês? Como se comparam com as vendas reais do ano passado?
- Qual foi a diferença entre as vendas esperadas e as vendas reais de cada mês?
- Qual foi o impacto da campanha de marketing do mês passado sobre as vendas?
- Que tipos de relatórios *ad hoc* ou não planejados a empresa pode solicitar no próximo mês?

FIGURA 9.5
Visão geral de tomada de decisão gerencial.

Gerencial

No **nível gerencial**, os funcionários estão constantemente avaliando as operações da empresa para aprimorar as habilidades da companhia em identificar, adaptar-se e aproveitar a mudança. Uma empresa que tem uma vantagem competitiva precisa ajustar-se o tempo todo e rever a sua estratégia de se manter à frente de concorrentes mais dinâmicos. As decisões gerenciais abrangem planos de curto e médio alcance, cronogramas e orçamentos, além de políticas, procedimentos e objetivos de negócios para a empresa. Também alocam recursos e monitoram o desempenho das subunidades organizacionais, incluindo departamentos, divisões, equipes de processamento, equipes de projeto e outros grupos de trabalho. Esses tipos de decisão são considerados ***decisões semiestruturadas***: ocorrem em situações em que alguns processos estabelecidos ajudam a avaliar as possíveis soluções, mas não o suficiente para levar a uma decisão definitiva recomendada. As decisões, por exemplo, sobre a produção de novos produtos ou sobre a alteração de benefícios de funcionários variam entre desestruturadas a semiestruturadas. A Figura 9.5 destaca os elementos essenciais necessários para a tomada de decisões gerenciais.

Estratégico

No **nível estratégico**, os gestores desenvolvem estratégias globais de negócios, metas e objetivos, como parte do plano estratégico da empresa. Eles também monitoram o desempenho estratégico da organização e sua condução geral no ambiente empresarial político, econômico e competitivo. As decisões estratégicas são ***decisões altamente desestruturadas***, que ocorrem em situações em que não há procedimentos ou regras para orientar os tomadores de decisão para a escolha correta. São raras, extremamente importantes e, em geral, relacionadas com a estratégia de negócios de longo prazo. Entre os exemplos, inclui-se a decisão de entrar em um novo mercado ou até mesmo em um novo setor, digamos, nos próximos três anos. Nesses tipos de decisão, os gestores contam com muitas fontes de informação, além do conhecimento pessoal, para encontrar soluções. A Figura 9.6 destaca os elementos essenciais necessários para a tomada de decisões estratégicas.

Tipos de funcionários: alta administração, presidentes, líderes, executivos
Foco: externo, setor, em toda a empresa (corporativo)
Cronograma: longo prazo – anual, vários anos
Tipos de decisão: desestruturadas, não recorrentes, uma vez
Requisito de sistemas: conhecimento
Métricas: fatores críticos de sucesso com foco na eficácia

Exemplos:
- Como as mudanças nos níveis de emprego ao longo dos próximos três anos afetam a empresa?
- Quais tendências do setor merecem análise?
- Quais os novos produtos e novos mercados que a empresa precisa para criar vantagens competitivas?
- Como uma recessão no próximo ano afetaria a empresa?
- De que medidas a empresa precisará para se preparar, tendo em vista as novas leis fiscais?

ESTRATÉGICO

GERENCIAL

OPERACIONAL

FIGURA 9.6
Visão geral de tomada de decisão estratégica.

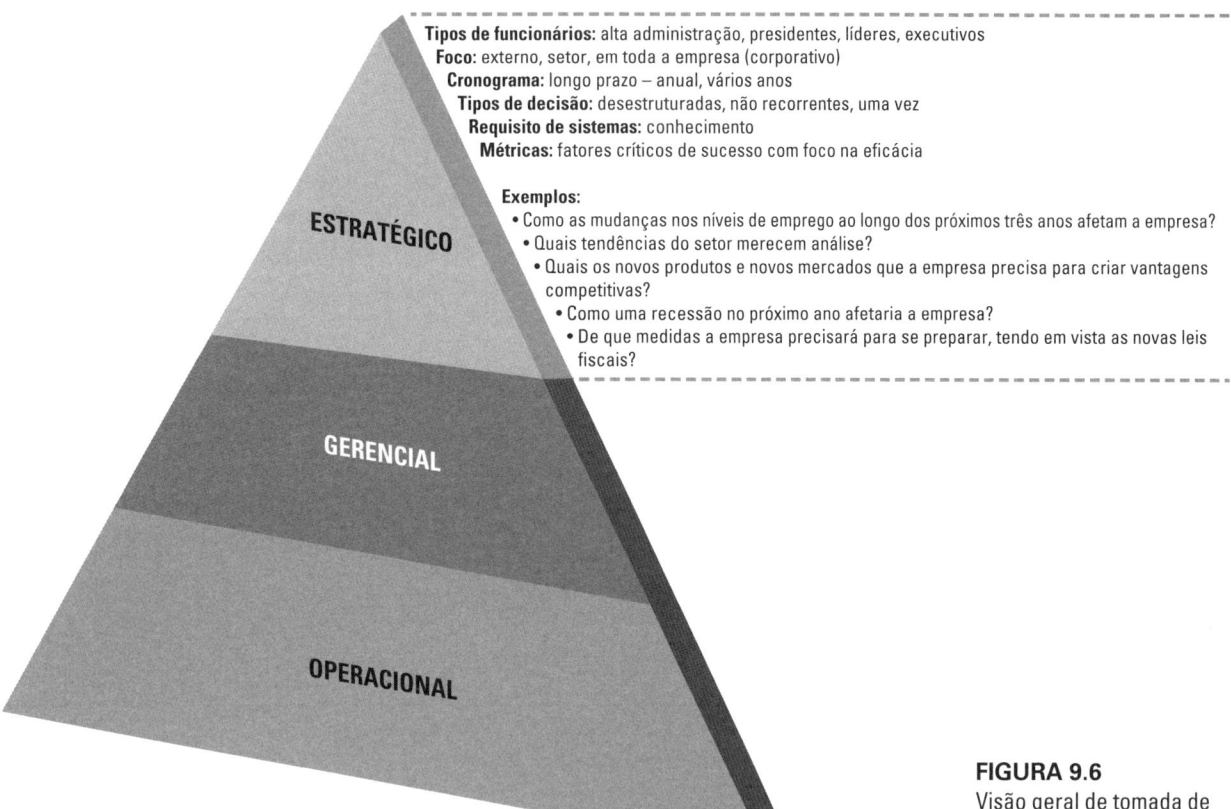

Apoio: melhorar a tomada de decisão com sistemas de informação

OA 9.2 Classificar os diferentes sistemas de apoio operacional, sistemas de apoio à gestão e sistemas de apoio estratégicos, e explicar como os gestores podem utilizar esses sistemas para tomar decisões e obter vantagens competitivas.

Agora que revisamos os conceitos básicos da tomada de decisão, estamos prontos para entender as vantagens associadas ao uso de poderosos sistemas de informação para apoiar os gestores na tomada de decisões.

Um ***modelo*** é uma representação simplificada ou abstração da realidade. Os modelos ajudam os gestores a calcular riscos, entender a incerteza, mudar variáveis e manipular o tempo para tomar decisões. Os sistemas de apoio à operação e à gestão contam com modelos de rotinas computacionais e analíticas que expressam matematicamente as relações entre as variáveis. Por exemplo, um programa de planilha eletrônica, como o Microsoft Office Excel, pode conter modelos que calculam a participação no mercado ou o ROI. Os sistemas de informação têm a capacidade e a funcionalidade de expressar relações de modelagem muito mais complexas que fornecem informações, inteligência de negócios e conhecimento. A Figura 9.7 destaca os três principais tipos de sistemas de informação de suporte à operação e gestão disponíveis para apoiar a tomada de decisão entre os níveis da empresa.

SISTEMAS DE APOIO OPERACIONAL

As informações transacionais compreendem todas as informações contidas dentro de um único processo de negócios ou unidade de trabalho, e seu propósito principal é apoiar o desempenho de decisões operacionais ou estruturadas diárias. As informações transacionais são criadas, por exemplo, quando os clientes estão comprando ações, fazendo reservas em uma companhia aérea ou retirando dinheiro de um caixa eletrônico. Os gestores utilizam as informações transacionais quando tomam decisões estruturadas em nível operacional, como analisar os relatórios diários de vendas para determinar a quantidade de estoque a ser mantida.

O ***processamento de transações online (OLPT – Online Transaction Processing)*** é a captura de informações transacionais e de eventos, utilizando a tecnologia para (1) processar as informações de acordo com as regras de negócio definidas, (2) armazenar as

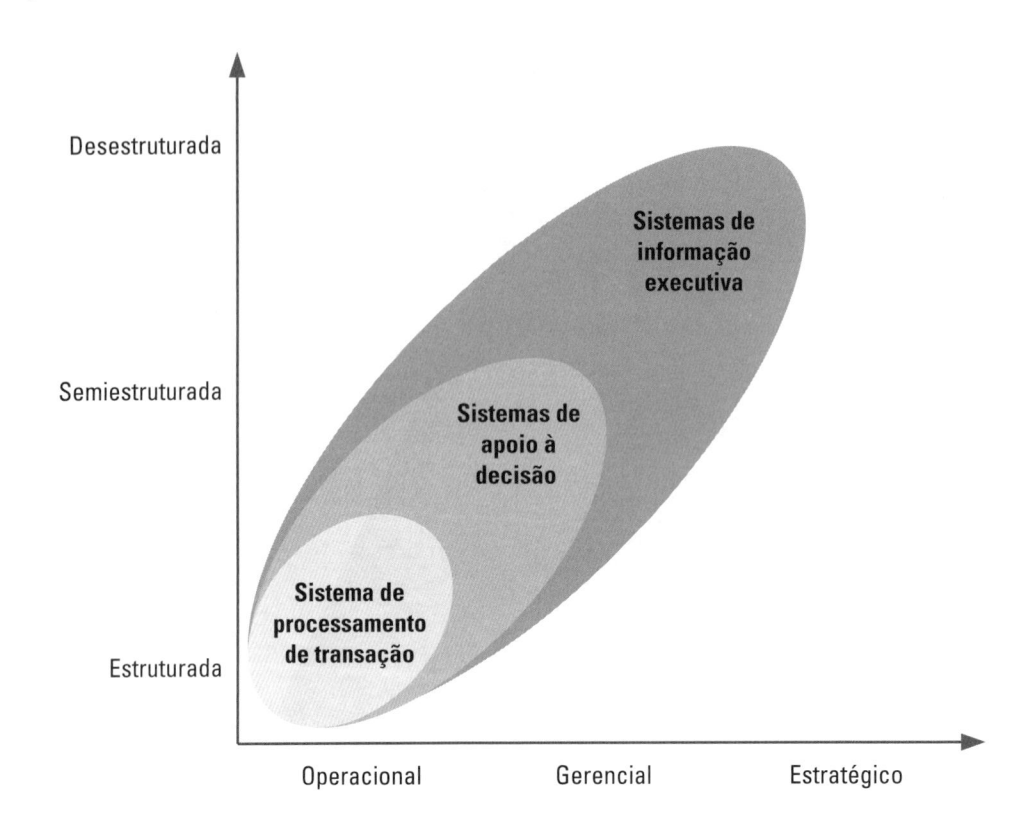

FIGURA 9.7
Principais tipos de sistemas de informação para tomada de decisões.

[Gráfico: eixo vertical com níveis Estruturada, Semiestruturada, Desestruturada; eixo horizontal com Operacional, Gerencial, Estratégico. Três elipses concêntricas mostram: Sistema de processamento de transação (menor, no nível operacional/estruturada), Sistemas de apoio à decisão (intermediária, semiestruturada/gerencial) e Sistemas de informação executiva (maior, desestruturada/estratégico).]

informações e (3) atualizar as informações existentes para refletir as novas informações. Durante o OLPT, a organização deve capturar cada detalhe das transações e eventos. Um ***sistema de processamento de transação (TPS – Transaction Processing System)*** é o sistema de negócios fundamental que serve o nível operacional (analistas) e auxilia na tomada de decisões estruturadas. O exemplo mais comum de TPS é um sistema de contabilidade operacional, como o sistema de folha de pagamento ou o sistema de entrada de pedidos.

Usando o pensamento sistêmico, podemos ver que os insumos para um TPS são os ***documentos-fonte***, o registro da transação original. Os documentos-fonte de um sistema de folha de pagamento podem incluir registros de horas, salários e relatórios de benefícios a empregados. A transformação inclui procedimentos comuns, como criação, leitura, atualização e exclusão (geralmente chamado de CRUD: *Creating, Reading, Updating, and Deleting*) dos registros de funcionários, além do cálculo da folha de pagamento e resumo dos benefícios. O resultado inclui a impressão de contracheques e a geração de relatórios de folha de pagamento. A Figura 9.8 demonstra a visão sistêmica de um TPS.[3]

FIGURA 9.8
Exemplo de visão sistêmica de um TPS.

[Diagrama: Insumos (Documentos-fonte) → Processo (CRUD, Calcular, Resumir) → Resultados (Relatórios), com Feedback retornando dos Resultados ao Processo e aos Insumos.]

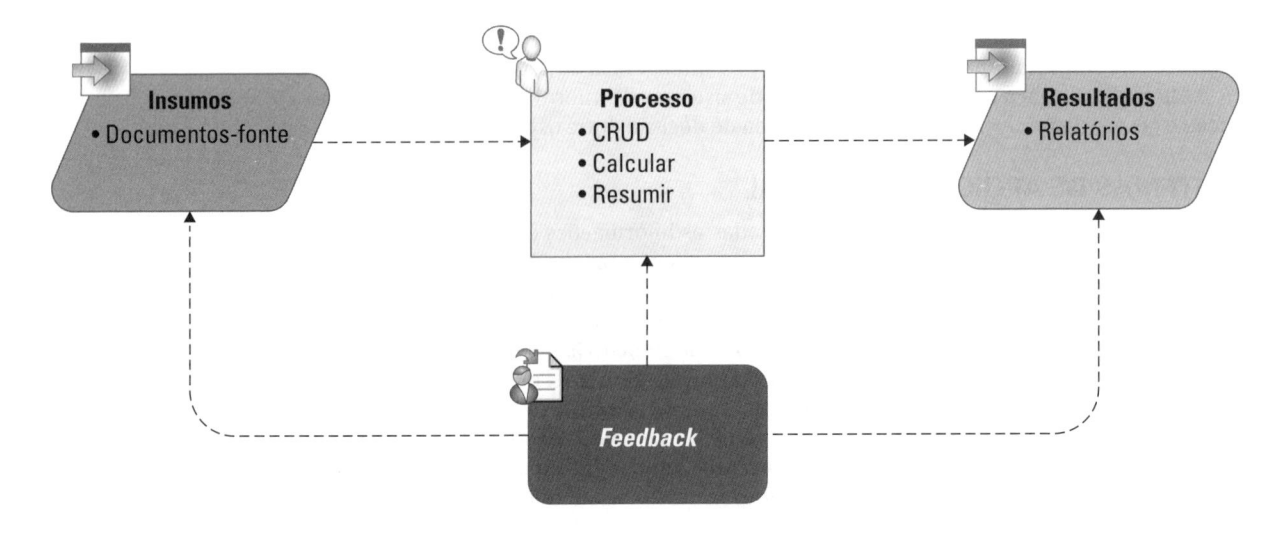

SISTEMAS DE APOIO GERENCIAL

As informações analíticas compreendem todas as informações organizacionais, e seu propósito principal é apoiar o desempenho da análise gerencial ou de decisões semiestruturadas. As informações analíticas incluem as informações transacionais, além de outras informações como as de mercado e da indústria. Os exemplos de informações analíticas são tendências, vendas, estatísticas de produto e projeções de crescimento futuro. Os gerentes utilizam as informações analíticas quando tomam importantes decisões semiestruturadas, como se a organização deve construir uma nova fábrica ou contratar mais pessoal de vendas.

O *processamento analítico online (OLAP – Online Analytical Processing)* é a manipulação da informação para criar inteligência de negócios no apoio à tomada de decisão estratégica. Os *sistemas de apoio à decisão (DSSs – Decision Support Systems)* modelam informações com o uso do OLAP, prestando auxílio na avalição e escolha entre os diferentes cursos de ação. Os DSSs permitem que os gerentes de alto nível examinem e manipulem grandes quantidades de dados detalhados de diferentes fontes internas e externas. Analisar as relações complexas entre milhares ou mesmo milhões de itens de dados para descobrir padrões, tendências e condições de exceção é um dos principais usos associados a um DSS. Por exemplo, os médicos podem informar sintomas em um sistema de apoio à decisão para que esse sistema possa ajudar a diagnosticar e tratar pacientes. As companhias de seguros também usam DSSs para avaliar o risco de vender um seguro para motoristas que têm registros de condução perigosa. Uma empresa descobriu que mulheres casadas que são donas de casa quando recebem uma multa por excesso de velocidade, raramente são multadas de novo. De posse dessa inteligência de negócios, a empresa obteve uma vantagem de custo, diminuindo as taxas de seguro para esse grupo específico de clientes. Em seguida, técnicas de análise de DSS bastante empregadas.

Análise "e se..." (*what if*)

A *análise "e se"* (*what if*) verifica o impacto de uma mudança em uma variável ou hipótese do modelo. Por exemplo, "O que vai acontecer com a cadeia de fornecimento se um furacão na Carolina do Sul diminuir o estoque de 30 para 10%?" Um usuário poderia observar e avaliar qualquer mudança ocorrida nos valores do modelo, principalmente em uma variável como o lucro. Os usuários repetem essa análise com diferentes variáveis, até que entendam todos os efeitos das várias situações.

Análise de sensibilidade

A *análise de sensibilidade*, um caso especial de análise "e se", é o estudo do impacto sobre outras variáveis quando uma variável é alterada várias vezes. A análise de sensibilidade é útil quando os usuários não têm certeza dos pressupostos utilizados no cálculo do valor de determinadas variáveis importantes. Por exemplo, alterar repetidamente receitas em pequenos incrementos para determinar os seus efeitos sobre outras variáveis ajudaria um gerente a compreender o impacto dos vários níveis de receita sobre outros fatores de decisão.

Análise de atingir metas

A *análise de atingir metas* encontra os insumos necessários para alcançar um objetivo, como o nível desejado de produção. É o contrário das análises "e se" e de sensibilidade. Em vez de observar como as mudanças de uma variável afetam outras variáveis, a análise de atingir metas define um valor-alvo (uma meta) para uma variável e, então, altera repetidamente outras variáveis, até que o valor-alvo seja atingido. Por exemplo, a análise de atingir metas pode determinar quantos clientes devem adquirir um novo produto até totalizar um aumento dos lucros brutos de US$ 5 milhões.

Análise de otimização

A *análise de otimização*, uma extensão da análise de atingir metas, encontra o valor ideal para uma variável determinada por meio da repetida alteração, sujeita a restrições especificadas, de outras variáveis. Ao alterar as variáveis receitas e custos em uma análise de otimização, os gestores podem calcular os maiores lucros potenciais. As restrições sobre as

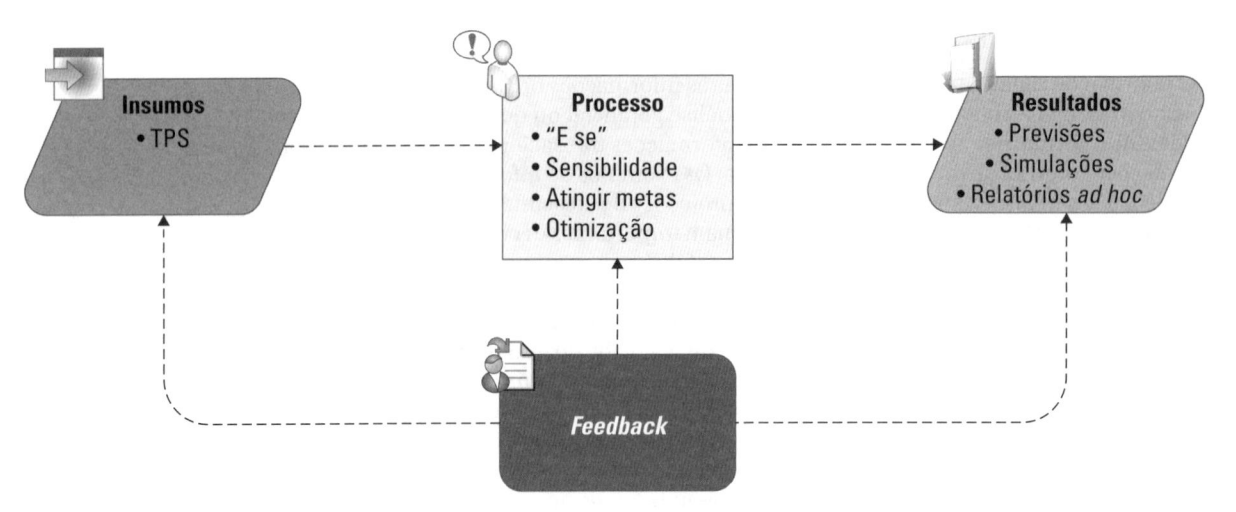

FIGURA 9.9
Exemplo de visão sistêmica de um DSS.

variáveis de custo e receita podem ser levadas em consideração, como limites da quantidade de matérias-primas que a empresa pode comprar e limites de funcionários disponíveis para atender às necessidades de produção.

A Figura 9.9 demonstra o ponto de vista de sistemas comuns de um DSS. A Figura 9.10 mostra como os TPSs fornecem dados transacionais para um DSS. O DSS resume e agrega as informações dos diversos TPSs, o que ajuda os gerentes a tomar decisões semiestruturadas.

SISTEMAS DE APOIO ESTRATÉGICO

A tomada de decisão em nível estratégico requer inteligência de negócios e conhecimento para dirimir a incerteza e tratar da complexidade, ambas associadas a estratégias de negócios. Um ***sistema de informação executiva (EIS – Executive Information System)*** é um DSS especializado que oferece suporte a executivos de nível sênior e a decisões desestruturadas, de longo prazo e não rotineiras que exigem julgamento, avaliação e insight. Essas decisões não têm uma resposta certa ou errada, apenas respostas eficientes e eficazes. Ao mover-se pela pirâmide organizacional, os gestores lidam menos com detalhes (informações "mais finas") e mais com agregados significativos de informação (informação "mais grossa"). A ***granularidade*** refere-se ao nível de detalhe do modelo ou processo de tomada de decisão. Quanto maior a granularidade, mais profundo o nível de detalhe ou precisão dos dados (ver Figura 9.11).

O DSS difere de um EIS, pois este requer dados de fontes externas para suportar decisões desestruturadas (ver Figura 9.12). Isso não quer dizer que os DSSs nunca utilizem da-

FIGURA 9.10
Interação entre TPS e DSS para apoiar decisões semiestruturadas.

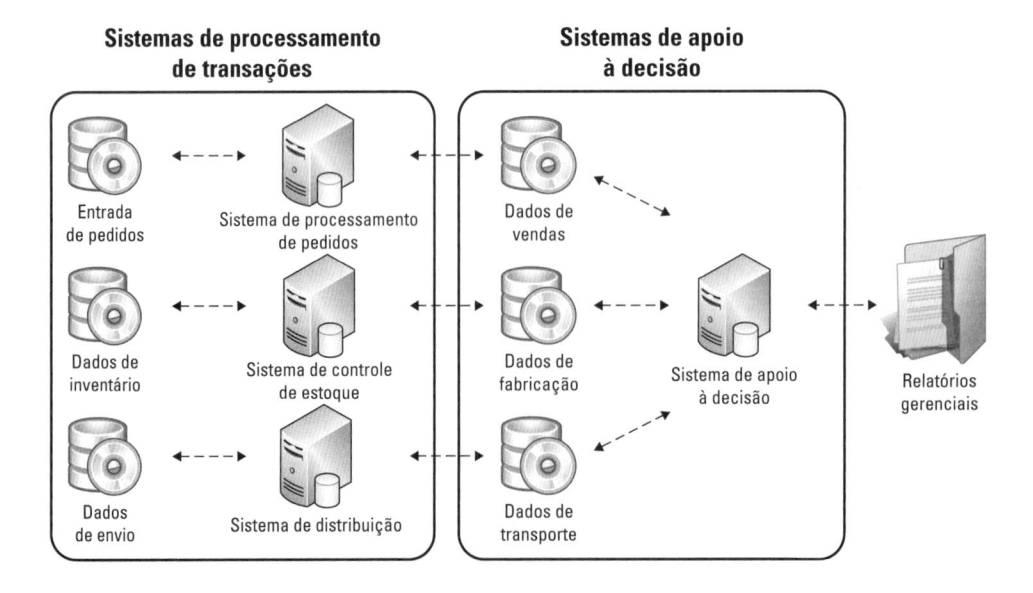

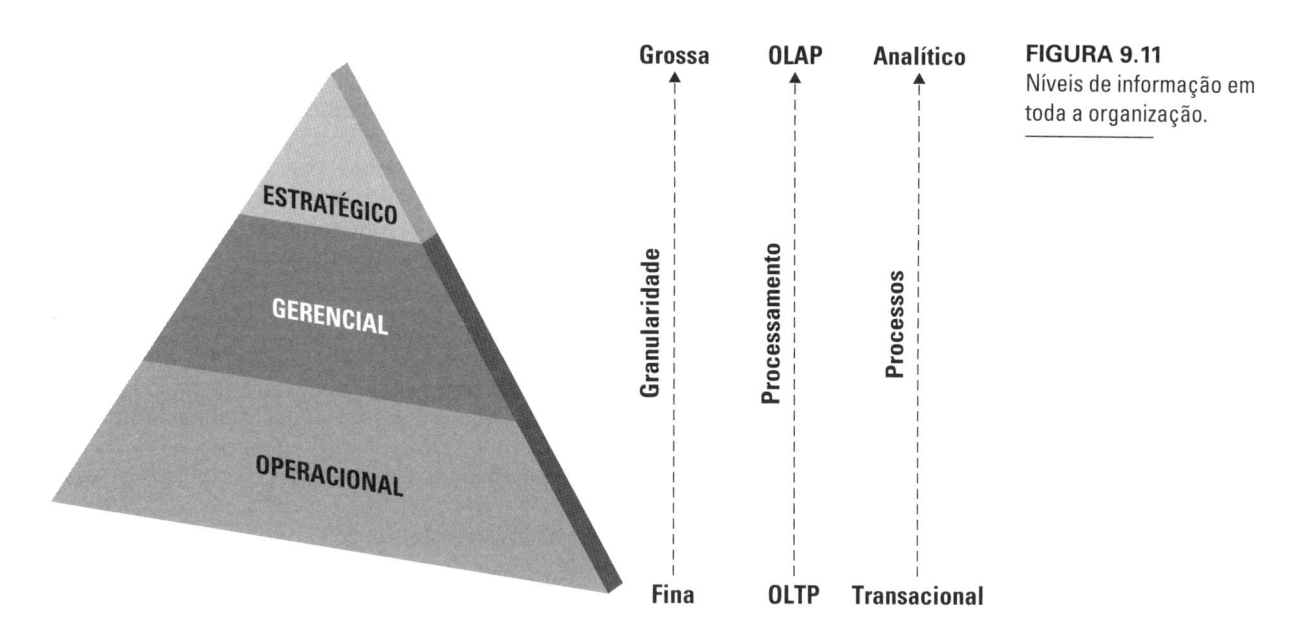

Capítulo 9 Capacitação da organização – tomada de decisão 141

FIGURA 9.11
Níveis de informação em toda a organização.

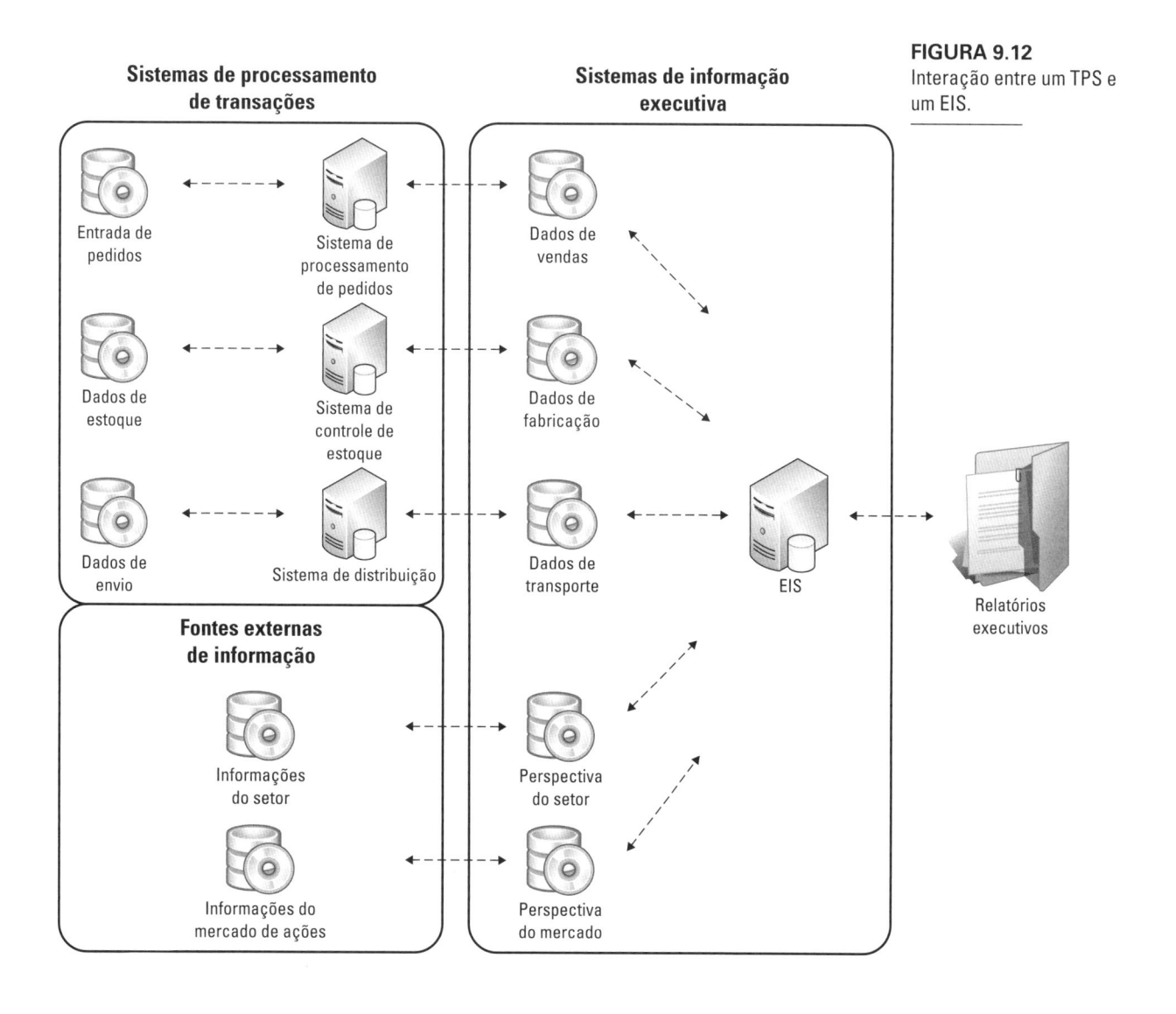

ESTRATÉGICO
GERENCIAL
OPERACIONAL

Granularidade: Grossa ↔ Fina
Processamento: OLAP ↔ OLTP
Processos: Analítico ↔ Transacional

FIGURA 9.12
Interação entre um TPS e um EIS.

Sistemas de processamento de transações

- Entrada de pedidos ↔ Sistema de processamento de pedidos
- Dados de estoque ↔ Sistema de controle de estoque
- Dados de envio ↔ Sistema de distribuição

Fontes externas de informação

- Informações do setor
- Informações do mercado de ações

Sistemas de informação executiva

- Dados de vendas
- Dados de fabricação
- Dados de transporte
- Perspectiva do setor
- Perspectiva do mercado

EIS → Relatórios executivos

dos de fontes externas, mas normalmente as decisões semiestruturadas de um DSS contam apenas com dados internos.

A visualização produz gráficos de padrões e relações complexas em grandes quantidades de dados. Os sistemas de informação executiva usam a visualização para fornecer de modo imediato informações específicas fundamentais para a alta administração, com pouca ou nenhuma interação com o sistema. Uma ferramenta comum que suporta a visualização é o **painel digital (*dashboard*)**, que acompanha indicadores-chave de desempenho (KPIs) e fatores críticos de sucesso (FCSs) por meio da compilação de informações de múltiplas fontes e da adequação dessas informações às necessidades do usuário. Em seguida, está uma lista de potenciais recursos incluídos em um painel projetado para equipes de produção:

- "Lista quente" de indicadores-chave de desempenho, atualizada a cada 15 minutos.
- Gráfico de linhas da produção planejada *versus* a produção real nas últimas 24 horas.
- Tabela mostrando os preços e estoques reais de um produto *versus* os preços e estoques previstos.
- Lista de alertas pendentes e seu estado de resolução.
- Gráfico dos preços do mercado de ações.

Os *dashboards*, básicos ou abrangentes, informam os resultados rapidamente. Como são fáceis de usar, mais gestores podem realizar suas próprias análises sem inundar o pessoal de TI com perguntas e pedidos de relatórios. Os *dashboards* permitem aos gestores irem além de relatórios, passando ao uso de informações para aumentar o desempenho dos negócios de forma direta. Com eles, os funcionários podem reagir à informação, assim que ela se tornar disponível, e tomar decisões, resolver problemas e mudar estratégias todos os dias, em vez de mensalmente. Os *dashboards* oferecem os seguintes recursos:

Consolidação

A **consolidação** é a acumulação de dados de divisões, ou *roll-ups*, simples para agrupamentos complexos de informação inter-relacionadas. Por exemplo, os dados de diferentes representantes de vendas podem então ser aglutinados para o nível do escritório, depois para o nível estadual, e, em seguida, para o nível de vendas regional.

Análise detalhada (*drill-down*)

A **análise detalhada (*drill-down*)** permite aos usuários ver os detalhes, bem como os detalhes dos detalhes, da informação. É o inverso da consolidação: um usuário pode visualizar os dados de vendas regionais e, em seguida, fazer uma análise detalhada dos dados de cada representante de vendas em cada escritório. Os recursos de análise detalhada permitem aos gestores visualizar informações de maneira mensal, semanal, diária ou até mesmo de hora em hora.

Fatiamento e agrupamento (*slice-and-dice*)

O **fatiamento e agrupamento (*slice-and-dice*)** é a capacidade de olhar para uma informação sob diferentes perspectivas. Uma fatia da informação pode mostrar todas as vendas de um produto durante uma determinada promoção. Outra fatia pode exibir as vendas de um único produto em todas as promoções. Esse procedimento, muitas vezes, é executado no eixo temporal para analisar as tendências e detectar os padrões da informação baseados no tempo.

Uma coisa a ser lembrada na tomada de decisões é o velho ditado "*garbage in, garbage out*" (lixo entra, lixo sai, ou *GIGO*). Se os dados transacionais utilizados no sistema de apoio estiverem errados, então a análise gerencial estará errada, e o DSS vai auxiliar na tomada de uma decisão errada mais rapidamente. Os gerentes também devem se perguntar: "O que o DSS *não* está me informando antes de eu tomar minha decisão final?"

O futuro: inteligência artificial

OA 9.3 Descrever a inteligência artificial e identificar seus cinco tipos principais.

Os sistemas de informação executiva estão começando a aproveitar a inteligência artificial para facilitar a tomada de decisões estratégicas desestruturadas. A *inteligência artificial (IA)* simula tanto o pensamento quanto o comportamento humano em aspectos como a capacidade de raciocinar e de aprender. Seu objetivo final é criar um sistema que pode imitar a inteligência humana.

Os *sistemas de inteligência* são várias aplicações comerciais de inteligência artificial. Incluem sensores, vários tipos de software e dispositivos que podem emular e aprimorar as capacidades humanas, aprender ou compreender a partir de experiências, entender informações ambíguas ou contraditórias e, até mesmo, usar o raciocínio para resolver problemas e tomar decisões de maneira eficaz. Os sistemas inteligentes podem realizar tarefas como aumentar a produtividade nas fábricas por meio do monitoramento de equipamentos e avisar quando uma manutenção preventiva é necessária. Eles já estão aparecendo em muitos lugares:

- No aeroporto de Manchester, na Inglaterra, o Hefner AI Robot Cleaner (em português, Hefner, o Robô Faxineiro com Inteligência Artificial) alerta os passageiros sobre normas de segurança e de antitabagismo enquanto esfrega até 6 mil metros quadrados de piso por dia. Scanners a laser e detectores ultrassônicos evitam que ele colida com os passageiros.
- A bomba de combustível SmartPump, da Shell, permite que os motoristas permaneçam dentro do carro nos dias frios e úmidos do inverno. A máquina serve para qualquer carro fabricado depois de 1987 que esteja equipado com uma tampa de abastecimento especial e um transponder acoplado ao para-brisa, o qual diz ao robô onde inserir a bomba.
- O robô mensageiro da Matsushita percorre corredores de hospitais, entregando prontuários, chapas de raio X e suprimentos médicos.
- O FireFighter AI Robot (em português, Robô Bombeiro com Inteligência Artificial) pode extinguir chamas em fábricas de produtos químicos e reatores nucleares com água, espuma, pó químico ou gás inerte. O robô protege os bombeiros humanos, aumentando a distância entre eles e o fogo.[4]

Os sistemas de IA aumentam a velocidade e a coerência da tomada de decisão, da resolução de problemas com informações incompletas e da resolução de problemas delicados que não podem ser resolvidos pela computação tradicional. Há muitas categorias de sistemas de IA; as cinco mais conhecidas são (1) sistemas especialistas, (2) redes neurais, (3) algoritmos genéticos, (4) agentes inteligentes e (5) realidade virtual (veja a Figura 9.13).

FIGURA 9.13
Exemplos de inteligência artificial.

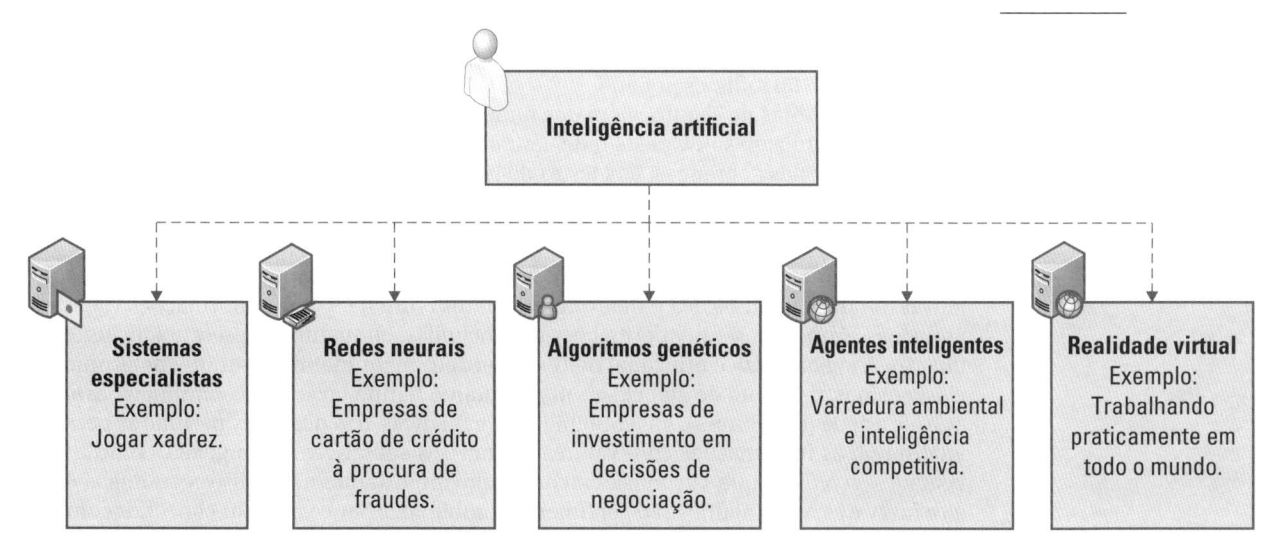

Inteligência artificial

- **Sistemas especialistas**
Exemplo: Jogar xadrez.
- **Redes neurais**
Exemplo: Empresas de cartão de crédito à procura de fraudes.
- **Algoritmos genéticos**
Exemplo: Empresas de investimento em decisões de negociação.
- **Agentes inteligentes**
Exemplo: Varredura ambiental e inteligência competitiva.
- **Realidade virtual**
Exemplo: Trabalhando praticamente em todo o mundo.

SISTEMAS ESPECIALISTAS

Os *sistemas especialistas* são programas de assessoria informatizados que imitam o processo de raciocínio de especialistas na resolução de problemas difíceis. Em geral, incluem uma base de conhecimento contendo várias experiências acumuladas e um conjunto de regras para a aplicação da base de conhecimento a uma situação específica. Os sistemas especialistas são a forma de IA mais utilizada na área de negócios, porque atuam quando há dificuldade em encontrar ou manter especialistas humanos, ou porque são muito onerosos. Os sistemas mais conhecidos jogam xadrez e auxiliam no diagnóstico médico.

REDES NEURAIS

Uma *rede neural*, também chamada de rede artificial neural, é uma categoria de IA que tenta imitar a forma como o cérebro humano funciona. As redes neurais analisam grandes quantidades de informação para estabelecer padrões e características em situações nas quais a lógica ou as regras são desconhecidas. As várias características das redes neurais incluem:

- Aprender as novas circunstâncias por conta própria e ajustar-se a elas.
- Prestar-se ao processo paralelo maciço.
- Funcionar sem informações completas ou bem estruturadas.
- Lidar com grandes volumes de informação com muitas variáveis dependentes.
- Analisar relações não lineares na informação (chamadas de sistemas de análise de regressão de fantasia).

O setor financeiro é um veterano da tecnologia de rede neural e vem contando com várias formas dessa técnica há mais de duas décadas. O setor utiliza as redes neurais para revisar pedidos de empréstimo e criar padrões ou perfis de solicitações que se enquadram em duas categorias: aprovada ou negada. Aqui estão alguns exemplos de redes neurais em finanças:

- O Citibank utiliza redes neurais para encontrar oportunidades no mercado financeiro. Examinando cuidadosamente os dados históricos do mercado de ações com software de rede neural, os gerentes financeiros do Citibank aprendem sobre coincidências interessantes ou pequenas anomalias (chamadas de ineficiências de mercado). Por exemplo, pode ser que sempre que as ações da IBM subirem, o mesmo aconteça com as da Unisys, ou que uma nota do Tesouro dos EUA esteja sendo vendida por um centavo a menos no Japão do que nos Estados Unidos. Esses fragmentos de informação podem fazer uma grande diferença no lucro final do Citibank em um mercado financeiro bastante competitivo.
- Visa, MasterCard e várias outras companhias de cartão de crédito utilizam uma rede neural para identificar peculiaridades em contas individuais e procurar por fraudes nessas mesmas ocorrências. A MasterCard estima que as redes neurais economizem US$ 50 milhões por ano.
- Companhias de seguro, além dos fundos estatais de compensação e outras operadoras, utilizam software de rede neural para identificar fraudes. O sistema pesquisa padrões nas cobranças, nos testes de laboratório e na frequência de visitas ao consultório. Uma solicitação para a qual o diagnóstico foi uma entorse no tornozelo, mas que incluiu um eletrocardiograma, seria avisada pelo gerente de contabilidade.[5]

A *lógica fuzzy* é um método matemático de lidar com informações imprecisas ou subjetivas. A abordagem básica é determinar valores entre 0 e 1 para informações vagas ou ambíguas. Zero representa informações não incluídas, enquanto 1 representa inclusão ou filiação. A lógica fuzzy é utilizada, por exemplo, em máquinas de lavar que determinam, elas mesmas, o quanto de água usar ou por quanto tempo lavar (elas continuam lavando até que a água fique limpa). Em contabilidade e finanças, a lógica fuzzy permite às pessoas analisarem as informações com valores financeiros subjetivos (intangíveis, como a boa vontade – *goodwill*) que são considerações muito importantes na análise econômica. A lógica fuzzy e as redes neurais são geralmente combinadas para expressar conceitos complicados e subjetivos de uma forma que torne possível simplificar o problema e aplicar regras que são executadas com um nível de certeza.

ALGORITMOS GENÉTICOS

Um *algoritmo genético* é um sistema de inteligência artificial que imita o processo evolucionário e de sobrevivência do mais apto para gerar soluções cada vez melhores para um problema. O algoritmo genético é essencialmente um sistema de otimização. Ele encontra a combinação de entradas que dão as melhores saídas. A *mutação* é o processo dentro de um algoritmo genético de tentar aleatoriamente combinações e avaliar o sucesso (ou fracasso) do resultado.

Os algoritmos genéticos são mais adequados para ambientes de tomada de decisão em que milhares ou talvez milhões de soluções são possíveis. Eles podem encontrar e avaliar soluções com muito mais possibilidades e de maneira mais rápida e mais profunda que um ser humano. As organizações se defrontam com ambientes de tomada de decisão para todos os tipos de problemas que pedem técnicas de otimização, como os seguintes:

- Os executivos de negócio utilizam os algoritmos genéticos para ajudá-los a decidir em qual combinação de projetos uma empresa deve investir, levando em conta complicadas considerações fiscais.
- As companhias de investimento utilizam os algoritmos genéticos para ajudar nas decisões de negociação.
- As companhias de telecomunicação utilizam os algoritmos genéticos para determinar a configuração ideal de cabos de fibra óptica em uma rede que pode incluir até 100 mil pontos de conexão. O algoritmo genético avalia milhões de configurações de cabo e seleciona a que utiliza a menor quantidade de cabo.

AGENTES INTELIGENTES

Um *agente inteligente* é um sistema de informação baseado no conhecimento e de propósito especial que cumpre determinadas tarefas em nome dos seus usuários. Os agentes inteligentes costumam ter uma apresentação gráfica, assim como "Sherlock Holmes", para um agente de busca da informação.

Um dos exemplos mais simples de um agente inteligente é o *shopping bot* (comparador de preços). *Shopping bot* é um software que pesquisa vários sites varejistas e fornece uma comparação das ofertas de cada um, incluindo preço e disponibilidade. Cada vez mais, os agentes inteligentes lidam com a maior parte das vendas e compras pela Internet de uma empresa, e concluem processos como encontrar produtos, negociar preços e executar transações. Os agentes inteligentes têm a capacidade de lidar com todas as atividades de compra e venda da cadeia de fornecimento.

Outra aplicação para os agentes inteligentes está na varredura ambiental e na inteligência competitiva. Por exemplo, um agente inteligente pode aprender os tipos de informações sobre a concorrência que os usuários querem rastrear, pode examinar a Web continuamente para isso e alertar os usuários quando um evento importante ocorrer.

Sistemas multiagentes e modelagem baseada em agentes

O que os sistemas de transporte de carga, os centros de distribuição de livros, o mercado de videogame e uma epidemia de gripe têm em comum? Todos são sistemas de adaptação complexos. Ao observar partes do ecossistema da Terra, como colônias de formigas ou abelhas, os cientistas da inteligência artificial podem usar os modelos de hardware e software que incorporam as características e o comportamento dos insetos para (1) aprender como o sistema baseado em pessoas se comporta; (2) prever como eles se comportam sob um dado conjunto de circunstâncias; e (3) melhorar os sistemas humanos para torná-los mais eficientes e eficazes. Esse processo de aprender com os ecossistemas e adaptar suas características às situações humanas e organizacionais é chamado de biomimética.

Nos últimos anos, a pesquisa de IA tem feito muito progresso na modelagem de organizações complexas como um todo, com a ajuda de sistemas multiagentes. Em um sistema multiagente, grupos de agentes inteligentes têm a capacidade de trabalhar de forma independente e de interagir uns com os outros. A modelagem baseada em agentes é uma forma de simular as organizações humanas utilizando múltiplos agentes inteligentes, em que cada um segue um conjunto de regras simples e pode adaptar-se às novas condições.

Os sistemas de modelagem baseada em agentes estão sendo utilizados para modelar as flutuações do mercado de ações, prever as rotas de fuga que as pessoas procuram em um prédio em chamas, avaliar os efeitos das taxas de juros em consumidores com diferentes tipos de dívida e antecipar como as mudanças das condições vão afetar a cadeia de fornecimento, entre outras ações.

REALIDADE VIRTUAL

Realidade virtual é um ambiente simulado por computador que pode ser uma simulação do mundo real ou um mundo imaginário. A realidade virtual é uma área da inteligência artificial em rápida expansão que teve sua origem na tentativa de se criar uma interface mais natural, realista e multissensorial entre computador e ser humano. A realidade virtual permite a telepresença quando o usuário está em qualquer lugar do mundo e utiliza sistemas de realidade virtual para trabalhar sozinho ou em grupo em um local remoto. Normalmente, esse procedimento envolve a utilização de um sistema de realidade virtual para melhorar a visão e o toque de uma pessoa que esteja manipulando, a grande distância, equipamentos para a realização de uma tarefa. Os exemplos vão de cirurgias virtuais, em que cirurgião e paciente podem estar em qualquer parte do planeta, até o uso remoto de equipamentos em ambientes perigosos, como, por exemplo, fábricas de produtos químicos e usinas nucleares. *Realidade aumentada* é a visão do mundo físico com camadas geradas por computador de informação adicionado a ele.

Mão de obra virtual

Na sede da Microsoft em Redmond, Washington, o congestionamento do tráfego ocorre diariamente para os 35 mil viajantes habituais. Para aliviar o congestionamento, a Microsoft oferece a seus funcionários a oportunidade de trabalhar praticamente de casa. Mais de 42% dos 330 mil funcionários da IBM trabalham virtualmente, economizando mais de US$ 100 milhões por ano em despesas relacionadas a imóveis. Trabalhar dessa forma oferece diversas vantagens, como menos carros na estrada, aumento na produtividade do trabalhador e diminuição de despesas imobiliárias. As desvantagens incluem o medo entre os trabalhadores de colocar a carreira em risco por trabalhar em casa, e alguns funcionários precisam de um ambiente movimentado para se manterem produtivos. Os trabalhadores virtuais também tendem a se sentir sozinhos e isolados, além de privados de formação e supervisão que são fundamentais.

> **QUESTÕES SOBRE O CASO DA UNIDADE**
>
> 1. Defina os três principais tipos de sistemas de tomada de decisão e explique como um cliente da Actionly pode usá-los para encontrar inteligência de negócios.
> 2. Descreva a diferença entre informação transacional e analítica e determine quais os tipos que a Actionly usa para criar os painéis digitais (*dashboards*) de um cliente.
> 3. Identifique os cinco tipos diferentes de sistemas de inteligência artificial e crie um exemplo de cada um para a Actionly.

CASO DO CAPÍTULO 9: O Grande Desafio da DARPA (Agência de Projetos de Pesquisa Avançada de Defesa – *Defense Advanced Research Projects Agency*)

O objetivo do Grande Desafio da DARPA é salvar vidas, transformando um terço dos veículos das forças militares terrestres em máquinas autônomas ou sem motorista até 2015. Criado em resposta a uma ordem do Congresso e do Departamento de Defesa dos EUA (DoD), o Grande Desafio da DARPA reúne pessoas e organizações da indústria, da comunidade de pesquisa e desenvolvimento (P&D), do governo, das forças armadas e das universidades, e inclui estudantes, inventores novatos e aficcionados por veículos.

O Grande Desafio da DARPA de 2004

O teste de campo do Grande Desafio da DARPA de 2004 de veículos terrestres autônomos foi realizado de Barstow, Califórnia, até Primm, Nevada, e ofereceu um prêmio de US$ 1 milhão. Da fase de qualificação no circuito California Speedway, foram escolhidos 15 finalistas para tentar realizar o Grande Desafio. No entanto, ninguém conseguiu ganhar o prêmio, pois nenhum veículo completou o difícil percurso pelo deserto.

O Grande Desafio da DARPA de 2005

O Grande Desafio da DARPA de 2005 foi realizado no deserto de Mojave e ofereceu um prêmio de US$ 2 milhões para a equipe que concluísse o percurso de 132 milhas (212 km) no menor tempo, em menos de 10 horas. A corrida, ao longo do deserto, incluía túneis estreitos, curvas fechadas e uma passagem sinuosa pela montanha, com um despenhadeiro de um lado e uma rocha do outro. Cinco equipes concluíram o percurso, e "Stanley," o carro da Stanford Racing Team, ganhou o prêmio de US$ 2 milhões, com o tempo de 6 horas e 53 minutos.

O Grande Desafio da DARPA de 2007

O terceiro Grande Desafio da DARPA foi um desafio urbano na Base George da Força Aérea, agora fechada, em Victorville, Califórnia. Foi oferecido um prêmio de US$ 2 milhões para o veículo autônomo que conseguisse cobrir o percurso de 60 milhas (aproximadamente 100 km) em menos de 6 horas. Os veículos tinham de obedecer a semáforos, andar em torno de outros veículos e, até mesmo, trafegar em meio ao trânsito movimentado. A Tartan Racing, um esforço colaborativo da Carnegie Mellon University e da General Motors Corporation, ganhou o prêmio com o "Boss", um Chevy Tahoe. A Stanford Racing Team, com o "Junior", um Volkswagen Passat 2006, ganhou o segundo prêmio, de US$ 1 milhão. "Victor Tango", um Ford Escape 2005 híbrido da Virginia Tech, conquistou o terceiro lugar, e um prêmio de US$ 500 mil.[6]

Questões

1. Como o Departamento de Defesa usa a AI para melhorar suas operações e salvar vidas?
2. Por que o Departamento de Defesa usa um evento como o Grande Desafio da DARPA para o desenvolvimento da inovação tecnológica?
3. Descreva como veículos autônomos podem ser usados por organizações do mundo inteiro para melhorar a eficiência e a eficácia dos negócios.
4. Pesquise na Internet e veja se a DARPA atingiu sua meta de transformar um terço dos veículos militares em máquinas autônomas ou sem motorista até 2015.

CAPÍTULO **10**

Ampliação da organização – gerenciamento da cadeia de fornecimento

---

OBJETIVOS DE APRENDIZAGEM

10.1 Descrever as quatro alterações resultantes dos avanços na área de TI que estão impulsionando as cadeias de fornecimento.

10.2 Resumir as melhores práticas de implementação de um sistema de gerenciamento da cadeia de fornecimento bem-sucedida.

OA 10.1 Descrever as quatro alterações resultantes dos avanços na área de TI que estão impulsionando as cadeias de fornecimento.

O papel da TI na cadeia de fornecimento

À medida que as companhias evoluem para organizações maiores, os papéis dos participantes da cadeia de fornecimento vão mudando. Agora é comum que os fornecedores se envolvam no desenvolvimento de produtos, e os distribuidores atuem como consultores no marketing da marca. A noção de elos de informação praticamente perfeitos dentro e entre as organizações é um elemento essencial das cadeias de fornecimento integradas.

O principal papel da tecnologia da informação no SCM é criar as integrações ou o processo de ajuste, bem como as ligações das informações entre as funções dentro de uma empresa (como marketing, vendas, finanças, produção e distribuição) e entre as empresas, o que permite o fluxo suave e sincronizado de informações e produtos entre consumidores, fornecedores e transportadores em toda a cadeia de fornecimento. A tecnologia da informação integra o planejamento, os processos de tomada de decisão, os processos operacionais de negócios e o compartilhamento de informação para a gestão de desempenho de negócios (ver Figura 10.1). Evidências significativas mostram que esse tipo de integração da cadeia de fornecimento resulta em uma cadeia com capacidades e lucros superiores.

A Adaptec, Inc., da Califórnia, fabrica e comercializa semicondutores para os mercados líderes mundiais de PC, servidor e usuário final, por meio de mais de 115 distribuidores e milhares de revendedores de valor agregado no mundo inteiro. A Adaptec projeta e fabrica produtos em várias instalações terceirizadas ao redor do mundo. A companhia utiliza o software de integração da cadeia de fornecimento através da Internet para sincronizar o planejamento. O pessoal geograficamente disperso entre as diferentes instalações da empresa comunica-se em tempo real e troca projetos, resultados dos testes e informações sobre produção e transferência. O software de colaboração da cadeia de fornecimento baseado na Internet ajudou a empresa a reduzir os níveis e prazos do estoque.[1]

Embora as pessoas venham falando sobre a cadeia de fornecimento integrada há um bom tempo, apenas recentemente os avanços na tecnologia da informação tornaram possível dar vida à ideia e realmente integrar a cadeia de fornecimento. A visibilidade, o comportamento do consumidor, a concorrência e a velocidade são algumas das mudanças resultantes dos avanços na tecnologia da informação que estão impulsionando as cadeias de fornecimento (ver Figura 10.2).

VISIBILIDADE

A *visibilidade da cadeia de fornecimento*, aqui, é a capacidade de visualizar todas as áreas acima e abaixo da cadeia de fornecimento. Alterar as cadeias de fornecimento exige uma estratégia abrangente apoiada pela tecnologia da informação. As organizações podem utilizar as ferramentas tecnológicas que as ajudem a integrar para cima e para baixo na cadeia, tanto com os consumidores quanto com os fornecedores.

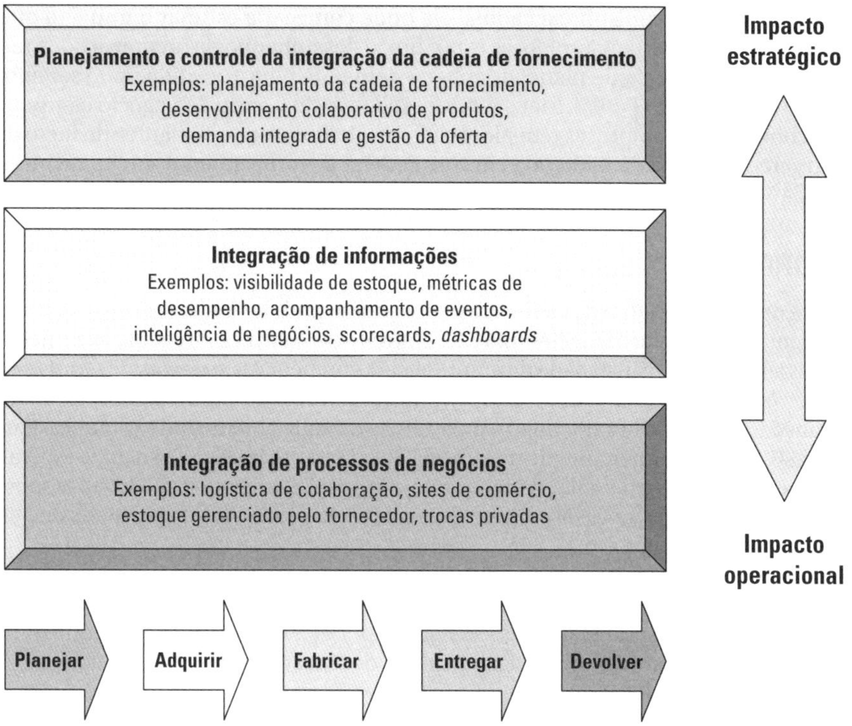

FIGURA 10.1
A cadeia de fornecimento integrada.

Planejamento e controle da integração da cadeia de fornecimento
Exemplos: planejamento da cadeia de fornecimento, desenvolvimento colaborativo de produtos, demanda integrada e gestão da oferta

Integração de informações
Exemplos: visibilidade de estoque, métricas de desempenho, acompanhamento de eventos, inteligência de negócios, scorecards, *dashboards*

Integração de processos de negócios
Exemplos: logística de colaboração, sites de comércio, estoque gerenciado pelo fornecedor, trocas privadas

Impacto estratégico ↕ Impacto operacional

Planejar → Adquirir → Fabricar → Entregar → Devolver

Para fazer uma cadeia de fornecimento funcionar de modo mais eficaz, as organizações devem criar visibilidade em tempo real. Uma organização deve conhecer os eventos do consumidor desencadeados para baixo na cadeia, e da mesma forma deve conhecer seus fornecedores e os fornecedores de seus fornecedores. Sem essa informação, os parceiros da cadeia de fornecimento podem vivenciar um efeito chicote, em que as rupturas intensificam-se ao longo da cadeia. O **efeito chicote** ocorre quando informações distorcidas da demanda do produto passam de uma entidade para outra ao longo da cadeia. A desinformação a respeito de um ligeiro aumento na demanda de um produto pode levar os diversos membros da cadeia de fornecimento a estocar mais produtos. Essas mudanças espalham-se ao longo da cadeia, aumentando o problema e criando excesso de estoque e custos.

Hoje, a tecnologia da informação permite mais visibilidade na cadeia de fornecimento. Os fluxos de informação eletrônica permitem que os gerentes vejam as cadeias de fornecimento de seus fornecedores e consumidores. Algumas organizações têm mudado totalmente a dinâmica das suas indústrias por causa da vantagem competitiva adquirida pela grande visibilidade na cadeia de fornecimento. A Dell é um exemplo óbvio. A capacidade da empresa em levar o produto ao cliente e o impacto da economia mudaram claramente a natureza da concorrência e levaram outros a imitar esse modelo.

FIGURA 10.2
Fatores direcionadores do gerenciamento da cadeia de fornecimento.

(Visibilidade, Comportamento do consumidor, Concorrência, Velocidade → Gerenciamento da cadeia de fornecimento)

COMPORTAMENTO DO CONSUMIDOR

O comportamento dos consumidores tem mudado a forma como as empresas competem. Os consumidores vão embora se uma companhia não atender continuamente as suas expectativas. Eles estão mais exigentes porque têm informações prontamente disponíveis – sabem muito bem o que, quando e como querem. Um **software de planejamento de demanda** gera prognósticos de demanda utilizando ferramentas estatísticas e técnicas de prognóstico. As companhias podem responder mais rapidamente e de maneira mais eficaz às demandas dos consumidores por meio de melhorias na cadeia de fornecimento, como a demanda de um software de planejamento. Uma vez que uma organização compreende a demanda do consumidor e o seu efeito sobre a cadeia, ela pode começar a estimar o impacto que sua cadeia terá sobre os seus consumidores e, por fim, o desempenho da organização. A recompensa para uma estratégia de planejamento de demanda bem-sucedida pode ser enorme. Um estudo realizado por Peter J. Metz, diretor executivo do Centro de negócio eletrônico do MIT, descobriu que as empresas têm alcançado resultados impressionantes de lucro final a partir do gerenciamento da demanda em suas cadeias de fornecimento, com uma média de redução de 50% no estoque e um aumento de 40% em entregas pontuais.

CONCORRÊNCIA

O software de gerenciamento da cadeia de fornecimento pode ser dividido em (1) software de planejamento da cadeia de fornecimento e (2) software de execução da cadeia de fornecimento – ambos aumentam a capacidade da empresa para competir. Os *sistemas de planejamento da cadeia de fornecimento (SCPs – Supply Chain Planning)* utilizam algoritmos matemáticos avançados para melhorar o fluxo e a eficiência da cadeia, reduzindo estoques. Para ser preciso, o SCP depende inteiramente de informações. Uma organização não pode esperar que os resultados do SCP sejam exatos, a menos que informações corretas e atualizadas sobre pedidos de clientes, informações de vendas, capacidade de produção e capacidade de entrega sejam inseridas no sistema.

A cadeia de fornecimento de uma organização engloba as instalações em que as matérias-primas, os produtos intermediários e acabados são adquiridos, transformados, armazenados e vendidos. Essas instalações são ligadas por elos de transporte, em que os materiais e os produtos fluem. De forma ideal, a cadeia de fornecimento é constituída por várias organizações que funcionam de maneira eficiente e eficaz como se fossem uma única organização, com visibilidade completa da informação. O *software do sistema de execução da cadeia de fornecimento (SCE – Supply Chain Execution)* automatiza as diferentes etapas e fases da cadeia. Isso pode ser tão simples quanto o encaminhamento eletrônico de pedidos de um fabricante para um fornecedor. A Figura 10.3 detalha como o software de SCP e o de SCE correlacionam-se com a cadeia de fornecimento.

A General Motors, a Ford e a DaimlerChrysler entraram para a história quando começaram a trabalhar juntas para criar um sistema unificado de planejamento/execução da cadeia de fornecimento que elas e seus fornecedores pudessem aproveitar. O poder de compra combinado dessas três gigantes automotivas é enorme, com a GM gastando US$ 85 bilhões por ano, a Ford, US$ 80 bilhões e a DaimlerChrysler, US$ 73 bilhões. O objetivo final é processar a produção automotiva, desde a encomenda de materiais e do prognóstico de demanda para fabricar carros diretamente às especificações do consumidor por meio da Web. As gigantes automotivas entendem o impacto que o planejamento e execução estratégicos da cadeia de fornecimento pode ter sobre a concorrência.[3]

FIGURA 10.3
Planejamento da cadeia de fornecimento e execução da cadeia de fornecimento: correlação do software com a cadeia de fornecimento.

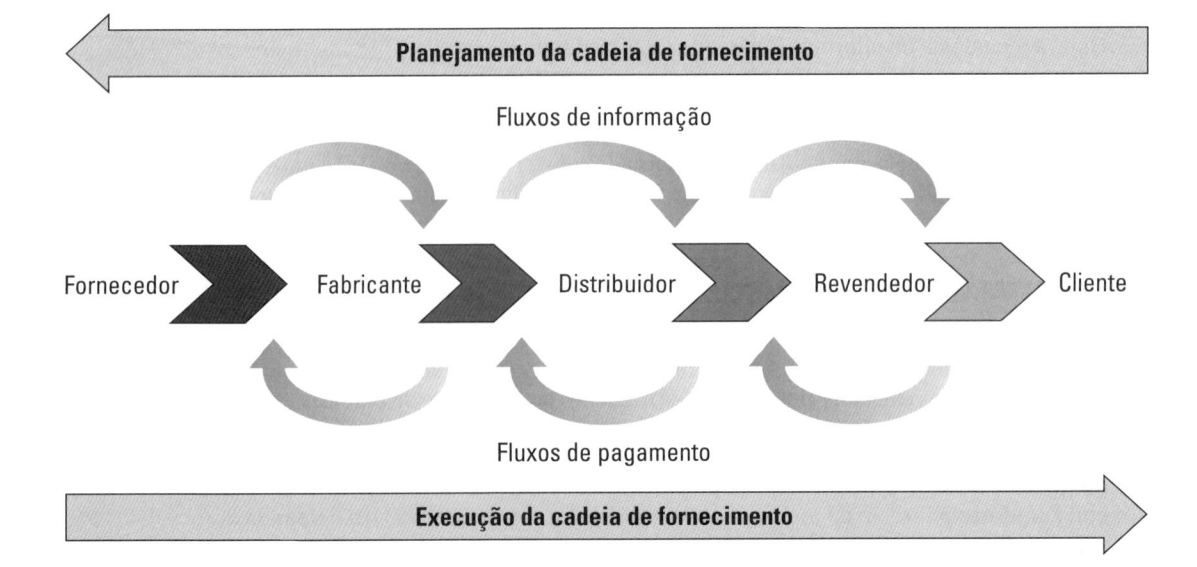

Planejamento da cadeia de fornecimento

Fluxos de informação

Fornecedor → Fabricante → Distribuidor → Revendedor → Cliente

Fluxos de pagamento

Execução da cadeia de fornecimento

VELOCIDADE

Durante a última década, a concorrência tem se concentrado na velocidade. Novas formas de servidores, telecomunicações, aplicativos sem fio e vários tipos de software estão permitindo às empresas realizar atividades que nunca se imaginou serem possíveis. Esses sistemas aumentam a precisão, a frequência e a velocidade da comunicação entre fornecedores e consumidores, bem como entre usuários internos. Outro aspecto da velocidade é a capacidade da empresa de satisfazer de forma eficiente, precisa e rápida as necessidades em constante mudança do consumidor. A informação atual e precisa é mais importante para as empresas do que nunca. A Figura 10.4 mostra os três fatores que promovem essa mudança.

Fatores de sucesso do gerenciamento da cadeia de fornecimento

OA 10.2 Resumir as melhores práticas de implementação de um sistema de gerenciamento da cadeia de fornecimento bem-sucedida.

Para ter sucesso nos mercados competitivos de hoje, as empresas devem alinhar suas cadeias de fornecimento com as exigências dos mercados em que atuam. O desempenho da cadeia de fornecimento é uma vantagem competitiva visível para as empresas proficientes na área de gerenciamento da cadeia de fornecimento (SCM – *Supply Chain Management*) atualmente. A Perdue Farms destaca-se na tomada de decisão baseada em seu sistema de gerenciamento da cadeia de fornecimento. A empresa leva cerca de 1 milhão de perus, cada qual com um período de processamento de 24 horas, para as mesas dos consumidores de todo o país todos os anos. A tarefa não é tão complicada como era antes de a Perdue Farms investir US$ 20 milhões em tecnologia SCM. O SCM torna a Perdue mais apta a entregar a quantidade certa de perus para os clientes certos e na hora certa.[4]

Para obter êxito em atividades como redução de custos operacionais, melhoria da produtividade de ativos e tempo de ciclo de atendimento de pedido, uma organização deve seguir os sete princípios do gerenciamento da cadeia de fornecimento descritos na Figura 10.5.

Estes princípios vão contra os pensamentos anteriores de criação interna funcional de como as companhias se organizam, operam e atendem os clientes. Velhos conceitos das cadeias de fornecimento são caracterizados pela produção discreta, estrutura linear, e foco em operações de compra e venda ("Compro do meu

Fatores que impulsionam a velocidade da cadeia de fornecimento

1. Agradar os clientes tornou-se uma obsessão corporativa. Servir o cliente da melhor, mais eficiente e mais eficaz forma agora é primordial, e as informações sobre questões como a situação do pedido, disponibilidade de produtos, prazos de entrega e faturas tornaram-se uma parte necessária da experiência total do atendimento ao consumidor.

2. A informação é crucial para as habilidades dos gerentes em reduzir necessidades de estoques e de recursos humanos a um nível competitivo.

3. Os fluxos de informação são essenciais para o planejamento estratégico e implantação de recursos.

FIGURA 10.4
Três fatores de fomento da velocidade.

FIGURA 10.5
Sete princípios do gerenciamento da cadeia de fornecimento.

Sete princípios do gerenciamento da cadeia de fornecimento

1. Segmentar os clientes por necessidades de serviço, independentemente da indústria e, então, personalizar os serviços a esses segmentos particulares.

2. Personalizar a rede logística e focar intensamente nas necessidades do serviço e na rentabilidade dos segmentos pré-identificados dos clientes.

3. Ouvir os sinais de demanda do mercado e planejar em conformidade. O planejamento deve ocupar toda a cadeia para detectar sinais de evolução da demanda.

4. Diferenciar os produtos mais próximos do cliente, uma vez que as empresas já não podem se dar ao luxo de manter estoques para compensar o prognóstico de demanda fraca.

5. Gerenciar estrategicamente as fontes de abastecimento, trabalhando com os principais fornecedores para reduzir os custos gerais de possuir materiais e serviços.

6. Desenvolver uma estratégia de tecnologia da informação da cadeia de fornecimento que suporte diferentes níveis de tomada de decisão e forneça uma visão clara (visibilidade) do fluxo de produtos, serviços e informações.

7. Adotar medidas de avaliação de desempenho que se apliquem a cada elo da cadeia de fornecimento e que meça a verdadeira rentabilidade em cada etapa.

fornecedor, vendo para meus clientes"). Como a cadeia tradicional espalha-se de forma linear, alguns fornecedores passam despercebidos do cliente final. A colaboração agrega o valor de visibilidade para essas companhias. Elas levam vantagem ao saber imediatamente o que está sendo realizado no âmbito do cliente final da cadeia de fornecimento (as atividades do cliente final são visíveis para elas). Em vez de esperar dias ou semanas (ou meses) para que a informação flua para cima por meio da cadeia de fornecimento, com todas as armadilhas potenciais de informações erradas ou faltantes, os fornecedores podem reagir em tempo quase real às flutuações da demanda do cliente final.

A Dell oferece um dos melhores exemplos de um sistema de SCM extremamente bem-sucedido. A Dell é altamente eficiente quanto ao modelo de negócios de produção sob demanda que lhe permite oferecer sistemas de computadores personalizados com rapidez. Como parte do esforço contínuo da empresa para melhorar seus processos da cadeia de fornecimento, a Dell implanta ferramentas dessa cadeia para fornecer visões globais da demanda do produto previsto e os materiais necessários, bem como a programação melhorada da fábrica e o gerenciamento de estoque.

As organizações devem estudar as melhores práticas da indústria para melhorar suas chances de sucesso na implementação de sistemas de SCM. A Figura 10.6 exibe as chaves do sucesso do SCM.

RFID (IDENTIFICAÇÃO POR RADIOFREQUÊNCIA) E A CADEIA DE FORNECIMENTO

Um comercial de televisão mostra um homem de uniforme andando silenciosamente por uma casa. O homem substitui a caixa de cereal vazia por uma cheia pouco antes de uma criança com fome abrir o armário. Em seguida, ele abre um novo saco de comida de cachorro, enquanto o faminto buldogue o olha cautelosamente, e, por fim, entrega uma embalagem cheia para o homem no chuveiro que tinha acabado de ficar sem xampu. A próxima onda no gerenciamento da cadeia de fornecimento será o atendimento domiciliar.

A Walgreens está se diferenciando das outras cadeias nacionais se posicionando como fornecedor da família na hora certa. Os consumidores de hoje estão aderindo à ideia de en-

FIGURA 10.6
As chaves para o sucesso de SCM.

Efetuar a venda junto aos fornecedores	• A parte mais difícil de qualquer sistema de SCM é a sua complexidade, pois grande parte do sistema estende-se para além dos limites da empresa. Não somente o pessoal da organização vai precisar mudar a forma como trabalha, mas também os funcionários de cada fornecedor que for adicionado à rede. Tenha certeza de que os fornecedores estão integrados nas vantagens que o sistema de SCM vai trazer.
Apoiar os objetivos organizacionais	• É importante selecionar o software de SCM que dá às organizações uma vantagem nas áreas mais importantes para seu sucesso comercial. Se os objetivos organizacionais apoiam as estratégias altamente eficientes, certifique-se de que o projeto da cadeia de fornecimento tenha os mesmos objetivos.
Mudar processos tradicionais de negócios	• O pessoal de operações normalmente lida com telefonemas, faxes e pedidos rabiscados no papel, e é possível que queiram manter esse processo da mesma maneira. Infelizmente, uma organização não pode desligar os telefones e aparelhos de fax só porque está implementando um sistema de gerenciamento da cadeia de fornecimento. Se a organização não pode convencer seus empregados de que o uso do software vai valer o tempo empregado, eles vão encontrar maneiras de contornar isso, o que diminuirá rapidamente as chances de sucesso para o sistema de SCM.
Implantar em fases incrementais, medir e comunicar o sucesso	• Projete a implantação do sistema SCM em fases incrementais. Por exemplo, em vez de instalar um sistema completo de gerenciamento da cadeia de fornecimento em toda a empresa e em todos os fornecedores de uma só vez, faça isso funcionar com um reduzido número de fornecedores-chave inicialmente, e depois passe para os outros fornecedores. Ao longo do caminho, certifique-se de que cada passo está agregando valor por meio da melhoria do desempenho da cadeia de fornecimento. Enquanto uma perspectiva mais abrangente é vital para o sucesso de SCM, a abordagem incremental significa que o sistema SCM deve ser implementado em porções de fácil digestão e também medido pelo sucesso um passo de cada vez.

trar na Internet para comprar produtos quando quiserem, como desejarem e pelo preço que acharem melhor. A Walgreens está desenvolvendo sites personalizados para cada lar que permita às famílias comprar por meio eletrônico e depois ir até a loja, quando for mais conveniente, para retirar suas mercadorias no balcão especial de autoatendimento ou no drive--thru. A empresa está fazendo uma promessa que vai além de preços baixos e atendimento ao cliente e estende-se diretamente à casa.

A funcionalidade dos sistemas de gerenciamento da cadeia de fornecimento está se tornando cada vez mais sofisticada à medida que amadurece. Agora e no futuro, as próximas etapas do SCM vão incorporar mais funções, como marketing, atendimento ao consumidor e desenvolvimento de produtos. Isso será alcançado com redes de comunicações mais avançadas, adoção de mais sistemas de apoio à decisão fáceis de usar e com disponibilidade das informações compartilhadas por todos os participantes da cadeia de fornecimento. O SCM é um desenvolvimento contínuo que segue à medida que a tecnologia possibilita a obtenção de informações cada vez mais precisas e frequentes do mundo inteiro, e que introduz novas ferramentas para auxiliar nos processos analíticos que lidam com a crescente complexidade da cadeia de fornecimento.

Segundo a Forrester Research Inc., as empresas dos EUA vão gastar US$ 35 bilhões ao longo de cinco anos para melhorar os processos de negócios que monitoram, gerenciam e otimizam suas cadeias de fornecimentos estendidas. A Figura 10.7 mostra os componentes do SCM de crescimento mais rápido que podem ter maior impacto potencial no lucro final de uma organização.

As *tecnologias de identificação por radiofrequências (RFID – Radio Frequency Identification)* utilizam etiquetas ativas ou passivas na forma de chips ou etiquetas inteligentes que podem armazenar identificadores únicos e transmitir essa informação para leitores eletrônicos. Na Starbucks, um bom atendimento é quase tão importante quanto um bom café para a fidelidade do cliente. Mas quando o entregador bate na porta dos fundos para deixar os *muffins*, isso significa que os funcionários possivelmente terão de sair de seus postos, comprometendo o atendimento ao cliente. Para ajudar a resolver o problema, a Starbucks está pensando em usar a tecnologia de identificação por radiofrequência como parte de um plano para per-

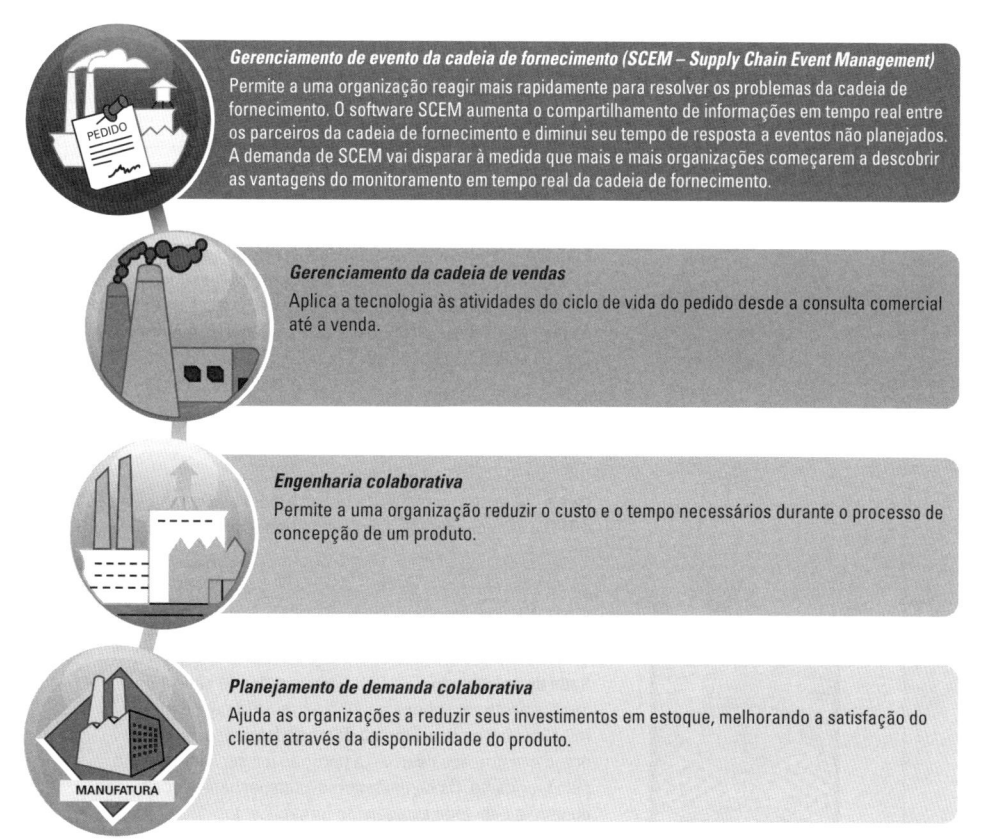

FIGURA 10.7
Componentes de crescimento do SCM.

Gerenciamento de evento da cadeia de fornecimento (SCEM – Supply Chain Event Management)
Permite a uma organização reagir mais rapidamente para resolver os problemas da cadeia de fornecimento. O software SCEM aumenta o compartilhamento de informações em tempo real entre os parceiros da cadeia de fornecimento e diminui seu tempo de resposta a eventos não planejados. A demanda de SCEM vai disparar à medida que mais e mais organizações começarem a descobrir as vantagens do monitoramento em tempo real da cadeia de fornecimento.

Gerenciamento da cadeia de vendas
Aplica a tecnologia às atividades do ciclo de vida do pedido desde a consulta comercial até a venda.

Engenharia colaborativa
Permite a uma organização reduzir o custo e o tempo necessários durante o processo de concepção de um produto.

Planejamento de demanda colaborativa
Ajuda as organizações a reduzir seus investimentos em estoque, melhorando a satisfação do cliente através da disponibilidade do produto.

mitir que seus 40 mil fornecedores entreguem doces, leite, grãos de café e outros suprimentos à noite, depois que as lojas fecham. Essa solução resolve um problema, mas causa outro: como a Starbucks vai garantir que o pessoal das entregas não saia com os produtos da loja?

Para resolver o problema, a empresa vai distribuir aos seus fornecedores cartões com chips RFID que dão ao pessoal das entregas acesso noturno às lojas enquanto registra quem está entrando e saindo. As etiquetas RFID contêm um microprocessador e uma antena. Elas costumam funcionar transmitindo um número de série por ondas de rádio, para um leitor eletrônico, que confirma a identidade de uma pessoa ou um objeto com o rótulo.

Cerca de 10 mil etiquetas de identificação por radiofrequência estão tomando os céus, afixadas em qualquer lugar, desde assentos até freios, como parte do avião de 550 lugares Airbus A380. As etiquetas contêm números de série, códigos e histórico de manutenção que devem tornar mais fácil controlar, corrigir e repor peças. Para não ficar atrás, a Boeing está usando etiquetas em muitas das peças do próximo 7E7 Dreamliner. Essas iniciativas não são a primeira utilização de RFID no setor aéreo, mas representam planos agressivos para alavancar ainda mais os recursos de tempo real e de detalhamento da RFID. A Boeing e a Airbus estão equipando todas as ferramentas e caixas de ferramentas com etiquetas RFID.

INTEGRAÇÃO DE RFID E SOFTWARE

A integração de RFID com o software corporativo deve mudar a forma como as empresas gerenciam a manutenção, combater roubos e, até mesmo, aumentar iniciativas de TI de conformidade com a lei Sarbanes-Oxley. A Oracle e a SAP começaram a agregar recursos de RFID às suas suítes de aplicativos corporativos. A RFID e os serviços acionados por sensor da Oracle analisam e respondem aos dados de RFID, de modo que a informação possa ser integrada em aplicações da Oracle.

As etiquetas RFID também estão evoluindo, e os avanços vão fornecer mais informações granulares ao software corporativo. As etiquetas atuais podem armazenar um código eletrônico de produto. Com o tempo, poderão armazenar mais informações, tornando-as minibancos de dados portáteis. As possibilidades da RFID são infinitas. A Delta Air Lines recentemente concluiu um projeto-piloto que usou etiquetas de bagagem que incorporam chips de RFID, em vez dos códigos de barras padrão. Com leitores de RFID instalados nos balcões e nos principais locais de triagem, nenhuma bagagem foi extraviada. As Figuras 10.8 e 10.9 mostram como um sistema de RFID funciona na cadeia de fornecimento.

FIGURA 10.8
Os três componentes da RFID.

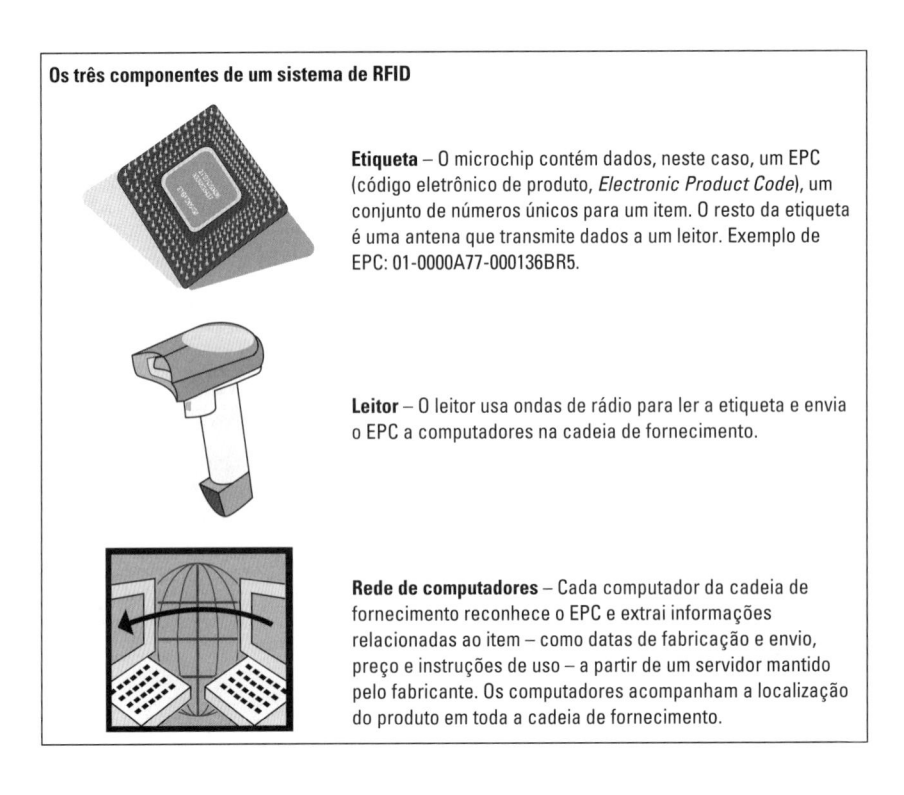

Os três componentes de um sistema de RFID

Etiqueta – O microchip contém dados, neste caso, um EPC (código eletrônico de produto, *Electronic Product Code*), um conjunto de números únicos para um item. O resto da etiqueta é uma antena que transmite dados a um leitor. Exemplo de EPC: 01-0000A77-000136BR5.

Leitor – O leitor usa ondas de rádio para ler a etiqueta e envia o EPC a computadores na cadeia de fornecimento.

Rede de computadores – Cada computador da cadeia de fornecimento reconhece o EPC e extrai informações relacionadas ao item – como datas de fabricação e envio, preço e instruções de uso – a partir de um servidor mantido pelo fabricante. Os computadores acompanham a localização do produto em toda a cadeia de fornecimento.

FIGURA 10.9
RFID na cadeia de fornecimento.

RFID na cadeia de fornecimento do varejo
As etiquetas de RFID são adicionadas a cada caixa de produto e de transporte. A cada etapa da jornada de um item, um leitor escaneia uma das etiquetas e atualiza as informações no servidor.

O fabricante
Um leitor escaneia as etiquetas, à medida que os itens deixam a fábrica.

O centro de distribuição
Os leitores na área de descarga escaneiam as etiquetas nas caixas que chegam e atualizam o estoque, evitando a necessidade de abrir os pacotes.

A loja
As etiquetas são verificadas na chegada, para atualizar o estoque. Nas prateleiras, os leitores escaneiam as etiquetas enquanto as camisas são guardadas. No balcão, o caixa pode verificar os itens individuais com um leitor portátil. À medida que os itens saem da loja, o estoque é atualizado. Fabricantes e varejistas podem observar padrões de vendas em tempo real e tomar decisões rápidas sobre produção, pedidos e preços.

O lar
O consumidor pode solicitar que a etiqueta seja desativada na loja por uma questão de privacidade ou colocar leitores nos armários para manter o controle das roupas. Com a aprovação do cliente, as lojas podem monitorar seus padrões de compra e avisá-lo de promoções.

QUESTÕES SOBRE O CASO DA UNIDADE

1. Explique por que as empresas virtuais, como a Actionly, precisam se preocupar com o gerenciamento da cadeia de fornecimento.
2. Se você administrasse uma empresa de vestuário, como a Nike ou a REI, de que forma poderia usar a RFID para melhorar a cadeia de fornecimento?

CASO DO CAPÍTULO 10: RFID – O rastreamento do futuro da cadeia de fornecimento

Uma das mais sofisticadas entre as novas tecnologias da cadeia de fornecimento é a etiqueta de identificação por radiofrequência (RFID). Essas etiquetas são pequenas e podem conter grandes quantidades de dados, rastreando de tudo, desde preços até temperatura. As cadeias de fornecimento do mundo inteiro estão passando por uma renovação com as etiquetas de RFID. No entanto, pode ser que algumas pessoas estejam levando a capacidade de monitorar a cadeia de fornecimento com etiquetas RFID um pouco longe demais.

Rastreamento de pessoas

A escola primária que exigiu que os alunos usassem etiquetas RFID para rastrear seus movimentos encerrou o programa, pois a empresa que desenvolveu a tecnologia desistiu. "Estou desapontado. É tudo que posso dizer neste momento", declarou Ernie Graham, superintendente e diretor da Brittan Elementary School. "Acho que deixei minha equipe desanimada".

Os alunos eram obrigados a usar cartões de identificação no pescoço, com uma foto, nome e série, além de um transmissor sem fio que transmitia os números de identificação ao computador portátil de um professor quando as crianças passavam perto de uma antena sobre a porta de uma sala de aula. A escola instituiu o sistema, sem a participação dos pais, para simplificar a resolução de atendimentos, tentar diminuir o vandalismo e melhorar a segurança dos alunos. "Por enquanto, estou satisfeito por as crianças não estarem com as etiquetas, mas ainda estou lutando para manter isso fora do nosso sistema de ensino", disse o pai Dawn Cantrall, que prestou uma queixa junto à American Civil Liberties Union. "Isso tem de parar por aqui".

Embora muitos pais tenham criticado as etiquetas por violar a privacidade e, possivelmente, colocar em risco a saúde das crianças, outros apoiaram o plano. "A tecnologia assusta algumas pessoas. É o medo do desconhecido", explicou a mãe Mary Brower. "Qualquer tipo de nova tecnologia pode ser usado de modo indevido, mas acredito que a escola não vai abusar disso".

Rastreamento de crianças

Os pijamas infantis com etiquetas de identificação por radiofrequência inseridos nas costuras chegaram às lojas no início de 2006. Confeccionados pela Lauren Scott California, as camisolas e pijamas seriam uma das primeiras linhas de roupas com etiquetas RFID vendidas nos Estados Unidos. Os pijamas são feitos para manter as crianças a salvo de sequestros, diz a proprietária Lauren Scott, que licenciou a tecnologia RFID junto à SmartWear Technologies Inc., fabricante de sistemas de segurança pessoal. Leitores posicionados em portas e janelas da casa digitalizam as etiquetas dentro de um raio de 90 metros e disparam um alarme quando os limites são ultrapassados.

Um panfleto anexado ao vestuário informa aos clientes que as roupas de dormir são projetadas para ajudar a evitar o rapto de crianças. O texto direciona os pais para um site que explica como ativar e codificar a etiqueta RFID com um número de identificação digital único. O site também fornece informações sobre um sistema de US$ 500 instalado em casa, que consiste em leitores RFID e um codificador de baixa frequência que se conecta por uma porta USB a um computador. Os pais podem acessar e incluir dados sobre os filhos, inclusive fotos, no banco de dados da SmartWear. Essas informações podem ser compartilhadas com departamentos de polícia ou com o sistema Amber Alert, se uma criança desaparecer.

A SmartWear tem vários outros projetos em andamento, incluindo uma etiqueta RFID de maior alcance, que pode transmitir sinais por até 180 metros. A etiqueta pode ser inserida em uniformes policiais ou militares, ou em roupas mais pesadas, como jaquetas de esqui, e usada para encontrar uma pessoa desaparecida ou perdida, ou para recuperar e identificar um corpo.

RFID de plástico

A etiqueta RFID típica custa 40 centavos, o que torna o preço uma barreira para muitas aplicações em potencial. A *start-up* OrganicID está criando uma etiqueta RFID de plástico, e espera-se que esse modelo reduza o preço para um centavo ou menos.[5]

Questões

1. Relate algumas das vantagens e desvantagens do monitoramento de alunos com etiquetas RFID.
2. Relate algumas das vantagens e desvantagens dos pijamas infantis com etiquetas RFID.
3. Você concorda ou discorda que o monitoramento de alunos com etiquetas RFID é uma violação dos direitos de privacidade? Explique por quê.
4. Você concorda ou discorda que os pijamas infantis com etiquetas RFID são uma violação dos direitos de privacidade? Explique por quê.
5. Descreva a relação entre os direitos de privacidade e a RFID.
6. Determine uma forma por meio da qual as escolas poderiam usar etiquetas RFID sem violar os direitos de privacidade.

CAPÍTULO 11

Construção de uma organização voltada para o cliente – gestão do relacionamento com o cliente

OBJETIVOS DE APRENDIZAGEM

11.1 Descrever a gestão do relacionamento com o cliente, bem como a sua importância para uma empresa.

11.2 Identificar as três tendências de CRM atuais.

Gestão do relacionamento com o cliente (CRM)

Hoje, a maioria dos concorrentes estão a apenas um clique de distância, e essa intensa concorrência está forçando as empresas a mudar de estratégia, passando do foco nas vendas para estratégias de negócios com foco no cliente. Os clientes são um dos ativos mais valiosos de uma empresa, e criar relacionamentos sólidos com clientes leais é uma importante vantagem competitiva. A Harley-Davidson dá um excelente exemplo de empresa que sabe o valor da lealdade do cliente, encontrando-se na cobiçada posição em que a demanda supera a oferta. Nenhuma outra motocicleta no mundo é igual a uma Harley-Davidson. A demanda por essas motocicletas supera a oferta, e alguns modelos têm lista de espera de até dois anos. Conhecendo o valor de seus clientes, a Harley-Davidson deu início ao Grupo de Proprietários da Harley (HOG – *Harley's Owners Group*), que é o maior motoclube do mundo, com mais de 600 mil membros. O HOG oferece uma grande variedade de eventos, passeios e benefícios aos seus membros e é uma importante vantagem competitiva, uma vez que ajuda a criar um forte senso de comunidade entre os proprietários dessas motos. A Harley-Davidson tem criado uma tribo de clientes que é extremamente leal, e essa é uma tarefa difícil de se realizar em qualquer setor.

A ***gestão do relacionamento com o cliente (CRM – Customer Relationship Management)*** é um meio de gerenciar todos os aspectos da relação de um cliente com uma organização para aumentar a lealdade e retenção desse cliente, bem como a lucratividade da organização. O CRM permite que uma organização obtenha percepções e comportamentos de compra dos clientes. Cada vez que um cliente se comunica com uma empresa, ela tem a oportunidade de criar um relacionamento de confiança com esse cliente em particular. A Harley-Davidson percebe que é preciso mais do que apenas fabricar e vender motocicletas para realizar os sonhos de seus clientes fiéis. Por essa razão, a empresa se esforça para oferecer experiências inesquecíveis além dos seus produtos de alta qualidade. Quando a empresa começou a vender produtos pela Internet, viu-se diante de um dilema: sua estratégia online de venda de acessórios diretamente aos consumidores iria ignorar os concessionários da Harley-Davidson, cujas receitas dependem da venda de acessórios, que têm alta margem de lucro, nas lojas. A solução foi implantar o Harley-Davidson.com, para que os clientes escolham uma concessionária Harley-Davidson participante antes de realizar uma compra pela Internet. A concessionária selecionada fica, então, responsável pelo atendimento do pedido. Essa estratégia garantiu que as concessionárias permanecessem como o ponto principal de experiências de compra de cada cliente. Para garantir que todos os clientes tenham uma experiência altamente gratificante de compra pela Internet, a empresa exige que as concessionárias cumpram com uma série de normas, incluindo:

OA 11.1 Descrever o gerenciamento de relacionamento com o cliente, juntamente com a sua importância para uma empresa.

- A verificação dos pedidos pela Internet duas vezes por dia.
- O envio das compras online no prazo de 24 horas.
- A resposta a dúvidas ou solicitações de clientes em até 24 horas.

A Harley-Davidson ainda acompanha as métricas de clientes online, como tempo necessário para processamento de pedidos, quantidade de itens comprados devolvidos e número de pedidos incorretos, garantindo que a empresa realize seu fator crítico de sucesso, que é proporcionar atendimento rápido e de excelência ao cliente sempre da mesma forma para toda a sua clientela fiel.

Um dos principais componentes da gestão do relacionamento com o cliente é saber quando e por que o cliente está se comunicando com a empresa. Imagine um cliente irritado que acaba de passar uma hora no telefone com a central de atendimento, reclamando de um produto com defeito. Enquanto ele está ao telefone, um representante de vendas da sua empresa decide passar no escritório do cliente, em uma tentativa de vender mais produtos. Obviamente, não é o momento ideal para tentar aumentar as vendas (*up-sell*) ou de vender produtos adicionais (*cross-sell*) para esse cliente em particular. Um sistema de gestão de relacionamento com o cliente informaria o representante de vendas de que o cliente estava no telefone com o atendimento e, até mesmo, forneceria detalhes da chamada. Em seguida, o representante de vendas poderia parar e oferecer ajuda para resolver o problema do produto, o que pode ajudar a restaurar o relacionamento com o cliente e proporcionar oportunidades para vendas futuras.

A peça complicada do quebra-cabeça é que os clientes têm muitos canais de comunicação que podem usar para entrar em contato com a empresa, incluindo centrais de atendimento, sites, email, fax e telefones (ver Figura 11.1). Para tornar as coisas ainda mais complexas, um único cliente pode se comunicar com uma empresa utilizando todos os diferentes canais de comunicação várias vezes. Manter o controle da comunicação com o cliente é importante, se a empresa quer continuar a criar e gerenciar esse relacionamento. Um sistema de CRM pode monitorar todas as formas de comunicação com o cliente, fornecendo essas informações para todos os funcionários. A empresa pode, então, implementar estratégias que visem às melhores maneiras de se comunicar de maneira eficiente com cada cliente. Com um sistema de CRM, a empresa pode obter uma visão geral dos produtos, preferências, informações de conta, comunicações e histórico de compras do cliente, o que permite enviar ofertas personalizadas de produtos, acelerar o envio, garantir a satisfação e utilizar outras técnicas de marketing e de vendas que podem acrescentar muito para vendas e lucros.

Utilizar métricas de CRM para acompanhar e monitorar o desempenho é uma prática de muitas companhias. A Figura 11.2 exibe algumas métricas de CRM comuns que um ge-

FIGURA 11.1
Meios de contato com o cliente.

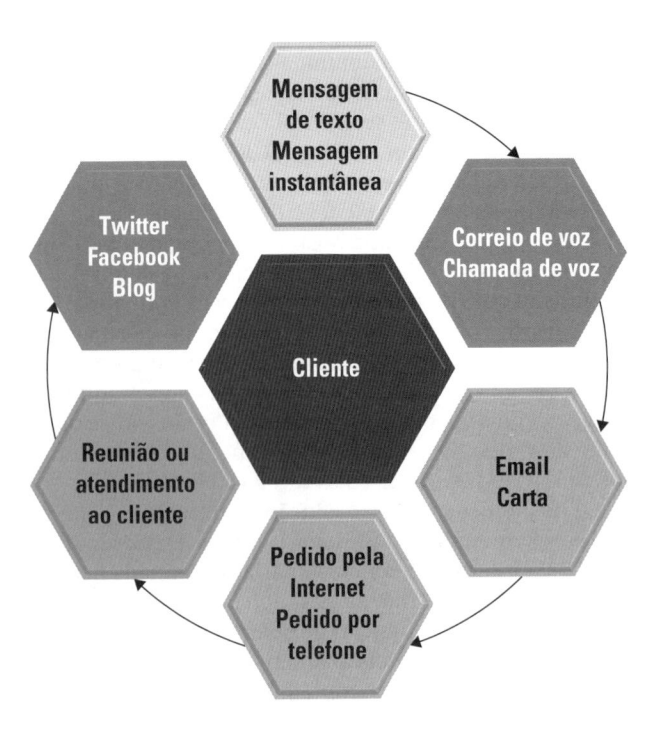

Métricas de vendas	Métricas de atendimento ao cliente	Métricas de marketing
Número de clientes em potencial	Casos fechados no mesmo dia	Número de campanhas de marketing
Número de novos clientes	Número de casos tratados pelo agente	Novas taxas de retenção de clientes
Número de clientes retidos	Número de chamadas de atendimento	Número de respostas por campanha de marketing
Número de perspectivas de vendas abertas	Número médio de solicitações de atendimento por tipo	Número de compras por campanha de marketing
Número de chamadas de vendas	Tempo médio de resolução	Receita gerada por campanha de marketing
Número de chamadas de vendas por perspectiva de venda	Número médio de atendimentos por dia	Custo por interação por campanha de marketing
Quantidade de novas receitas	Percentagem de conformidade com o acordo de nível de atendimento	Número de novos clientes adquiridos pela campanha de marketing
Quantidade de receitas recorrentes	Percentual de renovações de serviço	Taxa de retenção de cliente
Número de propostas apresentadas	Nível de satisfação do cliente	Número de novas perspectivas de vendas por produto

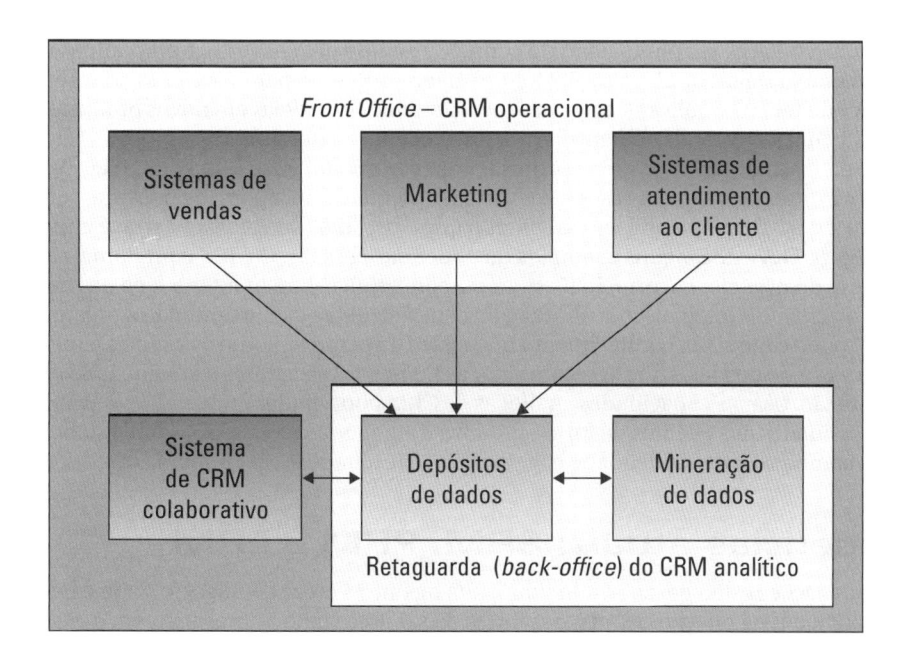

FIGURA 11.2
Métricas comuns de CRM.

rente pode usar para monitorar o sucesso do sistema. Só não esqueça que você quer rastrear apenas cinco ou sete das centenas de métricas de CRM disponíveis.

Os dois principais componentes de uma estratégia de CRM são o CRM operacional e o CRM analítico. O ***CRM operacional*** suporta o processamento transacional tradicional para as operações ou sistemas de *front-office* que lidam diretamente com os clientes no dia a dia. O ***CRM analítico*** suporta as operações de *back-office* e a análise estratégica, e inclui todos os sistemas que não lidam diretamente com os clientes. A Figura 11.3 fornece uma visão geral dos dois. A Figura 11.4 mostra as diferentes tecnologias que os departamentos de marketing, vendas e atendimento ao cliente podem usar para administrar o CRM operacional.

O LADO FEIO DO CRM – CLIENTES IRRITADOS

A revista *Business 2.0* classificou "Você, o cliente" como o número 1 entre as 50 principais pessoas que mais importam para uma empresa. Há muito se diz que o cliente tem sempre

FIGURA 11.3
CRM operacional e analítico.

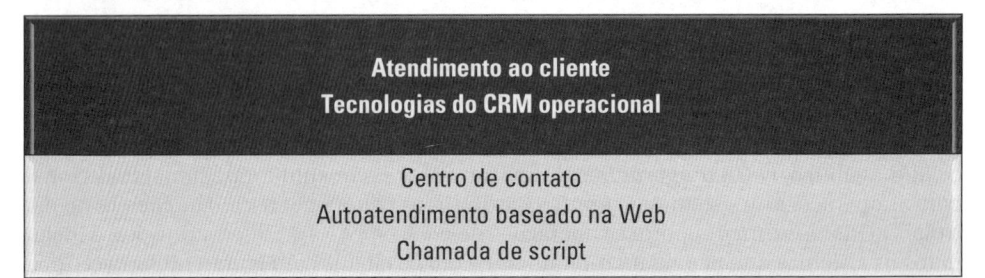

FIGURA 11.4
Tecnologias do CRM operacional.

Marketing
Tecnologias do CRM operacional

Gerador de lista
Gerenciamento de Campanha
Cross-selling e *Up-selling*

Vendas
Tecnologias do CRM operacional

Gerenciamento de vendas
Gerenciamento de contatos
Gerenciamento de oportunidade

Atendimento ao cliente
Tecnologias do CRM operacional

Centro de contato
Autoatendimento baseado na Web
Chamada de script

razão, mas por um bom tempo as empresas nunca quiseram dizer isso de verdade. Agora, elas não têm escolha, uma vez que o poder do cliente cresce exponencialmente à medida que a Internet cresce. Você – ou melhor, a inteligência colaborativa de dezenas de milhões de pessoas, o você conectado – cria e filtra continuamente novas formas de conteúdo, juntando o útil, o relevante e o divertido e rejeitando o resto. Você faz isso em sites como Amazon, Flickr e YouTube, por meio de *podcasts* e interativas de SMS, e em milhões de blogs autopublicados. Em todos os casos, você se tornou uma parte integrante da ação como um membro do público agregado, interativo, auto-organizado e de autoentretenimento. Mas a "Revolução Você" vai muito além do conteúdo gerado pelo usuário. Companhias tão diversas como a Delta Air Lines e a T-Mobile estão se voltando para você para criar seus slogans. A Procter & Gamble e a Lego estão incorporando suas ideias em novos produtos. Você construiu um software de código aberto e é seu cliente e seu tutor.

Nada disso deveria ser uma surpresa, uma vez que foi você – suas incríveis paixões, hobbies e obsessões – quem criou a Web originalmente. E, em algum lugar lá fora, você está criando a Web 3.0. Nós ainda não sabemos o que é isso, mas uma coisa é certa: é importante. A Figura 11.5 exibe alguns exemplos do poder das pessoas. O CRM é fundamental para o sucesso do negócio. É a principal estratégia competitiva para manter o foco nas necessidades do cliente e integrar uma abordagem centrada nesse cliente em toda a organização. O CRM pode conquistar conhecimento no âmbito da empresa sobre os clientes e melhorar os processos de negócios que agregam valor a clientes, fornecedores e funcionários de uma organização. Usar as capacidades analíticas de CRM pode ajudar uma empresa a antecipar as necessidades dos clientes de forma proativa e atendê-los de maneiras que estabeleçam relacionamentos, criem fidelidade e melhorem os resultados.

OA 11.2 Identificar as três tendências de CRM atuais.

Tendências atuais: SRM, PRM e ERM

As organizações estão descobrindo uma onda de outras áreas de negócio onde é benéfico tirar vantagem da criação de relações fortes. Essas áreas emergentes incluem a gestão de

Capítulo 11 Construção de uma organização voltada para o cliente – gestão do relacionamento com o cliente **161**

relacionamento com o fornecedor (SRM – *Supplier Relationship Management*), a gestão de relacionamento com o parceiro (PRM – *Partner Relationship Management*), e a gestão de relacionamento com o empregado (ERM – *Employee Relationship Management*).

FIGURA 11.5
O poder do Você – Sites que mostram o poder das pessoas.

GESTÃO DE RELACIONAMENTO COM O FORNECEDOR

A *gestão de relacionamento com o fornecedor (SRM)* concentra-se em manter os fornecedores satisfeitos por meio da avaliação e classificação dos fornecedores de diferentes projetos, o que otimiza sua seleção. Os aplicativos de SRM ajudam as empresas a analisar os fornecedores com base em uma série de variáveis-chave, incluindo estratégia, objetivos de negócios, preços e mercados. A companhia pode, então, determinar o melhor fornecedor com quem colaborar e pode trabalhar no desenvolvimento de relacionamentos fortes com ele. Em seguida, os parceiros podem trabalhar em conjunto para agilizar os processos, terceirizar os serviços e fornecer produtos que não poderiam fornecer individualmente.

Com a fusão do Bank of Halifax e do Bank of Scotland, a nova empresa, HBOS, implementou um sistema de SRM para fornecer informações consistentes aos seus fornecedores. O sistema integra informações sobre contratos dos sistemas operacionais separados do Bank of Halifax e do Bank of Scotland, gerando um único repositório de gerenciamento de informações com relatórios e análises coerentes. Outras vantagens da HBOS que derivaram da solução SRM incluem:

- Uma visão única e consolidada de todos os fornecedores.
- Gerenciamento de informações detalhado e consistente que permite múltiplas visões de cada executivo.
- Eliminação de fornecedores duplicados.

GESTÃO DE RELACIONAMENTO COM O PARCEIRO

As organizações começaram a perceber a importância da construção de relacionamentos com parceiros, distribuidores e revendedores. A gestão de relacionamento com o parceiro (PRM) se concentra em manter os vendedores satisfeitos por meio do gerenciamento do relacionamento entre a aliança dos parceiros com os revendedores que oferecem aos clientes o canal de vendas ideal. A estratégia de negócios do PRM é selecionar e gerenciar parceiros para otimizar o valor em longo prazo para uma organização. Na verdade, isso significa escolher os parceiros certos, trabalhando com eles para ajudá-los a ser bem-sucedidos ao lidar com clientes em comum, e assegurar que os parceiros e, por fim, os clientes finais estejam satisfeitos e alcancem êxito. Muitas das funcionalidades de uma aplicação de PRM incluem informações sobre a disponibilidade do produto em tempo real, materiais de marketing, contratos, detalhes do pedido e informações de preços, estoque e transporte.

O PRM é um dos menores segmentos de CRM a apresentar um potencial excelente. O PRM cresceu a ponto de se tornar uma indústria de mais de US$ 1 bilhão. Isso é um reflexo direto da crescente interdependência das organizações na nova economia. As principais vantagens do PRM são:

- Cobertura expandida de mercado.
- Ofertas de produtos e serviços especializados.
- Amplo leque de ofertas e uma solução mais completa.

GESTÃO DE RELACIONAMENTO COM O EMPREGADO

Jim Sinegal administra a Costco, uma das maiores redes de atacado dos Estados Unidos, mas há duas coisas para as quais ele não dá desconto: benefícios para os funcionários e atendimento ao cliente. O salário médio por hora é superior ao do rival Sam's Club, e 86% dos trabalhadores têm seguro de saúde (contra 47% do Sam's). E Sinegal não está apenas sendo gentil. Empregados felizes, ele acredita, deixam os clientes mais felizes. Os preços baixos (ele capitaliza lucros por item em 14%) e uma generosa política de retorno certamente ajudam. Embora a Wall Street tenha defendido por muito tempo benefícios menores, uma política de retorno mesquinha e maiores lucros, Sinegal prefere ficar do lado dos clientes e funcionários. "Estamos tentando administrar a Costco de uma forma que não vai apenas satisfazer os nossos acionistas este ano ou este mês", disse ele, "mas no próximo ano e no futuro".

A **gestão de relacionamento com o empregado (ERM)** oferece aos funcionários um subconjunto de aplicativos de CRM disponíveis por meio de um navegador Web. Muitos dos aplicativos ERM ajudam o empregado a lidar com clientes, fornecendo informações detalhadas sobre os produtos da empresa, serviços e pedidos de clientes.

Na Rackspace, uma empresa de hospedagem Web com base em San Antonio, os clientes focam obsessivamente nas fronteiras. Joey Parsons, 24 anos, ganhou o Prêmio Straightjacket, o destaque de empregado mais cobiçado na Rackspace. O prêmio reconhece o funcionário que melhor faz jus ao lema da Rackspace de fornecer "apoio fanático", uma dedicação aos clientes tão intensa que beira o insano. A Rackspace motiva seu pessoal tratando cada equipe como uma empresa separada, que é responsável por seus próprios lucros e perdas e tem um site próprio de ERM. A cada mês, os empregados podem ganhar bônus de até 20% do seu salário bruto mensal, dependendo do desempenho de suas unidades com relação às medidas financeiras e centradas no cliente, como o volume de negócios, ampliação e referências dos clientes. Os relatórios diários estão disponíveis no site da equipe de ERM.

A receita de CRM prevista para 2018 é de US$ 21,5 bilhões. No futuro, as aplicações de CRM vão continuar a mudar, de ferramentas que servem apenas para funcionários a ferramentas utilizadas por fornecedores, parceiros e, até mesmo, por clientes. Fornecer uma visão correta dos clientes e providenciar informações oportunas e precisas sobre os consumidores a todos os departamentos da organização será sempre o principal objetivo de iniciativas de CRM.

Mesmo com o avanço da tecnologia (intranet, Internet, extranet, sem fio), o CRM continuará sendo um importante foco estratégico para as empresas, sobretudo nos setores cuja diferenciação de produtos é difícil de se estabelecer. Algumas empresas lidam com esse problema por meio da adoção de uma estratégia de produção de baixo custo. O CRM será uma forma alternativa para tentar estabelecer estratégias de diferenciação para produtos não diferenciáveis.

As aplicações de CRM continuarão a adaptar os recursos sem fio para apoiar vendas por dispositivos móveis e clientes de serviços de telefonia móvel. Os profissionais de vendas vão poder acessar emails, detalhes de pedidos, informações corporativas, quantidades em estoque e informações de oportunidades a partir de PDAs em seus carros ou em aviões. A interação em tempo real com atendentes humanos pela Internet vai aumentar.

As suites de CRM também vão incorporar módulos de PRM e SRM, à medida que as empresas aproveitarem essas iniciativas. A automatização das interações com os distribuidores, revendedores e fornecedores vai reforçar a capacidade da empresa em proporcionar uma experiência de qualidade aos seus clientes.

QUESTÕES SOBRE O CASO DA UNIDADE

1. Mostre o processo de negócio utilizado por um cliente da Actionly que segue tweets no Twitter.
2. Identifique as diferentes métricas que a Actionly utiliza para medir o sucesso de uma campanha de marketing de um cliente.
3. Crie um argumento a favor ou contra a seguinte declaração: A Actionly invade a privacidade dos consumidores ao obter dados de diferentes sites, como Twitter e Flickr, sem o consentimento do cliente que publicou a informação.

CASO DO CAPÍTULO 11: Você consegue encontrar os seus clientes?

O empreendedorismo trata basicamente de encontrar nichos de mercado que surgem de um potencial inexplorado em uma área do mercado que já existe, mas é ignorada pelas grandes empresas. Encontrar clientes para uma empresa especializada ou para um nicho deixou de ser uma árdua tarefa manual. Em algum lugar, há uma lista de nomes que vai permitir que uma empresa, por mais "de nicho" que seja, localize seus clientes-alvo específicos.

Vinod Gupta trabalhou para um fabricante de trailers de Omaha, Nebraska, em 1972. Um dia, seu chefe pediu uma lista de todos os concessionários de trailers do país. É claro que, naquele momento, essa lista não existia. Gupta então decidiu criar uma. Ele comprou todas as listas telefônicas do país – um total de 4.500 –, levou-as para a garagem de casa e começou a fazer uma triagem manual de cada livro, um por um, para a elaboração da lista de concessionárias que seu chefe queria. Após criar a lista, Gupta disse ao seu chefe que ele poderia ficar com ela de graça se também pudesse vendê-la a outros fabricantes de trailers. O chefe concordou, e a empresa de Gupta – a infoUSA Inc. – foi fundada.

Hoje a infoUSA já não vende listas em folhas de papel amarelo, mas mantém um dos maiores bancos de dados do país, incluindo 14 milhões de empresas e 220 milhões de consumidores. Mais de 4 milhões de clientes acessam esse recurso. Mais de 90% deles são empreendedores que contam com apenas um ou dois funcionários. Essas pequenas empresas são responsáveis por 60% da receita anual de US$ 311 milhões da infoUSA.

O importante é que as empresas empreendedoras que querem prosperar em mercados especializados podem usar bancos de dados para chegar aos clientes. Embora esse recurso não faça todo o trabalho, ele pode e deve incluir a parte principal de um programa de marketing que também inclui publicidade, recomendações boca a boca, localização geográfica inteligente de unidades físicas da empresa, como lojas de varejo e escritórios, e, se disponível, propaganda.

Fatiamento e agrupamento

Dito de outra forma, os bancos de dados, que fatiam e agrupam listas para identificar apenas aspectos precisos de produtos ou serviços, permitem que os empresários encontrem a proverbial agulha no palheiro. Um empreendedor pode atingir um mercado de apenas 200 empresas, ou um universo restrito de pessoas que possam se valer de um produto ou serviço específico – como livros de oração para pastoras luteranas feministas em torno dos 20 anos de idade, ou sementes para jardineiros que cultivam vegetais nativos da Sicília, ou, como um dos próprios clientes da infoUSA, jujubas para empresas com salas de *coffee-break* para os funcionários.

Os bancos de dados têm a capacidade de acabar com o trabalho braçal de localizar clientes especializados e tornar o trabalho tão fácil quanto contar até três. De acordo com a infoUSA, para usar bancos de dados de forma eficaz, os proprietários da empresa devem passar por três etapas distintas:

Etapa 1: Conheça os seus clientes

"Em qualquer negócio, não há nada melhor do que manter os clientes existentes. Torne essas pessoas felizes e elas serão a base a partir da qual você vai adicionar outras. Como um comerciante de nicho, você tem pelo menos uma ideia de quem pode querer o que você tem para vender, mesmo que esses clientes em potencial ainda não estejam realmente comprando alguma coisa. Conheça essas pessoas. Entenda o que elas estão procurando. Pense no que elas gostam ou não gostam sobre o produto ou serviço que você oferece".

Etapa 2: Analise seus clientes

"Seus clientes ou consumidores atuais têm todas as informações de que você precisa para encontrar outros clientes. Analise-os para descobrir características comuns. Se você estiver vendendo para empresas, considere as receitas e os números de empregados. Se estiver vendendo para clientes individuais, concentre-se nos dados demográficos, como idade, bem como os níveis de renda. De posse dessas informações sobre os consumidores, você estará pronto para fazer uso de um banco de dados e procurar novos clientes".

Etapa 3: Encontre novos clientes exatamente do mesmo modo como você encontrou os seus clientes atuais

"Em um negócio de nicho, você encontra novos clientes por meio da clonagem de seus clientes existentes. Depois de conhecer e entender seus clientes atuais, você pode determinar os tipos de empresas ou clientes em que se focar.

"Uma corretora online, por exemplo, procurou ampliar suas operações ainda mais e precisou de uma lista de nomes de pessoas 'propensas a investir' como seus clientes atuais. Nossa empresa utilizou um sistema de modelagem proprietário para fornecer nomes de pessoas de todo os EUA com o nível exigido de renda."

"Você deve comprar uma lista gerada por banco de dados somente se tiver analisado a lista de seus clientes atuais. Além disso, você deve esperar para comprar até que esteja pronto para usar a lista, pois as listas têm prazo curto: cerca de 30 a 60 dias, se você estiver vendendo para consumidores, e de seis a nove meses, se você estiver vendendo para empresas. Na verdade, cerca de 70% de toda a base de dados da infoUSA muda ao longo do ano".

Não existe mágica

A mágica dos bancos de dados é que não existe mágica. Cada empreendedor tem um produto ou serviço para vender. O truque é combinar o que você vende com o que as pessoas compram. Utilizados de modo eficiente, os bancos de dados servem como um recurso para fazer isso acontecer. Não cometa o erro de esperar que um banco de dados realize todo o trabalho de assegurar que os clientes comprem os produtos ou serviços. Um empreendedor deve estar sempre atento quanto à prospecção – e não apenas quando o negócio está devagar. Os empresários devem encorajar os representantes de vendas a irem atrás dos clientes mesmo quando o negócio está crescendo e não precisam de suas receitas para manter a empresa em funcionamento. Uma vez que os clientes estejam garantidos, faça do atendimento a prioridade número 1.[1]

Questões

1. Explique como a tecnologia tem afetado drasticamente a eficiência e a eficácia do processo de encontrar clientes.
2. Explique os dois tipos diferentes de sistemas de CRM e como uma empresa pode utilizar o banco de dados da infoUSA para criar uma estratégia de CRM.
3. Descreva três maneiras por meio das quais uma nova empresa de pequeno porte pode aumentar seus esforços de busca clientes, realizando as funções de CRM a partir de um banco de dados da infoUSA.
4. A infoUSA discutiu três etapas distintas que os donos de empresas devem realizar para usar os bancos de dados de forma eficaz. Classifique essas etapas em ordem de importância para uma estratégia de CRM.

CAPÍTULO 12
Integração da organização de ponta a ponta – planejamento de recursos empresariais

OBJETIVOS DE APRENDIZAGEM

12.1 Descrever o papel que a informação desempenha nos sistemas de planejamento de recursos empresariais.

12.2 Explicar o valor de negócio da integração do gerenciamento da cadeia de fornecimento, da gestão do relacionamento com o cliente e dos sistemas de planejamento de recursos empresariais.

OA 12.1 Descrever o papel que a informação desempenha nos sistemas de planejamento de recursos empresariais.

Planejamento de recursos empresariais (ERP)

Os sistemas de planejamento de recursos empresariais (ERP – *Enterprise Resource Planning*) servem como espinha dorsal da organização no apoio à tomada de decisões fundamentais. No passado, os departamentos tomavam decisões independentes uns dos outros. Os sistemas ERP fornecem uma base para a colaboração entre os departamentos, permitindo que pessoas em diferentes áreas de negócio comuniquem-se. Esses sistemas têm sido amplamente adotados em organizações de grande porte para armazenar o conhecimento crítico usado para tomar as decisões que direcionam o desempenho.

Para ser competitivas, as organizações devem sempre buscar a excelência em todos os processos de negócio empresariais, o que acaba sendo um grande desafio se a organização tiver operações em vários locais no mundo inteiro. Para obter maior eficiência operacional, reduzir custos, melhorar as relações com fornecedores e clientes aumentar as receitas e a participação de mercado, todas as unidades da organização devem trabalhar harmoniosamente em conjunto na direção de metas concretas. Um sistema ERP vai ajudar a alcançar tais metas.

O coração de um sistema ERP é um banco de dados central que coleta e alimenta de informações todos os componentes de aplicação individuais do sistema ERP (chamados de módulos) sustentando funções de negócios diversas como contabilidade, produção, marketing e recursos humanos. Quando um usuário inclui ou atualiza informações em um módulo, esse módulo é imediata e automaticamente atualizado em todo o sistema, como ilustrado na Figura 12.1.

O ERP automatiza os processos de negócio, como o cumprimento de pedidos (tirar o pedido de um cliente, enviar a compra e então cobrar). Com um sistema ERP, quando um representante do atendimento ao cliente tira o pedido de um cliente, ele tem todas as informações necessárias para completar o pedido (a avaliação de crédito e o histórico de pedidos do cliente, os níveis de estoque da empresa e o cronograma de entrega). Todos na empresa veem as mesmas informações e têm acesso ao banco de dados que contém o novo pedido do cliente. Quando um departamento finaliza o pedido, ele é automaticamente encaminhado por meio do sistema ERP para o departamento seguinte. Em qualquer ponto da execução do pedido, para descobrir onde ele está, o usuário precisa apenas fazer login no sistema ERP e rastreá-lo, conforme ilustrado na Figura 12.2. O processo do pedido move-se como um raio pela organização, e os clientes recebem seus pedidos mais rapidamente e com menos erros do que nunca. O ERP pode aplicar essa mesma mágica aos outros processos principais de negócios, como benefícios de empregados ou relatórios financeiros.

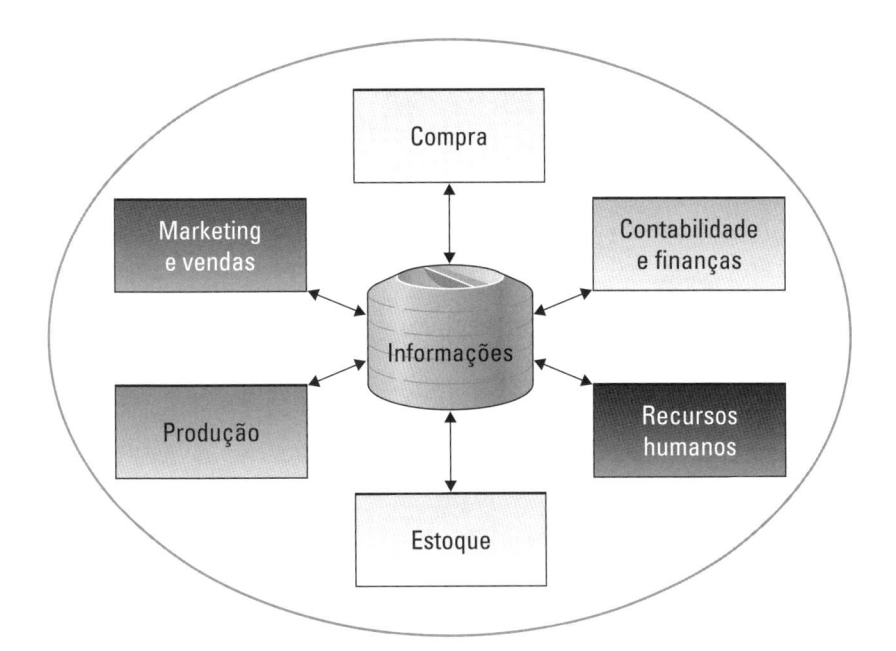

FIGURA 12.1
Fluxo de dados da integração de ERP.

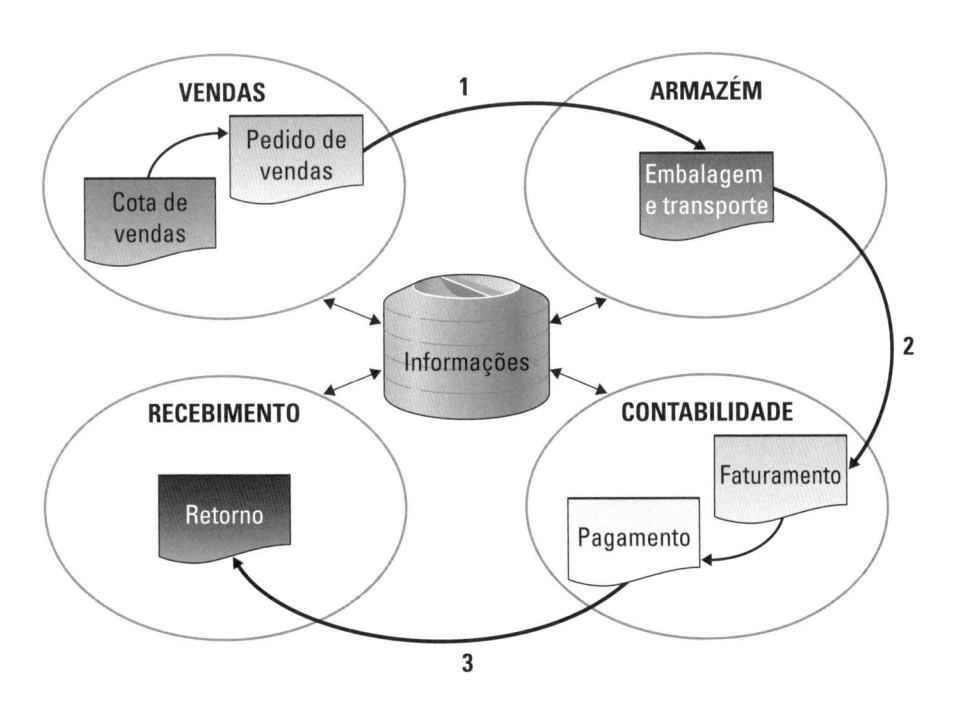

FIGURA 12.2
Fluxo de processos do ERP.

UNINDO A ORGANIZAÇÃO

Na maioria das organizações, a informação tradicionalmente permanece isolada em departamentos específicos, seja em um banco de dados individual, em um armário do arquivo físico ou no PC de um funcionário. O ERP permite que os funcionários de toda a organização compartilhem informações em um único banco de dados centralizado. Com capacidades estendidas do portal, uma organização pode também envolver os seus fornecedores e clientes no processo de fluxo de trabalho, permitindo que o ERP atinja a cadeia de valor e ajude a organização a alcançar maior eficiência operacional (ver Figuras 12.3 e 12.4).

FIGURA 12.3
A organização antes do ERP.

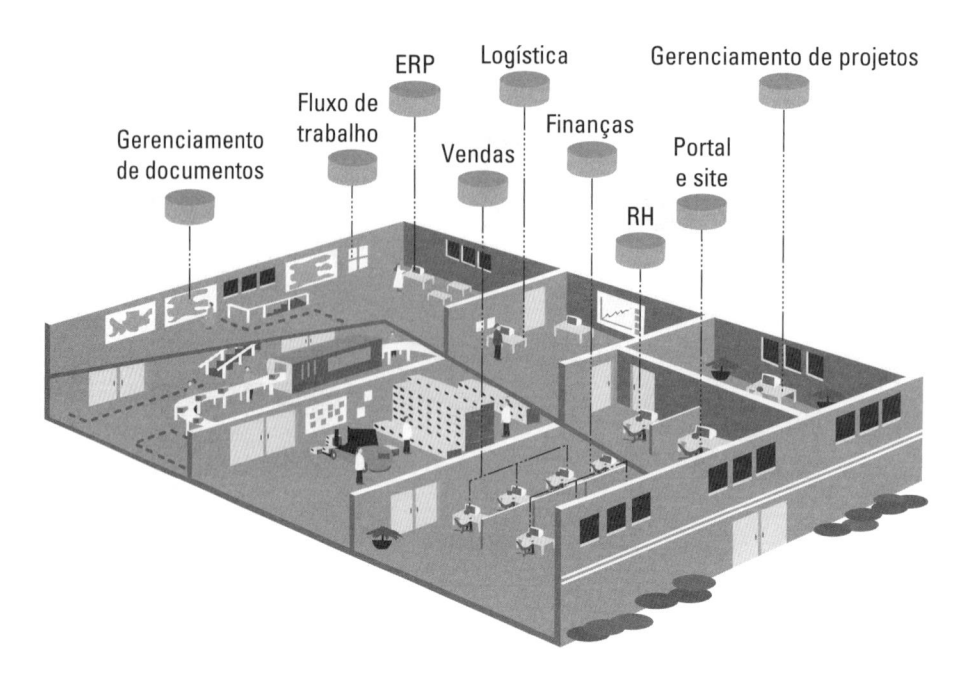

FIGURA 12.4
ERP – unindo a organização.

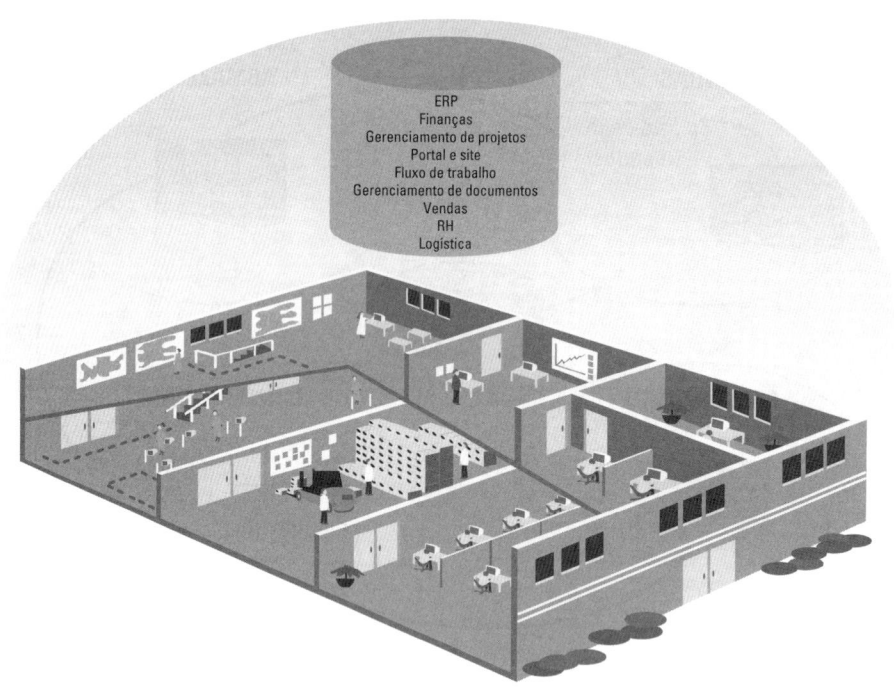

A EVOLUÇÃO DO ERP

Originalmente, as soluções de ERP foram desenvolvidas para proporcionar a automação de múltiplas unidades de uma organização, ajudar a facilitar o processo de fabricação e abordar questões como matérias-primas, estoque, entrada de pedidos e distribuição. No entanto, o ERP não se estendeu a outras áreas funcionais da companhia, como vendas, marketing e transporte. Não foi possível ligá-lo a recurso de CRM algum que permitisse às organizações a captura de informações específicas do cliente, e também não funcionou com sites e portais utilizados para o atendimento ao cliente ou o atendimento de pedidos. A central de atendimento ou a equipe de controle de qualidade não puderam conectar-se à solução de ERP, nem o ERP pôde lidar com o gerenciamento de documentos, como a catalogação de contratos e os pedidos de compra.

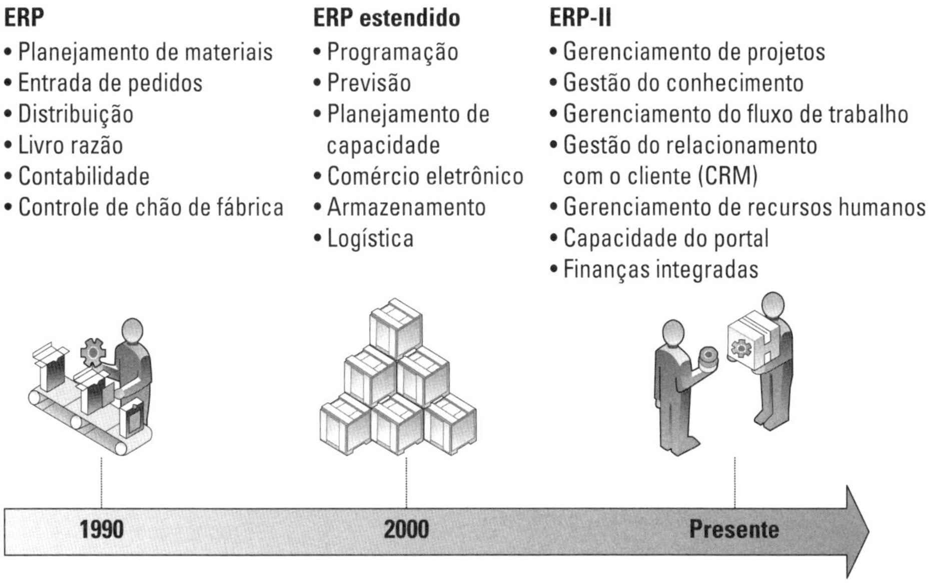

FIGURA 12.5
A evolução do ERP.

ERP
- Planejamento de materiais
- Entrada de pedidos
- Distribuição
- Livro razão
- Contabilidade
- Controle de chão de fábrica

ERP estendido
- Programação
- Previsão
- Planejamento de capacidade
- Comércio eletrônico
- Armazenamento
- Logística

ERP-II
- Gerenciamento de projetos
- Gestão do conhecimento
- Gerenciamento do fluxo de trabalho
- Gestão do relacionamento com o cliente (CRM)
- Gerenciamento de recursos humanos
- Capacidade do portal
- Finanças integradas

1990 — 2000 — Presente

O ERP cresceu ao longo dos anos para se tornar parte da empresa estendida. A partir de seu início como ferramenta para o planejamento de materiais, estendeu-se à armazenagem, à distribuição e à entrada de pedidos. Com a sua próxima evolução, o ERP expande-se para a linha de frente, incluindo CRM. Agora, a administração, as vendas, o marketing, e a equipe de recursos humanos podem compartilhar uma ferramenta que é verdadeiramente difundida na empresa inteira. Para competir em um nível funcional hoje, as companhias devem adotar uma abordagem de ERP que utilize a Internet e conecte-se a todos os aspectos da cadeia de valor em toda a empresa. A Figura 12.5 mostra como o ERP tem crescido desde a década de 1990 para acomodar as necessidades de toda a organização.

INTEGRAÇÃO DE SCM, CRM E ERP

OA 12.2 Explicar o valor de negócio da integração do gerenciamento da cadeia de fornecimento, da gestão do relacionamento com o cliente e dos sistemas de planejamento de recursos empresariais.

Aplicativos como o SCM, o CRM e o ERP são a espinha dorsal do negócio eletrônico. A integração desses aplicativos é a chave para o sucesso de muitas empresas, pois permite o desbloqueio de informações para torná-las disponíveis para qualquer usuário, em qualquer lugar e a qualquer hora.

Hoje, a maioria das organizações não tem escolha a não ser unir os seus aplicativos de SCM, CRM, ERP, já que nenhum fornecedor pode responder a cada necessidade organizacional; por isso os consumidores compram aplicativos de vários fornecedores. Como resultado, as organizações encaram o desafio de integrar seus sistemas. Por exemplo, uma mesma organização pode selecionar seus componentes de CRM da Siebel, de SCM da i2 e financeiros e de gerenciamento de RH da Oracle. A Figura 12.6 mostra o público geral e a razão pela qual esses aplicativos devem ser integrados.

FERRAMENTAS DE INTEGRAÇÃO

Administrar de maneira eficaz a transformação para uma empresa integrada é fundamental para o sucesso da organização do século XXI. A chave é a integração de aplicativos distintos de TI. Uma empresa integrada infunde áreas de apoio, como finanças e recursos humanos, com uma forte orientação ao cliente. As integrações são alcançadas utilizando-se o *middleware* – vários tipos diferentes de software que ficam no meio e fornecem a conectividade entre dois ou mais aplicativos de software. O middleware traduz as informações entre os diferentes sistemas. O *middleware de integração de aplicativos empresariais (EAI – Enterprise Application Integration)* representa uma nova abordagem para o middleware, ao juntar funcionalidades comuns utilizadas, como o fornecimento de links pré-construídos para aplicativos corporativos populares, o que reduz o tempo necessário para

FIGURA 12.6
Usuários primários e as vantagens para o negócio de iniciativas estratégicas.

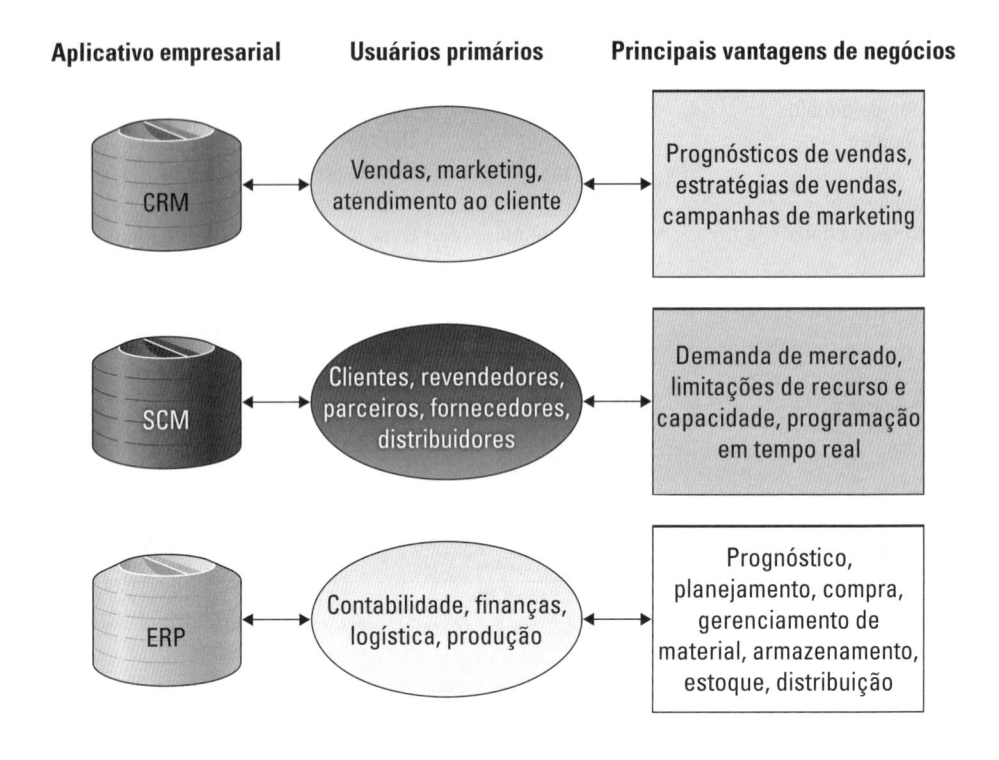

Aplicativo empresarial	Usuários primários	Principais vantagens de negócios
CRM	Vendas, marketing, atendimento ao cliente	Prognósticos de vendas, estratégias de vendas, campanhas de marketing
SCM	Clientes, revendedores, parceiros, fornecedores, distribuidores	Demanda de mercado, limitações de recurso e capacidade, programação em tempo real
ERP	Contabilidade, finanças, logística, produção	Prognóstico, planejamento, compra, gerenciamento de material, armazenamento, estoque, distribuição

FIGURA 12.7
Integrações entre aplicações de SCM, CRM e ERP.

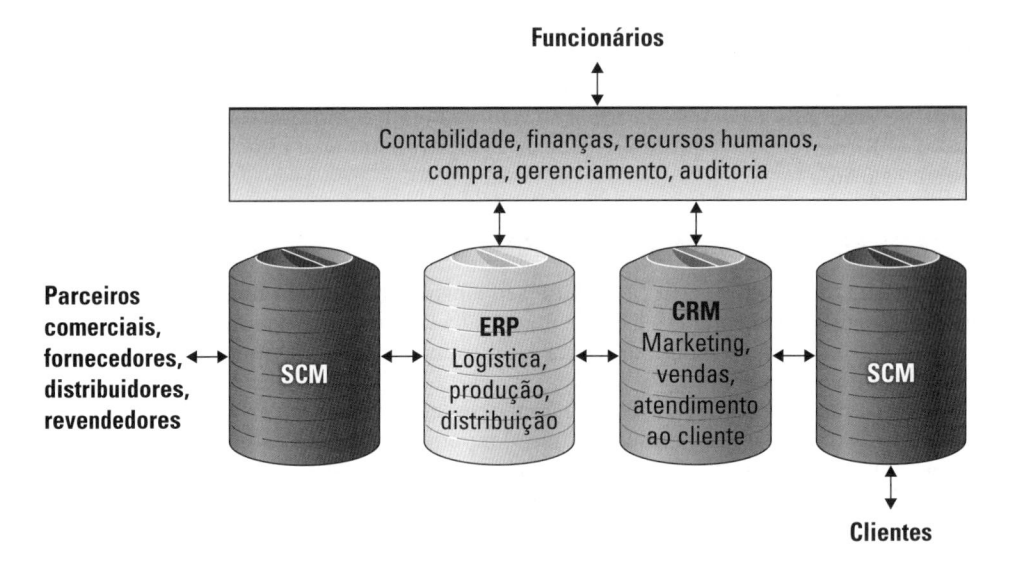

desenvolver soluções que integram aplicações de vários fornecedores. Os poucos fornecedores líderes de middleware de EAI incluem Active Software, Vitria Technology e Extricity. A Figura 12.7 mostra os pontos de dados em que esses aplicativos se integram e ilustra a premissa fundamental do projeto de infraestrutura de arquitetura.

As companhias executam aplicativos interdependentes, como SCM, CRM e ERP. Se um aplicativo é mal executado, todo o sistema de entrega de valor ao cliente é afetado. Por exemplo, não importa o tamanho do CRM de uma companhia, se o seu sistema de SCM não funcionar e o cliente nunca receber o produto acabado, a companhia vai perder esse cliente. As empresas de classe mundial de amanhã devem ser construídas sobre o fundamento dos aplicativos de classe mundial implementados hoje.

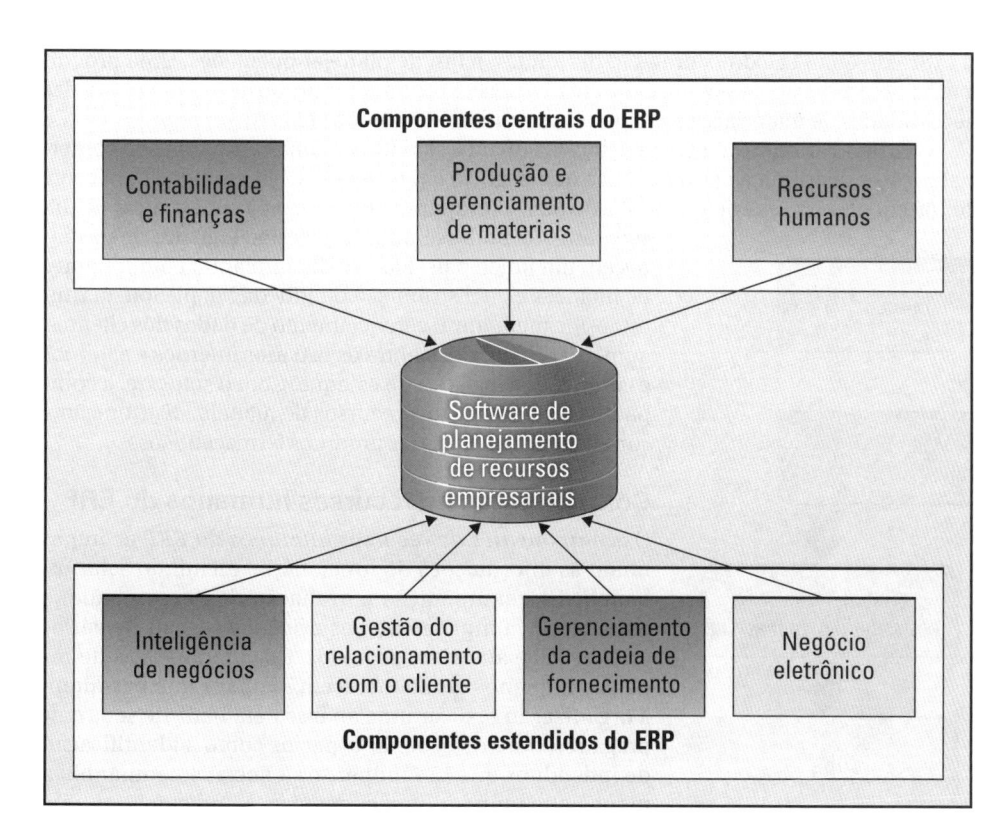

Componentes centrais e estendidos do ERP

A Turner Industries teve um crescimento de US$ 300 milhões para US$ 800 milhões em vendas em menos de 10 anos graças à implementação de um sistema ERP. Classificada como número 369 na lista da *Forbes* das 500 empresas de capital fechado, a Turner Industries é uma empresa líder em serviços industriais. A empresa desenvolve e implanta tipos de software avançados projetados para maximizar a produtividade de seus 25 mil empregados e equipamentos de construção no valor de mais de US$ 100 milhões.

A companhia considera que os maiores desafios no setor de serviços industriais são a conclusão dos projetos no prazo, dentro do orçamento, e ainda a satisfação das expectativas dos clientes. Para superar esses desafios, a empresa investiu em um sistema ERP e batizou o projeto de Interplan. O Interplan ganhou o prêmio Constructech's Vision para inovação de software na indústria da construção pesada. O sistema executa todos os projetos de construção, execução, paralisação e manutenção da Turner, e é tão apto à estimativa e ao planejamento de trabalhos que a empresa normalmente atinge maiores margens de lucro em projetos que utilizam o Interplan. Como a solução de ERP torna a empresa mais rentável, ela pode repassar as economias nos custos para seus clientes, obtendo grande vantagem competitiva.

A Figura 12.8 mostra um exemplo de um sistema ERP com seus componentes centrais e estendidos. Os **componentes centrais do ERP** são aqueles tradicionais incluídos na maioria dos sistemas de ERP e focam as operações internas. Os **componentes estendidos do ERP** são aqueles extras que atendem às necessidades organizacionais não satisfeitas pelos componentes centrais e focam em operações externas.

COMPONENTES CENTRAIS DO ERP

Os três componentes *centrais* mais comuns do ERP que focam nas operações internas são:

1. Contabilidade e finanças.
2. Produção e gerenciamento de materiais.
3. Recursos humanos.

FIGURA 12.8
Componentes centrais e estendidos do ERP.

Componentes de contabilidade e finanças do ERP

A Deeley Harley-Davidson Canada (DHDC), distribuidor canadense exclusivo de motocicletas Harley-Davidson, tem aperfeiçoado o estoque, o tempo de resposta, as margens e a satisfação do cliente, tudo com a implementação do módulo financeiro de um sistema de ERP. O sistema liberou o poder da informação para a companhia e está ajudando a tomar decisões estratégicas quando ainda há tempo para mudar as coisas. O ERP proporciona à empresa as formas de gerenciar o estoque e o tempo de resposta e de utilizar o espaço do armazém de forma mais eficaz.

Os *componentes de contabilidade e finanças do ERP* gerenciam os dados de contabilidade e os processos financeiros dentro da empresa com funções como livro razão, contas a pagar, contas a receber, orçamento e gerenciamento de ativos. Uma das características mais úteis incluída em um componente de contabilidade/finanças do ERP é a sua função de gerenciamento de crédito. A maioria das organizações gerencia seus relacionamentos com os clientes, definindo limites de crédito, ou um limite de quanto o cliente pode dever em um único momento. A empresa então monitora o limite de crédito sempre que o cliente realiza um novo pedido ou envia um pagamento. O módulo financeiro do ERP ajuda a correlacionar os pedidos dos clientes com seus saldos da conta que determinam a disponibilidade de crédito. Outra grande característica é a capacidade de realizar a análise da rentabilidade do produto. Os componentes financeiros do ERP são a espinha dorsal por detrás da análise de rentabilidade do produto e permitem às empresas realizar todos os tipos de técnicas avançadas de modelagem da rentabilidade.

Componentes de gerenciamento de produção e de materiais do ERP

Uma das principais funções de um sistema ERP é racionalizar o processo de planejamento da produção. Os **componentes de gerenciamento de produção e de materiais do ERP** e materiais lidam com os diversos aspectos do planejamento da produção e execução, como a previsão de demanda, a programação de produção, a contabilidade dos custos de trabalho e o controle de qualidade. As companhias costumam produzir vários produtos, cada qual com muitas peças diferentes. As linhas de produção, compostas por máquinas e empregados, criam os diferentes tipos de produtos. A companhia deve então definir a previsão de vendas de cada produto para determinar as programações da produção e a compra de materiais. A Figura 12.9 mostra o processo regular de planejamento de produção do ERP. O processo começa com a previsão de vendas, a fim de planejar operações. Uma programação de produção detalhada é desenvolvida se o produto for produzido, e um plano das necessidades de materiais é concluído se o produto for comprado.

O Grupo Farmanova Intermed, localizado na Costa Rica, é uma companhia de comercialização e distribuição farmacêutica que negocia em torno de 2.500 produtos para cerca de 500 clientes na América Central e do Sul. A companhia identificou a necessidade de um software que pudesse unificar a gestão logística de produtos em um único país. Ela decidiu implantar componentes de finanças e de distribuição do ERP da PeopleSoft, permitindo-lhe melhorar o gerenciamento de dados dos clientes, aumentar a confiança entre os usuários internos e externos e coordenar a logística de estoque. Com o software, a companhia aumentou seus recursos de manejo, distribuição e comercialização dos seus produtos farmacêuticos.

FIGURA 12.9
O processo de planejamento da produção.

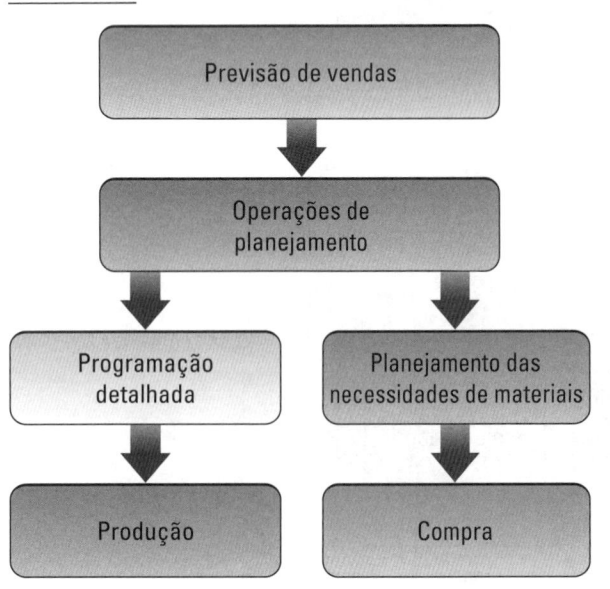

Componentes de recursos humanos do ERP

Os *componentes de recursos humanos do ERP* acompanham as informações do funcionário, incluindo salários, benefícios, remuneração e avaliação de desempenho, e garantem o cumprimento das exigências legais de várias jurisdições e autoridades fiscais. Os componentes de recursos humanos ainda oferecem recursos que permitem à organização realizar uma análise detalhada de seus empregados, para determinar aspectos como a identificação de indivíduos que são propensos a deixar a companhia a menos que tenham uma compensação adicional ou que lhes sejam fornecidos benefícios. Esses componentes também podem identificar quais funcionários estão usando determinados recursos, como treinamento online e serviços de telefonia de longa distância. Eles também podem ajudar a determinar se as pessoas mais talentosas estão trabalhando para as unidades de negócio com maior prioridade – ou onde teriam o maior impacto sobre o lucro.

COMPONENTES ESTENDIDOS DO ERP

Os componentes estendidos do ERP são os componentes extras que atendem às necessidades organizacionais não satisfeitas pelos componentes centrais e focados principalmente em operações externas. Muitos dos numerosos componentes estendidos do ERP estão habilitados para a Internet e requerem a interação com clientes, fornecedores e parceiros de negócios fora da organização. Os quatro componentes estendidos do ERP mais comuns são:

1. Inteligência de negócios.
2. Gestão do relacionamento com o cliente.
3. Gerenciamento da cadeia de fornecimento.
4. Negócio eletrônico.

Componentes de inteligência de negócios (BI)

Os sistemas ERP oferecem ferramentas poderosas que medem e controlam as operações organizacionais. Muitas organizações descobriram que essas ferramentas valiosas podem ser aprimoradas para oferecer um valor ainda maior com a adição de sistemas poderosos de inteligência de negócios (BI). Os componentes de inteligência de negócios de sistemas ERP normalmente coletam informações utilizadas em toda a organização (incluindo os dados usados em muitos outros componentes do ERP), organizam essas informações e aplicam ferramentas analíticas para auxiliar os gestores nas decisões. Os *data warehouses* são uma das extensões mais populares para os sistemas ERP, com mais de dois terços dos fabricantes dos EUA adotando ou fazendo o planejamento desses sistemas.

Componentes de gestão do relacionamento com o cliente do ERP

Os fornecedores de ERP estão expandindo suas funcionalidades de prestação de serviços anteriormente prestados por fornecedores de gestão do relacionamento com o cliente (CRM) como a Siebel. Os componentes de CRM fornecem uma visão integrada de dados de clientes e de interações, permitindo que as organizações trabalhem de forma mais eficaz com os clientes e reajam mais às suas necessidades. Os componentes de CRM em geral incluem centros de contato, automação da força de vendas e funções de marketing. Essas alterações melhoram a experiência do cliente, identificando os clientes mais (e menos) valiosos de uma empresa para melhor alocação de recursos.

Componentes de gerenciamento da cadeia de fornecimento do ERP

Os fornecedores de ERP estão expandindo suas funcionalidades de prestação de serviços anteriormente prestados por fornecedores de gerenciamento da cadeia de fornecimento, como o i2 Technologies e o Manugistics. Os componentes de SCM ajudam uma organização a planejar, programar, controlar e otimizar a cadeia de fornecimento desde a aquisição de matérias-primas até o recebimento de produtos acabados por parte dos clientes.

Componentes de negócio eletrônico

O foco original dos sistemas ERP era a organização interna. Em outras palavras, esses sistemas não estavam totalmente prontos para o mundo externo do negócio eletrônico. Os componentes estendidos do ERP mais recentes e interessantes são os componentes do negócio eletrônico. Duas das principais características dos seus componentes são a logística e o aprovisionamento eletrônicos. A ***logística eletrônica (elogistics)*** gerencia o transporte e o armazenamento de produtos. O ***aprovisionamento eletrônico (eprocurement)*** é a compra e venda empresa-empresa (B2B) de suprimentos e serviços via Internet.

O negócio eletrônico e o ERP complementam-se, ao permitir que as empresas estabeleçam uma presença na Web e cumpram ordens prontamente. Um erro comum cometido por muitas empresas é a implantação de uma presença na Web antes da integração de sistemas de retaguarda ou de um sistema de ERP. Por exemplo, um grande fabricante de brinquedos anunciou, menos de uma semana antes do Natal, que não conseguiria cumprir nenhum dos pedidos feitos na Web. A companhia tinha todos os brinquedos no armazém, mas não conseguiu organizar a função básica de processamento de pedidos para entregar os brinquedos em tempo ao consumidor.

Os clientes e fornecedores agora estão exigindo o acesso às informações de ERP, que incluem a situação do pedido, os níveis de estoque e de reconciliação da fatura. Além disso, os clientes e parceiros querem todas essas informações em um formato simplificado disponível em um site. Essa é uma tarefa complicada de realizar porque a maioria dos sistemas ERP está cheia de jargões técnicos, razão pela qual o treinamento de empregados é um dos custos ocultos associados a implementações de ERP. Excluir os jargões para ajudar os clientes e os parceiros inexperientes é uma das tarefas mais difíceis ao disponibilizar um sistema de ERP na Web. Para acomodar as necessidades crescentes do mundo dos negócios eletrônicos, os fornecedores de ERP precisam construir dois novos canais de acesso à informação do sistema ERP: um canal para os clientes (B2C) e um para as empresas, fornecedores e parceiros (B2B).

ERP CUSTA CARO

Não há garantia de sucesso para um sistema ERP. Os ERPs se concentram em como a corporação opera internamente, e otimizar essas operações demanda muito tempo e energia. De acordo com o Meta Group, uma empresa de médio porte leva de 8 a 18 meses para obter todas as vantagens de um sistema ERP. A boa notícia é que a economia média dos novos sistemas ERP é de US$ 1,6 milhão por ano.

Além da compreensão das vantagens que uma organização pode obter a partir de um sistema ERP, também é importante compreender o principal risco associado à sua implementação: o custo. Os sistemas ERP não são baratos. O Meta Group realizou um estudo sobre o custo total de propriedade (TCO – *Total Cost of Ownership*) para um sistema ERP. O estudo incluiu custos de hardware, software, serviços profissionais e pessoal interno. Foram pesquisadas 63 empresas de diversos setores e de pequeno a grande porte. O TCO médio foi de US$ 15 milhões (o mais alto foi de US$ 300 milhões e o mais baixo, de US$ 400 mil). O preço de um sistema ERP costuma partir de vários milhões de dólares e a implementação pode durar, em média, 23 meses. A Figura 12.10 exibe alguns dos custos associados a um sistema ERP.

FIGURA 12.10
Riscos associados ao ERP (custo).

Riscos associados ao ERP (custo)
Custo do software: a compra do software.
Honorários de consultoria: contratação de peritos externos para ajudar a implementar o sistema corretamente.
Processo de retrabalho: redefinir processos, a fim de assegurar que a empresa esteja usando os processos mais eficientes e mais eficazes.
Customização: se o pacote de software não atende a todas as necessidades da empresa, pode ser necessário customizá-lo.
Integração e testes: garantir que todos os produtos de software, inclusive sistemas diferentes que não fazem parte do sistema ERP, funcionem em conjunto ou estejam integrados. Testar o sistema ERP inclui testar todas as integrações.
Treinamento: treinamento para todos os novos usuários.
Integração do *data warehouse* e conversão de dados: transferência de dados de um sistema antigo para o novo sistema ERP.

QUESTÕES SOBRE O CASO DA UNIDADE

1. De que forma uma empresa como a Actionly pode tirar proveito de um sistema ERP?

CASO DO CAPÍTULO 12: A Shell Canada acelera a produtividade com o ERP

A Shell Canada é uma das maiores empresas de petróleo integradas do país e a principal fabricante, distribuidora e comerciante de produtos petrolíferos refinados. A empresa, cuja sede fica em Calgary, produz gás natural, líquidos de gás natural e betume. A Shell Canada é também a maior produtora de enxofre do país. Há uma rede espalhada, de costa a costa do país, de 1.809 postos de gasolina e lojas de conveniência da marca Shell.

Para administrar uma operação comercial tão complexa e vasta quanto essa com sucesso, a empresa depende muito do uso de um sistema de planejamento de recursos empresariais (ERP) que atenda sua missão crítica. A utilização de um sistema desse tipo é uma necessidade quando o assunto é ajudar a empresa a integrar e gerenciar suas operações diárias – operações que se estendem a partir de poços e minas até unidades de transformação, caminhões de petróleo e bombas de gás.

Por exemplo, o sistema ERP ajudou muito a empresa em termos de redução e racionalização do processo altamente manual de empresas terceirizadas que enviam informações de consertos e faturas. Em média, há entre 2.500 e 4 mil ordens de serviço atendidas por essas empresas, mensalmente, em âmbito nacional.

Antes da implementação do sistema ERP, as empresas tinham de enviar a Shell Canada as faturas mensais resumidas em que constavam as listas de serviços de manutenção que os empreiteiros haviam realizado nos vários postos de gasolina da Shell. Cada uma dessas faturas demorava de 8 a 20 horas para ser preparada pelo empreiteiro. Em conjunto, os empreiteiros enviavam entre 50 e 100 faturas todos os meses para a Shell Canada. Isso significava que cada fatura era revista pelo gerente de território designado para a tarefa e, em seguida, encaminhada até a sede, para que o pagamento fosse processado. Apenas essa tarefa consumia mais de 16 a 30 horas de trabalho por mês. Na sede, outras 200 horas de trabalho eram realizadas por funcionários responsáveis pela entrada de dados, que tinham de informar os dados das faturas manualmente no sistema de pagamento.

E isso era a quantidade de tempo necessário no caso de tudo correr bem! Eram necessárias mais horas de trabalho para decifrar e corrigir erros, se algum erro fosse inserido durante a geração manual de faturas e os dados tivessem de ser informados novamente. Muitas vezes, erros relativos a um item da linha de uma fatura impediam o pagamento de toda a fatura. Isso irritava os empreiteiros e não ajudava a manter relações saudáveis com eles.

Para piorar a situação, apesar das horas envolvidas e da quantidade necessária de trabalho humano no manuseio de dados, as informações detalhadas sobre os consertos que os empreiteiros realizavam muitas vezes não eram inseridas no sistema de pagamento. E quando eram, a informação não estava atualizada – frequentemente, tratava-se de informação de semanas ou até mesmo de meses atrás, em relação ao momento em que se conseguia inseri-la no sistema de processamento de pagamentos. Como resultado, a Shell não estava coletando informações suficientes sobre os consertos realizados – o que causava o problema – e como tinham sido resolvidos.

Felizmente, a solução de ERP acabou com essas deficiências, por meio da criação de um sistema integrado e baseado na Web para o envio de ordens de serviço, faturas e pedidos de pagamentos. Com essa ferramenta, os empreiteiros terceirizados podem enviar as ordens de serviço diretamente ao sistema ERP da Shell via Internet. Quando isso é feito, eles também podem inserir informações detalhadas sobre o trabalho que foi realizado – às vezes, até mesmo anexar fotos e desenhos para ajudar a descrever a tarefa que foi concluída. Com um sistema ERP, são necessários apenas alguns minutos para um empreiteiro inserir os detalhes da ordem de serviço. Além disso, essa informação pode ser transmitida por um PDA sem fio para o gerente da Shell designado e receber uma aprovação imediata – diminuindo a ocorrência de atrasos desnecessários.

Outro bônus do sistema ERP é que as faturas mensais resumidas dos empreiteiros agora podem ser geradas de forma automática e enviadas diretamente para o aplicativo de contas a pagar do sistema ERP para processamento. Não é mais necessário providenciar a recodificação de dados! Ainda melhor: no caso de haver um problema ou dúvida em relação a um item específico da fatura, os outros podem ser processados para pagamento.

O sistema ERP da Shell Canada também lida com outras tarefas operacionais. Ele pode, por exemplo, ajudar a acelerar as operações de manutenção e reparos nas refinarias da empresa. Com o sistema ERP ativo, em vez de tentar utilizar diversos sistemas internos diferentes para acessar desenhos técnicos, esquemas, lista de peças e outras ferramentas e informações, os funcionários das refinarias podem agora usar esse sistema para acessar o material diretamente de uma base de dados centralizada.

Outra vantagem do sistema ERP é a sua facilidade de uso. A pesquisa de informações nos sistemas antigos utilizados pelos trabalhadores da refinaria era complexa e difícil. O sistema ERP agora ativo tem uma interface de portal que permite aos trabalhadores da refinaria acessar as funções e informações de que precisam para manter as operações funcionando. A interface Web permite o acesso a essas informações com um ou dois cliques de um mouse.

Uma parte importante de qualquer implementação de ERP bem-sucedida é treinar os usuários finais para que aprendam a utilizar o sistema e ensiná-los sobre as funções e capacidades dele. Reconhecendo isso, a Shell Canada ofereceu a seu pessoal treinamento formal e informal ERP. Essa formação provou ser inestimável para ensinar aos usuários finais a mecânica do sistema e aumentar a consciência dos benefícios e ganhos de eficiência que o sistema ERP pode oferecer à empresa. Isso não só ajudou a promover a aceitação do sistema ERP por parte do usuário final, como também resultou em um grande aumento das intenções dos funcionários de usar o sistema no trabalho diário.

Os executivos da Shell Canada estão satisfeitos e otimistas com as vantagens do ERP. Com esse novo sistema, os funcionários de toda a empresa têm acesso fácil e rápido às ferramentas e informações de que precisam para realizar suas operações diárias.[1]

Questões

1. Como o ERP ajuda a melhorar as operações de negócios da Shell?
2. Qual foi a importância do treinamento para ajudar na implantação do sistema para o pessoal da Shell?
3. Como os componentes de ERP estendidos podem ajudar a melhorar as operações de negócios da Shell?
4. Que conselho você daria a Shell se a empresa decidisse escolher uma solução de software de ERP diferente?
5. Como a integração de SCM, CRM e ERP pode ajudar a melhorar as operações de negócios da Shell?

RESUMO DA UNIDADE

Hoje, organizações de vários tamanhos estão provando que os sistemas de apoio à tomada de decisão e o aproveitamento de oportunidades são essenciais para prosperar no mundo eletrônico altamente competitivo. Estamos vivendo uma era em que a tecnologia da informação é uma ferramenta básica, o conhecimento é um ativo estratégico, e a tomada de decisão e resolução de problemas são habilidades fundamentais. Quanto mais difícil, maior e mais exigente que um problema ou oportunidade seja, e quanto mais rápido e mais competitivo é o ambiente, mais importante se tornam a tomada de decisão e as habilidades para resolver problemas. Esta unidade examinou inúmeras ferramentas e iniciativas estratégicas que uma organização pode aproveitar para auxiliar na tomada de decisão:

- Gerenciamento da cadeia de fornecimento (SCM) – gestão dos fluxos de informação na cadeia de fornecimento para maximizar sua eficácia global e rentabilidade.
- Gestão do relacionamento com o cliente (CRM) – gestão de todos os aspectos do relacionamento do cliente com uma organização para aumentar a fidelidade e retenção dos clientes, assim como sua lucratividade.
- Planejamento de recursos empresariais (ERP) – integração de todos os departamentos e funções da organização em um único sistema de TI (ou em um conjunto integrado de sistemas de TI) para que os gestores e funcionários possam tomar decisões válidas para toda a empresa, visualizando as informações em todas as operações de negócios.

TERMOS-CHAVE

Agente inteligente 145
Algoritmo genético 145
Análise "e se..." (*what if*) 139
Análise de atingir metas 139
Análise de otimização 139
Análise de sensibilidade 139
Análise detalhada (*drill-down*) 142
Analytics 133
Aprovisionamento eletrônico (*eprocurement*) 173
Comércio eletrônico 129
Componentes centrais do ERP 171
Componentes de contabilidade e finanças do ERP 172
Componentes de gerenciamento de produção e de materiais do ERP 172
Componentes de recursos humanos do ERP 172
Componentes estendidos do ERP 171
Consolidação 142
CRM analítico 159
CRM operacional 159
Decisões altamente desestruturadas 136
Decisões estruturadas 134
Decisões semiestruturadas 136
Documentos-fonte 138

Efeito chicote 149
Engenharia colaborativa 153
Fatiamento e agrupamento (*slice-and-dice*) 142
Gerenciamento da cadeia de vendas 153
Gerenciamento de evento da cadeia de fornecimento (SCEM) 153
Gestão de relacionamento com o empregado (ERM) 163
Gestão do relacionamento com o cliente (CRM) 157
Gestão do relacionamento com o fornecedor (SRM) 162
Gestão do relacionamento com o parceiro (PRM) 162
Granularidade 140
Identificação por radiofrequência (RFID) 153
Inteligência artificial (IA) 143
Lógica fuzzy 144
Logística eletrônica (*elogistics*) 173
Middleware 169
Middleware de integração de aplicativos empresariais (EAI) 169
Modelo 137
Mutação 145
Nível estratégico 136
Nível gerencial 136

Nível operacional 134
Painel digital (*dashboard*) 142
Planejamento de demanda colaborativa 153
Processamento analítico online (OLAP) 139
Processamento de transações online (OLTP) 137
Realidade aumentada 146
Realidade virtual 146
Rede neural ou rede artificial neural 144
Shopping bot (comparador de preços) 145
Sistema de informação executiva (EIS) 140
Sistema de processamento de transação (TPS) 138
Sistemas de apoio à decisão (DSS) 139
Sistemas de inteligecia 142
Sistemas especialistas 144
Software de execução da cadeia de fornecimento (SCE) 150
Software de planejamento da cadeia de fornecimento (SCP) 150
Software de planejamento de demanda 149
Visibilidade da cadeia de fornecimento 148

CASO 1 DE ENCERRAMENTO DA UNIDADE

A fidelidade do cliente pode ser uma coisa ruim?

O que acontece quando você descobre que os clientes mais fiéis da sua empresa nem sempre são os mais rentáveis? A crise econômica tem mostrado às empresas a necessidade de redobrar os esforços para promover a fidelidade do cliente. Muitos artigos agora advertem sobre uma importância maior de prestar um atendimento de excelência em tempos difíceis para garantir a retenção de clientes. O raciocínio subjacente é simples: com o auxílio contínuo dos clientes fiéis, uma empresa pode enfrentar a tempestade.

Sem dúvida, há alguma verdade nessa lógica. Nenhuma empresa pode sobreviver por muito tempo sem clientes fiéis. O problema, porém, é que o sucesso por meio da fidelidade não é tão simples. Como a maioria das grandes ideias, há situações em que se trata de uma verdade indiscutível, mas também há situações menos frequentes, porém igualmente verdadeiras, em que essa noção está errada.

A fidelidade é uma grande ideia. No seu nível mais básico, trata-se de um sentimento de apego que faz o indivíduo se dispor a continuar com o relacionamento. E embora a fidelidade exclusiva tenha sido substituída nos corações e mentes dos clientes por múltiplas fidelidades a muitas, se não à maioria, das categorias de produtos, muitas vezes mais de 50% dos clientes de uma empresa diriam que são, em algum nível, fiéis a uma empresa em particular. Mesmo se usarmos nossa classificação de fidelidade para os clientes que se sentem fiéis e fazem a maioria de suas compras com uma empresa, normalmente isso corresponderia a um terço dos clientes dessa empresa.

A questão é que, em geral, apenas 20% dos clientes de uma empresa são realmente rentáveis. E muitas vezes – vezes demais, até –, os clientes rentáveis da empresa não são fiéis. Isso dá aos gestores um problema de fidelidade, embora não o problema pelo qual eles esperam. Se os clientes mais fiéis de uma empresa não são rentáveis, como uma estratégia de fidelização de clientes pode gerar sempre um retorno positivo sobre o investimento? Em vez de perguntar se você tem clientes fiéis o suficiente em sua base de clientes, você precisa fazer três perguntas mais complexas: (1) quais são os clientes fiéis que são bons para o negócio; (2) como vamos mantê-los; e (3) como vamos conseguir mais clientes como eles?

Nesta economia vagarosa, os clientes das configurações B2B e B2C são naturalmente muito mais sensíveis às questões econômicas. Além disso, empresas em relacionamentos B2B costumam ser mais dependentes de seus parceiros fornecedores para ajudá-las a arcar com esse ônus. Não há nada de intrinsecamente errado nisso, e os gerentes precisam reconhecer que seu trabalho é atender às necessidades dos clientes para merecer a sua fidelidade.

Mas a solução simples para melhorar a fidelidade do cliente em um mercado retraído é oferecer promoções de preços. As empresas que acompanham a fidelidade de seus clientes podem ter a certeza de que a fidelidade vai aumentar a cada diminuição substancial do preço.

No entanto, isso é uma estratégia de fidelização ruim. O que não quer dizer que as empresas não devam encontrar maneiras de ser mais eficientes para poder repassar redução de custos para os clientes. Mas a lealdade baseada no preço é sempre a forma mais baixa de lealdade. Isso significa que a empresa não está oferecendo um valor diferenciado aos seus clientes.

O lugar para se começar qualquer estratégia de fidelização é determinar quais clientes fiéis são rentáveis e quais não são. Um exame mais detalhado desses dois tipos de clientes sempre revela razões muito diferentes para a fidelidade. Clientes fiéis que não são rentáveis tendem a ser leais por uma das seguintes razões: (1) ou são movidos por políticas de preços e de câmbio não rentáveis, ou (2) exigem uma quantidade excessiva de atendimento pela qual não estão dispostos a pagar um preço justo.

Os clientes fiéis que são rentáveis, por outro lado, são quase sempre impulsionados por aspectos diferenciados da oferta de produto ou serviço. A chave para uma estratégia de fidelização de sucesso é deixar claro esses aspectos diferenciadores e se concentrar em melhorar de forma tangível esses elementos. É também imperativo informar de modo ativo aos clientes e potenciais clientes que essas são as coisas que a empresa representa e nas quais está empenhada em ser a melhor. Ao fazer isso, os melhores clientes terão as informações necessárias para reconhecer por que uma empresa merece sua lealdade nos momentos bons e nos ruins.[2]

Questões

1. Por que os relacionamentos com clientes são importantes para uma empresa? Você concorda que toda empresa precisa se concentrar nos clientes para sobreviver na era da informação?
2. Como uma empresa pode encontrar seus clientes mais fiéis?
3. Escolha uma empresa (pode ser Starbucks, Disney ou Nissan, por exemplo). Responda às seguintes perguntas com base na sua escolha.
    a. Quais os clientes leais que são bons para a empresa?
    b. Como vamos mantê-los?
    c. Como vamos conseguir mais clientes como eles?
4. Você concorda ou discorda da seguinte declaração? "A questão é que, em geral, apenas 20% dos clientes de uma empresa são realmente rentáveis. E muitas vezes – vezes demais, até –, os clientes rentáveis da empresa não são fiéis."

CASO 2 DE ENCERRAMENTO DA UNIDADE

Acelerando as vendas da Harley-Davidson

A Harley-Davidson fabrica 290 mil motocicletas e gera mais de US$ 4 bilhões em receita líquida por ano. Há uma mística associada às motocicletas Harley-Davidson. Nenhuma outra moto no mundo é igual a uma Harley, e muitas pessoas a consideram uma obra de arte de duas rodas. A demanda pelas motocicletas da montadora supera a oferta. Alguns modelos têm lista de espera de até dois anos. A Harley-Davidson ganhou uma série de prêmios, incluindo:

- O segundo lugar no Top 100 das melhores empresas para se trabalhar em TI, no ranking da *Computerworld*.
- O 51º melhor lugar para se trabalhar entre as 100 melhores empresas da *Fortune*.

- A empresa mais admirada da *Fortune* entre as cinco primeiras do setor de veículos a motor.
- O primeiro lugar no Top 10 das corporações mais genuínas, segundo o *Harris Interactive Report*.
- O segundo lugar no Top 10 geral das corporações, segundo o *Harris Interactive Report*.

Foco da Harley-Davidson em tecnologia

O compromisso da Harley-Davidson com a tecnologia está valendo a pena: em 2003, a empresa diminuiu os custos de produção e de estoques em US$ 40 milhões, como resultado direto do uso da tecnologia para aumentar a capacidade de produção. O orçamento de tecnologia de US$ 50 milhões da empresa corresponde a mais de 2% de sua receita, o que é muito acima da média da indústria transformadora. Mais de 50% desse orçamento é dedicado ao desenvolvimento de novas estratégias de tecnologia.

A Harley-Davidson se concentra na implementação de estratégias de negócio eletrônico para reforçar sua participação de mercado e aumentar a satisfação do cliente. Mais de 80 projetos foram desenvolvidos em 2003, e a maioria dos novos projetos é voltada para compartilhamento de informações, obtenção de inteligência de negócios e melhoria da tomada de decisão.

Talon, o sistema exclusivo de gerenciamento de revendedores da Harley-Davidson, é uma das suas iniciativas de tecnologia mais bem-sucedida. O Talon lida com estoque, registro do veículo, garantias e operações dos pontos de venda de todas as concessionárias Harley-Davidson. O sistema executa diversas tarefas que poupam tempo, como a verificação do estoque do revendedor, gerando automaticamente pedidos de peças, e permitindo que a empresa veja e analise informações em toda a sua organização global. O Talon dá aos gerentes da Harley-Davidson uma visão total das informações de toda a empresa a qual auxilia no estabelecimento de metas estratégicas e na tomada de decisão em todos os níveis da organização.

Relacionamento com os fornecedores

A Harley-Davidson investe tempo, energia e recursos para melhorar continuamente as suas iniciativas estratégicas de negócios entre empresas, como o gerenciamento da cadeia de fornecimento. A empresa entende e valoriza a importância de criar um relacionamento sólido com seus fornecedores. Para desenvolver essas importantes relações, ela implantou o Manugistics, um sistema de SCM que lhe permite fazer negócios com fornecedores em um ambiente colaborativo baseado na Web. A companhia planeja usar o software de SCM para gerir melhor seu fluxo de materiais e melhorar as atividades de colaboração com os principais fornecedores.

Relacionamento com os clientes

Cada vez que um cliente vai até a empresa, a Harley-Davidson recebe uma oportunidade de criar uma relação de confiança com esse cliente. A companhia percebe que é preciso mais do que apenas fabricar e vender motocicletas para realizar os sonhos de seus clientes. Por essa razão, ela se esforça para oferecer experiências inesquecíveis que vão além dos seus produtos de alta qualidade.

A Harley vende mais de US$ 500 milhões em peças e acessórios aos seus fiéis seguidores. Ken Ostermann, gerente de comércio eletrônico e comunicações da Harley-Davidson, estabeleceu que a empresa poderia aumentar essas vendas se pudesse oferecer os produtos pela Internet. O dilema da estratégia online de Ostermann era que a venda de jaquetas, alforjes e camisetas diretamente aos clientes iria ignorar as 650 concessionárias da Harley-Davidson, cujas receitas dependem da venda dos acessórios, que têm alta margem de lucro. A solução de Ostermann foi criar uma loja virtual, o Harley-Davidson.com, para que os clientes escolhessem uma concessionária Harley-Davidson participante antes de realizar uma compra via Internet. A concessionária selecionada fica, então, responsável pelo atendimento do pedido. Essa estratégia tem ajudado a garantir que as concessionárias permaneçam como o ponto principal de experiências de compra dos clientes.

Para garantir que todos os clientes tenham uma experiência altamente gratificante de compra pela Internet, a empresa solicita que as concessionárias cumpram com uma série de normas, incluindo:

- A verificação dos pedidos pela Internet duas vezes por dia.
- O envio das compras online no prazo de 24 horas.
- A resposta a dúvidas ou solicitações de clientes em até 24 horas.

A Harley-Davidson ainda acompanha as métricas de clientes online, como tempo necessário para processamento de pedidos, quantidade de itens comprados devolvidos e número de pedidos incorretos, garantindo que sua mensagem de atendimento rápido e de excelência ao cliente seja passada de forma coerente para toda a sua clientela fiel. A empresa recebe mais de 1 milhão de visitantes por mês na sua loja online. O nível de satisfação do cliente com o site passou de extremamente satisfeito para excepcional em um ano.

Outra das estratégias voltadas para o cliente é o HOG (Harley's Owners Group), criado em 1983. O HOG é o maior motoclube patrocinado por uma montadora do mundo, com mais de 600 mil membros. Ele proporciona diversos eventos, passeios e benefícios aos seus membros. O HOG é um dos principais fatores que contribuem para o estabelecimento de um forte senso de comunidade entre os proprietários dessas motos. A Harley-Davidson tem criado uma tribo de clientes que é extremamente leal, e essa é uma tarefa difícil de se realizar em qualquer setor.

A cultura corporativa da Harley-Davidson

Os funcionários da Harley-Davidson são o motor por trás do excelente desempenho e o alicerce do sucesso global da empresa. A Harley-Davidson acredita em um forte senso de ética e valores corporativos, e os cinco principais valores centrais da empresa servem como estrutura para toda a corporação:

1. Diga a verdade.
2. Seja justo.
3. Cumpra suas promessas.
4. Respeite as pessoas.
5. Incentive a curiosidade intelectual.

A empresa crê que seus valores fundamentais são a principal razão pela qual ela ganhou dois prêmios de prestígio do *Harris Interactive Report*, uma das mais respeitadas avaliações de clientes em relação a sinceridade, ética e normas das corporações. Manter a ética e valores sólidos é e sempre será prioridade para a empresa e seus funcionários.

Para melhorar suas operações ainda mais, a Harley-Davidson planeja continuar aproveitando as novas tecnologias e estratégias, incluindo uma abordagem baseada na Web para acessar informações, e um sistema empresarial completo para consolidar o sistema de aquisição nas suas oito unidades nos EUA.[3]

Questões

1. Explique como o Talon ajuda os funcionários da Harley-Davidson a melhorar as suas capacidades de tomada de decisão.
2. Identifique algumas métricas-chave que um executivo de marketing da Harley-Davidson pode querer acompanhar em um dashboard digital.
3. Como a Harley-Davidson pode se beneficiar do uso de sistemas de apoio à decisão e sistemas de informação executiva na sua atuação?
4. Como os negócios da Harley-Davidson seriam afetados, se a empresa decidisse vender acessórios diretamente a seus clientes online? Inclua um breve exame sobre a ética envolvida nessa decisão.
5. Avalie a estratégia de CRM do HOG e recomende outra vantagem que a Harley-Davidson pode fornecer aos seus membros do HOG para aumentar a satisfação do cliente.
6. Como o sistema de SCM da Harley-Davidson, o Manugistics, pode melhorar as operações de negócios da empresa?
7. Faça uma descrição em potencial do sistema de SCM da Harley-Davidson, incluindo todos os participantes *upstream* e *downstream*.
8. Explique como um sistema ERP pode ajudar a Harley-Davidson a obter inteligência de negócios em suas operações.

TOMANDO DECISÕES DE NEGÓCIOS

1. **Implementação de um sistema ERP**

   A Blue Dog Inc. é uma fabricante líder do setor de óculos de sol sofisticados. A empresa atingiu um nível de receita recorde de US$ 250 milhões no ano passado. Atualmente, está considerando a possibilidade de implementar um sistema ERP para ajudar a diminuir os custos de produção e aumentar o controle de estoque. Muitos dos executivos estão nervosos com a chance de fazer um investimento tão grande em um sistema ERP, devido às suas baixas taxas de sucesso. Como gerente sênior da Blue Dog Inc. você foi convidado a compilar uma lista dos potenciais benefícios e riscos associados à implementação de um sistema ERP, além de dar recomendações das etapas que a empresa pode tomar para garantir uma implementação bem-sucedida.

2. **DSS e EIS**

   O Dr. Rosen administra um grande conglomerado de odontologia, o Teeth Doctors, que emprega mais de 700 dentistas em seis estados. Ele está interessado em comprar uma empresa concorrente chamada Dentix, que conta com 150 dentistas em mais três estados. Antes de decidir se compra a Dentix, ele deve considerar várias questões:

   - O custo de aquisição da Dentix.
   - A localização dos consultórios da Dentix.
   - O número atual de clientes por dentista, por consultório e por estado.
   - A fusão entre as duas empresas.
   - A reputação profissional da Dentix.
   - Outros concorrentes.

   Explique como o Dr. Rosen e a Teeth Doctors podem se beneficiar do uso de sistemas de informação para tomar uma decisão de negócios precisa em relação à possível compra da Dentix.

3. **SCM, CRM e ERP**

   Jamie Ash está interessada em se candidatar a um emprego em um grande fornecedor de software. Um dos requisitos para o trabalho é o conhecimento detalhado de iniciativas estratégicas, como SCM, CRM e ERP. Jamie não tem conhecimento dessas iniciativas e sequer consegue explicar o que as siglas significam. Ela vai pedir ajuda para você. Jamie gostaria que você compilasse um resumo das três iniciativas, incluindo uma análise das semelhanças e diferenças entre as três. Também gostaria de realizar um autotreinamento pela Internet, por isso não se esqueça de enviar a ela vários links adicionais de sites importantes que oferecem descrições pormenorizadas sobre SCM, CRM e ERP.

4. **Estratégia de gestão do relacionamento com o cliente**

   Em média, uma organização gasta seis vezes mais para vender a um novo cliente do que para um cliente que ela já tem. Como coproprietário de uma distribuidora de malas de tamanho médio, você recentemente recebeu a informação dos seus sistemas de EIS que as vendas dos últimos três meses diminuíram 17% em média. As razões para o declínio das vendas são várias, incluindo a má situação da economia, o receio das pessoas em viajar por causa de ataques terroristas e um pouco de publicidade negativa que a sua empresa recebeu por conta de uma linha de produtos com defeito. Em grupo, explique como a implementação de um sistema CRM pode ajudá-lo a entender e combater o declínio nas vendas. Certifique-se de justificar por que um sistema CRM é importante para o seu negócio e o crescimento futuro dele.

5. **Como obter informações sobre os sistemas de apoio à decisão**

   Você está trabalhando na equipe de vendas de uma pequena empresa de *catering* que conta com 75 funcionários e fatura US$ 1 milhão por ano. A proprietária, Pam Hetz, quer entender como pode usar os sistemas de apoio à decisão para ajudar o seu negócio a crescer. Pam tem uma compreensão básica de DSS e está interessada em aprender mais sobre os tipos que estão disponíveis, como podem ser usados em uma empresa de pequeno porte e os custos associados aos diferentes sistemas desse tipo. Em grupo, faça uma pesquisa no site www.dssresources.com e realize uma apresentação que examine os sistemas DSS em detalhe. Certifique-se de responder a todas as perguntas de Pam sobre DSS na apresentação.

6. **Análise do sistema de gerenciamento da cadeia de fornecimento a Dell**

   A estratégia da cadeia de fornecimento da Dell é lendária. Na verdade, se você quiser criar um sistema de SCM bem-sucedido, o melhor a fazer é copiar o da Dell. Em equipe, pesquise a estratégia de gerenciamento da cadeia de fornecimento da Dell na Internet e faça um relatório sobre as novas atualizações e estratégias que a empresa está usando e que não foram discutidas neste livro. Certifique-se de incluir uma apresentação gráfica do modelo da cadeia de fornecimento atual da Dell.

7. **Como obter inteligência de negócios a partir de iniciativas estratégicas**

   Você é um novo funcionário no departamento de atendimento ao cliente da Premier One, uma grande distribuidora de alimentos para animais de estimação. A empresa, fundada por vários veterinários, está no negócio há três anos e se concentra em fornecer alimentos nutritivos para animais a preços módicos. Atualmente, ela tem 90 funcionários e opera em sete estados. As vendas ao longo dos últimos três anos triplicaram, e os sistemas manuais em vigor hoje já não são suficientes para tocar o negócio. A sua primeira tarefa é se encontrar com a sua nova equipe e criar uma apresentação para o presidente e CEO, descrevendo o gerenciamento da cadeia de fornecimento, a gestão do relacionamento com o cliente e os sistemas de planejamento de recursos empresariais. A apresentação deve destacar as principais vantagens que a Premier One pode obter com essas iniciativas estratégicas, além do valor de negócios adicional agregado que pode ser adquirido a partir dos sistemas.

APLIQUE SEUS CONHECIMENTOS

1. **Grandes histórias**

   Com o advento da Internet, quando os clientes têm uma experiência desagradável, a empresa não tem mais de se preocupar com o que eles dizem a alguns amigos e familiares: ela tem de se preocupar com o que eles dizem para todo mundo. Os provedores de serviços da Internet estão dando aos consumidores frustrados com o modo como foram tratados por uma empresa um outro meio de revidar. Espaços de armazenamento de dados gratuitos ou de baixo custo para sites dão aos consumidores a oportunidade de contar não apenas aos amigos, mas também ao mundo inteiro, a forma como foram tratados. Alguns exemplos de histórias de clientes descontentes da Internet incluem:

   - **Experiência ruim com a Blue Marble Biking:** um turista em um passeio de bicicleta é mordido por um cão e precisa levar pontos. A empresa é banida do hotel por causa do incidente e, por sua vez, proíbe o turista de fazer outros passeios.
   - **Recibo na Best Buy:** o comprador recusa-se a mostrar o recibo de compra ao guarda da portaria na Best Buy de Lakewood, o que não é obrigatório. Os empregados tentam apreender o carrinho, ficando parados no caminho do comprador, e estacionam um caminhão atrás do carro do comprador para evitar que ele saia.
   - **Enterprise Rent-A-Car é uma empresa falida:** A Enterprise Rent-A-Car não honrava reservas, não tinha carros prontos como afirmava, alugava carros com tanques quase vazios e cobrava preços mais altos dos titulares de contas corporativas.

Foco em projetos

A Internet está aumentando as expectativas de atendimento ao cliente. Com a capacidade de criar um site dedicado a um assunto específico, um cliente insatisfeito pode chegar a ter quase o mesmo alcance que um fabricante. A Internet está dificultando para as empresas ignorar as queixas de seus clientes. Em grupo, pesquise na Web as histórias mais interessantes de clientes insatisfeitos. Alguns lugares para começar:

- **Complain Complain (complaincomplain.net)** – fornece cartas de reclamação personalizadas e escritas profissionalmente para empresas.
- **The Complaint Department (www.thecomplaintdepartment.ca)** – serviço pago de resolução de reclamações e redação de cartas para o cliente.
- **The Complaint Station (www.thecomplaintstation.com)** – fornece um local central para reclamar sobre questões relacionadas com produtos, serviços, empregos e golpes de enriquecimento rápido de companhias.
- **Complaints.com Consumer Complaints (www.complaints.com)** – banco de dados de reclamações de clientes e defesa do consumidor.
- **Baddealings.com (www.baddealings.com)** – fórum e banco de dados sobre reclamações de consumidores e golpes que envolvem produtos e serviços.

2. Problemas com a Classic Cars

A Classic Cars Inc. administra concessionárias de automóveis sofisticados que oferecem carros de luxo e atendimento de primeira classe. A companhia orgulha-se de seu amplo estoque, mecânicos de primeira linha e, especialmente, do seu excepcional atendimento, que inclui até um cappuccino bar em cada concessionária.

Atualmente, a companhia tem 40 representantes de vendas em quatro agências. Cada agência mantém seus próprios sistemas de computadores, e todos os representantes de vendas têm seus próprios sistemas de gerenciamento de contatos. Essa abordagem fragmentada das operações provoca inúmeros problemas, incluindo questões de comunicação com o cliente, de estratégia de preços e de controle de estoque. Alguns exemplos:

- Um cliente que compra em uma concessionária pode ir até outra concessionária e receber uma cotação com preços diferentes para o mesmo carro.
- Os representantes de vendas estão frequentemente roubando clientes e comissões uns dos outros.
- Os representantes de vendas frequentemente enviam seus clientes a outras concessionárias para ver carros específicos, e quando o cliente chega lá, o automóvel não está no lote.
- As campanhas de marketing não são projetadas para atingir clientes específicos. Normalmente, elas são genéricas, como ter 10% de desconto em um carro novo.
- Se um representante de vendas abandona o emprego, todas as informações dos seus clientes são perdidas.

Foco em projetos

Você está trabalhando para a Customer One, uma pequena empresa de consultoria especializada em estratégias de CRM. O proprietário da Classic Cars Inc., Tom Repicci, contratou os seus serviços para ajudá-lo a formular uma estratégia para pôr a empresa de volta nos trilhos. Elabore uma proposta para Tom, detalhando como um sistema de CRM pode diminuir os problemas da companhia e criar novas oportunidades.

3. Como criar visibilidade

Empresas visionárias estão construindo negócios estendidos para melhor competir na nova economia da Internet. Uma empresa estendida combina o poder da Internet com novas estruturas e processos para eliminar os antigos limites corporativos e restrições geográficas. Cadeias de fornecimento em rede criam trajetos perfeitos para a comunicação entre parceiros, fornecedores, fabricantes, varejistas e clientes. Devido aos avanços na fabricação e distribuição, o custo de desenvolvimento de novos produtos e serviços está caindo, e os prazos de comercialização estão se acelerando. Isso resultou em aumento da demanda de clientes, concorrência local e global e mais pressão sobre a cadeia de fornecimento.

Para se manterem competitivas, as empresas devem se reinventar, para que a cadeia de fornecimento – fornecimento e aquisição, cronogramas de produção, atendimento de pedidos, gerenciamento do estoque e atendimento ao cliente – não seja mais um exercício de *back-office* baseado em custo, mas sim uma operação flexível projetada para atender de forma eficaz os desafios de hoje.

A Internet está se mostrando uma ferramenta eficaz na transformação de cadeias de fornecimento em todos os setores. Fornecedores, distribuidores, fabricantes e revendedores agora trabalham de forma mais próxima e eficaz do que nunca. A cadeia de fornecimento de hoje que se vale da tecnologia permite aos clientes gerenciar suas próprias experiências de compra, aumenta a coordenação e conectividade entre os parceiros de fornecimento e ajuda a reduzir os custos operacionais de cada empresa na cadeia.

Foco em projetos

No passado, os ativos eram um componente crucial do sucesso no gerenciamento da cadeia de fornecimento. No mercado de hoje, no entanto, uma orientação voltada para o cliente é a chave para manter a vantagem competitiva. Usando a Internet ou quaisquer outros recursos disponíveis, desenvolva um plano estratégico para a implementação de um sistema em rede e flexível para o gerenciamento da cadeia de fornecimento para uma *start-up* de sua escolha. Pesquise a Netflix, se você não estiver acostumado com a forma como as *start-ups* estão mudando a cadeia de fornecimento. Não se esqueça de que a sua cadeia de fornecimento integra todos os parceiros – fabricantes, varejistas, fornecedores, transportadores e distribuidores – em uma unidade perfeita e mostra a gestão do relacionamento com o cliente como uma vantagem competitiva fundamental. Há vários pontos a se considerar na criação da estratégia da cadeia de fornecimento voltada para o cliente:

- Receber pedido é apenas uma parte do atendimento das necessidades dos clientes.
- As empresas devem cumprir as promessas que fazem aos clientes, oferecendo produtos e informações mediante solicitação – e não quando é conveniente para a empresa.
- O tempo de comercialização é uma importante vantagem competitiva. As empresas devem garantir o fornecimento ininterrupto, e as informações sobre as demandas e as atividades do cliente são essenciais para esse requisito.
- O custo é um fator importante. As empresas precisam diminuir os custos de processos internos para tornar os produtos finais menos caros.
- A redução dos tempos de ciclo do projeto é fundamental, pois isso permite que as empresas obtenham os seus produtos mais rapidamente para atender à demanda do cliente.

4. **Faça como a Netflix**

   A Netflix reinventou o negócio de aluguel de vídeo, utilizando a tecnologia da cadeia de fornecimento. A empresa, fundada em 1998, é o maior serviço de locação de DVD online que existe, oferecendo uma tarifa fixa de aluguel por entrega aos clientes nos Estados Unidos. Com sede em Los Gatos, na Califórnia, a empresa reuniu uma coleção de 80 mil títulos e mais de 6,8 milhões de assinantes. A Netflix tem mais de 42 milhões de DVDs e entrega 1,6 milhões deles por dia, custando, em média, 300 milhões em taxas de postagem por ano. Em 25 fevereiro de 2007, ela anunciou a entrega do seu bilionésimo DVD.

   A companhia oferece um serviço de taxa fixa mensal para o aluguel de filmes em DVD. Um assinante cria uma lista ordenada (fila de aluguel) de DVDs para alugar. Os DVDs são entregues individualmente pela United States Postal Service a partir de um conjunto de armazéns regionais (44 em 29 estados). O assinante fica com o DVD alugado o tempo que desejar, mas há uma quantidade limitada (determinada pelo nível da assinatura) que pode ser verificada a qualquer momento. Para alugar um novo DVD, o assinante devolve o anterior à Netflix por meio de um envelope de correio pré-pago. Depois de receber o disco, a Netflix envia o seguinte da fila de aluguel do assinante.

Foco em projetos

O negócio de Netflix é a locação de vídeo, mas a empresa utilizou a tecnologia para modernizar a cadeia de fornecimento e mudar completamente toda a indústria de locação de filmes. *Reinvent IT* (Reinventar a TI) é uma competição estadual em que estudantes universitários podem propor uma nova empresa que vai reinventar algo ao reestruturar a cadeia de fornecimento (como a Netflix tem feito). Você quer entrar e ganhar o concurso. Reinvente um negócio tradicional, como o negócio de locação de vídeo, utilizando tecnologias da cadeia de fornecimento.

5. Como encontrar espaço nas prateleiras da Walmart

A estratégia de negócios do Walmart de ser um provedor de baixo custo por meio da gestão cuidadosa até os mínimos detalhes da sua cadeia de fornecimento tem funcionado de maneira incrível. A cada semana, cerca de 100 milhões de clientes – ou um terço da população dos EUA – visitam as lojas norte-americanas do Walmart. A Walmart é atualmente a maior varejista do mundo e a segunda maior empresa, atrás da ExxonMobil. Foi fundada por Sam Walton em 1962 e é o maior empregador privado nos Estados Unidos e no México. O Walmart também é a maior rede varejista de supermercado dos Estados Unidos, com estimados 20% do negócio em mercearia e produtos de consumo de varejo; é, igualmente, o maior vendedor de brinquedos do país, com cerca de 45% desse setor, tendo ultrapassado a Toys "R" Us no final dos anos 1990.

O modelo de negócios do Walmart é baseado na venda de uma grande variedade de mercadorias a "preços sempre baixos". O motivo pelo qual a empresa pode oferecer preços tão baixos é o uso inovador de ferramentas de tecnologia da informação de que se vale para criar a sua cadeia de fornecimento altamente sofisticada. Na última década, o Walmart tem, com ótimos resultados, convidado os seus principais fornecedores a desenvolver em conjunto poderosas parcerias na cadeia de fornecimento. A intenção é aumentar a eficiência do fluxo de produtos e, consequentemente, a lucratividade do Walmart.

Muitas empresas têm encarado o desafio, começando com a conhecida aliança Walmart/Procter & Gamble, que incorporou o estoque gerenciado pelo fornecedor, a gestão de categoria e outras inovações compartilhadas pelas empresas. O diretor financeiro do Walmart tornou-se um cliente-chave, já que o objetivo da P&G passou a ser maximizar a rentabilidade interna do Walmart. Ao contrário de outros varejistas, o Walmart não cobra taxas de alocação dos fornecedores para seus produtos serem exibidos nas lojas. De outro modo, o Walmart se concentra na venda de produtos mais populares e muitas vezes pressiona os gerentes de loja a negligenciar produtos mais sofisticados em favor de outros mais populares, bem como pressiona os fabricantes a fornecer esse tipo de produto.

Foco em projetos

Você é o proprietário de uma empresa de sofisticados brinquedos colecionáveis. Você fabrica de tudo, desde réplicas de esportistas e músicos famosos até bonecos de personagens de filmes, incluindo Babe Ruth, Hulk Hogan, Mick Jagger, Ozzy Osbourne, Alien e o Exterminador do Futuro. Seria uma grande vitória para a sua empresa se você conseguisse colocar seus produtos para vender no Walmart. Compilar um plano estratégico, destacando os passos necessários para abordar o Walmart e ter essa empresa como sua parceira na cadeia de fornecimento. Certifique-se de abordar os prós e os contras de uma parceria com o Walmart, incluindo o custo de renovar a sua cadeia de fornecimento atual para atender às necessidades rigorosas de procedimento do Walmart.

6. Problemas de envio

O empreendedorismo está no sangue de Alyssa Stuart. Alyssa funda empresas desde os 10 anos de idade, e ela finalmente abriu o negócio perfeito de móveis sob medida. Os clientes que visitam sua loja podem escolher entre uma série de diferentes tecidos e 50 modelos diferentes de sofás e poltronas para criar seus móveis sob medida. Uma vez que o cliente tenha se decidido por um padrão de tecido e um desenho de móvel, as informações são enviadas para a China, onde o mobiliário é fabricado e enviado ao cliente via West Coast. Alyssa está animada com a empresa: todo o seu trabalho árduo foi, por fim, recompensado, pois ela tem mais de 17 mil clientes e 875 pedidos atualmente "no forno".

Foco em projetos

Os negócios de Alyssa estão crescendo. Seus produtos de alta qualidade e o excelente atendimento ao cliente criaram uma boa reputação para o negócio. Mas a companhia de Alyssa corre o risco de perder tudo e ela foi até você para pedir ajuda para resolver os problemas da cadeia de fornecimento.

Ontem teve início uma greve de estivadores sindicalizados que desativou todas as docas da West Coast, de San Francisco até o Canadá. O trabalho será retomado somente quando o sindicato entrar em acordo sobre os novos contratos de trabalho, o que pode levar meses. Alyssa pediu a você para fazer um resumo sobre o impacto da paralisação nas docas em sua empresa e criar uma estratégia para manter o negócio funcionando, o que é bastante difícil, pois ela garante a entrega de todos os produtos em 30 dias ou o item sai de graça. Quais as estratégias que você recomenda para que a empresa de Alyssa continue funcionando enquanto a cadeia de fornecimento permanece interrompida em função da greve dos estivadores?

7. **Cadeias políticas de abastecimento**

O governo dos EUA fez um acordo com os Emirados Árabes Unidos (EAU) de que deixaria uma empresa com base no país, a Dubai Ports World (DPW), administrando seis grandes portos dos EUA. Se a aprovação não for contestada, a Dubai Ports World vai administrar os portos de Nova York, Nova Jersey, Baltimore, Nova Orleans, Miami e Filadélfia. Atualmente, com sede em Londres, a Peninsular e Oriental Steam Navigation Co. (P&O), quarta maior operadora de portos do mundo, administra os seis portos. Mas a venda de 6,8 bilhões de dólares da P&O para DPW levaria efetivamente as operações norte-americanas para a empresa estatal em Dubai.

Foco em projetos

Alguns cidadãos estão preocupados que o governo federal possa estar terceirizando as operações portuárias dos EUA a uma empresa propensa à infiltração terrorista, ao permitir que uma companhia dos Emirados Árabes Unidos gerencie as operações portuárias dentro dos Estados Unidos. Você foi chamado para uma investigação a fim de determinar os potenciais efeitos sobre as cadeias de fornecimento de negócios dos EUA, caso esses portos fossem fechados devido a atividades terroristas. Os Emirados Árabes Unidos tiveram pessoas envolvidas com terrorismo. Na verdade, algumas das suas instituições financeiras serviram para lavar o dinheiro dos terroristas do 11 de setembro. Crie um argumento a favor ou contra a terceirização desses portos aos Emirados Árabes Unidos. Certifique-se de detalhar o efeito sobre as cadeias de fornecimento de empresas dos EUA, caso esses portos estejam sujeitos a atos terroristas.

8. **JetBlue no YouTube**

A JetBlue teve uma abordagem de CRM diferente e interessante usando o YouTube para pedir desculpas aos seus clientes. O fundador e CEO da JetBlue, David Neeleman, pediu desculpas aos clientes por meio do YouTube, após uma semana muito, muito ruim para a companhia aérea: 1.100 voos cancelados devido a tempestades de neve e milhares de passageiros irritados. O pedido de desculpa sincero de Neeleman foi aceito. Mas, novamente, não fomos nós que ficamos presos em uma pista de decolagem por oito horas. Com todos os novos avanços da tecnologia e as muitas formas de alcançar os clientes, você acha que usar o YouTube é uma abordagem inteligente? O que mais a JetBlue poderia fazer para ajudar a recuperar a confiança dos seus clientes?

Foco em projetos

Imagine que você é o fundador e CEO da GoodDog, uma grande fábrica de alimentos para animais de estimação. Recentemente, pelo menos 16 mortes de animais de estimação foram ligadas à ração; por sorte, não a ração fabricada por sua empresa. O recolhimento de alimentos potencialmente mortais para animais fez os donos de cães e gatos examinarem seus bichinhos para encontrar o menor sinal da doença, e isso abarrotou consultórios veterinários de todo o país com ligações sobre sintomas reais e imaginários. Crie uma estratégia de utilização do YouTube como veículo para se comunicar com os clientes que estão receosos com o risco de vida de seus animais de estimação. Certifique-se de destacar os prós e os contras de usar o YouTube como veículo de comunicação com o cliente. Existem outras novas tecnologias que você pode utilizar para esse fim que seriam mais eficazes que o YouTube?

9. **CRM do Second Life**

    O mundo virtual do Second Life pode se tornar o primeiro ponto de contato entre empresas e consumidores e transformar toda a experiência do cliente. Desde que começou a hospedar as duplicatas de empresas como Adidas, Dell, Reuters e Toyota, o Second Life tornou-se o equivalente tecnológico da Índia ou da China – todos precisam de um escritório e uma estratégia no local para manter seus acionistas felizes. Mas além de abrir um prédio novinho em folha no mundo online, o que essas companhias fazem com suas propriedades virtuais?

    Como muitas outras grandes marcas, a PA Consulting tem seus próprios escritórios no Second Life e aprendeu que simplesmente ter uma representação para responder às dúvidas dos clientes não é o suficiente. As pessoas reais, ainda que por trás de avatares, devem ser o pessoal dos escritórios (da mesma forma que ter um site não é suficiente se não houver uma central de atendimento para apoiá-lo quando um possível cliente quiser falar com um ser humano). Os consultores acreditam que as centrais de atendimento poderiam um dia pedir aos clientes para que acompanhem uma ligação de telefone com eles, levando a consulta para um mundo virtual.

    Ao contrário de muitas áreas corporativas no mundo virtual, a National Basketball Association incorpora recursos destinados a manter os fãs sempre presentes, inclusive diagramas 3D de partidas em tempo real durante esses jogos.

    Foco em projetos

    Você é o diretor-executivo de CRM na StormPeak, uma empresa de IA avançada que desenvolve robôs. Você está encarregado de supervisionar o primeiro site virtual que está sendo construído no Second Life. Crie uma estratégia de CRM para fazer negócios em um mundo virtual. Aqui estão algumas perguntas para você começar:

    - Como o relacionamento com o cliente será diferente em um mundo virtual?
    - Qual é a sua estratégia de gestão do relacionamento com o cliente nesse novo ambiente virtual?
    - Como o suporte aos clientes do Second Life vai diferir do suporte aos clientes tradicionais?
    - Como o suporte aos clientes do Second Life vai diferir do suporte aos clientes do site?
    - Que problemas relacionados à segurança do cliente você poderá encontrar no Second Life?
    - Que problemas relacionados à ética do cliente você poderá encontrar no Second Life?

DESAFIO EMPRESARIAL

Crie seu próprio negócio

1. A Netflix reinventou o negócio de locação de vídeo, utilizando a tecnologia da cadeia de fornecimento. A Netflix é o maior serviço de locação online de DVDs, oferecendo aluguel a preço fixo pelo correio e pela Internet aos clientes. Os clientes podem criar sua própria lista pessoal de filmes favoritos, e os DVDs são entregues pelo escritório da US Post a partir de um dos depósitos da Netflix. Os clientes podem ficar com os DVDs durante o tempo que quiserem e simplesmente devolvê-los pelo correio para receber a próxima seleção. O negócio da Netflix é a locação de vídeo, mas a empresa usou a tecnologia para modernizar a cadeia de fornecimento e mudar completamente toda a indústria de locação de filmes. Defina uma maneira para renovar ou reinventar o seu negócio, utilizando as tecnologias da cadeia de fornecimento.

2. O negócio está crescendo e você alcançou seu objetivo de baixar os custos operacionais, o que ajuda a impulsionar as receitas. Um de seus melhores produtos novos vem da China e é

responsável por um aumento de 20% nos lucros. Ontem teve início uma greve de estivadores sindicalizados que desativou todas as docas da West Coast, de San Francisco até o Canadá. O trabalho será retomado somente quando o sindicato entrar em acordo sobre os novos contratos de trabalho, o que pode levar meses. Você precisa avaliar rapidamente o impacto da paralisação sobre o seu negócio. Como você vai manter a empresa funcionando, se não pode receber seus embarques? Quais as estratégias que você recomenda para que a empresa continue funcionando enquanto a cadeia de fornecimento permanece interrompida em função da greve?

3. A Web contém numerosos exemplos do poder do cliente. Entre os exemplos, incluem-se o www.ihatedell.net e o www.donotbuydodge.ca. Os clientes estão usando o YouTube, Myspace, blogs e uma série de outras ferramentas Web para fustigar ou elogiar as empresas. Você acredita que a pessoa mais influente no seu negócio é o cliente? Como os clientes podem prejudicar ou ajudar a sua empresa? Os seus funcionários concordam que os clientes são a parte mais importante do negócio?

PROJETOS DE APLICAÇÃO AYK

Se está à procura de projetos em Excel para incorporar à aula, experimente um destes (em inglês), após a leitura do capítulo.

Número do projeto	Nome do projeto	Tipo de projeto	Plug-in	Área de foco	Nível do projeto	Conjunto de competências	Número da página
9	Análise de segurança	Excel	T3	Filtragem de dados	Intermediário	Formatação condicional, filtro automático, subtotal	523
10	Coleta de dados	Excel	T3	Análise de dados	Intermediário	Formatação condicional	524
11	Sistema de scanner	Excel	T2	Análise estratégica	Intermediário	Fórmulas	524
12	Preços competitivos	Excel	T2	Maximização do lucro	Intermediário	Fórmulas	524
13	Aquisições adequadas	Excel	T2	Análise do ponto de equilíbrio	Intermediário	Fórmulas	525
15	Avaliação do valor da informação	Excel	T3	Análise de dados	Intermediário	Tabela dinâmica	526
16	Crescimento, tendências e previsões	Excel	T2, T3	Previsão de dados	Avançado	Média, tendência, crescimento	527
18	Formatação de notas	Excel	T3	Análise de dados	Avançado	Se, Pesquisa	528
22	Taxas de rotatividade	Excel	T3	Mineração de dados	Avançado	Tabela dinâmica	530
23	Informações vitais	Excel	T3	Mineração de dados	Avançado	Tabela dinâmica	531
24	Ponto de equilíbrio	Excel	T4	Análise de negócios	Avançado	Atingir metas	532
25	Cenário de lucro	Excel	T4	Análise de vendas	Avançado	Gerenciador de cenários	532

UNIDADE 4

Criando a inovação

O ritmo da mudança tecnológica não para de surpreender. O que há poucos anos teria sido considerado tecnologia Star Trek está se tornando normal. O que costumava levar horas para ser baixado com uma conexão discada de modem pode agora ser transferido em questão de segundos com uma conexão invisível de rede sem fio a partir de um computador a milhares de quilômetros de distância. Estamos vivendo em um presente cada vez mais sem fio e nos movendo cada vez mais rápido rumo a um futuro sem fio. O ponto de virada da computação móvel, onipresente, sem fio e portátil não está muito longe.

Os gerentes devem entender a importância do negócio eletrônico e como ele revolucionou os processos básicos de negócios. O negócio eletrônico oferece novas oportunidades para o crescimento e novas maneiras de realização de atividades de negócios que eram impossíveis antes da Internet. Como aluno de Administração, você deve compreender o impacto fundamental da Internet e as inovações das tecnologias móveis nos negócios. Como futuro gerente e profissional do conhecimento organizacional, você deve entender que vantagens o negócio eletrônico e as práticas empresariais sem fio podem oferecer a uma organização e à sua carreira. Além disso, você precisa entender os desafios que acompanham a adoção de tecnologias da Web, como a Web 2.0 está causando impacto na comunicação e as limitações que o profissional móvel enfrenta. Esta unidade vai fornecer esse conhecimento e vai ajudar a prepará-lo para o sucesso no mercado eletrônico sem fio global de hoje.

Introdução

Uma das maiores forças de mudança dos negócios é a Internet. Empresas de tecnologia como a Intel e a Cisco estão entre as primeiras que aproveitaram a Internet para reformular suas operações. A Intel implantou a automação baseada na Web para liberar seus 200 balconistas da tediosa ocupação de receber pedidos. Agora, os funcionários se concentram nas funções de atendimento ao consumidor, como a análise de tendências de vendas e a concessão de privilégios aos clientes. A Cisco processa 75% de suas vendas pela Internet, e 45% dos pedidos online nunca passam pelas mãos de funcionários. Esse tipo de realização de pedidos baseada na Internet ajudou a Cisco a aumentar a produtividade em 20% nos últimos anos.

O negócio eletrônico é a realização de negócios na Internet, não apenas de compra e venda, mas também de atendimento ao cliente e de colaboração com os parceiros de negócios. As organizações perceberam que criar sites simples para clientes, funcionários e parceiros não estabelece um negócio eletrônico. Os sites de negócio eletrônico devem criar um *buzz*, assim como a Amazon fez na indústria de venda de livros. Esses sites devem ser inovadores, agregar valor e fornecer informações úteis. Em resumo, o site deve criar um senso de comunidade e colaboração, tornando-se a porta de entrada para os negócios. Esta unidade centra-se nas oportunidades e vantagens encontradas com o desenvolvimento de parcerias colaborativas no negócio eletrônico e inclui:

- **Capítulo 13** – Construção de organizações inovadoras
- **Capítulo 14** – Negócio eletrônico
- **Capítulo 15** – Construção de parcerias colaborativas
- **Capítulo 16** – Integração de tecnologias sem fio nos negócios

CASO DA UNIDADE 4

Pinterest – painéis na Internet

O Pinterest tem sido chamado de o mais recente vício de milhões de pessoas ao redor do mundo. Trata-se de uma rede de mídia social visual que permite aos usuários criar "painéis de interesse" (*interest boards*), onde "fixam" (*pin*) itens de interesse que encontram na Web. Aqui estão alguns termos que você precisa entender para usar o Pinterest:

- **Pin:** Link para uma imagem de um computador ou site. Os pins podem incluir legendas de outros usuários. Os usuários fazem upload, ou "pin", fotos ou vídeos para os painéis.
- **Quadros:** Os pins ficam nos painéis e os usuários podem manter painéis separados, que podem ser classificados por atividade ou interesses, como cozinhar, atividades do tipo "faça você mesmo", fitness, música, filmes, etc.
- **Repin:** Depois de fixar um item, ele pode ser *repinned* (receber outro pin) por outros usuários do Pinterest, espalhando o conteúdo de forma viral. O *repinning* permite aos usuários compartilhar itens de que gostam com amigos e familiares.

Para fazer o "pinning", basta clicar na foto ou vídeo que chama a atenção de um usuário, seja fazendo o upload de fotos pessoais, seja fazendo o *repinning* de uma foto ou vídeo de um usuário que é amigo. Fundado em 2010, o Pinterest já atraiu mais de 10 milhões de usuários, a maioria deles mulheres entre 25 e 54 anos de idade. Milhões de pessoas visitam o site todos os dias para ver novos itens que despertam o interesse, pois há sempre mais e mais coisas para ver.

O Pinterest é considerado uma rede social, mas ao contrário de outras redes sociais, como o Twitter e o Facebook, está aberto apenas a usuários convidados. Isso quer dizer que é um site apenas para convidados e que os usuários devem "pedir" um convite antes de obter acesso. Ao aceitar o convite, os usuários podem acessar o site e começar a convidar os seus próprios "amigos" com os quais têm ligações no Facebook ou Twitter. A principal missão do Pinterest é a seguinte:

> *conectar todo mundo por meio de "coisas" consideradas interessantes. Achamos que um livro, brinquedo ou receita preferida podem revelar um elo comum entre duas pessoas. Com milhões de novos* pins *adicionados a cada semana, o Pinterest conecta pessoas de todo o mundo com base em gostos e interesses compartilhados.*

Assim como em outras redes sociais, os usuários do Pinterest podem fazer uma lista das pessoas que querem seguir. O usuário pode conectar um painel do Pinterest a uma conta no Facebook, permitindo o acesso instantâneo para ver rapidamente quais de seus amigos do Facebook estão na rede social. Adicionar marcadores permite ao usuário fixar as imagens em outros sites, como um livro na Barnes & Noble ou um conjunto de canecas da Pier 1 Imports. A imagem é automaticamente vinculada ao site da loja, e se outros usuários clicarem na imagem, receberão mais informações sobre o produto ou serviço. Se os usuários colocarem um pin em uma imagem específica de um prato ou suéter, poderão adicionar o preço do item na descrição, que vai automaticamente colocar um banner na imagem e mostrar o preço listado. Se o usuário não tem certeza do que está procurando, pode tentar um evento ou um tema específico, como "festa de 15 anos" para obter uma série de ideias.

Essencialmente, o Pinterest permite aos seus usuários pintar um retrato visual. Basta imaginar um cerimonialista de casamento conversando com uma noiva e ela mencionar que gostaria de um casamento do tipo "modernismo clássico". Se ele ficar confuso sobre o que exatamente a noiva quis dizer com modernismo clássico, pode acessar rapidamente o Pinterest para encontrar um conjunto completo de fotos e vídeos, e ter uma ideia de como coordenar o evento.

O valor comercial do Pinterest

Comunicação visual

O Pinterest é, de longe, um dos melhores espaços de mídia social disponíveis hoje. Oferecendo todos os tipos de informações valiosas, de dicas de limpeza úteis a receitas fantásticas, além de belas fotos e vídeos, o site é extremamente valioso para compartilhar qualquer coisa visual. O Pinterest não é, de modo algum, apenas uma moda passageira, uma vez que empresas usam o site para o marketing social.

Um dos melhores usos do negócio da Pinterest é permitir que os funcionários se comuniquem e façam sessões de brainstorming visualmente. A comunicação visual é uma experiência nova para muitos trabalhadores e a frase "uma imagem vale mais que mil palavras" pode ajudar a empresa a realizar diversas tarefas, desde criar novos produtos até transformar seus processos de negócios. Na verdade, muitas empresas estão usando o Pinterest para pedir *feedback* diretamente de funcionários, clientes e fornecedores, para garantir que a empresa esteja operando de forma eficiente e eficaz. Solicitar *feedback* diretamente dos clientes permite às empresas contar com uma equipe de atendimento para lidar com problemas antes que se tornem questões importantes. Oferecer aos clientes um novo canal para exibir suas considerações e preocupações sobre produtos ou serviços pode fornecer um *feedback* valioso para qualquer empresa. As empresas costumam afirmar que não podem responder a cada pergunta ou comentário, mas que levam todas e cada preocupação em conta, demonstrando que se dedicam à criação de um vínculo com os seus clientes.

Impulsionando o tráfego
O Pinterest impulsiona o tráfego – isso mesmo! Mesmo operando sob um modelo apenas para convidados, o site atraiu mais de 10 milhões de usuários em menos de dois anos. Esse número pode parecer pequeno em comparação a potências como Facebook, Twitter ou Google, mas demonstra que há um público de tamanho suficiente para enviar uma quantidade razoável de tráfego a qualquer empresa. As imagens que uma companhia "fixa" devem ser vinculadas à página correspondente do seu site. Se os usuários forem atraídos por essa imagem, eles podem clicar nela para saber mais.

O Pinterest também controla o tráfego, fornecendo classificações mais elevadas na otimização do mecanismo de busca, pois as empresas a parecem em posição cada vez mais alta nas listas, à medida que mais usuários colocam um "pin" nos painéis delas. O número de links é um dos fatores-chave considerados pelos mecanismos de busca, e com o aumento da popularidade do Pinterest, ele também está crescendo como um domínio confiável. O número de usuários do Pinterest em combinação com a sua capacidade de aumentar as classificações de busca vai desempenhar um papel importante quando uma empresa quiser aumentar a visibilidade e impulsionar o tráfego de seu site. Os dados do Shareholic mostraram que o Pinterest enviou mais tráfego de referência para bloggers do que o Google+, YouTube e o LinkedIn combinados, ficando um pouco atrás do Twitter.

Marca do produto
O Pinterest é uma ferramenta de marca (*branding*) extraordinária, que oferece um lugar onde as empresas podem criar uma presença e uma comunidade em torno de um produto, ideia, evento ou empresa. Assim como outros sites de redes sociais, o Pinterest permite às empresas atingir e envolver seus clientes, vendedores, fornecedores e até mesmo funcionários, para comunicar sobre seus produtos e serviços. Recentemente, o Minnesota Vikings, da NFL, começou a usar o Pinterest para criar uma sequência de fotos favoritas, estatísticas e até mesmo receitas para o dia do jogo!

Há pouco tempo, o Pinterest lançou um aplicativo para iPhone que permite aos usuários fazer o "pin" de fotos e vídeos de suas câmeras instantaneamente nos painéis. A vantagem competitiva única do Pinterest é a sua capacidade de acolher bilhões de imagens e redirecionar os usuários para as fontes apropriadas em uma interface fácil de usar.

O dilema do Pinterest
Desde a sua criação, o Pinterest tem estado sob fogo cruzado de sites como Flikr, Photobucket e Instagram, por conta da atribuição de crédito aos proprietários das imagens que são fixadas. Muitos usuários estão preocupados com a possibilidade de um dia serem processados por uso indevido de uma imagem de um painel.

Os termos de uso do Pinterest dizem que "se você é proprietário de um direito autoral, ou está autorizado a agir em nome de um, ou autorizado a agir sob qualquer direito exclusivo protegido por direitos autorais, relate uma suposta violação de direitos autorais que ocorra no ou pelo site, preenchendo o seguinte Aviso de Infração Alegada da Lei dos Direitos Autorais do Milênio Digital e entregue-o a um agente de direitos autorais do Pinterest".

Para proteger o Pinterest de reclamações judiciais de terceiros (como autores que afirmam serem vítimas de violação de direitos autorais), a empresa incorporou a seguinte declaração em sua cláusula de indenização: "Você concorda em indenizar e isentar o Pinterest e seus administradores, diretores, funcionários e agentes de e contra quaisquer reclamações, processos, procedimentos, disputas, demandas, responsabilidades, danos, perdas, custos e despesas, incluindo, entre outras, taxas legais e despesas contábeis razoáveis (inclusive custos de defesa de reclamações, petições ou processos intentados por terceiros), decorrentes ou, de alguma forma, relacionados com (i) o seu acesso ou uso dos Serviços ou Conteúdo do Pinterest, (ii) o seu Conteúdo de Usuário ou (iii) sua violação de qualquer desses termos".

O Pinterest está bem ciente da probabilidade de que muitas das imagens possam estar violando direitos autorais e tenta se proteger contra quaisquer reclamações judiciais resultantes de usuários que infringem a lei intencionalmente ou não.[1]

CAPÍTULO **13**

Construção de organizações inovadoras

OBJETIVOS DE APRENDIZAGEM

13.1 Comparar tecnologias diruptivas e sustentadas e explicar como a Internet e a WWW causaram a revolução dos negócios.

13.2 Descrever a Web 1.0, além do negócio eletrônico e suas vantagens associadas.

OA 13.1 Comparar as tecnologias diruptivas e sustentadas e explicar como a Internet e a WWW causaram a revolução dos negócios.

Tecnologias diruptivas e Web 1.0

A Polaroid, fundada em 1937, fabricou a primeira câmera instantânea no final da década de 1940. A câmera Polaroid, que revelava ela mesma as fotos, foi um dos avanços tecnológicos mais interessantes que a indústria fotográfica já viu. A empresa, por fim, abriu seu capital ao público, tornando-se uma das empresas mais proeminentes de Wall Street, negociando suas ações acima do patamar de US$ 60 por ação em 1997. Em 2002, a ação caiu para 8 centavos e a companhia declarou falência.[2]

Como uma empresa como a Polaroid, que tinha tecnologia inovadora e uma base de clientes cativos, conseguiu falir? Talvez os executivos da companhia tenham fracassado no uso das Cinco Forças de Porter, ao analisar a ameaça de produtos ou serviços substitutos. Se tivessem feito essa análise, teriam notado as duas ameaças (revelação de fotos em uma hora e câmeras digitais) que, no final, roubaram as partes de mercado da Polaroid? Teriam entendido que os seus clientes, pessoas que desejavam acesso instantâneo às suas fotos, seriam os primeiros a experimentar essas alternativas? A companhia teria encontrado uma maneira de competir com a revelação de fotos em uma hora e com a câmera digital para salvar a Polaroid?

Muitas organizações enfrentam o mesmo dilema que a Polaroid – o que é melhor para o negócio atual pode não ser o melhor em longo prazo. Alguns observadores do nosso ambiente de negócios têm uma visão fatídica do futuro – o darwinismo digital. ***Darwinismo digital*** significa que organizações que não conseguem se adaptar às novas demandas enfrentadas por elas para sobreviver na era da informação estão fadadas à extinção.

TECNOLOGIA DIRUPTIVA *VERSUS* TECNOLOGIA SUSTENTADA

A ***tecnologia diruptiva*** é uma nova maneira de fazer as coisas que inicialmente não atendiam às necessidades dos clientes existentes. As tecnologias diruptivas tendem a abrir novos mercados e destruir os antigos. A ***tecnologia sustentada***, por outro lado, cria um produto melhorado que os clientes anseiam comprar, como um carro mais rápido ou um disco rígido maior. Tecnologias sustentadas tendem a nos fornecer produtos melhores, mais rápidos e mais baratos em mercados estabelecidos. As companhias já estabelecidas, na maioria das vezes, levam a tecnologia sustentada ao mercado, mas, praticamente, nunca lideram em mercados abertos por tecnologias diruptivas. A Figura 13.1 mostra companhias que estão esperando que ocorra um crescimento futuro a partir de novos investimentos (tecnologia diruptiva) e companhias esperando que ocorra um crescimento futuro a partir de investimentos existentes (tecnologia sustentada).[3]

As tecnologias diruptivas normalmente entram no segmento inferior do mercado e, por fim, evoluem para substituir concorrentes de alto nível e suas tecnologias dominantes. A Sony é um exemplo perfeito. Começou como uma pequena empresa que construía

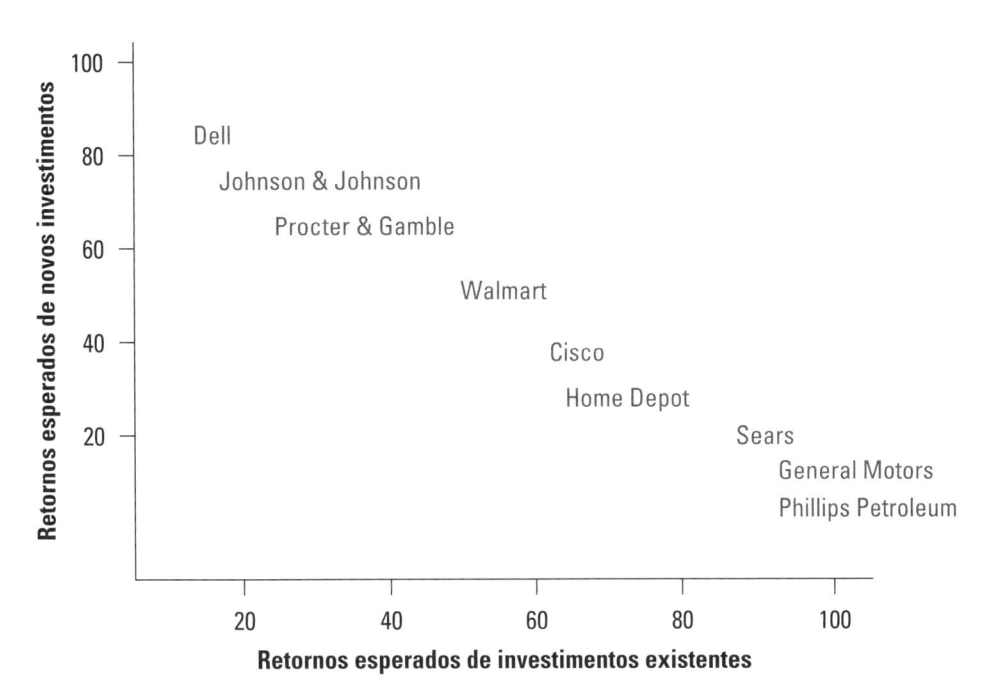

FIGURA 13.1
Tecnologia diruptiva *versus* tecnologia sustentada.

```
Retornos esperados de novos investimentos
100
 80   Dell
      Johnson & Johnson
 60      Procter & Gamble
              Walmart
 40              Cisco
                 Home Depot
 20                    Sears
                       General Motors
                       Phillips Petroleum
      20    40    60    80    100
      Retornos esperados de investimentos existentes
```

rádios portáteis à bateria. A qualidade do som era ruim, mas os clientes estavam dispostos a ignorar isso pela conveniência da portabilidade. Com a experiência e o fluxo de receitas dos aparelhos portáteis, a Sony melhorou sua tecnologia para produzir amplificadores transistores baratos e populares que fossem adequados para uso doméstico e investiu essas receitas para melhorar ainda mais a tecnologia, o que produziu rádios melhores.[4]

O livro de Clayton M. Christensen, *O Dilema da Inovação*, examina como companhias estabelecidas podem tirar proveito de tecnologias diruptivas sem prejudicar as relações existentes com clientes, parceiros e partes interessadas. Xerox, IBM, Sears e DEC são empresas que ouviram os consumidores existentes, investiram agressivamente na tecnologia, levantaram sua antena competitiva e, ainda assim, perderam suas posições dominantes de mercado. Elas podem ter colocado muita ênfase na satisfação das necessidades atuais dos clientes, negligenciando, portanto, as novas tecnologias diruptivas para atender às necessidades futuras dos consumidores e, desse modo, perdendo participação de mercado. A Figura 13.2 destaca várias companhias que lançaram novos negócios ao capitalizar tecnologias diruptivas.[5]

FIGURA 13.2
Empresas que capitalizaram a tecnologia diruptiva.

Empresa	Tecnologia diruptiva
Apple	iPod, iPhone, iPad
Charles Schwab	Corretagem online
Hewlett-Packard	Computadores baseados em microprocessadores; impressoras de jato de tinta
IBM	Minicomputador; computadores pessoais
Intel	Microprocessadores populares
Intuit	Software QuickBooks, TurboTax e Quicken
Microsoft	Computação baseada na Internet; software de operação de sistema; software de banco de dados SQL e Access
Oracle	Software de banco de dados
Quantum	Discos de 3,5 polegadas
Sony	Eletrônicos baseados no consumo de transistores

INTERNET E WORLD WIDE WEB – OS MAIORES REVOLUCIONÁRIOS DOS NEGÓCIOS

A *Internet* é uma enorme rede que conecta computadores em todo o mundo e permite que eles se comuniquem uns com os outros. Os computadores conectados via Internet podem enviar e receber informações, incluindo texto, gráficos, voz, vídeo e software. Originalmente, a Internet era um sistema de comunicação militar de emergência operado pela ARPA (Advanced Research Project Agency) do Departamento de Defesa dos EUA, chamada de rede ARPANET. Ninguém previu o impacto importante que isso teria sobre as comunicações pessoais e empresariais. Com o tempo, todas as universidades norte-americanas que recebiam financiamento relacionado ao Departamento de Defesa instalaram computadores da ARPANET, formando a primeira rede oficial da Internet. À medida que os usuários começaram a perceber o valor das comunicações eletrônicas, o objetivo da rede começou a mudar, passando de um conduto militar para uma ferramenta de comunicação para os cientistas.

Milhões de redes empresariais, educacionais e de pesquisa conectam hoje milhões de sistemas de computadores e usuários de mais de 200 países. Espera-se que o número de usuários de Internet atinja a marca de 2 bilhões, cerca de um terço da população do mundo.[6]

Embora a Internet tenha sido uma excelente ferramenta de comunicação para os cientistas e funcionários do governo, ela representava um desafio técnico para as pessoas comuns. Isso mudou com a invenção da World Wide Web e dos navegadores. A *World Wide Web (WWW)* fornece acesso a informações da internet por meio de documentos, como arquivos de texto, gráficos, áudio e vídeo, que usam uma linguagem de formatação especial chamada HTML. A *Hypertext Markup Language (HTML)* liga os documentos, permitindo aos usuários passar de um para outro com um simples clique em um hot spot ou link. Os *navegadores Web*, como o Internet Explorer ou o Firefox, permitem aos usuários acessar a WWW. O *protocolo de transporte de hipertexto (HTTP – Hypertext Transport Protocol)* é o protocolo da Internet que os navegadores usam para solicitar e exibir páginas Web usando localizadores de recursos universais. Um *localizador de recurso universal (URL – Universal Resource Locator)* é o endereço de um arquivo ou recurso na Web, como www.apple.com. Um nome de domínio identifica um endereço URL, e no exemplo anterior o apple.com é o nome do domínio.

Observe que a Internet e a World Wide Web não são sinônimos. A WWW é apenas uma parte da Internet, e sua principal utilização é correlacionar e divulgar informações. A Internet inclui a WWW e também outras formas de sistemas de comunicação, como o email. A Figura 13.3 mostra as razões da popularidade e do crescimento da WWW.[7]

WEB 1.0: O CATALISADOR DO NEGÓCIO ELETRÔNICO

À medida que as pessoas começaram a aprender sobre a WWW e a Internet, elas entenderam que a partir de então as empresas podiam se comunicar com qualquer pessoa, em qualquer lugar, a qualquer hora, criando uma nova forma de participação no negócio. As vantagens competitivas para as empresas pioneiras foram enormes, estimulando, assim, o início do boom da Internet da Web 1.0. A *Web 1.0* é um termo para se referir à World Wide Web durante os seus primeiros anos de funcionamento, entre 1991 e 2003. O *comércio eletrônico* é a compra e venda de produtos e serviços na Internet. Refere-se apenas a transa-

FIGURA 13.3
Razões do crescimento da World Wide Web.

A revolução de microcomputadores tornou possível para uma pessoa comum ter seu próprio computador.
Avanços em hardware, software e mídias de rede tornaram possível que os PCs de empresas fossem conectados a redes maiores de maneira barata.
Software de navegação como o Internet Explorer da Microsoft e o Netscape Navigator deram aos usuários de computador uma interface gráfica fácil de usar para encontrar, baixar e exibir páginas Web.
A velocidade, a conveniência e o baixo custo do email fizeram dele uma ferramenta bastante popular para a comunicação de empresas e pessoas.
Páginas Web básicas são fáceis de criar e extremamente flexíveis.

Indústria	Mudanças nos negócios devido à tecnologia
Automóveis	O AutoTrader.com é a maior loja de carros usados do mundo, com milhões de carros de proprietários privados e revendedoras. O AutoTrader.com realmente ajuda a aumentar as vendas das revendedoras de carros usados, ao levar milhões de *leads* (potenciais compradores de carros usados) qualificados a concessionárias de automóveis e vendedores privados participantes.
Editorial	Com a Internet, qualquer pessoa pode publicar conteúdo online. Tradicionalmente, os editores examinavam muitos autores e manuscritos e selecionavam aqueles com melhores chances de sucesso. O Lulu.com virou esse modelo de cabeça para baixo, ao fornecer recursos de autopublicação, além das capacidades de impressão sob demanda.
Educação e treinamento	A formação continuada em Medicina é cara e manter-se atualizado com os avanços exige, muitas vezes, fazer cursos de treinamento e viajar para conferências. Agora, a formação continuada em muitos campos acontece pela Internet, e, em 2016, mais de 50% dos médicos vão ter o aprendizado de suas habilidades por meio da educação online. Empresas como a Cisco economizam milhões ao transferir o treinamento para a Internet.
Entretenimento	A indústria da música foi duramente atingida pelo negócio eletrônico, e os comerciantes de música online, como o iTunes, têm bilhões de downloads anuais. Incapazes de competir com a música online, a maioria das lojas de discos fechou. A próxima grande indústria do entretenimento que vai sentir os efeitos do negócio eletrônico será o multibilionário negócio do cinema. Locadoras de vídeo estão fechando suas portas, pois não conseguem competir com empresas de streaming online e locação com entrega em casa, como a Netflix.
Serviços financeiros	Quase toda companhia de financiamento eletrônico pública ganha dinheiro, com o serviço de hipoteca online da Lending Tree à frente desse pelotão. Processar aplicações de hipoteca online baixa o custo em mais de 50% para os clientes.
Varejo	A Forrester Research prevê que as vendas de varejo do negócio eletrônico vão crescer a uma taxa anual de 10% até 2014. A empresa também prevê que as vendas de varejo online nos EUA ficarão em quase US$ 250 bilhões, acima dos US$ 155 bilhões de 2009. As vendas online recentemente atingiram 11%, em comparação com os 2,5% de todas as vendas do varejo.
Viagens	O site de viagens Expedia.com é hoje a maior agência de viagens de lazer, com margens de lucro maiores que, até mesmo, a American Express. A maioria das agências de viagens saiu do mercado, como resultado direto do negócio eletrônico.

FIGURA 13.4
A revolução do negócio eletrônico nas indústrias tradicionais.

ções online. O **negócio eletrônico** inclui o comércio eletrônico, além de todas as atividades relacionadas a operações de negócios internas e externas, como manutenção de contas de clientes, colaboração com parceiros e troca de informações em tempo real. Durante a Web 1.0, os empresários começaram a criar as primeiras formas de negócio eletrônico.

O comércio eletrônico abriu um novo mercado para qualquer empresa disposta a seguir operando online. Ocorre uma ***mudança de paradigma*** quando uma nova forma radical de negócio entra no mercado e remodela o modo como as empresas e organizações se comportam. O negócio eletrônico criou uma mudança de paradigma, transformando indústrias inteiras e mudando os processos de negócios das empresas, que, basicamente, refez as regras dos negócios tradicionais. A decisão de não acompanhar a mudança para o negócio eletrônico provou-se fatal para muitas empresas (a Figura 13.4 mostra uma visão geral das indústrias renovadas pela revolução do negócio eletrônico).[8]

As vantagens do negócio eletrônico

OA 13.2 Descrever a Web 1.0, além do negócio eletrônico e suas vantagens associadas.

Indivíduos e organizações adotaram tecnologias da Internet para aumentar sua produtividade, maximizar a conveniência e melhorar a comunicação de maneira global. Hoje, as empresas precisam implantar uma estratégia abrangente de comércio eletrônico, e os alunos de Administração precisam entender as vantagens dessa estratégia, descritas na Figura 13.5. Vamos dar uma olhada em cada uma delas.

MAIOR ALCANCE GLOBAL

O fácil acesso a informações em tempo real é uma vantagem básica do negócio eletrônico. ***Riqueza de informação*** significa profundidade e amplitude de detalhes contidos

FIGURA 13.5
Vantagens do negócio eletrônico.

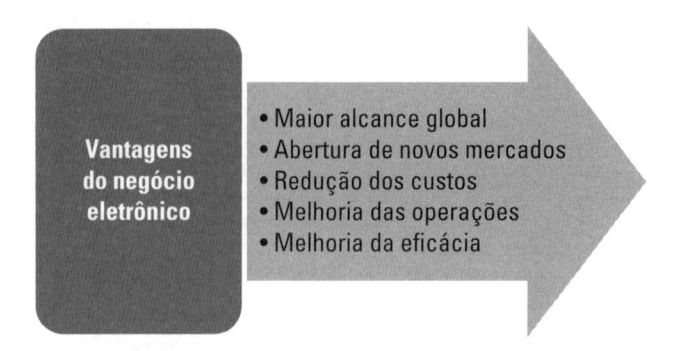

Vantagens do negócio eletrônico
- Maior alcance global
- Abertura de novos mercados
- Redução dos custos
- Melhoria das operações
- Melhoria da eficácia

em um texto, gráfico, áudio ou vídeo. O *alcance da informação* avalia o número de pessoas com que uma empresa pode se comunicar no mundo inteiro. Os compradores precisam de informações detalhadas para fazer compras inteligentes, e os vendedores precisam da informação para fazer um comércio apropriado e diferenciarem-se dos concorrentes.

Os negócios eletrônicos funcionam 24 horas por dia, 7 dias por semana. Essa disponibilidade reduz diretamente os custos de transação, uma vez que os consumidores não precisam passar muito tempo pesquisando nem percorrer grandes distâncias para fazer compras. O ciclo de entrega mais rápido das vendas online ajuda a fortalecer os relacionamentos com os consumidores, melhorando a satisfação do cliente e as vendas.

O site de uma empresa pode ser o ponto principal de uma estratégia de comunicação e de marketing eficiente do ponto de vista econômico. A promoção de produtos online permite que a empresa foque de modo preciso em seus clientes, estando eles por perto ou em qualquer lugar ao redor do mundo. A localização física é restrita pelo tamanho e limitada a clientes que podem ir até a loja, enquanto uma loja online tem um mercado global com clientes e pessoas que buscam informações já à espera na fila.

ABERTURA DE NOVOS MERCADOS

O negócio eletrônico é perfeito para o aumento das vendas de produtos de nicho. A *customização em massa* é a capacidade de uma organização ajustar produtos ou serviços conforme as especificações dos consumidores. Por exemplo, os consumidores podem pedir M&M's de cores especiais e com dizeres customizados, como "Case comigo". A *personalização* se dá quando uma empresa sabe o suficiente sobre as preferências e aversões dos clientes, a ponto de poder adaptar as ofertas de modo a atrair as pessoas, por meio, digamos, da adequação de seu site a indivíduos ou grupos, com base em informações de perfil, demografia ou transações anteriores. A Amazon utiliza a personalização para criar um portal exclusivo para cada um de seus clientes.

Chris Anderson, editor-chefe da revista *Wired*, descreve as estratégias de negócio eletrônico para nichos de mercado como a captura da *cauda longa*, referindo-se à cauda de uma típica curva de vendas. Essa estratégia demonstra como os produtos de nicho podem ter modelos de negócios viáveis e rentáveis ao ser comercializados por meio do negócio eletrônico. Nos modelos de venda tradicionais, a loja é limitada pelo espaço de prateleira ao selecionar os produtos para venda. Por essa razão, os donos de lojas geralmente compram produtos que o grande público procura ou necessita, e a loja é abastecida com produtos comuns, pois não há espaço na prateleira para produtos de nicho que apenas alguns clientes vão comprar. Empresas de negócio eletrônico como a Amazon e o eBay eliminaram o dilema do espaço de prateleira e oferece uma infinidade de produtos.

A Netflix oferece um excelente exemplo da cauda longa. Vamos supor que uma loja qualquer da Blockbuster mantém 3 mil filmes em estoque, enquanto a Netflix, sem limitações de prateleiras físicas, pode contar com 100 mil filmes. Olhando para os dados de vendas, a maior parte da receita da Blockbuster vem de filmes novos que são alugados todos os dias, ao passo que títulos mais antigos são locados somente algumas vezes por mês e não justificam o custo de mantê-los em estoque. Desse modo, a cauda de vendas da Blockbuster termina no título 3 mil (veja a Figura 13.6). No entanto, a Netflix, que não tem limitações

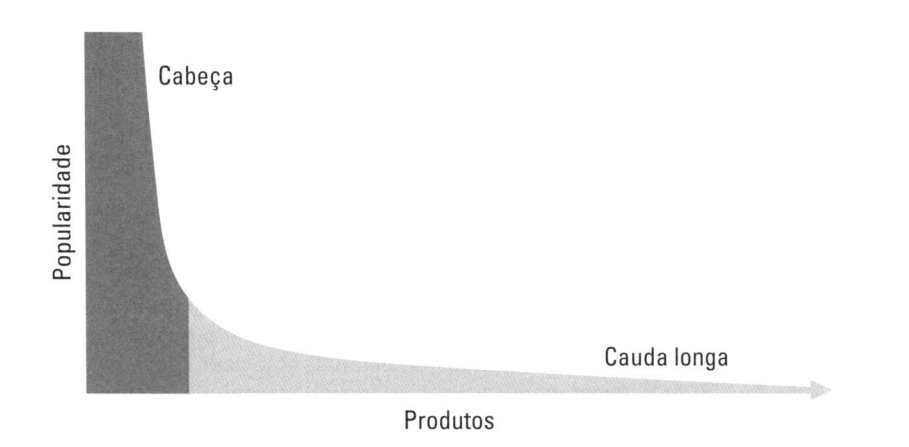

FIGURA 13.6
A cauda longa.

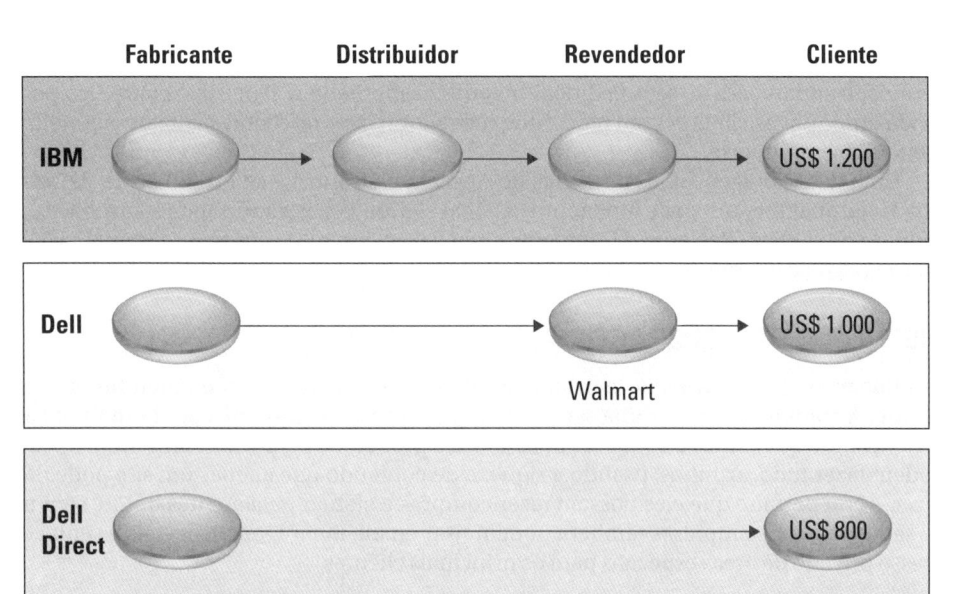

FIGURA 13.7
O valor de negócio da desintermediação.

Quanto maior o número de intermediários que são eliminados da cadeia de distribuição, menor será o preço do produto. Quando a Dell decidiu vender seus PCs pelo Walmart, muita gente ficou surpresa, porque o modelo de venda direta ao consumidor da Dell era a vantagem competitiva que a mantinha líder do mercado há anos.

físicas, pode estender sua cauda para além dos 100 mil (e com streaming de vídeo, talvez 200 mil). Ao estender a sua cauda, a Netflix aumenta as vendas, mesmo se um título é alugado apenas algumas vezes.[9]

Intermediários são agentes, software ou empresas que fornecem a infraestrutura de negociação para reunir compradores e vendedores. A introdução do negócio eletrônico provocou uma ***desintermediação***, que consiste em uma empresa vender diretamente ao cliente online e eliminar o intermediário (ver Figura 13.7). Essa estratégia de negócios permite à empresa encurtar o processo de venda e agregar valor com custos reduzidos ou um atendimento mais ágil e eficiente. A desintermediação do agente de viagens ocorreu quando as pessoas começaram a fazer elas mesmas as reservas para as férias na Internet, pagando, muitas vezes, preços mais baratos. No Lulu.com, qualquer um pode publicar e vender livros com impressão sob demanda, música online e calendários personalizados, o que torna a editora obsoleta.[10]

Na ***reintermediação***, são *agregadas* etapas à cadeia de valor à medida que novos participantes encontram formas de agregar valor ao processo de negócio. A Levi Strauss inicialmente considerava ser uma boa estratégia de negócios limitar todas as vendas online ao seu próprio site. Alguns anos mais tarde, a empresa percebeu que poderia alcançar uma fatia do mercado muito maior, se todos os varejistas vendessem os produtos Levi's diretamente aos clientes. Conforme o negócio eletrônico amadurece, torna-se evidente que, para servir certos mercados em termos de volume, algum nível de reintermediação pode ser bem-vindo. A ***cibermediação*** refere-se à criação de novos tipos de intermediários que simplesmente não poderiam ter existido antes do advento do negócio eletrônico, incluindo sites de comparação de compras, como o Kelkoo, e serviços de agregação de contas bancárias, como o do Citibank.[11]

REDUÇÃO DE CUSTOS

As vantagens operacionais do negócio eletrônico incluem processos de negócios que exigem menos tempo e esforço humano ou que podem ser eliminados. Compare o custo do envio direto de 100 malas-diretas (papel, selos, mão de obra) com o custo de uma campanha de email em massa. Pense sobre o custo de alugar um local físico e administrar linhas telefônicas em relação ao custo da manutenção de um site. Mudar para um modelo de negócio eletrônico pode eliminar muitos custos tradicionais associados à comunicação, por meio da substituição de sistemas, como a ajuda online, que permitem aos clientes conversar ao vivo com o suporte ou a equipe de vendas.

As reservas de viagens aéreas feitas nos sites custam menos do que as reservadas por telefone. Fazer compras online também oferece a possibilidade de fundir um sistema de pedidos de vendas como atendimento de pedidos e a entrega, para que os clientes possam verificar o andamento de seus pedidos em todos os momentos. O negócio eletrônico pode ainda atrair novos clientes com marketing inovador e reter os clientes atuais com melhor atendimento e suporte.[12]

Uma das vantagens mais atraentes do negócio eletrônico é seu baixo custo de *start-up*. Hoje, qualquer um pode fundar um negócio eletrônico, bastando apenas um site e um produto ou serviço excelente. Mesmo um serviço de passeio de cães pode se beneficiar de ser um negócio eletrônico.

MELHORIA DAS OPERAÇÕES

Um dos maiores impactos do negócio eletrônico tem se verificado no atendimento ao cliente. A comunicação costuma ser mais rápida, estar mais disponível e ser mais eficaz, incentivando os clientes a conhecer mais sobre o produto. Os consumidores muitas vezes podem fazer tudo sozinhos, usando a riqueza de conteúdo que apenas um site pode oferecer, e isso permite que eles possam fazer compras e efetuar pagamentos online sem ter de sair de casa. As empresas também podem usar email, mensagens especiais e senha de acesso privado de áreas especiais para os principais clientes.

MELHORIA DA EFICÁCIA

Apenas colocar um simples site no ar não significa criar um negócio eletrônico. Os sites de negócio eletrônico devem criar repercussão, ser inovadores, agregar valor e fornecer informações úteis. Em suma, eles devem criar um senso de comunidade e colaboração.

As medidas de eficiência de TI, como a quantidade de tráfego do site, não contam toda a história. Essas medidas não indicam, necessariamente, grandes volumes de vendas, por exemplo. Diversos sites com muito tráfego têm vendas mínimas. A melhor maneira de medir o sucesso de um negócio eletrônico é utilizar as métricas de *eficácia* da TI, como receitas geradas pelo tráfego na Web, número de novos clientes adquiridos pelo tráfego na Web e reduções no atendimento ao consumidor resultantes desse tráfego.

A ***interatividade*** avalia a eficácia da publicidade pela contagem das interações dos visitantes com o anúncio de destino, incluindo o tempo gasto na visualização do anúncio, o número de páginas vistas e o número de visitas repetidas ao anúncio. As medidas de interatividade são um gigantesco passo adiante para os anunciantes, uma vez que os métodos tradicionais de publicidade – jornais, revistas, rádio e televisão – fornecem poucas maneiras de monitorar a eficácia. A Figura 13.8 exibe as iniciativas de marketing de negócio eletrônico que dão às empresas a oportunidade de expandir seu alcance ao mesmo tempo que medem a eficácia.[13]

Marketing via negócio eletrônico
Programa de associados (afiliados) é aquele que permite a uma empresa gerar comissões ou pagamentos por indicação quando um cliente que visita seu site clica no link para o site de outra empresa. Se, por exemplo, um cliente que acessa o site de uma empresa clica no banner do site de outro fornecedor, a empresa receberá um pagamento por indicação ou comissão quando o cliente executar a ação desejada, geralmente ao fazer uma compra ou preencher um formulário.
Anúncio de banner é uma caixa em um site que divulga os produtos e serviços de outra empresa, normalmente outro negócio eletrônico. O banner em geral tem um link para o site do anunciante. Os anunciantes podem acompanhar a frequência com que os consumidores clicam nos banners, resultando em uma clicagem (*click-through*) para seu site. Muitas vezes, o custo do banner depende do número de clientes que clicam nele. Os serviços de propaganda baseados na Web podem controlar o número de vezes que os usuários clicam no banner, gerando estatísticas que permitem aos anunciantes avaliar se as taxas de anúncio valem o pagamento. Os anúncios de banner são como classificados vivos. Controlar o número de cliques em banners é uma ótima maneira de compreender a eficácia do anúncio no site.
Clicagem (*click-through*) é a contagem do número de pessoas que visitam um site e clicam em um anúncio que as leva ao site do anunciante. A eficácia do rastreamento baseado na clicagem garante a exposição aos anúncios-alvo; no entanto, não garante que o visitante goste do anúncio, que passe muito tempo visualizando-o, ou que fique satisfeito com as informações contidas nele.
Cookie é um pequeno arquivo depositado por um site em um disco rígido, contendo informações sobre os clientes e suas atividades na Web. Os cookies permitem que os sites gravem as idas e vindas dos clientes, geralmente sem seu conhecimento ou consentimento.
Anúncio pop-up é uma pequena página da Web contendo uma propaganda que aparece na página fora do site carregado no momento no navegador. Um anúncio pop-under é uma forma de pop-up que os usuários não veem até que fechem a tela do navegador que estão usando.
Marketing viral é uma técnica que induz os sites ou os usuários a repassar uma mensagem de marketing a outros sites ou usuários, criando um crescimento exponencial na visibilidade e no efeito da mensagem. Um exemplo de marketing viral de sucesso é o Hotmail, que promove seu serviço e suas próprias mensagens de propaganda em cada nota de email do usuário. O marketing viral encoraja os usuários de um produto ou serviço sustentado por um negócio eletrônico a incentivar os amigos a participar. O marketing viral é um tipo de programa de propaganda boca a boca.

FIGURA 13.8
O marketing ganhou muito com o negócio eletrônico.

O resultado final de qualquer propaganda é a compra. As organizações usam métricas para vincular os números dos montantes das receitas e de criação de novos clientes diretamente de volta aos sites ou banners. Por meio dos ***dados do fluxo de cliques*** (***clickstream***), elas podem observar o padrão exato de navegação de um consumidor dentro de um site. A Figura 13.9 exibe diferentes tipos de métricas de fluxo de cliques, e a Figura 3.10 fornece definições de métricas comuns, baseadas em dados de fluxo de cliques. Para interpretar esses dados de maneira adequada, os gerentes tentam fazer uma comparação com outras companhias. Por exemplo, os consumidores aparentemente visitam de maneira regular os seus sites favoritos, inclusive voltando ao site várias vezes durante uma dada sessão.[14]

Tipos de métricas de dados de fluxo de cliques
Número de visualizações de páginas (por exemplo, o número de vezes que uma única página foi apresentada a um visitante).
Padrão dos sites visitados, incluindo a página de saída e o site anterior mais frequente.
Tempo de permanência no site.
Datas e horários de visitas.
Número de registros preenchidos a cada 100 visitantes.
Número de registros abandonados.
Demografia dos visitantes registrados.
Número de consumidores com carrinhos de compra.
Número de carrinhos de compra abandonados.

FIGURA 13.9
Métricas de dados de fluxo de cliques.

FIGURA 13.10
Métricas do site.

Métricas de medição de sucesso do site	
Métricas de visita ao site	
Stickiness (duração da visita)	O tempo que um visitante gasta em um site.
Raw visit depth (total de exposição de páginas por sessão)	O número total de páginas expostas a um visitante durante uma única visita a um site.
Visit depth (total de exposição exclusiva de páginas por sessão)	O número total de páginas exclusivas expostas a um visitante durante uma única visita a um site.
Métricas de visita ao site	
Visitante não identificado	Um visitante é o indivíduo que visita um site. Um "visitante não identificado" significa que nenhuma informação sobre esse visitante está disponível.
Visitante único	Um visitante único é o visitante que pode ser reconhecido e contado apenas uma vez em um certo período de tempo.
Visitante identificado	Uma identidade está disponível, o que permite que um usuário seja controlado pelas várias visitas a um site.
Métricas de hits ao site	
Hits	Quando os visitantes acessam um site, seu computador envia um pedido ao computador servidor do site para que este comece a exibir as páginas. Cada elemento de uma página requisitada é registrado pelo arquivo de log do servidor do site como um "hit".

QUESTÕES SOBRE O CASO DA UNIDADE

1. Você considera o Pinterest uma forma de tecnologia diruptiva ou sustentada? Por quê? Ou por que não?
2. Que tipos de dilemas de segurança e de ética o Pinterest enfrenta?

CASO DO CAPÍTULO 13: Falha na inovação

É uma história triste, mas que acontece com frequência: uma empresa dinâmica surge com um produto novo e inovador que utiliza tecnologia de ponta de maneira interessante, gerando muita publicidade e atenção. Mas por alguma razão esse novo produto não atinge as massas e cai no esquecimento, só para ver outros produtos alcançarem grande sucesso ao seguir seus passos.

Nem sempre é o caso da tecnologia certa no momento errado. Às vezes, essas empresas pioneiras não conseguiram aproveitar as próprias inovações, preferindo repousar nas realizações iniciais e permitindo que concorrentes mais ágeis aprimorassem sua ideia e fizessem algo mais atraente e funcional. E algumas simplesmente cometeram erros em demasia para ter sucesso.

A obtenção da vantagem do pioneirismo é fundamental para qualquer empresa que quer competir na economia da Internet. No entanto, obter uma vantagem inédita é algo normalmente temporário, e sem permanecer inovando, a empresa em breve pode ruir. Aqui está uma lista dos 10 melhores produtos pioneiros que fracassaram, de acordo com Jim Rapoza, da *eWeek*.

1. **O PDA Newton da Apple** – Quando foi lançado no início dos anos 1990, o Newton da Apple foi elogiado, mas depois passou a ser ridicularizado por causa de suas falhas (ele ainda teve a honra de ser parodiado em *Os Simpsons*). Mas é possível traçar uma linha reta desde o Newton até os produtos atuais, como tablets, smartphones e o iPhone da Apple.

2. **PointCast** – Em 1997, um dos produtos mais sofisticados que se encontravam no desktop de um funcionário de TI era o PointCast, que enviava notícias selecionadas diretamente para a área de trabalho. Ele rapidamente lançou a mania do "push", que, quase tão rápido, desapareceu de maneira espetacular. Mas do RSS aos feeds de notícias de hoje, todos estão em dívida com o PointCast.

3. **Gopher Protocol** – Foi por pouco. Lançado pouco antes da própria Web, o Gopher logo se tornou popular em universidades e empresas. Utilizando tecnologia de pesquisa, ele funcionava de modo muito parecido com o dos sites, mas não conseguiu competir com a própria Web.

4. **VisiCalc** – Por várias vezes elogiado como o primeiro aplicativo fora de série para PC, a planilha VisiCalc era um item imperdível para os primeiros negócios que usavam o PC, mas rapidamente ficou para trás das mais bem-acabadas planilhas Lotus e Microsoft.

5. **Atari** – Para quem já tem uma certa idade, a palavra Atari é sinônimo de videogames. O pioneiro em consoles de jogos domésticos não conseguiu inovar diante de concorrentes mais ágeis.

6. **Diamond Rio** – Por US$ 200 e com 32 MB de RAM (com um slot SmartMedia para expansão de memória), o Rio ajudou a lançar a revolução do MP3. Isto é, até que os fones de ouvido brancos e uma coisinha chamada iPod assumissem o controle.

7. **Netscape Navigator** – O Netscape Navigator era a Web para os usuários do início e de meados da década de 1990. Mas a Netscape não conseguiu resistir ao ataque da Microsoft, além de inúmeros erros que a própria empresa cometeu, e hoje vive apenas como a base original dos navegadores Mozilla.

8. **AltaVista** – Não foi o primeiro mecanismo de busca, mas o primeiro a utilizar muitas das tecnologias de linguagem natural comuns nos dias de hoje e o primeiro a ganhar popularidade de verdade na Web. Mesmo assim, o AltaVista não conseguiu acompanhar as mudanças tecnológicas.

9. **Redes Ricochet** – Nada dava tanto status como estar sentado ao lado de alguém que tinha um cartão Ricochet conectado ao laptop. Olha, ela está em um táxi acessando a Internet em velocidade ISDN! Mas as redes Ricochet nunca se expandiram para um número suficiente de cidades para participarem do jogo de verdade.

10. **Telefone Simon da IBM** – Os US$ 499 do iPhone não são nada comparados com o preço de US$ 900 do Simon da IBM, quando o aparelho finalmente foi lançado em 1994. Mas seus recursos foram pioneiros daqueles encontrados nos smartphones de hoje e, até mesmo, superavam o iPhone quando se tratava de uma interface *touch-screen* sem botões.[15]

Questões

1. Se todas essas empresas tinham a vantagem do pioneirismo, então por que os produtos foram um fracasso?
2. Em cada um dos casos dos produtos listados, determine se a tecnologia utilizada foi diruptiva ou sustentada.
3. Escolha um dos produtos listados e determine o que a empresa poderia ter feito para evitar o fracasso.
4. Você pode citar outro produto de tecnologia que fracassou? Por que isso aconteceu? O que a empresa poderia ter feito diferente para que o produto fosse bem-sucedido?

CAPÍTULO 14 — Negócio eletrônico

OBJETIVOS DE APRENDIZAGEM

14.1 Comparar os quatro tipos de modelos de negócio eletrônico.
14.2 Descrever as seis ferramentas de negócio eletrônico para conectar e comunicar.
14.3 Identificar os quatro desafios associados ao negócio eletrônico.

OA 14.1 Comparar os quatro tipos de modelos de negócio eletrônico.

Modelos do negócio eletrônico

Um ***modelo de negócios*** é um plano que detalha como a empresa cria, fornece e gera receitas. Alguns modelos são bastante simples: a empresa produz um bem ou serviço e o vende aos clientes. Se a empresa for bem-sucedida, as vendas excedem os custos e ela gera lucros. Outros modelos não são tão simples, e às vezes não se sabe de imediato quem ganha o dinheiro e de quanto se trata. O rádio e a televisão são transmitidos gratuitamente para qualquer pessoa com um receptor, por exemplo; são os anunciantes que pagam os custos da programação.

A maioria das atividades de negócios online consiste na troca de produtos e serviços, quer entre empresas, quer entre empresas e consumidores. Um ***modelo de negócio eletrônico*** é um plano que detalha como a empresa cria, fornece e gera receitas na Internet. Os modelos de negócio eletrônico se enquadram em uma das quatro categorias: (1) empresa-empresa (2), empresa-consumidor, (3) consumidor-empresa e (4) consumidor-consumidor (veja a Figura 14.1).

EMPRESA-EMPRESA (B2B)

O ***modelo empresa-empresa (B2B – Business-to-Business)*** aplica-se a empresas que compram e vendem umas às outras pela Internet. Entre os exemplos, incluem-se serviços de faturamento para médicos, vendas e licenciamento de software e negócios de assistentes

FIGURA 14.1 Modelos do negócio eletrônico.

Termos do negócio eletrônico	Definição
Empresa-empresa (B2B – *Business-to-business*)	Aplica-se a empresas que compram e vendem umas às outras pela Internet.
Empresa-consumidor (B2C – *Business-to-consumer*)	Aplica-se a qualquer empresa que vende seus produtos ou serviços aos consumidores por meio da Internet.
Consumidor-empresa (C2B – *Consumer-to-business*)	Aplica-se a qualquer consumidor que vende um produto ou serviço a uma empresa por meio da Internet.
Consumidor-consumidor (C2C – *Consumer-to-consumer*)	Aplica-se principalmente a sites que oferecem produtos e serviços para ajudar os consumidores a interagirem uns com os outros pela Internet.

	Empresa	Consumidor
Empresa	B2B	B2C
Consumidor	C2B	C2C

Negócios *brick-and-mortar*
Empresa que opera em uma loja física, sem presença na Internet.
Exemplo: TJ Maxx

Negócios *click-and-mortar*
Empresa que opera em uma loja física e também na Internet.
Exemplo: Barnes & Noble

Negócios *pure-plays* (virtuais)
Empresa que opera apenas na Internet, sem loja física.
Exemplo: Google

FIGURA 14.2
Formatos de operações empresa-consumidor.

virtuais. Os relacionamentos B2B representam 80% de todos os negócios online, são mais complexos e com maiores necessidades de segurança do que os outros.

Mercados eletrônicos, ou *emarketplaces*, são comunidades de negócios interativos que fornecem a um mercado central, em que múltiplos compradores e vendedores podem exercer atividades de negócio eletrônico. Ao estreitar e automatizar a relação entre as duas partes, criam estruturas para a realização de intercâmbio comercial, consolidando as cadeias de fornecimento e criando novos canais de vendas.

EMPRESA-CONSUMIDOR (B2C)

O *modelo empresa-consumidor (B2C – Business-to-Consumer)* aplica-se a qualquer negócio que venda seus produtos ou serviços a consumidores online. A Carfax oferece aos compradores de automóveis históricos detalhados dos veículos usados, mediante o pagamento de uma taxa. Uma *e-shop (loja virtual)*, muitas vezes referida como *e-store* ou *e-tailer*, é uma versão online de uma loja de varejo em que os consumidores podem comprar a qualquer hora. Pode ser uma extensão de uma loja existente, como a Gap, ou operar apenas online, como a Amazon.com. Existem três formas de operar como um B2C: *brick-and-mortar*, *click-and-mortar*, e *pure-play* (ver Figura 14.2).

CONSUMIDOR-EMPRESA (C2B)

O *modelo consumidor-empresa (C2B – Consumer-to-Business)* aplica-se a qualquer consumidor que venda seus produtos ou serviços a uma empresa pela Internet. Um exemplo são os clientes do Priceline.com, que oferecem o quanto querem pagar por itens como passagens aéreas ou quartos de hotel, e os vendedores decidem se querem fornecer a eles. A demanda para negócios eletrônicos C2B vai aumentar nos próximos anos devido ao desejo dos consumidores de ter maior comodidade e preços mais baixos.

CONSUMIDOR-CONSUMIDOR (C2C)

O *modelo consumidor-consumidor (C2C – Consumer-to-Consumer)* aplica-se a consumidores que oferecem produtos e serviços uns aos outros pela Internet. Um bom exemplo de C2C é um leilão em que os compradores e vendedores solicitam lances consecutivos entre si e os preços são determinados dinamicamente. O eBay, o C2C de site de leilão online mais bem-sucedido da Internet, liga compradores e vendedores com propósitos semelhantes por uma pequena comissão. Outros tipos de leilões online incluem os tradicionais, em que os vendedores colocam à venda para diversos compradores e o lance mais alto ganha, e os leilões reversos, em que os compradores selecionam bens e serviços do vendedor com o menor lance.

Formato	Descrição	Exemplos
Provedores de conteúdo	Geram receitas por meio do fornecimento de conteúdos digitais, como notícias, músicas, fotos ou vídeos.	Netflix.com, iTunes.com, CNN.com
Infomediários	Fornecem informações especializadas em nome de produtores de mercadorias e serviços e seus consumidores em potencial.	Edmunds.com, BizRate.com, Bloomberg.com, Zillow.com
Mercados online	Reúnem compradores e vendedores de produtos e serviços.	Amazon.com, eBay.com, Priceline.com
Portais	Operam sites centrais para que os usuários acessem conteúdo especializado e outros serviços.	Google.com, Yahoo.com, MSN.com
Prestadores de serviços	Fornecem serviços, como compartilhamento de fotos e de vídeos, back-up e armazenamento online.	Flickr.com, Mapquest.com, YouTube.com
Corretores de transação	Processam transações de vendas online.	Etrade.com, Charlesschwab.com, Fidelity.com

FIGURA 14.3
Formatos de negócio eletrônico.

FIGURA 14.4
Diferentes formas de pesquisa.

- Mecanismo de pesquisa
- Ranking de mecanismos de pesquisa
- Otimização de pesquisa
- Pay-Per-Click
- Pay-Per-Call
- Pay-Per-Conversion

FORMATOS DE NEGÓCIO ELETRÔNICO E ESTRATÉGIAS PARA GERAÇÃO DE RECEITAS

À medida que mais e mais empresas entraram na onda do negócio eletrônico, novas formas desse tipo de empreendimento começaram a surgir (ver Figura 14.3). Muitas das novas formas de negócio eletrônico surgiram no mercado sem estratégias claras sobre como iriam gerar receita. O Google é um excelente exemplo de negócio eletrônico que só descobriu uma maneira de gerar lucros muitos anos após o seu lançamento.[1]

A linha principal de negócios do Google é o seu mecanismo de busca; no entanto, a empresa não gera receitas a partir do uso que as pessoas fazem de seu site para pesquisar na internet. O Google gera receita a partir dos comerciantes e anunciantes que pagam para colocar seus anúncios no site. Cerca de 200 milhões de vezes a cada dia, pessoas do mundo inteiro acessam o Google para realizar pesquisas.

O AdWords, uma parte do site do Google, permite que os anunciantes deem lances em termos de pesquisa comuns. Os anunciantes apenas digitam as palavras-chave em que querem dar o lance e os montantes máximos que desejam pagar por clique por dia. Em seguida, o Google determina um preço e um ranking de busca para as palavras-chave, com base em quanto os outros anunciantes estão dispostos a pagar pelos mesmos termos. Os preços para as palavras-chave podem variar de 5 centavos a US$ 10 por clique. A pesquisa paga é o máximo quando se trata de publicidade segmentada, pois os consumidores digitam exatamente o que querem. Um termo de pesquisa geral, como "férias nos trópicos" custa menos que um termo mais específico, como "férias no Havaí". Quem dá os maiores lances para um termo aparece em um link de anúncio patrocinado, no topo ou na lateral da página de resultados de pesquisa.[2]

Um *mecanismo de pesquisa* é o software de um site que encontra outras páginas com base em palavras-chave correspondentes, semelhante ao Google. Os *rankings de mecanismos de pesquisa* avaliam as variáveis que utilizam motores de pesquisa para determinar onde a URL aparece na lista de resultados de pesquisa. A *otimização do mecanismo de pesquisa* (**SEO – Search Engine Optimization**) combina arte e ciência para determinar como tornar as URLs mais atraentes para os mecanismos de busca e, como resultado, obter uma posição mais alta no ranking (veja a Figura 14.4). Quanto melhor a SEO, melhor a posição no ranking do site na lista de resultados de mecanismos de pesquisas. A SEO é fundamental, porque a maioria das pessoas vê apenas as primeiras páginas dos resultados de pesquisa. Depois disso, uma pessoa fica mais inclinada a iniciar uma nova pesquisa do que examinar páginas e páginas dos resultados da pesquisa. Os sites podem gerar receita por meio de:

FIGURA 14.5
Modelos de receita do negócio eletrônico.

Modelo de receita do negócio eletrônico	Vantagens	Desafios
Taxas de propaganda	■ Anúncios bem segmentados podem ser percebidos como conteúdos de valor agregado por parte dos participantes de negociação. ■ Fácil implementação.	■ Potencial de receita limitado. ■ Anúncios exagerados ou mal direcionados podem ser elementos perturbadores nos sites.
Taxas de licença	■ Cria incentivos para realizar várias transações. ■ A integração da customização e da finalização do processo leva à permanência dos participantes.	■ A taxa inicial é uma barreira para a entrada de participantes. ■ A diferenciação dos preços é complexa.
Taxas de assinatura	■ Cria incentivos para realizar transações. ■ O preço pode ser diferenciado. ■ Possibilidade de gerar uma receita adicional a partir de novos grupos de usuários.	■ A taxa fixa é uma barreira para a entrada de participantes.
Taxas de transação	■ Pode estar diretamente ligada à economia (economias no processo e de preço). ■ Importante fonte de receita quando um nível alto de liquidez (volume de transações) é alcançado.	■ Se as economias no processo não são totalmente visíveis, o uso do sistema é desencorajado (incentivo para fazer transações offline). ■ As taxas de transação tendem a diminuir com o tempo.
Taxas de serviços de valor agregado	■ A oferta de serviço pode ser diferenciada. ■ O preço pode ser diferenciado. ■ Possibilidade de gerar receita adicional a partir de grupos de usuários novos e já estabelecidos (terceiros).	■ Processo incômodo para os consumidores avaliarem continuamente os novos serviços.

- *Pay-per-click:* gera receita cada vez que um usuário clica em um link para o site de um varejista.
- *Pay-per-call:* gera receita cada vez que um usuário clica em um link que o leva diretamente a um agente online à espera de uma chamada.
- *Pay-per-conversion:* gera receita cada vez que um visitante do site é convertido em cliente.

Os negócios eletrônicos devem ter um modelo de receita, ou um modelo para ganhar dinheiro. Eles vão, por exemplo, aceitar publicidade, ou vender assinaturas ou direitos de licenciamento? A Figura 14.5 mostra as diferentes vantagens e desafios de vários modelos de receitas do negócio eletrônico.[3]

Ferramentas de negócio eletrônico para conexão e comunicação

OA 14.2 Descrever as seis ferramentas de negócio eletrônico para conectar e comunicar.

À medida que as empresas começaram a se tornar virtuais, mais ferramentas de TI foram criadas para apoiar os processos e requisitos do negócio eletrônico. As ferramentas que prestam suporte e impulsionam o negócio eletrônico são destacadas na Figura 14.6 e, em seguida, examinadas em detalhe.

EMAIL

O email, abreviação de correio eletrônico, é a troca de mensagens digitais por meio da Internet. Os profissionais de negócios não têm mais de esperar pelo correio para receber do-

FIGURA 14.6
Ferramentas de negócio eletrônico.

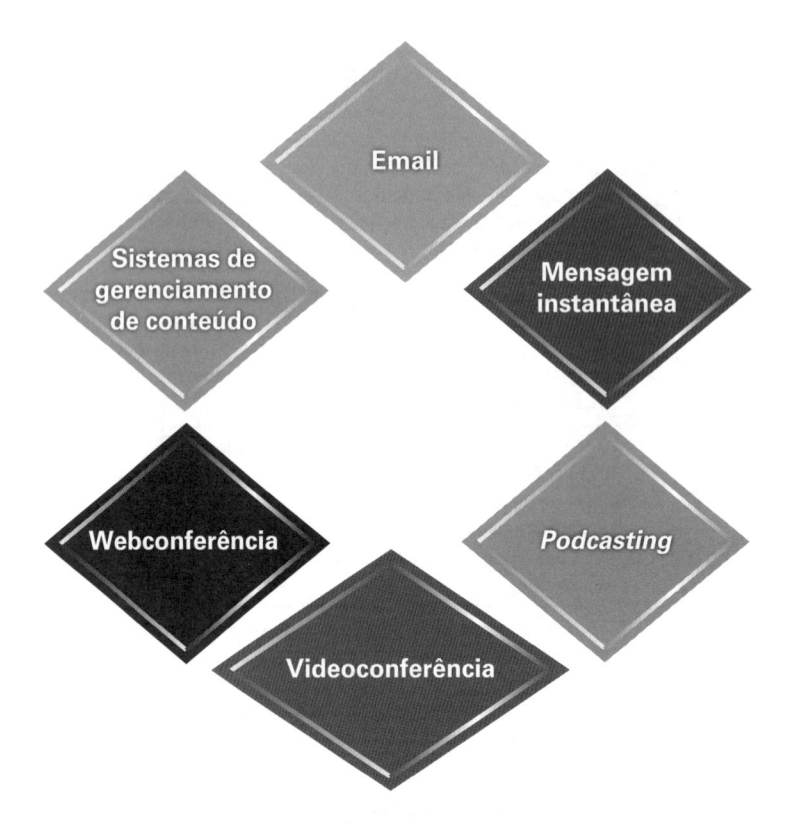

Diagrama com os elementos: Email, Mensagem instantânea, Podcasting, Videoconferência, Webconferência, Sistemas de gerenciamento de conteúdo.

cumentos importantes, pois o email, sozinho, aumentou a velocidade dos negócios, permitindo a transferência de documentos com a mesma velocidade do telefone. Sua vantagem de negócios principal é a capacidade de informar e comunicar muitas pessoas ao mesmo tempo, de imediato e com facilidade. Não há restrições de tempo ou lugar, e os usuários podem verificar, enviar e visualizar emails sempre que necessário.

O *provedor de acesso à Internet (ISP – Internet service provider)* é uma empresa que oferece acesso à internet, mediante o pagamento de uma taxa mensal. Entre os principais ISPs dos Estados Unidos estão AOL, AT&T, Comcast, Earthlink e Netzero, além de milhares de ISPs locais, incluindo empresas de telefonia regionais.

MENSAGENS INSTANTÂNEAS

A *comunicação em tempo real* ocorre quando um sistema atualiza a informação à mesma taxa que a recebe. O e-mail foi um grande avanço em relação aos métodos tradicionais de comunicação, como o correio, mas não operam em tempo real. As *mensagens instantâneas (IMing – Instant Messaging)* são um serviço que permite a comunicação em tempo real ou instantânea entre as pessoas. As empresas logo perceberam o que poderiam fazer:

- Responder as perguntas simples de forma rápida e fácil.
- Resolver questões ou problemas imediatamente.
- Transmitir mensagens tão rapidamente quanto manter uma conversa.
- Manter facilmente sessões de mensagens instantâneas com várias pessoas ao mesmo tempo.
- Eliminar tarifas telefônicas de longa distância.
- Identificar rapidamente os funcionários que estão em seus computadores.

PODCASTING

O *podcasting* converte uma transmissão de áudio para um leitor de música digital. Os *podcasts* aumentam o alcance de marketing e fidelizam os clientes. As empresas usam *podcasts* como canais de comunicação de marketing que falam de tudo, desde estratégias corporativas até descrições pormenorizadas de produtos. A equipe executiva sênior pode compartilhar *podcasts* semanais ou mensais com questões importantes ou instruções de especialistas sobre novos desenvolvimentos técnicos ou de marketing.

VIDEOCONFERÊNCIA

A ***videoconferência*** permite que pessoas em dois ou mais locais interajam por meio de transmissões simultâneas de áudio e vídeo em duas vias, além de compartilhar documentos, dados, monitores de computador e painéis. As videoconferências ponto a ponto conectam duas pessoas, e as conferências multiponto conectam mais de duas pessoas em vários locais.

A videoconferência pode aumentar a produtividade porque os usuários não precisam sair de seus escritórios. Ela pode melhorar a comunicação e os relacionamentos, os participantes enxergam as expressões faciais e a linguagem corporal uns dos outros, aspectos importantes que se perdem com simples telefonemas ou emails. Também reduz as despesas de viagem, uma grande vitória para as empresas que enfrentam desafios econômicos. É claro que nada substitui a reunião cara a cara e as mãos trêmulas, mas a videoconferência oferece uma alternativa viável e rentável.

WEBCONFERÊNCIA

A ***webconferência***, ou ***webinar***, combina videoconferência com a partilha de documentos e permite ao usuário fazer uma apresentação via Web para um grupo de participantes dispersos geograficamente. Seja qual for o tipo de hardware ou software que os participantes utilizem, todos podem ver o que está na tela de qualquer outra pessoa. As escolas utilizam ferramentas de webconferência como o Illuminate Live para ministrar palestras aos alunos, e as empresas usam ferramentas como o WebEx para fazer demonstrações de produtos. A webconferência não é como estar lá, mas os profissionais podem fazer mais sentados em suas mesas do que aguardando em um aeroporto para fazer suas conexões.

SISTEMAS DE GERENCIAMENTO DE CONTEÚDO

No século IV aC, Aristóteles fez uma classificação do mundo natural de acordo com uma organização sistemática, e a antiga biblioteca de Alexandria foi supostamente organizada por assunto, reunindo informações semelhantes. Hoje, os ***sistemas de gerenciamento de conteúdo (CMS – Content Management Systems)*** ajudam as empresas a gerenciar a criação, armazenamento, edição e a publicação do conteúdo de seus sites. Os CMSs são fáceis de usar: a maioria inclui uma publicação baseada na Web, busca, navegação e indexação para organizar a informação. Permitem que usuários com pouca ou nenhuma habilidade técnica façam alterações no site.

A pesquisa geralmente é realizada digitando-se uma palavra-chave ou frase (consulta) em um campo de texto e clicando em um botão ou hiperlink. A navegação facilita o movimento de uma página Web para outra. Os sistemas de gerenciamento de conteúdo desempenham um papel importante na tarefa de fazer os visitantes verem mais do que apenas a página inicial do site. Se as opções de navegação não forem claras, os visitantes podem apertar o botão "Voltar" na primeira (e última) visita a um site. Uma regra a lembrar é que cada vez que um usuário tem de clicar para encontrar informações de pesquisa, existe uma chance de 50% desse usuário abandonar o site, em vez de prosseguir. Um princípio fundamental do bom design de site, portanto, é o de manter o número de cliques no mínimo nível possível.

A ***taxonomia*** é a classificação científica dos organismos em grupos com base em semelhanças de estrutura ou origem. As taxonomias também são utilizadas para indexar o conteúdo do site em categorias e subcategorias de tópicos. Por exemplo, um carro é um subtipo de veículo. Todos os carros são veículos, mas nem todos os veículos são um carro: alguns veículos são vans, ônibus e caminhões. Os termos de taxonomia estão dispostos de modo que termos mais rigorosos/mais específicos/"filhos" situem-se abaixo dos termos mais amplos/mais genéricos/"pais". A ***arquitetura de informação*** é o conjunto de ideias sobre como todas as informações em um determinado contexto devem ser organizadas. Muitas companhias contratam arquitetos da informação para criar suas taxonomias de site. A taxonomia bem planejada garante que a pesquisa e a navegação sejam fáceis e amigáveis para o usuário. Se a taxonomia for confusa, o site pode vir a fracassar.

OA 14.3 Identificar os quatro desafios associados ao negócio eletrônico.

Desafios do negócio eletrônico

Embora as vantagens do negócio eletrônico sejam sedutoras, desenvolver, distribuir e gerenciar esse empreendimento nem sempre é fácil. A Figura 14.7 detalha os desafios do negócio eletrônico.

IDENTIFICAÇÃO DE SEGMENTOS DE MERCADO LIMITADOS

O principal desafio do negócio eletrônico é a falta de crescimento de alguns setores, devido a limitações de produtos ou serviços. O setor de alimentos online não tem crescido em vendas, em parte porque os produtos alimentares são perecíveis e os consumidores preferem comprá-los no supermercado, conforme necessário. Outros setores com apelo limitado para o negócio eletrônico incluem produtos frágeis ou consumíveis e empresas altamente secretas ou confidenciais, como as agências governamentais.

GERENCIAMENTO DA CONFIANÇA DO CONSUMIDOR

A confiança nas trocas do negócio eletrônico merece atenção especial. A separação física do comprador e do vendedor, a separação física do comprador e da mercadoria, e as percepções dos clientes sobre o risco de fazer negócios online oferecem desafios únicos. Os comerciantes da Internet devem desenvolver uma relação de confiança para fazer a primeira venda e fidelizar os clientes. Algumas maneiras de criar a confiança ao se trabalhar online incluem ser acessível e estar disponível para se comunicar pessoalmente com seus clientes; usar depoimentos de consumidores com link para o site do cliente ou fornecer as informações de contato desses clientes; aceitar formas legais de pagamento, como cartões de crédito.

GARANTIA DA DEFESA DO CONSUMIDOR

Uma organização que quer ser dominante com excelente atendimento ao cliente como vantagem competitiva não só deve servir, mas também proteger os seus clientes, defendendo-os contra bens e comunicações não solicitados, bens ilegais ou prejudiciais, informação insuficiente sobre produtos e fornecedores, invasão de privacidade e uso indevido de informações pessoais, e fraudes online. A segurança do sistema, no entanto, não deve tornar os sites de negócio eletrônico rígidos ou difíceis de usar.

FIGURA 14.7
Os desafios da identificação do negócio eletrônico.

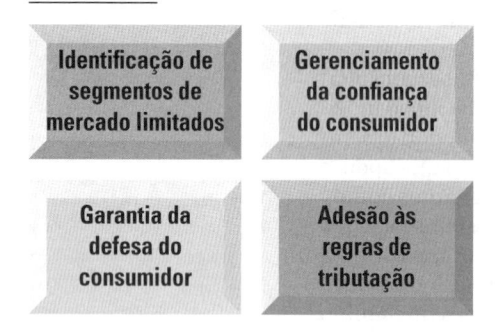

- Identificação de segmentos de mercado limitados
- Gerenciamento da confiança do consumidor
- Garantia da defesa do consumidor
- Adesão às regras de tributação

ADESÃO ÀS REGRAS DE TRIBUTAÇÃO

Muitos acreditam que a política fiscal dos EUA deve proporcionar condições de concorrência equitativas para as empresas tradicionais de varejo, empresas de venda por correspondência e comerciantes online. No entanto, o mercado de Internet permanece, em sua maioria, livre das formas tradicionais de imposto sobre vendas, em parte porque a lei do comércio eletrônico não é precisa e varia de estado para estado. Até agora, as empresas que operam online devem obedecer a uma colcha de retalhos de regras quanto a que produtos estão sujeitos a imposto sobre vendas em suas compras e quais não estão.

> **QUESTÕES SOBRE O CASO DA UNIDADE**
> 1. Qual é o modelo de negócio eletrônico implementado pelo Pinterest?
> 2. Qual é o modelo de receita implementado pelo Pinterest?

CASO DO CAPÍTULO 14: eBiz

Coisas incríveis estão acontecendo na Internet, coisas em que ninguém acreditaria. Aqui estão duas histórias que demonstram como a inovação, a criatividade e uma grande ideia podem transformar a Internet na galinha dos ovos de ouro.

Uma página inicial de um milhão de dólares

The Million Dollar Homepage (a página inicial de um milhão de dólares) é um site concebido por Alex Tew, aluno de 21 anos de idade de Cricklade, em Wiltshire, na Inglaterra, para ajudá-lo a arrecadar dinheiro para a faculdade. Lançado em 26 de agosto de 2005, dizem que o site gerou uma renda bruta de US$ 1.037.100 e tem uma classificação atual do Google PageRank de 7.

A página de índice do site é composta de uma grade de 1.000 por 1.000 pixels (1 milhão de pixels), em que ele vende links baseados em imagens por US$ 1 por pixel, com um mínimo de blocos de 10 por 10. A pessoa que compra um ou mais desses blocos de pixels pode projetar uma pequena imagem que será exibida no bloco, decidir à qual URL do bloco vai se conectar e escrever um slogan que aparece quando o cursor passa sobre o link. O objetivo do site era vender todos os pixels da imagem, gerando, assim, um milhão de dólares de renda para o criador, o que parece ter se concretizado. Em 1º de janeiro de 2006, os últimos mil pixels restantes foram postos em leilão no eBay. O leilão foi encerrado em 11 de janeiro com o lance vencedor de US$ 38.100. Isso deu uma contagem final de US$ 1.037.100 em renda bruta. The Million Dollar Homepage é mostrado em seguida.

One Red Paperclip

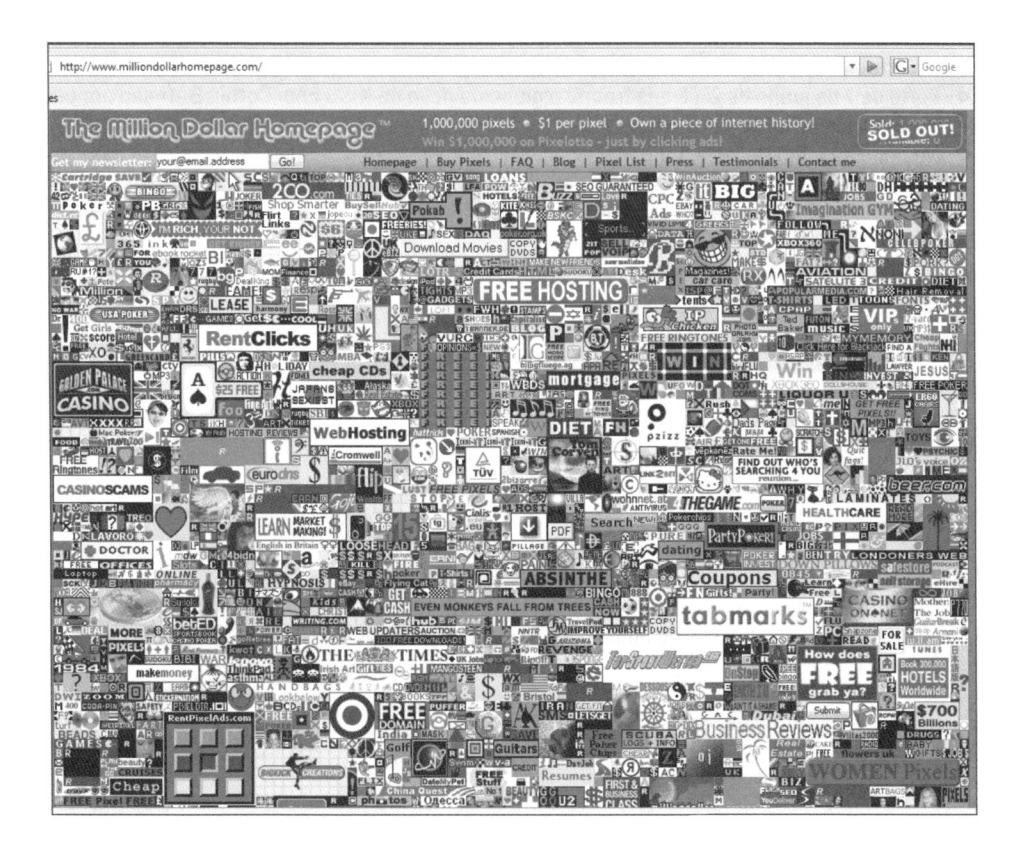

O site One Red Paperclip foi criado por Kyle MacDonald, um blogueiro canadense que fez diversas permutas até chegar, a partir de um único clipe de papel, a uma casa, em uma série de operações que duraram quase um ano. MacDonald começou com um clipe de papel vermelho no dia 14 de julho de 2005. Em 5 de julho de 2006, uma cadeia de trocas tinha finalmente desembocado na negociação de um papel no cinema por uma casa de fazenda de dois andares em Kipling, Saskatchewan. Em 07 de julho de 2006, quase exatamente um ano depois de MacDonald ter iniciado a sua experiência, a escritura da casa foi assinada. Em setembro, na festa de inauguração onde estavam presentes 12 dos 14 comerciantes, ele pediu a mão de sua namorada em casamento e ela aceitou. O anel de casamento foi feito a partir do clipe de papel vermelho original que Macdonald recuperou da primeira mulher que concordou em negociar com ele.

Aqui está a linha do tempo, de acordo com o site e conforme resumido pela BBC:

- Em 14 de julho de 2005, MacDonald foi para Vancouver e trocou o clipe de papel por uma caneta em forma de peixe.
- MacDonald então trocou a caneta no mesmo dia por uma maçaneta esculpida à mão de Seattle, Washington, que ele apelidou de Knob-T.
- Em 25 de julho de 2005, MacDonald viajou para Amherst, Massachusetts, com um amigo para trocar o Knob-T por um fogão de acampamento Coleman (com combustível).
- Em 24 de setembro de 2005, ele foi para San Clemente, Califórnia, e trocou o fogão de acampamento por um gerador Honda, de um fuzileiro naval dos EUA.
- Em 16 de novembro de 2005, MacDonald fez uma segunda (e bem-sucedida) tentativa (depois de ter o gerador confiscado pelos bombeiros da cidade de Nova York) em Maspeth, Queens, de negociar o gerador por uma "festa instantânea": um barril vazio, um trato para encher o barril com a cerveja da escolha do titular e uma placa de neon da Budweiser.
- Em 8 de dezembro de 2005, ele trocou a "festa instantânea" com o comediante e personalidade de rádio de Quebec Michel Barrette por uma moto de neve Ski-doo.
- Após uma semana, MacDonald trocou a moto por uma viagem para duas pessoas a Yahk, na Colúmbia Britânica, em fevereiro de 2006.
- Perto de 7 de janeiro de 2006, a segunda pessoa da viagem para Yahk negociou com MacDonald um pequeno caminhão pela regalia.
- Mais ou menos, em 22 fevereiro de 2006, ele trocou o caminhão por um contrato de gravação com a Metal Works, em Toronto.
- Em 11 abril de 2006, MacDonald negociou o contrato de gravação com Jody Gnant em troca de um ano de aluguel em Phoenix, Arizona.
- Em 26 abril de 2006, ele trocou o aluguel de um ano em Phoenix, Arizona, por uma tarde com Alice Cooper.
- Mais ou menos, em 26 de maio de 2006, MacDonald negociou a tarde com Alice Cooper por um artefato do tipo globo de neve motorizado do KISS.
- Perto de 2 de junho de 2006, ele trocou o globo de neve do KISS com Corbin Bernsen por um papel no filme *Donna on Demand*.
- No dia 5 de julho de 2006, ou perto disso, MacDonald trocou o papel no filme pela casa de fazenda de dois andares em Kipling, Saskatchewan.[4]

Questões

1. De que outra forma você pode usar a Internet para arrecadar dinheiro?
2. Que tipos de empresas podem se beneficiar de negociações na Internet?
3. Você consegue pensar em outras maneiras revolucionárias ou heterodoxas em que poderia usar a Internet?

CAPÍTULO 15 | Construção de parcerias colaborativas

OBJETIVOS DE APRENDIZAGEM

15.1 Explicar a Web 2.0 e identificar suas quatro características.
15.2 Explicar como o Business 2.0 está ajudando as comunidades a se conectar e colaborar.
15.3 Descrever as três ferramentas de Business 2.0 para colaboração.
15.4 Explicar os três desafios associados ao Business 2.0.
15.5 Descrever a Web 3.0 e a próxima geração de negócios online.

Web 2.0: Vantagens do Business 2.0

OA 15.1 Explicar a Web 2.0 e identificar suas quatro características.

Em meados de 1990, o mercado de ações chegou ao ponto mais alto de todos os tempos enquanto as empresas se beneficiavam do negócio eletrônico e da Web 1.0, e muitos acreditavam que a Internet era a onda do futuro. Porém, quando os novos negócios online começaram a fracassar em atender às expectativas de ganho, aconteceu o estouro da bolha. Naquele momento, alguns acreditaram que o boom do negócio eletrônico tinha acabado, mas essa previsão não poderia estar mais errada.

A ***Web 2.0*** (ou o ***Business 2.0***) é a próxima geração de uso da Internet: uma plataforma de comunicações mais madura e diferenciada, caracterizada por novas qualidades, como a colaboração, o compartilhamento e a liberdade. O Business 2.0 incentiva a participação do usuário e a formação de comunidades que contribuem para o conteúdo. No Business 2.0, as habilidades técnicas não são mais uma exigência para a utilização e divulgação de informações na World Wide Web, eliminando as barreiras de entrada para os negócios online.

Empresas tradicionais tendiam a considerar a tecnologia como uma ferramenta necessária para realizar um processo ou atividade, e os funcionários recolhiam informações ao andar pelo escritório ou jogar conversa fora em torno do bebedouro. As tecnologias de Business 2.0 fornecem um ambiente virtual que, para muitos funcionários da nova geração, é tão empolgante e importante quanto o ambiente físico. A Figura 15.1 destaca as características comuns do Business 2.0.[1]

COMPARTILHAMENTO DE CONTEÚDO POR MEIO DO CÓDIGO ABERTO

Um ***sistema aberto*** é composto por hardware e software não proprietários baseados em padrões conhecidos publicamente que permitem que terceiros criem componentes para se conectarem ao sistema ou interoperar com ele. Milhares de dispositivos de hardware e aplicativos de software criados e vendidos por fornecedores terceiros interoperam com computadores, como iPods, software de desenho e mouses.

O ***código-fonte*** contém instruções escritas por um programador, especificando as ações a serem executadas pelo software do computador. ***Código aberto*** refere-se a qualquer software cujo código-fonte é disponibilizado gratuitamente (não com base em honorários ou licenciamento, como no negócio eletrônico) para terceiros revisarem e modificarem. O Business 2.0 está capitalizando por meio do software de código aberto. A Mozilla, por exemplo, oferece seu navegador Firefox e software de email Thunderbird de graça. A Mozilla acredita que a Internet é um recurso público que deve permanecer aberto e aces-

FIGURA 15.1
Características do Business 2.0.

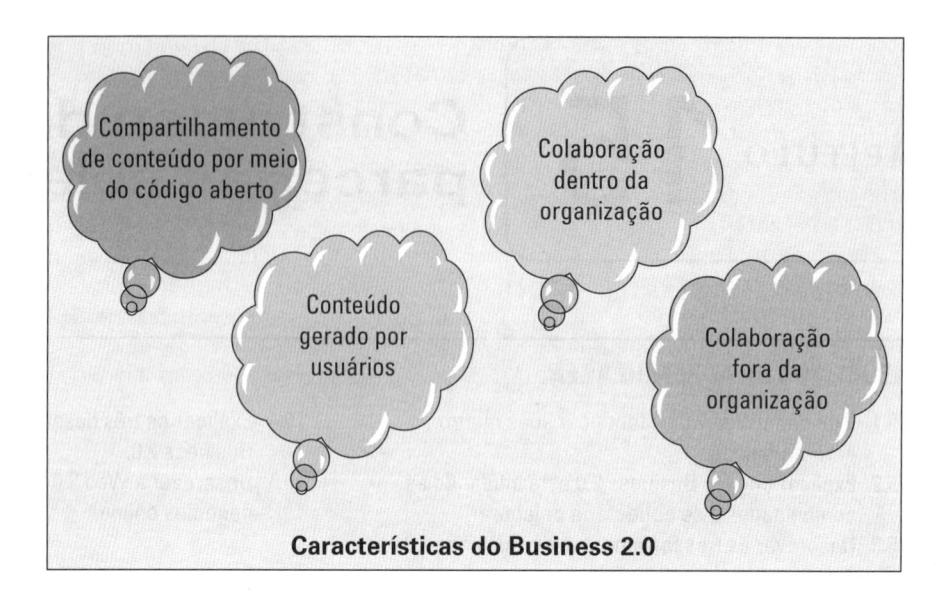

Características do Business 2.0
- Compartilhamento de conteúdo por meio do código aberto
- Conteúdo gerado por usuários
- Colaboração dentro da organização
- Colaboração fora da organização

sível a todos; a empresa desenvolve continuamente produtos gratuitos, reunindo milhares de voluntários dedicados do mundo inteiro. O Firefox da Mozilla detém hoje mais de 20% do mercado de navegadores e está rapidamente se tornando uma ameaça para o Internet Explorer da Microsoft. Como as empresas de software de código aberto geram receitas? Muitas pessoas ainda estão aguardando uma resposta a essa pergunta tão importante.[2]

CONTEÚDO GERADO POR USUÁRIOS

O negócio eletrônico se caracterizava por algumas empresas ou usuários que publicavam conteúdo para as massas. O Business 2.0 é caracterizado pelas massas publicando conteúdo para as massas. O ***conteúdo gerado por usuários*** é criado e atualizado por muitos usuários para muitos usuários. Sites como Flickr, Wikipédia e YouTube, por exemplo, tiraram o controle da mídia online das mãos dos líderes e o passaram para as mãos dos usuários. A Netflix e a Amazon se valem de conteúdo gerado por usuários para conduzir suas ferramentas de recomendação, e sites como o Yelp usam os comentários de clientes para expressar opiniões sobre produtos e serviços. As empresas estão adotando conteúdo gerado pelo usuário para ajudar em tudo, desde o marketing até o desenvolvimento de produtos e a garantia de qualidade.

Uma das formas mais populares de conteúdo gerado pelo usuário é o ***sistema de reputação***, em que os compradores publicam *feedbacks* sobre os vendedores. Os clientes do eBay fazem, de forma voluntária, comentários sobre a qualidade de serviço, sua satisfação com o item negociado e prontidão do envio. Os vendedores comentam sobre a rapidez no pagamento dos compradores ou respondem a comentários deixados pelo comprador. Empresas, que vão desde a Amazon até restaurantes, estão usando sistemas de reputação para melhorar a qualidade e aumentar a satisfação do cliente.

COLABORAÇÃO DENTRO DA ORGANIZAÇÃO

Um ***sistema de colaboração*** é um conjunto de ferramentas que dá suporte ao trabalho de equipes ou grupos, facilitando o compartilhamento e o fluxo de informações. A mentalidade colaborativa do Business 2.0 gera mais informação de modo mais rápido a partir de um público mais vasto. A ***inteligência coletiva*** está colaborando e afetando o conhecimento básico de todos os funcionários, parceiros e clientes. O conhecimento pode ser uma verdadeira vantagem competitiva para uma organização. A forma mais comum de inteligência encontrada no interior da organização é a ***gestão do conhecimento (KM – Knowledge Management)***, que envolve a captura, a classificação, a avaliação, a recuperação e o compartilhamento dos ativos de informação de modo a fornecer o contexto para as decisões e ações eficazes. O objetivo principal da gestão do conhecimento é ter a certeza de que o conhecimento de uma empresa sobre os fatos, as fontes de informação e as soluções estão disponíveis para todos os empregados sempre que for necessário. Um *sistema de gestão do conhecimento (KMS – Knowledge Management System)* dá suporte à captura, à organização e à disseminação de conhecimento (ou seja, o *know-how*) em toda a organização. O KMS pode distribuir uma base de conhecimento da organização, interligando as pessoas e compilando suas especialidades digitalmente.

Um grande exemplo de um trabalhador do conhecimento é o *caddy* do golfe. Os *caddies* dão conselhos como "a chuva torna a jogada para o terceiro buraco 10 jardas mais curta". Se um *caddy* é bom e dá conselhos precisos, isso pode resultar em dicas excelentes. A colaboração com outros *caddies* pode proporcionar dicas ainda melhores para todos. Como o gerenciamento do conhecimento pode fazer isso acontecer? Os *caddies* poderiam ser recompensados por compartilhar o conhecimento sobre o campo e receber prêmios por causa disso. O administrador do campo de golfe poderia reunir todas as dicas e publicar uma espécie de manual sobre o campo, distribuindo-o a todos os *caddies*. O objetivo de um sistema de gestão do conhecimento é que todo mundo saia ganhando. Neste exemplo, os *caddies* dão dicas preciosas e os golfistas melhoram o seu jogo ao aproveitar as experiências de colaboração dos *caddies*, e os proprietários do campo ganham com o aumento dos negócios.

O KM tem assumido maior força em empresas dos EUA nos últimos anos, uma vez que milhões de *baby boomers* preparam-se para se aposentar. Quando baterem o ponto de saída pela última vez, os conhecimentos reunidos sobre seus empregos, empresas e indústrias durante suas carreiras irá embora com eles, a menos que as empresas tomem medidas para reter seus conhecimentos.

Conhecimento explícito e tácito

Nem todas as informações são valiosas. As pessoas devem determinar qual informação pode ser considerada um ativo intelectual e baseado em conhecimento. Em geral, os ativos intelectuais e baseados no conhecimento caem em uma das duas categorias: explícito ou tácito. Em regra, o *conhecimento explícito* consiste em tudo o que pode ser documentado, arquivado e codificado, geralmente com o auxílio da TI. Exemplos de conhecimento explícito são os ativos, como patentes, marcas, planos de negócios, pesquisa de marketing e listas de clientes. O *conhecimento tácito* é o conhecimento contido na cabeça das pessoas. O desafio inerente ao conhecimento tácito é descobrir como reconhecer, gerar, compartilhar e gerenciar o conhecimento que reside na mente das pessoas. Embora a tecnologia da informação na forma de email, mensagens instantâneas e tecnologias relacionadas possa ajudar a facilitar a disseminação do conhecimento tácito, identificá-lo de imediato é um grande obstáculo.

COLABORAÇÃO FORA DA ORGANIZAÇÃO

A forma mais comum de inteligência coletiva encontrada fora da organização é o *crowdsourcing*, que significa a sabedoria da multidão. A ideia de que a inteligência coletiva é maior que a soma de suas partes individuais está presente há muito tempo (veja a Figura 15.2). Com o Business 2.0, a capacidade de explorar de forma eficiente o poder da inteligência está se revelando. Durante muitos anos, as organizações acreditaram que as boas ideias vinham do topo. Os CEOs colaboravam apenas com os diretores de vendas e marketing, com o especialista de garantia de qualidade ou com os vendedores ambulantes. O organograma da organização mostrava quem devia trabalhar com quem e até que ponto na cadeia de comando uma sugestão ou ideia podia ir. Com o Business 2.0, essa crença está sendo desafiada, à medida que as empresas aproveitam o *crowdsourcing*, oferecendo uma tarefa ou problema a um grupo mais amplo para encontrar resultados melhores ou mais baratos de forma criativa.

FIGURA 15.2
Crowdsourcing: a multidão é mais inteligente do que o indivíduo.

Com o Business 2.0, as pessoas podem estar sempre conectadas, uma força motriz por trás da colaboração. As comunicações tradicionais do negócio eletrônico eram limitadas a conversas cara a cara e a tecnologias de sentido único que utilizavam a **comunicação assíncrona**, ou comunicações, como o email, em que a mensagem e a resposta não ocorriam ao mesmo tempo. O Business 2.0 trouxe a **comunicação síncrona**, ou comunicações que ocorrem ao mesmo tempo, como mensagens instantâneas e chats. Pergunte a um grupo de estudantes universitários qual foi a última vez que conversaram com os pais. Para a maioria, a resposta é há menos de uma hora, ao contrário da resposta tradicional de alguns dias atrás. Nos negócios também, o que se espera são conexões contínuas no mundo colaborativo de hoje.

OA 15.2 Explicar como o Business 2.0 está ajudando as comunidades a se conectar e colaborar.

Conectando as comunidades com o Business 2.0

Mídia social refere-se a sites que contam com a participação do usuário e o conteúdo fornecido por eles, como Twitter, YouTube e Digg. A **rede social** é um aplicativo ou site que conecta as pessoas, por meio da combinação de informações de perfil. Fornecer aos indivíduos a capacidade de estabelecer conexões por rede é, de longe, uma das maiores vantagens do Business 2.0. O **social networking** é a prática de expandir o seu negócio e/ou contatos sociais a partir da criação de uma rede pessoal (veja a Figura 15.3). As redes sociais fornecem duas funções básicas. A primeira é a capacidade de criar e manter um perfil que serve como identidade online no interior do ambiente. A segunda é a capacidade de criar conexões entre as outras pessoas dentro da rede. A **análise de redes sociais (SNA – Social Networking Analysis)** mapeia os contatos (pessoais e profissionais) de grupo, identificando pessoas que se conhecem e que trabalham juntas. Em uma companhia, isso pode proporcionar uma visão de como os funcionários trabalham em conjunto. A SNA também pode identificar os principais experts com conhecimentos específicos, como a forma de resolver um complicado problema de programação ou lançar um novo produto.

O Business 2.0 simplifica o acesso à informação e melhora a capacidade de compartilhá-la. Em vez de gastar US$ 1 mil e dois dias em uma conferência para encontrar colegas de profissão, os empresários podem agora usar redes sociais como o LinkedIn e encontrar novos contatos para recrutamento, prospecção e identificação de peritos em um assunto. Com membros executivos de todas as empresas da *Fortune* 500, o LinkedIn se tornou uma das ferramentas de recrutamento mais úteis da Web.

As redes sociais são especialmente úteis para empregadores que tentam encontrar candidatos a empregos com habilidades exclusivas ou altamente especializadas, que podem ser mais difíceis de encontrar em comunidades maiores. Muitos empregadores também vasculham sites de redes sociais em busca dos "podres" e de referências de caráter dos potenciais funcionários. Não se esqueça de que o que você posta na Internet permanece na Internet.[4]

FIGURA 15.3
Exemplo de rede social[3].

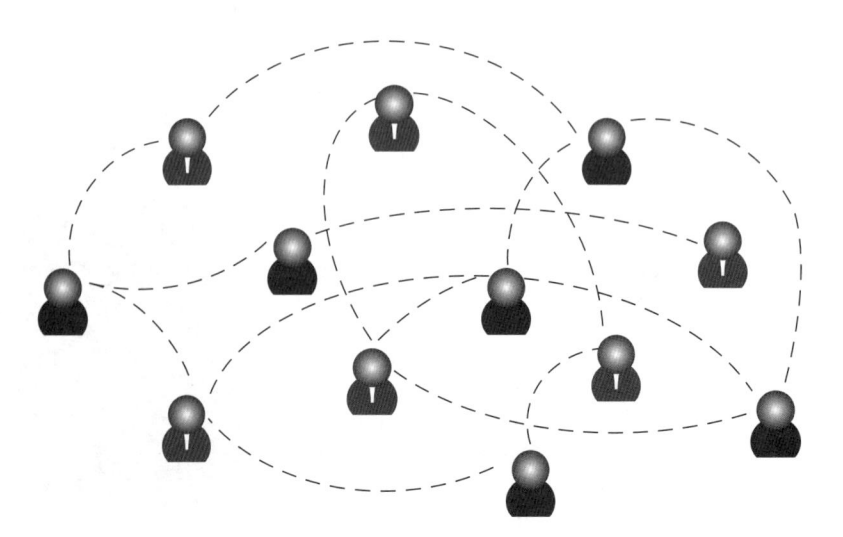

TAGGING (MARCAÇÃO) SOCIAL

Tags são palavras-chave ou frases específicas incorporadas no conteúdo do site para fins de classificação ou taxonomia. Um item pode ter uma ou mais *tags* associadas a ele, para permitir vários caminhos navegáveis por meio dos itens, e elas podem ser alteradas com o mínimo de esforço (veja a Figura 15.4). A ***tagging (marcação) social*** descreve a atividade colaborativa de marcar conteúdo online com palavras-chave ou *tags* como forma de organizá-lo para navegação, filtragem ou pesquisa no futuro. A comunidade inteira de usuários é convidada a fazer a *tagging* e, portanto, define, essencialmente, o conteúdo. O Flickr permite aos usuários fazer upload de imagens e marcá-las com palavras-chave adequadas. Depois de um número suficiente de pessoas ter feito isso, a coleção de *tags* resultante vai identificar as imagens corretamente e sem viés.

A ***folksonomia*** é semelhante à taxonomia, exceto pelo fato de ser o *crowdsourcing* que determina as *tags* ou o sistema de classificação baseado em palavras-chave. Usar o poder coletivo de uma comunidade para identificar e classificar o conteúdo reduz bastante os custos de categorização, pois não há nomenclatura complicada para se aprender. Os usuários simplesmente criam e aplicam as *tags* como quiserem. Por exemplo, enquanto os fabricantes de telefone celular se referem a seus produtos como dispositivos móveis, a *folksonomia* pode incluir telefone celular, telefone sem fio, smartphone, iPhone, BlackBerry, e assim por diante. Todas essas palavras-chave, se pesquisadas, devem levar o usuário a um mesmo site. As *folksonomias* revelam do que as pessoas realmente chamam as coisas (ver Figura 15.5). Isso tem sido um ponto de discussão na Web, porque o propósito principal de se ter um site é para os clientes o encontrarem. A maioria dos sites são encontrados a partir de termos de pesquisa que correspondem ao conteúdo.[5]

Um **marcador de site** é uma URL armazenada localmente ou o endereço de um arquivo ou página da Internet salvo como atalho. O ***bookmarking social*** permite aos usuários compartilhar, organizar, pesquisar e gerenciar marcadores. Del.icio.us, um site dedicado ao *bookmarking* social, oferece aos usuários um lugar para armazenar, classificar, anotar e compartilhar favoritos. O StumbleUpon é outro site conhecido de *bookmarking* social, que permite aos usuários localizar sites interessantes com base em seus assuntos favoritos. Quanto mais você usa o serviço, mais o sistema "aprende" sobre seus interesses, e mais pode mostrar sites que interessam a você. Ele representa um novo modelo de rede social em que o conteúdo encontra os usuários, não o contrário. O StumbleUpon é feito basicamente de usuários e de conteúdos que eles apreciam.[6]

FIGURA 15.4
O *tagging* social ocorre quando muitas pessoas classificam o conteúdo.

FIGURA 15.5
Exemplo de *folksonomia*: Nomes gerados pelo usuário para os telefones celulares.

OA 15.3 Descrever as três ferramentas de Business 2.0 para colaboração.

Ferramentas do Business 2.0 para colaboração

A conexão e a colaboração sociais estão levando as empresas a novas direções, e a Figura 15.6 fornece uma visão geral das ferramentas que aproveitam o "poder do povo", permitindo aos usuários compartilhar ideias, discutir problemas de negócios e colaborar soluções.

BLOGS

Um *blog*, ou *web log*, é uma publicação online que permite aos usuários postar seus próprios comentários, gráficos e vídeos. Ao contrário das páginas em HTML tradicionais, os sites de blog possibilitam que os escritores se comuniquem – e os leitores respondam – regularmente, por meio de uma interface simples, mas personalizável, que não requer qualquer programação.

A partir de uma perspectiva de negócios, os blogs não são diferentes dos canais de marketing, como vídeo, impressão, áudio ou apresentações. Todos fornecem resultados de tipos variados. Pense em Jonathan Schwartz, da Sun Microsystem, e Bob Lutz, da GM, que usam seus blogs para propósitos de marketing, compartilhamento de ideias, obtenção de *feedbacks*, respostas na mídia e criação da imagem. A Starbucks desenvolveu um blog chamado My Starbucks Idea, que dá oportunidade aos clientes de compartilhar ideias, dizer à Starbucks o que pensam das ideias de outras pessoas e participar de discussões. Os blogs são um mecanismo ideal para muitas empresas, pois podem se concentrar em áreas de tópicos mais facilmente do que a mídia tradicional, sem limite de tamanho de página, contagem de palavras ou prazo para publicação.[7]

Microblogs

O *microblog* é o modo de enviar mensagens breves (de 140 a 200 caracteres) para um blog pessoal, público ou de um grupo privado de assinantes que podem ler os posts como mensagens instantâneas ou mensagens de texto. A principal vantagem do microblog é que as mensagens podem ser enviadas por inúmeros meios, como mensagens instantâneas, email ou pela Web. A ferramenta de microblog mais popular é, de longe, o Twitter, que permite enviar entradas de microblog chamadas tweets para qualquer pessoa registrada para "seguir" quem os envia. Os remetentes podem restringir a entrega para as pessoas que querem segui-los ou, por padrão, permitir o acesso aberto.

Real Simple Syndication (RSS)

Real Simple Syndication (RSS) é um formato Web usado para publicar trabalhos atualizados com frequência, como blogs, notícias, áudio e vídeo, em formato padronizado. Um documento ou feed RSS inclui o texto completo ou resumido, além de outras informações,

FIGURA 15.6 Ferramentas de comunicação e colaboração do Business 2.0.

BLOG	WIKI	MASHUP
• Publicação online que permite aos usuários postar seus próprios comentários, gráficos e vídeos. • Exemplos de negócios conhecidos incluem Tea Sweet Leaf, Stoneyfield Farm, Nuts about Southwest e Disney Parks.	• Site colaborativo que permite aos usuários adicionar, remover e alterar o conteúdo. • Exemplos de negócios conhecidos incluem Wikipédia, National Institute of Health, Intelopedia, LexisNexis e Wiki for Higher Education.	• Conteúdo de mais de uma fonte para criar um novo produto ou serviço. • Entre os exemplos, incluem-se Zillow, Infopedia, Trendsmap, SongDNA e ThisWeKnow.

como data de publicação e autoria. Os sites de notícias, blogs e *podcasts* usam RSS, enviando constantemente notícias aos consumidores, evitando que esses clientes procurem pela informação. Além disso, para facilitar a distribuição, o RSS permite que os leitores frequentes do site acompanhem suas atualizações.

WIKIS

Wiki (termo havaiano para "rápido") é um tipo de página Web colaborativa que permite aos usuários adicionar, remover e alterar o conteúdo, que pode ser facilmente organizado e reorganizado, conforme necessário. Enquanto os blogs são, em grande parte, criados a partir de metas criativas e pessoais dos autores individuais, os wikis são baseados em colaboração aberta com toda e qualquer pessoa. Wikipédia, a enciclopédia livre fundada em 2001, tornou-se um dos 10 destinos mais populares da Web, atingindo um número estimado de 217 milhões de visitantes únicos por mês.[8]

Um usuário de wiki geralmente pode alterar o conteúdo original de qualquer artigo, enquanto o usuário do blog só pode adicionar informações sob a forma de comentários. Grandes wikis, como a Wikipédia, protegem a qualidade e precisão de suas informações por meio da atribuição de funções aos usuários, como as de leitor, editor, administrador, patrulheiro, responsável pela política, especialista no assunto, mantenedor de conteúdo, desenvolvedor de software e operador do sistema. O acesso a alguns materiais importantes ou confidenciais da Wikipédia é limitado a usuários dessas funções autorizadas.[9]

O *efeito de rede* descreve como os produtos em uma rede aumentam de valor para os usuários conforme o número de usuários aumenta. Quanto mais usuários e gerentes de conteúdo em um wiki, maior será o efeito de rede, porque mais usuários atraem mais colaboradores, cujo trabalho atrai mais usuários, e assim por diante. A Wikipédia, por exemplo, torna-se mais valiosa para os usuários à medida que aumenta a quantidade de seus colaboradores.

Wikis internos para empresas podem ser ferramentas importantes para a coleta e difusão de conhecimentos em toda a organização, entre distâncias geográficas e entre áreas de negócios funcionais. Por exemplo, o que os funcionários nos EUA chamam de "venda" pode ser chamado de "pedido encomendado" no Reino Unido, "pedido programado" na Alemanha e "pedido produzido" na França. O wiki corporativo pode responder a quaisquer perguntas sobre um processo ou definição de negócio. As empresas também estão usando wikis para documentação, relatórios, gerenciamento de projetos, dicionários online e grupos de discussão. Naturalmente, quanto mais os funcionários usam o wiki corporativo, maior será o efeito de rede e de valor agregado para a empresa.

MASHUPS

Um *mashup* é um site ou aplicação de site que usa o conteúdo de mais de uma fonte para criar um serviço totalmente novo. O termo é mais usado no contexto musical: juntar as letras do Jay-Z com uma música do Radiohead transforma algo velho em novo. A versão Web de um *mashup* permite aos usuários misturar dados de mapas, fotos, vídeos, *feeds* de notícias, entradas de blog, e assim por diante, para criar conteúdo com um novo propósito. O conteúdo utilizado em um *mashup* é normalmente proveniente de uma **interface de programação de aplicação (API – Application Programming Interface)**, que é um conjunto de rotinas, protocolos e ferramentas para construção das aplicações de software. Depois disso, um programador une esses blocos fundamentais.

A maioria dos ambientes operacionais, como o Microsoft Windows, fornece uma API para que os programadores possam criar aplicações coerentes com o ambiente operacional. Muitas pessoas que experimentam *mashups* estão usando APIs da Microsoft, Google, eBay, Amazon, Flickr e Yahoo!, resultando na criação de editores de *mashup*. Os **editores de mashup** são ferramentas WYSIWYG (What You See Is What You Get ou O que você vê é o que obtém). Eles fornecem uma interface visual para construir um *mashup*, permitindo ao usuário arrastar e soltar os pontos de dados em uma aplicação Web.

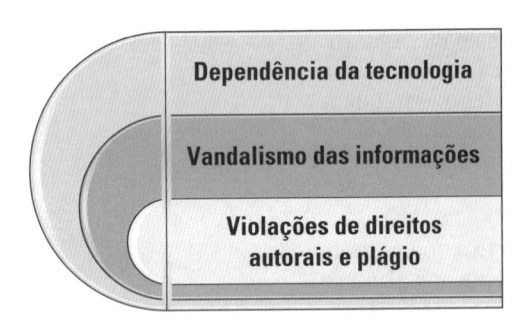

FIGURA 15.7
Desafios do Business 2.0.

OA 15.4 Explicar os três desafios associados ao Business 2.0.

Quem diria que a tecnologia poderia ajudar a vender bananas? A Dole Organic agora coloca códigos da fazenda de três dígitos em cada banana e cria um *mashup*, utilizando o Google Earth e seu banco de dados de bananas. Compradores social e ambientalmente conscientes podem inserir os números no site da Dole e verificar o ambiente no qual as bananas foram cultivadas. O site conta a história da fazenda e sua comunidade circunvizinha, lista suas certificações orgânicas, publica algumas fotos, e fornece um link para as imagens de satélite da fazenda no Google Earth. Os clientes podem monitorar pessoalmente a produção e o tratamento de suas frutas desde a árvore até o mercado. O processo garante aos clientes que suas bananas foram cultivadas dentro de padrões orgânicos apropriados em uma plantação ambientalmente amigável e holisticamente consciente.[10]

Desafios do Business 2.0

Mesmo com tantas mudanças positivas efetuadas pelo Business 2.0 no cenário global de negócios, alguns desafios permanecem em relação ao software de código aberto, sistemas de conteúdo gerado por usuários e sistemas de colaboração, todos em destaque na Figura 15.7. Vamos descrever brevemente cada um.

DEPENDÊNCIA DA TECNOLOGIA

Muitas pessoas hoje querem ficar conectadas o tempo todo, e essa dependência da tecnologia as faz ficarem escravas de conexões da Internet para tudo, desde participar de webconferências da universidade ou do trabalho até fazer planos com amigos para um jantar. Se a conexão cair, como essas pessoas vão funcionar? Quanto tempo elas podem ficar sem verificar o email e as mensagens de texto, ou ouvir música gratuitamente no Pandora ou assistir a programas de televisão sob demanda? À medida que a sociedade se torna mais dependente da tecnologia, as interrupções adquirem o potencial de causar estragos cada vez maiores para as pessoas, empresas e instituições de ensino.

VANDALISMO DAS INFORMAÇÕES

O código aberto e o compartilhamento são as duas principais vantagens do Business 2.0, e, ironicamente, também são os principais desafios. Permitir que qualquer pessoa edite qualquer coisa abre a porta para que indivíduos danifiquem, destruam ou vandalizem o conteúdo dos sites de propósito. Um dos mais famosos exemplos de vandalismo de wiki ocorreu quando um falso artigo biográfico afirmava que John Seigenthaler Sr. era assistente do procurador geral Robert F. Kennedy, na década de 1960, e que estava diretamente envolvido nos assassinatos de Kennedy e de seu irmão, o presidente John F. Kennedy. Seigenthaler de fato trabalhava como assistente de Robert Kennedy, mas nunca esteve envolvido nos assassinatos. O vandalismo de wiki é um assunto controverso e, por essa razão, um software de wiki agora pode armazenar todas as versões de uma página Web, monitorando atualizações e alterações, e garantindo que o site possa ser restaurado à sua forma original se for vandalizado. O software também usa um código de cores em segundo plano, assegurando quais o usuário compreenda quais áreas foram validadas e quais não. O verdadeiro truque do software de wiki é determinar quais declarações são verdadeiras e quais são falsas, um enorme problema, já que é fácil e frequente atualizar e alterar esse software.[11]

VIOLAÇÕES DE DIREITOS AUTORAIS E PLÁGIO

A colaboração online torna o plágio tão fácil quanto dar um clique com o mouse. Infelizmente, uma grande quantidade de material com direitos autorais tende a aparecer em blogs e wikis, e muitas vezes a culpa não pode ser atribuída a uma única pessoa. Políticas de direitos autorais e plágio claramente definidas são uma obrigação para todos os blogs e wikis corporativos.

Web 3.0: Definindo a próxima geração de oportunidades de negócios online

OA 15.5 Descrever a Web 3.0 e a próxima geração de negócios online.

Enquanto a base da Web 1.0 refere-se a sites de informação baseados em texto estático e a Web 2.0 trata do conteúdo gerado pelo usuário, a Web 3.0 é baseada em aplicações "inteligentes" da Web, usando o processamento de linguagem natural, aprendizagem e raciocínio baseados em máquina, além de aplicações inteligentes. A Web 3.0 é o próximo passo na evolução da Internet e das aplicações Web. Os líderes de negócios que explorarem suas oportunidades serão os primeiros do mercado com vantagens competitivas.

A Web 3.0 oferece um modo para as pessoas descreverem a informação de tal forma que os computadores possam começar a entender as relações entre conceitos e temas. Para demonstrar o poder da Web 3.0, vamos examinar algumas relações de amostra; por exemplo, Adam Sandler é um comediante, Lady Gaga é uma cantora e Hannah é amiga de Sophie. São exemplos de descrições que podem ser adicionados a páginas Web e permitir que os computadores aprendam sobre relacionamentos, ao exibir as informações para seres humanos. Com esse tipo de informação em vigor, haverá uma interação muito mais rica entre pessoas e máquinas com a Web 3.0.

Aplicar esse tipo de conhecimento avançado de relação a uma empresa pode criar novas oportunidades. Afinal, as empresas vivem de informações. Enquanto a Web 2.0 faz as pessoas ficarem mais perto uma das outras com informações utilizando máquinas, a Web 3.0 faz as *máquinas* se aproximarem, utilizando *informações*. Essas novas relações unem pessoas, máquinas e informações, de modo que o negócio possa ser mais inteligente, mais rápido, mais ágil e mais bem-sucedido.

Um dos objetivos da Web 3.0 é adequar pesquisas e solicitações online especificamente às preferências e às necessidades dos usuários. Em vez, por exemplo, de fazer várias pesquisas, o usuário pode digitar uma ou duas frases complexas em um navegador Web 3.0, como "Eu quero ver um filme engraçado e depois comer em um bom restaurante mexicano. Quais são as minhas opções?" O navegador Web 3.0 vai analisar a solicitação, pesquisar na Web todas as respostas possíveis, organizar os resultados e apresentá-los ao usuário.

Tim Berners-Lee, um dos fundadores da WWW, descreveu a **Web semântica** como um componente da Web 3.0 que descreve as coisas de uma maneira que os computadores podem entender. A Web semântica não é sobre ligações entre páginas Web; ela, na verdade, descreve o relacionamento entre as *coisas* (como A é uma parte de B e Y é membro de Z) e as propriedades das coisas (tamanho, peso, idade, preço). Se as informações sobre música, carros, ingressos para shows, e assim por diante, forem armazenadas de forma a descrever as informações e os arquivos de recursos associados, as aplicações de Web semântica vão poder coletar informações de muitas fontes diferentes, combiná-las e apresentá-las aos usuários de modo a fazer sentido. Embora a Web 3.0 ainda seja um pouco de especulação, alguns temas e características certamente serão incluídos, como:[12]

- Integração de dispositivos legados: a capacidade de usar os dispositivos atuais, como iPhones e laptops, entre outros, como cartões de crédito, ingressos, reservas e ferramentas.
- Aplicações inteligentes: utilização de agentes, aprendizado de máquina e conceitos da Web semântica para concluir tarefas inteligentes para os usuários.
- OpenID: fornecimento de uma identidade online que pode ser facilmente transferida para diversos dispositivos (celulares, PCs) que permitem a autenticação fácil em diferentes sites.
- Tecnologias abertas: design de sites e outros tipos de software para que eles possam ser facilmente integrados e trabalhar em conjunto.
- Banco de dados globais: capacidade dos bancos de dados serem distribuídos e acessados de qualquer lugar.

GOVERNO ELETRÔNICO: O GOVERNO SE TORNA ONLINE

Modelos recentes de negócios que surgiram para permitir que as organizações tirem vantagem da Internet e criem valor estão dentro do governo eletrônico. O ***governo eletrônico (egovernment)*** envolve o uso de estratégias e tecnologias para transformar governo(s) por

FIGURA 15.8
Modelos estendidos do negócio eletrônico.

	Empresa	Consumidor	Governo
Empresa	B2B conisint.com	B2C dell.com	B2G lockheedmartin.com
Consumidor	C2B priceline.com	C2C ebay.com	C2G egov.com
Governo	G2B export.gov	G2C medicare.gov	G2G disasterhelp.gov

meio da melhoria da prestação dos serviços e do aprimoramento da qualidade de interação entre cidadão-consumidor e todos os ramos do governo.

Um exemplo de um portal de governo eletrônico, o FirstGov.gov, portal oficial para todas as informações do governo dos EUA, é o catalisador para um governo eletrônico crescente. O seu poderoso mecanismo de busca e a crescente coleção de links por assunto e focados no cliente conectam os usuários a milhões de páginas Web, do governo federal a governos locais e tribais e a nações estrangeiras em todo o mundo. A Figura 15.8 mostra e adiciona à nossa discussão modelos de governo eletrônico específicos.

M-BUSINESS: APOIO A EMPRESAS EM QUALQUER LUGAR

Os dispositivos móveis habilitados para a Internet estão ultrapassando rapidamente os computadores pessoais. O *comércio móvel* (ou *m-business, m-commerce*) é a capacidade de comprar produtos e serviços por meio de um dispositivo sem fio habilitado para a Internet. A tecnologia emergente atrás do *m-business* é um dispositivo móvel equipado com um micronavegador pronto para uso na Web e que consegue realizar as seguintes tarefas.

- Entretenimento móvel – downloads de músicas, vídeos, jogos, apps de votação, tons de toque, bem como serviços de mensagens baseados em texto.
- Vendas/comercialização móveis – publicidade, campanhas, descontos, promoções e cupons.
- Serviços bancários móveis – gerenciamento de contas, pagamento de faturas, recebimento de alertas e transferência de fundos.
- Emissão móvel de ingressos – compra de ingressos para entretenimento, transporte e estacionamento, incluindo recursos para pagar parquímetros automaticamente.
- Pagamentos móveis – pagamentos de bens e serviços, inclusive compras em lojas, entrega a domicílio, máquinas de venda automática, táxis, combustível, e assim por diante.

As organizações enfrentam as mudanças mais abrangentes e com maior alcance em suas implicações do que qualquer outra coisa desde a revolução industrial moderna que ocorreu no início do século XX. A tecnologia é a força primária que impulsiona essas mudanças. As organizações que querem sobreviver devem reconhecer o imenso poder da tecnologia, realizar mudanças organizacionais necessárias em relação a isso e aprender a operar de uma maneira totalmente diferente.

> **QUESTÕES SOBRE O CASO DA UNIDADE**
>
> 1. Classifique o Pinterest como um exemplo de Web 1.0 (negócio eletrônico) ou Web 2.0 (Business 2.0).
> 2. O que é software de código aberto e como o Pinterest pode tirar proveito disso?

CASO DO CAPÍTULO 15: Redes sociais e Ashton Kutcher

Onde vão as celebridades, os fãs as seguem. Isso se aplica tanto nas redes sociais quanto no mundo real, notou David Karp, depois que artistas famosos começaram a usar seu serviço de blogs Tumblr. Como resultado, incentivar as celebridades a ter contas no site tornou-se "parte do nosso roteiro e do nosso plano de negócios", diz Karp. Na verdade, ele recentemente contratou um funcionário em tempo integral para ajudar os usuários de alto perfil a projetar e gerenciar seus blogs.

Não é segredo algum que participantes famosos de vários setores – de atores a atletas, de músicos a políticos – estejam usando sites de mídia social para se conectar com os fãs e promover suas marcas. As celebridades costumavam procurar meios de promoção "na revista *People* ou na *Vogue*", diz Robert Passikoff, presidente da Brand Keys, uma empresa de pesquisas que acompanha o valor das marcas de celebridades. "Agora se tornou necessidade ter uma página no Facebook".

Mas as vantagens são para os dois lados. Os sites se beneficiam da caminhada das estrelas no mundo da Internet. A recente estreia de Oprah Winfrey no serviço de microblog Twitter fez as visitas ao site explodirem, subindo 43% em relação à semana anterior, de acordo com a empresa de análise Hitwise. O Facebook, o YouTube do Google, o Ning e outros destinos da Web 2.0 também têm visto uma quantidade enorme de atividades em torno das páginas de perfil de seus membros famosos. E como o Tumblr, os sites de redes sociais estão fazendo de tudo para manter as celebridades felizes e voltando.

Obama no MySpace, Facebook e Twitter

A administração Obama criou páginas de perfil no Myspace, Facebook e Twitter. Para acomodá-la, o Myspace, da News Corp., concordou em construir páginas sem anúncios e equipou o perfil para obter atualizações automáticas do blog oficial da Casa Branca. Em alguns casos, as redes sociais dão aos VIPs um aviso antecipado sobre as mudanças. Recentemente, o Facebook trabalhou com os agentes de algumas celebridades, incluindo Katie Couric, âncora da CBS, e o ex-presidente francês Nicolas Sarkozy, para obter *feedback* sobre o novo design do site antes do lançamento ao público. "Não temos um programa de apoio formalizado para figuras públicas, mas oferecemos um pouco de suporte", explica Brandee Barker, porta-voz do Facebook.

Alguns membros privilegiados do Facebook também receberam "URLs de vaidade", ou, endereços Web simples, curtos e personalizados, como www.facebook.com/KatieCouric. Em outros lugares, os famosos recebem ofertas de modo mais casual. O cofundador do Twitter, Biz Stone, acredita que são usuários de alto perfil, como o ator Ashton Kutcher e o ex-jogador de basquete Shaquille O'Neal, que chamam a atenção para o site de mensagens de até 140 caracteres, mas diz que a empresa não reserva quaisquer recursos "especiais" para eles. "Às vezes, as celebridades que gostam do Twitter param e dão um oi", conta Stone. "Quase sempre é apenas um passeio tranquilo e um bate-papo na hora do almoço, mas é realmente divertido para nós".

John Legend e o Tumblr

Além de seu valor promocional, as celebridades das redes sociais representam uma fonte potencial de receita para quem está no início da jornada. O Tumblr ajudou recentemente o músico John Legend a projetar um blog com aparência profissional que lembra o seu site promocional, criado pela Sony Music Entertainment. Karp, do Tumblr, diz que realizou esse projeto sem custos, em parte para atrair os fãs de Legend, mas também para explorar se faz sentido oferecer serviços semelhantes mediante pagamento. "Para as pessoas que querem o alcance de nossa rede, que querem tirar proveito de nossa plataforma, em algum momento, isso se transforma em um serviço premium", diz ele.

Ning já cobra taxas mensais de alguns de seus usuários, muitos dos quais são celebridades. O site é gratuito para qualquer pessoa que queira criar sua própria rede social, mas cobra US$ 55 por mês de usuários que preferem manter suas páginas livres de anúncios ou que querem cobrar receitas geradas pelos anúncios nas próprias páginas. Embora o serviço não seja exclusivo de estrelas, muitas das redes de maior sucesso do Ning aproveitam a fama de seus operadores, como os artistas de hip-hop 50 Cent e Q-Tip, a banda de rock Good Charlotte e o campeão do Ultimate Fighting Championship BJ Penn. "A próxima geração de celebridades e redes sociais vão colaborar de modo muito mais rico e mais profundo [com os fãs] do que aquilo que você vê hoje nas redes sociais mais comuns", prevê a CEO do Ning, Gina Bianchini.

Muitos grandes nomes no mundo dos negócios, incluindo o CEO da Dell, Michael Dell, usam o site de rede de profissionais LinkedIn mais como uma ferramenta de negócios do que para acumular uma legião de seguidores. Qualquer que sejam as razões para estarem lá, o LinkedIn usa o fato de que os executivos das 500 maiores empresas são associados do site para incentivar outros empresários a ingressar também.[13]

Questões

1. O que é o software de código aberto? Uma empresa pode usá-lo para uma plataforma de rede social?
2. Crie um plano para uma *start-up* aproveitar a Web 3.0 e gerar ideias para o próximo site.
3. Avalie os desafios enfrentados pelos sites de redes sociais e identifique formas por meio das quais as empresas podem se preparar para enfrentar esses problemas.

CAPÍTULO **16**

Integração de tecnologias sem fio nos negócios

OBJETIVOS DE APRENDIZAGEM

16.1 Descrever as diferentes categorias de rede sem fio.
16.2 Explicar as diferentes aplicações de negócios das redes sem fio.
16.3 Identificar as vantagens e os desafios da mobilidade nos negócios.

Categorias de rede sem fio

OA 16.1 Descrever as diferentes categorias de rede sem fio.

Já em 1896, o inventor italiano Guglielmo Marconi apresentou um telégrafo sem fio e, em 1927, o primeiro sistema de radiotelefone começou a operar entre os Estados Unidos e a Grã-Bretanha. Os telefones móveis instalados em automóveis foram lançados em 1947. Em 1964, o primeiro satélite de comunicações, Telstar, foi lançado, e logo depois, foram disponibilizados serviços telefônicos e transmissões de televisão por satélite. As redes sem fio se multiplicaram desde então, e as tecnologias mais recentes estão agora amadurecendo para permitir que empresas e usuários domésticos tirem proveito de redes com e sem fio.[1]

Antes de aprofundar a discussão sobre as redes sem fio, devemos fazer a distinção entre móvel e sem fio, termos que são frequentemente usados como sinônimos, mas na verdade têm significados diferentes. *Móvel* quer dizer que a tecnologia pode viajar com o usuário. Os usuários podem, por exemplo, fazer download de software, emails e páginas Web para seu laptop ou outro dispositivo móvel para leitura ou referência portáteis. As informações coletadas durante as viagens podem ser sincronizadas com um PC ou servidor corporativo. *Sem fio*, por outro lado, refere-se a qualquer tipo de operação realizada sem o uso de uma conexão de fios concreta. Há muitos ambientes em que os dispositivos de rede são sem fio, mas não móveis, tais como redes domésticas ou de escritório sem fio com PCs e impressoras não portáteis. Algumas formas de mobilidade não necessitam de uma conexão sem fio. Por exemplo, um trabalhador pode usar um laptop com fio em casa, desligar o laptop, dirigir para o trabalho e conectar o laptop à rede com fio da empresa.

Em muitos ambientes de rede atuais, os usuários são sem fio e móveis. Por exemplo, um usuário móvel que se desloca para o trabalho em um trem pode manter uma chamada VoIP e múltiplas conexões TCP/IP ao mesmo tempo. A Figura 16.1 categoriza as redes sem fio por tipo.

REDES DE ÁREA PESSOAL

Uma *rede de área pessoal (PAN – Personal Area Networks)* fornece comunicação para dispositivos pertencentes a um único usuário que funcionam a uma distância curta. As PANs são usadas para transferir arquivos, incluindo emails, compromissos do calendário, fotos digitais e música. Uma PAN pode fornecer comunicação entre um fone de ouvido sem fio e um telefone celular, ou entre um computador e um mouse ou teclado sem fio. Redes de área pessoal geralmente têm alcance de menos de 10 metros (cerca de 30 pés). *Bluetooth* é uma tecnologia de PAN sem fio que transmite sinais em curtas distâncias entre telefones celulares, computadores e outros dispositivos. O nome é emprestado de Harald Bluetooth, que foi rei da Dinamarca mais de mil anos atrás. O Bluetooth elimina a necessidade de fios, estações de acoplamento, suportes, bem como de todos os acessórios especiais que em geral acompanham dispositivos de computação pessoal. O Bluetooth opera a velocidades de até 1 Mbps, com alcance de até 33 pés. Os dispositivos compatíveis com

FIGURA 16.1
Categorias de rede de comunicação sem fio.

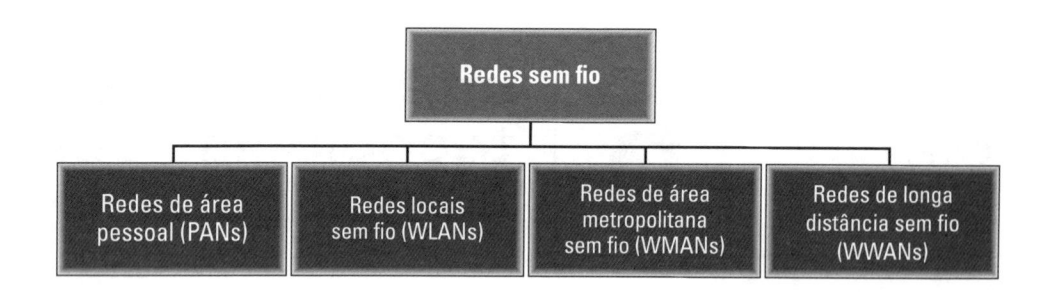

```
                        Redes sem fio
    ┌──────────────┬──────────────┬──────────────┐
Redes de área   Redes locais   Redes de área   Redes de longa
pessoal (PANs)  sem fio (WLANs) metropolitana   distância sem fio
                                sem fio (WMANs) (WWANs)
```

Bluetooth se comunicam diretamente uns com os outros em pares, como um aperto de mão. Até oito dispositivos podem ser emparelhados simultaneamente. E o Bluetooth não é apenas para dispositivos de tecnologia. Uma variedade de aparelhos com Bluetooth, como aparelhos de televisão, fogões e termostatos, pode ser controlada a partir de um telefone celular, de um local remoto.[2]

LANs SEM FIO

Uma *rede local sem fio (WLAN – Wireless Local Area Network)* é uma rede local que utiliza sinais de rádio para transmitir e receber dados em distâncias de algumas centenas de pés. O *ponto de acesso (PA – Access Point)* é um computador ou dispositivo de rede que serve como interface entre os dispositivos e a rede. Cada computador inicialmente se conecta ao ponto de acesso e, em seguida, aos outros computadores da rede. Um *ponto de acesso sem fio (WAP – Wireless Access Point)* permite que dispositivos se conectem a uma rede sem fio para se comunicarem uns com os outros. WAPs com *tecnologia multiple-in/multiple-out (MIMO)* têm vários transmissores e receptores, o que lhes permite enviar e receber maiores quantidades de dados do que os dispositivos de rede tradicionais. A *fidelidade sem fio (Wi-Fi – Wireless Fidelity)* é um meio pelo qual os dispositivos portáteis podem se conectar sem fio a uma rede de área local, utilizando pontos de acesso que enviam e recebem dados via ondas de rádio. A Wi-Fi tem um alcance máximo de cerca de 300 metros em áreas abertas, como um parque municipal, e de 75 a 120 metros em áreas fechadas, como um prédio comercial. A *infraestrutura de Wi-Fi* inclui o funcionamento interno de um serviço público ou privado de Wi-Fi, como transmissores de sinal, torres ou postes, e outros equipamentos necessários para enviar um sinal Wi-Fi. A maioria das WLANs utiliza uma infraestrutura de Wi-Fi em que um dispositivo sem fio, muitas vezes um laptop, comunica-se através de um ponto de acesso ou estação de base por meio de Wi-Fi, por exemplo.

As áreas próximas a pontos de acesso onde os usuários podem se conectar à Internet são frequentemente chamadas de *hotspots*. Os **hotspots** são locais designados onde pontos de acesso Wi-Fi estão disponíveis publicamente. São encontrados em locais como restaurantes, aeroportos e hotéis – lugares onde os profissionais de negócios tendem a se reunir. Os *hotspots* são extremamente valiosos para os profissionais de negócios que viajam muito e precisam de acesso a aplicações de negócios. Ao posicionar *hotspots* em locais estratégicos como um edifício, campus ou cidade, os administradores de rede podem manter os usuários de Wi-Fi continuamente conectados a uma rede ou à Internet, não importa para onde vão.[3]

Em uma rede Wi-Fi, o laptop do usuário ou outro dispositivo habilitado para Wi-Fi tem um adaptador de rede sem fio que converte os dados em um sinal de rádio e os transmite ao ponto de acesso sem fio. O ponto de acesso sem fio, que consiste em um transmissor com uma antena que frequentemente está incorporada no hardware, recebe o sinal e o descodifica. Em seguida, o ponto de acesso envia as informações para a Internet por meio de uma conexão de banda larga com fio, como ilustrado na Figura 16.2. Ao receber os dados, o ponto de acesso sem fio obtém as informações da Internet, converte-as em um sinal de rádio e as envia ao adaptador sem fio do computador. Se muitas pessoas tentam usar a rede Wi-Fi ao mesmo tempo, elas podem observar interferências ou perdas de conexão. A maioria dos computadores portáteis vêm com transmissores e software sem fio integrados para permitir que os computadores detectem automaticamente a existência de uma rede Wi-Fi.

O Wi-Fi funciona em frequências bem mais altas do que as usadas por telefones celulares, o que permite maior largura de banda. As larguras de banda associadas com Wi-Fi são separadas de acordo com vários padrões de rede sem fio, conhecidos como 802.11,

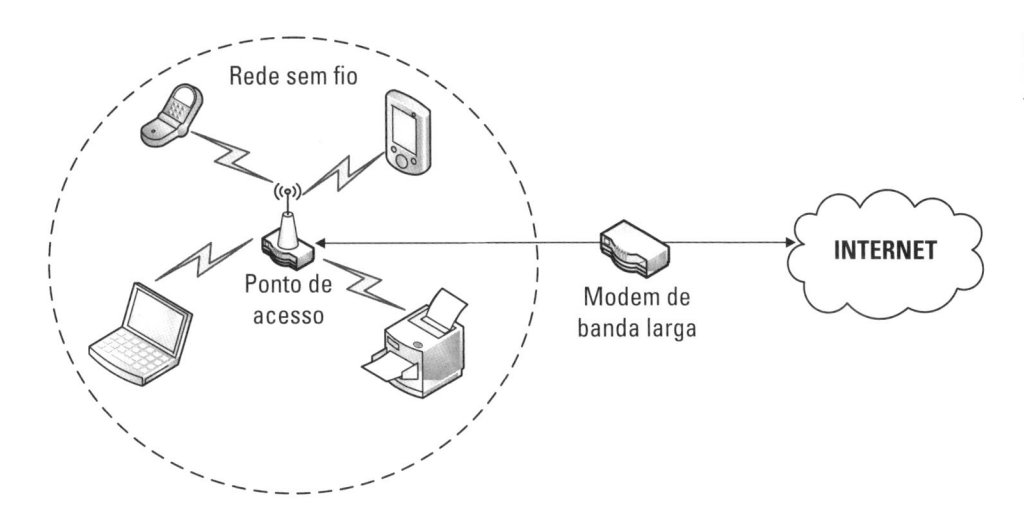

FIGURA 16.2
Redes Wi-Fi.

para a realização de comunicação de rede local sem fio. O *Instituto de Engenheiros Eletricistas e Eletrônicos (IEEE)* pesquisa e estabelece padrões elétricos para comunicação e outras tecnologias. O *IEEE 802.11n (ou Wireless-N)* é o mais novo padrão para redes sem fio. Comparado a padrões anteriores, como o 802.11b, o Wireless-N oferece velocidades mais rápidas, mais flexibilidade e maior alcance. A organização indica diferentes versões do padrão – por exemplo, Wireless-G e Wireless-N – por uma letra minúscula no final desse número. A Figura 16.3 resume as larguras de banda associadas a alguns desses padrões.[4]

Cada vez mais dispositivos digitais, incluindo a maioria dos laptops, netbooks, tablets, como o iPad, e até mesmo impressoras, estão incorporando a tecnologia Wi-Fi. Os telefones celulares estão incorporando o Wi-Fi para que possam mudar automaticamente da rede celular para uma rede Wi-Fi mais rápida, quando disponível, para comunicações de dados. BlackBerrys e iPhones podem se conectar a um ponto de acesso para comunicações de dados, como email e navegação Web, mas não para voz, a menos que usem os serviços de Skype ou outro VoIP.

WMANs

Uma *rede de área metropolitana, ou MAN, sem fio (WMAN – Wireless Metropolitan Area Network)* é uma rede de área metropolitana que utiliza sinais de rádio para transmitir e receber dados. As tecnologias WMAN não têm sido muito bem-sucedidas até o momento, sobretudo porque não estão amplamente disponíveis, pelo menos nos Estados Unidos. Uma tecnologia com potencial para o sucesso é a *Worldwide Interoperability for Microwave Access (WiMAX)*; tecnologia de comunicação que visa fornecer dados sem fio em alta velocidade por redes de área metropolitana. Em muitos aspectos, a WiMAX funciona como o Wi-Fi, mas em distâncias maiores e com maiores larguras de banda. Uma torre de WiMAX serve como ponto de acesso e pode se conectar à Internet ou a outra torre. Uma única torre pode fornecer até 7.700 km^2 de cobertura. Portanto, apenas algumas delas são necessárias para dar cobertura a uma cidade inteira. A WiMAX pode dar suporte a comunicações de dados a uma velocidade de 70 Mbps. Em Nova York, por exemplo, um ou dois pontos de acesso WiMAX na cidade poderiam atender à forte demanda de forma mais barata do que centenas de pontos de acesso Wi-Fi. A WiMAX também pode cobrir áreas remotas ou rurais, onde o cabeamento é limitado ou inexistente, e onde é muito caro ou fisicamente difícil instalar fios para poucos usuários.[5]

Padrão de Wi-Fi	Largura de banda
802.11a	54 Mbps
802.11b	11 Mbps
802.11g	54 Mbps
802.11n	140 Mbps

FIGURA 16.3
Padrões e larguras de banda de Wi-Fi.

A WiMAX pode fornecer tanto serviços com linha de visão quanto serviços sem linha de visão. Um serviço sem linha de visão usa uma pequena antena em um dispositivo móvel que se conecta a uma torre WiMAX a menos de 10 quilômetros de distância quando as transmissões são interrompidas por obstruções físicas. Esse tipo de serviço é semelhante ao Wi-Fi, mas tem uma área de cobertura muito mais ampla e maiores larguras de banda. Uma opção com linha de visão oferece uma antena fixa que aponta para a torre de WiMAX a partir de um telhado ou poste. Essa opção é muito mais rápida do que o serviço sem linha de visão, e a distância entre a torre de WiMAX e a antena pode chegar a 50 quilômetros. A Figura 16.4 ilustra a infraestrutura de WiMAX.[6]

Algumas empresas de telefonia celular estão avaliando o uso de WiMAX como meio de aumentar a largura de banda para uma variedade de aplicativos que usam muitos dados, como aqueles utilizados por smartphones. A Sprint Nextel e a Clearwire estão construindo uma rede nacional de WiMAX nos Estados Unidos. Dispositivos de jogos, laptops, câmeras e até telefones celulares habilitados para WiMAX estão sendo fabricados por empresas como Intel, Motorola, Nokia e Samsung.[7]

WWAN – SISTEMA DE COMUNICAÇÃO CELULAR

Uma ***rede de longa distância, ou WAN, sem fio (WWAN – Wireless Wide Area Network)*** é uma rede de longa distância que utiliza sinais de rádio para transmitir e receber dados. As tecnologias WWAN podem ser divididas em duas categorias: sistemas de comunicação celular e sistemas de comunicação por satélite.

Embora as comunicações móveis já existam há várias gerações, incluindo os walkie-talkies dos anos 1940 e os radiofones móveis da década de 1950, foi apenas em 1983 que a telefonia celular se tornou comercialmente disponível. Um telefone celular é um dispositivo para voz e dados, que se comunica sem fios através de um conjunto de sítios terrestres fixos chamados de estações de base, cada qual ligada às suas estações vizinhas mais pró-

FIGURA 16.4
Infraestrutura de WiMAX.

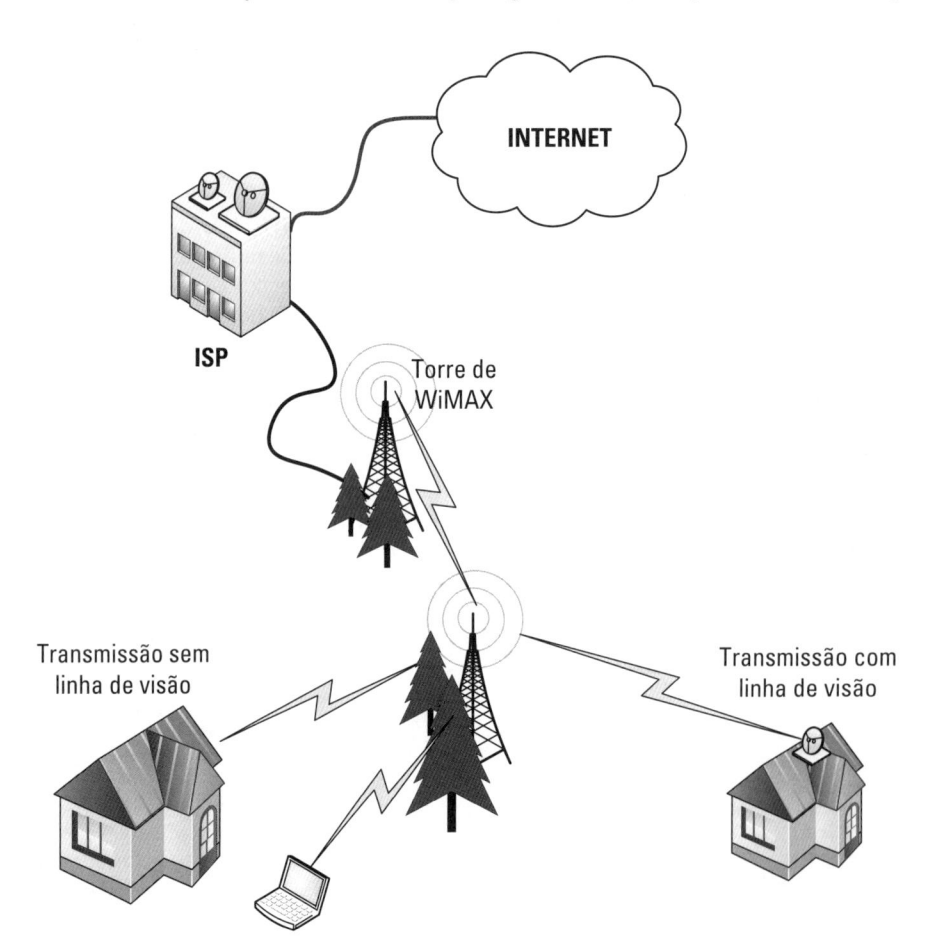

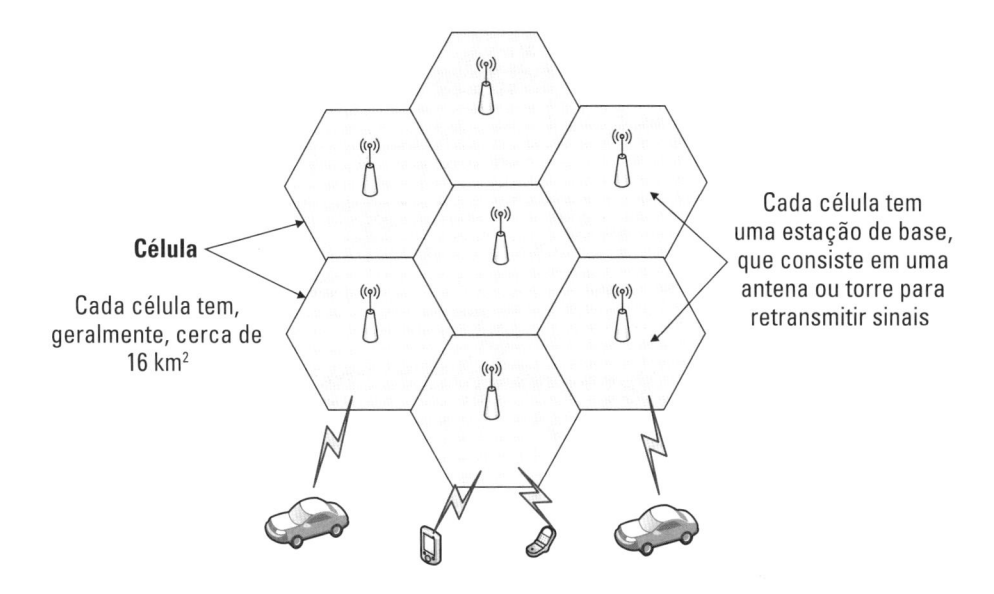

FIGURA 16.5
Visão geral do sistema de comunicação celular.

Célula
Cada célula tem, geralmente, cerca de 16 km²

Cada célula tem uma estação de base, que consiste em uma antena ou torre para retransmitir sinais

ximas. As áreas de cobertura das estações de base têm cerca de 25 km² e são chamadas de células, como ilustra a Figura 16.5.

O primeiro telefone celular foi apresentado em 1973 pela Motorola (ele pesava quase 1 kg), mas foram necessários 10 anos para que a tecnologia se tornasse disponível no mercado. O Motorola DynaTAC, comercializado em 1983, pesava quase 500 gramas e custava cerca de US$ 4 mil. A tecnologia celular já percorreu um longo caminho desde então.[8]

Os sistemas celulares foram originalmente projetados para fornecer serviços de voz para clientes móveis e, portanto, foram projetados para interligar células à rede de telefonia pública. Cada vez mais, eles fornecem serviços de dados e conectividade com a Internet. Existem mais telefones celulares do que fixos em muitos países hoje, e já é comum serem os únicos telefones que as pessoas têm.

Os telefones celulares se transformaram em *smartphones* que oferecem capacidade de computação e conectividade mais avançadas do que os celulares básicos. Eles permitem navegar na Web, acessar contas de email, ouvir música, assistir a vídeos, fazer computação, gerenciar contatos, enviar mensagens de texto e tirar e enviar fotos. O iPhone da Apple e o BlackBerry da RIM são exemplos de smartphones.

Telefones celulares e smartphones, ou telefones móveis, como são comumente chamados, precisam de um provedor de serviços, assim como os usuários de computador precisam de um ISP para conectar-se à Internet. As operadoras de telefonia móvel mais populares nos Estados Unidos são AT&T, Sprint, T-Mobile e Verizon. Elas oferecem diferentes telefones celulares, recursos, áreas de cobertura e serviços. Um dos serviços mais recentes é o de terceira geração, ou *3G*, um serviço que traz a banda larga sem fio para os telefones móveis. A Figura 16.6 lista as gerações de telefone celular. As redes 3G permitem que os usuários acessem páginas Web, utilizem serviços de streaming de música, assistam à programação de vídeo sob demanda, façam download e joguem jogos em 3-D, bem como participem de mídias sociais e teleconferências. *Streaming* é um método de envio de arquivos de áudio e vídeo via Internet, de tal forma que o usuário pode visualizar o arquivo enquanto ele está sendo transferido. O streaming não está limitado ao uso de celular. Todas as redes sem fio e mesmo redes com fio podem tirar vantagem desse método. A vantagem mais óbvia é a velocidade, um benefício direto para dispositivos móveis e sem fio, uma vez que eles ainda não são tão rápidos quanto os seus similares com fio.

WWAN – SISTEMA DE COMUNICAÇÃO POR SATÉLITE

A outra tecnologia WAN sem fio é um sistema de comunicação por satélite. Um *satélite* é uma estação espacial que orbita ao redor da Terra, recebendo e transmitindo sinais de estações terrestres em uma área ampla. Quando os sistemas de satélites foram considerados pela primeira vez, na década de 1990, o objetivo era fornecer cobertura sem fio de voz e de dados para todo o planeta, sem a necessidade de roaming dos telefones celulares entre

FIGURA 16.6
Gerações de telefone celular.

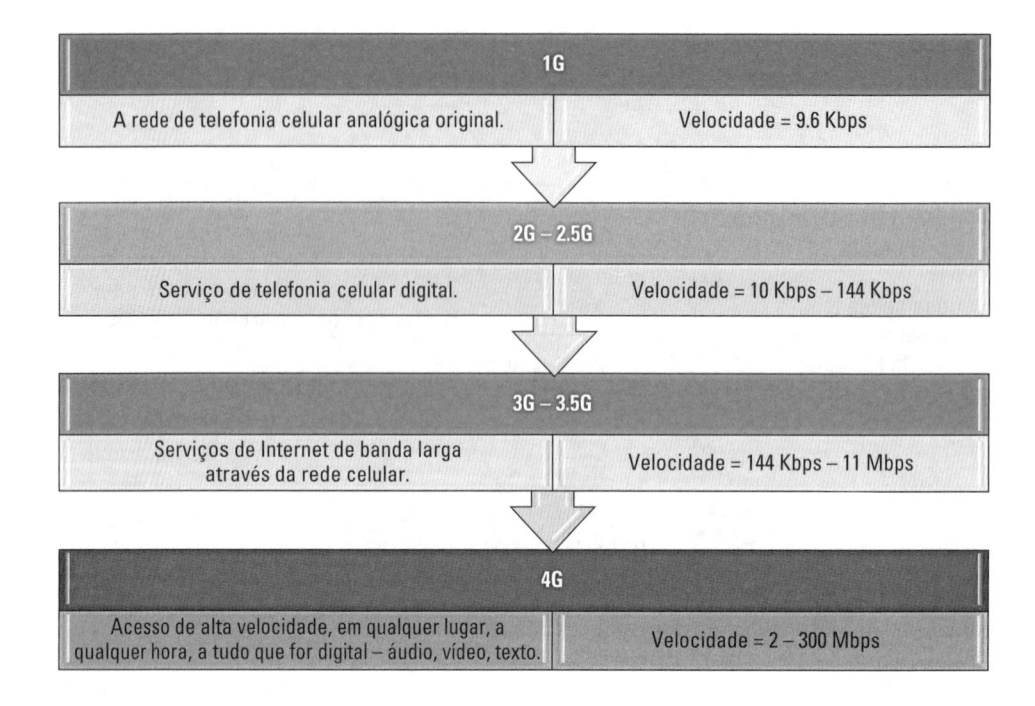

1G	
A rede de telefonia celular analógica original.	Velocidade = 9.6 Kbps

2G – 2.5G	
Serviço de telefonia celular digital.	Velocidade = 10 Kbps – 144 Kbps

3G – 3.5G	
Serviços de Internet de banda larga através da rede celular.	Velocidade = 144 Kbps – 11 Mbps

4G	
Acesso de alta velocidade, em qualquer lugar, a qualquer hora, a tudo que for digital – áudio, vídeo, texto.	Velocidade = 2 – 300 Mbps

muitas redes de provedores diferentes. No entanto, quando as redes de satélites ficaram prontas para uso comercial, elas já tinham sido ultrapassadas por sistemas celulares.

Os dispositivos utilizados para a comunicação via satélite vão desde unidades portáteis até estações de base móvel ou receptores fixos de antena parabólica. O pico de velocidade de transmissão de dados varia de 2,4 Kbps a 2 Mbps. Para o profissional móvel de todo dia, as comunicações por satélite podem não fornecer uma vantagem atraente, mas para pessoas que necessitam de acesso a voz e a dados em locais remotos ou de cobertura garantida em locais não remotos, a tecnologia de satélite é uma solução viável.

Os satélites de comunicação convencionais movem-se em órbitas fixas de aproximadamente 35 mil quilômetros acima da Terra. Um meio mais recente de satélite, o satélite de órbita baixa, viaja muito mais próximo da Terra e consegue captar sinais de transmissores fracos. Os satélites de baixa órbita também consomem menos energia e apresentam menor custo de lançamento em comparação aos satélites convencionais. Com as redes de satélites, os empresários em praticamente qualquer lugar do mundo têm acesso a recursos de comunicação completos, incluindo comunicações de voz, videoconferência e acesso à Internet. A Figura 16.7 ilustra de maneira resumida o sistema de comunicação por satélite.[9]

OA 16.2 Explicar as diferentes aplicações de negócios das redes sem fio.

Aplicações de negócios das redes sem fio

Empresas de todos os tipos e tamanhos fazem uso da tecnologia sem fio há vários anos. As empresas de transporte e camionagem desenvolveram algumas das primeiras aplicações sem fio para ajudar a monitorar veículos e cargas valiosas, otimizar a logística de suas ope-

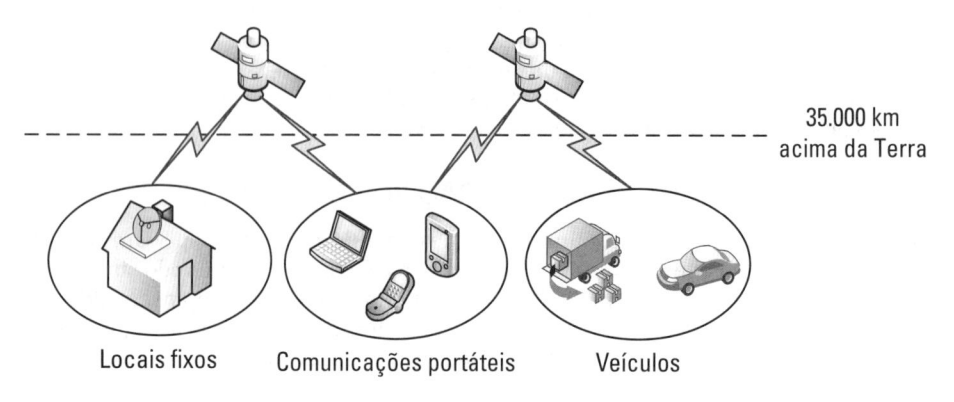

FIGURA 16.7
Sistema de comunicação via satélite.

35.000 km acima da Terra

Locais fixos   Comunicações portáteis   Veículos

rações globais, aperfeiçoar suas capacidades de entrega e reduzir roubos e danos. Agências governamentais, como a NASA e o Departamento de Defesa dos Estados Unidos, utilizam tecnologias de satélite há décadas para monitorar o movimento de tropas, armamento e equipamentos militares; para receber dados de transmissão; e para realizar comunicação a longa distância.

As tecnologias sem fio também têm ajudado na criação de novas aplicações. Algumas são baseadas e aperfeiçoam capacidades existentes. A UPS, por exemplo, combina vários tipos de tecnologias de rede sem fio, desde Bluetooth até WWANs e utiliza scanners e terminais de coleta de dados portáteis para automatizar e padronizar o gerenciamento e o rastreamento de pacotes em todos os seus centros de distribuição. A Figura 16.8 mostra as três aplicações empresariais que utilizam tecnologias sem fio.

FIGURA 16.8
Aplicações de negócio sem fio.

IDENTIFICAÇÃO POR RADIOFREQUÊNCIA (RFID)

A identificação por radiofrequência (RFID) usa etiquetas eletrônicas para identificar objetos por meio de tecnologia sem fio em distâncias curtas. Ela promete substituir outras tecnologias de identificação existentes, tais como o código de barras. A RFID utiliza tecnologia sem fio para trocar informações entre um objeto com etiqueta eletrônica e um leitor/gravador. Uma *etiqueta RFID* é um dispositivo de identificação eletrônico composto de um chip e uma antena. Um *leitor de RFID (interrogador RFID)* é um transmissor/receptor que lê o conteúdo de etiquetas de RFID na área. Um sistema de RFID é composto de uma ou mais etiquetas de RFID, um ou mais leitores de RFID, duas ou mais antenas (uma na etiqueta e uma em cada leitor), software de aplicação de RFID e de um sistema de computador ou servidor, como ilustra a Figura 16.9. Etiquetas, muitas vezes menores que um grão de arroz, podem ser aplicadas em livros ou itens de vestuário como parte de uma etiqueta adesiva de código de barras, ou incluídas em itens como cartões de identificação ou rótulos de embalagem. Os leitores podem ser dispositivos autônomos, como para autoatendimento no caixa de uma mercearia, integrado com um dispositivo móvel para uso portátil, ou integrado em impressoras. O leitor envia uma solicitação sem fio que é recebida por todas as etiquetas na área que foram programadas para receber sinais sem fio. As etiquetas recebem o sinal por meio de suas antenas e respondem transmitindo seus dados armazenados. A etiqueta pode conter vários tipos de dados, incluindo um número de produto, instruções de instalação e histórico de atividade (como a data em que o artigo foi enviado). O leitor recebe um sinal da etiqueta utilizando a antena, interpreta a informação enviada e transfere os dados para o sistema de computador ou servidor associado.

As *etiquetas RFID passivas* não têm uma fonte de energia, ao passo que as *etiquetas RFID ativas* possuem seu próprio transmissor e uma fonte de energia (tipicamente, uma bateria). A fonte de energia ativa os circuitos do microchip e transmite um sinal para o leitor (semelhante à maneira como um telefone celular transmite sinais para uma estação de base). As etiquetas RFID passivas extraem energia do leitor de RFID, que envia ondas eletromagnéticas que induzem uma corrente na antena da etiqueta. As *etiquetas RFID semi-*

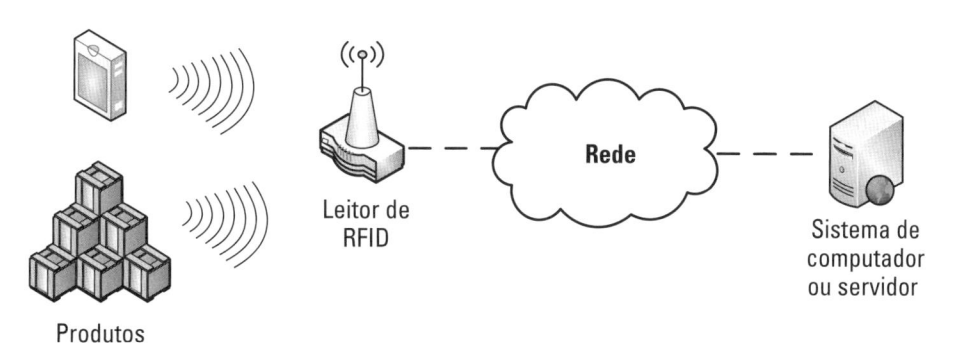

FIGURA 16.9
Elementos de um sistema de RFID.

passivas utilizam uma bateria para alimentar os circuitos do microchip, mas se comunicam utilizando energia retirada do leitor de RFID. O ***rastreamento de ativos*** ocorre quando uma empresa coloca etiquetas RFID ativas ou semipassivas em produtos ou ativos caros para coletar dados sobre a localização dos itens com pouca ou nenhuma intervenção manual. O rastreamento de ativos permite que uma empresa se concentre em sua cadeia de fornecimento, reduza a incidência de roubo, identifique o último usuário conhecido de ativos e automatize rotinas de manutenção. As etiquetas ativas e semipassivas são úteis para monitorar bens de elevado valor que precisam ser verificados ao longo de grandes trajetos, como vagões ferroviários em um trilho. O custo das etiquetas RFID ativas e semipassivas é significativo; por isso, itens de baixo custo normalmente usam etiquetas RFID passivas.

O ***acelerômetro de RFID*** é um dispositivo que mede a aceleração (taxa de variação de velocidade) de um produto e é usado para controlar as velocidades de caminhões ou táxis. As ***etiquetas RFID sem chip*** usam plásticos ou polímeros condutores, em vez de microprocessadores baseados em silício, o que lhes permite ser lavadas ou expostas à água, sem danificar o chip. Exemplos de usos inovadores de RFID incluem:

- Chips de RFID injetados sob a pele de animais com o uso de uma seringa podem ajudar fazendeiros a cumprir os regulamentos, rastrear animais selvagens para estudos ecológicos e devolver animais de estimação perdidos a seus proprietários.
- Lojas de varejo usam RFID para rastrear e monitorar o estoque. Hospitais e empresas farmacêuticas cumprem regulamentos e normas governamentais com RFID. Mesmo bibliotecas municipais estão usando RFID para controlar o roubo e acelerar o processo de retirada.
- Fabricantes de automóveis instalam sistemas antirroubo com RFID. Estradas com pedágio usam RFID para receber pagamentos dos carros que passam.
- Hospitais monitoram a localização de pacientes, médicos e enfermeiros para facilitar o atendimento em situações de emergência e garantir a segurança. O RFID também monitora a localização de equipamentos para garantir tempos de resposta rápidos durante emergências.
- American Express e MasterCard usam RFID para pagamentos automáticos.
- Walmart e outras grandes varejistas usam RFID para controlar estoque, impedir furtos e acelerar o processo de atendimento a clientes no caixa.[10]

SISTEMA DE POSICIONAMENTO GLOBAL (GPS)

O ***sistema de posicionamento global (GPS – Global Positioning System)*** é um sistema de navegação baseado em satélite que fornece informações extremamente precisas de posição, tempo e velocidade. O Departamento de Defesa dos Estados Unidos desenvolveu a tecnologia no início da década de 1970 e, mais tarde, tornou-o disponível para o público. O GPS usa 24 satélites globais que orbitam a Terra, enviando sinais para um receptor que pode se comunicar com três ou quatro satélites de cada vez. Um receptor de GPS pode ser uma unidade separada, ligada a um dispositivo móvel por meio de um cabo ou de tecnologia sem fio, como o Bluetooth, ou pode ser incluído em dispositivos como telefones celulares ou sistemas de navegação de veículos. A ***localização automática de veículos (AVL – Automatic Vehicle Location)*** usa GPS para rastrear veículos. Sistemas de AVL usam um receptor de GPS no veículo, que está ligado a um centro de controle. A Garmin é um dos fabricantes mais populares de sistemas de rastreamento por GPS, oferecendo rastreamento de veículos, integração com telefone e laptop e navegação para água e ar.

Os satélites transmitem sinais constantemente, enquanto o receptor mede o tempo que leva para que os sinais o alcancem. Essa medição, a qual utiliza a velocidade do sinal para determinar a distância, é tomada a partir de três satélites distintos para fornecer informações de localização precisas. As medições do tempo dependem de relógios de alta potência em cada satélite e devem ser precisas, pois um erro de um milésimo de segundo pode resultar em uma variação de mais de 200 milhas no local indicado. Um GPS pode produzir resultados muito exatos, normalmente com margem de erro de 5 a 50 pés da localização real (versões militares têm maior precisão). O GPS também fornece informações de latitude, longitude e altitude. A ***latitude*** representa uma medida norte/sul da posição. A ***longitude*** representa uma medição leste/oeste da posição. ***Geocache*** é um jogo de aventura com tecnologia GPS que envia a localização em longitude e latitude de um item na

Internet para que os usuários o encontrem. Os usuários de GPS encontram o geocache e normalmente assinam um livro de visitas, ou pegam um item e deixam outro para os próximos jogadores encontrarem. Caches são muitas vezes colocados em locais interessantes ou desafiadores para as pessoas descobrirem. Uma *geocoin* – objeto do tamanho de uma moeda redonda – recebe um número exclusivo e é escondida em geocache. As geocoins também podem ser moldadas de acordo com um tema, como o estado do Colorado ou um chapéu de festa de aniversário. As geocoins são muitas vezes decorativas ou comemorativas, o que as torna altamente colecionáveis e valiosas para as aventuras de tecnologia.

As aplicações de GPS podem ser encontradas em todos os tipos de veículo de empresa nos dias de hoje, desde carros de polícia, tratores e caminhões basculantes até as limusines de prefeitos. Os sistemas de resposta de emergência usam GPS para rastrear cada um de seus veículos e, assim, encaminhar as pessoas mais próximas ao local de um acidente. Se um veículo estiver faltando, seu localizador GPS pode ajudar a localizá-lo. O *tempo estimado de chegada (ETA – Estimated Time of Arrival)* é a hora do dia prevista para chegada em determinado destino e é normalmente usado para aplicações de navegação. O *tempo estimado de viagem (ETE – Estimated Time Enroute)* é o tempo que falta para chegar a um destino utilizando a velocidade atual e é normalmente usado para aplicações de navegação.

SISTEMAS DE INFORMAÇÃO GEOGRÁFICA (GIS)

O GPS fornece a base para sistemas de informação geográfica. O *sistema de informação geográfica (GIS – Geographic Information System)* armazena, visualiza e analisa dados geográficos, criando gráficos ou mapas multidimensionais. Por exemplo, soldados estão monitorando o aquecimento global por meio da medição da velocidade de derretimento das geleiras no Canadá, na Groenlândia e na Antártida. *Cartografia* é a ciência e a arte de fazer um mapa ou gráfico ilustrado. O GIS permite que usuários interpretem, analisem e visualizem dados de diferentes maneiras que revelam padrões e tendências na forma de relatórios, gráficos e mapas. O *casamento de bordas (deformação, rubber sheeting)* ocorre quando os mapas em papel são colocados com suas bordas juntadas e os itens que atravessam os mapas, mas não correspondem, são reconfigurados para que haja correspondência. O casamento de bordas (*edge matching*) é um componente fundamental da criação de um banco de dados de GIS, pois desalinhamentos em mapas ocorrem com frequência e por muitas razões, incluindo erro de levantamento e erros cartográficos. A *automação de mapas de GIS* vincula ativos de negócios a um sistema centralizado onde eles podem ser rastreados e monitorados ao longo do tempo.

Os *dados espaciais (dados geoespaciais ou informações geográficas)* identificam a localização geográfica de características e limites da Terra, como paisagens naturais ou construídas, oceanos, etc. Os dados espaciais podem ser mapeados e são armazenados como coordenadas e topologia. Um GIS acessa, manipula e analisa dados espaciais. A *geocodificação* em bancos de dados espaciais é um processo de codificação que atribui um recurso de mapa digital a um atributo que serve como identificação única (número da área, número do nó) ou classificação (tipo de solo, categoria de zoneamento). Os profissionais de GIS são certificados em práticas de geocodificação para garantir o cumprimento dos padrões da indústria ao classificar dados espaciais.

As companhias que lidam com transportes usam os GISs combinados com bancos de dados e tecnologia GPS. As companhias aéreas e companhias de transporte podem traçar rotas com informações atualizadas segundo a segundo sobre a localização de todos os seus veículos de transporte. Os hospitais podem localizar sua equipe médica com GIS e sensores que captam as transmissões de crachás de identificação. Os veículos têm GPSs ligados a mapas de GIS que exibem a localização do carro e instruções de direção em uma tela digital. A GM oferece o sistema OnStar, que envia um fluxo contínuo de informações para o centro OnStar sobre a localização exata do carro.

Alguns provedores de telefonia móvel combinam capacidades de GPS e de GIS para localizar usuários dentro de uma área geográfica do tamanho de uma quadra de tênis, a fim de ajudar serviços de emergência, como 911. Os agricultores podem usar GIS para mapear e analisar os campos, a fim de saber onde aplicar a quantidade apropriada de sementes, fertilizantes e herbicidas.

Um GIS pode encontrar o posto de gasolina ou o banco mais próximo, ou determinar a melhor maneira de chegar a um determinado local. Mas os GISs também são bons em encontrar padrões, tais como determinar o local mais viável para realizar uma conferência de acordo com o lugar onde a maioria dos clientes de uma empresa vive e trabalha. O GIS pode apresentar essas informações de forma visualmente eficaz.

Alguns usos comuns do GIS incluem:

- **Encontrar o que está nas proximidades.** Com base em um local específico, o GIS encontra fontes dentro de um raio definido. Isso pode incluir locais de entretenimento, centros médicos, restaurantes ou postos de gasolina. Os usuários também podem utilizar o GIS para localizar vendedores que vendem um item específico que desejam e obter os resultados na forma de um mapa da área circundante ou de um endereço.
- **Informações de roteamento.** Depois que os usuários têm ideia de onde desejam ir, o GIS pode fornecer indicações para chegar lá usando um mapa ou instruções passo a passo. As informações de roteamento podem ser especialmente úteis quando combinadas com serviços de busca.
- **Envio de alertas de informação.** Os usuários podem desejar ser notificados quando uma informação relevante para eles ficar disponível perto de sua localização. Por exemplo, um viajante pode querer saber se uma parte de seu trajeto tem congestionamento, ou um cliente pode querer ser notificado se sua loja favorita estiver com determinado item em promoção.
- **Mapeamento de densidades.** O GIS pode mapear densidades populacionais e de eventos com base em uma unidade de área padrão, como quilômetros quadrados, facilitando a visualização de distribuições e concentrações. A polícia pode mapear os incidentes de crime para determinar onde é necessário patrulhamento adicional, e as lojas podem mapear os pedidos dos clientes para identificar as rotas de entrega ideais.
- **Mapeamento de quantidades.** As pessoas podem mapear quantidades para descobrir onde pode haver maior ou menor quantidade de um recurso. Por exemplo, alguém interessado em abrir um café com variedades especiais pode verificar quantos outros já existem na área, e os planejadores urbanos podem determinar onde construir mais parques.[11]

Um GIS pode fornecer informações e percepções para os usuários móveis e para as pessoas em locais fixos. O Google Earth combina imagens de satélite, dados geográficos e capacidades de pesquisa do Google para criar um globo virtual que os usuários podem baixar para um computador ou dispositivo móvel. Isso não só proporciona vantagens comerciais úteis, mas também oferece muitas oportunidades educacionais. Em vez de apenas falar sobre o Grand Canyon, um professor pode usar o Google Earth para visualizar a região.

GPS e GIS utilizam *serviços baseados em localização (LBS – Location-Based Services)*, aplicações que utilizam informações de localização para prestar um serviço. Os LBS são projetados para dar aos usuários móveis acesso instantâneo a conteúdo local personalizado e incluem aplicativos de emergência, localizadores de amigos ("Avise-me quando meu amigo estiver em um raio de 300 metros de distância"), jogos (caça ao tesouro) e até mesmo publicidade baseada em localização ("Visite o Starbucks na esquina e ganhe US$ 1,00 de desconto em um café com leite"). Muitas aplicações de LBS complementam o GPS e o GIS, por exemplo:

- Serviços de emergência
- Gerenciamento de serviço de campo
- Serviços de localização
- Cartografia
- Navegação
- Rastreamento de ativos
- Informações de trânsito
- Localização de veículos
- Informação meteorológica
- Publicidade sem fio[12]

Assim como o Facebook e o Twitter ajudaram a alimentar a revolução da Web 2.0, aplicações como Foursquare, Gowalla e Loopt estão atraindo a atenção para o LBS. Cada aplicação é um serviço de telefone móvel que ajuda os usuários de mídia social a encontrar a localização dos seus amigos. O Facebook e o Twitter adicionaram serviços baseados em localização para complementar suas aplicações.

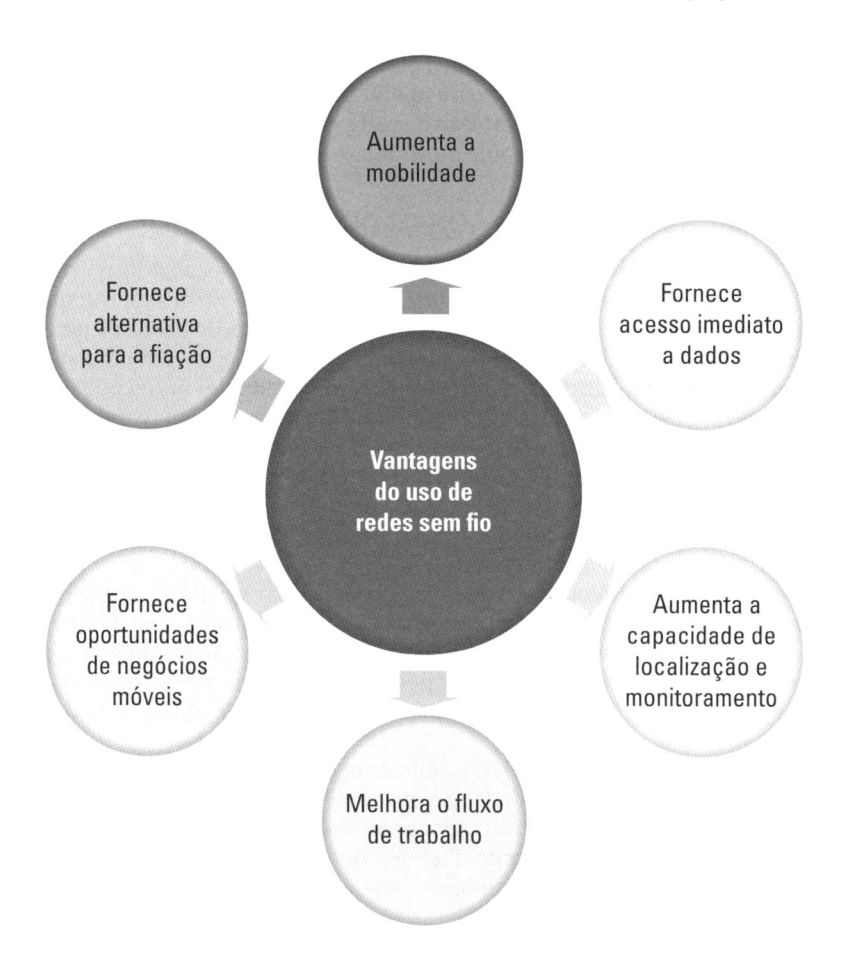

FIGURA 16.10
Vantagens da tecnologia sem fio.

Vantagens do uso de redes sem fio:
- Aumenta a mobilidade
- Fornece acesso imediato a dados
- Aumenta a capacidade de localização e monitoramento
- Melhora o fluxo de trabalho
- Fornece oportunidades de negócios móveis
- Fornece alternativa para a fiação

Vantagens da mobilidade nos negócios

OA 16.3 Identificar as vantagens e os desafios da mobilidade nos negócios.

O desenvolvimento móvel e sem fio já percorreu um longo caminho. Considere o exemplo da Dr Pepper/Seven Up Inc., de Plano, Texas, que monitora o funcionamento das suas máquinas de venda automática equipadas com antenas por meio da tecnologia sem fio. A empresa coleta dados de estoque, vendas e de "saúde da máquina" e faz uma contagem diária das máquinas. Gerentes e vendedores podem acessar as informações armazenadas por meio de sua intranet. A Dr Pepper/Seven-Up Inc. entende o valor de negócio dos dados, tanto para as operações diárias quanto para fins de prospecção de dados. As informações recolhidas são úteis para decidir onde colocar novas máquinas de venda automática, como na frente de uma loja no shopping ou em um supermercado de grande movimento. A Figura 16.10 lista muitas das vantagens das redes sem fio.[13]

AUMENTA A MOBILIDADE

Reforçar a mobilidade é uma das maiores vantagens proporcionadas pelas redes sem fio. Isso permite que atividades que antes estavam vinculadas a locais físicos sejam realizadas em quase qualquer lugar. As empresas podem trazer funcionários, informações e recursos de computação para um local de trabalho, em vez de forçar o trabalho a ficar localizado na sede da empresa. Pense como apenas o uso de telefones celulares mudou a forma como a maioria das empresas operam. Executivos e profissionais de vendas podem realizar negócios onde quer que estejam, eliminando o tempo de inatividade durante viagens e acelerando a sua resposta aos clientes. Mobilidade significa mais contato direto com clientes e parceiros de negócios. Mesmo as pessoas com empregos internos, como vigias, vendedores, supervisores de produção e médicos de emergência passam o dia em movimento. Em vez de retornar periodicamente para seus escritórios ou outro local fixo para acessar informações, eles podem utilizar a tecnologia sem fio para trazer o acesso até eles, onde e quando precisarem.

A mobilidade dá à empresa o poder de colocar os recursos certos no lugar certo e na hora certa. Ela permite a redistribuição de operações para ganhar eficiência ou reagir a novas condições. Por exemplo, uma estação de caixa móvel permite que mais pagamentos sejam finalizados em períodos de grande movimento em datas festivas ou liquidações.

FORNECE ACESSO IMEDIATO AOS DADOS

A mobilidade permite que atividades sejam realizadas onde for necessário; no entanto, fornecer acesso imediato a dados agrega valor. As redes sem fio podem suportar uma ampla variedade de opções de acesso imediato a dados, desde a coleta de dados de uso por meio de tecnologias Wi-Fi ou RFID, ao passar por um medidor de água, até ter acesso total à Internet em um laptop ou outro dispositivo móvel. Um trabalhador móvel pode apresentar um relatório de status, ler um cartão de crédito ou ser notificado sobre uma nova tarefa. Quando são necessários dados atualizados segundo a segundo, como para operações com ações e autorizações de cartão de crédito, a tecnologia sem fio é a única opção móvel. Os funcionários podem "puxar" dados, conectando-se com a fonte e solicitando as informações desejadas, ou "empurrar" dados enviando um alerta para o dispositivo de um usuário, ou atualizando dados automaticamente.

Seja por meio de voz, mensagens de email ou de texto, a qualidade e a frequência da troca de informações aumentam com o acesso sem fio. Um médico de emergência pode ser notificado dos resultados dos testes de laboratório imediatamente após sua conclusão. Um funcionário e informações apropriadas podem ser redirecionados para uma tarefa de maior prioridade. Um vendedor pode enviar atualizações logo depois de uma chamada de vendas.

O acesso imediato a perfis de clientes, históricos de conta e status atual de pedidos melhora significativamente a qualidade das interações com clientes, fornecedores e parceiros de negócios. Um vendedor pode verificar estoques, gerar cotações, receber pedidos e resolver problemas no local do cliente. Trabalhadores de campo podem identificar problemas com manuais online e ferramentas de diagnóstico. A tomada de decisões é sempre melhorada pelo acesso a informações precisas e atuais.

AUMENTA A CAPACIDADE DE LOCALIZAÇÃO E MONITORAMENTO

A capacidade de localizar e monitorar ativos reduz as perdas por roubo e danos, coleta informações de locais remotos ou de difícil acesso, aumenta a segurança e torna possível uma nova onda de serviços personalizados. As etiquetas RFID permitem o rastreamento de ativos que vão do gado aos embarques de contêineres. Dispositivos de LBS enviam dados sobre tempestades a partir de boias em alto-mar. LBS em carros fornecem instruções de direção e permitem que as equipes de resgate localizem veículos em caso de acidente.

Combinando dispositivos e aplicações de LBS, as empresas podem rastrear embarques a partir do ponto de origem até o destino final. Aplicações mais avançadas podem monitorar sua condição (por exemplo, garantindo que o equipamento de refrigeração esteja funcionando) e notificar usuários de adulteração ou tentativas de roubo. Aplicações sem fio podem coletar dados de faturamento, monitorar condições de operação, reunir medições científicas e transmitir solicitações de serviço a partir de locais que são muito perigosos, difíceis ou caros de acessar por outros meios. As companhias de petróleo usam a tecnologia sem fio para monitorar equipamentos de plataformas de petróleo offshore. Vimos que outras aplicações sem fio podem adaptar informações para as necessidades do usuário, por exemplo, listando recursos próximos a determinado local ou oferecendo relatórios do tráfego local e instruções de direção.

MELHORA O FLUXO DE TRABALHO

Muitos fluxos de trabalho e responsabilidades de trabalho são limitados por papel ou processos com fio. A tecnologia sem fio oferece a oportunidade de redesenhar e simplificar os processos para que se tornem mais rápidos, mais baratos e mais ágeis, além de eliminar atividades redundantes, integrar atividades e serviços e redistribuir tarefas. Por exemplo, quando trabalhadores móveis registram dados em formulários de papel e trabalhadores de escritório os inserem em sistemas de computador, o processo é caro, demorado e propenso a erros. O uso de um dispositivo sem fio para registrar os dados originais elimina a necessidade de digitar novamente os dados, aumenta a precisão dos dados e fornece acesso imediato aos resultados. Os funcionários de locadoras de veículos agora usam dispositivos sem fio para verificar e registrar de forma rápida e fácil dados como quilometragem, níveis de combustível e danos nos carros devolvidos. Os motoristas recebem um serviço mais rápido e os funcionários podem se concentrar no fornecimento de serviços de valor agregado.

FORNECE OPORTUNIDADES DE NEGÓCIOS MÓVEIS

Ao contrário do negócio eletrônico, que normalmente requer computadores de mesa ou laptops para se conectar à Internet, o *m-business* oferece a vantagem de tornar uma compra via Internet uma experiência que se pode ter a qualquer hora, em qualquer lugar. Ele oferece aos consumidores a capacidade de obter informações e encomendar produtos e serviços de forma rápida e fácil, utilizando um dispositivo móvel. A crescente popularidade dos iPhones, e dos aplicativos para iPhone, tem ajudado a alimentar o crescimento do *m-business*.

Entre as ofertas do *m-business*, estão as seguintes:

- **Compras digitais.** A compra mais adequada para um usuário móvel é para produtos que podem ser baixados e usados imediatamente, como música e livros (eletrônicos).
- **Serviços baseados em localização.** Para comerciantes, a capacidade de capturar e reagir à localização e às necessidades atuais de um usuário pode ser uma ferramenta poderosa para a venda de produtos e serviços.
- **Serviços bancários e pagamentos móveis.** O uso de um dispositivo móvel pode fornecer acesso a contas bancárias pessoais para visualizar o histórico da conta e executar transações. Além disso, um dispositivo móvel pode ser usado para fazer pagamentos, funcionando essencialmente como dinheiro digital. Por exemplo, alguém pode encomendar e pagar por um café do Starbucks utilizando um dispositivo móvel e um aplicativo.
- **Compras móveis.** A maioria das formas de fazer compras pode não ser prática com o uso de dispositivos móveis. No entanto, algumas formas de compras são adequadas ao *m-business*. Por exemplo, a capacidade de comprar ingressos de cinema para uma sessão exibida na mesma noite pode ser bastante valiosa. Os dispositivos móveis também podem ser usados para comparação de preços. Antes de fazer uma compra, o cliente de uma loja de varejo pode desejar conferir o preço atual do produto oferecido por outro fornecedor para garantir que está fazendo um bom negócio.[14]

FORNECE ALTERNATIVA PARA A FIAÇÃO

As redes sem fio oferecem uma alternativa atraente nos casos em que limitações físicas ou a conveniência tornam as soluções com fio caras ou impraticáveis. Muitos edifícios comerciais já têm um labirinto de fios em seus tetos, pisos e paredes, que representam muitas gerações de tecnologias de rede. Identificar os fios existentes ou adicionar novas linhas é cada vez mais trabalhoso e difícil. Em outros casos, o projeto dos edifícios ou considerações estéticas tornam as redes com fio pouco atraentes. Em fábricas ou linhas de produção com equipamentos móveis ou configurações complexas, as conexões sem fio são mais fáceis de implementar e mais seguras para os trabalhadores. O maior custo por unidade de uma solução sem fio pode ser mais do que compensado por suas vantagens em relação às linhas físicas.

As WLANs permitem que os funcionários de TI mudem a localização de equipamentos à vontade, o que é atraente para feiras, escritórios temporários e áreas de venda sazonais. Em salas de conferências, as WLANs permitem que os participantes tragam laptops ou outros dispositivos habilitados para Wi-Fi para acessar a Internet.

Por fim, a tecnologia sem fio permite conexões de voz e dados com navios no mar, passageiros em aviões e viajantes em locais remotos. Nos países em desenvolvimento, é um meio de contornar o esforço e o custo de instalação e manutenção de linhas telefônicas em um terreno inóspito.

FIGURA 16.11
Desafios do uso de redes sem fio.

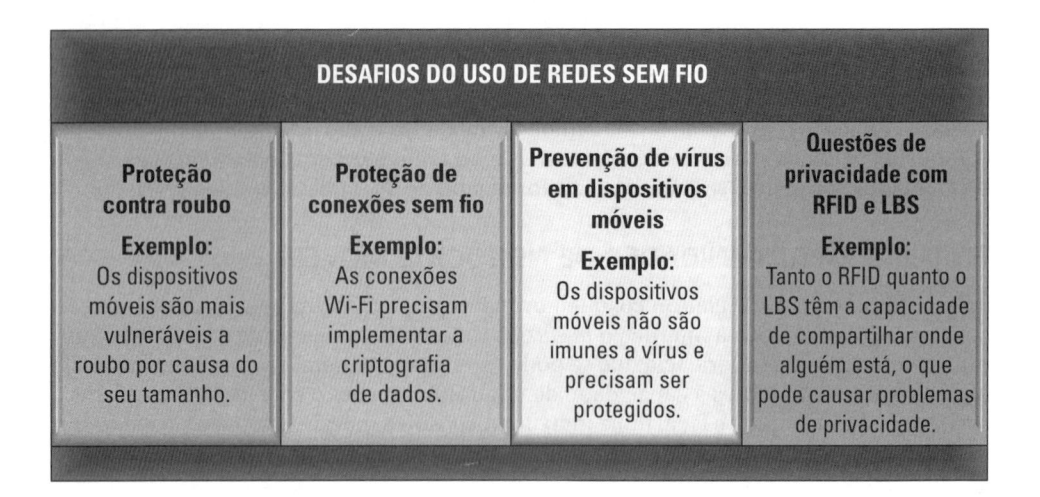

DESAFIOS DO USO DE REDES SEM FIO

Proteção contra roubo	Proteção de conexões sem fio	Prevenção de vírus em dispositivos móveis	Questões de privacidade com RFID e LBS
Exemplo: Os dispositivos móveis são mais vulneráveis a roubo por causa do seu tamanho.	**Exemplo:** As conexões Wi-Fi precisam implementar a criptografia de dados.	**Exemplo:** Os dispositivos móveis não são imunes a vírus e precisam ser protegidos.	**Exemplo:** Tanto o RFID quanto o LBS têm a capacidade de compartilhar onde alguém está, o que pode causar problemas de privacidade.

Desafios da mobilidade nos negócios

O trabalhador móvel se tornou a norma e não a exceção, impulsionado por escolhas de estilo de vida, ganhos de produtividade e melhorias tecnológicas. Embora as vantagens da utilização de redes sem fio sejam significativas, há também desafios como proteção contra roubo, proteção das conexões sem fio, prevenção de vírus em dispositivos móveis e questões de privacidade com RFID e LBS (ver Figura 16.11).

PROTEÇÃO CONTRA ROUBO

Qualquer dispositivo móvel é vulnerável a perda, não importa o seu tamanho. A empresa pode enfrentar exposição significativa como resultado do roubo de IDs, senhas, chaves de criptografia e informações confidenciais se o dispositivo cair em mãos erradas, especialmente se o roubo não for descoberto ou comunicado imediatamente e a empresa não tiver tempo para revogar o acesso.

Senhas de inicialização – senhas implementadas no nível do hardware que devem ser inseridas antes de obter acesso ao computador – são a primeira linha de defesa contra o uso não autorizado. As empresas devem ativar essas senhas antes de dar os dispositivos a seus funcionários. Elas também devem proibir o armazenamento de senhas em dispositivos e monitorar periodicamente a conformidade com a política. As empresas precisam considerar a criptografia e a proteção por senha dos dados armazenados no dispositivo, incluindo unidades flash ou outros dispositivos de armazenamento móvel. Além disso, algumas ferramentas de gerenciamento de dispositivos podem enviar mensagens a um dispositivo para bloqueá-lo ou destruir seu conteúdo, o que pode ser um recurso de segurança interessante.

PROTEÇÃO DE CONEXÕES SEM FIO

Invasões de rede podem ocorrer se códigos de acesso ou senhas estiverem armazenados em um dispositivo perdido ou roubado. No entanto, sempre que uma rede sem fio se conecta a uma rede com fio, a rede sem fio pode servir como canal para que um hacker invada uma rede com fio que, sem tal conexão, estaria segura. Esse risco é bastante alto se a rede sem fio não estiver, ela mesma, suficientemente protegida.

Antes do surgimento da Internet, os hackers tinham de estar fisicamente presentes dentro do complexo corporativo para obter acesso a uma rede com fio. Os milhares, se não milhões, de pontos de acesso habilitados pela Internet agora permitem que hackers trabalhem a distância. Essa ameaça resultou em uma variedade de diferentes técnicas de segurança que inclui firewalls, VPNs, SSL e HTTPS.

Várias técnicas podem proteger as redes sem fio contra o acesso não autorizado se utilizadas separadamente ou em combinação. Um método é autenticar os pontos de acesso Wi-Fi. Como as comunicações Wi-Fi são transmitidas, qualquer pessoa em seu raio de alcance pode interceptar comunicações. Cada vez que alguém acessa um site não seguro por meio de um ponto de acesso Wi-Fi público, seu nome de login e senha são enviados através das ondas abertas, com um elevado risco de que alguém possa "espionar" ou capturar nomes de login, senhas, números de cartões de crédito e outras informações importantes. ***Wired Equivalent Privacy (WEP)*** é um algoritmo de criptografia projetado para proteger os dados de transmissões sem fio. Se estiver usando uma conexão Wi-Fi, a WEP criptografa os dados utilizando uma chave que converte os dados em um formato não legível por humanos. O objetivo da WEP era fornecer às redes sem fio um nível de segurança equivalente ao das redes com fio. Infelizmente, a tecnologia subjacente à WEP tem se mostrado um tanto insegura em comparação aos protocolos mais recentes, como WPA. As WLANs que usam Wi-Fi com um mecanismo de segurança incorporado chamado ***Wi-Fi Protected Access (WPA)***, um protocolo de segurança sem fio para proteger redes Wi-Fi. É um aperfeiçoamento do padrão original de segurança Wi-Fi, o Wired Equivalent Privacy (WEP), e fornece maior sofisticação em criptografia de dados e autenticação do usuário. Qualquer pessoa que queira usar um ponto de acesso deve conhecer a chave de criptografia WPA para acessar a conexão Wi-Fi.

War chalking é a prática de marcação de ruas com códigos que indicam onde o acesso Wi-Fi está disponível. Os códigos de ***war chalking*** informam a outros usuários o tipo de acesso disponível, a velocidade da rede e se a rede está protegida. ***War driving*** é procurar deliberadamente por sinais Wi-Fi ao dirigir pelos locais em um veículo. Muitos indivíduos que participam de ***war driving*** simplesmente mapeiam onde as redes Wi-Fi estão disponíveis. Outros indivíduos têm intenções mais maliciosas e usam o ***war driving*** para invadir essas redes. ***War driving*** é uma prática controversa desde a sua criação e chamou a atenção para a importância da segurança das redes sem fio.

PREVENÇÃO DE VÍRUS EM DISPOSITIVOS MÓVEIS

O potencial de contrair vírus em dispositivos móveis está se tornando uma realidade. A necessidade de proteção contra vírus no nível do dispositivo é crucial. Qualquer dispositivo que possa acessar a Internet ou receber emails está em risco de pegar um vírus e transmiti-lo a outros dispositivos. Em função das limitações de memória da maioria dos dispositivos móveis, software antivírus são tipicamente hospedados em um PC ou laptop, sendo o dispositivo móvel conectado fisicamente ao PC ou laptop para executar a verificação de vírus. O primeiro vírus de telefone celular conhecido, chamado Cabir, surgiu há vários anos e infectou apenas um pequeno número de telefones habilitados para Bluetooth sem realizar qualquer ação maliciosa; o vírus foi criado por um grupo de desenvolvedores de malware para provar que isso poderia ser feito. Os desenvolvedores enviaram o Cabir para pesquisadores de antivírus para que eles pudessem começar a desenvolver uma solução para um problema que promete ficar muito pior. Atualmente, os vírus de celular não causam muitos danos, mas, se não forem tomadas medidas de prevenção, eles podem ser tão devastadores quanto os vírus de computador.[15]

A melhor maneira de se proteger contra vírus de telefone celular é da mesma forma como os usuários se protegem dos vírus de computador: nunca abrir nada que pareça suspeito. Outro método consiste em desativar o modo detectável do Bluetooth. Ao definir a opção Bluetooth como "oculto", outros dispositivos não poderão detectá-lo e enviar vírus. Além disso, instale algum tipo de software de segurança no dispositivo móvel. Muitos fabricantes de telefones celulares, como Nokia e Samsung, desenvolveram software de segurança para seus telefones móveis que detectam e removem vírus, além de proteger os aparelhos de serem infectados por alguns vírus.

QUESTÕES DE PRIVACIDADE COM RFID E LBS

Conforme a tecnologia avança, o potencial de violação de privacidade também aumenta. A tecnologia RFID já tem a capacidade de determinar a distância de uma etiqueta a partir da localização do leitor. Não é difícil imaginar que varejistas possam determinar a localização de indivíduos dentro da loja e direcionar anúncios específicos para eles com base em compras anteriores e padrões de compras e de comportamento. Muitos consumidores considerariam o ato de reunir tais informações como intrusivo. Porém, a possibilidade de venda dessas informações para outros varejistas pode levá-los a se recusarem a fornecer qualquer informação aos varejistas.

Várias medidas estão sendo tomadas para tratar desses problemas de privacidade. Por exemplo, uma proposta exigiria que todos os produtos com etiquetas RFID fossem claramente identificados. Isso funcionaria como um mecanismo de alerta para os itens que estão sendo rastreados. Outra medida seria o uso de "Kill Codes", que desativariam todas as etiquetas RFID quando alguém entrasse em contato com elas. Como medida ainda, o uso de "Etiquetas de bloqueio de RSA", que tentam atender às preocupações de privacidade mantendo, ao mesmo tempo, a integridade do produto. Apenas o leitor autorizado da loja pode rastrear itens com essas etiquetas; os clientes não podem ser rastreados fora da loja em que fizeram a compra.[16]

O LBS pode rastrear e monitorar objetos de modo muito semelhante ao RFID. Monitorar indivíduos vulneráveis e os ativos de uma empresa é vantajoso. Mas o lado escuro do LBS é o risco de invasão de privacidade e de segurança causado pelo rastreamento indiscreto de localização. Por exemplo, se uma empresa está usando LBS para saber onde cada funcionário está de plantão, ela não deve observar as suas posições quando estão fora de serviço. A publicidade aleatória para usuários em uma área específica pode violar a privacidade se os usuários móveis na área não desejarem receber tais anúncios. Os criminosos também podem tirar proveito do rastreamento ilegal de localização. Como os LBS são baseados em troca de mensagens em uma rede sem fio, sempre há riscos de segurança, pois as informações de localização podem ser roubadas, perdidas ou modificadas.

Mecanismos de segurança devem eliminar ou minimizar o potencial de ataques contra entidades de LBS e reduzir a exposição da identidade e da localização do usuário. Uma maneira de resolver o problema de privacidade de localização é aplicar fortes práticas de privacidade para contrabalançar a natureza invisível da coleta de localização no mundo sem fio. As políticas de LBS devem especificar que:

- Fins de marketing direto são permitidos apenas para o negócio ou serviço com que o usuário tem um contrato.
- Mensagens eletrônicas não podem esconder a identidade do remetente.
- A solicitação é permitida apenas se o usuário tiver dado seu consentimento prévio.
- O serviço de localização deve informar ao usuário sobre o tipo, duração e finalidade dos dados que está recolhendo.
- O usuário deve ter a oportunidade de rejeitar quaisquer oportunidades de marketing direto.[17]

Para provedores de serviços móveis, um anúncio indesejável pode levar ao aumento do custo de atendimento ao cliente. Quando um usuário tem problemas com seu PC, tenta corrigi-lo sozinho. No entanto, quando o telefone móvel de um usuário não está funcionando, ele geralmente entra em contato com o provedor de serviços. Como resultado, os assinantes que recebem mensagens não solicitadas por LBS entrariam em contato com os seus provedores de serviços móveis para fazer reclamações.

Com o poder de uma rede, os profissionais de negócios podem compartilhar dados e recursos em todo o mundo. Com o poder de uma rede sem fio, os profissionais de negócios podem tirar proveito da mobilidade que lhes permite trabalhar em qualquer lugar, a qualquer momento, usando muitos dispositivos diferentes.

É comum ver pessoas trabalhando em aeroportos, restaurantes, lojas, trens, aviões e automóveis, e em breve até mesmo aldeias remotas da África, América do Sul e Ásia terão acesso à Internet, além de todo o potencial oferecido pelas redes sem fio.

QUESTÕES SOBRE O CASO DA UNIDADE

1. Quais são as três diferentes aplicações de negócios sem fio? Como o Pinterest está usando cada uma delas?
2. Quais são as vantagens da mobilidade e os desafios enfrentados pelo Pinterest?

CASO DO CAPÍTULO 16: Eletricidade sem fio

Imagine um futuro em que a transferência de energia sem fio é viável: telefones celulares, MP3 players, laptops e outros eletrônicos portáteis podem ser carregados sem jamais serem ligados à tomada, finalmente nos libertando dos cabos de alimentação. Alguns desses dispositivos podem até não precisar de suas baterias volumosas para funcionar.

Os cientistas sabem há quase dois séculos como transmitir eletricidade sem fios, e o fenômeno já foi demonstrado várias vezes. Porém, foi só com a ascensão dos aparelhos eletrônicos pessoais que a demanda por energia sem fio se materializou. Nos últimos anos, pelo menos três empresas já lançaram protótipos de dispositivos de energia sem fio, embora sua distância de alcance seja relativamente limitada. Graças à tecnologia sem fio, pesquisadores do MIT estenderam o conceito Wi-Fi para permitir a irradiação de energia para qualquer objeto que use eletricidade. Cientistas do MIT conseguiram alimentar uma lâmpada de 60 watts a partir de uma fonte de energia a 2 metros de distância. A equipe chamou sua invenção de WiTricity, abreviação de "eletricidade sem fio" (*wireless electricity*).

O primeiro sistema de alimentação sem fio a entrar no mercado é um dispositivo de indução que se parece com um mouse pad e pode enviar energia pelo ar, a uma distância de até algumas polegadas. Uma bobina energizada no interior da almofada cria um campo magnético que induz uma corrente que flui através de uma pequena bobina secundária integrada em qualquer dispositivo portátil, como uma lanterna, um telefone ou um BlackBerry. A corrente elétrica que flui nessa bobina secundária carrega a bateria recarregável utilizada no dispositivo. Embora muitos dispositivos portáteis, como o iPhone, ainda tenham de ser equipados com essa pequena bobina, várias empresas estão prestes a introduzir produtos que a incluem em seu projeto.

A vantagem prática dessa abordagem é enorme. Você pode deixar quantos dispositivos quiser sobre o carregador sem fio e eles serem recarregados. É o fim do emaranhado de cabos de energia ou da confusão de estações de carregamento. Além disso, como você é invisível para os campos magnéticos criados pelo sistema, a eletricidade não fluirá em você se você ficar entre o dispositivo e o carregador. Também não existem conexões metálicas expostas "quentes". E os carregadores sem fio são inteligentes, com bobinas internas que reconhecem se o dispositivo sobre eles está autorizado a receber energia ou se necessita ser carregado. Assim, as chaves do carro não vão ser carregadas e a lanterna não receberá mais carga do que a necessária.

Uma das principais empresas que fornece essa tecnologia é a Fulton Innovation, de Michigan, EUA. O novo sistema de carregadores sem fio da Fulton, chamado de eCoupled, estará disponível nas frotas de polícia, bombeiros e resgate, bem como de empresas privadas – um mercado inicial de até 700 mil veículos por ano. O sistema está sendo integrado em um console de caminhão para permitir que os usuários carreguem qualquer aparelho, desde uma lanterna recarregável compatível até um PDA. As ferramentas e outros dispositivos que estão sendo produzidos em empresas como a Bosch, Energizer, e outras, terão exatamente a mesma aparência de seus antepassados convencionais. Empresas como Philips Electronics, Olympus e Logitech vão criar um padrão para produtos que vão de lanternas até furadeiras, telefones celulares e controles remotos de televisão.

Aplicações

A tecnologia de transferência de energia sem fio pode ser utilizada em uma grande variedade de aplicações e ambientes. A capacidade da tecnologia de transferir energia de forma segura, eficiente e a distância pode melhorar os produtos, tornando-os mais convenientes, confiáveis e ambientalmente corretos. A tecnologia de transferência de energia sem fio pode ser usada para fornecer:

- Energia sem fio direta – quando toda a energia de que um dispositivo precisa é fornecida sem fio, sem necessidade de baterias. Esse modo serve para dispositivos usados sempre dentro do alcance de sua fonte de energia.
- Carregamento sem fio automático – quando um dispositivo com baterias recarregáveis é carregado ainda em uso ou em repouso, sem necessidade de um cabo de alimentação ou de substituição da bateria. Este modo serve para dispositivos móveis que podem ser utilizados tanto dentro como fora do alcance de sua fonte de energia.

Eletrônicos de consumo

- Carregamento sem fio automático de eletrônicos móveis (telefones, laptops, controladores de jogos, etc.) em casa, no carro, no escritório, ou em pontos de acesso Wi-Fi enquanto os dispositivos estão em uso e móveis.
- Alimentação direta sem fio de dispositivos estacionários (televisões de tela plana, molduras digitais, acessórios de home theater, alto-falantes sem fio, etc.), eliminando a necessidade de fiação customizada de alto custo, o uso de cabos antiestéticos e de fontes de alimentação.
- Alimentação direta sem fio de periféricos de computador de mesa: mouse sem fio, teclado, impressora, alto-falantes, monitor, etc., eliminando o uso de pilhas descartáveis e de cabos desajeitados.

Industrial

- Alimentação direta sem fio e interconexões de comunicação entre "juntas" que giram e se movem (robôs, máquinas de embalagens, máquinas de montagem, ferramentas elétricas), eliminando o uso de fiação cara e sujeita a falhas.
- Alimentação direta sem fio e interconexões de comunicação em pontos de uso em ambientes difíceis (perfuração, mineração, sob a água, etc.), onde é impraticável ou impossível instalar fios.
- Alimentação direta sem fio para sensores sem fio, eliminando a necessidade de cabos de alimentação caros ou de substituir e descartar baterias.
- Carregamento automático sem fio para robôs móveis, veículos guiados automáticos, ferramentas e instrumentos sem fio, eliminando o uso de mecanismos complexos e mão de obra para a recarga e substituição manual de baterias.

Transporte

- Carregamento sem fio automático para as classes de veículos elétricos existentes: carrinhos de golfe, veículos industriais.
- Carregamento automático sem fio para os futuros veículos de passageiros, comerciais híbridos e totalmente elétricos, em casa, em estacionamentos, em depósitos de frotas e em quiosques remotos.
- Interconexões de energia direta sem fio para substituir os dispendiosos chicotes elétricos de veículos.

Outras aplicações

- Interconexões de energia direta sem fio e carregamento automático sem fio para dispositivos médicos implantáveis (marca-passo, desfibrilador, etc.).
- Carregamento automático sem fio para sistemas de alta tecnologia militar (dispositivos móveis a bateria, sensores secretos, aeronaves e robôs móveis não tripulados, etc.).
- Alimentação direta sem fio e carregamento automático sem fio de cartões inteligentes.
- Alimentação direta sem fio e carregamento automático sem fio de eletrodomésticos, robôs móveis, etc.[18]

Questões

1. Explique os fundamentos da tecnologia de transferência de energia sem fio.
2. Descreva as vantagens de negócios do uso da eletricidade sem fio.
3. Identifique dois tipos de oportunidades de negócios que as empresas poderiam usar para ganhar uma vantagem competitiva com a eletricidade sem fio.
4. Quais são alguns outros usos criativos da eletricidade sem fio não mencionados no caso?
5. Como funcionaria uma rede de distribuição de energia sem fio semelhante às redes de celulares?

RESUMO DA UNIDADE

Em um período extremamente curto, a Internet se transformou de um playground virtual em um meio vital e sofisticado para a realização de negócios, mais especificamente de negócios eletrônicos. Os consumidores online estão inundando a Internet, e vêm com expectativas muito elevadas e um grau de controle que não têm com as empresas físicas tradicionais. A tentação de fazer negócios online deve ser reforçada pelo entendimento de que, para ter sucesso online, as empresas vão ter de oferecer uma experiência satisfatória e coerente ao cliente, angariando fidelidade à marca e garantindo altas taxas de retenção de clientes.

As alianças estratégicas permitem às empresas obter vantagens competitivas pelo acesso aos recursos de um parceiro, incluindo mercados, tecnologias e pessoas. Juntar-se com outra empresa adiciona recursos complementares e capacidades, permitindo que os participantes cresçam e expandam seus negócios de maneira mais rápida e eficiente.

TERMOS-CHAVE

3G 231
Acelerômetro de RFID 234
Alcance da informação 200
Análise de redes sociais (SNA) 218
Arquitetura de informação 211
Automação de mapas de GIS 235
Blog, ou web log 220
Bluetooth 227
Bookmarking social 219
Cartografia 235
Casamento de bordas (deformação, *rubber sheeting*) 235
Cauda longa 200
Cibermediação 201
Código aberto 215
Código-fonte 215
Comércio eletrônico 198
Comércio móvel (*m-commerce*, *m-business*) 223
Comunicação assíncrona 218
Comunicação em tempo real 210
Comunicação síncrona 218
Conhecimento explícito 217
Conhecimento tácito 217
Consumidor-Consumidor (C2C) 207
Consumidor-Empresa (C2B) 207
Conteúdo gerado por usuários) 216
Crowdsourcing 217
Customização em massa 200
Dados do fluxo de cliques (*clickstream*) 203
Dados espaciais (dados geoespaciais ou informações geográficas) 235
Darwinismo digital 196
Desintermediação 201

Editores de *mashup* 221
Efeito de rede 221
Empresa-Consumidor (B2C) 207
Empresa-Empresa (B2B) 206
Etiqueta RFID 233
Etiquetas RFID ativas 233
Etiquetas RFID passivas 233
Etiquetas RFID sem chip 234
Etiquetas RFID semipassivas 233
Fidelidade sem fio (Wi-Fi) 228
Folksonomia 219
Geocache 234
Geocodificação 235
Geocoin 235
Gestão do conhecimento 216
Governo eletrônico 223
Hotspots 228
Hypertext Markup Language (HTML) 198
IEEE 802.11n (ou Wireless-N) 229
Infraestrutura de Wi-Fi 228
Instituto de Engenheiros Eletricistas e Eletrônicos (IEEE) 229
Inteligência coletiva 216
Interatividade 202
Interface de programação de aplicação (API) 221
Intermediários 200
Internet 198
LAN sem fio (WLAN) 228
Latitude 234
Leitor de RFID (interrogador RFID) 233
Localização automática de veículos (AVL) 234
Localizador de recurso universal (URL) 198

Loja virtual (*e-shop, e-store* ou *e-tailer*) 207
Longitude 234
MAN sem fio (WMAN) 229
Marcador de site 219
Mashup 221
Mecanismo de pesquisa 208
Mensagens instantâneas (às vezes chamadas de IM ou IMing) 210
Microblogs 220
Mídia social 218
Modelo de negócio eletrônico 206
Modelo de negócios 206
Mudança de paradigma 199
Navegadores web 198
Negócio eletrônico 199
Otimização de mecanismo de pesquisa (SEO) 208
Pay-per-call 208
Pay-per-click 208
Pay-per-conversion 208
Personalização 200
Podcasting 210
Ponto de acesso (PA) 228
Ponto de acesso sem fio (WAP) 228
Protocolo de transporte de hipertexto (HTTP) 198
Provedor de acesso à Internet (ISP) 209
Rankings de mecanismos de pesquisa 208
Rastreamento de ativos 234
Real Simple Syndication (RSS) 220
Rede de área pessoal (PAN) 227
Rede social 218
Reintermediação 201
Riqueza de informação 199
Satélite 231

Serviços baseados em
    localização (LBS)   236
Sistema aberto   215
Sistema de colaboração   216
Sistema de gerenciamento de
    conteúdo (CMS)   211
Sistema de gestão do
    conhecimento (KMS)   217
Sistema de informação
    geográfica (GIS)   235
Sistema de Posicionamento
    Global (GPS)   234
Sistema de reputação   216
Smartphones   231
Social networking   218
Streaming   231
Tagging (marcação) social   219
Taxonomia   211
Tecnologia diruptiva   196
Tecnologia multiple-in/
    multiple-out (MIMO)   228
Tecnologia sustentada   196
Tempo estimado de chegada
    (ETA)   235
Tempo estimado de viagem
    (ETE)   235
WAN sem fio (WWAN)   230
War chalking   241
War driving   241
Web 1.0   198
Web 2.0 (ou Business 2.0)   215
Web semântica   223
Webconferência (webinar)   211
Wi-Fi Protected Access
    (WPA)   241
Wiki   221
Wired Equivalent Privacy
    (WEP)   241
World Wide Web (WWW)   198
Worldwide Interoperability
    for Microwave Access
    (WiMAX)   229

CASO 1 DE ENCERRAMENTO DA UNIDADE

BBC usa a Web 3.0 para novo site de música

O projeto de música de Web semântica recentemente lançado pela BBC poderia indicar a direção futura da presença online da corporação. A versão beta pública do site da BBC Music foi, relançado há pouco tempo, incorporando a tecnologia de Web semântica em seu recurso de páginas de artista. As páginas de artista da BBC, um repositório de informações sobre cantores e bandas que tocam em várias estações de rádio da BBC, funcionava como um projeto beta fechado desde junho de 2008, mas com o lançamento do novo site da BBC Music, sua tecnologia de Web semântica agora foi exposta ao público em geral.

Para a BBC, o site representa uma nova forma de pensar sobre o conteúdo online – onde a prioridade é a publicação de dados, e não simplesmente a publicação de páginas Web. Tal modo de pensar provavelmente vai se refletir em outras partes da BBC, com discussões realizadas entre os departamentos editoriais sobre a forma de agregar e vincular dados de modo significativo. Matthew Shorter, editor interativo de música na BBC, disse ao site silicon.com: "Estamos em uma espécie de jornada, em que passamos de uma metáfora baseada em publicação de revistas/impressos para a publicação na Web . . . a fim de chegar a um mundo onde reconhecemos que essa não é a maneira como as pessoas usam a rede. Estamos trabalhando para alcançar um cenário em que não queremos ver impasse algum entre elementos da oferta online da BBC".

A tecnologia de semântica não é a única melhoria no site da BBC Music. De acordo com Shorter, a maneira como os recursos de música online da BBC são agora construídos torna mais fácil a busca de conteúdos devido à forma como são identificados e associados a outros conteúdos. "Do ponto de vista do SEO, na medida em que começamos a gerar uma grande quantidade de links significativos entre as nossas páginas, estamos melhorando a facilidade para encontrar nosso conteúdo por meio de pesquisa na Web, o que faz parte da nossa estratégia".

A BBC também está disponibilizando suas interfaces de programação de aplicativos (APIs) relacionadas à música para desenvolvedores terceiros para que possam reutilizar o conteúdo –

de modo semelhante ao YouTube e ao Flickr. A plataforma aberta poderia, por exemplo, permitir que as pessoas usassem os dados de contagem de reproduções do artista como mostrado na página inicial da BBC Music e os exibissem de forma diferente. Com um sistema aberto, a BBC espera que as pessoas criem conteúdo exclusivo que aproveite os links de entrada.[19]

Questões

1. Você considera o uso de tecnologia semântica pela BBC uma tecnologia diruptiva ou sustentada?
2. Você considera o novo site de música da BBC um tipo de Web 1.0 ou Web 2.0?
3. Quais as vantagens que a BBC obtém ao usar um sistema aberto?
4. Por que a colaboração, a inteligência coletiva e o *crowdsourcing* seriam importantes para a estação de rádio da BBC?
5. Pense em algumas das questões de segurança que uma empresa deve estar preparada ao utilizar o Halo.

CASO 2 DE ENCERRAMENTO DA UNIDADE

Redes sociais

Não muito tempo atrás, parecia que quatro empresas dominariam a Web para sempre em tráfego e dólares de anúncios. Cada uma das Quatro Grandes – Google, Yahoo!, MSN, da Microsoft, e AOL, da Time Warner – atraíam mais de 100 milhões de visitantes por mês. Juntas, respondem por cerca de 90% das despesas brutas com publicidade online. Agora, porém, estão enfrentando uma ameaça à sua posição dominante. Os grandes sistemas de redes sociais de hoje estão se tornando rapidamente teias dentro da Web – um único local em que se encontra uma ampla gama de serviços (de conteúdo a comunicações e comércio) que antes era terreno exclusivo dessas quatro.

Facebook, Myspace, LinkedIn e outros sites de redes sociais têm causado furor na indústria de tecnologia. Depois de investimentos por parte da Microsoft, News Corp e Goldman Sachs, as empresas são avaliadas em bilhões de dólares e consideradas modelos de como construir um site. O Facebook se tornou a maior rede social da Web em usuários ativos, oferecendo serviços básicos de portal como email e mensagens instantâneas, bem como postagem de fotos e compartilhamento de vídeo. Além disso, o Facebook fez uma parceria com a Amazon.com para produzir um aplicativo de compras que permite aos usuários comprar itens na Amazon sem sair do Facebook, usando "feeds de notícias" que publicam atividades realizadas no site da Amazon, como análises de produtos e atualizações em listas de desejos, para amigos do Facebook. O Facebook agora também inclui um recurso de bate-papo que preenche sua lista de contatos automaticamente com os "amigos" do Facebook de um usuário, o que pode tornar os serviços de mensagens instantâneas mais antigos, como AIM da AOL, obsoletos.

Embarcando na megatendência de aplicativos sem fio, o Facebook usa alertas móveis para fornecer serviços móveis para telefones celulares tradicionais e smartphones. Aplicações para dispositivos populares, como o iPhone ou o BlackBerry, oferecem experiências sociais cada vez mais ricas. Os vídeos cresceram muito também, com 45 milhões de clips enviados para o Facebook – incluindo formatos de vídeo de alta resolução –, permitindo que os usuários enviem mensagens de vídeo a partir do site e de dispositivos portáteis.

Lançado em 2003, o Myspace se tornou um dos sites mais visitados do mundo em poucos anos. Com quase um bilhão de visitas por mês, o Myspace é considerado a rede social mais popular (por volume de tráfego). O site foi originalmente criado por músicos como ferramenta para ajudar os usuários a descobrir novas músicas e a interagir com bandas. Atualmente, os membros do MySpace fazem uso do serviço para descobrir pessoas com gostos ou experiências semelhantes. Utilizando um sistema que permite adicionar amigos à sua rede, personalizar seu perfil, escrever em um blog, reproduzir suas faixas favoritas em MP3, participar de grupos e entrar em discussões, o Myspace possibilita aos usuários interagir de uma forma sem precedentes até seu surgimento. No entanto, a razão mais atraente para se juntar ao Myspace é se divertir. Existem muitos caminhos para o entretenimento na rede social, incluindo visitar os perfis de músicos e explorar áreas dedicadas a programas de televisão ou filmes. Porém, o Myspace não serve apenas para diversão, pois muitas empresas mantêm perfis do MySpace para usar o site de mídia social como forma de marketing. Para músicos, atores, escritores, empresários e outros que mantêm uma imagem pública, um perfil no Myspace pode ser uma ligação muito importante com os fãs.

Desde que assinou um contrato de três anos no valor de US$ 900 milhões com a Google em 2006, o Myspace se tornou lucrativo. E deu à News Corp. um bom retorno sobre sua aquisição por US$ 650 milhões em 2005. O Myspace recentemente formou parcerias com as grandes gravadoras Sony BMG Music Entertainment, Warner Music Group e Universal Music Group, da Vivendi, para oferecer aos seus 117 milhões de membros ingressos, toques de celular e mercadorias de artistas. Boa parte das vendas resulta de um projeto lançado no verão passado chamado HyperTargeting, um software que prospecta os perfis de usuários do MySpace para exibir anúncios adequados aos seus interesses. Centenas de anunciantes fazem parte do programa, incluindo a Toyota e a Taco Bell. Outra fonte de renda é a venda de toques para celular e anúncios.

Quando se trata de colaboração empresarial e software social, o LinkedIn é líder. O LinkedIn é mais eficaz em cumprir os requisitos da computação social exigidos pelo ambiente empresarial. Com mais de 30 milhões de usuários, representando 150 setores em todo o mundo, o LinkedIn é um site de rede profissional em rápido crescimento que permite aos membros criar contatos de negócios, procurar empregos e encontrar possíveis clientes. As pessoas podem criar seu próprio perfil profissional, que pode ser visto por outras pessoas em sua rede, e também podem ver os perfis de seus contatos. Enquanto o Myspace e o Facebook foram concebidos para manter os membros em contato com amigos e familiares, o LinkedIn é considerado "mais profissional" para usuários de negócios.

Sites de redes sociais também estão crescendo a taxas exponenciais e atraindo usuários de todas as idades. O segmento que mais cresce no Facebook é o de usuários com mais de 25 anos de idade. O LinkedIn, o site de rede social orientado para os negócios, alega ter mais de 30 milhões de usuários ativos, com idade média de 41 anos. Os sites de redes sociais são geralmente divididos em três categorias: interesse geral, sites de nicho com um tema específico e sites internacionais. Aqui estão os principais sites nessas três categorias:

Interesse geral

- **Myspace:** Iniciado em 2003, o Myspace impulsionou a popularização das redes sociais e ainda mantém a maior base de usuários.
- **Facebook:** Fundado por Mark Zuckerberg, o Facebook foi concebido como um site de rede social para estudantes de Harvard. Depois de se espalhar para outras universidades e para o ensino médio, foi aberto ao público em 2006.
- **Hi5:** Uma rede social em rápido crescimento com grande número de usuários na América Central, o Hi5 tem mais de 50 milhões de usuários em todo o mundo.
- **Ning:** Uma rede social para a criação de redes sociais, o Ning eleva a ideia de grupos a um nível totalmente novo.

Sites de nicho
- **Flixster:** Com o slogan "pare de assistir filmes ruins", o Flixster combina rede social com resenhas de filmes.
- **Last.fm:** Promovendo-se como um site de música social, o Last.fm permite que os membros criem a própria estação de rádio, que aprende os gostos da pessoa e sugere novas músicas com base nesses interesses. Além disso, você pode ouvir as estações de rádio de amigos e de outros membros do Last.fm.
- **LinkedIn:** Nesta rede social orientada para os negócios, os membros convidam as pessoas para serem "contatos" em vez de "amigos". LinkedIn é um sistema de gerenciamento de contatos, bem como uma rede social profissional, e tem uma seção de perguntas e respostas semelhante ao Yahoo! Answers.
- **Xanga:** Um site de blog social que combina elementos de redes sociais com blogs. Os membros ganham créditos para participar do site e podem gastá-los com várias coisas, como a compra de mini-imagens para postar nos comentários do blog de um amigo.

Sites internacionais
- **Badoo:** Com sede em Londres, Badoo é um dos principais sites de redes sociais da Europa.
- **Migente:** Site de rede social orientado para a América Latina.
- **Orkut:** Originalmente criado pelo Google para competir com o Myspace e o Facebook, ganhou adeptos principalmente no Brasil.
- **Studivz:** Versão alemã do Facebook com um grande público de estudantes.

Uso corporativo das redes sociais

Corporações e pequenas empresas não adotaram as redes de negócios online com o mesmo entusiasmo dos adolescentes e estudantes universitários que se aglomeraram nos sites sociais. Contudo, as empresas estão cada vez mais superando suas desconfianças e utilizando os sites e tecnologias relacionadas para obter ferramentas de negócios potencialmente poderosas. Os recrutadores da Microsoft e da Starbucks, por exemplo, rondam redes online como o LinkedIn em busca de potenciais candidatos a empregos. A Goldman Sachs e a Deloitte gerenciam suas próprias redes online de antigos alunos para contratar de volta ex-funcionários (conhecidos como bumerangues) e fortalecer os vínculos com antigos alunos. A manutenção dessas redes será fundamental em setores como TI e cuidados de saúde, que tendem a ser atormentados por falta de trabalhadores nos próximos anos. As redes sociais também podem ser importantes para organizações como a IBM, em que cerca de 42% dos funcionários trabalham regularmente a partir de casa ou de locais de clientes. A rede social da IBM torna mais fácil localizar funcionários com determinada especialidade dentro da empresa, organizar grupos de trabalho virtuais e manter comunicação a longa distância. Como outro exemplo de redes sociais corporativas, a Reuters criou a Reuters Space, uma comunidade online privada para profissionais da área de finanças. As páginas de perfil podem conter também um blog pessoal e feeds de notícias (da Reuters ou de serviços externos). Cada página de perfil pode ser acessada por toda a comunidade da Reuters Space, mas os usuários escolhem quais detalhes pessoais estarão disponíveis para quem. Embora a IBM e a Reuters tenham desenvolvido suas próprias plataformas de redes sociais, as empresas estão cada vez mais se voltando para fornecedores externos como SelectMinds (adotado por Deloitte, Dow Chemical e Goldman Sachs) e LiveWorld (adotado por Intuit, eBay, NBA e Scientific American).[20]

Questões
1. Facebook, Myspace e LinkedIn estão usando tecnologia diruptiva ou sustentada para gerenciar seus negócios?
2. Quais são alguns dos desafios de negócios enfrentados pelos sites de redes sociais?
3. Quais são as características de uma rede social?
4. Quais as questões de segurança geradas pelos sites de redes sociais?
5. Quais são algumas das tendências atuais em redes sociais?
6. De que maneira os sites de redes sociais podem gerar receitas, além da venda de banners e de anúncios de texto?

TOMANDO DECISÕES DE NEGÓCIOS

1. **Todo mundo precisa de uma estratégia de Internet**

    Uma estratégia de Internet trata das razões para uma empresa querer "ficar online". "Ficar online" porque parece ser a coisa certa a fazer agora ou porque todo mundo está fazendo isso não é motivo suficiente. A empresa deve decidir como melhor utilizar a Internet para suas necessidades. Ela deve planejar aonde deseja chegar e como a Internet pode ajudar a concretizar essa visão. Antes de desenvolver uma estratégia, uma empresa deve gastar um tempo na Internet, ver o que as empresas similares têm e o que é mais viável, levando em conta um conjunto específico de recursos. Pense em uma nova oportunidade de negócio online e responda às seguintes perguntas:
    a. Por que você quer colocar seu negócio online?
    b. Que vantagens terá em ficar online?
    c. Que efeitos a conectividade com a Internet terá sobre seus funcionários, fornecedores e clientes?

2. **Busca da revolução**

    A Scheduler.com é uma grande empresa que desenvolve software que automatiza o agendamento e o registro de atividades de consultórios médicos e dentários. A Scheduler.com atualmente detém 48% de sua quota de mercado, tem mais de 8.700 funcionários e opera em seis países. Você é o vice-presidente de desenvolvimento de produtos dessa empresa. Acaba de ler *The Innovator's Dilemma*, de Clayton Christensen, e está interessado em determinar que tipos de tecnologias diruptivas pode utilizar ou deve observar em seu setor. Use a Internet para desenvolver uma apresentação destacando os tipos de tecnologias diruptivas encontrados que têm potencial para dar à companhia uma vantagem competitiva ou que poderiam causar o fracasso da empresa.

3. **Como aproveitar o valor competitivo da Internet**

    Estoques físicos sempre foram um componente expressivo do custo das empresas. Conectar-se com fornecedores em tempo real aumenta drasticamente o objetivo clássico de "giro" de estoque. A Internet oferece uma infinidade de oportunidades para reduzir bastante os custos de concepção, fabricação e venda de bens e serviços. O site E-mango.com, um mercado de frutas online, deve aproveitar essas oportunidades ou ficará em significativa desvantagem competitiva. Identifique as desvantagens que o site E-mango.com enfrentará se não tirar proveito do valor competitivo da Internet.

4. **Avaliação das capacidades da Internet**

    A Hoover Rentals é uma empresa privada de pequeno porte que aluga equipamentos de esportes em Denver, Colorado. A empresa é especializada em aluguel de inverno, incluindo equipamentos de esqui, snowboard e snowmobile. A Hoover está no mercado há 20 anos e, pela primeira vez, observa um declínio nos aluguéis. Brian Hoover, proprietário da empresa, está intrigado com as recentes quedas. A queda de neve nos últimos dois anos foi notável, e as estações de esqui abriram mais cedo e fecharam mais tarde do que na maioria dos anos anteriores. Relatórios dizem que o turismo na área do Colorado está em alta, e a invenção de programas de fidelização tem aumentado muito o número de esquiadores locais. No geral, o negócio deveria estar em expansão. A única razão para a diminuição das vendas poderia ser o fato de que grandes varejistas como Walmart e Gart Sports agora alugam equipamentos de esportes de inverno. Brian gostaria da ajuda de sua equipe para determinar como poderia usar a Internet para aumentar as vendas da empresa e diminuir os custos, de modo que possa competir com esses grandes varejistas.

5. **Ganho de eficiência com colaboração**

    Você está trabalhando há um ano para uma empresa de manufatura a fim de ajudar a melhorar o seu gerenciamento da cadeia de fornecimento por meio da implementação do planejamento de recursos empresariais e de sistemas de gerenciamento da cadeia de fornecimento. Para obter ganhos de eficiência, você recomenda que a empresa de manufatura se volte para sistemas colaborativos. A empresa precisa compartilhar planos inteligentes e previsões com os parceiros da cadeia de fornecimento, reduzir níveis de inventário, melhorar o capital de giro e reduzir as trocas de fabricação. Dadas as tecnologias apresentadas nesta unidade, que tipo(s) de sistema você recomendaria para facilitar as necessidades futuras da empresa?

6. **Colaboração em intranets**

    MyIntranet.com é líder mundial no fornecimento de soluções de intranet online. A ferramenta de colaboração online MyIntranet.com é uma solução para pequenas empresas e grupos dentro de grandes organizações que precisam organizar informações, compartilhar arquivos e documentos, coordenar calendários e permitir a colaboração eficiente, tudo em um ambiente seguro, baseado em navegador. A MyIntranet.com acaba de acrescentar os recursos de conferência e agendamento de grupo a seu pacote de software de colaboração hospedado. Explique por que a integração da infraestrutura é fundamental para que o pacote de aplicativos funcione dentro desse ambiente.

7. **Como encontrar a inovação**

    Além das tecnologias diruptivas, há também as estratégias diruptivas. Aqui, estão alguns exemplos de empresas que utilizam estratégias diruptivas para ganhar vantagens competitivas:

    - Best Buy – Esta empresa revolucionou os departamentos de eletrônicos de consumo de lojas de departamentos de serviço completo e de descontos, o que a fez crescer no mercado para produtos com maior margem de lucro.
    - Ford – O Modelo T de Henry Ford era tão barato que permitiu que uma parcela muito maior da população, que historicamente não tinha condições financeiras de ter carro, adquirisse um.
    - JetBlue – Enquanto a Southwest Airlines seguiu inicialmente uma estratégia de revolução em novos mercados, a abordagem da JetBlue é uma revolução pela oferta de baixo custo. A sua viabilidade em longo prazo depende da motivação das principais companhias aéreas para fugir do ataque, como fizeram as usinas siderúrgicas integradas e as lojas de departamentos de serviço completo.
    - McDonald's – A indústria de fast-food tem sido um fator híbrido de revolução, que tornou tão barato e conveniente comer fora a ponto de criar uma enorme onda de crescimento na indústria do "comer fora". As primeiras vítimas do McDonald's foram as lanchonetes de família.

    Há muitos outros exemplos de empresas que utilizaram estratégias diruptivas para criar vantagens competitivas. Em grupo, prepare uma apresentação destacando três outras empresas que utilizaram estratégias diruptivas para obter esse tipo de vantagem.

8. **Comunicação com mensagens instantâneas**

    Você está trabalhando para uma nova revista, a *Jabber Inc.*, desenvolvida para profissionais da informação, que apresenta artigos, análises de produtos, estudos de caso, avaliações e textos de opinião. Você precisa colaborar com notícias e projetos e trocar dados com vários colegas, dentro e fora das dependências da empresa. Você sabe que muitas empresas estão adotando a tecnologia de mensagens instantâneas. Prepare um breve relatório para o CIO, explicando as razões pelas quais as mensagens instantâneas não são apenas um modismo adolescente, mas também uma importante ferramenta de comunicação que é decisiva para os negócios diários.

9. **O futuro da Wikipédia**

    A Wikipédia é um projeto de enciclopédia multilíngue, baseada na Web, de conteúdo livre e escrita de maneira colaborativa por voluntários do mundo inteiro. Desde a sua criação, em 2001, a Wikipédia cresceu rapidamente para se tornar um dos maiores sites de referência.

Algumas pessoas acreditam que ela vai acabar fracassando diante do ataque de comerciantes e de usuários que visam à autopromoção. Eric Goldman, professor da Escola de Direito da Universidade de Santa Clara, argumenta que a Wikipédia enfrentará esforços cada vez mais vigorosos para subverter seu processo editorial, incluindo o uso de ferramentas automatizadas de marketing para alterar seus verbetes, a fim de gerar tráfego online. Os editores do site vão se exaurir tentando mantê-la, ele projeta, ou a Wikipédia vai mudar sua arquitetura de acesso aberto e sua missão. Você concorda ou discorda da declaração do argumento do professor Goldman? O que a Wikipédia pode fazer para combater os desafios do vandalismo de informações e das questões de direitos autorais/plágio?

10. **O Facebook está se tornando a rede social do mundo todo?**

    O crescimento do Facebook, que, já sabemos, é enorme, é verdadeiramente um fenômeno global. As nações com a mais rápida taxa de crescimento de membros encontram-se na América do Sul e na Ásia. O Facebook está se tornando a lista telefônica global? Em InsideFacebook.com, você pode encontrar uma análise detalhada da taxa de crescimento numérico de membros por nação e da penetração que o Facebook está alcançando na população de cada país. A taxa de crescimento mensal para Indonésia, Filipinas, México, Argentina e Malásia é particularmente interessante: cada um dos países apresentou um salto de cerca de 10% no número de membros do Facebook em um único mês. Em grupo, responda à seguinte questão:

    - Que oportunidades de negócio poderiam ser criadas por uma rede de mídia social ou lista telefônica mundial?
    - O Facebook, que contém dados pessoais de cada membro, está se tornando a lista telefônica do mundo. Quais são as implicações de uma lista telefônica mundial para a mudança social?
    - Quais você acha que seriam as vantagens e os desafios da rede social global?

11. **A prova universitária mais difícil que você terá**

    Se seu professor pedisse hoje para você abandonar seus hábitos de redes sociais, você acha que conseguiria? Você pode viver sem Facebook, telefones celulares ou Internet por uma semana? Por um dia? Recentemente, um professor da Universidade de Minnesota desafiou sua classe de relações públicas a passar cinco dias sem usar mídia ou gadgets que não existiam até 1984. Dos 43 alunos da turma, apenas alguns conseguiram chegar a três dias sem usar as novas tecnologias. Entre aqueles que não conseguiram, um aluno disse: "Minha mãe pensou que eu tinha morrido". Quanto tempo você pode passar sem qualquer meio de comunicação social? Que tipos de problemas que poderiam ocorrer sem contatos constantes com seus amigos? Como a mídia social afetou a sociedade? Qual o impacto da mídia social sobre os negócios?

12. **Book'em**

    Você é CIO da Book'em, uma empresa que cria e vende mochilas personalizadas. A Book'em atualmente detém 28% da quota de mercado, com mais de 3 mil funcionários em seis países. Você acaba de ler *A Cauda Longa*, de Chris Anderson, e *O Dilema da Inovação*, de Clayton Christensen, e está interessado em determinar como pode fazer seu negócio crescer, reduzindo os custos. Resuma cada um dos livros e explique como a Book'em poderia implementar as estratégias explicadas nesses livros para criar vantagens competitivas e aumentar as vendas.

13. **Cinco maneiras de como o Google Docs acelera a colaboração**

    O Google Docs quer que você desconsidere o Microsoft Office e colabore com seu grupo em seu navegador de graça, especialmente quando não estiverem no mesmo espaço físico. Visite o Google Docs e responda às seguintes perguntas.

- Quais são as cinco maneiras que o novo Google Docs pode ajudar sua equipe a realizar o trabalho de forma mais eficiente, mesmo quando vocês não estão juntos na mesma sala?
- O Google Docs é um software de código aberto? Que modelo de receita segue o Google Docs?
- Por que colocar o uso do Google Docs e do Microsoft Office em seu currículo ajuda a diferenciar suas habilidades?
- Que outros aplicativos criados pelo Google você gostaria de aprender a usar para ajudar na colaboração e comunicação com seus pares e colegas de trabalho?

14. **Colaboração segura**

    Conforme evoluem os métodos e modos de comunicação, aumentam os desafios para as empresas que tentam proteger seus dados e para as agências de aplicação da lei que buscam monitorar comunicações como parte de suas investigações. Esse foi o tema da palestra que o diretor de segurança da Sun Microsystems e criptógrafo de renome Whitfield Diffie apresentou na Conferência de Segurança Cibernética da AT&T.

    Diffie acredita que, com milhões de pessoas se inscrevendo no Second Life e empresas construindo instalações nessa comunidade, pode ser que as comunidades virtuais acabem sendo o método de comunicação preferido dos seres humanos, à medida que as comunidades virtuais se tornam uma fonte crescente de inteligência coletiva que pode ser facilmente observada e vigiada.

    Quem estaria interessado em monitorar e espionar a inteligência coletiva das comunidades virtuais? Qual é a sua resposta para a seguinte pergunta: Conforme criamos novas e melhores maneiras de colaborar, o que acontece com a segurança da informação?

15. **Membro do conselho da cidade demitido por jogar Farmville no trabalho**

    Mais de 80 milhões de usuários do Facebook estão obcecados com o Farmville, e um dos jogadores mais dedicados é Dimitar Kerin, membro do Conselho da Cidade de Plovidv, na Bulgária. Durante as reuniões do conselho, Kerin aproveitava os laptops e a conexão sem fio da prefeitura para cuidar de sua fazenda virtual. Isso chamou a atenção do presidente do conselho, que muitas vezes repreendeu Kerin por seu cultivo virtual, advertindo-o de que o jogo não era permitido em reuniões. Kerin continuou argumentando que precisava alcançar outros membros do conselho, que haviam atingido níveis mais elevados no jogo. Em sua defesa, disse que muitos outros membros usavam a prefeitura para sua diversão no Farmville e citou o fato de que um vereador tinha atingido o nível 46, enquanto ele não conseguia passar do nível 40. Surpreendentemente, os membros do conselho votaram para excluí-lo do conselho em uma decisão por 20 votos a 19, sugerindo que talvez a metade dos membros do conselho da segunda maior cidade da Bulgária estivessem envolvidos com esse aplicativo do Facebook. Você concorda com a demissão de Dimitar Kerin? Você concorda que não é apropriado usar aplicativos de redes sociais no trabalho? Se Dimitar Kerin foi demitido por jogar Farmville, todos os outros membros do conselho que usam aplicativos sociais no trabalho deveriam também ser demitidos? Você já foi repreendido por jogar um jogo na escola ou no trabalho? Como poderia mudar suas atitudes para impedir que tal situação acontecesse com você?

16. **Revista *48 Hour***

    Sabe aquele som que você ouve, de milhares de escritores, designers e fotógrafos batendo suas cabeças contra a parede com o tique-taque do relógio? Esse é o som na redação da revista *48 Hour*, uma publicação inovadora cujo objetivo é ir da inspiração à execução em 48 horas começando... agora. A *48 Hour* é disponibilizada para o público ansioso por uma revista impressa e também na forma de um site. Quais são as limitações da "velha mídia"? Como os editores da *48 Hour* estão usando a Web 2.0 para superar essas limitações? Quais são as vantagens e desvantagens do modelo dessa revista? Que tipo de receita você recomendaria para implementação na revista *48 Hour*? Se você tivesse 50 mil dólares, você investiria nessa revista? Por quê? Por que não?

APLIQUE SEUS CONHECIMENTOS

1. **Trabalho em equipe**

   Após a execução de um processo de negócio, um sistema de fluxo de trabalho determina a apresentação das informações, acompanha as informações e mantém o status das informações. Por exemplo, estas são as etapas comuns realizadas durante um projeto de equipe:

   1. Descobrir quais informações e resultados são necessários para o projeto e o prazo para conclusão.
   2. Dividir o trabalho entre os membros da equipe.
   3. Determinar prazos para as diferentes partes do trabalho.
   4. Compilar todo o trabalho concluído em um único projeto.

   Uma das partes mais difíceis de um projeto em equipe é fazer os membros da equipe terminarem seu trabalho a tempo. Muitas vezes, uma pessoa não consegue realizar seu trabalho até que outro membro da equipe tenha terminado. Essa situação faz o trabalho ficar parado, esperando que outra pessoa da equipe o pegue para aprová-lo, continuar trabalhando com ele, ou reformatá-lo. Os sistemas de fluxo de trabalho (*workflow*) ajudam a automatizar o processo de apresentação e circulação de informações entre uma equipe.

   Foco em projetos

   Você acaba de receber uma tarefa para realizar um projeto de grupo com 10 outros estudantes. O projeto requer que você desenvolva um plano de negócios detalhado para uma empresa de sua escolha. Os tipos de atividades que você vai precisar realizar incluem análise de mercado, análise do setor, oportunidades de crescimento, análise das Cinco Forças de Porter, previsões financeiras, análise de vantagens competitivas, etc. Para o seu projeto, defina o seguinte:

   1. Como você poderia usar ferramentas de colaboração para facilitar o compartilhamento de informações e a conclusão do projeto?
   2. Que vantagens seu grupo pode obter com o uso de um groupware?
   3. Que vantagens seu grupo pode obter com o uso de mensagens instantâneas?
   4. Como você poderia usar um sistema de fluxo de trabalho para gerenciar as tarefas dos membros do grupo?
   5. Descreva alguns dos maiores problemas que você prevê durante o projeto em grupo. Identifique maneiras de como você pode resolver esses problemas utilizando ferramentas de colaboração.

2. **Mercearia na Internet**

   A e-Grocery, fundada em 2007, é um serviço de compras de alimentos e entrega online. A empresa atende a milhares de clientes em áreas de Phoenix, Seattle e Denver. Baseada na ideia de que as pessoas vão comprar mantimentos pela Internet, a e-Grocery oferece mais de 25 mil itens.

   Cerca de 90% dos pedidos da e-Grocery são feitos via computador; o restante é recebido por fax. As encomendas são recebidas no escritório central em Lakewood, Colorado, e depois distribuídas por email para uma filial local. A loja recebe o pedido, o endereço de entrega e um mapa para a localização do pedido. Um empregado da loja designado para pedidos online vai atender, entregar e cobrar pelo pedido. Os membros da e-Grocery pagam os preços reais de prateleira, mais uma taxa de US$ 5,00 por pedido, ou 5% do valor do pedido, o que for maior. Os membros também recebem vantagens adicionais, como cupons eletrônicos, descontos para clientes, receitas e dicas.

   Foco em projetos

   A empresa está utilizando a tecnologia interativa para mudar a experiência de compra. O sucesso da e-Grocery está em muitas áreas. Analise o modelo de negócio da e-Grocery usando as perguntas abaixo. Fique à vontade para ir além e desenvolver sua própria análise dos modelos de compras de alimentos online e negócio eletrônico.

1. Qual é o modelo de negócio eletrônico da e-Grocery?
2. Como a e-Grocery compete com varejistas tradicionais?
3. Que valor a e-Grocery pode oferecer como verdadeira vantagem competitiva nesse mercado?
4. Qual é a ameaça de novas empresas entrando nesse segmento de mercado?
5. Como a e-Grocery utiliza a tecnologia para mudar a experiência de compra?
6. Qual a logística para tornar a e-Grocery rentável?
7. Como a e-Grocery lucra da interação com o cliente online?
8. Que tipos de estratégias de comércio eletrônico o departamento de marketing da e-Grocery pode usar para ajudar o negócio a crescer?
9. Quais são as vantagens e os desafios enfrentados pela e-Grocery?

3. **Personalização**

Pense em Sally Albright, a rainha da personalização no filme *Harry & Sally: feitos um para o outro*. Tomemos, por exemplo, a cena em que ela pede uma torta a seu modo: "Eu gostaria que a torta fosse aquecida. E eu não quero o sorvete sobre a torta; quero que seja servido ao lado. E gostaria de morango em vez de baunilha, se você tiver. Senão, sirva sem sorvete, apenas com chantilly, mas só se ele for de verdade". Específico, com certeza, mas Sally sabia do que ela gostava e não tinha medo de pedir.

Foco em projetos

Cada vez mais varejistas online estão permitindo que você também peça do seu jeito. Escolha uma empresa destacada na Figura AYK.1 e crie seu próprio produto. O site foi fácil de usar? Este serviço o seduziria como cliente a fazer uma compra de um produto genérico? Se você pudesse personalizar um produto, o que seria e como o site funcionaria?

4. **Expresse quem você é**

Um dos sites mais populares entre os estudantes é o Myspace, um site que permite que os estudantes se expressem personalizando sua página inicial. Qual é a sua banda favorita? Quem é o seu autor preferido? Qual é o seu filme favorito? Você pode descobrir muito sobre uma pessoa com base nas respostas para essas perguntas.

Foco em projetos

Construa um site dedicado a sua banda, seu livro ou seu filme favorito. Seu site deve conter todas as seguintes características:

FIGURA AYK.1
Empresas de personalização.

Empresa	Produto
Tommy Hilfiger, custom.tomm.com	Calças chino e jeans premium (US$ 98)
Lands' End, www.landsend.com	Calças jeans e chino utilitárias feitas de sarja de luxo em cortes tradicionais (US$ 59)
JCPenney, www.custom.jcpenney.com	Calças de sarja resistentes em cortes clássicos (US$ 44)
Ralph Lauren Polo, www.polo.com	Tudo desde camisas polo básicas até camisas em oxford (US$ 80)
TIMBUK2; www.timbuk2.com	Bolsas modernas estilo mensageiro em nylon (US$ 105)
L.L.Bean, www.llbean.com	Livros robustos e coloridos, sacolas de pano e bolsas estilo mensageiro (US$ 70)
Nike, www.nikeid.com	Uma linha completa de calçados e acessórios esportivos (US$ 90)
VANS, www.vans.com	Clássicos tênis "Old Skool" com e sem cadarços (US$ 50)
Converse, www.converse.com	Tênis Chuck Taylors personalizados, o estilo mais clássico da empresa (US$ 60)

- Uma imagem.
- Dois títulos de tamanhos diferentes.
- Diferentes tamanhos e cores de texto.
- Duas regras horizontais.
- Texto em negrito, sublinhado e/ou em itálico.
- Um plano de fundo texturizado.
- Um link para um site.
- Um link para seu email.
- Uma lista numerada e uma lista sem numeração.

5. **Crie uma presença**

    Mais de 1 bilhão de pessoas estão na Internet. Ter uma presença na Internet é fundamental para qualquer empresa que deseja se manter competitiva. As empresas precisam de seus sites para criar uma "agitação" para atrair clientes. Os sites de comércio eletrônico devem ser inovadores, estimulantes, agregar valor e fornecer informações úteis. Em resumo, o site deve criar um senso de comunidade e colaboração, tornando-se a "porta de entrada" para os negócios.

    Foco em projetos

    Você está se candidatando a um emprego na BagEm, uma *start-up* de comércio eletrônico dedicada à venda de mochilas personalizadas que não tem lojas físicas e vende somente pela Internet. Você está concorrendo com vários outros candidatos ao emprego. A BagEm lhe pediu para usar seus conhecimentos de negócios e suas habilidades de desenvolvimento de site para projetar e construir uma proposta de site. O candidato com o melhor site será premiado com o emprego. Boa sorte!

6. **GoGo Gadgets**

    Agora que o Wi-Fi e outros tipos de redes sem fio de alta velocidade estão se tornando comuns, os dispositivos que utilizam essa tecnologia têm se multiplicado rapidamente. Aparelhos sem fio vão desde telefones celulares até eletrodomésticos de cozinha e câmeras digitais. Aqui estão alguns dos mais novos aparelhos de banda larga sem fio.

    - O refrigerador POPCON da Samsung, custando US$ 3.499 dólares, contará com uma tela destacável com acesso à rede Wi-Fi, que pode funcionar como TV. O refrigerador também pode ser programado para lembrar datas de validade de produtos e gerar alertas quando o leite estiver ficando velho.
    - O tablet Nokia 770 é pequeno o suficiente para caber em um bolso. Ele vem com uma tela sensível ao toque de 4,13 polegadas de largura; e pode ser usado para acessar a Web por meio de uma rede Wi-Fi. O aparelho de US$ 350 também pode acessar a Web por meio de um telefone celular com conexão Bluetooth.
    - O mais recente modelo de telefone celular da Motorola, o E815, funciona com a nova rede sem fio EVDO (Evolution Data Optimized) da Verizon, oferecendo velocidades comparáveis às de conexões DSL. O telefone pode até gravar e reproduzir clipes de vídeo. Ele também possui um leitor de música digital em MP3 embutido.
    - A Hop-On acaba de anunciar o HOP1515, que pode ser parecido com um telefone celular comum, mas, na verdade, faz chamadas por meio de redes Wi-Fi. Normalmente vendido com um plano de serviço mensal de US$ 20 a US$ 30, o telefone permite chamadas internacionais e de longa distância ilimitadas pela Web. O HOP 1515 é vendido a US$ 39 por operadoras de pontos de acesso à rede sem fio, operadoras de telefonia móvel e por varejistas.
    - A EasyShare-One da Eastman Kodak é uma câmera digital com recursos Wi-Fi, permitindo aos usuários compartilhar suas fotos sem fio. Você poderá tirar uma foto e imediatamente mostrá-la a um amigo em um PC ou TV com conexão Wi-Fi.

    Foco em projetos

    Uma variedade estonteante de novas tecnologias sem fio promete fazer as redes Wi-Fi de hoje parecerem acanhadas conexões discadas por comparação. Essas novas tecnologias vão estender o alcance das redes sem fio, não só geograficamente, mas também em novos usos em casa e no escritório.

1. Pesquise na Internet e descubra novos dispositivos sem fio que empresários e empresas estabelecidas podem usar para melhorar seus negócios.
2. Explique como as empresas podem utilizar esses dispositivos para criar vantagens competitivas, racionalizar a produção e melhorar a produtividade.

7. **WAP**

    O acesso à Internet sem fio está rapidamente ganhando popularidade entre as pessoas que buscam conexões de Internet de alta velocidade quando estão longe de casa ou do escritório. O sinal de um ponto de acesso sem fio (WAP) típico só se estende por um raio de cerca de 90 metros, de modo que o usuário deve encontrar um "*hotspot*" para conseguir acessar a Internet quando estiver fora de casa ou do trabalho. Às vezes, os *hotspots* estão disponíveis gratuitamente ou por uma pequena taxa.

    Você trabalha para uma empresa de vendas, a SalesTek, que tem uma equipe de vendas com 25 representantes e clientes concentrados em Denver, Colorado; Salt Lake City, Utah; e Santa Fe, New Mexico. Os seus representantes de vendas estão constantemente na estrada e precisam de acesso à Internet 24 horas por dia.

    Foco em projetos

    Você foi incumbido de encontrar *hotspots* para seus colegas de trabalho se conectarem enquanto não estiverem no escritório. É fundamental que sua equipe de vendas possa acessar a Internet 24 horas por dia para se conectar com clientes, fornecedores e com o escritório corporativo. Crie um documento detalhando como sua força de trabalho móvel poderá permanecer conectada à Internet durante a viagem. Aqui estão algumas dicas para ajudá-lo a começar:

    1. Use sites como www.wifinder.com e www.jiwire.com para determinar quais *hotspots* comerciais seriam mais adequados para seus vendedores e o serviço de rede comercial usado por esses *hotspots*.
    2. Pesquise os sites de duas ou três redes comerciais que pareçam mais apropriadas para descobrir informações sobre preços e serviços. (Dica: T-Mobile é um exemplo.)
    3. Use www.wifinder.com e www.wififreespot.com para determinar quantos *hotspots* públicos gratuitos estão disponíveis nessas cidades. Há uma quantidade suficiente para que sua empresa confie somente neles ou você deve usar um sistema de Wi-Fi comercial? Em caso afirmativo, qual?
    4. Você também pode pesquisar www.fon.com para ver métodos alternativos para uso de conexões de banda larga domésticas, a fim de se manter conectado.

8. **Proteção da rede doméstica sem fio**

    Hoje, os produtos de rede sem fio são tão onipresentes e baratos que qualquer pessoa pode facilmente construir uma rede sem fio com equipamentos que custam menos de US$ 100. No entanto, as redes sem fio são exatamente isso – wireless – elas não param nas paredes. Na verdade, as redes sem fio muitas vezes carregam sinais a mais de 90 metros de distância do roteador sem fio. Morar em um apartamento, residência estudantil, condomínio ou casa significa que você pode ter dezenas de vizinhos que podem acessar sua rede sem fio.

    Uma coisa é deixar um vizinho usar seu cortador de grama, outra é permitir que um vizinho acesse uma rede sem fio doméstica. Existem várias boas razões para não compartilhar uma rede doméstica sem fio, incluindo:

    - Pode diminuir o desempenho da Internet.
    - Permite que outras pessoas vejam os arquivos em seus computadores e espalhem algum tipo de software perigoso, como vírus.
    - Permite que outros monitorem os sites que você visita, leiam seus emails e mensagens instantâneas enquanto viajam pela rede, e copiem seus nomes de usuário e senhas.
    - Permite que outras pessoas enviem *spam* ou executem atividades ilegais com sua conexão de rede.

Foco em projetos

Proteger uma rede sem fio doméstica é extremamente valioso e permite que você ative recursos de segurança que podem dificultar a conexão de pessoas não convidadas por meio de sua rede sem fio. Crie um documento detalhando todos os recursos que você pode usar para proteger uma rede sem fio doméstica.

9. Robôs do tempo

Warren Jackson, um estudante de engenharia da Universidade da Pensilvânia, não estava interessado no tempo até que começou a investigar a forma como o Serviço Nacional de Meteorologia coletava dados meteorológicos. O serviço meteorológico coleta a maior parte de suas informações usando balões meteorológicos que carregam um dispositivo para medir itens como pressão, velocidade do vento e umidade. Quando o balão atinge cerca de 30 mil metros e estoura por causa da pressão, o aparelho cai e aterrissa a uma distância substancial do seu ponto de lançamento. O Serviço Meteorológico Nacional e pesquisadores procuram, algumas vezes, pelo aparelho que custa US$ 200, mas dos 80 mil balões lançados anualmente, muitos são tidos como perdidos.

Convencido de que deveria haver uma maneira melhor, Warren começou a projetar um robô equipado com GPS que abre um paraquedas depois que o balão estoura e traz o dispositivo de volta à Terra, fazendo-o pousar em um local predeterminado pelos pesquisadores. A ideia é tão inovadora que a Weiss Tech House da Universidade da Pennsylvania, uma organização universitária que incentiva os alunos a inovar e trazer suas ideias para o mercado, deu a Warren e a alguns colegas de pós-graduação em engenharia o primeiro prêmio da sua terceira edição anual do Torneio PennVention. Warren ganhou US$ 5 mil e acesso à consultoria especializada em prototipagem, assuntos jurídicos e construção de marca.

Foco em projetos

As tecnologias GPS e GIS podem ser utilizadas em todos os tipos de dispositivos, em muitas indústrias diferentes, e para várias finalidades. Você quer competir e ganhar o primeiro prêmio na PennVention do próximo ano. Crie um produto usando um GPS ou um GIS e que não está no mercado atualmente, o qual você vai apresentar no quarto torneio anual PennVention.

10. Redes sem fio e postes de luz

Pesquisadores da Universidade de Harvard e da BBN Technologies projetaram a CitySense, uma rede sem fio que registra dados de sensores em tempo real em toda a cidade de Cambridge, Massachusetts. A Citysense é única porque soluciona uma restrição anterior das redes sem fio: a duração da bateria. A rede monta cada nó em um poste de luz municipal, em que ele se alimenta da energia elétrica da cidade. Os pesquisadores planejam instalar 100 sensores em postes de iluminação em toda Cambridge até 2011, usando um financiamento da Fundação Nacional da Ciência. Cada nó incluirá um computador embutido rodando o sistema operacional Linux, uma interface de Wi-Fi 802.11 e sensores meteorológicos.

Um dos desafios do projeto foi como a rede permitiria a comunicação dos nós remotos com o servidor central em Harvard e na BBN. O Citysense vai fazer isso deixando que cada nó forme uma malha com os seus vizinhos, fazendo o intercâmbio de dados por meio de ligações de múltiplos saltos. Essa estratégia permite que um nó faça o download de um software ou o upload de dados de sensores para um hub servidor distante usando um pequeno rádio com apenas um quilômetro de alcance.

Foco em projetos

Você é responsável por implantar uma rede Citysense em sua cidade. Quais metas você traçaria para o sistema, além da monitoração do tempo e da poluição urbana? Que outras vantagens uma rede Citysense pode proporcionar? Como as empresas locais e os cidadãos poderiam se beneficiar da rede? Que questões legais e éticas você deve saber antes de implantar a rede? O que você pode fazer para proteger sua rede e sua cidade desses problemas?

11. **Sharptooth Incorporated**

    Stephen Kern é o fundador e CEO da Sharptooth, uma pequena empresa que compra e vende tirinhas de quadrinhos para revistas e jornais de todo o país. Alguns dos artistas da Sharptooth tiveram grande sucesso e são distribuídos em centenas de revistas e jornais, enquanto outros são novos na indústria. Stephen começou no negócio como artista e acabou contratando outros artistas quando percebeu que tinha um talento especial para a promoção e comercialização de materiais de quadrinhos. Sua formação artística é ótima para detectar jovens artistas talentosos, mas não tão grande para gerenciar o negócio.

    Foco em projetos

    Stephen recentemente começou a vender quadrinhos para novas formas de mídia, como blogs, sites e outras ferramentas online. Ele contratou você para construir um novo sistema para acompanhar todas as vendas de quadrinhos online. Você rapidamente perceberá que Stephen tem um sistema independente para cada uma de suas diferentes linhas de negócios, incluindo fontes de jornais, fontes de revistas, fontes de outdoors e, agora, fontes online. Você percebe que cada sistema funciona de modo individual para realizar o trabalho de criação, atualização e manutenção das informações de vendas, mas está se perguntando como Stephen gerencia seu negócio como um todo. Crie uma lista de problemas que Stephen vai encontrar se continuar a administrar seu negócio com quatro sistemas separados executando as mesmas operações. O que poderia acontecer com o negócio de Stephen se ele não conseguir correlacionar os detalhes de cada sistema? Destaque pelo menos 10 questões em que sistemas separados poderiam causar problemas a Stephen.

12. **Debate sobre a Wikipédia**

    A Wikipédia é um projeto de enciclopédia multilíngue baseado na Web, com conteúdo livre. A Wikipédia é escrita de modo colaborativo por voluntários de todo o mundo. Com raras exceções, seus artigos podem ser editados por qualquer pessoa com acesso à Internet, simplesmente clicando em uma linha para editar a página. O nome Wikipédia é uma junção das palavras *wiki* (um tipo de site colaborativo) e *enciclopédia*. Desde a sua criação, em 2001, a Wikipédia cresceu rapidamente para se tornar um dos maiores sites de referência. Em cada artigo, links direcionam os usuários a artigos relacionados, muitas vezes com informações adicionais. Qualquer um pode acrescentar informações, referências cruzadas ou citações, desde que faça isso obedecendo às políticas de edição da Wikipédia e mantendo um padrão adequado. Não é preciso se preocupar em causar danos acidentais à Wikipédia ao adicionar ou melhorar informações, pois outros editores estão sempre por perto para aconselhar ou corrigir erros óbvios. Além disso, o software da Wikipédia, conhecido como MediaWiki, é cuidadosamente projetado para permitir a fácil reversão de erros editoriais.

    Foco em projetos

    Algumas pessoas acreditam que o fim da Wikipédia está próximo, pois as pessoas usam a ferramenta para se autopromover. Alguns acham que ela vai fracassar em quatro anos, esmagada sob o peso de um ataque automatizado de comerciantes e de outras pessoas que procuram tráfego online. Eric Goldman, professor da Escola de Direito da Universidade de Santa Clara, argumenta que a Wikipédia vai enfrentar esforços cada vez mais vigorosos para subverter seu processo editorial, de modo semelhante ao que aconteceu com o site Digg. Conforme comerciantes se tornam mais determinados e se voltam para ferramentas automatizadas para alterar verbetes da Wikipédia, a fim de gerar tráfego online, Goldman prevê que os editores da Wikipédia vão esgotar suas forças tentando manter os verbetes limpos. Goldman escreve que a Wikipédia vai entrar em uma espiral de morte em que a taxa de lixo vai aumentar rapidamente até que o local se torne um terreno baldio. Como alternativa, para prevenir essa espiral de morte, a Wikipédia vai mudar sua arquitetura central de acesso aberto, aumentando a vitalidade do banco de dados pela promoção de algumas mudanças em sua missão. Crie um documento discutindo qual você acredita ser o futuro da Wikipédia.

13. **Colaboração segura**

Conforme evoluem os métodos e modos de comunicação, aumentam os desafios para as empresas que tentam proteger seus dados e para as agências de aplicação da lei que buscam monitorar comunicações como parte de suas investigações. Esse foi o tema da palestra que o diretor de segurança da Sun Microsystems e criptógrafo de renome Whitfield Diffie apresentou na Conferência de Segurança Cibernética da AT&T.

Nesse aspecto, o crescimento das comunidades virtuais em toda a Web como um canal de comunicação se constitui em uma faca de dois gumes. Second Life e outras comunidades virtuais oferecem cada vez mais informações, embora essas informações precisem ser protegidas para que as comunidades virtuais possam crescer como canais sérios de comunicação empresa-empresa e empresa-cliente.

Diffie acredita que, com milhões de pessoas se inscrevendo no Second Life e empresas construindo instalações nessa comunidade, pode ser que as comunidades virtuais se tornem o meio preferido de comunicação dos seres humanos. Esse crescente volume de informações cria a oportunidade de utilizar as comunidades virtuais como uma fonte de inteligência, e as comunicações serão sempre espionadas.

Naturalmente, o volume de negócios presente em comunidades virtuais como o Second Life terá de crescer antes que se torne uma fonte significativa de informação. Quando isso acontecer, porém, tenha cuidado. Diffie acredita que a comunicação sempre supera a capacidade de protegê-la. Quem estaria interessado em reunir a inteligência que flutua nas comunidades virtuais? A resposta é empresas, governos (nacionais e estrangeiros) e repórteres – as mesmas entidades que se adaptaram a todas as outras formas de comunicação que precederam a Web. Diffie acredita que o futuro será uma era de ouro para a inteligência.

Foco em projetos

Conforme criamos novas e melhores maneiras de colaborar, o que acontece com a segurança da informação?

DESAFIO EMPRESARIAL

Crie seu próprio negócio

1. Para construir um senso de comunidade, você adicionou um mecanismo no site de sua empresa em que os clientes podem se comunicar e postar comentários. Você verifica a comunicação diariamente para ajudar a entender os problemas e as preocupações dos clientes. Um dia, você faz login e encontra a seguinte postagem anônima: "Eu não recomendo visitar esta empresa às quintas-feiras às 14 horas, pois é quando acontece a Hora do Conto para as Crianças. Eu odeio crianças, especialmente em empresas. Não sei por que esta empresa incentiva as pessoas a levarem seus filhos. Na verdade, recomendo que as crianças sejam totalmente banidas da empresa". Como você responderia a essa postagem? O ponto de vista do cliente é ético? Como você pode incentivar uma linha aberta de comunicação com seus clientes e manter um fórum aberto em seu site?

2. Sua empresa precisa tirar vantagem de estratégias de negócio eletrônico e de Business 2.0 para se manter competitiva. Detalhe como a empresa poderia usar Web 1.0 e Web 2.0 para aumentar as vendas e diminuir os custos. Concentre-se nas diferentes áreas do negócio, como marketing, finanças, contabilidade, vendas, atendimento ao cliente e recursos humanos. Você gostaria de construir uma ferramenta de colaboração para todos os seus clientes e eventos. Responda às seguintes perguntas a respeito de seu negócio.

    - Que tipo de ferramenta de colaboração você construiria?
    - Como você pode usar essa ferramenta para facilitar o planejamento, o desenvolvimento de produtos, testes de produtos, *feedback*, etc.
    - Que vantagens adicionais uma ferramenta de colaboração do cliente poderia fornecer para ajudar na administração de sua empresa?

3. O Yankee Group relata que 66% das companhias determinam o sucesso de seus sites exclusivamente por meio da medição da quantidade de tráfego. Infelizmente, grandes

quantidades de tráfego em um site não indicam, na verdade, grandes vendas. Muitos sites com muito tráfego têm vendas mínimas. A melhor maneira de medir o sucesso de um site é medir coisas como receitas geradas pelo tráfego na Web, o número de novos clientes adquiridos pelo tráfego na Web e eventuais reduções em chamadas de atendimento ao cliente resultantes desse tráfego na Web. Ao implantar sua estratégia de Business 2.0, você deseja construir um site que gere *stickiness* (duração da visita) e um senso de comunidade para seus clientes. Explique por que medir o tráfego na Web não é um bom indicador de vendas na Web ou do sucesso de um site. Como você poderia implementar características de Business 2.0 para criar um senso de comunidade para seus clientes? Como um wiki poderia ajudar o seu negócio a crescer? Você poderia usar blogs para criar agitação em termos de marketing? O que mais você poderia fazer para garantir o sucesso financeiro de seu site?

PROJETOS DE APLICAÇÃO AYK

Se você está à procura de projetos em Excel para incorporar na sua aula, experimente um destes (em inglês), após a leitura do capítulo.

Número do projeto	Nome do projeto	Tipo de projeto	Área de foco do plug-in	Foco em projetos	Conjunto de competências do projeto	Número da página
1	Destino financeiro	Excel	T2	Orçamento pessoal	Fórmulas introdutórias	520
2	Fluxo de caixa	Excel	T2	Fluxo de caixa	Fórmulas introdutórias	520
3	Orçamento de tecnologia	Excel	T1, T2	Hardware e software	Fórmulas introdutórias	520
4	Rastreamento de doações	Excel	T2	Relacionamento com funcionários	Fórmulas introdutórias	520
5	Conversão de moeda	Excel	T2	Comércio global	Fórmulas introdutórias	521
6	Comparação de custos	Excel	T2	Custo total de propriedade	Fórmulas introdutórias	521
7	Gerenciamento do tempo	Excel ou Project	T2 ou T12	Gerenciamento de projetos	Gráficos de Grantt introdutórios	522
8	Maximização do lucro	Excel	T2, T4	Análise estratégica	Fórmulas intermediárias ou Solver	522
9	Análise de segurança	Excel	T3	Filtragem de dados	Formatação condicional intermediária, filtro automático, subtotal	523
10	Coleta de dados	Excel	T3	Análise de dados	Formatação condicional intermediária, tabela dinâmica	524
11	Sistema de scanner	Excel	T2	Análise estratégica	Intermediário	524
12	Preços competitivos	Excel	T2	Maximização do lucro	Intermediário	524
13	Aquisições adequadas	Excel	T2	Análise do ponto de equilíbrio	Intermediário	525
26	Currículos eletrônicos	HTML	T9, T10, T11	Marketing pessoal eletrônico	*Tags* estruturais introdutórias	532
27	Recebendo *feedback*	Dreamweaver	T9, T10, T11	Coleta de dados	Organização de informações intermediária	533

UNIDADE 5

Transformando organizações

Esta unidade fornece uma visão geral de como as organizações criam sistemas de informação para se prepararem para competir no século XXI. Como aluno de Administração, você precisa saber isso porque os sistemas de informação são a base de como as empresas operam. Um entendimento básico dos princípios da construção de sistemas de informação fará de você um funcionário mais valioso. Você vai conseguir identificar pontos problemáticos cedo e fazer sugestões durante o processo de concepção, resultando em um projeto de sistemas de informação melhor, que vai satisfazer você e a sua empresa.

Criar um sistema de informação é como construir uma casa. Você pode sentar e deixar que os construtores façam todo o trabalho de concepção, construção e testes, na esperança de que a casa satisfaça suas necessidades. No entanto, participar do processo de construção ajuda a garantir que suas necessidades não apenas sejam ouvidas, mas também atendidas. É uma boa prática de negócios ter subsídios diretos do usuário guiando o desenvolvimento do produto acabado. O mesmo acontece com a criação de sistemas de informação. O seu conhecimento do processo de desenvolvimento de sistemas vai permitir que você participe e garanta que está construindo arquiteturas de empresa flexíveis, que não só atendem às necessidades de negócios atuais, mas também as futuras.

Alguma vez você já teve o sonho de viajar para cidades diferentes, como Paris, Tóquio, Rio de Janeiro ou Cairo? Antigamente, o mais próximo que muitas pessoas conseguiam chegar dessas cidades era em seus sonhos. Hoje, a situação mudou. A maioria das grandes empresas cita a expansão global como uma ponte para o crescimento futuro, e um estudo recente constatou que 91% das empresas que fazem negócios internacionais acreditam ser importante enviar empregados para missões em outros países.

Se uma carreira nos negócios globais já passou pela sua cabeça, este capítulo vai ajudá-lo a compreender os impactos de competir em um mundo globalizado. Os Estados Unidos são um mercado de cerca de 300 milhões de pessoas, mas há mais de 6 bilhões de clientes em potencial nos 193 países que compõem o mercado mundial. Talvez o mais interessante seja que aproximadamente 75% da população do mundo vive em áreas em desenvolvimento, em que a tecnologia, a educação e a renda *per capita* ainda estão muito atrás dos países desenvolvidos (ou industrializados), como os Estados Unidos. Os países em desenvolvimento ainda são um mercado amplamente inexplorado.

Você, estudante de Administração, deve conhecer o potencial dos negócios globais, incluindo suas várias vantagens e desafios. É quase certo que a demanda de estudantes com formação em negócios globais crescerá à medida que o número de empresas concorrentes no mercado global crescer.

Introdução

Em um ambiente de negócios competitivo, a capacidade de uma organização para alinhar com eficiência os recursos e atividades de negócios com os objetivos estratégicos pode significar a diferença entre o sucesso e a mera sobrevivência. Para alcançar o alinhamento estratégico, as organizações cada vez mais administram os seus esforços de desenvolvimento de sistemas e atividades de planejamento de projetos para monitorar o desempenho e tomar melhores decisões de negócios. As empresas que experimentam rápido crescimento terceirizam muitas áreas do seu negócio para ampliar seus recursos técnicos e operacionais. No processo de terceirização, elas poupam tempo e aumentam a produtividade por não ter de desenvolver seus próprios sistemas a partir do zero. Estão livres para se concentrar na inovação e nos seus negócios principais. Os capítulos da Unidade 5 são os seguintes:

- **Capítulo 17** – Desenvolvimento de software para agilizar as operações
- **Capítulo 18** – Metodologias para apoiar organizações dinâmicas
- **Capítulo 19** – Gerenciamento de projetos organizacionais
- **Capítulo 20** – Desenvolvimento de uma organização do século XXI

CASO DA UNIDADE 5

Compartilhar – ou não compartilhar

As pessoas adoram redes sociais! As redes sociais estão em toda parte e são uma maneira perfeita de compartilhar fotos das férias, eventos familiares e festas de aniversário com a família, amigos e colegas de trabalho. Cerca de 40% dos adultos usam pelo menos um site de mídia social, e 51% desse percentual usa mais de um site. A maioria dos usuários tem entre 18 e 24 anos de idade. O Pew Research Center descobriu que 89% dos usuários de redes sociais usam os sites principalmente para atualizar amigos e familiares; 57% usa para fazer planos com amigos; e 49% para fazer novos amigos.

Facebook, Myspace, LinkedIn, Friendster, Urban Chat e Black Planet são apenas alguns dos mais de 100 sites a conectar pessoas de todo o mundo que estão ansiosas para compartilhar tudo, de fotos a ideias e sentimentos. Mas é preciso lembrar que algumas vezes você pode compartilhar demais; pode haver um excesso de informação. Escolher com quem você compartilha e o que você compartilha é algo imprescindível ao se pensar em redes sociais pessoais e redes sociais corporativas. De acordo com o Pew Research, mais de 40% dos usuários concede livre acesso aos seus perfis de redes sociais, o que permite que qualquer pessoa de qualquer lugar veja todas as informações pessoais. Os restantes 60% restringem o acesso a amigos, familiares e colegas de trabalho. Aqui estão 10 itens que você deve considerar antes de postar informações nas redes sociais.

1: Se você não quiser compartilhar, não publique

Você pode selecionar todas as configurações de privacidade que quiser nas redes sociais, mas o fato é que, se você publicar, o conteúdo terá o potencial de ser visto por alguém que você não quer que veja. Sabe todas essas aplicações divertidas, questionários e pesquisas do Facebook que você não consegue deixar de preencher? Um estudo realizado pela Universidade da Virgínia descobriu que dos 150 principais apps do Facebook, 90% receberam acesso a informações de que não precisavam para que o aplicativo funcionasse. Assim, ao se inscrever para descobrir com que astro de séries de TV você mais se identifica, saiba que quem está por trás dessa pesquisa agora tem acesso às suas informações pessoais. Para onde vão as informações é uma incógnita a partir daí. Redes sociais querem dizer compartilhamento, por isso que algo que você acha que está resguardado pode ser compartilhado facilmente e, em seguida, compartilhado novamente, e antes de você saber, alguém que você nem sequer conhece tem acesso a algo privado que é seu. "Em caso de dúvida, deixe de fora" é um bom lema a seguir. E lembre-se sempre de que qualquer coisa que você compartilhar tem o potencial de ser vazado de alguma forma.

2: Nunca forneça suas dicas de senha

A maioria dos sites que contêm informações pessoais seguras exige uma senha e também pelo menos uma dica de senha, no caso de você a esquecer. Geralmente é assim: você se cadastra em, digamos, um banco online, em que terá um login e uma senha; em seguida, escolhe uma pergunta de segurança para o caso de esquecer a senha. Qual é o nome de seu primeiro animal de estimação? Qual é o nome de solteira da sua mãe? Qual era a mascote da sua faculdade? Qual é o nome da primeira rua em que você morou? Incluir qualquer uma dessas informações no mural ou na atualização de status do Facebook pode não parecer um grande problema, mas isso poder fornecer a um ladrão de identidade a última peça do quebra-cabeça que é necessária para invadir a sua conta bancária. Pense antes de publicar qualquer coisa que possa comprometer essa informação.

3: Nunca forneça sua senha

Isso realmente parece ser de quem não tem miolos, mas se ainda não tivesse acontecido, então o Facebook provavelmente não sentiria a necessidade de colocar como nº 1 da lista de coisas que você não deve compartilhar. Até mesmo contar a senha para um amigo para ele fazer login e verificar algo para você pode ser um risco. Isso vale especialmente para casais que sentem que há confiança suficiente para compartilhar esse tipo de coisa. Aqui vai outro cenário para você: Você dá ao seu namorado sua senha do Facebook porque ele quer ajudá-la a fazer upload de algumas fotos de férias. Alguns meses mais tarde, a relação azeda, ele se transforma em um cara não tão bom, uma outra pessoa – que não gosta de você e tem acesso às suas informações. É hora de cancelar a sua conta e arranjar uma nova. Se você tivesse mantido essa informação privada, poderia simplesmente seguir em frente com a sua vida. Agora o seu perfil foi comprometido, e se você se conectar a outros sites ou perfis, todas essas informações estarão em risco também. Nunca divulgue a sua senha sob hipótese alguma, e você não terá de se preocupar com isso.

4: Nunca forneça informações financeiras pessoais

Você pode pensar que ninguém compartilharia coisas como que banco você usa ou como é a sua carteira de ações, mas isso acontece. É fácil fazer um comentário inocente no Facebook e revelar muito sobre suas finanças pessoais. Pense na seguinte situação: Você está publicando um longo thread no mural de um amigo sobre a crise bancária. Você diz alguma coisa do tipo "não precisamos nos preocupar porque fazemos negócios com a cooperativa de crédito dos professores", ou mesmo, "colocamos todo o nosso dinheiro em ações preferenciais e planejamos mantê-lo no mesmo lugar". Novamente, se você é um dos 40% que permitem o acesso livre ao seu perfil, então de repente os ladrões de identidade sabem em que banco você tem conta e onde fica a maior parte de seus investimentos. É fácil esquecer que o que pode parecer um comentário inofensivo no Facebook pode revelar muito sobre suas finanças pessoais. É melhor evitar esse tipo de conversa.

5: Nunca dê o seu endereço ou números de telefone

Arquive essa dica na seção de riscos à segurança. Se você compartilha seu endereço e número de telefone em um site de rede social, fica sujeito a ameaças de roubo de identidade e outros perigos, como furtos. Se você publica que está saindo de férias e o seu endereço aparece no perfil, então todo mundo sabe que a sua casa estará vazia. O ladrão de identidade pode fazer uma visita até a sua caixa de correio e solicitar um cartão de crédito em seu nome. O ladrão também pode roubar tudo de valor que estiver na sua casa. Mesmo apenas publicar o número de telefone dá a pessoas versadas na Internet fácil acesso ao seu endereço. Serviços de pesquisa reversa podem fornecer a qualquer pessoa o endereço da sua casa, a partir do seu número de telefone.

6: Nunca compartilhe fotos de seus filhos

Os sites de redes sociais são um lugar comum para as pessoas compartilharem fotos de sua família, mas se você é um dos 40% de usuários que não restringem o acesso ao perfil, então essas imagens estão lá para todo mundo ver. É um fato triste, mas um monte de predadores usa a Internet para perseguir suas presas. Se você postar fotos da família e que combinem com informações como "Meu marido está fora da cidade neste fim de semana" ou "Joãozinho já tem idade suficiente para ficar em casa sozinho agora", então a segurança de seus filhos poderá estar em risco. Ninguém nunca pensa que isso vai acontecer consigo, até que acontece. Por isso, a segurança em primeiro lugar é um bom modo padrão de se usar as redes sociais. Assim como com outros assuntos privados, envie fotos de família apenas para um seleto grupo de amigos e colegas de confiança, que você sabe que não vão compartilhar.

7: Nunca forneça informações sobre a empresa

Você pode estar morrendo de vontade de contar ao mundo sobre a nova promoção no trabalho, mas se é uma notícia que pode dar vantagem à concorrência da sua empresa, então não é algo que você deva compartilhar. Notícias de uma expansão planejada ou um grande projeto e outras coisas sobre o seu local de trabalho devem ser mantidas em privado. Sophos, uma empresa de software de segurança, descobriu que 63% das empresas estavam com medo que seus funcionários fossem compartilhar nas redes sociais. Se você quiser enviar mensagens, seja seletivo e envie emails privados. Muitas empresas levam tão a sério não serem incluídas em redes sociais que proíbem os funcionários de usar sites como o Facebook no trabalho. Alguns departamentos de TI também filtram os URLs e bloqueiam o acesso a esses sites, para que os empregados não fiquem tentados a acessá-los.

8: Nunca forneça links para sites

Com 51% dos usuários de redes sociais aproveitando mais de um site, é quase certo haver algum cruzamento, especialmente se os seus sites são vinculados por links. Você pode postar algo que considera inócuo no Facebook, mas se tiver um link para o seu perfil de trabalho do LinkedIn, o seu emprego pode ficar em risco. Se você vincula seus vários perfis, esteja ciente de que aquilo que publicar em um mundo estará disponível para os outros.

Em 2009, o caso de um funcionário pego mentindo no Facebook chegou às manchetes. Ele pediu uma folga no final de semana alegando estar doente e, em seguida, postou fotos no perfil no Facebook de si mesmo em uma festa na mesma data. A notícia chegou ao seu empregador muito facilmente, e ele foi demitido. Então, se você optar por vincular seus perfis, não será mais o caso de ter uma "vida pessoal" e uma "vida profissional".

9: Guarde para si mesmo os seus planos sociais

Compartilhar seus planos sociais para que todos possam ver não é uma boa ideia. Mesmo que você esteja planejando uma grande festa e convidando todos os usuários a que está conectado, isso só vai fazer seus outros amigos se sentirem de fora. Também existem alguns problemas de segurança que estão em jogo aqui. Imagine um cenário em que um ex-namorado ciumento fica sabendo que você tem um encontro com uma pessoa nova naquela noite. O que vai impedir esse ex de aparecer e fazer uma cena, ou até mesmo de ficar chateado ou violento? Nada. Se você está planejando uma festa ou um passeio com um grupo de amigos, envie um "convite eletrônico" pessoal privado e ninguém mais ficará sabendo. Se estiver tentando atingir um grande público ao dar uma ideia de evento social, basta lembrar que qualquer pessoa que tenha acesso ao seu perfil vai ver isso.

10: Não compartilhe conversas pessoais

No Facebook, os usuários podem enviar mensagens pessoais, postar notas, imagens ou vídeos no mural de outro usuário. O mural está lá para todos verem, enquanto as mensagens ficam entre o emissor e o receptor, assim como um email. Assuntos pessoais e privados nunca devem ser compartilhados no seu mural. Você não vai sair por aí com um megafone anunciando um assunto particular para todos, e a mesma coisa vale para a Internet. Isso se encaixa no nebuloso mundo da etiqueta de rede social. Não há um manual oficial para este tipo de coisa, mas use o bom senso. Se não é algo que você se sentiria confortável compartilhando pessoalmente com a família, conhecidos, colegas de trabalho ou estranhos, então você não deve compartilhar no seu mural do Facebook.[1]

CAPÍTULO 17 — Desenvolvimento de software para agilizar as operações

OBJETIVOS DE APRENDIZAGEM

17.1 Descrever as sete fases do ciclo de vida do desenvolvimento de sistemas.

17.2 Explicar por que os problemas de software são problemas de negócios.

OA 17.1 Descrever as sete fases do ciclo de vida do desenvolvimento de sistemas.

O ciclo de vida do desenvolvimento de sistemas

O fracasso do multimilionário sistema de SCM da Nike é tão famoso quanto a frase que o CEO Philip Cavaleiro pronunciou a respeito: "Isso é o que conseguimos pelos nossos US$ 400 milhões?" A Nike fez uma parceria com a empresa i2 para implementar um sistema de SCM, o que nunca chegou a ser concretizado. A i2 alegou que o fracasso da implementação se deveu ao fato de a Nike não conseguir utilizar a metodologia e os modelos de implementação do fornecedor. A Nike culpou o software defeituoso pelo fracasso.[2]

É difícil fazer uma organização funcionar, se os sistemas que ela possui não funcionam. Na era da informação, o sucesso ou o fracasso do software pode levar diretamente ao sucesso ou ao fracasso do negócio. As empresas contam com o software para conduzir as operações de negócios e garantir os fluxos de trabalho em toda a empresa. À medida que mais e mais empresas recorrem ao software para operar, mais ocorrem sucessos e fracassos de software que afetam essas empresas.

As vantagens possíveis de implementações de software bem-sucedidas oferecem incentivos significativos às companhias para gerenciar os riscos de desenvolvimento de software. No entanto, um número extremamente alto de projetos de desenvolvimento de software sofre atrasos ou fica acima do orçamento, e os projetos bem-sucedidos tendem a manter menos recursos e funções do que o originalmente especificado. Compreender os conceitos básicos de desenvolvimento de software ou o ciclo de vida do desenvolvimento de sistemas vai ajudar as organizações a evitar potenciais armadilhas e garantir que os esforços tenham êxito.

Antes de passar para o desenvolvimento de software, é importante entender alguns termos-chave. Um *sistema legado* é um sistema antigo que está se aproximando rapidamente do fim da sua vida útil (ou já ultrapassou esse ponto) no âmbito da organização. A *conversão* é o processo de transferência de informações de um sistema legado para um novo sistema. A *customização de software* modifica o software para atender a usuários específicos ou a requisitos de negócios. O *software de aplicação pronto para comercialização (off-the-shelf)* suporta processos de negócios gerais e não requer nenhum tipo de customização de software específico para atender às necessidades da organização.

O *ciclo de vida do desenvolvimento de sistemas (SDLC – Systems Development Life Cycle)* é o processo geral de desenvolvimento de sistemas de informação, desde o planejamento e a análise até a implementação e a manutenção. O SDLC é a base para todas as metodologias de desenvolvimento de sistemas, e centenas de diferentes atividades estão associadas a cada uma de suas fases. Essas atividades incluem a determinação de orçamentos, levantamento de requisitos do sistema e reedição da documentação detalhada do usuário.

O SDLC começa com uma necessidade de negócios, seguido por uma avaliação das funções que um sistema deve ter para satisfazer a necessidade, e termina quando as vantagens do sistema já não compensam os custos de sua manutenção. É por isso que é referido como um ciclo de vida. O SDLC é composto por sete fases distintas: planejamento, análise, design, desenvolvimento, teste, implementação e manutenção (veja a Figura 17.1).

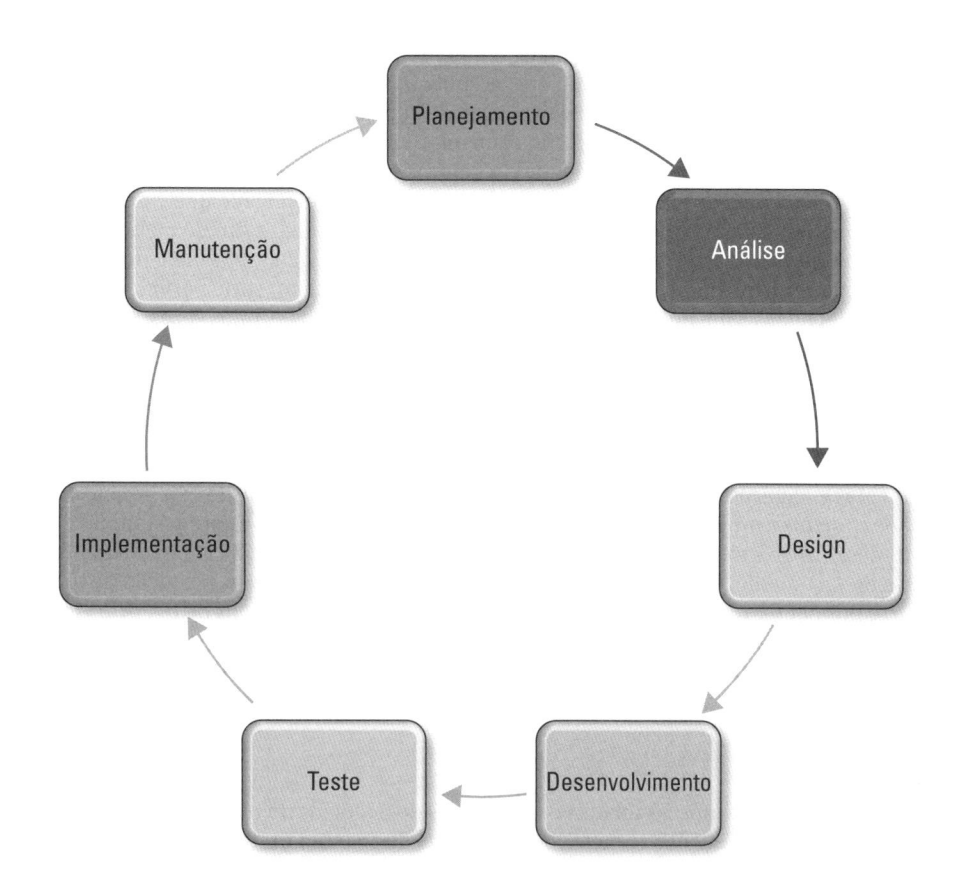

FIGURA 17.1
O SDLC e suas atividades associadas.

Fase	Atividade associada
Planejamento	■ Fazer brainstorm para prever problemas e identificar oportunidades para a organização ■ Priorizar e selecionar projetos para o desenvolvimento ■ Definir o escopo do projeto ■ Desenvolver o plano do projeto
Análise	■ Reunir o requisito de negócio para o sistema ■ Definir eventuais restrições associadas ao sistema
Design	■ Projetar a arquitetura técnica necessária para suportar o sistema ■ Desenhar os modelos de sistema
Desenvolvimento	■ Construir a arquitetura técnica ■ Criar o banco de dados ■ Criar as aplicações
Teste	■ Redigir as condições de teste ■ Realizar testes de sistema
Implementação	■ Redigir a documentação detalhada do usuário ■ Fornecer treinamento para os usuários do sistema
Manutenção	■ Instituir a assistência técnica para dar suporte aos usuários do sistema ■ Fornecer um ambiente para dar suporte a mudanças no sistema

FASE 1: PLANEJAMENTO

A *fase de planejamento* estabelece um plano de alto nível do projeto pretendido e a determinação das metas do projeto. O planejamento é a primeira e mais importante fase de qualquer atividade de desenvolvimento de sistemas, independentemente de se tratar de um esforço para o desenvolvimento de um sistema que permita aos clientes comprar produtos pela Internet, determinar a melhor estrutura de logística de depósitos ao redor do mundo ou desenvolver uma aliança estratégica de informação com outra organização. As organizações devem planejar cuidadosamente as atividades (e determinar por que elas são necessárias) para serem bem-sucedidas. Um *agente de mudança* é uma pessoa ou evento que é o catalisador para a implementação de importantes mudanças em um sistema, a fim de atender às mudanças de negócios. *Brainstorming* é uma técnica para gerar ideias, por meio do incentivo aos participantes para oferecer tantas ideias quanto possível em um curto período de tempo, sem qualquer análise, até que todos os conceitos sejam esgotados. Muitas vezes, novas oportunidades de negócios são descobertas como resultado de uma sessão de brainstorming.

O Project Management Institute (PMI) desenvolve procedimentos e conceitos necessários para apoiar a profissão de gerenciamento de projetos (www.pmi.org). O PMI define *projeto* como uma atividade temporária que a empresa realiza para criar um produto, serviço ou resultado único. O *gerenciamento de projetos* é a aplicação de conhecimentos, habilidades, ferramentas e técnicas às atividades do projeto para atender aos requisitos do projeto. O *gerente de projetos* é um indivíduo que é especialista em planejamento e gerenciamento e que define, desenvolve e monitora o plano do projeto para garantir que seja concluído dentro do prazo e do orçamento. O gerente de projeto é a pessoa responsável pela execução de todo o projeto e por definir o escopo do projeto, que une o projeto aos objetivos de negócio globais da organização. O *escopo do projeto* descreve a necessidade do negócio (o problema que o projeto vai resolver) e a justificativa, os requisitos e os limites atuais para o projeto. O *plano do projeto* é um documento formal e aprovado que administra e controla a execução do projeto.

FASE 2: ANÁLISE

Na *fase de análise*, a empresa analisa os requisitos de negócios do usuário final e refina as metas do projeto em funções e operações definidas do sistema pretendido. *Requisitos de negócios* são as solicitações de negócios específicas que o sistema deve atender para ser bem-sucedido, de modo que a fase de análise é fundamental, porque os requisitos de negócios dirigem todo o esforço de desenvolvimento dos sistemas. Um requisito de negócios exemplar deve afirmar que "o sistema de CRM deve rastrear todas as dúvidas do cliente quanto a produto, região e representante de vendas". O requisito de negócio vai indicar o que o sistema deve realizar para ser considerado bem-sucedido.

A reunião de requisitos de negócio é, basicamente, a realização de uma investigação na qual os usuários identificam todas as necessidades empresariais da organização e executam medições dessas necessidades. A Figura 17.2 exibe diversas maneiras de reunir os requisitos de negócios. O *gerenciamento de requisitos* é o processo de administrar mudanças nos requisitos de negócios durante todo o projeto. Os projetos geralmente são de natureza dinâmica, e a mudança deve ser esperada e prevista, a fim de se alcançar uma conclusão bem-sucedida do projeto. Um *documento de definição de requisitos* prioriza todos os requisitos de negócio, por ordem de importância para a empresa. A *aprovação*

FIGURA 17.2
Métodos de coleta de requisitos de negócios.

Métodos de coleta de requisitos de negócios
Realizar uma sessão de *Joint Application Development (JAD)*, em que os funcionários se reúnam algumas vezes ao longo de vários dias, para definir ou rever os requisitos de negócios para o sistema.
Entrevistar indivíduos para determinar as operações atuais e as questões atuais.
Compilar questionários para fazer levantamentos de funcionários para descobrir problemas.
Fazer observações para determinar como as atuais operações são executadas.
Examinar documentos da empresa para encontrar relatórios, políticas e descobrir como a informação é usada em toda a organização.

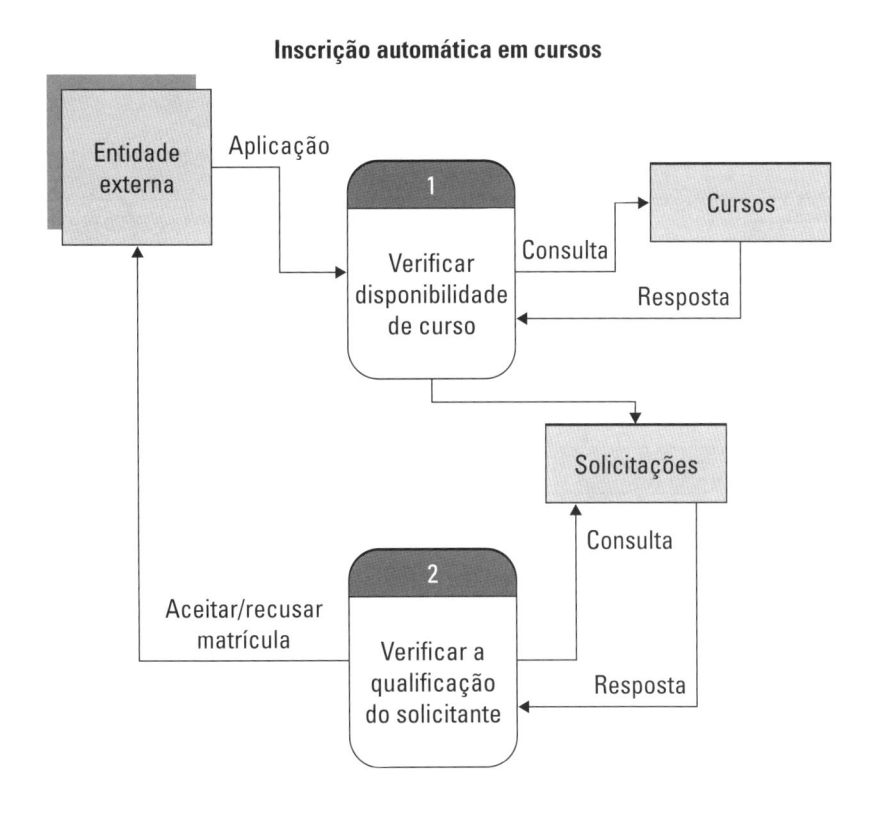

FIGURA 17.3
Exemplo de diagrama de fluxo de dados.

Inscrição automática em cursos

consiste em assinaturas reais dos usuários, indicando que aprovam todos os requisitos de negócio. Se um sistema não atende aos requisitos de negócio, será considerado um projeto fracassado. Por essa razão, a organização deve gastar tanto tempo, energia e recursos quanto necessário para reunir requisitos de negócios precisos e detalhados.

Uma vez que um analista de negócios tenha uma visão detalhada de como uma organização realiza seu trabalho e seus processos, ele poderá recomendar formas de melhorar esses processos para torná-los mais eficientes e eficazes. A *modelagem de processo* envolve a representação gráfica do processo que captura, manipula, armazena e distribui a informação entre um sistema e seu ambiente. Um dos diagramas mais comuns usados em modelagem de processos é o diagrama de fluxo de dados. Um *diagrama de fluxo de dados (DFD – Data Flow Diagram)* ilustra o movimento de informações entre entidades externas e os processos e repositórios de dados dentro do sistema (veja a Figura 17.3). Os modelos de processos e diagramas de fluxo de dados estabelecem as especificações do sistema. As ferramentas *CASE (Computer-Aided Software Engineering, ou engenharia de software auxiliada por computador)* são uma suíte de software que automatiza a análise de sistemas, design e desenvolvimento. Os modelos de processos e diagramas de fluxo de dados podem fornecer a base para a geração automática do sistema, se o desenvolvimento for feito com uma ferramenta CASE.

FASE 3: DESIGN

A *fase de design* envolve a descrição desejada das características e operações do sistema, incluindo layouts de tela, regras de negócio, diagramas de processo, pseudocódigo e outras documentações. Durante a fase de análise, os usuários finais e especialistas de TI trabalham em conjunto para reunir os requisitos de negócios detalhados para o projeto proposto, a partir de um ponto de vista lógico. Ou seja, durante a análise, os requisitos de negócio são documentados sem se levar em consideração a tecnologia ou infraestrutura técnica que vai apoiar o sistema. Passar para a fase de design leva o foco do projeto para o ponto de vista físico ou técnico, definindo a arquitetura técnica que dará suporte ao sistema, incluindo modelos de dados, desenhos de telas, layouts de relatórios e modelos de banco de dados. (Veja a Figura 17.4). A *interface gráfica do usuário (GUI – Graphical User Interface)* é a interface para o sistema de informação. O design de tela GUI é a capacidade de modelar as telas de informações do sistema para um sistema inteiro, utilizando ícones,

FIGURA 17.4
Exemplo de arquitetura técnica.

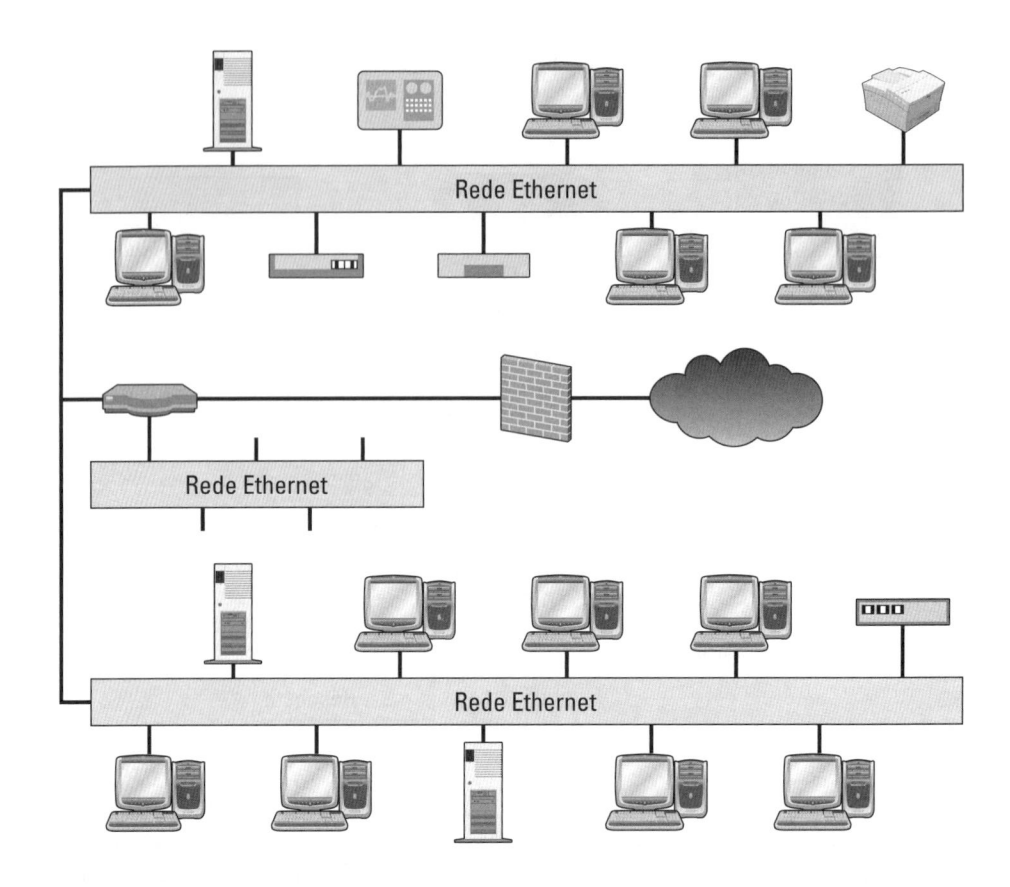

botões, menus e submenus. O modelo de dados representa a maneira formal para expressar as relações de dados para um sistema de gerenciamento de banco de dados (SGBD). Os diagramas de relacionamento de entidade documentam as relações entre as entidades em um ambiente de banco de dados (ver Figura 17.5).

FASE 4: DESENVOLVIMENTO

A *fase de desenvolvimento* reúne todos os documentos de design detalhados da fase de design e os transforma no sistema real. Nessa fase, há a transição do projeto, passando do design preliminar para a implementação física real. Durante o desenvolvimento, a empresa adquire e implementa o equipamento necessário para suportar a arquitetura. A *Engenharia de software* é uma abordagem disciplinada para a criação de sistemas de informação por meio da utilização de métodos, técnicas ou ferramentas comuns. Os engenheiros de software usam ferramentas de CASE, que fornecem suporte automatizados para o desenvolvimento do sistema. Os *objetos de controle de informação e tecnologia relacionada (COBIT – Control Objects for Information and Related Technology)* são um conjunto de práticas recomendadas que ajuda a organização a maximizar os benefícios de um sistema de informação e, ao mesmo tempo, estabelecer controles adequados para garantir o mínimo de erros.

Durante a fase de desenvolvimento, a equipe define a linguagem de programação que vai usar para criar o sistema. A *linguagem de script* é um método de programação que fornece módulos interativos para o site. As *linguagens orientadas a objetos* agrupam dados e processos correspondentes em objetos. As *linguagens de quarta geração (4GL)* são linguagens de programação que se parecem com linguagens humanas. Um comando típico de 4GL pode, por exemplo, declarar "LOCALIZAR TODOS OS REGISTROS CUJO NOME É 'SMITH'". As linguagens de programação são mostradas na Figura 17.6.

FASE 5: TESTES

A *fase de testes* envolve a união de todas as peças do projeto em um ambiente de teste especial para eliminar erros e bugs e verificar se o sistema atende a todos os requisitos de negócio definidos na fase de análise. **Bugs** são defeitos no código do sistema de informação. As **condições de teste** detalham os passos que o sistema deve realizar, além dos resultados esperados de cada passo. A Figura 17.7 mostra várias condições de teste para testar a funcionalidade de logon do usuário em um sistema. O testador vai executar cada condição de teste e comparar os resultados esperados com os resultados reais a fim de verificar se o sistema funciona corretamente. Observe na Figura 17.7 como cada condição de teste é extremamente detalhada e mostra os resultados esperados que devem ocorrer durante a execução de cada condição de teste. Cada vez que o resultado real for diferente do resultado esperado, é gerado um "bug" e o sistema volta para o desenvolvimento para a correção desse bug. A condição de teste 6 na Figura 17.7 mostra um resultado real diferente do resultado esperado, porque o sistema não permitiu ao usuário fazer logon. Após essa condição de teste falhar, é óbvio que o sistema não está funcionando corretamente e deve ser enviado de volta para o desenvolvimento para a correção do bug.

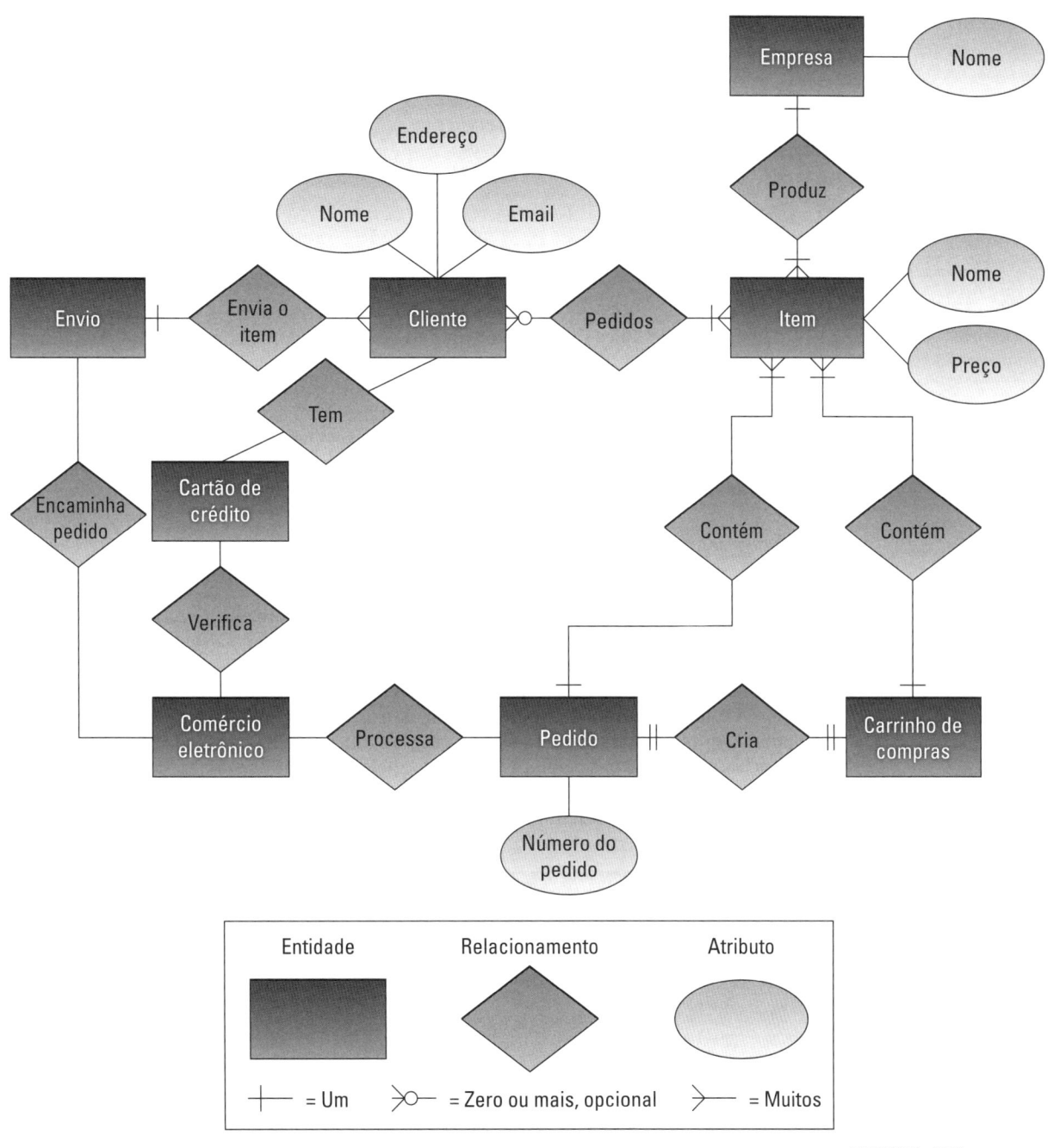

FIGURA 17.5
Exemplo de relacionamento de entidade.

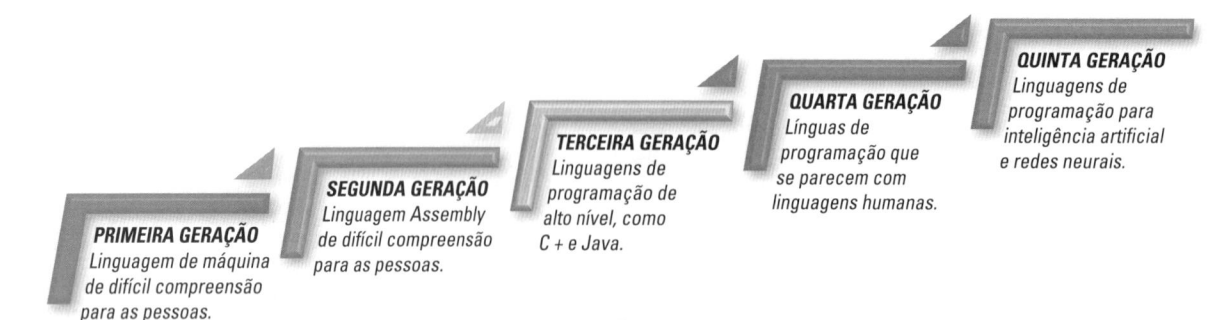

PRIMEIRA GERAÇÃO
Linguagem de máquina de difícil compreensão para as pessoas.

SEGUNDA GERAÇÃO
Linguagem Assembly de difícil compreensão para as pessoas.

TERCEIRA GERAÇÃO
Linguagens de programação de alto nível, como C + e Java.

QUARTA GERAÇÃO
Línguas de programação que se parecem com linguagens humanas.

QUINTA GERAÇÃO
Linguagens de programação para inteligência artificial e redes neurais.

FIGURA 17.6
Visão geral de linguagens de programação.

Uma atividade típica de desenvolvimento de sistema conta com centenas ou milhares de condições de teste. Todas as condições de teste devem ser executadas para verificar se o sistema funciona como o esperado. Redigir todas as condições de teste e realizar o teste real do software demanda bastante tempo e energia. Depois de analisar o enorme nível de esforço necessário para se testar um sistema, torna-se óbvio por que ele é um passo crítico no desenvolvimento bem-sucedido. A Figura 17.8 exibe os diferentes tipos de testes normalmente incluídos no esforço de desenvolvimento de sistemas.

FASE 6: IMPLEMENTAÇÃO

Na *fase de implementação*, a organização coloca o sistema em produção para que os usuários possam começar a realizar operações de negócios reais com ele. Nessa fase, a ***documentação detalhada de usuário*** é criada, destacando como utilizar o sistema e como resolver dúvidas ou problemas. O treinamento também é fornecido para os usuários do sistema e pode acontecer online ou em sala de aula. O ***treinamento online*** é realizado pela Internet ou por CD ou DVD, e os funcionários o concluem em seu próprio tempo e no ritmo que desejarem. A ***oficina de treinamento*** é realizada em um ambiente de sala de aula e conduzida por um instrutor. Uma das melhores formas de apoiar os usuários é criar um ***help desk*** ou um grupo de pessoas que respondam às perguntas dos usuários. A Figura 17.9 mostra os diferentes métodos de implementação que a organização pode escolher para garantir o sucesso.

FIGURA 17.7
Exemplo de condições de teste.

Número da condição de teste	Data do teste	Testado	Condição do teste	Resultado esperado	Resultado real	Aprovado/ Reprovado
1	01/01/2017	Emily Hickman	Clicar em Sistema Botão Iniciar	Aparece o Menu Principal	Igual ao resultado esperado	Aprovado
2	01/01/2017	Emily Hickman	Clicar no botão Logon do Menu Principal	A tela de logon aparece, solicitando o nome e a senha do usuário	Igual ao resultado esperado	Aprovado
3	01/01/2017	Emily Hickman	Digitar Emily Hickman no Campo Nome do usuário	Aparece Emily Hickman no Campo Nome do usuário	Igual ao resultado esperado	Aprovado
4	01/01/2017	Emily Hickman	Digitar Zahara123 no campo da senha	Aparece XXXXXXXX no campo senha	Igual ao resultado esperado	Aprovado
5	01/01/2017	Emily Hickman	Clicar no botão OK	Solicitação de logon do usuário é enviada para o banco de dados e o nome de usuário e senha são verificados	Igual ao resultado esperado	Aprovado
6	01/01/2017	Emily Hickman	Clicar em Iniciar	São aceitos nome e senha e aparece o menu principal de sistema	Aparece uma tela indicando falha de logon e nome de usuário e senha incorretos	Reprovado

Teste Alpha	Testes de desenvolvimento	Testes de integração
Avaliar se todo o sistema atende aos requisitos de design dos usuários	Testar o sistema para garantir que não apresenta bugs	Verificar se sistemas separados podem trabalhar juntos, passando dados para frente e para trás corretamente

Teste do sistema	Testes de aceitação do usuário (UAT)	Testes de unidade
Verificar se as unidades ou pedaços de código funcionam corretamente quando integrados	Determinar se o sistema satisfaz as necessidades dos usuários e de negócios	Testar as unidades ou pedaços de código individuais de um sistema

FIGURA 17.8 Diferentes formas de teste do sistema.

FASE 7: MANUTENÇÃO

A manutenção do sistema é a fase sequencial final de qualquer atividade de desenvolvimento de sistemas. Na *fase de manutenção*, a organização realiza alterações, correções, adições e atualizações para garantir que o sistema continue a atender as metas de negócio. Essa fase continua durante a vida útil do sistema porque ele deve mudar à medida que os negócios evoluem e suas necessidades mudam, exigindo um acompanhamento constante, auxiliando o novo sistema com frequentes mudanças de menor porte (por exemplo, novos relatórios ou captura de informações) e revisando o sistema para assegurar que ele está avançando em direção aos objetivos estratégicos da organização. A *manutenção corretiva* faz alterações no sistema para reparar falhas de design, erros de codificação ou problemas de implantação. A *manutenção preventiva* faz alterações no sistema para reduzir a chance de futuras falhas. Durante a fase de manutenção, o sistema vai gerar relatórios para ajudar os usuários e especialistas de TI a garantir que esteja funcionando corretamente (veja a Figura 17.10).

Problemas de software e problemas de negócios

OA 17.2 Explicar por que os problemas de software são problemas de negócios.

As falhas de projeto de TI podem custar dinheiro às empresas e até mesmo arruinar suas reputações. As principais razões para o fracasso do projeto são:

- Requisitos de negócios incertos ou ausentes.
- Pular fases do SDLC.

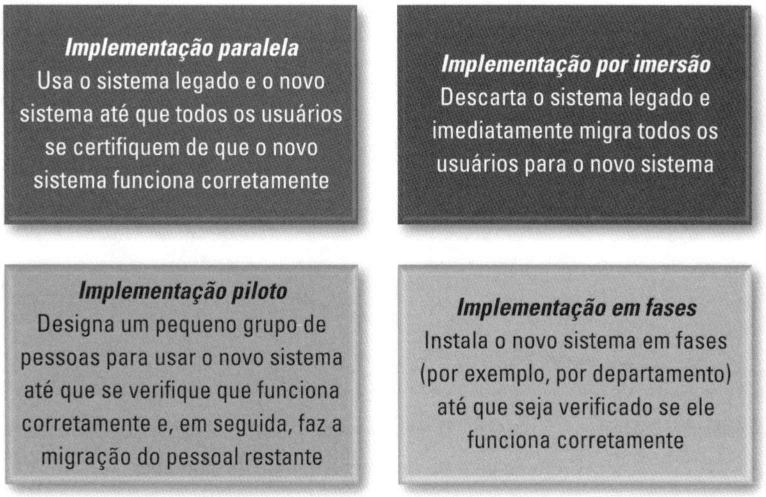

Implementação paralela	Implementação por imersão
Usa o sistema legado e o novo sistema até que todos os usuários se certifiquem de que o novo sistema funciona corretamente	Descarta o sistema legado e imediatamente migra todos os usuários para o novo sistema

Implementação piloto	Implementação em fases
Designa um pequeno grupo de pessoas para usar o novo sistema até que se verifique que funciona corretamente e, em seguida, faz a migração do pessoal restante	Instala o novo sistema em fases (por exemplo, por departamento) até que seja verificado se ele funciona corretamente

FIGURA 17.9 Métodos de implementação do sistema.

Relatório	Exemplos
Relatório interno	Apresenta dados que são distribuídos dentro da organização e destinados aos seus funcionários. Os relatórios internos normalmente apoiam operações cotidianas de monitoramento, que dão suporte à tomada de decisão gerencial.
Relatório interno detalhado	Apresenta informações com pouca ou nenhuma filtragem ou restrições dos dados.
Relatório interno resumido	Organiza e classifica dados para a leitura gerencial. O relatório que resume as vendas totais por produto a cada mês é um exemplo de um relatório interno resumido. Os dados de um relatório resumido geralmente são classificados e resumidos, a fim de indicar tendências e problemas potenciais.
Relatórios de exceção	Destaca situações fora do padrão normal de funcionamento, que ocorrem devido a um problema ou padrão. Esses relatórios internos incluem apenas exceções e podem destacar contas não pagas ou em atraso, ou identificar itens com baixo nível de estoque.
Relatório de controle do sistema de informação	Garante a confiabilidade da informação, consistindo em políticas e sua implementação física, restrições de acesso ou a manutenção de registros de ações e transações.
Relatório de auditoria do sistema de informação	Avalia o sistema de informação da empresa para determinar as mudanças necessárias e ajudar a garantir a disponibilidade, confidencialidade e integridade dos sistemas de informação.
Relatório pós-implementação	Apresenta um relatório ou auditoria formal de um projeto depois de sua instalação e a partir de seu funcionamento.

FIGURA 17.10
Exemplos de relatórios do sistema.

- Incapacidade de gerenciar o escopo do projeto.
- Incapacidade de gerenciar o plano do projeto.
- Mudança de tecnologia.

REQUISITOS DE NEGÓCIOS INCERTOS OU AUSENTES

A razão mais comum pela qual os sistemas falham é porque os requisitos de negócio estão ausentes ou foram incorretamente reunidos durante a fase de análise. Os requisitos de negócio orientam todo o sistema. Se eles não forem precisos ou não estiverem completos, o sistema não terá sucesso.

É importante discutir a relação entre o SDLC e o custo de correção de erros para a organização. Um erro encontrado durante as fases de análise e de projeto é relativamente barato para se consertar. Tudo o que se precisa fazer é uma mudança em um documento do Word. No entanto, exatamente o mesmo erro encontrado durante a fase de teste ou fase de implementação vai custar à organização uma grande quantia para ser corrigido, porque haverá a necessidade de mudar o sistema real. A Figura 17.11 mostra como o cus-

FIGURA 17.11
O custo de encontrar erros.

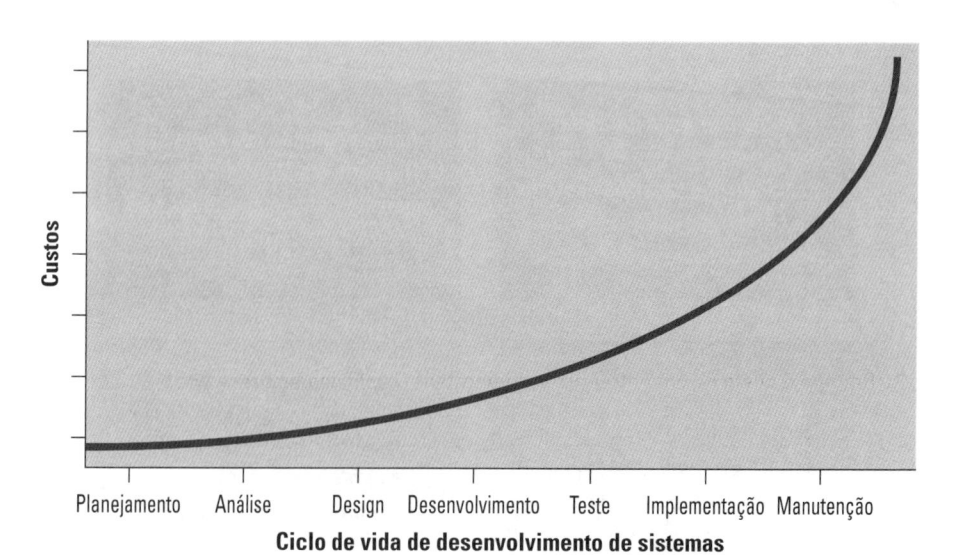

to para corrigir um erro cresce exponencialmente à medida que se demora mais para encontrá-lo no SDLC.

PULAR FASES DO SDLC

A primeira coisa que os indivíduos tendem a fazer quando um projeto está atrasado é começar a pular as fases do SDLC. Por exemplo, se um projeto tem um atraso de três semanas na fase de desenvolvimento, o gerente encarregado pode decidir diminuir o período de testes de seis para três semanas. Obviamente, é impossível realizar todos os testes na metade do tempo. Não testar o sistema resultará em erros não percebidos, e as chances de o sistema falhar serão altas. É fundamental que uma organização execute todas as fases do SDLC durante todos os projetos. Ignorar qualquer uma das fases certamente vai ocasionar falhas no sistema.

INCAPACIDADE DE GERENCIAR O ESCOPO DO PROJETO

À medida que o projeto avança, o gerente de projeto deve acompanhar o andamento de cada atividade e ajustar o plano do projeto, caso seja adicionada alguma atividade ou esteja levando mais tempo do que o esperado. O *scope creep* e o *feature creep* (alertas de aumento de escopo e funções) são difíceis de gerenciar e podem facilmente causar atrasos ou aumentar os custos do projeto.

INCAPACIDADE DE GERENCIAR O PLANO DO PROJETO

Gerenciar o plano de projeto é um dos maiores desafios durante o desenvolvimento de sistemas. O plano do projeto é o roteiro que a organização segue durante o desenvolvimento do sistema. Desenvolver o plano inicial do projeto é a parte mais fácil da tarefa do gerente de projeto. Gerenciar e revisar o plano de projeto é a parte mais difícil. O plano do projeto é um documento vivo, uma vez que se altera quase diariamente, em qualquer projeto. Deixar de monitorar, revisar e atualizar o plano do projeto pode levar à falha do projeto.

MUDANÇA DE TECNOLOGIA

Muitos projetos do mundo real têm centenas de requisitos de negócio, levam anos para serem concluídos e custam milhões de dólares. Gordon Moore, cofundador da Intel Corporation, observou, em 1965, que a densidade do chip dobra a cada 18 meses. Essa observação, conhecida como lei de Moore, quer dizer que tamanhos de memória, potência do processador, entre outros aspectos, seguem o mesmo padrão e aproximadamente dobram de capacidade a cada 18 meses. Como diz a lei de Moore, a tecnologia muda a um ritmo incrivelmente rápido e, portanto, é possível que seja necessário rever um plano de projeto inteiro no meio de um projeto graças a mudanças da tecnologia. A tecnologia muda tão rapidamente que é quase impossível entregar um sistema de informação sem sofrer um golpe provocado por tais mudanças.

QUESTÕES SOBRE O CASO DA UNIDADE

1. Que fase do ciclo de vida de desenvolvimento de sistemas é a mais crítica, ao se desenvolver um site de rede social?
2. Que fase do ciclo de vida de desenvolvimento de sistemas é a menos crítica, ao se desenvolver um site de rede social?
3. Por que o custo de encontrar erros é importante para uma empresa no desenvolvimento de software?

CASO DO CAPÍTULO 17: Redução da ambiguidade em requisitos de negócios

A razão número um pela qual os projetos fracassam é que seus requisitos de negócios são ruins. Os requisitos de negócios são considerados "ruins" por causa da ambiguidade ou envolvimento insuficiente dos usuários finais durante a análise e o design.

Um requisito não é ambíguo se tiver a mesma interpretação por todas as partes. Diferentes interpretações por diferentes participantes normalmente resultam em expectativas frustradas. Aqui está um exemplo de um requisito ambíguo e de um não ambíguo:

- **Requisito ambíguo:** O relatório financeiro deve apresentar os lucros em moedas locais e dos EUA.
- **Requisito não ambíguo:** O relatório financeiro deve apresentar lucros em moedas locais e dos EUA pela taxa de câmbio impressa no *The Wall Street Journal* para o último dia útil do período do relatório.

É impossível evitar totalmente a ambiguidade porque ela é introduzida nos requisitos de forma natural. Por exemplo:

- Requisitos podem conter implicações técnicas que são óbvias para os desenvolvedores de TI, mas não para os clientes.
- Requisitos podem conter implicações comerciais que são óbvias para o cliente, mas não para os desenvolvedores de TI.
- Requisitos podem conter palavras usuais, cujos significados são "óbvios" para todos, ainda que diferente para todos.
- Requisitos são reflexos de explicações detalhadas que podem ter incluído vários eventos, múltiplas perspectivas, reformulação verbal, emoção, refinamento iterativo, ênfase seletiva e linguagem corporal, nenhum dos quais são capturados nas declarações escritas.

Dicas para a revisão dos requisitos de negócios

Ao avaliar os requisitos de negócios, sempre procure as seguintes palavras para reduzir de modo significativo a ambiguidade:

- **"E"** e **"ou"** têm significados bem definidos e devem ser completamente claros; no entanto, muitas vezes são palavras entendida apenas informalmente e interpretadas de forma incoerente. Considere, por exemplo, a frase "O alarme deve soar se o botão T for pressionado e se o botão F for pressionado". Essa declaração pode querer dizer que, para tocar o alarme, os dois botões devem ser pressionados ou pode querer dizer que qualquer um pode ser pressionado. Uma frase como essa nunca deve aparecer em um requisito, porque o potencial de erros de interpretação é muito grande. Uma abordagem mais adequada é ser totalmente explícito; por exemplo, "O alarme deve soar se os dois botões T e F forem pressionados simultaneamente. O alarme não vai tocar em qualquer outra circunstância".
- **"Sempre"** pode realmente significar "a maior parte do tempo", caso em que essa palavra deve ser mais explícita. Por exemplo, a afirmação "Nós sempre fazemos os relatórios A e B juntos" pode ser acompanhada por "Em outras palavras, não há circunstância alguma em que você possa fazer A sem B e B sem A?" Se criar um sistema com um requisito de "sempre", então você está de fato criando o sistema para jamais fazer o relatório A sem o relatório B. Se, por acaso, um usuário quiser o relatório B sem o relatório A, você terá de fazer alterações significativas no sistema.
- **"Nunca"** pode significar "raramente", caso em que a expressão deve ser mais explícita. Por exemplo, a afirmação "Nós nunca fazemos os relatórios A e B no mesmo mês" poderia vir acompanhada de "Então isso significa que, se eu perceber que o relatório A foi realizado, posso estar absolutamente certo de que ninguém vai fazer o B". Mais uma vez, se você desenvolver um sistema que suporta um requisito "nunca", então os usuários do sistema não poderão cumprir com esse requisito jamais. Por exemplo, o sistema nunca permitiria que um usuário fizesse os relatórios A e B no mesmo mês, não importa quais fossem as circunstâncias.

- As **condições de contorno** são declarações sobre a linha entre o verdadeiro e o falso e fazer e não fazer. Essas declarações podem ou não serem feitas para incluir pontos finais. Por exemplo, "Nós queremos usar o método X quando houver até 10 páginas, mas, em outro caso, o método Y". Se estiver criando esse sistema, você deve incluir a página 10 no método X ou no método Y? A resposta a essa questão vai variar, causando um requisito de negócios ambíguo.

Questões

1. Por que os requisitos de negócios ambíguos são a principal causa de falhas do desenvolvimento de sistemas?
2. Por que as palavras "e" e "ou" tendem a resultar em requisitos ambíguos?
3. Pesquise na Web e determine outras razões para requisitos de negócios "ruins".
4. O que está errado com o seguinte requisito de negócios: "O sistema deve suportar aniversários dos funcionários, uma vez que cada funcionário sempre tem um aniversário todos os anos".

CAPÍTULO 18

Metodologias para apoiar organizações dinâmicas

OBJETIVOS DE APRENDIZAGEM

18.1 Resumir as diferentes metodologias de desenvolvimento de software.

OA 18.1 Resumir as diferentes metodologias de desenvolvimento de software.

Metodologia de desenvolvimento de software

Hoje, os sistemas são tão grandes e complexos que as equipes de arquitetos, analistas, desenvolvedores, testadores e usuários devem trabalhar juntas para criar as milhões de linhas de código escritos personalizados que guiam as empresas. Por essa razão, os desenvolvedores criaram uma série de diferentes sistemas de desenvolvimento de metodologias de ciclo de vida. Uma ***metodologia*** é um conjunto de políticas, procedimentos, normas, processos, práticas, ferramentas, técnicas e tarefas que as pessoas aplicam aos desafios técnicos e de gerenciamento. As empresas usam metodologias para gerenciar a implantação da tecnologia com os planos de trabalho, documentos de requisitos e planos de teste, por exemplo. Uma metodologia formal pode incluir padrões de codificação, bibliotecas de código, práticas de desenvolvimento, e muito mais.

A mais antiga e a mais conhecida é a ***metodologia em cascata***, uma sequência de fases em que o resultado de cada fase se torna o subsídio para a próxima (veja a Figura 18.1). No SDLC, isso significa que as etapas são executadas uma de cada vez, na ordem, desde o planejamento até a implementação e manutenção. O método em cascata tradicional, no entanto, já não serve mais para boa parte dos esforços de desenvolvimento de hoje: ele é

FIGURA 18.1
A metodologia em cascata tradicional.

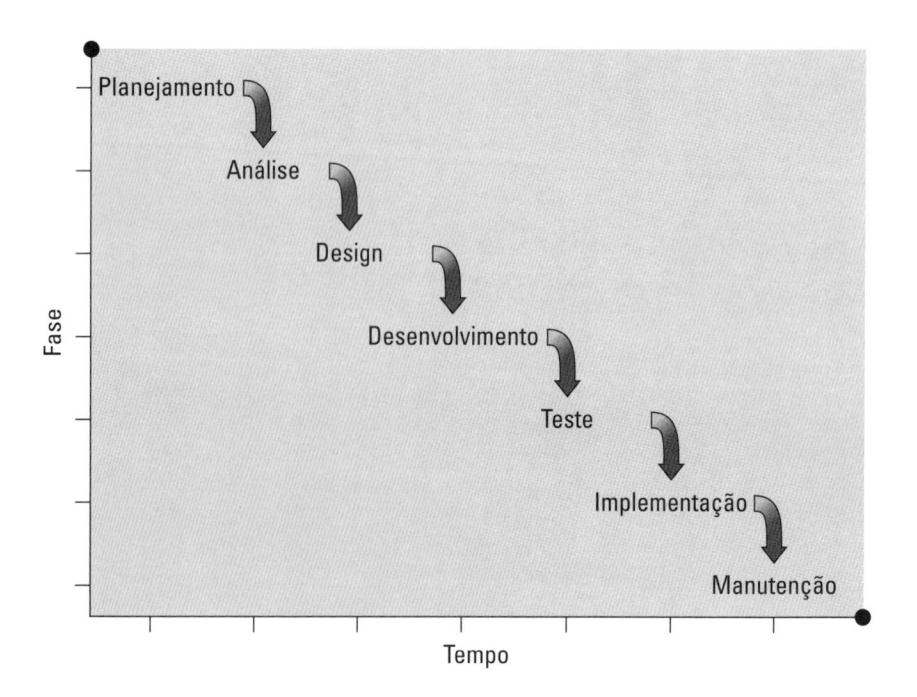

FIGURA 18.2 Desvantagens da metodologia em cascata.

Problemas relacionados à metodologia em cascata	
O problema dos negócios	Qualquer falha na precisão da definição e articulação do problema de negócios em termos daquilo que os usuários de negócios realmente necessitam vai para a próxima fase.
O plano	Administrar custos, recursos e limitações de tempo é difícil na sequência da cascata. O que acontece com a programação se um programador pede demissão? Como um atraso no cronograma em uma fase específica afeta o custo total do projeto? Contingências inesperadas podem sabotar o plano.
A solução	A metodologia em cascata é problemática na medida em que presume que os usuários podem especificar todos os requisitos de negócios com antecedência. Definir a infraestrutura adequada que seja flexível, escalável e confiável é um desafio. A solução final de infraestrutura de TI deve responder não só às necessidades atuais, mas também às futuras, em termos de tempo, custo, viabilidade e flexibilidade. A visão é inevitavelmente limitada à frente da cascata.

inflexível e caro e exige uma adesão rigorosa à sequência de etapas. Sua taxa de sucesso é de apenas cerca de 1 em 10. A Figura 18.2 explica algumas questões relacionadas à metodologia em cascata.

O atual ambiente de negócios é acirrado. O desejo e a necessidade de ser mais esperto e ter um desempenho melhor que o dos concorrentes continuam intensos. Para alcançar o sucesso, os líderes pressionam as equipes de desenvolvimento interno e os fornecedores externos para fornecerem os sistemas escolhidos mais rapidamente e a menor custo, para que eles possam receber os benefícios o mais cedo possível. Mesmo assim, os sistemas ainda são grandes e complexos. A metodologia em cascata tradicional já não serve como uma metodologia adequada de desenvolvimento de sistemas na maioria dos casos. Por esse ambiente de desenvolvimento ser a regra e não mais a exceção, as equipes de desenvolvimento utilizam uma nova geração de métodos alternativos de desenvolvimento para atingir os seus objetivos de negócio.

A ***prototipagem*** é uma moderna abordagem de design, em que os designers e os usuários do sistema se valem de uma abordagem iterativa para a criação do sistema. A ***prototipagem para descoberta*** cria uma representação ou modelo de trabalho em pequena escala do sistema, para garantir que ele atenda às necessidades dos usuários e da empresa. As vantagens da prototipagem incluem:

- A prototipagem incentiva a participação do usuário.
- Os protótipos evoluem por meio da iteração, que suporta a mudança da melhor maneira.
- Os protótipos têm uma qualidade física que permite aos usuários ver, tocar e experimentar o sistema enquanto ele é desenvolvido.
- Os protótipos tendem a detectar erros com antecedência.
- A prototipagem acelera as fases do SDLC, ajudando a garantir o sucesso.

É senso comum que quanto menor o projeto, maior a taxa de sucesso. O estilo de ***desenvolvimento iterativo*** é o mais moderno em projetos de pequeno porte. Basicamente, consiste em uma série de projetos pequenos. Tornou-se o princípio básico de diversas metodologias ágeis. A Figura 18.3 exibe uma abordagem iterativa.

Uma ***metodologia ágil*** visa à satisfação do cliente por meio do fornecimento antecipado e contínuo de componentes de software úteis, desenvolvidos por um processo iterativo que utiliza o mínimo de requisitos. Uma metodologia ágil é o que o nome quer dizer: rápida e eficiente, com custos menores e menos recursos. Utilizar métodos ágeis ajuda a refinar a viabilidade e apoia o processo para obter um *feedback* rápido assim que a funcionalidade é introduzida. Os desenvolvedores podem ajustar à medida que elas se movimentam e esclarecerem melhor os requisitos incertos.

A chave para oferecer um bom produto ou sistema é oferecer valor aos usuários o mais rapidamente possível – dê algo que eles querem e gostam antes para criar a adesão, gerar entusiasmo e, em última instância, reduzir o escopo. Utilizar metodologias ágeis ajuda a manter a contabilidade e a estabelecer um barômetro para a satisfação dos usuários finais.

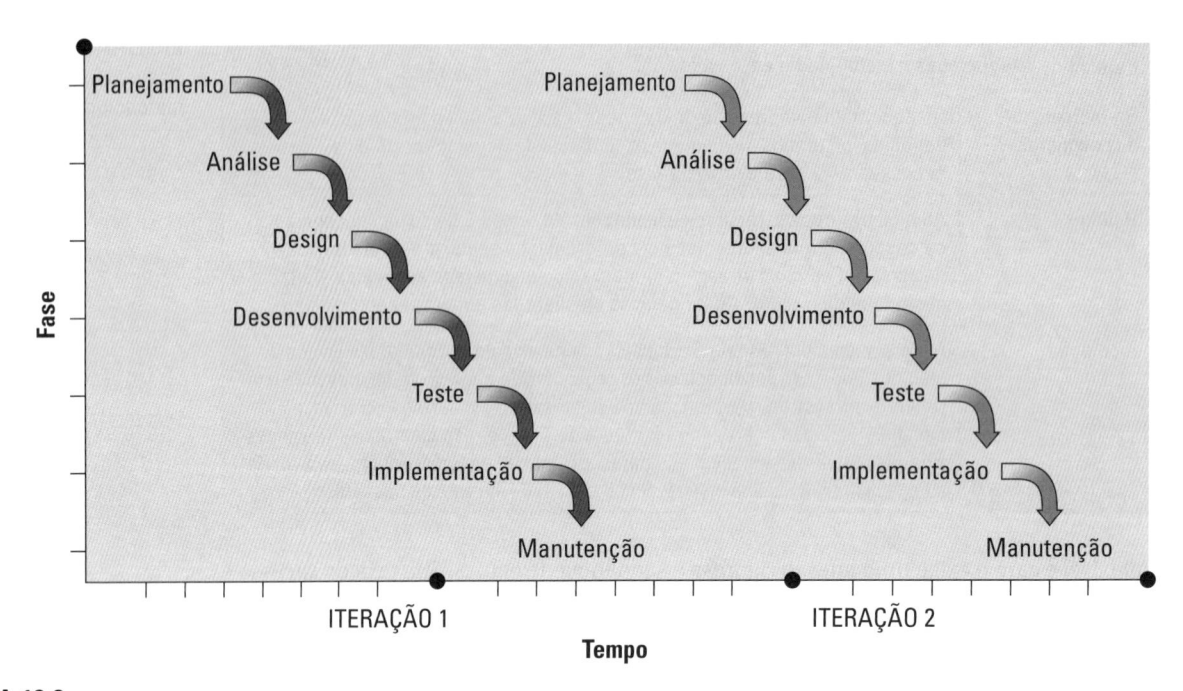

FIGURA 18.3
A abordagem iterativa.

Não adianta realizar algo dentro do tempo e do orçamento se isso não satisfizer o usuário final. As principais formas de metodologias ágeis são:

- A prototipagem ou aplicação rápida da metodologia de desenvolvimento.
- A metodologia de programação extrema.
- A metodologia do Processo Unificado Racional (RUP).
- Metodologia Scrum.

É importante não ficar preso aos nomes das metodologias, pois algumas são marcas próprias e outras são nomes geralmente adotados. É mais importante saber como essas metodologias alternativas são utilizadas no ambiente empresarial de hoje e as vantagens que elas podem proporcionar.

METODOLOGIA DE DESENVOLVIMENTO RÁPIDO DE APLICAÇÃO

Em resposta à aceleração do ritmo dos negócios, o desenvolvimento rápido de aplicativos tornou-se uma rota popular para acelerar o desenvolvimento de sistemas. A *metodologia de desenvolvimento rápido de aplicação (RAD – Rapid Applicatin Development)* (também chamada de *prototipagem rápida*) enfatiza a participação extensiva do usuário na rápida e evolutiva construção de protótipos de um sistema para acelerar o processo de desenvolvimento de sistemas. A Figura 18.4 apresenta os fundamentos da RAD.

METODOLOGIA DE PROGRAMAÇÃO EXTREMA

A *metodologia de programação extrema (XP)*, como outros métodos ágeis, divide um projeto em pequenas fases, e os desenvolvedores não podem passar para a fase seguinte até

FIGURA 18.4
Fundamentos do RAD.

Fundamentos do RAD
Focar inicialmente na criação de um protótipo que pareça e funcione como o sistema desejado.
Envolver ativamente os usuários do sistema nas fases de análise, design e de desenvolvimento.
Acelerar a coleta dos requisitos de negócios por meio de uma abordagem de construção interativa e iterativa.

a fase anterior ser concluída. A estratégia de fornecimento que presta suporte à XP é que quanto mais rápido o *feedback*, melhores os resultados. A XP tem quatro fases básicas: planejamento, design, codificação e teste. O planejamento pode incluir entrevistas com usuários, reuniões e versões reduzidas. Durante o design, não há adição de recursos, até que isso seja requerido ou necessário. Durante a codificação, os desenvolvedores trabalham juntos, solicitando o *feedback* contínuo dos usuários, eliminando a lacuna de comunicação que geralmente existe entre desenvolvedores e clientes. Na fase de testes, os requisitos de teste são gerados antes de qualquer código ser desenvolvido. A programação extrema poupa tempo e produz projetos de sucesso, por meio da avaliação e reformulação contínuas dos requisitos necessários e desnecessários.

A satisfação do cliente é a principal razão pela qual a XP encontra sucesso, pois os desenvolvedores reagem rapidamente às mudanças nos requisitos de negócios, mesmo no final do ciclo de vida. A XP incentiva gerentes, clientes e desenvolvedores a trabalhar em conjunto, como uma equipe, a fim de garantir o fornecimento de sistemas de alta qualidade. É semelhante a um quebra-cabeça: há muitas peças pequenas que, individualmente, não fazem sentido, mas quando são reunidas, podem criar um novo sistema.

METODOLOGIA DE PROCESSO UNIFICADO RACIONAL

A ***metodologia de processo unificado racional (RUP - Rational Unified Process)***, de propriedade da IBM, fornece uma estrutura para dividir o desenvolvimento de software em quatro "portas". Cada porta é composta de iterações executáveis do software em desenvolvimento. Um projeto fica em uma porta à espera da análise das partes envolvidas, e então o projeto avança para a próxima porta ou é cancelado. As portas incluem:

- **Porta 1: criação.** Esta fase garante que todas as partes interessadas tenham um entendimento partilhado do sistema proposto e o que ele vai fazer.
- **Porta 2: elaboração.** Esta fase se desenvolve por meio dos detalhes acordados do sistema, incluindo a capacidade de fornecer uma arquitetura para apoiar e criar o sistema.
- **Porta 3: construção.** Essa fase inclui a criação e o desenvolvimento do produto.
- **Porta 4: transição.** As questões básicas respondidas nessa fase abordam a propriedade do sistema e o treinamento de pessoal-chave.

Como o RUP é uma metodologia iterativa, o usuário pode rejeitar o produto e forçar os desenvolvedores a voltar à porta 1. O RUP ajuda os desenvolvedores a ter que reinventar a roda e focaliza a inclusão ou remoção rápida de pedaços reutilizáveis de processos que tratam de problemas comuns.

METODOLOGIA SCRUM

Outra metodologia ágil, a ***metodologia Scrum***, utiliza pequenas equipes para a produção de pequenos pedaços de software, utilizando uma série de "sprints", ou intervalos de 30 dias, para alcançar uma meta determinada. No rugby, o scrum é um grupo de equipe e todos no grupo trabalham em conjunto para movimentar a bola pelo campo. Nessa metodologia, cada dia termina ou começa com uma reunião para monitorar e controlar a atividade de desenvolvimento.

QUESTÕES SOBRE O CASO DA UNIDADE

1. Se você estivesse dando consultoria para uma empresa que quisesse criar um site de rede social, que metodologia de desenvolvimento você recomendaria e por quê?

CASO DO CAPÍTULO 18: O pontapé inicial do seu projeto

Junho é o momento perfeito do ano para refletir sobre o estado atual de todos os principais projetos que foram aprovados em janeiro. Nessa época, você e sua equipe de gerenciamento devem ter dados suficientes para saber se cada iniciativa vai cumprir com êxito os objetivos traçados. Você já deve saber se há projetos em sua organização que não estão em posição de obter sucesso, mas ainda recebem financiamento e alocação de pessoal. Ao avaliar o estado atual de seus projetos, você vê um dos seguintes sinais:

- As questões críticas continuam surgindo, mas não estão sendo resolvidas.
- O escopo do projeto está em constante mutação.
- O projeto enfrenta atrasos sistemáticos, apesar dos esforços para adequá-lo ao prazo.
- A entrega de resultados produz conflitos e está distraindo a sua atenção.

Se todos esses sinais aparecerem, pode ser o momento de reduzir suas perdas e eliminar o projeto, ou, pelo menos, reestruturá-lo radicalmente. Você sabe melhor do que ninguém que gastar uma fortuna não vai salvar o projeto, pois isso não trata a causa raiz dos problemas. Para determinar um curso de ação, faça a si mesmo as seguintes perguntas sobre o projeto:

- O que pode ser recuperado?
- O que pode ser fornecido dentro do prazo e com o orçamento que resta?
- Você tem a liderança certa em atividade para concluir o projeto com sucesso?
- O plano da iniciativa é sólido e realista?
- Eu e a minha equipe de gestão estamos fazendo todo o possível para apoiar a iniciativa?

Se uma parte ou todo o projeto puder ser recuperado e entregue no prazo e com o orçamento restante, se os líderes certos estiverem presentes para orientar o projeto, se o novo plano for sólido e se a gestão continuar a apoiar o projeto, os quatro passos seguintes vão ajudá-lo a recuperar o controle e a entregar o projeto revisto com sucesso. Esses passos são, basicamente, carregar o piano, mas os pormenores por trás do plano – e, mais importante, a execução e o foco que a equipe do projeto agregam ao esforço – vão determinar se o esforço de recuperação do projeto terá sucesso.

Passo um: Avaliar a situação

Obtenha o máximo possível de informações sobre o estado atual do projeto. Use esses dados para tomar decisões informadas sobre o que deve acontecer em seguida. Não tenha medo se, nessa fase, houver mais perguntas do que respostas; isso é normal. O importante é fazer a pergunta certa para obter um retrato tão fiel quanto possível da condição do projeto. As seguintes perguntas abordam os pontos de dados fundamentais que você precisa reunir:

- Qual a importância da data de entrega?
- Que funcionalidade é exatamente exigida pela data de entrega?
- O que foi concluído e o que ainda está pendente?
- Qual a disposição do pessoal para alterar o escopo, as datas e o orçamento?

A última pergunta sobre a mudança é fundamental, porque toca nas pessoas e nas questões políticas que estão presentes em qualquer projeto e em qualquer organização. Mesmo quando confrontadas com a certeza do fracasso, as pessoas acham difícil mudar, a menos que haja uma vantagem direta para elas e sua equipe. Para que a recuperação tenha uma chance, as expectativas precisam mudar, especialmente as das principais partes interessadas.

Ao reunir os dados sobre o estado atual do projeto, lembre-se de pedir à equipe atual suas opiniões sobre o que deu errado. Pode ser fácil ignorar a contribuição dessas pessoas, uma vez que elas estão associadas aos problemas atuais. Na verdade, cada indivíduo pode fornecer uma grande perspectiva sobre o motivo pelo qual o projeto chegou ao estado em que se encontra. Aproxime-se dos principais membros da equipe e obtenha suas sugestões para corrigir a situação.

Passo dois: Preparar a equipe para a recuperação

Todos os envolvidos no projeto, da gestão executiva às partes interessadas e membros da equipe, precisam aceitar que o projeto atual está falido e precisa ser corrigido. Também precisam aceitar que o plano e a abordagem atuais para concluir o projeto são falhos e precisam de reestruturação. Se não aceitarem esses fatos, provavelmente vão resistir aos passos necessários para a recuperação.

Depois de todos aceitarem a necessidade de mudar o rumo, defina expectativas realistas sobre o que pode ser entregue, dado o estado e o prazo atuais. Também estabeleça métricas para o sucesso e controle da recuperação. Se você tinha métricas no início do projeto, pode ser necessário estabelecer novas, ou você pode simplesmente se responsabilizar, com os demais, por elas.

A gestão e o gerente de projeto encarregado da recuperação precisam desenvolver um ambiente de apoio para os membros da equipe. Dar metas realistas a eles e proporcionar-lhes espaço, equipamento e treinamento necessários vai deixá-los em posição de alcançarem o sucesso.

Finalmente, aproveite a nova dinâmica associada à recuperação e envolva todas as partes-chave no status do projeto. Esse envolvimento vai manter todos focados e engajados. Vai garantir aos membros da equipe do projeto e às partes interessadas que o papel que desempenham é maior do que apenas realizar tarefas.

Passo três: Desenvolver uma estratégia de jogo para a recuperação

Pense na recuperação como um novo projeto, apartado do antigo. Esse novo projeto requer seu próprio escopo de trabalho para confirmar as expectativas em torno do que está sendo realizado e os novos critérios para julgar o sucesso de modo cristalino. O novo escopo pode exigir que você determine se tem os recursos certos na equipe do projeto ou se você precisa de novo pessoal para algumas funções.

Com base no novo escopo do projeto, o gerente e a equipe devem estabelecer um roteiro claro e realista para atingir os objetivos. A principal diferença no plano, desta vez, é que ele não deve falhar. Também passará por um escrutínio muito maior por parte da administração. Consequentemente, será fundamental certificar-se de que os marcos tenham menor duração, a fim de demonstrar o sucesso e permitir a correção de curso, se necessário. Os marcos mais curtos fornecerão pontos de dados valiosos para determinar a integridade do projeto de modo antecipado.

Passo quatro: Executar a estratégia de jogo

Com o novo plano a postos, é hora de começar a trabalhar. Lembre que, durante a execução, não apenas os membros da equipe do projeto são responsáveis. Todos, da administração para baixo, estão comprometidos. Todas as facetas do projeto, de ambiente a suporte, precisam estar em sintonia em todos os momentos, e todos precisam saber que são responsáveis pelo sucesso da recuperação do projeto.

Para se certificar de que todos estejam no mesmo ritmo durante a recuperação, a comunicação do projeto tem de ser clara, informativa e frequente. Defina bem no seu plano de comunicação como as informações serão divulgadas, como os itens urgentes serão abordados e como as principais decisões serão tomadas.

Dado o nível adicional de análise sobre o plano e o projeto, conseguir fornecer as métricas mais recentes para mostrar mais controle sobre o projeto será fundamental. Os dados também permitirão que você faça correções rapidamente, quando algum sinal de problemas surgir.

Fazer um projeto voltar a funcionar não é fácil. Exige esforço sustentado, foco, compromisso e objetividade. Durante a recuperação do projeto, não há tempo para agendas pessoais. Exige-se a capacidade de ver e fazer o que é melhor para o projeto de cada membro da equipe.

Também é importante não perder de vista a pressão que afeta a todos. Verifique se há um foco positivo nas pessoas. A equipe precisa ter a capacidade de se relacionar, relaxar e permanecer focada na tarefa.

Quando o projeto for entregue com êxito, comemore e reconheça o esforço de cada membro da equipe. Finalmente, aprenda com esse bem-sucedido projeto de recuperação para que você e sua organização possam evitar ter de fazer o mesmo novamente. Preste atenção aos sinais de advertência e aja de modo rápido e decisivo para fazer correções no início do ciclo de vida do projeto, assegurando, assim, a entrega bem-sucedida em primeira mão.[1]

Questões

1. Que sinais identificam se um projeto atual está enfrentando problemas?
2. Que metodologia de desenvolvimento de software você escolheria para criar um novo sistema de contabilidade? Explique por quê.
3. Que metodologia de desenvolvimento de software você escolheria para criar um site pessoal? Explique por quê.

CAPÍTULO **19** | Gerenciamento de projetos organizacionais

OBJETIVOS DE APRENDIZAGEM

19.1 Explicar o gerenciamento de projetos e identificar as principais razões do fracasso dos projetos.

19.2 Identificar os diagramas principais de planejamento de projeto.

19.3 Identificar os três tipos diferentes de terceirização, além de suas vantagens e desafios.

Usar o gerenciamento de projetos para fornecer projetos bem-sucedidos

Ninguém pensaria em construir um complexo de escritórios liberando 100 equipes diferentes de construção para construir 100 salas diferentes sem qualquer modelo único ou uma visão acordada da estrutura concluída. No entanto, essa é exatamente a situação em que muitas organizações de grande porte se encontram quando estão gerenciando projetos de tecnologia da informação. As organizações rotineiramente programam seus recursos em excesso (humanos e outros), desenvolvem projetos redundantes e prejudicam a lucratividade ao investir em atividades estratégicas que não contribuem para o lucro final da organização. Os líderes de negócios enfrentam um mercado global que se move rápida e implacavelmente e que vai forçá-los a utilizar todas as ferramentas possíveis para sustentar a competitividade; o gerenciamento de projetos é uma dessas ferramentas. Por essa razão, o pessoal de negócios deve antecipar seu envolvimento em alguma forma de gerenciamento de projetos durante a carreira. A Figura 19.1 exibe alguns exemplos dos diferentes tipos de projetos que as organizações encontram.

OA 19.1 Explicar o gerenciamento de projetos e identificar as principais razões do fracasso dos projetos.

FIGURA 19.1
Tipos de projetos organizacionais.

Vendas	Marketing	Finanças	Contabilidade	TI
Implantação de um novo serviço para ajudar a vender um produto atual	Criação de um novo programa de TV ou de rádio	Solicitação de um novo relatório resumido das receitas por departamentos	Acréscimo de uma funcionalidade de sistema para cumprir com novas regras ou regulamentos	Atualização do sistema de folha de pagamento ou adição de um novo sistema para o pessoal de vendas

FIGURA 19.2
Exemplos de benefícios tangíveis e intangíveis.

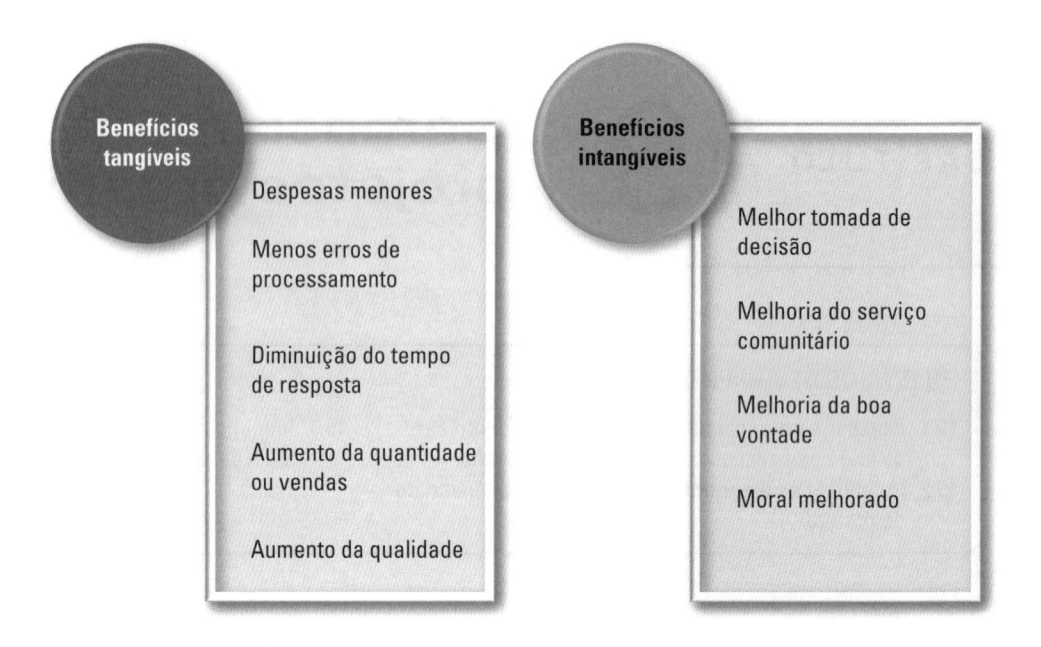

Benefícios tangíveis
- Despesas menores
- Menos erros de processamento
- Diminuição do tempo de resposta
- Aumento da quantidade ou vendas
- Aumento da qualidade

Benefícios intangíveis
- Melhor tomada de decisão
- Melhoria do serviço comunitário
- Melhoria da boa vontade
- Moral melhorado

Os **benefícios tangíveis** são fáceis de quantificar e normalmente medidos para determinar o sucesso ou o fracasso de um projeto. Os **benefícios intangíveis** são difíceis de quantificar ou medir (veja exemplos na Figura 19.2). Uma das decisões mais difíceis que os gerentes tomam é determinar os projetos nos quais investir tempo, energia e recursos. A organização deve escolher o que quer fazer – justificando e definindo esse objetivo e listando os resultados esperados – e como fazê-lo, incluindo orçamento do projeto, cronograma e análise de riscos do projeto. **Viabilidade** é a medida dos benefícios tangíveis e intangíveis de um sistema de informação. A Figura 19.3 exibe vários tipos de estudos de viabilidade que os analistas de negócios podem usar para determinar os projetos que mais bem se ajustam aos seus objetivos de negócios.

Com o ambiente econômico volátil de hoje, muitas empresas estão sendo forçadas a fazer mais com menos. Atualmente, as empresas devem reagir com rapidez a um ambiente de negócios em rápida mudança, por meio da inovação contínua em bens e serviços. A gestão eficaz de projetos fornece uma maneira controlada para responder às mudanças das condições de mercado, promover as comunicações globais e fornecer métricas-chave para permitir a tomada de decisão gerencial.

SALDO DA RESTRIÇÃO TRIPLA

A Figura 19.4 exibe as relações entre as três variáveis primárias e interdependentes de qualquer projeto: tempo, custo e escopo. Todos os projetos são limitados de alguma forma por essas três exigências. O Project Management Institute chama o quadro para a avaliação dessas demandas concorrentes de *restrição tripla*.

A relação entre essas variáveis é tal que se qualquer um dos fatores mudar, pelo menos um outro fator provavelmente será afetado. Alterar a data de término do projeto, por exemplo, poderá significar um aumento de custos para contratar mais pessoal ou diminuir o escopo para eliminar características ou funções. Aumentar o escopo de um projeto para incluir novas solicitações do cliente poderá aumentar o prazo de conclusão ou o aumento do custo, ou ambos, a fim de acomodar as novas alterações. A qualidade do projeto é afetada pela capacidade do gerente de projeto de equilibrar essas demandas conflitantes. Projetos de alta qualidade fornecem o acordado em relação ao produto ou serviço dentro do tempo e do orçamento. O gerenciamento de projeto é a qualidade de resolver dilemas inteligentemente entre tempo, custo e escopo. O conselho atemporal de Benjamin Franklin: "falhar em preparar-se é preparar-se para falhar" aplica-se a muitos dos projetos atuais de desenvolvimento de software.

O Project Management Institute criou o Project Management Body of Knowledge (PMBOK) para a educação e certificação de gerentes de projeto. A Figura 19.5 resume os elementos-chave de planejamento de projetos, de acordo com o PMBOK.

FIGURA 19.3
Tipos de estudos de viabilidade.

Tipo	Descrição
Viabilidade econômica	• Mede a relação custo-eficácia de um projeto
Viabilidade operacional	• Mede como a solução atende aos requisitos de sistema identificados para resolver os problemas e tirar proveito de oportunidades
Viabilidade de cronograma	• Mede o prazo do projeto para garantir sua conclusão a tempo
Viabilidade técnica	• Mede a praticidade de uma solução técnica e da disponibilidade de recursos e conhecimentos técnicos
Viabilidade política	• Mede como a solução será aceita em uma determinada organização
Viabilidade jurídica	• Mede como a solução pode ser implementada no âmbito de obrigações legais e contratuais existentes

FIGURA 19.4
A restrição tripla: mudar um muda tudo.

Triângulo com os vértices: Tempo, Recursos, Escopo; no centro: ADMINISTRAÇÃO DAS EXPECTATIVAS.

Ferramenta	Descrição
Plano de comunicação	Define o como, o que, quando e quem em relação ao fluxo de informações do projeto para as partes interessadas e é a chave para o gerenciamento de expectativas.
Patrocinador executivo	Pessoa ou grupo que fornece os recursos financeiros para o projeto.
Hipótese do projeto	Fatores que são considerados verdadeiros, reais ou certos sem prova ou demonstração. Entre os exemplos, incluem-se as horas de uma semana de trabalho ou a época do ano em que o trabalho será realizado.
Restrição de projeto	Fatores específicos que podem limitar as opções, incluindo orçamento, datas de entrega, recursos qualificados disponíveis e políticas organizacionais.
Resultado final do projeto	Quaisquer produtos, resultados ou itens mensuráveis, tangíveis e verificáveis produzidos para completar um projeto ou parte de um projeto. Exemplos de resultados do projeto incluem documentos de design, roteiros de teste e documentos de requisitos.
Escritório de gerenciamento de projetos (PMO – Project Management Office)	Departamento interno que supervisiona todos os projetos organizacionais. Esse grupo deve formalizar e profissionalizar a experiência de gerenciamento de projetos e a liderança. Uma das iniciativas básicas do PMO é educar a organização sobre as técnicas e os procedimentos necessários para executar projetos de sucesso.
Marco do projeto	Representa datas-chave em que um determinado grupo de atividades deve ser realizado. Por exemplo, concluir a fase de planejamento pode ser um marco do projeto. Se um marco de projeto é perdido, então há chances de o projeto estar com problemas.
Objetivos do projeto	Critérios quantificáveis que devem ser atendidos para que o projeto seja considerado um sucesso.
Documento dos requisitos do projeto	Define as especificações para o produto/resultado do projeto e é a chave para o gerenciamento de expectativas, controle do escopo e conclusão de outros esforços de planejamento.
Declaração do escopo do projeto	Vincula o projeto às metas gerais de negócios da organização. Descreve a necessidade do negócio (o problema que o projeto vai resolver) e a justificativa, os requisitos e os limites atuais para o projeto. Define o trabalho que deve ser concluído para entregar o produto com as características e funções especificadas, e inclui restrições, hipóteses e requisitos – todos os componentes necessários para a obtenção de estimativas de custos precisas.
Partes interessadas do projeto	Indivíduos e organizações ativamente envolvidas no projeto ou cujos interesses possam ser afetados como resultado da execução ou da conclusão do projeto.
Matriz de responsabilidades	Define todas as funções do projeto e indica as responsabilidades que estão associadas a cada função.
Relatório de status	Avaliações periódicas do desempenho real em relação ao desempenho esperado.

FIGURA 19.5
Elementos PMBOK de gerenciamento de projetos.

OA 19.2 Identificar os diagramas principais do planejamento de projeto.

Diagramas principais do planejamento de projeto

O planejamento do projeto é o processo de planejamento detalhado que gera respostas a questões operacionais comuns, como "por que estamos fazendo esse projeto?" ou "o que o projeto vai fazer por esta empresa?" Algumas das principais questões que o planejamento de projetos pode ajudar a responder incluem:

- Como os resultados estão sendo produzidos?
- Que atividades ou tarefas precisam ser realizadas para produzir as entregas?
- Quem é responsável pela realização das tarefas?
- Que recursos são necessários para executar as tarefas?
- Quando as tarefas serão executadas?
- Quanto tempo vai demorar para executar cada tarefa?
- Alguma tarefa depende de que outras tarefas sejam concluídas antes de poder ser iniciada?
- Quanto custa cada tarefa?
- Que habilidades e quanta experiência são necessárias para executar cada tarefa?
- Como está o desempenho da tarefa que está sendo medida, incluindo a qualidade?
- Como os problemas estão sendo monitorados?

- Como se está lidando com a mudança?
- Como a comunicação ocorre e quando?
- Quais são os riscos associados a cada tarefa?

Os objetivos do projeto estão entre as áreas mais importantes a se definir, porque são, essencialmente, os principais elementos do projeto. Quando uma organização atinge os objetivos do projeto, ela realizou as principais metas do projeto, e seu escopo foi satisfeito. Os objetivos do projeto devem incluir métricas de modo que o sucesso do projeto possa ser medido. As métricas podem incluir o custo, cronograma e métricas de qualidade. A Figura 19.6 mostra os critérios SMART – úteis lembretes sobre como garantir que o projeto tenha criado objetivos compreensíveis e mensuráveis.

O plano do projeto é um documento formal e aprovado que administra e controla a execução do projeto. O plano do projeto deve incluir uma descrição do seu escopo, uma lista de atividades, um cronograma, estimativas de tempo e de custos, fatores de risco, recursos, atribuições e responsabilidades. Além desses componentes básicos, a maioria dos projetos profissionais também inclui planos de contingência e estratégias de comunicação e análise e um *kill switch* – um dispositivo que permite que um gerente do projeto o encerre antes da conclusão.

Um bom plano de projeto deve incluir estimativas de receitas e de necessidades estratégicas. Ele também deve incluir métodos de medição e de relatórios, bem como detalhes sobre a forma como a liderança principal vai se envolver no projeto. Também informa as partes interessadas dos benefícios do projeto e justifica o investimento, o compromisso e o risco do projeto, no que se refere à missão geral da organização.

Os gerentes precisam monitorar continuamente os projetos para medir o seu sucesso. Se um projeto estiver apresentando falhas, o gerente deve cancelá-lo e salvar a empresa de quaisquer custos adicionais relacionados. Cancelar um projeto nem sempre é uma falha, pois a gestão de recursos bem-sucedida libera recursos que podem ser usados em outros projetos que são mais valiosos para a empresa.

A parte mais importante do plano é a comunicação. O gerente de projeto deve comunicar o plano a cada membro da equipe do projeto, a todas as partes interessadas e principais executivos. O plano do projeto também deve incluir todas as hipóteses do projeto e deve ser suficientemente detalhado para orientar sua execução. A chave para o sucesso do projeto é o ganho de consenso e de recursos de todas as partes interessadas. Ao incluir as principais partes interessadas no desenvolvimento do plano do projeto, o gerente de projeto permite que eles tenham a posse do plano. Isso é traduzido frequentemente por maior compromisso, que, por sua vez, resulta em maior motivação e produtividade. Os dois diagramas principais mais utilizados no planejamento de projetos são os gráficos PERT e de Gantt.

O *gráfico PERT (Program Evaluation and Review Technique*, ou *Programa de Avaliação e Revisão Técnica)* é um modelo gráfico de rede que mostra as tarefas de um projeto e as relações entre elas. A *dependência* é uma relação lógica que existe entre as tarefas do projeto, ou entre uma tarefa do projeto e um marco. Os gráficos PERT definem a dependência entre as tarefas do projeto antes que elas sejam agendadas (ver Figura 19.7). As caixas na Figura 19.7 representam as tarefas do projeto, e o gerente de projeto pode ajustar o conteúdo das caixas para apresentar vários atributos do projeto, como o cronograma e os tempos de início e término reais. As setas indicam que uma tarefa é dependente do início ou término da outra. O *caminho crítico* calcula o caminho mais curto por meio do projeto, assegurando que todas as tarefas críticas sejam concluídas do início ao fim. A linha vermelha na figura 19.7 mostra o caminho crítico do projeto.

O *gráfico de Gantt* é um gráfico de barras simples que lista as tarefas do projeto verticalmente em relação aos prazos do projeto, listados na horizontal. Um gráfico de Gantt funciona bem para representar o cronograma do projeto e também mostra o progresso real de tarefas em oposição à duração prevista. A Figura 19.8 exibe um projeto de desenvolvimento de software usando um gráfico de Gantt.

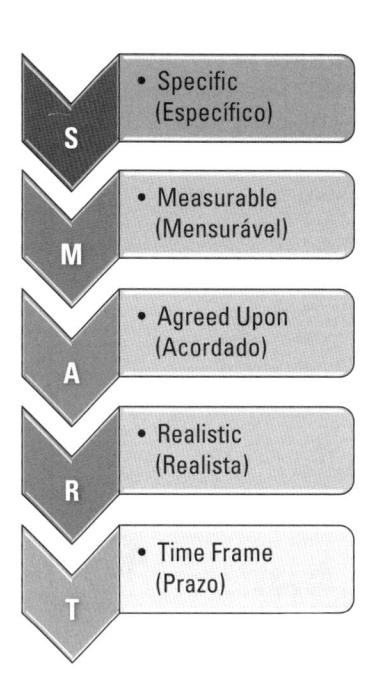

FIGURA 19.6
Critérios SMART para a criação de objetivo bem-sucedida.

- Specific (Específico)
- Measurable (Mensurável)
- Agreed Upon (Acordado)
- Realistic (Realista)
- Time Frame (Prazo)

Projetos de terceirização

No ambiente de negócios global altamente veloz, uma organização precisa maximizar seus lucros, aumentar a sua participação de mercado e reduzir custos. Duas opções básicas estão disponíveis para as organizações que desejam desenvolver e manter seus sistemas de informação: internalização e terceirização.

OA 19.3 Identificar os três tipos diferentes de terceirização, além de suas vantagens e desafios.

FIGURA 19.7
PERT Chart Expert: um exemplo de gráfico PERT.

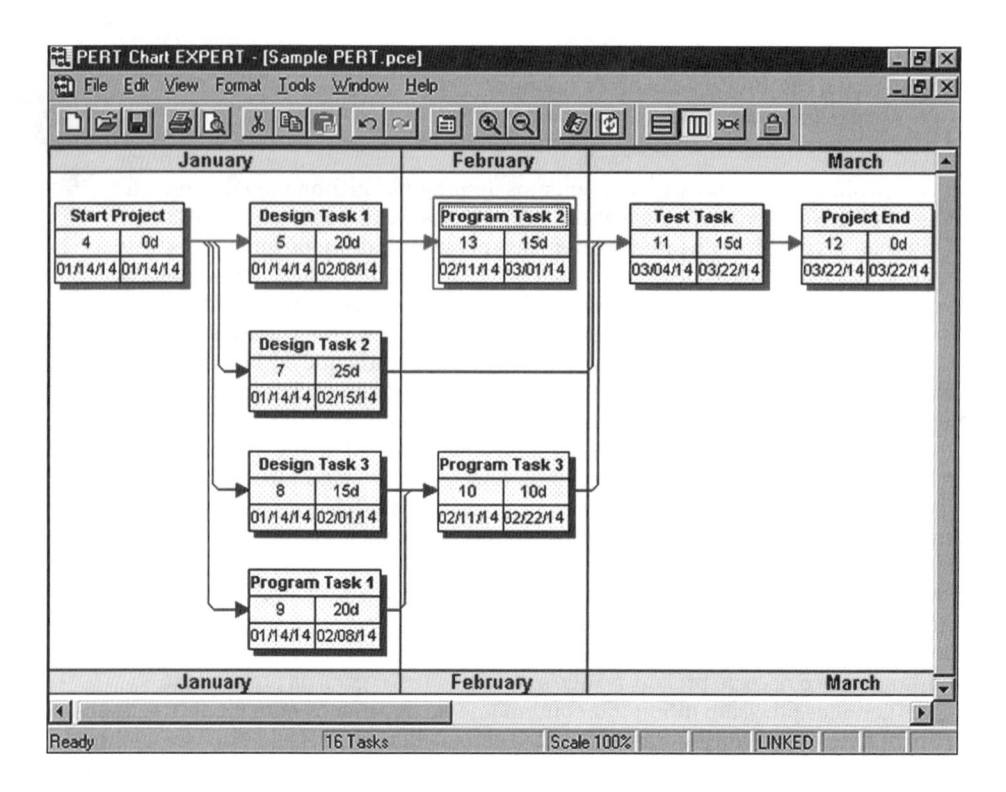

FIGURA 19.8
Microsoft Project: um exemplo de gráfico de Gantt.

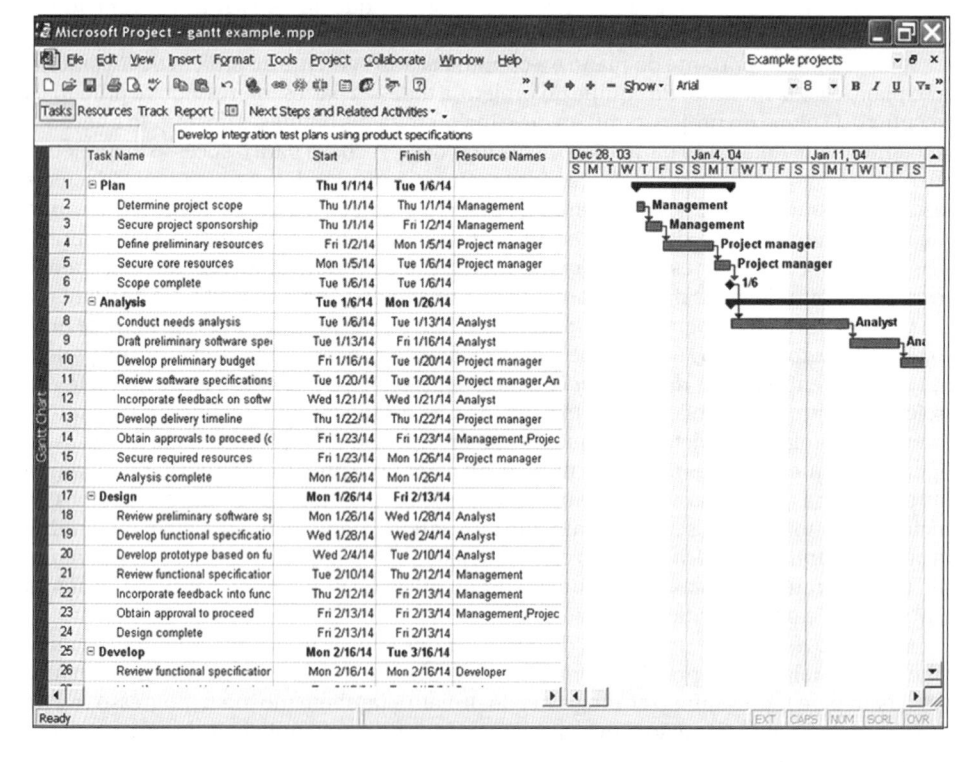

A ***internalização (desenvolvimento interno)*** utiliza a experiência profissional dentro da organização para desenvolver e manter a sua tecnologia de sistemas de informação. A internalização tem sido fundamental na criação de uma fonte viável de profissionais de TI e na criação de uma força de trabalho de melhor qualidade combinando competências técnicas e empresariais.

A ***terceirização*** é um acordo pelo qual uma organização fornece um serviço ou serviços para outra organização que opta por não o(s) realizar internamente. Em alguns casos, todo o departamento de TI é terceirizado, incluindo o planejamento e a análise de negócios, bem como design, desenvolvimento e manutenção de equipamentos e projetos. A terceirização pode variar de um grande contrato em que uma organização como a IBM gerencia serviços de TI para outra companhia, até a contratação de empreiteiros e trabalhadores temporários de modo individual. As razões mais comuns que fazem as empresas terceirizar incluem:

- **Competências centrais.** Muitas empresas começaram recentemente a considerar a terceirização como uma maneira de adquirir práticas recomendadas e conhecimentos de processos de negócios dos recursos de tecnologia altamente qualificados por um baixo custo. A tecnologia está avançando a uma taxa tão acelerada que as empresas muitas vezes sofrem com a falta de recursos técnicos para se manterem atualizadas.
- **Economia financeira.** É muito mais barato contratar trabalhadores na China e na Índia do que pagar os salários exigidos por trabalhadores que realizam tarefas semelhantes nos Estados Unidos.
- **Crescimento rápido.** As empresas devem comercializar seus produtos rapidamente e ainda reagir às mudanças do mercado. Ao tirar proveito da terceirização, a organização pode adquirir os recursos necessários para acelerar as operações ou ampliar a escala para novos níveis de demanda.
- **A Internet e a globalização.** O caráter universal da Internet deixou mais pessoas à vontade com a terceirização no exterior, uma vez que Índia, China e Estados Unidos tornaram vizinhos virtuais.

A terceirização da TI permite às organizações acompanhar os avanços do mercado e da tecnologia, com menos pressão sobre os recursos humanos e financeiros e mais garantia de que a infraestrutura vai manter o ritmo de evolução das prioridades da empresa (ver Figura 19.9). As três formas diferentes de terceirização disponíveis para um projeto são:

1. *Terceirização onshore* – envolve outra empresa de serviços do mesmo país.
2. *Terceirização nearshore* – realiza um acordo de terceirização com uma empresa de um país vizinho; muitas vezes, de fronteira.
3. *Terceirização offshore* – utiliza organizações de países em desenvolvimento para escrever códigos e desenvolver sistemas. Na terceirização offshore, o país está geograficamente distante.

Desde meados da década de 1990, as grandes empresas dos EUA têm enviado porções significativas de seu trabalho de desenvolvimento de software para fornecedores de outros países, principalmente a Índia, mas também para a China, Leste da Europa (incluindo Rússia), Irlanda, Israel e Filipinas. O grande motivo para a contratação da terceirização offshore é o trabalho bom e barato. O profissional do exterior, que faz o que programador americano faz recebendo US$ 63 mil por ano, recebe US$ 5 mil no mesmo período (veja a Figura 19.10). Os países em desenvolvimento na Ásia e a África do Sul oferecem alguns serviços de outsourcing, mas enfrentam diferenças idiomáticas, equipamentos de telecomunicações insuficientes e obstáculos regulamentares. A Índia é o maior mercado no exterior, porque estimula a adoção da língua inglesa e dispõe de uma população acostumada com a tecnologia avançada. Infosys, NIIT, Mahindra Satyam, Tata Consultancy Services e Wipro estão entre os maiores prestadores de serviços de terceirização indianos, cada um com uma presença significativa nos Estados Unidos.[1]

FIGURA 19.9
Modelos de terceirização.

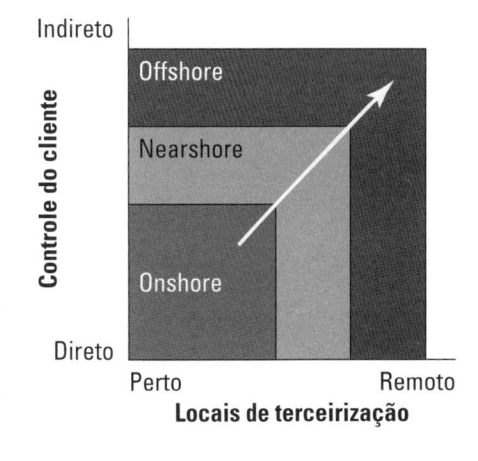

VANTAGENS DA TERCEIRIZAÇÃO

As muitas vantagens associadas à terceirização incluem:

- Aumento da qualidade e da eficiência dos processos de negócios.
- Despesas operacionais reduzidas para número de funcionário e exposição ao risco para grandes investimentos de capital.
- Acesso a expertise, economias de escala, práticas recomendadas e tecnologias avançadas do provedor de serviços de terceirização.
- Maior flexibilidade para uma resposta mais rápida às mudanças do mercado e menos tempo para comercialização de novos produtos ou serviços.

FIGURA 19.10
Faixas salariais comuns de programadores de computador.

País	Faixa de salário por ano
China	US$ 5.000 – 9.000
Índia	US$ 6.000 – 10.000
Filipinas	US$ 6.500 – 11.000
Rússia	US$ 7.000 – 13.000
Irlanda	US$ 21.000 – 28.000
Canadá	US$ 25.000 – 50.000
Estados Unidos	US$ 60.000 – 90.000

DESAFIOS DA TERCEIRIZAÇÃO

A terceirização vem com vários desafios. Esses argumentos são válidos e devem ser considerados quando uma empresa pensa em terceirizar. Muitos desafios podem ser evitados com a devida pesquisa. Os desafios incluem:

Duração do contrato. A maioria das empresas considera a terceirização como uma solução de longo prazo, com um período de duração de vários anos. A formação e transferência de recursos ao redor do globo é difícil e caro, portanto a maioria das empresas busca contratos de terceirização offshore para vários anos de serviço. Alguns dos desafios enfrentados pela duração do contrato:

1. Pode ser difícil rescindir o contrato.
2. A previsão das necessidades de negócios para os anos seguintes é um desafio, e o contrato pode não atender às necessidades de negócios futuras.
3. Recriar um departamento interno de TI, se o provedor terceirizado fracassar, é caro e desafiador.

- **Ameaça para a vantagem competitiva.** Muitas empresas consideram a TI como uma vantagem competitiva e veem a terceirização como uma ameaça, pois o contratante pode compartilhar segredos comerciais.
- **Perda de confidencialidade.** As informações sobre preços, produtos, vendas e clientes podem ser um trunfo competitivo – e muitas vezes fundamentais para o sucesso empresarial. A terceirização pode colocar essas informações confidenciais nas mãos erradas. Embora as cláusulas de confidencialidade estipuladas nos contratos estejam lá supostamente para proteger a empresa, devem ser analisados o risco potencial e os custos de uma violação.

Cada tipo de organização nos negócios de hoje se baseia em software para operar e resolver problemas complexos ou criar oportunidades interessantes. O software criado corretamente pode sustentar organizações ágeis e se transformar à medida que a organização e seus negócios se modificam. O software que efetivamente atenda às necessidades dos trabalhadores vai ajudar uma organização a se tornar mais produtiva e a melhorar a tomada de decisão. Já o software que não atende às necessidades do empregado pode ter um efeito prejudicial na produtividade e até levar um negócio ao fracasso. O envolvimento dos funcionários no desenvolvimento de software, com uma implementação correta, é fundamental para o sucesso da organização.

> **QUESTÕES SOBRE O CASO DA UNIDADE**
>
> 1. Quais são as três variáveis interdependentes que moldam o gerenciamento de projetos? Por que essas variáveis são importantes para um projeto de desenvolvimento de software de mídia social?
> 2. Quais são as questões éticas e de segurança associadas à terceirização do desenvolvimento de um sistema de mídia social?

CASO DO CAPÍTULO 19: Death March

O livro de Edward Yourdon, *Death March*, descreve o guia completo do desenvolvedor de software para sobreviver a projetos estilo "missão impossível". Projetos de TI são desafiadores, e espera-se que os gerentes de projeto alcancem o impossível, ao realizarem um projeto bem-sucedido, mesmo quando confrontados com desafios impossíveis. Em *Death March*, o famoso desenvolvedor de software Edward Yourdon apresenta a sua classificação de projetos aqui exibida. Yourdon mede os projetos de acordo com o nível de dor e as chances de sucesso.

- **Projeto missão impossível:** Esse projeto tem grande chance de sucesso e seu trabalho duro compensará, pois você vai encontrar felicidade e alegria no trabalho. Por exemplo, este é o tipo de projeto em que você trabalha dia e noite sem parar durante um ano e se torna o herói do projeto ao concluir a missão impossível e receber uma bela promoção como recompensa.
- **Projeto feio:** Esse projeto tem grande chance de sucesso, mas é muito doloroso e oferece pouca felicidade. No exemplo, você trabalha dia e noite para instalar um novo sistema de contabilidade e, embora bem-sucedido, você odeia contabilidade e não gosta da empresa e seus produtos.
- **Projeto kamikaze:** É um projeto que tem pouca chance de sucesso, mas você está tão apaixonado pelo conteúdo que vai encontrar grande felicidade nesse trabalho. Você é, por exemplo, convidado a criar um site para apoiar uma fundação que luta contra o câncer, uma causa que o comove, mas se trata de uma empresa sem fins lucrativos e que não tem fundos para ajudar a comprar o software de que você precisa para fazer tudo funcionar. Você corrige o sistema completo e implementa diversas soluções alternativas manuais, apenas para mantê-lo em funcionamento.
- **Projeto suicida:** Esse projeto não tem chance alguma de sucesso e não oferece nada além de dor. É o equivalente ao seu pior pesadelo, em termos de projeto. Um aviso: evite projetos suicidas![2]

Questões

1. Analise seus projetos acadêmicos e de trabalho e encontre um projeto que se encaixe em cada item da figura abaixo.
2. O que você poderia ter feito de maneira diferente em seu projeto suicida para garantir seu sucesso?
3. O que você pode fazer para evitar ser colocado em um projeto suicida? Dada a escolha, em que tipo de projeto você escolheria trabalhar e por quê?

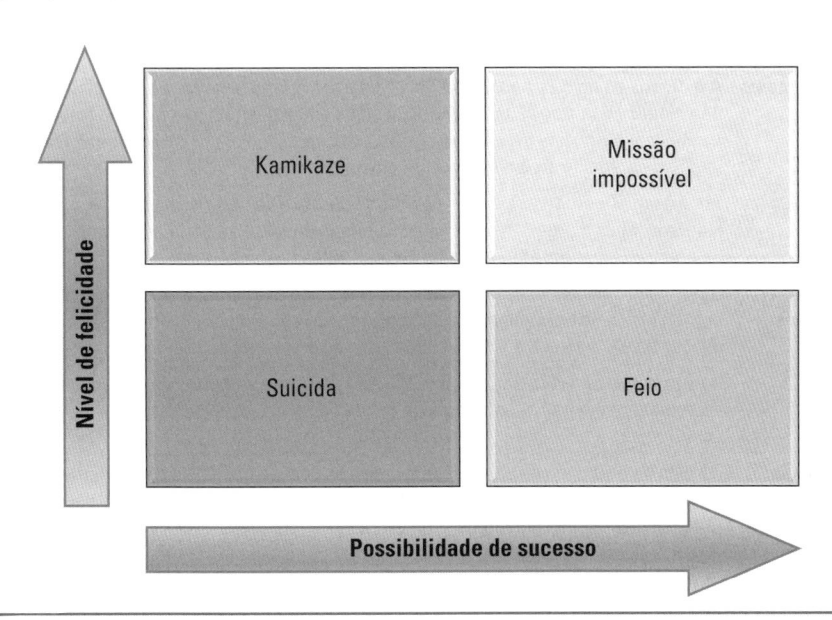

	Possibilidade de sucesso →	
Nível de felicidade ↑	Kamikaze	Missão impossível
	Suicida	Feio

CAPÍTULO **20**

Desenvolvimento de uma organização do século XXI

OBJETIVOS DE APRENDIZAGEM

20.1 Listar e descrever as quatro tendências do século XXI em que as empresas estão se concentrando e classificá-las em ordem de importância para os negócios.

20.2 Explicar como a integração de negócios e tecnologia está moldando as organizações do século XXI.

OA 20.1 Listar e descrever as quatro tendências do século XXI em que as empresas estão se concentrando e classificá-las em ordem de importância para os negócios.

Desenvolvimento das organizações

As organizações enfrentam as mudanças mais abrangentes e com maior alcance em suas implicações do que qualquer coisa desde a revolução industrial moderna que ocorreu no início do século XX. A tecnologia é uma das principais forças que impulsionam essas mudanças. As organizações que querem sobreviver no século XXI devem reconhecer o imenso poder da tecnologia, realizar mudanças organizacionais necessárias em relação a isso e aprender a operar de maneira totalmente diferente. A Figura 20.1 exibe alguns exemplos da forma como a tecnologia está mudando a arena dos negócios. Quanto aos negócios, as tendências de uma organização do século XXI são:

- A incerteza em termos de futuros cenários de negócios e perspectivas econômicas.
- A ênfase na análise estratégica de redução de custos e aumento de produtividade.
- O foco na melhoria da resiliência de negócios por meio da aplicação de segurança reforçada.

FIGURA 20.1
Exemplos de como a tecnologia está transformando os negócios.

Indústria	Mudanças nos negócios devido à tecnologia
Viagens	O site de viagens Expedia.com é hoje a maior agência de viagens de lazer, com margens de lucro maiores que, até mesmo, a American Express.
Entretenimento	A indústria da música tem impedido o Napster e outras empresas de funcionar, mas os downloads anuais no valor de US$ 35 bilhões estão destruindo o negócio tradicional da música. A próxima grande indústria do entretenimento que vai sentir os efeitos do negócio eletrônico será o negócio do cinema, avaliado em US$ 67 bilhões.
Eletrônicos	Ao utilizar a Internet para ligar seus fornecedores e clientes, a Dell dita os lucros da indústria. Suas margens operacionais subiram, ao mesmo tempo que a empresa eleva os preços a níveis que impedem os concorrentes de ganharem dinheiro.
Serviços financeiros	Quase toda companhia de financiamento eletrônico pública remanescente ganha dinheiro, com o serviço de hipoteca online da Lending Tree crescendo 70% ao ano. Processar aplicações de hipoteca online é hoje 40% mais barato para os clientes.
Varejo	O eBay está a caminho de se tornar um dos 15 maiores varejistas do país, e a Amazon.com vai se juntar ao top 40. A estratégia de negócio eletrônico do Walmart está forçando os concorrentes a fazer pesados investimentos em tecnologia.
Automóveis	O custo de produção de veículos está baixo por causa do SCM e das compras pela Internet. Além disso, o eBay tornou-se o líder de revendedoras de carros usados nos EUA, e a maioria dos principais sites de carros é lucrativa.
Educação e treinamento	A Cisco economizou US$ 133 milhões ao colocar as sessões de treinamento na Internet, e as aulas online do ensino superior da Universidade de Phoenix agradam investidores.

Quanto à tecnologia, tem havido um foco na melhoria da gestão de negócios de TI, a fim de extrair o máximo de valor dos recursos existentes e criar um alinhamento entre as prioridades de negócios e de TI. As organizações de hoje concentram-se na defesa e salvaguarda de suas posições de mercado existentes, além de visar ao crescimento de novos mercados. As quatro principais áreas de tecnologia da informação em que as organizações estão se concentrando são:

- Infraestruturas de TI
- Segurança
- Negócio eletrônico
- Integração

MAIOR FOCO NA INFRAESTRUTURA DE TI

Uma tendência significativa do século XXI é aumentar o foco na *infraestrutura de TI* – hardware, software e equipamentos de telecomunicações que, quando combinados, fornecem a base subjacente para apoiar os objetivos da organização. No passado, as organizações subestimavam a importância das infraestruturas de TI para as diversas áreas funcionais de uma organização.

Nos primeiros dias da Internet, a infraestrutura básica em termos de protocolos e padrões era pouco sofisticada (e ainda é), mas as empresas de software conseguiram melhorar a Internet e oferecer aplicativos atraentes para as áreas funcionais de negócios. O design original da Internet e da Web era para simples email, trocas de documentos e exibições de conteúdo estático, não para aplicativos de negócios sofisticados e dinâmicos que exigem o acesso a sistemas de back-end e bancos de dados.

As organizações hoje estão examinando sistemas multifuncionais baseados na Internet, como CRM, SCM e ERP, como auxílio para impulsionar o seu sucesso empresarial. Os dias de implementar sistemas funcionais independentes acabaram. Criar uma organização eficaz requer uma visão de 360° de todas as operações. Por essa razão, a propriedade da infraestrutura de TI torna-se agora a responsabilidade de toda a organização e não apenas de usuários individuais ou do departamento funcional. Isso ocorre principalmente porque a infraestrutura de TI tem influência decisiva sobre as capacidades estratégicas da organização (veja a Figura 20.2).

MAIOR FOCO NA SEGURANÇA

Com a guerra e os ataques terroristas na mente de muitas pessoas, a segurança é um tema candente. Também para as empresas as preocupações de segurança são comuns. Cada vez mais a abertura das suas redes e aplicações para clientes, parceiros e fornecedores por meio de um conjunto mais diversificado de dispositivos de computação e redes permite às empresas beneficiar-se da implantação dos mais recentes avanços em tecnologias de segurança. Esses benefícios incluem menos interrupções para os sistemas organizacionais, aumento da produtividade dos funcionários e maiores avanços em administração, autorização e técnicas de autenticação. No caso das empresas, é importante ter os níveis adequados de autenticação, controle de acesso e criptografia para assegurar, o que ajuda a garantir (1) que somente pessoas autorizadas possam ter acesso à rede, (2) que tenham acesso apenas aos aplicativos para os quais têm direito e (3) que a informação não possa ser compreendida ou alterada em trânsito.

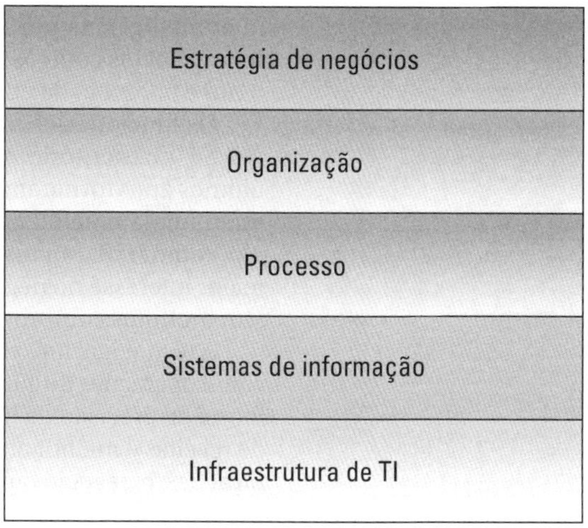

As violações de segurança não apenas trazem aborrecimentos aos usuários corporativos e seus clientes e parceiros, mas também podem custar milhões de dólares em receitas perdidas ou em capitalizações de mercado desperdiçadas. O custo empresarial da falta de segurança não se limita a transtornos e perda de receitas ou de valorização no mercado. Pode até mesmo forçar um negócio para fora do mercado. Por exemplo, o provedor de Internet britânico Cloud-Nine Communications foi vítima de ataques distribuídos de negação de serviço (DDoS – *Dis-*

FIGURA 20.2
A posição da infraestrutura no âmbito da organização.

Estratégia de negócios
Organização
Processo
Sistemas de informação
Infraestrutura de TI

tributed Denial-of-Service) que forçaram a empresa a encerrar operações e depois transferir mais de 2.500 clientes para uma companhia rival. Embora as tecnologias diruptivas possam ajudar uma empresa a obter vantagem competitiva e participação de mercado (e evitar interrupções de negócios reais), a falta de segurança pode ter o efeito oposto, fazendo empresas rentáveis diminuírem sua participação de mercado ou até mesmo perderem todo o seu negócio no espaço de horas ou dias de um ataque.

Atualmente, é mais importante do que nunca para uma organização deter processos bem controlados e atualizados com frequência, assim como procedimentos, para ter garantias contra vários cenários adversos – emails e ataques de negação de serviço de worms e vírus da Internet, perda de comunicação, perda de documentos, furto de senhas e de informações, incêndios, inundações, ataques físicos na propriedade e até ataques terroristas.

MAIOR FOCO NO NEGÓCIO ELETRÔNICO

Mobilidade e sem fio são o novo foco no negócio eletrônico, e algumas tendências futuras são o comércio móvel, telemática, identificação eletrônica e RFID.

- Comércio móvel (m-commerce) – a capacidade de comprar produtos e serviços por meio de um dispositivo habilitado com Internet sem fio.
- Telemática – a mistura de computadores e tecnologias de telecomunicações sem fio com o objetivo de transmitir informações de forma eficiente por vastas redes para melhorar as operações de negócios. O exemplo mais notável da telemática pode ser a própria Internet, uma vez que ela depende de uma série de redes de computadores conectados globalmente por meio de dispositivos de telecomunicações.
- Identificação eletrônica – a técnica para identificação e rastreamento de bens e pessoas por meio de tecnologias como a identificação por radiofrequência e os cartões inteligentes (*smart cards*).
- Identificação por radiofrequências (RFID) – tecnologias que utilizam etiquetas ativas ou passivas na forma de chips ou etiquetas inteligentes que podem armazenar identificadores únicos e transmitir essa informação para leitores eletrônicos. Dentro da cadeia de fornecimento, a RFID pode proporcionar maior eficiência nos processos de negócio, como estoque, logística, distribuição e gestão de ativos. Com relação ao comércio móvel, a RFID pode permitir novas formas de negócio eletrônico, por meio de telefones celulares e cartões inteligentes. Isso pode aumentar a fidelidade, ao simplificar as compras para o consumidor. Por exemplo, os leitores de RFID estão sendo incorporados nas prateleiras das lojas para ajudar os varejistas, entre os quais Marks & Spencer e Gap, a gerenciar melhor seus ativos e inventários e entender o comportamento do cliente.

Todas são subcategorias interessantes no âmbito do negócio móvel que abrem novas oportunidades de mobilidade para além das simples aplicações que envolvem os funcionários. A identificação eletrônica e a RFID são especialmente interessantes, pois ampliam tecnologias sem fios e móveis não apenas para os seres humanos, mas também para uma ampla gama de objetos, como produtos industriais e de consumo. Esses produtos vão ganhar inteligência por meio de códigos de produtos eletrônicos, que são uma (potencial) reposição dos códigos de barras UPC (*Universal Product Code*, ou código universal de produto) e por meio de etiquetas RFID com capacidades de comunicação de duas vias.

Os funcionários móveis em breve poderão se aproveitar da tecnologia como se estivessem no escritório. Melhorias em dispositivos, aplicações, redes e padrões ao longo dos últimos anos tornaram isso muito mais prático do que era no início. Os fatores para adoção estão finalmente começando a superar os obstáculos. Grandes fornecedores, por exemplo, como IBM, Microsoft, Oracle e Sybase estão desempenhando um papel maior e tendo maior interesse no negócio móvel do que tinham anteriormente. Todos esses fornecedores têm produtos comprovados e maduros para a mobilidade empresarial.

A tecnologia móvel vai ajudar a organização a ultrapassar seus próprios limites em áreas como operações de automação de vendas e empresariais. As vantagens podem incluir a melhoria da precisão da informação, redução de custos, aumento da produtividade, aumento de receitas e melhor atendimento ao cliente. Além de ser um canal adicional para as comunicações, o negócio móvel permitirá à organização pensar sobre a poderosa combinação de processos de negócios, negócio eletrônico e comunicações sem fio.

MAIOR FOCO NA INTEGRAÇÃO

A tecnologia da informação já atingiu o interior das organizações e vai ficar lá no futuro. A indústria de TI é uma das mais dinâmicas da economia global. Como setor, não só cria milhões de empregos de alto nível, mas também ajuda as organizações a serem mais eficientes e eficazes, o que, por sua vez, estimula a inovação. A integração dos negócios e da tecnologia tem permitido às organizações aumentar sua participação na economia global, transformar a maneira de conduzir os negócios e tornar-se mais eficiente e eficaz (ver Figura 20.3).

Os últimos anos produziram uma confluência de eventos que têm revolucionado a economia global. Em todo o mundo, a concorrência do livre mercado tem florescido e surgiu um novo sistema financeiro globalmente interdependente. Refletindo essas mudanças, as relações e os modelos dos negócios centrais estão mudando drasticamente, inclusive mudanças a partir de:

- Foco no produto para foco no cliente.
- Produção em massa para personalização em massa.
- Valor de coisas materiais para valor de conhecimento e inteligência.

Em conjunto com essas tendências, uma nova série de fatores e desafios para o sucesso empresarial surgiu para ajudar a determinar os vencedores e perdedores do mercado:

- Agilidade de organização, muitas vezes apoiados por uma infraestrutura de TI "plug and play" (com uma arquitetura de aplicações flexível e adaptável).
- Foco nas competências e processos centrais.
- Redefinição da cadeia de valor.
- Resposta de negócios instantânea.
- Capacidade de dimensionar recursos e infraestrutura ultrapassando fronteiras geográficas.

Esses desenvolvimentos se somam a um ambiente que é muito mais complexo do que há cinco anos. Isso, por sua vez, tem levado as organizações a adotarem novos modelos de negócio. O novo ambiente exige que as organizações se concentrem externamente em seus processos de negócios e arquiteturas de integração. O modelo de negócio virtualmente integrado vai causar um aumento acentuado no número de parceiros de negócios e na proximidade de integração entre eles.

Nunca antes os investimentos em TI desempenharam papel tão decisivo no sucesso do negócio. À medida que as estratégias de negócio continuam a evoluir, a distinção entre "o negócio" e a TI vai praticamente desaparecer.

FIGURA 20.3
Integração de negócios e tecnologia.

QUESTÕES SOBRE O CASO DA UNIDADE

1. Por que é importante que uma empresa desenvolva sua infraestrutura de TI usando uma estratégia do século XXI?
2. Como uma empresa determina suas medidas de segurança ao desenvolver uma estratégia do século XXI?
3. Como uma empresa determina sua infraestrutura de negócio eletrônico ao desenvolver uma estratégia do século XXI?
4. Por que é importante a empresa controlar todas as integrações nos seus sistemas?

CASO DO CAPÍTULO 20: Desastres no Aeroporto Internacional de Denver

Uma boa maneira de aprender a desenvolver sistemas bem-sucedidos é rever as falhas do passado. Uma das mais conhecidas falhas de sistema ocorreu com o sistema de bagagens do Aeroporto Internacional de Denver (AID). Quando o projeto do sistema automatizado de bagagens do aeroporto foi introduzido, foi aclamado como o salvador do design moderno de aeroportos. O projeto contava com uma rede de 300 computadores para direcionar as malas e 4 mil carros para transportar as bagagens por 21 milhas de trilha. Os scanners a laser liam as etiquetas de bagagem com código de barras, enquanto scanners avançados acompanhavam o movimento de carrinhos de bagagem do tipo tobogã.

Quando o aeroporto finalmente abriu as suas portas para os repórteres testemunharem o revolucionário sistema de bagagens, a cena foi bastante desagradável. As malas eram destruídas, perdidas e enviadas para o local errado, no que desde então se tornou um lendário pesadelo dos sistemas.

Um dos maiores erros cometidos no fiasco do sistema de manuseio de bagagem foi a falta de tempo suficiente para se desenvolver o sistema corretamente. No início do projeto, o AID considerou que era responsabilidade de cada companhia aérea encontrar sua própria maneira de transferir as malas do avião até a área de bagagens. O sistema automatizado de bagagem não foi envolvido no planejamento inicial do projeto do aeroporto. Quando os desenvolvedores do AID decidiram criar um sistema integrado de bagagem, já não era mais possível cumprir com o prazo para a concepção e implementação de um sistema tão complexo e amplo.

Outro erro comum que ocorreu durante o projeto foi que as companhias aéreas continuaram mudando as suas necessidades de negócios. Isso causou inúmeros problemas, incluindo a implementação de fontes de alimentação que não foram devidamente atualizadas para o projeto revisto do sistema, o que resultou em motores sobrecarregados e falhas mecânicas. Além do problema do design das fontes de alimentação, os sensores ópticos não liam os códigos de barras corretamente, causando problemas com o encaminhamento da bagagem.

Por fim, a BAE, empresa que projetou e implementou o sistema de bagagem automatizado para o Aeroporto Internacional de Denver, nunca tinha criado um sistema de bagagem daquele tamanho antes. A BAE tinha criado um sistema semelhante em um aeroporto em Munique, na Alemanha, onde o escopo era muito menor. Essencialmente, o sistema de bagagem tinha uma infraestrutura de TI inadequada porque foi projetado para um sistema muito menor.

O AID simplesmente não podia operar sem um sistema funcional de bagagem, de modo que a cidade não teve escolha senão adiar a data de abertura em mais de 16 meses, o que custou aos contribuintes cerca de US$ 1 milhão por dia, totalizando quase US$ 500 milhões.[1]

Questões

1. O problema do sistema de bagagem do AID foi que os testes foram inadequados. Por que os testes são importantes para o sucesso de um projeto? Por que tantos projetos decidem ignorar a fase de testes?
2. Avalie as diferentes metodologias de desenvolvimento de software. Qual delas teria aumentado mais significativamente as chances de sucesso do projeto?
3. Como é possível que mais tempo gasto na fase de análise e design pudesse economizar aos contribuintes do Colorado centenas de milhões de dólares?
4. Por que a BAE não podia valer-se de infraestrutura de TI existente e simplesmente aumentar sua escala e esperar que funcionasse?

RESUMO DA UNIDADE

Uma organização deve permanecer competitiva no ambiente global e dinâmico em constante mudança. Deve implementar tecnologias que sejam adaptativas, revolucionárias e transformáveis, para atender a necessidades novas e inesperadas dos clientes. Concentrar-se no inesperado e compreender as tecnologias diruptivas pode dar à organização uma vantagem competitiva.

As organizações precisam de software que os usuários possam transformar rapidamente, a fim de atender às exigências do ambiente de negócios em rápida mudança. O software que efetivamente atende às necessidades dos funcionários vai ajudar uma organização a se tornar mais produtiva e a melhorar a tomada de decisão. Já o software que não satisfaz essas necessidades pode ter um efeito prejudicial na produtividade e até contribuir para o fracasso do negócio. O envolvimento dos empregados, além da utilização da metodologia de implementação correta durante o desenvolvimento de software, é fundamental para o sucesso da organização.

Quatro áreas de enfoque para as organizações que avançam rumo ao século XXI são infraestrutura de TI, segurança, negócio eletrônico (mobilidade) e integração. A tecnologia da informação se expande muito rápido, passando de um recurso de bastidores que fornece vantagens competitivas (custo, tempo, qualidade, entre outras) a um recurso de *front-office* (marketing e vendas, por exemplo), que é uma necessidade competitiva. O negócio dinâmico e o ambiente técnico do século XXI estão impulsionando a necessidade de infraestruturas de tecnologia e aplicações de arquitetura que são cada vez mais flexíveis, integradas e sustentáveis (enquanto continuam a fornecer funcionalidade, economia, pontualidade e segurança).

TERMOS-CHAVE

Agente de mudança 270
Aprovação 270
Benefícios intangíveis 288
Benefícios tangíveis 288
Brainstorming 270
Bug 273
Caminho crítico 291
Ciclo de vida do desenvolvimento de sistemas (SDLC) 268
Condições de teste 273
Conversão 268
Customização de software 268
Declaração do escopo do projeto 290
Dependência 291
Desenvolvimento iterativo 281
Diagrama de fluxo de dados (DFD) 271
Documentação detalhada de usuário 274
Documento de definição de requisitos 270
Documento dos requisitos do projeto 290
Engenharia de software 272
Engenharia de software auxiliada por computador (CASE – *Computer-Aided Software Engineering*) 271
Escopo do projeto 270
Escritório de gerenciamento de projetos (PMO – *Project Management Office*) 290

Fase de análise 270
Fase de desenvolvimento 272
Fase de design 271
Fase de implementação 274
Fase de manutenção 275
Fase de planejamento 270
Fase de testes 272
Gerenciamento de projetos 270
Gerenciamento de requisitos 270
Gerente de projetos 270
Gráfico de Gantt 291
Gráfico PERT (Programa de Avaliação e Revisão Técnica) 291
Help desk 274
Hipótese do projeto 290
Implementação em fases 275
Implementação paralela 275
Implementação piloto 275
Implementação por imersão 275
Infraestrutura de TI 297
Interface gráfica do usuário (GUI) 271
Internalização (desenvolvimento interno) 292
Joint Application Development (JAD) 270
Kill switch 291
Linguagem de script 272
Linguagens de quarta geração (4GL) 272
Linguagens orientadas a objetos 272

Manutenção corretiva 275
Manutenção preventiva 275
Marcos do projeto 290
Matriz de responsabilidades 290
Metodologia (prototipagem rápida) de desenvolvimento rápido de aplicação (RAD – *Rapid Application Development*) 282
Metodologia 280
Metodologia ágil 281
Metodologia de Processo unificado racional (RUP – *Rational Unified Process*) 283
Metodologia de programação extrema (XP) 282
Metodologia em cascata 280
Metodologia Scrum 283
Modelagem de processo 271
Objetivo do projeto 290
Objetos de controle de informação e tecnologia relacionada (COBIT – *Control Objects for Information and Related Technology*) 272
Oficina de treinamento 274
Partes interessadas do projeto 290
Patrocinador executivo 290
Plano de comunicação 290
Plano do projeto 270
Projeto 270
Prototipagem 281

Prototipagem para descoberta 281	Software de aplicação pronto para comercialização (*off-the-shelf*) 268	Teste de integração 275
Teste de sistema 275
Teste de unidade 275
Relatório de status 290	Terceirização 292	Testes de aceitação do usuário (UAT) 275
Requisitos de negócios 270	Terceirização *nearshore* 293	Testes de desenvolvimento 275
Restrição de projeto 290	Terceirização *offshore* 293	Treinamento online 274
Resultado final do projeto 290	Terceirização *onshore* 293	Viabilidade 288
Sistema legado 268	Teste Alpha 275	

CASO 1 DE ENCERRAMENTO DA UNIDADE

Twitter

O Twitter, uma *start-up* de financiamento privado, é um pioneiro na área de microblogs, proporcionando um serviço que permite aos usuários enviar e receber atualizações para e de outros usuários. Os clientes do Twitter podem manter uma rede de amigos informados sobre o seu estado atual por meio de mensagens de texto, mensagens instantâneas, email ou pela Web. Amigos, familiares e colegas de trabalho utilizam os serviços do Twitter para se comunicar e permanecer conectados pelo serviço de mensagens curtas em tempo real que funciona por meio de múltiplas redes e dispositivos. O Twitter começou como um pequeno projeto em 2006 e tornou-se um dos sites mais populares da Internet. Pessoas ao redor do mundo usam o Twitter por diversas razões, desde receber notícias do mundo até simplificar os negócios.

O negócio do Twitter

As empresas estão usando o Twitter para acompanhar as conversas dos clientes sobre as suas marcas. Comcast, Dell, General Motors, H&R Block, Kodak e Whole Foods Market estão usando o Twitter para fazer de tudo, desde criar uma consciência da marca até atender o cliente. A atenção ao Twitter reflete o poder das novas ferramentas de mídia social em deixar os consumidores moldarem a discussão pública sobre as marcas. "O controle real da marca mudou para as mãos do cliente, e a tecnologia permitiu isso", explica Lane Becker, presidente da Get Satisfaction, site que reúne clientes e empresas para que uns respondam às perguntas dos outros e forneçam *feedback* sobre produtos e serviços.

JetBlue, Comcast e H&R Block estão entre as empresas que reconhecem o potencial do Twitter na prestação de serviço ao cliente. Uma única mensagem do Twitter – conhecido informalmente como tweet – enviada por causa da frustração causada por um produto ou serviço pode ser lida por centenas ou milhares de pessoas. Da mesma forma, a interação positiva com um representante do fabricante ou prestador de serviços pode ajudar a mudar a perspectiva de um formador de opinião para melhor. Para as empresas, ferramentas como Tweetscan ou a própria ferramenta de busca do Twitter, anteriormente conhecida como Summize, facilitam a descoberta dos nomes de empresas que são mencionados nos tweets. Ser capaz de resolver um problema no momento em que ele aparece é uma ótima maneira de melhorar a satisfação do cliente

A GM ficou sabendo do dia em que um potencial comprador foi a uma concessionária Saturn, pronto para fazer uma compra, mas não conseguia encontrar ninguém para ajudá-lo. "Ele estava começando a ficar chateado com a situação", relata Adam Denison, que ajuda a coordenar as comunicações de mídia social da GM. "Quando vimos isso, imediatamente avisamos os nossos colegas da Saturn sobre ele... e eles puderam melhorar um pouco a situação." A pessoa, no final, comprou um Saturn, embora em outra concessionária, conta Denison.

Monitoramento de clientes

Nem todos os clientes querem as empresas privadas dos EUA seguindo seus tweets. Jonathan Fields digitou um tweet breve para seus amigos quando viu William Shatner esperando para embarcar em um voo da JetBlue no aeroporto JFK de Nova York. Fields escreveu: "Terminal JetBlue, William Shatner à espera vestindo terno risca de giz e óculos escuro para embarcar no voo para Burbank. Por que ele está voando na JetBlue? De graça, quem sabe?" Para sua surpresa, ele recebeu uma resposta em 10 segundos, mas não de seus amigos: foi da JetBlue, informando Fields que eles o estavam seguindo no Twitter. Fields, a princípio, ficou chocado com a resposta, e então Morgan Johnston, funcionário da empresa, explicou rapidamente que a empresa não o estava espionando, mas usa o Twitter como ferramenta de verificação, para encontrar clientes que podem precisar de informações sobre, por exemplo, atrasos ou cancelamentos de voos.

"Tem potencial para agregar valor aos negócios, é claro, mas, ao mesmo tempo, existem alguns riscos para isso", diz Ray Valdes, diretor de pesquisa de serviços da Web da empresa de consultoria Gartner. Embora seja uma útil ferramenta para monitoração da marca, "pode parecer um pouco assustador". Christofer Hoff "twittou" seu descontentamento com a Southwest quando seu voo atrasou e a bagagem desapareceu. No dia seguinte, ele recebeu a seguinte mensagem da empresa: "Lamentamos o que houve com o seu voo. O tempo estava terrível na região. Esperamos que você nos dê uma segunda chance para provar que a Southwest é a melhor". Em uma publicação sobre o incidente, Hoff escreveu que foi "legal e assustador ao mesmo tempo".

Ética do Twitter

É claro que com o que é bom vem o potencial de um grande mal – e o Twitter não é exceção. Alguns indivíduos compraram contas não oficiais para enviar mensagens que claramente não eram autorizadas pelas empresas. A ExxonMobil, por exemplo, descobriu que uma pessoa chamada Janet estava enganando muitas pessoas, fazendo-se passar por funcionária da companhia. "A nossa preocupação era que as pessoas, ao lerem as postagens, pensassem que aquele indivíduo estava falando em nome da empresa", explica o porta-voz da ExxonMobil, Chris Welberry. "Não queríamos fazer nada de hostil em relação às pessoas que expressam seus pontos de vista nos ambientes de rede social. Só queríamos ter a certeza de que as pessoas que estão fazendo isso sejam abertas e transparentes".

Depois que a Exxon descobriu Janet, a empresa contatou o Twitter. "O Twitter não permite a imitação ou a ciberocupação, que é pegar um nome de usuário e dizer que quer dinheiro", diz o cofundador do Twitter, Biz Stone. "Mas deve realmente se tratar de uma imitação ou de infração de direitos autorais. Se o sobrenome de alguém passa a ser Mobil, a empresa não tem muita chance nesse caso". A conta de Janet foi desativada.

O crescimento do Twitter

As grandes organizações, por vezes, desejam integrar o microblog em seus serviços existentes para agregar os vários postos avançados de mídia social. O Facebook já está se posicionando para ser um agregador de sites de microblog. O recurso Feed de Notícias da rede social permite que as pessoas recebam atualizações do Twitter, Blip.fm e em outros lugares. Qual o valor que o serviço de microblog pode atingir? Logo após o Twitter ter recolhido US$ 15 milhões em financiamento, foi especulado que o site podia valer até US$ 1 bilhão. O cofundador da empresa, Biz Stone, espera que a base de usuários do site cresça 10 vezes o seu tamanho atual anualmente.[2]

Questões

1. Por que as organizações do século XXI precisam entender o poder do microblog?
2. Como uma organização global pode usar o Twitter para melhorar as operações?
3. Como um gerente de projeto pode usar o Twitter para ajudar a controlar o andamento de um projeto?
4. Como um esforço global de desenvolvimento de sistemas pode se valer do Twitter para melhorar o processo de desenvolvimento?
5. Que tipos de sistemas de informação estratégicos poderiam usar o Twitter para melhorar o sistema? Que metodologia de desenvolvimento você recomendaria que uma companhia usasse ao integrar o Twitter em seus sistemas atuais?
6. Que tipos de questões éticas e de segurança uma empresa que usa o Twitter deve prever?

CASO 2 DE ENCERRAMENTO DA UNIDADE

As mulheres na tecnologia

A tecnologia é um negócio difícil. Difícil para os homens e, por vezes, ainda mais difícil para as mulheres. As mulheres que alcançaram o sucesso na tecnologia merecem reconhecimento. Elas são uma inspiração para todos, demonstrando o que pode ser conseguido por meio da criatividade e do trabalho duro. A Fast Company recentemente compilou uma lista de mulheres na tecnologia que estão liderando a onda de negócios do século XXI. A lista inclui:

- **Ning: Gina Bianchini, cofundadora e CEO**
  A criadora de redes sociais personalizadas causou alvoroço na capa de maio de 2008, e não apenas porque sabia o que era um loop de expansão viral. Com mais de 500 mil redes rodando no Ning atualmente, a empresa tem a sua quota de desafios para desenvolvedores, mas permanece capitalizada e crescendo.

- **Flickr: Caterina Fake, cofundadora**
  Fake não só fundou a gigante de compartilhamento de fotos Flickr, mas também a vendeu ao Yahoo! por supostos US$ 35 milhões. Agora todo mundo está comentando sobre seu próximo projeto, algo chamado Hunch, que segue em modo discreto.

- **Blurb: Eileen Gittins, CEO**
  A plataforma de autopublicação de Gittins é ágil, ecológica e libertou o autor (e livreiro) dentro de todos nós, desde fotógrafos amadores até grandes marcas, como Lexus. Com mais de 1 milhão de livros criados, o Blurb é rentável.

- **Meebo: Sandy Jen e Elaine Wherry, cofundadoras**
  Frequentemente citada como ferramenta de mensagens instantâneas da Web de mais rápido crescimento, a terceira *start-up* de Jen e Wherry (além do colega e cofundador Seth Sternberg) corre em uma pista barulhenta. A ferramenta permite que cerca de 40 milhões

de usuários se comuniquem por meio de qualquer rede IM e em inúmeras configurações. As novas parcerias com a Hearst e a Universal Music apontam para um futuro ainda mais estrondoso.

- **Pixel Qi: Mary Lou Jepsen, fundadora e CEO**
  Como CTO da One Laptop Per Child (OLPC), Jepsen liderou a concepção e desenvolvimento do laptop mais barato e com maior eficiência de energia já fabricado. Ela fundou a Pixel Qi em 2008 para comercializar a inovadora tecnologia de tela OLPC que inventou.

- **Consorte Mídia: Alicia Morga, CEO**
  Usando a ciência (não um truque publicitário) para combinar anunciantes de marcas com clientes hispano-americanos na Web, a empresa de marketing de Morga teve crescimento de 100% no ano passado.

- **SpikeSource: Kim Polese, CEO**
  Polese fez parte da primeira equipe de Java na Sun Microsystems e foi cofundadora da Marimba. Seu novo negócio, que possui uma parceria com a Intel, ajuda as empresas a testar a segurança e qualidade de softwares de código aberto.

- **BabyCenter: Tina Sharkey, presidente**
  O site de Sharkey atinge quase 80% das novas mamães online dos Estados Unidos e tem cerca de 6 milhões de visitantes por mês no mundo inteiro. Com a aquisição da rede social MayasMom.com, em 2007, o domínio de Sharkey sobre papais e mamães é quase completo.

- **SlideShare: Rashmi Sinha, cofundadora e CEO**
  A PhD em psicologia que virou web designer e especialista em comunidades criou um vibrante hub social em torno do, imaginem só, PowerPoint. Lançado com menos de US$ 50 mil, o SlideShare agora tem um milhão de usuários registrados, além de uma parceria com o LinkedIn.

- **Six Apart: Mena Trott, cofundadora e presidente**
  Com o marido Ben na qualidade de cofundador, Trott criou ferramentas como o Movable Type e o TypePad, que permitiram o florescimento da blogosfera. Sua empresa recentemente também inaugurou a rede social Pownce, acrescentando o site da cofundadora Leah Culver, outra mulher que admiramos, à equipe.

- **MyShape: Louise Wannier, CEO**
  Combinando tecnologia e moda, o MyShape criou um bazar online com mais de 400 mil membros. O que mais você poderia esperar de uma empreendedora em série com formação em design têxtil e administração de empresas?[3]

Questões

1. Qual das empresas listadas tem a tecnologia mais revolucionária capaz de provocar o maior impacto no negócio do século XXI?
2. Escolha uma das empresas acima e crie uma análise das Cinco Forças de Porter para destacar problemas que a empresa pode enfrentar na próxima década.
3. Escolha uma das empresas acima.
   a. Liste e descreva as sete fases do ciclo de vida de desenvolvimento de sistemas e determine que fase é a mais importante para a empresa.
   b. Avalie os princípios básicos de desenvolvimento de software bem-sucedido e prioritize-os em ordem de importância para a empresa.
   c. Explique como a empresa pode usar o gerenciamento de projetos para garantir o sucesso.
   d. Explique os prós e contras da terceirização para a empresa.
4. Por que criar um software ágil é importante para todas as empresas?
5. Quais são os tipos de questões de segurança da informação que as empresas devem conhecer ao entrar no século XXI?
6. Quais são os tipos de dilemas éticos que as empresas devem conhecer ao entrar no século XXI?

TOMANDO DECISÕES DE NEGÓCIOS

1. **Seleção de uma metodologia de desenvolvimento de sistemas**

   A Exus Incorporated é uma empresa internacional de terceirização de cobrança. Atualmente, ela tem receitas na ordem de US$ 5 bilhões, mais de 3.500 funcionários e operações em todos os continentes. Você foi contratado recentemente como CIO. Sua primeira tarefa é aumentar a taxa de sucesso do projeto de desenvolvimento de software, que hoje é de 20%. Para assegurar que os futuros projetos de desenvolvimento de software alcancem o sucesso, você quer padronizar a metodologia de desenvolvimento de sistemas em toda a empresa. Hoje, cada projeto determina que metodologia usar para desenvolver o software.

   Crie um relatório, detalhando três metodologias de desenvolvimento de sistemas adicionais que não foram abordadas neste livro. Compare cada uma dessas metodologias à abordagem em cascata tradicional. Por fim, recomende a metodologia que você pretende implementar como seu padrão organizacional. Certifique-se de destacar todos os obstáculos possíveis que podem surgir durante a implementação da nova metodologia padrão.

2. **Como transformar organizações**

   Sua faculdade pediu que você ajudasse a desenvolver o currículo do novo curso, intitulado "Como criar uma organização do século XXI". Use os materiais deste livro, a Internet e quaisquer outros recursos para fazer um esboço do currículo que você gostaria de sugerir que o curso cobrisse. Certifique-se de incluir as razões pelas quais você considera que o material deve ser visto e a ordem em que isso deve acontecer.

3. **Aprovação de projetos**

   Você está trabalhando na equipe de desenvolvimento de TI para a Gear International, uma fabricante de equipamentos esportivos e de lazer de capital fechado. Até hoje, você passou a maior parte da carreira desenvolvendo aplicações para a sua intranet corporativa. Sua equipe tem a ideia de adicionar um aplicativo que permite aos funcionários aprender sobre equipes esportivas corporativas, fazer uma inscrição online, definir agendas de equipe, publicar estatísticas de times, etc. Sua supervisora gosta da ideia e quer que a sua equipe prepare uma breve apresentação com 5 a 10 slides para que possa usar a fim de convencer a gerência sênior a aprovar o projeto. Certifique-se de listar as vantagens do projeto, além da metodologia que você sugere para ajudar a garantir o sucesso do desenvolvimento do projeto.

4. **Patrulhamento remoto**

   Os gadgets de hoje oferecem uma solução para todos os problemas, em todas as situações, a qualquer hora, em qualquer lugar. Se você estiver tentando manter o controle sobre seus filhos, seu novo home theater ou seu streaming de áudio, aqui estão algumas ferramentas sem fio para usar em casa.

   - **Câmera Wi-Fi** – Uma câmera Observer sem fio permite tirar fotos em intervalos regulares ou em resposta ao movimento, e você pode acessá-la a qualquer momento por meio de um navegador Web (www.veo.com).
   - **Sensor de segurança** – Este sistema detector o alerta para invasões. Seus dois sensores registram perturbações vibrantes e acústicas (uma janela quebrada) para ajudar a evitar falsos alarmes. (www.getintellisense.com).
   - **Dispositivo de rastreamento GPS** – Conscientização total de informações para os pais aqui. Coloque este localizador GPS no pulso de seus filhos: sempre que você quiser saber por onde eles andam, bastará consultar a página da Wherify na Web. O dispositivo aponta a localização das crianças em um mapa de ruas e exibe uma foto aérea (www.wherify.com).
   - **Alto-falantes sem fio** – Os versáteis alto-falantes de 900-MHz da Sony conectam o receptor RF ao aparelho de som, TV ou PC, e obtêm áudio puro em qualquer lugar dentro do limite de 45 metros (www.sonystyle.com).

Em grupo, crie um documento examinando como essas novas tecnologias sem fios podem alterar a arena de negócios e faça uma lista de pelo menos uma empresa para cada tecnologia que deve considerar esses novos produtos como potenciais ameaças.

5. **Como impedir a falha do sistema**

   A Signatures Inc. é especializada na produção de produtos personalizados para empresas, como canecas de café e canetas com logotipos. A empresa gera mais de 40 milhões de dólares em receitas anuais e tem mais de 300 empregados. Ela está no meio de uma grande e multimilionária implementação de SCM e acaba de contratar a sua empresa Project Management Outsourcing para a assumir os esforços de gerenciamento de projetos. No primeiro dia, a sua equipe é avisada que o projeto está falhando pelas seguintes razões:

   - O projeto está utilizando a metodologia em cascata tradicional.
   - O SDLC não foi seguido e os desenvolvedores decidiram pular a fase de testes.
   - Um plano de projeto foi desenvolvido durante a fase de análise, mas o gerente anterior nunca atualizou ou seguiu esse plano.

   Em grupo, determine quais serão os seus primeiros passos para fazer esse projeto voltar aos trilhos.

APLIQUE SEUS CONHECIMENTOS

1. **Conexão dos componentes**

   Os componentes de uma arquitetura corporativa sólida incluem tudo, desde a documentação até os conceitos de negócio, além de software e hardware. Decidir quais componentes implementar e como fazer pode ser um desafio. Novos componentes de TI são lançados diariamente, e as necessidades de negócio mudam o tempo todo. Uma arquitetura corporativa que atenda às necessidades da sua organização hoje pode não atender a essas necessidades amanhã. A criação de uma arquitetura corporativa que seja escalável, flexível, disponível, acessível e confiável é fundamental para o sucesso da sua organização.

   Foco em projetos

   Você é o arquiteto corporativo de uma grande empresa de vestuário chamado Xedous. É sua responsabilidade o desenvolvimento da arquitetura empresarial inicial. Crie uma lista de perguntas que você vai precisar responder para desenvolver a sua arquitetura. Estes são alguns exemplos de perguntas que você pode fazer.

   - Quais são as expectativas de crescimento da empresa?
   - Os sistemas vão conseguir lidar com usuários adicionais?
   - Por quanto tempo as informações vão ficar armazenadas nos sistemas?
   - Quanto do histórico do cliente deve ser armazenado?
   - Qual é o horário de funcionamento da organização?
   - Quais são os requisitos de backup da organização?

2. **Recuperação**

   Você está trabalhando para a GetSmart, uma empresa de criação de documentos para profissionais da área jurídica. Devido à natureza altamente confidencial da indústria, os funcionários devem armazenar todos os trabalhos na unidade de rede e não estão autorizados a fazer back-up de dados para CDs, unidades flash ou qualquer outro tipo de armazenamento externo, inclusive computadores domésticos. A empresa tem seguido essa política durante os últimos três anos sem problemas de qualquer tipo. Você retorna ao trabalho na segunda de manhã depois de um final de semana prolongado e descobre que o edifício foi atingido por um raio que destruiu vários servidores. Infelizmente, a estratégia de back-up falhou e todos os dados de seu departamento foram perdidos.

Quando o chefe da empresa exigiu uma explicação de por que não havia back-ups individuais, mostraram-lhe a política da empresa, que ele que tinha assinado não uma, mas três vezes. O chefe de TI, junto com quatro de seus companheiros que desenvolveram essa política ridícula, foram demitidos.

Foco em projetos

Você foi colocado em um comitê com vários colegas para renovar as políticas de back-up e recuperação e criar um novo plano de recuperação de desastres. É seu dever criar políticas e procedimentos que vão preservar a natureza confidencial dos documentos, garantindo, ao mesmo tempo, que a empresa fique a salvo de desastres. Certifique-se de abordar um cenário de pior caso, em que o conteúdo de todo o edifício se perde.

3. Café da confusão

Os requisitos de negócios são o conjunto detalhado de pedidos de negócio que qualquer sistema deve cumprir para ser bem-sucedido. Um requisito de negócios exemplar deve poder afirmar que "o sistema deve rastrear todas as vendas do cliente de acordo com o produto, região e representante de vendas". Essa exigência afirma o que o sistema deve fazer a partir da perspectiva do negócio, sem dar detalhes ou informações sobre como o sistema vai cumprir esse requisito.

Foco em projetos

Você foi contratado para criar um sistema de folha de pagamento aos empregados de uma cafeteria nova. Examine os seguintes requisitos de negócios e destaque quaisquer potenciais problemas.

- Todos os empregados devem ter um ID exclusivo.
- O sistema deve controlar as horas trabalhadas dos empregados com base no seu sobrenome.
- Os empregados devem ser programados para trabalhar um mínimo de oito horas por dia.
- A folha de pagamento dos empregados é calculada multiplicando as horas trabalhadas por US$ 7,25.
- Os gerentes devem ser escalados para trabalhar nos turnos da manhã.
- Os empregados não podem ser escalados para trabalhar mais de oito horas por dia.
- Os servidores não podem ser escalados para trabalhar nos turnos da manhã, da tarde ou da noite.
- O sistema deve permitir que os gerentes alterem e excluam empregados do sistema.

4. Escolha de projetos

Você é contratante de gerenciamento de projetos e está tentando um cargo em uma grande empresa de telecomunicações, a Hex Incorporated. A sua entrevista com Debbie Fernandez, vice-presidente sênior de TI, correu bem. A última coisa que Debbie quer ver de você antes da decisão final é uma lista de prioridades dos projetos. Você tem certeza de que vai conseguir o emprego se Debbie ficar satisfeita com a sua priorização.

Foco em projetos

Crie um relatório para Debbie, priorizando os seguintes projetos e não se esqueça de incluir as justificativas de negócios para a priorização.

- Atualizar o sistema de contabilidade.
- Desenvolver um sistema de acompanhamento de férias dos funcionários.
- Melhorar a intranet dos funcionários.
- Limpar e depurar informações do depósito de dados.
- Realizar testes de desempenho de todo hardware para assegurar uma expansão do crescimento de 20%.
- Implementar mudanças no sistema de benefícios dos empregados.

- Desenvolver uma estratégia de back-up e recuperação.
- Implementar o sistema de gerenciamento da cadeia de fornecimento.
- Atualizar o sistema de gestão do relacionamento com o cliente.
- Criar um sistema de informação executiva para o CEO.

5. **Hora de fazer a manutenção**

   A Time Keepers Inc. é uma pequena empresa especializada em consultoria de gerenciamento de projetos. Você é um gerente sênior de projeto e foi recentemente posto à disposição da Tahiti Tanning Lotion. A companhia Tahiti Tanning Lotion está atualmente vivenciando uma taxa de sucesso de 10% (90% de taxa de fracasso) em todos os projetos internos de TI. A sua primeira tarefa é analisar um dos planos de projetos atuais que estão sendo usados para desenvolver um novo sistema de CRM (veja a Figura AYK.1).

   Foco em projetos

   Examine do plano de projeto e crie um documento que liste os inúmeros erros no plano. Certifique-se também de dar sugestões sobre como corrigir os erros.

6. **Crescendo, crescendo, cresceu**

   Você é o fundador da Black Pearl, uma pequena *start-up* de quadrinhos. A boa notícia é que a Black Pearl está tendo um tremendo sucesso. Você tem 34 funcionários em um escritório criativo, mas funcional, no centro de Chicago. Os quadrinhos que você produz são de altíssima qualidade. A arte é incomparável e as histórias são convincentes, emocionantes e viciantes, de acordo com os seus clientes. Seus quadrinhos já estão se tornando um clássico cult, e os clientes Black Pearl são extremamente leais. Você produz todos os comics e os vende na loja e pela Internet, para indivíduos em todo o país.

FIGURA AYK.1
Exemplo do plano de projeto.

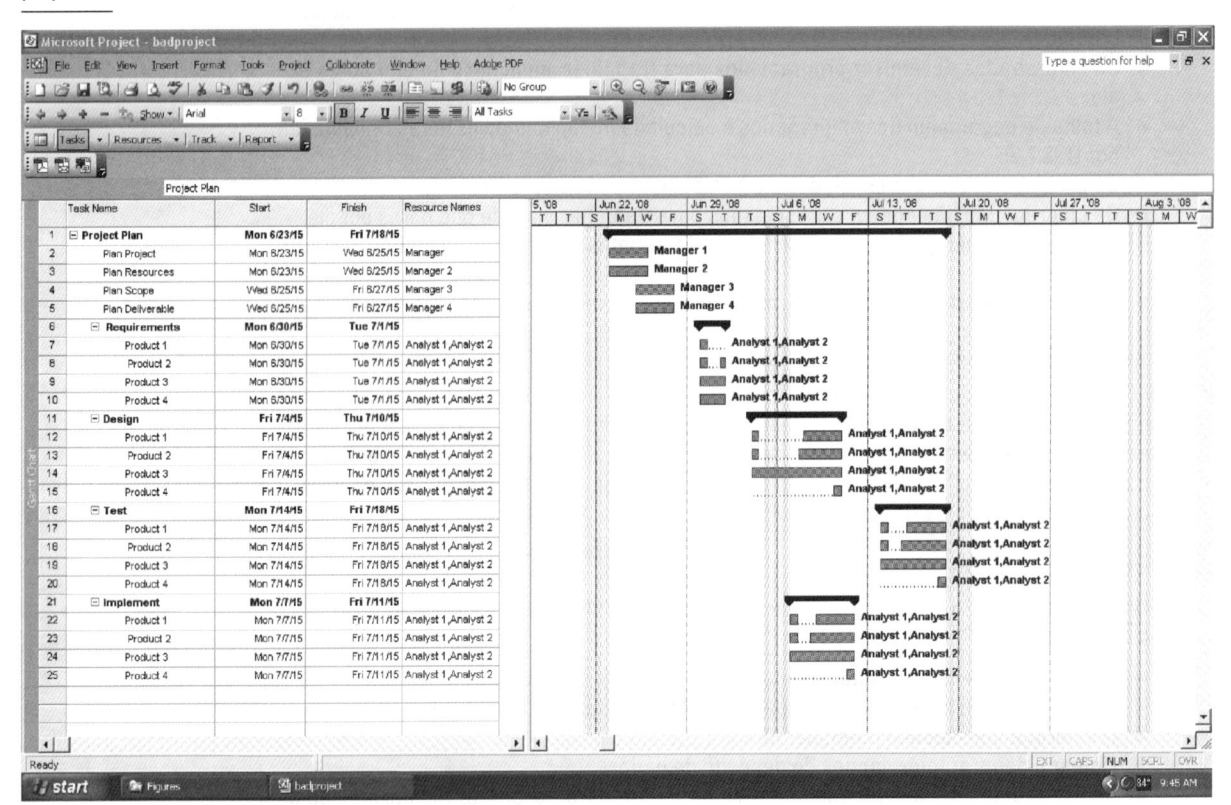

Foco em projetos

Você teve visão quando fundou a Black Pearl. Você sabia do potencial do seu modelo de negócio para renovar a indústria de quadrinhos. Foram comprados computadores sofisticados e software customizável para apoiar suas operações. Agora, você se depara com um novo dilema. A empresa tem um grande número de seguidores de outros países e você está decidido a buscar oportunidades internacionais. Você gostaria de abrir lojas no Japão, França e Brasil no próximo ano. Para determinar se isso é possível, você precisa avaliar seus sistemas atuais, para ver se eles são flexíveis e escaláveis o suficiente para realizar negócios internacionais. Você sabe que terá de lidar com muitas questões de negócios estrangeiras. Crie uma lista de perguntas que você precisa responder para determinar se seus sistemas vão poder realizar negócios internacionais.

7. A oportunidade da virtualização

A virtualização faz sentido nos negócios. As organizações reconhecem a oportunidade de usar a virtualização para quebrar os silos que impedem o compartilhamento de aplicações de infraestrutura e que contribuem para a subutilização crônica de recursos de TI. A virtualização pode ajudar uma organização a, simultaneamente, reduzir os custos, aumentar a agilidade e tornar a TI mais sensível às necessidades do negócio. Assim, para muitas organizações, a questão não é "Devemos virtualizar?" Em vez disso, a pergunta é: "Como podemos fazer a transição para um ambiente virtualizado de uma maneira previsível e rentável?"

Foco em projetos

Você é o CFO da Martello, uma organização de distribuição de alimentos com sedes em Chicago, Nova York e San Francisco. Seu CIO, Jeff Greenwald, entregou-lhe uma proposta de orçamento de US$ 2 milhões para converter a organização em um ambiente virtualizado. Você não conhece muito bem a virtualização, como ela funciona e as metas de longo prazo que a empresa deseja. No encontro com Jeff amanhã, você vai querer discutir a proposta dele. Use a Internet para pesquisar sobre a virtualização e se preparar para a reunião. Depois de obter uma sólida compreensão do assunto, crie um relatório, detalhando a sua decisão de conceder ou negar a proposta de orçamento de Jeff.

DESAFIO EMPRESARIAL

Crie seu próprio negócio

1. A sua empresa está realizando várias iniciativas novas e empolgantes para impulsionar o crescimento, inclusive blogs de funcionários, wikis de clientes e a implementação de um novo sistema de horários e comparecimento. O software de horários e comparecimento é fundamental para o negócio, porque pode garantir que você tenha os funcionários adequados no lugar certo e na hora certa, o que pode aumentar as vendas. Você nunca quer se ver sem pessoal nos horários de pico e com gente demais quando o movimento está fraco. Além disso, a contagem precisa do horário de trabalho dos funcionários é crucial para analisar de maneira eficaz as despesas trabalhistas, que são a maior despesa operacional do seu negócio. Felizmente, fornecedores de soluções de horários e comparecimento, fabricantes de relógio e empresas de desenvolvimento de software estão desenvolvendo produtos de alta qualidade a preços acessíveis. Você decidiu substituir o sistema de acompanhamento de funcionário manual que o seu avô implementou na década de 1950. Um funcionário altamente técnico, Nick Zele, ofereceu-se para criar o sistema para você e garante que se trata de uma tarefa simples. Você também pode comprar uma das muitas aplicações prontas e pedir a uma empresa de terceirização para personalizar o aplicativo para o seu negócio. Quais são os prós e contras de usar um funcionário para criar um

sistema personalizado? Quais são os prós e contras de comprar uma aplicação de horários e comparecimento pronta e terceirizar o desenvolvimento personalizado? Como os seus funcionários mais antigos se sentem quanto ao novo sistema e o que você pode fazer para garantir uma transição sem problemas?

2. Você decidiu implementar um novo sistema de folha de pagamento na empresa. Examine os seguintes requisitos de negócios e destaque quaisquer potenciais problemas.

   - Todos os empregados devem ter um ID exclusivo.
   - O sistema deve controlar as horas trabalhadas dos empregados com base no seu sobrenome.
   - Os empregados devem ser programados para trabalhar um mínimo de oito horas por dia.
   - A folha de pagamento dos empregados é calculada multiplicando as horas trabalhadas por US$ 7,25.
   - Os gerentes devem ser escalados para trabalhar nos turnos da manhã.
   - Os empregados não podem ser escalados para trabalhar mais de oito horas por dia.
   - Os servidores não podem ser escalados para trabalhar nos turnos da manhã, da tarde ou da noite.
   - O sistema deve permitir que os gerentes alterem e excluam empregados do sistema.

3. Você está no meio de uma implementação de um novo sistema para o seu negócio. Sua equipe do projeto está falhando por três motivos: (1) O projeto usa uma metodologia em cascata tradicional; (2) o SDLC não foi seguido e os desenvolvedores decidiram pular a fase de testes; (3) um plano de projeto foi desenvolvido durante a fase de análise, mas o antigo gerente nunca atualizou ou seguiu esse plano, e também nunca atualizou os requisitos de negócios. Dê detalhes da sua estratégia para fazer o seu projeto voltar aos trilhos.

PROJETOS DE APLICAÇÃO AYK

Se está à procura de projetos em Excel para incorporar à aula, experimente um destes, (em inglês) após a leitura do capítulo.

Número do projeto	Nome do projeto	Tipo de projeto	Plug-in	Área de foco	Nível do projeto	Conjunto de competências	Número da página
9	Análise de segurança	Excel	T3	Filtragem de dados	Intermediário	Formatação condicional, filtro automático, subtotal	523
10	Coleta de dados	Excel	T3	Análise de dados	Intermediário	Formatação condicional	524
11	Sistema de scanner	Excel	T2	Análise estratégica	Intermediário	Fórmulas	524
12	Preços competitivos	Excel	T2	Maximização do lucro	Intermediário	Fórmulas	524
13	Aquisições adequadas	Excel	T2	Análise do ponto de equilíbrio	Intermediário	Fórmulas	525
15	Avaliação do valor da informação	Excel	T3	Análise de dados	Intermediário	Tabela dinâmica	526
16	Crescimento, tendências e previsões	Excel	T2, T3	Previsão de dados	Avançado	Média, tendência, crescimento	527
18	Formatação de grades de notas	Excel	T3	Análise de dados	Avançado	Se, Pesquisa	528
22	Taxas de rotatividade	Excel	T3	Mineração de dados	Avançado	Tabela dinâmica	530
23	Informações vitais	Excel	T3	Mineração de dados	Avançado	Tabela dinâmica	531
24	Ponto de equilíbrio	Excel	T4	Análise de negócios	Avançado	Busca de metas	532
25	Cenário de lucro	Excel	T4	Análise de vendas	Avançado	Gerenciador de cenários	532

PLUG-IN G

Plug-ins de gestão

O objetivo geral dos plug-ins de gestão é aumentar a abrangência de tópicos do texto principal, como processos de negócios, segurança, ética, globalização, gerenciamento da cadeia de fornecimento, etc. O livro está estruturado de forma flexível, permitindo que o professor desenvolva seu curso de modo personalizado para atender suas necessidades específicas de ensino. Por exemplo, se você quiser abordar segurança e ética no início do curso, pode utilizar a Unidade 1 e os plug-ins de gestão G6 e G7 durante a primeira semana de aulas. Se optar por tratar de segurança e ética no período o final do curso, você pode abordar a Unidade 5 e os plug-ins de gestão G6 e G7 durante a última semana de aulas.

PLUG-IN G1   NOÇÕES BÁSICAS DE NEGÓCIOS

O plug-in G1 fornece uma visão abrangente de conceitos básicos de negócios e deve ser abordado com todos os estudantes que sejam novos no ambiente de negócios. O plug-in G1 inclui:

- Tipos de empresa: empresa individual, sociedades, companhia aberta
- Operações internas de uma corporação: contabilidade, finanças, recursos humanos, vendas, marketing, operações/produção e sistemas de informação para gestão
- Noções básicas de negócios: processo de vendas, participação de mercado, composto de marketing, segmentação de clientes, ciclo de vida do produto, operações/produção, reengenharia de processos de negócios

PLUG-IN G2   PROCESSOS DE NEGÓCIOS

O plug-in G2 mergulha mais fundo no mundo dos negócios, tratando de processos de negócios e de seus impactos sobre as organizações. Esse é um ótimo plug-in para uso no início do curso, se você planeja dispender uma quantidade significativa de tempo falando de processos que abrangem toda a empresa. Há uma série de exemplos de modelos de processos de negócios que apresentam um diagrama de processos como entrada do pedido, pagamento de contas online, processos de negócio eletrônico e melhoria de processos. O plug-in G2 inclui:

- Processos de negócios
- Melhoria contínua do processo
- Reestruturação do processo empresarial
- Modelagem do processo de negócios

NOÇÕES BÁSICAS DE HARDWARE E SOFTWARE

PLUG-IN G3

O plug-in G3 trata das duas categorias básicas de tecnologia da informação: (1) hardware e (2) software. A tecnologia da informação pode ser composta de Internet, computador pessoal, telefone celular habilitado para a Web, assistente pessoal digital ou software de apresentação. Todas essas tecnologias ajudam a executar tarefas específicas de processamento da informação. O plug-in G3 inclui:

- Noções básicas de hardware: unidade central de processamento, armazenamento primário, armazenamento secundário, dispositivos de entrada, dispositivos de saída, dispositivos de comunicação, categorias de computador
- Noções básicas de software: software de sistema, software de aplicação

INFRAESTRUTURAS DE TI

PLUG-IN G4

O plug-in G4 discute os pontos essenciais de como uma organização vai construir, implantar, utilizar e compartilhar seus dados, processos e ativos de TI. Para dar suporte ao volume e à complexidade do usuário e dos requisitos de aplicações de hoje, a tecnologia da informação precisa ter uma nova abordagem de arquiteturas corporativas por meio da construção de ambientes mais inteligentes e flexíveis que fiquem protegidos contra falhas e quedas do sistema. Uma arquitetura corporativa sólida pode diminuir custos, aumentar a padronização, promover a reutilização de ativos de TI e acelerar o desenvolvimento de novos sistemas. O resultado final é que a arquitetura corporativa certa pode tornar a TI mais barata, estratégica e mais responsiva.

REDES E TELECOMUNICAÇÕES

PLUG-IN G5

O plug-in G5 oferece uma visão detalhada dos sistemas de telecomunicações e das redes. Empresas de todo do mundo estão mudando para as soluções da infraestrutura de rede que permitem mais opções de como entrar no mercado – as soluções têm alcance global. Esse plug-in oferece uma visão detalhada das principais tecnologias de telecomunicações e de rede que estão integrando empresas de todo o mundo. O plug-in G5 inclui:

- Noções básicas de rede: arquitetura, redes ponto a ponto, redes cliente/servidor
- Topologia: em barramento, em estrela, em anel, híbrida, sem fio
- Protocolos: Ethernet, TCP/IP
- Mídia: mídia com fio, mídia sem fio
- Vantagens de negócios: voz sobre IP, empresas em rede, aumento na velocidade dos negócios, segurança das redes de negócios

SEGURANÇA DA INFORMAÇÃO

PLUG-IN G6

O plug-in G6 explora os principais componentes de questões e recursos de segurança da informação, incluindo políticas e planos de segurança da informação, hackers, vírus, criptografia de chave pública, certificados digitais, assinaturas digitais, firewalls e tecnologias de autenticação, autorização e detecção e resposta. O plug-in G6 inclui:

- A primeira linha de defesa – pessoas: políticas de segurança da informação
- A segunda linha de defesa – tecnologia: autenticação e autorização, prevenção e resistência, detecção e resposta

PLUG-IN G7 ÉTICA

O plug-in G7 se aprofunda nas políticas eletrônicas (*e-policies*) – políticas e procedimentos visando ao uso ético dos computadores e da Internet no ambiente de negócios. O plug-in G7 inclui:

- Políticas de gerenciamento de informações: política de uso ético de computadores, política de privacidade da informação, política de uso aceitável, política de privacidade de email, política de uso da Internet, política antispam
- Ética no local de trabalho: tecnologias de monitoramento
- Tendências futuras

PLUG-IN G8 GESTÃO DE OPERAÇÕES

O plug-in G8 aborda a gestão de operações, que é o gerenciamento de sistemas ou processos que convertem ou transformam recursos (incluindo recursos humanos) em produtos e serviços. A gestão de operações é responsável pelo gerenciamento dos processos centrais usados para produzir bens e serviços. O plug-in G8 inclui:

- Papel da gestão de operações nos negócios
- Papel da tecnologia da informação no gerenciamento de operações
- Sistemas estratégicos de negócios
- Estratégia competitiva: custo, qualidade, entrega, flexibilidade, serviço
- Gestão de operações e a cadeia de fornecimento

PLUG-IN G9 INFRAESTRUTURAS DE TI SUSTENTÁVEIS

O plug-in G9 discute as novas tendências na arquitetura organizacional para ajudar a manter as empresas funcionando 24 horas por dia, 7 dias por semana, 365 dias por ano, mantendo-se flexíveis, escaláveis, confiáveis, disponíveis e sustentáveis. Hoje, as organizações devem observar continuamente as novas tendências da arquitetura para garantir que possam corresponder às novas tecnologias diruptivas. Essa seção discute a sustentabilidade e os impactos ambientais associados com infraestruturas de TI, bem como os três componentes principais de uma infraestrutura de TI, incluindo computação em grade, computação virtualizada e computação em nuvem.

PLUG-IN G10 INTELIGÊNCIA DE NEGÓCIOS

O plug-in G10 trata do motivo pelo qual muitas organizações acham hoje ser quase impossível compreender suas próprias forças e fraquezas, e muito menos as de seus inimigos, porque o enorme volume de dados organizacionais é inacessível para todos, exceto ao departamento de TI. Os dados da organização incluem muito mais do que campos simples em um banco de dados. Também incluem correio de voz, ligações telefônicas de clientes, mensagens de texto, clips de vídeo, além das inúmeras novas formas de dados. A inteligência de negócios (BI) refere-se às aplicações e tecnologias que são utilizadas para coletar, fornecer acesso e analisar dados e informações para apoiar os esforços de tomada de decisão. O plug-in G10 inclui:

- O problema: rico em dados, pobre em informação
- A solução: inteligência de negócios
- BI operacional, tática e estratégica
- Valor operacional da BI
- Análise de agrupamentos de mineração de dados: detecção de associação, análise estatística
- Vantagens da BI para os negócios: benefícios quantificáveis, benefícios indiretamente quantificáveis, benefícios imprevisíveis, benefícios intangíveis

SISTEMAS GLOBAIS DE INFORMAÇÃO

PLUG-IN G11

O plug-in G11 trata da globalização e do trabalho em uma economia global internacional, que são parte dos negócios hoje. Empresas da Fortune 500 e lojas de fundo de quintal estão atualmente competindo de forma global, e os desenvolvimentos internacionais afetam todas as formas de negócios. Independentemente de estarem em Berlim ou Bombaim, Kuala Lumpur ou Kansas City, San Francisco ou Seul, as organizações ao redor do mundo estão desenvolvendo novos modelos de negócio para atuar competitivamente em uma economia digital. Esses modelos são estruturados, porém, ágeis; globais, mas ainda locais; e se concentram em maximizar o retorno ajustado aos riscos de ambos os ativos: conhecimento e tecnologia. O plug-in G11 inclui:

- Globalização
- Estratégias de negócios de TI globais
- Arquiteturas corporativas globais
- Problemas globais de informação
- Desenvolvimento de sistemas globais

TENDÊNCIAS GLOBAIS

PLUG-IN G12

O plug-in G12 explora a importância para as organizações de prever e se preparar para o futuro. Ter uma visão global das novas tendências e tecnologias e de como eles se relacionam com os negócios pode fornecer uma vantagem estratégica valiosa às organizações. O plug-in G12 inclui:

- Razões para observar as tendências
- Tendências que moldam o nosso futuro
- Tecnologias que moldam o nosso futuro

PLUG-IN

T Plug-ins de tecnologia

O objetivo geral dos plug-ins de tecnologia (em inglês) é fornecer informações complementares às abordadas no texto principal, incluindo temas como produtividade pessoal, resolução de problemas e tomada de decisões com o auxílio da tecnologia da informação. Eles também apresentam informações sobre o uso de aplicativos de negócios como Microsoft Excel®, Microsoft Access® e Microsoft Project®. Eles estão disponíveis no site www.grupoa.com.br. Veja a página xv para informações sobre como fazer download dos plug-ins.

PLUG-IN T1 **PRODUTIVIDADE PESSOAL USANDO TI**

Este plug-in (em inglês) traz uma série de medidas a ser tomada para manter um computador pessoal funcionando de forma eficaz e eficiente. Os 12 tópicos abordados neste plug-in são:

- Criação de senhas fortes
- Realização de um bom gerenciamento de arquivos
- Implementação de estratégias de *backup* e recuperação eficazes
- Uso de arquivos Zip
- Redação de emails profissionais
- Combate ao *spam*
- Prevenção de *phishing*
- Detecção de *spyware*
- *Threads* para mensagens instantâneas
- Aumento do desempenho do PC
- Uso de software antivírus
- Instalação de um *firewall* pessoal

COMPETÊNCIAS BÁSICAS USANDO O EXCEL

PLUG-IN T2

Este plug-in (em inglês) apresenta os conceitos básicos do uso do Microsoft Excel, um programa de planilhas para análise de dados, além de alguns recursos sofisticados. Os seis tópicos abordados neste plug-in são:

- Pastas e planilhas
- Trabalho com células e dados das células
- Impressão de planilhas
- Formatação de planilhas
- Fórmulas
- Trabalho com tabelas e gráficos

SOLUÇÃO DE PROBLEMAS USANDO O EXCEL

PLUG-IN T3

Este plug-in (em inglês) fornece um tutorial completo sobre como usar as várias funções e recursos do Microsoft Excel para resolução de problemas. As cinco áreas abordadas neste plug-in são:

- Listas
- Formatação condicional
- Filtro automático
- Subtotais
- Tabelas dinâmicas

TOMADA DE DECISÕES USANDO O EXCEL

PLUG-IN T4

Este plug-in (em inglês) examina algumas das ferramentas avançadas de análise de negócios utilizadas no Microsoft Excel, que têm a capacidade de identificar padrões, tendências e regras, e de criar modelos hipotéticos ("what-if"). Os quatro tópicos abordados neste plug-in são:

- IF (SE)
- Atingir metas
- Solver
- Gerenciador de cenários

CRIAÇÃO DE APLICATIVOS DE BANCO DE DADOS

PLUG-IN T5

Este plug-in (em inglês) fornece detalhes específicos sobre como projetar aplicativos de bancos de dados relacionais. Uma das mais eficientes e poderosas aplicações baseadas em computador para o gerenciamento de informações é o banco de dados relacional. Os quatro tópicos abordados neste plug-in são:

- Entidades e relacionamentos de dados
- Documentação de relacionamentos de dados lógicos
- O modelo de dados relacional
- Normalização

PLUG-IN T6 COMPETÊNCIAS BÁSICAS USANDO O ACCESS

Este plug-in (em inglês) trata da criação de um arquivo de banco de dados no Microsoft Access. Uma das mais eficientes aplicações de gerenciamento de informações baseadas em computador é o Microsoft Access. O Access fornece um poderoso conjunto de ferramentas para a criação e manutenção de um banco de dados relacional. Os dois tópicos abordados neste plug-in são:

- Criação de um novo arquivo de banco de dados
- Criação e modificação de tabelas

PLUG-IN T7 SOLUÇÃO DE PROBLEMAS USANDO O ACCESS

Este plug-in (em inglês) fornece um tutorial detalhado sobre como consultar um banco de dados no Microsoft Access. As consultas são essenciais para a resolução de problemas, permitindo ao usuário ordenar informações, resumir dados (exibição de totais, médias, contagens, etc.), apresentar os resultados dos cálculos em dados e escolher exatamente quais campos são exibidos. Os três tópicos abordados neste plug-in são:

- Criação de consultas simples usando o assistente de consultas simples
- Criação de consultas avançadas usando campos calculados
- Formatação de resultados exibidos em campos calculados

PLUG-IN T8 TOMADA DE DECISÕES USANDO O ACCESS

Este plug-in (em inglês) fornece um tutorial detalhado sobre a inserção de dados em um formulário bem planejado, e sobre a criação de relatórios funcionais usando o Microsoft Access. É fundamental usar um formulário para a inserção de dados, e um relatório é a forma eficaz de apresentar dados em formato impresso. Os dois tópicos abordados neste plug-in são:

- Criação, modificação e execução de formulários
- Criação, modificação e execução de relatórios

PLUG-IN T9 CRIAÇÃO DE PÁGINAS WEB

Este plug-in (em inglês) fornece uma avaliação abrangente sobre os aspectos funcionais do Web design. Os sites estão começando a ficar mais parecidos e a empregar as mesmas metáforas e convenções. A Web tornou-se agora algo do dia a dia, cujo design não deve fazer os usuários pensarem. Os seis tópicos abordados neste plug-in são:

- A World Wide Web
- Design para o desconhecido
- O processo de Web design
- Noções básicas de HTML
- Fontes da Web
- Gráficos para a Web

CRIAÇÃO DE PÁGINAS WEB USANDO HTML

PLUG-IN T10

Este plug-in (em inglês) fornece uma visão geral de criação de páginas Web usando a linguagem HTML. HTML é um sistema de códigos utilizado para criar páginas Web interativas. Ele fornece um meio para descrever a estrutura de informações baseadas em texto em um documento – indicando porções de texto como cabeçalhos, parágrafos, listas, etc. Os sete tópicos abordados neste plug-in são:

- Introdução ao HTML
- Ferramentas HTML
- Criação, salvamento e visualização de documentos HTML
- Aplicação de tags e atributos de estilo
- Uso de formatação avançada
- Criação de hiperlinks
- Exibição de gráficos

CRIAÇÃO DE PÁGINAS WEB USANDO O DREAMWEAVER

PLUG-IN T11

Este plug-in (em inglês) fornece um panorama sobre o uso do Dreamweaver para criar páginas Web. O Dreamweaver permite que qualquer pessoa com pouca experiência em design de páginas Web possa criar, modificar e manter páginas sem a necessidade de aprender como codificar todas as funções e características do zero. Os cinco tópicos abordados neste plug-in são:

- Navegação no Dreamweaver
- Adição de conteúdo
- Formatação de conteúdo
- Uso de folhas de estilo em cascata
- Criação de tabelas

CRIAÇÃO DE GRÁFICOS DE GANTT COM EXCEL E PROJECT

PLUG-IN T12

Este plug-in (em inglês) fornece uma maneira rápida e eficiente de gerenciar projetos. O Excel e o Project são ótimos para gerenciar todas as fases de um projeto, criar modelos, colaborar em processos de planejamento, acompanhar o andamento de projetos e compartilhar informações com todas as partes interessadas. Os dois tópicos abordados neste plug-in são:

- Criação de gráficos de Gantt com o Excel
- Criação de gráficos de Gantt com o Project

PLUG-IN

G1 Noções básicas de negócios

> **OBJETIVOS DE APRENDIZAGEM**
> 1. Definir as três formas comuns de empresas.
> 2. Listar e descrever os sete departamentos comumente encontrados na maioria das organizações.

OA 1 Definir as três formas comuns de negócios.

Introdução

Um outdoor junto a uma estrada no Colorado afirma: "Falhar em planejar é planejar para falhar". A Playnix Toys colocou esse outdoor depois de completar 20 anos de sucesso no segmento de brinquedos no Colorado. A missão da empresa é fornecer opções diferenciadas de brinquedos de alta qualidade para crianças de todas as idades. Quando começou, ela despertou o interesse por utilizar estratégias de marketing e promoções singulares. O mercado de brinquedos é altamente competitivo. As grandes cadeias de lojas como Walmart e Target oferecem brinquedos a preços muito baixos. É difícil encontrar a melhor estratégia para se manter competitivo neste setor, como a FAO Schwarz descobriu ao decretar falência após 143 anos no mercado de brinquedos.

Este plug-in apresenta fundamentos básicos de negócios a partir das três estruturas de negócios mais comuns – empresa individual, sociedades e companhia aberta. Em seguida, concentra-se nas operações internas de uma empresa, incluindo contabilidade, finanças, recursos humanos, vendas, marketing, operações/produção e sistemas de informação para gestão.

Tipos de empresa

Empresas podem assumir as mais variadas formas e tamanhos, e existem para vender produtos ou prestar serviços. As empresas têm lucros ou prejuízos. O *lucro* ocorre quando as empresas vendem produtos ou serviços por mais do que seu custo de produção. O *prejuízo* ocorre quando as empresas vendem produtos ou serviços por menos do que seu custo de produção. As empresas normalmente se organizam em três tipos principais:

1. Empresa individual
2. Sociedades
3. Companhia aberta (corporação)

EMPRESA INDIVIDUAL

A *empresa individual* é aquela em que uma única pessoa é proprietária exclusiva e é pessoalmente responsável por todos os lucros e prejuízos do negócio. A empresa individual é a maneira mais rápida e fácil de criar uma operação de negócios; dependendo do lugar, é possível abrir uma empresa individual com um pouco mais do que uma licença de negócios – por isso, existem mais empresas individuais do que outros tipos de negócios. No Brasil, dois tipos comuns são Microempreendedor Individual (MEI) e Empresa Individual de Responsabilidade Limitada (EIRELI).

SOCIEDADE

As *sociedades* são semelhantes às empresas individuais, exceto pelo fato de que sua estrutura legal permite que haja dois ou mais proprietários (sócio). Cada sócio é pessoalmente responsável por todos os lucros e prejuízos da empresa. Assim como para a empresa individual, iniciar uma sociedade é relativamente fácil, mas é aconselhável solicitar que um advogado redija o contrato social. O *contrato social* é um acordo legal entre os sócios de negócios que descreve os principais objetivos da sociedade, os deveres e as responsabilidades de cada sócio, entre outras informações, e deve ser registrado nas devidas instâncias oficiais. Os principais tipos de sociedade são:

Sociedade em nome coletivo

É constituída apenas por pessoas físicas e todos os sócios respondem pelas obrigações sociais de forma solidária e ilimitada. A responsabilidade dos sócios é entre eles e perante terceiros. A administração da sociedade é exclusiva dos sócios.

Sociedade limitada

O *capital social* divide-se em quotas, cabendo uma ou diversas quotas para cada sócio. Assim, a responsabilidade de cada sócio é restrita ao valor de suas quotas, e todos respondem por sua parcela no capital social de forma solidária. A administração é de uma ou mais pessoas designadas, e pode ser feita por não sócio.

Sociedade anônima

O capital se divide em ações, e cada sócio ou acionista tem sua obrigação e responsabilidade limitadas ao valor das ações que sobrescrever ou adquirir. A separação entre propriedade e administração se torna mais definida.

COMPANHIA ABERTA (CORPORAÇÃO)

A companhia aberta (corporação) é o tipo mais sofisticado de entidade de negócios e também o mais comum entre as grandes empresas. A *corporação* é uma entidade jurídica que existe separada e independentemente das pessoas físicas que a criaram e realizam suas operações. Em uma corporação, a entidade empresarial é separada dos proprietários do negócio, e acionistas e administradores formam grupos separados. *Acionista* é outro termo para se referir aos empresários. Uma vantagem da corporação como forma de negócio é que ela dá responsabilidade limitada aos acionistas. **Responsabilidade limitada** significa que os acionistas não são pessoalmente responsáveis pelos prejuízos sofridos pela corporação. Na maioria dos casos, as perdas financeiras de uma empresa são limitadas aos ativos da corporação. Bens pessoais dos acionistas, como suas casas ou seus investimentos, não podem ser reivindicados para saldar dívidas ou prejuízos da corporação.

Há dois tipos gerais de corporação – com e sem fins lucrativos. As ***corporações com fins lucrativos*** se concentram principalmente em ganhar dinheiro, e todos os lucros e prejuízos são compartilhados por seus proprietários. As ***corporações sem fins lucrativos*** existem normalmente para fins filantrópicos, humanitários ou educacionais, e os lucros e prejuízos não são compartilhados pelos proprietários. Doações para as empresas sem fins lucrativos podem ser dedutíveis para o doador. Alguns tipos comuns de corporações sem fins lucrativos são hospitais, faculdades, universidades e fundações.

Eleanor Josaitis é uma mulher pequena de 72 anos de idade, cofundadora do grupo Focus: Hope de Detroit para defesa dos direitos civis: A Focus: HOPE, fundada em 1968, começou como um programa de alimentação para gestantes, mães de bebês e seus filhos. Josaitis transformou a organização sem fins lucrativos que funcionava em um porão, conduzida por alguns amigos, em um amplo campus de 40 acres em Detroit, que hoje emprega mais de 500 pessoas, tem mais de 50 mil voluntários e doadores e já ajudou mais de 30 mil pessoas a encontrarem empregos remunerados.

Josaitis e sua equipe criaram uma escola técnica para ajudar os candidatos a emprego a obter certificações em suporte de TI. Eles conduzem um programa de treinamento de maquinistas que direciona pessoas para o emprego em empresas automotivas locais. A organização também colabora com universidades locais para ajudar alunos desfavorecidos a receberem educação universitária, além de manter uma creche para garantir que todas essas oportunidades estejam disponíveis para pais que trabalham e para famílias monoparentais. Josaitis afirma que o ato mais corajoso de sua vida ocorreu há 36 anos, quando ela desligou a televisão, levantou-se do sofá e decidiu fazer algo. "Você tem que ter a coragem de tentar algo, pois não vai mudar nada sentado em frente à TV com o controle remoto na mão", disse ela.

Formar uma corporação em geral inclui muitas taxas, e os proprietários devem registrar um estatuto social em seu respectivo estado. Um estatuto social inclui:

- Objetivo da corporação pretendida.
- Nomes e endereços dos incorporadores.
- Quantidade e tipos de ação que a corporação será autorizada a emitir.
- Direitos e privilégios dos acionistas.

A razão mais comum para arcar com o custo de criar uma corporação é o reconhecimento de que o acionista não é legalmente responsável pelas ações da corporação. A Figura G1.1 mostra as principais razões pelas quais empresas optam pela incorporação.

FIGURA G1.1
Razões pelas quais empresas optam pela incorporação.

	Razões pelas quais empresas optam pela incorporação
Responsabilidade limitada	Na maioria dos casos, perdas financeiras ou sentenças contra uma corporação limitam-se aos bens de propriedade da corporação.
Vida ilimitada	Ao contrário das sociedades e das sociedades unipessoais, a vida da corporação não depende da vida de um ou mais indivíduos em particular. Ela pode continuar indefinidamente até que cumpra seu objetivo, funda-se com outra empresa, ou vá à falência. Salvo disposição em contrário, ela pode existir por tempo ilimitado.
Transmissibilidade das ações	É fácil vender, transferir ou doar a participação acionária em uma corporação para outra pessoa. O processo de desinvestimento de sociedades e sociedades unipessoais pode ser complicado e caro. É necessário renomear a propriedade, elaborar novos instrumentos e tomar outras medidas administrativas sempre que ocorre qualquer pequena mudança na propriedade. Com uma corporação, todos os direitos e privilégios dos proprietários individuais são representados pelas ações que possuem. As corporações podem rapidamente transferir propriedade solicitando que os acionistas endossem o verso de cada certificado de ações para outra parte.
Capacidade de obtenção de capital de investimento	É fácil atrair novos investidores para uma entidade corporativa por causa da responsabilidade limitada e da possibilidade de transferir a propriedade facilmente.

	Empresa individual	Sociedade	Companhia aberta
Licenciamento	Licença local	Contrato social, registro em cartório ou junta comercial	Estatuto social, registro em cartório ou junta comercial
Renda	Fluxos de negócios diretamente para a renda pessoal	Distribuições realizadas pelos sócios, conforme acordado pelos sócios	Ganhos pessoais e empresariais separados, dependendo da estrutura corporativa
Responsabilidade	O proprietário é responsável	Os proprietários são responsáveis	Apenas a empresa é responsável

FIGURA G1.2
Comparação das estruturas de negócios.

Operações internas de uma corporação

A maioria das corporações utiliza diferentes departamentos especializados para realizar as operações específicas necessárias para administrar uma empresa. Esses departamentos geralmente incluem contabilidade, finanças, recursos humanos, vendas, marketing, operações/produção e sistemas de informação para gestão (ver Figura G1.3).

OA 2 Listar e descrever os sete departamentos comumente encontrados na maioria das organizações.

Contabilidade

O *departamento de contabilidade* fornece informações quantitativas sobre as finanças da empresa, incluindo registro, medição e descrição de informações financeiras. As pessoas tendem a usar os termos contabilidade e escrituração como sinônimos; no entanto, os dois são diferentes. *Escrituração* é o registro real das transações da empresa, sem qualquer análise das informações. A *contabilidade* analisa as informações sobre transações da empresa para que os proprietários e investidores possam tomar decisões econômicas seguras.

Os dois principais tipos de contabilidade são financeira e de gestão. A *contabilidade financeira* envolve a preparação de relatórios financeiros que fornecem informações sobre o desempenho da empresa para partes externas, como investidores, credores e autoridades fiscais. A contabilidade financeira deve seguir diretrizes rígidas conhecidas como Princípios contábeis geralmente aceitos (GAAP – Generally Accepted Accounting Principles). A *contabilidade gerencial* envolve a análise de operações de negócios para a tomada de decisões internas e não tem de seguir regras estabelecidas por órgãos normativos, como a GAAP.

DEMONSTRAÇÕES FINANCEIRAS

Todas as empresas operam usando o mesmo elemento básico, a transação. Uma *transação* é a troca ou transferência de bens, serviços ou recursos que envolve duas ou mais pessoas. Cada vez que uma transação ocorre, um documento-fonte registra todos os dados fundamentais envolvidos na transação. Esse documento descreve os dados básicos de transações, como data, propósito e valor, e inclui receitas de caixa, cheques cancelados, faturas, restituições ao cliente, folha de ponto dos funcionários, etc. O documento-fonte é a etapa inicial para

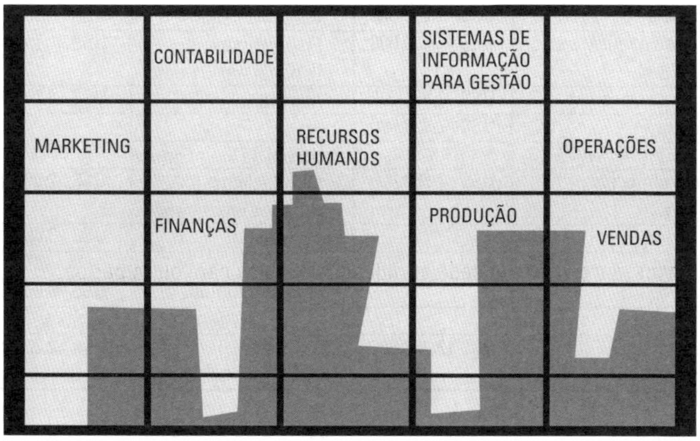

FIGURA G1.3
Estrutura departamental de uma organização típica.

o processo de contabilidade e serve como prova de que ocorreu a transação. **Demonstrações financeiras** são os registros escritos da situação financeira da empresa que permitem que as partes interessadas avaliem a rentabilidade e solvência da empresa. **Solvência** significa a capacidade da empresa de pagar suas contas e pagar sua dívida. As demonstrações financeiras são o produto final da análise das transações de uma empresa pelo contador. A preparação de demonstrações financeiras é uma tarefa de grandes proporções e requer muito esforço. As demonstrações financeiras devem ser compreensíveis, oportunas, relevantes, justas e objetivas para que possam ser úteis. Os quatro principais tipos de demonstração financeira são:

- Balanço.
- Demonstração de resultados.
- Declaração de patrimônio líquido.
- Demonstração do fluxo de caixa.

Balanço

O **balanço** apresenta um quadro contabilístico da propriedade de uma empresa e de reivindicações sobre tal propriedade em uma data específica. O balanço é baseado no princípio contabilístico fundamental de que ativos = passivos + patrimônio líquido. Um **ativo** é qualquer posse que tenha valor ou potencial de gerar ganhos. Um **passivo** é uma obrigação de fazer pagamentos financeiros. O **patrimônio líquido** é a parcela da empresa pertencente aos proprietários. O lado esquerdo (débito) de um balanço lista os ativos. O lado direito (crédito) mostra os passivos e o patrimônio dos proprietários. Os dois lados devem ser iguais (estar em equilíbrio). O balanço é como um instantâneo da situação de um indivíduo ou empresa em determinado momento (ver Figura G1.4).

Demonstração de resultados

A **demonstração de resultados** (também conhecida como **relatório de lucro, relatório de operações e relatório de lucros e perdas (P&L)** apresenta os resultados operacionais (receitas menos despesas) para determinado período que termina em uma data específica. **Receita** refere-se ao valor recebido em função da entrega ou fabricação de um produto ou da prestação de um serviço. A receita pode incluir as vendas de um produto ou um montante recebido pela realização de um serviço. **Despesas** refere-se aos custos de operação e manutenção de um negócio. A demonstração de resultados divulga o **lucro líquido** de uma empresa, ou a quantidade de dinheiro que resta após o pagamento de impostos (ver Figura G1.5).

Declaração de patrimônio líquido

A **declaração de patrimônio líquido** (também chamada de **demonstração de lucros acumulados** ou de **declaração de equivalência patrimonial**) acompanha e comunica mudanças nos ganhos do acionista. Organizações lucrativas normalmente pagam dividendos aos acionistas. Os **dividendos** são uma distribuição de lucros aos acionistas.

FIGURA G1.4
Exemplo de balanço.

ATIVOS		PASSIVOS	
Ativo circulante		**Passivo circulante**	
Dinheiro	US$ 250.000	Contas a pagar	US$ 150.000
Valores mobiliários	US$ 30.000	Empréstimos (a pagar em < 1 ano)	US$ 750.000
Contas a receber	US$ 1.500.000	Impostos	US$ 200.000
Inventário	US$ 2.920.000		
		Passivos de longo prazo	
Ativo imobilizado	US$ 7.500.000	Empréstimos (a pagar em > 1 ano)	US$ 2.500.000
		Passivo total	US$ 3.600.000
		Patrimônio líquido	US$ 8.600.000
Ativo total	US$ 12.200.000	**Passivo total + Patrimônio líquido**	US$ 12.200.000

ATIVOS = PASSIVOS + PATRIMÔNIO LÍQUIDO

Demonstração do fluxo de caixa

O fluxo de caixa representa o dinheiro que um investimento produz depois da subtração das despesas de caixa da renda. A ***demonstração do fluxo de caixa*** resume fontes e usos de dinheiro, indica se há dinheiro suficiente disponível para dar continuidade às operações de rotina e oferece uma análise de todas as transações comerciais, gerando um relatório das fontes do dinheiro da empresa e de como ela optou por alocá-lo. A demonstração do fluxo de caixa mostra de onde o dinheiro vem, como a empresa vai gastá-lo e quando vai precisar de mais dinheiro. As empresas costumam projetar fluxos de caixa mensalmente para o ano corrente e trimestralmente para dois a cinco anos seguintes. Um ***trimestre financeiro*** refere-se a um período de três meses (quatro trimestres por ano). As demonstrações do fluxo de caixa tornam-se menos confiáveis ao longo do tempo, pois inúmeras suposições são necessárias para projetar o futuro.

Demonstração de resultados	
Receita (Vendas)	US$ 60.000.000
Custo dos produtos vendidos	US$ 30.000.000
Lucro bruto	**US$ 30.000.000**
(Vendas – custo dos produtos vendidos)	
Despesas operacionais	US$ 7.000.000
Lucro antes dos impostos	**US$ 23.000.000**
(Lucro bruto – despesas operacionais)	
Impostos	US$ 18.000.000
Lucro líquido (ou prejuízo)	**US$ 5.000.000**

FIGURA G1.5
Exemplo de demonstração de resultados.

Quando o objetivo é diminuir as despesas e gerenciar o fluxo de caixa de uma empresa, os gestores precisam analisar todos os custos. Ben Worthen, vice-presidente executivo e CIO do Manufacturers Bank em Los Angeles, afirma que todos percebem a negociação de milhões de dólares; no entanto, alguns milhares de dólares aqui e ali têm a mesma importância. Ao tentar cortar custos, Worthen listou todos os contratos que o banco tinha. Ele economizou US$ 5 mil renegociando um contrato com o fornecedor que regava suas plantas, um fornecedor que a maioria dos funcionários nem sabia que existia. Ele também economizou US$ 50 mil renegociando o contrato com a empresa que fazia a higienização do banco. "É preciso pensar em tudo ao cortar custos", disse Worthen. "A quantia de US$ 5 mil é suficiente para comprar três ou quatro laptops para o pessoal de vendas".

Finanças

O ***setor de finanças*** trata das questões financeiras estratégicas associadas ao aumento do valor da empresa, respeitando as leis aplicáveis e responsabilidades sociais. As decisões financeiras incluem, por exemplo:

- Como a empresa deve arrecadar e gastar seu capital.
- Onde a empresa deve investir seu dinheiro.
- Que parte dos lucros será paga aos acionistas na forma de dividendos.
- Se a empresa deve ou não se fundir com outra ou adquirir outra empresa.

As decisões financeiras podem ser de curto prazo (geralmente até um ano), médio prazo (1-7 anos) ou longo prazo (mais de sete anos). Os tipos mais comuns de financiamento incluem empréstimos (dívida ou patrimônio) ou subvenções. O financiamento pode ser necessário para uso imediato em operações de negócios ou para um investimento.

ANÁLISE FINANCEIRA

São utilizados diferentes índices financeiros para avaliar o desempenho de uma empresa. As empresas podem obter esclarecimentos adicionais sobre seu desempenho, comparando seus índices financeiros aos de outras empresas do próprio setor. Alguns dos índices financeiros mais comuns incluem:

- **Taxa interna de retorno (TIR)** – taxa na qual o valor líquido atual de um investimento é igual a zero.
- **Retorno sobre o investimento (ROI)** – indica a rentabilidade de um projeto e é medido por meio da divisão dos benefícios de um projeto pelo investimento.
- **Análise de fluxo de caixa** – meio para realizar uma verificação periódica da saúde financeira da empresa. Uma demonstração projetada do fluxo de caixa estima como será o fluxo de dinheiro nos próximos meses ou anos, de acordo com o histórico de vendas e despesas. Uma demonstração mensal do fluxo de caixa revela o estado de coisas atual.

PONTO DE EQUILÍBRIO

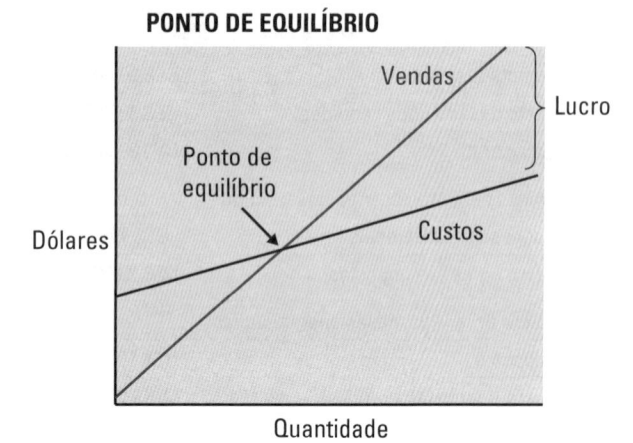

FIGURA G1.6
Análise do ponto de equilíbrio.

A capacidade de executar uma análise de fluxo de caixa é uma habilidade essencial para todos os proprietários de negócios. Pode representar a diferença entre abrir um negócio e conseguir permanecer nele.

- **Análise do ponto de equilíbrio** – modo de determinar o volume de negócios necessário para ter lucro com os preços atuais cobrados por produtos ou serviços. Por exemplo, se o serviço de mala direta custa US$ 1 mil e cada item gera US$ 50 em receita, a empresa deve gerar 20 vendas para equilibrar e cobrir o custo de envio. O *ponto de equilíbrio* é o ponto no qual as receitas e as despesas são equivalentes. O ponto é localizado por meio da realização de uma análise de ponto de equilíbrio. Todas as vendas ao longo do ponto de equilíbrio produzem lucros; qualquer queda nas vendas abaixo desse ponto vai resultar em perdas (ver Figura G1.6).

Recursos humanos

Recursos Humanos (RH) inclui as políticas, os planos e os procedimentos para a administração eficiente dos funcionários (os recursos humanos). O RH normalmente trata do seguinte:

- Recrutamento de funcionários.
- Seleção de funcionários.
- Treinamento e qualificação de funcionários.
- Avaliações e premiações de funcionários.
- Comunicação com funcionários.

O principal objetivo do HR é incutir comprometimento nos funcionários, criando um ambiente de valores compartilhados, inovação, flexibilidade e autonomia. A maioria das organizações reconhece que o foco em sólidas práticas de RH que promovem o crescimento e a satisfação dos funcionários pode contribuir significativamente para o sucesso empresarial. A maneira mais óbvia pela qual as práticas de RH criam o sucesso dos negócios é por meio da seleção de funcionários de qualidade. A contratação do empregado certo, que combina com a cultura da empresa, é tarefa difícil. As organizações criam valor de funcionário por meio da implementação de práticas de trabalho, como treinamento, desenvolvimento de habilidades e premiações. Uma organização que se concentra em RH cria empregados valiosos, com competências de negócios estratégicas.

TÉCNICAS DE GERENCIAMENTO

Talvez não exista uma "melhor prática" para o gerenciamento de pessoal. São utilizadas várias técnicas de gerenciamento pelos diferentes tipos de gerentes de várias espécies de indústrias. Por exemplo, a Sears e a Nordstrom são lendas na indústria de varejo; no entanto, suas abordagens de RH são completamente diferentes. A Sears é uma das empresas pioneiras na ciência da seleção de funcionários, contando com alguns dos testes de seleção mais sofisticados da indústria americana. Os funcionários da Sears recebem treinamento intensivo sobre as práticas da empresa. A administração controla as atitudes e o comportamento dos funcionários com inspeções laborais frequentes e rigorosas. A empresa fornece a seus representantes de vendas, que recebem preferencialmente um salário em vez de comissões, treinamento intensivo sobre produtos da Sears, os sistemas operacionais da empresa e técnicas de vendas.

A Nordstrom opera basicamente sem práticas de pessoal formais. Sua contratação é descentralizada, sem utilizar testes de seleção formais. Os gerentes procuram candidatos com experiência em contato com o cliente, mas a principal qualidade desejável parece ser ter uma personalidade agradável e motivação. A empresa tem apenas uma regra no seu manual de pessoal: "Use o bom senso em todos os momentos". Vendedores individuais administram suas áreas praticamente como se fossem lojas particulares. A Nordstrom mantém um fluxo contínuo de programas para motivar os funcionários a prestar serviços intensivos, mas oferece muito pouco treinamento. Seu sistema de folha de pagamento baseado em comissões torna possível aos vendedores receberem rendimentos consideráveis. O pessoal de vendas da Nordstrom é classificado em cada departamento de acordo com suas vendas mensais. Os mais bem-sucedidos são promovidos (quase todos os gerentes são promovidos a partir de quadros da empresa) e os menos bem-sucedidos têm seus contratos encerrados.

A Sears e a Nordstrom são varejistas de grande sucesso, mas operam utilizando políticas de recrutamento muito diferentes. Um dos maiores fatores de sucesso para qualquer negócio é o gerenciamento e o pessoal da empresa. Os funcionários devem possuir certas habilidades críticas para a empresa ter sucesso. O departamento de RH assume a importante missão de treinar, contratar, avaliar, recompensar e demitir funcionários. O RH eficaz vai muito além da execução de um conjunto padrão de políticas e procedimentos: exige questionar e compreender as relações entre as escolhas no gerenciamento de pessoal, as estratégias e objetivos da organização e as possibilidades apresentadas pelo ambiente externo. O ambiente competitivo de hoje mostra rápidas mudanças tecnológicas, mercados cada vez mais globais e uma força de trabalho diversificada que inclui não apenas homens e mulheres com diferentes tipos de objetivos na carreira, mas também potenciais trabalhadores de diversas origens étnicas e culturais. O RH deve garantir que as escolhas feitas no gerenciamento de pessoal sejam sensatas e com claros propósitos em mente.

Vendas

Vendas é a função de vender uma mercadoria ou serviço e focar em aumentar a venda para o cliente, o que aumenta as receitas da companhia. O vendedor tem como atividade principal a venda de um produto ou serviço. Muitos setores exigem uma licença para que um vendedor possa vender produtos como imóveis, seguros e títulos.

Uma noção comum sobre o departamento de vendas é considerar os vendedores interessados apenas em ganhar no momento de efetuar a venda, sem qualquer relação com o custo da venda para o negócio. Isso é chamado de venda agressiva (*hard sell*), na qual o vendedor pressiona fortemente pela venda de um produto (mesmo quando o cliente não deseja o produto) e na qual a redução dos preços é obrigatória, mesmo que cause prejuízos financeiros para a empresa. Uma visão mais ampla do departamento de vendas considera esse tipo de venda como a instância que assume a tarefa de estabelecer relacionamentos sólidos com clientes, em que a ênfase principal está na obtenção de novos clientes e na manutenção da satisfação dos clientes atuais. Muitos departamentos de vendas estão atualmente se concentrando em estabelecer os relacionamentos sólidos com os clientes.

O PROCESSO DE VENDAS

A Figura G1.7 mostra o típico processo de vendas, que começa com uma oportunidade e termina com o faturamento ao cliente pela venda. Oportunidade é o nome para um cliente em potencial que pode estar interessado em realizar uma compra (oportunidades são também chamadas de *leads*). A empresa encontra oportunidades a partir de várias fontes, como listas de discussão e consultas a clientes. O nome é enviado para um vendedor, que entra em contato com o cliente em potencial e marca uma reunião para falar sobre os produtos. Durante a reunião, todos os problemas e dúvidas são identificados e resolvidos, e o vendedor mostra uma cotação para o cliente. Se o cliente decidir aceitar a proposta, é gerada uma ordem de vendas. A empresa atende à ordem e entrega o produto, e o processo termina quando o cliente é cobrado.

PARTICIPAÇÃO DE MERCADO

Os números de vendas oferecem uma boa indicação do nível de qualidade com que a empresa está desempenhando sua tarefa. Por exemplo, um alto volume de vendas geralmente indica que a empresa tem um bom desempenho. No entanto, isso nem sempre indica como é o desempenho da empresa em comparação com o de suas concorrentes. Por exemplo, mudanças nas vendas podem apenas refletir mudanças no tamanho do mercado ou nas

Processo de vendas

Oportunidade gerada → Lead enviado ao vendedor → Cliente em potencial contatado → Reunião com o cliente em potencial → Problemas e soluções identificados → Cotação de vendas ao consumidor gerada → Ordem de venda encaminhada → Ordem atendida → Fatura enviada ao cliente

FIGURA G1.7
O processo de vendas.

condições econômicas. Um aumento de vendas pode ocorrer porque o mercado cresceu em tamanho, não porque o desempenho da empresa está melhor.

Medir a proporção do mercado que uma empresa domina é uma forma de medir o desempenho relativo da empresa em relação às suas concorrentes. Essa proporção é a participação da empresa no mercado e é calculada dividindo-se as vendas da empresa pelas vendas totais do mercado para todo o setor. Por exemplo, se o total de vendas de uma empresa (receitas) foram de US$ 2 milhões e as vendas para todo o setor foram de US$ 10 milhões, a empresa teria capturado 20% do mercado total, ou uma participação de mercado de 20%.

Muitos videogames são lançados com grande entusiasmo e sofrem uma morte rápida, como o GameGear e o DreamCast da Sega, o Lynx da Atari e o Virtual Boy da Nintendo. Consoles de videogame desaparecem rapidamente quando apenas um número limitado de fabricantes de jogos decide fornecer jogos para aquele produto específico. A produção de videogames é um negócio difícil e competitivo em um mercado exigente.

Razões para aumentar a participação de mercado

Muitas organizações procuram aumentar a sua participação de mercado porque muitas pessoas associam a participação de mercado com rentabilidade. A Figura G1.8 indica as principais razões pelas quais as organizações procuram aumentar a sua participação de mercado.

FIGURA G1.8
Razões para aumentar a participação de mercado.

Razões para aumentar a participação de mercado
Economias de escala – Uma organização pode desenvolver uma vantagem de custos com a venda de produtos adicionais ou de volumes maiores.
Crescimento das vendas em um setor estagnado – Se um setor para de crescer, a organização pode aumentar suas vendas, aumentando a sua participação de mercado.
Reputação – Uma organização de sucesso com reputação sólida pode usar sua influência para ter vantagem.
Maior poder de barganha – Organizações maiores têm vantagem na negociação com fornecedores e distribuidores.

Modos de aumentar a participação de mercado
Produto – Uma organização pode mudar os atributos do produto para oferecer mais valor para o cliente. Melhorar a qualidade do produto é um exemplo.
Preço – A organização pode diminuir preço de um produto para aumentar as vendas. Essa estratégia não vai funcionar se os concorrentes estiverem dispostos a conceder os mesmos descontos.
Praça (Distribuição) – A organização pode acrescentar novos canais de distribuição. Isso permite que ela aumente o tamanho de seu mercado, o que deve aumentar as vendas.
Promoção – A organização pode aumentar os gastos em publicidade do produto, o que deve aumentar as vendas. Essa estratégia não vai funcionar se os concorrentes fizerem a mesma coisa.

FIGURA G1.9
Modos de aumentar a participação de mercado.

Razões para não aumentar a participação de mercado
Se a organização está próxima de seu limite de produção e obtém aumento na participação de mercado, isso pode fazer a sua oferta ficar abaixo da sua demanda. Não conseguir fornecer produtos para atender à demanda poderá prejudicar a reputação da organização.
Os lucros podem diminuir se uma organização obtiver participação de mercado oferecendo descontos ou pelo aumento da quantia gasta em publicidade.
Se a organização não estiver preparada para lidar com o novo crescimento, ela pode começar a oferecer produtos de má qualidade ou piores serviços ao cliente. Isso pode resultar na perda de reputação profissional e de clientes valiosos.

FIGURA G1.10
Razões para não aumentar a participação de mercado.

Modos de aumentar a participação de mercado

A principal forma de aumentar a participação de mercado é mudar uma das seguintes variáveis: produto, preço, praça, ou promoção (ver Figura G1.9). É comum referir-se a essas quatro variáveis como composto de marketing (*marketing mix*), discutido em detalhes a seguir.

Razões para não aumentar a participação de mercado

Surpreendentemente, nem sempre é uma boa ideia aumentar a participação de mercado de uma organização. A Figura G1.10 mostra algumas razões pelas quais aumentar a participação de mercado de uma organização pode acabar diminuindo suas receitas.

Marketing

Marketing é o processo associado à promoção de vendas de mercadorias ou serviços. O departamento de marketing dá apoio ao departamento de vendas, criando promoções que ajudam na venda dos produtos da companhia. A **comunicação de marketing** procura criar a percepção de produtos ou serviços e educar consumidores em potencial quanto a esse produto ou serviço.

Jenny Ming, presidente da Old Navy, uma divisão da Gap Inc., acredita que as ideias de marketing exclusivas para os designs originais da Old Navy contribuíram fortemente para o sucesso da marca de US$ 6,5 bilhões. As ideias vêm de qualquer lugar, e Ming encontrou um dos produtos mais bem-sucedidos da empresa quando estava deixando a filha na escola. Era o dia do pijama na escola, e todas as meninas estavam usando calças de pijama com um top. Ming começou a imaginar por que a empresa criava e vendia a parte de cima dos pijamas, já que ninguém parecia usá-las. A empresa, que estava com problemas para vender conjuntos de pijama, rapidamente introduziu a *"just bottoms"* (apenas a parte de baixo), uma linha de calças de pijama vendidas por US$ 15. Um conjunto de pijama completo custa US$ 25. Junto com as calças, a empresa passou a oferecer tops em cores variadas para que cada cliente pudesse combinar os itens a seu gosto. A empresa desenvolveu um grande negócio a partir da linha *"just bottoms"*. Ming incentiva sua equipe a buscar oportunidades de marketing e produtos em todos os lugares, mesmo no mais improvável deles.

COMPOSTO DE MARKETING

Os componentes clássicos de marketing incluem os quatro Ps do composto de marketing: produto, preço, praça e promoção. O *composto de marketing* (*marketing mix*) inclui as variáveis que os gerentes de marketing podem controlar com o objetivo de melhor satisfazer os consumidores do mercado-alvo (ver Figura G1.11). A organização tenta gerar uma resposta positiva no mercado-alvo, combinando essas quatro variáveis do composto de marketing da melhor forma possível.

A Figura G1.12 resume os principais atributos envolvidos em cada decisão tomada no composto de marketing.

FIGURA G1.11
O composto de marketing.

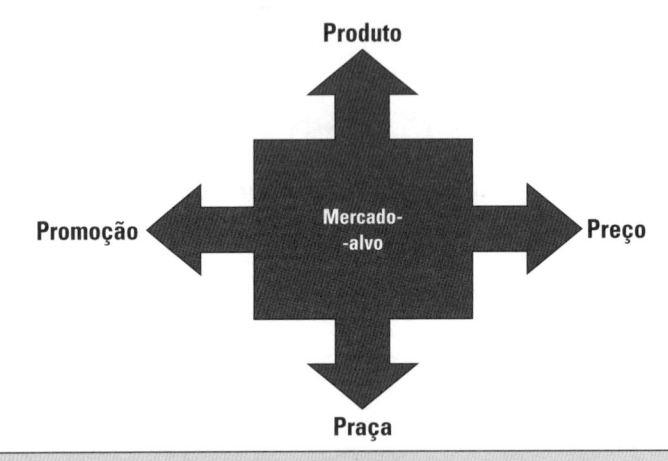

1. **Produto** – O produto físico ou serviço oferecido ao consumidor. Decisões de produto incluem função, aparência, embalagem, assistência, garantia, etc.

2. **Preço** – Leva em conta as margens de lucro e os preços do concorrente. Os preços incluem preço de tabela, descontos, financiamento e outras opções, como leasing.

3. **Praça** (distribuição) – Associada aos canais de distribuição que servem como meio para levar o produto até os clientes-alvo. Os atributos envolvidos nas decisões de praça incluem cobertura de mercado, escolha de participantes dos canais (de distribuição), logística e níveis de assistência.

4. **Promoção** – Relacionada a comunicação e venda aos consumidores em potencial. Uma organização pode realizar uma análise de ponto de equilíbrio na tomada de decisões sobre a promoção. Se uma organização sabe o valor de cada cliente, ela pode determinar se os clientes adicionais valem o custo de aquisição. Os atributos envolvidos nas decisões de promoção envolvem publicidade, relações públicas, tipos de mídia, etc.

FIGURA G1.12
Atributos comuns envolvidos com cada "P" do composto de marketing.

Produto	Preço	Praça (Distribuição)	Promoção
Qualidade	Desconto	Canal	Propaganda
Marca	Financiamento	Mercado	Vendas
Aparência	Leasing	Praça	Relações públicas
Embalagem		Logística	Mensagem de marketing
Função		Nível de assistência	Tipo de mídia
Garantia			Orçamento
Assistência/suporte			

SEGMENTAÇÃO DO CLIENTE

A **segmentação de mercado** é a divisão de um mercado em grupos similares de consumidores. Nem sempre é o ideal para uma organização oferecer o mesmo composto de marketing para clientes muito diferentes. A segmentação do mercado possibilita que as organizações adequem o composto de marketing para mercados-alvo específicos, proporcionando, assim, maior satisfação das necessidades de seus clientes. Nem todos os atributos do composto de marketing precisam ser alterados para cada segmento de mercado. Por exemplo, um segmento de mercado pode exigir um preço com desconto, enquanto outro pode exigir melhor serviço ao cliente. A organização utiliza pesquisa de marketing, tendências de mercado e decisões gerenciais ao decidir a melhor forma de segmentar o mercado. A segmentação de mercado geralmente inclui:

- **Segmentação geográfica** – com base em variáveis regionais, como região, clima, densidade populacional e taxa de crescimento populacional.
- **Segmentação demográfica** – com base em variáveis como idade, sexo, etnia, educação, ocupação, renda e condição familiar.
- **Segmentação psicográfica** – com base em variáveis como valores, atitudes e estilos de vida.
- **Segmentação comportamental** – com base em variáveis como taxa de utilização, padrões de uso, sensibilidade ao preço e fidelidade à marca.

CICLO DE VIDA DO PRODUTO

O **ciclo de vida do produto** engloba as quatro fases pelas quais passa o produto durante seu ciclo de vida, incluindo lançamento, crescimento, maturidade e declínio. O marketing do produto de uma organização vai mudar dependendo de seu estágio no ciclo de vida do produto. A organização pode traçar os lucros de um produto em função de seu ciclo de vida (ver figura G1.13).

Operações/produção

A **gestão de operações** (também chamada de **gerenciamento de produção**) é o gerenciamento de sistemas ou processos que converte ou transforma os recursos (incluindo os recursos humanos) em produtos e serviços. O departamento de operações supervisiona a transformação de recursos de entrada (ou seja, de trabalho, materiais e máquinas) em recursos de saída (produtos e serviços). O departamento de operações é fundamental porque gerencia os processos físicos pelos quais as empresas obtêm matérias-primas, convertem-nas em produtos e os distribuem aos clientes. O departamento de operações geralmente recebe grandes responsabilidades de gerenciamento geral.

A TRANSFORMAÇÃO DE CORPORAÇÕES

A completa transformação de uma organização, ou de todo um setor, é o objetivo final de reestruturação de processos de negócios bem-sucedida. A Figura G1.14 mostra uma matriz que tem o escopo de projeto sobre um eixo e a velocidade de projeto sobre o outro. Para um projeto com um escopo relativamente estreito, em que a velocidade é rápida, ocorre a reestruturação. Velocidade rápida com amplo escopo pode ser uma situação de *turnaround*, exigindo downsizing e difíceis tomadas de decisão. Um projeto com velocidade relativamente lenta e escopo limitado resulta em melhoria contínua. No canto direito superior da Figura G1.14, onde o escopo do projeto é amplo e o prazo para alcançar essa mudança é mais longo, o termo *transformação* é apropriado.

A Progressive Insurance oferece um ótimo exemplo de empresa que transformou todo seu setor por meio da reestruturação do processo de pedido de seguro. A Progressive Insurance percebeu o crescimento fenomenal do costumeiramente calmo mercado de seguros de automóvel. O crescimento da empresa não se deveu a aquisições ou fusões – o tipo de coisa que coloca os CEOs na primeira página do *The Wall Street Journal* –, mas a inovações substanciais em operações diárias. A Progressive reestruturou o processo de

FIGURA G1.13
Ciclo de vida do produto.

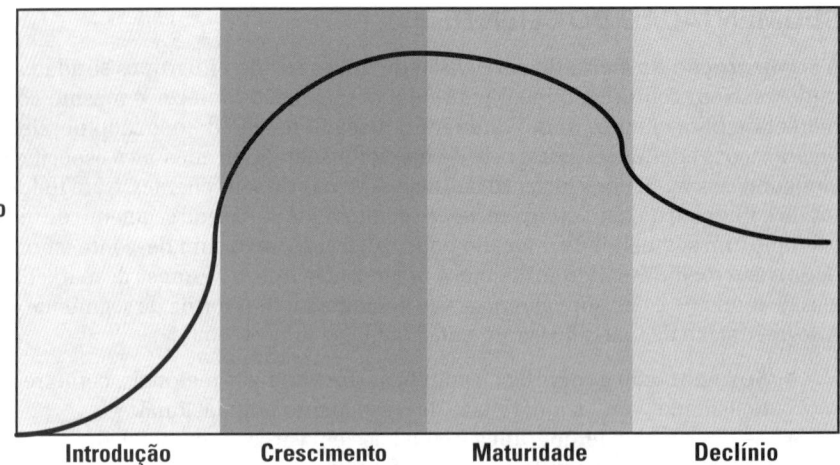

Vendas do produto

Introdução | Crescimento | Maturidade | Declínio

- **Fase de introdução** – A organização busca tornar o produto conhecido e desenvolver o mercado do produto. Ela vai usar o auxílio do composto de marketing para causar impacto no mercado-alvo. São estabelecidos o branding do produto e o nível de qualidade.

- **Fase de crescimento** – A organização busca estabelecer a preferência pela marca e aumentar a participação de mercado. Ela mantém ou aumenta a qualidade do produto e pode adicionar recursos ou melhorar o serviço ao cliente. A organização geralmente desfruta de aumentos na demanda com pouca concorrência, permitindo que o preço se mantenha constante.

- **Fase de maturidade** – Há diminuição do forte crescimento das vendas. Começa a surgir concorrência com produtos similares. O principal objetivo nesse momento é defender a participação de mercado, maximizando os lucros. Algumas empresas aprimoram as características do produto para diferenciá-lo no mercado.

- **Fase de declínio** – As vendas começam a cair. Nesse momento, a organização tem várias opções. Ela pode manter o produto, possivelmente rejuvenescendo-o por meio do acréscimo de novos recursos e da busca por novos usos. Pode reduzir custos e continuar a oferecê-lo, possivelmente para um segmento de nicho fiel. Pode descontinuar o produto, liquidando estoques remanescentes, ou vendê-lo para outra empresa que esteja disposta a continuar as atividades.

reivindicação de seguros. Quando um cliente sofre um acidente de carro, os representantes da Progressive estão disponíveis 24 horas por dia para atender à chamada e agendar a análise do pedido. O analista de sinistros trabalha em um furgão, permitindo que o tempo da tarefa seja de nove horas, em vez do período padrão do setor, que é de 10 a 17 dias. O analista da Progressive prepara uma estimativa no local e, na maioria dos casos, paga ao cliente imediatamente – e ainda oferece uma carona para casa.

O que provocou essa inovação? A Progressive diz que foi a forte ligação que tem com seus clientes, sua vontade de conhecer as frustrações dos consumidores e o bom senso de agir para sanar essas frustrações por meio de mudanças no cerne de suas operações comerciais. Como resultado do *feedback* dos clientes, a empresa não apenas ajustou detalhes do processo de análise de reivindicações; ela refez o processo por completo, o que resultou na significativa redução de custos para a empresa. Mais importante, porém, é que o processo de reivindicações descomplicado mantém os clientes satisfeitos e fiéis, reduzindo a significativa carga de substituição constante de clientes antigos por novos.

FIGURA G1.14
Transformação organizacional por meio da BPR.

Escopo do projeto

Amplo – Achar novas maneiras de executar o processo

Estreito – Achar melhores maneiras de executar o processo

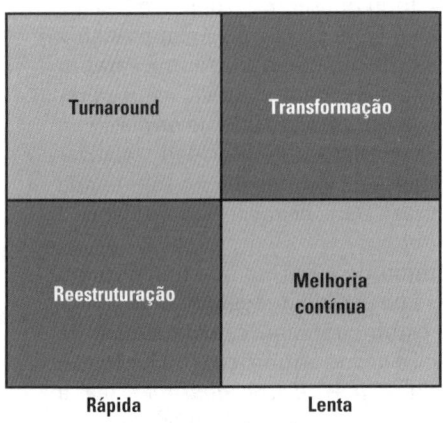

	Rápida	Lenta
Amplo	Turnaround	Transformação
Estreito	Reestruturação	Melhoria contínua

Velocidade do projeto

Sistemas de informação para gestão

A tecnologia da informação (TI) é um campo preocupado com o uso da tecnologia na administração e no processamento da informação. A tecnologia da informação é um assunto amplo que diz respeito à tecnologia e a outros aspectos de gerenciamento e processamento de informações, especialmente em grandes organizações. Em particular, a TI trata do uso de computadores eletrônicos e software de computador para converter, armazenar, proteger, processar, transmitir e recuperar informações. Por essa razão, os profissionais de informática são frequentemente chamados de especialistas em TI, e a divisão que lida com tecnologia de software é muitas vezes chamada de departamento de TI.

Os sistemas de informação para gestão são uma função de negócio assim como o marketing, as finanças, as operações e o gerenciamento de recursos humanos. Oficialmente definido, sistema de informação para gestão empresarial (SIGE) é o nome comum para as funções do negócio e de disciplinas acadêmicas que abrangem a aplicação de pessoas, tecnologias e procedimentos – comumente chamados de sistemas de informação – para resolver problemas de negócios. Outros nomes para SIGE incluem Serviços de Informação (SI), Serviços de Informação de Gestão (SIG) ou Prestador/Fornecedor de Serviços Gerenciados (MSP). Nos negócios, o SIGE fornece suporte a processos de negócio e operações, tomada de decisão e estratégias competitivas. O SIGE envolve coleta, registro, armazenamento e processamento básico de informações, incluindo:

- Registros contábeis como vendas, compra, investimento e informações da folha de pagamento, transformados em demonstrações financeiras, como declarações de renda, balanços patrimoniais, livros contábeis, relatórios gerenciais, entre outros.
- Registro de operações, como estoque, produtos em fabricação, conserto de equipamentos e manutenção, cadeia de fornecimento e outras informações sobre produção/operações, transformadas em escalas de produção, controladores de produção, sistemas de estoque e sistemas de monitoramento de produção.
- Registros de recursos humanos, como pessoal, salário e informações de histórico de trabalho, transformados em relatórios de despesas de funcionários e relatórios de desempenho.
- Registros de marketing, como perfis de clientes, histórico de compras do cliente, pesquisa de marketing, publicidade e outras informações de marketing, transformados em relatórios de publicidade, planos de marketing e relatórios sobre atividades de vendas.
- Registros estratégicos, como inteligência de negócios, análise da concorrência, análise da indústria, objetivos corporativos e outras informações estratégicas, transformados em relatórios de tendências da indústria, relatórios de participação de mercado, declarações de missão e modelos de portfólio.

O ponto principal é que os sistemas de informação para gestão usam todos esses itens para implementar, controlar e monitorar planos, estratégias, táticas, novos produtos, novos modelos de negócios ou novos empreendimentos.

RESUMO DO PLUG-IN

O estudo dos negócios começa com a compreensão dos diferentes tipos de empresas, incluindo sociedades unipessoais, sociedades ou corporações. A Figura G1.15 destaca sete departamentos encontrados em uma empresa típica.

Todos esses departamentos devem conseguir executar atividades específicas à sua função no negócio e também trabalhar com outros departamentos para criar sinergias em todo o negócio.

- **Contabilidade:** fornece informação quantitativa sobre as finanças dos negócios, incluindo registro, medição e descrição das informações financeiras.
- **Finanças:** trata das questões financeiras associadas ao aumento do valor dos negócios, observando as leis e as responsabilidades sociais.
- **Recursos humanos (RH):** inclui as políticas, os planos e os procedimentos para a administração efetiva dos funcionários (os recursos humanos).
- **Vendas:** trata da função de vender uma mercadoria ou serviço e focar em aumentar a venda para o cliente, o que aumenta as receitas da companhia.
- **Marketing:** trata do processo associado à promoção de vendas de mercadorias ou serviços. O departamento de marketing dá apoio ao departamento de vendas, criando promoções que ajudam na venda dos produtos da companhia.
- **Gestão de operações (também chamada de gerenciamento de produção (GO)):** trata do gerenciamento de sistemas ou processos que converte ou transforma os recursos (incluindo os recursos humanos) em produtos e serviços.
- **Sistema de informação para gestão empresarial (SIGE):** nome comum para as funções do negócio de disciplinas acadêmicas que abrangem a aplicação de pessoas, tecnologias e procedimentos – comumente chamados de sistemas de informação – para resolver problemas de negócios.

FIGURA G1.15
Departamentos comuns em uma empresa.

TERMOS-CHAVE

Acionista 323
Ativo 326
Balanço 326
Capital 323
Ciclo de vida do produto 333
Companhia aberta (corporação) 323
Composto de Marketing (*Marketing Mix*) 332
Comunicação de marketing 331
Contabilidade 325
Contabilidade financeira 325
Contabilidade gerencial 325
Contrato social 323
Corporações com fins lucrativos 323
Corporações sem fins lucrativos 323
Declaração de patrimônio líquido (também chamada de demonstração de lucros acumulados ou de declaração de equivalência patrimonial) 326
Demonstração de resultados (também chamada de relatório de lucro, relatório de operações e relatório de lucros e perdas (P&L)) 326
Demonstração do fluxo de caixa 327
Demonstrações financeiras 326
Departamento de contabilidade 325
Despesas 326
Dividendos 326
Empresa Individual 323
Escrituração 325
Finanças 327
Gestão de operações (também chamada de gerenciamento de produção (GO)) 333
Lucro 322
Lucro líquido 326
Marketing 331
Passivo 326
Patrimônio líquido 326
Ponto de equilíbrio 328
Prejuízo 322
Receita 326
Recursos humanos (RH) 328
Responsabilidade limitada 323
Segmentação de mercado 333
Sociedade 323
Sociedade limitada 323
Solvência 326
Transação 325
Trimestre financeiro 327
Vendas 329

CASO DE ENCERRAMENTO 1

Batalha dos brinquedos – a FAO Schwarz está de volta!

O imigrante alemão Frederick Schwarz fundou a FAO Schwarz, uma empresa que comercializava brinquedos de primeira linha, em 1862. Depois de mudar de ponto comercial várias vezes em Manhattan, a empresa em crescimento se estabeleceu no número 745 da Quinta Avenida, em 1931. A FAO Schwarz logo se tornou uma instituição de brinquedos, mesmo com a Depressão iminente.

Infelizmente, a instituição de Nova York fechou suas portas em 2004, depois que sua proprietária, a FAO Inc., entrou com pedido de falência duas vezes em 2003. A empresa teve problemas porque não conseguia competir com os grandes descontos oferecidos sobre o preço dos brinquedos em cadeias de lojas como Walmart e Target. Todas as lojas da cadeia FAO foram fechadas.

Alguns acreditam que a FAO Schwarz foi sua pior inimiga. A empresa vendia bonecos do Vila Sésamo por US$ 9, enquanto o mesmo boneco era vendido em lojas de descontos por menos de US$ 3.

Em 2004, a D.E Shaw & Co., uma empresa de investimentos de Nova York, comprou os direitos sobre o nome FAO Schwarz e reabriu as lojas de Manhattan e Las Vegas. A grande reabertura da loja de Nova York ocorreu em 25 de novembro de 2004, durante o desfile do Dia de Ação de Graças da Macy's. Parece que a empresa aprendeu com seus erros e está avançando com uma nova estratégia de negócios de oferecer brinquedos e produtos de primeira linha e difíceis de encontrar, além do excelente serviço de atendimento ao cliente.

Jerry Welch, diretor executivo da FAO, afirma que a empresa baseou a sua nova estratégia de negócios em oferecer aos clientes – locais, visitantes e virtuais – uma experiência de compra única em que podem gastar milhares de dólares ou apenas vinte, mas ainda assim comprar um item exclusivo. A loja já não vende item algum das grandes fabricantes de brinquedos Hasbro Inc. ou Lego. Os únicos brinquedos da Mattel Inc. que ela vende são Hot Wheels e bonecas Barbie de edição limitada, a partir de US$ 130 pela Barbie noiva com um vestido de casamento assinado pelos designers Badgley e Mischka e brincos *Chandelier*. Entre os itens que a loja oferece, estão os seguintes:

- Carrinho Hot Wheels de US$ 20 feito sob encomenda com design que pode ser projetado pela criança em um computador.
- Ferrari miniatura de US$ 50 mil com interior totalmente em couro, lataria de fibra de vidro, câmbio com três velocidades e sistema de som que atinge até 24 quilômetros por hora e não é recomendada para crianças menores de seis anos.
- Elefante de pelúcia de US$ 15 mil.
- Teclado de US$ 150 mil, com 6,7 metros de comprimento, igual ao que apareceu no filme *Quero ser grande*, com Tom Hanks.
- Bonecas bebês expostas em incubadoras e vendidas por funcionárias vestidas de enfermeiras.

Welch disse: "A FAO é uma marca com 142 anos de idade que, por causa de sua localização na Quinta Avenida, é conhecida por pessoas do mundo inteiro. Então, vamos começar com o grande reconhecimento de que o que fizemos aqui é algo que você simplesmente não vai encontrar em nenhum outro lugar do mundo. Tudo aqui é feito por pequenos fabricantes de produtos exclusivos de todas as partes do mundo". Welch acredita que as lojas serão altamente lucrativas para seus novos proprietários, porque eles pararam de oferecer os produtos *mainstream* encontrados nas lojas concorrentes para gerar volume de vendas. Os novos proprietários retornaram a uma estratégia de negócios com foco na qualidade e exclusividade, que era a marca registrada da loja original.

O futuro do ramo das lojas de brinquedos

A Toys 'R' Us começou a dar grandes descontos durante a temporada de festas de 2004, em um último esforço para combater a intensa concorrência de preços de grandes lojas de descontos, como Walmart e Target. O CEO da Toys 'R' Us, John Eyler, afirmou que a empresa não ficaria para trás em matéria de preços, durante a corrida de vendas de fim de ano, embora tenha advertido que não planejava se envolver em uma guerra de preços. Houve vários relatos de que a empresa poderia deixar o setor de brinquedos para se concentrar em sua unidade mais rentável, a Bavies 'R' Us. A Toys 'R' Us perdeu US$ 25 milhões no trimestre que terminou em outubro de 2004. Ela havia perdido US$ 46 milhões no mesmo período do ano anterior. A diminuição das perdas pode ser atribuída a um grande esforço de redução de custos.

Kurt Barnard, da Barnard's Retail Trend Report, declarou que a Toys 'R' Us está destinada a cair no esquecimento – ela não tem condições de concorrer com as grandes lojas de descontos. Fabricantes de brinquedos como Mattel e Hasbro, cujos lucros também foram prejudicados pelo poder de mercado da Walmart, deram uma ajuda à Toys 'R' Us, oferecendo 21 itens exclusivos não disponíveis em outras lojas.

Os fabricantes de brinquedos temem que um maior poder de monopólio do Walmart possa forçá-los a reduzir suas margens de lucro. O Walmart oferece menos itens do que lojas de brinquedos como a Toys 'R' Us, o que poderia levar a menos opções para os consumidores.

Os novos proprietários da FAO acreditam que o Walmart não tem comparação com a atmosfera agora oferecida na FAO Schwarz, um verdadeiro paraíso dos brinquedos. A empresa espera que sua nova estratégia de negócios permita ir além da batalha das lojas de brinquedos. A Toys 'R' Us terá de encontrar novas formas de competir com lojas de descontos, como Walmart e Target.

Questões

1. Por que a FAO Inc. teve de declarar falência?
2. Descreva os problemas do modelo de negócios original da FAO.
3. Identifique o novo modelo de negócios da varejista de brinquedos. Você acredita que ele vai manter a nova empresa no mercado? Por que ou por que não?
4. Que estratégia a Toys 'R' Us pode adotar para melhor competir com grandes cadeias de descontos como Walmart e Target?

CASO DE ENCERRAMENTO 2

Gerentes inovadores	
Jeffrey Immelt – General Electric (GE)	■ Reposicionou o portfólio da GE com grandes aquisições nas áreas de saúde, entretenimento e finanças comerciais ■ Criou uma cultura mais diversificada, global e orientada para o cliente
Steven Reinemund – PepsiCo	■ Desenvolveu uma liderança forte e diversificada que ajudou a PepsiCo a explorar novos mercados ■ Atingiu crescimento de dois dígitos consistentes pela inovação de produtos e marketing inteligente
Steven Spielberg, Jeffrey Katzenberg e David Geffen – DreamWorks SKG	■ A animação digital Shrek 2 estabeleceu um recorde com faturamento bruto de US$ 437 milhões ■ A abertura de capital arrecadou US$ 812 bilhões
Robert Nardelli – Home Depot	■ Transformou uma companhia de US$ 46 bilhões focada em grandes lojas em uma cadeia de US$ 70 bilhões, com filiais urbanas, suburbanas e internacionais ■ Medidas orientadas para a eficiência, como a centralização de compras e investimentos em tecnologia, elevaram as margens para mais de 30%
John Henry – Boston Red Sox	■ Quebrou a maldição mais lendária nos esportes, quando o Boston Red Sox venceu seu primeiro Campeonato Mundial desde 1918 ■ Teve ingressos esgotados para todos os 81 jogos em casa pela primeira vez na história da equipe
Phil Knight – Nike	■ Transformou um ícone de marketing e design volátil e baseado em modas em uma empresa mais amigável para os acionistas

FIGURA G1.16
Gestores de negócios inovadores.

Gestores de negócios inovadores

A revista *BusinessWeek* reconheceu vários gestores inovadores que demonstraram talento, visão e capacidade para identificar oportunidades excelentes (ver Figura G1.16).

Jeffrey Immelt – General Electric (GE)

Quando Jeffrey Immelt assumiu o cargo de CEO da General Electric, ele tinha uma grande responsabilidade como substituto. O antigo CEO, Jack Welch, havia deixado um recorde sem precedentes como um dos melhores CEOs de todos os tempos. Immelt provou sua capacidade de administrar a empresa por meio da criação de uma cultura global orientada para o cliente que gera inovação e abraça a tecnologia.

Steven Reinemund – PepsiCo

Steven Reinemund transformou a PepsiCo em um gigante no mercado de alimentos e bebidas com valor de US$ 27 bilhões. "Para ser líder em produtos de consumo, é fundamental ter líderes que representem a população que servimos", afirma Reinemund, que criou um grupo de liderança diversificado para definir a visão estratégica da empresa. Reinemund também tem um papel importante em orientar e ensinar seus funcionários e exige que todos os executivos seniores façam o mesmo. A recompensa: ganhos de dois dígitos consistentes e vendas sólidas em um momento em que muitos dos produtos básicos da empresa – batatas fritas e refrigerantes – estão sob ataque pelo risco de obesidade infantil e de danos à saúde.

Steven Spielberg, Jeffrey Katzenberg e David Geffen – DreamWorks

O estúdio DreamWorks, fundado em 1994 por Steven Spielberg, Jeffrey Katzenberg e David Geffen, sofreu no início. Finalmente, o estúdio descobriu um ogro verde chamado Shrek e rapidamente se tornou o estúdio mais empolgante da Pixar Animation. A DreamWorks Animation transformou um prejuízo de US$ 187 milhões em 2003 em um lucro de US$ 196 milhões em 2004, com receita de US$ 1,1 bilhão. A DreamWorks planeja lançar dois filmes de animação por ano, cada um levando quase quatro anos para ser produzido.

Robert Nardelli – Home Depot

Robert Nardelli assumiu vários riscos quando se tornou CEO da Home Depot. Primeiro, ele destinou US$ 14 bilhões em melhoria de mercadorias, renovação de lojas antiquadas e investimento em novas tecnologias, como caixas de autoatendimento e leitoras de código de barras sem fio. Em segundo lugar, Nardelli expandiu a empresa para México, China e outras regiões, explorando o crescente mercado de proprietários de imóveis. Por fim, Nardelli fez uma grande aposta ao oferecer produtos para que os *baby boomers* que estão ficando mais velhos enfeitassem seus ninhos vazios. Essas mudanças estão dando resultado. A empresa acumula US$ 3,4 bilhões em dinheiro. Com receitas perto dos US$ 80 bilhões em 2005, a Home Depot é a segunda maior varejista dos EUA, atrás apenas da Walmart.

John Henry – Boston Red Sox

John Henry ganhou sua fortuna no mercado de futuros globais com o desenvolvimento de um sistema patenteado de comercialização de futuros que, de maneira estável, produzia retornos de dois dígitos. A Sabermetrics, o novo sistema de Henry, ajudou a reverter a maldição mais lendária na história do esporte, levando o Boston Red Sox a seu primeiro Campeonato Mundial desde 1918. A Sabermetrics faz mineração de estatísticas de beisebol para encontrar jogadores subvalorizados, evitando contratos longos para astros mais maduros, cujo desempenho provavelmente vai declinar. Com a ajuda da Sabermetrics, Henry construiu uma das equipes mais eficazes do baseball.

Philip Knight – Nike

Philip Knight, que começou vendendo tênis japoneses no porta-malas de seu carro, construiu a Nike, uma gigante dos esportes de US$ 12 bilhões. Knight e sua equipe transformaram equipamentos esportivos de alto desempenho em equipamentos de alta moda e mudaram para sempre as regras do marketing esportivo com grandes contratos de patrocínio e publicidade competitiva. Então, com a mesma rapidez, a Nike de repente perdeu o foco. No início de 2000, as crianças pararam de desejar o último modelo de tênis, a imagem da empresa teve um enorme prejuízo em função de suas práticas de mão de obra, as vendas caíram e os custos subiram.

Assim começou o segundo ato de Knight. Ele criou um novo modelo de gestão e trouxe profissionais-chave de fora para supervisionar as finanças e as linhas de vestuário. Knight dedicou mais energia ao desenvolvimento de novos sistemas de informação. Atualmente, os lucros da Nike são menos voláteis e menos dependentes de modismos. Em 2004, o lucro da Nike aumentou US$ 1 bilhão.

Questões

1. Escolha uma das empresas listadas aqui e explique como ela conseguiu sucesso nos negócios.
2. Por que é importante que todas as áreas funcionais de negócios da DreamWorks trabalhem em conjunto? Dê um exemplo do que poderia acontecer se o departamento de marketing da DreamWorks não conseguisse trabalhar com seu departamento de vendas.
3. Por que o marketing é importante para uma organização como o Boston Red Sox? Explique onde o Baseball da Major League está no ciclo de vida do produto.
4. Quais tipos de demonstrações financeiras são mais importantes para os negócios da Home Depot?
5. Identifique o composto de marketing e por que a segmentação de clientes é fundamental para a estratégia de negócios da PepsiCo.
6. Explique a reengenharia dos processos de negócios e como uma empresa como a GE pode usá-la para melhorar as operações.

TOMANDO DECISÕES DE NEGÓCIOS

1. **Criação de uma empresa**

    Sua amiga Lindsay Harvey vai inaugurar sua própria loja de chocolates, chamada Chocolate-By-Design. Lindsay é uma ótima doceira e uma das melhores chefs de confeitaria da cidade. Ela procurou você para se aconselhar sobre que tipo de negócio a Chocolate-By-Design deve ser: uma empresa individual, sociedades ou companhia aberta. Crie um relatório comparando os três diferentes tipos de empresas, além de sua recomendação para a estrutura de negócios da Chocolate-By-Design.

2. **Palestra sobre negócios**

    O seu professor favorito, Dr. Henning, convidou você, como recém-formado, para voltar e dar uma palestra no curso de introdução aos negócios. Crie uma apresentação definindo os diferentes departamentos de uma empresa típica, os papéis que cada um desempenha e por que é importante que todos funcionem em conjunto.

3. **Expansão de mercados**

    J. R. Cash criou um pequeno negócio de venda de botas de cowboy feitas à mão e, depois de um ano, seu negócio está crescendo. J. R. atualmente fabrica todas as botas em sua loja e recebe pedidos por telefone e de clientes que visitam a loja. Hoje, existe uma lista de espera de três meses pelas botas. J. R. não tem certeza de como expandir seu negócio e solicitou seu conselho. Descreva as razões e modos pelos quais algumas empresas aumentam sua participação de mercado e por que J. R. pode optar por não aumentar a sua participação de mercado.

4. **Segmentando os clientes**

   Devido à sua vasta experiência de marketing, você foi contratado por uma nova empresa, a Sugar, para realizar uma análise estratégica sobre goma de mascar. A empresa quer entender os vários segmentos de mercado para as diferentes marcas, sabores, tamanhos e cores de goma de mascar. Crie uma análise dos diferentes segmentos de mercado para a goma de mascar. Qual segmento de mercado você recomendaria que a Sugar procurasse atender?

5. **Ciclo de vida do produto**

   Um sócio, Carl Grotenhuis, desenvolveu uma nova marca de sabão em pó, chamada Clean. Carl quer a sua opinião sobre o potencial do produto para entrar e dominar o mercado de sabão em pó. Utilizando o ciclo de vida do produto, crie uma recomendação para o novo produto de Carl.

6. **Reorganização do negócio**

   Tom Walton é o novo CEO da Lakeside, uma grande empresa de cereais. O antecessor de Tom teve de administrar a empresa durante cinquenta anos e pouco fez em termos de melhoria de processos – na verdade, seu lema era "se não está quebrado, por que consertar?". Tom quer se valer da tecnologia para criar novos processos para toda a empresa. Ele acredita que a melhoria das operações vai aumentar a eficiência e resultar em menores custos.

   Tom tem um grande obstáculo a superar antes que possa começar a reformular a empresa: os funcionários. A maioria dos funcionários trabalha na empresa há décadas e se sente confortável com o lema "se não está quebrado, por que consertar?". Desenvolva um plano que Tom possa usar para comunicar aos seus funcionários o valor potencial obtido com a reestruturação dos processos de negócios.

PLUG-IN G2

Processos de negócios

> **OBJETIVOS DE APRENDIZAGEM**
> 1. Descrever os processos de negócios e sua importância para uma organização.
> 2. Comparar o modelo de melhoria contínua de processos e a reengenharia do processo de negócios.
> 3. Descrever a importância da modelagem (ou mapeamento) de processos de negócios e dos modelos de processos de negócios.
> 4. Explicar o processo de gestão de negócios, bem como a razão de sua importância para uma organização.

OA 1 Descrever os processos de negócios e sua importância para uma organização.

Introdução

As vantagens da melhoria de processos de negócios variam, mas a regra básica é que ela, no mínimo, vai dobrar os ganhos de um projeto por meio da revisão de práticas obsoletas, melhorar a eficiência, promover conformidade e padronização e tornar a organização mais ágil. A melhoria dos processos de negócios envolve três etapas principais:

1. Medir o que importa para a maioria dos clientes.
2. Monitorar o desempenho dos principais processos de negócios.
3. Atribuir responsabilidade pela melhoria dos processos.

Sistemas abrangentes de gerenciamento de processos de negócios ajudam as organizações a criar modelos e definir processos de negócios completos, implementar esses processos integrados com os sistemas existentes e fornecer aos líderes de empresas a capacidade de analisar, gerenciar e melhorar a execução dos processos em tempo real.

Avaliação dos processos de negócios

Esperar na fila em um mercado é um bom exemplo da necessidade de melhorar os processos. Nesse caso, o "processo" é chamado de encerramento da compra, e o objetivo é pagar e empacotar os produtos. O processo começa quando um cliente entra no final da fila e termina quando ele recebe a nota fiscal e deixa a loja. As etapas do *processo* são as atividades que os clientes e os funcionários da loja executam para completar a transação. Um ***processo de negócio*** é o conjunto padronizado de atividades que realizam uma tarefa específica, como o processamento de pedidos de um cliente. Os processos de negócios transformam um conjunto de insumos em um conjunto de produtos (bens ou serviços) para outra pessoa ou processo, utilizando pessoas e ferramentas. Esse exemplo simples descreve o processo de encerramento de compra do cliente. Imagine outros processos de negócios: desenvolvimento de novos produtos, construção de uma nova casa, encomenda de roupa de empresas de venda por correspondência, solicitar um novo serviço de telefone de uma empresa de telefonia, administrar pagamentos da Previdência Social, etc.

Examinar os processos de negócios ajuda uma organização a determinar gargalos e a identificar processos desatualizados, duplicados e em bom funcionamento. Para se manterem competitivas, as organizações devem otimizar e automatizar seus processos de negócios. Para identificar quais processos de negócios precisam ser otimizados, a organização deve compreender claramente seus processos de negócios, que normalmente têm as seguintes características importantes:

- Os processos têm usuários internos e externos.
- Um processo é interdepartamental. Departamentos são torres funcionais de especialidade, mas os processos são transversais a todos os departamentos.
- Os processos ocorrem em todas as organizações.
- Os processos são baseados em como o trabalho é feito na organização.
- Todo o processo deve ser documentado e totalmente compreendido por todos os participantes do processo.
- Os processos devem ser modelados para promover o entendimento completo.

Um processo de negócios pode ser visto como uma "cadeia de valor". Ao contribuir para a criação ou entrega de um produto ou serviço, cada etapa do processo deve agregar valor à etapa anterior. Por exemplo, uma etapa no processo de desenvolvimento de produtos consiste na realização de testes de aceitação no mercado. Essa etapa agrega valor, certificando-se de que o produto atende às necessidades do mercado antes de finalizar o produto ou serviço. Pode-se obter grandes aprendizados e melhorias como resultado da documentação e da análise das ligações entre insumos e produtos. No entanto, entre cada insumo e cada produto, encontra-se um processo. Conhecimento e melhoria só podem ser atingidos descascando as camadas da cebola e examinando os processos pelos quais os insumos são convertidos em produtos. A Figura G2.1 mostra vários modelos de processos de negócios.

ENTENDENDO A IMPORTÂNCIA DOS PROCESSOS DE NEGÓCIOS

As organizações são tão eficazes quanto seus processos de negócios. Desenvolver processos de negócios lógicos pode ajudar uma organização a atingir suas metas. Por exemplo, um fabricante de automóveis deve ter uma meta de redução do tempo gasto para entregar o carro ao cliente. O fabricante de automóveis não pode esperar atingir sua meta com um processo de encomenda ineficiente ou um processo de distribuição complicado. Os representantes de vendas podem estar cometendo erros ao preencher os formulários de encomenda, os funcionários responsáveis pelas entradas de dados podem não codificar as informações de encomenda de maneira precisa e as equipes do depósito podem estar carregando os carros nos caminhões de modo ineficiente. Todos esses erros aumentam o tempo de entrega do carro ao consumidor. Melhorar qualquer um desses processos de negócios pode ter um efeito significativo no processo total de distribuição, na constituição da entrada do pedido, na programação da produção e nos processos de transporte.

A IBM Business Consulting Services ajudou a divisão de serviços de cartão do Bank of America a identificar US$ 40 milhões em projetos de simplificação e redução de custos ao longo de mais de dois anos, melhorando os processos de negócios a fim de identificar oportunidades, eliminar redundâncias, consolidar sistemas/aplicações e remover processos duplicados. Dentro da divisão de serviços de cartão e comércio eletrônico, havia várias estratégias fragmentadas e arquiteturas de TI. Isso foi consolidado e simplificado para agilizar a área de negócios e fornecer uma resposta melhor e mais rápida às demandas dos clientes.

O escopo da estratégia de TI e do realinhamento da arquitetura do processo de negócios incluiu todos os segmentos de cartões de clientes (englobando militares, escolas, companhias aéreas, etc.), cartões e serviços de caixa eletrônico e comércio eletrônico.

FIGURA G2.1
Exemplo de processos de negócios.

Exemplo de processos de negócios

PROCESSOS DE NEGÓCIOS DE CONTABILIDADE
- Contas a pagar
- Contas a receber
- Cheques sem fundos ou inválidos
- Conciliação de conta bancária
- Recebimentos em dinheiro
- Solicitações de cheques
- Autoridade de assinatura de cheque
- Depreciação
- Emissão de faturas
- Caixa pequeno
- Procedimentos mensais e de encerramento

PROCESSOS DE NEGÓCIOS DE ATENDIMENTO AO CLIENTE
- Pesquisa de satisfação do cliente
- Gerenciamento de contato e reclamações no atendimento a clientes
- Garantia de satisfação do atendimento ao cliente
- Acompanhamento pós-venda do cliente
- Políticas de garantia e serviço

PROCESSOS DE NEGÓCIOS AMBIENTAIS
- Proteção ambiental
- Gestão de resíduos perigosos
- Gestão de recursos de ar/água/solo

PROCESSOS DE NEGÓCIOS FINANCEIROS
- Cobrança de contas
- Pedidos de empréstimos bancários
- Política bancária e relações
- Planos de negócios e previsões
- Aprovação de crédito ao cliente e condições de crédito
- Planos de incentivo baseados em opções de ações
- Avaliações de imposto de propriedade
- Divulgação de informações financeiras ou confidenciais
- Transações com ações
- Relatórios financeiros semanais e de fluxo de caixa de seis semanas

PROCESSOS DE NEGÓCIOS DE RECURSOS HUMANOS
- Reuniões de diretoria e acionistas, atas e protocolo
- Políticas de contratação de pessoas portadoras de deficiência
- Políticas de contratação para um ambiente de trabalho livre de drogas
- Políticas de contratação de funcionários
- Orientação aos funcionários
- Lei de família e licença médica
- Gerenciamento de arquivos e registros
- Benefícios de assistência médica
- Folga remunerada e não remunerada
- Questões salariais e de folha de pagamento
- Avaliações de desempenho e ajustes salariais
- Demissões e rescisão de contrato
- Políticas de assédio sexual
- Reembolso por treinamento/taxas de matrícula
- Viagens e lazer
- Regras e diretrizes do local de trabalho
- Segurança do local de trabalho

FIGURA G2.1
(Continuação)

Exemplo de processos de negócios

PROCESSOS DE NEGÓCIOS DE SISTEMAS DE INFORMAÇÃO PARA GESTÃO
- Procedimentos de recuperação de desastres
- Procedimentos de *backup*/recuperação
- Contratos de serviços, serviços de emergência e recursos comunitários
- Procedimentos de notificação de emergência
- Recuperação de escritório e departamento
- Padrões de estação de trabalho do usuário
- Uso de software pessoal
- Relatório de incidentes de segurança do computador
- Controle de programas de vírus de computador
- Plano de treinamento para usuários de computador/funcionários
- Política de uso da internet
- Política de emails
- Central de suporte para computadores

PROCESSOS DE NEGÓCIOS DE MANUFATURA
- Manuais de montagem
- Lista de materiais
- Calibração para equipamentos de testes e medição
- Inspeções do FDA
- Pedidos de mudança de fabricação
- Lista e arquivos de peças mestras
- Designação de número de série
- Controle de qualidade para produtos acabados
- Procedimento de auditoria de garantia de qualidade

PROCESSOS DE NEGÓCIOS DE VENDAS E MARKETING
- Cobrança de imposto sobre vendas
- Direitos autorais e marcas comerciais
- Número de modelo de planos de marketing
- Relações públicas de designação
- Devolução de mercadorias por clientes
- Leads de vendas
- Entrada de ordem de venda
- Treinamento em vendas
- Feiras comerciais

PROCESSOS DE NEGÓCIOS DE TRANSPORTE, COMPRAS E CONTROLE DE ESTOQUE
- Embalagem, armazenamento e distribuição
- Procedimentos de estoque físico
- Procedimentos de compra
- Recebimento, inspeção e armazenamento de peças e materiais
- Transporte e reclamações de frete
- Seleção de fornecedores, arquivos e inspeções

Melhoria dos processos de negócios

OA 2 Comparar o modelo de melhoria contínua de processos e a reengenharia do processo de negócios.

Melhorar os processos de negócios é fundamental para que as empresas se mantenham competitivas no mercado atual. Nos últimos 10 a 15 anos, as empresas foram obrigadas a melhorar seus processos de negócios, pois os clientes estão exigindo melhores produtos e serviços; se não recebem o que querem de um fornecedor, eles têm muitos outros para escolher (daí a questão da concorrência para as empresas). A Figura G2.2 mostra várias oportunidades de melhoria de processos de negócios.

Muitas organizações começam a melhoria dos processos de negócios com um modelo de melhoria contínua. Um ***modelo de melhoria contínua dos processos*** busca entender e medir o processo atual, fazendo melhorias de desempenho de acordo com o observado. A Figura G2.3 ilustra as etapas básicas para a melhoria contínua do processo. As organizações começam por documentar o que fazem atualmente, estabelecer alguma forma de

Exemplos de melhoria do processo de negócios
- Eliminar atividades duplicadas
- Combinar atividades relacionadas
- Eliminar várias revisões e aprovações
- Eliminar inspeções
- Simplificar processos
- Reduzir o tamanho dos lotes
- Processar paralelamente
- Implementar processo puxado pela demanda
- Terceirizar atividades ineficientes
- Eliminar movimentos
- Organizar equipes multifuncionais
- Projetar locais de trabalho em células
- Centralizar/descentralizar

FIGURA G2.2
Oportunidades para melhoria dos processos de negócios.

medir o processo com base no que os clientes desejam, realizar o processo, medir os resultados e, em seguida, identificar oportunidades de melhoria com base nas informações coletadas. A próxima etapa é implementar melhorias de processo e medir o desempenho do processo novo e melhorado. Esse ciclo se repete continuamente e é chamado de melhoria contínua do processo. Ele também pode ser chamado de melhoria do processo de negócios ou de melhoria do processo funcional.

Esse método de melhoria dos processos de negócios é eficaz na obtenção da melhoria gradual e incremental. Contudo, vários fatores aceleraram a necessidade de melhorar os processos de negócios. O mais óbvio é a tecnologia. Novas tecnologias (como a Internet e a tecnologia sem fio) rapidamente trazem novos recursos às empresas, elevando, assim, o nível de competição e a necessidade de melhorar radicalmente os processos de negócios.

Outra tendência evidente é a abertura dos mercados mundiais e o aumento do livre comércio. Tais mudanças trazem mais empresas para o mercado, aumentando a concorrência. No mercado atual, importantes mudanças são necessárias só para se manter competitivo. Como resultado, as companhias demandam métodos para uma melhoria mais rápida no processo de negócios. Além disso, as companhias querem mudanças significativas de desempenho, não apenas mudanças incrementais, e querem isso imediatamente. Como a taxa de mudança aumentou para todos, poucas empresas podem bancar um processo lento de mudança. Uma abordagem para a mudança rápida e a melhoria radical é a reengenharia do processo de negócios (BPR).

REENGENHARIA DE PROCESSOS DE NEGÓCIOS (BPR)

Uma organização deve continuamente revisar e reexaminar suas decisões, seus objetivos e suas metas para melhorar seu desempenho. Um banco pode ter muitas atividades, tais como investimento, cartões de crédito, empréstimos, e assim por diante, e pode estar envolvido em venda cruzada (por exemplo, seguros) com outros fornecedores preferenciais no mercado. Se o departamento de cartões de crédito não funciona de maneira eficiente, o banco pode reestruturar o processo de negócios de cartão de crédito. Esta atividade, *a reengenharia de processos de negócios (BPR – Business Process Reengineering)*, é a análise e reestruturação do fluxo de trabalho dentro e entre empresas. A BPR baseia-se em uma escola de pensamento diferente da melhoria contínua de processos. Em casos extremos, a BPR pressupõe que o processo atual é irrelevante, não funciona, ou é falho e deve ser reformulado do zero. Essa partida do zero permite que aqueles que projetam o processo de negócios dissociem-se do processo atual e deem foco a um novo. É como se os designers se projetassem no futuro e perguntassem: Como é que o processo deve ser? Como é que os clientes querem que ele seja? Como é que os outros funcionários querem que ele seja? Como as empresas líderes o fazem? Como a nova tecnologia pode facilitar o processo?

A Figura G2.4 mostra as etapas básicas de um esforço de reengenharia dos processos de negócios. Começa com a definição do escopo e dos objetivos do projeto de reengenharia e então passa por um processo de aprendizado (com clientes, funcionários, concorrentes, não concorrentes e novas tecnologias). Dado esse conhecimento básico, os designers podem criar uma visão para o futuro e projetar novos processos de negócios, criando um plano de ação com base na lacuna entre os atuais processos, tecnologias, estruturas e visão de processo. Trata-se então de uma questão de implementar a solução escolhida. O Departamento de Defesa (DoD) é um especialista em reengenharia de processos de negócios.

FIGURA G2.3
Modelo de aperfeiçoamento contínuo do processo.

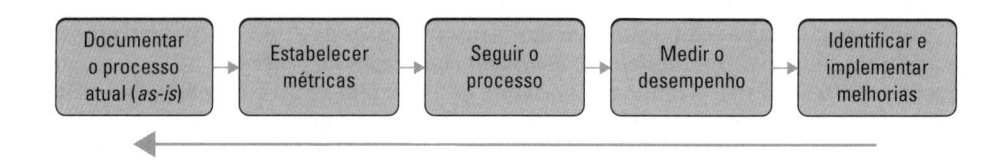

Documentar o processo atual (*as-is*) → Estabelecer métricas → Seguir o processo → Medir o desempenho → Identificar e implementar melhorias

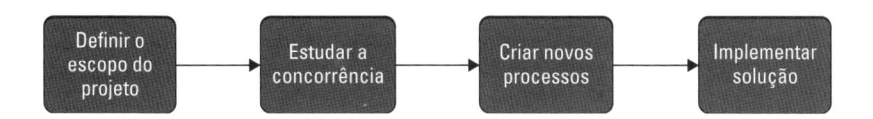

```
┌──────────┐   ┌──────────┐   ┌──────────┐   ┌──────────┐
│Definir o │   │ Estudar a│   │Criar novos│  │Implementar│
│escopo do │──▶│concorrência│─▶│ processos │─▶│  solução  │
│ projeto  │   │          │   │          │   │          │
└──────────┘   └──────────┘   └──────────┘   └──────────┘
```

FIGURA G2.4
Modelo de reengenharia do processo de negócios.

Abordagem gerencial a projetos de reengenharia

1. **Definir o escopo.** Definir os objetivos funcionais; determinar a estratégia de gestão a ser seguida na agilização e padronização de processos; e estabelecer parâmetros de referência para processos, dados e sistemas de informação a partir das quais será implementada a melhoria de processos.

2. **Analisar.** Analisar os processos de negócios para eliminar processos que não agregam valor; simplificar e agilizar os processos de pouco valor; e identificar alternativas mais eficazes e eficientes para os parâmetros de referência de processo, dados e sistema.

3. **Avaliar.** Realizar uma análise preliminar funcional e econômica para avaliar alternativas aos processos de referência e escolher um modo de ação preferido.

4. **Planejar.** Desenvolver demonstrativos pormenorizados de requisitos, impactos sobre os parâmetros de referência, custos, benefícios e cronogramas para implementar as ações planejadas.

5. **Aprovar.** Finalizar a análise econômica funcional, utilizando as informações dos dados de planejamento, e apresentar à diretoria para aprovação para prosseguir com as melhorias de processo propostas e quaisquer mudanças relacionadas em dados ou sistemas.

6. **Executar.** Executar os processos e mudanças de dados aprovados, e supervisionar a gestão funcional de quaisquer alterações relacionadas no sistema de informação.

FIGURA G2.5
Abordagem gerencial a projetos de reengenharia.

A Figura G2.5 destaca as melhores sugestões do Departamento de Defesa para uma abordagem gerencial a um esforço de reengenharia.

Projeto de processos de negócios

Depois de escolher o método de melhoria de processos de negócios apropriado para a organização, os formuladores do processo devem determinar a forma mais eficiente de começar a reformular os processos. Para determinar se cada processo é estruturado adequadamente, as organizações devem criar uma equipe multifuncional para construir modelos de processos que mostrem as relações entre insumos e produtos nas operações e nos departamentos dependentes do processo. Eles devem criar os modelos de processos de negócios documentando uma sequência passo a passo do processo para as atividades que são necessárias para converter entradas em saídas para os processos específicos.

OA 3 Descrever a importância da modelagem de processos de negócios (ou mapeamento) e dos modelos de processos de negócios.

Modelagem (ou *mapeamento*) *de processos de negócios* é a atividade de criar um fluxograma ou mapa de processo detalhado de um processo de trabalho, mostrando seus insumos, tarefas e atividades, em uma sequência estruturada. Um *modelo de processo de negócios* é uma descrição gráfica de um processo, mostrando a sequência das tarefas, que é desenvolvido para um fim específico e a partir de determinado ponto de vista. Um conjunto de um ou mais modelos de processo detalha as várias funções de um sistema ou área temática com gráficos e textos, e seu propósito é o seguinte:

- Expor os detalhes do processo gradualmente e de forma controlada.
- Incentivar a concisão e a precisão ao descrever o modelo de processo.
- Dar especial atenção às interfaces do modelo de processo.
- Fornecer uma análise do processo contundente e um vocabulário de design coerente.

Um modelo de processo de negócios normalmente mostra as atividades como caixas e utiliza setas para representar os dados e as interfaces. A modelagem de processos em geral começa com uma representação de processo funcional do problema com o processo ou com um modelo de processo *As-Is*. Os **modelos de processo *As-Is*** representam o estado atual da operação mapeada, sem melhorias ou alterações específicas em relação aos pro-

FIGURA G2.6
Modelos de processos *As-Is* e *To-Be* para pedir um hambúrguer.

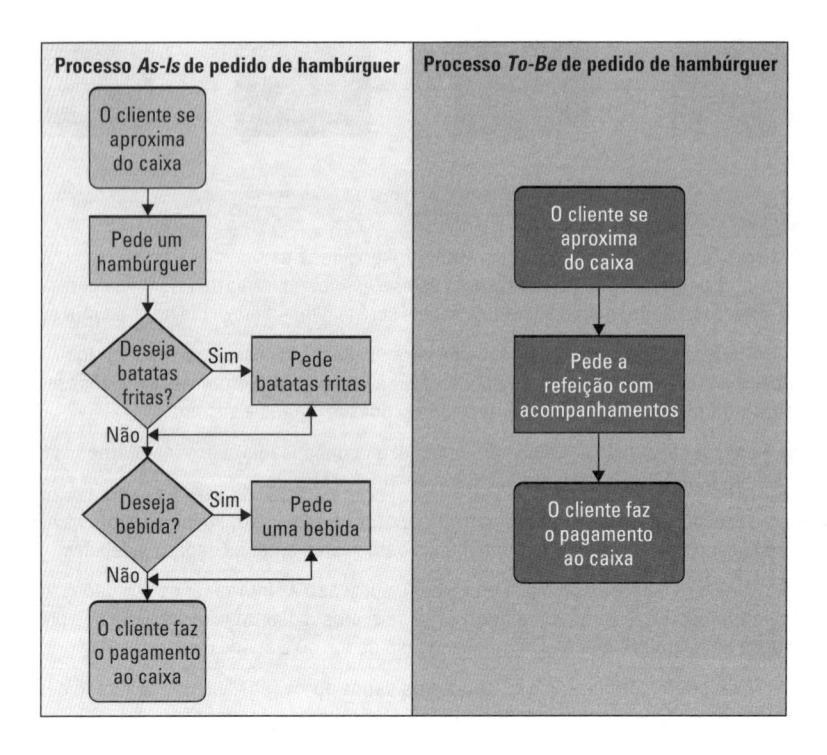

Processo *As-Is* de pedido de hambúrguer
- O cliente se aproxima do caixa
- Pede um hambúrguer
- Deseja batatas fritas? — Sim → Pede batatas fritas / Não
- Deseja bebida? — Sim → Pede uma bebida / Não
- O cliente faz o pagamento ao caixa

Processo *To-Be* de pedido de hambúrguer
- O cliente se aproxima do caixa
- Pede a refeição com acompanhamentos
- O cliente faz o pagamento ao caixa

cessos existentes. A próxima etapa é construir um modelo de processo *To-Be*, mostrando como o problema do processo será resolvido ou implementado. Os **modelos de processo *To-Be*** mostram os resultados da aplicação de oportunidades de melhoria da mudança ao atual modelo de processo (*As-Is*). Essa abordagem garante que o processo seja completa e claramente compreendido antes da decisão sobre detalhes de uma solução de processo. O modelo de processo *To-Be* mostra como e o que deve ser realizado. A Figura G2.6 mostra os modelos de processo *As-Is* e *To-Be* para pedir um hambúrguer.

Analisar os modelos de processo de negócios *As-Is* leva ao sucesso na reengenharia do processo de negócios, uma vez que esses diagramas são muito eficazes para a visualização de atividades, processos e fluxo de dados de uma organização. Os modelos de processo *As-Is* e *To-Be* são parte integrante dos projetos de reengenharia do processo. A Figura G2.7 ilustra um modelo de processo *As-Is* de um processo de atendimento de pedido, desenvolvido por uma equipe de modelagem de processo que representa todos os departamentos que contribuem para o processo. A equipe de modelagem do processo segue o processo de conversão da entrada (pedidos) utilizando todos os passos intervenientes até que a saída (pagamento) final necessária seja produzida. O mapa mostra como todos os departamentos estão envolvidos no processamento do pedido.

É fácil prender-se a detalhes excessivos ao criar um modelo de processo *As-Is*. O objetivo é eliminar, simplificar ou melhorar agressivamente os processos *To-Be*. Empenhos bem-sucedidos de melhoria de processos resultam em respostas positivas à questão fundamental do projeto ou da melhoria de um processo: Esse processo é o mais eficaz e eficiente para cumprir com as metas do processo? Essa estrutura de modelagem de processo permite à equipe identificar todas as interfaces cruciais, sobrepor o tempo para completar processos variados, começar a definir as oportunidades de simulação do processo e identificar desconexões (etapas ilógicas, faltantes ou estranhas) nos processos. A Figura G2.8 mostra exemplos de desconexões no processo de atendimento de um pedido apresentado na Figura G2.7.

A equipe então cria um modelo de processo *To-Be*, que reflete um processo de atendimento de pedidos livre de desconexões (ver Figura G2.9). As desconexões consertadas pelo novo processo incluem:

- Entrada de pedidos direta por vendas, eliminando a administração de vendas.
- Processamento de pedidos paralelo e verificação de crédito.
- Eliminação de várias etapas de entrada de pedidos e registro de pedidos.

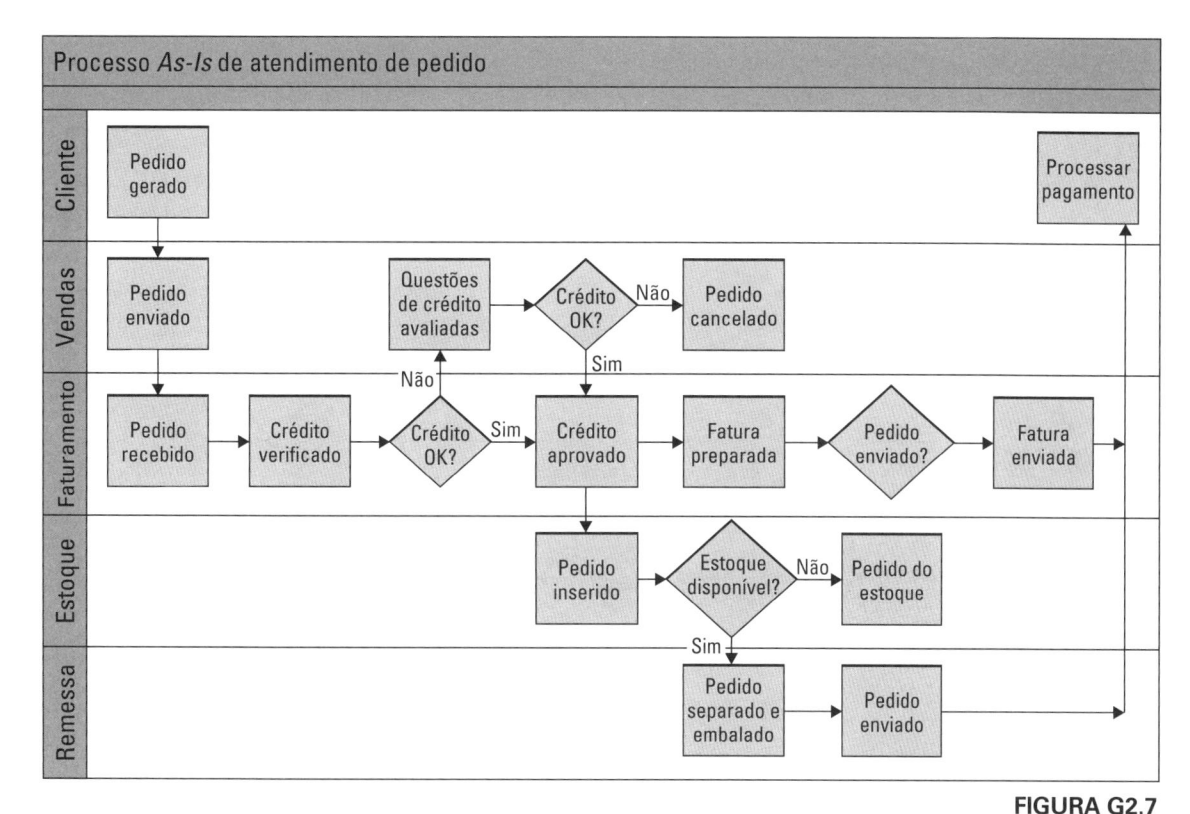

Processo As-Is de atendimento de pedido

Cliente: Pedido gerado → ... → Processar pagamento

Vendas: Pedido enviado → Questões de crédito avaliadas → Crédito OK? — Não → Pedido cancelado; Sim ↓

Faturamento: Pedido recebido → Crédito verificado → Crédito OK? — Não (volta para Questões de crédito avaliadas); Sim → Crédito aprovado → Fatura preparada → Pedido enviado? → Fatura enviada

Estoque: Pedido inserido → Estoque disponível? — Não → Pedido do estoque; Sim ↓

Remessa: Pedido separado e embalado → Pedido enviado

FIGURA G2.7
Modelo de processo As-Is para atendimento de pedido.

A empresa de consultoria KPMG Peat Marwick utiliza a modelagem de processos como parte da sua prática de reengenharia de negócios. Recentemente, a empresa ajudou uma grande companhia de serviços financeiros a reduzir custos e a melhorar a produtividade na sua divisão de financiamento de casas pré-fabricadas. O tempo de resposta para aprovação de empréstimo foi reduzido pela metade, utilizando 40% menos membros da equipe.

A modelagem ajudou a equipe a analisar os aspectos complexos do projeto. "Em algumas partes do processo de origem do empréstimo, acontecem muitas coisas em um curto período de tempo", de acordo com o líder de equipe da KPMG, Bob Karrick. "Durante a coleta de dados, informações são puxadas de várias fontes diferentes, e a pessoa que faz a avaliação de risco tem de tomar decisões em diferentes pontos ao longo do processo. Muitas vezes é necessário parar, levantar questões, fazer telefonemas de acompanhamento, etc. e depois continuar com o esforço de modelagem do processo. A modelagem permite realizar uma análise profunda que leve em consideração todos esses pontos de decisão e variáveis".

Gerenciamento do processo de negócios (BPM)

OA 4 Explicar o processo de gestão de negócios, bem como a razão de sua importância para uma organização.

Uma importante vantagem da tecnologia é sua capacidade de melhorar processos de negócios. Trabalhar mais rápido e de maneira mais inteligente tornou-se uma necessidade para as companhias. Inicialmente, a ênfase estava em áreas como produção, contabilidade, compras

FIGURA G2.8
Problemas no modelo As-Is de processo para entrada de pedidos.

Problemas no modelo As-Is de processo de pedido
■ Os representantes de vendas levam muito tempo para enviar os pedidos.
■ Há muitas etapas no processo.
■ A administração de vendas retarda o processo processando os pedidos em lote.
■ A verificação de crédito é realizada tanto para os clientes antigos quanto para os novos.
■ A verificação de crédito atrasa o processo, pois é feita antes da separação dos pedidos (e não simultaneamente).

Processo As-Is de atendimento de pedido

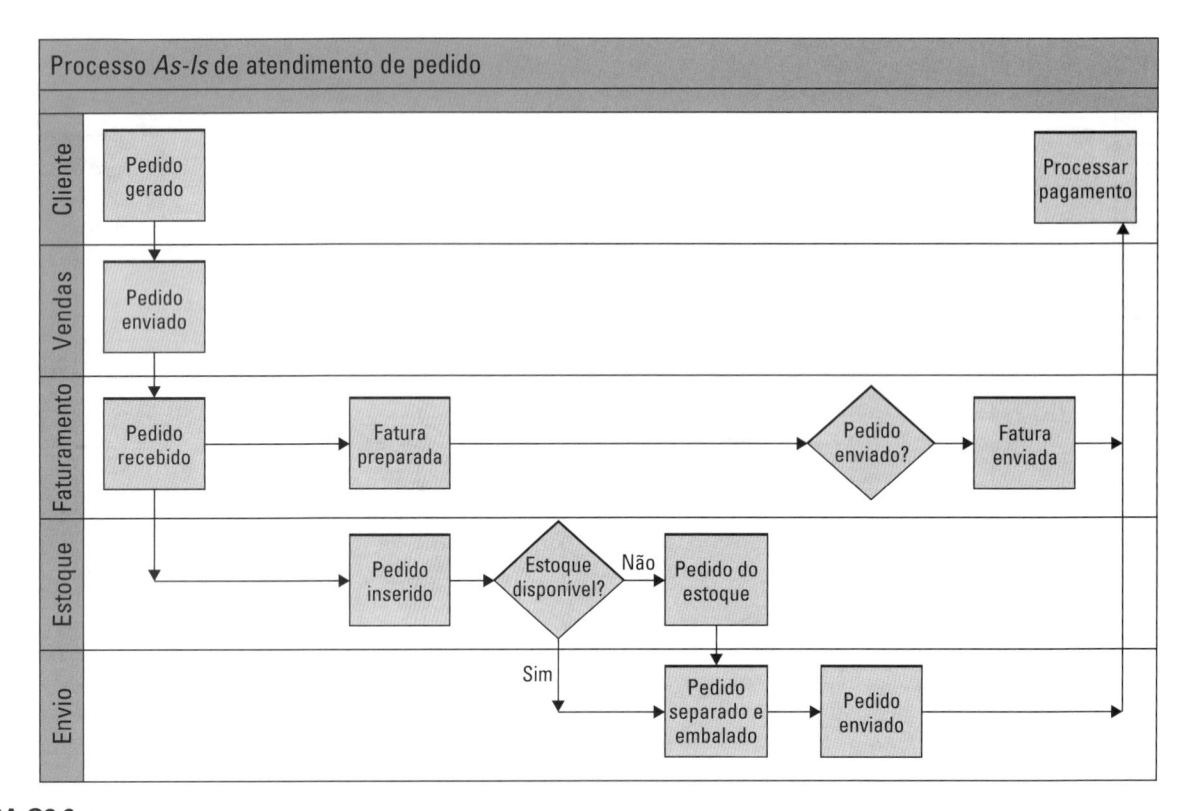

Cliente: Pedido gerado → ... → Processar pagamento

Vendas: Pedido enviado

Faturamento: Pedido recebido → Fatura preparada → Pedido enviado? → Fatura enviada

Estoque: Pedido inserido → Estoque disponível? — Não → Pedido do estoque

Envio: (Sim) → Pedido separado e embalado → Pedido enviado

FIGURA G2.9
Modelo de processo *To-Be* para entrada de pedido.

e logística. As próximas grandes áreas para descobrir o valor da tecnologia no processo de negócios foram vendas e automação de marketing, gestão do relacionamento com o cliente e gestão do relacionamento com o fornecedor. Alguns desses processos envolvem vários departamentos da companhia e alguns são resultado da interação em tempo real da companhia com seus fornecedores, clientes e outros parceiros de negócios. A última área a descobrir o poder da tecnologia de automatizar e reestruturar o processo de negócios é o gerenciamento do processo de negócios. O ***gerenciamento do processo de negócios (BPM – Business Process Management)*** integra todos os processos de negócios de uma organização para tornar os processos individuais mais eficientes. O BPM pode ser utilizado para resolver uma falha única ou para criar um sistema unificador para consolidar uma variedade de processos.

Muitas organizações estão insatisfeitas com seus aplicativos de software e lidam com processos de negócios sujeitos a mudanças constantes. Essas organizações estão voltando-se para os sistemas BPM que podem automatizar seus processos de forma flexível e unir seus aplicativos corporativos. A Figura G2.10 apresenta algumas das principais razões pelas quais as organizações estão adotando as tecnologias de BPM.

As tecnologias de BPM controlam e coordenam os processos de negócios de maneira eficaz. O BPM pode automatizar as tarefas que envolvem informações de vários sistemas, com regras para definir a sequência em que as tarefas são realizadas, bem como responsabilidades, condições e outros aspectos do processo (veja a Figura G2.11 para benefícios do BPM). O BPM não apenas permite a execução mais eficaz do processo de negócios, como também fornece as ferramentas para medir o desempenho e identificar oportunidades de melhoria – e ainda fazer alterações facilmente nos processos para aproveitar oportunidades como:

FIGURA G2.10
Razões-chave para BPM.

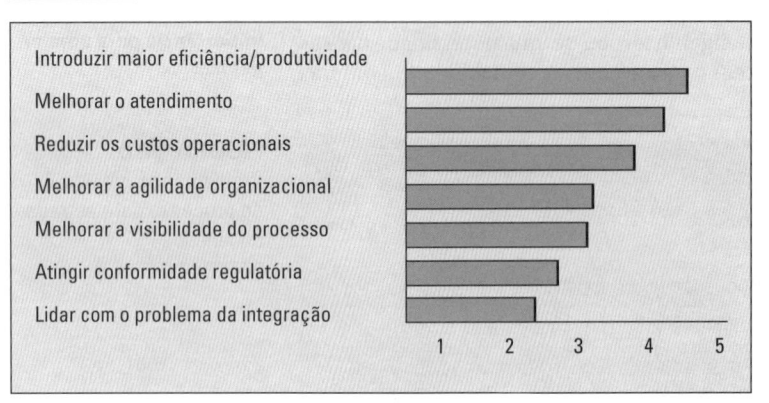

- Introduzir maior eficiência/produtividade
- Melhorar o atendimento
- Reduzir os custos operacionais
- Melhorar a agilidade organizacional
- Melhorar a visibilidade do processo
- Atingir conformidade regulatória
- Lidar com o problema da integração

Escala de 1 a 5, onde 1 = não importante e 5 = muito importante

- Juntar processos, pessoas e informações.
- Identificar os processos de negócios é relativamente fácil. Quebrar as barreiras entre as áreas de negócios e encontrar proprietários para os processos é difícil.
- Gerenciar processos de negócios dentro e fora da empresa com fornecedores, parceiros de negócios e clientes.
- Analisar a automação de maneira horizontal em vez de vertical.

O BPM É UMA QUESTÃO DE NEGÓCIOS OU DE TECNOLOGIA DA INFORMAÇÃO?

Uma boa solução de BPM requer que duas grandes partes trabalhem como uma. Uma vez que as soluções de BPM atravessam as fronteiras de aplicativos e do sistema, frequentemente elas precisam ser sancionadas e implementadas pela organização de TI, ao mesmo tempo que os produtos do BPM são ferramentas de negócios que os gerentes precisam ter. Portanto, muitas vezes surgem confusões em empresas sobre se os gerentes de negócios ou de TI devem ser os responsáveis por conduzir a seleção de uma nova solução de BPM.

O requisito-chave para o sucesso do BPM em uma organização é a compreensão de que ele é uma colaboração entre os negócios e a TI e, portanto, ambas as partes precisam se envolver na avaliação, na seleção e na implementação de uma solução de BPM. Os gerentes de TI precisam compreender os direcionadores de negócios por trás dos processos, e os gerentes de negócios precisam compreender o impacto que a solução de BPM pode ter na infraestrutura. Geralmente, as companhias que implementam soluções de BPM com sucesso são aquelas cujos grupos de negócios e de TI trabalharam juntos como uma equipe coesa.

Todas as companhias podem se beneficiar de uma melhor compreensão dos seus processos-chave de negócios, analisando-os em busca de áreas de melhoria e implementando melhorias. Aplicações de BPM têm sido desenvolvidas com êxito para melhorar problemas de negócios complexos de algumas companhias de médio e grande porte. Como muitos projetos de implementação em larga escala, as soluções de BPM são mais bem-sucedidas em companhias com uma boa compreensão de seu cenário tecnológico e gerenciamento dispostas a abordar os negócios de uma nova maneira. As soluções de BPM são verdadeiramente dirigidas pelos processos de negócios e pelos proprietários da companhia.

Soluções eficazes de BPM permitem que os proprietários das empresas gerenciem vários aspectos da tecnologia por meio de regras de negócios que eles desenvolvem e mantêm. As companhias que não conseguem apoiar ou gerenciar mudanças culturais e organizacionais podem não obter resultados positivos do BPM.

Benefícios do BPM
■ Atualizar processos em tempo real
■ Reduzir despesas gerais
■ Automatizar as decisões-chave
■ Reduzir o custo de manutenção de processos
■ Reduzir os custos operacionais
■ Melhorar a produtividade
■ Melhorar o tempo de ciclo do processo
■ Melhorar a previsão
■ Melhorar o serviço de atendimento ao cliente

FIGURA G2.11
Benefícios do BPM.

FERRAMENTAS DE BPM

Ferramentas de gerenciamento de processos de negócios são usadas para criar um aplicativo útil na elaboração de modelos de processos de negócios e também na simulação, otimização, monitoramento e manutenção de vários processos que ocorrem dentro de uma organização. Muitas tarefas estão envolvidas em atingir uma meta, e essas tarefas são realizadas manualmente ou com a ajuda de sistemas informáticos. Por exemplo, se uma organização precisa comprar um aplicativo de software que custa US$ 6 milhões, um pedido tem de ser aprovado por vários gerentes e autoridades. A aprovação do pedido pode ser feita manualmente. No entanto, quando uma pessoa pede um empréstimo de US$ 300 mil, vários processos de negócios internos e externos são iniciados para descobrir detalhes sobre essa pessoa antes de aprovar o empréstimo. Para essas atividades, a ferramenta de BPM cria um aplicativo que coordena as tarefas manuais e automatizadas. A Figura G2.12 mostra várias ferramentas de BPM.

FIGURA G2.12
Ferramentas de BPM mais comuns.

Nome da ferramenta	Nome da empresa
BPM Suite	Ultimus
Process Suite	Stalfware
Business Manager	Savvion
Pega Rules Process Commander	PegaSystem
E Work Vision	MetaStorm
Team Works	Lombardi Software
Intalio	Intalio
Bizflow	Handysoft
FugeoBPM	Fugeo
Business Process Manager	Filenet

RISCOS E RECOMPENSAS DO BPM

Se uma organização está considerando adotar o BPM, ela deve estar ciente dos riscos envolvidos na implementação desses sistemas. Um fator que comumente acaba com um projeto de BPM não tem nada a ver com tecnologia e tem tudo a ver com pessoas. Os projetos de BPM envolvem mudanças culturais e organizacionais que as companhias devem realizar para apoiar a nova abordagem de gerenciamento necessária para o sucesso. Onde dez líderes de área uma vez controlavam dez partes de um processo de ponta a ponta, agora um novo grupo está envolvido na implementação de soluções de BPM para todas as áreas. De repente, a amplitude de controle está consolidada e todos são responsáveis pelo processo inteiro, não por apenas uma peça do quebra-cabeça.

O benefício agregado do BPM não é apenas uma solução de tecnologia, mas também uma solução de negócios. O BPM é uma nova arquitetura e abordagem de negócios para gerenciar o processo e permitir a melhoria proativa e contínua. As novas estruturas e papéis organizacionais criados para apoiar o BPM ajudam a maximizar os benefícios contínuos para garantir o sucesso.

Um diretor de TI de uma grande companhia de serviços financeiros deu esta resposta quando questionado sobre sua experiência de uso de uma solução de BPM para melhorar o processo de aplicativos de serviço de suporte técnico da companhia. "Antes do BPM, o serviço de suporte técnico dos aplicativos da companhia era um processo manual, cheio de ineficiências, erros humanos e sem responsabilidade pessoal. Além disso, o antigo processo não permitia ter qualquer visão do processo. Não havia maneira alguma de controlar as solicitações, uma vez que era tudo manual. A satisfação do usuário de negócios com o processo era extremamente baixa. Uma solução de BPM forneceu uma maneira da companhia automatizar, executar, gerenciar e monitorar o processo em tempo real. O maior desafio técnico na implementação era assegurar que o grupo de usuários fosse autossuficiente. Embora a companhia reconhecesse que a organização da TI era necessária, ela queria ser capaz de manter e implementar quaisquer mudanças necessárias no processo com pouca dependência da TI. Ela vê o gerenciamento do processo como um facilitador aos usuários para que eles mantenham, controlem e monitorem o processo. O BPM ajuda muito para possibilitar esse processo".

FATORES CRÍTICOS DE SUCESSO

Em uma publicação da Academia Nacional de Administração Pública, a Dra. Sharon L. Caudle identificou seis fatores críticos de sucesso que garantem que iniciativas de BPM do governo atinjam os resultados desejados (ver Figura G2.13).

Exemplos de modelagem do processo de negócios

Uma imagem vale mais que mil palavras. Basta perguntar a Wayne Kendrick, analista de sistema da Mobil Oil Corporation, em Dallas, Texas. Kendrick, cujo trabalho envolve planejar e projetar processos complexos, teve sua apresentação marcada para deixar a alta gerência a par do número de projetos em que seu grupo estava trabalhando. "Deram-me 10 minutos para minha apresentação, e eu tinha de 20 a 30 páginas de documentação detalhada para apresentar. Obviamente, eu não conseguiria apresentar tudo no tempo estipulado". Kendrick voltou-se aos modelos de processos de negócios para ajudar na comunicação de seus projetos. "Acredito que as pessoas podem se relacionar com fotos melhor do que com palavras", disse Kendrick. Ele aplicou essa ideia em sua apresentação utilizando o Microsoft Visio para criar modelos de processos de negócios e gráficos para representar as 30 páginas originais de texto. "Foi uma maneira eficaz de fazer as pessoas se interessarem pelos meus projetos e rapidamente perceberem a importância de cada um deles", ele disse. Os modelos de processo funcionaram e Kendrick recebeu aprovação imediata para prosseguir com todos os seus projetos. As Figuras G2.14 a G2.20 mostram exemplos de modelos de processos de negócios.

FIGURA G2.13
Fatores críticos de sucesso de projetos de BPM.

Fatores críticos de sucesso de projetos de BPM
1. Entender a reengenharia. ■ Entender os fundamentos dos processos de negócios. ■ Saber o que é reengenharia. ■ Diferenciar e integrar abordagens de melhoria de processos.
2. Construir um argumento político e de negócios. ■ Ter razões de negócios (entrega da missão) necessárias e suficientes para a reengenharia. ■ Ter comprometimento e capacidade organizacional de iniciar e manter a reengenharia. ■ Assegurar e sustentar o apoio político para projetos de reengenharia.
3. Adotar uma abordagem de gerenciamento de processos. ■ Entender a estrutura organizacional e definir as orientações estratégicas da missão, bem como objetivos em cascata para atingir as metas específicas a cada processo e tomar decisões válidas em todos os setores e níveis da organização. ■ Definir, criar um modelo e priorizar processos de negócios importantes para o desempenho da missão. ■ Ter participação prática da alta gerência empenhando-se para a melhoria de processos por meio de envolvimento pessoal, responsabilidade e tomada de decisões. ■ Ajustar a estrutura da organização para melhor apoiar iniciativas de gestão de processos. ■ Criar um programa de avaliação para avaliar a gestão de processos.
4. Medir e acompanhar o desempenho continuamente. ■ Fazer toda a organização compreender o valor das medidas e como elas serão usadas. ■ Associar a gestão de desempenho às expectativas atuais e futuras de clientes e partes interessadas.
5. Praticar gerenciamento da mudança e fornecer suporte central. ■ Desenvolver estratégias de gerenciamento de recursos humanos para apoiar a reengenharia. ■ Criar estratégias de gerenciamento de recursos de informação e um framework tecnológico para apoiar a mudança. ■ Criar um grupo de apoio central para auxiliar e integrar esforços de reengenharia e outros esforços de melhoria em toda a organização. ■ Criar um programa de educação e comunicação interna e externa abrangente específico para o projeto.
6. Gerenciar projetos de reengenharia para obter resultados. ■ Ter um critério claro para selecionar o que deve passar por reengenharia. ■ Colocar o projeto no nível certo com um propósito e metas definidas para a equipe de reengenharia. ■ Usar uma equipe de especialistas qualificada e diversificada para garantir o melhor desempenho do projeto. ■ Seguir uma abordagem estruturada e disciplinada para a reengenharia.

FIGURA G2.14
Modelagem do processo de comércio eletrônico.

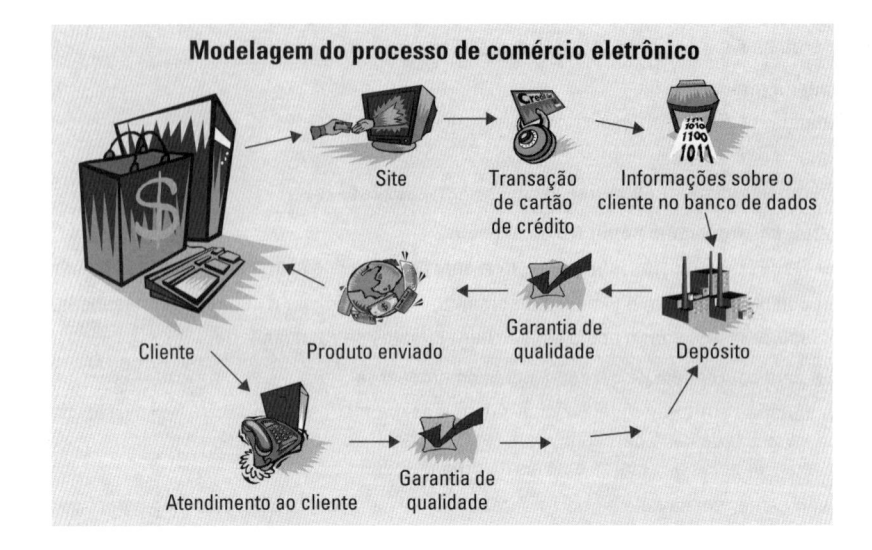

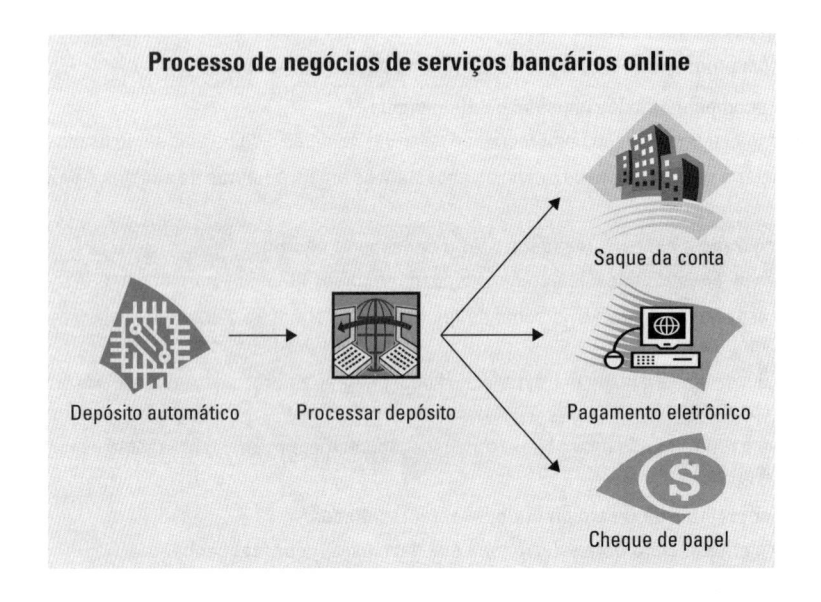

FIGURA G2.15
Modelo de processo de negócios de serviços bancários online.

Processos de negócios de pedido

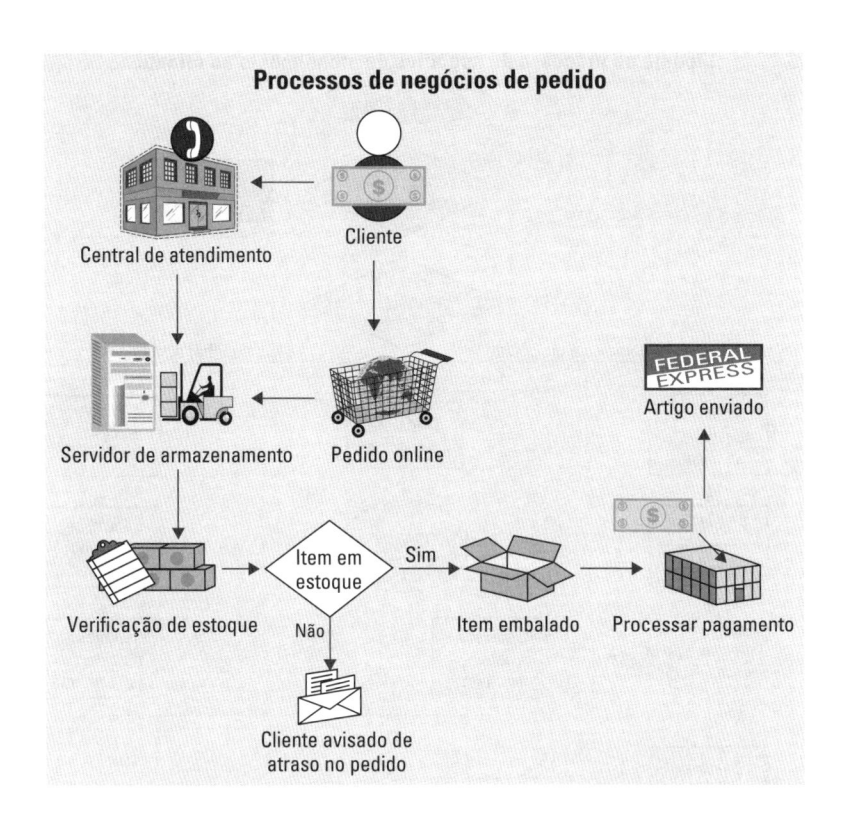

FIGURA G2.16
Modelo de processo de negócios de pedido de cliente.

Processo de negócios de comprar um item no eBay

Decide comprar item → Examina a lista de leilões → Dá um lance → Vence o leilão → Recebe a fatura → Paga a fatura → Recebe o item → Avalia o vendedor → Termina a venda

FIGURA G2.17
Modelo de processo de negócios de compradores do eBay.

Processo de negócios de vender um item no eBay

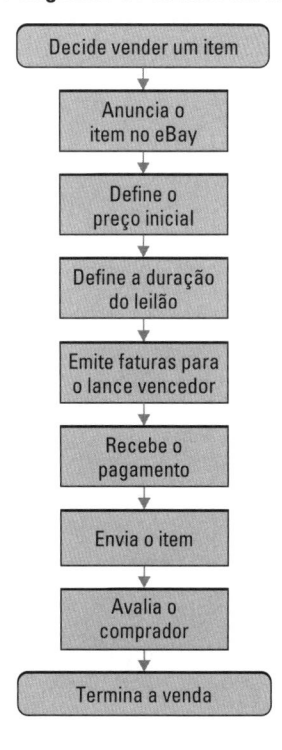

Decide vender um item → Anuncia o item no eBay → Define o preço inicial → Define a duração do leilão → Emite faturas para o lance vencedor → Recebe o pagamento → Envia o item → Avalia o comprador → Termina a venda

FIGURA G2.18
Modelo de processo de negócios de vender um item do eBay.

FIGURA G2.19
Modelo de processo de negócios de atendimento ao cliente.

Modelo de processo de negócios de atendimento ao cliente.

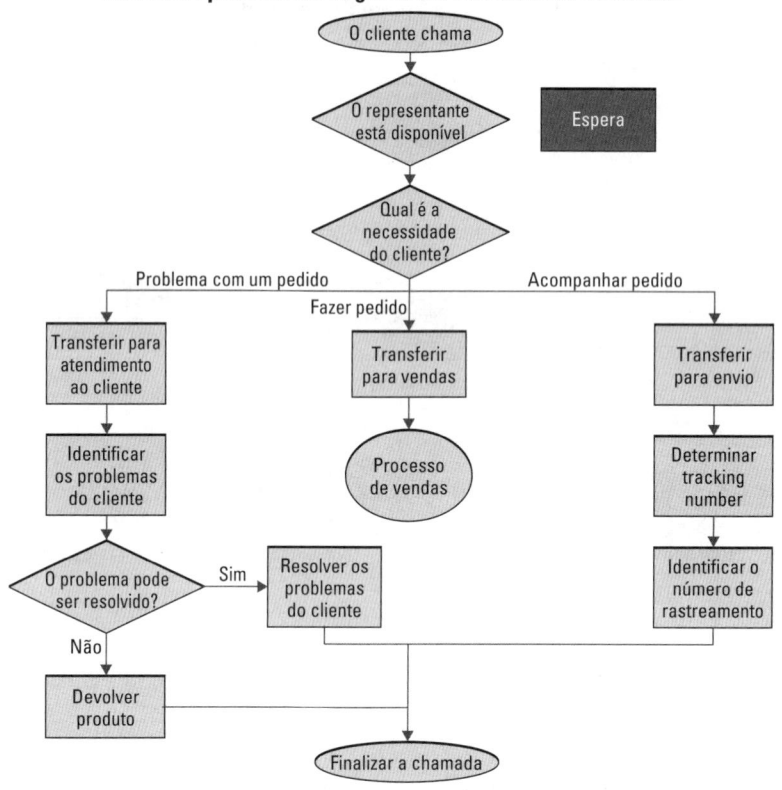

- O cliente chama
- O representante está disponível → Espera
- Qual é a necessidade do cliente?
  - Problema com um pedido → Transferir para atendimento ao cliente → Identificar os problemas do cliente → O problema pode ser resolvido?
    - Sim → Resolver os problemas do cliente
    - Não → Devolver produto
  - Fazer pedido → Transferir para vendas → Processo de vendas
  - Acompanhar pedido → Transferir para envio → Determinar tracking number → Identificar o número de rastreamento
- Finalizar a chamada

FIGURA G2.20
Modelo de melhoria do processo de negócios.

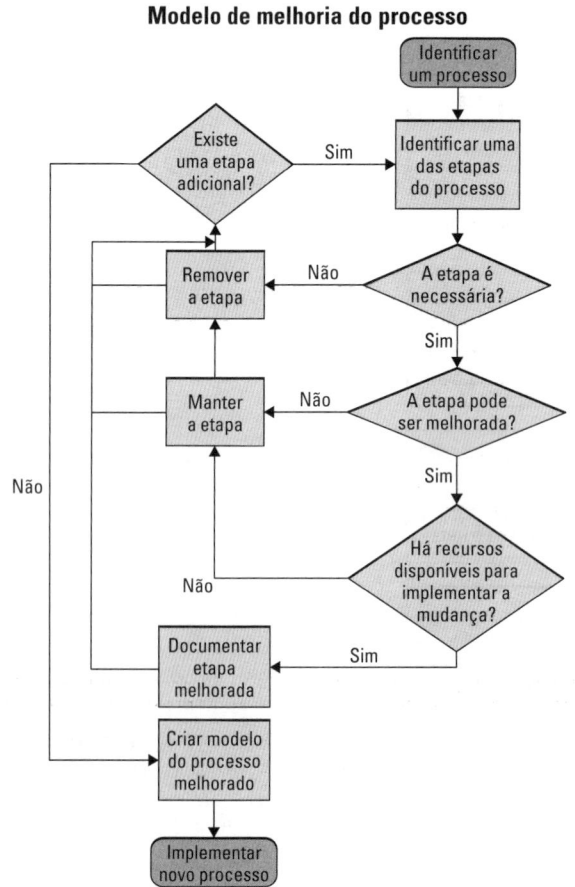

Modelo de melhoria do processo

- Identificar um processo
- Existe uma etapa adicional?
  - Sim → Identificar uma das etapas do processo
- A etapa é necessária?
  - Não → Remover a etapa
  - Sim → A etapa pode ser melhorada?
    - Não → Manter a etapa
    - Sim → Há recursos disponíveis para implementar a mudança?
      - Não
      - Sim → Documentar etapa melhorada → Criar modelo do processo melhorado → Implementar novo processo

RESUMO DO PLUG-IN

O investimento em melhoria contínua dos processos, reengenharia de processos ou gestão de processos de negócios é igual a qualquer outro investimento relacionado à tecnologia. Planejar o projeto corretamente, definir objetivos claros, educar as pessoas que têm de mudar sua mentalidade quando o sistema for implantado e obter forte apoio da gestão são medidas que ajudam para uma implementação bem-sucedida, gerando um sólido retorno sobre o investimento. As organizações devem ir além do básico ao implementar a melhoria de processos de negócios e perceber que ela não é um projeto pontual. Gestão e melhoria dos processos de negócios de ponta a ponta é difícil e exige mais do que um simples esforço isolado. O monitoramento e a melhoria contínua dos principais processos de negócios garantem melhorias de desempenho em toda uma organização.

TERMOS-CHAVE

Ferramentas de gerenciamento de processos de negócios 351
Gerenciamento do processo de negócios (BPM) 349
Modelagem (ou mapeamento) de processos de negócios 347

Modelo de melhoria contínua dos processos 345
Modelo de processo *As-Is* 347
Modelo de processo de negócios 347
Modelos de processo *To-Be* 347

Processo de negócio 342
Reengenharia de processos de negócios (BPR) 346

CASO DE ENCERRAMENTO 1

Racionalização dos processos na Adidas

O nome Adidas tem impacto para atletas e consumidores de varejo em todo o mundo. Registrada como empresa, em 1949, a companhia se diferenciou na década de 1960 por oferecer apoio a todos os atletas comprometidos a elevar os níveis de desempenho, incluindo atletas em esportes que alguns consideravam marginais, como salto em altura. Durante o ano excepcional de 1996, a "empresa das três listras" forneceu equipamento para 6 mil atletas olímpicos de 33 países. Esses atletas ganharam 220 medalhas, sendo 70 de ouro, e ajudaram a produzir um aumento imediato de 50% nas vendas de produtos de vestuário da empresa.

Em 1997, a Adidas adquiriu o Grupo Salomon, que incluía as marcas Salomon, Taylor Made e Bonfire. Atualmente, a Adidas-Salomon luta pela liderança mundial na indústria de artigos esportivos, com uma grande variedade de produtos que promovem uma paixão pela competição e um estilo de vida orientado para os esportes. Sua estratégia é simples: fortalecer continuamente suas marcas e seus produtos para melhorar a sua posição competitiva e seu desempenho financeiro.

A Adidas-Salomon concorre em um ambiente tão implacável quanto o dos Jogos Olímpicos. Permanecer na vanguarda requer o apoio de tecnologia de classe internacional. Nos últimos 15 anos, a Adidas-Salomon transformou-se de uma organização de fabricação em uma gestora de marca esportiva global, com 14 mil funcionários em todo o mundo. Anteriormente, a Adidas-Salomon funcionava de forma descentralizada, e cada unidade operacional escolhia o software que se adequava a sua geografia e preferências internas. A empresa acreditava que a implementação e criação de processos comuns, especialmente em sua organização de vendas, ajudaria a estabelecer sua direção global. Com processos comuns, a empresa poderia simplificar e automatizar suas operações de negócios, melhorando a flexibilidade, escalabilidade e visibilidade em todo o empreendimento. De modo geral, a integração do sistema se traduziria em um tempo mais rápido para inserção de produtos no mercado, aumento das receitas e custos mais baixos.

A Adidas-Salomon revisou seus sistemas de TI e as informações associadas. Uma constatação foi que a empresa precisava desenvolver uma melhor solução para integração de processos de negócios e estabelecer uma maneira fácil de automatizar novas aplicações em toda a empresa. Essa infraestrutura exigia que a Adidas-Salomon impusesse uma plataforma de processos de negócios comum para permitir que as unidades operacionais da empresa permanecessem flexíveis o suficiente para satisfazer as próprias necessidades e objetivos específicos.

A Adidas-Salomon identificou vários requisitos de negócios importantes para o projeto. Em primeiro lugar, queria automatizar eventos de negócios e reduzir o esforço manual necessário para o intercâmbio de dados entre as partes internas e externas. Em segundo lugar, ela precisava desenvolver uma solução de baixo custo que fosse simples de usar, manter e atualizar no futuro. Por último, a empresa queria permitir o intercâmbio de dados em tempo real entre os principais processos de negócios da Adidas-Salomon.

"Nós consideramos muitas métricas, e ficou claro que o Software TIBCO tinha a amplitude e a profundidade de oferta de produtos, apoiado por uma forte reputação", disse Garry Semetka, chefe dos serviços de desenvolvimento e integração no desenvolvimento de aplicações globais da Adidas-Salomon. Com sua infraestrutura desejada estabelecida, a Adidas-Salomon promoveu a padronização com base em produtos TIBCO e realizou mudanças no sentido de estabelecer o gerenciamento de processos de negócios em tempo real para sua cadeia de fornecimento interno. A empresa agora publica e tira proveito de eventos quando eles ocorrem em sistemas-chave, dando as informações mais atuais e valiosas para os processos de negócios e tomadores de decisões.

Questões

1. Descrever os processos de negócios e sua importância para a Adidas-Salomon.
2. Como a Adidas-Salomon poderia usar a melhoria contínua de processos e a reengenharia de processos para se manter competitiva?
3. Como uma ferramenta de gerenciamento de processos de negócios pode ajudar a Adidas-Salomon a permanecer no topo?

CASO DE ENCERRAMENTO 2

A 3Com otimiza processos de promoção de produtos

Promoções de produtos, como descontos ou itens promocionais subsidiados, podem servir como excelentes ferramentas de marketing e vendas para impulsionar o aumento das receitas por meio de incentivos para que os clientes comprem determinados itens. No entanto, quando você é um provedor de rede líder mundial como a 3Com, atendendo a milhares de parceiros de canal e clientes, tais promoções devem ser facilmente gerenciadas e executadas.

Para obter um melhor controle sobre a criação e execução de suas promoções de produtos, a 3Com usou a automação de processos de negócios e a plataforma de gestão da Savvion para construir um sistema baseado na Web que agiliza o fluxo de trabalho de aprovação e gestão de promoções de produtos oferecidos para distribuidores e revendedores. "Precisávamos garantir que as nossas promoções de produtos fossem atrativas para os nossos parceiros de canal e também gerenciáveis em termos de execução", disse Ari Bose, CIO da 3Com. "Usando o Savvion BusinessManager, conseguimos estabelecer rapidamente um processo que acelera a aprovação e aumentar o conhecimento das promoções de produtos para gerar oportunidades de aumento de receita".

Oferecendo promoções eficazes

O sistema de promoções baseado no Savvion BusinessManager fornece significativa redução de tempo e de custos, substituindo antigos processos de email ineficientes e incontroláveis. Em vez de enviar ideias de promoção informalmente para aprovação, os funcionários agora usam o sistema automatizado como um local centralizado para gerenciar o fluxo de trabalho envolvido em propor novas promoções e garantir que todas as aprovações necessárias sejam obtidas antes que detalhes da promoção sejam compartilhados no site do parceiro e revendedor da 3Com.

O sistema de promoções automaticamente direciona as propostas de promoções para cada departamento que precisa aprovar a promoção, incluindo marketing, divulgação de promoções e administração de reclamações. O sistema simplificado também notifica imediatamente todas as principais partes envolvidas quando novas promoções são aprovadas, aumentando a visibilidade e as oportunidades de receita por meio de uma melhor comunicação com os representantes de vendas, distribuidores e revendedores da 3Com.

Fortalecendo o gerenciamento

Uma característica importante do novo sistema é a auditoria automática de cada etapa. A companhia pode facilmente estabelecer uma trilha de auditoria, aumentando a responsabilidade conforme as aprovações são concedidas. O processo estruturado também garante que as promoções aprovadas sejam controláveis do ponto de vista da administração.

Além disso, o sistema acompanha o cumprimento das promoções, aplicando termos e condições associados, como limites de compra ou estoques disponíveis – um monitoramento que antes era quase impossível de se fazer, criando inúmeros problemas de gerenciamento. O sistema de promoções também está integrado com outro processo desenvolvido pelo BusinessManager que gera cotações de preços especiais (*Special Price Quotes* – SPQs) para os parceiros de canal da 3Com, criando freios e controles internos para evitar a aprovação de uma SPQ enquanto uma promoção estiver sendo oferecida para o mesmo produto.

O sistema também oferece muitos recursos de relatórios que a 3Com agora usa para obter uma melhor compreensão de todas as promoções oferecidas, autorizações e possíveis impactos financeiros. Esses relatórios online substituem planilhas do Excel criadas manualmente, permitindo que os departamentos gerem relatórios em tempo real para um melhor planejamento estratégico.

Benefícios de lucro final

A maior visibilidade de promoções de produtos está gerando oportunidades significativas para aumentar as receitas da 3Com. Representantes de vendas são imediatamente notificados quando as promoções são aprovadas, melhorando a comunicação interna e permitindo que representantes compartilhem detalhes da promoção com revendedores e distribuidores de forma mais rápida para promover o aumento das vendas. Outros benefícios comerciais resultantes do sistema de promoções automatizado são:

- Recursos de monitoramento em tempo real permitem que os funcionários da 3Com verifiquem o status de aprovação de uma promoção a qualquer momento.
- Maior eficiência no ciclo de aprovação e comunicações simplificadas aumentam a produtividade dos funcionários, proporcionando significativa redução de tempo e de custos.
- O processamento de reivindicações também é mais eficaz por causa do processo de aprovação estruturado, proporcionando ainda mais economia.
- A maior visibilidade permite que a 3Com reduza gastos de reserva por ter uma ideia mais clara da resposta do canal a cada promoção.
- Ordem e eficiência se estabelecem para processos que antes eram manuais e caóticos.

Questões

1. Descreva os processos de negócios e sua importância para o modelo de negócios da 3Com.
2. Como a 3Com pode usar a melhoria contínua de processos para se tornar mais eficiente?
3. Como a 3Com pode usar a reengenharia de processos de negócios para se tornar mais eficiente?
4. Descreva a importância da modelagem (ou mapeamento) de processos de negócios e dos modelos de processos de negócios para a 3Com.
5. Como a 3Com usou software de gerenciamento de processos de negócios para remodelar a empresa?

TOMANDO DECISÕES DE NEGÓCIOS

1. Descoberta de oportunidades de reengenharia

Em um esforço para aumentar a eficiência, sua faculdade contratou você para analisar seus atuais processos de negócios para matrícula em disciplinas. Analise os processos de negócios atuais desde o pagamento de taxa de matrícula até a matrícula em disciplinas e determine quais etapas do processo são:

- Falhas
- Redundantes
- Antiquadas

Defina como você pretende fazer a reengenharia para aumentar a eficiência dos processos.

2. Modelagem de um processo de negócios

Você odeia esperar na fila em um mercado? Você acha frustrante ir a uma locadora de filmes e não encontrar o filme que deseja alugar? Você fica irritado quando o entregador de pizza traz o pedido errado? Esta é sua chance de reestruturar o irritante processo que o enlouquece. Escolha um problema que você está vivendo atualmente e reestruture o processo de forma a torná-lo mais eficiente. Forneça um modelo *As-Is* e *To-Be* do processo de negócios.

3. Reestruturação de processos de negócios

Este é o processo de negócios de pedido de venda da MusicMan. Desenhe o modelo *As-Is* do processo com base na seguinte narrativa:

1. Um cliente envia um pedido de produtos para MusicMan, uma varejista de música, por meio de um mecanismo online como um formulário de pedido baseado em navegador. O cliente fornece seu nome, o endereço de email adequado, o estado para o qual o pedido deverá ser enviado, os itens desejados (IDs e nomes) e as quantidades solicitadas.
2. O pedido é recebido por um sistema de processamento, que lê os dados e acrescenta um número de identificação ao pedido.
3. O pedido é encaminhado para um representante do serviço de atendimento ao cliente, que verifica as informações de crédito do cliente.
4. Se a verificação de crédito falha, o representante do serviço ao cliente recebe a tarefa de informar ao cliente a fim de obter as informações de crédito corretas, e o processo se torna manual a partir desse ponto.
5. Se a verificação de crédito é aprovada, o sistema verifica o estoque atual do item solicitado em um banco de dados, de acordo com o ID do item, e compara a quantidade de itens disponíveis com a quantidade solicitada.
6. Se a quantidade em estoque não é suficiente para atender ao pedido, ele é colocado em espera até que novos itens cheguem ao estoque. Quando o sistema recebe o aviso de chegada de novo estoque, ele repete a etapa 5 até que consiga confirmar que o estoque é suficiente para processar o pedido.
7. Se o estoque é suficiente, o pedido é transmitido simultaneamente para um agente de remessa que providencia o envio a um agente de contabilidade que instrui o sistema a gerar uma fatura para o pedido.
8. Se o sistema encontra um erro no processamento da entrada necessária para calcular o valor total da fatura, incluindo os impostos estaduais, o agente que iniciou o processo de faturamento recebe um aviso e uma solicitação para que forneça as informações corretas.
9. O sistema calcula o valor total do pedido.
10. O sistema confirma que o pedido foi enviado e avisa o cliente por email.
11. Em qualquer ponto da transação antes do envio, o pedido pode ser cancelado mediante notificação do cliente.

4. **Remodelação das contas**

    O departamento de contabilidade de sua empresa lida com o processamento de documentos de grande importância. Esses documentos devem chegar ao seu destino de forma segura e eficiente. Esses documentos incluem notas fiscais, ordens de compra, demonstrativos, requisições de compra, demonstrações financeiras, ordens de vendas e cotações.

    No momento, o processamento de documentos é feito manualmente, o que provoca um efeito cascata negativo. Os documentos tendem a ser extraviados ou atrasados pelo processo de correspondência. Documentos não seguros são vulneráveis a pessoas que podem fazer alterações ou ter acesso a documentos confidenciais. Além disso, o departamento de contabilidade tem custos, como formulários pré-impressos, distribuição ineficiente e armazenamento. Explique o BPM e como ele pode ser usado para reformular o departamento de contabilidade.

PLUG-IN

G3 Noções básicas de hardware e software

> **OBJETIVOS DE APRENDIZAGEM**
> 1. Descrever as seis categorias principais de hardware e fornecer um exemplo de cada uma.
> 2. Identificar as diferentes categorias de computador e explicar seus potenciais usos de negócios.
> 3. Identificar os dois tipos principais de software.

OA 1 Descrever as seis categorias principais de hardware e fornecer um exemplo de cada uma.

Introdução

Os gerentes precisam determinar quais tipos de hardware e software vão satisfazer as suas necessidades de negócios atuais e futuras, o momento certo para comprar equipamentos e o modo de proteger seus investimentos em TI. Isso não implica que os gestores precisem ser especialistas em todas as áreas da tecnologia. No entanto, ter conhecimento básico de hardware e software pode ajudá-los a fazer as escolhas certas para o investimento.

A tecnologia da informação pode ser um importante facilitador do sucesso e da inovação dos negócios. A tecnologia da informação pode ser composta de Internet, computador pessoal, telefone celular com acesso à Web, assistente pessoal digital ou software de apresentação. Todas essas tecnologias ajudam a executar tarefas específicas de processamento da informação. Existem duas categorias básicas de tecnologia da informação: hardware e software. O *hardware* consiste em dispositivos físicos associados a um sistema de computador. O *software* é o conjunto de instruções que o hardware executa para realizar tarefas específicas. Software, como o Microsoft Excel, e vários dispositivos de hardware, como teclado e monitor, interagem para criar uma planilha ou um gráfico. Este apêndice aborda os conceitos básicos de hardware e software, incluindo terminologia, características e competências de gerenciamento associadas para construir uma arquitetura corporativa sólida.

Noções básicas de hardware

Em muitas indústrias, aproveitar o hardware de computador é a chave para obter vantagem competitiva. A Frito-Lay obtém vantagem competitiva usando dispositivos portáteis para acompanhar o posicionamento estratégico e a venda de itens em lojas de conveniência. Os representantes de vendas podiam acompanhar o preço de venda, as informações sobre a concorrência, a quantidade de itens vendidos e a localização do item na loja a partir de seus dispositivos portáteis.[1]

Um *computador* é um dispositivo eletrônico sob o controle de instruções armazenadas em sua memória própria, que pode aceitar, manipular e armazenar dados. A Figura G3.1 mostra os dois componentes principais de um computador: hardware e software. Um sistema de computador consiste em seis componentes de hardware (ver Figura G3.2). A Figura G3.3 mostra como esses componentes trabalham em conjunto para formar um sistema de computador.

UNIDADE CENTRAL DE PROCESSAMENTO

Os principais fabricantes de CPUs da atualidade incluem a Intel (com as linhas Celeron e Pentium para computadores pessoais) e Advanced Micro Devices (AMD) (com a série Athlon).[2]

A *unidade central de processamento (CPU – Central Processing Unit)*, ou *microprocessador*, é o hardware que interpreta e executa as instruções do programa (software) e coordena como todos os outros dispositivos de hardware irão funcionar em conjunto. A CPU é construída sobre uma pequena camada de silício e pode conter o equivalente a vários milhões de transistores. As CPUs são, inquestionavelmente, um dos maiores avanços tecnológicos do século XX.

A CPU contém duas partes principais: unidade de controle e unidade aritmética/lógica. A *unidade de controle* interpreta as instruções de software e, literalmente, diz a outros dispositivos de hardware o que fazer, com base nas instruções do software. A *unidade lógica e aritmética (ULA – Arithmetic-Logic Unit)* realiza todas as operações aritméticas (adição e subtração, por exemplo) e todas as operações lógicas (como classificação e comparação de números). A unidade de controle e a ULA desempenham funções diferentes. A unidade de controle recebe instruções do software. Em seguida, interpreta as instruções, decide quais as tarefas os outros dispositivos devem executar e, por fim, diz a cada dispositivo para executar a tarefa. A ULA responde à unidade de controle e faz o que lhe for mandado, realizando operações aritméticas ou lógicas.

O número de ciclos de CPU por segundo determina o quão rápido a CPU executa as instruções do software: mais ciclos por segundo significam um processamento mais rápido, e CPUs mais rápidas custam mais que seus equivalentes mais lentos. A velocidade da CPU

FIGURA G3.1
Visão geral de hardware e software.

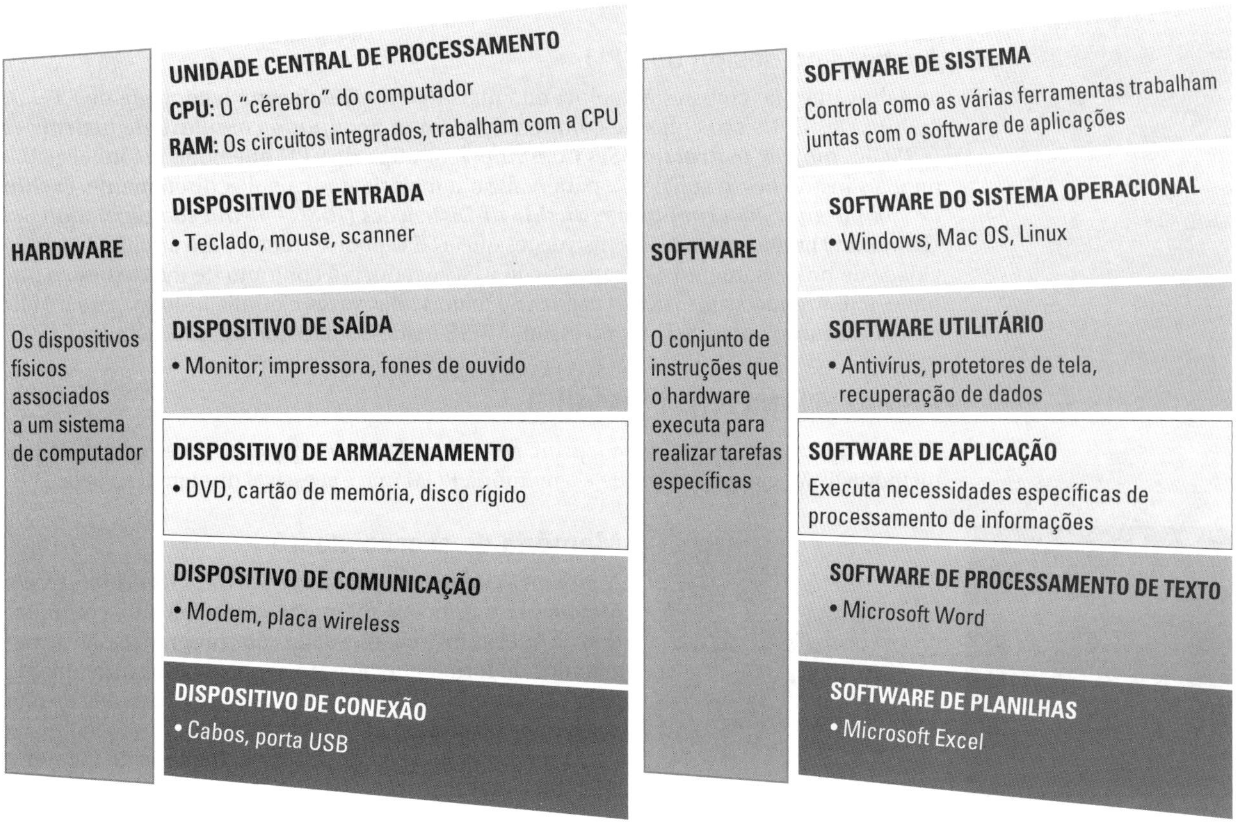

HARDWARE		SOFTWARE	
Os dispositivos físicos associados a um sistema de computador	**UNIDADE CENTRAL DE PROCESSAMENTO** **CPU:** O "cérebro" do computador **RAM:** Os circuitos integrados, trabalham com a CPU	O conjunto de instruções que o hardware executa para realizar tarefas específicas	**SOFTWARE DE SISTEMA** Controla como as várias ferramentas trabalham juntas com o software de aplicações
	DISPOSITIVO DE ENTRADA • Teclado, mouse, scanner		**SOFTWARE DO SISTEMA OPERACIONAL** • Windows, Mac OS, Linux
	DISPOSITIVO DE SAÍDA • Monitor; impressora, fones de ouvido		**SOFTWARE UTILITÁRIO** • Antivírus, protetores de tela, recuperação de dados
	DISPOSITIVO DE ARMAZENAMENTO • DVD, cartão de memória, disco rígido		**SOFTWARE DE APLICAÇÃO** Executa necessidades específicas de processamento de informações
	DISPOSITIVO DE COMUNICAÇÃO • Modem, placa wireless		**SOFTWARE DE PROCESSAMENTO DE TEXTO** • Microsoft Word
	DISPOSITIVO DE CONEXÃO • Cabos, porta USB		**SOFTWARE DE PLANILHAS** • Microsoft Excel

FIGURA G3.2
Componentes de hardware de um sistema de computador.

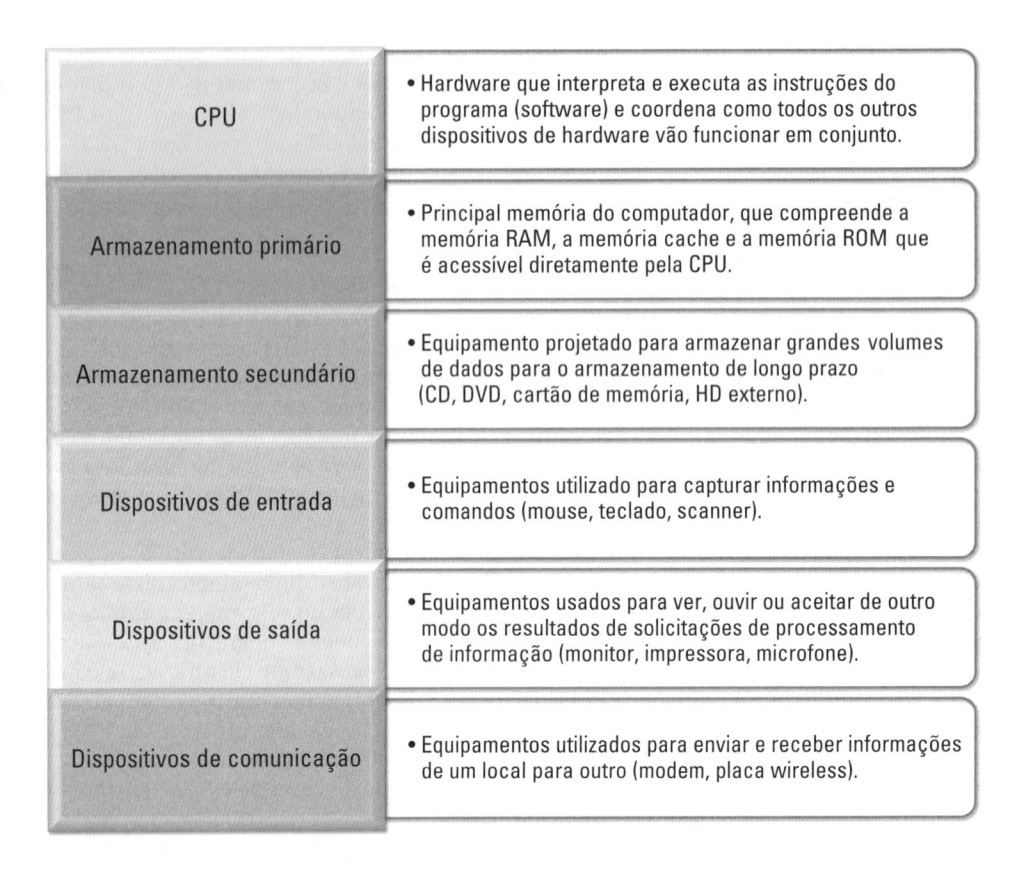

CPU	• Hardware que interpreta e executa as instruções do programa (software) e coordena como todos os outros dispositivos de hardware vão funcionar em conjunto.
Armazenamento primário	• Principal memória do computador, que compreende a memória RAM, a memória cache e a memória ROM que é acessível diretamente pela CPU.
Armazenamento secundário	• Equipamento projetado para armazenar grandes volumes de dados para o armazenamento de longo prazo (CD, DVD, cartão de memória, HD externo).
Dispositivos de entrada	• Equipamentos utilizado para capturar informações e comandos (mouse, teclado, scanner).
Dispositivos de saída	• Equipamentos usados para ver, ouvir ou aceitar de outro modo os resultados de solicitações de processamento de informação (monitor, impressora, microfone).
Dispositivos de comunicação	• Equipamentos utilizados para enviar e receber informações de um local para outro (modem, placa wireless).

é geralmente medida em megahertz e gigahertz. ***Megahertz (MHz)*** é a quantidade de milhões de ciclos por segundo da CPU. ***Gigahertz (GHz)*** é a quantidade de bilhões de ciclos por segundo da CPU. A Figura G3.4 mostra os fatores que determinam a velocidade da CPU.

Avanços no design da CPU

Os fabricantes de chips estão colocando mais funcionalidades na tecnologia de CPU. A maioria das CPUs são chips de computador com um ***conjunto complexo de instruções (CISC – Complex Instruction Set Computer)***, um tipo de CPU que pode reconhecer 100 ou mais instruções, o suficiente para realizar a maioria dos cálculos diretamente. O ***chip de computador com conjunto reduzido de instruções (RISC – Reduced Instruction Set Computer)*** limita o número de instruções que a CPU pode executar para aumentar a velocidade de processamento. O propósito do RISC é reduzir o conjunto de instruções ao mínimo, enfatizando as instruções usadas na maioria das vezes e otimizando-as para a mais rápida execução possível. Um processador RISC é mais rápido que um processador CISC.

ARMAZENAMENTO PRIMÁRIO

O ***armazenamento primário*** é a principal memória do computador, que compreende a memória RAM, a memória cache e a memória ROM que é acessível diretamente pela CPU.

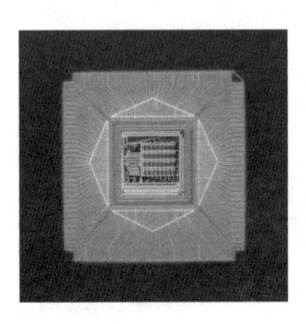

Memória de acesso aleatório

A ***memória de acesso aleatório (RAM – Random Access Memory)*** é a principal memória operacional do computador, na qual as instruções e dados dos programas são armazenados de forma que possam ser acessados diretamente pela CPU através do barramento externo de dados de alta velocidade do processador.

A memória RAM é muitas vezes chamada de memória de leitura/gravação. Na memória RAM, a CPU pode gravar

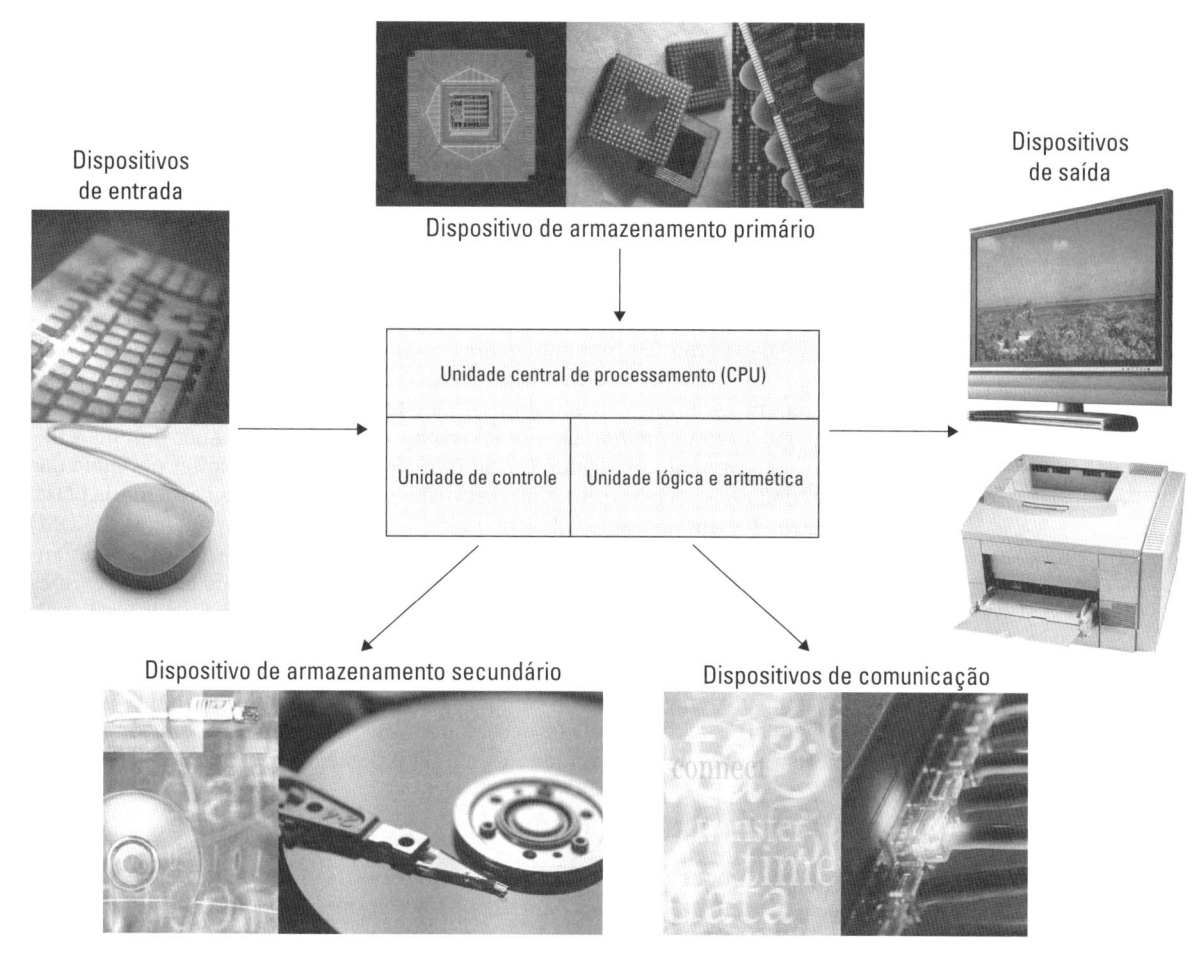

Plug-in G3 Noções básicas de hardware e software **365**

FIGURA G3.3
Como os componentes de hardware funcionam em conjunto.

Diagrama: Dispositivos de entrada → Unidade central de processamento (CPU) [Unidade de controle | Unidade lógica e aritmética] → Dispositivos de saída. Dispositivo de armazenamento primário conecta-se à CPU. Dispositivo de armazenamento secundário e Dispositivos de comunicação conectam-se à CPU.

e ler os dados. A maioria dos programas reserva uma parte da memória RAM como espaço de trabalho temporário para os dados, de modo que se pode modificar (regravar) conforme necessário até que os dados estejam prontos para impressão ou armazenamento em mídias de armazenamento secundário, como um disco rígido ou pen drive. A memória RAM não retém seu conteúdo quando a alimentação do computador é desligada, por isso as pessoas devem salvar seu trabalho com frequência. Quando o computador é desligado, tudo na memória RAM é apagado. *Volatilidade* é a capacidade de um dispositivo para funcionar com ou sem energia. A memória RAM é *volátil*, ou seja, precisa de energia constante para funcionar; seu conteúdo é perdido quando o fornecimento de energia elétrica do computador falha.

FIGURA G3.4
Fatores que determinam a velocidade da CPU.

Fatores de velocidade da CPU
Velocidade de relógio – a velocidade do relógio interno de uma CPU que define o ritmo em que determinadas operações são feitas dentro do circuito de processamento interno do computador.
Comprimento da palavra – número de bits (0s e 1s) que podem ser processados pela CPU a qualquer momento. Os computadores funcionam em termos de bits e bytes, utilizando pulsos elétricos que têm dois estados: ligado e desligado.
Largura de barramento – tamanho da via elétrica interna ao longo da qual os sinais são enviados a partir de uma parte do computador para outra. Um barramento maior pode mover mais dados, resultando, portanto, em processamento mais rápido.
Largura da linha de chip – distância entre os transistores em um chip. Quanto menor a largura da linha de chip, mais rápido será o chip, já que mais transistores poderão ser colocados em um chip e os dados e instruções percorrerão distâncias curtas durante o processamento.

Memória cache

Memória cache é a pequena unidade de memória ultrarrápida usada para armazenar dados acessados recentemente ou dados acessados com frequência para que a CPU não tenha de recuperar esses dados dos circuitos de memória mais lentos, como a memória RAM. A memória cache que está integrada diretamente nos circuitos da CPU é chamada de cache primário. A memória cache contida em um circuito externo é chamada de cache secundário.

Memória somente de leitura (ROM)

Memória somente de leitura (ROM) é a parte do armazenamento principal de um computador que não perde seu conteúdo quando acaba a energia. A memória ROM **não é volátil**, o que significa que não precisa de energia constante para funcionar. A memória ROM contém programas essenciais do sistema que nem o usuário nem o computador podem apagar. Como a memória interna do computador está em branco durante a inicialização, o computador não pode executar qualquer função a não ser por meio das instruções dadas na inicialização. Essas instruções são armazenadas na memória ROM.

A **memória flash** é um tipo especial de memória regravável apenas para leitura (ROM) que é compacto e portátil. Os **cartões de memória** contêm alta capacidade de armazenamento para guardar dados, como imagens capturadas, músicas ou arquivos de texto. Os cartões de memória são removíveis. Quando um estiver cheio, o usuário pode inserir um cartão adicional. Posteriormente, os dados podem ser descarregados do cartão para um computador. O cartão pode então ser apagado e usado novamente. Cartões de memória são normalmente utilizados em dispositivos digitais, como câmeras, telefones celulares e assistentes pessoais digitais (PDA). Os cartões de memória fornecem memória não volátil para um conjunto de dispositivos portáteis, incluindo computadores, câmeras digitais, MP3 players e PDAs.

ARMAZENAMENTO SECUNDÁRIO

O armazenamento compõe uma área de grande interesse na arena de negócios, uma vez que as organizações têm dificuldades para organizar volumes de dados cada vez maiores. O **armazenamento secundário** consiste em um equipamento projetado para armazenar grandes volumes de dados no longo prazo. Os dispositivos de armazenamento secundário são não voláteis e não perdem seu conteúdo quando o computador é desligado. Alguns dispositivos de armazenamento, como o disco rígido, oferecem recursos de fácil atualização e grande capacidade de armazenamento. Outros, como CD-ROMs, oferecem recursos de atualização limitados, mas possuem grandes capacidades de armazenamento.

A capacidade de armazenamento é expressa em bytes, sendo os megabytes a medida mais comum. Um **megabyte** (**MB**, **M**, ou **Meg**) equivale a aproximadamente 1 milhão de bytes. Portanto, um computador com 256 MB de RAM indica que a memória RAM é capaz de manter aproximadamente 256 milhões de caracteres de dados e instruções do software. Um **gigabyte (GB)** equivale a aproximadamente 1 bilhão de bytes. Um **terabyte (TB)** corresponde a aproximadamente 1 trilhão de bytes (ver Figura G3.5).[3]

Por exemplo, uma página comum em espaço duplo de texto tem aproximadamente 2 mil caracteres. Portanto, um HD de 40 GB (40 GB ou 40 bilhões de caracteres) pode armazenar cerca de 20 milhões de páginas de texto.

Os dispositivos de armazenamento comuns incluem:

- Meio magnético
- Meio óptico

Meio magnético

O **meio magnético** é o meio de armazenamento que utiliza técnicas magnéticas para armazenar e recuperar dados em discos ou fitas revestidos com materiais magnéticos sensíveis. Como limalhas de ferro sobre uma folha de papel encerado, esses materiais são reorientados quando um campo magnético age sobre eles. Durante as operações de gravação, o cabeçote de leitura/gravação emite um campo magnético que orienta os materiais magnéticos sobre o disco ou fita para representar os dados codificados. Durante as operações de leitura, o cabeçote de leitura/gravação percebe os dados codificados no meio.

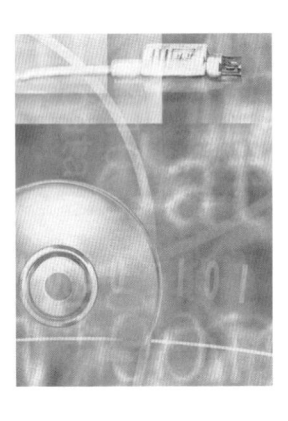

Termo	Tamanho
Kilobyte (KB)	1.024 Bytes
Megabyte (MB)	1.024 KB 1.048.576 Bytes
Gigabyte (GB)	1.024 MB (10^9 bytes)
Terabyte (TB)	1.024 GB (10^{12} bytes) 1 TB = A impressão de 1 TB exigiria 50 mil árvores para ser feita em papel e impressora
Petabyte (PB)	1.024 TB (10^{15} bytes) 200 PB = Produção total de fitas magnéticas digitais em 1995
Exabyte (EB)	1.024 PB (10^{18} bytes) 2 EB = Volume total de informações geradas em todo o mundo anualmente 5 EB = Todas as palavras já ditas pela humanidade

FIGURA G3.5
Termos binários.

Uma das primeiras formas de meio magnético desenvolvida foi a fita magnética. A *fita magnética* é o meio de armazenamento secundário mais antigo que utiliza uma tira de plástico fina, revestida com um meio de gravação magneticamente sensível. O tipo mais popular de meio magnético é o disco rígido. *Disco rígido* é o meio de armazenamento secundário que utiliza vários discos rígidos revestidos com um sensível material magnético e hospedados junto com os cabeçotes de gravação em um mecanismo hermeticamente fechado. O desempenho do disco rígido é medido em termos de tempo de acesso, tempo de busca, velocidade de rotação e a taxa de transferência dos dados.

Meio óptico

O meio óptico é um meio de armazenamento secundário para computadores em que a informação é armazenada com uma densidade extremamente alta no formato de pequenos buracos. A presença ou ausência de buracos é lida por um feixe de laser rigorosamente focado. Os tipos de meio óptico incluem:

- **Drive de memória somente de leitura em disco compacto (CD-ROM)** – unidade óptica projetada para ler os dados codificados em CD-ROMs e transferir esses dados para um computador.
- **Drive de leitura/gravação em disco compacto (CD-RW)** – unidade óptica que permite aos usuários apagar os dados existentes e gravar novos dados repetidamente para um CD-RW.
- **Disco de vídeo digital (DVD)** – formato de CD-ROM que armazena até um máximo de 17 GB de dados, o suficiente para um filme de longa-metragem.
- **Drive de DVD-ROM** – drive somente de leitura projetado para ler os dados codificados em DVD e transferir esses dados para um computador.
- **Disco de vídeo digital de leitura/gravação (DVD-RW)** – padrão para discos de DVD e mecanismos de reprodução/gravação que permite aos usuários gravar no formato DVD.

CD-ROMs e DVDs oferecem um meio cada vez mais econômico para armazenar dados e programas. A tendência geral em armazenamento secundário é o uso de métodos de acesso mais direto, maior capacidade com custos mais baixos e maior portabilidade.

DISPOSITIVOS DE ENTRADA

Dispositivo de entrada é um equipamento usado para capturar informações e comandos. Um teclado é usado para digitar informações, e um mouse é usado para apontar e clicar nos botões e ícones. *Caneta* é um dispositivo usado para tocar na tela e, assim, enviar comandos. Inúmeros dispositivos de entrada estão disponíveis em muitos ambientes diferentes, alguns dos quais têm aplicações que são mais adequadas para

DISPOSITIVOS DE ENTRADA MANUAIS	
TECLADO	Fornece um conjunto de caracteres alfabéticos, numéricos, de pontuação, de símbolos e teclas de controle.
MOUSE	Um ou mais botões de controle dentro de uma caixa que cabe na palma da mão e é projetada para que se possa movê-la sobre a mesa ao lado do teclado.
TOUCH PAD	Tipo de mouse fixo em que o movimento de um dedo faz o ponteiro na tela se mover. Fica normalmente abaixo da barra de espaço em laptops.
TELA SENSÍVEL AO TOQUE	Permite o uso de um dedo para apontar e tocar uma determinada função a ser executada.
DISPOSITIVO APONTADOR	Dispositivos usados para navegar e selecionar objetos em uma tela.
CONTROLADOR DE JOGOS	Dispositivos utilizados para jogos a fim de obter uma melhor ação na tela de controle.

DISPOSITIVOS DE ENTRADA AUTOMATIZADOS	
SCANNER	Captura imagens, fotos, gráficos e texto que já existem no papel.
SCANNER DE CÓDIGO DE BARRAS	Captura informações existentes sob a forma de barras verticais cuja largura e distância determinam um número.
SCANNER BIOMÉTRICO	Captura atributos físicos humanos, como impressão digital ou íris para fins de segurança.
LEITOR ÓPTICO DE MARCAS	Detecta a presença ou ausência de uma marca em um lugar predeterminado (popular para testes de múltipla escolha).
LEITOR ÓPTICO DE CARACTERES	Converte textos em formato digital para entrada no computador.
CÂMERA DIGITAL	Captura digitalmente imagens estáticas em resoluções variadas.
CÂMERA DE VÍDEO DIGITAL	Captura vídeo digital.
WEBCAM	Captura vídeo digitalmente e faz uploads diretamente para a Internet.
MICROFONE	Captura sons, como voz, para softwares de reconhecimento de voz.
PONTO DE VENDA (PDV)	Captura informações do ponto de transação, geralmente em ambientes comerciais.

FIGURA G3.6
Dispositivos de entrada.

configurações pessoais do que configurações de negócios. Teclado, mouse e scanner são os tipos mais comuns de dispositivos de entrada (ver Figura G3.6).

Novos tipos de dispositivos de entrada permitem que as pessoas se exercitem e joguem videogames ao mesmo tempo. O Kilowatt Sport da Powergrid Fitness permite que as pessoas combinem treinamentos de força com seus videogames favoritos. Os jogadores podem escolher qualquer jogo de PlayStation ou Xbox que utilize um joystick para executar a máquina elíptica de treinamento. Após o carregamento do jogo, os participantes ficam em uma plataforma enquanto movem uma vara de resistência em todas as direções para controlar o que acontece no jogo. O movimento variado exercita grupos musculares do peito, braços, ombros, abdome e costas. A tela do aparelho mostra informações como libras erguidas e nível de resistência atual, e os jogadores podem usar o ajuste de um toque para alterar o grau de dificuldade.[4] ***Dispositivos adaptados para computador*** são dispositivos de entrada concebidos para aplicações especiais para uso por pessoas com diferentes tipos de necessidades especiais. Um exemplo é o teclado com superfícies táteis, que pode ser utilizado por pessoas com deficiência visual.

Outro novo dispositivo de entrada é uma bicicleta ergométrica. Uma equipe de projetos de informática composta de estudantes de graduação e pós-graduação do MIT construiu o Cyclescore, um mecanismo integrado de videogame e bicicleta. Os alunos do MIT testaram jogos atuais do mercado, mas descobriram que os usuários tendiam a parar de pedalar para se concentrar no jogo. Para envolver os usuários, a equipe está projetando jogos que interagem com a experiência do próprio exercício – por exemplo, monitorando a frequência cardíaca e ajustando a dificuldade do jogo de acordo com a capacidade do usuário da bicicleta. Em um desses jogos, o participante deve pedalar para fazer um balão de ar quente voar sobre as montanhas, ao mesmo tempo que coleta moedas e atira em alvos aleatórios.[5]

DISPOSITIVOS DE SAÍDA

Dispositivo de saída é um equipamento usado para ver, ouvir ou aceitar de outro modo os resultados de solicitações de processamento de informação. Entre os dispositivos de saída, impressoras e monitores são os mais comuns. No entanto, alto-falantes e plotters (impressoras especiais que desenham a saída em uma página) são amplamente utilizados (ver Figura G3.7). Além disso, dispositivos de saída são responsáveis pela conversão de informações armazenadas em computador em formatos que podem ser compreendidos.

Um novo dispositivo de saída baseado em nova tecnologia de sensores tem por objetivo traduzir a Língua de Sinais Americana (ASL – American Sign Language) em fala, permitindo que milhões de pessoas que usam a ASL se comuniquem melhor com aqueles que não conhecem o sistema de gesticulação rápida. O AcceleGlove é uma luva forrada por dentro com sensores embutidos em anéis. Os sensores, chamados acelerômetros, medem a aceleração e podem classificar e traduzir movimentos de dedos e da mão. Além disso, conexões interligadas para o cotovelo e ombro captam sinais da ASL que são feitos com movimento do braço inteiro. Quando os usuários usam a luva ao fazer sinais da ASL, algoritmos do software da luva traduzem os gestos da mão em palavras. As traduções podem ser transmitidas através de sintetizadores de voz ou lidas na tela de um computador do tamanho de um PDA. O inventor, Jose L. Hernandez-Rebollar, começou com uma única luva, que conseguia traduzir apenas o alfabeto da ASL. Atualmente, o dispositivo utiliza duas luvas que contêm um vocabulário de mil palavras.[6]

Outros novos dispositivos de saída são desenvolvidos todos os dias. A empresa britânica Needapresent.com desenvolveu uma bola de massagem vibratória em formato USB que se conecta à porta USB do computador para gerar uma massagem morna para as partes doloridas do corpo de quem passa longas noites codificando software ou redigindo artigos. A Needapresent.com também produz um aquecedor para café que se conecta à porta USB.[7]

FIGURA G3.7
Dispositivos de saída.

MONITORES

TUBO DE RAIOS CATÓDICOS (CRT)	• Um tubo de vácuo que usa um canhão de elétrons (cátodo) para emitir um feixe de elétrons que ilumina substâncias fosforescentes em uma tela enquanto o feixe varre a tela repetidamente.
DISPLAY DE CRISTAL LÍQUIDO (LCDs)	• Tecnologia de exibição de baixa potência usada em laptops, onde moléculas de cristal em forma de bastonete mudam sua posição quando uma corrente elétrica flui através delas.
DIODO EMISSOR DE LUZ (LED)	• Lâmpada minúscula usada como luz de fundo para melhorar a imagem na tela.
DIODO EMISSOR DE LUZ ORGÂNICO (OLED)	• Telas que usam muitas camadas de material orgânico que emitem uma luz visível, eliminando a necessidade de retroiluminação.

IMPRESSORAS

IMPRESSORA JATO DE TINTA	• Impressora que forma as imagens forçando gotas de tinta através de bocais.
IMPRESSORA A LASER	• Impressora que forma as imagens por meio de um processo eletrostático, da mesma forma que funciona uma fotocopiadora.
IMPRESSORA MULTIFUNCIONAL	• Impressora que pode digitalizar, copiar, enviar fax e imprimir – tudo no mesmo dispositivo.
PLOTTER	• Impressora que usa canetas direcionadas por computador para a criação de imagens, plantas e diagramas de alta qualidade, entre outros.
IMPRESSORA 3-D	• Impressora que pode produzir objetos tridimensionais sólidos.

Tecnologia de transmissão	Descrição	Velocidade	Observação
Acesso discado	Acesso sob demanda por meio de um modem e linha telefônica regular (POT).	2400 bps a 56 Kbps	■ Barato, porém lento.
Cabo	Modem por cabo especial e linha de cabo necessários.	512 Kbps a 20 Mbps	■ Deve haver acesso por cabo na área. ■ A largura de banda é compartilhada.
DSL Linha de assinante digital	Esta tecnologia utiliza a parte digital não utilizada de uma linha telefônica de cobre comum para transmitir e receber informações. É necessário um modem especial e um cartão adaptador.	128 Kbps a 8 Mbps	■ Não interfere no uso normal do telefone. ■ A largura de banda é dedicada. ■ Deve estar em um raio de 5 km (3,1 milhas) da central telefônica.
Sem fio (LMCS)	O acesso é feito pela conexão a celular de alta velocidade, como redes de sistemas de comunicação multiponto locais (LMCS) através de transmissores/receptores sem fio.	30 Mbps ou mais	■ Pode ser usado para dados de alta velocidade, transmissões de TV e serviço telefônico sem fio.
Satélite	Versões mais recentes possuem acesso por satélite de duas vias, eliminando a necessidade da linha telefônica.	6 Mbps ou mais	■ A largura de banda não é compartilhada. ■ Algumas conexões necessitam de uma conta de serviço de Internet já existente. ■ As taxas de configuração podem variar de US$ 500 a US$ 1 mil.

FIGURA G3.8
Comparação de modens.

DISPOSITIVOS DE COMUNICAÇÃO

Dispositivo de comunicação é um equipamento utilizado para enviar informações e recebê-las de um local para outro. Um modem telefônico conecta um computador a uma linha telefônica para permitir o acesso a outro computador. O computador funciona em termos de sinais digitais, enquanto uma linha telefônica padrão funciona com sinais analógicos. Cada sinal digital representa um bit (0 ou 1). O modem deve converter os sinais digitais de um computador em sinais analógicos para que estes possam ser enviados através da linha telefônica. Na outra extremidade, outro modem traduz os sinais analógicos em sinais digitais, que podem então ser usados pelo outro computador. A Figura G3.8 mostra os diferentes tipos de modem.

OA 2 Identificar as diferentes categorias de computador e explicar seus potenciais usos de negócios.

FIGURA G3.9
Supercomputador.

Tipos de computador

Os supercomputadores de hoje podem superar capacidades de processamento de mais de 200 teraflops, o equivalente a todos na Terra realizando 35 mil cálculos por segundo (ver Figura G3.9). Nos últimos vinte anos, pesquisas de supercomputação financiadas pelo governo têm resultado em alguns dos mais importantes avanços tecnológicos da indústria da informática, incluindo:

- Clustering, que permite às empresas unir milhares de PCs para construir sistemas de mercados de massa.
- Processamento paralelo, que fornece a capacidade de executar duas ou mais tarefas simultaneamente e é visto como o futuro da indústria do chip.
- O navegador Mosaic, que se transformou no Netscape e transformou a Web em um nome conhecido.

Os supercomputadores financiados pelo governo também fizeram avançar alguns dos setores mais dinâmicos do país, incluindo produção de ponta, pesquisa de genes em ciências biológicas e modelagem do mercado financeiro em tempo real.[8]

Há computadores de diferentes formatos, tamanhos e cores. E eles atendem a uma variedade de necessidades. O *Appliance* é um computador dedicado a uma única função, como uma calculadora ou jogo de computador. O *e-book* é um livro eletrônico que pode ser lido em um computador ou dispositivo de leitura especial. Alguns são pequenos o suficiente para se carregar, enquanto outros são do tamanho de uma cabine telefônica. O tamanho nem sempre corresponde a potência, velocidade e preço (ver a Figura G3.10).

O Media Lab do MIT está desenvolvendo um laptop que será vendido por US$ 100 por unidade para agências governamentais de todo o mundo a fim de ser distribuído a milhões de crianças carentes. O uso de um modelo simplificado de vendas e a reestruturação do dispositivo ajudou o MIT a alcançar o preço de US$ 100. Quase metade do preço de um laptop atual é composto por marketing, vendas, distribuição e lucro. Dos demais custos, o painel de visualização e a luz de fundo correspondem a cerca da metade, enquanto o restante corresponde ao sistema operacional. O laptop de baixo custo vai usar um sistema de visualização que custa menos de US$ 25, um processador AMD de 500 MHz, uma conexão LAN sem fio, 1 GB de armazenamento e sistema operacional Linux. A máquina se conectará automaticamente a outras máquinas. A China e o Brasil já encomendaram três milhões

FIGURA G3.10
Tipos de computador.

- Smartphone/Assistente pessoal digital (PDA)
- Computador de mão/De bolso/Ultraportátil
- Computador Laptop/Notebook/Portátil/Netbook
- Tablet
- Computador pessoal/Microcomputador
- Estação de trabalho/Minicomputador
- Computador mainframe
- Supercomputador

Tipo de computador	Descrição
Smartphone	Telefone celular com um teclado que executa programas, músicas, fotos, email e inclui muitas características de um PDA.
Assistente pessoal digital (PDA)	Pequeno computador portátil que executa tarefas simples, como tomar notas, agendar compromissos e manter um catálogo de endereços e um calendário. A tela do PDA é sensível ao toque, permitindo ao usuário escrever sobre ela, e captura o que é escrito.
Computador de mão (de bolso, ultraportátil)	Computador portátil o suficiente para caber em uma bolsa ou no bolso e tem a sua própria fonte de alimentação ou bateria.
Computador laptop (portátil, notebook)	Computador portátil o suficiente para caber no colo ou em uma mochila e tem a sua própria fonte de alimentação ou bateria. Os laptops vêm equipados com a mesma tecnologia de um PC, embora pesem cerca de 1 kg.
Tablet	Computador com uma tela plana que usa um mouse ou o dedo para a digitação em vez de um teclado. Do mesmo modo que os PDAs, os tablets usam uma caneta para anotações e toques na tela para executar funções como clicar em um link durante a navegação por um site.
Computador pessoal (microcomputador)	Computador que é operado por um único usuário que pode personalizar as funções de acordo com suas preferências pessoais.
Computador de mesa (desktop)	Computador que fica sobre, ao lado ou sob a mesa do usuário e é grande demais para carregar. O gabinete do computador é onde ficam a CPU, a memória RAM e os dispositivos de armazenamento, com um monitor em cima, ou um gabinete de sistema vertical (chamado de torre), geralmente colocado no chão, dentro de uma área de trabalho.
Estação de trabalho	Semelhante a um desktop, mas com capacidade de processamento matemático e gráfico poderoso de executar tarefas mais complicadas em menos tempo. Geralmente utilizada para desenvolvimento de software, desenvolvimento da Web, engenharia e ferramentas de negócio eletrônico.
Minicomputador (servidor)	Projetado para satisfazer as necessidades de várias pessoas ao mesmo tempo em um ambiente de negócios de pequeno a médio porte. O servidor é um tipo comum de minicomputador e é utilizado para gerenciamento de aplicativos, redes e sites internos de empresas.
Computador mainframe	Desenvolvido para atender às necessidades de computação de centenas de pessoas em um grande ambiente de negócios. Os computadores mainframe estão à frente dos minicomputadores em termos de tamanho, potência, capacidade e custos.
Supercomputador	O mais rápido, mais potente e mais caro tipo de computador. Organizações como a NASA, que estão fortemente envolvidas em pesquisa e processamento de números, utilizam supercomputadores devido à rapidez com que eles podem processar informações. Outras grandes empresas voltadas para o atendimento de clientes, como a General Motors e a AT&T utilizam supercomputadores apenas para lidar com as informações dos clientes e para o processamento de transações.

e um milhão de laptops, respectivamente. O objetivo do MIT é produzir cerca de 150 milhões de laptops por ano.[9]

OA 3 Identificar os dois tipos principais de software.

Noções básicas de software

O hardware é tão bom quanto o software em operação. Ao longo dos anos, os custos de hardware diminuíram, enquanto a complexidade e os custos de software têm aumentado. Algumas aplicações de software de grande porte, como sistemas de gestão de relacionamento com o cliente, contêm milhões de linhas de código, levam anos para serem desenvolvidas e custam milhões de dólares. Os dois tipos principais de software são o software de sistema e o software de aplicação.

SOFTWARE DE SISTEMA

O ***software de sistema*** controla como as várias ferramentas de tecnologia trabalham juntas com o software de aplicações. O software de sistema inclui o software do sistema operacional e o software utilitário.

Software do sistema operacional

Linus Torvalds, um tímido programador finlandês, pode não parecer ser um dos maiores gestores do mundo. No entanto, o Linux, o projeto de software que ele criou quando era estudante universitário, atualmente é uma das mais poderosas influências do mundo da informática. O Linux é um sistema operacional feito por voluntários e distribuído de graça e se tornou um dos principais concorrentes da Microsoft. Torvalds coordena o desenvolvimento do Linux com vários assistentes voluntários e mais de mil programadores espalhados pelo mundo. Eles contribuem com código para o kernel, ou núcleo, do Linux. Torvalds também estabelece as regras para dezenas de empresas de tecnologia que se alinharam com o Linux, incluindo IBM, Dell, Hewlett-Packard e Intel.

Embora as versões básicas do Linux estejam disponíveis de forma gratuita, o sistema operacional provoca um impacto financeiro considerável.[10]

O ***software de sistema operacional*** controla o software de aplicação e gerencia a forma como os dispositivos de hardware trabalham juntos. Ao usar o Excel para criar e imprimir um gráfico, o software do sistema operacional controla o processo, garante que uma impressora esteja conectada e com papel e envia o gráfico para a impressora junto com instruções sobre como imprimi-lo. Alguns computadores são configurados com dois sistemas operacionais para que possam ter ***inicialização dupla***, ou seja, dar ao usuário a opção de escolher o sistema operacional quando o computador é ligado. Os ***sistemas operacionais incorporados*** são usados em appliances de computador e aplicações de uso especial, como automóveis, caixas eletrônicos ou media players, e são usados para um único propósito. Um iPod tem um sistema operacional incorporado de finalidade única.

O software do sistema operacional também suporta uma variedade de recursos úteis, um dos quais é o recurso de multitarefa. A ***multitarefa*** permite que seja usada mais de uma parte do software por vez. Ela é usada ao criar um gráfico no Excel e, simultaneamente, imprimir um documento do programa de processamento de texto. Com a multitarefa, ambas as partes do software de aplicação funcionam ao mesmo tempo. Existem diferentes tipos de software de sistema operacional para ambientes pessoais e para ambientes organizacionais (ver Figura G.11).

Software utilitário

O ***software utilitário*** fornece funcionalidade adicional ao sistema operacional. O software utilitário inclui software de antivírus, proteções de tela e antispam. Os sistemas operacionais são personalizados usando o ***painel de controle***, que é um recurso do Windows que fornece opções que definem os valores padrão para o sistema operacional Windows. Por exemplo, o ***relógio do sistema*** funciona como um relógio de pulso e usa uma bateria ligada à placa-mãe para fornecer energia quando o computador está desligado. Se o usuário se move para um fuso horário diferente, o relógio do sistema pode ser ajustado no painel de controle. O ***modo de segurança*** ocorre se o sistema estiver falhando e carrega apenas as partes mais essenciais

FIGURA G3.11
Software do sistema operacional.

Software do sistema operacional	
Linux	Sistema operacional de código aberto que fornece um ambiente rico para estações de trabalho e servidores de rede de alto nível. O código aberto é qualquer programa cujo código fonte é disponibilizado para uso ou modificação enquanto usuários ou outros desenvolvedores considerarem adequado.
Mac OS X	Sistema operacional dos computadores Macintosh.
Microsoft Windows	Nome genérico para vários sistemas operacionais da família Windows da Microsoft, incluindo Microsoft Windows CE, Microsoft Windows 98, Microsoft Windows ME, Microsoft Windows 2000, Microsoft Windows XP, Microsoft Windows NT e Microsoft Windows Server.
MS-DOS	O sistema operacional padrão, para usuário único dos computadores IBM e compatíveis com IBM, introduzido em 1981. O MS-DOS é um sistema operacional de linha de comando que requer que o usuário digitar comandos, argumentos e sintaxe.
UNIX	Sistema operacional multitarefa e multiusuário de 32 bits que deu origem aos Bell Laboratories da AT&T e agora é usado em uma ampla variedade de computadores, de mainframes a PDAs.

do sistema operacional, sem executar muitos dos utilitários que operam em segundo plano. A *restauração do sistema* permite que um usuário retorne ao sistema operacional anterior. A Figura G3.12 mostra alguns tipos de software utilitário disponíveis.

SOFTWARE DE APLICAÇÃO

O *software de aplicação* é usado para necessidades específicas de processamento de informação, incluindo folha de pagamento, gestão de relacionamento com o cliente, gestão de projetos, treinamento e várias outras. O software de aplicação é usado para resolver problemas específicos ou executar tarefas específicas. De uma perspectiva organizacional, o software de folha de pagamento, de colaboração, como videoconferência (dentro do groupware) e o software de gerenciamento de estoque são exemplos de software de aplicação (ver Figura G3.13). O *software de gerenciamento de informações pessoais (PIM – Personal Information Management)* lida com informações de contato, compromissos, listas de tarefas e email. O *software de gerenciamento de disciplinas* contém informações sobre a disciplina, como plano de estudos e trabalhos, e oferece caixas suspensas para testes e temas de casa, além de um livro de notas.

FIGURA G3.12
Software utilitário.

Tipos de software utilitário	
À prova de falhas	Ajuda a salvar informações em caso de falha do computador.
Imagem de disco para recuperação de dados	Alivia a carga de reinstalar aplicativos em caso de falha do disco rígido ou se o disco rígido é irremediavelmente corrompido.
Otimização de disco	Organiza as informações em um disco rígido da maneira mais eficiente.
Criptografia de dados	Protege informações confidenciais de consultas não autorizadas.
Recuperação de arquivos e dados	Recupera exclusão acidental de fotos ou documentos.
Proteção de textos	No Microsoft Word, impede que os usuários digitem no texto existente após apertar acidentalmente a tecla Insert. Com o programa Insert Toggle Key, o PC emite um sinal sonoro sempre que o usuário pressionas a tecla Insert.
Segurança preventiva	Através de programas como o Window Washer, apaga históricos de arquivos, cookies do navegador, conteúdo do cache e outras "migalhas" que aplicações e o Windows deixam no disco rígido.
Spyware	Remove qualquer software que empregue uma conexão com a Internet em segundo plano sem o conhecimento do usuário ou permissão explícita.
Desinstalador	Pode remover software que não são mais necessários.

DISTRIBUINDO SOFTWARE DE APLICAÇÃO

Depois que um software é implantado para seus usuários, é comum encontrar bugs ou erros que precisam ser consertados. As *atualizações de software (patch de software)* ocorrem quando o fornecedor de software lança atualizações de software para corrigir problemas ou melhorar características. O *upgrade de software* ocorre quando o fornecedor de software lança uma nova versão do software, promovendo mudanças significativas no programa. O software de aplicação pode ser distribuído utilizando um dos seguintes métodos:

- **Licença de usuário único** – restringe o uso do software a um usuário de cada vez.
- **Licença de usuário de rede** – permite que qualquer pessoa na rede instale e utilize o software.
- **Licença de site** – permite que os usuários qualificados dentro da organização instalem o software, independentemente de o computador estar ou não em uma rede. Alguns funcionários podem instalar o software em um computador doméstico para trabalhar remotamente.
- **Licença de provedor de serviços de aplicativos** – software especializado pago por licença, por uso, ou com base na utilização.

FIGURA G3.13
Software de aplicação.

Tipos de software de aplicação	
Navegador	Permite ao usuário navegar na World Wide Web. Os principais navegadores são o Firefox, o Internet Explorer, o Chrome e o Safari.
Comunicações	Transforma o computador em um terminal de transmissão e recepção de dados de computadores remotos através do sistema telefônico.
Gerenciamento de dados	Fornece as ferramentas para recuperação, modificação, exclusão e inserção de dados, como Access, MySQL e Oracle.
Editoração eletrônica	Transforma o computador em uma estação de trabalho de editoração eletrônica. Os principais pacotes incluem Adobe FrameMaker, Adobe PageMaker e QuarkXpress.
Email	Presta serviços de correio eletrônico para usuários de computador, incluindo recebimento, envio e armazenamento de mensagens. Os principais tipos de software de email incluem Microsoft Outlook e Mail.
Groupware	Aumenta a cooperação e a produtividade conjunta de pequenos grupos de colegas de trabalho.
Gráficos de apresentação	Cria e aprimora tabelas e gráficos, de modo que fiquem visualmente atraentes e de fácil compreensão pelo público. Pacotes completos de gráficos de apresentação, como Impress ou Microsoft PowerPoint, incluem recursos para fazer uma grande variedade de tabelas e gráficos e para adicionar títulos, legendas e textos explicativos em qualquer lugar da tabela ou gráfico.
Programação	Possui uma linguagem artificial que consiste em um vocabulário fixo e um conjunto de regras (chamado de sintaxe) que os programadores usam para escrever programas de computador. As principais linguagens de programação incluem Java, C++, C#, e .NET.
Planilha	Simula uma planilha de trabalho de contabilidade na tela e permite que os usuários integrem fórmulas ocultas que realizam cálculos com os dados visíveis. Vários programas de planilhas também incluem grandes funcionalidades de gráficos e de apresentação para criar produtos atraentes. O aplicativo de planilha eletrônica líder é o Microsoft Excel.
Processador de texto	Transforma um computador em uma ferramenta para criação, edição, revisão, formatação e impressão de documentos. Os principais aplicativos de processamento de texto incluem Microsoft Word e Write.

RESUMO DO PLUG-IN

A tecnologia da informação (TI) é um campo preocupado com o uso da tecnologia na administração e no processamento da informação. A TI inclui telefones celulares, PDAs, software como o software de planilha eletrônica e o de impressoras. Existem duas categorias de TI: hardware e software. Os seis componentes de hardware são: CPU, armazenamento primário, armazenamento secundário, dispositivos de entrada, dispositivos de saída e dispositivos de comunicação. As categorias de computador incluem PDAs, laptops, tablets, desktops, estações de trabalho, minicomputadores, computadores mainframe e supercomputadores. Software inclui software de sistema e software de aplicação. O software de sistema operacional e o software utilitário são os dois principais tipos de software de sistema. Há muitos tipos de software de aplicação, desde aqueles para processamento de texto até aqueles para bancos de dados.

TERMOS-CHAVE

Appliance 370
Armazenamento primário 364
Armazenamento secundário 366
Atualizações de software (patch de software) 374
Caneta 367
Cartões de memória 366
Chip de computador com conjunto complexo de instruções (CISC) 364
Chip de computador com conjunto reduzido de instruções (RISC) 364
Computador 363
Disco rígido 367
Dispositivo de comunicação 370
Dispositivo de entrada 367
Dispositivo de saída 369
Dispositivos adaptados para computador 368
E-book 371
Fita magnética 367

Gigabyte (GB) 366
Gigahertz (GHz) 364
Hardware 362
Inicialização dupla 372
Licença de provedor de serviços de aplicativos 374
Licença de site 374
Licença de usuário de rede 374
Licença de usuário único 374
Megabyte (MB, M ou Meg) 366
Megahertz (MHz) 364
Meio magnético 366
Memória cache 366
Memória de acesso aleatório (RAM) 364
Memória flash 366
Memória somente de leitura (ROM) 366
Modo de segurança 372
Multitarefa 372
Não volátil 366
Painel de controle 372
Pen drive 365
Relógio do sistema 372

Restauração do sistema 373
Sistemas operacionais incorporados 372
Software 362
Software de aplicação 373
Software de gerenciamento de disciplinas 373
Software de gerenciamento de informações pessoais (PIM) 373
Software de sistema 372
Software do sistema operacional 372
Software utilitário 372
Terabyte (TB) 367
Unidade central de processamento (CPU) (ou microprocessador) 363
Unidade de controle 363
Unidade lógica e aritmética (ULA) 363
Upgrade de software 374
Volátil 365
Volatilidade 365

CASO DE ENCERRAMENTO 1

Mudando os circuitos na Circuit City

Quando a Circuit City ampliou seu formato de megastore para incluir o varejo de eletrônicos de consumo na década de 1980, a empresa estava a caminho de se tornar a escolha dos clientes para a compra de TVs e aparelhos de som. No final da década de 1980, ela tinha superado a sua principal concorrente, a Silo, e logo colocou pressão sobre empresas como a Tweeter e a Radio-Shack. A Circuit City estava indo tão bem na década de 1990 que a consultora de negócios Jim Collins, em seu best-seller *Good to Great*, escreveu: "De 1982 a 1999, a Circuit City gerou retorno de ações acumulado 22 vezes melhor do que o mercado, batendo com folga empresas como Intel, Wal-Mart, GE, Hewlett-Packard e Coca-Cola".

Hoje, a Circuit City está em uma posição muito diferente. Em 2001, a Best Buy tinha ultrapassado a cadeia com sede na cidade de Richmond, Virgínia, tomando a posição de líder no varejo de eletrônicos de consumo. A Best Buy tem agora 608 lojas, em comparação com as 599 da Circuit City, e quase US$ 25 bilhões em receita, enquanto a Circuit City tem receita de 9,7 bilhões de dólares. A Circuit City está classificada pela consultoria Retail Forward como número três em vendas de produtos eletrônicos de consumo, atrás da Best Buy e do Walmart. "A Circuit City era a líder absoluta", disse Joseph Feldman, analista de pesquisa para o banco de investimentos SG Cowen & Co. No entanto, "um dia eles acordaram e a Best Buy tinha dobrado seu tamanho com o mesmo número de lojas".

Alcançando a Best Buy

A Circuit City vem tentando alcançar a Best Buy, ou, pelo menos, consolidar sua posição como séria concorrente no varejo de eletrônicos de consumo. Seus diretores executivos anunciaram planos para transformar a companhia em uma empresa com foco no cliente, proporcionando uma experiência personalizada a todos os clientes em todos os seus canais (lojas, Internet e centrais de atendimento telefônico). Michael Jones, que assumiu como CIO da Circuit City em janeiro de 2004, fala com entusiasmo sobre o importante papel que a tecnologia vai desempenhar para fornecer experiências personalizadas a seus clientes. No entanto, antes que ele possa concretizar sua visão de que os funcionários da loja reconheçam os clientes por seus cartões de fidelidade, assim que entrarem na loja, ainda há muito trabalho pouco glamuroso a fazer. A estratégia da Circuit City depende de uma infraestrutura de TI robusta que torna as informações facilmente acessíveis aos tomadores de decisão. Tudo o que a empresa está fazendo para melhorar os seus negócios – desde o desenvolvimento de promoções mais eficazes até decidir quais os produtos que devem ser expostos nas extremidades dos corredores das lojas – baseia-se em dados. "Este é um trabalho analítico pesado. É baseado em fatos, guiado por dados", disse Philip Schoonover, o novo presidente da Circuit City, que veio da Best Buy em outubro de 2004.

A Circuit City está apenas começando a fazer grandes investimentos na tecnologia necessária para colocar essa estratégia em prática. Ela está atualizando seu sistema principalmente baseado em pontos de venda (PDV) e construindo um armazenamento de dados empresarial para substituir bancos de dados em silos. No entanto, alguns analistas dizem que o esforço de remodelação da Circuit City é dificultado por uma liderança pesada, muito complacente, que carece de visão. Seus altos executivos viram a locomotiva da Best Buy chegando, mas não conseguiram reagir enquanto ela passava rapidamente por eles. De fato, alguns analistas dizem duvidar que a Circuit City possa vir a alcançar a concorrente.

Mudanças bottom-up

Como parte de seu esforço de recuperação ao longo dos últimos anos, a Circuit City já vendeu todos os seus negócios não essenciais para se concentrar em seu núcleo: eletrônicos de consumo. Ela também mudou a estrutura da remuneração para os funcionários de lojas físicas, começou a mudar seus pontos comerciais (fechou 19 deles) e contratou novos gerentes. Além disso, a empresa está finalmente começando a aprimorar sua estratégia centrada no cliente. A Circuit City já está melhorando a experiência do cliente em suas lojas, por exemplo, posicionando acessórios e serviços perto dos principais itens para que os clientes possam ver mais rapidamente produtos de que podem precisar para seus escritórios ou salas de cinema em casa. Por exemplo, quando um cliente olha uma televisão de alta definição, ele encontra por perto alguns móveis de suporte para TV, os cabos necessários para ligá-la, e produtos de TV por satélite ou a cabo. A Circuit City também está tomando decisões de merchandising com base no que é importante para o cliente. Por exemplo, as lojas estão começando a posicionar os produtos considerados mais importantes para os clientes nos expositores nas extremidades dos corredores. A empresa está tentando implementar os fundamentos do atendimento ao cliente, certificando-se de que todos os itens sempre estejam disponíveis em estoque.

Questões

1. Como prever o crescimento da Best Buy poderia ter ajudado a Circuit City permanecer como líder no setor?
2. Por que manter-se atualizado em termos de tecnologia é fundamental para uma empresa global como a Circuit City?
3. Destaque alguns dos possíveis riscos enfrentados pela Circuit City em seu novo modelo de negócios.
4. Por que a Circuit City está se beneficiando da implementação de técnicas de posicionamento estratégico de produtos?

CASO DE ENCERRAMENTO 2

Pontos de ruptura de eletrônicos

O que acontece quando alguém acidentalmente derrama uma xícara de café quente em um laptop, coloca um pen drive em uma máquina de lavar ou derruba um iPod na areia? Quantas avarias os produtos eletrônicos podem aguentar até que deixem de funcionar? A PC World testou vários produtos para determinar seus pontos de ruptura.

Laptop

Um laptop Gateway foi colocado em uma pasta de ombro e batido contra várias portas e paredes. Ele também foi derrubado de uma estante de dois metros de altura para simular a queda de um compartimento de bagagem de avião. Por fim, foi tirado da pasta e derrubado de uma mesa sobre um piso acarpetado. Depois de tudo isso, o laptop Gateway reinicializou corretamente e reconheceu a rede sem fio. No entanto, sua bateria foi ligeiramente deslocada e a unidade óptica se abriu.

Danos físicos severos foram causados quando o laptop foi derrubado sobre um piso de madeira. Sua tela e a estrutura de plástico preto sobre o teclado ficaram rachadas. Lascas de plástico se espalharam pelo chão, e a abertura da unidade óptica ficou travada.

Derramar uma caneca de café sobre o teclado causou um ligeiro chiado e, depois, a luz azul do Gateway se apagou. A máquina foi desligada rapidamente, a bateria foi removida, o líquido drenado, as teclas foram limpas e a unidade foi separada. Infelizmente, o laptop nunca se recuperou.

Smartphone

O smartphone PalmOne Treo 600 foi pisado, enterrado na areia, batido e rebatido dentro de um carro e derrubado de uma mesa sobre pisos de carpete e madeira. Embora o Treo 600 não estivesse protegido por um case ou cobertura de tela antichoques, não houve sinais de falha. Derrubá-lo repetidamente da mesa sobre um piso acarpetado ainda o manteve intacto, embora o aparelho tenha se desligado em várias ocasiões.

O teste de queda da mesa sobre o piso de madeira produziu arranhões, mas nada mais. Se derrubado no modo de telefone, o Treo se desligava automaticamente. Quando um aplicativo era executado – por exemplo, a calculadora, o dispositivo permanecia ligado e os dados continuavam na tela, embora um misterioso número nove tenha sido adicionado a cada queda.

MP3 Player

Um iPod Mini de 6 GB prateado foi levado em um passeio de carro sacolejante, foi derrubado sobre a grama úmida e sobre a calçada seca, depois, de uma mesa sobre piso acarpetado e de madeira e, por fim, derrubado sobre a areia seca. As batidas dentro do carro fizeram a música pular algumas vezes. Cair sobre a grama úmida e o carpete macio não causou qualquer dano. Derrubá-lo do banco do carro sobre o meio-fio da calçada e de uma mesa sobre um piso de madeira causou alguns amassados e fez a música pular e o dispositivo se desligar repetidamente. Ainda assim, todas as características do aparelho continuaram funcionando depois dos maus-tratos, e a música continuou tocando.

Porém, o iPod Mini não gostou da praia. Sem um case de proteção ou uma cobertura plástica sobre o visor da unidade, a areia ficou presa debaixo da roda de rolagem, afetando todos os controles. As configurações de recursos podiam ser vistas e destacadas, mas a areia que travava a roda de rolagem impediu o iPod Mini de selecioná-las. O aparelho ligava, mas não era possível desligá-lo até que o desligamento automático do iPod fosse acionado.

Pen drive

A Lexar alega que seu pen drive JumpDrive Sport 2.0 de 256 MB é "construído para a vida dura". Uma tampa de borracha protege o dispositivo, absorvendo o choque de quedas. Para estas experiências, o dispositivo foi utilizado sem a tampa. Ele foi deixado no chão, pisado, enterrado na areia e derrubado de uma mesa sobre um piso de madeira. Ele também deu um giro na máquina de lavar e secar roupas e foi até atropelado por um carro.

FIGURA G3.14
Como proteger produtos eletrônicos.

Proteção de produtos eletrônicos
Proteja-o. Coloque o produto em um case estofado ou em uma bolsa de viagem antichoques. O segredo é garantir que o local seja bem acolchoado.
Adquira proteção. Quase todos os fabricantes de tecnologia oferecem algum tipo de garantia e um programa de substituição de equipamentos. Por exemplo, a Sprint fornece o serviço PCS de Proteção Total para Equipamentos, que custa US$ 5 por mês e cobre perda, roubo e danos acidentais a telefones celulares.
Limpe derramamentos. Experimente usar estas dicas para trazer um laptop e seus dados de volta à vida depois de um derramamento.
1. **Desconecte a bateria.** Quanto mais rápido a bateria for desconectada, menor a probabilidade de queima de componentes.
2. **Esvazie-o.** Vire o dispositivo e retire o máximo de líquido que puder.
3. **Abra-o.** Remova a unidade óptica e o teclado. Isso pode ser complicado, então confira as instruções no manual do usuário. Depois de abri-lo, use uma toalha para absorver o máximo de líquido possível. De acordo com Herman De Hoop, gerente técnico de marketing da HP, você pode até usar um secador de cabelos com ar frio (não quente) para secar o líquido.
4. **Deixe-o parado.** Deixe o dispositivo descansar por pelo menos 12 a 24 horas. Robert Enochs, gerente mundial de produtos da IBM para a Série ThinkPad, adverte que não se deve ligar o dispositivo até que ele esteja livre de todo o líquido e completamente seco.
5. **Ligue e reze.** Volte a montar o dispositivo e, se ele ligar, copie os dados importantes e telefone para o fabricante. Mesmo se o aparelho funcionar, é recomendável uma limpeza profissional.
6. **Entre em um programa de recuperação.** Por um preço médio de US$ 900, contrate a ajuda de serviços de recuperação de dados, como o DriveSavers, para resgatar dados de discos rígidos afogados.

A publicidade diz a verdade. Nem água, nem calor, nem areia, nem um carro conseguiram impedir o pen drive de realizar suas tarefas de armazenamento. O carro conseguiu amassar um pouco a extremidade de conexão USB de metal, mas o dispositivo ainda conseguiu fazer contato com a porta USB e funcionou perfeitamente.

Cartão de memória

O cartão de memória SD de 64 MB da SanDisk é fácil de perder, mas não de quebrar. Ele foi jogado de uma mesa sobre um piso de madeira, derrubado, pisado e enterrado na areia. Ele também passou por um ciclo de lavagem com dois enxágues no bolso da calça jeans e, depois, ficou girando na máquina de secar por uma hora com o ajuste de alta temperatura. O cartão de memória SanDisk passou com louvor em todos os testes de tortura.

Para obter dicas sobre como proteger produtos eletrônicos, reveja a Figura G3.14.

Questões

1. Identifique as seis categorias de hardware e coloque cada produto listado no caso em sua categoria adequada.
2. Descreva a CPU e identifique quais produtos seriam usados em uma CPU.
3. Descreva a relação entre pen drives e laptops. Como um usuário pode empregar um deles para ajudar a evitar a perda das informações no outro?
4. Identifique os diferentes tipos de software que cada um dos produtos listados no caso poderia usar.

TOMANDO DECISÕES DE NEGÓCIOS

1. **Compra de um computador**

   A Dell é considerada a empresa mais rápida do mundo e é especializada em personalização de computadores. Acesse o site da Dell em www.dell.com. Vá para a parte do site que permite que você personalize seu laptop ou PC. Primeiro, escolha um sistema já preparado e observe o seu preço e capacidade em termos de velocidade da CPU, tamanho da memória RAM, qualidade do monitor e capacidade de armazenamento. Agora, personalize o sistema para aumentar a velocidade da CPU, adicionar mais memória RAM, aumentar o tamanho e a qualidade do monitor e adicionar mais capacidade de armazenamento. Qual é a diferença de preço entre os dois? Qual sistema está mais de acordo com sua faixa de preço pretendida? Qual sistema tem a velocidade e a capacidade de que você precisa?

2. **Telefones celulares com acesso à Web**

   Ao classificar computadores por tamanho para necessidades pessoais, concentramos nossa atenção em PDAs, laptops e PCs. Outras variações incluem celulares com acesso à Web, que incluem envio de mensagens de texto instantâneas, e computadores da Web. Para este projeto, será necessário um grupo de quatro pessoas, que você dividirá em dois grupos de duas. O primeiro grupo deverá pesquisar celulares com acesso à Web, suas funções e seus custos. Esse grupo deverá fazer uma recomendação de compra com base em preço e recursos. Peça ao segundo grupo para fazer o mesmo com os computadores da Web. Qual é a sua perspectiva do futuro? Será que algum dia iremos nos livrar de laptops e desktops desajeitados, trocando-os por dispositivos mais portáteis e mais baratos, como celulares com acesso à Web e computadores da Web? Por que ou por que não?

3. **Computadores para pequenas empresas**

   Vários tipos diferentes de computadores estão disponíveis para pequenas empresas. Use a Internet para encontrar três diferentes fornecedores de laptops ou notebooks que sejam recomendáveis para empresas de pequeno porte. Localize o produto mais caro e o mais barato que o fornecedor oferece e crie um quadro comparativo dos diferentes computadores, de acordo com os seguintes itens:

   - CPU
   - Memória
   - Disco rígido
   - Drive óptico
   - Sistema operacional
   - Software utilitário
   - Software de aplicação
   - Suporte

   Determine qual computador você recomendaria para uma pequena empresa à procura de um laptop barato. Determine qual computador você recomendaria para uma pequena empresa à procura de um laptop caro.

PLUG-IN

G4 Infraestruturas de TI

> **OBJETIVOS DE APRENDIZAGEM**
> 1. Explicar a infraestrutura de TI e seus três tipos principais.
> 2. Identificar as três principais áreas associadas com uma infraestrutura de TI de informação.
> 3. Descrever as características de uma infraestrutura de TI ágil.

OA 1 Explicar a infraestrutura de TI e seus três tipos principais.

As vantagens comerciais de uma infraestrutura de TI sólida

Os sistemas de informação para gestão têm um papel importante nas estratégias de negócio, afetam decisões e processos de negócios e até mesmo alteram a forma como as empresas operam. Qual é a base que sustenta todos esses sistemas que permitem o crescimento, as operações e os lucros dos negócios? O que sustenta o volume e a complexidade dos requisitos de usuários e aplicativos atuais? O que protege os sistemas de falhas? A *infraestrutura de TI*, que inclui os planos de como uma empresa vai construir, implantar, utilizar e compartilhar seus dados, processos e ativos de TI. Uma sólida infraestrutura de TI pode reduzir custos, melhorar a produtividade, otimizar as operações de negócios, gerar crescimento e aumentar a lucratividade.

Em suma, o *hardware* é composto por dispositivos físicos associados a um sistema de computador, e o *software* é o conjunto de instruções que o hardware executa para realizar tarefas específicas. No ambiente empresarial atual, a maior parte do hardware e do software é executada através de uma rede. *Rede* é um sistema de comunicação criado pela ligação entre dois ou mais dispositivos e pelo estabelecimento de uma metodologia padrão pela qual podem se comunicar. À medida que mais empresas precisam compartilhar mais informações, a rede assume maior importância na infraestrutura. A maioria das empresas usa um tipo específico de infraestrutura de rede chamado de rede cliente-servidor. *Cliente* é um computador projetado para solicitar informações de um servidor. *Servidor* é um computador dedicado a fornecer informações em resposta a solicitações. Uma boa maneira de entender isso é quando alguém usa um navegador Web (este seria o cliente) para acessar um site (este seria um servidor que responderia com a página Web solicitada pelo cliente).

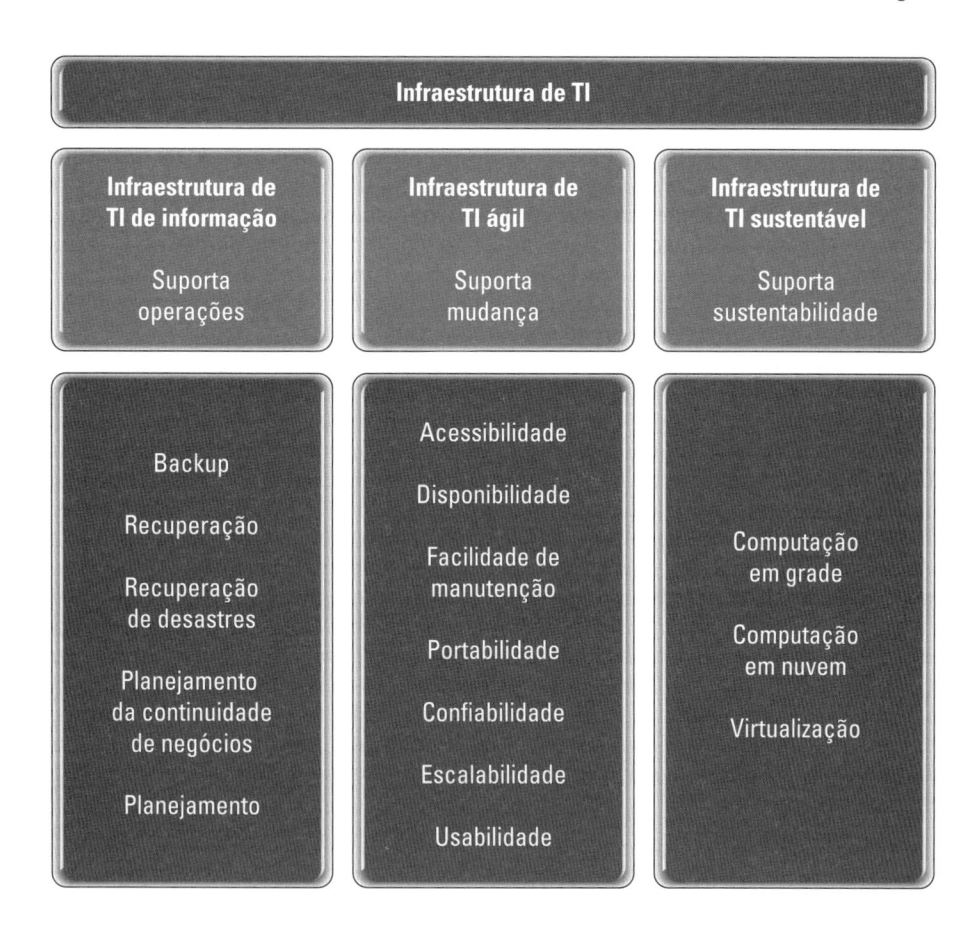

FIGURA G4.1
Infraestruturas de TI.

```
                        Infraestrutura de TI

    Infraestrutura de        Infraestrutura de        Infraestrutura de
    TI de informação         TI ágil                  TI sustentável
        Suporta                 Suporta                  Suporta
       operações                mudança                sustentabilidade

         Backup              Acessibilidade
       Recuperação           Disponibilidade           Computação
                             Facilidade de              em grade
       Recuperação           manutenção
       de desastres                                    Computação
                             Portabilidade              em nuvem
       Planejamento
       da continuidade       Confiabilidade            Virtualização
       de negócios
                             Escalabilidade
       Planejamento
                             Usabilidade
```

No mundo físico, uma planta detalhada mostraria de que modo serviços públicos, como água, eletricidade e gás suportam a fundação de um edifício. A infraestrutura de TI é semelhante, pois mostra em detalhes como hardware, software e conectividade de rede suportam os processos da empresa. Toda empresa, independentemente do tamanho, conta com algum tipo de infraestrutura de TI, seja ela composta apenas por alguns computadores pessoais ligados em rede e compartilhando um arquivo do Excel, seja uma grande empresa multinacional com milhares de funcionários interligados em todo o mundo.

Uma infraestrutura de TI é dinâmica; ela muda continuamente conforme o negócio precisa de mudanças. Cada vez que um novo tipo de dispositivo habilitado para a Internet, como um iPhone ou BlackBerry, é criado e disponibilizado para o público, a infraestrutura de TI da empresa precisa ser revisada para dar suporte ao dispositivo. Isso vai além de apenas inovações em hardware para incluir novos tipos de software e conectividade de rede. Um *arquiteto corporativo* é uma pessoa fundamentada em tecnologia e fluente em negócios que oferece a importante ponte entre a TI e os negócios. As empresas empregam arquitetos corporativos para ajudar a gerenciar a mudança e atualizar dinamicamente a infraestrutura de TI. A Figura G4.1 mostra as três áreas principais em que arquitetos corporativos se concentram ao fazer a manutenção da infraestrutura de TI de uma empresa.

- **Apoio às operações:** a *infraestrutura de TI de informação* identifica onde e como informações importantes, como registros de clientes, serão mantidas e protegidas.
- **Suporte à mudança:** uma *infraestrutura de TI ágil* inclui hardware, software e equipamento de telecomunicações que, quando combinados, fornecem a base sobre a qual se sustentam as metas da organização.
- **Suporte ao ambiente:** uma *infraestrutura de TI sustentável* identifica maneiras como uma empresa pode crescer em termos de recursos de computação, tornando-se, ao mesmo tempo, menos dependente do consumo de hardware e energia.

OA 2 Identificar as três principais áreas associadas a uma infraestrutura de TI de informação.

Apoio às operações: infraestrutura de TI de informação

Imagine que você fizesse um passeio rápido até a impressora do outro lado da sala, e quando voltasse, descobrisse que seu laptop foi roubado. O quão dolorosa seria essa experiência? Que tipos de informações cruciais você perderia? Quanto tempo você levaria para recuperar todas essas informações? Entre as coisas que você poderia perder estão música, filmes, emails, tarefas, senhas salvas, sem contar aquele importante trabalho de 40 páginas que você demorou mais de um mês para concluir. Se isso soa doloroso, então você deve dar atenção especial a esta seção e aprender a eliminar essa dor.

Uma infraestrutura de TI de informação identifica onde e como as informações importantes são mantidas e protegidas. Uma infraestrutura de informação dá suporte a operações de negócios do dia a dia e faz planos para emergências, tais como falta de energia, inundações, terremotos, ataques maliciosos pela Internet, roubos e violações de segurança, para citar apenas alguns exemplos. Os gerentes devem tomar todas as precauções para garantir que seus sistemas estejam operacionais e protegidos o tempo todo, todos os dias do ano. Perder um laptop ou enfrentar o mau tempo em uma parte do país simplesmente não pode causar falhas em sistemas necessários para as operações dos principais processos de negócios. No passado, para roubar informações de uma empresa, as pessoas tinham que carregar caixas e caixas de papel. Hoje, à medida que as tecnologias de armazenamento de dados crescem em capacidade e diminuem de tamanho, uma pessoa pode simplesmente sair pela porta da frente do edifício com arquivos de dados da companhia armazenados em um pen drive ou disco rígido externo. Os gerentes da atualidade devem agir com responsabilidade para proteger um dos seus ativos mais valiosos, a informação. Para dar suporte à continuidade das operações de negócios, uma infraestrutura de informação fornece três elementos principais:

- Plano de *backup* e recuperação.
- Plano de recuperação de desastres.
- Plano de continuidade de negócios (ver Figura G4.2).

PLANO DE BACKUP E RECUPERAÇÃO

FIGURA G4.2
Áreas de suporte fornecido pela infraestrutura de informação.

A cada ano as empresas perdem tempo e dinheiro por causa de quedas e falhas do sistema. Uma forma de minimizar os danos de uma queda do sistema é ter uma estratégia de *backup* e recuperação no local. ***Backup*** é uma cópia exata das informações de um sistema.

- *Backup:* fornece uma cópia exata das informações de um sistema
- Recuperação: traz um sistema de volta ao funcionamento depois de uma falha

Backup e recuperação

- Recupera informações ou sistemas em caso de desastres catastróficos como incêndios ou inundações

Recuperação de desastres

- Cria um modo para a empresa recuperar e restaurar parcial ou completamente funções críticas interrompidas dentro de um prazo predeterminado após um desastre ou interrupção prolongada

Planejamento de continuidade de negócios

Recuperação é a capacidade de obter um sistema restabelecido e em funcionamento em caso de queda ou falha do sistema, e inclui a restauração do *backup* de informações. Muitos tipos diferentes de mídia de *backup* e recuperação estão disponíveis, incluindo a manutenção de uma réplica idêntica ou redundante do servidor de armazenamento, discos rígidos externos, pen drives e até DVDs. As principais diferenças entre eles são velocidade e custo.

Tolerância a falhas é a capacidade de um sistema para responder a falhas inesperadas ou falhas no sistema quando o sistema de *backup* imediata e automaticamente assume sem qualquer perda de serviço. Por exemplo, a tolerância a falhas permite a uma empresa manter a continuidade das operações comerciais em caso de falta de energia ou inundação. A tolerância a falhas é um tipo caro de *backup*, e apenas aplicações e operações de missão crítica a utilizam. ***Failover***, um tipo específico de tolerância a falhas, ocorre quando um servidor de armazenamento redundante oferece uma réplica exata dos dados em tempo real, e, se o servidor principal falhar, os usuários são direcionados automaticamente para o servidor secundário ou servidor de *backup*. Esse é um método de alta velocidade e de alto custo de *backup* e recuperação. ***Failback*** ocorre quando o computador principal recupera e retoma as operações, assumindo o lugar do servidor secundário.

Usar DVDs ou pen drives para armazenar seus dados oferece um método de *backup* de baixa velocidade e de baixo custo. É uma boa prática de negócios fazer *backup* de dados pelo menos uma vez por semana utilizando um método de baixo custo. Isso vai aliviar a dor de ter seu laptop roubado ou uma falha no sistema, pois você ainda terá acesso aos seus dados e eles terão apenas alguns dias de idade.

Determinar a frequência de *backup* de informações e que meios utilizar para isso é uma decisão de negócios muito importante. As empresas devem escolher uma estratégia de *backup* e recuperação que esteja de acordo com seus objetivos e necessidades operacionais. Se a organização lida com grandes volumes de informações cruciais, ela precisará de *backups* diários, talvez até mesmo de *backups* de hora em hora, para servidores de armazenamento. Se ela utiliza pequenas quantidades de informações não cruciais, então pode precisar apenas de *backups* semanais para discos rígidos externos ou *pen drives*. Se uma empresa decide fazer *backup* semanal, ela corre o risco de, se ocorrer uma falha geral no sistema, perder o equivalente a uma semana de trabalho. Se esse risco for aceitável, uma estratégia de *backup* semanal vai funcionar. Se for inaceitável, a empresa precisará de *backups* mais frequentes.

PLANO DE RECUPERAÇÃO DE DESASTRES

Desastres como falta de energia, incêndios, inundações, furacões, e até mesmo atividades maliciosas, como *hackers* e vírus, atacam empresas todos os dias. Os desastres podem ter os seguintes efeitos sobre as empresas e suas operações comerciais.

- **Interromper as comunicações:** A maioria das empresas depende de comunicações por voz e dados para as necessidades operacionais diárias. Falhas gerais na comunicação, causadas por qualquer dano direto à infraestrutura ou por picos repentinos no uso em função de um desastre externo, podem ser tão devastadoras para algumas empresas quanto parar o funcionamento da empresa por completo.
- **Danificar infraestruturas físicas:** Incêndios e inundações podem danificar diretamente edifícios, equipamentos e sistemas, tornando estruturas inseguras e sistemas inutilizáveis. Policiais e bombeiros podem proibir os profissionais de entrarem em um edifício, restringindo assim o acesso para a recuperação de documentos ou equipamentos.
- **Parar o transporte:** Desastres como enchentes e furacões podem ter um efeito profundo sobre o transporte. Interrupções nas principais rodovias, estradas, pontes, ferrovias e aeroportos podem impedir os profissionais de negócios de comparecer ao trabalho ou ir para casa, retardar a entrega de suprimentos e parar a remessa de produtos.
- **Bloquear serviços públicos:** Os serviços públicos, como o fornecimento de energia elétrica, água e gás natural, podem ser interrompidos por horas ou dias, mesmo no caso de incidentes que não causam dano direto à infraestrutura física. Os edifícios se tornam muitas vezes inabitáveis e os sistemas deixam de funcionar sem serviços públicos.

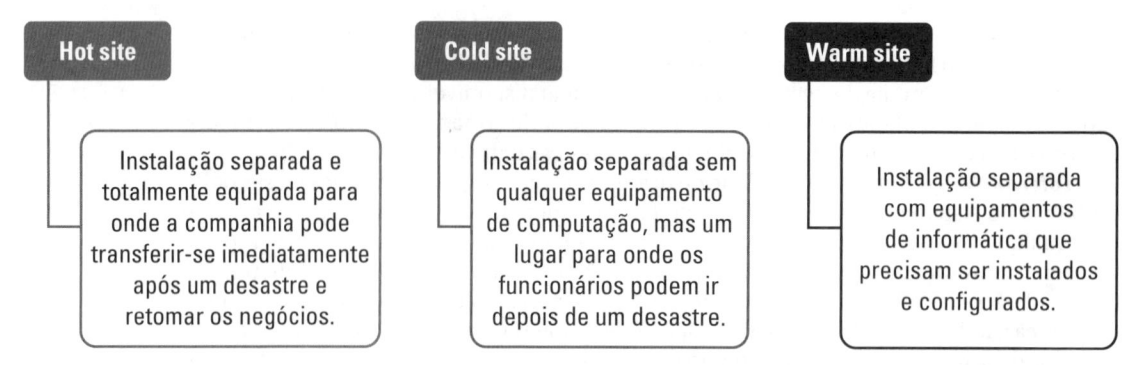

FIGURA G4.3
Sites de suporte à recuperação de desastres.

Hot site: Instalação separada e totalmente equipada para onde a companhia pode transferir-se imediatamente após um desastre e retomar os negócios.

Cold site: Instalação separada sem qualquer equipamento de computação, mas um lugar para onde os funcionários podem ir depois de um desastre.

Warm site: Instalação separada com equipamentos de informática que precisam ser instalados e configurados.

Esses efeitos podem devastar empresas, fazendo-as interromper suas operações por horas, dias ou mais, correndo o risco de perder os clientes que não conseguem atender. Portanto, para reagir a esses desastres, uma empresa pode criar um *plano de recuperação de desastres*, que é um processo detalhado para a recuperação de informações ou de um sistema em caso de um desastre catastrófico. Esse plano inclui fatores como quais arquivos e sistemas precisam ter *backups* e sua frequência e métodos correspondentes, bem como a localização estratégica do armazenamento em um local físico separado que seja geograficamente disperso. Uma empresa pode, estrategicamente, manter operações em Nova York e San Francisco, garantindo que um desastre natural não teria impacto sobre ambos os locais. Um plano de recuperação de desastres também prevê a possibilidade de que não apenas o equipamento de informática, mas também o prédio em que os empregados trabalham, possa ser destruído. Um *hot site* é uma instalação separada e totalmente equipada para onde a companhia pode transferir-se imediatamente após um desastre e retomar os negócios.

Um *cold site* é uma instalação separada que não possui equipamento algum de informática, mas é um lugar para onde os empregados podem se transferir após um desastre. Um *warm site* é uma instalação separada com equipamentos de informática que precisam ser instalados e configurados. A Figura G4.3 descreve esses recursos que dão suporte à recuperação de desastres.

Um plano de recuperação de desastres normalmente é apoiado por uma curva de custo de recuperação de desastres. A *curva de custo de recuperação de desastres*, projeta (1) o custo para a empresa da indisponibilidade de informações e de tecnologia e (2) o custo para a empresa da recuperação de um desastre ao longo do tempo. A Figura G4.4 apresenta uma curva de custo de recuperação de desastre e mostra que o melhor plano de recuperação em termos de custo e tempo é o ponto em que as duas linhas se cruzam. Criar uma curva desse tipo não é tarefa fácil. Os gerentes precisam considerar o custo da perda de informações e de tecnologia dentro de cada departamento ou área funcional e em toda a empresa. Nas primeiras horas após um desastre, os custos podem ser baixos, mas tornam-se cada vez maiores ao longo do tempo. Com esses custos em mãos, a empresa deve, então, determinar os custos da recuperação.

FIGURA G4.4
Curva de custo de recuperação de desastres.

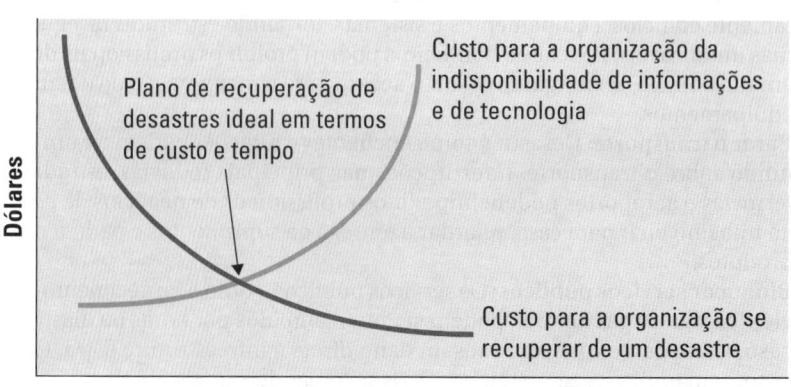

Em 18 de abril de 1906, San Francisco foi abalada por um terremoto que destruiu grandes áreas da cidade e causou a morte de mais de 3 mil habitantes. Mais de um século depois, uma San Francisco reconstruída e mais firme serve como local central para grandes corporações de TI e é um grande centro financeiro mundial. Os gerentes dessas corporações estão bem cientes do potencial de desastres existente ao longo da falha de San Andreas e atualizam ativamente seus planos de continuidade de negócios prevendo problemas como terremotos e inundações. O Union Bank of California está localizado no coração de San Francisco e mantém um plano de continuidade de negócios altamente detalhado e bem desenvolvido. A empresa emprega centenas de profissionais de negócios espalhados por todo o mundo, que coordenam planos para lidar com a possível perda de uma instalação, de profissionais de negócios ou de sistemas críticos, para que a empresa possa continuar a funcionar em caso de desastre. Seu plano de recuperação de desastres inclui *hot sites* onde os funcionários podem entrar e começar a trabalhar exatamente como se estivessem em seu local de trabalho normal. Seria uma questão de minutos, não de horas, para que o Union Bank of California voltasse a funcionar normalmente no caso de um desastre.[1]

PLANO DE CONTINUIDADE DE NEGÓCIOS

Uma *emergência* é um evento súbito e inesperado que exige medidas imediatas devido a possíveis ameaças à saúde e segurança, ao meio ambiente ou à propriedade. A *preparação para emergências* garante que uma empresa esteja pronta para responder a uma situação emergencial de forma organizada, oportuna e eficaz. Desastres naturais e ataques terroristas são considerados pelos profissionais de negócios que levam a sério a proteção de seus ativos de informação. Planos de recuperação de desastres geralmente se concentram em sistemas e dados, ignorando processos de negócios multifuncionais e intraorganizacionais que podem ser destruídos durante uma emergência. Por essa razão, muitas empresas estão se voltando para um tipo mais completo e abrangente de plano de preparação para emergências conhecido como *planejamento de continuidade de negócios (BCP – Business Continuity Planning)*, que detalha como a empresa recupera e restaura operações e sistemas críticos de negócios após um desastre ou interrupção prolongada. O BCP inclui fatores como a identificação de sistemas, processos de negócios e departamentos críticos, bem como o período máximo pelo qual a empresa pode continuar suas operações sem o funcionamento dos sistemas. O BCP contém planos de recuperação de desastres, além de muitos planos adicionais, incluindo priorização da análise de impacto nos negócios, planos de notificação de emergência e estratégias de recuperação de tecnologias (ver Figura G4.5).

FIGURA G4.5
Áreas de foco do planejamento de continuidade de negócios.

Análise de impacto nos negócios

A *análise de impacto nos negócios* identifica todas as funções críticas de negócio e os efeitos que um desastre específico pode ter sobre elas. A análise de impacto nos negócios é usada principalmente para garantir que a empresa tenha tomado as decisões corretas sobre a ordem de prioridades e estratégias de recuperação. Por exemplo, quais sistemas devem estar em funcionamento antes – os do departamento de contabilidade ou os do departamento de vendas e marketing? O sistema de emails deve ser o primeiro sistema da recuperação, a fim de garantir que os funcionários possam se comunicar internamente e com partes interessadas externas, como clientes, fornecedores e parceiros? A análise de impacto nos negócios é uma parte fundamental do BCP, pois detalha a ordem em que as áreas funcionais devem ser restauradas, garantindo que as mais importantes tenham prioridade.

Serviços de notificação de emergências

Um plano de continuidade de negócios normalmente inclui um *serviço de notificação de emergência*, ou seja, uma infraestrutura construída para notificar as pessoas em caso de emergência. Testes ocasionais de estações de rádio do Sistema Nacional de Alerta de Emergência são um exemplo de sistema de notificação de emergência de escala muito grande. As empresas implementam esse serviço para avisar os funcionários de eventos inesperados e para dar instruções sobre como lidar com a situação. Serviços de notificação de emergência podem ser implantados por meio da própria infraestrutura da empresa, fornecida por um prestador de serviços externo na sede da companhia ou hospedado remotamente por um prestador de serviços externo. Os três métodos fornecem notificações usando vários métodos, como email, mensagem de voz para um telefone celular e mensagens de texto. As notificações podem ser enviadas para todos os dispositivos selecionados, informando os vários meios de obter informações cruciais para os que necessitam.

Estratégias de recuperação de tecnologia

As empresas criam enormes quantidades de dados vitais para a sua sobrevivência e para a continuidade das operações. Uma *falha de tecnologia* ocorre quando a capacidade de operação de uma empresa é prejudicada por causa de falhas em hardware, software ou dados. Falhas tecnológicas podem destruir grandes quantidades de dados vitais, muitas vezes causando *incidentes* e a interrupção não planejada de um serviço. Um *registro de incidente* contém todos os detalhes do incidente. *Gerenciamento de incidentes* é o processo responsável pela gestão de como os incidentes são identificados e corrigidos. *Estratégias de recuperação de tecnologia* tratam especificamente de ordenar prioridades para restaurar hardware, software e dados de toda a organização da maneira que melhor atenda às necessidades de recuperação de negócios. A estratégia de recuperação de tecnologia detalha a ordem de importância para a recuperação de hardware, software, centros de dados e rede (ou conectividade). Se um desses quatro componentes vitais não estiver funcionando, todo o sistema ficará indisponível, interrompendo processos de negócios multifuncionais, como gerenciamento de pedidos e folha de pagamento. A Figura G4.6 mostra as principais áreas em que uma empresa deve focar no desenvolvimento de estratégias de recuperação de tecnologia.

OA 3 Descrever as características de uma infraestrutura de TI ágil.

Apoio à mudança: infraestrutura de TI ágil

Uma infraestrutura de TI ágil inclui hardware, software e equipamento de telecomunicações que, quando combinados, fornecem a base sobre a qual se sustentam as metas da organização. Se uma organização cresce 50% em um único ano, seus sistemas terão de lidar com uma taxa de crescimento de 50%. Se não conseguirem, esses sistemas poderão prejudicar gravemente a capacidade da empresa, não apenas para crescer, mas também para funcionar.

O futuro de uma empresa depende de sua capacidade de satisfazer seus parceiros e clientes a qualquer hora do dia, em qualquer local. Imagine possuir um negócio eletrônico e todos na Internet começarem a twittar e postar sobre como a sua ideia de negócio é incrí-

FIGURA G4.6
Principais áreas das estratégias de recuperação de tecnologia.

- **Estratégias de recuperação de tecnologia**
- **HARDWARE** (Servidores, computadores, dispositivos sem fio)
- **SOFTWARE** (Aplicações como email, folha de pagamento, mensagens instantâneas)
- **CENTRO DE DADOS** (climatização, fornecimento de energia e segurança)
- **REDE** (wireless, LAN, fibra, cabo)

vel e sobre como sua empresa será um sucesso. De repente, você tem 5 milhões de clientes de todo o mundo interessados em seu site. Infelizmente, você não previu que teria tantos clientes tão rapidamente, e o sistema falhou. Os usuários que digitam seu URL encontram uma mensagem em branco que diz que o site não está disponível e deve tentar novamente mais tarde. Ou, ainda pior, eles conseguem acessar seu site, mas ele leva três minutos para recarregar a cada vez que clicam em um botão. A empolgação a respeito de sua ideia de negócio logo se acaba quando algum rápido seguidor com bons conhecimentos sobre a Web copia a ideia e cria um site que consegue atender ao enorme número de clientes. As características das infraestruturas de TI ágeis podem ajudar a garantir que seus sistemas possam lidar com quaisquer mudanças inesperadas ou não planejadas e funcionar corretamente. A Figura G4.7 lista as sete qualidades de uma infraestrutura ágil.

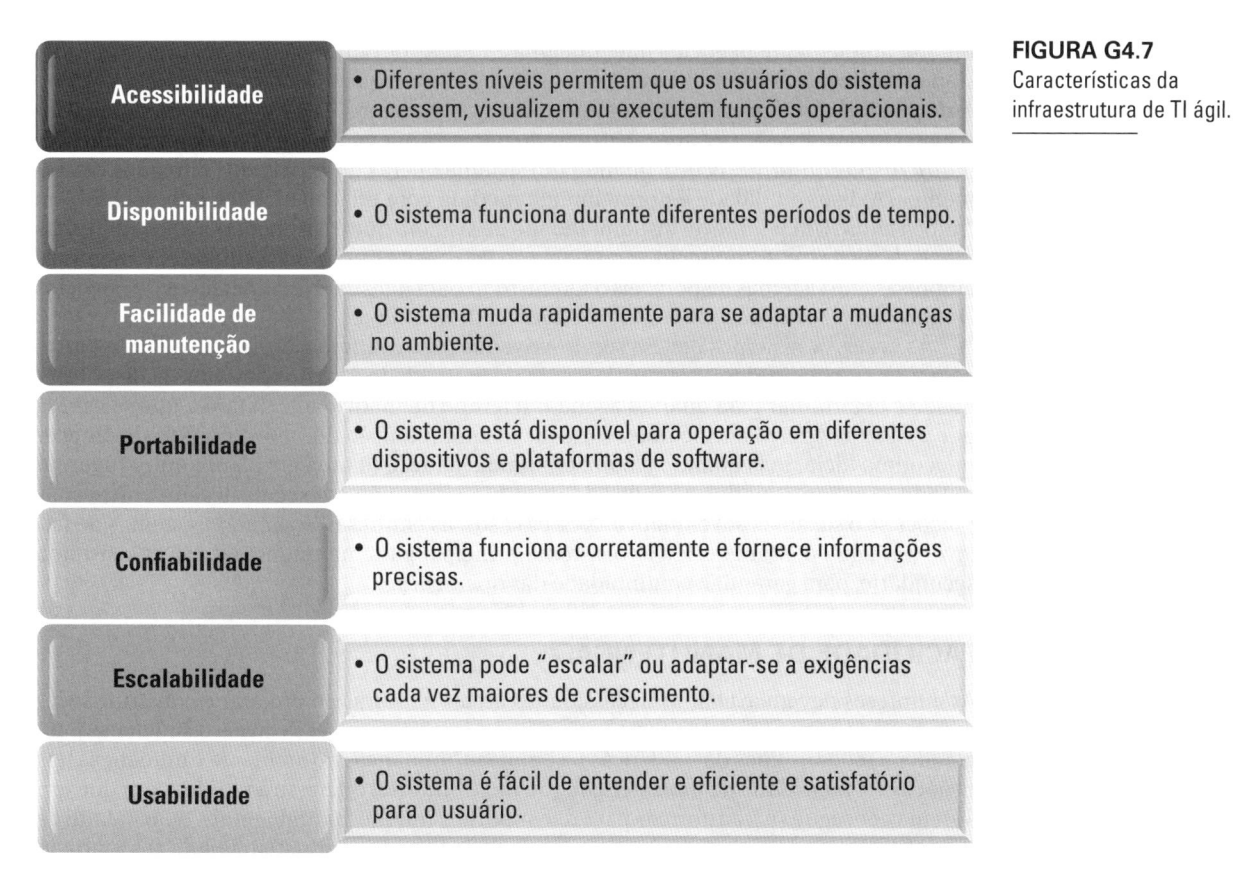

FIGURA G4.7
Características da infraestrutura de TI ágil.

Acessibilidade	• Diferentes níveis permitem que os usuários do sistema acessem, visualizem ou executem funções operacionais.
Disponibilidade	• O sistema funciona durante diferentes períodos de tempo.
Facilidade de manutenção	• O sistema muda rapidamente para se adaptar a mudanças no ambiente.
Portabilidade	• O sistema está disponível para operação em diferentes dispositivos e plataformas de software.
Confiabilidade	• O sistema funciona corretamente e fornece informações precisas.
Escalabilidade	• O sistema pode "escalar" ou adaptar-se a exigências cada vez maiores de crescimento.
Usabilidade	• O sistema é fácil de entender e eficiente e satisfatório para o usuário.

ACESSIBILIDADE

Acessibilidade refere-se aos diferentes níveis que definem o que um usuário pode acessar, visualizar ou executar ao operar um sistema. Imagine as pessoas em sua faculdade acessando o principal sistema de informações para estudantes. Cada pessoa que acessa o sistema terá diferentes necessidades e exigências; por exemplo, um funcionário na folha de pagamento terá de acessar informações sobre férias e salários, enquanto um estudante precisará acessar informações sobre disciplinas e mensalidades. Um nível de acesso diferente é atribuído a cada usuário do sistema, detalhando quais partes do sistema o usuário pode ou não acessar e o que ele pode fazer quando acessa o sistema. Por exemplo, não seria desejável que os estudantes pudessem ver informações da folha de pagamento ou informações pessoais dos professores. Além disso, alguns usuários só podem visualizar informações e não têm permissão para criar ou apagar informações. Funcionários de alto nível de TI precisam de *acesso de administrador* ou de acesso irrestrito a todo o sistema. O acesso de administrador permite executar funções como redefinição de senhas, exclusão de contas e desligamento de sistemas inteiros.

Tim Berners-Lee, diretor da W3C e inventor da World Wide Web, afirmou que "o poder da Web está em sua universalidade. O acesso para todos, independentemente de deficiências é um aspecto essencial". *Acessibilidade à Web* significa que pessoas com deficiências, inclusive visual, auditiva, física, de fala, cognitiva e neurológica, podem usar a Web. A *Web Accessibility Initiative (WAI)* reúne membros do setor, organizações para pessoas com deficiências, governo e laboratórios de pesquisa de todo o mundo para desenvolver diretrizes e recursos para ajudar a tornar a Web acessível a essas pessoas. O objetivo da WAI é permitir que todos tenham acesso a todo o potencial da Web, possibilitando que pessoas com deficiência participem de forma igualitária. Por exemplo, a Apple inclui ampliação de tela e VoiceOver em seus iPhones, iPads e iPods, que tornam possível o uso dos dispositivos por deficientes visuais.

DISPONIBILIDADE

Em um ambiente de negócios que funciona 24 horas por dia, 365 dias por ano, os profissionais de negócios precisam usar seus sistemas sempre que quiserem, de onde quiserem. A *disponibilidade* refere-se aos períodos em que o sistema está em funcionamento. Um sistema é considerado *indisponível* quando não está operacional e não pode ser utilizado. A *alta disponibilidade* ocorre quando um sistema opera continuamente em todos os momentos. A disponibilidade é normalmente medida com relação a "100% operacional" ou "nunca falha". Um padrão de disponibilidade de sistema que é amplamente difundido, mas difícil de alcançar, é conhecido como "cinco 9s" (99,999%) de disponibilidade. Algumas empresas têm sistemas disponíveis o tempo todo para dar suporte a operações de negócios eletrônicos, clientes de todo o mundo e fornecedores online.

Às vezes, os sistemas devem ser desativados para manutenção, atualizações e correções, que são realizadas durante o período de inatividade. Um dos desafios da disponibilidade é determinar para quando agendar o tempo de inatividade, uma vez que se espera que o sistema opere continuamente. Realizar a manutenção durante a noite pode parecer uma ótima ideia, mas quando é noite em uma cidade, é manhã em algum outro lugar no mundo, e os funcionários ao redor do mundo podem não conseguir desempenhar suas funções se o sistema estiver inativo. Nesses casos, as empresas implantam sistemas de failover para que possam desativar o sistema principal para manutenção e ativar o sistema secundário, para garantir a continuidade das operações.

FACILIDADE DE MANUTENÇÃO

As empresas devem avaliar as necessidades atuais e futuras ao projetar e construir sistemas com suporte a infraestruturas ágeis. Os sistemas devem ser flexíveis o suficiente para atender a todos os tipos de mudanças na empresa, mudanças no ambiente e mudanças nos negócios. A *facilidade de manutenção* (ou *flexibilidade*) refere-se à rapidez com que um sistema consegue se transformar para dar suporte a mudanças ambientais. A facilidade de manutenção ajuda a medir a rapidez e a eficácia com que um sistema pode ser mudado ou reparado após uma falha. Por exemplo, ao iniciar um pequeno negócio, você não pode considerar a possibilidade de ter clientes de outras partes do mundo, um erro comum. Ao construir seus sistemas, você pode não os projetar para vários idiomas e moedas, o que pode fazer sentido se a empresa não estiver realizando negócios internacionais. Infelizmente, quando chegar o primeiro pedido internacional, o que naturalmente acontece com negócios eletrônicos, o sistema não vai conseguir lidar com o pedido, pois não terá flexibilidade para ser facilmente reconfigurado para um novo idioma ou moeda. Quando a empresa começar a crescer e operar no exterior, o sistema terá de ser reconstruído, o que não é uma tarefa fácil ou barata, para lidar com vários idiomas e moedas.

A construção e implantação de sistemas flexíveis permite atualizações fáceis, alterações e reconfigurações para mudanças inesperadas nos negócios ou no ambiente. Basta pensar no que poderia ter acontecido se o Facebook tivesse de reformular todo o seu sistema para lidar com vários idiomas. Outra rede social poderia facilmente ter entrado em cena e se tornado o provedor preferido. Isso com certeza não seria eficiente ou eficaz para as operações de negócios.

PORTABILIDADE

Portabilidade refere-se à capacidade de um aplicativo para operar em diferentes dispositivos ou plataformas de software, como sistemas operacionais diferentes. O iTunes da Apple está prontamente disponível para usuários de computadores Mac e também para usuários de PCs, smartphones, iPods, iPhones, iPads, etc. É também um aplicativo portátil. Como a Apple enfatiza a compatibilidade entre todos os seus produtos, tanto software quanto hardware, a empresa pode facilmente fazer acréscimos em sua oferta de produtos, dispositivos e serviços sem sacrificar a portabilidade. Muitos desenvolvedores de software estão criando programas portáteis para os três dispositivos – iPhone, iPod e iPad –, o que aumenta seu mercado-alvo e, esperam, sua receita.

CONFIABILIDADE

A *confiabilidade* (ou *precisão*) garante que um sistema esteja funcionando corretamente e fornecendo informações precisas. Imprecisões podem ocorrer por vários motivos, desde a inserção incorreta de informações até a corrupção de informações durante as transmissões. Muitos argumentam que as informações contidas na Wikipédia não são confiáveis. Como os verbetes da Wikipédia podem ser editados por qualquer usuário, há exemplos de usuários maliciosos que atualizam informações de modo impreciso. Por isso, muitos usuários ignoram resultados de pesquisa do Google que direcionam para a Wikipédia. Disponibilizar informações não confiáveis em um site pode submeter uma empresa ao risco de perder clientes, fazer pedidos imprecisos a fornecedores, ou mesmo tomar decisões de negócios não confiáveis. A *vulnerabilidade* é uma fraqueza do sistema, como uma senha que nunca é alterada ou um sistema que fica ativo enquanto um funcionário sai para o almoço, podendo ser explorado por uma ameaça. Sistemas confiáveis garantem que as vulnerabilidades sejam minimizadas para reduzir o risco.

ESCALABILIDADE

Estimar o crescimento de uma empresa é uma tarefa desafiadora, em parte porque o crescimento pode ocorrer de várias formas diferentes – a empresa pode adquirir novos clientes, novas linhas de produtos ou novos mercados. O termo *escalabilidade* descreve o nível de preparo de um sistema para "escalar", ou seja, adaptar-se a exigências cada vez maiores de crescimento. Se uma empresa cresce mais rápido do que o previsto, ela pode passar por uma série de problemas, desde a falta de espaço de armazenamento até maior tempo para completar transações. Antever o crescimento esperado – e inesperado – é fundamental para a construção de sistemas escaláveis que possam suportar esse desenvolvimento.

O *desempenho* mede a rapidez com que um sistema executa determinado processo ou transação. O desempenho é um componente fundamental da escalabilidade, pois os sistemas sem escalabilidade podem ter problemas de desempenho. Imagine se um sistema de gerenciamento de conteúdo de sua faculdade de repente começasse a levar cinco minutos para exibir uma página depois de um botão ser pressionado. Agora, imagine se isso ocorresse durante uma prova e você perdesse o prazo de duas horas por causa da lentidão do sistema. Os problemas de desempenho enfrentados por empresas podem ter impacto desastroso sobre os negócios, causando perda de clientes, perda de fornecedores e até mesmo perda de funcionários da central de suporte técnico. A maioria dos usuários espera apenas alguns segundos para que um site retorne uma solicitação antes de desistir e passar para outro.

Capacidade representa a taxa de transferência máxima que um sistema pode oferecer. Por exemplo, a capacidade de um disco rígido representa o seu tamanho ou volume. O *planejamento de capacidade* determina futuros requisitos de infraestrutura ambiental para garantir o desempenho do sistema com alta qualidade. Se uma empresa compra um software de conectividade desatualizado ou demasiado lento para atender à demanda, seus funcionários perdem muito tempo esperando que os sistemas respondam às solicitações do usuário. É mais barato para uma empresa projetar e implementar uma infraestrutura ágil que preveja os requisitos de crescimento do que atualizar todo o equipamento depois que o sistema já está operacional. Se uma empresa com 100 funcionários se funde com outra empresa e, de repente, passa a haver 400 pessoas usando o sistema, pode haver problemas de desempenho. O planejamento para aumentos de capacidade pode garantir que os sistemas tenham o desempenho esperado. Esperar que um sistema responda a solicitações não é produtivo.

A Web 2.0 é um grande condutor para planejamento de capacidade para garantir que infraestruturas ágeis possam atender às necessidades operacionais da empresa. Exibir vídeos pela Internet requer largura de banda suficiente para satisfazer milhões de usuários durante os períodos de pico, como as noites de sextas-feiras e sábados. Transmissões de vídeo por meio da Internet não podem tolerar a perda de pacotes (perda de blocos de dados), e permitir que mais um usuário acesse o sistema pode reduzir a qualidade do vídeo para cada usuário.

USABILIDADE

Usabilidade é o nível de facilidade para entender um sistema e sua eficiência e satisfação para o usuário. É recomendável fornecer sugestões, dicas, atalhos e instruções para todo e qualquer sistema, independentemente de sua facilidade de uso. A Apple compreendeu a importância da usabilidade quando projetou o primeiro iPod. Uma das atrações iniciais do iPod era a usabilidade da roda de clique. Um botão simples e eficiente comanda o iPod, facilitando o uso para pessoas de todas as idades. E para garantir a facilidade de uso, a Apple também projetou o software do iTunes para que fosse intuitivo e fácil de usar. *Facilidade de manutenção* é a rapidez com que um terceiro pode mudar um sistema para garantir que ele atenda às necessidades do usuário e obedeça aos termos de quaisquer contratos, incluindo níveis acordados de confiabilidade, facilidade de manutenção ou disponibilidade. Ao utilizar um sistema de terceiros, é importante garantir o nível adequado de facilidade de manutenção para todos os usuários, inclusive para funcionários remotos.

RESUMO DO PLUG-IN

Uma infraestrutura de TI é dinâmica; ela muda continuamente conforme o negócio precisa de mudanças. Cada vez que um novo tipo de dispositivo habilitado para a Internet, como um iPhone ou BlackBerry, é criado e disponibilizado para o público, a infraestrutura de TI da empresa precisa ser revisada para dar suporte ao dispositivo. Isso vai além de apenas inovações em hardware para incluir novos tipos de software e conectividade de rede. As três principais áreas em que se concentram os arquitetos corporativos, ao fazer manutenção da infraestrutura de TI de uma empresa, são:

- *Suporte a operações:* a infraestrutura de TI de informação identifica onde e como informações importantes, como registros de clientes, serão mantidas e protegidas.
- *Suporte à mudança:* uma infraestrutura de TI ágil inclui hardware, software e equipamento de telecomunicações que, quando combinados, fornecem a base sobre a qual se sustentam as metas da organização.
- *Suporte ao ambiente:* uma infraestrutura de TI sustentável identifica maneiras como uma empresa pode crescer em termos de recursos de computação, tornando-se, ao mesmo tempo, menos dependente do consumo de hardware e energia.

TERMOS-CHAVE

Acessibilidade 388
Acessibilidade à Web 387
Acesso de administrador 388
Alta disponibilidade 388
Análise de impacto nos negócios 386
Arquiteto corporativo 381
Backup 382
Capacidade 390
Cliente 380
Cold site 384
Confiabilidade (ou precisão) 389
Curva de custo de recuperação de desastres 384
Desempenho 389
Disponibilidade 388
Emergência 385
Escalabilidade 389
Estratégias de recuperação de tecnologia 386

Facilidade de manutenção (ou flexibilidade) 388
Facilidade de manutenção 390
Failback 383
Failover 383
Falha de tecnologia 386
Gerenciamento de incidentes 386
Hardware 380
Hot site 384
Incidentes 386
Indisponível 388
Infraestrutura de TI 380
Infraestrutura de TI ágil 381
Infraestrutura de TI de informação 381
Infraestrutura de TI sustentável 381
Planejamento de capacidade 390

Planejamento de continuidade de negócios (BCP) 385
Plano de recuperação de desastres 384
Portabilidade 389
Preparação para emergências 385
Recuperação 383
Rede 380
Registro de incidente 386
Serviço de notificação de emergências 386
Servidor 380
Software 380
Tolerância a falhas 383
Usabilidade 390
Vulnerabilidade 389
Warm site 384
Web Accessibility Initiative (WAI) 387

CASO DE ENCERRAMENTO 1

Sucesso na consolidação do servidor do *Chicago Tribune*

O *Chicago Tribune* é o sétimo maior jornal dos Estados Unidos. A reformulação do seu centro de dados e a consolidação de seus servidores foi uma tarefa difícil, mas a recompensa foi enorme. O *Chicago Tribune* moveu com sucesso suas aplicações críticas de um combinado de mainframes e de servidores mais antigos da Sun Microsystems para uma nova arquitetura corporativa em dois locais. Isso resultou em redução de custos e aumento da confiabilidade em toda a empresa.

A nova arquitetura corporativa do jornal agrupou seus servidores a uma distância de dois quilômetros, com uma ligação de 1 Gbps por fibra escura – uma fibra óptica que já está instalada, mas ainda sem uso – entre dois centros de dados. Essa arquitetura permite que o jornal distribua a carga de processamento entre os servidores, melhorando a redundância e as opções para recuperação de desastres.

A transferência para a nova arquitetura não foi fácil. Um pequeno software escrito para a transição continha um erro de codificação que causou falhas de processamento intermitentes nas aplicações editoriais do *Tribune*. Como resultado, o jornal foi forçado a adiar a entrega para quase 40% de seus 680 mil leitores e a cortar 24 páginas de uma edição de segunda-feira, o que lhe custou cerca de US$ 1 milhão em receitas de publicidade.

Depois que as aplicações editoriais foram estabilizadas, o *Tribune* começou a migrar aplicações para operações – a produção física e a impressão do jornal – e a circulação para a nova arquitetura corporativa. "Conforme retiramos gradualmente as aplicações do mainframe, percebemos que estávamos arcando com custos muito elevados para manter mainframes subutilizados em dois diferentes locais", disse Darko Dejanovic, vice-presidente e CTO da Tribune Co., então proprietária do *Chicago Tribune*, do *Los Angeles Times*, do *Newsday* de Long Island e de cerca de uma dúzia de outros jornais metropolitanos. "Ao passar de dois locais para um, conseguimos vários milhões de dólares em economias de custo. Não há dúvida de que a consolidação dos servidores foi a decisão certa para nós".

A empresa está animada com sua nova arquitetura corporativa e pretende consolidar o software de todos os seus jornais. Atualmente, cada jornal tem as próprias aplicações para anúncios em classificados e faturamento, o que significa que a matriz deve ter suporte para cerca de 10 pacotes de faturamento e para o mesmo número de programas para anúncios em classificados. A maior parte dos processos de negócios pode ser padronizada. Até agora, a empresa padronizou mais ou menos 95% dos processos para anúncios em classificados e cerca de 90% dos processos para vendas de publicidade. Ao longo de três anos, a empresa vai substituir as diversas aplicações para faturamento e anúncios por um único pacote que será utilizado por todas as unidades de negócios. Os diferentes jornais não necessariamente vão compartilhar os mesmos dados, mas terão os mesmos processos e os mesmos sistemas para acessá-los. Ao longo do tempo, isso vai permitir que algumas das centrais de atendimento atendam chamadas para vários jornais; as centrais da Costa Leste vão atender às chamadas do início da manhã e as da Costa Oeste às do fim do dia e à noite.

A empresa tem em vista alguns outros projetos, incluindo a implementação de hardware que permita a execução de suas aplicações individuais em CPUs parciais, liberando capacidade de processamento e tornando o uso do espaço em disco mais eficiente.

Questões

1. Revise as cinco características da arquitetura de infraestrutura e classifique-as em ordem de seu potencial impacto sobre os negócios da Tribune Co..
2. O que é a curva de custo de recuperação de desastres? Em que ponto da curva a Tribune Co. deve operar?
3. Defina *backup* e recuperação. Quais são os riscos para os negócios da Tribune Co. se a empresa não conseguir implementar um plano de *backup* adequado?
4. Por que uma arquitetura corporativa escalável e altamente disponível é fundamental para as operações atuais e para o crescimento futuro?
5. Identifique a necessidade de segurança da informação na Tribune Co.
6. Como a Tribune Co. poderia usar um serviço Web de anúncios classificados em todas as suas diferentes empresas?

CASO DE ENCERRAMENTO 2

Tema o pinguim

O Linux provou ser o software mais revolucionário da década passada. Estima-se que os gastos com o Linux atingiram US$ 280 milhões até 2006. Linus Torvalds, que escreveu o kernel (núcleo) do sistema operacional Linux aos 21 anos, postou o sistema operacional na Internet e convidou outros programadores a melhorarem seu código e os usuários a fazerem download de seu sistema operacional gratuito. Desde então, dezenas de milhares de pessoas fizeram isso, tornando o Linux possivelmente o maior projeto colaborativo na história do planeta.

Atualmente, o Linux, assim como o pinguim que lhe serve de mascote, está em toda parte. Você pode encontrar o Linux em todo tipo de computadores, máquinas e dispositivos. Ele é robusto o suficiente para ser executado nos supercomputadores mais poderosos do mundo, mas também é simples e versátil o suficiente para ser executado em itens como TiVo, telefones celulares e aparelhos portáteis. Ainda mais impressionante do que a crescente presença do Linux em salas de estar e bolsos é o seu crescimento no mercado de computadores corporativos.

Desde a sua introdução, em 1991, nenhum outro sistema operacional na história se espalhou tão rapidamente por uma gama tão ampla de sistemas quanto o Linux, e ele finalmente alcançou uma massa crítica. De acordo com estudos da empresa de pesquisas de mercado IDC, o Linux é o sistema operacional para servidores que mais cresce, com previsão de crescimento de 34% ao ano pelos próximos quatro anos. Com sua abordagem inovadora de código aberto, forte segurança, confiabilidade e escalabilidade, o Linux pode ajudar as empresas a obter a agilidade necessária para responder a mudanças nas necessidades dos consumidores e manter-se à frente.

Graças ao seu processo único de desenvolvimento de código aberto, o Linux é confiável e seguro. Uma "meritocracia", uma equipe especificamente selecionada por sua competência pela comunidade de desenvolvedores técnicos, rege todo o processo de desenvolvimento. Cada linha de código que compõe o kernel do Linux é amplamente testada e ajustada para uma variedade de plataformas e cenários de aplicação.

Essa abordagem colaborativa aberta significa que a base de código do Linux se solidifica e melhora de maneira contínua. Se vulnerabilidades aparecem, elas recebem atenção imediata de especialistas de todo o mundo, que rapidamente resolvem os problemas. De acordo com o Security Portal, que monitora os tempos de resposta de fornecedores, leva, em média, 12 dias para corrigir um bug no Linux, enquanto a média para algumas plataformas proprietárias é de três meses. Com a resiliência e a confiabilidade do núcleo do Linux, as empresas podem minimizar o tempo de inatividade, o que aumenta diretamente seu lucro final.

A propagação dos sistemas abertos

Empresas e governos estão optando por sistemas operacionais de código aberto, como o Linux, em lugar do Windows. O Dr. Martin Echt, cardiologista de Albany, Nova York, foi um dos participantes do Linux Desktop Consortium em 2004. O Dr. Echt, diretor de operações da Capital Cardiology Associates, uma clínica com oito consultórios, discutiu sua decisão de abandonar o Microsoft Windows e usar o Linux em sua empresa. Ele não é o típico nerd ou entusiasta do Linux, e também não é o único que está mudando para o Linux.

O Conselho de Estado da China determinou que todos os ministérios instalassem a versão local do Linux, chamada de Red Flag, em seus PCs. Na Espanha, o governo instalou um sistema operacional Linux que incorpora o dialeto regional. A cidade de Munique, a despeito de uma visita pessoal do CEO da Microsoft, Steve Ballmer, está convertendo seus 14 mil PCs do Windows para o Linux.

"É a temporada do código aberto", declarou Walter Raizner, gerente geral da IBM Alemanha. Uma das maiores empresas a apoiar o Linux, a IBM tem mais de 75 clientes governamentais em todo o mundo, incluindo agências na França, Espanha, Grã-Bretanha, Austrália, México, Estados Unidos e Japão.

A mudança para o Linux varia de acordo com o país ou empresa. Para o Dr. Echt, era uma questão de preço mais baixo e flexibilidade em longo prazo. Na China, o governo alegou a segurança nacional como razão para conversão para o código fonte aberto, pois isso permite que os engenheiros se certifiquem de que não há vazamentos de segurança e spyware instalados em seus computadores. Em Munique, a conversão foi em grande parte política. Independentemente do motivo, o mercado está mudando para o Linux.

Microsoft contra Linux

Bill Gates declarou abertamente que o Linux não é uma ameaça para a Microsoft. De acordo com analistas da IDC, os sistemas operacionais da Microsoft estão instalados em 93,8% de todos os desktops vendidos no mundo. Ted Schadler, analista principal de pesquisa da IDC, afirma que, apesar da pressão de custo mais baixo exercida pelo Linux no mercado, a Microsoft vai manter sua quota no mercado de desktops por estas três razões:

1. O Linux adiciona recursos às suas aplicações que a maioria dos usuários de computadores já espera.
2. Aplicativos do Linux podem não ser compatíveis com aplicativos da Microsoft, como o Microsoft Word ou o Microsoft Excel.
3. A Microsoft está sempre inovando, e a mais recente versão do Office está começando a integrar software de processamento de texto e planilha eletrônica para bancos de dados corporativos e outras aplicações.

O futuro do Linux

Al Gillen, analista da IDC, prevê que um sistema operacional de código aberto não terá crescimento explosivo nos desktops por pelo menos seis ou oito anos. Ainda assim, mesmo Gillen não pode negar que a penetração do Linux continua aumentando, com uma estimativa de 18 milhões de usuários. A participação de mercado do Linux aumentou de 1,5%, no final de 2000, para 4,2% no início de 2004. De acordo com a IDC, até o final de 2005, o Linux superou o Mac OS, da Apple, que tem 2,9% do mercado, como o segundo sistema operacional mais popular. A Gartner Dataquest estima que a quota de mercado do Linux em servidores crescerá sete vezes mais rápido do que a do Windows.

Questões

1. Qual a diferença entre o Linux e o software tradicional?
2. A Microsoft deve considerar o Linux uma ameaça? Por quê? Ou por que não?
3. Como o software de código aberto pode ser uma tendência que molda organizações?
4. Como você pode usar o Linux como tecnologia emergente para obter uma vantagem competitiva?
5. Faça uma pesquisa na Internet e descubra possíveis maneiras de como o software livre pode revolucionar os negócios no futuro.

TOMANDO DECISÕES DE NEGÓCIOS

1. **Planejamento para a recuperação de desastres**

   Você é o novo analista sênior do departamento de TI da Beltz, uma grande empresa fabricante de lanches. A empresa está localizada na bela cidade costeira de Charleston, Carolina do Norte. A localização da empresa é, ao mesmo tempo, uma das suas melhores e piores características. O clima e os arredores são maravilhosos, mas o risco de furacões e outros desastres naturais é alto. Compile um plano de recuperação de desastres para minimizar quaisquer riscos envolvidos em um desastre natural.

2. **Comparação de sistemas de *backup* e recuperação**

   Faça uma pesquisa na Internet para encontrar três fornecedores diferentes de sistemas de *backup* e recuperação. Compare os três sistemas e determine qual deles você recomendaria se estivesse instalando um sistema de *backup* e recuperação de dados para uma empresa de médio porte com 3.500 funcionários que mantém informações sobre o mercado de ações. Compile suas descobertas em uma apresentação para sua turma, detalhando os pontos fortes e fracos dos três sistemas e fazendo sua recomendação.

3. **Classificação de "dades"**

   Em grupo, revise a lista de características da infraestrutura de TI e classifique-as por ordem de impacto sobre o sucesso de uma organização. Utilize um sistema de classificação de 1 a 7, em que 1 indica o maior impacto e 7, o menor.

4. **Projeto de arquitetura corporativa**

   Os componentes de uma arquitetura corporativa sólida incluem desde documentação e conceitos de negócios até software e hardware. Decidir quais componentes implementar e como implementá-los pode ser um desafio. Novos componentes de TI são lançados diariamente, e as necessidades de negócio mudam o tempo todo. Uma arquitetura corporativa que atenda às atuais necessidades da sua organização pode não atender a essas necessidades no futuro. A construção de uma arquitetura corporativa escalável, flexível, disponível, acessível e confiável é fundamental para o sucesso de sua organização.

Você é o arquiteto corporativo (EA – *Enterprise Architect*) de uma grande empresa de roupas chamada Xedous. Você é responsável pelo desenvolvimento da arquitetura corporativa inicial. Crie uma lista de perguntas que você precisa responder para desenvolver sua arquitetura. Estes são exemplos de perguntas que você pode fazer.

- Quais são as expectativas de crescimento da empresa?
- Os sistemas vão conseguir lidar com usuários adicionais?
- Por quanto tempo as informações vão ficar armazenadas nos sistemas?
- Quanto do histórico do cliente deve ser armazenado?
- Qual é o horário de funcionamento da organização?
- Quais são os requisitos de *backup* da organização?

PLUG-IN G5

Redes e telecomunicações

> **OBJETIVOS DE APRENDIZAGEM**
> 1. Comparar LANs, WANs e MANs.
> 2. Comparar os dois tipos de arquiteturas de rede.
> 3. Explicar a topologia e os diferentes tipos encontrados em redes.
> 4. Descrever os protocolos e a importância de TCP/IP.
> 5. Identificar os diferentes tipos de mídia encontrados em redes.

OA 1 Comparar LANs, WANs e MANs.

Introdução

A mudança está em toda parte no domínio das tecnologias da informação, mas em nenhum outro lugar a mudança é mais evidente e mais drástica do que na área das redes e das telecomunicações. A maioria dos sistemas de informação para gstão atuais baseia-se em redes digitais para comunicar informações sob a forma de dados, gráficos, vídeo e voz. Grandes e pequenas empresas de todo o mundo utilizam redes e a Internet para localizar fornecedores e compradores, para negociar contratos com eles e para prestar serviços maiores, melhores e mais rápidos que nunca. Os *sistemas de telecomunicação* permitem a transmissão de dados através de redes públicas ou privadas. Uma *rede* é um sistema de comunicação criado pela ligação entre dois ou mais dispositivos e pelo estabelecimento de uma metodologia padrão pela qual podem se comunicar. A maior e mais utilizada rede do mundo é a Internet. A Internet é uma "rede das redes" global, que utiliza padrões universais para conectar milhões de redes diferentes em todo o mundo. Os sistemas de telecomunicações e redes de comunicação são tradicionalmente complicados e ineficazes. No entanto, as empresas podem se beneficiar das infraestruturas de rede atuais, que proporcionam um alcance global confiável para funcionários e clientes.

Noções básicas de rede

As redes vão desde uma pequena rede de dois computadores até a maior rede de todas, a Internet. A rede oferece duas principais vantagens: a capacidade de se comunicar e a capacidade de compartilhar.

As redes digitais corporativas de hoje incluem uma combinação de redes de área local, redes de longa distância e redes de área metropolitana. Uma *rede de área local (LAN – Local Area Network)* é projetada para conectar um grupo de computadores próximos entre si, como em um prédio comercial, uma escola ou uma casa. A LAN é útil para compartilhar recursos, como arquivos, impressoras, jogos ou outros aplicativos. A LAN, por sua vez, conecta-se a outras LANs e à Internet ou redes de longa distância. Uma *rede de longa distância (WAN – Wide Area Network)* cobre uma grande área geográfica, como um estado, uma província ou um país. As WANs geralmente conectam-se a várias redes menores, como redes locais ou redes de área metropolitana. A WAN mais popular do mundo é a Internet. Uma ***rede de área metropolitana (MAN – Metropolitan Area Network)*** é uma grande rede de computadores normalmente abrangendo uma cidade. A Figura G5.1 destaca os três diferentes tipos de redes, e a Figura G5.2 mostra cada tipo de rede.

Os links de comunicação direta de dados entre a empresa e seus fornecedores ou clientes, ou ambos, têm sido usados com sucesso para conferir à empresa uma vantagem estratégica. O sistema de reservas da companhia aérea SABRE é um exemplo clássico de sistema de informação para gestão estratégico que depende da comunicação fornecida por uma rede. A SABRE Airline Solutions foi pioneira em avanços tecnológicos para a indústria em áreas como a gestão de receitas, preços, programação de voo, carga, operações de voo e programação da tripulação. Além disso, a SABRE não apenas ajudou a inventar o comércio eletrônico para a indústria de viagens, como também é autora de soluções progressivas que definiram, e continuam a revolucionar, o mercado de viagens e transporte.

Uma rede normalmente inclui quatro coisas (além dos próprios computadores):

1. **Protocolo** – conjunto de regras de comunicação para garantir que todos falem a mesma língua.
2. **Placa de Interface de Rede (NIC – Network Interface Card)** – placa que se conecta à parte traseira (ou lateral) dos computadores e permite enviar e receber mensagens de outros computadores.
3. **Cabo** – meio para conectar todos os computadores.
4. **Hub (switch ou roteador)** – hardware para executar controle de tráfego.

Vamos continuar a definir muitos desses termos e conceitos nas próximas seções.

As redes são diferenciadas pelos seguintes elementos:

- Arquitetura – ponto a ponto (*peer-to-peer*), cliente/servidor.
- Topologia – em barramento, em estrela, em anel, híbrida, sem fio.
- Protocolos – Ethernet, Transmission Control Protocol/Internet Protocol (TCP/IP).
- Mídia – coaxial, de par trançado e de fibra óptica.

Arquitetura

Os dois principais tipos de arquiteturas de rede são as redes ponto a ponto e as redes cliente/servidor.

OA 2 Comparar os dois tipos de arquiteturas de rede.

REDES PONTO A PONTO

Uma ***rede ponto a ponto (P2P – peer-to-peer)*** é uma rede de computadores que confia no poder de computação e largura de banda dos participantes da rede, em vez de um servi-

FIGURA G5.1
Tipos de rede.

Tipos de rede	
Rede de área local (LAN)	Projetada para conectar um grupo de computadores próximos entre si, como em um prédio comercial, uma escola ou uma casa. A LAN é útil para compartilhar recursos, como arquivos, impressoras, jogos ou outros aplicativos. A LAN, por sua vez, conecta-se a outras LANs e à Internet ou redes de longa distância.
Rede de longa distância (WAN)	Abrange uma grande área geográfica, como um estado, uma província ou um país. As WANs geralmente conectam-se a várias redes menores, como redes locais ou redes de área metropolitana (MANs).
Rede de área metropolitana (MAN)	Uma grande rede de computador que geralmente abrange uma cidade. A maioria das faculdades, universidades e grandes empresas que abrangem um campus utilizam uma infraestrutura suportada por MAN.

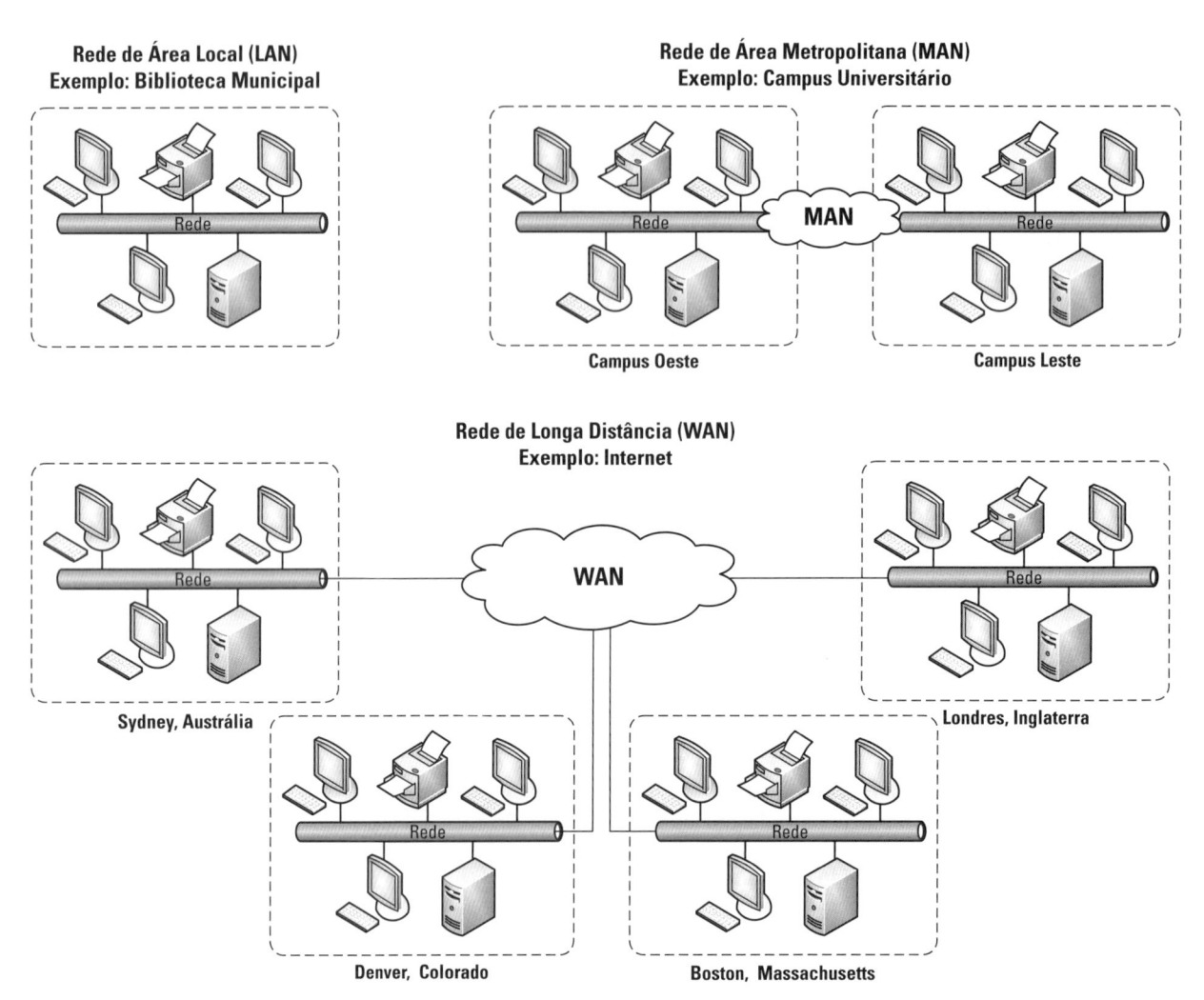

FIGURA G5.2
LAN, WAN e MAN.

dor centralizado, como ilustra a Figura G5.3. Cada computador em rede pode permitir que outros computadores acessem seus arquivos e utilizem impressoras conectadas enquanto funciona como estação de trabalho, sem o auxílio de um servidor.

Embora o Napster possa ser o exemplo mais conhecido de uma implementação de P2P, também pode ser um dos exemplos mais restritos, uma vez que o modelo Napster conta

FIGURA G5.3
Redes ponto a ponto.

com apenas um dos vários recursos de computação P2P: o compartilhamento de arquivos. A tecnologia tem capacidades muito mais amplas, incluindo compartilhamento de processamento, memória e armazenamento, além de suporte à colaboração entre muitos computadores distribuídos, como a computação em grade. A computação ponto a ponto permite a interação imediata entre pessoas e sistemas de computadores.[1]

REDES CLIENTE/SERVIDOR

Cliente é um computador projetado para solicitar informações de um servidor. ***Servidor*** é um computador dedicado a fornecer informações em resposta a solicitações. A ***rede cliente/servidor*** é um modelo para aplicações no qual a maior parte do processamento de back-end, como realizar pesquisas físicas de um banco de dados, ocorre em um servidor, enquanto o processamento front-end, que envolve a comunicação com os usuários, é controlado pelos clientes (ver Figura G5.4). O ***sistema operacional de rede (NOS – Network Operating System)*** é o sistema operacional que faz funcionar a rede, direcionando as informações entre computadores e controlando a segurança e os usuários. O modelo cliente/servidor tornou-se uma das ideias centrais da computação de rede. A maioria dos aplicativos de negócios codificados hoje usa o modelo cliente/servidor.

Uma parte fundamental da arquitetura cliente/servidor é a comutação de pacotes. A ***comutação de pacotes*** ocorre quando o computador envia uma mensagem dividindo-a em um número de unidades eficientes chamadas de pacotes, cada qual contendo o endereço do computador de destino. Cada pacote é enviado pela rede e interceptado pelos roteadores. O ***roteador*** é um dispositivo de conexão inteligente que examina cada pacote de dados que recebe e então decide de que forma enviá-lo progressivamente ao seu destino. Os pacotes chegam ao destino, embora alguns possam ter realmente percorrido diferentes caminhos físicos, e o computador receptor monta os pacotes e envia a mensagem para a aplicação adequada.

Topologia

OA 3 Explicar a topologia e os diferentes tipos encontrados em redes.

As redes são montadas de acordo com certas regras. Os cabos, por exemplo, têm de ter determinado comprimento: cada fio do cabo pode suportar apenas uma certa quantidade de tráfego de rede. A ***topologia de rede*** refere-se ao arranjo geométrico da atual organização física dos computadores (e outros dispositivos de rede) em uma rede. As topologias variam de acordo com o custo e a funcionalidade. A Figura G5.5 destaca as cinco topologias comuns utilizadas em redes, e a Figura G5.6 mostra cada topologia.

Protocolos

OA 4 Descrever os protocolos e a importância de TCP/IP.

Um ***protocolo*** é o padrão que especifica o formato do dado, bem como as regras a serem seguidas durante a transmissão. Simplificando, para um computador (ou programa de computador) se comunicar com outro computador (ou programa de computador), eles devem falar a mesma língua, e essa linguagem é chamada de protocolo.

FIGURA G5.4
Rede cliente/servidor.

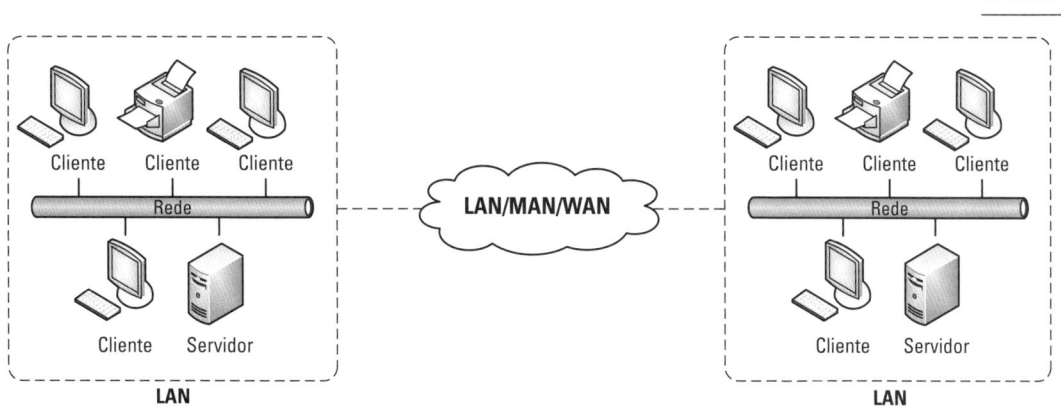

Topologias de rede	
Barramento	Todos os dispositivos são conectados a um cabo central, chamado de barramento ou backbone. As redes de barramento são relativamente baratas e de fácil instalação para redes pequenas.
Estrela	Todos os dispositivos são conectados a um dispositivo central, chamado de hub. As redes em estrela são relativamente fáceis de instalar e gerenciar, mas podem ocorrer congestionamentos porque todos os dados devem passar pelo hub.
Anel	Todos os dispositivos são conectados um ao outro em formato de um circuito fechado, de modo que cada dispositivo fica conectado diretamente a dois outros dispositivos, um de cada lado. As topologias em anel são relativamente caras e difíceis de instalar, mas oferecem grande largura de banda e podem cobrir grandes distâncias.
Híbrida	Grupos de estações de trabalho configurados em estrela conectados a um cabo backbone de barramento linear, combinando as características da topologia de barramento e em estrela.
Sem fio	Os dispositivos são conectados por sinais entre pontos de acesso e transmissores sem fio dentro de um alcance limitado.

FIGURA G5.5
Cinco topologias de rede.

Um protocolo é baseado em um padrão acordado e estabelecido, e dessa forma todos os fabricantes de hardware e software que usam o protocolo o fazem de forma semelhante para permitir a interoperabilidade. A ***interoperabilidade*** é a capacidade de dois ou mais sistemas de computadores compartilharem dados e recursos, mesmo que eles sejam feitos por diferentes fabricantes. Os protocolos de rede mais populares são Ethernet e Transmission Control Protocol/Internet Protocol (TCP/IP).

ETHERNET

Ethernet é uma tecnologia de camada física e dados para redes LAN (ver Figura G5.7). É o método de acesso por LAN mais instalado, que foi originalmente desenvolvido pela Xerox

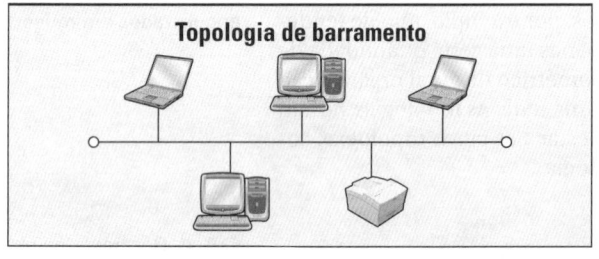

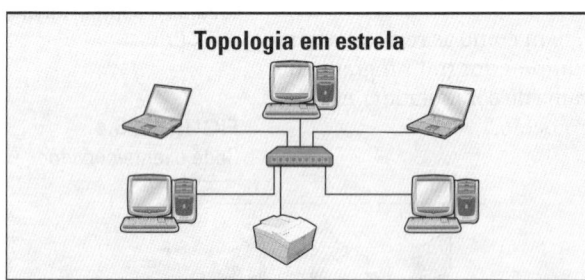

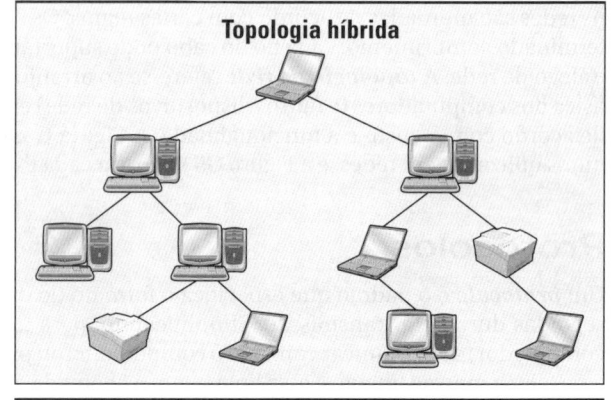

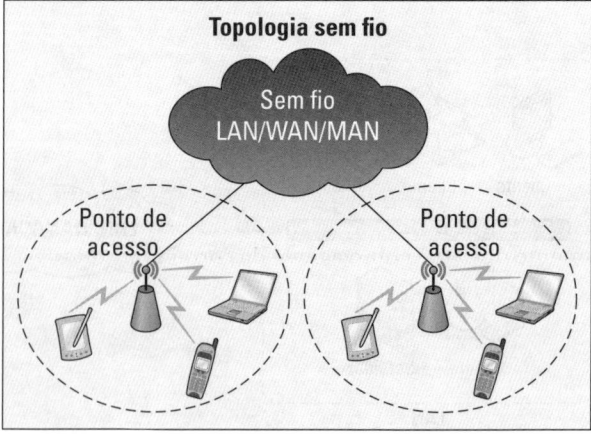

FIGURA G5.6
Topologias de rede.

Diagrama de LAN de Ethernet

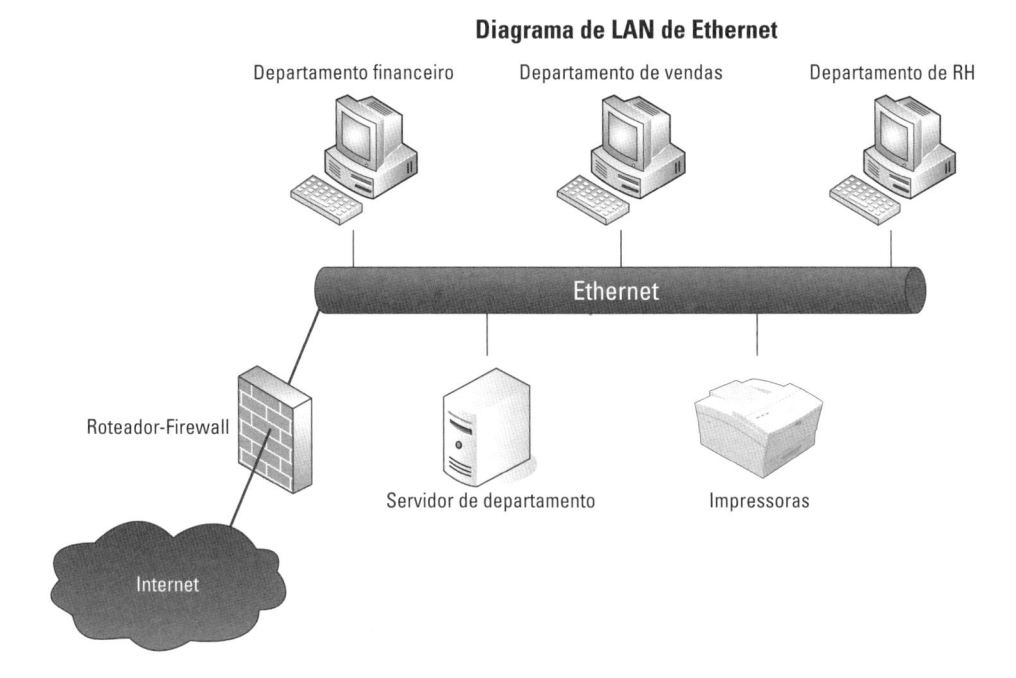

FIGURA G5.7
Protocolos de Ethernet.

e, posteriormente, pela Digital Equipment Corporation e Intel. Quando começou a ser amplamente implantada na década de 1980, a Ethernet suportava uma taxa de transferência máxima teórica de dados de 10 megabits por segundo (Mbps). Mais recentemente, a Fast Ethernet estendeu a tecnologia Ethernet tradicional a picos de 100 Mbps, e a tecnologia Gigabit Ethernet ampliou o desempenho para até 1.000 Mbps e 10 Gbps.

A Ethernet é uma das tecnologias de LAN mais comuns pelas seguintes razões:

- É fácil de implementar, gerenciar e manter.
- Permite implementações de rede de baixo custo.
- Proporciona uma grande flexibilidade para instalação de rede.
- Garante a interoperabilidade de produtos que seguem padrões, independentemente do fabricante.[2]

TRANSMISSION CONTROL PROTOCOL/INTERNET PROTOCOL

O protocolo de telecomunicações mais comum é o Transmission Control Protocol/Internet Protocol (TCP/IP), que foi originalmente desenvolvido pelo Departamento de Defesa para conectar um sistema de redes de computadores que se tornou conhecida como Internet.

O ***Transmission Control Protocol/Internet Protocol (TCP/IP)*** fornece a base técnica para a Internet pública, assim como para um grande número de redes privadas. A conquista importante do TCP/IP é a flexibilidade em relação a protocolos de nível inferior. O TCP/IP usa um método de transmissão especial que maximiza a transferência de dados e se ajusta automaticamente a dispositivos mais lentos e a outros atrasos encontrados em uma rede. Embora mais de 100 protocolos componham todo o conjunto do protocolo TCP/IP, os dois mais importantes são TCP e IP. O ***TCP*** fornece funções de transporte, assegurando, entre outras coisas, que a quantidade de dados recebidos seja a mesma que o valor transmitido. O ***IP*** fornece o mecanismo de endereçamento e roteamento que atua como agente de correio (*postmaster*). A Figura G5.8 exibe o modelo de referência de quatro camadas de TCP/IP:

- Camada de aplicação – serve como janela para usuários e processos de aplicação acessarem serviços de rede.
- Camada de transporte – processa o transporte de pacotes de extremidade a extremidade.

FIGURA G5.8
Modelo de referência de quatro camadas de TCP/IP.

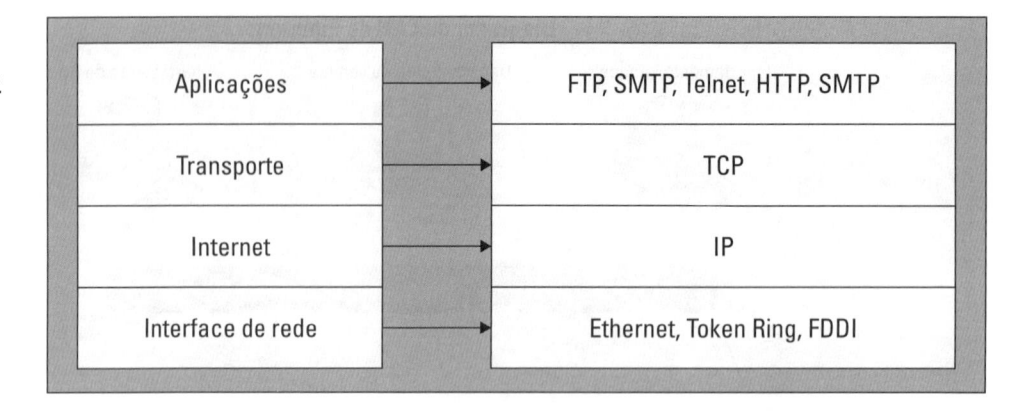

Aplicações	FTP, SMTP, Telnet, HTTP, SMTP
Transporte	TCP
Internet	IP
Interface de rede	Ethernet, Token Ring, FDDI

FIGURA G5.9
Aplicações TCP/IP.

Aplicações TCP/IP	
Protocolo FTP	Permite que arquivos contendo texto, programas, gráficos, dados numéricos, entre outros, possam ser baixados ou carregados em uma rede.
Protocolo SMTP	Sistema de mensagens do TCP/IP para email.
Protocolo Telnet	Fornece emulação de terminal que permite que um PC ou estação de trabalho atue como terminal, ou dispositivo de acesso, para um servidor.
Protocolo HTTP	Permite que navegadores e servidores Web enviem e recebam páginas Web.
Protocolo SNMP	Permite que o gerenciamento de nós de rede seja feito a partir de um único ponto.

- Camada da Internet – formata os dados em pacotes, adiciona um cabeçalho contendo a sequência de pacotes e o endereço do dispositivo de recepção e especifica os serviços exigidos da rede.
- Camada de interface de rede – coloca os pacotes de dados na rede para transmissão.[3]

Para um computador se comunicar com outros computadores e servidores Web na Internet, ele deve ter um endereço IP numérico exclusivo. O IP fornece o mecanismo de endereçamento e roteamento que atua como agente de correio. Um endereço IP é um número exclusivo de 32 bits que identifica a localização de um computador em uma rede. Funciona como um endereço comum, como uma maneira de descobrir exatamente onde entregar informações.

Quando o endereçamento IP surgiu, todos pensavam que haveria uma grande quantidade de endereços para suprir todas as necessidades. Teoricamente, era possível ter 4.294.967.296 endereços únicos. O número real de endereços disponíveis é menor (algo entre 3,2 e 3,3 bilhões) devido à forma que os endereços são separados em classes, e alguns endereços são reservados para multicasting, testes ou outros usos especiais.[4]

FIGURA G5.10
Modelo de interconexão de sistemas abertos.

Modelo OSI
7. Aplicação
6. Apresentação
5. Sessão
4. Transporte
3. Rede
2. Enlace ou ligação de dados
1. Física

Com a explosão da Internet e o aumento de redes domésticas e redes empresariais, o número de endereços IP disponíveis não é mais suficiente. A solução óbvia é reprojetar o formato de endereço para permitir mais endereços. O ***Internet Protocol versão 6 (IPv6)*** é o protocolo da "próxima geração" projetado para substituir a versão atual, o IP versão 4 (IPv4). No entanto, o IPv6 levará vários anos para ser implementado, uma vez que requer modificações em toda a infraestrutura de Internet. A principal mudança trazida pelo IPv6 é um espaço de endereço muito maior, que permite maior flexibilidade na atribuição de endereços. O IPv6 utiliza um esquema de endereçamento de 128 bits, capaz de gerar $3,4 \times 10^{38}$ endereços.[5]

O conjunto de aplicações TCP/IP inclui cinco protocolos: transferência de arquivo, transferência de correio simples, telnet, transferência de hipertexto e gerenciamento de rede simples (ver Figuras G5.9 e G5.10).[6]

Meios

OA 5 Identificar os diferentes tipos de mídia encontrados em redes.

As *mídias de transmissão de rede* dizem respeito a vários tipos de mídia utilizados para transmitir o sinal entre computadores. Quando a informação é enviada através da rede, ela é convertida em sinais elétricos. Esses sinais são gerados como ondas eletromagnéticas (sinalização analógica) ou como uma sequência de pulsos de tensão (sinalização digital). Para ser enviado de um lugar para outro, o sinal deve viajar ao longo de um caminho físico. O caminho físico que é utilizado para transportar um sinal entre um transmissor e um receptor é chamado de meio de transmissão. Os dois tipos de meios de transmissão são o com fio (guiado) e o sem fio (não guiado).

MEIOS COM FIO

Meios com fio são uma transmissão material fabricada de forma que os sinais sejam confinados em um caminho estreito e se comportem de modo previsível. Os três tipos de meios de comunicação guiados mais usados são (ver Figura G5.11):

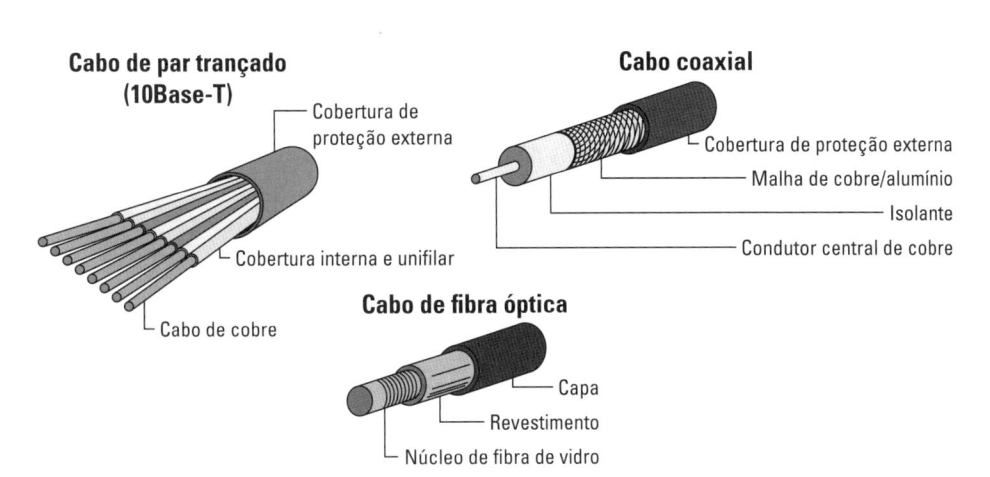

- Cabo de par trançado
- Cabo coaxial
- Cabo de fibra óptica

Cabo de par trançado

O *cabo de par trançado* é um tipo de cabo composto de quatro (ou mais) fios de cobre trançados entre si com revestimento plástico. Os fios são trançados para reduzir a interferência elétrica externa. Os cabos de par trançado são do tipo blindado e não blindado. Os cabos blindados têm uma blindagem metálica que envolve os fios e atua como um aterramento contra a interferência eletromagnética. O cabo de par trançado não blindado (UTP) é o mais popular e geralmente é a melhor opção para redes LAN. A qualidade do UTP pode variar, desde cabo tipo telefônico até cabo de alta velocidade. O cabo tem quatro pares de fios dentro da capa. Cada par é trançado com quantidade diferente de voltas por polegada, a fim de ajudar a eliminar a interferência de pares adjacentes e outros dispositivos elétricos. Os conectores (chamados de RF-45) nos cabos de par trançado são parecidos com os conectores de telefones grandes.[7]

Cabo coaxial

O *cabo coaxial* é um cabo que pode transmitir uma ampla gama de frequências com pouca perda de sinal. É composto por um escudo metálico com fio único colocado ao longo do centro de um escudo e isolado do escudo por um isolante. O cabo coaxial é semelhante ao utilizado para televisão a cabo. Esse tipo de cabo é chamado de coaxial por conter um fio de cobre (ou canal físico para dados) que leva o sinal e está cercado por outro canal físico concêntrico formado por uma malha de arame. O canal externo serve como aterramento contra a interferência elétrica. Devido a essa característica de aterramento, vários cabos co-

FIGURA G5.11
Cabo de par trançado, cabo coaxial e cabo de fibra óptica.

axiais podem ser colocados dentro de um único conduto ou bainha, sem perda significativa da integridade dos dados.[8]

Cabo de fibra óptica

A *fibra óptica* é a tecnologia associada à transmissão de informações como impulsos de luz ao longo de um fio de vidro ou fibra. O cabo de fibra óptica é o mesmo tipo de cabo utilizado pela maioria das companhias telefônicas para serviços de longa distância. Ele pode transmitir dados por longas distâncias com pouca perda de integridade dos dados. Além disso, os dados são transferidos como um pulso de luz, uma vez que a fibra óptica não está sujeita a interferências. Os pulsos de luz viajam através de um cabo de vidro ou fibra, envolto em uma bainha isolante.[9]

A distância efetiva máxima aumentada da fibra óptica tem um preço. A fibra óptica é mais frágil do que fios, difícil de dividir e de instalação trabalhosa. Por essas razões, a fibra óptica é usada principalmente para transmitir dados por longas distâncias, onde o hardware necessário para retransmitir o sinal de dados em meios mais baratos excede o custo de instalação de fibra óptica. Também é usada com grandes quantidades de dados que precisam ser transmitidos de forma regular.

MEIOS SEM FIO

Os *meios sem fio* são partes naturais do meio ambiente que podem ser usadas como caminhos específicos para transmitir sinais elétricos. A atmosfera e o espaço sideral são exemplos de meios de comunicação sem fio comumente usados para o transporte desses sinais. Atualmente, as tecnologias para transmissão de dados sem fio incluem a transmissão de micro-ondas, satélites de comunicação (ver Figura G5.12), telefones celulares, assistentes pessoais digitais (PDAs), computadores pessoais (por exemplo, laptops) e redes de dados móveis.

Os sinais de rede são transmitidos por todos os meios como um tipo de formato de onda. Quando transmitido através de fios e cabos, o sinal é uma forma de onda elétrica. Quando transmitido através de cabo de fibra óptica, o sinal é uma onda de luz, visível ou de luz infravermelha. Quando transmitido através da atmosfera da Terra, o sinal pode assumir a forma de ondas no espectro de rádio, incluindo micro-ondas, infravermelho ou luz visível.

FIGURA G5.12
Exemplo de comunicação via satélite.

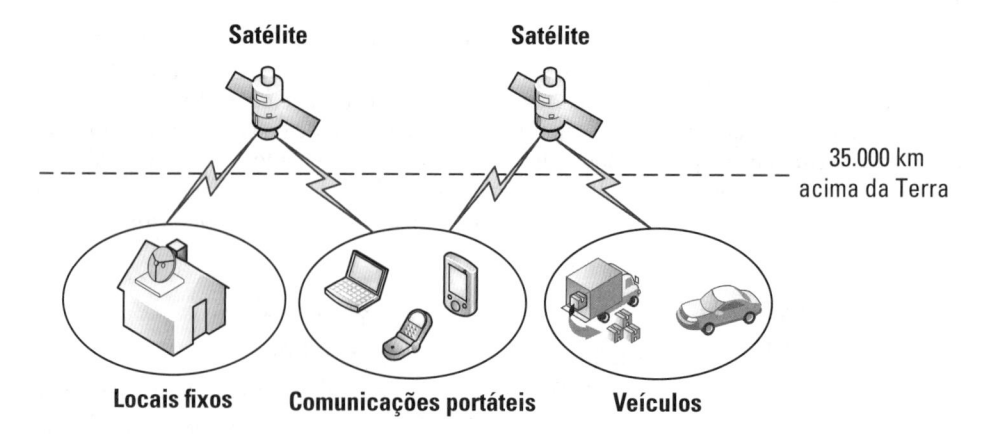

RESUMO DO PLUG-IN

As redes podem ser de todos os tamanhos, desde dois computadores conectados para compartilhar uma impressora até a Internet, que é a maior de todas as redes, ligando milhões de computadores de todos os tipos em todo o mundo. No meio-termo, estão as redes de empresas, que têm tamanho desde poucos computadores até milhares. Existem três tipos principais de redes: rede de área local (LAN), rede de longa distância (WAN) e rede de área metropolitana (MAN). Os seguintes elementos diferenciam as redes:

- Arquitetura – ponto a ponto, cliente/servidor.
- Topologia – em barramento, em estrela, em anel, híbrida, sem fio.
- Protocolos – Ethernet, Transmission Control Protocol/Internet Protocol (TCP/IP).
- Mídia – coaxial, de par trançado e de fibra óptica.

TERMOS-CHAVE

Cabo coaxial 403
Cabo de par trançado 403
Cliente 399
Comutação de pacotes 399
Ethernet 400
Fibra óptica 404
Internet Protocol versão 6 (IPv6) 402
Interoperabilidade 400
Meios com fio 403
Meios sem fio 404

Mídias de transmissão de rede 403
Protocolos 399
Rede 396
Rede cliente/servidor 399
Rede de área local (LAN) 396
Rede de área metropolitana (MAN) 397
Rede de longa distância (WAN) 397
Redes ponto a ponto (P2P) 397

Roteador 399
Servidor 399
Sistema operacional de rede (NOS) 399
Sistemas de telecomunicação 396
Topologia de rede 399
Transmission Control Protocol/Internet Protocol (TCP/IP) 401

CASO DE ENCERRAMENTO 1

Cuidado onde pisa – Prada

A Prada estima suas vendas anuais em US$ 22 milhões*. A varejista de luxo recentemente gastou milhões de dólares em TI para sua futurista loja "epicentral" – mas a tecnologia chamativa se transformou em um aborrecimento muito caro. A empresa precisava gerar vendas anuais de US$ 75 milhões até 2007 para obter lucro sobre seu novo investimento de alta tecnologia.

Quando a Prada abriu sua loja de 40 milhões de dólares em Manhattan, o badalado arquiteto Rem Koolhaas prometeu uma experiência de compra radicalmente nova. E ele cumpriu a promessa – embora não exatamente conforme planejado. Os clientes logo tiveram de enfrentar hordas de turistas, tecnologia negligenciada e a emoção ocasional de ficar preso em provadores. Alguns dos problemas associados à loja:

1. **Provadores volúveis** – Portas que passam de transparentes a opacas confundem os clientes e muitas vezes não se abrem quando solicitado.
2. **RFID defeituoso** – As telas sensíveis ao toque que deveriam ganhar vida quando itens são colocados nos "armários" de RFID, muitas vezes ficam em branco.
3. **PDAs inúteis** – Vendedores deixam os dispositivos portáteis acumulando poeira em vez de verificar o estoque de produtos.
4. **Rede negligenciadas** – A defasagem entre os sistemas de vendas e o estoque torna a rede sem fio quase irrelevante.

Isso não era exatamente a visão para a boutique de luxo quando foi inaugurada em dezembro de 2001. Ao contrário, a loja de 2.000 metros quadrados no SoHo deveria ser a primeira de quatro lojas "epicentrais" ao redor do mundo que combinariam arquitetura de vanguarda e tecnologia do século XXI para revolucionar a experiência de compras de luxo. A Prada destinou

---

* N. de T.: as vendas da Prada em 2014 corresponderam a 3,5 bilhões de euros.

cerca de 25% do orçamento da loja para TI, incluindo uma rede sem fio para conectar cada item a um banco de dados de estoque da Oracle em tempo real, usando identificação por radiofrequência (RFID) nas peças de roupa. A equipe percorreria a loja munida de PDAs para verificar se os itens estavam em estoque, e os clientes poderiam fazer o mesmo por meio de telas sensíveis ao toque nos provadores.

Porém, a maior parte dessa tecnologia chamativa hoje fica ociosa, abandonada por funcionários que nunca chegaram a abraçar a computação do chique e que agora estão sobrecarregados demais atendendo grandes multidões de compradores para utilizar esses dispositivos. Além disso, muitos dispositivos, como portas de provadores automatizadas e telas sensíveis ao toque, ou estão com defeito, ou são ignorados. Repletas de tecnologia experimental, as portas de vidro transparente dos provadores foram projetadas para abrir e fechar automaticamente, ao toque de um pedal, e para, depois, ficarem opacas quando um segundo pedal enviasse uma corrente elétrica pelo vidro. No interior, uma prateleira com leitura de RFID reconheceria as peças escolhidas pelo cliente e as exibiria em uma tela sensível ao toque ligada ao sistema de estoque.

Na prática, o processo não funcionava tão bem. Muitos compradores não entendiam bem os pedais e se despiam em plena vista, pensando que a porta tinha ficado opaca. Isso já não é um problema, pois os funcionários costumam deixar o vidro opaco, mas muitas vezes as portas ficam emperradas. Algumas das cabines são abertas apenas para clientes VIP durante épocas de pico de tráfego.

Com os armários inteligentes e os dispositivos de mão fora de uso, a rede sem fio da loja é quase irrelevante, apesar de gerar despesas consideráveis. Com a dívida estimada da Prada subindo para cerca de US$ 1 bilhão no final de 2001, a empresa engavetou os planos para a quarta loja epicentral, em San Francisco. Uma segunda loja foi inaugurada em Tóquio com grande sucesso, embora com arquitetos diferentes em um mercado diferente. Apesar de essa loja incorporar conceitos de vanguarda semelhantes, o arquiteto Jacques Herzog enfatizou que o varejo de vanguarda só funciona bem no Japão. "Este edifício é claramente um edifício para Tóquio", disse ele ao *New York Times*. "Ele não poderia estar em outro lugar".

Começa a parecer que a tecnologia de milhões de dólares é apenas "tecnologia pela tecnologia", em vez de um aprimoramento da experiência de compra, e as falhas na loja levaram a Prada a reavaliar sua estratégia de epicentros.

Questões

1. Explique como a Prada planejava utilizar sua rede sem fio para ajudar suas lojas a operar com mais eficiência. O que impediu o sistema de funcionar corretamente?
2. O que a Prada poderia ter feito para ajudar seus funcionários a abraçar a rede sem fio?
3. A Prada teria experimentado os mesmos problemas se tivesse usado uma rede com fio (guiada) em vez de uma rede sem fio (não guiada)?
4. De quais questões de segurança a Prada precisaria estar ciente em relação à sua rede sem fio?
5. O que a Prada deve mudar, ao projetar sua quarta loja, para garantir o sucesso?

CASO DE ENCERRAMENTO 2

Bancos dependem da segurança de rede

Bank of America, Commerce Bancorp, PNC Financial Services Group e Wachovia foram vítimas de um crime em que uma pessoa tentou obter os dados de seus clientes e vendê-los para escritórios de advocacia e agências de cobrança de dívidas. A polícia de Nova Jersey apreendeu 13 computadores do suposto idealizador do golpe, com 670 mil números de contas e saldos. Não há indicação de que os dados tenham sido usados para roubo de identidade, mas isso chama a atenção para o fato de que fica cada vez mais difícil proteger informações contra esse tipo de esquema conforme aumenta o valor de mercado das informações pessoais. No passado, os bancos tinham receio do custo ou da reação dos clientes à adoção de tecnologias de segurança de rede. Atualmente, os bancos estão melhorando a segurança de rede, enquanto mais clientes começam a ver a segurança como um fator-chave na escolha de um banco.

Bank of America

O Bank of America está migrando para um processo de autenticação mais forte para seus 13 milhões de clientes online. O novo serviço SiteKey do Bank of America é projetado para impedir fraudes em que os clientes pensam que estão inserindo dados no site do banco, quando na verdade estão no site de um ladrão, construído para roubar dados. Isso ocorre quando um worm diz ao computador para redirecionar o URL do banco em um navegador para outro site com aparência idêntica à do site do banco.

O SiteKey oferece autenticação de dois fatores. Ao se inscrever no SiteKey, o cliente escolhe uma imagem de uma biblioteca e escreve uma breve frase. Cada vez que o cliente faz login, a imagem e a frase são exibidas, indicando que o banco reconhece o computador que o cliente está usando e informando que ele está no site oficial do banco. Em seguida, o cliente insere uma senha e continua. Ao fazer login a partir de um computador diferente do habitual, o cliente deve responder a uma das três perguntas preestabelecidas.

Wells Fargo & Company

Perguntas de verificação de identidade contêm informações que não são encontradas em uma carteira de motorista ou em um cartão de débito. A Wells Fargo está implementando uma estratégia de segurança que funciona com base em perguntas de verificação de identidade como segundo fator para registro de senha de rede e manutenção. A empresa também oferece dispositivos de segurança de rede, como tokens que mudam as senhas a cada 60 segundos. Há algum tempo ela lançou um piloto de autenticação de dois fatores em que pequenas empresas que fazem transferências eletrônicas de fundos precisam de um token para concluir transações.

E*Trade Financial Corporation

A E*Trade Financial Corporation fornece aos clientes com saldos em conta maior que US$ 50 mil um ID de Segurança Digital gratuito para autenticação de rede. O dispositivo exibe um novo código de seis dígitos a cada 60 segundos, que deve ser utilizado pelo cliente para fazer logon. As contas com saldo menor que US$ 50 mil podem adquirir o dispositivo de ID de Segurança Digital por US$ 25.

Barclays Bank

O Barclays Bank instituiu atrasos para transferências online que vão de várias horas a um dia. Os atrasos, que se aplicam à primeira vez que uma transferência é tentada entre duas contas, têm o objetivo de dar tempo ao banco para detectar atividades suspeitas, como um grande número de transferências de várias contas para uma única conta. O atraso de transferência online foi adotado em resposta a uma onda de incidentes de phishing em que ladrões transferiam fundos das contas bancárias de vítimas para contas de "laranjas". Os "laranjas" são pessoas que abrem contas bancárias com base em solicitações de email, geralmente sob o disfarce de uma proposta de negócio. Usando essas contas, os ladrões saqueiam a conta de alguém fazendo retiradas de dinheiro, ativando cartões de crédito ou de outras formas.

A Barclays também oferece monitoramento das ações nas contas dos clientes para compará-las com dados do histórico de perfil, com o objetivo de detectar comportamento anormal. Por exemplo, o serviço alertaria o banco para entrar em contato com o cliente caso ele fizesse um login normal na Inglaterra e, de repente, novamente na cidade de Nova Iorque e realizasse 20 operações.

Questões

1. Que razão teria um banco para não querer adotar uma política de atraso em transferências online?
2. Por que a segurança de rede é fundamental para as instituições financeiras?
3. Explique as diferenças entre os tipos de segurança de rede oferecidos pelos bancos citados no caso. Em qual banco você abriria uma conta e por quê?
4. Que outros tipos de segurança de rede, não mencionados no caso, você recomendaria que os bancos implementassem?
5. Identifique três políticas que um banco deve implementar para ajudar a melhorar a segurança das informações na rede.

TOMANDO DECISÕES DE NEGÓCIOS

1. **Acesso seguro**

   As organizações que tradicionalmente mantêm sistemas privados e fechados começaram a observar o potencial da Internet como um recurso de rede já pronto. A Internet é barata e está presente em todo o mundo: cada conexão de telefone é uma conexão em potencial. No entanto, há falta de segurança na Internet. Que obstáculos a maioria das organizações devem superar para obter conexões de rede seguras?

2. **Implantação de redes**

   Ao mesmo tempo que as organizações começam a perceber as vantagens de acrescentar um componente sem fio à sua rede, elas devem entender como tirar proveito dessa tecnologia emergente. Soluções sem fio ganharam espaço em muitas organizações com o lançamento de protocolos sem fio mais padronizados, com melhor custo-benefício e mais seguros. Com as redes sem fio, pode-se obter maior agilidade nos negócios pelo acesso aos dados e sincronização contínuos. No entanto, com o aumento da flexibilidade, vêm muitos desafios. Elabore um relatório detalhando as vantagens que uma organização pode obter pela implementação da tecnologia sem fio. Além disso, inclua os desafios que uma rede sem fio apresenta, bem como recomendações de eventuais soluções.

3. **Fitness sem fio**

   O Fitness Club de Sandifer está localizado na bela Carolina do Sul. Rosie Sandifer é a proprietária e gerente há vinte anos. O clube tem três piscinas externas, duas piscinas cobertas, dez quadras de squash, dez quadras de tênis, uma pista coberta e ao ar livre, além de um prédio de quatro andares com equipamentos de ginástica e massagem terapêutica. Rosie contratou você como estagiário de verão especializado em tecnologia da informação. Os equipamentos atuais de tecnologia de Rosie incluem alguns PCs no departamento de contabilidade e dois computadores com acesso à Internet para o resto dos funcionários. Sua primeira tarefa é criar um relatório detalhado sobre as redes e tecnologias sem fio. O relatório deve explicar como o clube poderia obter uma vantagem de negócio por meio da implementação de uma rede sem fio. Se Rosie gostar do seu relatório, ela vai contratá-lo como funcionário em tempo integral, encarregado da tecnologia da informação. Inclua todos os diversos usos de dispositivos sem fio que o clube poderia implementar para melhorar o seu funcionamento.

4. **Análise de redes**

   A Global Manufacturing está considerando uma nova aplicação de tecnologia. A empresa quer processar pedidos em um local central e depois distribuir a produção para fábricas diferentes. Cada fábrica vai operar seu próprio cronograma de produção e sistema de controle. Os dados sobre trabalho em processo e montagens concluídas serão transmitidos de volta para o local central que processa os pedidos. Em cada fábrica, a Global usa PCs que executam tarefas de rotina, como folha de pagamento e contabilidade. Os sistemas de programação e controle de produção serão um pacote de programas executado em um computador novo dedicado a essa aplicação.

   O pessoal de TI da Global contratou você como consultor para ajudar a fazer uma análise mais aprofundada. Que tipo de configuração de rede parece mais apropriado? Quanta largura de banda é necessária? Que dados devem ser coletados? Prepare um plano indicando as informações que a Global deve desenvolver para estabelecer esse sistema de rede. A Global deve usar uma rede privada ou pode atingir seus objetivos por meio da Internet?

5. **Opções de telecomunicações**

   Pesquise as opções de telecomunicações que existem atualmente para que você possa se conectar à Internet de onde você mora. Prepare uma lista de critérios para a comparação das diferentes tecnologias, como preços (há preços diferenciados dependendo da velocidade e da quantidade de dados que você pode baixar?), custo de instalação (você precisa comprar um modem especial? Há uma taxa de instalação?), taxa máxima de transferência de dados, etc. Compare suas respostas com as de vários colegas e elabore um resumo de todas as opções de telecomunicações que você identificou, incluindo os critérios e a sua comparação com o grupo baseada nos critérios.

6. **Seu cérebro está sendo frito?**

   Ondas de rádio, micro-ondas e infravermelho pertencem ao espectro de radiação eletromagnética. Esses termos referem-se às variações de frequências de radiação usadas no dia a dia nos ambientes de rede sem fio. Contudo, a própria palavra "radiação" provoca medo em muitas pessoas. As torres de telefonia celular apareceram em campos ao longo das estradas. Os altos telhados abrigam várias outras estações de telefonia celular nas cidades. Milhões de usuários de telefones celulares colocam transmissores/receptores de micro-ondas ao lado da cabeça cada vez que fazem uma chamada. Com toda essa radiação em torno, deveríamos estar preocupados? Faça uma pesquisa na Internet para descobrir o que a Organização Mundial da Saúde (OMS) tem a dizer sobre o tema.

7. **Experiência de rede doméstica**

   Se você mantém uma rede doméstica de computadores (ou criou uma dessas redes no passado), elabore um documento descrevendo as vantagens que a rede proporciona, bem como as dificuldades que você experimentou. Inclua em seu documento uma topologia de rede, uma descrição detalhada do tipo de rede que você tem e os equipamentos que você utiliza. Se você não tem experiência com redes domésticas, entreviste alguém que tenha e escreva seus comentários. Compare seu relatório com o de vários colegas e discuta as vantagens e os desafios.

PLUG-IN

G6 Segurança da informação

> **OBJETIVOS DE APRENDIZAGEM**
>
> 1. Descrever as relações e as diferenças entre *hackers* e vírus.
> 2. Descrever a relação entre políticas de segurança da informação e um plano de segurança da informação.
> 3. Dar um exemplo de cada uma das três áreas principais da segurança da informação: (1) autenticação e autorização, (2) prevenção e resistência, e (3) detecção e resposta.

OA 1 Descrever as relações e as diferenças entre *hackers* e vírus.

Ameaças à segurança causadas por hackers e vírus

Hackers são especialistas em tecnologia que usam seu conhecimento para invadir computadores e redes de computadores, seja para lucro, seja apenas motivados pelo desafio. Fumar não é apenas prejudicial para a saúde: parece que também é ruim para a segurança da empresa, pois os *hackers* muitas vezes usam as entradas de fumantes para obter acesso aos prédios. Depois de entrar, eles fingem ser funcionários do departamento de TI e pedem permissão para usar o computador de um funcionário para acessar a rede corporativa ou encontram uma sala de conferências onde simplesmente conectam o próprio laptop.
Drive-by hacking é um tipo de ataque a computador em que um invasor acessa uma rede de computadores sem fio, intercepta dados, utiliza serviços de rede e/ou envia instruções

FIGURA G6.1
Tipos de *hackers*.

Tipos comuns de hackers
■ ***Black-hat hackers*** (hackers criminosos ou maliciosos) invadem os sistemas dos computadores de outras pessoas e podem apenas espiar ou roubar e destruir informações.
■ ***Crackers*** têm intenções criminosas quando invadem os sistemas.
■ ***Ciberterroristas*** visam causar danos às pessoas ou destruir sistemas ou informações críticas e utilizam a Internet como arma de destruição em massa.
■ ***Hacktivistas*** têm razões filosóficas e políticas para invadir sistemas e muitas vezes desfiguram o site invadido como forma de protesto.
■ ***Script kiddies*** ou ***script bunnies*** encontram códigos de raqueamento na Internet e colocam um caminho próprio dentro dos sistemas para causar danos ou disseminar vírus.
■ ***White-hat hackers*** (hackers éticos) trabalham a pedido dos proprietários do sistema para encontrar vulnerabilidades e consertá-las.

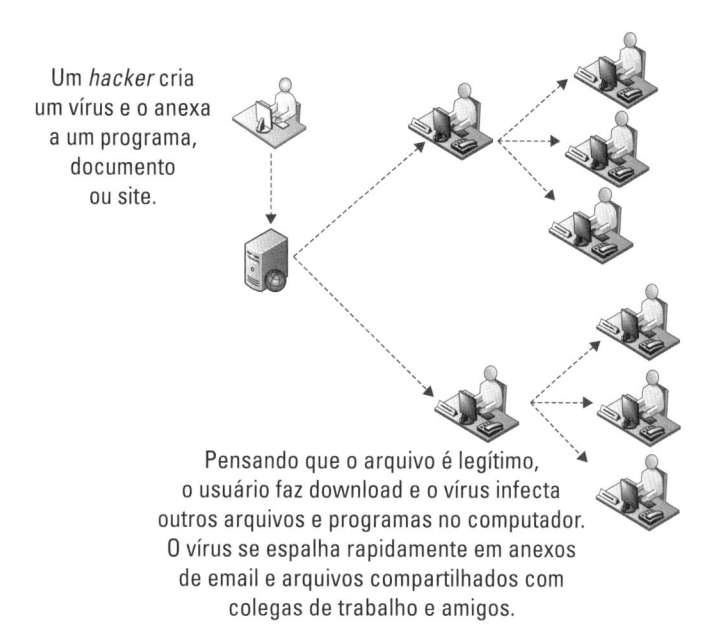

FIGURA G6.2
Como os vírus de computador se espalham.

Um *hacker* cria um vírus e o anexa a um programa, documento ou site.

Pensando que o arquivo é legítimo, o usuário faz download e o vírus infecta outros arquivos e programas no computador. O vírus se espalha rapidamente em anexos de email e arquivos compartilhados com colegas de trabalho e amigos.

de ataque sem entrar no escritório ou na organização que possui a rede. A Figura G6.1 lista os vários tipos de *hackers* de que as organizações devem estar cientes, e a Figura G6.2 mostra como um vírus é transmitido.

Um dos tipos de vulnerabilidade mais comuns em computadores é o vírus. **Vírus** é um software criado com a intenção maliciosa de causar incômodo ou prejuízo. Alguns *hackers* criam e deixam vírus em computadores, causando danos enormes. A Figura G6.3 fornece uma visão geral dos tipos mais comuns de vírus. Outras duas vulnerabilidades de computadores são o *adware* e o *spyware*. **Adware** é um software que, enquanto diz servir para alguma função útil, e geralmente executando aquela função, também permite aos anunciantes da Internet mostrarem seus anúncios por meio de banners e pop-ups sem o consentimento do usuário do computador. **Spyware** é uma classe especial de *adware* que coleta dados sobre o usuário e os transmite por meio da Internet sem o conhecimento ou a permissão do usuário. Os programas de *spyware* recolhem dados específicos sobre o usuário, que vão desde dados demográficos gerais, como nome, endereço e hábitos de navegação, até números de cartões de crédito, números de previdência social e nomes de usuário e senhas. Nem todos os programas de *adware* são *spyware* e, quando utilizados corretamente, podem gerar receita para uma empresa e permitir que os usuários recebam produtos gratuitos. *Spyware* é uma ameaça clara à privacidade. A Figura G6.4 mostra outras armas utilizadas por *hackers* para lançar ataques.[1]

FIGURA G6.3
Tipos de vírus mais comuns.

Programas *backdoor* são aqueles que abrem caminho de acesso à rede para ataques futuros.
Ataques de negativa de serviços (DoS) inundam um site com tantas solicitações de serviço que retardam ou bloqueiam o site.
Ataques distribuídos de negativa de serviços (DDoS) são ataques de vários computadores que inundam um site com tantas solicitações de serviço que retardam ou bloqueiam o site. Um tipo comum é o Ping da Morte (Ping of Death), em que milhares de computadores tentam acessar um site ao mesmo tempo, sobrecarregando-o e tirando-o do ar.
Vírus e worms polimórficos mudam de forma à medida que se propagam.
Vírus cavalo de Troia esconde-se dentro de outro software, normalmente como um anexo ou um arquivo para download.
Worm é um tipo de vírus que se propaga, não apenas de arquivo para arquivo, mas também de computador para computador. A principal diferença entre um vírus e um worm é que o vírus deve ser anexado a alguma coisa, como um arquivo executável, a fim de se espalhar. Os worms não precisam ser anexados a coisa alguma para propagar-se, e podem entrar em computadores sozinhos.

> **Elevação de privilégio** é um processo pelo qual um usuário engana um sistema para que ele lhe conceda direitos não autorizados, geralmente com o propósito de comprometer ou destruir o sistema. Por exemplo, um invasor pode conectar-se a uma rede usando uma conta de convidado e então explorar uma fraqueza no software que permita ao *hacker* alterar seus privilégios de convidado para privilégios administrativos.
>
> *Hoaxes* atacam sistemas de computador através da transmissão de um hoax (boato) de vírus, com um vírus real anexado. Ao mascarar o ataque em uma mensagem aparentemente legítima, os usuários desavisados distribuem a mensagem mais facilmente e enviam o invasor aos seus colegas de trabalho e amigos, infectando muitos usuários ao longo do caminho.
>
> **Código malicioso** inclui uma variedade de ameaças como vírus, worms e cavalos de Troia.
>
> *Packet tampering* (alteração de pacotes) consiste na alteração do conteúdo dos pacotes enquanto eles viajam na Internet ou na alteração de dados nos discos do computador depois de penetrar em uma rede. Por exemplo, um invasor pode colocar um "grampo" em uma linha de rede para interceptar os pacotes que saem do computador. Ele pode espreitar ou alterar a informação assim que ela sai da rede.
>
> *Sniffer* é um programa ou dispositivo que pode monitorar os dados que trafegam em uma rede. Os sniffers podem mostrar todos os dados que estão sendo transmitidos em uma rede, incluindo senhas e informações confidenciais. Eles tendem a ser uma das armas favoritas no arsenal do *hacker*.
>
> *Spoofing* é a falsificação do endereço de retorno em um email para que a mensagem pareça vir de alguém que não é o verdadeiro remetente. Isso não é um vírus, mas uma maneira que os autores do vírus utilizam para esconder suas identidades enquanto enviam vírus.
>
> *Splogs* (blogs de *spam*) são blogs falsos criados exclusivamente para elevar a classificação dos sites afiliados no mecanismo de pesquisa. Mesmo blogs legítimos são atormentados pelo *spam*, com *spammers* aproveitando o recurso de comentário por postar comentários com links para sites de *spam*.
>
> *Spyware* é um software que vem escondido em outros tipos de software livres para download e que controla os movimentos online, explora as informações armazenadas em um computador, ou utiliza a CPU ou a memória de um computador para uma tarefa sobre a qual o usuário não tem conhecimento algum.

FIGURA G6.4
Armas dos *hackers*.

A informação organizacional é o capital intelectual. Assim como as organizações protegem seus ativos tangíveis – mantendo seu dinheiro em um banco segurado ou proporcionando um ambiente de trabalho seguro aos empregados –, elas também devem proteger seu capital intelectual, que inclui desde patentes até informações sobre análises e transações. Com o surgimento de cada vez mais falhas de segurança e vírus, bem como com a presença de *hackers* de computador por toda parte, as organizações devem colocar em prática medidas de segurança extremas para sobreviver.

OA 2 Descrever a relação entre políticas de segurança da informação e um plano de segurança da informação.

A primeira linha de defesa – pessoas

As organizações atuais são capazes de obter informações valiosas, como a identidade dos 20% de seus clientes que mais compram, os quais normalmente geram 80% das receitas. A maioria das organizações considera esse tipo de informação como um capital intelectual valioso e implementam medidas de segurança para impedir que a informação vaze ou caia em mãos erradas. Ao mesmo tempo, elas devem permitir que seus funcionários, clientes e parceiros tenham acesso às informações de que precisam por via eletrônica. As organizações lidam com riscos de segurança por duas linhas de defesa: a primeira delas são as pessoas e a segunda é a tecnologia.

Surpreendentemente, o maior problema são as pessoas, pois a maioria das violações de segurança da informação resultam do mau uso das informações da empresa por pessoas. Os *insiders* são usuários legítimos que de maneira proposital ou acidental fazem mau uso de seu acesso ao ambiente e causam algum tipo incidente que afeta os negócios. Muitos indivíduos, por exemplo, divulgam suas senhas abertamente, ou as escrevem em post-its ao lado de seus computadores, deixando as portas escancaradas para *hackers*. Por meio da **engenharia social**, os *hackers* usam habilidades sociais para enganar as pessoas, de modo que revelem suas credenciais de acesso ou outras informações valiosas. O **mergulho no lixo**, ou seja, examinar o que as pessoas jogam fora, é outra forma pela qual os *hackers* obtêm informações.

As **políticas de segurança da informação** identificam as regras necessárias para manter a segurança da informação, como exigir que os usuários façam logoff antes de sair para o almoço ou reuniões, nunca compartilhar senhas com alguém e alterar senhas a cada 30 dias. Um **plano de segurança da informação** detalha como a organização vai implementar as políticas de segurança da informação. A melhor maneira para uma empresa se proteger de pessoas é por meio da implementação e comunicação de seu plano de segurança da informação. Isso torna ainda mais importante com a Web 2.0 e com o crescente uso de dispositivos móveis, funcionários remotos e serviços terceirizados. Alguns detalhes que os gestores devem considerar a respeito de pessoas e políticas de segurança da informação incluem a definição das melhores práticas para:[2]

- Aplicativos que podem ser instalados na rede corporativa, especialmente vários aplicativos de compartilhamento de arquivos (Kazaz), software de mensagens instantâneas, e entretenimento ou freeware criado por fontes desconhecidas (aplicativos para iPhone).
- Equipamentos de informática da empresa usados para motivos pessoais em redes pessoais.
- Criação e manutenção de senha, incluindo comprimento mínimo de senha, caracteres a serem incluídos ao escolher senhas e frequência para alterações de senha.
- Equipamentos de informática pessoais com permissão para se conectar à rede corporativa.
- Proteção contra vírus, incluindo a frequência com que o sistema deve ser verificado e a frequência de atualização do software. Isso também poderia incluir definir se o download de anexos é permitido e práticas para download seguro de fontes confiáveis e não confiáveis.

A segunda linha de defesa – tecnologia

Uma vez que uma organização protegeu seu capital intelectual armando seu pessoal com um plano detalhado de segurança da informação, ela pode começar a concentrar seus esforços na implantação de tecnologia para ajudar a combater invasores. *Agentes destrutivos* são agentes maliciosos projetados por *spammers* e outros invasores da Internet para coletar endereços de email a partir de sites ou para instalar *spyware* em máquinas. A Figura G6.5 mostra as três áreas em que a tecnologia pode ajudar na defesa contra ataques.

OA 3 Dar um exemplo de cada uma das três áreas principais da segurança da informação: (1) autenticação e autorização, (2) prevenção e resistência, e (3) detecção e resposta.

PESSOAS: AUTENTICAÇÃO E AUTORIZAÇÃO

O *roubo de identidade* é a falsificação da identidade de alguém com o intuito de cometer fraude. A fraude é frequentemente financeira, pois os ladrões solicitam e utilizam cartões de crédito ou empréstimos em nome da vítima. Dois meios de roubar uma identidade são phishing e pharming. *Sigilo das informações* é a categoria de segurança de computadores que aborda a proteção de dados da divulgação não autorizada e a confirmação da autenticidade da fonte de dados. O *phishing* é uma técnica de obtenção de informações pessoais para fins de roubo de identidade, geralmente por meio de emails fraudulentos que

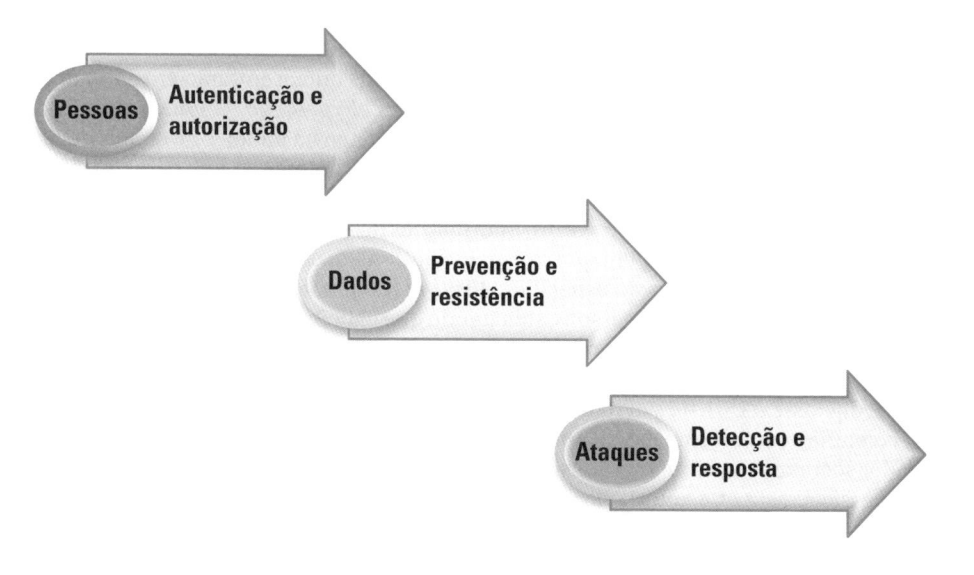

FIGURA G6.5
Três áreas de segurança da informação.

FIGURA G6.6
Esquema de *phishing* no Bank of America.

parecem ter sido enviados por empresas legítimas. As mensagens parecem ser genuínas, com formatos e logotipos de aparência oficial, e normalmente solicitam a verificação de informações importantes, como senhas e números de contas, supostamente para fins de contabilidade ou auditoria. Uma vez que os emails parecem autênticos, um em cada cinco destinatários responde fornecendo as informações e, posteriormente, torna-se vítima de roubo de identidade e outras fraudes. A Figura G6.6 mostra um esquema de phishing para tentar obter informações do Bank of America. Você nunca deve clicar em emails que solicitam verificação de sua identidade, pois as empresas nunca entrarão em contato para perguntar diretamente seu nome de usuário ou senha.[3] ***Expedição de phishing*** é um ataque disfarçado que combina *spam* com *spoofing*. O autor envia milhões de emails de *spam* que parecem ser de uma empresa respeitável. Os emails contêm um link para um site que é projetado para ter aparência idêntica à do site da empresa. A vítima é encorajada a inserir seu nome de usuário, senha e, por vezes, informações de cartão de crédito. ***Spear phishing*** é uma expedição de phishing em que os emails são cuidadosamente projetados para atingir uma pessoa ou organização específica. ***Vishing*** (ou ***phishing de voz***) é um golpe por telefone que tenta enganar as pessoas, solicitando que liguem para um número de telefone falso para "confirmar" as informações da conta.

Pharming reencaminha solicitações a sites legítimos para sites falsos. Por exemplo, se você digitasse o URL de seu banco, o pharming poderia redirecionar para um site falso que coletaria suas informações. ***Zumbi*** é um programa que toma controle de outro computador secretamente com o propósito de lançar ataques a outros computadores. É quase impossível rastrear a autoria de um ataque de zumbi. ***Fazenda de zumbis*** é um grupo de computadores em que um *hacker* plantou programas zumbi. ***Ataque de pharming*** usa uma fazenda de zumbis, muitas vezes por uma associação de crime organizado, para lançar um ataque de phishing em massa.

As tecnologias de autenticação e autorização podem impedir esquemas de roubo de identidade, phishing e pharming. A ***autenticação*** é um método para confirmar as identidades dos usuários. Uma vez que o sistema determina a autenticação de um usuário, ele pode então determinar os privilégios de acesso (ou autorização) para o usuário. ***Autorização*** é o processo de fornecer permissão a um usuário, incluindo níveis de acesso e capacidades como acesso a arquivos, horas de acesso e quantidade de espaço de armazenamento alocado. As técnicas de autenticação e autorização são classificadas em três categorias; os procedimentos mais seguros combinam as três:

1. Algo que o usuário sabe, como um ID de usuário e uma senha.
2. Algo que o usuário tem, como um cartão inteligente ou um token.
3. Algo que é parte do usuário, como uma impressão digital ou assinatura de voz.

Algo que o usuário sabe, como um ID de usuário e uma senha

O primeiro tipo de autenticação, utilizando algo que o usuário saiba, é a forma mais comum de identificar usuários individuais e em geral consiste em ID de usuário e senhas exclusivos. No entanto, essa realmente é uma das formas mais *ineficazes* para determinar a autenticação, porque as senhas não são seguras. Tudo o que normalmente é preciso para violar uma senha é tempo suficiente. Mais de 50% das chamadas de suporte técnico estão relacionadas ao uso de senha, o que pode custar bastante dinheiro à organização, e um engenheiro social pode persuadir quase qualquer pessoa a revelar sua senha.

Algo que o usuário tem, como um cartão inteligente ou um token

O segundo tipo de autenticação, utilizando algo que o usuário tem, oferece uma maneira muito mais eficaz de identificar os indivíduos do que um ID de usuário e uma senha. Os tokens e os cartões inteligentes são duas das principais formas desse tipo de autenticação. Os ***tokens*** são pequenos dispositivos eletrônicos que alteram as senhas do usuário automaticamente. O usuário entra com seu ID e sua senha do dispositivo token para acessar a rede. Um ***cartão inteligente (smart card)*** é um dispositivo de tamanho parecido a um cartão de crédito, contendo tecnologias que podem armazenar informações e pequenas quantidades de software para executar algumas tarefas específicas de processamento. Os cartões inteligentes podem atuar como instrumentos de identificação, uma forma de dinheiro digital, ou um dispositivo de armazenamento de dados com a capacidade de armazenar um histórico médico completo.

Algo que é parte do usuário, como uma impressão digital ou assinatura de voz

O terceiro tipo de autenticação, utilizando algo que é parte do usuário, é de longe a melhor e mais eficaz forma de gerenciar a autenticação. A ***biometria*** (estritamente definida) é a identificação de um usuário com base em uma característica física, como uma impressão digital, a íris, a face, a voz ou a caligrafia. Infelizmente, a autenticação biométrica pode ser dispendiosa e intrusiva.

DADOS: PREVENÇÃO E RESISTÊNCIA

Tecnologias de prevenção e resistência impedem que invasores acessem e leiam dados por meio de filtragem de conteúdo, criptografia e *firewalls*. ***Bombas-relógio*** são vírus de computador que esperam por uma data específica antes de executar suas instruções. A ***filtragem de conteúdo*** ocorre quando as organizações utilizam um software que filtra conteúdo, como emails, para evitar a transmissão acidental ou maliciosa de informações não autorizadas. As organizações podem utilizar as tecnologias de filtragem de conteúdo para filtrar emails e evitar a transmissão daqueles que contenham informações confidenciais, seja a transmissão intencional, seja acidental. Também pode filtrar emails e evitar a transmissão de quaisquer arquivos suspeitos, como possíveis arquivos infectados por vírus. A filtragem de conteúdo de email também pode filtrar *spam*, uma forma de email não solicitado.

A **criptografia** codifica a informação de uma forma alternativa que requer uma chave ou uma senha para descriptografar as informações. Em caso de uma falha de segurança em que as informações roubadas estivessem criptografadas, o ladrão não conseguiria ler essas informações. A criptografia pode alterar a ordem dos caracteres, substituir caracteres por outros, inserir ou remover caracteres ou usar uma fórmula matemática para converter as informações em algum tipo de código. As companhias que transmitem informações confidenciais de clientes pela Internet, como números de cartão de crédito, frequentemente fazem uso da criptografia. **Descriptografar** informações é o mesmo que decodificá-las, e é o oposto de criptografar. A **criptografia** é a ciência que estuda as formas de esconder mensagens de modo que apenas o remetente e o destinatário possam lê-las. O Instituto Nacional de Padrões e Tecnologia (NIST) introduziu um **padrão de criptografia avançada (AES – Advanced Encryption Standard)** projetado para manter a segurança das informações do governo.

Algumas tecnologias de criptografia usam várias chaves. A **criptografia de chave pública (PKE – Public Key Encryption)** usa duas chaves: uma chave pública que todos podem ter e uma chave privada, apenas para o destinatário (ver Figura G6.7). A organização fornece a chave pública para todos os clientes – consumidores finais ou outras empresas – que usam essa chave para criptografar suas informações e enviá-las pela Internet. Quando as informações chegam ao seu destino, a organização usa a chave privada para decifrá-las.

As chaves públicas estão se tornando populares no uso para técnicas de autenticação que consistem em objetos digitais em que uma terceira parte confiável confirma a correlação entre o usuário e a chave pública. A **autoridade de certificação** é um terceiro confiável, como VeriSign, que valida as identidades de usuários por meio de certificados digitais. O **certificado digital** é um arquivo de dados que identifica indivíduos ou organizações online e é comparável a uma assinatura digital.

Firewall é um hardware e/ou software que protege uma rede privada pela análise das informações que entram e saem da rede em busca das marcações corretas. Se as marcações estiverem faltando, o *firewall* impedirá que as informações entrem na rede. Os *firewalls* podem detectar até mesmo computadores que se comunicam com a Internet sem aprovação. Como ilustra a Figura G6.8, as organizações geralmente colocam um *firewall* entre o servidor e a Internet. Pense no *firewall* como um "porteiro" que protege as redes de computador da empresa de invasões, fornecendo um filtro e pontos de transferência seguros para acesso a Internet e outras redes. Ele examina as senhas e outros códigos de segurança de todo o tráfego da rede, e só permite transmissões autorizadas para dentro e para fora da rede.

Firewalls não garantem proteção total, e os usuários devem instalar outras tecnologias de segurança, como software antivírus e software antispyware. O **software antivírus** faz uma varredura e busca nos discos rígidos a fim de prevenir, detectar e remover vírus, *adware* e *spyware* conhecidos. O software antivírus deve ser atualizado com frequência para proteger contra vírus recém-criados.

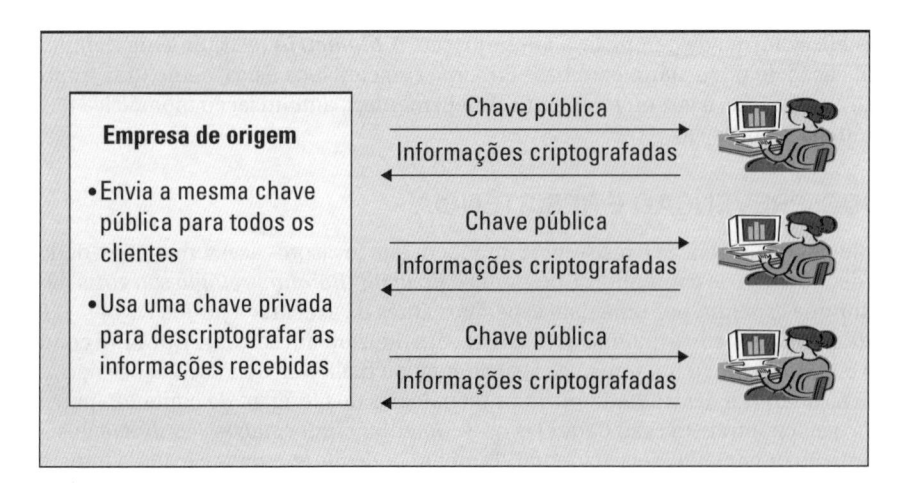

FIGURA G6.7
Criptografia de chave pública (PKE).

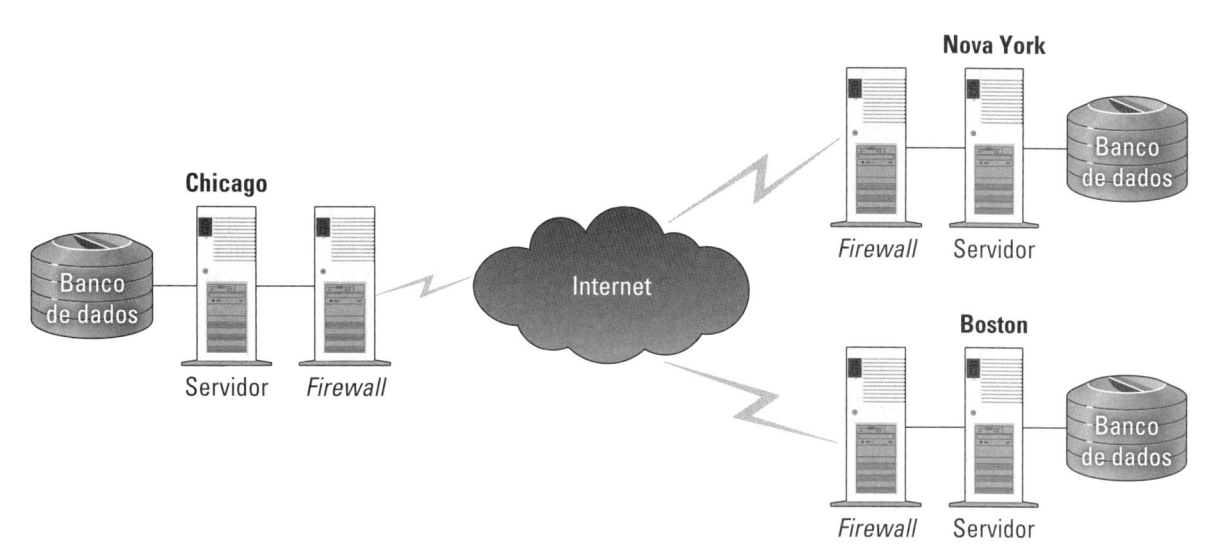

FIGURA G6.8
Exemplo de arquitetura de *firewall* conectando sistemas localizados em Chicago, Nova Iorque e Boston.

ATAQUE: DETECÇÃO E RESPOSTA

Ciberguerra é uma tentativa organizada pelos militares de um país para interromper ou destruir os sistemas de informação e comunicação de outro país. ***Ciberterrorismo*** é o uso de tecnologias de informática e de redes contra pessoas ou bens com o objetivo de intimidar ou coagir governos, indivíduos ou qualquer segmento da sociedade para atingir objetivos políticos, religiosos ou ideológicos. Com tantos intrusos planejando ataques a computadores, é fundamental que todos os sistemas de computador sejam protegidos. A presença de um intruso pode ser detectada pela observação de eventos de rede suspeitos, como senhas incorretas, remoção de arquivos de dados altamente confidenciais, ou tentativas de usuários não autorizados. ***Software de detecção de intrusão (IDS – Intrusion Detection Software)*** dispõe de ferramentas de monitoramento em tempo integral que buscam por padrões no tráfego de rede para identificar intrusos. O IDS protege contra o tráfego de rede suspeito e tentativas de acessar arquivos e dados. Se um evento suspeito ou tráfego não autorizado é identificado, o IDS gera um alerta e pode até mesmo ser personalizado para encerrar uma parte especialmente confidencial de uma rede. Depois de identificar um ataque, o departamento de TI pode implementar táticas de resposta para mitigar os danos. As táticas de resposta traçam procedimentos como o tempo pelo qual um sistema alvo de ataque permanecerá ligado e conectado à rede corporativa, quando encerrar um sistema violado, e o tempo para que um sistema de *backup* esteja instalado e funcionando.

A garantia da segurança das informações da organização é obtida pela implementação de duas linhas de defesa: pessoas e tecnologia. Para proteger as informações por meio de pessoas, as empresas devem desenvolver políticas e planos de segurança da informação que informem aos funcionários precauções específicas que devem tomar ao criar, usar e transmitir os ativos de informação da organização. As linhas de defesa de base tecnológica dividem-se em três categorias: autenticação e autorização; prevenção e resistência; e detecção e resposta.

RESUMO DO PLUG-IN

Implementar linhas de defesa da informação de segurança por meio de pessoas, em primeiro lugar, e por meio da tecnologia, em segundo, é a melhor maneira de uma organização proteger seu capital intelectual vital. A primeira linha de defesa de uma organização é proteger o capital intelectual com a criação de um plano de segurança da informação que detalhe as várias políticas de segurança da informação. A segunda linha de defesa é investir em tecnologia para ajudar a proteger as informações por meio de autenticação e autorização, prevenção e resistência e detecção e resposta.

TERMOS-CHAVE

Adware 411
Agentes destrutivos 413
Ataque de pharming 414
Autenticação 415
Autoridade de certificação 416
Autorização 415
Biometria 415
Bombas-relógio 415
Cartão inteligente 415
Certificado digital 416
Ciberguerra 417
Ciberterrorismo 417
Criptografia 415
Criptografia de chave pública (PKE) 416
Descriptografar 416

Drive-by hacking 410
Engenharia social 412
Expedição de *phishing* 414
Fazenda de zumbis 414
Filtragem de conteúdo 415
Firewall 416
Hacker 410
Insiders 412
Mergulho no lixo 412
Padrão de criptografia avançada (AES) 416
Pharming 414
Phishing 413
Plano de segurança da informação 412

Políticas de segurança da informação 412
Roubo de identidade 413
Sigilo das informações 413
Software antivírus 416
Software de detecção de intrusão (IDS) 417
Spear phishing 414
Spyware 411
Tokens 415
Vírus 411
Vishing (ou *phishing* de voz) 414
Zumbi 414

CASO DE ENCERRAMENTO 1

Pensando como o inimigo

David e Barry Kaufman, os fundadores da Escola Intense, recentemente adicionaram diversos cursos de segurança, incluindo o curso de cinco dias "Professional Hacking Boot Camp" (Acampamento para formação de *hackers* profissionais) e "Social Engineering in Two Days" (Engenharia social em dois dias).

Os departamentos de tecnologia da informação devem saber como proteger as informações de uma organização. Portanto, as organizações devem ensinar seu pessoal de TI como proteger seus sistemas, especialmente à luz das muitas novas regulamentações governamentais, como o Health Insurance Portability and Accountability Act (HIPAA), que exigem sistemas seguros. A ideia de enviar profissionais de TI para uma escola de *hackers* parece um contrassenso; é como enviar contadores para um curso básico de Apropriação Indébita. A Escola Intense não se esforça para produzir a próxima geração de *hackers*, mas para ensinar seus alunos a serem *hackers* "éticos": a usarem suas habilidades para construir melhores sistemas de segurança e para entender as mentes daqueles que tentariam violá-los.

A principal filosofia dos cursos de segurança na Escola Intense é simplesmente "Conheça seu inimigo". Na verdade, um dos professores da escola é ninguém menos que Kevin Mitnick, o famoso *hacker* que ficou preso de 1995 a 2000. Ensinar segurança a partir da perspectiva do *hacker*, como Mitnick faz, é mais difícil do que ensinar a ser um *hacker*: um *hacker* só precisa conhecer uma maneira de entrar em um sistema, observa David Kaufman, mas um profissional de segurança precisa conhecer todas as vulnerabilidades do sistema. Os dois cursos analisam essas vulnerabilidades de diferentes perspectivas.

O curso de *hackers*, que custa US$ 3.500, ensina maneiras de proteger contra males tipicamente associados a *hackers*: instalação de worms em computadores explorando vulnerabilidades suscetíveis a ataques técnicos, ou baseados em computador. O curso de engenharia social ministrado por Mitnick, que custa US$ 1.950, por sua vez, ensina a arte mais assustadora de instalar worms explorando as vulnerabilidades das pessoas que usam e fazem manutenção dos sistemas – obtendo senhas e acesso por meio de falsidade e artifícios, não tecnologia. As pessoas que fazem esse curso, ou leem o livro de Mitnick, *A Arte de Enganar*, passam a ver senhas e lixeiras com outros olhos.

Então como é que a Escola Intense ensina a ser *hacker*? Com sessões sobre mergulho no lixo (a prática repugnante de procurar senhas e outras informações em papéis descartados), com saídas de campo para estudos de caso em sistemas-alvo e com práticas no "stand de tiro" in-house da empresa, uma rede de computadores configurados para frustrar e educar os alunos.

Uma característica da Escola Intense que levanta algumas questões é que ela não faz uma avaliação moral na entrada: qualquer pessoa que paga a taxa de matrícula pode frequentar a escola. Dado o perigo que um graduado de uma escola de *hackers* sem verificação poderia representar, é surpreendente que o FBI não recolha os nomes dos graduados. Mas talvez a polícia os capture de qualquer maneira – várias agências governamentais enviam alunos para a escola.[4]

Questões

1. Como uma organização poderia se beneficiar de assistir a um dos cursos oferecidos na Escola Intense?
2. Quais são as duas linhas principais de segurança e defesa e como os funcionários de uma organização podem usar as informações adquiridas na Escola Intense para elaborar um plano de segurança da informação?
3. Determine as diferenças entre os dois cursos principais oferecidos na Escola Intense, "Professional Hacking Boot Camp" (Acampamento para formação de *hackers* profissionais) e "Social Engineering in Two Days" (Engenharia social em dois dias). Qual curso é mais importante para os funcionários de uma organização?
4. Se seu empregador lhe enviasse para fazer um curso na Escola Intense, qual você escolheria e por quê?
5. Quais são os dilemas éticos envolvidos com a oferta de um curso desse tipo por uma empresa privada?

CASO DE ENCERRAMENTO 2

Caçadores de hackers

Os caçadores de *hackers* são a nova geração de combatentes do crime. Eles empregam a mesma metodologia usada para combater o crime organizado na década de 1980 – informantes e o equivalente do mundo cibernético para as escutas telefônicas. Daniel Larking, um veterano há 20 anos que dirige o Internet Crime Complaint Center do FBI, grampeia prestadores de serviços online para ajudar a rastrear *hackers* criminosos. Pistas fornecidas pelo FBI e pelo eBay ajudaram a polícia romena a deter 11 membros de uma quadrilha que criava contas falsas no eBay e leiloava telefones celulares, laptops e câmeras que nunca tiveram a intenção de entregar.

Em 26 de outubro de 2004, o FBI iniciou a Operação Firewall, que tinha como alvo a Shadow-Crew, uma gangue cujos membros eram versados em roubo de identidade, pilhagem de contas bancárias e venda de produtos ilegais pela Internet. Os 4 mil membros da gangue ShadowCrew moravam em vários países e em várias partes dos Estados Unidos. Por vários meses os agentes observaram todos os seus movimentos através de um gateway clandestino em seu site, shadowcrew.com. Um membro que virou informante convocou uma reunião do grupo, garantindo que os membros estariam em casa em seus computadores durante determinado período. Às 21h, o serviço secreto emitiu ordens para avançar sobre a gangue. O movimento foi sincronizado em todo o mundo para impedir que os envolvidos alertassem uns aos outros por meio de mensagens instantâneas. Vinte e oito membros da gangue em oito estados e seis países foram presos, a maioria ainda em seus computadores. As autoridades apreenderam dezenas de computadores e encontraram 1,7 milhão de números de cartões de crédito e mais de 18 milhões de contas de email.

Operações da ShadowCrew

Os supostos líderes da ShadowCrew incluíam Andres Mantovani, de 23 anos, estudante em tempo parcial de uma faculdade comunitária no Arizona, e David Appleyard, de 45 anos, ex-corretor de hipotecas de New Jersey. Mantovani e Appleyard supostamente eram os administradores responsáveis por gerenciar o site e recrutar membros. O site criou um mercado para mais de 4 mil membros de gangues que compraram e venderam informações e mercadorias roubadas. O site ficava aberto para negócios 24 horas por dia, mas, como a maioria dos membros tinha emprego, o período mais movimentado era das 10h da noite às 2h da manhã de domingo. Centenas de membros de gangue se reuniam online para comercializar informações de cartão de crédito, passaportes e até mesmo equipamentos para produzir documentos de identidade falsos. Cartões de crédito Platinum custavam mais caro do que os Gold, e descontos eram oferecidos sobre pacotes de produtos. Um membro conhecido como "Scarface" vendeu 115.695 números de cartões de crédito roubados em uma única negociação. No total, o grupo fez mais de US$ 4 milhões em compras com cartão de crédito ao longo de dois anos. A ShadowCrew era uma espécie de eBay para o submundo. O site ainda postava dicas de crime sobre como usar cartões de crédito roubados e identidades falsas em grandes lojas de varejo.

A quadrilha roubava números de cartões de crédito e outras informações valiosas por meio de truques engenhosos. Um dos favoritos era o envio de milhões de emails de phishing – mensagens que pareciam ser de empresas legítimas, como Yahoo! – para roubar senhas e números de cartão de crédito. A quadrilha também invadia bancos de dados corporativos para roubar dados de contas. De acordo com fontes que estavam por dentro da investigação, o grupo invadiu as redes de 12 empresas não identificadas que nem mesmo estavam cientes de que seus sistemas foram violados.

Operações policiais

Brian Nagel, diretor assistente do Serviço Secreto, coordenou o esforço para controlar a ShadowCrew. Aliados incluíam a unidade de crimes high-tech da Grã-Bretanha, Royal Canadian Mounted Police e o Ministério do Interior da Bulgária. As autoridades transformaram um dos membros de alto escalão da quadrilha em informante, e ele teve que ajudar o Serviço Secreto configurando uma nova porta eletrônica para que os membros da ShadowCrew entrassem em seu site. O informante espalhou a notícia de que o novo gateway era uma maneira mais segura de invadir o site. Foi a primeira vez que uma rede de computadores privada foi grampeada. "Nós nos tornamos shadowcrew.com", disse Nagel.[5]

Questões

1. Que tipos de tecnologia os grandes varejistas poderiam usar para evitar que ladrões de identidade comprem mercadorias?
2. O que as empresas podem fazer para se proteger de *hackers* que procuram roubar dados de contas?
3. As autoridades frequentemente grampeiam provedores de serviços online para procurar *hackers*. Você acha ético que as autoridades grampeiem um provedor de serviços online e leiam os emails das pessoas? Por quê? Por que não?
4. Você acha que foi ético por parte das autoridades usar um membro de alto escalão para prender outros membros da gangue? Por quê? Por que não?
5. Em grupo, faça uma pesquisa na Internet e encontre as melhores maneiras de se proteger contra roubo de identidade.

TOMANDO DECISÕES DE NEGÓCIOS

1. **Decisões de *firewall***

    Você é o CEO da Inverness Investments, uma empresa de capital de risco de médio porte especializada em investir em empresas de alta tecnologia. A empresa recebe mais de 30 mil emails por ano. Em média, há dois vírus e três invasões de *hackers* bem-sucedidas contra a empresa a cada ano, que resultam em perdas em torno de US$ 250 mil para a empresa. Atualmente, a empresa tem um software antivírus instalado, mas não tem *firewall*.

Seu CIO está sugerindo a implementação de 10 *firewalls*, com um custo total de US$ 80 mil. A vida útil estimada de cada *firewall* é de cerca de três anos. As chances de *hackers* invadirem o sistema com os *firewalls* instalados são de cerca de 3%. Os custos anuais de manutenção dos *firewalls* são estimados em torno de US$ 15 mil. Crie um argumento a favor ou contra apoiar a recomendação de seu CIO para a compra dos *firewalls*.

2. **Criação de um plano de segurança da informação**

    A Making The Grade é uma organização sem fins lucrativos que ajuda estudantes a aprender como alcançar melhores notas na escola. A organização conta com 40 escritórios em 25 estados e mais de 2 mil funcionários. A empresa está criando um site para oferecer seus serviços pela Internet. Você foi recentemente contratado pelo CIO como diretor de segurança da informação. Sua primeira tarefa é desenvolver um documento, discutindo a importância da criação de políticas de segurança da informação e um plano de segurança da informação. Certifique-se de incluir o seguinte:

    - A importância de educar os funcionários sobre a segurança da informação.
    - Alguns exemplos de políticas de segurança da informação para funcionários.
    - Outras áreas importantes que o plano de segurança da informação deve abordar.
    - Sinais que a empresa deve procurar para verificar se o site está sendo hackeado.
    - Os principais tipos de ataques que a empresa deve esperar.

3. **Discussão das três áreas de segurança**

    Great Granola Inc. é uma empresa de pequeno porte com sede no norte da Califórnia. A empresa é especializada na venda de granola caseira especial, e seu veículo de vendas principal é seu site. A empresa está crescendo exponencialmente e espera que suas receitas tripliquem este ano para US$ 12 milhões. Ela também espera contratar mais 60 funcionários para apoiar seu crescente número de clientes. Joan Martin, a CEO, sabe que, se seus concorrentes descobrirem sua receita de granola ou quem são seus principais clientes, eles podem facilmente arruinar seu negócio. Joan contratou você para elaborar um documento discutindo as diferentes áreas de segurança da informação, bem como suas recomendações para criar um ambiente de negócio eletrônico seguro.

4. **Segurança na faculdade**

    A segurança de computadores e online é uma preocupação crescente para empresas de todos os tamanhos. Questões de segurança de computadores vão desde os vírus até ataques automatizados na Internet para roubo, resultando na perda de informações e de tempo. Tais questões de segurança aparecem nos noticiários todos os dias, e a maioria dos proprietários de empresas entendem a necessidade de proteger seus negócios. Sua faculdade não é diferente de qualquer outra empresa quando se trata de segurança da informação. Elabore um documento com as perguntas que você deve fazer ao CIO da sua faculdade para garantir a segurança das informações em todo o campus.

PLUG-IN G7

Ética

> **OBJETIVOS DE APRENDIZAGEM**
>
> 1. Explicar as questões éticas envolvidas no uso da tecnologia da informação.
> 2. Identificar as seis políticas eletrônicas que as organizações devem implementar para se proteger.

OA 1 Explicar as questões éticas envolvidas no uso da tecnologia da informação.

Ética da informação

Ética e segurança são dois pilares fundamentais para todas as organizações. Nos últimos anos, enormes escândalos de negócios, além do 11 de setembro, lançaram uma nova luz sobre o significado de ética e segurança. Quando o comportamento de alguns indivíduos pode destruir organizações de bilhões de dólares, o valor da ética e da segurança deve ser claro.

Os ***direitos autorais (copyright)*** são a proteção jurídica proporcionada à expressão de uma ideia, como uma música, um livro ou um videogame. A ***propriedade intelectual*** é um trabalho criativo intangível que está incorporado na forma física e inclui direitos autorais, marcas registradas e patentes. ***Patente*** é um direito exclusivo de produzir, usar e vender uma invenção e é concedida pelo governo para o inventor. Conforme se torna mais fácil copiar tudo desde palavras e dados até música e vídeo, as questões éticas em torno da violação de direitos autorais e da violação dos direitos de propriedade intelectual estão consumindo o mundo no negócio eletrônico. A tecnologia levanta novos desafios para a nossa ***ética*** – os princípios e as normas que guiam o nosso comportamento em relação às outras pessoas.

A proteção da privacidade dos clientes é uma das maiores e mais obscuras questões éticas enfrentadas pelas organizações nos dias de hoje. A ***privacidade*** é o direito de ser deixado em paz quando você quiser, de ter controle sobre seus próprios bens pessoais e de não ser observado sem o seu consentimento. A privacidade está relacionada com a ***confidencialidade***, que é a garantia de que mensagens e informações ficarão disponíveis apenas para aqueles que estão autorizados a vê-las. Cada vez que os funcionários tomam uma decisão sobre uma questão de privacidade, o resultado poderia afundar a empresa.

A confiança entre companhias, consumidores, parceiros e fornecedores é a estrutura de apoio do negócio eletrônico. A privacidade é um dos seus principais ingredientes. Preocupações dos consumidores de que sua privacidade possa ser violada em decorrência de suas interações na Web continuam a ser uma das principais barreiras para o crescimento do comércio eletrônico.

A ***ética da informação*** rege as questões éticas e morais decorrentes do desenvolvimento e da utilização das tecnologias da informação, bem como a criação, a coleta, a duplicação, a distribuição e o processamento da informação em si (com ou sem o auxílio das tecnologias

Indivíduos copiam, utilizam e distribuem software.
Empregados pesquisam bases de dados organizacionais por informações pessoais e corporativas confidenciais.
Organizações coletam, compram e usam informações sem checar sua validade ou precisão.
Indivíduos criam e disseminam vírus que causam problemas para aqueles que usam e fazem a manutenção de sistemas de TI.
Indivíduos invadem sistemas de computadores para roubar informações confidenciais.
Empregados destroem ou roubam informações confidenciais da organização, como diagramas esquemáticos, anotações, listas de clientes e relatórios.

FIGURA G7.1
Uso eticamente questionável ou inaceitável da tecnologia da informação.

de informática). Os dilemas éticos nessa área geralmente não surgem na forma de situações simples e bem definidas, mas sim como confrontos entre metas, responsabilidades e lealdades concorrentes. Inevitavelmente, haverá mais de uma decisão socialmente aceitável ou "correta". As duas áreas principais relacionadas ao software incluem software pirata e software falsificado. ***Software pirata*** é a utilização, a cópia, a distribuição ou a venda não autorizada de software com direitos autorais. ***Software falsificado*** é um software fabricado de modo a parecer com o legítimo e vendido como tal. O ***gerenciamento de direitos digitais*** é uma solução tecnológica que permite que editores controlem suas mídias digitais para desencorajar, limitar ou impedir a cópia e a distribuição ilegal. A Figura G7.1 contém exemplos de usos eticamente questionáveis ou inaceitáveis de tecnologia da informação.[1]

Infelizmente, há poucas regras rígidas e rápidas para determinar o que é e o que não é ético em todos os casos. Muitas pessoas podem justificar ou condenar as ações mostradas na Figura G7.1, por exemplo. Conhecer a lei é importante, mas esse conhecimento nem sempre ajuda, porque o que é legal pode nem sempre ser ético, e o que poderia ser ético nem sempre é legal. Por exemplo, Joe Reidenberg recebeu uma oferta de serviço de telefone celular da AT&T. A AT&T usava a Equifax, uma agência de informação de crédito, para identificar potenciais clientes, como Joe Reidenberg. No geral, isso parecia ser uma boa oportunidade de negócio entre a Equifax e a AT&T Wireless. Infelizmente, o Fair Credit Reporting Act (FCRA) proíbe o redirecionamento de informações de crédito, exceto quando a informação é utilizada para "uma oferta de crédito ou de seguro a uma companhia". Em outras palavras, o único produto que pode ser vendido com base em informações de crédito é o próprio crédito. Um representante da Equifax declarou: "Se a AT&T Wireless (ou qualquer outra companhia) estiver oferecendo o serviço de telefonia celular como se fosse crédito, por exemplo, permitindo a utilização do serviço antes que o consumidor tenha de pagar, ela está em conformidade com o FCRA". No entanto, a questão permanece – isso é ético?[2]

A Figura G7.2 mostra os quatro quadrantes em que os comportamentos éticos e legais se cruzam. A meta para a maioria das empresas é tomar decisões dentro do quadrante I, que são legais e éticas. Há momentos em que uma empresa se encontrará na posição de tomar uma decisão no quadrante III, como a contratação de trabalho infantil em países estrangeiros, ou no quadrante II, em que uma empresa pode fazer pagamentos a um estrangeiro que está aguardando aprovação de seu status de imigrante por estar contratando

FIGURA G7.2
Agir eticamente e agir legalmente nem sempre é o mesmo.

	LEGAL	ILEGAL
ANTIÉTICO	Quadrante III – Legal, mas antiético	Quadrante IV – Ilegal e antiético
ÉTICO	Quadrante I – Legal e ético	Quadrante II – Ilegal, mas ético

tal pessoa. Uma empresa nunca deve operar no quadrante IV. A ética é fundamental para a gestão de uma empresa bem-sucedida na atualidade.

INFORMAÇÕES NÃO TÊM ÉTICA, AS PESSOAS TÊM

A informação em si não tem ética. A informação não se importa em como é usada. Ela não vai parar, por conta própria, de enviar *spam* aos clientes, de compartilhar seu conteúdo confidencial ou pessoal, ou de revelar detalhes a terceiros. A informação não pode excluir-se ou preservar-se. Portanto, cabe àqueles que possuem a informação o desenvolvimento de diretrizes éticas sobre a forma de gerenciá-la. O ***gerenciamento da informação*** examina o recurso organizacional da informação e regula suas definições, seus usos, seu valor e sua distribuição, garantindo que tenha os tipos de dados/informações necessários para funcionar e crescer de forma eficaz. A ***governança da informação*** é um método ou sistema de governo para gestão e controle de informações. ***Conformidade da informação*** é o ato de conformação, concordância ou concessão de informações. A ***propriedade da informação*** é uma questão ética que se concentra em quem é o proprietário de informações sobre indivíduos e como as informações podem ser vendidas e trocadas. Há alguns anos, as ideias de gestão, governança e conformidade da informação eram relativamente obscuras. Hoje, esses conceitos são uma obrigação para praticamente todas as empresas, tanto nacionais como globais, sobretudo devido ao papel que a informação digital desempenha em processos judiciais ou litígio de empresas. Frequentemente, a informação digital serve como prova-chave em processos judiciais e é muito mais fácil de pesquisar, organizar e filtrar do que documentos em papel. A informação digital também é extremamente difícil de destruir, especialmente se estiver em uma rede corporativa ou for enviada via email. Na verdade, a única maneira confiável de obliterar verdadeiramente informações digitais é destruir os discos rígidos onde o arquivo foi armazenado. ***E-discovery*** (***descoberta eletrônica***) refere-se à capacidade de uma companhia de identificar, pesquisar, recolher, apreender ou exportar informações digitais ao responder a litígio, auditoria, investigação, ou solicitação de informações. Conforme aumenta a importância do *e-discovery*, também aumenta a relevância da governança da informação e da conformidade da informação. ***A Lei de Proteção Online da Criança (COPA – Child Online Protection Act)*** foi aprovada nos Estados Unidos para proteger os menores de acessar material inadequado na Internet. A Figura G7.3* fornece um panorama de algumas leis importantes que indivíduos e empresas devem seguir na gestão e proteção de informações.[3]

FIGURA G7.3
Leis relacionadas à informação nos EUA.

Leis estabelecidas relacionadas à informação (EUA)	
Privacy Act – 1974	Restringe as informações que o governo federal pode coletar; permite às pessoas acessar e corrigir informações sobre si mesmas; requer procedimentos para garantir a segurança das informações pessoais; e proíbe a divulgação de informações ligadas a nomes sem permissão.
Family Education Rights and Privacy Act – 1974	Regulamenta o acesso aos registros de formação pessoal por órgãos governamentais e por terceiros, e assegura o direito dos estudantes de ver seus próprios registros.
Cable Communications Act – 1984	Requer autorização escrita ou eletrônica dos espectadores antes que as operadoras de TV a cabo possam liberar suas escolhas de visualização ou outras informações pessoalmente identificáveis.
Electronic Communications Privacy Act – 1986	Permite a leitura de mensagens de comunicação por uma empresa e diz que os empregados não têm direito à privacidade ao utilizarem os computadores de suas empresas.
Computer Fraud and Abuse Act – 1986	Proíbe o acesso não autorizado a computadores usados por instituições financeiras, pelo governo dos EUA, ou pelo comércio interestadual e internacional.
The Bork Bill (oficialmente conhecido como Video Privacy Protection Act, 1988)	Proíbe o uso de informações sobre o aluguel de vídeos de clientes para qualquer outro propósito além da comercialização de bens e serviços diretamente ao cliente.

(Continua)

---

* N.de E.: Por se tratar de tradução, as leis apresentadas neste quadro são as vigentes nos Estados Unidos. Para saber mais sobre leis brasileiras, acesse o Portal da Legislação, www.planalto.gov.br/legislacao.

FIGURA G7.3
(Continuação)

Leis estabelecidas relacionadas à informação (EUA)	
Communications Assistance for Law Enforcement Act – 1994	Exige que os equipamentos de telecomunicações sejam projetados de modo que os agentes do governo autorizados consigam interceptar todas as comunicações com e sem fio que são enviadas ou recebidas por qualquer assinante. A lei também exige que as informações de identificação de chamada de assinantes sejam transmitidas para um governo quando e se necessário.
Freedom of Information Act – 1967, 1975, 1994 e 1998	Permite a qualquer pessoa examinar os registros do governo, a menos que possa causar uma invasão de privacidade. Essa lei foi alterada em 1974 para aplicar-se ao FBI, novamente em 1994, para permitir aos cidadãos acompanharem as atividades e a coleta de informações por parte do governo, e novamente em 1998, para acessar informações do governo na Internet.
Health Insurance Portability and Accountability Act (HIPAA) – 1996	Requer que o setor de saúde formule e implemente regras para manter a confidencialidade das informações de pacientes.
Identity Theft and Assumption Deterrence Act – 1998	Reforçou as leis criminais que regem o roubo de identidade, tornando crime federal a utilização ou a transferência de identificação pertencente a outra pessoa. Também criou um atendimento central federal para as vítimas.
USA Patriot Act – 2001 e 2003	Permite a aplicação da lei para ter acesso a quase toda informação, incluindo registros da biblioteca, videolocadoras, compras em livraria e os registros de negócios quando investigando qualquer ato de terrorismo ou as atividades de inteligência clandestinas. Em 2003, o Patriot II ampliou a lei original.
Homeland Security Act – 2002	Proporcionou uma nova autoridade para agências do governo explorarem dados sobre os indivíduos e grupos, incluindo emails e visitas a sites; impôs limites às informações disponíveis no Freedom of Information Act; e deu novos poderes para agências do governo declararem emergências nacionais de saúde.
Sarbanes-Oxley Act – 2002	Criada com o objetivo de proteger os investidores, melhorando a precisão e a confiabilidade das divulgações corporativas e exige que as companhias (1) implementem políticas abrangentes e detalhadas para prevenir atividades ilegais dentro da empresa, e (2) respondam em tempo hábil para investigar atividades ilegais.
Fair and Accurate Credit Transactions Act – 2003	Incluiu disposições para a prevenção de roubo de identidade, incluindo o direito dos consumidores de obter um relatório de crédito por ano gratuitamente, exigindo que os comerciantes excluam todos, exceto os últimos cinco dígitos do número do cartão de crédito, de recibos, e que os credores e as agências de crédito ajam antes mesmo que uma vítima saiba que um crime ocorreu quando notarem quaisquer circunstâncias que possam indicar roubo de identidade.
CAN-Spam Act – 2003	Criada para regular o comércio interestadual, impondo limitações e sanções às empresas que enviam emails não solicitados para os consumidores. A lei proíbe linhas de assunto, cabeçalhos e endereços de retorno enganosos, entre outros, bem como a coleta de endereços de email a partir de sites. Exige que as empresas que enviam *spam* mantenham uma lista de emails para não enviar *spam* e incluam um endereço postal na mensagem.

Desenvolvimento de políticas de gerenciamento da informação

OA 2 Identificar as seis políticas eletrônicas que as organizações devem implementar para se proteger.

Tratar informações corporativas confidenciais como um recurso valioso é uma boa administração. Construir uma cultura empresarial baseada em princípios éticos que os empregados possam entender e implementar é gestão responsável. As organizações devem desenvolver políticas escritas que estabeleçam diretrizes para funcionários, procedimentos

FIGURA G7.4
Visão geral das políticas eletrônicas.

- Política de uso ético de computadores
- Política de privacidade da informação
- Política de uso aceitável
- Política de privacidade de email
- Política de mídia social
- Política de monitoramento do local de trabalho

de pessoal e regras da organização a respeito de informações. Essas políticas definem as expectativas dos empregados sobre as práticas e as normas da organização e protegem a organização da má utilização dos sistemas informáticos e de recursos de TI. Se os funcionários de uma organização utilizam computadores no trabalho, a organização deve, no mínimo, implementar políticas eletrônicas. As **políticas eletrônicas (e-policies)** são políticas e procedimentos que tratam do gerenciamento da informação e do uso ético dos computadores e da Internet no ambiente de negócios. A Figura G7.4 mostra as políticas eletrônicas que uma empresa deve implementar para definir as expectativas dos funcionários.

POLÍTICA DE USO ÉTICO DE COMPUTADORES

Em um caso que ilustra os perigos das apostas online, um site de pôquer líder na Internet informou que um *hacker* explorou uma falha de segurança para obter uma vantagem insuperável nos torneios de pôquer Texas hold-'em com apostas altas e sem limite: a capacidade de ver as cartas fechadas (cartas hole) de seus oponentes. O trapaceiro, cujos ganhos ilegítimos foram estimados em entre 400.000 e US$ 700.000 de uma vítima, era funcionário da AbsolutePoker.com e invadiu o sistema para mostrar que isso poderia ser feito. Independentemente do negócio que uma companhia opera – mesmo aquele que muitos consideram antiético –, ela deve proteger-se do comportamento antiético de funcionários. **Cyberbullying** inclui ameaças, observações negativas ou comentários difamatórios transmitidos pela Internet ou postados em um site. Uma **ameaça** é um ato ou objeto que representa um perigo para ativos. A **fraude de cliques (click-fraud)** é o abuso dos modelos de receita *pay-per-click*, *pay-per-call* e *pay-per-conversion*, realizada por meio de cliques repetidos em um link para aumentar taxas ou custos para um anunciante. A **fraude de cliques competitiva** é um crime de computador em que um concorrente ou funcionário descontente aumenta os custos de pesquisa de publicidade de uma empresa, clicando repetidamente no link do anunciante.

Cyberbullying e fraude de cliques são apenas alguns exemplos dos muitos tipos de uso antiético do computador encontrados na atualidade.

Uma etapa essencial para criar uma cultura empresarial ética é estabelecer uma política de uso ético de computadores. A **política de uso ético de computadores** contém princípios gerais para orientar o comportamento do usuário. Ela pode, por exemplo, declarar explicitamente que os usuários devem evitar jogar jogos de computador durante o horário de trabalho. Essa política assegura que eles saibam como se comportar no trabalho e que a organização tem uma norma publicada para lidar com infrações. Por exemplo, depois dos avisos apropriados, a companhia pode demitir um funcionário que passa boa parte do tempo jogando jogos de computador no trabalho.

As organizações podem ter diferentes formas de como esperam que os funcionários usem os computadores, mas em qualquer abordagem para controlar essa utilização, o princípio primordial deve ser o consentimento informado. Os usuários devem ser **informados** sobre as regras e, ao concordar em utilizar o sistema sob esses termos, **consentir** em cumpri-las.

Os gerentes devem fazer um esforço consciente para assegurar que todos os usuários estejam cientes da política por meio de treinamento formal e de outros meios. Se uma organização tivesse que ter apenas uma política eletrônica, ela deveria ser uma política de uso ético de computadores, uma vez que é o ponto de partida e o guarda-chuva sob o qual se inserem quaisquer outras políticas que a organização venha a estabelecer.

POLÍTICA DE PRIVACIDADE DA INFORMAÇÃO

Uma organização que quer proteger suas informações deve desenvolver uma *política de privacidade da informação* que contenha princípios gerais a respeito disso. A Visa criou o Inovant para gerenciar todos os seus sistemas de informações, incluindo suas informações sobre clientes cobiçados, detalhando como as pessoas estão gastando seu dinheiro, em que lojas, em que dias e até mesmo em que horário. Imagine o que um departamento de vendas e marketing poderia fazer se tivesse acesso a essas informações. Por isso, o Inovant proíbe a utilização de informações de clientes da Visa para qualquer fim além de seu propósito original – faturamento. Os especialistas em privacidade do Inovant desenvolveram uma rígida política de privacidade de informações de cartão de crédito, que é seguida pela empresa.

Agora, estão perguntando se o Inovant pode garantir que o uso antiético de informações de cartão de crédito nunca ocorrerá. Na grande maioria dos casos, o uso antiético da informação não ocorre por meio de maquinação maliciosa de um comerciante desonesto, mas involuntariamente. Por exemplo, a informação é recolhida e armazenada por algum motivo, como a manutenção de registros ou de faturamento. Então, um profissional de vendas ou de marketing descobre outra maneira de usar a informação internamente, compartilhando com os parceiros ou vendendo a um terceiro confiável. A informação é utilizada para novos fins "sem a intenção". O exemplo clássico desse tipo de reutilização não intencional de informações é o número do Seguro Social, que começou apenas como uma forma de identificar benefícios de aposentadoria do governo e depois foi usado como uma espécie de identificação pessoal universal, sendo encontrado em todo tipo de documento, desde carteiras de motorista até contas de poupança.

POLÍTICA DE USO ACEITÁVEL

Uma *política de uso aceitável (AUP – Acceptable Use Policy)* exige que o usuário concorde em segui-la a fim de receber acesso ao email corporativo, a sistemas de informação e à Internet. *Não repúdio* é uma cláusula contratual para garantir que os participantes do negócio eletrônico não neguem (repudiem) suas ações online. Geralmente há uma cláusula de não repúdio nas políticas de uso aceitável. Muitas empresas e instituições de ensino exigem que os empregados ou estudantes assinem uma política de uso aceitável antes de obter acesso à rede. Ao registrar-se em um provedor de email, cada cliente vê uma AUP, que afirma que o usuário concorda em cumprir determinadas condições. Em uma política de uso aceitável típica, os usuários concordam em:

- Não utilizar o serviço como parte de violação de qualquer lei.
- Não tentar quebrar a segurança de qualquer rede de computador ou usuário.
- Não postar mensagens comerciais para grupos sem autorização prévia.
- Não realizar qualquer não repúdio.

Algumas organizações chegam ao ponto de criar uma política de gerenciamento de informações exclusiva, orientada somente para uso da Internet. A *política de uso da Internet* contém princípios gerais para orientar o uso correto da Internet. Em função das grandes quantidades de recursos computacionais que os usuários podem consumir, é essencial que esse uso seja legítimo. Além disso, a Internet contém vários materiais que alguns acreditam ser ofensivos, o que torna a regulamentação no local de trabalho necessária. O *cibervandalismo* é a desfiguração eletrônica de um site já existente. *Typosquatting* é um problema que ocorre quando alguém registra propositadamente variações com erros ortográficos de nomes de domínios conhecidos. Essas variantes às vezes atraem consumidores que cometem erros de digitação ao entrar em uma URL. O *roubo de nome de site* ocorre quando alguém que age como se fosse administrador de um site muda a propriedade do nome de domínio atribuído ao site para outro proprietário. Esses são alguns exemplos de uso inaceitável da Internet. A *censura na Internet* consiste em tentativas do governo de controlar o tráfego da Internet para prevenir que algum material seja visualizado pelos cidadãos de um país. Geralmente, uma política de uso da Internet:

- Descreve os serviços de Internet disponíveis para os usuários.
- Define a posição da organização sobre o propósito do acesso à Internet e quais as restrições, se alguma, são impostas sobre esse acesso.

FIGURA G7.5
O email fica armazenado em vários computadores.

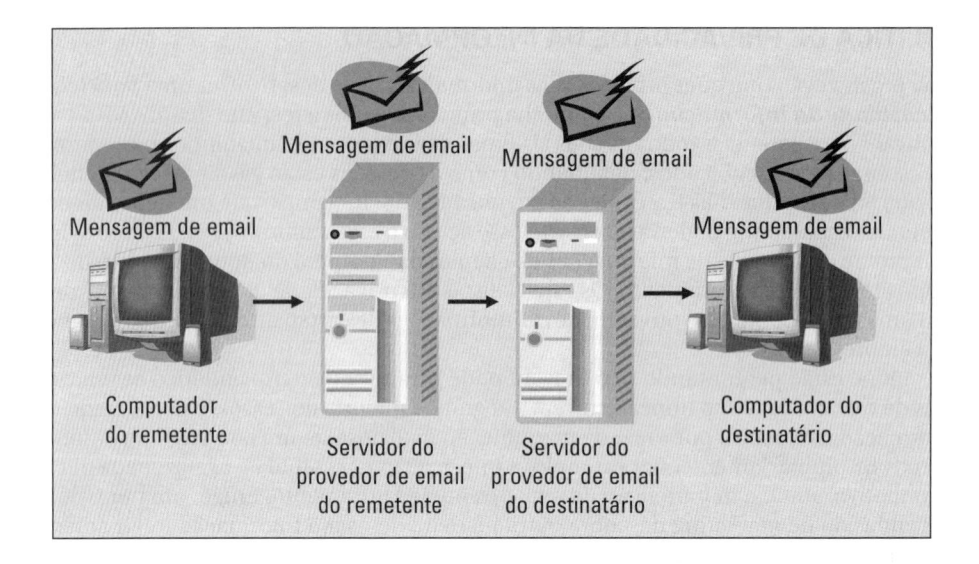

- Descreve a responsabilidade do usuário pela citação de fontes, pelo tratamento apropriado de material ofensivo e pela proteção do bom nome da organização.
- Expressa as consequências em caso de violação da política.

POLÍTICA DE PRIVACIDADE DE EMAIL

A *política de privacidade de email* detalha em que medida mensagens de email podem ser lidas por terceiros. O email é tão difundido nas organizações que exige a sua própria política específica. A maioria dos profissionais o usa como meio preferido para comunicações corporativas. Embora o email e as mensagens instantâneas sejam ferramentas de comunicação corporativa comuns, existem riscos associados ao seu uso. Por exemplo, um email enviado é armazenado em pelo menos três ou quatro computadores (ver Figura G7.5). Simplesmente apagar um email de um computador não o exclui dos outros. As companhias podem atenuar muitos dos riscos do uso de sistemas de mensagens eletrônicas por meio da implementação e do cumprimento de uma política de privacidade de email.

Um dos maiores problemas do email são as expectativas de privacidade por parte do usuário. Em grande medida, essa expectativa baseia-se na falsa suposição de que a proteção da privacidade de email existe de forma análoga à da correspondência de primeira classe dos EUA. Geralmente, a organização que possui o sistema de email pode utilizá-lo de maneira tão aberta ou tão privada quanto desejar. Pesquisas indicam que a maioria das grandes empresas leem e analisam os emails dos funcionários regularmente à procura de vazamentos de dados confidenciais, como resultados financeiros não anunciados ou compartilhamento de segredos comerciais que resultam na violação de uma política de privacidade de email e, por fim, na demissão do funcionário. Isso significa que, se a organização quiser ler os emails de todos, ela pode fazer isso. Basicamente, usar o email de trabalho para outra coisa além do trabalho não é uma boa ideia. Uma política de privacidade de email típica:

- Define os usuários de email legítimos e explica o que acontece com as contas depois que uma pessoa deixa a organização.
- Explica o processo de *backup* para que os usuários saibam que, em algum momento, mesmo que uma mensagem seja apagada de seu computador, ela ainda será armazenada pela empresa.
- Descreve os motivos legítimos para a leitura dos emails e o processo necessário antes que tal ação seja tomada.
- Desencoraja o envio de lixo eletrônico ou *spam* para quem não quiser recebê-lo.
- Proíbe a tentativa de enviar emails bomba para um site. Um **email bomba** envia uma enorme quantidade de emails para uma pessoa ou para um sistema específico, podendo fazer o servidor do usuário parar de funcionar.
- Informa aos usuários que a organização não tem controle sobre os emails depois que são enviados para fora da organização.

Spam é o email não solicitado. Ele atormenta funcionários em todos os níveis dentro de uma organização, desde o recepcionista até o CEO, obstrui os sistemas de email e desvia recursos de TI de projetos de negócios legítimos. Uma **política antispam** simplesmente afirma que os usuários de email não enviarão emails não solicitados (ou *spam*). É difícil criar políticas, leis ou software *antispam* porque não existe um teste decisivo universal de *spam*. O *spam* de uma pessoa é a newsletter de outra. Os usuários finais têm de decidir o que é *spam*, porque isso pode variar bastante não só de uma companhia para outra, mas também de uma pessoa para outra. Um usuário pode **optar por não receber (opt out)** emails, negando permissão para emails recebidos.

Teergrubing é uma abordagem *antispam* em que o computador receptor lança um contra-ataque ao *spammer*, enviando mensagens de email de volta para o computador que originou o possível *spam*.

POLÍTICA DE MÍDIA SOCIAL

Você viu o vídeo do YouTube que mostra dois funcionários da Domino's Pizza violando códigos de saúde ao preparar o alimento, soltando gases em sanduíches? Milhões de pessoas viram, e a empresa tomou conhecimento quando clientes revoltados começaram a postar comentários negativos no Twitter. Como não tinham uma conta no Twitter, os executivos da Domino's não ficaram sabendo dos tweets negativos até que fosse tarde demais. O uso de mídia social pode trazer muitas vantagens para uma organização e, se implementado corretamente, pode tornar-se uma grande oportunidade para os funcionários construírem marcas. Mas também há riscos enormes, pois alguns funcionários que representam uma empresa inteira podem causar enormes danos à marca. A definição de um conjunto de diretrizes implementadas em uma política de mídia social pode ajudar a mitigar esse risco. As empresas podem proteger-se por meio da implementação de uma **política de mídia social** descrevendo as diretrizes corporativas ou os princípios que regem as comunicações online dos funcionários. Ter uma única política de mídia social pode não ser suficiente para assegurar a proteção da reputação online da empresa. Outras políticas de mídia social mais específicas que uma empresa pode optar por implementar incluem:[4]

- Política de comunicação online de funcionários, detalhando a comunicação da marca.
- Políticas para blogs de funcionários e blogs pessoais.
- Políticas para redes sociais de funcionários e redes sociais pessoais.
- Políticas para Twitter de funcionário, Twitter corporativo e Twitter pessoal.
- Política para funcionários do LinkedIn.
- Política de uso do Facebook por funcionários e de uso da marca.
- Política corporativa do YouTube.

As organizações devem proteger sua reputação online e monitorar continuamente blogs, fóruns, sites de redes sociais e sites de compartilhamento de mídia. No entanto, monitorar as centenas de diferentes sites de mídia social pode rapidamente tornar-se impossível. Para combater esses problemas, existe uma série de empresas especializadas em monitoramento de mídia social online; por exemplo, a Trackur.com cria painéis digitais que permitem aos executivos uma fácil visualização de data de publicação, fonte, título e resumo de cada item rastreado. O painel não só destaca o que está sendo dito, mas também a influência da pessoa, do blog ou do site de mídia social em particular.

POLÍTICA DE MONITORAMENTO DO LOCAL DE TRABALHO

Cada vez mais o monitoramento de funcionários não é uma escolha, mas uma obrigação da gestão de riscos. Michael Soden, CEO do Bank of Ireland, publicou uma ordem afirmando que os funcionários da companhia não podiam navegar em sites ilícitos com os equipamentos da companhia. Em seguida, ele contratou a Hewlett-Packard para administrar o departamento de TI e sites ilegais foram descobertos no próprio computador de Soden, forçando-o a se demitir. Monitorar os empregados é um dos maiores problemas que os CIOs enfrentam quando estão desenvolvendo políticas de gerenciamento de informação.[5]

A **segurança física** é a proteção tangível, incluindo alarmes, guardas, portas corta-fogo, cercas e cofres. Novas tecnologias permitem que os empregadores controlem muitos

FIGURA G7.6
Tecnologias de monitoramento da Internet comuns.

Tecnologias de monitoramento da Internet comuns	
Software Key logger ou Key trapper	Programa que registra cada toque de tecla e clique do mouse.
Hardware key logger	Dispositivo de hardware que captura as teclas digitadas no caminho entre o teclado e a placa-mãe.
Cookie	Pequeno arquivo depositado por um site em um disco rígido, contendo informações sobre os clientes e suas atividades na Web. Os cookies permitem que os sites gravem as idas e vindas dos clientes, geralmente sem seu conhecimento ou consentimento.
Adware	Software que gera anúncios que se instalam no computador quando uma pessoa faz o download de algum outro programa da Internet.
Spyware (sneakware ou stealthware)	Software que vem escondido em um software grátis para download e controla os movimentos online, explora as informações armazenadas em um computador, ou utiliza a CPU e a memória de um computador para alguma tarefa sobre a qual o usuário não tem conhecimento algum.
Web log	Consiste em uma linha de informação para todos os visitantes de um site e é normalmente armazenado em um servidor Web.
Clickstream	Registra as informações sobre um consumidor durante uma sessão de navegação na Web, como os sites que foram visitados, quanto tempo durou a visita, quais anúncios foram vistos e o que foi comprado.

aspectos do trabalho de seus funcionários, especialmente em telefones, terminais de computador, por meio de correio eletrônico e de voz, e quando os funcionários estão usando a Internet. Esse monitoramento é virtualmente não regulamentado. Portanto, a menos que a política da empresa afirme especificamente o contrário (e mesmo isso não é garantia), o empregador pode ouvir, ver e ler a maioria das suas comunicações no local de trabalho. O *monitoramento de TI no local de trabalho* acompanha as atividades das pessoas por meio de medidas como número de toques, taxa de erro e número de transações processadas (ver Figura G7.6 para obter uma visão geral). O melhor caminho para o planejamento de uma organização, a fim de realizar monitoramento de funcionários, é a comunicação aberta, incluindo uma *política de monitoramento de funcionários* que declare explicitamente como, quando e onde a empresa monitora seus empregados. Entre as diretrizes comuns que uma organização pode seguir durante a criação de uma política de monitoramento de funcionários, estão:

- Seja o mais específico possível e afirme quando e o que (email, mensagens instantâneas, Internet, atividade de rede, etc.) será monitorado.
- Comunique expressamente que a companhia se reserva o direito de monitorar todos os empregados.
- Declare as consequências de violar a política.
- Sempre aplique a política de maneira igual para todos.

Muitos funcionários usam o acesso de alta velocidade à Internet da empresa para fazer compras, pesquisas e navegar na Web. A maioria dos gerentes não quer que seus funcionários realizem atividades pessoais no horário de trabalho e implementam uma abordagem Big Brother ao monitoramento deles. Muitos gurus da administração defendem que as organizações baseadas na confiança são mais bem-sucedidas do que aquelas baseadas na desconfiança. Antes que uma organização implemente uma tecnologia de monitoramento, ela deve perguntar-se: "O que isso diz sobre o que pensamos de nossos funcionários?". Se a organização realmente não confia em seus funcionários, então talvez ela deva encontrar empregados novos. Se a organização confia em seus empregados, então ela pode querer tratá-los adequadamente. Uma organização que monitora tudo o que seus funcionários digitam pode estar inadvertidamente minando o relacionamento com eles, e pode descobrir que os efeitos de monitorar os funcionários são muitas vezes piores do que a perda de produtividade causada pelo uso da Internet.

RESUMO DO PLUG-IN

Avanços na tecnologia tornaram a ética uma preocupação para muitas organizações. Pense em como é fácil para um funcionário enviar grandes quantidades de informações confidenciais por email, alterar comunicações eletrônicas ou destruir grandes quantidades de informações importantes da empresa – tudo isso em poucos segundos. A informação eletrônica sobre clientes, parceiros e funcionários se tornou um dos ativos mais valiosos da América corporativa. No entanto, a linha que divide o uso próprio e impróprio desse ativo é, na melhor das hipóteses, confusa. Um empregador poderia pesquisar os arquivos de funcionários sem seu consentimento? Uma empresa poderia vender informações de um cliente sem informar o cliente de sua intenção? O que é uma abordagem responsável à exclusão de documentos?

A lei fornece diretrizes em muitas dessas áreas, mas como uma empresa opta por agir dentro dos limites da lei depende do julgamento de seus executivos. Como os CIOs são responsáveis pela tecnologia que coleta, mantém e destrói informações corporativas, eles se encontram bem no centro desse terreno pantanoso da ética.

Um modo como uma organização pode começar a lidar com questões éticas é criar uma cultura corporativa que incentive considerações éticas e desencoraje usos duvidosos de informações. Não apenas uma cultura ética é uma excelente ideia de modo geral, mas isso também serve como medida de precaução, ajudando a evitar que problemas com clientes cheguem às manchetes. O estabelecimento e a adesão a regras e políticas bem definidas ajudam as organizações a criar uma cultura corporativa ética. Essas políticas incluem:

- Política de uso ético do computador
- Política de privacidade da informação
- Política de uso aceitável
- Política de privacidade de email
- Política de mídia social
- Política de monitoramento do local de trabalho

TERMOS-CHAVE

Ameaça 426
Censura na Internet 427
Cibervandalismo 427
Confidencialidade 422
Conformidade da informação 424
Cyberbullying 426
Direitos autorais 422
E-discovery (descoberta eletrônica) 424
Email bomba 428
Ética 422
Ética da informação 422
Fraude de cliques 426
Fraude de cliques competitiva 426
Gerenciamento da informação 424
Gerenciamento de direitos digitais 423

Governança da informação 424
Lei de Proteção Online da Criança (COPA) 424
Monitoramento de TI no local de trabalho 430
Não repúdio 427
Optar por não receber (*opt + out*) 429
Patente 422
Política *antispam* 429
Política de mídia social 429
Política de monitoramento de funcionários 430
Política de privacidade da informação 427
Política de privacidade de email 428
Política de uso aceitável (AUP) 427

Política de uso da Internet 427
Política de uso ético de computadores 426
Políticas eletrônicas (*e-policies*) 426
Privacidade 422
Propriedade da informação 424
Propriedade intelectual 422
Roubo de nome de site 427
Segurança física 429
Software falsificado 423
Software pirata 423
Spam 428
Teergrubing 429
Typosquatting 427

CASO DE ENCERRAMENTO 1

Sarbanes-Oxley: Onde tecnologia da informação, finanças e ética se encontram

A Lei Sarbanes-Oxley (SOX) de 2002 foi promulgada em resposta aos grandes escândalos financeiros da Enron e da WorldCom a fim de proteger os acionistas e o público em geral de erros de contabilidade e de práticas fraudulentas de organizações. Um componente principal da Lei Sarbanes-Oxley é a definição de quais registros devem ser armazenados e por quanto tempo. Por isso, a legislação não só afeta os departamentos financeiros, mas também os departamentos de TI cujo trabalho é armazenar registros eletrônicos. A Lei Sarbanes-Oxley determina que todos os registros de negócios, incluindo registros eletrônicos e mensagens eletrônicas, devem ser guardados por "no mínimo cinco anos". As consequências da não conformidade são multas, prisão ou ambos. Estas são as três regras da Sarbanes-Oxley que afetam a gestão de registros eletrônicos.

1. A primeira regra trata da destruição, alteração ou falsificação de registros e afirma que as pessoas que conscientemente alterarem, destruírem, mutilarem, ocultarem ou falsificarem documentos serão multadas ou presas por até 20 anos, ou ambos.
2. A segunda regra define o período de retenção para o armazenamento de registros. As melhores práticas indicam que as corporações devem armazenar com segurança todos os registros de negócios usando as mesmas diretrizes estabelecidas para contadores públicos, que afirmam que as organizações devem manter todos os documentos de auditorias ou revisão por um período de cinco anos a contar do final do período fiscal em que a auditoria ou revisão foi concluída.
3. A terceira regra especifica todos os registros comerciais e comunicações que precisam ser armazenados, incluindo as comunicações eletrônicas. Os departamentos de TI estão enfrentando o desafio de criar e manter um arquivo de registros corporativos de forma eficaz em termos de custos que satisfaça as exigências apresentadas pela legislação.

Basicamente, qualquer organização pública que use TI como parte de seus processos de negócios financeiros vai descobrir que deve estabelecer controles de TI para estar em conformidade com a Lei Sarbanes-Oxley. Apresentamos aqui algumas práticas que você pode seguir para começar a garantir a conformidade de sua organização com a Lei Sarbanes-Oxley.

- Revise ou atualize seus sistemas financeiros, a fim de cumprir os requisitos regulamentares para arquivamentos mais precisos, detalhados e rápidos.
- Examine os processos de controle dentro de seu departamento de TI e aplique melhores práticas para cumprir com os objetivos da lei. Por exemplo, a segregação de funções dentro da equipe de desenvolvimento de sistemas é uma prática amplamente reconhecida que ajuda a prevenir erros e fraudes. As pessoas que codificam alterações de programas devem ser diferentes daquelas que os testam, e uma equipe separada deve ser responsável por mudanças em ambientes de produção.
- Sistemas financeiros internos estão repletos de possíveis problemas de integridade de informação. Embora os principais sistemas de ERP ofereçam funcionalidade de caminho de auditoria, as personalizações desses sistemas muitas vezes contornam esses controles. Você deve trabalhar com auditores internos e externos para garantir que as personalizações não substituam controles.
- Trabalhe com seu CIO, CEO, CFO e com os advogados corporativos para criar uma política de retenção e destruição de documentos tratando dos tipos de documentos eletrônicos que devem ser guardados e por quanto tempo.

Em última análise, a conformidade com a Lei Sarbanes-Oxley vai exigir uma grande quantidade de trabalho conjunto de todos os seus departamentos. A conformidade começa com o uso de TI em seu negócio e com o fortalecimento dos controles internos de TI.[6]

Questões

1. Defina a relação entre a ética e a Lei Sarbanes-Oxley.
2. Por que o gerenciamento de registros é uma área de preocupação para toda a organização?
3. Quais são as duas políticas que uma organização pode implementar para atingir conformidade com a Lei Sarbanes-Oxley? Discorra sobre como essas políticas podem levar à conformidade.
4. Identifique o maior obstáculo para as organizações que estão tentando alcançar conformidade com a Lei Sarbanes-Oxley.
5. Que tipos de sistemas de informação pode facilitar a conformidade com a SOX?
6. Como o monitoramento eletrônico vai afetar o moral e o desempenho dos funcionários no local de trabalho?
7. Quais você acha que eram, na opinião de um contador ou gerente antiético da Enron, as recompensas e responsabilidades associadas com o trabalho deles?

CASO DE ENCERRAMENTO 2

Invadindo sua privacidade

Seu empregador pode invadir a sua privacidade por meio do monitoramento de tecnologias? Numerosos processos foram movidos por funcionários que acreditavam que seus empregadores estavam errados em invadir sua privacidade com tecnologias de monitoramento. Aqui estão alguns casos destacando ações judiciais sobre a privacidade dos funcionários e os direitos dos empregadores de monitorar.

Smyth contra Pillsbury Company

Um funcionário foi demitido por enviar mensagens impróprias e não profissionais usando o sistema de email da empresa. A empresa tinha assegurado repetidamente a seus funcionários que o email era confidencial, que não seria interceptado e que não seria usado como base para medidas disciplinares ou demissão. Michael Smyth recuperou, a partir de seu computador de casa, um email enviado por seu supervisor usando o sistema de emails da Pillsbury. Smyth supostamente respondeu com vários comentários acerca da equipe de gestão de vendas, incluindo uma ameaça de "matar os malditos traidores" e uma referência a uma festa de fim de ano que iria acontecer como "o caso do suco de uva do Pastor Jim Jones" (the Jim Jones Kool-Aid affair)". A Pillsbury interceptou o email e demitiu Smyth, que, em seguida, processou a empresa por demissão e invasão de privacidade indevidas.

O tribunal rejeitou o caso em 1996, considerando que Smyth não tinha expectativa razoável de privacidade sobre o conteúdo de suas mensagens de email, apesar das garantias da Pillsbury, porque as mensagens tinham sido voluntariamente comunicadas usando o sistema de computador da empresa para uma segunda pessoa. O tribunal considerou ainda que, mesmo se houvesse alguma expectativa razoável de privacidade, essa expectativa seria superada pelo interesse legítimo da Pillsbury de prevenir comunicações inapropriadas ou não profissionais usando seu sistema de email.

Bourke contra Nissan Motor Corporation

Durante o treinamento de novos funcionários sobre o uso do sistema de emails, uma mensagem enviada por Bonita Bourke foi selecionada aleatoriamente e analisada pela empresa. A mensagem era um email pessoal de natureza sexual. Depois que o e-mail de Bourke foi descoberto, a empresa decidiu revisar os emails do resto do grupo de trabalho de Bourke. Como resultado da investigação, vários outros emails pessoais foram descobertos. A Nissan fez advertências escritas aos funcionários que tinham enviado as mensagens pessoais por violarem a política de email da empresa.

Os funcionários advertidos processaram a Nissan por invasão de privacidade. Eles alegaram que, embora tivessem assinado um termo reconhecendo a política da empresa de que hardware e software de propriedade da companhia eram para uso restrito em negócios da empresa, sua expectativa de privacidade era razoável, uma vez que a empresa havia fornecido aos querelantes senhas para acessar o sistema de computador e dito para manterem essas senhas em segredo. No entanto, em 1993, um tribunal da Califórnia considerou que não se tratava de uma expectativa objetivamente razoável de privacidade, porque os autores sabiam que as mensagens de email "eram lidas periodicamente por outras pessoas que não o destinatário pretendido".

McLaren contra Microsoft Corporation

Em 1999, o Tribunal de Apelações do Texas indeferiu a queixa de um funcionário de que a avaliação e divulgação de emails armazenados em seu computador pessoal no local de trabalho por seu empregador constituíra uma invasão de privacidade. O funcionário alegou que tinha expectativa razoável de privacidade porque o email era mantido em uma pasta pessoal do computador protegida por senha. O tribunal não considerou o argumento convincente, pois o email foi transmitido pela rede de seu empregador.

No entanto, segundo reportagem sobre outro caso, um tribunal considerou que o empregador usar a senha do supervisor para ver emails de um funcionário pode ter violado uma lei estadual contra interferência na privacidade em Massachusetts. Nesse caso, a Burk Tecnologia permitia que os funcionários usassem o sistema de email da empresa para enviar mensagens pessoais, mas proibia "conversas excessivas". Para usar o sistema de email, cada funcionário usava uma senha. O empregador nunca informou aos funcionários que suas mensagens seriam ou poderiam ser monitoradas por supervisores ou pelo presidente da empresa. O presidente da empresa leu os emails de dois funcionários que haviam se referido a ele por vários apelidos e discutido seu caso extraconjugal. Os dois funcionários foram demitidos pelo presidente da empresa, o qual afirmou que as demissões eram em decorrência do uso excessivo do email e não do conteúdo das mensagens. O tribunal negou a tentativa da companhia de encerrar o processo e permitiu que a questão fosse a julgamento de mérito. O tribunal considerou o fato de que os funcionários nunca foram informados de que seus emails poderiam ser monitorados.

Esse caso ilustra a importância de informar os empregados de que o uso de equipamentos da empresa para enviar emails e navegar na Internet é objeto de monitoramento, a fim de evitar confusões e até uma possível defesa futura por parte dos funcionários.[7]

Questões

1. Escolha um dos casos acima e crie um argumento em favor do funcionário.
2. Escolha um dos casos acima e crie um argumento contra o funcionário.
3. Escolha um dos casos acima e crie um argumento em favor do uso de tecnologias de monitoramento pelo empregador.
4. Escolha um dos casos acima e crie um argumento contra o uso de tecnologias de monitoramento pelo empregador.

TOMANDO DECISÕES DE NEGÓCIOS

1. **Privacidade de informações**

    Um estudo realizado pelo Centro de Políticas Públicas Annenberg da Universidade da Pensilvânia mostra que 95% das pessoas que usam a Internet em casa acham que deveriam ter o direito legal de saber tudo sobre as informações que os sites recolhem deles. A pesquisa também mostra que 57% dos usuários domésticos da Internet acreditam erroneamente que, quando um site tem uma política de privacidade de informações, ele não vai compartilhar informações pessoais com outros sites ou empresas. Na verdade, a pesquisa descobriu que depois de mostrar aos usuários como as empresas monitoram, extraem e compartilham informações do site para ganhar dinheiro, 85% deles consideraram os métodos inaceitáveis, mesmo para um site altamente valorizado. Escreva um pequeno texto argumentando a favor ou contra o direito de uma organização de usar e distribuir informações pessoais recolhidas a partir de seu site.

2. **Como agir com ética**

   Descreva como você reagiria às seguintes situações:

   - Uma gerente sênior de marketing informa que um dos funcionários dela está à procura de outro emprego e ela quer que você lhe dê acesso para examinar o email do funcionário.
   - O vice-presidente de vendas informa que fez um acordo para fornecer informações de clientes a um parceiro estratégico e quer que você grave todas as informações de clientes em um CD.
   - Você começa a monitorar o email de um de seus funcionários e descobre que ele está tendo um caso com outro funcionário do escritório.
   - Você instala um sistema de vigilância por vídeo no escritório e descobre que funcionários estão levando material de escritório para casa.

3. **Espionagem de emails**

   Os avanços tecnológicos permitem agora que indivíduos monitorem computadores aos quais sequer têm acesso físico. Novos tipos de software podem capturar os emails recebidos e enviados de um indivíduo e encaminhá-los imediatamente para outra pessoa. Por exemplo, se você estiver no trabalho e sua filha chegar da escola e receber um email de John em casa, às 15h, um minuto depois você receberá uma cópia dessa mensagem em seu endereço de email. Passados alguns minutos, se ela responder ao email de John, em segundos você voltará a receber uma cópia da mensagem que ela enviou para ele. Descreva dois cenários (além dos citados acima) para a utilização desse tipo de software: (1) em que o uso seria ético, (2) em que o uso seria antiético.

4. **Roubo de software**

   O problema do software pirata é combatido pela indústria do software diariamente. Os principais centros de pirataria de software estão em lugares como Rússia e China, onde os salários e a renda disponível são relativamente baixos. As pessoas em países em desenvolvimento e em recessão ficarão tecnologicamente para trás no mundo industrializado se não puderem ter acesso às novas gerações de software. Nesse contexto, é razoável culpar alguém por usar software pirata quando a compra de uma cópia legal poderia lhe custar os rendimentos de dois meses de trabalho? Crie um argumento a favor ou contra a seguinte declaração: "Indivíduos economicamente desfavorecidos devem ter permissão para acessar software de graça, a fim de assegurar que terão igual vantagem tecnológica".

PLUG-IN

G8 Gestão de operações

> **OBJETIVOS DE APRENDIZAGEM**
>
> 1. Explicar o papel da gestão de operações nos negócios.
> 2. Descrever a correlação entre a gestão de operações e a tecnologia da informação.
> 3. Descrever as cinco características de prioridades competitivas.

OA 1 Explicar o papel da gestão de operações nos negócios.

Introdução

Produção é a criação de produtos e serviços que utilizam os fatores de produção: terra, trabalho, capital, empreendedorismo e conhecimento. A produção tem sido historicamente associada à fabricação, mas a natureza dos negócios mudou de modo significativo nos últimos 20 anos. O setor de serviços, em especial os serviços de Internet, cresceu drasticamente. Os Estados Unidos têm agora o que se chama de uma economia de serviços, isto é, o domínio do setor dos serviços.

As organizações que se destacam na gestão de operações, especificamente o gerenciamento da cadeia de fornecimento, têm um melhor desempenho em quase todas as medidas financeiras de sucesso, de acordo com um relatório da empresa baseada em Boston AMR Research Inc. Quando a excelência da cadeia de fornecimento melhora as operações, as companhias percebem uma margem de lucro 5% maior, 15% menos de estoque, 17% de taxas mais fortes de "pedidos perfeitos" e 35% a menos de tempo de ciclo do que seus concorrentes. "A base de competição para as empresas vencedoras na economia de hoje é a superioridade da cadeia de fornecimento", afirma Kevin O'Marah, vice-presidente de pesquisa da AMR Research. "Essas empresas entendem que o desempenho da cadeia de valor resulta em produtividade e liderança na participação de mercado. Também entendem que a liderança da cadeia de fornecimento significa mais do que apenas custos baixos e eficiência: ela exige uma capacidade superior de dar forma e responder às mudanças na demanda com produtos e serviços inovadores".

Fundamentos da gestão de operações

Livros, DVDs, MP3s baixados e procedimentos odontológicos e médicos são exemplos de produtos e serviços. O *gerenciamento de produção* descreve todas as atividades que os gerentes fazem para ajudar as companhias a criarem produtos. Para refletir a mudança na importância da produção de serviços, o termo produção tem sido frequentemente substituído por operações para refletir a produção de bens e serviços. A *gestão de operações (GO)* é o gerenciamento de sistemas ou processos que converte ou transforma os recursos (incluindo os recursos humanos) em produtos e serviços. A gestão de operações é responsável pelo gerenciamento dos processos centrais usados para produzir bens e serviços.

Basicamente, a criação de produtos ou serviços envolve a transformação ou conversão de entradas em saídas. Várias entradas, como capital, trabalho e informação, são usadas para criar produtos ou serviços por meio de um ou mais processos de transformação (por exemplo, armazenamento, transporte e corte). Um *processo de transformação* é muitas vezes referido como o núcleo técnico, especialmente em organizações de manufatura, e é a conversão real de entradas em saídas. Para garantir que os resultados desejados sejam obtidos, uma organização toma as medidas em vários pontos do processo de transformação (*feedback*) e em seguida as compara com padrões previamente estabelecidos para determinar se é necessária uma ação corretiva (controle). A Figura G8.1 mostra o sistema de conversão.

A Figura G8.2 exibe exemplos de entradas, processos de transformação e saídas. Apesar de bens e serviços aparecerem em listas separadas na Figura G8.1, é importante notar que produtos e serviços muitas vezes ocorrem em conjunto. Por exemplo, ter o óleo de um carro trocado é um serviço, mas o óleo que é oferecido é um produto. Da mesma forma, pintar a casa é um serviço, mas a tinta é um produto. A combinação de produtos e serviços é um conjunto contínuo que varia de produtos primários com pouco serviço até serviços primários com poucos produtos (ver Figura G8.3). Há relativamente poucos produtos ou serviços puros: desse modo, as organizações em geral vendem pacotes de produtos, que são uma combinação de produtos e serviços. Isso torna a gestão de operações mais interessante e também mais desafiador.

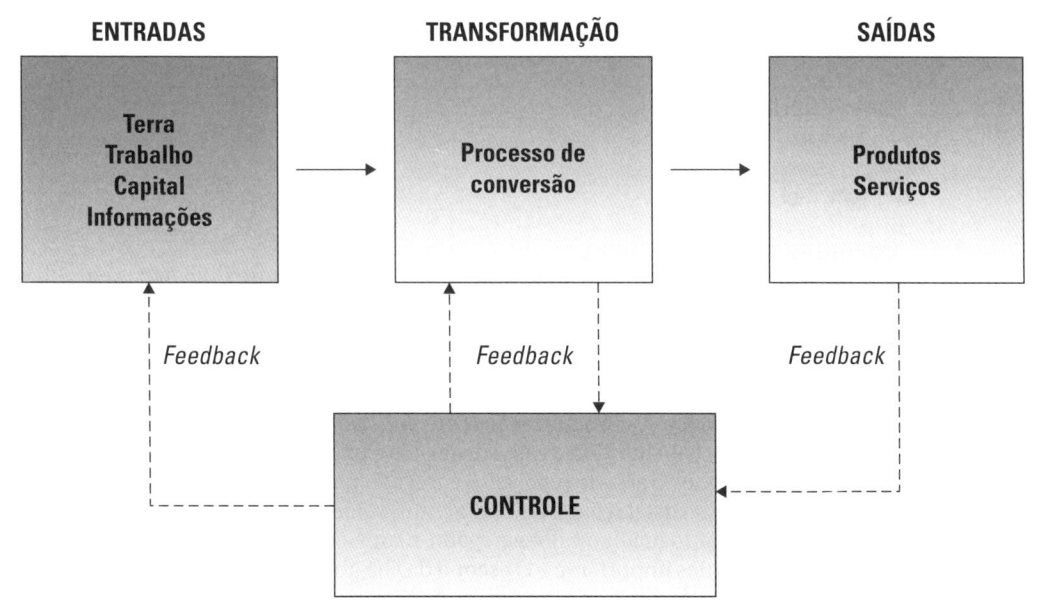

FIGURA G8.1
Operações envolvem a conversão de entradas em saídas.

FIGURA G8.2
Exemplos de entradas, transformação e saídas.

Entradas	Transformação	Saídas
Entradas de restaurante incluem clientes famintos, alimento e equipe de garçons	Alimentos bem preparados e bem servidos: ambiente agradável	Clientes satisfeitos
Entradas de hospitais incluem pacientes, suprimentos médicos, médicos, enfermeiros	Assistência médica	Indivíduos saudáveis
Entradas de automóveis incluem chapas de aço, peças de motor, pneus	Fabricação e montagem de automóveis	Automóveis de alta qualidade
Entradas de universidades incluem estudantes formados no ensino médio, livros, professores, salas de aula	Transmissão de conhecimentos e habilidades	Indivíduos educados
Entradas de centro de distribuição incluem itens de estoque, caixas de armazenamento, trabalhadores	Armazenamento e redistribuição	Entrega rápida de produtos disponíveis

FIGURA G8.3
O conjunto contínuo de produtos e serviços: a maioria dos produtos é um pacote de produtos e serviços.

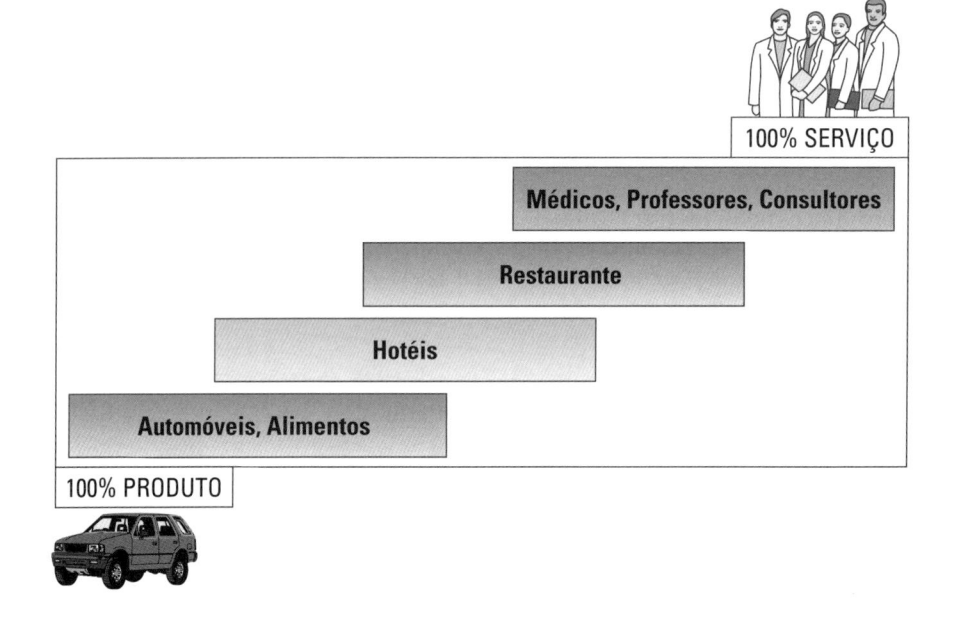

100% SERVIÇO

Médicos, Professores, Consultores

Restaurante

Hotéis

Automóveis, Alimentos

100% PRODUTO

Valor agregado é o termo usado para descrever a diferença entre o custo das entradas e o valor de preço das saídas. A GO é fundamental para uma organização, devido à sua capacidade de aumentar o valor agregado durante o processo de transformação. Nas organizações sem fins lucrativos, o valor das saídas (construção de rodovias, polícias e proteção contra incêndios) é o seu valor para a sociedade, e quanto maior o valor agregado, maior será a eficácia das operações. Nas organizações com fins lucrativos, o valor das saídas é medido pelos preços que os consumidores estão dispostos a pagar pelos produtos ou serviços. As empresas usam o dinheiro gerado pelo valor agregado para pesquisa e desenvolvimento, investimento em novas instalações e equipamentos, salários dos trabalhadores e lucros. Consequentemente, quanto maior o valor agregado, maior a quantidade de recursos disponíveis para essas atividades importantes. O escopo da GO abrange toda a organização e inclui muitas atividades interrelacionadas, como prognóstico, planejamento de capacidade, programação, gerenciamento de estoques, garantia de qualidade, motivação dos empregados, decisão de onde alocar suas instalações, entre outras.

Revisar as atividades realizadas em uma companhia aérea torna fácil entender como a equipe de serviço de GO de uma organização agrega valor. A companhia é composta por aviões, instalações de aeroportos e de manutenção, e as atividades típicas de GO incluem:

- **Previsão:** A estimativa da demanda de assentos para os voos, das condições climáticas e de pouso, e as estimativas de crescimento ou redução de viagens aéreas estão incluídos no prognóstico.
- **Planejamento de capacidade:** Essa é a métrica-chave essencial para a companhia aérea manter o fluxo de caixa e aumentar as receitas. Subestimar ou superestimar voos vai afetar os lucros.
- **Programação:** A companhia aérea opera em horários apertados que devem ser atualizados, incluindo voos, pilotos, comissários de bordo, equipe de terra, bagageiros e manutenção de rotina.
- **Gerenciamento de estoque:** É essencial para a companhia o estoque de itens como alimentos, bebidas, equipamentos de primeiros socorros, revistas a bordo, travesseiros, cobertores e coletes salva-vidas.
- **Garantia de qualidade:** A qualidade é indispensável em uma companhia aérea em que a segurança é a maior prioridade. Os viajantes de hoje esperam que o atendimento ao consumidor seja de alta qualidade durante a emissão de bilhetes, o check-in, o serviço a bordo, e em relação aos problemas inesperados, em que a ênfase está na eficiência e cortesia.
- **Motivação e formação dos empregados:** Os funcionários das companhias aéreas devem ser altamente treinados e motivados o tempo todo, sobretudo ao lidarem com passageiros frustrados.
- **Alocação de instalações:** As questões-chave enfrentadas pelas companhias aéreas incluem em quais cidades oferecer os serviços, onde alocar as instalações de manutenção e onde alocar os maiores e os menores centros de atividades.

Em frente a uma companhia aérea fica uma fábrica de bicicletas, que normalmente é uma operação de montagem: compra de componentes, como quadros, pneus, rodas, engrenagens e outros itens de fornecedores, para então montar as bicicletas. Uma fábrica de bicicletas também realiza algumas partes da própria fabricação, construindo chassis e fazendo as engrenagens e as correntes. É óbvio que uma companhia aérea e uma fábrica de bicicletas são tipos completamente diferentes de operações. Uma é basicamente uma operação de serviço, e a outra, um produtor de mercadorias. No entanto, essas duas operações têm muito em comum. Assim como a companhia aérea, a fábrica de bicicletas deve programar a produção, lidar com componentes, fazer o pedido de peças e materiais, determinar a programação e treinar os funcionários, garantir que padrões de qualidade sejam cumpridos e, sobretudo, satisfazer os consumidores. Em ambas as organizações, o sucesso do negócio depende do planejamento em longo e curto prazo e da capacidade dos seus executivos e gerentes de tomar boas decisões.

Papel da TI no GO

OA 2 Descrever a correlação entre a gestão de operações e a tecnologia da informação.

Os gerentes podem utilizar a TI para influenciar fortemente as decisões de GO, incluindo produtividade, custos, flexibilidade, qualidade e satisfação do cliente. Uma das maiores vantagens da TI sobre a GO está na tomada de decisões operacionais porque a gestão de operações exerce uma influência considerável sobre o grau em que as metas e objetivos da organização são realizados. A maioria das decisões de GO envolve muitas alternativas possíveis que podem ter diferentes impactos sobre as receitas e as despesas. Os sistemas de informação de GO são fundamentais para que os gerentes possam tomar decisões bem informadas.

Os *sistemas de suporte à decisão e os sistemas de informação executiva* podem ajudar uma organização a realizar a análise e-se, a análise de sensibilidade, a análise detalhada (*drill-down*) e a consolidação. Inúmeras decisões-chave gerenciais e estratégicas são baseadas em sistemas de informação de GO que afetam toda a organização, incluindo:

- **O Que:** Que recursos serão necessários e em que quantidade?
- **Quando:** Quando cada recurso será necessário? Quando o trabalho deve ser programado? Quando os materiais e outros suprimentos devem ser pedidos? Quando ações corretivas são necessárias?
- **Onde:** Onde o trabalho será realizado?

- **Como:** Como o produto ou o serviço será projetado? Como o trabalho será feito (organização, métodos, equipamento)? Como os recursos serão alocados?
- **Quem:** Quem vai realizar o trabalho?

SISTEMAS ESTRATÉGICOS DE NEGÓCIOS DA GO

A UPS utiliza sistemas de informação de fluxo de pacotes em cada um dos seus locais. Os sistemas customizados combinam estratégia de operações e tecnologia de mapeamento para otimizar a forma como as caixas são carregadas e entregues. A meta é usar o software de fluxo de pacote para reduzir a distância que os caminhões de entrega percorrem em mais de 160 milhões de quilômetros a cada ano. O projeto também vai ajudar a UPS a agilizar a rentabilidade de cada um dos seus locais de instalação.

A estratégia de operações está preocupada com o desenvolvimento de um plano em longo prazo para determinar a melhor forma de utilizar os principais recursos da empresa, de forma que haja um alto grau de compatibilidade entre esses recursos e a estratégia corporativa em longo prazo da empresa. A estratégia de operações trata de questões muito mais amplas sobre como esses recursos principais devem ser configurados para atingir os objetivos corporativos pretendidos. Algumas das principais questões em longo prazo abordadas na estratégia de operações incluem:

- De que tamanho serão as instalações construídas?
- Onde alocar as instalações?
- Quando construir instalações adicionais?
- Que tipo(s) de processo(s) deve(m) ser instalado(s) para fazer os produtos?

Cada uma dessas questões pode ser resolvida pelos sistemas de apoio à decisão da GM. Ao desenvolver uma estratégia de operações, a administração precisa considerar vários fatores, que incluem (a) o nível de tecnologia que está ou estará disponível, (b) os níveis de qualificação exigidos dos trabalhadores e (c) o grau de integração vertical, em termos da medida em que os fornecedores externos são usados.

Hoje muitas organizações, especialmente grandes conglomerados, operam em termos de ***unidades estratégicas de negócios (UEN)***, que consistem em várias empresas autônomas. Quando as empresas se tornam realmente grandes, é melhor que elas sejam consideradas como sendo compostas por diversas empresas (ou UENs). Conforme mostrado na Figura G8.4, a estratégia de operações sustenta a estratégia de longo alcance desenvolvida ao nível da UEN.

FIGURA G8.4
Hierarquia do planejamento operacional.

Tipo de planejamento	Prazo	Questões	Decisões	Sistemas
Planejamento estratégico	Longo prazo	Tamanho da fábrica, localização, tipo de processos	Como vamos fazer os produtos? Onde vamos alocar a instalação ou as instalações? Qual a capacidade que precisamos? Quando devemos adicionar mais capacidade?	Sistemas de planejamento das necessidades de materiais (MRP)
Planejamento tático	Médio prazo	Tamanho da força de trabalho, necessidades de material	De quantos trabalhadores precisamos? Quando precisamos deles? Devemos trabalhar com horas extras ou implantar troca de turno? Quando vai ser o material entregue? Devemos ter um estoque de produtos acabados?	Sistemas de gerenciamento de estoque global
Planejamento e controle operacional (OP&C)	Curto prazo	Programação diária de trabalhadores, ordens e equipamentos, gerenciamento de processos, gerenciamento de estoque	Que tipos de ordens realizamos hoje ou nesta semana? A quem atribuímos quais tarefas? Quais trabalhos têm prioridade?	Sistemas de controle e gerenciamento de estoque, sistemas de planejamento de transporte, sistemas de gerenciamento da distribuição

As decisões em nível de UEN focam em ser eficazes, ou seja, "em fazer as coisas certas". Essas decisões são algumas vezes referidas como **planejamento estratégico**, que foca no planejamento de longo prazo, como o tamanho da fábrica, a localização e o tipo de processo a ser utilizado. O principal sistema utilizado para o planejamento estratégico é um sistema de planejamento das necessidades de materiais.

Os **sistemas de planejamento das necessidades de materiais (MRP – Material Requirement Planning)** utilizam sistemas de previsão de vendas para se certificarem de que as peças e materiais necessários estão disponíveis na hora e no local certos em uma empresa específica. A última versão do MRP é o planejamento de recursos empresariais (ERP).

As decisões estratégicas afetam as decisões de alcance intermediário, muitas vezes referidas como planejamento tático, o qual se concentra em ser eficiente, ou seja, "fazer as coisas direito". O **planejamento tático** foca na produção de produtos e serviços do modo mais eficiente possível dentro do plano estratégico. Aqui a ênfase é na produção de produtos de qualidade, incluindo quando o material deve ser entregue, quando os produtos devem ser feitos para melhor atender à demanda e que tamanho deve ter a força de trabalho. Um dos principais sistemas utilizados no planejamento tático inclui o gerenciamento de estoque global. Os **sistemas de gerenciamento de estoque global** fornecem a capacidade de localizar, rastrear e prever os movimentos de cada componente ou material em qualquer lugar a montante ou a jusante no processo de produção. Isso permite que uma organização localize e analise seu estoque onde quer que ele esteja no seu processo de produção.

Por fim, o **planejamento e controle operacional (OP&C – Operational Planning and Control)** lida com os procedimentos diários para executar o trabalho, incluindo a programação, o estoque e o gerenciamento de processos. Os **sistemas de gerenciamento e controle do estoque** fornecem o controle e a visibilidade para a situação de itens individuais mantidos em estoque. O software mantém a precisão dos registros de estoque, gera a necessidade de material para todos os itens comprados e analisa o desempenho de estoque. O software de gerenciamento e controle de estoque fornece às organizações as informações de uma variedade de fontes, incluindo:

- Estoque atual e situação de pedidos.
- Contabilidade de custos.
- Previsão de vendas e pedidos de clientes.
- Capacidade de produção.
- Lançamentos de novos produtos.

Dois sistemas de OP&C adicionais incluem o planejamento de transportes e o gerenciamento de distribuição. Os **sistemas de planejamento de transporte** rastreiam e analisam o movimento de materiais e produtos para assegurar a entrega dos materiais e dos produtos acabados na hora certa, no lugar certo e com o menor custo. Os **sistemas de gerenciamento de distribuição** coordenam o processo de transporte de materiais de um fabricante dos centros de distribuição aos consumidores finais. As rotas de transporte afetam diretamente a velocidade e o custo da entrega. Uma organização vai utilizar esses sistemas para ajudar a decidir se quer usar uma rota de eficácia e enviar seus produtos diretamente para seus clientes ou usar uma rota de eficiência e enviar seus produtos para um distribuidor que vai entregá-los aos clientes.

Estratégia competitiva da GO

OA 3 Descrever as cinco características de prioridades competitivas.

A chave para o desenvolvimento de uma estratégia competitiva de GO está na compreensão de como criar produtos e serviços de valor agregado para os consumidores. Especificamente, o valor é agregado por meio das prioridades competitivas que são selecionadas para apoiar uma determinada estratégia. Cinco prioridades competitivas fundamentais traduzem diretamente em características que são usadas para descrever vários processos pelos quais uma empresa pode agregar valor às suas decisões de GO, incluindo:

1. Custo
2. Qualidade
3. Entrega
4. Flexibilidade
5. Serviço

CUSTO

Cada setor tem fornecedores de baixo custo. No entanto, ser o produtor de baixo custo nem sempre garante lucratividade e sucesso. Produtos vendidos estritamente com base no custo são normalmente como commodities, incluindo produtos como farinha, petróleo e açúcar. Em outras palavras, os clientes não conseguem distinguir os produtos fabricados por uma empresa dos de outra. Como resultado, os clientes utilizam o custo como o determinante principal na decisão de compra.

Os segmentos de baixo custo do mercado são frequentemente muito grandes, e muitas empresas são atraídas pelo potencial de lucros significativos, que são associados a grandes unidades de volumes de produto. Como consequência, a concorrência nesse segmento é extremamente feroz, assim como a taxa de falha. No final das contas, só pode haver um produtor do mais baixo custo, e a empresa geralmente estabelece o preço de venda no mercado.

QUALIDADE

A qualidade pode ser dividida em duas categorias: qualidade de produto e qualidade do processo. Os níveis de qualidade do produto variam conforme o mercado específico que pretende servir. Por exemplo, uma bicicleta genérica é de qualidade significativamente diferente de uma bicicleta de um ciclista de nível internacional. Os produtos de maior qualidade comandam os maiores preços no mercado. As organizações devem estabelecer o "nível adequado" de qualidade do produto, focando nas necessidades exatas de seus clientes. Os produtos superdimensionados com muita qualidade serão vistos como sendo proibitivamente caros. Os produtos subdimensionados, por outro lado, vão perder clientes para os produtos que custam um pouco mais, mas são vistos pelos clientes como oferecendo maior valor.

A qualidade do processo é fundamental em todos os segmentos de mercado. Independentemente de saber se o produto é uma bicicleta genérica ou uma bicicleta para um ciclista internacional, os clientes querem produtos sem defeitos. Assim, o objetivo principal da qualidade do processo é produzir produtos sem erros. O investimento na melhoria da qualidade compensa em termos de relacionamentos mais fortes com os clientes e receitas mais elevadas. Muitas organizações utilizam modernos padrões de controle de qualidade, incluindo:

- **Qualidade Seis Sigma:** A meta é detectar problemas em potencial para prevenir a sua ocorrência e alcançar não mais do que 3,4 defeitos por milhão de chances. Isso é importante para companhias como o Bank of America, que produz 4 milhões de transações por dia.
- **Prêmio Nacional de Qualidade Malcolm Baldrige:** Em 1987, nos Estados Unidos, um padrão foi estabelecido para a qualidade global da empresa com a introdução do Prêmio Nacional de Qualidade Malcolm Baldrige (Malcolm Baldrige National Quality Awards), nomeado em honra do último secretário de comércio dos EUA. As empresas podem candidatar-se a esses prêmios em cada uma das seguintes áreas: indústria, serviços, pequenas empresas, educação e cuidados de saúde. Para se qualificar, a organização tem de mostrar qualidade em sete áreas fundamentais: liderança, planejamento estratégico, cliente e foco de mercado, informação e análise, foco em recursos humanos, gestão de processos e resultados de negócios.
- **ISO 9000:** O nome comum dado à gestão da qualidade e às normas de garantia vem de ***International Organization for Standardization (ISO – Organização Internacional para Padronização)***, uma organização não governamental fundada em 1947 para promover o desenvolvimento de padrões mundiais a fim de facilitar o intercâmbio internacional de produtos e serviços. A ISO é uma federação mundial de organizações de padrões nacionais de mais de 140 países. Os padrões ISO 9000 exigem que uma companhia determine as necessidades do cliente, incluindo requisitos regulamentares e legais. A companhia deve também oferecer meios de comunicação para lidar com questões como reclamações. Outros padrões envolvem controle de processos, testes, armazenamento e entrega de produtos.
- **ISO 14000:** Essa seleção das melhores práticas de gerenciamento do impacto de uma organização sobre o meio ambiente não prescreve determinados níveis de de-

sempenho, mas estabelece sistemas de gestão ambiental. Os requisitos para a certificação incluem ter uma política ambiental, estabelecer de metas específicas de melhoria, realizar auditorias de programas ambientais e manter a revisão dos processos pela alta gestão. A certificação na norma ISO 14000 mostra que uma empresa possui um sistema de gerenciamento em nível internacional tanto em qualidade quanto em normas ambientais.

- **CMMI:** Capability Maturity Model Integration é um sistema de melhores práticas. A versão atual, CMMI-DEV, descreve as melhores práticas de gerenciamento, medição e monitoramento de processos de desenvolvimento de software. O CMMI não descreve os processos em si, mas sim as características dos bons processos, proporcionando orientações para as companhias desenvolverem ou aperfeiçoarem seus próprios conjuntos de processos.

ENTREGA

Outro fator-chave na decisão de compra é a velocidade da entrega. A capacidade de uma empresa possibilitar a entrega rápida e constante a permite cobrar um preço premium por seus produtos. George Stalk Jr., do Boston Consulting Group, demonstrou que tanto os lucros quanto a quota de mercado estão diretamente relacionados à velocidade com que uma companhia pode oferecer seus produtos em comparação à sua concorrência. Além da entrega rápida, a confiabilidade também é importante. Em outras palavras, os produtos deverão ser entregues aos clientes com variância mínima nos prazos de entrega.

FLEXIBILIDADE

A flexibilidade, a partir de uma perspectiva estratégica, refere-se à capacidade de uma companhia oferecer uma grande variedade de produtos aos seus clientes. É também uma medida de quão rápido a companhia pode converter os seus processos de fazer uma antiga linha de produtos para produzir uma nova linha de produtos. A diversidade de produtos é muitas vezes percebida pelos clientes como uma dimensão de qualidade.

A flexibilidade do processo de fabricação da John Deere Harvester Works em Moline, Illinois, permite à empresa responder à imprevisibilidade das necessidades da indústria de equipamentos agrícolas. Ao produzir tais produtos de pequeno volume, como plantadores de sementes em "módulos", ou fábricas dentro de uma fábrica, a Deere pode oferecer aos agricultores uma possibilidade de 84 modelos diferentes de plantadores com uma variedade tão ampla de opções que os agricultores podem tê-los praticamente customizados para atender às suas necessidades individuais. Seu processo de fabricação permite, portanto, que a John Deere concorra em velocidade e flexibilidade.

Hoje, parece haver uma tendência de oferta de produtos ecologicamente corretos que são feitos por meio de processos de mesma característica. À medida que os consumidores se tornam mais conscientes da fragilidade do meio ambiente, eles estão cada vez mais se voltando para os produtos que são seguros para o meio ambiente. Vários fabricantes flexíveis agora anunciam produtos ecologicamente corretos, produtos com economia de energia e produtos reciclados.

SERVIÇO

Com os ciclos de vida mais curtos dos produtos, eles tendem a migrar para um padrão comum. Como consequência, esses produtos muitas vezes são vistos como commodities em que o preço é o principal diferenciador. Por exemplo, as diferenças dos laptops oferecidos entre os fabricantes de PCs são relativamente insignificantes, então o preço é o principal critério de seleção. Por esse motivo, muitas companhias tentam colocar uma ênfase no atendimento de alta qualidade ao cliente como um diferencial fundamental. O atendimento ao cliente pode agregar um grande valor para um produto qualquer.

As empresas estão sempre olhando para o futuro para encontrar a próxima vantagem competitiva que vai distinguir os seus produtos no mercado. Para obter uma vantagem em um ambiente tão competitivo, as empresas devem fornecer produtos e serviços de "valor agregado", e a principal área em que eles podem capitalizar todas essas prioridades competitivas está na cadeia de fornecimento.

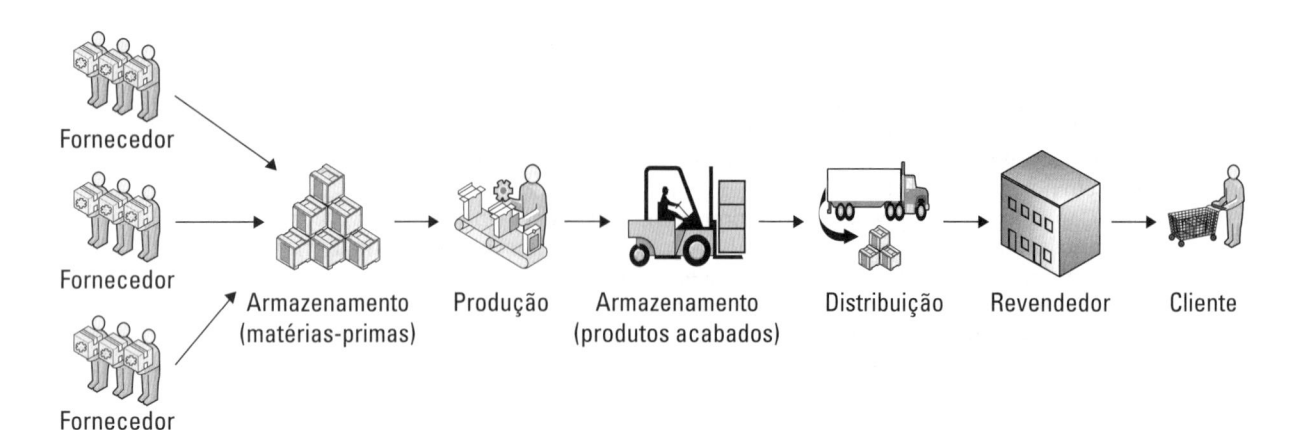

FIGURA G8.5
Típica cadeia de fornecimento da produção.

GO e a cadeia de fornecimento

Uma *cadeia de fornecimento* consiste em todas as partes envolvidas, direta ou indiretamente, na aquisição de um produto ou matéria-prima. O *gerenciamento da cadeia de fornecimento (SCM – Supply Chain Management)* envolve o gerenciamento dos fluxos de informação dentro e entre as etapas da cadeia de fornecimento para maximizar suas eficácia e rentabilidade totais. O software de SCM pode habilitar uma organização para gerar eficiências no âmbito dessas etapas, automatizando e melhorando os fluxos de informação pelos e entre os diferentes componentes da cadeia de fornecimento. As Figuras G8.5 e G8.6 mostram as cadeias de fornecimento típicas para produtos e serviços.

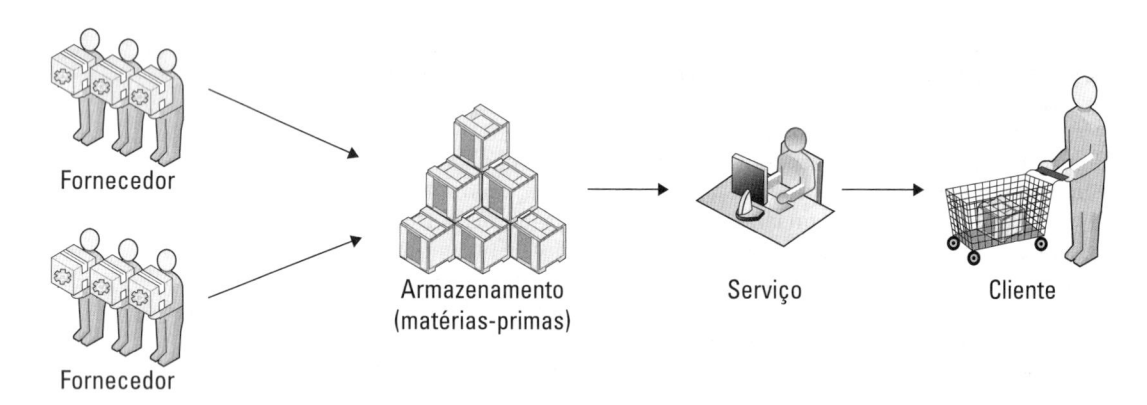

FIGURA G8.6
Típica cadeia de fornecimento de serviço.

RESUMO DO PLUG-IN

Este plug-in introduziu o conceito de gestão de operações, mostrando como a tecnologia da informação pode ser utilizada para melhorar os processos de negócios fundamentais. A gestão de operações existe em uma variedade de setores e indústrias. Foram dados diversos exemplos mostrando a capacidade da tecnologia da informação em ajudar as organizações a melhorar suas interações com fornecedores, fabricantes, distribuidores, depósitos e clientes.

Como aluno de Administração, você deve compreender o papel central que a tecnologia da informação desempenha na facilitação da gestão de operações e no suporte à infraestrutura básica e à coordenação necessárias ao funcionamento das operações de negócio principais.

TERMOS-CHAVE

Cadeia de fornecimento 444
Gerenciamento da cadeia de fornecimento (SCM) 444
Gerenciamento de produção 437
Gestão de operações (GO) 437
International Organization for Standardization (ISO) 442
Planejamento e controle operacional (OP&C) 441
Planejamento estratégico 441
Planejamento tático 441
Processo de transformação 437
Produção 436
Sistemas de gerenciamento de distribuição 441
Sistemas de gerenciamento de estoque global 441
Sistemas de gerenciamento e controle do estoque 441
Sistemas de planejamento das necessidades de materiais (MRP) 441
Sistemas de planejamento de transporte 441
Unidades estratégicas de negócios (UEN) 440
Valor agregado 438

CASO DE ENCERRAMENTO 1

Como a Levi's colocou seus jeans no Walmart

Pessoas do mundo inteiro reconhecem a Levi's como um ícone americano, o jeans descolado usado pelos astros do cinema James Dean e Marilyn Monroe. No entanto, a empresa não conseguiu acompanhar a rápida evolução dos gostos dos adolescentes americanos. Particularmente, a companhia não participou da tendência dos jeans *baggy* que foi febre em meados dos anos 1990. As vendas despencaram de US$ 7,1 bilhões em 1996 para US$ 4,1 bilhões em 2003, e a participação de mercado, nos EUA, da empresa caiu de 18,7% em 1997 para 12% em 2003, uma enorme queda de quase um terço, em dinheiro e em cota do mercado.

Analisar e reagir ao que aconteceu

A concorrência acertou a Levi Strauss de cima abaixo. Os compradores que se importavam com a moda foram atraídos por marcas de alto preço, como Blue Cult, Juicy e Seven, que tinham mais prestígio do que a Levi's. Na outra extremidade, os pais estavam comprando produtos Wrangler e Lee para os filhos porque esses jeans custam, em média, cerca de US$ 10 a menos do que os modelos Red Tab da Levi's. A Wrangler e a Lee também eram as marcas que eles encontravam em lojas de produtos com descontos, como Walmart, Target e TJ Maxx. David Bergen, diretor de informática (CIO) da Levi's, descreveu a situação da empresa como "estar amassada" e "apanhada nas garras da morte".

O novo CEO da Levi Strauss, Philip A. Marineau, chegou à empresa vindo da PepsiCo em 1999, um ano depois de ter ajudado a PepsiCo a superar a Coca-Cola nas vendas pela primeira vez. Marineau recrutou Bergen em 2000 da Carstation.com. O CEO rapidamente percebeu que transformar a Levi Strauss implicaria fabricar, comercializar e distribuir os jeans que os clientes queriam, particularmente clientes na extremidade baixa, onde o mercado de massa estava localizado.

Bergen estava ansioso para se juntar à equipe por causa da experiência de Marineau em vestuário, varejo e fabricação junto a empresas como Gap e Esprit de Corps, na década de 1980. Ele sabia que o plano de Marineau de antecipar os gostos dos clientes exigiria aplicações modernas de TI, como armazenamento de dados, mineração de dados e sistemas de gestão do relacionamento com o cliente (CRM). Bergen também sabia que vender para os varejistas do mercado de massa exigiria atualizar os sistemas de gerenciamento da cadeia de fornecimento (SCM) e entendia que a globalização exigiria sistemas padronizados de planejamento de recursos empresariais (ERP). No geral, tratava-se de um desafio que qualquer CIO ambicioso cobiçaria. Afinal, projetar e instalar sistemas de TI que impulsionam e alcançam as principais iniciativas de negócios é o ponto máximo.

Ingresso no Walmart

O Walmart foi pioneiro nos sistemas de gerenciamento da cadeia de fornecimento, tendo aprendido cedo que removendo custos da cadeia de fornecimento permitiria oferecer aos clientes produtos com os mais baixos preços possíveis, e, ao mesmo tempo teria os produtos que os clientes queriam. Tornar-se um dos 30 mil fornecedores do Walmart não é fácil. A empresa insiste que seus fornecedores façam negócios usando sistemas de TI modernos para gerenciar a cadeia de fornecimento – e não apenas entre o Walmart e seus fornecedores, mas as cadeias de fornecimento entre os fornecedores e os fornecedores dos fornecedores também. O Walmart tem rigorosos requisitos para os sistemas de gerenciamento da cadeia de fornecimento que seus parceiros de negócios devem cumprir.

Os requisitos do Walmart apresentaram à Levi Strauss um sério obstáculo para superar, pois os sistemas de gerenciamento da cadeia de fornecimento da empresa estavam em péssima forma. Os executivos da Levi Strauss não tinham acesso sequer a informações fundamentais que eram necessárias para rastrear os produtos na cadeia de fornecimento. Eles não sabiam, por exemplo, quantos jeans estavam na fábrica à espera do transporte, quantos estavam a caminho ou quantos tinham acabado de ser descarregados no depósito de um cliente. De acordo com Greg Hammann, diretor de relacionamento com o cliente da Levi's nos EUA, "a cadeia de fornecimento da empresa não conseguiria realizar os serviços que o Walmart esperava".

Bergen criou uma equipe multifuncional dos principais gerentes de TI, finanças e vendas para transformar os sistemas da Levi Strauss e atender às exigências do Walmart. Suas recomendações incluíam atualizações de rede, modificações nas aplicações de compras e de logística e melhorias no armazenamento de dados, entre outras. Embora Bergen percebesse que quase metade das alterações necessárias aos sistemas de TI atuais para acomodar as demandas sofisticadas do Walmart seria um desperdício de recursos, uma vez que esses sistemas seriam substituídos por novos sistemas de software empresarial SAP nos próximos cinco anos, a Levi Strauss não podia esperar a instalação do SAP se quisesse fazer negócios com o Walmart no momento, e por isso ele decidiu avançar com as alterações dos sistemas vigentes.

A transformação bem-sucedida de seu sistema permitiu à Levi's colaborar com o Walmart. A empresa apresentou sua nova linha no gigante do varejo, com preço de cerca de US$ 23 e menos detalhes no acabamento do que os modelos de outras linhas da Levi's, sem a costura, que é a marca registrada dela ou a etiqueta vermelha, por exemplo. O Walmart quer contar com marcas reconhecidas para atrair clientes mais abastados para suas lojas, ao mesmo tempo que mantém os preços baixos pelos quais todos os seus clientes esperam. A vice-presidente sênior Lois Mikita observou que o Walmart "continua a adaptar a sua seleção para satisfazer as necessidades dos clientes de diversos níveis de renda e estilos de vida". Ela também afirmou que está impressionada com o nível de detalhe que a Levi Strauss colocou em seus esforços de transformação dos sistemas para "obter 100% de execução da nova versão".

Sucesso de negócios por meio da TI

As mudanças de Bergen foram um sucesso e o percentual de produtos entregues no prazo rapidamente subiu de 65 para 95%, principalmente por causa do sistema atualizado de gerenciamento da cadeia de fornecimento. As vendas totais da Levi's também subiram no terceiro e no quarto trimestre de 2003, fato que ocorreu pela primeira vez desde 1996. O NPD Group's Fashionworld é um grupo de pesquisa que monitora tendências do mercado de vestuário e calçados. Em 2003, a Levi's apareceu no top 10 de marcas preferidas pelas mulheres jovens do grupo, dando fim a uma ausência de vários anos. Marshall Cohen, analista sênior da indústria do NPD Fashionworld, observou que a Levi's "esteve distante por algum tempo. Os adolescentes não se aproximavam da marca havia anos. Isso foi incrível. Muito daquilo tem a ver com ter o estilo certo no lugar certo e na hora certa". Os sistemas aprimorados, observou Cohen, também ajudaram a empresa a fornecer os tamanhos de roupa certos para as lojas certas.

Outro sistema de TI altamente bem-sucedido implementado pela Levi Strauss é o dashboard digital que os executivos podem ver nas telas do computador. O dashboard permite ao executivo ver o estado de um produto, desde o chão da fábrica até os centros de distribuição e lojas de varejo. O painel pode, por exemplo, exibir como o jeans 501 da marca está vendendo em uma determinada loja Kohl em relação às vendas previstas. "Quando cheguei aqui, eu não via nada", disse Hammann. "Agora posso examinar a fundo o nível de produtos".

O dashboard digital alerta os executivos para tendências que, nos sistemas anteriores, eles teriam levado semanas para detectar. Em 2003, por exemplo, a Levi Strauss começou a comercializar as calças Dockers Stain Defender. As vendas esperadas eram cerca de 2 milhões de pares. O dashboard rapidamente notificou os principais executivos de que as calças estavam vendendo cerca de 2,5 milhões de pares. Essa informação permitiu ajustar a produção para cima a tempo de enviar mais calças, atender ao aumento da demanda e evitar a perda de vendas. A Levi Strauss também usa os sistemas para controlar a oferta durante os principais períodos sazonais de vendas, como a época de volta às aulas e o Natal.

"Se eu pareço confiante demais, não é nada disso", explicou Bergen. "Estou muito nervoso com essa mudança. Quando tropeçamos, temos de nos levantar bem rápido e subir de novo no cavalo, como se costuma dizer". Como se fosse para reforçar o ponto de Bergen, Gib Carey, analista da cadeia de fornecimento da Bain, observou que "as empresas realmente fracassam quando não estão trazendo nada de novo para o Walmart. O Walmart está constantemente tentando descobrir 'como posso obter o mesmo produto que estou vendendo hoje a um preço mais baixo em outro lugar?'"

Questões

1. Como a Levi Strauss obteve sucesso empresarial com a utilização do gerenciamento da cadeia de fornecimento?
2. O que poderia ter acontecido com a Levi Strauss, se seus principais executivos não tivessem apoiado os investimentos em SCM?
3. David Bergen, CIO da Levi's, criou uma equipe multifuncional dos principais gerentes de TI, finanças e vendas para transformar os sistemas da Levi Strauss e atender às exigências do Walmart. Analise as relações entre essas três áreas do negócio e a GO. Como a GO pode ajudar no suporte a essas três áreas críticas de negócios?
4. Descreva os cinco componentes básicos de SCM em relação ao modelo de negócios do Walmart.
5. Explique as tendências futuras de SCM e dê um exemplo de como a Levi Strauss poderia utilizar essas tecnologias para racionalizar as suas operações de negócios.
6. Identifique problemas de segurança e questões éticas que possam ocorrer quando uma empresa faz negócios com o Walmart.

CASO DE ENCERRAMENTO 2

O hospital digital

Durante anos, a assistência médica não aproveitou as grandes vantagens que a tecnologia da informação tem proporcionado ao restante da economia. Durante os anos 1990, a produtividade nos serviços de saúde diminuiu, segundo estimativas da Economy.com Inc. Isso é um enorme insucesso em uma década de ganhos fortes da economia global. Esse fato está começando a mudar, à medida que hospitais, bem como as seguradoras e o governo, estão intensificando seus investimentos em TI. Os hospitais estão finalmente se livrando de suas redes desajeitadas e lentas de primeira geração e começando a instalar laptops, software e tecnologias de Internet.

FIGURA G8.7 Projetos de desenvolvimento de sistemas de TI para hospitais.

Projetos de TI do centro médico da Hackensack University

- Os pacientes podem usar TVs de plasma de 37 polegadas nos quartos para navegar na Internet e obter informações sobre suas condições médicas. Também podem ter aulas interativas sobre a doença que sofrem e descobrir como cuidar de si mesmos após a alta.

- De praticamente qualquer lugar do mundo, os médicos podem fazer suas rondas hospitalares com a ajuda de um robô em tamanho natural, o Sr. Rounder. Usando laptops com joysticks e links da Web, os médicos conduzem o robô pelo hospital para realizar conferências, por vídeo remoto, com os pacientes e outros médicos. Quando uma tempestade de neve impediu o Dr. Garth Ballantynes de chegar ao hospital, ele usou o Sr. Rounder para fazer sua ronda de casa, distante 130 km.

- Os PCs de bolso que se conectam sem fio à rede do hospital dão aos médicos a liberdade de realizar pedidos para a farmácia e examinar registros médicos de qualquer lugar do hospital.

- As enfermeiras usam laptops sem fio para registrar sinais vitais, sintomas e medicamentos dos pacientes. Os médicos podem acessar o mesmo sistema central dos laptops para pedir receitas médicas, testes de laboratório e acompanhar o progresso dos seus pacientes.

- O site interno do hospital armazena todas as suas imagens médicas. Os médicos podem visualizar versões digitais de ótima qualidade dos raios X, exames de ressonância magnética e tomografias computadorizadas de seus pacientes de qualquer computador dentro ou fora do hospital.

- Um robô gigante chamado Robbie, equipado com braços, lê prescrições inseridas no sistema de informática do hospital e, em seguida, pega os medicamentos armazenados em cavilhas de parede. As pílulas são, em seguida, despejadas em recipientes, que são rotulados para cada paciente.

O centro médico da Hackensack University, em Hackensack, Nova Jersey, é um dos mais agressivos adeptos da tecnologia do país, investindo US$ 72 milhões em projetos de TI. Esses investimentos estão valendo a pena para o hospital, que vê suas taxas de mortalidade de pacientes diminuirem – em 16% em quatro anos – e a qualidade do atendimento e a produtividade crescerem. A parte mais importante das iniciativas digitais da Hackensack é o software em rede que atua como sistema nervoso central do hospital. Usando laptops sem fio, as enfermeiras acessam o sistema para registrar informações e progressos dos pacientes. Os médicos entram na rede por meio de dispositivos sem fio para pedir receitas médicas e exames laboratoriais. Tudo está conectado, desde a farmácia automatizada até o laboratório de raios X, eliminando a necessidade de fax, telefonemas e outros aborrecimentos administrativos. A Figura G8.7 mostra os projetos de desenvolvimento de sistemas de TI do hospital.

Mais importante do que poupar dinheiro é salvar vidas. Informações insuficientes matam cerca de 7 mil americanos por ano apenas pela falta de indicações de problemas de interações medicamentosas, de acordo com a National Academy of Sciences Institute of Medicine. Erros hospitalares resultam em 100 mil mortes por ano. Provas preliminares indicam que a tecnologia adequada pode reduzir esse montante. Os hospitais que utilizam sistemas de receituário eletrônico têm observado uma diminuição de 80% dos erros nas prescrições.

Questões

1. Como a gestão de operações pode ser um componente crítico para um hospital?
2. Como um hospital usaria cada uma das três estratégias de planejamento de GO para melhorar suas operações?
3. Como um hospital pode usar cada uma das cinco prioridades competitivas para aumentar o valor de seus produtos e serviços?

TOMANDO DECISÕES DE NEGÓCIOS

1. **Corte de grama operacional**

    Mary Lou trabalhou para a mesma empresa Fortune 500 por quase 15 anos. Embora a empresa tenha passado por alguns momentos difíceis, a maré começava a virar. Os pedidos dos clientes estavam em alta, e a qualidade e produtividade tinham melhorado sensivelmente em relação a alguns anos antes, devido a um programa de melhoria de qualidade da empresa. Por isso, foi um verdadeiro choque para Mary Lou e cerca de 400 de seus colegas de trabalho quando todos foram subitamente demitidos, após a decisão do novo CEO de reduzir o tamanho da empresa.

    Depois de se recuperar do choque inicial, Mary Lou tentou encontrar emprego em outro lugar. Apesar dos esforços, após oito meses de busca, suas chances de encontrar um emprego continuavam as mesmas. Os recursos de Mary Lou estavam se esgotando e ela ficava cada vez mais desanimada. Havia uma luz no fim do túnel, no entanto: ela podia ganhar um pouco de dinheiro cortando a grama de seus vizinhos. Mary Lou se deu conta disso por acaso, ao ouvir a observação de um vizinho, dizendo que agora que os filhos moravam sozinhos, não havia ninguém para cortar a grama. Quase em tom de brincadeira, Mary Lou perguntou o quanto ele estaria disposto a pagar. Em pouco tempo, ela estava cortando a grama de 10 vizinhos. Outros vizinhos queriam que ela trabalhasse para eles também, mas Mary Lou achava que não podia ficar ainda mais tempo sem procurar emprego.

    No entanto, como as cartas de rejeição começavam a formar uma pilha, ela sabia que tinha de tomar uma decisão: se iria trabalhar por conta própria ou continuar a busca por trabalho.

    Ao final de seu primeiro ano no negócio, Mary Lou estava tendo uma boa renda com facilidade. Ela começou a realizar outras tarefas, como adubar os gramados, remover ervas daninhas dos jardins, desbastar arbustos e instalar sistemas de aspersão. O negócio era tão bom que Mary Lou contratou vários funcionários para ajudá-la e acredita que poderia expandir ainda mais o seu negócio. Agora que Mary Lou começa a planejar sua expansão, ela precisa da sua ajuda para responder às seguintes questões:

    1. De que forma os clientes de Mary Lou conseguem julgar a qualidade do trabalho que ela faz?

    2. Mary Lou é a gerente de operações de seu negócio. Entre as responsabilidades dela, estão previsão, gestão de estoque, cronograma, garantia de qualidade e manutenção.

        1. Que tipo de atividade provavelmente exigiria que ela realizasse previsões?
        2. Quais os itens de estoque que Mary Lou provavelmente tem? Dê o nome de uma decisão em relação ao estoque que ela tem que tomar periodicamente.
        3. Que tipo de cronograma ela deve fazer? O que pode ocorrer para interromper os compromissos e fazer Mary Lou reagendá-los novamente?
        4. Qual é a importância da garantia de qualidade para os negócios de Mary Lou?

    3. Quais são alguns dos conflitos que Mary Lou provavelmente considera em relação a:

        1. Trabalhar para uma empresa em vez de para si mesma?
        2. Expandir o negócio?
        3. Lançar um site?

        4. A cidade está examinando uma lei para proibir que se deixe a grama aparada no meio-fio para ser recolhida, porque os aterros locais não conseguem lidar com o volume. Que opções Mary Lou pode ter, se a lei entrar em vigor?

        5. Mary Lou decidiu oferecer a seus funcionários um bônus de US$ 250 em troca de sugestões sobre como melhorar o negócio, e eles forneceram várias boas ideias. Uma delas, que Mary Lou inicialmente rejeitou, agora parece uma grande promessa. O funcionário que a propôs deixou a empresa e hoje trabalha para um concorrente. Mary Lou deve lhe enviar a quantia correspondente à ideia?

2. **Recall total**

   Em meados de 2000, a Firestone Tire Company anunciou o recall de alguns de seus pneus, aqueles instalados em determinados veículos utilitários esportivos (SUV) da Ford Motor Company. Isso foi feito em resposta a relatos de que as bandas de rodagem de alguns SUVs se separavam com o uso e causavam acidentes, alguns dos quais envolvendo ferimentos fatais quando os veículos capotavam.

   Inicialmente, a Firestone negou que houvesse um problema com os pneus, mas realizou o recall sob pressão de grupos de consumidores e várias agências governamentais. Todos os pneus em questão foram produzidos na mesma fábrica de pneus, e houve apelos para que a unidade fosse fechada. A Firestone sugeriu que a Ford não tinha feito a combinação correta de pneus e SUVs. Também houve sugestões de que os amortecedores dos SUVs estavam em atrito contra os pneus, causando ou agravando o problema.

   A Ford e a Firestone negaram que isso tivesse sido um problema permanente. No entanto, houve um clamor público, quando se soube que a Firestone tinha realizado anteriormente recalls desses pneus na América do Sul, e as empresas tinham enfrentado pelo menos uma ação judicial envolvendo um acidente causado pela separação das bandas, alguns anos antes.

   Esse caso levanta uma série de questões, algumas relacionadas com as possíveis causas e outras com a ética. Examine cada um desses fatores e sua relevância real ou potencial para o que aconteceu:

   1. Produto
   2. Controle de qualidade
   3. Ética

PLUG-IN
G9 Infraestruturas de TI sustentáveis

> **OBJETIVOS DE APRENDIZAGEM**
> 1. Identificar os impactos ambientais associados à TI.
> 2. Explicar os três componentes de uma infraestrutura sustentável de TI, bem como suas vantagens para o negócio.

OA 1 Identificar os impactos ambientais associados à TI.

A TI e o meio ambiente

Quando se trata de tecnologia da informação (TI), a tendência geral aponta para dispositivos menores, mais rápidos e mais baratos. Gordon Moore, cofundador da Intel, a maior produtora mundial de chips ou microprocessadores de computador, observou, em 1965, que os avanços contínuos em inovação tecnológica tornaram possível reduzir o tamanho de um chip de computador (o cérebro do computador ou, hoje, mesmo de um telefone celular), ao mesmo tempo que dobrava a sua capacidade a cada dois anos. Sua previsão de que essa tendência continuaria passou a ser conhecida como ***Lei de Moore***, que se refere ao desempenho do chip de computador por dólar dobrar a cada 18 meses. Embora Moore inicialmente tenha previsto um período de dois anos, muitas fontes hoje referem-se a 18 meses.

A Lei de Moore é ótima para muitas empresas, pois elas podem adquirir grandes quantidades de equipamento de TI por preços cada vez mais baratos. Como o negócio eletrônico continua a crescer, as empresas equipam seus funcionários com diversos formatos de dispositivos eletrônicos, que vão de laptops a celulares e iPads. Isso é fantástico para dar suporte a uma corporação conectada, mas entre os efeitos colaterais indesejados mais importantes estão a nossa dependência de combustíveis fósseis e o aumento da necessidade de eliminação segura do equipamento de informática desatualizado. A preocupação com esses efeitos colaterais tem levado muitas empresas a recorrer a uma prática ecológica conhecida como TI sustentável. A ***TI sustentável***, ou ***ecológica***, descreve a fabricação, gestão, utilização e a eliminação de tecnologia da informação de uma maneira que minimize os danos ao meio ambiente. A TI sustentável é uma parte crítica da ***responsabilidade social das empresas***, ou seja, da responsabilidade reconhecida pelas empresas para com a sociedade. Criar infraestruturas sustentáveis de TI é uma iniciativa central e um fator crítico de sucesso para as empresas socialmente responsáveis. A Figura G9.1 mostra os três principais efeitos colaterais do uso ampliado da tecnologia pelas empresas.

AUMENTO DO LIXO ELETRÔNICO

A Lei de Moore tornou os dispositivos tecnológicos menores, mais baratos e mais rápidos, permitindo que mais pessoas de todos os níveis de renda pudessem comprar equipamentos de computação. Esse aumento da procura está causando inúmeros problemas ambientais. A expressão *lixo eletrônico (ewaste)* refere-se a dispositivos eletrônicos descartados, obsoletos ou quebrados. Lixo eletrônico inclui CDs, DVDs, pen drives, cartuchos de impressora, telefones celulares, iPods, discos rígidos externos, TVs, videocassetes, aparelhos de DVD e micro-ondas, entre outros. Alguns dizem que um ano humano equivale a sete anos de avanços tecnológicos. Um computador pessoal tem uma expectativa de apenas três a cinco anos de vida, e a de um telefone celular é inferior a dois anos.

O *descarte sustentável de TI* significa a eliminação segura dos ativos de TI no final de seu ciclo de vida. Isso garante que o lixo eletrônico não acabe em aterros sanitários, causando problemas ambientais. Um único computador contém mais de 700 substâncias químicas; algumas, como mercúrio, chumbo e cádmio, são tóxicas. Se um computador for parar em um aterro sanitário, as substâncias tóxicas que ele contém podem contaminar a terra, a água e o ar. Os custos de reciclagem vão de 15 a US$ 50 para um monitor ou computador. Muitas empresas, incluindo escolas públicas e universidades, simplesmente não podem pagar o preço da reciclagem.[1]

Também se produz lixo eletrônico quando equipamentos não utilizados e depositados em sótãos, porões e instalações de armazenamento nunca vão para um centro de reciclagem. Recuperar prata, ouro e outros metais preciosos a partir desses dispositivos é mais eficiente e menos prejudicial para o ambiente do que removê-los do seu ambiente natural.

Atualmente, menos de 20% do lixo eletrônico dos Estados Unidos é reciclado; no entanto, mesmo a reciclagem não garante que o equipamento seja eliminado de forma segura. Enquanto alguns recicladores processam o material de forma ética, outros o enviam para países como a China e a Índia, onde a fiscalização ambiental é fraca. Essa ação apresenta seus próprios problemas ambientais globais.

FIGURA G9.1
Três pressões que orientam as estruturas da TI sustentável.

AUMENTO DO CONSUMO DE ENERGIA

O *consumo de energia* é a quantidade de energia consumida pelos processos de negócios e sistemas. O grande aumento no uso da tecnologia tem ampliado muito o consumo de energia. Estima-se que a energia consumida por um computador pode produzir 10% da quantidade de dióxido de carbono que um automóvel produz. Os servidores de computador nos Estados Unidos são responsáveis por cerca de 1% das necessidades energéticas totais do país. Colocado em perspectiva, isso é mais ou menos equivalente ao consumo de energia do Mississippi.

Os computadores consomem energia mesmo quando não estão sendo usados. Por conveniência e para permitir atualizações automáticas e *backup*, a maioria dos equipamentos de informática nunca fica totalmente desligada. Essas máquinas consomem energia 24 horas por dia.

AUMENTO DAS EMISSÕES DE CARBONO

Os principais gases de efeito estufa gerados pelo ser humano, como as emissões de carbono provenientes do uso de energia, provavelmente sejam responsáveis pelos aumentos da temperatura climática ao longo da última metade do século. Esperam-se mais aumentos de temperatura ao longo dos próximos cem anos, com graves consequências para o ambiente da Terra, se as *emissões de carbono*, inclusive o dióxido de carbono e o monóxido de carbono produzido pelos processos de negócios e sistemas, não forem reduzidas.

Nos Estados Unidos, o carvão fornece mais de 50% da energia elétrica. Quando deixado em modo de espera, um único computador com monitor pode consumir pelo menos 100 watts de potência por hora. Gerar essa quantidade de energia 24 horas por dia ao longo de um ano exigiria cerca de 323 quilos de carvão. Quando esse carvão é queimado, libera em média 2,2 quilogramas de dióxido de enxofre, 2,2 quilogramas de óxidos de nitrogênio e 840 quilogramas (quase uma tonelada) de dióxido de carbono.[2]

OA 2 Explicar os três componentes de uma infraestrutura sustentável de TI, bem como suas vantagens para o negócio.

Apoiar o meio ambiente: infraestruturas de TI sustentáveis

O combate a lixo eletrônico, consumo de energia e emissões de carbono requer que a empresa se concentre na criação de infraestruturas de TI sustentáveis. Uma infraestrutura de TI sustentável identifica as maneiras pelas quais a empresa pode crescer em termos de recursos de computação, ao mesmo tempo que se torna menos dependente do consumo de hardware e energia. Os componentes de infraestrutura de TI sustentável são apresentados na Figura G9.2.

COMPUTAÇÃO EM GRADE

Quando se liga uma luz, a rede elétrica fornece exatamente o que é necessário, instantaneamente. Computadores e redes podem agora trabalhar dessa maneira usando a computação em grade. **Computação em grade** é um conjunto de computadores, muitas vezes dispersos geograficamente, que são coordenados para resolver um problema comum. Com a computação em grade, um problema é dividido em pedaços e distribuído para várias máquinas, permitindo que o processamento seja mais rápido do que ocorreria em um único sistema (veja a Figura G9.3). Os computadores normalmente usam menos de 25% da capacidade de processamento de que dispõem, deixando mais de 75% disponível para outras tarefas. De forma inovadora, a computação em grade se aproveita desse poder de processamento não utilizado, conectando milhares de computadores individuais em todo o mundo para criar um "supercomputador virtual" que pode processar tarefas intensivas. A computação em grade permite uma melhor utilização dos recursos de TI, proporcionando maior escalabilidade, pois os sistemas podem facilmente se desenvolver para lidar com picos e depressões de demanda, tornar-se mais eficientes e resolver problemas que seriam impossíveis de solucionar com um único computador (ver Figuras G9.4 e G9.5).

Os usos da computação em grade são numerosos, incluindo o ambiente criativo dos filmes de animação. A DreamWorks Animation utilizou a computação em grade para concluir muitos de seus filmes de sucesso, incluindo *FormiguinhaZ, Shrek, Madagascar* e *Como Treinar o Seu Dragão*. O terceiro filme *Shrek* exigiu mais de 20 milhões de horas de computação (em comparação com os 5 milhões do primeiro Shrek e os 10 milhões do segundo). Nos horários de pico de produção, a DreamWorks dedicava mais de 4 mil computadores para sua grade do *Shrek*, permitindo a conclusão das cenas em dias e horas, em vez de meses. Com o aumento do poder da computação em grade, os animadores da Dre-

FIGURA G9.2
Componentes das infraestruturas de TI sustentáveis.

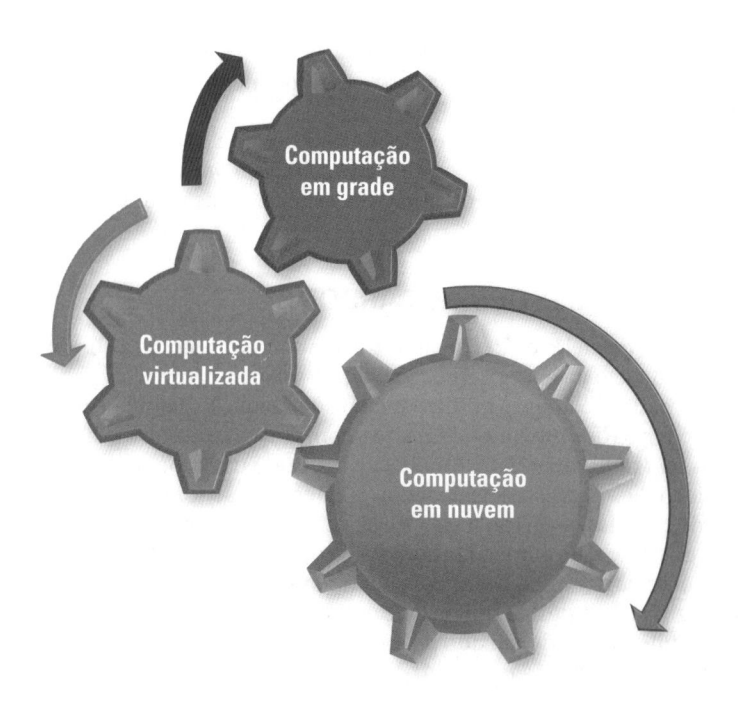

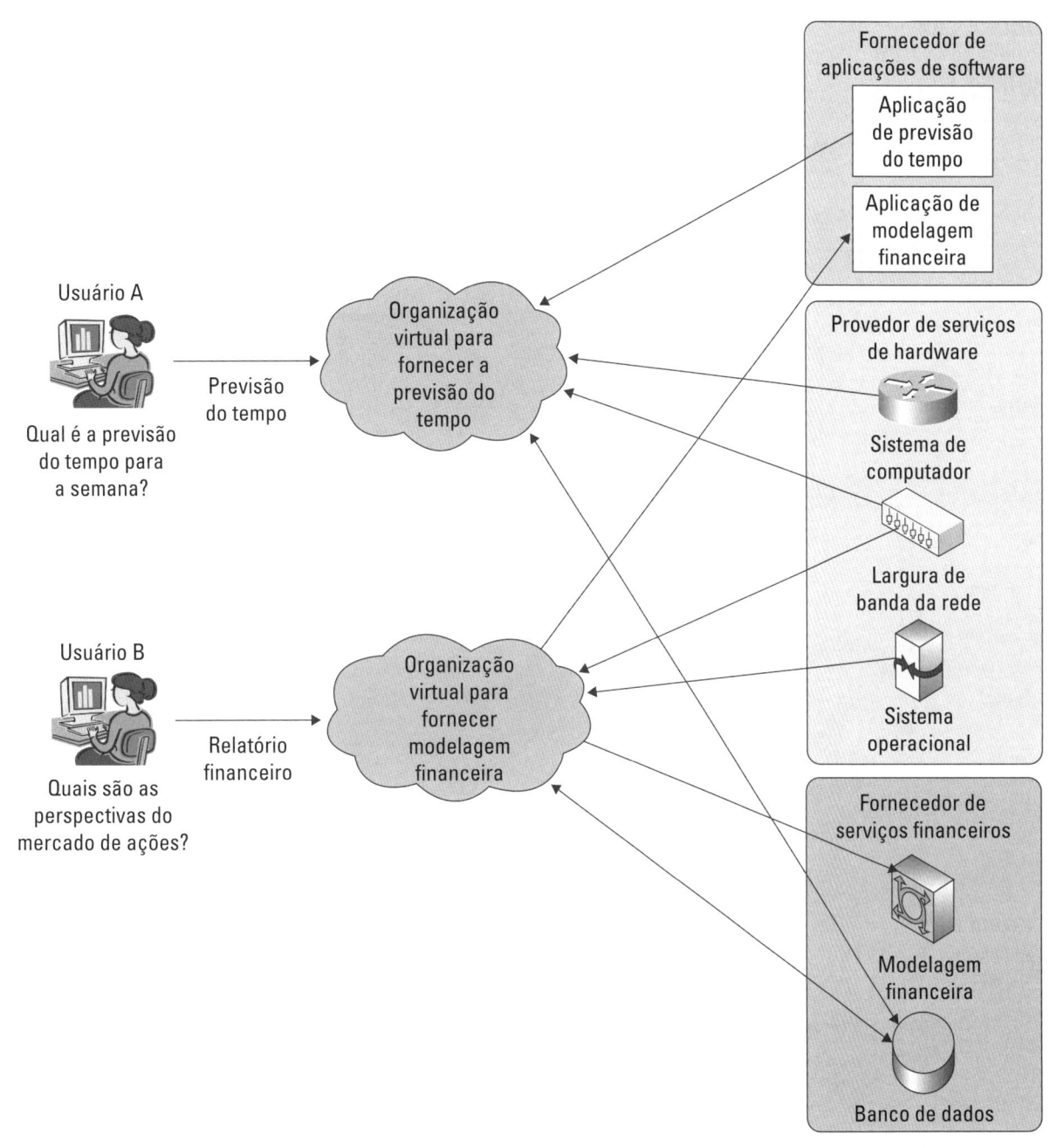

FIGURA G9.3
Organizações virtuais que utilizam a computação em grade.

amWorks conseguiram adicionar movimentos mais realistas para a água, o fogo e as cenas de magia (veja a Figura G9.6). Com a computação em grade, uma empresa pode trabalhar de modo mais rápido ou mais eficiente, fornecendo uma vantagem competitiva potencial e economias de custo adicionais.

Resolução de problemas de energia com as redes inteligentes

Uma *rede inteligente (smart grid)* fornece eletricidade utilizando a tecnologia digital de duas vias. Essa rede foi criada para resolver o problema da rede elétrica ultrapassada do planeta, tornando-o mais eficiente e confiável, agregando a capacidade de monitoramento, análise e controle remotos da transmissão de energia. Estima-se que a rede de energia atual dos EUA tenha ultrapassado sua expectativa de vida útil em até 30 anos. As redes inteligentes fornecem aos usuários monitoramento de uso em tempo real, o que permite escolher horários fora do pico para aplicativos ou processos não críticos ou menos urgentes.

FIGURA G9.4
Rede de computação em grade.

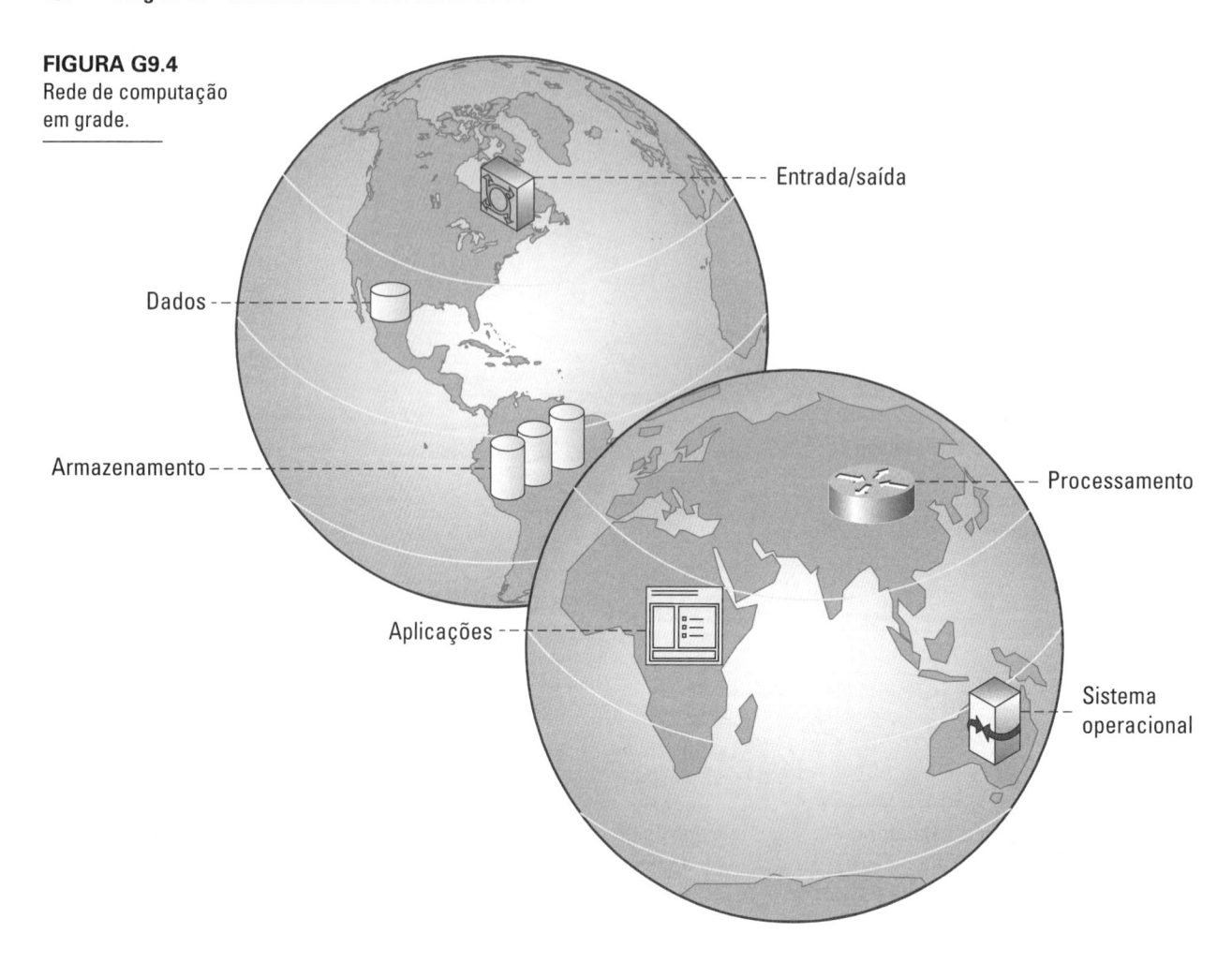

- Entrada/saída
- Dados
- Armazenamento
- Processamento
- Aplicações
- Sistema operacional

FIGURA G9.5
Exemplo de computação em grade.

Os moradores de Boulder, Colorado, podem monitorar o uso de energia elétrica e controlar remotamente seus aparelhos, devido ao sistema de rede inteligente de grande escala da cidade. A Xcel Energy instalou 21 mil metros de redes inteligentes desde o início do programa avaliado em US$ 100 milhões, há vários anos. A utilização de energia pelos primeiros usuários é de apenas 45%.[3]

COMPUTAÇÃO VIRTUALIZADA

A maioria dos computadores e até mesmo servidores normalmente rodam apenas um sistema operacional, como Windows ou Mac, e somente uma aplicação. Quando uma empresa investe em um grande sistema, como gerenciamento de estoque, ela dedica um único servidor para abrigar esse sistema. Isso garante ao sistema a capacidade suficiente para rodar durante horários de pico e a escalabilidade para atender à demanda.

Muitos sistemas também têm requisitos específicos de hardware além de requisitos de software detalhados, o que torna difícil encontrar dois sistemas com os mesmos requisitos que poderiam compartilhar a mesma máquina. Com o uso da virtualização, os computadores podem rodar vários sistemas operacionais, com vários aplicativos de software, tudo ao mesmo tempo.

A *virtualização* cria várias máquinas "virtuais" em um único dispositivo de computação. Uma boa analogia é uma impressora de computador. Tempos atrás, você tinha de comprar

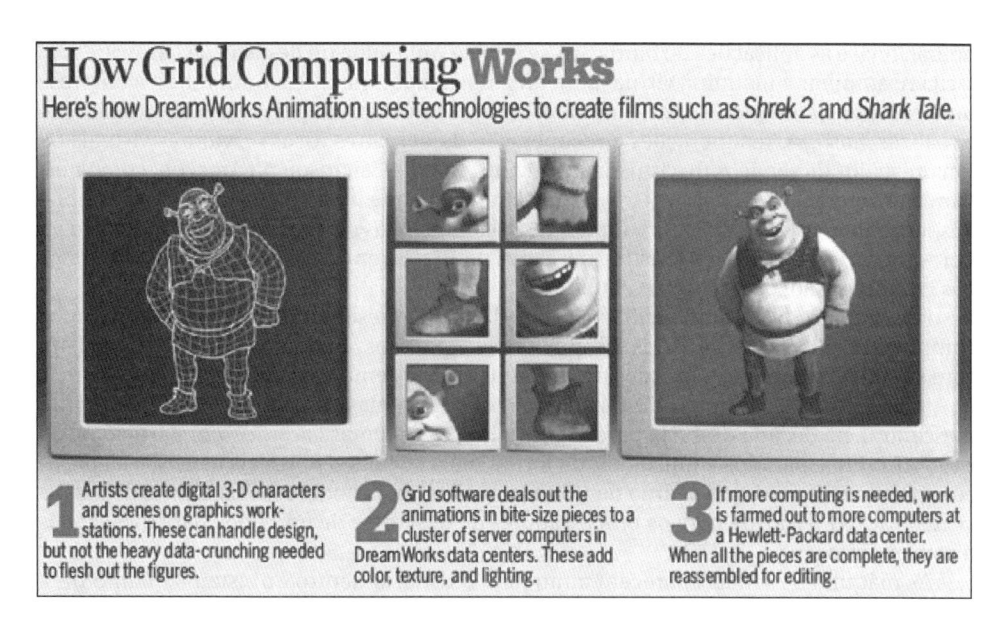

FIGURA G9.6
Shrek 2 com computação em grade.

uma máquina de fax, uma copiadora, secretária eletrônica e impressora do computador separadamente. Isso saía caro e demandava energia elétrica suficiente para operar as quatro máquinas separadas, para não mencionar os montantes adicionais de lixo eletrônico produzido. Hoje, você pode comprar uma impressora de computador virtualizada, que funciona como máquina de fax, secretária eletrônica e copiadora, em uma única máquina física, reduzindo assim os custos, requisitos de alimentação e lixo eletrônico. A virtualização é basicamente uma forma de consolidação que pode beneficiar infraestruturas de TI sustentáveis de várias maneiras, por exemplo:

- Ao aumentar a disponibilidade de aplicações que podem dar um nível mais elevado de desempenho, de acordo com o hardware utilizado.
- Ao aumentar a eficiência energética, exigindo menos hardware para rodar vários sistemas ou aplicações.
- Ao aumentar a usabilidade de hardware, rodando vários sistemas operacionais em um único computador.

Originalmente, os computadores foram projetados para executar um único aplicativo em um único sistema operacional. Isso não permitia que se utilizasse toda a capacidade da maioria dos computadores (como mencionado anteriormente, 75% da capacidade de computação fica disponível para outras tarefas). A virtualização permite que vários computadores virtuais existam em uma só máquina, o que possibilita compartilhar recursos, como memória e espaço no disco rígido, para rodar aplicações diferentes e até mesmo diferentes sistemas operacionais. Os computadores Mac têm a capacidade de executar tanto o sistema operacional da Apple quanto o do Windows, com o uso de software de virtualização (veja a Figura G9.7). Infelizmente, a virtualização, pelo menos no momento, não está disponível para um PC rodar o software do Mac.

A virtualização é também uma das maneiras mais fáceis e mais rápidas de obter uma infraestrutura de TI sustentável, pois reduz o consumo de energia e requer menos equipamentos fabricados, conservados e, posteriormente, eliminados com segurança. Os gerentes já não têm de designar servidores, armazenamento ou capacidade de rede de forma permanente para aplicações individuais. Em vez disso, podem atribuir os recursos de hardware quando e onde forem necessários, alcançado a disponibilidade, flexibilidade e a escalabilidade que a empresa precisa para prosperar e crescer. Além disso, ao separar virtualmente o sistema

FIGURA G9.7
A virtualização permite que um computador Macintosh da Apple rode o OS X e o Windows 8.

operacional e as aplicações do hardware, se houver uma falha ou desastre de hardware será fácil encaminhar a máquina virtual para uma nova máquina física, permitindo à empresa uma recuperação rápida em caso de catástrofes. Um dos principais usos da virtualização é realizar *backups*, recuperações e recuperação de desastres. Usar servidores virtuais ou um prestador de serviços de virtualização, como Google, Microsoft ou Amazon, como host para a recuperação de desastres é mais sustentável do que uma única empresa incorrer na despesa de ter sistemas físicos redundantes. Além disso, os centros de dados desses provedores são construídos para resistir a desastres naturais e em geral ficam localizados longe das grandes cidades (ver Figura G9.8).

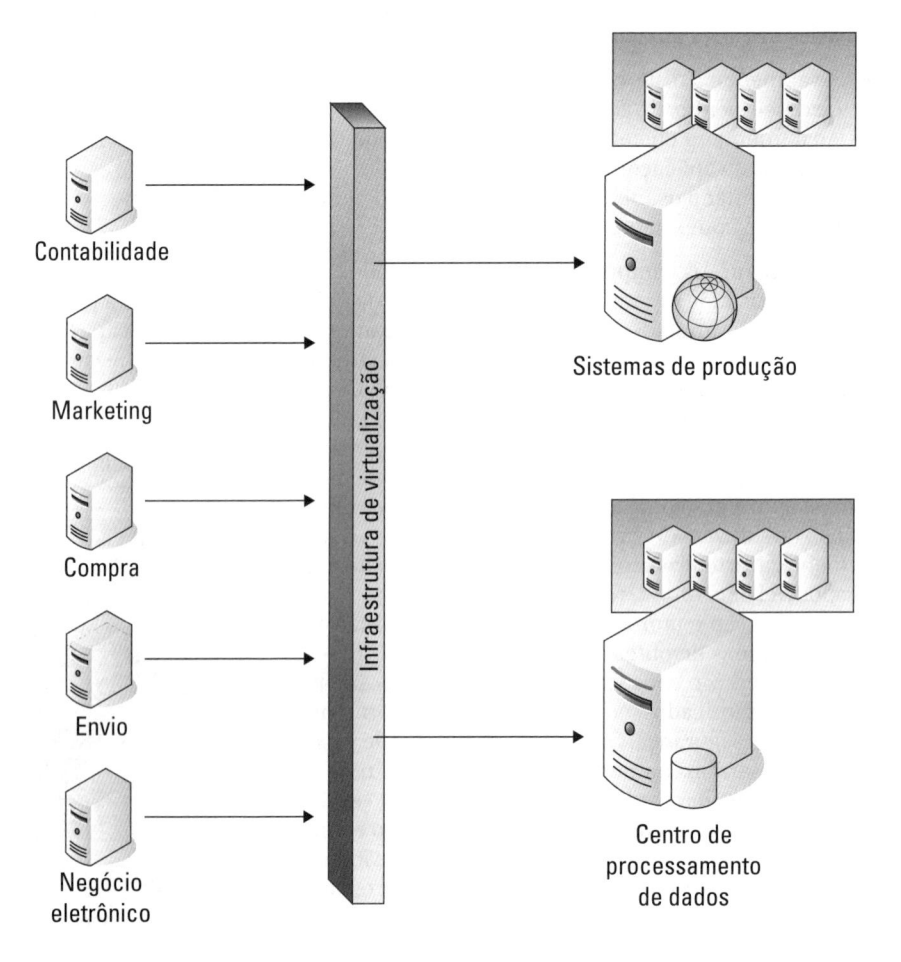

Um ***sistema de virtualização*** é a capacidade de apresentar os recursos de um único computador como se fosse vários computadores separados ("máquinas virtuais"), cada um com suas CPUs, interfaces de rede, armazenamento e sistema operacional virtuais.

A tecnologia de máquina virtual foi implementada pela primeira vez em um computador central, na década de 1960, para permitir que os sistemas caros fossem particionados em domínios separados e utilizados, de forma mais eficiente, por mais usuários e aplicações. Como os servidores padrão de PC tornaram-se mais poderosos na última década, a virtualização foi trazida para os processadores de desktop e de notebook para fornecer as mesmas vantagens.

As máquinas virtuais aparecem tanto para o usuário dentro do sistema quanto para o mundo exterior como computadores separados, cada um com sua própria: identidade de rede, autorização do usuário e seus recursos de autenticação, versão e configuração do sistema operacional, bem como aplicações e dados. O hardware é compatível com todas as máquinas virtuais: embora o número ou o tamanho possa ser diferente, são utilizados dispositivos que permitem que máquinas virtuais sejam portáteis, independentemente do tipo de hardware real sobre os sistemas subjacentes. A Figura G9.9 mostra uma visão geral de como uma estrutura de virtualização do sistema se parece.

FIGURA G9.8
Arquitetura de virtualização.

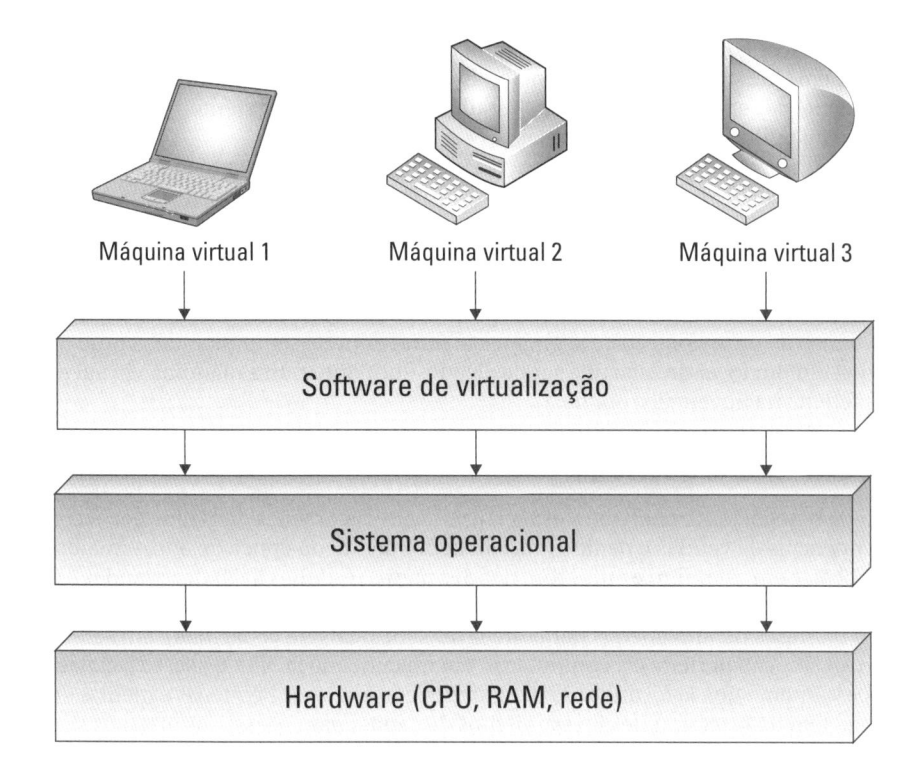

FIGURA G9.9
Sistema de virtualização.

Máquina virtual 1   Máquina virtual 2   Máquina virtual 3

Software de virtualização

Sistema operacional

Hardware (CPU, RAM, rede)

Centros de processamento de dados virtuais

Um *centro de processamento de dados* é uma instalação utilizada para abrigar os sistemas de gerenciamento de informações e componentes associados, como telecomunicações e sistemas de armazenamento. Os centros de dados, às vezes chamados de farms de servidores, consomem energia e requerem refrigeração e espaço físico, embora funcionem como suporte para o crescimento dos negócios sem interromper as operações normais de negócios e a qualidade do serviço. A quantidade de dados que o centro de dados armazena tem crescido exponencialmente ao longo dos anos, à medida que cresce a nossa dependência da informação. Backups, gráficos, documentos, apresentações, fotos, arquivos de áudio e vídeo, tudo isso contribui para o volume de informações em constante expansão que requer armazenamento. Uma das maneiras mais eficazes de limitar os requisitos de consumo de energia e resfriamento de um centro de dados é consolidar partes da infraestrutura física, principalmente pela redução do número de servidores físicos, por meio da virtualização. Por isso, a virtualização está tendo um impacto profundo nos centros de dados, já que o grande número de servidores que uma empresa precisa para operar diminui, aumentando assim o crescimento e o desempenho, ao mesmo tempo que reduz o impacto ambiental, como mostrado na Figura G9.10. Google, Microsoft, Amazon e Yahoo! têm centros de dados construídos ao longo do rio Columbia no noroeste dos Estados Unidos. Naquela área, cada empresa pode se beneficiar de terras a preços acessíveis, acesso à Internet de alta velocidade, água abundante para o resfriamento e, ainda mais importante, eletricidade barata. Esses fatores são fundamentais para os centros de dados de grande escala de hoje, cujo

FIGURA G9.10
Maneiras para os centros de processamento de dados se tornarem sustentáveis.

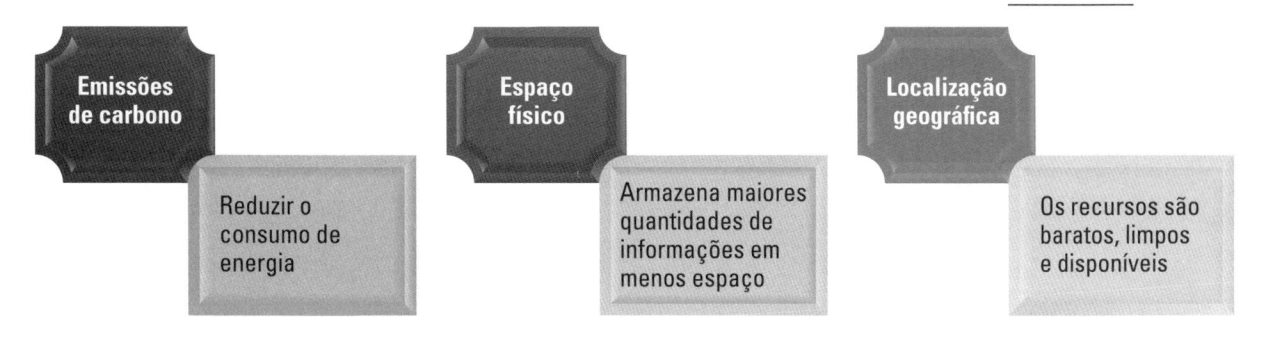

Emissões de carbono: Reduzir o consumo de energia

Espaço físico: Armazena maiores quantidades de informações em menos espaço

Localização geográfica: Os recursos são baratos, limpos e disponíveis

tamanho e necessidades de energia superam os da geração anterior. O centro de dados da Microsoft em Quincy, Washington, é maior do que 10 campos de futebol e é alimentado exclusivamente por energia hidroelétrica, gerada a partir de água corrente, em vez de queima de carvão ou outros combustíveis fósseis.

Se fizermos uma abordagem holística e integrada do crescimento global da empresa, os benefícios da integração de infraestruturas de informação, infraestruturas de TI ambientais e infraestruturas de TI sustentáveis tornam-se evidentes. Uma empresa pode, por exemplo, criar facilmente um *backup* de seu software e de informações importantes em um ou mais locais dispersos geograficamente, utilizando a computação em nuvem. Isso seria muito mais barato do que construir seus próprios **hot** e **cold sites** em diferentes áreas do país. No caso de uma violação de segurança, o **failover** pode ser implantado como máquina virtual em um local de nuvem e ser desligado, enquanto outra máquina virtual em um local diferente na nuvem fica online.

COMPUTAÇÃO EM NUVEM

Imagine um negócio sazonal que é especializado em decorações de Halloween e como as suas tendências de vendas e pedidos variam dependendo da época do ano. A maioria das vendas ocorre em setembro e outubro, e nos dez meses restantes há poucas vendas e pouco uso do sistema. A empresa não quer investir em grandes e caros servidores que ficariam ociosos 10 meses do ano apenas para satisfazer seus picos de capacidade em setembro e outubro. A solução perfeita é a computação em nuvem, que facilita o acesso à capacidade de processamento que já foi utilizada por grandes corporações. Pequenas e médias empresas já não têm de fazer grandes investimentos de capital para acessar os mesmos sistemas poderosos de que as grandes empresas se valem.

De acordo com o Instituto Nacional de Padrões e Tecnologia (NIST – *National Institute of Standards and Technology*), a **computação em nuvem** é um modelo para permitir que uma rede onipresente, conveniente e sob demanda tenha acesso a um pool compartilhado de recursos configuráveis de computação (por exemplo, redes, servidores, armazenamento, aplicações e serviços) que podem ser rapidamente fornecidos e liberados com um mínimo esforço de gerenciamento ou interação com o provedor de serviços. A computação em nuvem oferece novas formas de armazenar, acessar, processar e analisar informações, e conectam as pessoas e os recursos de qualquer lugar no mundo onde uma conexão com a Internet esteja disponível. Como mostrado na Figura G9.11, os usuários se conectam à nuvem de seus computadores pessoais ou dispositivos portáteis usando um cliente, como um navegador da Web. Para esses usuários individuais, a nuvem aparece como uma aplicação,

FIGURA G9.11
Exemplo de computação em grade.

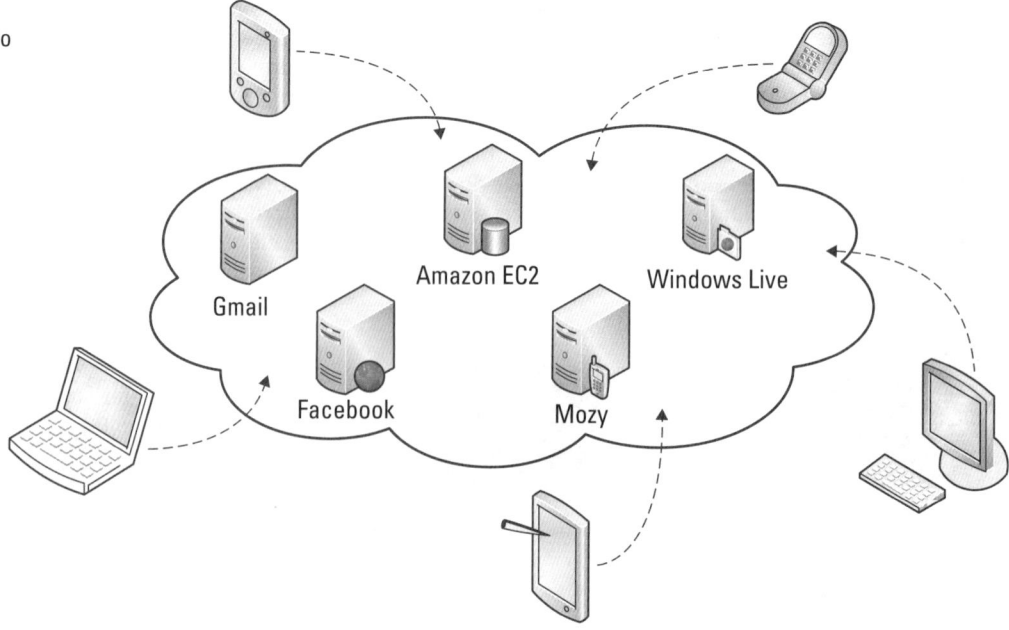

dispositivo ou documento pessoal. É como se você armazenasse todos os seus tipos de software e documentos "na nuvem", e tudo que precisa é de um dispositivo para acessá-la. Não há mais unidades de disco rígido, software ou capacidade de processamento – tudo isso fica na nuvem, transparente para os usuários. Os usuários não ficam fisicamente ligados a um único computador ou rede; podem acessar seus programas e documentos de onde estiverem e sempre que precisarem. Apenas pense em ter seu disco rígido no "céu" e poder acessar suas informações e programas usando qualquer dispositivo de onde você estiver. A melhor parte é que, se a sua máquina quebrar, se extraviar ou for roubada, as informações hospedadas na nuvem estarão seguras e sempre disponíveis.

Multilocação na nuvem significa que uma única instância de um sistema atende a diversos clientes. Na nuvem, cada cliente é chamado de inquilino e vários inquilinos podem acessar o mesmo sistema. A multilocação ajuda a reduzir os custos operacionais associados à implementação de sistemas de grande porte, pois o preço é dividido entre vários inquilinos, em oposição à **locação única**, em que cada cliente ou inquilino deve adquirir e manter um sistema individual. Com uma abordagem de nuvem de multilocação, o prestador de serviços tem apenas um lugar para atualizar seu sistema. Com uma abordagem de nuvem de locação única, o prestador de serviços tem de atualizar seu sistema em todas as empresas em que o software foi executado. A **malha em nuvem** é o software que torna possível as vantagens da computação em nuvem, como a multilocação. **Controlador da malha em nuvem** é o indivíduo que monitora e fornece os recursos de nuvem, semelhante a um administrador do servidor em uma empresa individual. Os controladores da malha em nuvem fornecem recursos, realizam o balanceamento de carga, gerenciam servidores, atualizam sistemas e garantem que todos os ambientes estejam disponíveis e funcionando corretamente. A malha em nuvem é a principal razão pela qual a computação em nuvem promove todas as sete competências, permitindo que uma empresa torne os seus dados e aplicativos acessíveis, disponíveis, sustentáveis, portáteis, confiáveis, escalonáveis e utilizáveis. A Figura G9.12 mostra as vantagens da computação em nuvem.

A nuvem oferece às empresas maior disponibilidade, maior confiabilidade e melhor acessibilidade, tudo isso com acesso de alta velocidade a preços acessíveis. Para proporcionar maior flexibilidade, escalabilidade e eficiência de custos, a computação em nuvem está rapidamente se tornando uma opção viável para as empresas de todos os tamanhos. Com a nuvem, você pode simplesmente comprar uma licença única para um software, como o Microsoft Office ou o Outlook por uma taxa barata, e não se preocupar com o incômodo de instalar e atualizar o software no seu computador. Não há mais receio de não ter memória suficiente para executar um novo programa, porque o hardware é fornecido na nuvem, junto com o software. Basta pagar para acessar o programa. Pense nisso da mesma forma que você usa o seu serviço de telefonia. Você só precisa pagar para acessar o serviço de um fornecedor, e não tem de pagar pelo equipamento necessário para realizar a chamada ao redor do globo. Você também não precisa se preocupar com a escalabilidade, porque o sistema processa automaticamente as cargas de pico, que podem ser espalhadas entre os sistemas na nuvem.

FIGURA G9.12
Vantagens da computação em nuvem.

AUTOATENDIMENTO SOB DEMANDA
Os usuários podem aumentar o armazenamento e poder de processamento, conforme necessário

AMPLO ACESSO À REDE
Todos os dispositivos podem acessar dados e aplicativos

MULTILOCAÇÃO
Os clientes compartilham recursos de computação reunidos

ELASTICIDADE RÁPIDA
Armazenamento, largura de banda da rede e capacidade de computação podem ser aumentados ou diminuídos imediatamente, permitindo a escalabilidade ideal

SERVIÇO MEDIDO
Os clientes podem monitorar e medir transações e utilização de recursos

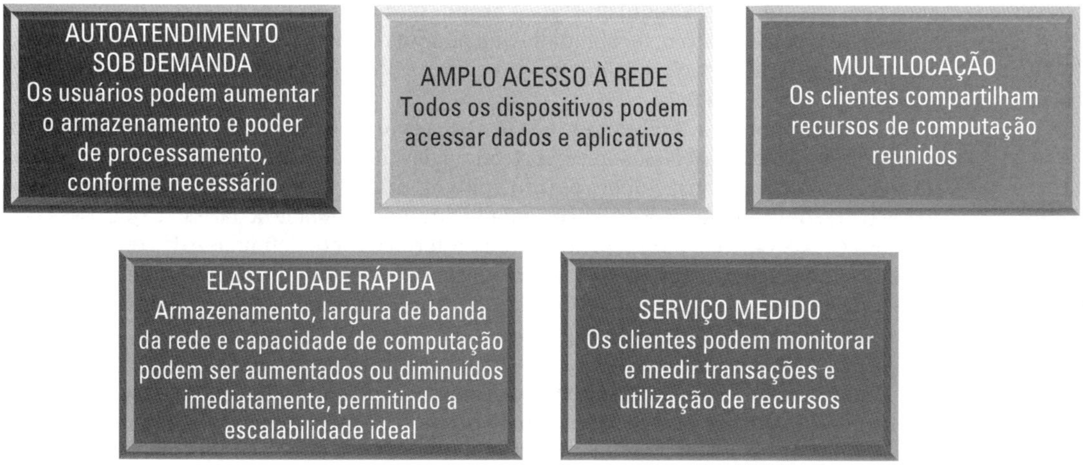

Como os recursos de nuvem adicionais estão sempre disponíveis, as empresas já não têm de adquirir sistemas para tarefas de computação pouco frequentes que precisam de intensa capacidade de processamento, como preparar declarações de impostos durante a época de entrega ou o aumento das vendas durante determinados períodos de férias. Se uma empresa precisa de mais poder de processamento, isso está sempre disponível na nuvem, e por um preço razoável.

Com a computação em nuvem, as pessoas ou empresas pagam apenas pelos serviços de que precisam, quando e onde precisam, do mesmo modo como usam e pagam pela eletricidade. No passado, as empresas tinham de pagar milhões de dólares em hardware, software e equipamentos de rede necessários para implementar um grande sistema, como o de gestão da folha de pagamento ou de vendas. Um usuário de computação em nuvem pode simplesmente acessar a nuvem e solicitar uma licença única para um aplicativo de folha de pagamento. Ele não tem de incorrer em despesas de hardware, software ou rede. À medida que o negócio cresce e o usuário solicita que mais funcionários tenham acesso ao sistema, a empresa simplesmente compra licenças adicionais. Em vez de rodar software em um computador ou servidor local, as empresas agora podem usar a nuvem para combinar aplicações de software, armazenamento de dados e poder computacional considerável. A ***computação por demanda*** oferece um modelo de receita *pay-per-use*, semelhante a serviços fornecidos regularmente, como o fornecimento de gás ou de eletricidade. Muitos fornecedores de serviços de computação em nuvem usam infraestrutura em nuvem de computação por demanda.

ARQUITETURA ORIENTADA A SERVIÇOS

A ***arquitetura orientada a serviços (SOA – Service Oriented Architecture)*** suporta as necessidades de computação organizacionais com conceitos de computação baseada na utilidade. A arquitetura orientada a serviços começa com um serviço – sendo um ***serviço*** SOA apenas uma tarefa de negócios, como a avaliação de crédito de clientes potenciais no momento em que abrem uma nova conta. É importante salientar que isso é parte de um processo de negócios (ver Figura G9.13). Os serviços são "como" produtos de software, no entanto, ao descrever a SOA, não pense a respeito do software ou da TI. Pense sobre o que uma empresa faz no dia a dia e divida os processos de negócios em tarefas de negócios ou componentes repetitivos.

A SOA fornece os fundamentos da tecnologia para trabalhar com serviços que não sejam apenas software ou hardware, mas sim tarefas de negócios. É um padrão para o desenvolvimento de um tipo mais flexível de aplicação de software que possa promover o acoplamento fraco entre os componentes de software enquanto reutiliza os investimentos existentes em tecnologia de maneiras novas e mais valiosas na organização. A SOA é baseada em padrões que permitem a interoperabilidade, a agilidade dos negócios e a inovação para gerar mais valor de negócio para aqueles que usam esses princípios.

Ela ajuda as empresas a se tornarem mais ágeis por meio do alinhamento das necessidades do negócio e das capacidades de TI que sustentam essas necessidades. Os negócios direcionam os requisitos da TI e a SOA permite que o ambiente da TI responda de maneira eficaz e eficiente a esses requisitos. Essa arquitetura diz respeito a ajudar as empresas a aplicarem a reutilização e a flexibilidade que podem reduzir os custos (de desenvolvimento, integração, manutenção), aumentar a receita e obter vantagens competitivas sustentáveis por meio da tecnologia.

É muito importante lembrar que a SOA é uma evolução. Embora seus resultados sejam revolucionários, ela baseia-se em várias tecnologias utilizadas no mercado, como serviços da Web, tecnologias transacionais, os princípios orientados por informações, o acoplamento fraco, os componentes e o design orientado por objeto. A beleza da SOA é que essas tecnologias coexistem nela por meio de padrões, interfaces bem definidas e de compromissos organizacionais para reutilizar os serviços-chave, em vez de reinventar a roda. A SOA não trata apenas de tecnologia, mas sobre como a tecnologia e os negócios conectam-se a uma meta comum de flexibilidade de negócios.

As empresas têm se tornado cada vez mais complexas ao longo das duas últimas décadas. Fatores como fusões, regulamentações, concorrência mundial, terceirização e parcerias resultaram em um aumento maciço do número de aplicativos que qualquer empresa pode utilizar. Essas aplicativos foram implementados com pouco conhecimento de outros

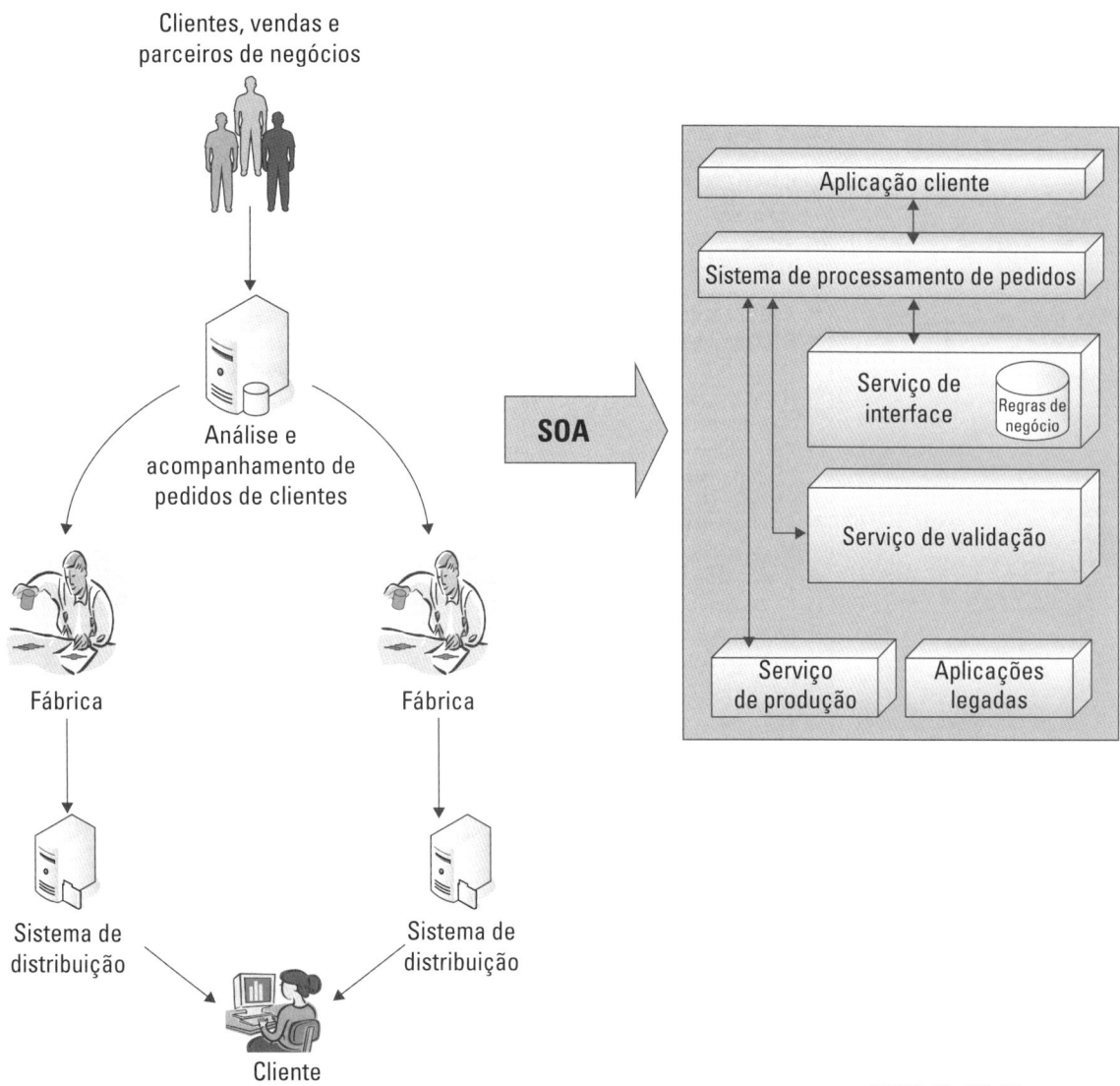

FIGURA G9.13
Integração da SOA.

aplicativos com os quais seria necessário compartilhar informações no futuro. Como resultado, muitas empresas estão tentando manter sistemas de TI que coexistem, mas não são integrados.

A SOA pode ajudar a fornecer soluções para as companhias que enfrentam uma série de problemas de negócios. A Figura G9.14 enumera alguns desses problemas. A Figura G9.15 exibe os três principais tipos de modelos de computação baseada em utilidade da SOA.

Infraestrutura como serviço (IaaS)

A *infraestrutura como serviço (IaaS – Infrastructure as a Service)* oferece capacidades de rede de hardware, incluindo o uso de servidores, redes e armazenamento, por meio da nuvem, usando um modelo de receita *pay-per-use*. Com a IaaS, o cliente aluga o hardware e fornece os seus próprios programas ou aplicações personalizadas. Os clientes de IaaS economizam dinheiro ao não ter de empregar muito capital na compra de servidores caros, que é uma grande vantagem de negócio, considerando o preço superior a US$ 100 mil de alguns servidores. O serviço normalmente é pago de acordo com o uso, como um serviço público básico, como o fornecimento de eletricidade ou gás. A IaaS oferece uma solução econômica para as empresas que precisam que seus recursos de computação aumentem e diminuam conforme as mudanças de demanda dos negócios. Isso é conhecido como *esca-*

FIGURA G9.14
Problemas de negócio e soluções da SOA.

Problemas de negócios	Soluções da SOA
■ Agentes incapazes de ver a informação sobre cobertura de apólices remotamente ■ Chamadas/fax usados para obter informações de outras divisões ■ Informações clínicas do paciente armazenadas em papel ■ Acesso complexo aos desenhos de concepção do fornecedor	Integrar as informações para torná-las mais acessíveis aos empregados.
■ Alto custo do tratamento de chamadas de clientes ■ Reconciliação das deduções e abatimentos na fatura ■ Horas de espera para determinar a elegibilidade do seguro dos pacientes ■ Alto volume de negócios levando a custos de contratação e treinamento excessivo	Compreender como os processos de negócio interagem para gerenciar melhor os custos administrativos.
■ Diminuição da lealdade do cliente devido a faturas incorretas ■ Clientes em espera para verificar a situação da encomenda ■ Impossibilidade de atualizar rapidamente endossos de apólices ■ Baixos níveis de serviço fracos	Melhorar a retenção dos clientes e oferecer novos produtos e serviços por meio da reutilização dos investimentos atuais.
■ Tempo desperdiçado reconciliando bancos de dados separados ■ Processos manuais, como o tratamento das alocações comerciais ■ Incapacidade de detectar falhas de qualidade no início do ciclo ■ Alto percentual de sucata e de retrabalho	Melhorar a produtividade das pessoas com melhor integração e conectividade de negócios.

la dinâmica, o que significa que a infraestrutura de TI pode ser dimensionada automaticamente para cima ou para baixo, de acordo com os requisitos necessários.

Atualmente, a operação mais popular de IaaS é a Elastic Compute Cloud da Amazon, geralmente conhecida como Amazon EC2, ou apenas EC2. A EC2 fornece uma interface Web pela qual os clientes podem carregar e executar seus próprios aplicativos em com-

FIGURA G9.15
Modelos de fornecimento de serviços de nuvem.

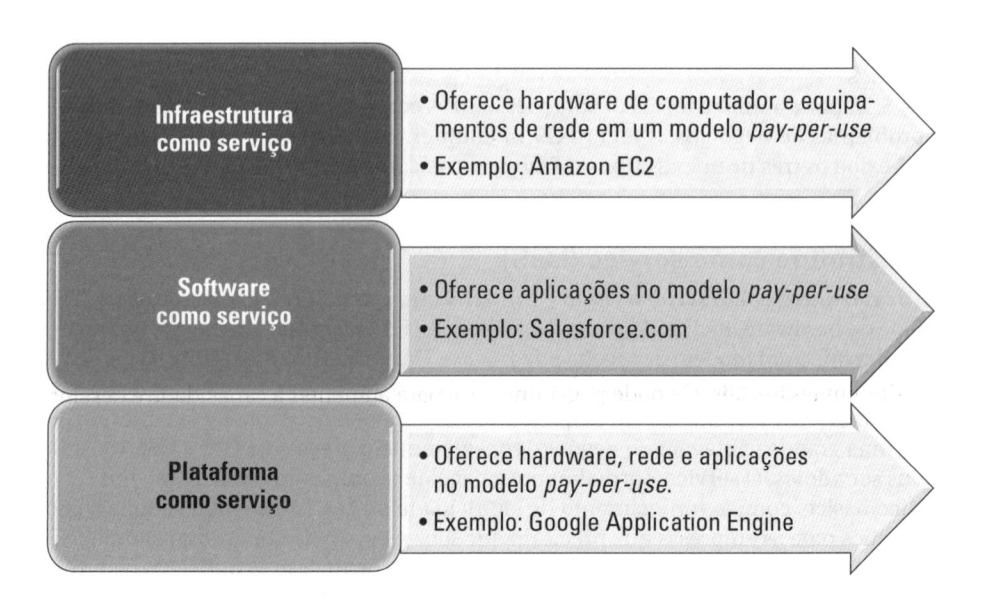

Infraestrutura como serviço
- Oferece hardware de computador e equipamentos de rede em um modelo *pay-per-use*
- Exemplo: Amazon EC2

Software como serviço
- Oferece aplicações no modelo *pay-per-use*
- Exemplo: Salesforce.com

Plataforma como serviço
- Oferece hardware, rede e aplicações no modelo *pay-per-use*.
- Exemplo: Google Application Engine

putadores da Amazon. Os clientes controlam o seu próprio ambiente operacional, para que possam criar, executar e interromper serviços, conforme necessário, razão pela qual a Amazon descreve a EC2 como *elástica*. A IaaS é perfeita para empresas com projetos de pesquisa intensiva que precisam processar grandes quantidades de informação em intervalos irregulares, como aqueles nos setores científicos ou médicos. Os serviços de computação em nuvem oferecem a essas empresas uma economia de custos considerável, em que podem fazer testes e análises em níveis que não são possíveis sem o acesso à infraestrutura de computação adicional e muito cara.

Software como serviço (SaaS)

O ***software como serviço (SaaS – Software as a Service)*** oferece aplicativos por meio da nuvem, usando um modelo de receita *pay-per-use*. Antes de seu lançamento, as empresas costumavam gastar enormes quantias de dinheiro na implementação e personalização de aplicativos especializados para satisfazer os seus requisitos de negócios. Muitas dessas aplicações eram difíceis de implementar, caras para manter e desafiadoras de usar. A usabilidade foi um dos maiores impulsionadores para a criação de interesse e promoção do sucesso para os prestadores de serviços de computação em nuvem.

O SaaS oferece diversas vantagens. A mais óbvia delas é a enorme economia de custos. O preço do software é cobrado de acordo com o uso, sem custos iniciais, por isso as empresas têm a vantagem imediata de reduzir as despesas de capital. Elas também podem receber outras vantagens, como escalabilidade e flexibilidade, para testar um novo software por locação.

A Salesforce.com é um dos fornecedores mais populares de SaaS. A Salesforce.com criou e forneceu um aplicativo de automação de vendas, adequado para o vendedor comum, que automatiza funções, como monitoramento de leads de vendas, perspectivas e previsão. Usar a capacidade do SaaS pode garantir acesso a uma infraestrutura de grande escala e segura, além de todo o suporte necessário, o que é especialmente valioso para *start-ups* ou pequenas empresas com poucos recursos financeiros.

Plataforma como serviço (PaaS)

A ***plataforma como serviço (PaaS – Platform as a Service)*** suporta a implantação de sistemas inteiros, incluindo hardware, redes e aplicativos, usando um modelo de receita *pay-per-use*. A PaaS é uma solução perfeita para as empresas, pois transfere ao prestador de serviços a dor de cabeça e os desafios de compra, gerenciamento e a manutenção de software de desenvolvimento Web. Com a PaaS, o desenvolvimento, implantação, gerenciamento e a manutenção baseiam-se inteiramente na nuvem e são realizados pelo provedor de PaaS, permitindo à empresa concentrar os recursos em suas iniciativas principais. Cada aspecto do desenvolvimento, incluindo o software necessário para criá-lo e o hardware para executá-lo, reside na nuvem. A PaaS ajuda as empresas a minimizar os custos operacionais e a aumentar a produtividade, fornecendo todos os seguintes itens, sem investimento inicial:

- Mais segurança.
- Acesso à informação em qualquer lugar e a qualquer hora.
- Gestão de informação centralizada.
- Colaboração facilitada com parceiros, fornecedores e clientes.
- Aumento de velocidade de atendimento com custos significativamente menores.

Um dos serviços mais conhecidos de PaaS é o Application Engine do Google, que cria e implanta aplicações Web para empresas. O Application Engine do Google é fácil de construir, fácil de manter e fácil de dimensionar, conforme crescem as necessidades de aplicativos baseados na Web da empresa. A ferramenta é gratuita e oferece um limite de armazenamento padrão e poder de processamento e uso de rede suficientes para suportar uma aplicação Web que atende cerca de 5 milhões de *page views* por mês. Quando um cliente precisa de mais além dos limites iniciais, ele pode pagar uma taxa para aumentar a capacidade e desempenho. Isso pode se transformar em grandes economias de custos para pequenas empresas que não têm capital inicial suficiente para comprar hardware e software caros para suas aplicações Web. Basta pensar que uma empresa de duas pessoas pode acessar os mesmos recursos de computação que o Google. Isso faz sentido nos negócios. Independentemente do modelo de nuvem escolhido pela empresa, ela pode selecionar entre quatro ambientes de computação diferentes: público, privado, comunitário e híbrido (ver Figura G9.16).

FIGURA G9.16
Ambientes de computação em nuvem.

NUVEM PÚBLICA Amazon Web Services (AWS), Windows Azure e Google Cloud Connect	NUVEM PRIVADA Informações bancárias ou confidenciais
NUVEM COMUNITÁRIA Todas as organizações governamentais do estado do Colorado	NUVEM HÍBRIDA Cloud bursting

Nuvem pública

A ***nuvem pública*** promove aplicações massivas, globais e empresariais oferecidas ao público em geral. Em uma nuvem pública, os clientes não são obrigados a fornecer, gerenciar, atualizar ou substituir o hardware ou o software. O preço segue o modelo de serviço público, e os clientes pagam apenas pelos recursos que usam. Alguns grandes exemplos de computação em nuvem pública incluem o Amazon Web Services (AWS), Windows Azure e Google Cloud Connect.

Nuvem privada

A ***nuvem privada*** serve a um único cliente ou organização e pode ficar nas instalações do cliente ou fora delas. Uma nuvem privada é a solução ideal para organizações como o governo, que tem preocupações de segurança de dados elevadas e valoriza a privacidade das informações. As nuvens privadas são muito mais caras do que as nuvens públicas, porque os custos não são compartilhados entre vários clientes.

Nuvem comunitária

A ***nuvem comunitária*** serve a uma comunidade específica com modelos de negócio, requisitos de segurança e considerações de conformidade comuns. As nuvens comunitárias estão surgindo em indústrias altamente regulamentadas, como serviços financeiros e empresas farmacêuticas.

Nuvem híbrida

A ***nuvem híbrida*** inclui duas ou mais nuvens privadas, públicas ou comunitárias, mas cada nuvem permanece separada e só é conectada pela tecnologia que aciona a portabilidade de dados e aplicações. Uma empresa pode usar, por exemplo, uma nuvem privada para aplicações críticas que mantêm os dados sensíveis e uma nuvem pública para aplicações de dados que não são secretos. O uso das nuvens pública e privada em conjunto é um exemplo de nuvem híbrida. Ocorre um ***cloud bursting*** quando uma empresa utiliza a sua própria infraestrutura de computação para o uso normal e acessa a nuvem quando precisa de escala para os requisitos de carga de pico, assegurando que o pico repentino no uso não resulta em desempenho ruim ou falhas do sistema.

A implantação de uma infraestrutura de TI na nuvem muda para sempre a forma como os sistemas de gestão da organização são desenvolvidos, implantados, mantidos e gerenciados. Passar para a nuvem é uma mudança fundamental, ao fazer a transferência de um mundo físico para um mundo lógico, tornando irrelevante a noção de servidor individual em que aplicações ou dados residem. Como resultado, as organizações e departamentos de TI precisam mudar a maneira como veem os sistemas e as novas oportunidades de encontrar vantagens competitivas.

RESUMO DO PLUG-IN

As organizações dão especial atenção aos princípios básicos de informática, uma vez que eles constituem a base subjacente que suporta os sistemas de informação de uma empresa. A infraestrutura subjacente sólida é uma necessidade para garantir a segurança, confiabilidade, qualidade e a capacidade de resposta dos sistemas de informação de uma empresa. Esses sistemas são as ferramentas que as empresas utilizam e das quais dependem fortemente para administrar seus negócios no ambiente competitivo de hoje. Como aluno do curso de Administração, é importante que você entenda os componentes e atividades que sustentam a infraestrutura de computação de uma organização, de modo a ficar em sintonia com o que está envolvido e poder tomar medidas para garantir que essa infraestrutura permaneça atualizada e funcionando do melhor modo possível.

TERMOS-CHAVE

Arquitetura orientada a serviços (SOA)   462
Centro de processamento de dados   459
Cloud bursting   466
Computação em grade   454
Computação em nuvem   460
Computação por demanda   462
Consumo de energia   453
Controlador da malha em nuvem   461
Descarte sustentável de TI   453
Emissões de carbono   453
Escala dinâmica   463
Infraestrutura como serviço (IaaS)   463
Lei de Moore   452
Lixo eletrônico   453
Locação única   461
Malha em nuvem   461
Multilocação   461
Nuvem comunitária   466
Nuvem híbrida   466
Nuvem privada   466
Nuvem pública   466
Plataforma como serviço (PaaS)   465
Rede inteligente   455
Responsabilidade social das empresas   452
Serviço   462
Sistema de virtualização   458
Software como serviço (SaaS)   465
TI sustentável ou ecológica   452
Virtualização   456

CASO DE ENCERRAMENTO 1

UPS investe US$ 1 bilhão para se tornar ecológica

A United Parcel Service (UPS) vai investir cerca de US$ 1 bilhão em tecnologia para melhorar a eficiência de suas operações, com o objetivo de poupar mais bilhões em custos no longo prazo. Um dos principais objetivos é melhorar a velocidade e a eficiência de suas operações de entrega. Para conseguir isso, a UPS está equipando suas vans com sensores que permitem coletar dados sobre itens como consumo de combustível, rotas escolhidas e tempo gasto com os motores em marcha lenta. A redução do consumo de combustível vai ajudar a UPS não só a diminuir custos, mas também a ser mais ecologicamente responsável. Uma grande parte dos custos da empresa vem do transporte aéreo de encomendas. Na verdade, a UPS é a nona maior companhia aérea do mundo, por isso está tentando economizar combustível de aeronaves, além de diminuir as velocidades de voo e planejar melhor, a fim de evitar a duplicação de rotas. Mas uma grande quantidade de combustível também é queimada por seus caminhões, e os sensores sendo implementados poderia poupar à empresa milhões de dólares.

A UPS está instalando cerca de 200 sensores em seus veículos – nos freios, motores e na parte externa – para coletar dados e identificar momentos em que os motoristas podem ajustar a condução para maximizar a eficiência de combustível. A empresa quer reduzir o tempo ocioso dos caminhões de entrega, já que cada hora passada em marcha lenta consome cerca de quatro litros de combustível.

A empresa também está instalando um equipamento para monitorar as rotas que os motoristas fazem para entregar os pacotes. Todas as manhãs, os motoristas são informados sobre os dados coletados pelos sensores e como eles poderiam dirigir de forma diferente para economizar combustível. A UPS quer otimizar o número de vezes que um veículo tem de arrancar, parar, voltar, virar ou dar ré.

Centros de processamento de dados ecológicos

A empresa também está investindo em tecnologias de refrigeração mais eficientes em seus dois centros de dados, que estão em Mahwah, Nova Jersey, e em Alpharetta, Geórgia. Durante o inverno, a empresa pode desligar seus equipamentos de resfriamento e usar ar externo para a tarefa.

O centro de dados de Alpharetta tem um tanque externo de 2,5 milhões de litros de água para arrefecimento e um permutador de calor para dissipar mais rapidamente o calor coletado no líquido. A água flui em movimentos circulares ao redor do centro de dados, resfriando os equipamentos, e o permutador de calor ajuda a reduzir a temperatura da água quente que sai mais rapidamente.

A UPS também está investindo em processadores de servidor mais rápidos, permitindo a consolidação dos servidores existentes por meio da virtualização. Isso ajuda a reduzir os custos de energia e também reduz o espaço físico de seus servidores. E a empresa está consolidando salas de servidor menores, que estão espalhadas em todo o mundo. Tais mudanças estão fazendo a UPS economizar em torno de US$ 400 mil por ano.[4]

Questões

1. Por que você acha que a UPS está adotando tecnologias sustentáveis?
2. Como a UPS está desenvolvendo uma infraestrutura de TI sustentável?
3. Quais as vantagens de negócios que a UPS ganhará com a virtualização?
4. Como a UPS pode se beneficiar da nuvem ou da computação em grade?

CASO DE ENCERRAMENTO 2

Transformando o lixo eletrônico em ouro

Durante os Jogos Olímpicos de Inverno de 2010 em Vancouver, os campeões não levaram apenas medalhas de ouro, prata ou bronze para casa, mas também desempenharam um papel na redução do lixo eletrônico. Pela primeira vez na história olímpica, cada uma das mais de mil medalhas foi fabricada com um pouquinho das 140 mil toneladas de lixo eletrônico que, de outra forma, teriam sido enviadas para aterros. Foram as primeiras medalhas a levar metais recuperados de televisores, placas de circuito, monitores de computador e lixo eletrônico. O chamado minério urbano foi garantido pela Teck Resources Ltd., a maior produtora de metais básicos do Canadá, que forneceu o ouro, a prata e o cobre usados na fabricação das medalhas. Historicamente, as medalhas olímpicas são feitas de minerais extraídos; foi a primeira vez que receberam materiais reciclados. Os campeões ganharam medalhas folhadas a ouro com 92,5% de prata. Os que tiraram segundo lugar também levaram medalhas com 92,5% de prata, enquanto as medalhas de bronze de terceiro lugar foram fabricadas principalmente com cobre.

Todas as medalhas têm um pouco de lixo eletrônico do programa de reciclagem de eletrônicos da Teck localizado em Trail, na Colúmbia Britânica. A Teck misturou ouro, prata e cobre do programa com metais extraídos do solo. A empresa disse que não poderia fornecer a porcentagem exata de material extraído em relação ao reciclado nas medalhas fabricadas. Cada medalha de ouro continha um pouco mais que 1,5% de materiais de resíduos, enquanto cada medalha de cobre contava com pouco mais de 1%, e as medalhas de prata vinham com apenas pequenos pedaços. O lixo eletrônico veio do vidro de antigos monitores de computador, várias peças de computador e outras tecnologias excedentes ou descartadas.

Foram usados vários métodos de processamento diferentes para extrair os materiais. Primeiro, a companhia retalhava as partes do equipamento para separar os vários metais, vidros e outras partes utilizáveis. Para remover os metais que não podiam ser recuperados pelo processo de retalhamento, as peças eram lançadas em um forno que funcionava a uma temperatura superior a mil graus (Celsius). Os materiais eram, então, combinados com outros metais para criar as medalhas. Cada medalha era cortada à mão, garantindo que não havia duas iguais, outro fato inédito na história olímpica. As medalhas, projetadas pela artista canadense Corrine Hunt, também foram as primeiras não planas fabricadas para os Jogos, com um formato ondulado para representar o oceano e a montanha coberta de neve, características do ambiente de Vancouver. Além de representar as realizações de destaque dos atletas, as medalhas olímpicas de 2010 deram nova vida aos metais preciosos recuperáveis do lixo eletrônico.[5]

Questões

1. Por que os Jogos Olímpicos se beneficiariam da criação de uma sólida infraestrutura de TI sustentável?
2. Como os Jogos Olímpicos podem ajudar a apoiar iniciativas éticas de lixo eletrônico?
3. Por que um evento esportivo como os Jogos Olímpicos se preocupa com a redução da sua emissão de carbono?
4. O que as Olimpíadas poderiam fazer para ajudar a lançar luz sobre questões globais de TI ambiental?
5. Como a Lei de Moore pode permitir que futuras medalhas olímpicas sejam fabricadas a partir de mais lixo eletrônico?

TOMANDO DECISÕES DE NEGÓCIOS

1. **As universidades estão migrando para o Gmail**

   Instituições de ensino do mundo inteiro estão adotando aplicações de computação em nuvem, como o Google Docs & Spreadsheets e o Google Calendar. A Yale tinha planejado substituir seu próprio sistema de email pelo Google Mail, mas no último minuto decidiu cancelar o projeto. O motivo foi porque os administradores da universidade e os membros do corpo docente não acreditam que essa iniciativa possa suportar os seus requisitos de negócios. Você concorda ou discorda que o Gmail do Google não conseguiria substituir o sistema de email privado de uma universidade? Quais são as vantagens e desvantagens de um sistema de email privado? Quais são as vantagens e desvantagens de usar um aplicativo em nuvem, como o Gmail do Google? Que escolha você faria se fosse sua a decisão de escolher o sistema de email da sua faculdade?[6]

2. **Virtualização de desktop**

   A cada dia os usuários estão ficando mais à vontade com o acesso e armazenamento de informações na nuvem. Isso cria uma maior demanda de pessoal de TI para ajudar a gerenciar, controlar e fornecer acesso a essas informações, e não apenas em computadores corporativos, mas em inúmeros dispositivos, incluindo os pessoais. Cada vez mais os funcionários querem poder utilizar seus próprios dispositivos – celulares, netbooks, laptops – no lugar dos autorizados pela empresa. Por exemplo, muitos estudantes de graduação conhecem os Macs e podem até ter um, ainda que considerem o PC como o computador padrão de escolha para a maioria das empresas. Você acha que é uma boa prática de negócios permitir que seus funcionários usem dispositivos pessoais para assuntos relacionados com o trabalho? Quais são os desafios de se permitir que os usuários transfiram aplicativos de negócios para seus dispositivos pessoais? Quais são os desafios de se permitir que os usuários se conectem a sistemas corporativos com seus dispositivos pessoais?

3. **iTunes na nuvem**

   A Apple está examinando uma versão de nuvem do software iTunes que possivelmente poderia fornecer uma série de novos serviços para os usuários, tornando desnecessário salvar o iTunes em computadores, pois o programa residiria na nuvem. Com a computação em nuvem, o software iTunes residiria em servidores centralizados em centros de dados, e não no computador de um usuário específico. Quais seriam as vantagens para os clientes se pudessem hospedar o iTunes nas nuvens e acessá-lo usando vários dispositivos? Quais seriam os seus receios, se você estivesse usando o iTunes na nuvem?

4. **Departamentos sustentáveis**

   Preços da energia e aquecimento global são assuntos discutidos todos os dias no noticiário, enquanto o impacto ambiental do lixo eletrônico recém começa a ser reconhecido. A sustentabilidade e a responsabilidade social corporativa precisam ser levadas a sério por todos os gestores, uma vez que todos devem ter um papel ativo no sentido de ajudar a preservar o meio ambiente. Faça uma lista dos diferentes departamentos de uma empresa e os tipos de questões ambientais que eles normalmente encontram. Que departamento você acha que cria a maior quantidade de lixo eletrônico? Que departamento usa mais eletricidade ou gera a maior emissão de carbono? O que cada departamento pode fazer para ajudar a combater seus problemas ambientais? Por que todos os gestores – e, neste caso, todos os funcionários – precisam estar conscientes das questões ambientais e das maneiras pelas quais podem criar infraestruturas de TI sustentáveis?

5. **Como fazer a rede inteligente ficar mais inteligente**

   A ISO, empresa regional de eletricidade da Nova Inglaterra, lançou um projeto no valor de US$ 18 milhões, em parte por causa de uma subvenção federal de US$ 8 milhões por três anos. O projeto foi concebido para acelerar a instalação de 30 dispositivos de rede inteligente que cobrem todos os estados da Nova Inglaterra. Os dispositivos de rede inteligente fornecerão aos operadores da sala de controle na ISO ferramentas aprimoradas para monitorar e medir o desempenho da rede elétrica da região, permitindo que a empresa melhore a capacidade de detectar e resolver problemas no sistema. As informações de status do sistema que chegam ao conhecimento da ISO vão aumentar de uma vez a cada quatro segundos para 30 vezes por segundo. Você investiria na ISO se tivesse a chance? Por quê? Se recebesse US$ 8 milhões como subvenção federal no período de três anos, que tipo de infraestrutura sustentável você criaria? [7]

6. **Box.net na nuvem**

   A Box.net foi fundada por dois estudantes universitários, Aaron Levie e Dylan Smith, que precisavam de um lugar seguro para colaborar em projetos de grupo. Os dois entenderam de imediato o valor da computação em nuvem e criaram a Box.net, que permite compartilhar ideias e colaborar em documentos em um espaço de trabalho virtual localizado na nuvem. Eles sabiam que a nuvem permitiria o acesso aos seus documentos a partir de qualquer lugar e em qualquer dispositivo, e que não havia possibilidade alguma de seus documentos serem roubados ou destruídos acidentalmente. Levie e Smith reconheceram a oportunidade de negócio para o seu site e transformaram o Box.net em um negócio real. Explique como o Box.net poderia ajudá-lo, se você estivesse trabalhando em um projeto com quatro outros alunos. Quais seriam os desafios da utilização da Box.net? [8]

PLUG-IN
G10 Inteligência de negócios

> **OBJETIVOS DE APRENDIZAGEM**
> 1. Comparar a BI tática, operacional e estratégica.
> 2. Explicar as três formas mais comuns de mineração de dados.
> 3. Descrever as quatro categorias de benefícios de negócios da BI.

OA 1 Comparar a BI tática, operacional e estratégica.

BI Operacional, Tática e Estratégica

Claudia Imhoff, presidente da Intelligent Solutions, acredita que é útil dividir o espectro de análise de mineração de dados e inteligência de negócios em três categorias: operacional, tática e estratégica. Duas tendências são exibidas durante a visualização do espectro operacional passando da tática para a estratégica. Primeiro, a análise torna-se cada vez mais complexa e *ad hoc*. Ou seja, é menos repetitivo, menos previsível e exige diferentes quantidades e tipos de dados. Em segundo lugar, os riscos e as recompensas da análise aumentam. Ou seja, as consultas mais estratégicas que costumam ser demoradas produzem valor com menos frequência, mas quando o fazem, o valor pode ser extraordinário. A Figura G10.1 ilustra as diferenças entre BI operacional, tática e estratégica.

Essas três formas não são executadas de maneira isolada uma da outra. É importante entender que elas têm de trabalhar umas com as outras, alimentando os resultados da estratégica para a tática para promover uma melhor tomada de decisões operacionais. A Figura G10.2 demonstra essa sinergia. Neste exemplo, a BI estratégica é utilizada na fase de planejamento de uma campanha de marketing.

FIGURA G10.1
BI operacional, tática e estratégica.

	BI Operacional	BI Tática	BI Estratégica
Foco de negócios	Gerenciar as operações diárias, integrar a BI com sistemas operacionais	Conduzir uma análise em curto prazo para atingir as metas estratégicas	Atingir metas organizacionais em longo prazo
Principais usuários	Gerentes, analistas, usuários operacionais	Executivos, gerentes	Executivos, gerentes
Tempo	Intradia	De dia(s) a semanas ou meses	Meses ou anos
Dados	Métricas em tempo real	Métricas históricas	Métricas históricas

FIGURA G10.2
As três formas de BI devem trabalhar por um objetivo comum.

```
BI ESTRATÉGICA
Ajuda com o planejamento
Resulta em campanha de marketing

BI OPERACIONAL
Ajuda com ações imediatas
Resulta em receita de vendas

BI TÁTICA
Ajuda com análises diárias
Resulta em campanha refinada
```

Os resultados dessas análises formam a base para o início de uma nova campanha, tendo como alvo clientes específicos ou dados demográficos, por exemplo. As análises diárias da campanha são usadas pela forma mais tática da BI para mudar o curso da campanha, se seus resultados não estão controlando onde se espera.

Por exemplo, talvez uma mensagem de marketing diferente seja necessária, ou os níveis de estoques não sejam suficientes para manter o atual ritmo de vendas, de modo que o escopo do marketing pode ser alterado. Esses resultados são alimentados na BI operacional por ações imediatas, oferecendo um produto diferente, otimizando o preço de venda do produto ou mudando a mensagem enviada por dia para os segmentos de clientes selecionados.

Para essa sinergia funcionar, as três formas de BI devem ser fortemente integradas com as outras. Não se deve perder muito tempo para transportar os resultados de um ambiente tecnológico para o outro. A uniformidade em termos de dados e fluxo de processo é uma obrigação. A TruServ, matriz da True Value Hardware, usou o software de BI para melhorar a eficiência de suas operações de distribuição e obter uma redução de US$ 50 milhões em custos de estoque. O departamento de marketing usa a BI para acompanhar os resultados de promoção de vendas, como quais promoções eram as mais populares por loja ou por região. Agora que a TruServ está criando históricos de promoções em suas bases de dados, ela pode assegurar que todas as lojas estejam totalmente equipadas com estoque adequado. A TruServ conseguiu obter um retorno positivo do investimento em cerca de cinco a seis meses.

VALOR OPERACIONAL DA BI

Uma companhia líder em seguros de risco permite aos clientes acessar as informações da conta pela Internet. Anteriormente, a empresa enviava relatórios em papel e disquetes a todos os seus clientes. Quaisquer erros nos relatórios levariam um a dois meses para serem corrigidos porque os clientes primeiro teriam que receber o relatório, encontrar o erro e então notificar a empresa. Agora os clientes identificam os erros em tempo real e notificam a companhia de seguros diretamente pelo extranet, geralmente dentro de dois dias.

Richard Hackathorn, da Bolder Technologies, desenvolveu um gráfico interessante para demonstrar o valor da BI operacional. A Figura G10.3 mostra as três latências que afetam a velocidade do processo decisório: latência de dados, de análise e de decisão.

- **Latência de dados** é o tempo de duração para deixar os dados prontos para análise (ou seja, o tempo de extração, transformação e limpeza dos dados), e carregar os dados no banco de dados. Tudo isso pode levar algum tempo, dependendo do estado dos dados operacionais do começo.
- **Latência de análise** é o tempo entre o momento em que os dados são disponibilizados até o momento em que a análise esteja completa. Sua duração depende do tempo que uma empresa leva para fazer a análise. Geralmente, pensamos nisso como o tempo que um ser humano leva para fazer a análise, mas pode ser reduzido pelo uso

FIGURA G10.3
A latência entre um evento de negócios e uma ação tomada.

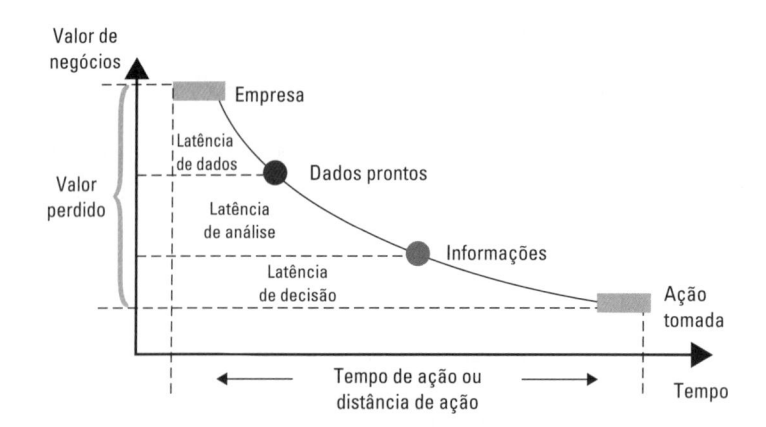

de análises automatizadas que têm limites. Quando os limites são ultrapassados, alertas ou alarmes podem ser emitidos para o pessoal adequado, ou eles podem criar processos de exceção, que são iniciados sem precisar da intervenção humana.

- **Latência de decisão** é o tempo que um ser humano leva para compreender o resultado analítico e determinar uma ação apropriada. Essa forma de latência é muito difícil de reduzir. A capacidade de remover o processo de tomada de decisão do homem e automatizar vai reduzir muito a latência global da decisão. Muitas companhias com visão de futuro fazem exatamente isso. Por exemplo, em vez de enviar a um cliente de alto valor uma carta informando-o de um cheque sem fundos (que leva dias para chegar ao cliente), um sistema automatizado pode simplesmente enviar um email ou mensagem de voz imediata, informando o cliente sobre o problema.

A chave é diminuir essas latências de modo que o prazo de influências oportunistas sobre os clientes, os fornecedores e outros seja mais rápido, mais interativo e mais bem posicionado. Como já foi mencionado, o melhor momento para influenciar os clientes não é depois de terem deixado a loja ou o site, mas enquanto eles ainda estão na loja ou ainda navegando pelo site.

Por exemplo, um cliente que está procurando um site para viagens é muito mais fácil de ser influenciado por ações adequadas de mensagens aqui e ali. Medidas tomadas imediatamente, enquanto os clientes ainda estão no site, podem incluir:

- Oferecer aos clientes um cupom apropriado para a viagem que eles mostraram interesse enquanto procura por passagens aéreas baratas.
- Dar informações aos clientes sobre a sua compra atual, como a sugestão de que vistos são necessários.
- Felicitá-los na obtenção de um certo nível de frequência de compras e dar a eles 10% de desconto em um item.

Um site representa mais uma grande oportunidade de influenciar o cliente, se as interações são apropriadas e oportunas. Por exemplo:

- Um banner pode anunciar o próximo melhor produto a oferecer logo depois que o cliente coloca um item em sua cesta.
- O cliente poderia receber uma oferta de um produto que acabou de remover de sua cesta de compras.
- Instruções adequadas para o uso de um produto podem aparecer na tela do cliente, talvez um aviso aos pais que o produto não deve ser usado por crianças menores de três anos.

OA 2 Explicar as três formas mais comuns de mineração de dados.

Mineração de dados

No centro de qualquer esforço da BI estratégica, tática ou operacional está a mineração de dados. A Ruf Strategic Solutions ajuda as organizações a utilizarem métodos estatísticos dentro de um grande armazém de dados para identificar segmentos de clientes que exibem traços comuns. Os profissionais de marketing podem atingir esses segmentos com produtos e promoções especialmente projetados. ***Mineração de dados*** é o processo de análise de dados para extrair informações que não são fornecidas apenas pelos dados brutos. A mineração de dados também pode começar em um nível de informação sumária (granularidade grossa) e progredir em níveis crescentes de detalhes (*drilling down*) ou o contrário (*drilling up*). A mineração de dados é a principal ferramenta utilizada para descobrir a inteligência de negócios em grandes quantidades de dados.

Para executar a mineração de dados, os usuários precisam das ferramentas adequadas. As ***ferramentas de mineração de dados*** utilizam uma variedade de técnicas para encontrar padrões e relações em grandes volumes de informação e, a partir deles, inferem regras que preveem um comportamento futuro e guiam a tomada de decisão. A mineração de dados utiliza tecnologias e funcionalidades especializadas, como ferramentas de consulta, de comunicação, de análise multidimensional, estatísticas e agentes inteligentes. Ela se aproxima da tomada de decisão basicamente com algumas atividades diferentes em mente, incluindo:

- ***Classificação*** – atribuir registros para um de um conjunto predefinido de classes.
- ***Estimativa*** – determinar valores de um comportamento variável contínuo desconhecido ou de um valor futuro estimado.
- ***Agrupamento de afinidade*** – determinar quais coisas andam juntas.
- ***Agrupamento*** – segmentar uma população heterogênea de registros em um número de subgrupos mais homogêneos.

A Sega of America, uma das maiores editoras de videogames, usa a mineração de dados e as ferramentas estatísticas para distribuir seu orçamento de publicidade de mais de US$ 50 milhões por ano. Usando a mineração de dados, especialistas de linha de produto e estrategistas de marketing "detalham" as tendências de cada cadeia de lojas de varejo. Seu objetivo é encontrar tendências de compras que os ajudem a determinar quais estratégias de publicidade estão funcionando melhor e como realocar recursos de publicidade por mídia, região e período.

As ferramentas de mineração de dados aplicam algoritmos em conjuntos de informações para descobrir as tendências e padrões inerentes na informação, o que os analistas utilizam para desenvolver novas estratégias de negócio. Os analistas utilizam as saídas das ferramentas de mineração de dados para criar modelos que, quando expostos aos conjuntos de novas informações, realizam uma variedade de funções de análise de dados. Os analistas fornecem soluções de negócios ao reunir as técnicas analíticas e os problemas de negócios à disposição, o que geralmente revela novas e importantes correlações, padrões e tendências da informação. As formas mais comuns de recursos de análise de mineração de dados incluem:

- Análise de agrupamento
- Detecção de associação
- Análise estatística

ANÁLISE DE AGRUPAMENTO

A ***análise de agrupamento*** é uma técnica usada para dividir um conjunto de informações em grupos mutuamente exclusivos, de modo que os membros de cada grupo fiquem o mais próximo possível entre si, e os diferentes grupos, o mais distante possível. A análise de agrupamento é usada frequentemente para segmentar a informação de clientes para os sistemas de CRM, a fim de ajudar as organizações a identificar os clientes com as mesmas características comportamentais, como grupos de melhores clientes ou clientes de uma única compra. A análise de agrupamento tem também a capacidade de descobrir que padrões ocorrem naturalmente na informação (ver Figura G10.4).

As ferramentas de mineração de dados que "entendem" a linguagem humana encontram aplicativos inesperados na medicina. A IBM e a Mayo Clinic revelaram padrões escondidos em registros médicos, descobrindo que a leucemia infantil tem três grupos distintos, cada qual, provavelmente, beneficiando-se de tratamentos adequados. Caroline R. Kovac, gerente geral da IBM Life Sciences, espera que a mineração do prontuário dos pacientes de câncer para padrões de agrupamento transforme os indícios, apontando o caminho para "grandes avanços na cura do câncer".

FIGURA G10.4
Exemplo de análise de agrupamento.

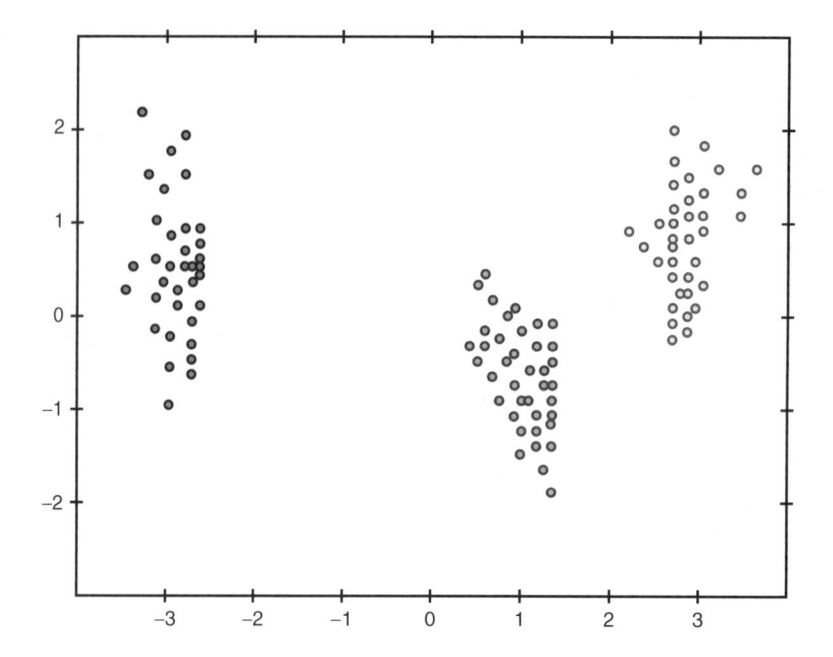

Um grande exemplo de análise de agrupamento ocorre quando se tenta segmentar os clientes com base em CEPs. Compreender as características demográficas, os comportamentos do estilo de vida e os padrões de compra dos segmentos mais rentáveis da população em nível de CEP é a chave para uma estratégia bem-sucedida de marketing direcionado. Direcionando somente aqueles que têm uma alta propensão a comprar produtos e serviços vai ajudar um negócio de alto nível a cortar bastante os seus custos de vendas e marketing. Entender cada segmento de clientes por CEP permite a uma empresa determinar a importância de cada segmento.

DETECÇÃO DE ASSOCIAÇÃO

A Whirlpool Corporation, uma fabricante de aparelhos para casas e comércio de US$ 4,3 bilhões, emprega centenas de engenheiros de P&D, analistas de dados, especialistas em controle de qualidade e pessoal de atendimento ao cliente que trabalham todos juntos para garantir que cada geração de aparelhos é melhor do que a geração anterior. A Whirlpool é um exemplo de uma organização que está obtendo inteligência de negócios com a detecção de associação das ferramentas de mineração de dados.

A ***detecção de associação*** revela o grau em que as variáveis estão relacionadas e a natureza e frequência dessas relações na informação. A ferramenta de análise de garantia da Whirlpool, por exemplo, utiliza a análise estatística para detectar automaticamente possíveis problemas, fornecer acesso rápido e fácil a relatórios e realizar uma análise multidimensional de todas as informações de garantia. Essa detecção de associação da ferramenta de mineração de dados permite que os gerentes da Whirlpool tomem medidas proativas para controlar os defeitos do produto antes mesmo de a maioria de seus clientes estar cientes dele. A ferramenta também permite que o pessoal da Whirlpool dedique mais tempo em tarefas de valor agregado, como a garantia de alta qualidade em todos os produtos, em vez de aguardar ou analisar manualmente os relatórios mensais.

Muitas pessoas referem-se aos algoritmos de detecção de associação como geradores de regras de associação porque eles criam regras para determinar a probabilidade de os eventos ocorrerem juntos em um determinado momento ou seguirem um ao outro em uma progressão lógica. Os percentuais geralmente refletem os padrões desses eventos. Por exemplo, "55% do tempo, os eventos A e B ocorreram juntos", ou "80% do tempo em que os itens A e B ocorreram juntos, eles foram seguidos pelo item C dentro de três dias".

Uma das formas mais comuns de análise de detecção de associação é a análise de cesta de produtos. A ***análise de cesta de produtos*** examina itens como informações de sites e de scanner de caixa para detectar o comportamento de compra dos clientes e prever o com-

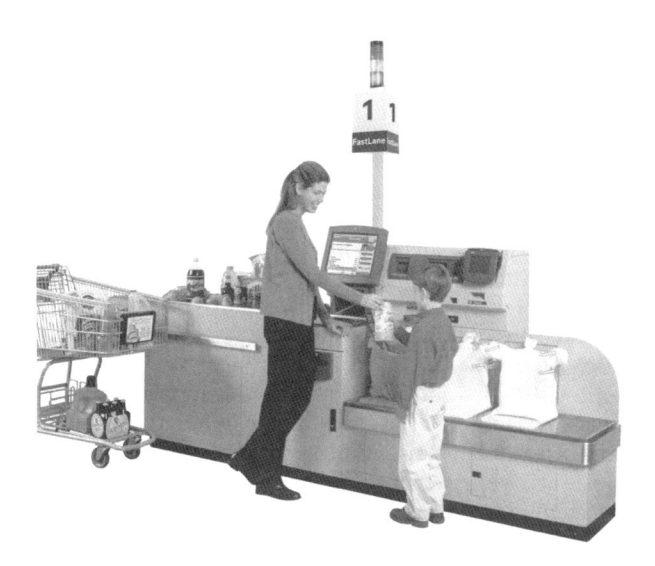

FIGURA G10.5
Análise de cesta de produtos.

portamento futuro pela identificação de afinidades entre as escolhas de produtos e serviços dos clientes (ver Figura G10.5). A análise de cesta de produtos é frequentemente usada para desenvolver campanhas de marketing para a venda cruzada de produtos e serviços (especialmente nos setores bancário, de seguros e de finanças) e para controle de estoque, colocação de produtos na prateleira e outras aplicações de varejo e de marketing.

ANÁLISE ESTATÍSTICA

A ***análise estatística*** desempenha funções como correlações, distribuições, cálculos e análise de variância de informações. As ferramentas de mineração de dados oferecem aos trabalhadores do conhecimento uma vasta gama de poderosas capacidades estatísticas para que eles possam criar rapidamente vários modelos estatísticos, analisar as hipóteses e a validade dos modelos, bem como comparar e contrastar os diferentes modelos para determinar o melhor para um problema de negócio específico.

A Kraft é o produtor das marcas de alimentos reconhecíveis facilmente como Oreo, Ritz, DiGiorno e Kool-Aid. A companhia implementou dois aplicativos de mineração de dados para garantir sabor, cor, aroma, textura e aparência constantes para todas as linhas de alimentos. Uma aplicação analisou a consistência do produto e a outra analisou a redução da variação de outros processos (PVR).

A ferramenta de consistência do produto, SENECA (*Sensory and Experimental Collection Application*), recolhe e analisa informações, atribuindo definições precisas e escalas numéricas para qualidades como mastigável, doce, crocante e cremoso. A SENECA constrói, então, modelos, histórias, previsões e tendências com base em testes de consumo e avalia as melhorias potenciais do produto e alterações.

A ferramenta PVR garante sabor, cor, aroma, textura e aparência sempre iguais para cada produto Kraft, pois mesmo pequenas mudanças no processo de cozimento podem resultar em enormes disparidades no gosto. Ao avaliar cada processo de fabricação, a partir de instruções de receita de formas e tamanhos da massa de biscoito, a ferramenta PVR tem o potencial de gerar economias significativas de custos para cada produto. Utilizar esses tipos de técnicas de mineração de dados para controle de qualidade e análise de agrupamento garante que os bilhões de produtos da Kraft que chegam aos consumidores anualmente vão continuar a ter gosto ótimo a cada mordida.

A previsão é uma forma comum de análise estatística. Formalmente definidas, as ***previsões*** são predições feitas com base nas informações de séries temporais. As ***informações de séries temporais*** são informações com tempo gravado coletadas em uma frequência particular. Exemplos de informações de séries temporais incluem visitas à Web por hora, vendas por mês e ligações por dia. Ferramentas de previsão de mineração de dados permitem aos usuários manipular as séries temporais para as atividades de previsão.

Ao descobrir as tendências e variações sazonais em informações transacionais, use uma previsão de séries temporais para alterar as informações transacionais em unidades de tempo, como transformar informações semanais em informações mensais ou sazonais, ou a informação horária em diária. As companhias baseiam as decisões de produção, de investimento e de pessoal em uma série de indicadores econômicos e de mercado dessa maneira. Os modelos de previsão permitem que as organizações considerem todos os tipos de variáveis ao tomar decisões.

A Nestlé Italiana faz parte da gigante multinacional Nestlé Group e, atualmente, domina a indústria de alimentos da Itália. A companhia melhorou a previsão de vendas em 25% com sua solução de previsão de mineração de dados que permite que os gerentes da companhia tomem decisões objetivas baseadas em fatos, em vez de decisões subjetivas baseadas na intuição.

Determinar as previsões de vendas para produtos sazonais de confeitaria é uma tarefa importante e desafiadora. Durante a Páscoa, a Nestlé Italiana tem apenas quatro semanas para negociar, distribuir e vender seus produtos sazonais. O período de Natal é um pouco maior, com duração de seis a oito semanas, enquanto outros feriados, como Dia dos Namorados e Dia das Mães têm prazos mais curtos, em torno de uma semana.

A solução de mineração de dados da companhia reúne, organiza e analisa grandes volumes de informações para produzir modelos poderosos que identifiquem tendências e prevejam as vendas de confeitaria. A inteligência de negócios criada é baseada em cinco anos de históricos de informações e identifica o que é e o que não é importante. A ferramenta sofisticada de mineração de dados da Nestlé Italiana realizou previsões de vendas do Dia das Mães 90% precisas. A companhia tem se beneficiado de uma redução de 40% em estoques e de 50% em alterações de pedidos, tudo devido a sua ferramenta de previsão. Determinar as previsões de vendas para produtos sazonais de confeitaria é agora uma área em que a Nestlé Italiana se destaca.

Hoje, vendedoras como a SAP BusinessObjects, a Cognos e a SAS oferecem completas soluções de mineração de dados de tomada decisão. Seguindo em frente, essas empresas planejam adicionar mais capacidade analítica preditiva para seus produtos. Sua meta é dar às empresas mais capacidades de cenários "e-se" baseados em informações internas e externas.

OA 3 Descrever as quatro categorias de benefícios de negócios da BI.

Benefícios de negócio da BI

As rápidas inovações em sistemas e ferramentas de mineração de dados estão colocando a BI operacional, tática e estratégica ao alcance de executivos, gerentes e até mesmo de clientes. Com o sucesso da implementação de sistemas de BI, uma organização pode esperar receber o seguinte:

- **Ponto único de acesso à informação para todos os usuários.** Com uma solução de BI, as organizações podem liberar informações contidas nos seus bancos de dados, dando aos usuários autorizados um ponto único de acesso aos dados. Onde quer que os dados residam, armazenados em sistemas operacionais, data warehouses, repositórios de dados e/ou aplicativos corporativos, os usuários podem preparar relatórios e analisar profundamente as informações para compreender o que direciona os seus negócios, sem o conhecimento técnico das estruturas de dados subjacentes. Os aplicativos de BI mais bem-sucedidos permitem que os usuários façam isso com uma interface gráfica fácil de entender e não técnica.
- **BI entre departamentos organizacionais.** Existem muitos usos diferentes para a BI, e uma das suas maiores vantagens é que ela pode ser usada em cada etapa da cadeia de valor. Todos os departamentos de uma organização, das vendas até as operações de atendimento ao cliente, podem se beneficiar do valor da BI.

  A Volkswagen AG usa a BI para monitorar, entender e gerenciar dados em todos os departamentos (desde finanças, produção e desenvolvimento, até pesquisa, marketing e vendas, e compras). Os usuários em todos os níveis de acesso da organização acessam os relatórios do fornecedor e do cliente relativos aos pedidos online e às negociações, aos lançamentos de veículos e ao gerenciamento e monitoramento da capacidade de veículos.

- **Informações atualizadas para todos.** A chave para desbloquear a informação é fornecer aos usuários as ferramentas necessárias para encontrar rápida e facilmente as respostas imediatas às suas perguntas. Alguns usuários vão ficar satisfeitos com os relatórios padrões que são atualizados em uma base regular, como relatórios de estoque atual, vendas por canal ou relatórios de situação do cliente. No entanto, as respostas que esses relatórios produzem podem levar a novas perguntas. Alguns usuários querem acesso dinâmico às informações. As informações que um usuário encontra em um relatório vão desencadear mais perguntas, e essas perguntas não serão respondidas em um relatório já preparado.

Embora os usuários possam gastar 80% do seu tempo acessando relatórios padrão ou personalizados, para 20% das suas tarefas, eles precisam obter informações adicionais não disponíveis no relatório original. Para atender a essa necessidade e para evitar a frustração (e atraso do relatório relacionado à equipe de TI), um sistema de BI deve permitir que os usuários, de forma autônoma, façam pedidos *ad hoc* de informações das fontes de dados corporativos.

Para os comerciantes da MasterCard International, o acesso ao BI oferece a oportunidade de acompanhar os seus negócios mais de perto no dia a dia. As agências de publicidade podem usar as informações do extranet quando desenvolvem campanhas para os comerciantes. Quanto à autorização, uma central de atendimento pode parar a autorização de transações do titular do cartão para reduzir a fraude. A MasterCard espera que, em longo prazo e à medida que os parceiros de negócios exigirem cada vez mais o acesso aos dados do sistema, o sistema vai suportar mais de 20 mil usuários externos.

CATEGORIAS DE BENEFÍCIOS DA BI

As empresas já não estão preparadas para perder grandes somas de dinheiro em projetos de TI simplesmente porque eles são a mais recente e melhor tecnologia. A tecnologia da informação veio há tempos, e espera-se que ela faça uma contribuição significativa para o lucro final.

Ao olhar para como a BI afeta o lucro final, uma organização deve analisar não só as vantagens do negócio em toda a organização, mas também os vários benefícios que ela pode esperar receber com uma implantação de BI. Uma maneira prática de fragmentar esses inúmeros benefícios é separá-los em quatro categorias principais:

1. Benefícios quantificáveis.
2. Benefícios indiretamente quantificáveis.
3. Benefícios imprevisíveis.
4. Benefícios intangíveis.

Benefícios quantificáveis

Os benefícios quantificáveis incluem o tempo de trabalho economizado na produção de relatórios, na venda de informação aos fornecedores, e assim por diante. Alguns exemplos incluem os seguintes:

- Moët et Chandon, o famoso produtor de champanhe, reduziu os custos de TI de 30 centavos por garrafa para 15 centavos por garrafa.
- Uma companhia de seguros de risco fornece aos clientes autoatendimento no acesso às suas informações na base de dados da companhia e já não envia relatórios em papel. Somente esse benefício economiza US$ 400 mil por ano em impressão e custos de envio. O total do retorno do investimento de três anos para essa implantação de BI foi de 249%.
- A Ingram Micro, a fornecedora de atacado de produtos e soluções de alta tecnologia, está trabalhando para criar uma nova extranet de BI para fornecer informações avançadas aos fornecedores e aos parceiros de negócios da companhia. O CIO da Ingram Micro, Guy Abramo, diz: "Hoje compete a nós oferecer aos nossos parceiros a venda direta de informações para que eles possam ver o que aconteceu quando os seus PCs chegaram à distribuição. Isso é fundamental para que eles façam o planejamento de estoque e de produção, ajudando-os a compreender quais produtos estão vendendo e para quais segmentos do mercado".

Benefícios indiretamente quantificáveis

Os benefícios indiretamente quantificáveis podem ser avaliados pelas evidências indiretas (melhoria do atendimento ao cliente significa novos negócios a partir do mesmo cliente, e o atendimento diferenciado traz novos clientes). Alguns exemplos incluem:

- Um cliente da Owens & Minor citou o acesso extranet ao data warehouse como a principal razão para dar ao distribuidor de material médico um valor adicional de US$ 44 milhões em negócios.
- "Quando os vendedores saíam para visitar os clientes da TaylorMade em lojas profissionais de golfe e cadeias de varejo de artigos esportivos, eles não tinham relatórios de estoque atualizados. Os representantes de vendas tiravam pedidos para clubes, acessórios e roupas sem saber se as mercadorias estavam disponíveis para entrega, conforme prometido", disse Tom Collard, diretor de sistemas de informação da TaylorMade. "A tecnologia tem ajudado a TaylorMade não só a reduzir custos ao eliminar o acúmulo de informação... também eliminou uma grande quantidade de desperdício de esforços que resultaram da reserva de pedidos que não podiam cumprir".

Benefícios imprevisíveis

Os benefícios imprevisíveis são o resultado das descobertas feitas por usuários criativos. Alguns exemplos incluem:

- O sistema de financiamento de BI da Volkswagen permitiu uma descoberta interessante que mais tarde resultou em novas receitas significativas. Os clientes de um determinado modelo da linha de produtos da Audi tiveram um comportamento totalmente diferente dos clientes de outros carros. Com base em seus perfis socioeconômicos, pensou-se que eles iriam querer longos prazos da arrendamento e pagamentos bastante antecipados. Em vez disso, as informações revelaram que o que os clientes da Audi realmente queriam eram prazos de arrendamento mais curtos e financiar uma grande parte da compra por meio do arrendamento. Com base nessa visão, a empresa imediatamente lançou um novo programa que combina o menor tempo de arrendamento, pagamentos mais antecipados e taxas de arrendamento agressivas, sobretudo para aquele modelo de automóvel. O interesse no novo programa foi imediato, resultando em mais de US$ 2 milhões em novas receitas.
- Peter Blundell, ex-gerente de estratégia de conhecimento da British Airways, e vários executivos da companhia tiveram uma suspeita de que a transportadora estava sofrendo de um elevado grau de falsificação de bilhetes. Para resolver esse problema, Blundell e sua equipe implementaram a BI. "Quando analisamos os dados, descobrimos que essa fraude de bilhetes não era um problema real. O que tínhamos suposto como fraude era, na verdade, ou questões de qualidade de dados ou problemas no processo", disse Blundell. "O que ele fez foi nos dar muitas oportunidades inesperadas em termos de compreensão do nosso negócio." Blundell estima que a implantação da BI resultou em cerca de US$ 100 milhões de economia de custos e novas receitas para a companhia aérea.

Benefícios intangíveis

Os benefícios intangíveis incluem a melhoria da comunicação em toda a empresa, o aumento da satisfação no trabalho de usuários autorizados e aumento do compartilhamento de conhecimentos. Alguns exemplos são os seguintes:

- O departamento de recursos humanos corporativo da ABN AMRO Bank usa a BI para obter percepções sobre sua força de trabalho por meio da análise de informações relativas a temas como sexo, idade, título de posse e compensação. Graças a esse compartilhamento de capital intelectual, o departamento de RH está em uma posição melhor para demonstrar o seu desempenho e contribuição para o sucesso de negócios da empresa como um todo.
- A Ben&Jerry's usa a BI para monitorar, entender e gerenciar informações sobre as milhares de respostas de consumidores que recebe sobre os seus produtos e atividades promocionais. Com a análise diária do *feedback* dos clientes, a empresa consegue identificar tendências e modificar suas campanhas de marketing e seus produtos para atender às exigências dos clientes.

RESUMO DO PLUG-IN

A maioria das empresas de hoje está abarrotada de dados – de seus próprios sistemas operacionais internos, de vendedores, fornecedores e clientes e de outras fontes externas, como agências de crédito ou dados de vendas da indústria. O problema para compreender para onde a sua empresa está indo não está na grande quantidade de dados. O problema é que essa onda de dados não se encontra em um formato que pode ser facilmente digerido, compreendido ou mesmo acessado. Faça perguntas simples, como quem são seus melhores clientes ou quais são seus produtos mais rentáveis, e você provavelmente vai obter tantas respostas quanto é o número de funcionários. Não é uma posição reconfortante de se assumir na atual era do estresse econômico.

É aí que a inteligência de negócios, ou BI, entra. O objetivo da BI é fornecer à empresa um repositório de dados "confiáveis" – dados que podem ser usados em uma infinidade de aplicações para responder a perguntas sobre clientes, produtos, cadeias de fornecimento e de demanda, ineficiências de produção, tendências financeiras, fraude e, até mesmo, funcionários. A BI pode ser usada para sinalizar anomalias por meio de alertas, fornecer modelos de visualização e de estatística e compreender a causa e os efeitos de decisões sobre a empresa. A empresa pode se beneficiar de praticamente todos os aspectos do negócio com os insights fornecidos pela BI.

Como aluno de Administração, você deve entender como a tecnologia pode ajudá-lo a tomar decisões inteligentes. Mas no final do dia, o modo como interage com um cliente pessoalmente é o verdadeiro teste de sua capacidade de fomentar e promover relações saudáveis com os clientes.

TERMOS-CHAVE

Agrupamento 475
Agrupamento de afinidade 475
Análise de agrupamento 475
Análise de cesta de produtos 476
Análise estatística 477
Classificação 475
Detecção de associação 476
Estimativa 475
Ferramentas de mineração de dados 475
Informações de séries temporais 477
Latência de análise 473
Latência de dados 473
Latência de decisão 474
Mineração de dados 475
Previsões 477

CASO DE ENCERRAMENTO 1

Negócios inteligentes: isso não é um oximoro?

Em um programa piloto no Estado de Nova York, o condado de Rockland anunciou a descoberta de solicitações indevidas do Medicaid no valor de US$ 13 milhões feitas ao longo de um período de 21 meses. Uma vez que os problemas foram descobertos antes de os reembolsos serem realizados, Rockland evitou as dores de cabeça que teria enfrentado se tivesse pago o dinheiro primeiro e feito as perguntas depois.

O crédito não é de uma equipe de detetives que trabalha duro, mas de um software de pesquisa e análise criado pela IBM que fez uma seleção automática entre milhares de formulários, escolheu pedaços importantes de informação e os comparou em relação às regras do Medicaid. As autoridades do governo acreditam que, se o programa fosse aplicado em todo o estado, poderia proporcionar US$ 3,8 bilhões em economia por ano. "Isso pode mudar a indústria do Medicaid em Nova York", disse o supervisor do condado de Rockland, C. Scott Vanderhoef.

Esse é apenas um exemplo de uma mudança na forma como as empresas e os governos encontram e usam informações. Os dados estão se tornando muito mais fáceis de acessar e muito mais úteis.

Melhor compreensão

As organizações têm enormes quantidades de dados que passam por seus sistemas de computadores no momento de se fazer pedidos, registros de vendas e outras transações comerciais.

Boa parte dessa informação é armazenada para uso e análise futuros. Mas os avanços em software e hardware facilitam para as empresas analisar os dados em tempo real, assim que eles são inseridos nos computadores, e torná-los disponíveis para todos os tipos de funcionários.

As inovações tecnológicas também possibilitam analisar dados desestruturados, como as solicitações do Medicaid do condado de Rockland, que não se encaixam facilmente nas tabelas de uma base de dados tradicional. O resultado de todas essas mudanças: agora é possível para as empresas entender o que está acontecendo em seus negócios de forma detalhada e rapidamente tomar ações baseadas nesse conhecimento.

Essas melhorias vieram em grande parte como resultado dos avanços em software de inteligência de negócios. Esse software – um segmento de US$ 3 bilhões que cresce cerca de 7% ao ano – reúne informações em depósitos de dados, onde podem ser facilmente revistas, analisa os dados e apresenta relatórios aos tomadores de decisão. No passado, os relatórios tinham de ser cuidadosamente montados por analistas de negócios com experiência em tecnologia e costumavam ficar disponíveis somente para o pessoal do alto escalão.

Google pessoal

A informação facilmente disponível para qualquer pessoa em uma organização é um fenômeno da indústria que ganhou o apelido de "inteligência de negócios generalizada". As empresas estão passando de lugares onde só o pessoal mais técnico tinha acesso a informações para desfrutar de uma situação mais parecida com o autoatendimento. As pessoas podem obter informações por si mesmas, disse Christina McKeon, estrategista de inteligência de negócios global da fabricante de software SAS Institute, com sede em Cary, na Carolina do Norte.

A SAS e outros fabricantes de software de BI estão atingindo as massas de diversas maneiras. Várias dessas empresas têm ligações com o líder de buscas Google para dar a empresários acesso mais fácil aos data warehouses por meio da conhecida barra de pesquisa do Google. Elas têm redesenhado seus portais de BI para que as pessoas que fazem pesquisas no Google obtenham não só os documentos que incluem suas palavras-chave, mas também outros que são relacionados de maneira temática.

Se, por exemplo, um líder de uma unidade de negócios procura por resultados financeiros do primeiro trimestre, ele também pode obter relatórios dos 10 maiores clientes do trimestre e dos clientes que geraram mais lucros. "O depósito de dados está começando a ficar *mainstream*", anunciou o analista Mark Beyer, da empresa de pesquisa de mercado de tecnologia Gartner.

Direcionamento do tráfego

A inteligência de negócios também está sendo agregada a outras aplicações padrões para a gestão do negócio, como atendimento de pedidos, logística e gerenciamento de estoque, entre outros. Pense em um depósito movimentado, com um número limitado de docas de carregamento. As empresas de transporte não querem que suas plataformas esperem na fila por horas, por isso algumas delas cobram tarifas pelo tempo de espera no armazém.

Para evitar custos desse tipo, as companhias podem criar inteligência de negócios em seus sistemas de planejamento de logística que permita saber quando os caminhões começam a se acumular e encaminhar supervisores ao depósito para carregar os caminhões que cobram taxas de espera antes daqueles que não fazem isso. Os supervisores recebem essa informação em seus PCs ou dispositivos portáteis no próprio armazém. As pessoas estão aproveitando as vantagens da BI sem saber disso, explicou Randy Lea, vice-presidente de produtos e serviços de marketing da Teradata, uma divisão da NCR, líder em software de armazenamento de dados.

Esse tipo de inteligência em tempo real e atrás dos bastidores está se tornando disponível até mesmo para os usuários finais. O Travelocity, um dos principais sites de viagem, usa há muito tempo o software de inteligência de negócios como auxílio para analisar as tendências de compra e os tipos de clientes do segmento, de modo a adaptar novos serviços para esse público. Agora a empresa tem preparado seu vasto armazém de dados diretamente para o site comercial, para reunir e analisar informações sobre o que está acontecendo e como está acontecendo.

Intuição cibernética

O Travelocity conecta o perfil dos clientes individuais que estão no site a um monitor da atividade corrente desses clientes e informações sobre voos disponíveis, aluguel de carros e pacotes de férias. Se um cliente começa a perguntar sobre voos para Orlando no final de semana de 4 de julho, o sistema do Travelocity vai entender que ele provavelmente está planejando férias com a família e vai colocar anúncios que são relevantes para esse tipo de viagem e até mesmo lançar promoções especiais. "Se quiséssemos, poderíamos dar a cada cliente uma oferta personalizada", disse Mark Hooper, vice-presidente do Travelocity para desenvolvimento de produtos.

O que vem a seguir na questão de facilidade de uso da BI? Gartner tem um conceito que chama de "Biggle" – a interseção da BI e do Google. A ideia é que o software de armazenamento de dados será tão sofisticado que vai entender quando pessoas diferentes usarem palavras diferentes para descrever os mesmos conceitos ou produtos. Isso cria um índice de informações relacionada – *á là* Google – e fornece resultados relevantes em resposta a consultas.

Em ciência da computação, esse recurso é chamado de consciência de relação não óbvia. "Ninguém está fazendo isso ainda", falou Beyer, do Gartner. A julgar pela velocidade dos avanços recentes em inteligência de negócios, no entanto, talvez não demore muito até que as empresas acrescentem o termo "Biggling" no seu vocabulário de tecnologia.

Questões

1. Qual é o problema de coleta de inteligência de negócios para uma empresa tradicional? Como a BI pode resolver esse problema?
2. Escolha uma das três formas comuns de análise de mineração de dados e explique como o Travelocity pode usá-la para obter BI.
3. Como a BI tática, estratégica e operacional será diferente quando aplicada ao Google pessoal?
4. De que modo o software de pesquisa e análise da IBM é um exemplo de BI?
5. O que a expressão "inteligência de negócios generalizada" significa?
6. Como uma empresa pode se beneficiar da tecnologia, como o Google pessoal?
7. Como uma empresa pode usar a BI para melhorar a sua cadeia de fornecimento?
8. Ressalte os problemas de segurança e de ética associados ao Biggle.

CASO DE ENCERRAMENTO 2

O cérebro por trás do "Big, Bad Burger" e outras histórias de inteligência de negócios

Jay Leno, o *New York Times* e grupos de defesa da saúde nutricional têm comentado sobre o mais novo item da cadeia de restaurantes *fast-food* Hardee's, o "Monster Thickburger", que consiste em:

- Dois hambúrgueres 100% carne Angus assados como churrasco, cada um pesando 150 gramas
- Três fatias de queijo processado
- Quatro tiras de bacon crocante
- Um montão de maionese
- Pão com gergelim tostado com manteiga

O Monster Thickburger soa como sonho de uma pessoa com fome e o pior pesadelo de quem faz dieta. Sim, esse delicioso presente dos céus em forma de hambúrguer contém 1.420 calorias (5.945 quilojoules) e 107 gramas de gordura prontas para entupir suas artérias. Mesmo que o Monster Thickburger seja um dos hambúrgueres que mais engorda do mercado – sem mencionar que quase sempre é consumido com uma coca-cola e batatas fritas –, o sanduíche está vendendo muito, de acordo com Jeff Chasney, CIO e vice-presidente executivo de planejamento estratégico da CKE Restaurants, empresa que é proprietária e opera o Hardee's.

Com a obsessão nacional da dieta e advertências relacionadas com a saúde em matéria de obesidade, a maioria das empresas de fast-food provavelmente jamais colocaria o Monster Thickburger no cardápio. A CKE demonstrou confiança ao lançar o Monster Thickburger em todo o país, convencida de que o produto iria vender, com base na inteligência que a empresa obteve a partir do seu sistema de BI. O sistema de BI da CKE – conhecido dentro da empresa como CPR (*CKE Performance Reporting*) – monitorou o desempenho de vendas de hambúrgueres em diversos mercados de teste para determinar o aumento de vendas do hambúrguer gigante e garantir que ele não simplesmente canibalizasse a venda de outros hambúrgueres. A CKE monitorava diversas variáveis, incluindo combinações do menu, custos de produção, vendas do Thickburger, vendas gerais de hambúrguer, aumento dos lucros e contribuição do Thickburger ao resultado geral das lojas. Usando seu sistema de BI, a CKE rapidamente determinou que os custos de produção do Thickburger seriam mínimos, em comparação com o aumento das vendas. De posse de uma inteligência de hambúrgueres, a CKE não teve dúvidas em desembolsar US$ 7 milhões em publicidade e lançar com sucesso o hambúrguer em todo o país. No primeiro trimestre, as vendas do hambúrguer superaram as expectativas da CKE e a companhia soube que aquela quantia gasta na publicidade tinha sido um investimento inteligente.

Hardee's, Wendy's, Ruby Tuesday, T.G.I. Friday's e outros são usuários contumazes de software de BI. Muitas das grandes cadeias utilizam a BI nos últimos 10 anos, de acordo com Chris Hartmann, diretor de estratégias de tecnologia da HVS International, uma empresa de consultoria para o ramo de restaurantes e hospitalidade. Os restaurantes usam a BI operacional para determinar tudo, desde itens do menu até os locais em que se devem encerrar as operações. As empresas usam BI tática para renegociar contratos e identificar oportunidades para melhorar os processos ineficientes. A BI é uma ferramenta essencial para restaurantes operacionais e se implementada corretamente pode destacar eficiências e eficácias operacionais, como:

- A Carlson Restaurants Worldwide (T.G.I. Friday's, Pick Up Stix) economizou US$ 200 mil ao renegociar contratos com fornecedores de alimentos com base na discrepância entre os preços dos contratos e os preços que os fornecedores estavam realmente cobrando dos restaurantes. Foi o sistema de BI da Carlson, que na época era da Cognos, que identificou essas discrepâncias.
- Os lucros e receitas da Ruby Tuesday têm crescido pelo menos 20% ao ano, como resultado das melhorias que a cadeia tem realizado no menu e nas operações com base em insights

fornecidos pela infraestrutura de BI, que consiste em um armazém de dados, ferramentas analíticas da Cognos e Hyperion e ferramentas de relatórios da Microsoft.
- O CPR ajudou a CKE, que estava à beira da falência, a aumentar as vendas em restaurantes abertos por mais de um ano, limitar as suas perdas globais e até mesmo ter lucro em 2003. Sistema proprietário criado internamente, o CPR consiste em um banco de dados Microsoft SQL Server e usa ferramentas de desenvolvimento da Microsoft para analisar e exibir informações analíticas.
- Em junho de 2003, a Wendy's decidiu aceitar cartões de crédito em seus restaurantes, com base nas informações que obteve de seus sistemas de BI. Por causa dessa decisão, os restaurantes Wendy tiveram um impulso nas vendas: os clientes que usam cartão de crédito gastam em média 35% a mais por pedido do que aqueles que pagam em dinheiro, de acordo com o vice-presidente executivo e CIO da Wendy, John Deane.

Outras indústrias poderiam aprender muito sobre BI por meio da análise desse uso estratégico da inteligência de negócios. "A maioria das implementações de BI fica abaixo do ponto médio da escala de sucesso", diz Ted Friedman, analista da Gartner. Parece que a indústria de restaurantes tem evitado as três barreiras comuns ao sucesso de BI pela limpeza da grande quantidade de dados irrelevantes, garantindo a qualidade dos dados bons e diminuindo a resistência do usuário.

Questões

1. O que realmente significa inteligência de negócios para uma empresa? Como o CPR permitiu à CKE economizar milhões?
2. Quais são os impactos negativos da inteligência de negócios da CKE?
3. Explique as três formas de análise de mineração de dados e como a CKE pode usá-la para obter BI.
4. Como a CKE pode usar a BI tática, operacional e estratégica?
5. Que tipos de questões éticas e de segurança a CKE poderia enfrentar a partir do CPR?

TOMANDO DECISÕES DE NEGÓCIOS

1. **Obtendo inteligência de negócios a partir de iniciativas estratégicas**

   Você é um novo funcionário no departamento de atendimento ao cliente da Premier One, uma grande distribuidora de alimentos para animais de estimação. A empresa, fundada por vários veterinários, está no negócio há três anos e se concentra em fornecer alimentos nutritivos para animais a preços módicos. Atualmente, ela tem 90 funcionários e opera em sete estados. As vendas nos últimos três anos triplicaram, e os sistemas manuais em vigor já não são suficientes para tocar o negócio. A sua primeira tarefa é encontrar-se com a sua nova equipe e criar uma apresentação para o presidente e CEO, descrevendo a BI tática, operacional e estratégica. A apresentação deve destacar os principais benefícios que a Premier One pode obter com a inteligência de negócios, bem como qualquer valor de negócios adicional agregado que pode ser adquirido a partir dos sistemas.

2. **BI do Second Life**

   O mundo virtual do Second Life pode se tornar o primeiro ponto de contato entre empresas e consumidores e transformar toda a experiência do cliente. Desde que começou a hospedar as duplicatas de empresas como Adidas, Dell, Reuters e Toyota, o Second Life tornou-se o equivalente tecnológico da Índia ou da China – todos precisam de um escritório e uma estratégia no local para manter seus acionistas felizes. Mas além de abrir um prédio novinho em folha no mundo online, o que essas companhias fazem com suas propriedades virtuais?

   Como muitas outras grandes marcas, a PA Consulting tem seus próprios escritórios no Second Life e aprendeu que simplesmente ter uma representação para responder às dúvidas dos clientes não é o suficiente. As pessoas reais, ainda que por trás de avatares, devem ser o pessoal dos escritórios (da mesma forma que ter um site não é suficiente se não houver uma central de atendimento para apoiá-lo quando um possível cliente quiser falar com um ser humano). Os consultores acreditam que as centrais de atendimento poderiam um dia pedir aos clientes para que acompanhem uma ligação de telefone com eles, levando a consulta para um mundo virtual.

   Ao contrário de muitas áreas corporativas no mundo virtual, a National Basketball Association incorpora recursos destinados a manter os fãs sempre presentes, inclusive diagramas 3D de partidas em tempo real durante esses jogos.

   Você é o diretor-executivo de CRM na StormPeak, uma empresa de IA avançada que desenvolve robôs. Você está encarregado de supervisionar o primeiro site virtual que está sendo construído no Second Life. Crie uma estratégia de BI para reunir informações em um mundo virtual. Aqui estão algumas perguntas para você começar:

   - Como a coleta de BI para uma empresa será diferente em um mundo virtual?
   - Como a BI pode ajudar uma empresa a se tornar mais eficiente em um mundo virtual?
   - Como o apoio da BI no Second Life será diferente do apoio da BI em uma empresa tradicional?
   - Que problemas de segurança relacionados à BI você poderá encontrar no Second Life?
   - Que problemas éticos relacionados à BI você poderá encontrar no Second Life?

3. **À procura da BI**

   Imagine poder pesquisar no Google os pedidos por informação de clientes ao telefone, examinar os arquivos gravados de reclamações do cliente ou decifrar o momento exato em que uma interação entre um funcionário da loja e o cliente deu errado. Poder consultar os registros de voz usando os mesmos métodos de consulta a textos abriria áreas ilimitadas de oportunidade de negócios. Os internautas já podem pesquisar arquivos de áudio e feeds de áudio/vídeo, mas agora as empresas podem usar essa tecnologia para ajudar os funcionários a pesquisar correios de voz ou chamadas gravadas por meio de palavras-chave e frases, e, no final, decodificar as preocupações dos clientes importantes.

Recentemente, você abriu a sua própria empresa de marketing. Você criou uma ferramenta de BI que permite aos clientes consultar todos os armazenamentos de dados únicos deles. Agora tudo que você precisa é preparar seus materiais de marketing para enviar aos clientes potenciais. Crie uma campanha de marketing para mostrar aos clientes, detalhando as oportunidades de negócios que eles podem ter se comprarem o seu produto. A sua campanha de marketing pode ser um documento de uma só página, uma melodia cativante, um vídeo ou uma apresentação do PowerPoint.

4. **A mineração de dados médicos**

   A NPR divulgou recentemente uma história discutindo como grandes empresas farmacêuticas fazem a mineração de dados médicos. Milhares de representantes de vendas da empresa farmacêutica visitam médicos e tentam convencê-los a prescrever os medicamentos mais recentes da companhia. As empresas farmacêuticas compram informações de prescrição de farmácias de todo o país, mostrando quais medicamentos são prescritos por quais médicos. Não há informações do paciente nos dados. Os representantes de vendas recebem essa BI das empresas e podem adaptar o discurso de vendas com base no que o médico particular receitou aos pacientes. Muitos médicos nem sequer percebem que os representantes de vendas têm essa informação e sabem exatamente quais medicamentos cada médico prescreve. As empresas farmacêuticas adoram a mineração de dados, mas os críticos afirmam que se trata de uma invasão de privacidade e que eleva o custo de assistência médica. O Maine acabou de se tornar o terceiro estado a aprovar uma medida que limita o acesso aos dados.

   Você trabalha para o governo estadual e seu chefe pede para criar um argumento a favor ou contra a mineração de dados farmacêuticos de dados médicos em seu estado. Algumas perguntas para você começar:

   Você concorda que a mineração de dados médicos deve ser ilegal? Por quê?

   Como paciente, como você se sente em relação às empresas farmacêuticas que promovem a mineração de dados junto ao seu médico? Como funcionário de uma empresa farmacêutica, como você se sente em relação à mineração de dados médicos?

5. **O valor do plástico**

   Aceitar cartões de crédito nos restaurantes Wendy's foi uma grande decisão que os executivos da empresa enfrentaram no início de 2003. Não havia dúvida de que os clientes apreciariam a conveniência do plástico, mas a opção poderia prejudicar as vendas globais? Os executivos da Wendy's decidiram que a melhor maneira de determinar o valor do plástico era testá-lo em várias lojas. Foi criado um sistema de BI para monitorar como uma compra com cartão de crédito afeta as vendas, a velocidade do serviço e as vendas à vista. A inteligência adquirida com o sistema informou aos executivos que as vendas com plástico eram, em geral, 35% mais elevadas do que as vendas à vista. As vendas à vista costumam incluir uma refeição em oferta, que é ótima para o cliente, mas menos rentável para a loja. Os clientes do plástico mostraram uma tendência de escolher itens *a la carte*, que geram gastos superiores. De posse da BI, a Wendy's adotou leitores de cartões de crédito em todo o país em junho de 2003.

   Você é o vice-presidente de BI do McDonald's. O conselho de administração gostaria que você fizesse um relatório com os detalhes de como se pode usar a BI para analisar as tendências de vendas de itens do menu em todos os restaurantes, incluindo os internacionais. Identifique as diversas variáveis diferentes que você monitoraria para determinar as tendências de vendas de itens do menu.

PLUG-IN
G11 Sistemas globais de informação

> **OBJETIVOS DE APRENDIZAGEM**
>
> 1. Explicar os desafios culturais, políticos e geoeconômicos enfrentados pelas empresas globais.
> 2. Descrever os quatro direcionadores de negócios de TI global que devem ser incluídos em todas as estratégias de TI.
> 3. Descrever governança e conformidade e os frameworks associados que uma organização pode implementar.
> 4. Identificar por que uma organização precisa compreender arquiteturas corporativas globais ao expandir suas operações no exterior.
> 5. Explicar os diversos problemas globais de informação que uma organização pode encontrar ao operar seus negócios no exterior.
> 6. Identificar problemas de desenvolvimento de sistemas globais que as organizações devem compreender antes de desenvolver um sistema global.

Introdução

Independentemente de estarem em Berlim ou Bombaim, Kuala Lumpur ou Kansas City, San Francisco ou Seul, as organizações ao redor do mundo desenvolvem novos modelos de negócio para atuar competitivamente em uma economia digital. Esses modelos são estruturados, porém ágeis; globais, mas locais; e se concentram em maximizar o retorno ajustado aos riscos de ambos os ativos: conhecimento e tecnologia.

Globalização e trabalho em uma economia global internacional são hoje parte integrante dos negócios. Empresas da Fortune 500 e lojas de fundo de quintal estão atualmente competindo de forma global, e os desenvolvimentos internacionais afetam todas as formas de negócios.

OA 1 Explicar os desafios culturais, políticos e geoeconômicos enfrentados pelas empresas globais.

Globalização

De acordo com Thomas Friedman, o mundo é plano! As empresas estão elaborando estratégias e operando em um campo global de ações. As formas tradicionais de negócios simplesmente não são boas o suficiente em um ambiente global. Reveja o modo como a Internet está mudando os negócios analisando a Figura G11.1. Para ter sucesso em um am-

Indústria	Mudanças nos negócios devido à tecnologia
Viagens	O site de viagens Expedia.com é hoje a maior agência de viagens de lazer, com margens de lucro maiores que, até mesmo, a American Express. Em 2002, 13% das agências de viagens tradicionais fecharam por não conseguir competir com as viagens online.
Entretenimento	A indústria da música tem impedido o Napster e outras empresas de funcionar, mas downloads anuais no valor de US$ 35 bilhões estão destruindo o negócio tradicional da música. As vendas unitárias de música nos Estados Unidos caíram 20% desde 2000. A próxima grande indústria do entretenimento que vai sentir os efeitos do negócio eletrônico será o negócio do cinema, avaliado em US$ 67 bilhões.
Eletrônicos	Ao utilizar a Internet para ligar seus fornecedores e clientes, a Dell dita os lucros da indústria. Suas margens de operação subiram de 7,3% em 2002 para 8% em 2003, ao mesmo tempo que elevou os preços a níveis que impediam os concorrentes de ganharem dinheiro.
Serviços financeiros	Quase toda companhia de financiamento eletrônico pública ganha dinheiro, com o serviço de hipoteca online da Lending Tree crescendo 70% ao ano. Processar aplicações de hipoteca online é hoje 40% mais barato para os clientes.
Varejo	Mesmo com menos de 5% das vendas feitas online, o eBay estava no caminho certo em 2003 para tornar-se um dos 15 maiores varejistas do país, e a Amazon.com vai se juntar ao grupo dos 40 maiores. A estratégia de negócio eletrônico do Walmart está forçando os concorrentes a fazer pesados investimentos em tecnologia.
Automóveis	O custo de produção de veículos está baixo por causa do SCM e das compras pela Internet. Além disso, o eBay tornou-se a maior revendedora de carros usados dos EUA, e a maioria dos principais sites de carros é lucrativa.
Educação e treinamento	A Cisco economizou US$ 133 milhões em 2002 ao colocar suas sessões de treinamento na Internet, e as aulas online do ensino superior da Universidade de Phoenix agradam investidores.

FIGURA G11.1
Exemplos de como a Internet está transformando os negócios.

biente de negócios global, os desafios culturais, políticos e geoeconômicos (geográficos e econômicos) devem ser enfrentados.

DESAFIOS CULTURAIS DE NEGÓCIOS

Os desafios culturais de negócios incluem diferenças de idiomas, interesses culturais, religiões, costumes, atitudes sociais e filosofias políticas. Os negócios globais devem ser sensíveis a essas diferenças culturais. O McDonald's, uma marca verdadeiramente global, criou vários sites específicos para minorias nos Estados Unidos: McEncanta para hispânicos, 365Black para afroamericanos e i-am-asian para asiáticos. Mas esses grupos minoritários não são homogêneos. Pense nos asiáticos: há asiáticos do Leste, do Sudeste, indo-asiáticos... e, dentro de cada um desses conjuntos, há divisões de caráter nacional, regional e idiomático. Nenhuma empresa tem orçamento para criar um site separado para cada subsegmento, mas supor que todos os americanos de origem asiática caibam no mesmo ambiente – ainda que seja um ambiente virtual – gera riscos de reação severa. A empresa deve fazer algumas perguntas-chave na criação de um site global:

- Será que o site exige nova lógica de navegação para acomodar as preferências culturais?
- O conteúdo será traduzido? Em caso afirmativo, em quantos idiomas?
- Os esforços multilíngues serão incluídos no site principal ou estarão em um site separado, talvez com um domínio específico do país?
- Em que país o servidor estará localizado para prestar suporte aos usuários locais?
- Que implicações legais podem surgir com um site orientado para um determinado país, como leis sobre os comportamentos competitivos, de bem-estar infantil ou de privacidade?

FIGURA G11.2
Áreas de gestão de negócios de TI global.

DESAFIOS POLÍTICOS DE NEGÓCIOS

Os desafios políticos de negócios incluem as numerosas regras e regulamentos que cercam as transferências de dados por fronteiras nacionais, especialmente informações pessoais, implicações fiscais, importação e exportação de hardware e software, e acordos comerciais. A proteção de informações pessoais é uma preocupação real para todos os países. Por exemplo, indicações de uma pesquisa nacional sobre a satisfação do cidadão com os serviços online do governo canadense dão mostras da importância de prestar atenção a questões de privacidade. Essa pesquisa altamente divulgada, conhecida como Citizens First (Cidadãos em Primeiro Lugar), foi administrada pelo Institute for Citizen-Centered Service (ICCS) e pelo Institute of Public Administration in Canada (IPCA). Os resultados da pesquisa indicam que, embora outros fatores ajudem a promover a satisfação do cidadão com a Internet, como a facilidade de encontrar informações, informações suficientes, navegação no site e apelo visual, o elemento-chave que afeta diretamente a decisão dos cidadãos de realizarem transações online é as suas preocupações sobre segurança da informação e privacidade.

Para maior segurança, há muita preocupação com o armazenamento, a transmissão e o acesso a informações, e com a verificação de identidade. Para privacidade e proteção de dados pessoais, há uma preocupação ainda maior sobre a consolidação das informações, acessos não autorizados e compartilhamento sem permissão.

DESAFIOS GEOECONÔMICOS GLOBAIS DE NEGÓCIOS

Geoeconômico refere-se aos efeitos da geografia nas realidades econômicas de atividades de negócios internacionais. Mesmo com a Internet, as telecomunicações e as viagens aéreas, as distâncias físicas entre pontos do planeta dificultam as operações de negócios multinacionais. Deslocar especialistas de TI para locais remotos é caro, a comunicação em tempo real em todo os 24 fusos horários do globo é um desafio, e encontrar serviços de telecomunicações de qualidade em todos os países é difícil. Mão de obra qualificada, custo de vida e encargos trabalhistas também mudam de um país para o outro. Ao desenvolver estratégias globais de negócios, todos esses desafios geoeconômicos devem ser abordados.

Entender os desafios culturais, políticos e geoeconômicos para os negócios é um bom começo para a compreensão dos negócios globais, mas os problemas enfrentados pelos gestores são muito mais profundos. O restante deste plug-in se concentra em questões de gestão empresarial que são fundamentais para todos os negócios globais. Os gerentes de negócios devem compreender as quatro áreas principais – estratégias globais de negócios de TI, arquiteturas corporativas globais, problemas globais de informação e desenvolvimento de sistemas globais – durante a gestão de empresas multinacionais (ver Figura G11.2).

OA 2 Descrever os quatro direcionadores de negócios de TI global que devem ser incluídos em todas as estratégias de TI.

Estratégias de negócios de TI global

Estratégias de negócios de TI global devem incluir informações detalhadas sobre a aplicação da tecnologia da informação em toda a organização. Os sistemas de TI dependem de direcionadores globais de negócios, como a natureza da indústria, fatores competitivos e as forças ambientais. Por exemplo, companhias aéreas e hotéis têm clientes globais que viajam muito e esperam o mesmo serviço, independentemente do lugar. As organizações precisam de sistemas globais de TI que possam oferecer um serviço rápido e conveniente a todos os funcionários internacionais que estão a serviço desses clientes. Quando um cliente de alto nível faz check-in em um hotel na Ásia, ele espera receber o mesmo serviço de alta qualidade que receberia ao fazer check-in em um hotel em Chicago ou Londres. A Figura G11.3 descreve os direcionadores de negócios de TI global que devem ser levados em conta em todas as estratégias de TI.

- Os clientes que viajam para qualquer lugar ou empresas com operações globais e sistemas globais de TI ajudam a fornecer serviços rápidos, convenientes e homogêneos.

Clientes globais

- Os produtos são os mesmos em todo o mundo e a TI global pode ajudar a gerenciar marketing, vendas e controle de qualidade em todo o mundo.

Produtos globais

Colaboração global

- O conhecimento e a perícia dos colegas em uma companhia global somente podem ser acessados, compartilhados e organizados por sistemas de TI global.

Operações e recursos globais

- Equipamentos, instalações, processos de montagem e colaboradores em comum são compartilhados por uma empresa global, e a TI pode rastrear os recursos compartilhados, flexibilidade geográfica, operações e cadeias de fornecimento globais.

FIGURA G11.3
Impulsionadores de negócios de TI global.

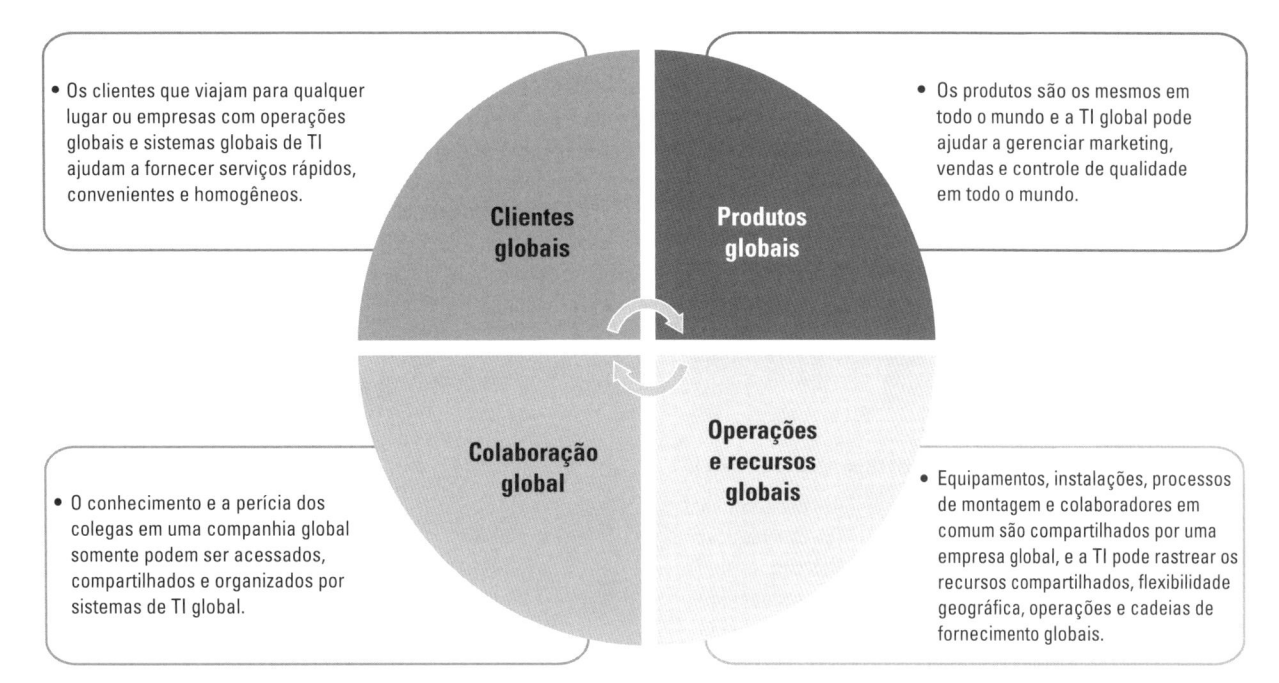

Muitos sistemas globais de TI, como finanças, contabilidade e gestão de operações, são usados há muitos anos. A maioria das empresas multinacionais têm gestão global de orçamentos e de recursos financeiros. Conforme as operações globais se expandem e a concorrência global se inflama, aumenta a pressão para que as empresas instalem aplicações de negócio global para clientes, fornecedores e funcionários. Exemplos incluem portais e sites voltados para o atendimento ao cliente e o gerenciamento da cadeia de fornecimento. No passado, esses sistemas se basearam quase exclusivamente nas redes de telecomunicações privadas ou estatais. Mas o uso empresarial impulsivo de Internet, intranets e extranets para o comércio eletrônico tem tornado essas aplicações mais viáveis para as organizações globais.

GOVERNANÇA E CONFORMIDADE

OA 3 Descrever governança e conformidade e os quadros associados que uma organização pode implementar.

Uma área-chave de rápido crescimento para todas as estratégias de negócios globais é a governança e conformidade. ***Governança*** é um método ou sistema de governo para gestão ou controle. ***Conformidade*** significa conformação, concordância ou concessão. Há alguns anos, as ideias de governança e conformidade eram relativamente obscuras. Hoje, o conceito de governança e conformidade de TI formal é uma necessidade para praticamente todas as empresas, nacionais e globais. Os fatores determinantes para governança e conformidade incluem regulamentação financeira e tecnológica, bem como a pressão de acionistas e clientes.

As empresas de hoje estão sujeitas a muitas regulamentações que regem retenção de dados, informações confidenciais, responsabilização financeira e recuperação de desastres. Ao implementar a governança de TI, as organizações adquirem os controles internos de que necessitam para cumprir as orientações centrais de muitas dessas regulamentações, como a Lei Sarbanes-Oxley, de 2002.

A governança de TI essencialmente determina a estrutura em torno do modo como as organizações alinham a estratégia de TI com a estratégia de negócio, garantindo que as empresas permaneçam no curso para alcançar suas estratégias e metas, e implementem bons métodos para medir seu desempenho de TI. A governança assegura que os interesses de todas as partes interessadas sejam considerados e que os processos tenham resultados mensuráveis. A governança de TI deve responder a perguntas-chave, incluindo como o departamento de TI funciona em geral, quais as principais métricas de que a gerência necessita e qual retorno o negócio recebe do seu investimento em TI. A Figura G11.4 mostra as cinco principais áreas de foco, de acordo com o IT Governance Institute.

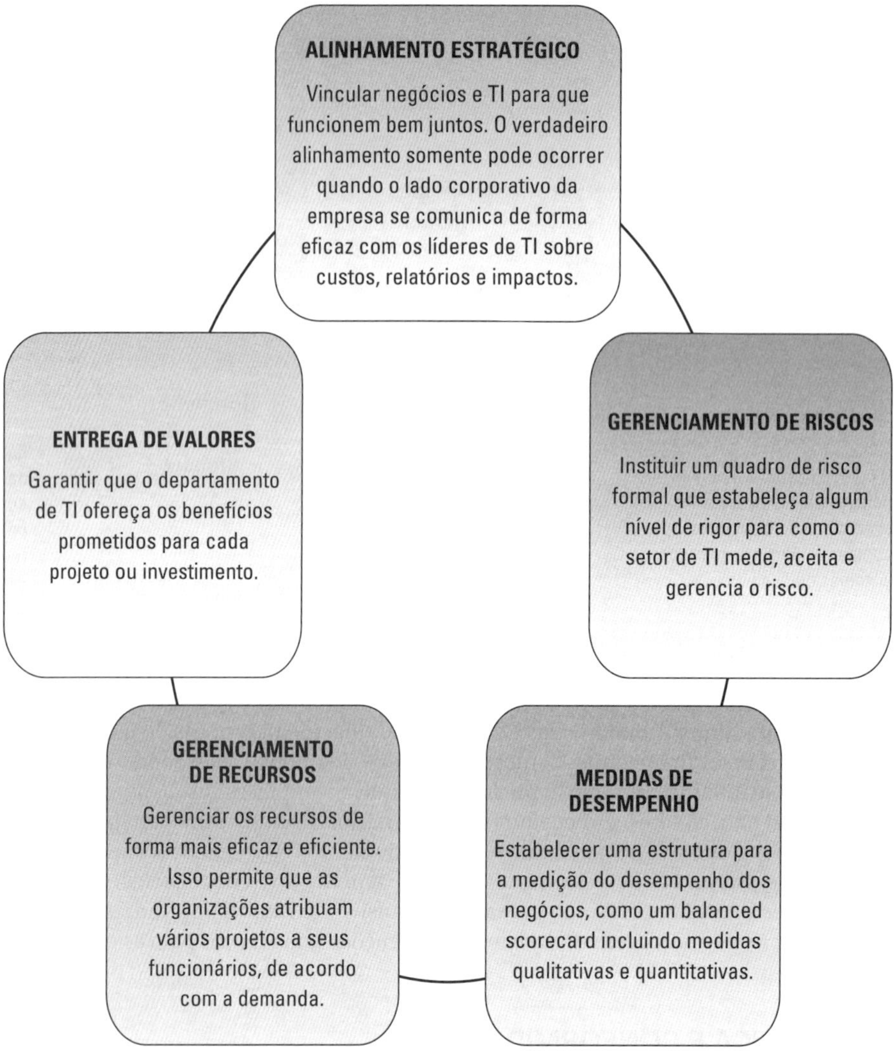

FIGURA G11.4
Cinco áreas de foco do IT Governance Institute.

ALINHAMENTO ESTRATÉGICO
Vincular negócios e TI para que funcionem bem juntos. O verdadeiro alinhamento somente pode ocorrer quando o lado corporativo da empresa se comunica de forma eficaz com os líderes de TI sobre custos, relatórios e impactos.

ENTREGA DE VALORES
Garantir que o departamento de TI ofereça os benefícios prometidos para cada projeto ou investimento.

GERENCIAMENTO DE RISCOS
Instituir um quadro de risco formal que estabeleça algum nível de rigor para como o setor de TI mede, aceita e gerencia o risco.

GERENCIAMENTO DE RECURSOS
Gerenciar os recursos de forma mais eficaz e eficiente. Isso permite que as organizações atribuam vários projetos a seus funcionários, de acordo com a demanda.

MEDIDAS DE DESEMPENHO
Estabelecer uma estrutura para a medição do desempenho dos negócios, como um balanced scorecard incluindo medidas qualitativas e quantitativas.

As organizações podem seguir algumas estruturas de governança de TI diferentes, incluindo:

- **CoBIT:** *Information Systems Audit and Control Association (ISACA)* é um conjunto de orientações e ferramentas de apoio para a governança de TI aceito em todo o mundo e geralmente utilizado por auditores e empresas como forma de integrar a tecnologia, a fim de implementar controles e cumprir objetivos de negócio específicos.
- **ITIL:** *Information Technology Infrastructure Library (ITIL)* é uma estrutura fornecida pelo governo do Reino Unido e oferece oito conjuntos de procedimentos de gestão: (1) prestação de serviços, (2) suporte técnico, (3) gerenciamento de serviços, (4) gestão de infraestrutura de Tecnologia de Informação e Comunicação (TIC), (5) gerenciamento de ativos de software, (6) perspectiva de negócios, (7) gestão de segurança e (8) gerenciamento de aplicações. O ITIL é uma boa opção para organizações preocupadas com as operações.
- **COSO:** O framework desenvolvido pelo *Committee of Sponsoring Organizations (COSO)* é fundamental para a avaliação de controles internos, como recursos humanos, logística, tecnologia da informação, riscos, jurídico, marketing e vendas, operações, funções financeiras, compras e relatórios. Trata-se de uma estrutura mais geral de negócios e menos específica em relação à TI.
- **CMMI:** Criado por um grupo formado por membros do governo, da indústria e do Instituto de Engenharia de Software da Carnegie Mellon University, o *método Capability Maturity Model Integration (CMMI)* é uma abordagem de melhoria de

processos que contém 22 áreas de processo. Está dividido em apreciação, avaliação e estrutura. O CMMI é particularmente adequado para organizações que necessitam de auxílio para o desenvolvimento de aplicações, questões de ciclo de vida e o aprimoramento da entrega de produtos ao longo do ciclo de vida.

Arquiteturas corporativas globais

OA 4 Identificar por que uma organização precisa compreender arquiteturas corporativas globais ao expandir suas operações no exterior.

Uma ***arquitetura corporativa*** inclui os planos de como uma organização vai construir, implantar, utilizar e compartilhar seus dados, processos e ativos de TI. Uma organização deve gerir sua arquitetura corporativa global para dar suporte às suas operações de negócios globais. A gestão de uma arquitetura corporativa global não só é tecnicamente complexa, como também tem importantes implicações políticas e culturais. Por exemplo, escolhas de hardware são difíceis em alguns países por causa de preços altos, tarifas elevadas, restrições à importação, longos tempos de espera para a aprovação do governo, falta de serviços locais ou peças de reposição e falta de documentação adaptada às condições locais. As escolhas de software também levantam questões: por exemplo, as normas europeias de dados diferem dos padrões americanos ou asiáticos, inclusive quando a aquisição é feita do mesmo fornecedor. Alguns fornecedores de software também se recusam a oferecer serviço e suporte em países que não cumprem acordos de licenciamento de software e não respeitam direitos autorais.

A Internet e a World Wide Web são determinantes para os negócios internacionais. Essa matriz interligada de computadores, informações e redes que atinge dezenas de milhões de usuários em centenas de países é um ambiente de negócios sem fronteiras e limites tradicionais. A conexão com empresas globais online oferece às empresas um potencial sem precedentes para a expansão dos mercados, reduzindo custos e melhorando as margens de lucro, por um preço que normalmente corresponde a uma pequena percentagem do orçamento de comunicação das corporações. A Internet proporciona um canal interativo de comunicação direta e de troca de dados com clientes, fornecedores, distribuidores, fabricantes, desenvolvedores de produtos, financiadores, fornecedores de informação – na verdade, com todas as partes envolvidas em uma organização internacional.

A organização Repórteres sem Fronteiras, com sede em Paris, assinala que 45 países restringem o acesso dos cidadãos à Internet. "Em sua base, a luta entre a censura da Internet e a abertura em nível nacional gira em torno de três meios principais: controlar os canais, filtrar os fluxos e punir os provedores. Em países como Birmânia, Líbia, Coreia do Norte, Síria e nos países da Ásia Central e do Cáucaso, o acesso à Internet é proibido ou sujeito a limitações rigorosas por meio de provedores controlados pelo governo. Esses países enfrentam uma luta sem vencedores contra a era da informação. Ao negar ou limitar o acesso à Internet, eles impedem o funcionamento do principal motor de crescimento econômico. No entanto, ao facilitar o acesso, expõem seus cidadãos a ideias potencialmente desestabilizadoras para o *status quo*. De qualquer maneira, muitas pessoas vão ter acesso à informação eletrônica que quiserem. Na Síria, por exemplo, as pessoas vão até o Líbano no fim de semana para ver seus emails", declarou Virgini Locussol, responsável geográfico dos Repórteres Sem Fronteiras para o Oriente Médio e Norte da África.

FIGURA G11.5
Dez principais problemas de telecomunicações.

A Figura G11.5 mostra os 10 principais problemas de telecomunicações internacionais, conforme relatado por executivos de TI de trezentas empresas das multinacionais da Fortune 500. As questões políticas prevalecem sobre as questões de tecnologia na listagem, enfatizando claramente a sua importância na gestão das arquiteturas corporativas globais.

Estimar as despesas operacionais associadas a operações internacionais de TI é outro desafio global. Empresas com operações

Questões de rede
- Melhoria da eficiência operacional das redes
- Uso de diferentes redes
- Controle da segurança de comunicação de dados

Questões regulatórias
- Lidar com restrições de fluxo de dados transnacionais
- Gerenciamento da integração internacional de tecnologias
- Manejo de política internacional

Tecnologia e questões nacionais
- Gerenciamento da infraestrutura de rede entre diferentes países
- Gerenciamento da integração internacional de tecnologias
- Reconciliação das diferenças nacionais
- Lidar com estruturas tarifárias internacionais

comerciais globais em geral formam associações ou contratam integradores de sistemas para instalações adicionais de TI em suas filiais de outros países. Essas instalações de TI devem atender às necessidades de computação locais e regionais e até mesmo ajudar a equilibrar as cargas de trabalho global de computação por meio de links de comunicação via satélite. No entanto, instalações offshore de TI podem representar grandes problemas de suporte, aquisição de hardware e software, manutenção e segurança nas sedes. É por isso que muitas companhias globais preferem terceirizar essas instalações para os fornecedores de serviços de aplicação ou integradores de sistemas, como a IBM e a Accenture, para gerenciar operações no exterior. Gerenciar arquiteturas corporativas globais, inclusive Internet, intranet, extranet e redes de telecomunicações, é um dos principais desafios da TI global para o século XXI.

Problemas globais de informação

OA 5 Explicar os diversos problemas globais de informação que uma organização pode encontrar enquanto opera seus negócios no exterior.

Embora muitos aparelhos eletrônicos e aplicações de software possam trazer vantagens para uma empresa – por exemplo, ajudando os funcionários a fazer seu trabalho de forma mais eficiente –, as implicações de segurança são muitas, disse Ken Silva, chefe de segurança da VeriSign, especializada em software de segurança de rede. "Quando acrescentamos essas coisas às redes corporativas, deixamos algumas brechas abertas no ambiente". A empresa farmacêutica Pfizer descobriu isso da maneira mais difícil. O cônjuge de um funcionário instalou um software de compartilhamento de arquivos em um laptop da Pfizer em casa, criando uma brecha de segurança que parece ter comprometido os nomes e números do Seguro Social de 17 mil funcionários e ex-funcionários da Pfizer, segundo uma carta enviada pela Pfizer aos procuradores gerais do Estado. A investigação da Pfizer mostrou que 15.700 desses funcionários tiveram de fato seus dados acessados e copiados.

Em vez de remar contra a maré, algumas empresas estão experimentando dar aos funcionários mais escolha sobre a tecnologia que usam, desde que aceitem ter mais responsabilidade por isso. Em 2005, a BP começou um projeto piloto que dá aos empregados cerca de US$ 1 mil para gastar em ferramentas de melhoria de produtividade além dos equipamentos padrão, de acordo com um relatório da Leading Edge Forum. Antes que possam participar, porém, os funcionários devem passar por um teste de suas habilidades em informática.

A empresa toma outras medidas para dar liberdade aos funcionários e diminuir os riscos. A BP isola sua rede ao permitir que os funcionários se conectem à Internet via conexões de clientes, de fora do *firewall*, no caso de seus 18 mil laptops. Ao mesmo tempo, reforça a segurança nessas máquinas. Isso permite aos funcionários usarem com segurança software como o de serviços de computação sob demanda e o de armazenamento da Amazon.

A ***deperimetrização*** ocorre quando uma organização move os funcionários para fora de seu *firewall*, um crescente movimento para mudar o modo como as corporações lidam com a segurança de tecnologia. Em um mundo de negócios no qual muitos funcionários trabalham fora da empresa ou estão na estrada, ou em que as empresas necessitam cada vez mais colaborar com parceiros e clientes, alguns dizem que não é prático confiar nas proteções mais rígidas de *firewalls*. Em vez disso, os defensores da deperimetrização dizem que as empresas devem focar na melhoria de segurança em dispositivos de usuário final e nos ativos de informações críticas das organizações.

PRIVACIDADE DE INFORMAÇÕES

Há vários anos, problemas de acesso globais a dados têm sido objeto de controvérsia política e de barreiras tecnológicas em ambientes de negócios globais. Essas questões se tornaram mais predominantes com o crescimento da Internet e a expansão dos negócios eletrônicos. Os ***fluxos de dados transfronteiriços (TDF – Transborder Data Flows)*** ocorrem quando fluxos de dados corporativos atravessam fronteiras internacionais por meio de redes de telecomunicações de sistemas de informação global. Muitos países consideram os TDF como uma violação da sua soberania nacional, porque os fluxos de dados transfronteiriços não observam direitos e regulamentos aduaneiros para a importação ou exportação de bens e serviços. Outros consideram os fluxos de dados transfronteiriços violações de suas leis para proteger a indústria de TI local da concorrência ou de suas leis trabalhistas para proteger os empregos locais. Em muitos casos, os problemas de fluxo de dados que parecem especialmente delicados em termos políticos são aqueles que afetam a saída de dados pessoais de um país em aplicações de negócios eletrônicos e de recursos humanos.

Muitos países, sobretudo os da União Europeia (UE), podem considerar os fluxos de dados transfronteiriços como uma violação de sua legislação sobre privacidade, pois, em muitos casos, os dados sobre indivíduos saem do país sem garantias rigorosas de privacidade. A Figura G11.6 destaca as principais disposições de um acordo de confidencialidade de dados entre os Estados Unidos e a União Europeia. O acordo isenta empresas dos EUA envolvidas em negócio eletrônico internacional de sanções da UE quanto à confidencialidade de dados da UE, se essas empresas participarem de um programa de autorregulação que oferece aos consumidores da UE informações básicas sobre como seus dados pessoais são utilizados, além de controle sobre o processo. Assim, diz-se que o acordo fornece "um porto seguro" para tais companhias dos requisitos da Diretiva de Privacidade de Dados da UE, que proíbe a transferência da informação pessoal de cidadãos da União Europeia a países que não têm proteção de privacidade de dados adequada.

A ***privacidade de informações*** diz respeito ao direito legal ou à expectativa geral de indivíduos, grupos ou instituições de determinar por si mesmos quando e em que medida as informações sobre eles é comunicada a terceiros. Em essência, a privacidade de informações diz respeito ao modo como as informações pessoais são coletadas e compartilhadas. Para facilitar a privacidade da informação, muitos países criaram legislações para proteger a coleta e o compartilhamento de informações pessoais. No entanto, esse tipo de legislação varia muito em todo o mundo.

EUROPA

De um lado, estão as nações europeias, com as suas robustas leis de privacidade de informação. Mais concretamente, todos os países membros da União Europeia aderiram à diretiva relativa à proteção de dados pessoais. Diretiva é um ato legislativo da União Europeia que exige que os estados-membros alcancem um determinado resultado, sem ditar o modo como conseguir esse resultado.

A diretiva relativa à proteção dos dados pessoais concede aos membros da União Europeia os seguintes direitos:

- Saber a origem do processamento de dados pessoais e os propósitos desse processamento.
- Acessar e/ou retificar imprecisões nos próprios dados pessoais.
- Proibir o uso de dados pessoais.

Esses direitos se baseiam em princípios fundamentais relativos à coleta e ao armazenamento de dados pessoais. A diretiva define dados pessoais de modo a incluir fatos e opiniões sobre um indivíduo. Qualquer organização responsável pelo processamento de dados pessoais de uma pessoa que vive na União Europeia deve respeitar os princípios fundamentais definidos na diretiva, os quais afirmam que os dados devem ser:

- Tratados de maneira justa e em observância da lei.
- Processados para fins limitados.
- Adequados, pertinentes e não excessivos.
- Precisos.
- Não mantidos por mais tempo do que o necessário.
- Processados em conformidade com os direitos da pessoa em causa.
- Não transferidos para países sem proteção adequada.

FIGURA G11.6
Requisitos de privacidade de dados entre EUA e UE.

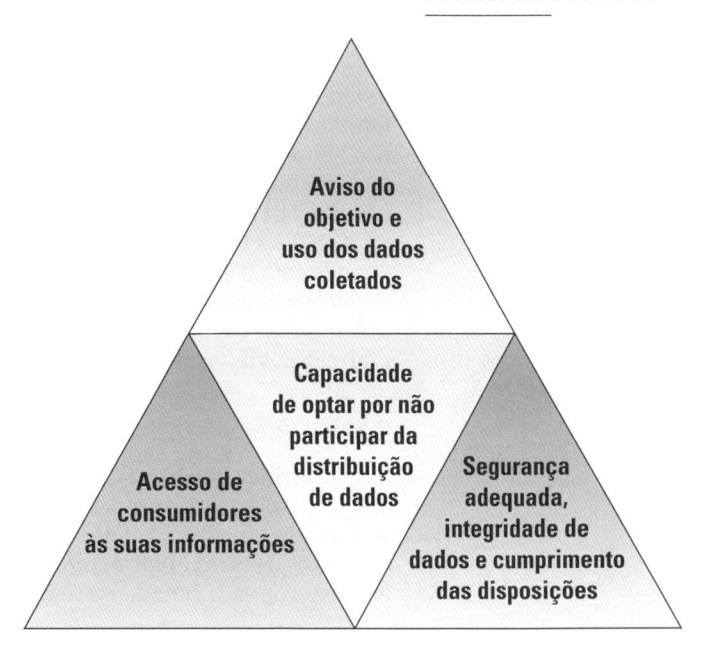

O último direito restringe o fluxo de informações pessoais para fora da União Europeia, permitindo a sua transferência para países que oferecem apenas um nível "adequado" de proteção à privacidade – adequado no sentido de que esses países tenham um nível de proteção da privacidade equivalente ao da União Europeia. Quando implementada pela primeira vez, essa parte da diretiva causou alguma preocupação, pois os países fora da UE dispõem de legislações de defesa de privacidade bastante mais frágeis. Organizações dos Estados Unidos ficaram muito preocupadas, pois corriam riscos legais caso dados pessoais de cidadãos da UE fossem transferidos para servidores nos EUA – um cenário provável, no mundo global do negócio eletrônico de hoje. Isso levou a extensas negociações. O resultado foi a criação de um programa do tipo "porto seguro" nos Estados Unidos. Tal programa estabelece uma estrutura para organizações dos EUA mostrarem a prova do cumprimento da diretiva da União Europeia. Dessa forma, as empresas americanas podem autodeclarar sua conformidade com os princípios fundamentais da diretiva e fazer negócios com países da UE sem se preocupar com possíveis processos dos cidadãos.

ESTADOS UNIDOS

Na outra extremidade do espectro estão os Estados Unidos. A privacidade de informação não conta com legislação ou regulamentação de porte. Não existe uma lei abrangente que regule o uso de dados ou informações pessoais. Em muitos casos, o acesso à informação pública é considerado culturalmente aceitável, como a obtenção de relatórios de crédito para fins de emprego ou moradia. A razão para isso pode ser histórica. Nos Estados Unidos, a Primeira Emenda protege a liberdade de expressão e, dependendo do caso, a proteção da privacidade pode entrar em conflito com ela.

Há algumas exceções. Embora poucos estados reconheçam o direito individual à privacidade, a Constituição da Califórnia protege o direito inalienável à privacidade. A legislatura da Califórnia promulgou vários artigos de legislação destinados a proteger a privacidade de informação do cidadão. Por exemplo, o Online Privacy Protection Act da Califórnia, promulgado em 2003, exige que os sites ou os serviços comerciais online que coletam informações pessoais dos residentes no estado postem com clareza a política de privacidade do site ou do serviço online e a cumpram. Outras exceções nacionais incluem o Children's Online Privacy Protection Act (COPPA) e o Health Insurance Portability and Accountability Act (HIPAA).

O COPPA é uma lei federal criada em 1998 que se aplica à coleta de informações pessoais de crianças americanas com menos de 13 anos de idade. O ato define o que um site deve incluir na sua política de privacidade, como buscar o consentimento de um dos pais ou responsáveis e as responsabilidades de um operador do site para proteger a segurança e privacidade online de crianças. Essa lei se aplica a qualquer site cujo público-alvo seja crianças americanas. Por exemplo, se uma empresa de brinquedos com sede no Canadá quiser vender brinquedos nos Estados Unidos, o site da empresa é obrigado a cumprir com as diretrizes de coleta e utilização de informações descritas no COPPA. Demonstrar conformidade requer uma quantidade considerável de papelada. Como resultado, muitos sites não permitem a participação de usuários menores de idade em comunidades e sites online. O não cumprimento do COPPA pode sair caro. Em setembro de 2006, o site Xanga, uma comunidade online, recebeu uma multa de US$ 1 milhão por violar a legislação do COPPA.

O HIPAA foi promulgado pelo Congresso dos EUA em 1996. As disposições do HIPPA estabelecem padrões nacionais para o intercâmbio eletrônico de dados de transações de assistência médica entre prestadores de cuidados de saúde, seguradoras que vendem planos de saúde e empregadores. Incorporadas nessas normas estão regras para o manejo e proteção das informações pessoais de saúde.

CANADÁ

As leis de privacidade do Canadá são muito parecidas com o modelo europeu. O Canadá está muito preocupado em proteger as informações pessoais de seus cidadãos. Sua lei básica de privacidade é a Lei de Proteção de Informações Pessoais e Documentos Eletrônicos (*PIPEDA – Personal Information Protection and Electronic Document Act*). O objetivo da PIPEDA é dar aos canadenses o direito de privacidade em relação à forma como suas informações pessoais são coletadas, usadas ou divulgadas por uma organização. Isso é mais importante na atualidade, especialmente no setor privado, em que a tecnologia da informação cada vez mais facilita a coleta e o livre fluxo de informações.

Seu precursor foi o Privacy Act criado em 1983, que limitava a manipulação de informações pessoais apenas a departamentos e agências do governo federal. Essas informações incluíam arquivos de pensões e de seguro-desemprego, além de registros médicos, fiscais e militares.

A PIPEDA entrou em vigor em janeiro de 2001 e, como o Privacy Act, foi aplicada apenas às organizações de regulação federal. Em janeiro de 2004, o alcance da PIPEDA se estendeu para além das fronteiras do governo, aplicando-se a todos os outros tipos de empresas, incluindo as comerciais. Ao fazer isso, a PIPEDA deixou o Canadá em conformidade com a diretiva da União Europeia relativa à proteção dos dados pessoais. Assim, desde janeiro de 2004, o Canadá não precisa mais implementar disposições de "porto seguro" para organizações que desejem coletar e armazenar informações pessoais de cidadãos da União Europeia.

Desenvolvimento de sistemas globais

OA 6 Identificar problemas globais de desenvolvimento de sistemas que as organizações devem compreender antes de desenvolver um sistema global.

É extremamente difícil desenvolver um sistema interno de informações, mas a complexidade adicional do desenvolvimento de um sistema global de informações quadruplica esse esforço. Os sistemas globais de informações devem suportar uma base diversificada de clientes, usuários, produtos, idiomas, moedas, leis, etc. Desenvolver sistemas de informações eficientes, eficazes e ágeis para vários países, diferentes culturas e negócios eletrônicos globais é um enorme desafio para qualquer organização. Os gestores devem esperar conflitos entre os requisitos locais e globais de sistemas e dificuldades de acordo quanto às características comuns do sistema. Para o êxito do projeto, o ambiente de desenvolvimento deve promover envolvimento e apropriação por todos os usuários do sistema local.

Uma das mais importantes questões para o desenvolvimento de sistemas globais de informações é a padronização global das definições de dados. Definições universais de dados são necessárias para o compartilhamento de informações entre as partes de um negócio internacional. Diferenças de língua, cultura e plataformas de tecnologia podem tornar a padronização de dados global bastante difícil. Por exemplo, o que os americanos chamam de "venda" pode ser chamado de "pedido encomendado" no Reino Unido, "pedido programado" na Alemanha e "pedido produzido" na França. Todas essas definições referem-se ao mesmíssimo tipo de negócio, mas podem causar problemas se os funcionários globais tiverem versões diferentes para a definição de dados. As empresas estão avançando rumo à padronização das definições de dados e de processos empresariais. Muitas estão implementando wikis corporativos em que todos os funcionários globais possam postar e manter as definições comuns de negócios.

As organizações podem utilizar diversas estratégias para resolver alguns dos problemas que surgem no desenvolvimento de sistemas de informação globais. A primeira delas é transformar e personalizar um sistema de informação utilizado pela sede da empresa, transformando-o em uma aplicação global. Isso garante que o sistema utiliza os processos de negócios determinados e apoie as principais necessidades dos usuários finais. A segunda estratégia é criar uma equipe de desenvolvimento multinacional com pessoas-chave de várias subsidiárias para garantir que o projeto do sistema atenda às necessidades de todos os sites locais, bem como da sede da empresa. Em terceiro lugar, uma organização poderia usar centros de excelência em que uma subsidiária específica receberia a tarefa de desenvolver um sistema completo com base em sua experiência no negócio ou nas medidas técnicas necessárias para um desenvolvimento bem-sucedido. A abordagem final que rapidamente se tornou a principal opção de desenvolvimento é a terceirização desse trabalho para países em desenvolvimento ou offshore que têm as habilidades e experiência necessárias para desenvolver sistemas globais de informação. Todas essas abordagens necessitam da colaboração da equipe de desenvolvimento e supervisão gerencial para atender às necessidades globais do negócio.

RESUMO DO PLUG-IN

Se você pretende ser um empresário, gerente ou outro tipo de líder empresarial, é cada vez mais importante pensar globalmente no planejamento de sua carreira. Como este plug-in assinala, os mercados globais oferecem muitas oportunidades, mas elas vêm acompanhadas de desafios e complexidades significativas, incluindo questões culturais, políticas e geoeconômicas, como:

- Estratégias de negócios globais
- Arquiteturas corporativas globais
- Problemas globais de informação
- Desenvolvimento de sistemas globais

TERMOS-CHAVE

Arquitetura corporativa 493
Committee of Sponsoring Organizations (COSO) 492
Conformidade 491
Deperimetrização 494
Fluxos de dados transfronteiriços (TDF) 494

Geoeconômico 490
Governança 491
Information Systems Audit and Control Association (ISACA) 492

Information Technology Infrastructure Library (ITIL) 492
Método Capability Maturity Model Integration (CMMI) 492
Privacidade de informações 495

CASO DE ENCERRAMENTO 1

O automóvel Nano de US$ 2.500 da Tata

O anúncio feito pela Tata Motors de seu mais novo carro, o Nano, vendido por US$ 2.500, foi revelador em muitos níveis. O anúncio gerou ampla cobertura e comentários, mas quase ninguém captou a real relevância do Nano, que vai muito além do próprio carro.

Custando cerca de US$ 2.500 no varejo, o Nano é o carro mais barato do mundo. O seu concorrente mais próximo, o Maruti 800, fabricado na Índia pela Maruti Udyog, é vendido por cerca de duas vezes esse valor. Para se ter uma ideia, o preço de todo o carro Nano equivale aproximadamente ao preço do opcional de leitor de DVD em um carro de luxo ocidental. O baixo preço deixou outras montadoras batalhando para acompanhar.

Outra forma de pensar sobre as patentes

Como a Tata Motors conseguiu produzir um carro tão barato? A empresa começou analisando cada aspecto a partir do zero, aplicando o que alguns analistas descrevem como princípios de "engenharia gandhiana" – extrema frugalidade com o intuito de desafiar a sabedoria convencional. Uma série de características que os consumidores ocidentais consideram de praxe – ar condicionado, freios a vácuo, rádios, etc. – não estão incluídas na versão de entrada desse veículo.

Fundamentalmente, os engenheiros trabalharam para fazer mais com menos. O carro é menor em dimensões gerais que o Maruti, mas oferece cerca de 20% mais capacidade de assento, devido a escolhas de design, como colocar as rodas bem na extremidade do carro. O Nano também é muito mais leve do que os modelos comparáveis, como resultado dos esforços para reduzir a quantidade de aço no carro (incluindo a utilização de um motor de alumínio) e do uso de aço leve onde possível. O carro cumpre atualmente todas as normas da Índia quanto a emissões, poluição e segurança, embora só alcance uma velocidade máxima de cerca de 100 km/h. A eficiência de combustível é atraente – cerca de 20 quilômetros por litro.

Ouvindo tudo isso, muitos executivos ocidentais duvidam que o novo carro represente verdadeira inovação. Muitas vezes, ao pensar em inovação, eles concentram-se na inovação de produtos utilizando novas tecnologias; em geral, pensam especificamente em termos de patentes. A Tata Motors entrou com pedido de 34 patentes associadas ao projeto do Nano, em contraste às quase 280 patentes concedidas à General Motors (GM) por ano. É certo que esse número contabiliza todos os esforços de pesquisa da GM, mas, se a inovação for medida apenas em termos de patentes, é natural que o Nano não desperte muito interesse entre os executivos ocidentais. Medir o progresso unicamente pela criação de patentes ignora uma dimensão essencial da inovação: algumas das inovações mais valiosas tomam componentes patenteados existentes e os recombinam de maneiras que atendam às necessidades de um grande número de clientes de forma mais eficaz.

Uma revolução no design modular

Mas mesmo essa perspectiva mais ampla não consegue captar outras dimensões significativas da inovação. Na verdade, a própria Tata Motors não chamou muita atenção para o que é talvez o aspecto mais inovador do Nano: seu design modular. O Nano é feito de componentes que podem ser construídos e enviados separadamente para serem montados em vários locais. Aliás, o Nano é vendido em kits que são distribuídos, montados e mantidos por empresários locais. Como Ratan Tata, presidente do grupo Tata de empresas, observou em uma entrevista ao *The Times* de Londres: "Um grupo de empresários poderia estabelecer uma operação de montagem e a Tata Motors treinaria seu pessoal, supervisionaria sua garantia de qualidade e eles então se tornariam operações de montagem satélite para nós. Assim, criaríamos empreendedores em todo o país que produziriam o carro. Gostaríamos de produzir os itens em massa e enviá-los para eles como kits. Essa é a minha ideia de dispersão da riqueza. A pessoa responsável pela manutenção seria como um agente de seguros treinado, que teria um telefone celular e uma scooter, bem como um conjunto de clientes designado".

Na verdade, Tata prevê ir ainda mais longe, fornecendo ferramentas para mecânicos locais montarem o carro em lojas de automóveis existentes ou mesmo em novas mecânicas criadas para atender a clientes em áreas rurais remotas. Com a exceção de Manjeet Kripalani, chefe da sucursal da *BusinessWeek* na Índia, poucos deram atenção a esse elemento revolucionário da inovação do Nano.

Isso é parte de um padrão mais amplo de inovação que surge na Índia para uma variedade de mercados, que vão desde motores a diesel e produtos agrícolas até serviços financeiros. Ainda que a maioria das empresas que buscam esse tipo de inovação sejam indianas, a empresa de engenharia americana Cummins (CMI) demonstra que as empresas ocidentais também podem aproveitar essa abordagem e aplicá-la de forma eficaz. Em 2000, a Cummins projetou "gensets" (conjuntos de geração) inovadores para entrar no mercado de geradores de energia de baixo custo na Índia. Esses conjuntos modulares foram exclusivamente projetados para reduzir os custos de distribuição e facilitar para distribuidores e clientes a adequação do produto a ambientes de cliente altamente variáveis. Usando tal abordagem, a Cummins obteve uma posição de liderança no mercado indiano e agora exporta ativamente esses novos produtos para África, América Latina e Oriente Médio.

Lições que executivos devem aprender

Quais são as lições mais amplas que os executivos ocidentais deveriam aprender com essa história de inovação? Os mercados emergentes são um terreno fértil para a inovação. O desafio de alcançar consumidores dispersos de baixa renda em mercados emergentes muitas vezes estimula a inovação significativa. Os executivos ocidentais devem ter cuidado em compartimentar o impacto dessas inovações nas margens da economia global. Essas inovações vão se tornar a base para estratégias de "ataque" que poderão ser usadas para desafiar os operadores históricos nas economias mais desenvolvidas. O que está inicialmente na margem logo vem para o centro.

- Encontre formas de ajudar clientes e outros que estão nas margens a mexer com seus produtos. Projetos de produtos modulares e abertos ajudam a envolver um grande número de usuários motivados em ajustar e ultrapassar os limites de desempenho de seus produtos, levando a importantes percepções sobre as necessidades de clientes não satisfeitas e a abordagens criativas para lidar com elas.
- Preste atenção à inovação institucional. Executivos ocidentais muitas vezes se tornam excessivamente centrados na inovação de produtos ou processos. Retornos muito mais elevados podem vir de investir em inovação institucional – redefinindo as funções e relações que unem entidades independentes para entregar mais valor ao mercado. Tata está inovando em todas as três dimensões simultaneamente.

- Repense os modelos de distribuição. Em nossa busca incessante por eficiência operacional, objetivamos maior normalização e menor número de parceiros de negócios em nossos esforços para atingir os clientes. Conforme os clientes ganham mais poder, eles vão exigir serviços mais adequados e com valor agregado para satisfazer as suas necessidades. As empresas que inovam nessa dimensão provavelmente serão muito bem recompensadas.

Questões

1. Como questões culturais e políticas podem afetar o carro Nano, da Tata Motors?
2. Como a governança e a conformidade afetariam a Tata Motors?
3. Identifique as diferentes questões de desenvolvimento de sistema global que a Tata Motors poderia encontrar ao implantar seu Nano.

CASO DE ENCERRAMENTO 2

Governança global

Tarun Khanna, professor de Harvard, afirma que as empresas indianas apresentam governança corporativa superior à de suas rivais chinesas. Khanna acaba de lançar um novo livro, *Bilhões de Empreendedores: Como a China e a Índia estão Mudando seu Futuro (e o de Todos)*. No entanto, Khanna considera que as organizações chinesas não podem exigir governança de classe mundial para surgirem como concorrentes ferozes. Estes são trechos editados de uma conversa recente entre Khanna e William J. Holstein, da *BusinessWeek*:

Por mais que suas sociedades e sistemas políticos sejam diferentes, as empresas indianas e chinesas são completamente opostas quando se trata de governança corporativa?

Com certeza. As empresas indianas são muito mais bem governadas. A Índia é uma espécie de versão mais ruidosa do sistema norte-americano, que é aquele em que você tem de prestar contas aos acionistas e a todas as outras partes interessadas. Os princípios são os mesmos, mas a aquisição de informação é um pouco mais problemática na Índia em comparação com os Estados Unidos. Não é tão fácil descobrir tudo o que você precisa. Porém, há uma mídia de negócios confiável e muito vibrante. Não é proibido expressar opiniões. A informação é barulhenta e imparcial – ninguém está deliberadamente distorcendo a verdade.

A China é o oposto – é livre de ruído, mas tendenciosa. Você recebe uma história limpa, mas ela não está sempre certa. Há pontos de vista que não podem ser expressos.

Qual país tem mais diretorias independentes?

Na Índia, há um espectro de empresas, como a Infosys, que, em algumas dimensões, são mais bem governadas do que as empresas do Ocidente em termos de velocidade para revelar coisas e de rapidez para cumprir com as normas da Nasdaq. Na outra extremidade do espectro, há empresas que ainda são feudos de famílias, muitas das quais são mal gerenciadas. Mas mesmo essas empresas são responsáveis perante o mercado. As pressões do mercado acabam forçando-as, em alguma medida, a agir de forma limpa. Os mercados de ações funcionam tão bem que é difícil acreditar que você poderia violar continuamente as normas de boa governança e ainda ter acesso aos mercados de ações.

Na China, nada disso importa, porque os mercados financeiros ainda não funcionam do modo que pensamos em seu funcionamento nos Estados Unidos. Na China, todos os preços de ações mudam juntos. Em determinado dia, todos eles aumentam ou diminuem. Não há informações específicas sobre as empresas incorporadas no preço das ações. Você não pode decidir se uma empresa é boa ou ruim, porque o mercado não funciona assim. O que você vê é o entusiasmo agregado, ou a falta dele, a respeito da China S.A. O mercado não exerce pressão sobre os gestores para que se comportem de maneiras que se aproximem da governança corporativa praticada no Ocidente.

As empresas na Índia e na China estão fazendo progressos no desenvolvimento de talentos, da mesma forma que as multinacionais ocidentais?

Ambas estão fazendo progressos. Porém, as empresas indianas estão significativamente à frente, em parte porque a Índia nunca teve uma Revolução Cultural como a que ocorreu na China e eliminou grande parte da classe empresarial. Tinha um resíduo de empresas que já existiam. Algumas empresas existem há 100 ou 150 anos e têm uma maneira estabelecida de fazer as coisas.

Onde estão os chineses quando se trata de gerenciar multiculturalmente?

Na estaca zero. É difícil culpá-los, porque há uma barreira de idioma também. Grande parte das tensões internas tratavam de barreiras linguísticas e culturais, e de questões como: um francês pode prestar contas a um chinês? E se o francês ganhar mais do que o chinês?

Como as empresas dos dois países se comparam quando se trata de corrupção?

Neste ponto, não tenho uma visão positiva sobre a Índia, de modo algum. A Transparency International divulga índices, e tanto a Índia quanto a China estão na parte inferior da lista. A China está um pouco melhor do que a Índia. Na China, há corrupção, mas é corrupção construtiva. Como burocrata, você chega a ser corrupto, mas somente depois de gerar algum valor para a sociedade. Você pega uma parcela disso.

Na Índia, a corrupção não é construtiva. Você não promove a construção de novas pontes ou estradas. Se trata apenas de manejar coisas para cá e para lá. Não acho que tenhamos reduzido isso na Índia, nem um pouco. Sinto muito sobre isso.

Em última análise, há alguma importância no fato de as empresas indianas, em conjunto, terem vantagem sobre as chinesas em atingir padrões internacionais de governança? Os chineses têm grande capital à sua disposição por causa de seus US$ 1,5 trilhão em reservas cambiais. Eles não poderiam ainda ser concorrentes temíveis?

Acho que sim. A governança corporativa é importante porque você quer tranquilizar os fornecedores de insumos – sejam eles tempo e talento, ideias ou capital – de que seus direitos serão respeitados e que vão receber retorno sobre o investimento. Mas se você já tem centenas de bilhões de dólares de capital acumulado e não precisa tranquilizar ninguém porque você já tem o seu capital, para que ter boa governança corporativa?

A razão pela qual os chineses se sentem menos pressionados a fazer algo a respeito não é porque não sabem como fazer. Pelo contrário, eles têm o melhor suporte técnico a partir de Hong Kong e de outros lugares. É porque fazem um juízo fundamentado de que isso não vale a pena para eles.

Questões

1. Explique governança e conformidade e por que são importantes para qualquer empresa que pretende realizar negócios globais.
2. Como uma organização pode usar governança e conformidade para ajudar a prevenir falhas de segurança globais?
3. Se você estivesse escolhendo entre terceirizar para a Índia ou para a China, com base neste caso, que país você escolheria e por quê?
4. Que tipos de dilemas éticos uma organização pode enfrentar ao lidar com a governança de TI na Índia ou na China?

TOMANDO DECISÕES DE NEGÓCIOS

1. **Transformação de organizações**

   Sua faculdade pediu que você ajudasse a desenvolver o currículo de um novo curso, intitulado "Como criar uma organização do século XXI". Use os materiais deste livro, a Internet e quaisquer outros recursos para fazer um esboço do currículo que você gostaria de sugerir para o curso. Certifique-se de incluir as razões pelas quais você considera que o material deve ser estudado e a ordem em que isso deve acontecer.

2. **Conexão dos componentes**

   Os componentes de uma arquitetura corporativa sólida incluem desde documentação até os conceitos de negócio, além de software e hardware. Decidir quais componentes implementar e como fazer pode ser um desafio. Novos componentes de TI são lançados diariamente, e as necessidades de negócio mudam o tempo todo. Uma arquitetura corporativa que atenda às necessidades da sua organização hoje pode não atender a essas necessidades amanhã. A construção de uma arquitetura corporativa escalável, flexível, disponível, acessível e confiável é fundamental para o sucesso de sua organização.

   Você é o arquiteto corporativo de uma grande empresa de vestuário chamada Xedous. É sua responsabilidade o desenvolvimento da arquitetura empresarial inicial. Crie uma lista de perguntas que você vai precisar responder para desenvolver a sua arquitetura. Estas são algumas perguntas que você pode fazer.

   - Quais são as expectativas de crescimento da empresa?
   - Os sistemas vão conseguir lidar com usuários adicionais?
   - Quanto tempo as informações vão permanecer armazenadas nos sistemas?
   - Quanta informação de histórico do cliente deverá ser armazenada?
   - Qual é o horário de funcionamento da organização?
   - Quais são os requisitos de *backup* da organização?

3. **A TI ganha voz**

   Os CIOs precisam falar a língua dos negócios para vender as vantagens estratégicas da TI. Não é segredo que as empresas mais bem-sucedidas da atualidade são aquelas que oferecem os produtos e serviços certos de maneira mais rápida, mais eficiente, mais segura e mais econômica do que suas concorrentes, e a chave para isso é a aplicação prática da tecnologia da empresa para melhorar o desempenho dos negócios. Executivos e gerentes de TI, portanto, devem falar a língua dos negócios para articularem como a tecnologia pode resolver problemas de negócios.

   Os CIOs de amanhã vão se concentrar em uma série de mudanças na dinâmica: permitir que o negócio cresça em vez de apenas otimizar o desempenho; dizer sim em vez de não; permitir inovação aberta, em vez das tradicionais práticas fechadas de P&D; criar uma cultura de crescimento estratégico e inovação; e capacitar o cliente a tomar decisões que impulsionem uma proposta de valor aumentado, tanto para o cliente quanto para o fornecedor. Você foi encarregado de criar um slogan para sua empresa que explique a correlação entre negócios e TI. Alguns exemplos incluem:

   - A TI não deve mais ser vista apenas como facilitadora da estratégia de negócios de outra pessoa.
   - A distinção entre tecnologia e negócios é antediluviana – ela faz parte do passado.

   Crie um slogan que você possa usar para explicar aos seus funcionários a importância dos negócios e da TI.

4. **As empresas de família multinacionais**

   A terceirização global não é mais apenas para grandes corporações, e as pequenas empresas se lançam no jogo do multisourcing. Cada vez mais, pequenas empresas que vão desde revendas de carro até agências de publicidade estão descobrindo que é mais fácil terceirizar o desenvolvimento de software, contabilidade, serviços de suporte e trabalho de design para terras distantes. Por exemplo, Randy e Nicola Wilburn dirigem uma micromultinacional de sua casa. Os Wilburn gerenciam empresas nos ramos imobiliário, de consultoria, design e alimentos para bebês em casa, levando a terceirização ao extremo. Profissionais de todo o mundo estão a seu serviço. Por US$ 300, um artista indiano desenhou o simpático logotipo com um bebê que espia por sobre as palavras "Baby Fresh Organic Baby Foods" e o papel timbrado de Nicola. Um freelancer de Londres escreveu materiais promocionais. Randy contratou "assistentes virtuais" em Jerusalém para transcrever mensagens de voz, atualizar seu site e fazer o design de gráficos no PowerPoint. Corretores aposentados na Virginia e no Michigan lidam com a papelada imobiliária.

O Elance, um mercado de serviços online, possui 48.500 pequenas empresas como clientes – com crescimento de 70% no último ano –, postando 18 mil novos projetos por mês. Outros mercados de serviços online, como Guru.com, Brickwork India, DoMyStuff.com e RentACoder também relatam rápido crescimento. Você decidiu entrar no jogo das micromultinacionais e iniciar o seu próprio mercado de serviços online. Pesquise os seguintes pontos e compile o plano de negócios de sua *start-up*.

1. Para competir neste mercado que tipos de serviços você ofereceria?
2. Que tipos de desafios culturais, políticos e geoeconômicos seu negócio enfrentaria?
3. Como a governança e a conformidade se encaixam em sua estratégia de negócio?
4. Que tipos de problemas de informação global sua empresa poderia enfrentar?
5. Quais os tipos de clientes que você deseja atrair e que veículo usaria para encontrar seus clientes?
6. Que tipos de problemas de desenvolvimento de sistemas globais sua empresa enfrentaria?
7. Que tipos de dilemas éticos e de segurança da informação você deve prever?

PLUG-IN
G12 Tendências globais

> **OBJETIVOS DE APRENDIZAGEM**
> 1. Identificar as tendências que terão maior impacto no futuro dos negócios.
> 2. Identificar as tecnologias que terão maior impacto no futuro dos negócios.
> 3. Explicar por que a compreensão das tendências e das novas tecnologias pode ajudar uma organização a se preparar para o futuro.

OA 1 Identificar as tendências que terão maior impacto no futuro dos negócios.

Introdução

As unidades centrais destacaram o quanto é importante para as organizações prever e preparar-se para o futuro, estudando tendências emergentes e novas tecnologias. Ter uma visão ampla das novas tendências e tecnologias e de como elas se relacionam com os negócios pode fornecer uma vantagem estratégica valiosa às organizações. As organizações que conseguem captar com mais eficácia as correntes profundas da evolução tecnológica podem usar seu conhecimento para se proteger contra a obsolescência tecnológica repentina e fatal.

Este plug-in identifica várias tendências emergentes e novas tecnologias que podem ajudar uma organização a se preparar para oportunidades e desafios futuros.

Razões para observar as tendências

As organizações antecipam, preveem e avaliam eventos futuros usando uma variedade de métodos racionais e científicos, incluindo:

- ***Análise de tendências:*** Uma tendência é examinada para identificar sua natureza, suas causas, sua velocidade de desenvolvimento e seus potenciais impactos.
- ***Acompanhamento das tendências:*** Tendências vistas como particularmente importantes em uma comunidade, indústria ou setor específico são cuidadosamente monitoradas, observadas e relatadas para os principais tomadores de decisões.
- ***Projeção de tendências:*** Quando dados numéricos estão disponíveis, uma tendência pode ser representada graficamente para mostrar a evolução ao longo do tempo e no futuro.
- ***Simulação por computador:*** Sistemas complexos, como a economia dos Estados Unidos, podem ser modelados por meio de equações matemáticas e diferentes ce-

FIGURA G12.1
Razões para estudar as tendências.

Razões para estudar as tendências	
1. Gerar ideias e identificar oportunidades	Encontrar novas ideias e inovações, estudando tendências e analisando publicações.
2. Identificar sinais de alerta precoce	Analisar o ambiente para detectar possíveis ameaças e riscos.
3. Ganhar confiança	Uma base sólida de conhecimento sobre as tendências pode proporcionar a uma organização a confiança para assumir riscos.
4. Vencer a concorrência	Ver o que está por vir antes dos outros pode dar a uma organização o tempo de que necessita para estabelecer uma posição segura no novo mercado.
5. Entender uma tendência	Analisar os detalhes de uma tendência pode ajudar a separar desenvolvimentos verdadeiramente significativos de modismos que aparecem e desaparecem rapidamente.
6. Equilibrar objetivos estratégicos	Pensar no futuro é um antídoto para a mentalidade do "lucre agora, se preocupe mais tarde" que pode levar a problemas no longo prazo.
7. Entender o futuro de setores específicos	As organizações devem compreender tudo dentro e fora de seu setor.
8. Preparar-se para o futuro	Qualquer organização que queira competir neste mundo de constantes mudanças precisa fazer todos os esforços para prever o futuro.

nários podem ser comparados com o modelo para conduzir uma análise de situações hipotéticas.
- *Análise histórica:* Os acontecimentos históricos são estudados para prever o resultado dos desenvolvimentos atuais.

A previdência é um dos ingredientes secretos do sucesso de negócios. A previdência, no entanto, é cada vez mais escassa, porque quase tudo em nosso mundo está mudando em um ritmo mais rápido do que nunca. Muitas organizações têm pouca ideia do tipo de futuro para que devem se preparar neste mundo de mudanças. A Figura G12.1 mostra as principais razões por que as organizações devem olhar para o futuro e estudar tendências.

Tendências moldam o nosso futuro

OA 2 Identificar as tecnologias que terão maior impacto no futuro dos negócios.

De acordo com o World Future Society, as seguintes tendências têm o potencial de mudar nosso mundo, nosso futuro e nossas vidas.

- A população mundial vai dobrar nos próximos 40 anos.
- As pessoas em países desenvolvidos estão vivendo mais.
- O crescimento das indústrias da informação está criando uma sociedade global dependente do conhecimento.
- A economia global está se tornando mais integrada.
- A economia e a sociedade são dominadas pela tecnologia.
- O ritmo da inovação tecnológica está aumentando.
- O tempo está se tornando um dos bens mais preciosos do mundo.

A POPULAÇÃO MUNDIAL VAI DOBRAR NOS PRÓXIMOS 40 ANOS

Os países que devem ter os maiores aumentos em população entre 2000 e 2050 são:

- Território Palestino – 217% de aumento.
- Níger – 205% de aumento.
- Iêmen – 168% de aumento.

FIGURA G12.2
Diminuição esperada da população em nações desenvolvidas e industrializadas.

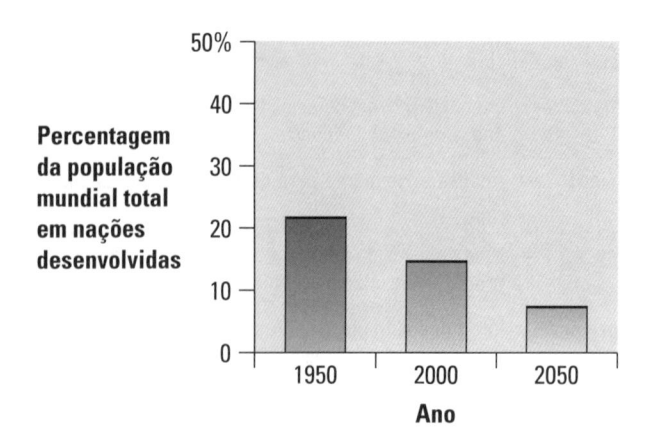

- Angola – 162% de aumento.
- República Democrática do Congo – 161% de aumento.
- Uganda – 133% de aumento.

Em contrapartida, os países desenvolvidos e industrializados deverão apresentar uma diminuição nas taxas de fertilidade abaixo dos níveis de reposição da população, levando a declínios populacionais significativos (ver Figura G12.2).

Possível impacto nos negócios

- A agricultura global deverá fornecer tanta comida quanto foi produzida durante toda a história da humanidade para atender às necessidades nutricionais humanas nos próximos 40 anos.
- As nações desenvolvidas vão perceber que os aposentados terão de permanecer ativos no mercado de trabalho para se manterem competitivas e continuarem o crescimento econômico.
- Os países desenvolvidos vão começar a aumentar os limites de imigração.

AS PESSOAS EM PAÍSES DESENVOLVIDOS ESTÃO VIVENDO MAIS

Novos medicamentos e tecnologias médicas estão fazendo o possível para prevenir e curar doenças que teriam sido fatais para as gerações passadas. Por isso cada geração vive mais tempo e com mais saúde do que a anterior. Em média, cada geração nos Estados Unidos vive três anos a mais do que o anterior. Uma pessoa de 80 anos de idade em 1950 poderia viver mais 6,5 anos hoje. Muitos países desenvolvidos têm agora expectativa de vida de 75 anos para os homens e de mais de 80 anos para as mulheres (ver Figura G12.3).

FIGURA G12.3
Aumento da expectativa de vida nos países desenvolvidos.

Aumento da expectativa de vida nos países desenvolvidos		
País	Expectativa de vida (nascidos em 1950-1955)	Expectativa de vida (nascidos em 1995-2000)
Estados Unidos	68,9	76,5
Reino Unido	69,2	77,2
Alemanha	67,5	77,3
França	66,5	78,1
Itália	66,0	78,2
Canadá	69,1	78,5
Japão	63,9	80,5

Possível impacto nos negócios

- A demanda global por produtos e serviços para idosos vai crescer rapidamente nas próximas décadas.
- O custo dos cuidados de saúde está destinado a subir bem rápido.
- As empresas farmacêuticas serão pressionadas a promover avanços em medicina geriátrica.

O CRESCIMENTO DAS INDÚSTRIAS DA INFORMAÇÃO ESTÁ CRIANDO UMA SOCIEDADE GLOBAL DEPENDENTE DO CONHECIMENTO

As estimativas indicam que 90% do pessoal de gestão nos Estados Unidos será composto por trabalhadores da área do conhecimento até 2008. As estimativas para os trabalhadores da área do conhecimento na Europa e no Japão não estão muito atrás. Em pouco tempo, as grandes organizações terão especialistas que dependem da informação de colegas de trabalho, clientes e fornecedores para orientar suas ações. Os funcionários vão ganhar novos poderes ao receberem autoridade para tomar decisões com base na informação que adquirirem.

Possível impacto nos negócios

- A alta administração deve ter conhecimentos de informática para manter os seus postos de trabalho e alcançar o sucesso.
- Os trabalhadores da área do conhecimento costumam ser mais bem remunerados e sua proliferação está aumentando a prosperidade geral.
- Os cargos de entrada e para trabalhadores não qualificados estão exigindo um nível crescente de educação.
- As informações agora fluem de trabalhadores da recepção até a alta gerência para análise. Assim, no futuro, menos gerentes de nível médio serão necessários, causando um achatamento da pirâmide corporativa.
- Downsizing, reestruturação e reorganização, terceirização e demissões vão continuar acontecendo enquanto as grandes organizações típicas lutam para se reinventar e reestruturar, a fim de obter maior flexibilidade.

A ECONOMIA GLOBAL ESTÁ SE TORNANDO MAIS INTEGRADA

A terceirização internacional está em ascensão, pois as organizações se recusam a pagar altos salários por atividades que não contribuem diretamente para o lucro final. A União Europeia relaxou suas fronteiras e controles de capital, facilitando para as empresas a terceirização de funções de suporte em todo o continente.

A Internet é uma das principais ferramentas que permite a nossa economia global. Uma das razões para o aumento do uso da Internet é o crescimento da tecnologia de conectividade. O número de usuários da Internet na Índia atingiu os 50 milhões em 2005 (ver Figura G12.4 para obter estatísticas da Índia). O crescimento na utilização da Internet está aumentando as receitas de negócios eletrônicos.

FIGURA G12.4
Crescimento no número de usuários da Internet na Índia.

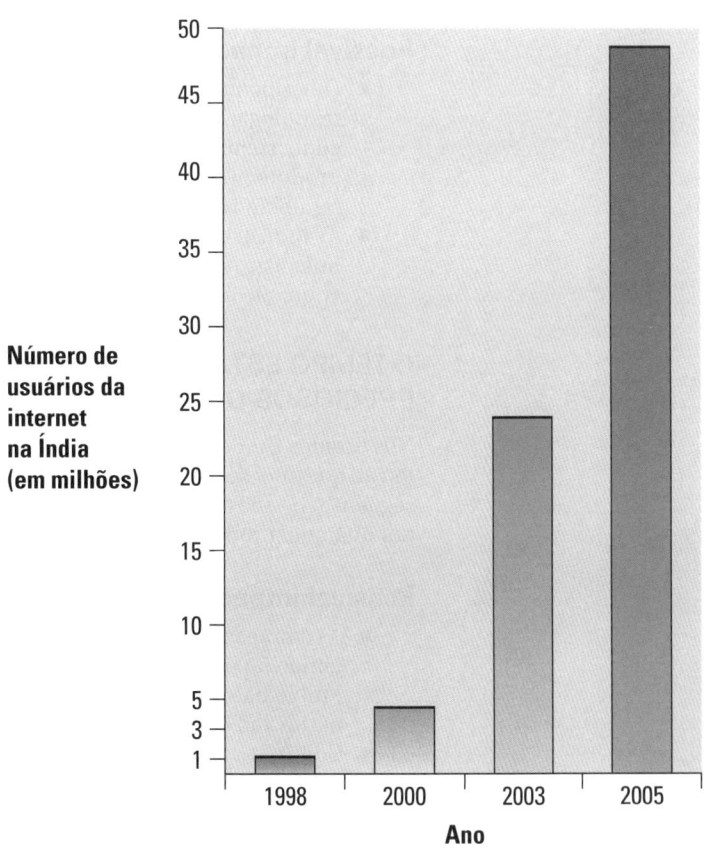

Possível impacto nos negócios

- A demanda por pessoal em países distantes vai aumentar a necessidade de treinamento em língua estrangeira, incentivos para funcionários adaptados a outras culturas e muitos outros aspectos da realização de negócios em nível mundial.
- O crescimento do comércio eletrônico e a utilização da Internet para realizar compras de matérias-primas e suprimentos globalmente vai reduzir o custo de fazer negócios.
- A Internet vai continuar a permitir que as pequenas empresas concorram com as gigantes em todo o mundo com relativamente pouco investimento.
- Operações baseadas na Internet pedem trabalhadores com conhecimento sofisticado e, portanto, pessoas com competências técnicas adequadas serão intensamente recrutadas durante os próximos 15 anos.

A ECONOMIA E A SOCIEDADE SÃO DOMINADAS PELA TECNOLOGIA

Os computadores estão se tornando parte do nosso ambiente. Empregos mais comuns, tanto comerciais quanto de serviços, empregos ambientalmente perigosos, trabalhos de montagem padrão e até mesmo o conserto de equipamentos inacessíveis, como estações espaciais, vão cada vez mais realizados por robôs. Sistemas de inteligência artificial e especialistas vão ajudar a maioria das empresas e agências governamentais a assimilar dados e resolver problemas além do alcance dos computadores de hoje, incluindo a prospecção de energia, diagnósticos automotivos, subscrição de seguros, e aplicação da lei.

Supercondutores que funcionem a temperaturas economicamente viáveis deverão estar em uso comercial até 2015. Os produtos, por fim, vão incluir supercomputadores do tamanho de uma caixa de dois quilos de sabão em pó, motores eletrônicos 75% menores e mais leves do que os que usamos hoje e usinas de energia.

Possível impacto nos negócios

- As novas tecnologias oferecem dezenas de novas oportunidades para criar empresas e empregos.
- A automação continuará a diminuir o custo de produtos e serviços, tornando possível reduzir os preços e, ao mesmo tempo, melhorar os lucros.
- A Internet deve colocar os preços da maioria dos produtos no nível das commodities.
- A demanda por cientistas, engenheiros e técnicos vai continuar a crescer.

O RITMO DA INOVAÇÃO TECNOLÓGICA ESTÁ AUMENTANDO

A tecnologia está avançando em um ritmo fenomenal. O conhecimento médico dobra a cada oito anos. A metade do que os alunos aprendem em seu primeiro ano de faculdade sobre a tecnologia inovadora torna-se obsoleto, é revisado, ou considerado corriqueiro até seu último ano. Na verdade, todo o conhecimento técnico de hoje representa apenas 1% do conhecimento que estará disponível em 2050.

Possível impacto nos negócios

- O tempo para colocar produtos e serviços no mercado está sendo encurtado pela tecnologia. Os produtos devem capturar seu mercado rapidamente, antes que a concorrência possa copiá-los. Na década de 1940, o tempo médio para colocar um produto no mercado era de 40 semanas. Hoje, todo o ciclo de vida de um produto raramente dura 40 semanas.
- As indústrias vão enfrentar a concorrência mais acirrada com base em novas tecnologias. Aqueles que adotarem uma tecnologia de ponta primeiro vão prosperar, enquanto aqueles que as ignorarem acabarão por falhar.

O TEMPO ESTÁ SE TORNANDO UM DOS BENS MAIS PRECIOSOS DO MUNDO

Nos Estados Unidos, os trabalhadores gastam hoje em torno de 10% mais tempo no trabalho do que uma década atrás. Os executivos europeus e os trabalhadores não sindicalizados seguem a mesma tendência. Esse ambiente de alta pressão está aumentando a necessidade por qualquer produto ou serviço que poupe tempo ou simplifique a vida.

Possível impacto nos negócios

- As empresas devem ter um papel ativo em ajudar seus funcionários a equilibrar seu tempo no trabalho com suas vidas familiares e necessidades de lazer.
- Problemas relacionados com o stress que afetam o moral e o bem-estar dos funcionários vão continuar a crescer.
- Como o tempo para fazer compras continua a evaporar, os comerciantes que fazem negócios pela Internet e por correio terão uma vantagem crescente sobre as lojas tradicionais.

Tecnologias moldam o nosso futuro

As seguintes tecnologias estão mudando nosso mundo, nosso futuro e nossas vidas.

- Tinta digital
- Papel digital
- Teleliving
- Fontes alternativas de energia
- Computação autônoma

OA 3 Explicar por que a compreensão das tendências e das novas tecnologias pode ajudar uma organização a se preparar para o futuro.

TINTA DIGITAL

Tinta digital (ou ***tinta eletrônica***) refere-se à tecnologia que representa digitalmente a caligrafia em sua forma natural (ver Figura G12.5). A E Ink Corporation, sediada em Cambridge, Massachusetts, desenvolveu uma tecnologia patenteada chamada tinta eletrônica, que proporciona vantagens significativas em relação a outras tecnologias de exibição. A E Ink foi fundada em 1997 para o avanço da tinta eletrônica, desenvolvimento de aplicativos e criação de mercados para displays baseados nessa tecnologia.

FIGURA G12.5
Tinta digital.

Possível impacto nos negócios

- A tinta digital tem amplo uso em muitas aplicações, desde cartazes em pontos de venda de lojas de varejo até a próxima geração de monitores em dispositivos móveis e PDAs, livros, jornais eletrônicos finos e portáteis. A E Ink tem colaborado com várias empresas como a Lucent Technologies para a produção de papel reutilizável com tinta digital.
- O sonho da E Ink é o ***RadioPaper***, um visor eletrônico dinâmico de alta resolução que combina uma experiência de leitura semelhante à do papel com a capacidade de acessar informações a qualquer hora, em qualquer lugar. O RadioPaper será fino e flexível e poderá ser usado para criar um livro ou jornal eletrônico com páginas reais.

PAPEL DIGITAL

Papel digital (ou ***papel eletrônico***) é qualquer papel otimizado para qualquer tipo de impressão digital. Em alguns aspectos, o papel digital é produzido de modo muito semelhante a uma folha de papel. Ele vem de uma polpa e o produto acabado tem flexibilidade suficiente para ser enrolado em rolos de "papel". No entanto, a diferença principal entre o papel produzido a partir de uma árvore e o papel produzido em laboratório é que a informação sobre uma folha de papel digital pode ser alterada milhares de vezes sem que a folha se degrade ao longo do tempo (ver Figura G12.6). O papel digital oferece excelente resolução e alto-contraste em vários ângulos de visualização, não necessita de alimentação externa para manter a sua imagem, é extremamente leve, custa menos e é bastante flexível, ao contrário dos monitores de computador.

A loja de departamentos Macy's foi a primeira empresa a experimentar a tecnologia, colocando cartazes de papel digital na seção infantil de uma loja de Nova Jersey. Como a empresa gasta mais de US$ 250 mil por semana mudando os cartazes internos de suas lojas, tal sinalização renovável poderia ser altamente desejável. Um cartaz programável em rede pode funcionar por dois anos alimentado por três pilhas AA (ver Figura G12.7).

Como protótipos de laboratório, a tinta digital e o papel digital já existem há algum tempo e a demonstração das tecnologias muitas vezes leva a previsões fantásticas sobre livros e jornais eletrônicos (ver Figura G12.8).

FIGURA G12.6
Papel digital.

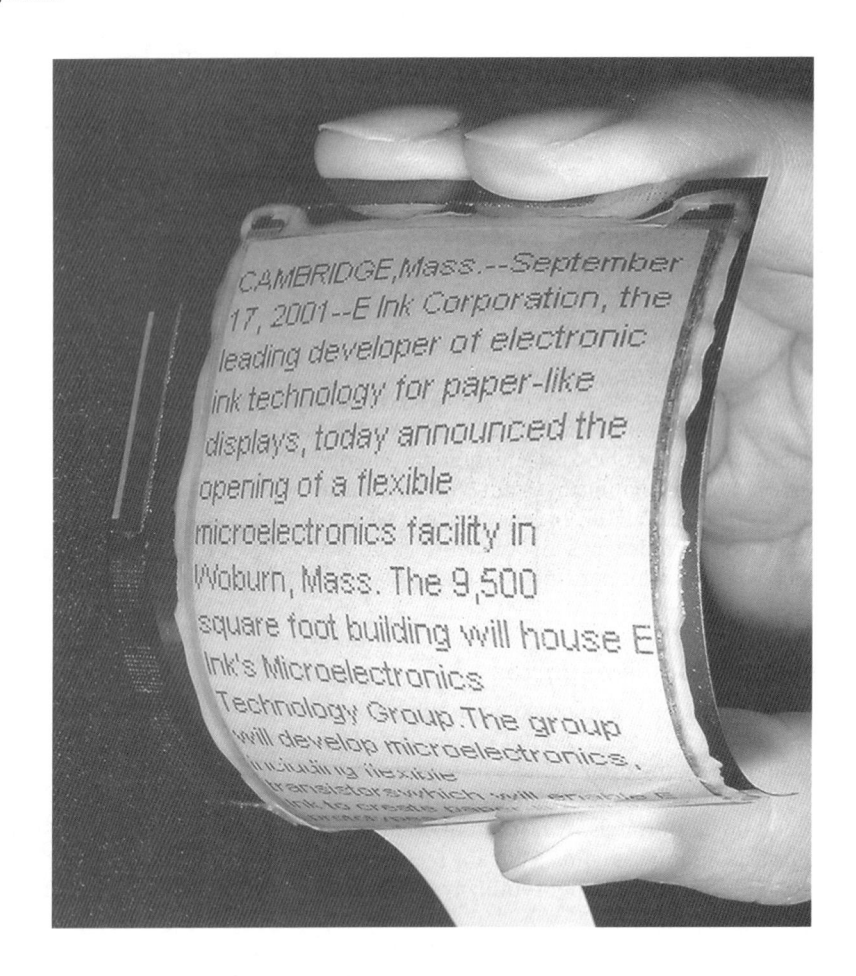

FIGURA G12.7
Exemplo de cartaz em papel digital.

Data	Tecnologia
Abril de 1996	O Laboratório de Mídia do MIT começa a trabalhar no protótipo de papel eletrônico.
Abril de 1997	A E Ink é fundada para comercializar os displays de papel eletrônico do MIT.
Maio de 1999	A E Ink lança os produtos de display de papel eletrônico Immedia.
Novembro de 2000	A E Ink e a Lucent Technologies demonstram os primeiros produtos eletrônicos flexíveis.
Dezembro de 2000	A Gyricon Media é criada a partir da Xerox PARC.
Fevereiro de 2001	Equipes da E Ink se juntam com a Philips Components para desenvolver um display de alta resolução para dispositivos de mão inteligentes.
Março de 2001	A Gyricon introduz a tecnologia de papel digital.
Junho de 2001	A Macy's programa testar cartazes em papel digital para uso em suas lojas.
Final de 2001	O protótipo portátil da E Ink/Philips é entregue.
2004/2005	Os dispositivos portáteis de papel eletrônico da E Ink são disponibilizados para os usuários.
Meados dos anos 2000	Possível lançamento da RadioPaper, a tecnologia de publicação eletrônica sem fio da E Ink.

FIGURA G12.8
Passado, presente e futuro da tinta digital e do papel digital.

Possível impacto nos negócios

- O papel digital está impulsionando uma nova onda de inovação na área de distribuição de conteúdo. Visores que se assemelham ao papel vão substituir jornais, revistas e livros, uma vez que serão quase tão práticos quanto o papel e vão permitir uma resolução de exibição próxima à de materiais impressos.
- O conceito de um produto de papel reutilizável é uma ideia ambientalmente correta, se considerarmos que grande parte do papel do mundo vai para a impressão de jornais, revistas, panfletos, etc.

TELELIVING

Mudanças no estilo de vida vão surgir conforme sejam desenvolvidas capacidades mais sofisticadas para os computadores. *Teleliving* refere-se ao uso de dispositivos de informação e da Internet para conduzir todos os aspectos da vida de modo prático. Isso pode incluir atividades como compras, trabalho, aprendizagem, lazer, tratamento de saúde e orações. Hoje, casas, automóveis e ambientes de trabalho já são ligados a redes inteligentes que interagem umas com as outras. A cada ano, 4 bilhões de chips são incluídos em todo tipo de produto, desde cafeteiras até Cadillacs.

Possível impacto nos negócios

- No futuro, as pessoas vão se mover por um fluxo constante de informações reunidas com o toque de um dedo. Elas vão interagir com imagens em tamanho real, dados e textos em residências e escritórios. Os dias de ficar debruçado sobre um computador terão acabado.
- O *assistente virtual (AV)* será um pequeno programa armazenado em um PC ou dispositivo portátil para monitorar emails, faxes, mensagens e chamadas telefônicas. Os assistentes virtuais vão ajudar as pessoas a resolver problemas da mesma maneira que um assistente real faria. Com o tempo, o AV vai assumir tarefas de rotina, como escrever uma carta, recuperar um arquivo e fazer um telefonema.
- Vendedores robóticos terão aparências humanas e capacidade de executar todas as tarefas associadas a um trabalho de vendas.

FONTES ALTERNATIVAS DE ENERGIA

Até o final da década, a energia eólica, geotérmica, hidrelétrica, solar e outras fontes alternativas de energia vão passar de seu nível atual de 10% de todo o consumo de energia para cerca de 30%. A capacidade de geração de energia eólica em todo o mundo cresceu 6.500 megawatts em 2003, a taxa de crescimento mais rápida já registrada e 50% mais do que no ano anterior (ver Figura G12.9). As usinas nucleares fornecem 16% da energia na Rússia e na Europa Oriental. Novas fontes de combustíveis de carbono são frequentemente descobertas e métodos de extração mais poderosos estão sendo desenvolvidos, mantendo, assim, a oferta alta e os custos baixos.

Possível impacto nos negócios

- China, Ásia, Índia, América do Sul e Rússia estão modernizando suas economias, que cada vez mais utilizam grandes quantidades de energia.
- O custo de fontes alternativas de energia está caindo com os avanços técnicos. Essa crescente concorrência de outras fontes de energia ajudará a limitar o preço do petróleo.
- A desregulação iminente da indústria de energia deverá criar uma enorme onda de empreendedorismo inovador, promovendo uma ampla variedade de novas fontes de energia.
- O petróleo continuará a ser a fonte de energia mais importante do mundo. No entanto, em duas ou três décadas uma dependência cada vez menor do petróleo vai ajudar a reduzir a poluição atmosférica e da água. Em 2060, uma economia cara, porém livre de poluição, baseada no hidrogênio pode se tornar possível.

FIGURA G12.9
Energia Eólica – uma fonte alternativa de energia.

COMPUTAÇÃO AUTÔNOMA

A *computação autônoma* é um modelo de computação autogerenciada assim chamada em referência ao sistema nervoso autônomo do corpo humano e seguindo seu padrão. A computação autônoma é um dos blocos de construção da computação generalizada, um modelo esperado para o futuro da computação no qual computadores pequenos – até mesmo invisíveis – estarão entre nós, comunicando-se por meio de redes cada vez mais interligadas. Muitos líderes da indústria, incluindo IBM, HP, Sun e Microsoft, estão pesquisando vários componentes da computação autônoma. No entanto, não se trata de uma revolução do dia para a noite, em que ambientes autogerenciados para todo o sistema aparecem de repente. Conforme descrito na Figura G12.10, a computação autônoma é uma evolução gradual que oferece novas tecnologias que são adotadas e aplicadas em várias fases e níveis.

Possível impacto nos negócios

- As infraestruturas de TI complexas do futuro vão exigir mais automação dos computadores do que nunca. A computação autônoma será usada em uma variedade de áreas que incluem segurança, armazenamento, gerenciamento de rede, novas capacidades de redundância e failover.
- Os computadores autônomos vão buscar constantemente novas formas de otimizar a computação. No ambiente autônomo, os computadores vão monitorar componentes e ajustar fluxos de trabalho para atingir metas de desempenho do sistema.
- Os computadores autônomos serão capazes de "autocura". Em caso de falha de um componente, um computador autônomo pode diagnosticar a falha e desenvolver uma solução que permita ao computador continuar com as suas funções.
- Os computadores autônomos poderão se "autoproteger". A proteção para recursos de computação toma principalmente a forma de combate a vírus invasores e tentativas de violação de segurança.

Nível	Tecnologias implementadas
Nível 1: Básico	Ponto de partida em que a maioria dos sistemas se encontra hoje; este nível representa a computação manual, na qual todos os elementos do sistema são gerenciados de forma independente por uma equipe de TI extensa e altamente qualificada. A equipe cria, monitora e, finalmente, substitui elementos do sistema.
Nível 2: Gerenciado	Tecnologias de gerenciamento de sistemas podem ser utilizadas para coletar e consolidar informações de sistemas distintos em menos consoles, reduzindo o tempo de administração. Há uma maior consciência do sistema e melhoria da produtividade.
Nível 3: Previsivo	O sistema monitora e correlaciona dados para reconhecer padrões, e recomenda ações que são aprovadas e iniciadas pela equipe de TI. Isso reduz a dependência de habilidades profundas e permite uma tomada de decisões mais rápida e melhor.
Nível 4: Adaptativo	Além de monitorar e correlacionar dados, o sistema age com base nas informações, aumentando assim a agilidade e a resiliência de TI com mínima interação humana.
Nível 5: Autônomo	Sistemas e componentes totalmente integrados são gerenciados de forma dinâmica por regras e políticas de negócios, permitindo que a equipe de TI se concentre em atender às necessidades de negócios com verdadeira agilidade e resiliência.

FIGURA G12.10
Processo de evolução da computação autônoma.

RESUMO DO PLUG-IN

As organizações que estiverem na vanguarda estarão preparadas para tirar proveito de todas as novas oportunidades que o rápido progresso social e tecnológico está criando. As tendências que moldam o nosso futuro incluem:

- A população mundial vai dobrar nos próximos 40 anos.
- As pessoas em países desenvolvidos estão vivendo mais.
- O crescimento das indústrias da informação está criando uma sociedade global dependente do conhecimento.
- A economia global está se tornando mais integrada.
- A economia e a sociedade são dominadas pela tecnologia.
- O ritmo da inovação tecnológica está aumentando.
- O tempo está se tornando um dos bens mais preciosos do mundo.

As tecnologias que moldam o nosso futuro incluem:

- Tinta digital
- Papel digital
- Teleliving
- Fontes alternativas de energia
- Computação autônoma

TERMOS-CHAVE

Acompanhamento das tendências   504
Análise de tendências   504
Análise histórica   505
Assistente virtual (AV)   511
Computação autônoma   512
Papel digital (ou papel eletrônico)   509
Projeção de tendências   504
RadioPaper   509
Simulação por computador   504
Teleliving   511
Tinta digital (ou tinta eletrônica)   509

CASO DE ENCERRAMENTO 1

Ferrovias autônomas

A Canadian Pacific Railway (CPR), com sede em Calgary, Alberta, Canadá, é um dos maiores sistemas ferroviários da América do Norte. Com mais de 23 mil quilômetros de linhas ferroviárias no Canadá e nos Estados Unidos, esta empresa de transporte de US$ 2,6 bilhões serve praticamente a todos os principais setores da economia, desde as indústrias baseadas em recursos do Ocidente até as bases de produção e os mercados consumidores do centro do Canadá e do norte dos Estados Unidos.

Os expedidores esperam serviços rápidos e confiáveis e pontualidade na entrega das mercadorias. Como resultado, a CPR concebeu muitos programas, incluindo melhoria da gestão de ativos, fortalecimento da confiabilidade do serviço e contabilização de custos flutuantes para ajudar a responder às forças do mercado de maneira ágil e fácil. Val King, gerente de segurança de TI da CPR, explica que a gestão da segurança é um elemento essencial para a prestação desses serviços sob demanda. King disse: "Devemos proteger nossas operações de ataques de tecnologia, oferecendo aos nossos clientes acesso fácil e confiável a informações e serviços online".

O objetivo da equipe de segurança de TI da empresa é simples: minimizar os riscos, otimizando a satisfação do usuário. No entanto, os maiores desafios da equipe são a falta de recursos e orçamentos apertados. "Tivemos que confiar na tecnologia para nos ajudar a alcançar nossos objetivos", explicou King. A CPR colaborou com a IBM para oferecer soluções automatizadas (podem controlar um processo definido sem intervenção humana) e autônomas (podem detectar e reagir a condições de acordo com as políticas de negócios). Como resultado, desde que colaboraram com a IBM, os funcionários de TI podem entregar níveis de serviço substanciais e confiáveis a custos reduzidos usando recursos de computação autônoma como Tivoli Risk Manager, Tivoli Access Manager, Tivoli Identity Manager e Tivoli Decision Support. "A automação de processos por meio das características de autogerenciamento inteligente do software Tivoli pode ajudar as empresas a responder a ameaças mais rapidamente", disse King. "A vantagem é que as organizações podem aumentar a resiliência de seus ambientes, ainda que o número de eventos de segurança cresça".

A CPR está obtendo resultados mensuráveis desde a implementação das soluções do Tivoli Security Management e King vê os benefícios já alcançados apenas como a "ponta do iceberg". Entre os mais notáveis ROI do investimento da CPR nas soluções do Tivoli Security Management estão:

1. **Melhoria da produtividade** – A equipe de segurança de TI gasta menos tempo gerenciando incidentes de segurança com o Tivoli Risk Manager. A equipe de TI também espera gastar menos tempo em relatórios, pois os dados dos vários monitores de segurança serão integrados.
2. **Custos reduzidos** – A equipe de desenvolvimento de aplicativos estima que um modelo de segurança centralizada ajuda a acelerar o tempo de desenvolvimento. A central de suporte técnico da organização relata uma redução nas chamadas de usuários como resultado das capacidades de redefinição de senha do Tivoli Identity Manager.
3. **Aumento da resiliência dos negócios** – Com o uso do Tivoli Risk Manager, do Tivoli Enterprise Console, do Tivoli Decision Support e do Tripwire, uma solução de garantia de integridade de dados da Tripwire, Inc., os testes da CPR mostram que, se um ataque derrubar um serviço, os administradores poderão restaurar o funcionamento dos sistemas com muito mais rapidez.
4. **Melhor conformidade em auditorias** – Antes da implementação do Tivoli Access Manager para o negócio eletrônico, o pessoal de segurança precisava verificar cada sistema ou aplicação para ver se estava usando adequadamente a política de segurança. Agora, as políticas de segurança de toda a empresa são coerentes.

Questões

1. Qual das tendências que moldam o nosso futuro discutidas neste plug-in terá maior impacto sobre os negócios da CPR?
2. Qual das tendências terá menor impacto sobre os negócios da CPR?
3. Como as funções de computação autônoma estão fornecendo uma vantagem competitiva à CPR?
4. Como a CPR pode tirar proveito de outros avanços tecnológicos para melhorar a segurança?

CASO DE ENCERRAMENTO 2

Progressão sem fio

A Progressive Corporation é a quarta maior seguradora de automóveis dos Estados Unidos, com mais de 8 milhões de segurados e prêmios líquidos de US$ 6,1 bilhões. A Progressive oferece acesso sem fio à Web para os detentores de suas apólices de seguro de automóvel, uma jogada que analistas consideram de acordo com a reputação da empresa como líder em tecnologia na indústria de seguros e com sua ênfase no atendimento ao cliente.

Os clientes podem usar seus telefones com acesso à Web para obter as cotações de preços, fazer reclamações, localizar agentes independentes nas proximidades, pelo CEP, e também para acessar informações de conta em tempo real por meio do site da empresa. A Progressive também tem a capacidade de enviar dados urgentes para os segurados via conexões sem fio, enviando instantaneamente informações sobre um aviso de recall de automóvel para o telefone celular dos clientes.

Como medida de economia de custos, e de acordo com uma tradição corporativa de desenvolvimento interno, a Progressive de Ohio decidiu construir suas próprias aplicações sem fio. Os segurados só precisam digitar o endereço da Web da Progressive em seus telefones ou se conectar ao site por meio de mecanismos de pesquisa especializados em negócios eletrônicos sem fio.

Stephen Williams, presidente do Insurance Institute of Indiana, uma associação comercial sem fins lucrativos que representa as seguradoras do estado de Indiana, disse que "é comum a Progressive estar na vanguarda do uso da tecnologia". Se a Progressive está começando a utilizar a Web sem fio, outras empresas poderão seguir o exemplo, acrescentou. Jeffrey Kagan, analista de tecnologia sem fio de Atlanta, chamou a Progressive de "a Nordstrom dos seguros, por causa de sua ênfase no atendimento ao cliente". A inclusão do acesso sem fio a seu site "é uma maneira simples, porém inteligente, de usar a tecnologia" para melhorar ainda mais o atendimento da companhia, disse Kagan. A Progressive.com é líder no setor de seguros no que diz respeito a inovações para o conforto do cliente. Foi o primeiro site de seguro de automóveis (1995), a primeira empresa a oferecer cotações e comparação de taxas online (1996), a primeira a oferecer compra online instantânea de apólices de seguro de automóvel (1997) e a primeira a oferecer o serviço pós-venda (1998).

O site Progressive.com lidera o setor de seguros em inovações e funcionalidades acessíveis para os clientes. Foi reconhecido como um dos "10 sites que melhor funcionam" pela *InfoWeek* e indicado para o prêmio Smart Business 50 da *Smart Business* pelo uso bem-sucedido da Internet para melhorar e expandir seus negócios.

Questões

1. Qual das tendências que moldam o nosso futuro discutidas neste plug-in terá maior impacto sobre os negócios da Progressive?
2. Qual das tendências terá menor impacto sobre os negócios da Progressive?
3. Que outros tipos de tecnologia avançada você imagina que a Progressive vai implantar no futuro próximo?

TOMANDO DECISÕES DE NEGÓCIOS

1. Identificação e acompanhamento de tendências

What's Hot.com é uma nova empresa especializada em ajudar empresas a identificar e seguir tendências significativas em seus setores. Você foi contratado recentemente como analista de negócios e sua primeira tarefa é destacar as tendências atuais na indústria do comércio eletrônico. Usando a Internet e quaisquer outros recursos disponíveis, destaque cinco tendências significativas não discutidas neste texto. Prepare uma apresentação do PowerPoint listando as tendências e discutindo os possíveis impactos de cada uma delas sobre os negócios.

2. Leitura da tinta na parede

IPublish.com é uma editora de ebooks que trabalha somente com impressos. Embora as grandes editoras considerem que os ebooks não estão sendo vendidos como esperado, a IPublish.com continua a apresentar crescimento positivo. No entanto, ela se sente ameaçada pelas invenções da tinta digital e do papel digital, que parecem estar revolucionando o ambiente da publicação e pondo em risco a indústria global do papel. Você foi contratado pela IPublish.com para desenvolver uma estratégia para adotar essa nova tecnologia. Crie um relatório detalhado listando as razões pelas quais a IPublish.com deve utilizar essas duas novas tecnologias.

3. Amigo por correspondência

StyleUs é uma caneta digital que escreve em papel comum impresso utilizando um padrão de pontos quase invisível a olho nu. Uma pequena câmera na caneta registra o movimento da caneta por uma grade impressa e o armazena como uma série de coordenadas cartográficas. Essas coordenadas correspondem ao local exato da página em que se escreve. O padrão de pontos cria um enorme mapa de pequenos quadrados distintos, de modo que pequenas porções dele também podem receber funções específicas, como "enviar", "armazenar" ou "sincronizar". Quando uma marca é feita na caixa de envio com a caneta digital, ele recebe a instrução de enviar a sequência armazenada de coordenadas cartográficas, que são traduzidas em uma imagem. O resultado é uma cópia exata do manuscrito exibida no computador, no telefone celular, ou recebida em forma de fax em qualquer lugar do mundo.

Analise essa nova tecnologia e identifique como ela pode afetar o mercado de tinta digital ou papel digital. Não deixe de incluir uma análise das Cinco Forças de Porter do mercado.

4. **Menos é mais**

    Sua organização está cambaleando à beira do caos de sistemas. Seu administrador de sistemas está sobrecarregado por muitos sistemas, muitas aplicações, poucos recursos e pouco tempo. O âmbito, a frequência e a diversidade da demanda estão causando maior risco do que se ousa admitir. Automatizar do ambiente operacional é fundamental (e reduzir sua complexidade) para que seu negócio sobreviva. Pesquise sobre a computação autônoma e escreva um relatório discutindo como essa tecnologia pode ajudar uma organização a controlar seus sistemas.

5. **Computador Fly Pentop**

    A BusinessED é especializada na criação de vários tipos de software novos e inovadores para a educação no mercado de negócios. Danny Henningson, fundador e presidente da BusinessED, está interessado no desenvolvimento de produtos educacionais utilizando papel digital e tinta digital. Danny contratou você como vice-presidente de pesquisa e desenvolvimento e está animado para ouvir suas ideias para novos produtos. Sua primeira missão é estudar o computador Fly Pentop (www.flypentop.com) e decidir como pode aplicar essa tecnologia na área dos negócios.

6. **Energia alternativa**

    Com os custos de energia em ascensão, muitos lares norte-americanos estão se voltando para soluções de energia domésticas. Seu amigo Cole Lazarus decidiu começar um negócio para oferecer tais soluções. Cole gostaria de sua ajuda para desenvolver seu negócio. Comece por pesquisar na Internet e encontrar diferentes maneiras de como você poderia projetar uma casa com suas próprias fontes de energia. Crie um documento listando as diferentes fontes, bem como as vantagens e desvantagens de cada uma delas.

APLIQUE SEUS CONHECIMENTOS

Visão geral dos projetos de aplicação AYK (Apply Your Knowledge).

Número do projeto	Nome do projeto	Tipo de projeto	Plug-in	Área de foco	Nível do projeto	Conjunto de competências	Número da página
1	Destino financeiro	Excel	T2	Orçamento pessoal	Introdutório	Fórmulas	520
2	Fluxo de caixa	Excel	T2	Fluxo de caixa	Introdutório	Fórmulas	520
3	Orçamento de tecnologia	Excel	T1, T2	Hardware e software	Introdutório	Fórmulas	520
4	Rastreamento de doações	Excel	T2	Relacionamento com funcionários	Introdutório	Fórmulas	520
5	Conversão de moeda	Excel	T2	Comércio global	Introdutório	Fórmulas	521
6	Comparação de custos	Excel	T2	Custo total de propriedade	Introdutório	Fórmulas	521
7	Gerenciamento do tempo	Excel ou Project	T12	Gerenciamento de projetos	Introdutório	Gráficos de Gantt	522
8	Maximização do lucro	Excel	T2, T4	Análise estratégica	Intermediário	Fórmulas ou Solver	522
9	Análise de segurança	Excel	T3	Filtragem de dados	Intermediário	Formatação condicional, filtro automático, subtotal	523
10	Coleta de dados	Excel	T3	Análise de dados	Intermediário	Formatação condicional	524
11	Sistema de scanner	Excel	T2	Análise estratégica	Intermediário	Fórmulas	524
12	Preços competitivos	Excel	T2	Maximização do lucro	Intermediário	Fórmulas	524
13	Aquisições adequadas	Excel	T2	Análise do ponto de equilíbrio	Intermediário	Fórmulas	525
14	Relacionamento com o cliente	Excel	T3	CRM	Intermediário	Tabela Dinâmica	525
15	Avaliação do valor da informação	Excel	T3	Análise de dados	Intermediário	Tabela Dinâmica	526
16	Crescimento, tendências e previsões	Excel	T2, T3	Previsão de dados	Avançado	Média, tendência, crescimento	527
17	Custos de remessa	Excel	T4	SCM	Avançado	Solver	527
18	Formatação de grades de notas	Excel	T3	Análise de dados	Avançado	Se, Pesquisa	528

(*continua*)

Número do projeto	Nome do projeto	Tipo de projeto	Plug-in	Área de foco	Nível do projeto	Conjunto de competências	Número da página
19	Dilema ambulante	Excel	T2, T3	SCM	Avançado	Valores absoluto vs relativo	529
20	Eficiências operacionais	Excel	T3	SCM	Avançado	Tabela Dinâmica	529
21	Muita informação	Excel	T3	CRM	Avançado	Tabela Dinâmica	530
22	Taxas de rotatividade	Excel	T3	Mineração de dados	Avançado	Tabela Dinâmica	530
23	Informações vitais	Excel	T3	Mineração de dados	Avançado	Tabela Dinâmica	531
24	Ponto de equilíbrio	Excel	T4	Análise de negócios	Avançado	Atingir metas	532
25	Cenário de lucro	Excel	T4	Análise de vendas	Avançado	Gerenciador de cenários	532
26	Currículos eletrônicos	HTML	T9, T10, T11	Marketing pessoal eletrônico	Introdutório	Tags estruturais	532
27	Recebendo *feedback*	Dreamweaver	T9, T10, T11	Coleta de dados	Intermediário	Organização de informações	533
28	Fatura diária	Access	T5, T6, T7, T8	Análise de negócios	Introdutório	Entidades, relacionamentos e bancos de dados	533
29	Dados de faturamento	Access	T5, T6, T7, T8	Inteligência de negócios	Introdutório	Entidades, relacionamentos e bancos de dados	535
30	Dados de estoque	Access	T5, T6, T7, T8	SCM	Intermediário	Entidades, relacionamentos e banco de dados	536
31	Call center	Access	T5, T6, T7, T8	CRM	Intermediário	Entidades, relacionamentos e bancos de dados	537
32	Pipeline de vendas	Access	T5, T6, T7, T8	Inteligência de negócios	Avançado	Entidades, relacionamentos e banco de dados	538
33	Anúncios classificados na Internet	Access	T5, T6, T7, T8	Comércio eletrônico	Avançado	Entidades, relacionamentos e bancos de dados	539

NOTA: Muitos dos projetos do Excel suportam vários arquivos de dados. Desse modo, a convenção de nomenclatura que você vê no texto pode não ser a mesma da pasta de dados. Como exemplo, no texto de referência, os arquivos de dados são AYK1_Data.xlsx; no entanto, você poderá ver um arquivo chamado AYK1_Data_Version_1.xlsx, ou AYK1_Data_Version_2.xlsx.

Projeto 1:
Destino financeiro

Você conheceu o Microsoft Excel e está pronto para começar a usá-lo para ajudar a controlar seus gastos mensais e assumir o controle de seu destino financeiro. O primeiro passo é criar um orçamento pessoal para que você possa ver onde está gastando dinheiro e se precisa diminuir suas despesas mensais ou aumentar sua renda mensal.

Foco em projetos

Crie um modelo de orçamento mensal de sua renda e gastos, com algum dinheiro reservado para a poupança (ou você pode usar o arquivo de dados, AYK1_Data.xlsx que criamos). Crie variações desse orçamento para mostrar o quanto você poderia economizar se cortasse algumas despesas, encontrasse um companheiro de quarto ou conseguisse um emprego de meio período. Compare os custos de um plano de refeições com os custos de mantimentos. Considere o quanto em juros você obteria se economizasse US$ 100 por mês, ou qual seria a dívida em empréstimos estudantis ou contas de cartão de crédito. Para expandir seu conjunto de dados, faça um orçamento fictício de 10 anos a partir de agora, quando você puder comprar uma casa, fazer pagamentos de empréstimos estudantis e ter um bom salário.

Arquivo de dados: AYK1_Data.xlsx

Projeto 2:
Fluxo de caixa

A Gears é uma empresa fundada há cinco anos e especializada em componentes de bicicleta. A empresa está tendo problemas para pagar pelos suprimentos mensais e gostaria de realizar uma análise de fluxo de caixa para entender a sua posição financeira. O fluxo de caixa representa o dinheiro que um investimento produz depois da subtração das despesas de caixa da receita. A demonstração do fluxo de caixa resume fontes e usos de dinheiro, indica se há dinheiro suficiente disponível para dar continuidade às operações de rotina e oferece uma análise de todas as transações comerciais, gerando um relatório das fontes do dinheiro da empresa e de como optou por alocá-lo. A demonstração do fluxo de caixa mostra de onde o dinheiro vem, como a empresa vai gastá-lo e quando a empresa vai precisar de mais dinheiro. A Gears gostaria de projetar uma demonstração de fluxos de caixa para o próximo mês.

Foco em projetos

Usando o arquivo de dados AYK2_Data.xlsx, preencha a demonstração de fluxo de caixa da Gears utilizando o Excel. Certifique-se de criar fórmulas para que a empresa possa apenas inserir os números no futuro para determinar o fluxo de caixa.

Arquivo de dados: AYK2_Data.xlsx

Projeto 3:
Orçamento de tecnologia

A Tally é uma *start-up* de desenvolvimento de sites sediada em Seattle, Washington. A empresa tem atualmente sete funcionários e pensa em contratar mais seis no próximo mês.

Foco em projetos

Você é o encarregado de compras da Tally. A sua primeira tarefa é a compra de computadores para os novos funcionários. Seu orçamento é de US$ 250 mil para comprar os melhores sistemas de computador com um scanner, três impressoras a cores e software de negócios. Use a Web para pesquisar produtos e calcular os custos dos diferentes sistemas, utilizando o Excel. Use várias fórmulas do Excel para analisar os custos e comparar preços. Use o arquivo de dados AYK3_Data.xlsx como modelo.

Arquivo de dados: AYK3_Data.xlsx

Projeto 4:
Rastreamento de doações

A Lazarus Consulting é uma grande empresa de consultoria em informática de Nova York. Pete Lazarus, o fundador, é bastante conhecido por seus esforços filantrópicos. Pete sabe que a maioria de seus funcionários contribui para organizações sem fins lucrativos e quer recompensá-los por seus esforços e, ao mesmo tempo, incentivar os demais a contribuir para instituições de caridade. Pete começou um programa que oferece 50% de cada doação de funcionário. As únicas regras são de que a doação deve ser para uma organização sem fins lucrativos e que a empresa vai doar no máximo US$ 2 mil por ano, por funcionário.

Foco em projetos

Abra o arquivo de dados AYK4_Data.xlsx e determine o seguinte:

- Qual foi o montante de doação total por organização?
- Quais foram as doações médias por organização?

Arquivo de dados: AYK4_Data.xlsx

Projeto 5:

Conversão de moeda

Você decidiu passar o verão no exterior com seus amigos. Sua viagem vai levá-lo à França, Inglaterra, Itália, Suíça, Alemanha, Noruega e Irlanda. Você quer usar o Excel para fazer a conversão de câmbio das moedas enquanto viaja ao redor do mundo.

Foco em projetos

Localize uma das calculadoras de taxa de câmbio da Internet. Encontre as taxas de câmbio de cada um dos países listados acima e crie fórmulas em Excel para converter US$ 100, US$ 500 e US$ 1.000. Use o arquivo de dados AYK5_Data.xlsx como modelo.

Arquivo de dados: AYK5_Data.xls

Projeto 6:

Comparação de custos

Você está pensando em comprar um computador novo, porque a máquina que está usando agora já tem quatro anos de idade, está lenta, nem sempre é confiável e não suporta o sistema operacional mais recente. Suas necessidades para o novo computador são simples: software antivírus, email, navegação Web, processamento de texto, planilha eletrônica, banco de dados, iTunes, e algumas ferramentas gráficas leves. Sua preocupação é qual será o custo total de propriedade para os próximos três anos. Você tem de levar em consideração alguns custos adicionais além do preço de compra inicial do próprio computador, como: hardware extra (pode incluir uma nova impressora, docking station – dispositivo para conectar um computador portátil para ser usado como desktop ou scanner), software (compra de um novo sistema operacional), treinamento (você está pensando em fazer um treinamento pela Web para obter um estágio no próximo semestre), atualizações futuras de software e manutenção.

	A	B	C	D	E	F
1	CUSTO DO NOVO COMPUTADOR					
2	Taxa de desconto	1	0,9325	0,9109	0,7051	
3		Tempo 0	Ano 1	Ano 2	Ano 3	Custos do valor atual
4	Computador					
5	Software					
6	Hardware adicional					
7	Treinamento					
8	Atualização do software					
9	Manutenção					
10						
11	Custo total					
12						

FIGURA AYK.1
Exemplo de layout da planilha do novo computador.

Foco em projetos

- É útil pensar nos custos, diretos e indiretos, ao longo do tempo. Essa distinção é importante porque, em parte, é uma decisão que não deve se apoiar no montante nominal da compra, mas sim no seu valor atual.
- Um dólar hoje vale mais do que um dólar daqui a um ano.
- A taxa de desconto relevante (taxa de juros) é o custo marginal do capital correspondente a um nível de risco igual à compra.
- Use o arquivo de dados AYK6_Data.xlsx como modelo.

Arquivo de dados: AYK6_Data.xlsx

Projeto 7:

Gerenciamento do tempo

Você acaba de ser contratado como analista de negócios por uma nova empresa *start-up* chamada Multi-Media. A Multi-Media é uma agência interativa que constrói webmarketing faseado, oferecendo aos seus clientes soluções reais e mensuráveis apoiadas por ferramentas de fácil utilização. Como a empresa é muito nova na arena dos negócios, ela precisa de ajuda na criação de um plano de gerenciamento de projetos para o desenvolvimento de seu próprio site. As principais tarefas para a equipe de desenvolvimento foram identificadas, mas você precisa criar o cronograma.

Foco em projetos

1. Os nomes de tarefas, suas durações e eventuais pré-requisitos são:
   - Analisar e planejar – duas semanas. Não é possível iniciar qualquer outra atividade antes que isso esteja feito.
   - Criar e organizar o conteúdo – quatro semanas. É possível começar a desenvolver a aparência do site antes que isso seja feito.
   - Desenvolver a aparência – quatro semanas. Começar a trabalhar em gráficos e HTML ao mesmo tempo.
   - Produzir gráficos e documentos HTML – duas semanas. Criar um protótipo de trabalho após a primeira semana.
   - Criar um protótipo de trabalho – duas semanas. Enviar à equipe de testes quando concluído.
   - Testar, testar, testar – quatro semanas.
   - Fazer upload para um servidor Web e testar novamente – uma semana.
   - Fazer manutenção.
2. Usando o Microsoft Excel ou o Microsoft Project, crie um gráfico Gantt utilizando as informações acima.

Projeto 8:

Maximização do lucro

Books, Books, Books é um distribuidor atacadista de livros populares. A empresa compra livros com excesso de estoque e os vende com descontos de mais de 50% para livrarias locais. O proprietário da empresa, BK Kane, gostaria de determinar a melhor abordagem para embalar os livros, a fim de obter o maior lucro possível. As livrarias locais aceitam todas as entregas da Books, Books, Books por causa dos preços incrivelmente baixos oferecidos por BK. BK pode fazer um pedido incluindo tantos livros com excesso de estoque quanto quiser, e as opções desta semana incluem:

Título	Peso	Custo	Preço de venda
Harry Potter e as relíquias da morte, J.K. Rowling	5 lb	US$ 9	US$ 17
Os filhos de Húrin, J.R.R. Tolkien	4 lb	US$ 8	US$ 13
A mulher do viajante no tempo, Audrey Niffenegger	3.5 lb	US$ 7	US$ 11
Rio Escuro, John Twelve Hawks	3 lb	US$ 6	US$ 9
A estrada, Cormac McCarthy	2.5 lb	US$ 5	US$ 7
Matadouro 5, Kurt Vonnegut	1 lb	US$ 4	US$ 5

Foco em projetos

Ao embalar uma única caixa, BK deve seguir os seguintes parâmetros:

- 20 livros ou menos.
- Livros de três autores diferentes.
- Entre quatro e oito livros de cada autor.
- Peso igual ou inferior a 50 libras.

BK pediu a sua ajuda para determinar quais os livros que ele deve encomendar a fim de maximizar seu lucro com base nas informações acima. Usando o arquivo de dados AYK8_Data.xlsx, determine o pedido de livros ideal para uma única caixa de livros.

Arquivo de dados: AYK8_Data.xlsx

Projeto 9:

Análise de segurança

SecureWorks Inc. é uma pequena empresa de segurança de computadores que fornece análise de segurança de computadores, projeto e implementação de software para o governo dos Estados Unidos e clientes comerciais. A SecureWorks concorre a contratos de trabalho de segurança de computadores privados e para o governo dos Estados Unidos por meio da apresentação de propostas detalhadas descrevendo o trabalho que a empresa vai executar no caso de adjudicação dos contratos. Como todo o trabalho envolve a segurança de computadores, uma área altamente secreta, quase todas as tarefas da SecureWorks exigem o acesso a material confidencial ou a documentos confidenciais das empresas. Consequentemente, todos os engenheiros de segurança (conhecidos apenas como "engenheiros" dentro da empresa) têm liberação do governo dos Estados Unidos para os níveis "Secret" ou "Top Secret". Alguns têm liberações de segurança para arquivos ainda mais restritos, pois 2% do trabalho da SecureWorks envolve o trabalho de segurança conhecido como "caixa preta". A maioria dos funcionários também possui liberações, porque precisam lidar com documentos confidenciais.

Leslie Mamalis é a gerente de recursos humanos (RH) da SecureWorks. Ela mantém todos os registros de funcionários e é responsável por relatórios semestrais de revisão, processamento de folha de pagamento, registros de pessoal, dados de recrutamento, treinamento de funcionários e informações sobre opções de aposentadoria. No cerne de um sistema de RH, estão os registros de pessoal. A manutenção de registros de pessoal inclui atividades como manutenção de registros de funcionários, acompanhamento de dados de centros de custo, registro e manutenção de informações sobre aposentadorias, registro de ausências e licença-saúde. Embora a maioria dessas informações esteja em sistemas de banco de dados sofisticados, Leslie mantém uma planilha básica de funcionários para cálculos rápidos e geração de relatórios *ad hoc*. Uma vez que a SecureWorks é uma pequena empresa, Leslie pode tirar proveito das excelentes capacidades de gerenciamento de listas do Excel para satisfazer muitas das suas necessidades de gerenciamento de dados de pessoal.

Foco em projetos

Leslie lhe pediu para ajudá-la com uma série de funções (ela forneceu uma cópia de seu arquivo de dados de pessoal "de confiança", AYK9_Data.xlsx):

1. Copie os Dados da planilha para uma nova planilha chamada Classificar. Classifique a lista de funcionários em ordem ascendente por departamento, depois por sobrenome e, em seguida, pelo primeiro nome.
2. Copie os dados da planilha para uma nova planilha chamada Filtro automático. Usando o recurso de filtro automático, crie um filtro personalizado exibindo os funcionários cuja data de nascimento é maior ou igual a 01/01/1965 e inferior ou igual a 31/12/1975.
3. Copie os Dados da planilha para uma nova planilha denominada Subtotal. Usando o recurso de subtotal, crie uma soma do salário para cada departamento.
4. Copie os dados da planilha para uma nova planilha denominada Formatação. Usando a coluna de salário, mude a cor da fonte para vermelho se o valor da célula for maior ou igual a 55 mil. Você deve usar o recurso de formatação condicional para realizar esta etapa.

Arquivo de dados: AYK9_Data.xlsx

Projeto 10:

Coleta de dados

Você acabou de aceitar uma nova oferta de emprego de uma empresa que tem escritórios em San Diego, Los Angeles e San Francisco. Você precisa decidir em qual desses locais vai trabalhar. Como ainda não conhece as três cidades e prefere a que tiver o clima perfeito para jogar golfe, você determina que o principal fator que vai afetar sua decisão será o tempo.

Acesse www.weather.com e localize a caixa em que você pode inserir o nome da cidade ou o CEP de onde deseja obter informações. Digite San Diego, CA, e quando os dados aparecerem, clique na aba Médias e Recordes. Imprima essa página e faça o mesmo para Los Angeles e San Francisco. Você vai se concentrar na seção Média e Recordes Mensais, no topo da página.

Foco em projetos

1. Crie uma planilha para resumir a informação que você encontrar.
2. Registre a temperatura e a precipitação em colunas e agrupe as cidades em quatro grupos de linhas com os nomes Média alta, Média baixa, Média e Precipitação média.
3. Preencha os dados apropriados para cada cidade e mês.
4. Como a chuva é a sua maior preocupação, use a formatação condicional para exibir os meses, com precipitação média abaixo de 60mm em azul e coloque em negrito.
5. Enquanto estiver na Califórnia, você também quer estar no lugar com a temperatura mais quente possível. Use a formatação condicional para exibir os meses com temperaturas médias elevadas acima de 18 graus em verde e coloque em itálico.
6. Examinando as altas temperaturas médias acima de 18 graus e a precipitação média abaixo de 50mm, para qual cidade você acha que deve se mudar? Explique sua resposta.

Projeto 11:

Sistema de scanner

O FunTown é um parque de diversões muito conhecido, cheio de montanhas-russas, brincadeiras e jogos aquáticos. Contando com 24 montanhas-russas, sendo que dez delas têm 60 metros e passam dos 110 quilômetros por hora, e cinco parques aquáticos, o parque tem um público estável durante toda a temporada. Devido à sua popularidade, é comum que os visitantes passem mais de uma hora na fila nos dias movimentados. O FunTown gostaria de sua ajuda para encontrar uma solução para diminuir as filas de entrada no parque.

Foco em projetos

O FunTown gostaria de implementar um sistema de scanner portátil para permitir que os funcionários se desloquem nos portões de entrada, aceitem compras com cartão de crédito e imprimam os ingressos no local. O parque prevê um aumento global das vendas de 4% ao ano com emissão de ingressos online, com uma despesa de 6% do total de vendas do equipamento de scanner. O FunTown criou um arquivo de dados para você usar, AYK11_Data.xlsx, que compara as vendas de scanner e as vendas tradicionais. Você vai precisar criar as fórmulas necessárias para calcular todas as hipóteses, incluindo:

- Ingressos vendidos no balcão.
- Ingressos vendidos com o scanner.
- Receitas geradas pelas vendas de balcão.
- Receitas geradas pelas vendas de scanner.
- Despesa de ingresso de scanner.
- Receita com e sem as vendas de scanner.
- Totais de três anos em sequência.

Arquivo de dados: AYK11_Data.xlsx

Projeto 12:

Preços competitivos

Bill Schultz está pensando em abrir uma loja especializada em botas de cowboy feitas à mão. Bill é fazendeiro de longa data na cidade de Taos, Novo México. Sua reputação de honestidade e integridade é bem conhecida na cidade, e ele está otimista de que a nova loja vai ser um grande sucesso.

Foco em projetos

Antes de abrir a loja, Bill está curioso sobre como seus lucros, receita e custos variáveis poderão mudar de acordo com a preço que ele cobrar pelas botas. Bill gostaria que você realizasse o trabalho necessário para essa análise e lhe forneceu o arquivo de dados AYK12_Data.xlsx. Aqui estão algumas coisas a considerar ao realizar a análise:

- Os preços competitivos atuais de botas de cowboy personalizadas estão entre US$ 225 e US$ 275 o par.
- Os custos variáveis serão de US$ 100 ou US$ 150 por par, dependendo dos tipos de material que Bill escolher usar.
- Os custos fixos são de US$ 10 mil por mês.

Arquivo de dados: AYK12_Data.xlsx

Projeto 13:

Aquisições adequadas

A XMark.com é uma grande empresa de Internet especializada em alimentos orgânicos, e está pensando em comprar a GoodGrow, outra empresa de Internet que comercializa alimentos orgânicos. A GoodGrow tem receitas correntes de US$ 100 milhões, com despesas de US$ 150 milhões. As projeções atuais indicam que as receitas da GoodGrow estão aumentando 35% ao ano e as despesas, 10% ao ano. A XMark.com, no entanto, entende que as projeções podem estar erradas; a empresa deve determinar quantos anos antes a GoodGrow vai começar a dar lucro.

Foco em projetos

Você precisa ajudar a XMark.com a determinar o número de anos necessários para chegar ao ponto de equilíbrio, usando taxas de crescimento anuais de receitas entre 20 e 60% e taxas anuais de crescimento de despesas entre 10 e 30%. Você recebeu o modelo AYK13_Data.xlsx para ajudar na sua análise.

Arquivo de dados: AYK13_Data.xlsx

Projeto 14:

Relacionamento com o cliente

A Schweizer Distribuition é especializada na distribuição de produtos frescos para restaurantes locais da área de Chicago. A empresa vende atualmente 12 diferentes produtos por meio de três representantes de vendas para 10 restaurantes. Como toda empresa de pequeno porte, ela também está interessada em encontrar maneiras de aumentar as receitas e diminuir as despesas.

O fundador da empresa, Bob Schweizer, recentemente contratou você como o novo analista de negócios. Você acabou de se formar em marketing na faculdade, com especialização em gestão de relacionamento com o cliente. Bob está ansioso para ouvir seus raciocínios e ideias sobre como melhorar o negócio e ajudar a empresa a desenvolver relacionamentos fortes e duradouros com os clientes.

Foco em projetos

Bob deu a você informações de vendas do ano passado no arquivo de dados AYK14_Data.xlsx. Ajude-o a analisar a empresa de distribuição usando a Tabela Dinâmica para determinar o seguinte:

1. Quem é o melhor cliente de vendas totais de Bob?
2. Quem é o pior cliente de vendas totais de Bob?
3. Quem é o melhor cliente de Bob em questão de lucro?
4. Quem é o pior cliente de Bob em questão de lucro?
5. Qual o produto mais vendido de Bob em vendas totais?
6. Qual o produto menos vendido de Bob em vendas totais?
7. Qual o produto mais vendido de Bob em lucro?
8. Qual o produto menos vendido de Bob em lucro?
9. Quem é o melhor representante de vendas de Bob em lucro?

10. Quem é o pior representante de vendas de Bob em lucro?
11. Qual é o produto que mais vende do melhor representante de vendas (por lucro total)?
12. Qual é o melhor cliente do melhor representante de vendas (por lucro total)?
13. Qual é o produto que menos vende do melhor representante de vendas (por lucro total)?
14. Qual é o pior cliente do melhor representante de vendas (por lucro total)?

Arquivo de dados: AYK14_Data.xlsx

Projeto 15:

Avaliação do valor da informação

Recentemente, Santa Fe, no Novo México, foi considerada um dos lugares mais seguros para se viver nos Estados Unidos. Desde então, muitos projetos de desenvolvimento de habitação surgiram em torno da cidade. Seis projetos desse tipo estão dominando o mercado local: Pinon Pine, Rancho Hondo, Creek Side, Vista Del Monte, Forest View e Santa Fe South. Cada um deles foi iniciado com 100 casas, que foram todas vendidas, e estão atualmente na fase dois de desenvolvimento.

Como um dos três sócios e agentes imobiliários da Affordable Homes Real Estate, é sua responsabilidade analisar as informações relativas às vendas das últimas 600 casas e escolher em qual projeto de desenvolvimento focar para a venda de casas na fase dois. A sua imobiliária é de porte bastante pequeno, por isso você e seus sócios decidiram que a empresa deve se concentrar na venda de casas em apenas um dos projetos de desenvolvimento.

Na New Mexico Real Estate Association, você obteve um arquivo de planilha que contém informações relativas às vendas das primeiras 600 casas. O arquivo contém os seguintes campos:

Coluna	Nome	Descrição
A	Nº DO LOTE	O número atribuído a uma casa específica dentro de cada projeto.
B	Nº DO PROJETO	O número único atribuído a cada um dos seis projetos de desenvolvimento habitacional (ver quadro abaixo).
C	PREÇO SUGERIDO	O preço inicial publicado de venda da casa.
D	PREÇO DE VENDA	O preço real pelo qual a casa foi vendida.
E	DATA DE LISTAGEM	A data em que a casa foi colocada para venda.
F	DATA DE VENDA	A data em que o contrato final foi fechado e a casa foi vendida.
G	METROS QUADRADOS	A metragem quadrada total da casa.
H	Nº DE BANHEIROS	O número de banheiros da casa.
I	Nº DE DORMITÓRIOS	O número de quartos da casa.

Os números atribuídos a cada um dos projetos de desenvolvimento habitacional são os seguintes:

Número do projeto	Nome do projeto
23	Pinon Pine
47	Rancho Hondo
61	Creek Side
78	Vista Del Monte
92	Forest View
97	Santa Fe South

É sua responsabilidade analisar a lista de vendas e elaborar um relatório que detalhe em qual projeto de desenvolvimento habitacional a sua empresa deve se concentrar. Sua análise deve ser de todos os ângulos possíveis.

Foco em projetos

1. Você não sabe quantas outras empresas imobiliárias também vão estar competindo pelas vendas em cada um dos projetos de desenvolvimento de habitação.
2. A fase dois de cada projeto de desenvolvimento imobiliário vai desenvolver casas semelhantes em estilo, preço e metragem quadrada de suas respectivas primeiras fases.
3. Enquanto analisa as informações fornecidas, pense em termos de quais informações são importantes e quais não são. Esteja preparado para justificar como você realizou a sua análise.
4. Após concluir a análise, forneça uma documentação concisa, porém detalhada e completa (em narrativa, números e gráficos), que justifique a sua decisão.

   Arquivo de dados: AYK15_Data.xlsx

Projeto 16:
Crescimento, tendências e previsões

Fundada em 2002, a Analytics Software fornece vários tipos de software inovadores de pesquisa, de teste de acessibilidade de sites e de testes de usabilidade. Todos servem como parte das soluções de gerenciamento de conteúdo empresarial e doméstico para os mercados governamentais, corporativos, educacionais e privados. As soluções da empresa são usadas por editores de sites, editores de mídia digital, gerentes de conteúdo, gestores de documentos, usuários de negócios, consumidores, empresas de software e empresas de serviços de consultoria. As soluções da Analytics Software ajudam as organizações a desenvolver estratégias de longo prazo para obter acessibilidade de conteúdo da Web, melhorar a usabilidade e cumprir com os padrões de acessibilidade e busca dos EUA e de outros países.

Você gerencia o grupo de atendimento ao cliente da empresa e acaba de receber um email da CIO Sue Downs, informando que o número de telefonemas de clientes que enfrentam problemas com um dos seus aplicativos mais recentes está aumentando. Essa empresa tem um histórico de dez anos em que apresentou cerca de 1% de erros por ano, e seu foco sempre foi no atendimento ao cliente. Com o lema informal de "Cresça muito, mas continue pequeno", ela se orgulha do índice de 100% de retorno de chamadas do atendimento ao cliente, sabendo que a qualidade do seu pessoal é excelente.

O rápido crescimento para seis vezes o tamanho da base original de clientes forçou a empresa a lidar com questões difíceis pela primeira vez, do tipo "como vamos atender tantos clientes?"

Uma opção pode ser a empresa terceirizar seu departamento de atendimento ao cliente. Antes de decidir fazer isso, a Analytics Software precisa realizar uma análise de crescimento, tendência e prognóstico para previsões futuras.

Foco em projetos

1. Crie uma análise semanal a partir dos dados fornecidos em AYK16_Data.xlsx.
2. O preço dos produtos, o tipo de produto real e todas as informações de garantia são irrelevantes.
3. Desenvolva uma análise de crescimento, tendência e previsão. Você deve usar uma média móvel de três dias; uma média móvel mais curta pode não exibir bem a tendência e uma média móvel muito mais longa encurtaria demais a tendência.
4. Após concluir a análise, forneça uma documentação concisa, porém detalhada e completa (em narrativa, números e gráficos), que justifique as suas recomendações.

   Arquivo de dados: AYK16_Data.xlsx

Projeto 17:
Custos de remessa

Um dos principais produtos da Fairway Woods Company são os tacos de golfe feitos sob medida. Os tacos são produzidos em três fábricas (em Denver, no Colorado, Phoenix, no Arizona, e em Dallas, no

Texas) e posteriormente enviados por caminhão para cinco depósitos de distribuição em Sacramento, Califórnia; Salt Lake City, Utah; Chicago, Illinois; Albuquerque, Novo México; e na cidade de Nova York, em Nova York. Como os custos de envio são uma grande despesa, a administração deu início a uma análise para determinar maneiras de reduzi-los. Para a próxima temporada de golfe, foram estimados a produção de cada fábrica e quanto cada armazém vai precisar para satisfazer os clientes.

O CIO da Fairway Woods Company criou um arquivo de dados para você, AYK17_Data.xlsx, dos custos de envio de cada fábrica para cada armazém como análise básica. Algumas regras de negócio e requisitos que você não deve esquecer de incluir:

- O problema apresentado envolve o transporte de mercadorias a partir de três fábricas para cinco armazéns regionais.
- As mercadorias podem ser enviadas de qualquer unidade para qualquer depósito, mas custa mais transportar mercadorias por longas distâncias do que por curtas distâncias.

Foco em projetos

1. Seu objetivo é minimizar os custos de transporte de mercadorias desde as fábricas até os depósitos, satisfazendo assim a demanda de cada área metropolitana e não excedendo a oferta disponível de cada unidade de fabricação. Para concluir esse projeto, é recomendável que você use a função Solver no Excel para auxiliar na análise.
2. Especificamente, você quer se concentrar em:

   - Minimizar os custos totais de transporte.
   - O total transportado deve ser menor ou igual ao fornecimento da fábrica.
   - O total enviado ao depósito deve ser maior ou igual à demanda do depósito.
   - A quantia a ser enviada deve ser maior ou igual a 0.

   Arquivo de dados: AYK17_Data.xlsx

Projeto 18:

Formatação de grades de notas

O professor Streterstein é um pouco distraído. Sua grade de notas é uma bagunça, e ele gostaria de sua ajuda para organizá-la e torná-la mais fácil de usar. No curso do professor Streterstein, o máximo de pontos que um aluno pode receber é 750. A tabela a seguir exibe a nota equivalente ao total de pontos do curso.

Total de pontos	Nota calculada
675	A
635	A–
600	B
560	B–
535	C
490	C–
450	D
0	F

Foco em projetos

Ajude o professor Streterstein a refazer a sua grade de notas. Abra o arquivo de dados AYK18_Data.xlsx e faça o seguinte:

1. Reformate a grade para que ela fique legível, compreensível e uniforme. Substitua os títulos das colunas, formate e alinhe os cabeçalhos, adicionando bordas e sombreamento conforme o caso.
2. Adicione uma coluna na grade de notas para nota final, ao lado da coluna do total de pontos obtidos.

3. Use a função PROCV para avaliar automaticamente as notas finais com base na coluna total de pontos.
4. Usando a função Se, formate a grade de modo que a nota de cada aluno mostre uma aprovação ou reprovação – A para aprovação, R para reprovação – de acordo com o total de pontos.

Arquivo de dados: AYK18_Data.xlsx

Projeto 19:

Dilema ambulante

A Pony Espresso é uma pequena empresa que vende cafés especiais em edifícios comerciais. Todas as manhãs e tardes, os caminhões chegam à frente dos prédios e os funcionários dos escritórios compram diversas bebidas, como Java du Jour e Café da Colombia. O negócio é rentável. Os escritórios da Pony Espresso, no entanto, ficam no norte da cidade, onde as taxas de locação são mais baratas, e a área de vendas principal fica no sul da cidade. Isso significa que os caminhões devem rodar por toda a cidade quatro vezes ao dia.

O custo de transporte de e para a área de vendas e as demandas de energia do equipamento de preparo de café dos caminhões são uma parcela significativa dos custos variáveis. A Pony Espresso poderia reduzir a quantidade de transporte e, consequentemente, os custos variáveis, se a empresa transferisse sua sede para mais perto da área de vendas.

Atualmente, ela tem custos fixos de US$ 10 mil por mês. O contrato de locação de um novo escritório, mais próximo da área de vendas, teria um custo adicional de US$ 2.200 por mês. Isso aumentaria os custos fixos para US$ 12.200 mensais.

Embora o contrato de aluguel dos novos escritórios aumente os custos fixos, uma estimativa rigorosa das economias potenciais de combustível e manutenção dos veículos indica que a Pony Espresso poderia reduzir os custos variáveis de US$ 0,60 por unidade para US$ 0,35 por unidade. As vendas totais não devem crescer como resultado da mudança, mas a economia em custos variáveis deve aumentar o lucro anual.

Foco em projetos

Considere as informações fornecidas pelo proprietário no arquivo de dados AYK19_Data.xlsx. Examine principalmente a mudança na variabilidade do lucro de mês para mês. De novembro a janeiro, quando é muito mais difícil, por causa do frio, atrair trabalhadores de escritório para fora para comprar café, a Pony Espresso mal atinge o ponto de equilíbrio. De fato, em dezembro, a empresa perde dinheiro.

1. Desenvolva a análise de custos com base nas informações de aluguel existentes, usando os dados de vendas mensais que lhe foram fornecidos no arquivo de dados.
2. Desenvolva a análise de custos com a informação do novo aluguel fornecida acima.
3. Calcule a variabilidade que é refletida no desvio padrão de mês para mês de ganhos para a estrutura de custos atual e a estrutura de custos projetada.
4. Não considere associação alguma com o downsizing, como sobrecarga – apenas se concentre nas informações que lhe foram fornecidas.
5. Você precisará calcular o EBIT (lucro antes de juros e impostos).

Arquivo de dados: AYK19_Data.xlsx

Projeto 20:

Eficiências operacionais

A Hoover Transportation Inc. é uma grande empresa de distribuição localizada em Denver, Colorado. Atualmente, a empresa quer obter eficiência operacional em sua cadeia de fornecimento por meio da redução do número de empresas de transporte que usa nas operações de terceirização. As eficiências operacionais para a Hoover Transportation, Inc. sugerem que a redução do número de transportadoras que fazem a distribuição de Denver até os armazéns nos estados selecionados levará a custos reduzidos. Brian Hoover, CEO da Hoover, solicita que o número de transportadoras que fazem a distribuição de Denver aos varejistas no Arizona, Arkansas, Iowa, Missouri, Montana, Oklahoma, Oregon e Washington seja reduzido das atuais cinco para duas.

Foco em projetos

A seleção da empresa de transporte deve se basear na hipótese de que todos os fatores ambientais são iguais e que as tendências históricas de custos vão continuar. Analise os dados históricos dos últimos anos para determinar a sua recomendação das duas principais empresas que a Hoover Transportation deve continuar a usar.

1. Examine os últimos 24 meses de operações de transporte da Hoover que estão no arquivo de dados AYK20_Data.xlsx.
2. Crie um relatório detalhando a sua recomendação das duas principais transportadoras com as quais a Hoover Transportation deve continuar a fazer negócios. Certifique-se de usar Tabelas Dinâmicas e Gráficos Dinâmicos no seu relatório. Aqui estão algumas perguntas para começar:

   - Calcule o custo médio por veículo.
   - Calcule os custos totais de transporte por estado.
   - Calcule o total de pesos transportados por estado.
   - Calcule os custos médios de transporte por libra.
   - Calcule o custo médio por veículo.

   Arquivo de dados: AYK20_Data.xlsx

Projeto 21:
Muita informação

Você acabou de aceitar o cargo de vice-presidente de operações da Pitt Stop Restaurants, uma cadeia nacional de restaurantes casuais temáticos de serviço completo. Na sua primeira semana no cargo, Suzanne Graham, sua chefe e CEO da empresa, pediu a você para fornecer uma análise de como está o desempenho dos restaurantes da empresa. Mais especificamente, ela gostaria de saber quais unidades e regiões estão se saindo muito bem, as que estão tendo um desempenho moderadamente bom e as de baixo desempenho. Seu objetivo é identificar onde gastar tempo e concentrar esforços para melhorar a saúde global da empresa.

Foco em projetos

Examine o arquivo de dados AYK21_Data.xlsx e determine a melhor forma de analisar e interpretar os dados. Crie uma apresentação formal de seus achados. Algumas questões a considerar incluem:

- Os restaurantes de baixo desempenho devem ser fechados ou vendidos?
- Os restaurantes de alto desempenho devem ser ampliados para receber mais lugares?
- A empresa deve gastar mais ou menos em publicidade?
- Em que mercados o orçamento de publicidade deve ser ajustado?
- Como está o desempenho dos Pitt Stop Restaurants em comparação com a concorrência?
- Como está o desempenho das unidades de tamanho similar, umas em relação às outras?

Arquivo de dados: AYK21_Data.xlsx

Projeto 22:
Taxas de rotatividade

As taxas de rotatividade dos funcionários atingiram o ponto mais alto de todos os tempos nas fábricas da Gizmo Manufacturing. A companhia está enfrentando problemas graves para manter os trabalhadores, o que resulta em problemas de produtividade e de controle de qualidade. A maioria dos funcionários da empresa realiza inúmeras tarefas e são pagos por hora. A Gizmo atualmente tem feito testes com potenciais candidatos para garantir que eles tenham as habilidades necessárias para uma concentração mental intensa e capacidade suficiente para ocupar os cargos. Como custos significativos estão associados à rotatividade de funcionários, a Gizmo Manufacturing quer encontrar uma maneira de saber se os candidatos têm características de serem funcionários de curto prazo ou de longo prazo.

Foco em projetos

1. Veja as informações que a Gizmo Manufacturing coletou de duas de suas diferentes fontes de dados. O primeiro arquivo de dados, AYK22_Data_A.xlsx, contém informações sobre os salários dos funcionários. O segundo, AYK22_Data_B.xlsx, contém informações sobre a retenção de funcionários.
2. Usando as funções de análise do Excel, determine as características que um empregado deve ter as quais você recomendaria a Gizmo Manufacturing procurar quando da contratação de novos funcionários. É altamente recomendável que você use a Tabela Dinâmica como parte de sua análise.
3. Prepare um relatório com base nas suas conclusões (que deve incluir várias formas de representações gráficas) para as recomendações.

Arquivo de dados: AYK22_Data_A.xlsx e AYK22_Data_B.xlsx

Projeto 23:

Informações vitais

A Martin Resorts Inc. é proprietária e opera quatro resorts de spa e golfe no Colorado. A companhia tem cinco linhas tradicionais de negócios: (1) vendas de golfe; (2) aulas de golfe; (3) restaurantes; (4) varejo e aluguel; e (5) hotéis. David Logan, diretor de tecnologia de marketing da Martin Resorts Inc., e Donald Mayer, analista estratégico chefe da Martin Resorts, estão solicitando sua participação na iniciativa estratégica de CRM.

A infraestrutura de TI da Martin Resorts está dividida entre vários sistemas e aplicações. Atualmente, a empresa enfrenta dificuldades com o CRM porque os seus sistemas não estão integrados. A companhia não pode determinar informações vitais, como quem são os clientes que jogam golfe e estão hospedados no hotel, ou que clientes estão hospedados no hotel, mas não jogam golfe.

Por exemplo, os três informes de que o cliente Diego Titus (1) se hospedou quatro noites em um hotel Martin Resorts, (2) jogou golfe três dias e (3) recebeu um tratamento de spa de dia inteiro no primeiro dia são fatos distintos alojados em sistemas separados. A Martin Resorts espera que, utilizando a tecnologia de armazenamento para integrar os seus dados, a próxima vez que Diego fizer reservas para outra viagem, os agentes de vendas tenham como perguntar se ele também gostaria de reservar um tratamento de spa, e até se gostaria do mesmo massagista que o atendeu na viagem anterior.

A Martin Resorts está animada com a possibilidade de tirar proveito de estratégias de segmentação de clientes e de CRM para ajudar a aumentar suas atividades.

Foco em projetos

A empresa quer usar tecnologias de CRM e de *data warehouse* para melhorar o atendimento e a personalização em cada ponto de contato com o cliente. Com o uso de uma ferramenta de armazenamento de dados, informações importantes do cliente podem ser acessadas a partir de todos os sistemas da empresa tanto de maneira diária, semanal quanto mensal, ou uma ou duas vezes por ano. Analise o exemplo de dados em AYK23_Data.xlsx para fazer o seguinte:

1. Atualmente, a qualidade dos dados entre os sistemas não integrados é baixa. Desenvolva um relatório para David e Donald e examine a importância da informação de alta qualidade e como a informação de baixa qualidade pode afetar os negócios da Martin Resorts.
2. Avalie os dados com que David e Donald estão trabalhando com *data warehouse* no arquivo de dados AYK23_Data.xlsx.
    a. A partir dos dados, dê exemplos que mostrem o tipo de informação que a Martin Resorts poderá usar para obter uma melhor compreensão dos seus clientes. Inclua os tipos de problemas de qualidade de dados que a empresa pode antecipar e as estratégias que podem ser utilizadas para ajudar a evitar problemas desse tipo.
    b. Determine quem são os melhores clientes da Martin Resorts e dê exemplos dos tipos de campanhas de marketing que a empresa deve oferecer a esses clientes valiosos.
    c. Prepare um relatório que resuma os benefícios que a Martin Resorts pode receber ao usar a inteligência de negócios para fazer a mineração dos dados no depósito. Inclua uma análise financeira dos custos e benefícios.

Arquivo de dados: AYK23_Data.xlsx

Projeto 24:
Ponto de equilíbrio

A Mountain Cycle é especializada em fabricar mountain bikes personalizadas. O fundador da empresa, PJ Steffan, está tendo dificuldade em tornar o negócio rentável. Sabendo que você tem grande conhecimento do negócio e sentido financeiro sólido, PJ foi até você para pedir um conselho.

Foco em projetos

PJ gostaria que você determinasse quantas bicicletas a Mountain Cycle precisa vender por ano para atingir o ponto de equilíbrio. Com o Atingir meta do Excel, resolva, usando o seguinte:

- Custo fixado igual a   US$ 65.000
- Custo variável igual a   US$ 1.575
- Preços de bicicleta igual a   US$ 2.500

Projeto 25:
Cenário de lucro

Murry Lutz é dono de uma pequena loja, a Lutz Motors, que vende e conserta motocicletas vintage. Murry está curioso para saber como o seu lucro será afetado pelas vendas ao longo do próximo ano.

Foco em projetos

Murry gostaria de sua ajuda para criar cenários melhores, piores e mais prováveis para suas vendas de motocicletas no próximo ano. Usando o Gerenciador de Cenários, ajude Murry a analisar as informações no arquivo de dados AYK25_Data.xlsx.

Arquivo de dados: AYK25_Data.xlsx

Projeto 26:
Currículos eletrônicos

Currículos são a moeda do setor de recrutamento. São a pedra angular da comunicação entre candidatos, recrutadores e empregadores. A tecnologia está automatizando os elementos do processo de recrutamento, mas uma solução completa exige tratamento adequado do desenvolvimento real de todas as peças e partes que não compõem apenas um currículo, mas também um currículo eletrônico. Os currículos eletrônicos, ou *e-résumés*, tomaram seu lugar no mainstream do mercado de trabalho de hoje na velocidade da luz. Os *e-résumés* têm intensificado a eficiência da colocação de trabalho a tal ponto que você pode receber um telefonema de um recrutador apenas algumas horas depois de enviar seu currículo eletrônico. Com esse tipo de oportunidade, você não pode se dar ao luxo de permanecer na idade das trevas dos currículos, usando apenas papel.

Foco em projetos

No editor de texto ou de HTML de sua escolha, redija seu currículo como se você estivesse realmente colocando-o na Internet e convidando potenciais empregadores para vê-lo. Recomendamos que você faça a digitação de todo o texto e, em seguida, acrescente as tags HTML (em vez de tentar inserir as tags enquanto digita).

Use a seguinte lista de verificação para se certificar de que não está deixando nada fundamental de fora. Você não precisa fazer exatamente desse modo. Isso só mostra o que pode ser feito.

- Acrescente títulos estruturados.
- Adicione parágrafos e cabeçalhos.
- Encontre uma oportunidade de incluir uma lista.
- Adicione estilos embutidos.
- Brinque com o alinhamento dos elementos.
- Adicione a seleção adequada da fonte, seu tamanho e cor.

Projeto 27:

Recebendo *feedback*

Receber o *feedback* dos visitantes de um site pode ser uma forma valiosa de avaliar o sucesso da página e pode ajudar a criar um banco de dados de clientes ou assinantes. Uma empresa pode, por exemplo, coletar os endereços das pessoas que estão interessadas em receber amostras de produtos, boletins de email ou notificações de ofertas especiais.

Foco em projetos

Adicionar elementos de formulário a uma página Web é simples: eles são criados usando-se um conjunto de elementos de formulário HTML que definem menus, campos de texto, botões, e assim por diante. Os elementos de formulário geralmente são usados para coletar informações a partir de uma página Web.

No editor de texto ou de HTML de sua escolha, crie um formulário de página Web para coletar informações de um cliente que compra uma bicicleta personalizada. Use o projeto de páginas Web e ferramentas HTML adequados para compreender o processo e a função dos elementos de formulário. Certifique-se de prestar atenção em:

- Layout e design do formulário.
- Elementos visuais, incluindo títulos, alinhamento, seleção, tamanho e cor de fonte.
- Campos obrigatórios e não obrigatórios.
- Caixas suspensas, campos de texto e botões de opção.

Projeto 28:

Fatura diária

O Foothills Animal Hospital é um hospital veterinário de serviço completo para pequenos animais em Morrison, Colorado, especializado em cuidados de rotina médica, vacinas, testes laboratoriais e cirurgias. O hospital tem experimentado um enorme crescimento nos últimos seis meses devido a referências de clientes. Embora tenha mantido os registros diários de atendimento no formato de pasta de trabalho, o Foothills Animal Hospital sente a necessidade de expandir as capacidades de comunicação para desenvolver um banco de dados relacional como uma estrutura mais funcional.

O hospital precisa de ajuda para desenvolver um banco de dados, especificamente o seguinte:

- Criar uma tabela de cliente: nome, endereço, telefone e data de entrada.
- Criar uma tabela de animal de estimação: nome, tipo, raça, sexo, cor, castrado/esterilizado, peso e comentários.
- Criar uma tabela de medicamentos: código do medicamento, nome do medicamento e custo do medicamento.
- Criar uma tabela de visitas: detalhes de tratamentos realizados, medicamentos dispensados e data da visita.
- Produzir um relatório de fatura diária.

A Figura AYK.2 exibe um exemplo de relatório de fatura diária que os contadores do Foothills Animal Hospital solicitaram. O Foothills Animal Hospital organiza seus tratamentos usando os códigos exibidos na Figura AYK.3. As entidades e chaves primárias para a base de dados foram identificadas na Figura AYK.4.

As seguintes regras de negócio foram identificadas:

1. Um cliente pode ter muitos animais de estimação, mas tem de ter, pelo menos, um.
2. Um animal de estimação deve ser atribuído a um e apenas um cliente.
3. Um animal de estimação pode ter um ou mais tratamentos por visita, mas deve ter pelo menos um.
4. Um animal de estimação pode ter um ou mais medicamentos, mas não precisa ter algum.

Foco em projetos

Seu trabalho é concluir as seguintes tarefas:

1. Desenvolver e descrever o diagrama de entidade-relacionamento.
2. Usar a normalização para assegurar a correção das tabelas (relações).

FIGURA AYK.2
Relatório de fatura diária do Foothills Animal Hospital.

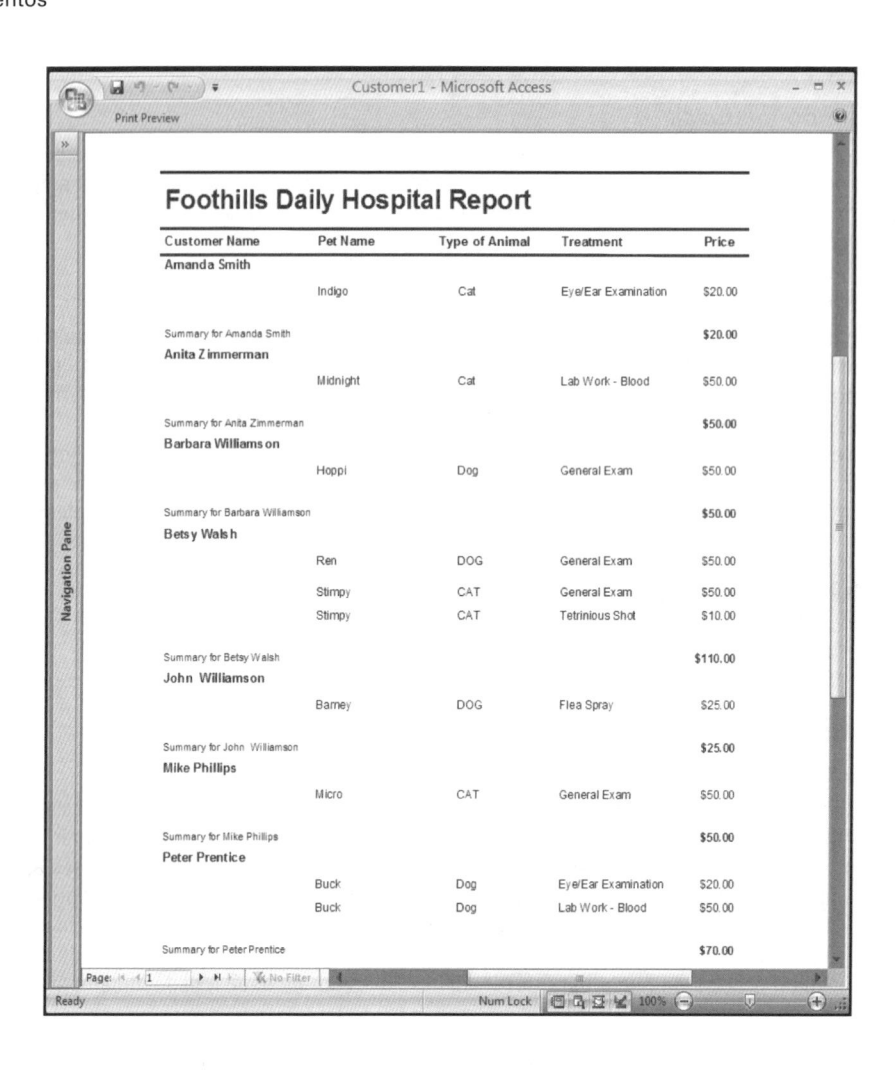

Foothills Daily Hospital Report

Customer Name	Pet Name	Type of Animal	Treatment	Price
Amanda Smith				
	Indigo	Cat	Eye/Ear Examination	$20.00
Summary for Amanda Smith				$20.00
Anita Zimmerman				
	Midnight	Cat	Lab Work - Blood	$50.00
Summary for Anita Zimmerman				$50.00
Barbara Williamson				
	Hoppi	Dog	General Exam	$50.00
Summary for Barbara Williamson				$50.00
Betsy Walsh				
	Ren	DOG	General Exam	$50.00
	Stimpy	CAT	General Exam	$50.00
	Stimpy	CAT	Tetrinious Shot	$10.00
Summary for Betsy Walsh				$110.00
John Williamson				
	Barney	DOG	Flea Spray	$25.00
Summary for John Williamson				$25.00
Mike Phillips				
	Micro	CAT	General Exam	$50.00
Summary for Mike Phillips				$50.00
Peter Prentice				
	Buck	Dog	Eye/Ear Examination	$20.00
	Buck	Dog	Lab Work - Blood	$50.00
Summary for Peter Prentice				$70.00

FIGURA AYK.3
Descrição de códigos de tratamento, tratamentos e preços.

Código de tratamento	Tratamento	Preço
0100	Vacina Tetrinious	US$ 10,00
0201	Vacina Rabonius	US$ 20,00
0300	Exame geral	US$ 50,00
0303	Exame de olho/ouvido	US$ 20,00
0400	Esterilização/Castração	US$ 225,00
0405	Tratar luxação	US$ 165,00
0406	Amputação de membro	US$ 450,00
0407	Cobrir área afetada	US$ 15,00
0408	Engessar área afetada	US$ 120,00
1000	Exame laboratorial: sanguíneo	US$ 50,00
1003	Exame laboratorial: diversos	US$ 35,00
2003	Spray antimoscas	US$ 25,00
9999	Outros não listados	US$ 10,00

FIGURA AYK.4
Nomes de entidade e chaves primárias do Foothills Animal Hospital.

Entidade	Chave primária
CLIENTE	Número do cliente
ANIMAL DE ESTIMAÇÃO	Número do animal de estimação
VISITA	Número da visita
INFORMAÇÃO DA VISITA	Número da visita e número da linha (chave composta)
TRATAMENTO	Código de tratamento
MEDICAMENTO	Código do medicamento

3. Criar o banco de dados usando um pacote DBMS pessoal (de preferência Microsoft Access).
4. Usar os dados da Figura AYK.3 para preencher suas tabelas. Sinta-se à vontade para usar suas próprias informações pessoais.
5. Use o pacote DBMS para criar o relatório básico da Figura AYK.2.

Projeto 29:

Dados de faturamento

A On-The-Level Construction Company é uma empresa de construção civil com sede em Denver, especializada na subcontratação do desenvolvimento de casas unifamiliares. Em atividade desde 1998, ela mantém um conjunto talentoso de funcionários certificados e consultores independentes que fornecem a flexibilidade e a experiência combinada necessárias para satisfazer as necessidades dos seus cerca de 300 projetos concluídos na área metropolitana de Denver. O domínio dos métodos de operação pelos quais a On-The-Level Construction é responsável inclui desenvolvimento estrutural, aquecimento e refrigeração, canalização e eletricidade.

A empresa cobra de seus clientes pelo faturamento das horas gastas em cada contrato. A taxa de cobrança por hora varia conforme o cargo do funcionário, de acordo com o campo de operações (como mencionado acima). A Figura AYK.5 mostra um relatório básico que os supervisores da On-The-Level Construction gostariam de ver todas as semanas a respeito de que projetos estão sendo atribuídos a eles, as horas totais de trabalho e os valores pagos pela tarefa. A On-The-Level Construction organiza sua estrutura interna em quatro operações diferentes: Estrutura (500), Encanamentos (501), Elétrica (502) e Aquecimento e Ventilação (503). Cada um desses departamentos operacionais pode e deve ter muitos subcontratados especializados na área. A On-The Level-Construction decidiu implementar um modelo de banco de dados relacional para acompanhar os detalhes de projetos de acordo com o nome do projeto, as horas atribuídas e os valores por hora para cada descrição de trabalho. Inicialmente, ela preferiu deixar um de seus funcionários lidar com a construção do banco de dados. No entanto, esse funcionário não teve tempo para implementar todo o projeto. A On-The Level Construction solicitou que você assuma e complete o desenvolvimento do banco de dados.

As entidades e chaves primárias para a base de dados foram identificadas na Figura AYK.6. As seguintes regras de negócio foram identificadas:

1. Um trabalho pode ter muitos funcionários atribuídos, mas precisa ter pelo menos um.
2. Um funcionário deve receber um e somente um número de trabalho.

ON-THE-LEVEL CONSTRUCTION PROJECT DETAIL

PROJECT NAME	ASSIGN DATE	EMPLOYEE LAST NAME	FIRST NAME	JOB DESCRIPTION	ASSIGN HOUR	CHARGE/HOUR
Chatfield						
	6/10/2011	Olenkoski	Glenn	Structure	2.1	$35.75
	6/10/2011	Sullivan	David	Electrical	1.2	$105.00
	6/10/2011	Ramora	Anne	Plumbing	2.6	$96.75
	6/11/2011	Frommer	Matt	Plumbing	1.4	$96.75
Summary of Assignment Hours and Charges					7.30	$588.08
Evergreen						
	6/10/2011	Sullivan	David	Electrical	1.8	$105.00
	6/10/2011	Jones	Anne	Heating and Ventalation	3.4	$84.50
	6/11/2011	Frommer	Matt	Plumbing	4.1	$96.75
	6/16/2011	Bawangi	Terry	Plumbing	4.1	$96.75
	6/16/2011	Newman	John	Electrical	1.7	$105.00
Summary of Assignment Hours and Charges					15.10	$1,448.15
Roxborough						
	6/10/2011	Washberg	Jeff	Plumbing	3.9	$96.75
	6/10/2011	Ramora	Anne	Plumbing	2.6	$96.75
	6/11/2011	Smithfield	William	Structure	2.4	$35.75
	6/11/2011	Bawangi	Terry	Plumbing	2.7	$96.75
	6/16/2011	Johnson	Peter	Electrical	5.2	$105.00
	6/16/2011	Joen	Denise	Plumbing	2.5	$96.75
Summary of Assignment Hours and Charges					19.30	$1,763.78

FIGURA AYK.5
Relatório detalhado da On--The-Level Construction.

Entidade	Chave primária
PROJETO	Número do projeto
FUNCIONÁRIO	Número do funcionário
TRABALHO	Número do trabalho
ATRIBUIÇÃO	Número de atribuição

FIGURA AYK.6
Classes de entidade e chaves primárias para a On-The-Level Construction.

3. Um funcionário pode receber a atribuição de trabalhar em um ou mais projetos.
4. Um projeto pode ser atribuído a apenas um funcionário, mas não precisa ser atribuído a qualquer funcionário.

Foco em projetos

Seu trabalho é concluir as seguintes tarefas:
1. Desenvolver e descrever o diagrama de relacionamento de entidades.
2. Usar a normalização para assegurar a correção das tabelas (relações).
3. Criar o banco de dados usando um pacote DBMS pessoal (de preferência o Microsoft Access).
4. Usar o pacote DBMS para criar o relatório básico da Figura AYK.5.
5. Talvez você não consiga desenvolver um relatório com aparência idêntica ao da Figura AYK.5. No entanto, o relatório deve incluir as mesmas informações.
6. Informações completas de pessoal são monitoradas por outro banco de dados. Para esta aplicação, inclua apenas o essencial: número do funcionário, sobrenome e primeiro nome.
7. As informações sobre todos os projetos, funcionários e trabalhos não estão prontamente disponíveis. Você deve criar informações sobre vários projetos, funcionários e trabalhos fictícios para incluir em seu banco de dados.

Projeto 30:

Dados de estoque

Um varejista independente que vende entretenimento móvel e telefones sem fio, iToys.com, montou seu negócio com base na oferta de maior variedade, consultoria especializada e excelente serviço de atendimento ao cliente. No entanto, a iToys.com não usa um sistema de controle de estoque formal e uniforme. Periodicamente, um funcionário da iToys.com faz uma verificação visual dos itens em estoque. Embora ela tente manter uma certa quantidade de cada "top seller" em estoque, a falta de um sistema de controle de estoque formal levou à acumulação excessiva de alguns itens e ao baixo estoque de outros. Por vezes, um cliente solicita um produto de sucesso, e só então a iToys.com percebe que o item está esgotado no estoque. Se um item não está disponível, a empresa corre o risco de perder um cliente para um concorrente.

Ultimamente, a iToys.com tem se preocupado com seus métodos de gerenciamento de estoque. O proprietário da iToys.com, Dan Connolly, deseja implementar um melhor gerenciamento de estoque na empresa. A empresa recebe encomendas pelo correio, por telefone ou pelo site. Independentemente da forma como os pedidos são recebidos, Dan precisa de um banco de dados para automatizar a verificação do estoque e o processo de encomenda.

Foco em projetos

Dan forneceu uma versão simplificada do sistema atual da empresa para você (uma pasta de trabalho do Excel) para registro de estoque e pedidos em um arquivo de dados de planilha do Excel AYK30_Data.xlsx.

1. Desenvolva um diagrama ERD (entidade e relacionamento) antes de começar a criar o banco de dados. Você terá de usar as informações fornecidas aqui, bem como os dados da pasta de trabalho do Excel.
2. Crie o banco de dados usando um pacote DBMS pessoal (de preferência, o Microsoft Access) para acompanhar itens (ou seja, produtos), pedidos, detalhes de pedidos, categorias, fornecedores e métodos de envio.
3. Além dos itens mencionados acima, o banco de dados precisa monitorar os níveis de estoque de cada produto, de acordo com o nível de reabastecimento e tempo de espera.
4. Neste momento, Dan não precisa de informações armazenadas sobre o cliente; ele só precisa que você se concentre na estrutura do estoque.
5. Desenvolva uma consulta que exibirá os produtos que precisam ser encomendados de seu fornecedor. Para realizar esta tarefa, compare o nível de reabastecimento com o número de unidades no estoque.
6. Desenvolva vários relatórios que incluam:

a. Cada produto encomendado, por fornecedor. O relatório deve incluir o nome do produto, a quantidade disponível no estoque e nível de reabastecimento.
   b. Cada fornecedor para o qual foi feito um pedido, por método de envio.
   c. Cada produto que requer mais de cinco dias de tempo de espera. (Dica: crie uma consulta para isso primeiro.)
   d. Cada produto encomendado, por categoria.
7. Estas são algumas regras de negócio adicionais para ajudá-lo a realizar a tarefa:
   a. Um pedido deve ter pelo menos um produto, mas pode conter mais de um.
   b. Um produto pode ter um ou mais pedidos, mas não precisa ter algum.
   c. Um produto deve pertencer a uma e apenas uma categoria, mas uma categoria pode conter muitos produtos diferentes.
   d. Um produto só pode ser fornecido por um fornecedor, mas um fornecedor pode fornecer mais de um produto.
   e. Cada fornecedor vai usar um tipo de método de envio, mas os métodos de envio podem ser usados por mais de um fornecedor.

   Arquivo de dados: AYK30_Data.xlsx

Projeto 31:

Call center

A Teleworks, uma empresa de fabricação, é líder de mercado no negócio de telefonia sem fio nos últimos 10 anos. Outras empresas imitaram seu produto com algum grau de sucesso, mas a Teleworks ocupa uma posição dominante no mercado porque tem uma vantagem de pioneirismo com um produto de qualidade.

Recentemente, a Teleworks começou a vender um telefone sem fio novo e aprimorado. O novo telefone não substitui seu produto atual, mas oferece recursos adicionais, maior durabilidade e melhor desempenho por um preço um pouco maior. A oferta desse telefone aprimorado estabeleceu um novo fluxo de receita para a empresa.

Muitos executivos de vendas da Teleworks parecem endossar a teoria de "quanto mais você tem, mais você quer" para o gerenciamento de dados de clientes. Ou seja, eles acreditam que nunca vão acumular excesso de informação sobre os seus clientes e que podem fazer seu trabalho de forma mais eficaz por meio da coleta de quantidades infinitas de dados dos clientes. Ter um bom domínio de uma variedade de detalhes com foco no cliente – especificamente, relatórios que resumem informações de centrais de atendimento – pode ser fundamental para permitir que sua empresa tenha sucesso em gerenciar uma solução de gestão de relacionamento com o cliente (CRM) que crie um impacto positivo.

Para continuar a fornecer excelente suporte ao cliente, e prevendo um aumento nas chamadas em função do lançamento de seu novo produto, a Teleworks precisa de um banco de dados que possa usar para registrar, acompanhar e consultar informações da central de atendimento. O CIO da Teleworks, Ked Davisson, quer contratá-lo para desenvolver esse banco de dados.

Foco em projetos

1. A Teleworks forneceu a você o arquivo de dados AYK31_Data.xlsx. Sua abordagem atual para o registro de informações da central de atendimento é um arquivo de planilha.
2. Desenvolva um diagrama ERD antes de começar a criar o banco de dados.
3. Crie o banco de dados usando um pacote DBMS pessoal (de preferência, o Microsoft Access) que permita aos analistas de dados inserir dados da central de atendimento de acordo com o tipo de problema e o cliente, atribuir cada chamada para um consultor e priorizar a chamada.
4. Desenvolva uma consulta para exibir todas as questões que estão "em aberto".
5. Desenvolva um formulário de triagem para realizar buscas entre todas as questões.
6. Desenvolva vários relatórios que incluam:
   a. Todas as questões encerradas.
   b. Cada questão em detalhes, ordenada por ID da questão.
   c. Cada questão em detalhes, ordenada por consultor.
   d. Cada questão em detalhes, ordenada por categoria.
   e. Cada questão em detalhes, ordenada por status.

7. Estas são algumas regras de negócio adicionais para ajudá-lo a realizar a tarefa:
   a. Uma questão deve ter pelo menos um cliente.
   b. Um cliente pode ter mais de uma questão.
   c. Cada questão deve ser atribuída a um consultor.
   d. Cada consultor pode receber a atribuição de mais de uma questão.
   e. Uma questão só pode pertencer a uma categoria.
   f. Deve ser atribuído apenas um código de status a cada questão.
   g. Um código de prioridade deve ser atribuído a cada questão.
8. Prioridades são atribuídas em conformidade:

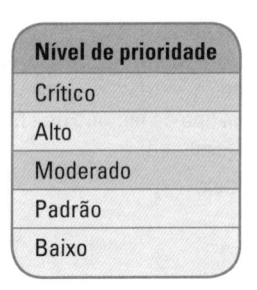

Nível de prioridade
Crítico
Alto
Moderado
Padrão
Baixo

9. O status é registrado como aberto ou encerrado.
10. As categorias de cada questão precisam ser registradas como:

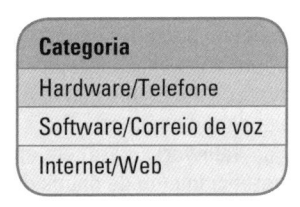

Categoria
Hardware/Telefone
Software/Correio de voz
Internet/Web

Arquivo de dados: AYK31_Data.

Projeto 32:

Pipeline de vendas

As vendas impulsionam todas as organizações. Isso é verdadeiro para todos os negócios com fins lucrativos, independentemente de tamanho ou tipo de indústria. Se os clientes não estão comprando seus produtos ou serviços, você corre o risco de não ter um negócio. É nesse momento que você precisa tomar decisões difíceis como corte de orçamentos, demissão de pessoal ou busca por financiamento adicional.

Infelizmente, você não pode exercer poder supremo sobre os hábitos de compra de seus clientes. Embora você possa tentar influenciar o comportamento de compra por meio de marketing estratégico, as empresas inteligentes mantêm-se sempre um passo à frente usando coleta e análise de informações antigas e atuais sobre os clientes, a partir de uma série de fontes internas e externas, para prever vendas futuras. Em outras palavras, a gestão do pipeline de vendas é um ingrediente essencial para o sucesso empresarial.

Você foi recentemente contratado pela RealTime Solutions, uma nova empresa que coleta informações para compreender, gerenciar e prever ciclos de vendas específicos (incluindo cadeia de fornecimento e prazos de entrega) no setor automotivo. Ter uma previsão exata das vendas futuras permitirá à empresa aumentar ou diminuir o ciclo de produção, conforme necessário, e gerenciar os níveis de pessoal, estoque e fluxo de caixa.

Foco em projetos

Usando um pacote DBMS pessoal (de preferência, o Microsoft Access) crie um banco de dados de pipeline de vendas para:

1. Acompanhar oportunidades de funcionários para clientes.
   - As oportunidades devem ter classificação, categoria, fonte da oportunidade, data de abertura, data de encerramento e descrição.
2. Crie um formulário para inserir dados de clientes, funcionários e oportunidades.
3. Crie alguns relatórios que incluam:
   - Todas as oportunidades abertas, com informações relevantes de clientes e funcionários.
   - Oportunidades encerradas, com informações relevantes de clientes e funcionários.
   - Todos os clientes.
4. Crie seus próprios dados para testar a integridade dos relacionamentos. Use cerca de 10 registros por tabela.

Projeto 33:
Anúncios classificados na Internet

Com o surgimento da Internet como padrão mundial para a comunicação de informações, *The Morrison Post*, um jornal comunitário de médio porte do centro do Colorado, está criando uma versão eletrônica de seus anúncios classificados impressos.

Os anunciantes podem colocar um pequeno anúncio listando os itens que desejam vender e fornecer um meio (por exemplo, número de telefone e email) de contato para os possíveis compradores.

A natureza de uma venda por meio do sistema de classificados de jornal é a seguinte:

- Durante o decurso da venda, a informação flui em sentidos diferentes nas diferentes fases.
- Primeiro, há um fluxo de informações a jusante (do vendedor ao comprador): o anúncio impresso no jornal. (Assim, o anúncio classificado é apenas uma maneira de colocar um comprador e um vendedor em contato.)
- Quando surge o interesse de um possível comprador, esse interesse deve ser retransmitido a montante (do comprador ao vendedor), em geral por telefone ou por email.
- Por fim, deve haver uma reunião na qual ocorrerá uma negociação face a face para finalizar a venda, se tiver acordo.

Ao colocar todo o sistema na Internet, as comunicações a montante (upstream) e a jusante (downstream) são realizadas usando um navegador Web. A venda torna-se mais semelhante a um leilão, pois muitos possíveis compradores, todos com igual status, podem concorrer pelo mesmo item. Portanto, é um método mais justo para todos os compradores e permite ao vendedor obter um melhor negócio.

Qualquer usuário que esteja tentando comprar um item pode:

- Ver os itens à venda.
- Dar um lance em um item que deseja comprar.

Qualquer usuário que esteja tentando vender um item pode:

- Colocar um novo item à venda.
- Percorrer a lista dos itens que está tentando vender e examinar as propostas que foram feitas por cada um deles.
- Aceitar um lance em um item que está vendendo.

Seu trabalho é realizar as seguintes tarefas:

1. Desenvolver e descrever o diagrama de relacionamento de entidades do banco de dados que vai apoiar as atividades listadas.
2. Usar a normalização para garantir a exatidão das tabelas.
3. Criar o banco de dados usando um pacote DBMS pessoal.
4. Use a Figura AYK.7 como parâmetro de referência para seu projeto de banco de dados.

   Arquivo de dados: AYK33_Data.xlsx

FIGURA AYK.7

The Morrison Post Classified Section
New User Registration

In order to bid on existing "for-sale" items, or sell your own items, you need to register first. Once you have done that, you will have full access to the system.

- E-Mail Address:
- First Name:
- Last Name:
- Address:
- City:
- State:
- Postal Code:
- Country:
- Password:
- Verify Password:

Submit   Reset

GLOSSÁRIO

3G Serviço que traz banda larga sem fio para telefones móveis.

A

acelerômetro de RFID Dispositivo que mede a aceleração (taxa de variação de velocidade) de um item e é usado para controlar as velocidades de caminhões ou táxis.

acessibilidade Refere-se aos diferentes níveis que definem o que um usuário pode acessar, visualizar ou executar ao operar um sistema.

acessibilidade à Web Significa que as pessoas com deficiências, inclusive visual, auditiva, física, de fala, cognitiva e neurológica, podem usar a Web.

acesso de administrador Acesso irrestrito a todo o sistema.

acionista Outro termo para proprietário de negócio.

acompanhamento das tendências Tendências vistas como particularmente importantes em uma comunidade, indústria ou setor específico são cuidadosamente monitoradas, observadas e relatadas para os tomadores de decisões-chave.

acordo de sociedade Acordo legal entre dois ou mais parceiros de negócios que esquematiza as questões centrais do negócio.

adware Software que gera anúncios que se instalam no computador quando uma pessoa faz o download de algum outro programa da Internet.

agente inteligente Sistema de informação baseado no conhecimento e de propósito especial que cumpre determinadas tarefas em nome dos seus usuários.

agentes destrutivos Agentes maliciosos projetados por *spammers* e outros invasores da Internet para coletar endereços de email de sites ou para instalar *spyware* em máquinas.

agrupamento Segmentação de uma população heterogênea de registros em subgrupos mais homogêneos.

agrupamento de afinidade Determina quais coisas andam juntas.

algoritmo genético Sistema de inteligência artificial que imita o processo de evolução e sobrevivência do mais apto para gerar soluções cada vez melhores para um problema.

alta disponibilidade Refere-se a um sistema ou componente que é continuamente operacional por um desejável longo período de tempo.

ameaça Ato ou objeto que representam um perigo para ativos.

ameaça de novos concorrentes Alta quando é fácil novos concorrentes entrarem em um mercado e baixa quando há barreiras significativas para a entrada em um mercado.

ameaça de produtos ou serviços substitutos Alta quando há muitas alternativas a um produto ou serviço e baixa quando há poucas alternativas entre as quais escolher.

análise "e se..." (*what if*) Verifica o impacto de uma mudança em uma hipótese da solução proposta.

análise da cadeia de valor Vê a empresa como uma série de processos de negócios, cada qual agregando valor ao produto ou serviço.

análise da sequência de cliques Padrão exato da navegação de um consumidor em um site.

análise de agrupamento Técnica usada para dividir um conjunto de informações em grupos mutuamente exclusivos, de modo que os membros de cada grupo fiquem o mais próximo possível entre si, e os diferentes grupos, o mais distante possível.

análise de atingir metas Encontra os insumos necessários para alcançar um objetivo, como o nível desejado de produção.

análise de cesta de produtos Analisa itens como sites e verifica informações de itens comprados para detectar o comportamento de compra dos clientes, bem como prevê o comportamento futuro por meio da identificação de afinidades entre os produtos e serviços dos clientes.

análise de impacto nos negócios Processo que identifica todas as funções críticas de negócio e os efeitos que um desastre específico pode ter sobre elas.

análise de otimização Extensão da análise de atingir metas, encontra o valor ideal para uma variável determinada por meio da repetida alteração, sujeita a restrições especificadas, de outras variáveis.

análise de redes sociais (SNA – Social Networking Analysis) Mapeia contatos do grupo, identificando quem se conhece e quem trabalha junto.

análise de sensibilidade Estudo do impacto que as mudanças em uma ou mais partes do modelo tem sobre outras partes do modelo.

análise de tendências Uma tendência é examinada para identificar sua natureza, suas causas, sua velocidade de desenvolvimento e seus potenciais impactos.

análise detalhada (*drill-down*) Permite aos usuários obter mais detalhes, e detalhes dos detalhes, das informações.

análise estatística Desempenha funções como correlações, distribuições, cálculos e análise de variância de informações.

análise histórica Acontecimentos históricos são estudados para prever o resultado dos desenvolvimentos atuais.

analytics Ciência da tomada de decisão baseada em fatos.

aplicação pronta para comercialização (*off-the-shelf*) Suporta processos de negócio gerais e não requer tipo algum de customização de software específica para atender às necessidades da organização.

aprovação Assinaturas reais de usuários do sistema, indicando que aprovam todos os requisitos de negócios.

aprovisionamento eletrônico Compra e venda B2B (empresa-empresa) de suprimentos e serviços pela Internet.

armazenamento primário Principal memória do computador, que compreende a memória RAM, a memória cachê e a memória ROM, e é acessível diretamente pela CPU.

armazenamento secundário Consiste em um equipamento projetado para armazenar grandes volumes de dados em longo prazo.

arquiteto corporativo Pessoa fundamentada em tecnologia, fluente em negócios e com boa diplomacia que fornece a importante ponte entre a TI e o negócio.

arquitetura corporativa Inclui os planos de como uma organização vai construir, implantar, usar e compartilhar seus dados, processos e ativos de TI.

arquitetura de aplicação Determina como aplicações se integram e se relacionam entre si.

arquitetura de informação Identifica onde e como informações importantes, como registros de clientes, serão mantidas e protegidas.

arquitetura orientada a serviços (SOA – Service-Oriented Architecture) Coleção de serviços que se comunicam entre si, por exemplo, passando dados de um serviço para outro ou coordenando uma atividade entre um ou mais serviços.

assistência técnica (*help desk*) Grupo de pessoas que respondem às questões dos usuários do sistema interno.

assistente virtual (AV) Pequeno programa armazenado em um PC ou dispositivo portátil para monitorar emails, faxes, mensagens e chamadas telefônicas.

ataque de *pharming* Usa uma fazenda de zumbis, muitas vezes por uma associação de crime organizado, para lançar um ataque de phishing em massa.

atividades de valor de apoio Encontradas no topo da cadeia de valor e incluem processos de negócios, como infraestrutura da empresa, gerenciamento de recursos humanos, desenvolvimento de tecnologia e compras, que sustentam as atividades de valor primário.

atividades de valor primário Encontradas na parte inferior da cadeia de valor, incluem processos de negócios que adquirem matérias-primas e fabricam, distribuem, comercializam, vendem e prestam serviços de pós-venda.

ativo Qualquer coisa que tenha valor ou rentabilidade.

atributo Características ou propriedades de uma classe de entidade.

atualizações de software (*patch* de software) Ocorrem quando o fornecedor de software lança atualizações de software para corrigir problemas ou melhorar características.

autenticação Método para confirmar a identidade dos usuários.

Automação de mapas de GIS Vincula ativos de negócios a um sistema centralizado onde eles podem ser rastreados e monitorados ao longo do tempo.

autoridade de certificação Terceiro confiável, como VeriSign, que valida as identidades de usuários por meio de certificados digitais.

autorização Processo de dar permissão a alguém para fazer ou ter alguma coisa.

B

backup Cópia exata das informações de um sistema.

balanced scorecard Sistema de gestão que permite que as organizações esclareçam sua visão e estratégia e as ponham em prática.

balanço Mostra uma imagem da contabilidade das propriedades de uma empresa e das reivindicações em relação às propriedades em determinada data.

banco de dados Mantém informações sobre vários tipos de objetos (inventário), eventos (transações), pessoas (funcionários) e locais (depósitos).

barreira de entrada Característica de produto ou serviço que os clientes esperam de organizações em determinado setor e que deve ser oferecida por uma organização que entra no mercado para que ela possa competir e sobreviver.

benchmark Valores iniciais que o sistema procura atingir.

benchmarking Processo de medir continuamente os resultados do sistema, comparando esses resultados com o desempenho ideal do sistema (valores de referência) e identificando as medidas e procedimentos para melhorar o desempenho do sistema.

benefícios intangíveis Difíceis de quantificar ou medir.

benefícios tangíveis Fáceis de quantificar e normalmente medidos para determinar o sucesso ou o fracasso de um projeto.

bens Itens materiais ou produtos que os clientes vão comprar para satisfazer um desejo ou necessidade. Roupas, mantimentos, celulares e carros são exemplos de bens que as pessoas compram para atender às suas necessidades.

biometria Identificação de um usuário de acordo com uma característica física, como uma impressão digital, a íris, o rosto, a voz ou a caligrafia.

blog Site em que os itens são postados regularmente e exibidos em ordem cronológica inversa.

Bluetooth Tecnologia wireless omnidirecional que fornece transmissão de voz e de dados de alcance limitado através da frequência de banda sem licença de 2,4 GHz, permitindo conexões com uma grande variedade de dispositivos fixos e portáteis que normalmente teriam de ser ligados por cabos.

bombas-relógio Vírus de computador que esperam por uma data específica antes de executar suas instruções.

***bookmarking* social** Permite aos usuários compartilhar, organizar, pesquisar e gerenciar marcadores.

brainstorming Técnica para gerar ideias, por meio do incentivo aos participantes para oferecer tantas ideias quanto possível em um curto período de tempo, sem qualquer análise, até que todos os conceitos sejam esgotados.

bug Defeitos no código de um sistema de informação.

byte Grupo de oito bits que representa um caractere de linguagem natural.

C

cabo coaxial Cabo que pode transmitir uma ampla gama de frequências com pouca perda de sinal.

cabo de par trançado Tipo de cabo composto de quatro (ou mais) fios de cobre trançados entre si com revestimento plástico.

cadeia de fornecimento Consiste em todas as partes envolvidas, direta ou indiretamente, na aquisição de um produto ou matéria-prima.

caminho crítico Caminho do começo ao fim que passa por todas as tarefas que são essenciais para a conclusão do projeto no menor espaço de tempo.

caneta Dispositivo com formato semelhante ao de uma caneta esferográfica usado para tocar na tela para digitar comandos.

Capability Maturity Model Integration (CMMI), método Abordagem de melhoria de processo que contém 22 áreas de processo.

capacidade Representa a taxa de transferência máxima que um sistema pode oferecer. Por exemplo, a capacidade de um disco rígido representa o seu tamanho ou volume.

capital Representa dinheiro cuja finalidade é ganhar mais dinheiro, como o dinheiro usado para alugar um imóvel ou negócio.

cartão de memória Contêm alta capacidade de armazenamento para guardar dados, como imagens capturadas, músicas ou arquivos de texto.

cartão inteligente Dispositivo que tem o tamanho parecido a um cartão de crédito, contendo tecnologias embutidas que podem armazenar informações e pequenas quantidades de software para executar alguns processamentos limitados.

cartografia Ciência e a arte de fazer um mapa ou gráfico ilustrado.

casamento de bordas (deformação, *rubber sheeting*) Ocorre quando os mapas em papel têm suas bordas juntadas e os itens que atravessam os mapas, mas não correspondem, são reconfigurados para que haja correspondência.

catálogo dinâmico Área de um site que armazena informações sobre produtos em um banco de dados.

cauda longa Refere-se à cauda de uma curva de vendas típica.

censura na Internet Censura na Internet consiste em tentativas do governo de controlar o tráfego da Internet para prevenir que algum material seja visualizado pelos cidadãos de um país.

certificado digital Arquivo de dados que identifica indivíduos ou organizações online e é comparável a uma assinatura digital.

chave estrangeira Chave principal de uma tabela que aparece como um atributo em uma outra tabela e fornece uma relação lógica entre as duas.

chave primária Campo (ou grupo de campos) que identifica exclusivamente uma determinada entidade em uma tabela.

Child Online Protection Act (COPA) Lei americana que protege os menores do acesso a materiais inadequados na Internet.

chip de computador com conjunto reduzido de instruções (RISC – Reduced Instruction Set Computer Chip) Limita o número de instruções que a CPU pode executar para aumentar a velocidade de processamento.

chip de computador com um conjunto complexo de instruções (CISC – Complex Instruction Set Computer) Tipo de CPU que pode reconhecer 100 ou mais instruções, o suficiente para realizar a maioria dos cálculos diretamente.

ciberguerra Tentativa organizada pelos militares de um país para interromper ou destruir os sistemas de informação e comunicação de outro país.

cibermediação Refere-se à criação de novos tipos de intermediários que simplesmente não poderiam ter existido antes do advento do negócio eletrônico.

ciberterrorismo Visa a causar danos às pessoas ou a destruir sistemas ou informações críticas e utilizam a Internet como arma de destruição em massa.

cibervandalismo Desfiguração eletrônica de um site já existente.

ciclo de vida do desenvolvimento de sistemas (SDLC – Systems Development Life Cycle) Processo geral de desenvolvimento de sistemas de informação desde o planejamento e análise até a implementação e manutenção.

ciclo de vida do produto Inclui as quatro fases pelas quais passa o produto durante seu ciclo de vida: introdução, crescimento, maturidade e declínio.

classificação Atribui determinada classe a um registro, tendo como base um conjunto predefinido de classes.

classificação no mecanismo de pesquisa Avalia as variáveis que os mecanismos de pesquisa utilizam para determinar onde a URL aparece na lista de resultados de pesquisa.

cliente Computador projetado para solicitar informações de um servidor.

cloud bursting Quando uma empresa utiliza a sua própria infraestrutura de computação para o uso normal e acessa a nuvem quando precisa de escala para os requisitos de carga alta/de pico, assegurando que o pico repentino no uso não resulte em desempenho ruim ou falhas do sistema.

código aberto Refere-se a qualquer software cujo código-fonte é disponibilizado gratuitamente para terceiros revisarem e modificarem.

código-fonte Contém instruções escritas por um programador, especificando as ações a serem executadas pelo software do computador.

cold site Instalação separada sem qualquer equipamento de computação, mas um lugar para onde os funcionários podem ir depois de um desastre.

comércio eletrônico Compra e venda de bens e serviços pela Internet.

Committee of Sponsoring Organizations (COSO) Fundamental para avaliar os controles internos, como recursos humanos, logística, tecnologia da informação, riscos, assuntos legais, marketing e vendas, operações, funções financeiras, contratos e relatórios.

companhia aberta (corporação) Entidade jurídica que existe independentemente das pessoas físicas que a criaram e realizam suas operações. Seus acionistas têm responsabilidade limitada, ou seja, não são pessoalmente responsáveis pelos prejuízos sofridos pela corporação.

componente de contabilidade e finanças do ERP Gerencia os dados de contabilidade e os processos financeiros dentro da empresa com funções como livro razão, contas a pagar, contas a receber, orçamento e gerenciamento de ativos.

componentes centrais do ERP Componentes tradicionais incluídos na maioria dos sistemas de ERP com foco principal em operações internas.

componentes de gerenciamento de produção e de materiais do ERP Lida com os diversos aspectos do planejamento da produção e execução, como a previsão de demanda, a programação de produção, a contabilidade dos custos e o controle de qualidade.

componentes de recursos humanos do ERP Acompanha as informações do funcionário, incluindo salários, benefícios, remuneração e avaliação de desempenho, assim como garante o cumprimento das exigências legais de várias jurisdições e autoridades fiscais.

componentes estendidos do ERP Componentes extras que atendem às necessidades organizacionais não satisfeitas pelos componentes principais e focados primordialmente em operações externas.

composto de marketing Inclui as variáveis que os gerentes de marketing podem controlar com o objetivo de melhor satisfazer os consumidores no mercado-alvo.

computação autônoma Modelo de computação autogerenciada assim chamada em referência ao sistema nervoso autônomo do corpo humano e seguindo seu padrão.

computação em grade Agregação de computação geograficamente dispersa, armazenamento e recursos de rede, coordenada para oferecer melhor desempenho, maior qualidade de serviço, melhor utilização e um acesso mais fácil aos dados.

computação em nuvem Refere-se a recursos e aplicativos hospedados remotamente como um serviço compartilhado via Internet.

computação utilitária (por demanda) Oferece um modelo de receita *pay-per-use*, semelhante a serviços cobrados com base em medição, como o fornecimento de gás ou de eletricidade.

computador Dispositivo eletrônico sob o controle de instruções armazenadas em sua memória própria, que pode aceitar, manipular e armazenar dados.

comunicação assíncrona Comunicação, como email, em que a mensagem e a resposta não ocorrem ao mesmo tempo.

comunicação de marketing Procura criar a percepção de produtos ou serviços e educar consumidores em potencial quanto a esse produto ou serviço.

comunicação em tempo real Ocorre quando um sistema atualiza a informação à mesma taxa que a recebe.

comunicação síncrona Comunicações que ocorrem ao mesmo tempo, como mensagens instantâneas e chats.

comutação de pacotes Ocorre quando o computador envia uma mensagem dividindo-a em um número de unidades eficientes chamadas de pacotes, cada qual contendo o endereço do computador de destino.

condição de teste Etapas detalhadas que o sistema deve realizar, junto com os resultados esperados de cada etapa.

confiabilidade (ou precisão) Garante que todos os sistemas estejam funcionando corretamente e fornecendo informações precisas.

confidencialidade Garantia de que as mensagens e informações ficam disponíveis apenas para aqueles que estão autorizados a vê-las.

conformidade Ato de se conformar, concordar ou conceder.

conformidade da informação Ato de se conformar, concordar ou conceder.

conhecimento Habilidades, experiência e conhecimentos que, além de informações e inteligência, criam os recursos intelectuais de uma pessoa.

conhecimento explícito Consiste em algo que pode ser documentado, arquivado e codificado, muitas vezes com a ajuda da TI.

conhecimento tácito Conhecimento contido na cabeça das pessoas.

consolidação Envolve a agregação de simples divisões de informações e características em grupos complexos de informações interrelacionadas.

consulta por exemplo (QBE – Query-by-Example), ferramenta de Ajuda os usuários a projetar graficamente a resposta a uma questão com base em um banco de dados.

consumidor-consumidor (C2C – Consumer-to-Consumer) Aplica-se principalmente a sites que oferecem produtos e serviços para ajudar os consumidores a interagirem uns com os outros por meio da Internet.

consumidor-empresa (C2B – Consumer-to-Business) Aplica-se a qualquer consumidor que venda um produto ou serviço a uma empresa pela Internet.

consumo de energia Quantidade de energia consumida pelos processos e sistemas de negócios.

contabilidade Analisa as informações sobre transações da empresa para que os proprietários e investidores possam tomar decisões econômicas seguras.

contabilidade financeira Envolve a preparação de relatórios financeiros que fornecem informações sobre o desempenho do negócio para terceiros, como investidores, credores e autoridades fiscais.

contabilidade gerencial Envolve a análise de operações de negócios para a tomada de decisões internas e não tem de seguir regras estabelecidas por órgãos normativos, como a GAAP (General Accepted Accounting Principles).

conteúdo gerado pelo usuário Conteúdo criado e atualizado por muitos usuários e para muitos usuários.

controlador da malha em nuvem Indivíduo que monitora e fornece os recursos de nuvem, semelhante a um administrador do servidor em uma empresa individual.

conversão Processo de transferência de informações de um sistema legado para um novo sistema.

corporação (também chamada de organização, empreendimento ou negócio) Entidade legal criada artificialmente que existe em separado e à parte dos indivíduos que a criaram e executam suas operações.

corporação sem fins lucrativos Geralmente existe para cumprir propósitos de caridade, humanitários ou educacionais, e os lucros e perdas não são divididos pelos proprietários do negócio.

criador de conteúdo Pessoa responsável por criar o conteúdo original do site.

criptografia Ciência que estuda as formas de esconder mensagens de modo que apenas o remetente e o destinatário possam lê-las. Codifica a informação de forma alternativa que requer uma chave ou uma senha para descriptografar as informações.

criptografia de chave pública (PKE – Public Key Encryption) Sistema de criptografia que usa duas chaves: uma chave pública que todos podem ter e uma chave privada, apenas para o destinatário.

CRM analítico Suporta operações de *back-office* e a análise estratégica e inclui todos os sistemas que não lidam diretamente com os clientes.

CRM operacional Suporta o processamento transacional tradicional para operações ou sistemas de *front-office* que lidam diretamente com os clientes no dia a dia.

crowdsourcing Refere-se à sabedoria da multidão.

cubo Termo comum para a representação de informações multidimensionais.

curva de custo de recuperação de desastres Mostra (1) o custo para a organização da indisponibilidade de informações e tecnologia e (2) o custo para a organização da recuperação de um desastre ao longo do tempo.

customização de software Modifica o software para atender a requisitos específicos de usuários ou negócios.

customização em massa Capacidade de uma organização de dar a seus consumidores a oportunidade de customizar seus produtos ou serviços conforme suas especificações.

custos de troca Custos que podem deixar os clientes relutantes em trocar de produto ou serviço.

cyberbullying Ameaças, observações negativas ou comentários difamatórios transmitidos por meio da Internet ou postados em um site.

D

dados Fatos brutos que descrevem as características de um evento.

dados espaciais (dados geoespaciais ou informação geográfica) Identificam a localização geográfica de características e limites da Terra, como paisagens naturais ou construídas, oceanos, etc.

darwinismo digital Organizações que não conseguem se adaptar às novas exigências para sobreviver na era da informação estão fadadas à extinção.

dashboard de inteligência de negócios Monitora métricas corporativas, como fatores críticos de sucesso e indicadores-chave de desempenho, e inclui recursos avançados, como controles interativos, permitindo aos usuários manipular dados para fins de análise.

dashboard digital Integra informações de vários componentes e adapta a informação às preferências individuais.

data center Instalação utilizada para abrigar os sistemas de informações de gerenciamento e componentes associados, como telecomunicações e sistemas de armazenamento.

data warehouse Coleção lógica de informações, recolhidas a partir de diversos bancos de dados operacionais, que dá suporte às atividades de análise de negócios e às tarefas de tomada de decisão.

decisões desestruturadas Ocorrem em situações em que não existem procedimentos ou regras para orientar os tomadores de decisão para a escolha correta.

decisões estruturadas Envolvem situações em que os processos estabelecidos oferecem possíveis soluções.

decisões semiestruturadas Ocorrem em situações em que alguns processos estabelecidos ajudam a avaliar as possíveis soluções, mas não o suficiente para levar a uma decisão definitiva recomendada.

declaração de patrimônio líquido (também chamada de demonstração de lucros acumulados ou de declaração de equivalência patrimonial) Monitora e comunica mudanças nos ganhos do acionista.

declaração do escopo do projeto Vincula o projeto às metas gerais de negócios da organização.

demonstração contábil Registros por escrito da situação financeira do negócio que permitem que as partes interessadas avaliem a rentabilidade e a solvência do negócio.

demonstração de fluxo de caixa Resume fontes e usos de dinheiro, indica se há dinheiro suficiente disponível para dar continuidade às operações de rotina e oferece uma análise de todas as transações comerciais, gerando um relatório das fontes do dinheiro da empresa e de como ela optou por alocá-lo.

demonstração de resultados (também chamada de relatório de lucro, relatório de operações e relatório de lucros e perdas (P&L)) Relata resultados operacionais (receitas menos despesas) para determinado período com término em uma data específica.

departamento de contabilidade Fornece informação quantitativa sobre as finanças dos negócios, incluindo registro, medição e descrição das informações financeiras.

dependência Relação lógica que existe entre as tarefas do projeto ou entre uma tarefa do projeto e um marco.

deperimetrização Ocorre quando uma organização move os funcionários para fora de seu firewall, um crescente movimento para mudar a forma como as corporações lidam com tecnologia de segurança.

descarte de TI sustentável Refere-se ao descarte seguro de ativos de TI no final de seu ciclo de vida.

descriptografar Decodificar informações; é o oposto da criptografia.

desempenho Mede a rapidez com que um sistema executa determinado processo ou transação.

desenvolvimento iterativo Consiste em uma série de projetos pequenos.

desenvolvimento rápido de aplicações (RAD – Rapid Application Development) (ou prototipação rápida), metodologia de Enfatiza a participação intensa do usuário na rápida e evolutiva construção de protótipos de um sistema para acelerar o processo de desenvolvimento de sistemas.

desintermediação Ocorre quando uma empresa vende direto ao cliente online e corta o intermediário.

despesa Refere-se aos custos incorridos na operação e manutenção de um negócio.

detecção de associação Revela o grau em que as variáveis estão relacionadas e a natureza e frequência dessas relações na informação.

diagrama de entidades e relacionamentos (ERD – Entity-Relationship Diagram) Técnica para documentar as relações entre as entidades em um ambiente de banco de dados.

diagrama de fluxo de dados (DFD) Ilustra a circulação de informações entre entidades externas e os processos e depósitos de dados dentro do sistema.

dicionário de dados Compila todos os metadados sobre os elementos de dados no modelo de dados.

diferenciação de produtos Vantagem que ocorre quando uma empresa desenvolve diferenças únicas em seus produtos ou serviços com a intenção de influenciar a demanda.

dimensionamento dinâmico Significa que a infraestrutura de Sistemas de Informação pode ser escalada automaticamente para se tornar maior ou menor de acordo com a necessidade.

direitos autorais Proteção jurídica proporcionada à expressão de uma ideia, como uma música, um videogame e alguns tipos de documentos de propriedade.

diretor de conhecimento (CKO – Chief Knowledge Officer) Responsável pela coleta, manutenção e distribuição de conhecimento da organização.

diretor de privacidade (CPO – Chief Privacy Officer) Responsável por garantir o uso ético e legal de informações dentro de uma organização.

diretor de segurança (CSO – Chief Security Officer) Responsável por garantir a segurança dos sistemas de TI e desenvolver estratégias e salvaguardas de TI contra ataques de *hackers* e vírus.

diretor de sistemas de informação (CIO – Chief Information Officer) Responsável por (1) supervisionar todas as utilizações da tecnologia da informação e (2) assegurar o alinhamento estratégico da TI com as metas e objetivos de negócios.

diretor de tecnologia (CTO – Chief Technology Officer) Responsável por garantir produtividade, velocidade, precisão, disponibilidade e confiabilidade da tecnologia de informação da organização.

disco rígido Meio de armazenamento secundário que utiliza vários discos rígidos revestidos com um sensível material magnético e hospedados junto com os cabeçotes de gravação em um mecanismo hermeticamente fechado.

disponibilidade Trata de quando os sistemas podem ser acessados por funcionários, clientes e parceiros.

disponibilidade do sistema Número de horas em que um sistema está disponível para os usuários.

dispositivo adaptado para computador Dispositivos de entrada concebidos para aplicações especiais para uso por pessoas com diferentes tipos de necessidades especiais.

dispositivo de comunicação Equipamento utilizado para enviar informações e recebê-las de um local para outro.

dispositivo de entrada Equipamento usado para capturar informações e comandos.

dispositivo de saída Equipamento usado para ver, ouvir ou de outra forma aceitar os resultados de solicitações de processamento de informação.

dividendo Distribuição de lucros aos acionistas.

documentação do usuário Destaca como utilizar o sistema.

documento de definição de requisitos Contém o conjunto final de requisitos de negócios, priorizados em ordem de importância comercial.

documento dos requisitos do projeto Define as especificações para o produto/resultado do projeto e é a chave para o gerenciamento de expectativas, controle do escopo e conclusão de outros esforços de planejamento.

documento-fonte Descreve os dados básicos da transação, como data, objetivo e quantia e inclui os recibos, cheques cancelados, faturas, reembolso do consumidor, registro de horas dos empregados, etc.

doutrina do uso justo Em determinadas situações, é legal usar material com direitos autorais.

drive-by hacking Ataque a computador em que um invasor acessa uma rede de computadores sem fio, intercepta dados, utiliza serviços de rede e/ou envia instruções de ataque sem entrar no escritório ou na organização que possui a rede.

dupla inicialização Oferece ao usuário a opção de escolher o sistema operacional quando o computador é ligado.

E

e-book Livro eletrônico que pode ser lido em um computador ou dispositivo de leitura especial.

e-discovery **(ou descoberta eletrônica)** Refere-se à capacidade de uma companhia de identificar, pesquisar, recolher, apreender ou exportar informações digitais ao responder a litígio, auditoria, investigação ou solicitação de informações.

e-mall **(shopping eletrônico)** Consiste em uma série de e-shops (lojas eletrônicas). Serve como portal a partir do qual o visitante pode acessar outras e-shops.

editor de conteúdo Responsável pela atualização e manutenção do conteúdo do site.

editor mashup Ferramentas WYSIWYG (What You See Is What You Get, ou O Que Você Vê É O Que Você Obtém) que fornecem uma interface visual para construir um mashup, geralmente permitindo ao usuário arrastar e soltar os pontos de dados em uma aplicação da Web.

efeito chicote Ocorre quando informações distorcidas de demanda de produtos passam de uma entidade para a entidade seguinte em toda a cadeia de fornecimento.

efeito de rede Descreve como os produtos em uma rede aumentam de valor para os usuários à medida que o número de usuários cresce.

elemento de dados (ou campo de dados) Menor unidade ou unidade básica de informações.

email bomba Envia uma enorme quantidade de emails para uma pessoa ou sistema específico, resultando no preenchimento do espaço de disco do destinatário, o que, em alguns casos, pode exceder a capacidade do servidor e ele parar de funcionar.

emergência Evento súbito e inesperado que exige medidas imediatas devido a possíveis ameaças à saúde e segurança, ao meio ambiente ou à propriedade.

emissão de carbono Inclui o dióxido de carbono e o monóxido de carbono na atmosfera, produzidos por processos e sistemas de negócios.

empresa individual Formato de negócios em que uma única pessoa é a proprietária exclusiva e a responsável por todos os lucros e perdas do negócio.

empresa-consumidor (B2C – Business-to-Consumer) Aplica-se a qualquer empresa que vende seus produtos ou serviços aos consumidores pela Internet.

empresa-empresa (B2B – Business-to-Business) Aplica-se a empresas que compram e vendem umas às outras pela Internet.

engenharia colaborativa Permite a uma organização reduzir o custo e o tempo necessários durante o processo de concepção de um produto.

engenharia de software Abordagem disciplinada para a criação de sistemas de informação por meio da utilização de métodos, técnicas ou ferramentas comuns.

engenharia de software auxiliada por computador (CASE – Computer-Aided Software Engineering) Pacotes de software que automatizam análise, projeto e desenvolvimento de sistemas.

engenharia social Uso de habilidades sociais para enganar as pessoas para que revelem credenciais de acesso ou outras informações valiosas para o *hacker*.

entidade No modelo de banco de dados relacional, pessoa, lugar, coisa, transação ou evento sobre o qual a informação é armazenada.

escalabilidade Refere-se à capacidade de um sistema para se adaptar em caso de grande demanda.

escopo do projeto Define o trabalho que deve ser realizado para entregar um produto com as características e funções especificadas.

escritório de gerenciamento de projetos (PMO – Project Management Office) Departamento interno que supervisiona todos os projetos organizacionais.

escrituração Registro real das operações do negócio, sem qualquer análise das informações.

estimativa Determinar valores de um comportamento variável contínuo desconhecido ou de um valor futuro estimado.

estratégia de negócios Plano de liderança que atinge um conjunto específico de metas ou objetivos.

estratégia de recuperação de tecnologia Trata especificamente de ordenar prioridades para restaurar hardware, software e dados de toda a organização da maneira que melhor atenda às necessidades de recuperação de negócios.

ethernet Tecnologia de camada física e dados para redes LAN.

ética Princípios e normas que norteiam o nosso comportamento com as outras pessoas.

ética da informação Rege as questões éticas e morais decorrentes do desenvolvimento e utilização das tecnologias da informação, bem como a criação, a coleta, a duplicação, a distribuição e o processamento da informação em si (com ou sem o auxílio das tecnologias de informática).

etiqueta RFID Contém um microprocessador e uma antena. Costuma funcionar transmitindo um número de série por ondas de rádio, para um leitor eletrônico, que confirma a identidade de uma pessoa ou objeto com a etiqueta.

etiqueta RFID ativa　Possui o seu próprio transmissor e uma fonte de energia (tipicamente, uma bateria).

etiquetas RFID passivas　Não têm fonte de energia.

etiquetas RFID sem chip　Usam plásticos ou polímeros condutores, em vez de microprocessadores baseados em silício, o que lhes permite ser lavadas ou expostas a água, sem danificar o chip.

etiquetas RFID semipassivas　Incluem uma bateria para alimentar os circuitos do microchip, mas se comunicam usando energia retirada do leitor de RFID.

expedição de *phishing*　Ataque disfarçado que combina *spam* com *spoofing*.

extração, transformação e carregamento (ETL – Extraction, Transformation, and Loading)　Processo que extrai informações de bancos de dados internos e externos, transforma a informação usando um conjunto comum de definições da empresa e carrega as informações em um data warehouse.

F

facilidade de manutenção　Rapidez com que um terceiro ou fornecedor pode mudar um sistema para garantir que ele atenda às necessidades do usuário e obedeça aos termos de quaisquer contratos, incluindo níveis acordados de confiabilidade, facilidade de manutenção ou disponibilidade.

facilidade de manutenção (ou flexibilidade)　Refere-se à rapidez com que um sistema consegue se transformar para suportar mudanças ambientais.

failback　Ocorre quando o computador principal recupera e retoma as operações, assumindo o lugar do servidor secundário.

failover　Modo operacional de backup em que as funções de um componente do computador (como um processador, servidor, rede ou banco de dados) são assumidas por componentes secundários do sistema quando o componente primário fica indisponível por falha ou parada programada.

falha de tecnologia　Ocorre quando a capacidade de operação de uma empresa é prejudicada por causa de falhas em hardware, software ou dados.

fase de análise　Análise dos requisitos empresariais do usuário final e refino dos objetivos de projeto em funções e operações definidas do sistema pretendido.

fase de desenvolvimento　Envolve a tomada de todos os documentos de projeto detalhados da fase de projeto e sua transformação no sistema real.

fase de implementação　Envolve a colocação do sistema em produção para que usuários possam começar a realizar as operações de negócios reais com o sistema.

fase de manutenção　Envolve a realização de alterações, correções, adições e atualizações para garantir que o sistema continue a atender as metas de negócio.

fase de planejamento　Envolve o estabelecimento de um plano de alto nível do projeto pretendido e a determinação das metas do projeto.

fase de projeto　Envolve a descrição das características desejadas e operações do sistema, incluindo layouts de tela, regras de negócio, diagramas de processos, pseudocódigos e outras documentações.

fase de testes　Envolve a união de todas as peças do projeto em um ambiente de teste especial para detectar erros, bugs e interoperabilidade e verificar se o sistema atende a todos os requisitos de negócio definidos na fase de análise.

fatiamento e agrupamento (*slice-and-dice*)　Capacidade de olhar para uma informação sob diferentes perspectivas.

fato　Confirmação ou validação de um evento ou objeto.

fator crítico de sucesso (FCS)　Fator que é fundamental para o sucesso de uma organização.

fazenda de zumbis　Grupo de computadores em que um hacker plantou programas zumbis.

feedback　Informação que retorna ao emissor original (entrada, transformação ou saída) e modifica as ações desse transmissor.

ferramenta de gerenciamento de processos de negócio　Utilizada para criar um aplicativo útil na elaboração de modelos de processos de negócios e também na simulação, otimização, monitoramento e manutenção de vários processos que ocorrem dentro de uma organização.

ferramenta de mineração de dados　Usa uma variedade de técnicas para encontrar padrões e relações em grandes volumes de informação e, a partir delas, inferir regras que preveem um comportamento futuro e guiam a tomada de decisão.

ferramentas de visualização de dados　Vão além dos gráficos e tabelas do Excel, verificando-se em técnicas de análise sofisticadas, como gráficos de pizza, controles, instrumentos, mapas, gráficos de séries temporais, etc.

fibra óptica　Tecnologia associada à transmissão de informações como impulsos de luz ao longo de um fio de vidro ou fibra.

fidelidade sem fio (Wi-Fi)　Meio de ligação entre computadores usando sinais infravermelhos ou de rádio.

filtragem de conteúdo　Ocorre quando as organizações utilizam um software que filtra conteúdo para evitar a transmissão de informações não autorizadas.

financiamento　Trata das questões financeiras estratégicas associadas ao aumento do valor da empresa, respeitando as leis aplicáveis e responsabilidades sociais.

firewall　Hardware e/ou software que protege uma rede privada por meio da análise das informações que entram e saem da rede.

fita magnética　Meio de armazenamento secundário mais antigo que utiliza uma tira de plástico fina, revestida com um meio de gravação magneticamente sensível.

fluxo de trabalho (workflow)　Define todas as etapas ou regras de negócio, do início ao fim, necessárias para um processo de negócio.

fluxos de dados transnacionais (TDF – Transborder Data Flows)　Ocorrem quando dados corporativos atravessam fronteiras internacionais por meio de redes de telecomunicações de sistemas de informação global.

folksonomia　Semelhante à taxonomia, exceto pelo fato de ser o crowdsourcing que determina as tags ou o sistema de classificação baseado em palavras-chave.

fraude de cliques　Abuso dos modelos de receita *pay-per-click*, *pay-per-call* e *pay-per-conversion*, realizada por meio de cliques repetidos em um link para aumentar taxas ou custos para um anunciante.

fraude de cliques competitiva　Crime de computador em que um concorrente ou funcionário descontente aumenta os custos de pesquisa de publicidade de uma empresa, clicando repetidamente no link do anunciante.

G

geocache Jogo de aventura com tecnologia GPS que envia a localização em longitude e latitude de um item na Internet para os usuários encontrarem.

geocodificação Bancos de dados espaciais em um processo de codificação que toma um recurso de mapa digital e lhe confere um atributo que serve como identificação única (número da área, número do nó) ou classificação (tipo de solo, categoria de zoneamento).

geocoin Objeto redondo, do tamanho de uma moeda, que recebe um número exclusivo e é escondido em geocache.

geoeconômico Refere-se aos efeitos da geografia nas realidades econômicas de atividades de negócios internacionais.

gerenciamento da cadeia de fornecimento (SCM – Supply Chain Management) Envolve o gerenciamento dos fluxos de informação dentro e entre as etapas da cadeia de fornecimento para maximizar suas eficácia e rentabilidade totais.

gerenciamento da cadeia de vendas Aplica a tecnologia às atividades do ciclo de vida do pedido desde a consulta comercial até a venda.

gerenciamento da produção Descreve todas as atividades que os gerentes realizam para ajudar as companhias a criar produtos.

gerenciamento de direitos digitais Solução tecnológica que permite que editores controlem suas mídias digitais para desencorajar, limitar ou impedir a cópia e a distribuição ilegal.

gerenciamento de evento da cadeia de fornecimento (SCEM – Supply Chain Event Management) Permite a uma organização reagir mais rapidamente para resolver os problemas da cadeia de fornecimento.

gerenciamento de incidentes Processo responsável pela gestão de como os incidentes são identificados e corrigidos.

gerenciamento de informações pessoais (PIM – Personal Information Management), software de Lida com informações de contato, compromissos, listas de tarefas e email.

gerenciamento de processos de negócio (BPM – Business Process Management) Integra todos os processos de negócios de uma organização para tornar os processos individuais mais eficientes.

gerenciamento de projeto Aplicação de conhecimentos, habilidades, ferramentas e técnicas às atividades de um projeto a fim de satisfazer ou exceder as necessidades das partes interessadas e as expectativas de um projeto.

gerenciamento de requisitos Processo de administração de mudanças nos requisitos de negócios durante todo o projeto.

gerente de projetos Indivíduo especialista em planejamento e gerenciamento, que define, desenvolve e monitora o plano para garantir que todos os principais marcos do projeto sejam concluídos dentro do prazo.

gestão da informação Examina o recurso organizacional da informação e regula suas definições, seus usos, seu valor e sua distribuição, garantindo que tenha os tipos de dados/informações necessários para funcionar e crescer de forma eficaz.

gestão de operações (OM – Operations Management) Gerenciamento de sistemas ou processos que converte e transforma os recursos (incluindo os recursos humanos) em mercadorias e serviço.

gestão de relacionamento com o empregado (ERM – Employee Relationship Management) Oferece aos funcionários um subconjunto de aplicativos de CRM disponíveis por meio de um navegador Web.

gestão de relacionamento com o fornecedor (SRM – Supplier Relationship Management) Concentra-se em manter os fornecedores satisfeitos por meio da avaliação e da categorização dos fornecedores de diferentes projetos, o que otimiza sua seleção.

gestão de relacionamento com o parceiro (PRM – Partner Relationship Management) Concentra-se em manter os vendedores satisfeitos por meio do gerenciamento do relacionamento entre a aliança dos parceiros com os revendedores que oferecem aos clientes o canal de vendas ideal.

gestão do conhecimento (KM – Knowledge Management) Envolve a captura, a classificação, a avaliação, a recuperação e o compartilhamento dos ativos de informação de um modo que forneça o contexto para as decisões e ações eficazes.

gestão do relacionamento com o cliente (CRM – Customer Relationship Management) Envolve o gerenciamento de todos os aspectos do relacionamento do cliente com uma organização para aumentar a fidelidade e a retenção de clientes e a lucratividade de uma organização.

gigabyte (GB) Aproximadamente 1 bilhão de bytes.

gigahertz (GHz) Quantidade de bilhões de ciclos por segundo da CPU.

governança Método ou sistema de governo para gestão e controle.

governança da informação Refere-se à gestão geral da disponibilidade, utilização, integridade e segurança dos dados da empresa.

governo eletrônico Envolve o uso de estratégias e tecnologias para transformar governo(s) pela melhoria da prestação dos serviços e da qualidade de interação entre o cidadão-consumidor em todos os ramos do governo.

Gráfico Gantt Gráfico de barras simples que descreve as tarefas do projeto em oposição a um cronograma.

Gráfico PERT (Programa de Avaliação e Revisão Técnica) Modelo gráfico de rede que mostra as tarefas de um projeto e as relações entre elas.

granularidade Refere-se ao nível de detalhe do modelo ou processo de tomada de decisão.

granularidade da informação Refere-se ao grau de detalhamento da informação (específica e detalhada ou bruta e abstrata).

H

hacker Extremo conhecedor de computadores que usa seu conhecimento para invadir os computadores de outras pessoas.

hardware Consiste em dispositivos físicos associados a um sistema de computador.

hipótese do projeto Fator considerado verdadeiro, real ou certo sem prova ou demonstração.

hot site Instalação separada e totalmente equipada para onde a companhia pode transferir-se logo após um desastre e retomar os negócios.

hotspots Locais designados onde pontos de acesso a Wi-Fi estão disponíveis publicamente.

hypertext markup language (HTML) Liga os documentos, permitindo aos usuários passar de um para outro por meio de um simples clique em um hotspot ou link.

I

identificação por radiofrequência (RFID – Radio Frequency Identification) Tecnologias que usam etiquetas ativas ou passivas na forma de chips ou etiquetas inteligentes que podem armazenar identificadores únicos e transmitir essa informação para leitores eletrônicos.

IEEE 802.11n (ou Wireless-N) O mais novo padrão para redes sem fio.

implementação em fases Instala o novo sistema em fases (por exemplo, por departamento) até que seja verificado se ele funciona corretamente.

implementação paralela Usa o sistema legado e o novo sistema até que todos os usuários se certifiquem de que o novo sistema funciona corretamente.

implementação piloto Pequeno grupo de pessoas usa o novo sistema até que seu funcionamento correto seja confirmado e, em seguida, o restante dos usuários migra para o novo sistema.

implementação por imersão Descarta o sistema legado e imediatamente migra todos os usuários para o novo sistema.

incidente Interrupção não planejada de um serviço.

inconsistência da informação Ocorre quando o mesmo elemento de dados tem valores diferentes.

indicador chave de desempenho (KPI – Key Performance Indicator) Medidas que estão vinculadas aos direcionadores de negócios.

indisponível Quando um sistema não está funcionando ou não pode ser utilizado.

infográfico (gráficos de informação) Exibe informações de forma esquemática, para que possam ser mais facilmente compreendidas.

informação Dados convertidos em um contexto significativo e útil.

informação analítica Compreende todas as informações organizacionais, e seu propósito principal é apoiar a realização das tarefas de análise gerencial.

informação em tempo real Informações imediatas e atualizadas.

informação estática Inclui dados fixos que não mudam no caso de uma ação do usuário.

informação transacional Compreende todas as informações contidas em um único processo de negócios ou unidade de trabalho. Seu propósito principal é apoiar a realização das tarefas operacionais diárias.

informações de séries temporais Informações com carimbo de data e hora coletadas em uma frequência particular.

informações dinâmicas Incluem dados que mudam de acordo com as ações do usuário.

informar Acessar grandes quantidades de dados de diferentes sistemas de informações gerenciais.

Information Systems Audit and Control Association (ISACA) Conjunto de orientações e ferramentas de apoio para a governança de TI aceito em todo o mundo e geralmente utilizado por auditores e empresas como uma forma de integrar a tecnologia para implementar controles e cumprir objetivos de negócio específicos.

Information Technology Infrastructure Library (ITIL) Marco fornecido pelo governo do Reino Unido que oferece oito conjuntos de procedimentos de gestão da infraestrutura de TI.

infraestrutura Inclui o equipamento de hardware, software e telecomunicações que, quando combinados, fornecem a base subjacente para sustentar as metas da organização.

infraestrutura como serviço (IaaS) Entrega de capacidade de hardware de computador, incluindo o uso de servidores, redes e armazenamento, como um serviço.

infraestrutura de sistemas de informação Identifica onde e como informações importantes, como registros de clientes, serão mantidas e protegidas.

infraestrutura de TI O equipamento de hardware, software e telecomunicações que, quando combinados, fornecem a base subjacente para sustentar as metas da organização. Também inclui os planos de como uma empresa vai construir, implantar, usar e compartilhar seus dados, processos e ativos de TI.

infraestrutura de TI ágil Inclui o equipamento de hardware, software e telecomunicações que, quando combinados, fornecem a base subjacente para sustentar as metas da organização.

infraestrutura de TI sustentável Identifica maneiras como uma empresa pode crescer em termos de recursos de computação, tornando-se, ao mesmo tempo, menos dependente do consumo de hardware e energia.

insiders Usuários legítimos que proposital ou acidentalmente fazem mau uso de seu acesso ao ambiente e causam algum tipo de incidente que afeta os negócios.

Instituto de Engenheiros Eletricistas e Eletrônicos (IEEE) Organização que pesquisa e institui padrões elétricos para a comunicação e outras tecnologias.

integração Permite que sistemas separados comuniquem-se diretamente uns com os outros.

integração de aplicações empresariais (EAI – Enterprise Application Integration), middleware de Representa uma nova abordagem para o middleware, ao juntar funcionalidades comuns utilizadas, como o fornecimento de links pré-construídos para aplicativos corporativos populares, o que reduz o tempo necessário para desenvolver soluções que integram aplicações de vários fornecedores.

integração direta Leva as informações inseridas em um determinado sistema e as envia automaticamente para todos os sistemas e processos *downstream* (mais abaixo).

integração reversa Leva as informações inseridas em um determinado sistema e as envia automaticamente para todos os sistemas e processos de *upstream* (mais acima).

integridade da informação Medida de qualidade da informação.

inteligência artificial (IA) Simula a inteligência humana em aspectos como a capacidade de raciocinar e de aprender.

inteligência coletiva Colaborar e explorar o conhecimento central de todos os funcionários, parceiros e clientes.

inteligência competitiva Processo de coleta de informações sobre o ambiente competitivo, incluindo planos, atividades e produtos dos concorrentes, a fim de melhorar as chances de sucesso da empresa.

inteligência de negócios (BI – Business Intelligence) Refere-se a aplicações e tecnologias que são usadas para coletar, proporcionar acesso e analisar dados e informações para apoiar os esforços da tomada de decisões.

interatividade Mede a interação do visitante com o anúncio direcionado.

interface de programação de aplicação (API – Application Programming Interface) Conjunto de rotinas, protocolos e ferramentas para criar aplicações de software.

interface gráfica do usuário (GUI) Interface para um sistema de informação.

intermediários Agentes, software ou empresas que unem compradores e vendedores que fornecem uma infraestrutura comercial para fortalecer o negócio eletrônico.

internalização (desenvolvimento interno) Abordagem comum que utiliza a experiência profissional dentro de uma organização para desenvolver e manter a tecnologia de sistemas de informação da organização.

International Organization for Standardization (ISO) Organização não governamental fundada em 1947 para promover o desenvolvimento de padrões mundiais para facilitar o intercâmbio internacional de produtos e serviços.

Internet Rede pública mundial de redes de computadores que passa informações de um computador a outro utilizando protocolos comuns de computadores.

Internet protocol versão 6 (IPv6) Distribui conteúdo de vídeo digital usando IP via Internet e redes IP privadas.

interoperabilidade Capacidade de dois ou mais sistemas de computadores compartilharem dados e recursos, mesmo que sejam feitos por diferentes fabricantes.

J

Joint Application Development (JAD) Sessão em que os empregados se encontram, algumas vezes por vários dias, para definir ou rever os requisitos de negócio para o sistema.

K

kill switch Dispositivo que permite a um gerente de projeto encerrá-lo antes da conclusão.

L

LAN sem fio (WLAN – Wireless LAN) Rede local que utiliza sinais de rádio para transmitir e receber dados em distâncias de algumas centenas de pés.

largura de banda Diferença entre a maior e a menor frequências que podem ser transmitidas em um único meio; medida da capacidade do meio.

latência de análise Tempo entre o momento em que os dados são disponibilizados até o momento em que a análise é concluída.

latência de dados Tempo de duração para deixar os dados prontos para análise (ou seja, o tempo de extração, transformação e limpeza dos dados) e carregar os dados no banco de dados.

latência de decisão Tempo que uma pessoa leva para compreender um resultado analítico e determinar uma ação apropriada.

latitude Representa uma medida norte/sul da posição.

Lei de Moore Refere-se ao desempenho do chip de computador por dólar dobrar a cada 18 meses.

leitor de RFID (interrogador RFID) Transmissor/receptor que lê o conteúdo de etiquetas de RFID na área.

licença de provedor de serviços de aplicativos Software especializado pago por licença, por uso, ou com base na utilização.

licença de site Permite que usuários qualificados dentro da organização instalem o software, independentemente de o computador estar ou não em uma rede. Alguns funcionários podem instalar o software em um computador doméstico para trabalhar remotamente.

licença de usuário de rede Permite que qualquer pessoa na rede instale e utilize o software.

licença de usuário único Restringe o uso do software a um usuário de cada vez.

limpeza ou depuração de informações Processo que seleciona e conserta ou descarta informações inconsistentes, incorretas ou incompletas.

linguagem de consulta estruturada (SQL – Structured Query Language) Usuários escrevem linhas de código para responder a perguntas em relação a um banco de dados.

linguagem de quarta geração (4GL – Fourth-Generation Language) Linguagens de programação que se parecem com as linguagens humanas.

linguagem de script Método de programação que fornece módulos interativos para um site.

linguagens orientadas a objetos Linguagens que agrupam dados e processos correspondentes em objetos.

lixo eletrônico Garante que equipamentos informáticos antigos, não acabem em aterros sanitários, onde as substâncias tóxicas contidas neles podem contaminar a água subterrânea, entre outros problemas.

localização automática de veículos (AVL – Automatic Vehicle Location) Usa monitoramento por GPS para rastrear veículos.

lógica fuzzy Método matemático de lidar com informações imprecisas ou subjetivas.

logística eletrônica (e-logistics) Gerencia o transporte e o armazenamento de produtos.

loja eletrônica (e-shop, e-store ou e-tailer) Versão de uma loja onde os clientes podem fazer compras a qualquer hora do dia sem sair de sua casa ou escritório.

longitude Representa uma medição leste/oeste da posição.

lucro Ocorre quando as empresas vendem produtos ou serviços por valor maior que o custo de produção.

lucro líquido Quantia de dinheiro restante após o pagamento de impostos.

M

malha em nuvem Software que torna possível as vantagens da computação em nuvem, como a multilocação.

MAN sem fio (WMAN – Wireless MAN) Rede de área metropolitana que utiliza sinais de rádio para transmitir e receber dados.

manutenção preventiva Faz alterações no sistema para reduzir a chance de futuras falhas no sistema.

marcador de site URL armazenado localmente ou o endereço de um arquivo ou página da Internet salvo como atalho.

marco do projeto Representa datas-chave em que um determinado grupo de atividades deve ser realizado.

marketing Processo associado à promoção de vendas de mercadorias ou serviços.

mashup Site ou aplicação de site que usa o conteúdo de mais de uma fonte para criar um serviço completamente novo.

matriz de responsabilidades Define todas as funções do projeto e indica as responsabilidades que estão associadas a cada função.

mecanismo de pesquisa Software de um site que encontra outras páginas com base na correspondência de palavras-chave.

megabyte (MB, M ou Meg) Aproximadamente 1 milhão de bytes.

megahertz (MHz) A quantidade de milhões de ciclos por segundo da CPU.

meio magnético Meio de armazenamento secundário que utiliza técnicas magnéticas para armazenar e recuperar dados em discos ou fitas revestidos com materiais magnéticos sensíveis.

melhores práticas Soluções ou métodos de solução de problemas mais bem-sucedidos que foram desenvolvidos por uma organização ou setor específico.

memória cache Pequena unidade de memória ultrarrápida, usada para armazenar dados acessados recentemente ou dados acessados com frequência para que a CPU não tenha de recuperar esses dados por meio de circuitos de memória mais lentos, como a memória RAM.

memória de acesso aleatório (RAM – Random Access Memory) Principal memória operacional do computador, na qual as instruções e dados dos programas são armazenados de forma que possam ser acessados diretamente pela CPU através do barramento externo de dados de alta velocidade do processador.

memória flash Tipo especial de memória regravável apenas para leitura (ROM) que é compacto e portátil.

memória somente de leitura (ROM – Read-Only Memory) Parte do armazenamento principal de um computador que não perde seu conteúdo quando acaba a energia.

mensagem instantânea (IM ou IMing) Tipo de serviço de comunicações que permite que alguém crie uma espécie de sala de bate-papo particular com outro indivíduo, a fim de comunicar-se em tempo real pela Internet.

mergulho no lixo Examinar o que as pessoas jogam fora; é outra forma pela qual os hackers obtêm informações.

metadados Detalhes sobre os dados.

metodologia Conjunto de políticas, procedimentos, normas, processos, práticas, ferramentas, técnicas e tarefas que as pessoas aplicam aos desafios técnicos e de gerenciamento.

metodologia ágil Visa à satisfação do cliente por meio da entrega inicial e contínua de componentes de software úteis, desenvolvidos por um processo iterativo com um ponto de design que utiliza o mínimo de requisitos.

metodologia em cascata Processo sequencial baseado em atividades no qual cada fase do SDLC é realizada em uma sequência que vai desde o planejamento até a implementação e a manutenção.

metodologia Scrum Utiliza pequenas equipes para a produção de pequenos pedaços de software a serem entregues utilizando sprints, ou intervalos de 30 dias, para alcançar uma meta determinada.

métrica Medidas que avaliam resultados para determinar se um projeto está atingindo suas metas.

métrica de cliente Avalia a gestão do relacionamento com o cliente pela organização.

métrica de eficácia da TI Mede o impacto que a TI tem sobre os processos e atividades de negócio, incluindo satisfação do cliente, taxas de conversão e aumento real de vendas.

métrica de eficiência de Sistemas de Informação Mede o desempenho do próprio sistema de TI, incluindo rendimento, velocidade e disponibilidade.

microblog Modo de enviar mensagens breves (de 140 a 200 caracteres) para um blog pessoal, público ou de um grupo privado de assinantes que podem ler os posts como mensagens instantâneas ou mensagens de texto.

middleware Tipos diferentes de software que ficam no meio e fornecem a conectividade entre dois ou mais aplicativos de software.

mídia com fio Material de transmissão fabricado de forma que os sinais sejam confinados em um caminho estreito e se comportem de modo previsível.

mídia sem fio Partes naturais do meio ambiente terrestre que podem ser usadas como caminhos específicos para transmitir sinais elétricos.

mídia social Refere-se a sites que contam com a participação do usuário e com conteúdo de contribuição do usuário.

mídias de transmissão de rede Vários tipos de mídia utilizados para transmitir o sinal entre os computadores.

mineração de dados (*data mining*) Processo de análise de dados para extrair informações não oferecidas apenas pelos dados brutos.

modelagem de processos Envolve a representação gráfica do processo que captura, manipula, armazena e distribui a informação entre um sistema e seu ambiente.

modelagem (ou mapeamento) dos processos de negócio Atividade de criar um fluxograma ou mapa de processo detalhado de um processo de trabalho, mostrando seus insumos, tarefas e atividades, em uma sequência estruturada.

modelo Representação ou abstração simplificada da realidade.

modelo de banco de dados relacional Tipo de banco de dados que armazena informações em forma de tabelas bidimensionais relacionadas logicamente.

modelo de dados Maneira formal para expressar as relações de dados para um sistema de gerenciamento de banco de dados (SGBD).

modelo de melhoria contínua do processo Tenta entender e medir o processo atual e fazer as melhorias de desempenho necessárias.

modelo de negócio Plano que detalha como a empresa cria, fornece e gera receitas.

modelo de negócio eletrônico Abordagem para a realização de negócios eletrônicos na Internet.

modelo de processo *As-Is* Representa o estado atual da operação mapeada, sem melhorias ou alterações específicas em relação aos processos existentes.

Modelo de processo *To-Be* Mostra os resultados da aplicação de oportunidades de melhoria da mudança ao atual modelo de processo (*As-Is*).

modelo de processo de negócios Descrição gráfica de um processo, mostrando a sequência de tarefas do processo, que é desenvolvida para um propósito específico e a partir de um determinado ponto de vista.

modo de segurança Ocorre se o sistema estiver falhando e carrega apenas as partes mais essenciais do sistema operacional, sem executar muitos dos utilitários que operam em segundo plano.

monitoramento de TI no local de trabalho Acompanha as atividades das pessoas por meio de medidas como número de toques, taxa de erro e número de transações processadas.

mudança de paradigma Ocorre quando uma nova forma radical de negócio entra no mercado e remodela o modo como as empresas e organizações se comportam.

multilocação Uma única instância de um sistema serve vários clientes.

multitarefa Permite que seja usada mais de uma parte do software por vez.

mutação Processo dentro de um algoritmo genético de tentar aleatoriamente combinações e avaliar o sucesso (ou fracasso) do resultado.

N

não repúdio Cláusula contratual para garantir que os participantes do negócio eletrônico não neguem (repudiem) suas ações online.

não volátil Não requer alimentação de energia constante para funcionar.

navegador Web Permite aos usuários acessar a WWW.

negócio eletrônico Realização de negócios na internet, não apenas comprando ou vendendo, mas também servindo clientes e colaborando com parceiros de negócios.

negócio móvel (*m-commerce, m-business*) Capacidade de comprar produtos e serviços por meio de um dispositivo habilitado com Internet sem fio.

nível estratégico Gestores desenvolvem estratégias globais de negócios, metas e objetivos, como parte do plano estratégico da empresa.

nível gerencial Funcionários avaliam constantemente as operações da empresa para aprimorar as habilidades da companhia em identificar, adaptar-se e aproveitar a mudança.

nível operacional Os funcionários desenvolvem, controlam e mantêm as atividades de negócio básicas necessárias para o funcionamento das operações cotidianas.

nuvem comunitária Serve a uma comunidade específica com modelos de negócio, requisitos de segurança e considerações de conformidade comuns.

nuvem híbrida Inclui duas ou mais nuvens privadas, públicas ou comunitárias, mas cada nuvem permanece separada e só é conectada pela tecnologia que aciona a portabilidade de dados e aplicações.

nuvem privada Serve a um único cliente ou organização e pode ficar tanto nas instalações do cliente quanto fora delas.

nuvem pública Promove aplicações massivas, globais e empresariais oferecidas ao público em geral.

O

objetivo do projeto Critérios quantificáveis que devem ser atendidos para que o projeto seja considerado um sucesso.

objetos de controle de informação e tecnologia relacionada (COBIT – Control Objectives for Information and Related Technologies) Conjunto de melhores práticas que ajuda a organização a maximizar os benefícios de sistemas de informação e, ao mesmo tempo, estabelecer controles adequados para garantir o mínimo de erros.

oficina de treinamento Realizada em um ambiente de sala de aula e conduzida por um instrutor.

opt out Clientes escolhem claramente negar a permissão para receber emails.

organização com fins lucrativos Concentra-se principalmente em ganhar dinheiro e todos os lucros e prejuízos são compartilhados por seus proprietários.

otimização de mecanismos de pesquisa (SEO – Search Engine Optimization) Conjunto de métodos destinados a melhorar a classificação de um site em listas de mecanismos de pesquisa.

P

padrão de criptografia avançada (AES – Advanced Encryption Standard) Introduzido pelo Instituto Nacional de Padrões e Tecnologia (NIST), o AES é um padrão de criptografia projetado para manter a segurança das informações do governo.

painel de controle Recurso do Windows que fornece um conjunto de opções que define valores padrão para o sistema operacional Windows.

papel digital (ou papel eletrônico) Qualquer papel otimizado para qualquer tipo de impressão digital.

partes interessadas do projeto Indivíduos e organizações ativamente envolvidas no projeto ou cujos interesses possam ser afetados como resultado da execução ou da conclusão do projeto.

participação de mercado Calculada por meio da divisão das vendas da empresa pelo total de vendas no mercado para todo o setor.

passivo Obrigação de fazer pagamentos financeiros.

patente Direito exclusivo de produzir, usar e vender uma invenção que é concedida pelo governo para o inventor.

patrimônio líquido Porção de uma companhia que pertence aos proprietários.

patrocinador executivo Pessoa ou grupo que fornece os recursos financeiros para o projeto.

pay-per-call Gera receita cada vez que um usuário clica em um link que o leva diretamente a um agente online à espera de uma chamada.

pay-per-click Gera receita cada vez que um usuário clica em um link para o site de um varejista.

pay-per-conversion Gera receita cada vez que um visitante do site é convertido em cliente.

pen drive Fornece memória não volátil para um conjunto de dispositivos portáteis, incluindo computadores, câmeras digitais, MP3 players e PDAs.

pensamento sistêmico Forma de monitorar todo o sistema por meio da visualização de múltiplas entradas sendo processadas ou transformadas para produzir saídas, reunindo, ao mesmo tempo, *feedback* sobre cada parte continuamente.

personalização Ocorre quando um site consegue saber o suficiente sobre o que uma pessoa gosta ou não e pode moldar ofertas que mais provavelmente serão do agrado dessa pessoa.

pharming Reencaminha solicitações a sites legítimos para sites falsos.

phishing Técnica de obtenção de informações pessoais para fins de roubo de identidade, geralmente por meio de email fraudulento.

planejamento da cadeia de fornecimento (SCP – Supply Chain Planning), software de Utiliza algoritmos matemáticos avançados para melhorar o fluxo e a eficiência da cadeia de fornecimento, reduzindo estoques.

planejamento da continuidade de negócios (BCP – Business Continuity Planning) Plano de como uma organização vai se recuperar e restaurar parcial ou completamente funções críticas interrompidas dentro de um prazo predeterminado após desastre ou interrupção prolongada.

planejamento das necessidades de materiais (MRP – Materials Requirement Planning), sistema de Prognósticos de vendas para se certificar de que as peças e materiais necessários estão disponíveis na hora e no local certos em uma empresa específica.

planejamento de capacidade Determina os futuros requisitos de infraestrutura de TI para novos equipamentos e capacidade de rede adicional.

planejamento de demanda colaborativa Ajuda as organizações a reduzir seus investimentos em estoque, melhorando a satisfação do cliente por meio da disponibilidade do produto.

planejamento de recursos empresariais (ERP – Enterprise Resource Planning) Integra todos os departamentos e funções da organização em um único sistema de TI (ou em um conjunto integrado de sistemas de TI) para que os funcionários possam tomar decisões visualizando as informações em todas as operações de negócios.

planejamento e controle operacional (OP&C – Operational Planning and Control) Lida com os procedimentos diários para executar o trabalho, incluindo a programação, o estoque e o gerenciamento de processos.

planejamento estratégico Concentra-se no planejamento de longo alcance, como o tamanho da fábrica, a localização e o tipo de processo a ser utilizado.

planejamento tático Concentra-se na produção de produtos e serviços do modo mais eficiente possível dentro do plano estratégico.

plano de projeto Documento formal e aprovado que administra e controla a execução do projeto.

plano de recuperação de desastres Processo detalhado para a recuperação de informações ou de um sistema de TI no caso de desastres catastróficos como incêndios ou inundações.

plano de segurança da informação Detalha como a organização vai implementar as políticas de segurança da informação.

plataforma como serviço (PaaS – Platform as a Service) Suporta a implantação de sistemas inteiros, incluindo hardware, redes e aplicativos, usando um modelo de receita *pay-per-use*.

podcasting Distribuição de arquivos de áudio ou vídeo, como programas de rádio ou vídeos de música, por meio da Internet para serem reproduzidos em dispositivos móveis e computadores pessoais.

poder de compra Avaliado por meio da análise da capacidade dos compradores de afetarem diretamente o preço que estão dispostos a pagar por um item.

poder do fornecedor Alto quando o fornecedor tem poder concentrado sobre um setor.

política antispam Afirma que os usuários de email não enviarão emails indesejados (ou *spams*).

política de mídia social Descreve as diretrizes corporativas ou os princípios que regem as comunicações online dos funcionários.

política de monitoramento de funcionários Institui como, quando e onde a empresa tem o direito de monitorar seus funcionários.

política de privacidade da informação Contém princípios gerais sobre a privacidade da informação.

política de privacidade de email Detalha em que medida mensagens de email podem ser lidas por terceiros.

política de segurança da informação Identifica as regras necessárias para manter a segurança da informação.

política de uso aceitável (AUP – Acceptable Use Policy) Política que o usuário deve concordar em seguir a fim de ter assegurado o acesso a uma rede ou à Internet.

política de uso da Internet Contém princípios gerais para orientar o uso correto da Internet.

política de uso ético do computador Contém os princípios gerais para orientar o comportamento do usuário de computador.

políticas eletrônicas (*e-policies*) Políticas e procedimentos para o uso ético dos computadores e da Internet no ambiente de negócios.

ponto a ponto (P2P – Peer-to-Peer), rede Qualquer rede sem um servidor de arquivos central em que todos os computadores na rede têm acesso aos arquivos públicos localizados em todas as outras estações de trabalho.

ponto de acesso (PA – Acess Point) Computador ou dispositivo de rede que serve como interface entre os dispositivos e a rede.

ponto de acesso sem fio (WAP – Wireless Access Point) Permite que os dispositivos se conectem a uma rede sem fio para se comunicarem uns com os outros.

ponto de equilíbrio Ponto no qual as receitas e as despesas são equivalentes.

portabilidade Refere-se à capacidade de um aplicativo para operar em diferentes dispositivos ou plataformas de software, como sistemas operacionais diferentes.

prejuízo Ocorre quando empresas vendem produtos ou serviços por valor menor que o custo de produção.

preparação para emergências Garante que uma empresa esteja pronta para responder a uma situação emergencial de forma organizada, oportuna e eficaz.

previsão Predições feitas com base nas informações de séries temporais.

privacidade Direito de ser deixado em paz quando você quiser, de ter controle sobre seus próprios bens pessoais e de não ser observado sem o seu consentimento.

privacidade da informação Diz respeito ao direito legal ou à expectativa geral de indivíduos, grupos ou instituições de determinar por si mesmos quando e em que medida as informações sobre eles é comunicada a terceiros.

processamento analítico online (OLAP – Online Analytical Processing) Manipulação da informação para criar inteligência de negócios no apoio à tomada de decisões estratégicas.

processamento online de transações (OLTP – Online Transaction Process) Captura de informações transacionais e de eventos utilizando a tecnologia para (1) processar as informações de acordo com as regras definidas dos negócios, (2) armazenar as informações e (3) atualizar as informações existentes para refletir as novas informações.

processo de transformação Núcleo técnico, especialmente em organizações de manufatura. É a conversão real de entradas em saídas.

processo unificado racional (RUP – Rational Unified Process), metologia de Fornece um marco para dividir o desenvolvimento de software em quatro portas.

processo voltado para a empresa Invisível para o cliente externo, mas essencial para a gestão eficaz dos negócios, além de incluir o estabelecimento de metas, planejamento do dia a dia, avaliação de desempenho, recompensas e alocação de recursos.

processo voltado para o cliente Resulta em um produto ou serviço que é recebido pelo cliente externo de uma organização.

processos de negócio Conjunto padronizado de atividades que realiza uma tarefa específica, como processamento de pedidos de um cliente.

produção Criação de produtos e serviços que utilizam os fatores de produção: terra, trabalho, capital, empreendedorismo e conhecimento.

produtividade Taxa de produção de bens e serviços calculada com base na produção total a partir dos insumos totais.

programa de fidelidade Recompensa os clientes com base na quantia de negócios que eles realizam com uma determinada organização.

programação extrema (XP – Extreme Programming), metodologia de Divide um projeto em fases pequenas, e os desenvolvedores não podem continuar para a próxima fase até que a primeira esteja concluída.

projeção de tendências Quando dados numéricos estão disponíveis, uma tendência pode ser representada graficamente para mostrar a evolução ao longo do tempo e no futuro.

projeto Empreendimento temporário realizado para criar um produto, serviço ou resultado único.

propriedade da informação Questão ética que se concentra em quem é o proprietário de informações sobre indivíduos e como as informações podem ser vendidas e trocadas.

propriedade intelectual Trabalho criativo intangível que se materializa na forma física.

protocolo Padrão que especifica o formato do dado, bem como as regras a serem seguidas durante a transmissão.

prototipação para descoberta Cria uma representação ou modelo de trabalho em pequena escala do sistema, para garantir que ele atenda às necessidades dos usuários e da empresa.

protótipo Representação ou modelo de trabalho em menor escala dos requisitos do usuário ou o projeto proposto para um sistema de informação.

provedor de acesso à Internet (ISP – Internet Service Provider) Companhia que fornece acesso à Internet a indivíduos e outras companhias, além de serviços adicionais relacionados, como a criação de um site.

R

RadioPaper Visor eletrônico dinâmico de alta resolução que combina uma experiência de leitura semelhante à do papel com a capacidade de acessar informações a qualquer hora, em qualquer lugar.

rastreamento de ativos Ocorre quando uma empresa coloca etiquetas RFID ativas ou semipassivas em produtos ou ativos caros para coletar dados sobre a localização dos itens com pouca ou nenhuma intervenção manual.

Real Simple Syndication (RSS) Família de formatos de feed da Web utilizados para a distribuição de programas e conteúdos da Web.

realidade aumentada Visão do mundo físico com camadas geradas por computador de informação adicionado a ele.

realidade virtual Ambiente simulado por computador que pode ser uma simulação do mundo real ou um mundo imaginário.

receita Refere-se à quantia ganha como resultado da distribuição ou produção de um produto ou da prestação de um serviço.

recuperação Capacidade de obter um sistema restabelecido e em funcionamento, em caso de queda ou falha do sistema, e inclui a restauração do backup de informações.

recursos humanos (RH) Inclui as políticas, os planos e os procedimentos para a administração efetiva dos funcionários (os recursos humanos).

rede Sistema de comunicações, de troca de dados e de compartilhamento de recursos criado a partir da ligação de dois ou mais computadores e com o estabelecimento de normas ou protocolos, de modo que eles possam trabalhar juntos.

rede cliente/servidor Modelo para aplicações no qual a maior parte do processamento de back-end, como realizar pesquisas físicas de um banco de dados, ocorre em um servidor, enquanto o processamento front-end, que envolve a comunicação com os usuários, é controlado pelos clientes.

rede de área local (LAN – Local Area Network) Rede de computadores que utiliza cabos ou sinais de rádio para conectar dois ou mais computadores dentro de uma área geográfica limitada, geralmente um edifício ou um grupo de edifícios.

rede de área metropolitana (MAN – Metropolitan Area Network) Rede de computadores que fornece conectividade em uma área geográfica ou região maior do que aquela coberta por uma rede de área local, mas menor do que a área coberta por uma rede de longa distância.

rede de área pessoal (PAN – Personal Area Network) Fornece comunicação em curta distância, destinando-se ao uso com dispositivos que pertencem e são operados por um único usuário.

rede de longa distância (WAN – Wide Area Network) Rede de computadores que fornece serviços de comunicação de dados para empresas em áreas geograficamente dispersas (como em várias partes de um país ou do mundo).

rede inteligente Fornece eletricidade utilizando a tecnologia digital de duas vias.

rede neural (rede neural artificial) Categoria de IA que tenta imitar a forma como o cérebro humano trabalha.

rede social Aplicativo que conecta as pessoas, por meio da combinação de informações de perfil.

redundância da informação Duplicação de dados, ou o armazenamento dos mesmos dados em vários lugares.

reengenharia de processos de negócios (BPR – Business Process Reengineering) Análise e revisão do fluxo de trabalho dentro e entre empresas.

registro Coleção de elementos de dados relacionados.

registro de incidente Contém todos os detalhes do incidente.

regra de negócio Define como a companhia administra determinado aspecto do seu negócio e normalmente resulta em uma resposta do tipo sim/não ou falso/verdadeiro.

reintermediação Uso da Internet para reunir, de novas maneiras, compradores, vendedores e outros parceiros em uma cadeia de fornecimento tradicional.

relatório de status Avaliações periódicas do desempenho real em relação ao desempenho esperado.

relógio do sistema Funciona como um relógio de pulso e usa uma bateria ligada à placa-mãe para fornecer energia quando o computador está desligado.

repositório de dados (*data mart*) Contém um subconjunto de informações do depósito de dados.

requisitos de negócio Conjunto detalhado de requisitos de negócio que o sistema deve cumprir para ser bem-sucedido.

responsabilidade social corporativa Responsabilidade reconhecida das empresas perante a sociedade.

resposta interativa de voz (IVR – Interactive Voice Response) Direciona os clientes a usarem os telefones multifrequencial ou palavras-chave para navegar ou fornecer informações.

restauração do sistema Permite que um usuário retorne ao sistema operacional anterior.

restrição de integridade crítica ao negócio Implementa regras empresariais vitais para o sucesso da organização e, com frequência, requer mais insight e conhecimento que as restrições de integridade relacional.

restrição de integridade Regras que ajudam a assegurar a qualidade da informação.

restrição de integridade relacional Regras que reforçam restrições básicas e fundamentais baseadas em informações.

restrição de projeto Fator específico que pode limitar as opções.

resultado final do projeto Qualquer produto, resultado ou item mensurável, tangível e verificável produzido para completar um projeto ou parte de um projeto.

retorno sobre o investimento (ROI – Return on Investment) Indica a rentabilidade de um projeto.

riqueza de informações Refere-se à profundidade e à amplitude das informações transferidas entre os clientes e as empresas.

risco do projeto Evento ou condição incerta que, caso ocorra, tem efeito positivo ou negativo sobre os objetivos do projeto.

rivalidade entre concorrentes existentes Alta quando a concorrência é feroz em um mercado e baixa quando é mais complacente.

roteador Dispositivo de conexão inteligente que examina cada pacote de dados que recebe e então decide de que forma enviá-lo progressivamente ao seu destino.

roubo de identidade Falsificação da identidade de alguém com o intuito de cometer fraude.

roubo de nome de site Roubo de nome de um site que ocorre quando alguém que age como se fosse administrador do site muda a propriedade do nome de domínio, atribuindo o site para outro proprietário.

S

satélite Grande repetidor de micro-ondas no céu que contém um ou mais transponders que ouvem uma porção específica do espectro eletromagnético, amplificando os sinais de entrada e retransmitindo-os de volta à Terra.

segmentação de mercado Divisão de um mercado em grupos similares de consumidores.

segurança da informação Termo amplo que abrange a proteção da informação do seu mau uso acidental ou intencional por pessoas dentro ou fora da organização.

segurança física Proteção tangível, incluindo alarmes, guardas, portas corta-fogo, cercas e cofres.

serviço Tarefa de negócios.

serviço de notificação de emergências Infraestrutura construída para notificar as pessoas em caso de emergência.

serviços baseados em localização (LBS – Location-Based Services) Serviços de conteúdo móvel sem fio que fornecem informações específicas de localização para usuários móveis que se deslocam de um local para outro.

servidor Computador dedicado a fornecer informações em resposta a solicitações externas.

shopping bot **(comparador de preços)** Software que pesquisa vários sites de varejistas e fornece uma comparação das ofertas de cada um, incluindo preço e disponibilidade.

sigilo de informações Categoria de segurança de computadores que aborda a proteção de dados da divulgação não autorizada e a confirmação da autenticidade da fonte de dados.

simulação por computador Sistemas complexos, como a economia dos Estados Unidos, podem ser modelados por meio de equações matemáticas e diferentes cenários podem ser comparados com o modelo para determinar uma análise de situações hipotéticas (*"what if"*).

sistema Várias peças que se unem para atingir um objetivo comum.

sistema aberto Termo geral e amplo que descreve hardware e software de TI comuns, disponibilizados pelas normas e procedimentos a partir dos quais os seus produtos operam, tornando mais fácil integrá-los.

sistema de apoio à decisão (DSS – Decision Support System) Modela a informação para apoiar gestores e profissionais de negócios durante o processo de tomada de decisão.

sistema de colaboração Conjunto de ferramentas baseado em TI que dá suporte ao trabalho das equipes, facilitando o compartilhamento e o fluxo de informações.

sistema de gerenciamento de banco de dados (DBMS – Database Management System) Software pelo qual os usuários e programas de aplicativos interagem com um banco de dados.

sistema de gerenciamento de banco de dados relacional Permite aos usuários criar, ler, atualizar e excluir dados no banco de dados relacional.

sistema de gerenciamento de conteúdo (CMS – Content Management System) Fornece ferramentas para gerenciar criação, armazenamento, edição e publicação de informações em um ambiente colaborativo.

sistema de gerenciamento de distribuição Coordena o processo de transporte de materiais de um fabricante aos centros de distribuição e aos consumidores finais.

sistema de gerenciamento de estoque global Fornece a capacidade de localizar, rastrear e prever os movimentos de cada componente ou material em qualquer lugar para baixo ou para cima no processo de produção.

sistema de gerenciamento e controle de estoque Fornecem controle e visibilidade para a situação de itens individuais mantidos em estoque.

sistema de gestão do conhecimento (KMS – Knowledge Management System) Apoia a captura, a organização e a disseminação de conhecimento (ou seja, o *know-how*) em toda a organização.

sistema de informação executiva (EIS – Executive Information System) Sistema especializado que suporta decisões dos executivos de nível sênior dentro da organização.

sistema de informação geográfica (GIS – Geographic Information System) Projetado para trabalhar com informações que podem ser mostradas em um mapa.

sistema de planejamento de transporte Rastreia e analisa o movimento de materiais e produtos para assegurar a entrega dos materiais e dos produtos acabados na hora certa, no lugar certo e com o menor custo.

sistema de posicionamento global (GPS – Global Positioning System) Dispositivo que determina latitude, longitude, velocidade e direção do movimento atual.

sistema de processamento de transações (TPS – Transaction Processing System) Sistema de operação de negócios que serve o nível operacional (analítico) de uma organização.

sistema de telecomunicações Permite a transmissão de dados via redes públicas ou privadas.

sistema em tempo real Fornece informações em tempo real em resposta a solicitações de consulta.

sistema especialista Programas de assessoria computadorizada que imitam o processo de raciocínio de especialistas para resolução de problemas difíceis.

sistema inteligente Várias aplicações comerciais de inteligência artificial.

sistema legado Sistema antigo que está se aproximando rapidamente do fim da sua vida útil (ou já ultrapassou esse ponto) no âmbito da organização.

sistema operacional de rede (NOS – Network Operating System) Sistema operacional que executa em rede, direcionando a informação entre os computadores e controlando a segurança e os usuários.

sistema operacional incorporado Usado para uma única finalidade em dispositivos de computador e aplicações de propósito especial, como um automóvel, caixa eletrônico ou reprodutor de mídia.

sistemas de informações Nome comum para as funções do negócio e de disciplina acadêmica que abrange a aplicação de pessoas, tecnologias e procedimentos – normalmente chamadas de sistemas de informação – para resolver problemas de negócios.

site baseado em dados Site interativo mantido constantemente atualizado e relevante para as necessidades de seus clientes por meio da utilização de um banco de dados.

smartphone Combina as funções de um telefone celular e de um PDA em um único dispositivo.

sociedade Semelhante às sociedades unipessoais, exceto pelo fato de essa estrutura legal permitir mais de um proprietário.

sociedade anônima Empresa cujo capital social se divide em ações, e a responsabilidade de cada sócio ou acionista é limitada ao valor das ações que sobrescrever ou adquirir.

sociedade limitada Empresa cujo capital social é dividido em quotas, e a responsabilidade de cada sócio é restrita ao valor de suas quotas. Todos respondem por sua parte de forma solidária.

software Conjunto de instruções que o hardware executa para realizar tarefas específicas.

software antivírus Faz varredura e busca nos discos rígidos a fim de prevenir, detectar e remover vírus, *adware* e *spyware* conhecidos.

software como serviço (SaaS – Software as a Service) Modelo de implantação de software em que um aplicativo é licenciado para uso como um serviço prestado aos clientes sob demanda.

software de aplicação Usado para necessidades específicas de processamento de informação, incluindo folha de pagamento, gestão de relacionamento com o cliente, gestão de projetos, treinamento e várias outras.

software de detecção de intrusão (IDS – Intrusion Detection Software) Procura por padrões no tráfego de informações e da rede para indicar os ataques e responder rapidamente a eles para evitar qualquer dano.

software de execução da cadeia de fornecimento (SCE – Supply Chain Execution) Automatiza as diferentes etapas e fases da cadeia de fornecimento.

software de gerenciamento de disciplinas Contém informações sobre a disciplina, como um plano de estudos e trabalhos, e oferece caixas suspensas para testes e temas de casa, além de um livro de notas.

software de gerenciamento de projeto Suporta, no longo prazo, a gestão e a execução diária das etapas de um projeto.

software de planejamento de demanda Gera previsões de demanda utilizando ferramentas estatísticas e técnicas de previsão.

software de sistema Controla como as várias ferramentas de tecnologia trabalham juntas com o software de aplicações.

software de sistema operacional Controla o aplicativo de software e gerencia a forma com o que os dispositivos de hardware trabalham juntos.

software falsificado Software que é fabricado para se parecer com o software legítimo e ser vendido como tal.

software pirateado Utilização, cópia, distribuição ou venda não autorizada de software com direitos autorais.

software utilitário Fornece funcionalidade adicional ao sistema operacional.

solvência Significa a capacidade da empresa de pagar suas contas e sua dívida.

spam Email não solicitado.

spear phishing Expedição de phishing em que os emails são cuidadosamente projetados para atingir uma pessoa ou organização específica.

spyware Software que vem escondido em um software grátis para download e controla os movimentos online, explora as informações armazenadas em um computador, ou utiliza a CPU e a memória de um computador para alguma tarefa sobre a qual o usuário não tem conhecimento algum.

streaming Método de envio de arquivos de áudio e vídeo via Internet, de tal forma que o usuário pode visualizar o arquivo enquanto ele está sendo transferido.

T

tagging **(marcação) social** Descreve a atividade colaborativa de marcar conteúdo online com palavras-chave ou *tags* como forma de organizá-lo para navegação, filtragem ou pesquisa no futuro.

tags Palavras-chave ou expressões específicas incorporadas no conteúdo de um site para fins de classificação ou taxonomia.

taxonomia Classificação científica de organismos em grupos com base em semelhanças de estrutura ou origem.

tecnologia diruptiva Nova maneira de fazer as coisas que, inicialmente, não atendem às necessidades dos clientes existentes.

tecnologia multiple-in/multiple-out (MIMO) Vários transmissores e receptores permitem enviar e receber maiores quantidades de dados do que os dispositivos de rede tradicionais.

tecnologia sustentada Produz um produto melhorado que os clientes anseiam por comprar, como um carro mais rápido ou um disco rígido maior.

tecnologias de análise de CRM Ajudam as organizações a segmentar seus clientes em categorias, como melhores e piores clientes.

tecnologias de previsão de CRM Ajudam as organizações a fazer previsões sobre o comportamento do cliente, como a previsão de clientes que estão em risco de abandono do negócio.

tecnologias de relatórios de CRM Ajudam as organizações a identificar seus clientes em outras aplicações.

teergrubbing Abordagem antispam em que o computador receptor lança um contra-ataque ao *spammer*, enviando mensagens de email de volta para o computador que originou o possível *spam*.

teleliving Uso de dispositivos de informação e da Internet para conduzir todos os aspectos da vida de modo prático.

tempo de resposta Tempo que leva para responder às interações do usuário, como um clique do mouse.

tempo estimado de chegada (ETA – Estimated Time Of Arrival) Hora do dia prevista para chegada em um determinado destino; é normalmente usado para aplicações de navegação.

tempo estimado de viagem (ETE – Estimated Time Enroute) Tempo que falta para chegar a um destino utilizando a velocidade atual; é normalmente usado para aplicações de navegação.

terabyte (TB) Aproximadamente 1 trilhão de bytes.

terceirização Acordo pelo qual uma organização fornece um serviço ou serviços para outra organização que opta por não realizá-los internamente.

terceirização *nearshore* Contratação de um acordo de terceirização com uma empresa de um país vizinho.

terceirização *offshore* Utiliza organizações de países em desenvolvimento para compor código e desenvolver sistemas.

terceirização *onshore* Envolve outra empresa de serviços do mesmo país.

teste Alpha Avaliam se todo o sistema atende aos requisitos de projeto dos usuários.

teste de aceitação do usuário (UAT – User Acceptance Testing) Determina se o sistema satisfaz as necessidades dos usuários e dos negócios.

teste de integração Verifica se sistemas separados podem trabalhar juntos, passando dados de um para o outro corretamente.

teste de sistema Verifica se as unidades ou pedaços de código funcionam corretamente quando integrados.

teste de unidade Teste de unidades ou pedaços de código individuais de um sistema.

testes de desenvolvimento Programadores testam o sistema para garantir que não apresente bugs.

TI sustentável ou ecológica (ou TI verde) Descreve a fabricação, gestão, utilização e eliminação de tecnologia da informação de maneira que minimize os danos ao meio ambiente, que é uma parte importante da responsabilidade corporativa.

tinta digital (ou tinta eletrônica) Tecnologia que representa digitalmente a caligrafia em sua forma natural.

token Pequeno dispositivo eletrônico que altera as senhas do usuário automaticamente.

tolerância a falhas Sistema de computador projetado para que, caso um componente falhe, um componente ou procedimento de backup possa tomar o seu lugar imediatamente, sem perda de serviço.

topologia de rede Refere-se ao arranjo geométrico da verdadeira organização física dos computadores (e outros dispositivos de rede) em uma rede.

trabalhadores do conhecimento Indivíduos valorizados por sua capacidade de interpretar e analisar informações.

transação Troca ou transferência de bens, serviços ou fundos, envolvendo duas ou mais pessoas.

Transmission Control Protocol/Internet Protocol (TCP/IP) Fornece a base técnica para a Internet pública, assim como para um grande número de redes privadas.

treinamento online Executado na Internet ou por meio de um CD-ROM.

trimestre financeiro Período de três meses (quatro trimestres por ano).

typosquatting Problema que ocorre quando alguém registra propositadamente variações com erros ortográficos de nomes de domínios conhecidos.

U

unidade de controle Interpreta as instruções de software e, literalmente, diz a outros dispositivos de hardware o que fazer, com base nas instruções do software.

unidade de processamento central (CPU) (ou microprocessador) Hardware real que interpreta e executa as instruções do programa (software) e coordena como todos os outros dispositivos de hardware vão funcionar em conjunto.

unidade estratégica de negócios (SBU – Strategic Business Units) Consiste em várias empresas independentes.

unidade lógica e aritmética (ULA) Realiza todas as operações aritméticas (adição e subtração, por exemplo) e todas as operações lógicas (como classificação e comparação de números).

universal resource locator (URL) Endereço de um arquivo ou recurso na Web, como www.apple.com.

upgrade de software Ocorre quando o fornecedor de software lança uma nova versão do software, promovendo mudanças significativas no programa.

usabilidade Nível de facilidade para entender um sistema e sua eficiência e satisfação para o usuário.

uso corporativo das redes sociais Prática de expandir seu negócio e/ou contatos sociais com a criação de uma rede pessoal.

V

valor agregado Termo usado para descrever a diferença entre o custo dos insumos e o valor de preço dos produtos.

vantagem competitiva Produto ou serviço que os clientes de uma organização valorizam mais do que as ofertas similares de um concorrente.

vantagem do pioneirismo Uma organização pode causar impacto significativo em sua fatia de mercado por ser a primeira com uma vantagem competitiva.

variável Característica de dados que representa um valor que muda ou varia ao longo do tempo.

velocidade de transação Tempo que um sistema leva para realizar uma transação.

vendas Função de vender um produto ou serviço que se concentra em aumentar as vendas para clientes e, assim, aumentar as receitas da companhia.

viabilidade Determina se a solução proposta é viável e exequível do ponto de vista financeiro, técnico e organizacional.

virtualização Espaço de memória protegido criado pela CPU para permitir que o computador crie máquinas virtuais.

virtualização do sistema Capacidade de apresentar os recursos de um único computador como se fossem vários computadores separados ("máquinas virtuais"), cada um com suas CPUs, interfaces de rede, armazenamento e sistema operacional virtuais.

vírus Software criado com a intenção maliciosa de causar incômodo ou prejuízo.

visão física Armazenamento físico da informação em um dispositivo de armazenamento como um disco rígido.

visão lógica Concentra-se em como os usuários logicamente acessam uma informação para satisfazer as suas necessidades de negócios.

***vishing* (ou *phishing* de voz)** Golpe por telefone que tenta enganar as pessoas, solicitando que liguem para um número de telefone falso para "confirmar" as informações da conta.

visibilidade da cadeia de fornecimento Capacidade de visualizar todas as áreas acima e abaixo na cadeia de fornecimento.

visualização de dados Descreve as tecnologias que permitem aos usuários "ver" ou visualizar dados para transformar informações em uma perspectiva de negócio.

volátil Precisa de alimentação de energia constante para funcionar. O conteúdo é perdido quando o fornecimento de energia elétrica do computador falha.

volatilidade Refere-se à perda total das informações armazenadas na memória RAM se a energia for interrompida.

vulnerabilidade Ponto fraco do sistema que pode ser explorado por uma ameaça; por exemplo, uma senha que nunca é alterada ou um sistema deixado em execução enquanto um funcionário vai almoçar.

W

WAN sem fio (WWAN – Wireless WAN) Rede de longa distância que utiliza sinais de rádio para transmitir e receber dados.

war chalking Prática de marcação de ruas com códigos que indicam onde o acesso Wi-Fi está disponível.

war driving Procura deliberada por sinais de Wi-Fi usando um veículo.

warm site Instalação separada com equipamentos de informática que precisam ser instalados e configurados.

Web 1.0 Refere-se à World Wide Web durante os seus primeiros anos de funcionamento, entre 1991 e 2003.

Web 2.0 (ou Business 2.0) Conjunto de tendências econômicas, sociais e tecnológicas que formam coletivamente a base para a próxima geração da Internet – um meio mais maduro e distinto, caracterizado pela participação do usuário, pela abertura e pelos efeitos da rede.

Web Accessibility Initiative (WAI) Reúne membros do setor, organizações para pessoas com deficiências, governo e laboratórios de pesquisa de todo o mundo para desenvolver diretrizes e recursos para ajudar a tornar a Web acessível a pessoas com deficiências auditivas, cognitivas, neurológicas, físicas, visuais e de fala.

web log Consiste em uma linha de informação para todos os visitantes de um site e é normalmente armazenado em um servidor Web.

Web semântica Extensão evolutiva da World Wide Web na qual o conteúdo da Web pode ser expresso não apenas em linguagem natural, mas também em um formato que possa ser lido e utilizado por agentes de software, permitindo, então, que eles encontrem, compartilhem e integrem as informações mais facilmente.

webconferência (webinar) Mistura áudio, vídeo e tecnologias de compartilhamento de documentos para criar salas virtuais onde as pessoas se "reúnem" em um site protegido por senha.

Wi-Fi Protected Access (WPA) Protocolo de segurança sem fio para proteger redes Wi-Fi.

wiki Ferramenta baseada na Web que facilita aos usuários adicionar, remover e alterar o conteúdo online.

wired equivalent privacy (WEP) Algoritmo de criptografia projetado para proteger os dados de transmissões sem fio.

World Wide Web (WWW) Sistema global de hipertexto que utiliza a Internet como seu mecanismo de transporte.

Worldwide Interoperability for Microwave Access (WiMAX) Tecnologia de telecomunicações destinada a fornecer dados sem fio em longas distâncias em uma variedade de formas, desde links ponto a ponto até o acesso celular móvel completo.

Z

zumbi Programa que toma controle de outro computador secretamente com o propósito de lançar ataques a outros computadores.

NOTAS

CAPÍTULO 1

1. "Apple Profit Surges 95 Percent on iPod Sales", *Yahoo! News*, http://news.yahoo.com/s/afp/20060118/bs_afp/ uscompanyearningsit_060118225009, acessado em janeiro de 2010; "Apple's IPod Success Isn't Sweet Music for Record Company Sales", *Bloomberg.com*, http://quote.bloomberg. com/apps/news?pid5nifea&&sid5aHP5Ko1 pozM0, acessado em novembro de 2010; Peter Burrows, "How Apple Could Mess Up Again", *BusinessWeek Online*, http:// yahoo.businessweek.com/technology/content/jan2006/ tc20060109_432937.htm, acessado em janeiro de 2011; www. apple.com/iphone, acessado em junho de 2011; news.com.com NikeiPodaisesRFID-privacyconcerns/2100-1029_3-6143606. html, acessado em junho de 2011.
2. Interesting Facts, www.interestingfacts.org, acessado em junho de 2012.
3. Thomas L. Friedman, *O Mundo é Plano* (Nova York: Farrar, Straus & Giroux, 2005); Thomas Friedman, "O Mundo é Plano", www.thomaslfriedman.com, acessado em junho de 2010; Thomas L. Friedman, "The Opinion Pages", *The New York Times*, topics.nytimes.com/top/opinion/editorialsandoped/ oped/columnists/thomaslfriedman, acessado em junho de 2012.

CAPÍTULO 2

1. Ina Fried, "Apple Earnings Estimates Top", *CNET News*, 11 de outubro de 2005, http://news.cnet.com/Appleearnings--topestimates/2100-1041_3-5893289.html?tag5lia;rcol, acessado em julho de 2012.
2. Frederic Paul, "Smart Social Networking for Your Small Business", *Forbes.com*, www.forbes.com/2009/06/05/ social--networkinginterop-entrepreneurs-technology-bmighty. html, acessado em julho de 2012.
3. Michael E. Porter, "The Five Competitive Forces That Shape Strategy", The Harvard Business Review Book Series, *Harvard Business Review*, janeiro de 2008; Michael E. Porter, "Competitive Strategy: Techniques for Analyzing Industries and Competitors", *Harvard Business Review*, janeiro de 2002; Michael E. Porter, "On Competition", The Harvard Business Review Book Series (Boston: Harvard Business School Publishing, 1985); Harvard Institute for Strategy and Competitiveness, www.isc.hbs.edu/, acessado em junho de 2012.

    4-15 Ibid.

CAPÍTULO 3

1. Christopher Koch, "The ABC's of Supply Chain Management", www.cio.com, acessado em outubro de 2012.
2. "Customer Success Stories", www.siebel.com, acessado em outubro de 2012.
3. "Kaiser's Diabetic Initiative", www.businessweek.com, acessado em outubro de 2012.
4. "Integrated Solutions – The ABCs of CRM", www.integratedsolutionsmag.com, acessado em novembro de 2012.
5. Chi-Chu Tschang, "Contaminated Milk Sours China's Dairy Business", *Bloomberg Businessweek*, setembro de 2008, www.businessweek.com/globalbiz/content/sep2008/ gb20080926_543133.htm.

CAPÍTULO 4

1. Peter Drucker, "The Man Who Invented Management: Why Peter Drucker's Ideas Still Matter", www.businessweek. com/magazine/content/05_48/b3961001.htm, acessado em outubro de 2010.
2. Neustar Webmetrics, www.webmetrics.com/, acessado em abril de 2012.
3. Ibid.
4. Ibid.
5. The Balanced Scorecard, www.balancedscorecard.org, acessado em fevereiro de 2010.
6. Clive Thompson, "Do You Speak Statistics?" *Wired*, maio de 2010, p. 36.

CAPÍTULO 5

1. "IT Master of the Senate", *CIO Magazine Online*, www.cio. com/archive/050104/tl_govt.html, acessado em maio de 2012.
2. Michael Schrage, "Rebuilding the Business Case", *CIO Magazine Online*, www.cio.com, acessado em novembro de 2012.
3. "Integrating Information at Children's Hospital", *KMWorld*, www.kmworld.com/Articles/ReadArticle.aspx, acessado em abril de 2012.
4. Scott Berianato, "Take the Pledge", *CIO Magazine Online*, www.cio.com, acessado em novembro de 2012.
5. "2009 CSI/FBI Computer Crime and Security Survey", www. usdoj.gov/criminal/cybercrime/FBI2009.pdf, acessado em fevereiro de 2009.
6. Notas 6–9. Ibid.
10. Schrage, "Rebuilding the Business Case".
11. Ibid.
12. www.norcrossgroup.com/casestudies.html, acessado em outubro de 2010.
13. Nick Leiber, Sommer Saadi, Victoria Stilwell, Joel Stonington, John Tozzi e Venessa Wong, "2011 Finalists: America's Best Young Entrepreneurs", *Bloomberg Businessweek*, 20 de setembro de 2011.
14. "Bad Business Decisions", *Business 2.0*, dezembro de 2003, pp. S1–S5.
15. Thomas L. Friedman, *Quente, plano e lotado: Os desafios e oportunidades de um novo mundo*. (New York: Farrar, Straus, Giroux, 2008).
16. "Salary Survey", Special Report Staff and Entry Level Salary Comparison, *ComputerWorld*, www.computerworld. com/s/ salary-survey/breakdown/2009/job_level/3, acessado em junho de 2010.
17. Ina Fried, "Adobe to Buy Omniture for $1.8 Billion, *CNET News*, 15 de setembro de 2009, http://news.cnet.com/8301-13860_ 3-10353733-56.html.
18. Streeter Seidell, "10 Best Things We'll Say to Our Grand-kids", *Wired*, 21 de setembro de 2009, www.wired.com/culture/ culturereviews/magazine/17-10/st_best#ixzz0s65fFq1t.
19. Thomas L. Friedman, *O Mundo é Plano* (New York: Farrar, Straus & Giroux, 2005); Thomas Friedman, "O Mundo é

Plano", www.thomaslfriedman.com, acessado em junho de 2010; Thomas L. Friedman, "The Opinion Pages", The New York Times, topics.nytimes.com/top/opinion/editorialsandoped/ oped/columnists/thomaslfriedman, acessado em junho de 2012.
20. J. R. Raphel, "The 15 Biggest Wiki Blunders", *PC World*, 26 de agosto de 2009.
21. Peter S. Green, "Merrill's Thain Said to Pay $1.2 Million to Decorator", *Bloomberg Businessweek*, 23 de janeiro de 2009, www.bloomberg.com/apps/news?sid5aFcrG8er4FRw&pid5 newsarchive, acessado em 17 de abril de 2010.
22. "TED: Ideas Worth Spreading", www.ted.com/pages/view/id/5, acessado em 21 de junho de 2012.

CAPÍTULO 6

1. www.webdesignerdepot.com, acessado em abril de 2012; flowingdata.com/2011/12/21/the-best-data-visualization-projects-of-2011/, acessado em abril de 2012.
2. Julia Kiling, "OLAP Gains Fans among Data-Hungry Firms", *ComputerWorld*, 8 de janeiro de 2001, p. 54.
3. Stephen Baker, "What Data Crunchers Did for Obama", *Bloomberg Businessweek*, janeiro de 2009.

CAPÍTULO 7

1. Jim Giles, "Data Sifted from Facebook Wiped after Legal Threats", NewScientist, 31 de março de 2010, www.newscientist. com/article/dn18721-data-sifted-from-facebook-wiped-after-legal-threats.html.
2. www.ellisisland.com, acessado em junho de 2013.
3. "Data, Data Everywhere", *The Economist*, www.economist.com/specialreports/displayStory.cfm?story_id 5 15557443.
4. Michael S. Malone, "IPO Fever", *Wired*, March 2004; "Cyber Bomb – Search Tampering", *BusinessWeek*, março de 2009; "Google Knows Where You Are", *BusinessWeek*, Fevereiro de 2009; www.google.com, acessado em 13 de setembro de 2003.

CAPÍTULO 8

1. Kathleen Melymuka, "Premier 100: Turning the Tables at Applebee's", *ComputerWorld*, www.computerworld.com, acessado em fevereiro de 2007; Barbara DePompa Reimers, "Too Much of a Good Thing", *ComputerWorld*, abril de 2007.
2. Alice LaPante, "Big Things Come in Smaller Packages", *ComputerWorld*, junho de 1996, pp. DW/6–7.
3. Nikhil Hutheesing, "Surfing with Sega", *Forbes*, novembro de 2007.
4. Ibid.
5. Julia Kiling, "OLAP Gains Fans among Data-Hungry Firms", *ComputerWorld*, janeiro de 2010.
6. Steve Hamm, "Business Intelligence Gets Smarter", *BusinessWeek*, 15 de maio de 2006.
7. Julie Schlosser, "Looking for Intelligence in Ice Cream", *Fortune*, março de 2009; Leslie Goff, "Summertime Heats Up IT at Ben & Jerry's", *ComputerWorld*, julho de 2010; Customer Success Stories, www.cognos.com, acessado em janeiro de 2012.
8. Maria Popova, "Data Visualization: Stories for the Information Age", *Bloomberg Businessweek*, abril de 2011.
9. Prashant Gopal, "Zillow Opens Online Mortgage Marketplace", *Bloomberg Businessweek*, 3 de abril de 2009.
10. Katie Cassidy, "Barack Obama: "iPad Distracts from the Message", *Sky News*, 10 de maio de 2010.
11. Ericka Chickowski, "Goldman Sachs Sued for Illegal Database Access", *Security Darkreading.com*, maio de 2010.
12. U.S. Bureau of Labor Statistics, www.bls.gov/, acessado em abril de 2012.

CAPÍTULO 9

1. www.actionaly.com, acessado em abril de 2012; www.socialmedia biz/2011/01/12/top-20-social-media-monitoring-vendors-for-business, acessado em abril de 2012; www.radian6.com, acessado em abril de 2012; www.collectiveintellect.com, acessado em abril de 2012.
2. Tom Davenport, "Tom Davenport: Back to Decision-Making Basics", *Bloomberg Businessweek*, março de 2008.
3. "What Is Systems Thinking", *SearchCIO.com*, http://search-cio.tech.
4. Rachel King, "Soon That Nearby Worker Might Be a Robot", *Bloomberg Businessweek*, 1º de junho de 2010, www.businessweek.com/technology/content/jun2010/tc2010061_798891.htm.
5. Sharon Begley, "Software au Natural"; Neil McManus, "Robots at Your Service"; Santa Fe Institute, www.dis.anl.gov/abms/, acessado em 24 de junho de 2007; Michael A. Arbib (Ed.), *The Handbook of Brain Theory and Neural Networks* (MIT Press, mitpress.mit.edu, 1995); L. Biacino and G. Gerla, "Fuzzy Logic, Continuity and Effectiveness", Archive for Mathematical Logic.
6. "Darpa Grand Challenge", www.darpa.mil/grandchallenge/, acessado em 1º de setembro de 2012.

CAPÍTULO 10

1. Frank Quinn, "The Payoff Potential in Supply Chain Management", www.ascet.com, acessado em 15 de junho de 2012. Jennifer Bresnahan, "The Incredible Journey", *CIO Enterprise*, www.cio.com, acessado em 12 de março de 2012.
2. "The Visionary Elite", *Business 2.0*, pp. S1–S5; money.cnn.com/magazines/business2/, acessado em julho de 2012.
3. Beth Bacheldor, "Steady Supply", *InformationWeek*, www.informationweek.com, acessado em junho de 2012.
4. "Success Story", www.perdue.com, acessado em junho de 2012.
5. Mohsen Attaran, "RFID: An Enabler of Supply Chain Operations", *Supply Chain Management: An International Journal* 12 (2007), p. 249–57, www.emeraldinsight.com, acessado em fevereiro de 2010.

CAPÍTULO 11

1. Timothy Keiningham and Lerzan Aksoy "When Customer Loyalty Is a Bad Thing", *Bloomberg Businessweek*, acessado em 8 de maio de 2009, www.businessweek.com/managing/content/may2009/ ca2009058_567988.htm.

CAPÍTULO 12

1. "Case Study: IBM Helps Shell Canada Fuel New Productivity with PeopleSoft EnterpriseOne", 8 de agosto de 2005, validado em 5 de fevereiro de 2007, www.306.ibm.com/software/success/cssdb.nsf.
2. Timothy Keiningham and Lerzan Aksoy, "When Customer Loyalty Is a Bad Thing", *Bloomberg Businessweek*, 8 de maio de 2009, www.businessweek.com/managing/content/may2009/ ca2009058_567988.htm.
3. Leroy Zimdars, "Supply Chain Innovation at Harley-Davidson: An Interview with Leroy Zimdars", 15 de abril de 2010, www.ascet.com/authors.asp?a_id568; "Harley-Davidson: Ride Your Heri-tage", Fast Company, agosto de 2004, p. 44; "Harley-Davidson on the Path to Success", www.peoplesoft.com/media/success, acessado em junho de 2010.

CAPÍTULO 13

1. Ingrid Lunden, "Pinterest Updates Terms of Service as It Preps an API and Private Pinboards: More Copyright Friendly", *Tech Crunch*, abril de 2012; Chad McCloud, "What Pinterest Teaches Us About Innovation in Business", *Bloomberg Businessweek*, maio de 2012; Courteney Palis, "Pinterest Traffic Growth Soars to New Heights: Experian Report", *The Huffington Post*, 6 de abril de 2012.
2. "Polaroid Files for Bankruptcy Protection", www.dpreview.com/news/0110/01101201polaroidch11.asp, acessado em julho de 2012.
3. Clayton Christensen, *The Innovator's Dilemma* (Boston: Harvard Business School, 1997); Adam Lashinsky, "The Disrupters", *Fortune*, 11 de agosto de 2003, p. 62–65.
4. Ibid.
5. Ibid.
6. Internet World Statistics, www.internetworldstats.com, janeiro de 2012.
7. info.cern.ch, acessado em junho de 2010.
8. Brier Dudley, "Changes in Technology Almost Too Fast To Follow", *The Seattle Times*, 13 de outubro de 2005.
9. Timothy Mullaney, "Netflix", *Bloomberg Businessweek*, www.businessweek.com/smallbiz/, acessado em junho de 2010.
10. "Disintermediation", *TechTarget*, http://whatis.techtarget.com/ defition.html, acessado em abril de 2010.
11. Ibid.
12. Scott McCartney, "You Paid What for That Flight?" *The Wall Street Journal*, 26 de agosto de 2010, http://online.wsj.com/article.
13. "A Site Stickier than a Barroom Floor", *Business 2.0*, junho de 2005, p. 741; www.emarketer.com, acessado em janeiro de 2010.
14. Ibid.
15. Paul Ormerod, *Why Most Things Fail: Evolution, Extinction, and Economics* (Hoboken, NJ: John Wiley & Sons, 2005).

CAPÍTULO 14

1. www.google.com, acessado em setembro de 2012.
2. Ibid.
3. "The Complete Web 2.0 Directory", www.go2web20.net/, acessado em junho de 2012 "Web 2.0 for CIOs," www.cio.com/ article/16807; www.emarketer.com, acessado em janeiro de 2012.
4. "Internet Pioneers", www.ibiblio.org/pioneers/andreesen.html, acessado em junho de 2012.

CAPÍTULO 15

1. "The Complete Web 2.0 Directory", www.go2web20.net/, acessado em 24 de junho de 2007; "Web 2.0 for CIOs", www.cio.com/ article/16807; www.emarketer.com, acessado em janeiro de 2010; Daniel Nations, "What Is Social Bookmarking", About.com, "Web Trends", http://webtrends.about.com/od/socialbookmarking101/p/ aboutsocialtags.htm, acessado em 5 de abril de 2010.
2. Notas 2-11. Ibid.
12. Tim Berners-Lee, "Semantic Web Road Map", 14 de outubro de 1998, www.w3.org/DesignIssues/Semantic.html, acessado em 12 de abril de 2012.
13. Douglas MacMillan, "Social Media: The Ashton Kutcher Effect", *Bloomberg Businessweek*, 3 de maio de 2009, www.businessweek.com/technology/content/may2009/tc2009053_934757.htm.

CAPÍTULO 16

1. "How Do Cellular Devices Work", www.cell-phone101.info/devices.php, 9 de fevereiro de 2008.
2. Ibid.
3. Deepak Pareek, *WiMAX: Taking Wireless to the MAX* (Boca Raton, FL: CRC Press, 2006), p. 150–51; V. C. Gungor and F. C. Lambert, "A Survey on Communication Networks for Electric System Automation, Computer Networks", *International Journal of Computer and Telecommunications Networking*, 15 de maio de 2006, p. 877–97.

   Notas 4-8. Ibid.
9. "RFID Privacy and You", www.theyaretrackingyou.com/rfid-privacy-and-you.html, acessado em 12 de fevereiro de 2012. "RFID Roundup", www.rfidgazette.org, acessado em 10 de fevereiro de 2012. "Security-Free Wireless Networks", www.wired.com, acessado em 11 de fevereiro de 2012.
10. Ibid.
11. Damian Joseph, "The GPS Revolution", *Bloomberg Businessweek*, 27 de maio de 2009, www.businessweek.com/innovate/content/may2009/id20090526_735316.htm.
12. Natasha Lomas, "Location Based Services to Boom in 2008", *Bloomberg Businessweek*, 11 de fevereiro de 2008, www.businessweek.com/globalbiz/content/feb2008/gb20080211_420894.htm.
13. V. C. Gungor e F. C. Lambert, "A Survey on Communication Networks for Electric System Automation, Computer Networks", *International Journal of Computer and Telecommunications Networking*, 15 de maio de 2006, p. 877–97.
14. Natasha Lomas, "Location Based Services to Boom in 2008".
15. "Rip Curl Turns to Skype for Global Communications", www. voipinbusiness.co.uk/rip_curl_turns_to_skype_for_gl.asp, 7 de julho de 2006, acessado em 21 de janeiro de 2008; "Navigating the Mobility Wave", www.busmanage-

ment.com, acessado em fevereiro de 2012; "Sprint Plans Launch of Commercial WiMAX Service in Q2 2008", www.intomobile.com, acessado em fevereiro de 2012; Deepak Pareek, *WiMAX: Taking Wireless to the MAX* (Boca Raton, FL: CRC Press, 2006), p. 150–93; wimax.com, acessado em fevereiro de 2012.
16. Ibid.
17. Ibid.
18. Paul Hochman, "Wireless Electricity is Here", *Fast Company*, 1º de fevereiro de 2009, www.fastcompany.com/magazine/132/brilliant.html.
19. Tim Ferguson, "BBC Taps Web 3.0 for New Music Site", *Bloomberg Businessweek*, 7 de abril de 2009, www.businessweek.com/globalbiz/content/apr2009/gb2009047_713777.htm.
20. "What Is Social Networking", www.socialnetworking.com, acessado em junho de 2010.

CAPÍTULO 17

1. Charles Bryant, "Top 10 Things You Should Not Share on Social Networks", Howstuffworks, howstuffworks.com, acessado em maio de 2012.
2. "Overcoming Software Development Problems", www.samspublishing.com, acessado em outubro de 2005.

CAPÍTULO 18

1. "Four Steps to Getting Things on Track", *Bloomberg Businessweek*, 7 de julho de 2010, www.businessweek.com/idg/2010-07-07/ project-management-4-steps-to-getting-things-on-track.html.

CAPÍTULO 19

1. *CIO Magazine*, 1º de junho de 2006; "The Project Manager in the IT Industry", www.standishgroup.com; Jim Johnson, *My Life Is Failure* (Boston: Standish Group International, 2006); Gary McGraw, "Making Essential Software Work", Software Quality Management, abril de 2003, www.sqmmagazine.com, acessado em 14 de novembro de 2003.
2. Edward Yourdon, Death March: The Complete Software Developer's Guide to Surviving "Mission Impossible" Projects (Upper Saddle River, NJ: Prentice Hall PTR, 1999).

CAPÍTULO 20

1. "Baggage Handling System Errors", www.flavors.com, acessado em 16 de novembro de 2003.
2. www.twitter.com, acessado em junho de 2010.
3. Lynne Johnson, Ellen McGirt, and Sherri Smith, "The Most Influential Women in Technology", *Fast Company*, 14 de janeiro de 2009, www.fastcompany.com/magazine/132/the-mostinfluential-women-in-technology.html.

PLUG-IN G1

- Adrian Danescu, "Save $55,000", *CIO Magazine*, 15 de dezembro de 2004, p. 70.
- Alison Overholdt, "The Housewife Who Got Up Off the Couch", *Fast Company*, setembro de 2004, p. 94.
- *Business Dictionary*, www.glossarist.com/glossaries/ business/, acessado em 15 de dezembro de 2003.
- "Can the Nordstroms Find the Right Style?" *BusinessWeek*, 30 de julho de 2001.
- "From the Bottom Up", *Fast Company*, junho de 2004, p. 54.
- Geoff Keighley, "Will Sony's PSP Become the iPod of Gaming Devices?" *Business 2.0*, maio de 2004, p. 29.
- *Glossary of Business Terms*, www.powerhomebiz.com/ Glossary/glossary-A.htm, acessado em 15 de dezembro de 2003.
- *Glossary of Business Terms*, www.smallbiz.nsw.gov.au/ small-business/, acessado em 15 de dezembro de 2003.
- *Glossary of Financial Terms*, www.nytimes.com/library/financial/glossary/bfglosa.htm, acessado em 15 de dezembro de 2003.
- "Harley-Davidson: Ride Your Heritage", *Fast Company*, agosto de 2004, p. 44.
- "Ford on Top", *Fast Company*, junho de 2004, p. 54.
- "Innovative Managers", *BusinessWeek*, 24 de abril de 2005.
- Julie Schlosser, "Toys 'R' Us Braces for a Holiday Battle", *Money*, 22 de dezembro de 2003.
- "Mastering Management", *Financial Times*, www.ft.com/pp/mfm, acessado em 15 de dezembro de 2003.
- Michael Hammer, *Beyond Reengineering: How the Process-Centered Organization Is Changing Our Work and Our Lives* (New York: HarperCollins Publishers, 1997).
- "Progressive Insurance", *BusinessWeek*, 13 de março de 2004.
- "Toy Wars", www.pbs.org, acessado em 23 de dezembro de 2003.

PLUG-IN G2

- Bjorn Andersen, *Business Process Improvement Toolbox* (Milwaukee, WI: ASQ Quality Press, 1999).
- "BPR Online", www.prosci.com/mod1.htm, acessado em 10 de outubro de 2005.
- "Business Process Reengineering Six Sigma", www.sixsigma.com/me/bpr/, acessado em 10 de outubro de 2005.
- "Customer Success Stories: Adidas", www.global360.com/collateral/Adidas_Case_History.pdf, acessado em 10 de outubro de 2005.
- *Government Business Process Reengineering (BPR) Readiness Assessment Guide*, General Services Administration (GSA), 1996.
- H. James Harrington, *Business Process Improvement Workbook: Documentation, Analysis, Design, and Management of Business Process Improvement* (New York: McGraw-Hill, 1997).
- H. James Harrington, *Business Process Improvement: The Breakthrough Strategy for Total Quality, Productivity, and Competitiveness* (New York: McGraw-Hill, 1991).
- Michael Hammer e James Champy, "Reengineering the Corporation: A Manifest for Business Revolution", *HarperBusiness*, 1º de janeiro de 1994.
- Michael Hammer, *Beyond Reengineering: How the Process-Centered Organization Is Changing Our Work and Our Lives* (New York: HarperCollins, 1996).
- Richard Chang, "Process Reengineering in Action: A Practical Guide to Achieving Breakthrough Results (Quality Improvement Series)", 1996.

- "Savvion Helps 3Com Optimize Product Promotion Processes", www.savvion.com/customers/marketing_promo-tions.php, acessado em 10 de outubro de 2005.
- SmartDraw.com, www.smartdraw.com/, acessado em 11 de outubro de 2005.
- "What Is BPR?" searchcio.techtarget.com/sDefinition/0,,sid182_gci536451,00.html, acessado em 10 de outubro de 2005.

PLUG-IN G3
- Aaron Ricadela, "Seismic Shift", *Information Week*, 14 de março de 2005.
- Denise Brehm, "Sloan Students Pedal Exercise", www.mit.edu, acessado em 5 de maio de 2003.
- "Electronic Breaking Points", *PC World*, agosto de 2005.
- Hector Ruiz, "Advanced Micro Devices", *BusinessWeek*, 10 de janeiro de 2005.
- Margaret Locher, "Hands That Speak," CIO Magazine, 1 de junho de 2005.
- "The Linux Counter", counter.li.org, acessado em outubro de 2005.
- Tom Davenport, "Playing Catch-Up", *CIO Magazine*, 1º de maio de 2001.
- www.mit.com, acessado em outubro de 2005.
- www.needapresent.com, acessado em outubro de 2005.
- www.powergridfitness.com, acessado em outubro de 2005.

PLUG-IN G4
- Agam Shah, "UPS Invests $1 Billion in Technology to Cut Costs", www.businessweek.com/idg/2010-03-25/ups-invests-1-billion-intechnology-to-cut-costs.html, acessado em 4 de abril de 2010.
- Goodwill Industries International, "Dell and Goodwill Expand Free Recycling Program to Include Microsoft Product", 21 de abril de 2010, www.goodwill.org/press-releases/dell-goodwill-expandfree-consumer-recycling-program-to-include-micro-soft-products, acessado em 3 de junho de 2010.
- *Google Docs*, docs.google.com, acessado em 4 de junho de 2010.
- Martin LaMonica, "The Journey of Juice, Inside the Electric Grid", *CNET News*, 24 de agosto de 2010, http://news.cnet.com/8301-11128_3-20014393-54.html.
- "Moore's Law", www.intel.com/technology/mooreslaw, acessado em 2 de abril de 2010; Electronics TakeBack Coalition, "Facts and Figures on E-Waste and Recycling", www.electronicstake-back.com, acessado em 3 de abril de 2010; "EPA Report to Congress on Server and Data Center Energy Efficiency", www.energystar.gov/ia/partners/prod_development/downloads/EPA_Report_Exec_Summary_Final.pdf, acessado em 23 de janeiro de 2008.
- "Olympic Medals Made from E-Waste", news.discovery.com/tech/olympic-medals-made-from-e-waste.html, acessado em 4 de abril de 2010; Rob Delaney, "Olympic Champs Wear Old Trini-trons as Teck Turns Junk to Medals", *Bloomberg Businessweek*, acessado em 3 de fevereiro de 2010, www.bloomberg.com/apps/news?pid 5 newsarchive&sid 5az0yJ8scpCqQ.
- Rich Miller, "Google Data Center FAQ", www.datacenter-knowledge.com/archives/2008/03/27/google-data-center-faq/, acessado em 1º de abril de 2010.
- Switch on the Benefits of Grid Computing", h20338.www2.hp.com/enterprise/downloads/7_Benefits%20of%20grid%20computing.pdf, acessado em 2 de abril de 2010; "Talking to the Grid", www.technologyreview.com/energy/23706/, acessado em 3 de abril de 2010; "Tech Update: What's All the Smart Grid Buzz About?" www.fieldtechnologiesonline.com/download.mvc/Whats-All-The-Smart-Grid-Buzz-About-0001, acessado em 3 de abril de 2010.
- "The Great 1906 San Francisco Earthquake", *USGS*, http://earthquake.usgs.gov/regional/nca/1906/18april/index.php, acessado em 14 de julho de 2010.
- "VMware-History of Virtualization", www.virtualizationworks.com/Virtualization-History.asp, acessado em 23 de janeiro de 2008.
- www.box.net, acessado em 2 de abril de 2010.

PLUG-IN G5
- Andy Patrizio, "Peer-to-Peer Goes Beyond Napster", *Wired*, 14 de fevereiro de 2001, www.wired.com/science/discoveries/news/2001/02/41768, acessado em janeiro de 2009.
- Cisco, "Network Media Types", www.ciscopress.com/articles/article.asp?p 5 31276, acessado em janeiro de 2009.
- Cisco, "TCP/IP Overview", www.cisco.com/en/US/tech/tk365/technologies_white_paper09186a008014f8a9.shtml, acessado em janeiro de 2009.
- Cisco, "TCP/IP Overview".
- Intel in Communications, "10 Gigabit Ethernet Technology Overview", www.intel.com/network/connectivity/resources/doc_library/white_papers/pro10gbe_lr_sa_wp.pdf, acessado em janeiro de 2009.
- "IPv6", www.ipv6.org, acessado em janeiro de 2009.

PLUG-IN G6
- Daniel Schorn, "Whose Life Is It Anyway?" CBS News, www.cbsnews.com/stories/2005/10/28/60minutes/main990617.shtml, fevereiro de 2009.
- FTC Spam, www.ftc.gov/bcp/edu/microsites/spam/, acessado em junho de 2013.
- www.ftc.gov/ogc/coppa1.htm, acessado em abril de 2013.
- Jon Perlow, "New in Labs: Stop Sending Mail You Later Regret", gmailblog.blogspot.com/2008/10/new-inlabs-stop-sending-mail-you-later.html, acessado em junho de 2013.
- "Kiva – Loans That Change Lives", www.kiva.org, acessado em abril de 2013.
- Michael Schrage, "Build the Business Case", www.cio.com/article/31780/Build_the_Business_Case_Extracting_Value_from_the_Customer, 15 de março de 2003.
- Mike Brunker, "Online Poker Cheating Blamed on Employee", MSNBC.com, 19 de outubro de 2007, www.msnbc.msn.com/id/21381022/, acessado em abril de 2013.
- Richard Mason, "Four Ethical Issues of the Information Age", Management Information Systems Quarterly 10, nº 1 (março de 1986), www.misq.org/archivist/vol/no10/issue1/vol10no-1mason.html, acessado em abril de 2013.
- Ronald Quinlan, "Ex-banker Urges Former Colleagues to Step Down", www.independent.ie/nationalnews/exbanker-urges-former-colleagues-to-stepdown-1558320.html, novembro de 2008.

PLUG-IN G7

- "CBC Tells Journalists How to Behave on Facebook", *Reportr. net*, 3 de agosto 2007, www.reportr.net/2007/08/03/cbc-tells--journalists-how-to-behave-on-facebook/.
- "Planned and Unplanned Downtime", SAP, http://help.sap.com/saphelp_nw72/helpdata/en/45/17396792ef5d79e10000000a11466f/content.htm.
- AMA Research, "Workplace Monitoring and Surveillance", www.amanet.org, acessado em 1º de março de 2004; "2005 CSI/FBI Computer Crime and Security Survey", www.gocsi.com, acessado em 20 de fevereiro de 2006.
- Andy McCue, "Bank Boss Quits after Porn Found on PC", www.businessweek.com, acessado em junho de 2004.
- Brian Womack, "Google Ends Self-Censorship, Defies China Government (Update4)", *Bloomberg Businessweek*, 23 de março de 2010, www.bloomberg.com/apps.
- Daniel Schorn "Whose Life Is It Anyway?" *CBS News 60 Minutes*, 16 de julho de 2006, www.cbsnews.com/stories/2005/10/28/60minutes/main990617.shtml.
- Extracting_Value_from_the_Customer, acessado em 17 de abril de 2010.
- Michael Schrage, "Build the Business Case", *CIO Magazine*, 15 de março de 2003, www.cio.com/article/31780/Build_the_Business_Case_
- Mike Brunker, "Online Poker Cheating Blamed on Employee", MSNBC.com, 19 de outubro de 2007, www.msnbc.msn.com/id/21381022/, acessado em 15 de abril de 2010.
- Peter S. Green, "Take the Data Pledge", *Bloomberg Businessweek*, 23 de abril 2009.
- Raymund Flandez, "Domino's Response Offers Lessons in Crisis Management", *The Wall Street Journal*, 20 de abril de 2009, http://blogs.wsj.com/independentstreet/2009/04/20/dominos-response-offers-lessons-in-crisis-management/
- Richard Mason, "Four Ethical Issues of the Information Age", *Management Information Systems Quarterly* 10, nº 1 (março de 1986), www.misq.org/archivist/vol/no10/issue1/vol10no-1ma-son.html, acessado em 15 de abril de 2010.
- Scott Berinato, "The CIO Code of Ethical Data Management", *CIO Magazine*, 1º de julho de 2002, www.cio.com, acessado em 17 de abril de 2010.
- Thomas Claburn, "Web 2.0. Internet Too Dangerous for Normal People", *InformationWeek*, 1º de abril de 2009, www.informationweek.com/news/.

PLUG-IN G8

- Aaron Bernstein, "Backlash: Behind the Anxiety of Globalization", *BusinessWeek*, 24 de abril de 2006, p. 36-42.
- Andrew Binstock, "Virtual Enterprise Comes of Age", *Information Week*, 6 de novembro de 2004.
- Bill Breen, "Living in Dell Time", *Fast Company*, novembro de 2004, p. 86.
- Christopher A. Bartlett and Sumantra Ghoshal, "Going Global: Lessons from Late Movers", *Harvard Business Review*, março-abril de 2000, p. 132-34.
- Creating a Value Network", *Wired*, setembro de 2003, p. S13.
- Terry Hill, *Manufacturing Strategy: Text and Cases*, 3ª ed. (New York: McGraw-Hill, 2000).

PLUG-IN G9

- Agam Shah, "UPS Invests $1 Billion in Technology to Cut Costs", *BusinessWeek*, www.businessweek.com/idg/2010-03-25/ups-invests-1-billion-intechnology-to-cut-costs.html, acessado em 4 de abril de 2010.
- "Center Energy Efficiency", www.energystar.gov/ia/partners/prod_development/downloads/EPA_Report_Exec_Summary_Final.pdf, acessado em 23 de janeiro de 2008.
- *Google Docs*, docs.google.com, acessado em 4 de junho de 2010.
- Martin LaMonica, "The Journey of Juice, Inside the Electric Grid", *CNET News*, 24 de agosto de 2010, http://news.cnet.com/8301-11128_3-20014393-54.html.
- "Moore's Law", www.intel.com/technology/mooreslaw, acessado em 2 de abril de 2010; Electronics TakeBack Coalition, "Facts and Figures on E-Waste and Recycling", www.electronic-stakeback.com, acessado em 3 de abril de 2010; "EPA Report to Congress on Server and Data".
- "Olympic Medals Made from E-Waste", news.discovery.com/tech/olympic-medals-made-from-e-waste.html, acessado em 4 de abril de 2010; Rob Delaney, "Olympic Champs Wear Old Trinitrons as Teck Turns Junk to Medals", *Bloomberg Businessweek*.
- Rich Miller, "Google Data Center FAQ", www.datacenter-knowledge.com/archives/2008/03/27/google-data-center-faq/, acessado em 1º de abril de 2010.
- "Switch on the Benefits of Grid Computing", h20338.www2.hp.com/enterprise/downloads/7_Benefits%20of%20grid%20computing.pdf, acessado em 2 de abril de 2010; "Talking to the Grid", www.technologyreview.com/energy/23706/, acessado em 3 de abril de 2010; "Tech Update: What's All the Smart Grid Buzz About?" www.fieldtechnologiesonline.com/download.mvc/Whats-All-The-Smart-Grid-Buzz-About-0001, acessado em 3 de abril de 2010.
- "The Great 1906 San Francisco Earthquake", *USGS*, http://earthquake.usgs.gov/regional/nca/1906/18april/index.php, acessado em 14 de julho de 2010.
- "VMware-History of Virtualization", www.virtualizationworks.com/Virtualization-History.asp, acessado em 23 de janeiro de 2008.
- www.box.net, acessado em 2 de abril de 2010.

PLUG-IN G10

- Emanuel Rosen, *The Anatomy of Buzz* (New York: Doubleday, 2000).
- "Enterprise Business Intelligence", maio de 2006. Usado com permissão: Dr. Claudia Imhoff, Intelligent Solutions.
- Frederick F. Reichheld, *Loyalty Rules* (Bain and Company, 2001).
- Jill Dyche, "The Business Case for Data Warehousing", 2005. Usado sob permissão.
- Meridith Levinson, "The Brain Behind the Big Bad Burger and Other Tales of Business Intelligence", www.cio.com, 15 de maio de 2007, www.cio.com/article/109454/The_Brain_Behind_the_Big_Bad_Burger_and_Other_Tales_of_Business_Intelligence.
- "Second Life", www.secondlife.org, acessado em março de 2008.

- Steve Hamm, "Business Intelligence Gets Smarter", *BusinessWeek*, 15 de maio de 2006.
- "The Critical Shift to Flexible Business Intelligence". Usado sob permissão. Dr. Claudia Imhoff, Intelligent Solutions, Inc.
- "What Every Marketer Wants – And Needs – From Technology". Usado sob permissão. Dr. Claudia Imhoff, Intelligent Solutions, Inc.

PLUG-IN G11

- Brian Grow, Keith Epstein e Chi-Chu Tschang, "E-Spionage", *BusinessWeek*, 10 de abril de 2008.
- "Innovation", *BusinessWeek*, www.businessweek.com/innovate/, acessado em 15 de fevereiro de 2008.
- David Bornstein, *How to Change the World*, edição atualizada (New York: Oxford University Press, 2007).
- Harold Sirkin, "Tata's Nano: An Ingenious Coup," *BusinessWeek*, 14 de fevereiro de 2008.
- Heather Green and Kerry Capell, "Carbon Confusion," BusinessWeek, 6 de março de 2008.
- Jeffrey Hollender and Stephen Fenichell, *What Matters Most: The Future of Corporate Social Responsibility* (New York: Basic Books, 2006).
- Kerry Capell, "Building Expertise through Collective Innovation", *BusinessWeek*, 5 de março de 2008.
- Peter F. Drucker Foundation, *The Leader of the Future: Visions, Practices, and Strategies for a New Era*, www.peterdrucker.com, acessado em 2010.
- Peter F. Drucker, *Management Challenges for the 21st Century* (New York: Collins Business, 2001).
- William J. Holstein, "Corporate Governance in China and India", *BusinessWeek Online*, 6 de março de 2008, www.businessweek.com/managing/content/mar2008/ ca2008036_282896.htm.

PLUG-IN G12

- Denise Dubie, "Tivoli Users Discuss Automation", *Network World*, 14 de abril de 2003.
- Marvin Cetron and Owen Davies, "50 Trends Shaping the Future", *2003 World Future Society Special Report*, abril de 2004.
- Penelope Patsuris, "Marketing Messages Made to Order", *Forbes*, agosto de 2003.
- "Progressive Receives Applied Systems' 2003 Interface Best Practices Award", www.worksite.net/091203tech.htm, acessado em 18 de junho de 2004.
- Stacy Crowley, "IBM, HP, MS Discuss Autonomic Computing Strategies", *Infoworld*, 19 de maio de 2004.
- "The Art of Foresight", *The Futurist*, maio–junho de 2004, p. 31–35.
- William Halal, "The Top 10 Emerging Technologies", *The Futurist Special Report*, julho de 2004.

CRÉDITOS DAS FOTOS

CAPÍTULO 1

Página 4 (à esquerda): © McGraw-Hill, Inc./Jill Braaten, fotógrafo; p. 4 (centro): © McGraw-Hill, Inc./Lars A. Niki, fotógrafo; p. 4 (à direita): © McGraw-Hill, Inc./Christopher Kerrigan, fotógrafo.

CAPÍTULO 5

Página 63 (à esquerda): © Exactostock/SuperStock; p. 63 (centro): Ariel Skelley/Blend Images LLC; p. 63 (à direita): © Vico Collective/Erik Palmer/Blend Images LLC; p. 65 (à esquerda): © McGraw-Hill, Inc./John Flournoy, fotógrafo; p. 65 (centro): © Bloomberg via Getty Images; p. 65 (à direita): Christopher B/Alamy; p. 72 (canto superior esquerdo): © Hyundai Motor America; p. 72 (canto superior direito): © Audi of America, Inc.; p. 72 (canto inferior esquerdo): © Cortesia, Kia Motors America, Inc.; p. 72 (canto inferior direito): © Getty Images.

CAPÍTULO 6

Página 82 (à esquerda): © Image Source/Getty Images RF; p. 82 (centro): © Maciej Frolow/Getty Images RF; p. 82 (à direita): © C. Zachariasen/PhotoAlto; p. 84: © Digital Vision/Getty Images.

CAPÍTULO 8

Página 116 (à esquerda): © Roz Woodward/Getty Images; p. 116 (centro): © Getty Images/Digital Vision; p. 116 (à direita): © Epoxy/Getty Images; p. 117 (à esquerda): © C. Borland/PhotoLink/Getty Images; p. 117 (centro): © Fuse/Getty Images; p. 117 (à direita): © NPS foto de Jim Peaco.

CAPÍTULO 9

Página 130 (à esquerda): © JGI/Blend Images/Getty Images RF; p. 130 (centro): © Steve Cole/Getty Images RF; p. 130 (à direita): © Steve Cole/Getty Images RF.

CAPÍTULO 12

Página 178 (à esquerda): © C. Sherburne/PhotoLink/Getty Images; p. 178 (centro): © Digital Vision/Getty Images; p. 178 (à direita): © Ryan McVay/Getty Images; p. 179 (à esquerda): © AP/The Paducah Sun, Stephen Lance Dennee; p. 179 (centro): © Scott Olson/Getty Images; p. 179 (à direita): © PRNewsFoto/Harley-Davidson.

CAPÍTULO 13

Página 192 (à esquerda): © John Lund/Marc Romanelli/Blend Images LLC RF; p. 192 (centro): © Cortesia de Pinterest.com; p. 192 (à direita): © AFP/Getty Images; p. 195: © Digital Vision/PunchStock.

CAPÍTULO 15

Página 217: © Punchstock/Digital Vision; p. 219: © Radius Images/Corbis.

CAPÍTULO 16

Página 246 (à esquerda): © Photodisc/Getty Images; p. 246 (centro): Image Source/Getty Images; p. 246 (à direita): © Tetra Images/Getty Images; p. 247 (à esquerda): © Thinkstock/SuperStock; p. 247 (centro): © Getty Images/Blend Images; p. 247 (à direita): BananaStock/PictureQuest.

CAPÍTULO 17

Página 264 (à esquerda): © Bernhard Lang/Getty Images; p. 264 (centro): © Comstock/Jupiterimages RF; p. 264 (à direita): © altrendo images/Getty Images RF; p. 263 © PhotoDisc Imaging/Getty Images.

CAPÍTULO 20

Página 303 (à esquerda): © Tetra Images/Getty Images; p. 303 (centro): The McGraw-Hill Companies, Inc./Lars A. Niki, fotógrafo; p. 303 (à direita): © The McGraw-Hill Companies, Inc./Christopher Kerrigan, fotógrafo, p. 305 (à esquerda): © Getty Images/Blend Images: p. 305 (centro): © Stockbyte/Getty Images: p. 305 (à direita): Ingram Publishing/AGE Fotostock.

PLUG-IN G3

Página 364 (à esquerda): © Royalty-Free/Corbis; p. 364 (à direita): Stockbyte/Punchstock Images; p. 365 (sentido horário, começando da esquerda para a direita): © Royalty-Free/Corbis, © Stockbyte/PunchStock Images, © Nick Rowe/Getty Images, © Digital Vision/Getty Images, © Image Club, © Royalty-Free/Corbis, © Getty Images/Photodisc, © Daisuke Morita/Getty Images, © Don Bishop/Photodisc/Getty Images/RF, © Stockbyte/PunchStock Images, © Stockbyte/PunchStock Images. p. 366 (topo): Nick Rowe/Getty Images; p. 366 (parte inferior): © Don Bishop/Photodisc/Getty Images/RF; p. 367 (acima): © Daisuke Morita/Getty Images; p. 367 (canto inferior esquerdo): © Stockbyte/PunchStock Images; p. 367 (canto inferior direito): © Stockbyte/PunchStock Images; p. 369 (canto superior esquerdo): © Digital Vision/Getty Images; p. 369 (canto superior direito): © Image Club; p. 369 (parte inferior): © Royalty-Free/Corbis; p. 370: © Digital Vision/Getty Images.

PLUG-IN G10

Página 477: Solução de autoatendimento NCR FastLane ™.

PLUG-IN G12

Páginas 509 e 510: Cortesia da E Ink Corporation; p. 512: © Russell Illig/Getty Images.

ÍNDICE

A

A Arte de Enganar (Kevin Mitnick), 419
A Arte da Guerra (Sun Tzu), 111-112
A Cauda Longa (Chris Andersen), 252
A Vantagem Competitiva das Nações (Michael Porter), 27-28
ABN AMRO Bank, 480
Abramo, Guy, 479-480
AbsolutePoker.com, 426-427
Academia Nacional de Administração Pública, 352-353
AcceleGlove, 369-370
Accenture, 493-494
Acelerômetro de RFID, 234-235
Acessibilidade (infraestrutura de TI), 387-388
Acessibilidade à Web, 387-388
Acesso de administrador, 387-388
Acesso discado, 370-371
Acesso via satélite, 370-371
Acionista, 323
Acompanhamento das tendências, 504
Acordos de sociedade, 323
Actionly.com, 130-132
Active Software, 170
Adams, Douglas, 77
Adaptec Inc, 148
Adidas, 188, 357
Adidas-Salomon, 357-358
Adobe, 69, 373-374
Advanced Micro Devices (AMD), 363, 371-372
Adware, 411
AdWords (Google), 208-209
ADY (American Dairy), 41
Aeroporto de Manchester, Inglaterra, 143-144
Aeroporto Internacional de Denver (AID), 300
AES (Advanced Encryption Standard), 415-416
Agência de Estatísticas Trabalhistas dos EUA, 120-121
Agência de Projetos de Pesquisa em Defesa Avançada (DARPA), 47-48, 146-147
Agentes da mudança, 270
Agentes inteligentes, 145-146
Agregação, dados, 106
Agrupamento
   de dados, 475
   de PCs, 370-371
Agrupamento de afinidade (dados), 475
Airbus, 154
Aksoy, Lerzan, 560
Albertson's, 22-23

Alcance de informações, 199-201
Algoritmos genéticos, 144-145
Alocação de instalações, 439
Alta disponibilidade, 388-389
AltaVista, 205
Altec Lansing Technologies, 3
Alteração de pacotes, 412-413
Amazon, 7–8, 22-23, 66, 91-92, 103, 160, 191, 200-201, 207-209, 216-217, 221-222, 247, 296, 457-459, 464-465, 489
Amazon Elastic Compute Cloud (Amazon EC2), 464-465
Amazon Web Services (AWS), 465-466
AMD (Advanced Micro Devices), 363, 371-372
Ameaça (definida), 426-427
Ameaça de novos participantes, 22-23
Ameaça de produtos ou serviços substitutos, 21-23
America Online (AOL), 65, 209-210, 247
American Dairy (ADY), 41
American Express, 199-200, 234-235, 296, 489
American Family Immigration History Center, 97
AMR Research Inc., 436
Análise "e se" (what if), 139, 504
Análise competitiva, 132
Análise da cadeia de valor, 24-27
Análise de agrupamento, 475-476
Análise de atingir metas, 139
Análise de cesta de produtos, 476
Análise de impacto nos negócios, 385-386
Análise de otimização, 139
Análise de ponto de equilíbrio, 46-47, 328
Análise de redes sociais (SNA), 218
Análise de sensibilidade, 139
Análise de sentimento, 131-132
Análise de tendências, 504
Análise de fluxo de caixa, 327-328
Análise detalhada (*drill-down*), 142-143
Análise estatística, 477-479
Análise financeira, 327-328
Análise histórica, 505
Andersen, Bjorn, 563
Anderson, Chris, 200-201, 252
Anderson, Tom, 8
Android, 4
Ansari X, 147
Anúncio de banner, 202-203
Anúncio pop-up, 202-203
AOL
   ver America Online

API (interface de programação de aplicação), 221-222
Aplicações inteligentes da Web, 222-223; *ver também* Web 3.0
Apple (Apple Computer Inc.), 3–5, 19, 66, 197, 231, 388-390, 394, 457-458, 469-470
Applebee's Neighborhood Grill & Bar, 105
Appleton Learning, 64
Appleyard, David, 420
Application Engine (Google), 465-466
Aprovisionamento eletrônico, 173
APs (pontos de acesso), 227-228
Aquecimento global, 51
Aquisição, 25-26
Arbib, Michael A., 559-560
Áreas funcionais, 12-13
Aristóteles, 211-212
Armazenamento primário, 364-367
Armazenamento secundário, 366-368
Arnold, Thelma, 65
ARPANET, 47-48
Arquiteto corporativo, 381-382
Arquitetura, 397-399
Arquitetura corporativa, 493-494
Arquitetura de informação, 211-212
Arquitetura orientada a serviços (SOA), 461-466
   infraestrutura como serviço, 462-465
   plataforma como serviço, 464-466
   software como serviço, 464-465
Ascential Software, 109
Assédio sexual, 60
Assinaturas de voz, 415-416
Assistência técnica, 274
Assistente pessoal digital (PDA), 371
Assistentes virtuais (VAs), 511
AT&T, 63, 209-210, 231, 371-373, 423
Ataques de DDoS (distribuídos de negação de serviço), 411
Ataques de negação de serviço (DoS), 411
Ataques distribuídos de negação de serviço (DDoS), 411
Ataques DoS (de negação de serviço), 411
Atari, 204-205, 330-331
Atividades de valor de apoio, 25-27
Atividades de valor primário, 25-26
Ativos
   definição, 326
   intelectual, 58-59
Ativos intelectuais
   proteção, 58-59; *ver também* Segurança da informação
ATMs (caixas automáticos), 44

Atributos, 94-95
Attaran, Mohsen, 561
Atualizações de software, 373-374
Audi, 72, 480
AUP (política de uso aceitável), 427-428
Autenticação, 240-241, 414-415
Automação de mapa de GIS, 235-236
Autoridade de certificação, 416-417
Autorização, 414-415
AutoTrader.com, 199-200
Avatar, 7
Aviso de Infração Alegada da Lei dos Direitos Autorais do Milênio Digital, 194
AVL (localização automática de veículos), 234-235
AWS (Amazon Web Services), 465-466

B

B2B (*business-to-business*), 206-208
B2C (*business-to-consumer*), 207-208
Babies "R" Us, 337
BabyCare, 41
BabyCenter, 306-307
Bacheldor, Beth, 561
Backup, 382-383
Backup forense de imagem, 61
Baddealings.com, 183-184
Badgley Mischka, 337
Badoo, 248
BAE, 300
Bain, 447-448
Baker, Stephen, 560
Balanced scorecard, 47-50
Balanço, 326
Ballmer, Steve, 393
Banco de dados Bigdough, 120
Banco de Halifax, 162-163
Banco(s) de dados relacional(is), 93-99
Bancos de dados, 93-104
    definição, 93
    integração de informações entre, 100-102
    multidimensionais, 107
    propósito de, 93
    relacionais, 93-99
    segurança de, 103-104
    sistemas de gerenciamento de banco de dados, 93-95
    sistemas de gerenciamento de bancos de dados relacionais, 93-95
Bancos de dados multidimensionais, 107
Bank of America, 66, 343, 406, 407, 414-415, 442
Bank of Ireland, 429
Bank of Scotland, 162-163
Barclays Bank, 407
Barker, Brandee, 225
Barnard, Kurt, 338

Barnard's Retail Trend Report, 338
Barnes & Noble, 207-208
Barreiras de entrada, 22-23
Barrette, Michel, 214
Bartlett, Christopher A., 564
BBC, 246-247
BBN Technologies, 258-259
BCP (planejamento da continuidade de negócios), 385-387
Becker, Lane, 303-304
Beckham, David, 76
Begley, Sharon, 561
Belkin, 3
Bell Laboratories, 372-373
Bem(ns), 13-14
Ben & Jerry's, 113-114, 480
Benchmarking, 46
Benchmarks, 46
Benefícios intangíveis, 288
Benefícios tangíveis, 288
Bergen, David, 445-448
Berianato, Scott, 559
Berners-Lee, Tim, 223-224, 387-388, 560-561
Bernsen, Corbin, 214
Bernstein, Aaron, 564
Best Buy, 183-184, 251, 375-376
Beyer, Mark, 481-484
Bezos, Jeff, 7-8
BI; *ver* Inteligência de negócios
BI estratégica, 472-473
BI Operacional, 472-473
BI Tática, 472-473
Biacino, L., 560
Bianchini, Gina, 226, 305-306
Biggle, 483-484
Bilhões de Empreendedores (Tarun Khanna), 500-501 Binstock, Andrew, 564
Biometria, 415-416
BizRate.com, 208-209
Black Planet, 264
Blair, Tony, 76
Blau, John, 562
Blip.fm, 304-305
Blockbuster, 68, 200-201
Blogs, 130, 189, 220
Blogs de *spam* (splogs), 412-413
Bloomberg.com, 208-209
Bloomberg Businessweek, 63
Blue Dog Inc., 181-182
Blue Marble Biking, 182-183
Bluetooth, 227, 241-242
Blundell, Peter, 480
Blurb, 305-306
Boeing, 154
Bolder Technologies, 473
Bombas-relógio, 415-416
Bookmarking social, 219
Bookmarks, 219

Bork Bill, 424
Bornstein, David, 564-565
Bosch, 243-244
Bose, Ari, 358
Boston Consulting Group, 443
Boston Globe, 66
Boston Red Sox, 338, 339
Bourke, Bonita, 433
Box.net, 120, 470-471
BP, 493-494
BPM (Business Process Management – gerenciamento do processo de negócios), 349-353
BPR; *ver* Reengenharia de processos de negócio
Brailer, David, 448-449
Brainstorming, 270
Brand Keys, 225
Breen, Bill, 564
Brehm, Denise, 563
Bresnahan, Jennifer, 560
Brin, Sergey, 76
British Airways, 480
Brittan Elementary School, 155-156
Brower, Mary, 156
Bruins da UCLA, 66
Brunker, Mike, 564
Bryant, Charles, 562
Bugs, 272-273
Bumerangues, 249
Burk Technology, 434
Burrows, Peter, 559
Bush, George W., 91-92, 448-449
Business 2.0; *ver* Web 2.0 (Business 2.0)
Business Objects, 113-114, 478-479
Buzz, 256
Byrd, Robert, 76

C

C2B (consumidor-empresa), 207-208
C2C (consumidor-consumidor), 207-208
Cabir (vírus), 241-242
Cable Communications Act (1984), 424
Cabo coaxial, 403-404
Cabo de par trançado não blindado (UTP), 403
Cabos blindados, 403-404
Caçadores de *hackers*, 419-420
Cadeia de fornecimento
    definição, 21-22, 33, 444
    e gestão de operações, 444
    monitoramento, 155-156
    papel da TI na, 148-151
Cadeia de valor, 25-26
Cadeias de valor, processos de negócio como, 343
Caixas automáticos (ATMs), 44
Califórnia, direito à privacidade na, 495-496

California Pizza Kitchen (CPK), 113-114
Cambridge, Massachusetts, 258-259
Câmera de vídeo digital, 368-369
Câmera fotográfica digital, 368-369
Camilla, duquesa de Cornualha, 76
Caminho crítico, 291
Canadá
    faixa salarial de programador no, 294
    privacidade de informações no, 495-497
    satisfação com o governo do, 490
Canadian Pacific Railway (CPR), 514-515
CAN-SPAM Act (2003), 425
Cantrall, Dawn, 156
Capability Maturity Model Integration (CMMI), 443, 492-494
Capacidade, 389-390
Capell, Kerry, 565
Capital Cardiology Associates, 393
Carey, Gib, 447-448
Carlson Restaurants Worldwide, 484-485
Carnegie Mellon University, 146-147
Carrinhos de compras abandonados, 47-48
Carstation.com, 445-447
Cartão de memória SanDisk, 378
Cartões de memória, 366-367, 378
Cartões inteligentes, 415-416
Cartografia, 235-236
Casamento de bordas, 235-236
CASE (Engenharia de software auxiliada por computador), 271-273
Cassidy, Katie, 560
Catálogos dinâmicos, 99-100
Cauda longa, 200-201
Caudle, Sharon L., 352-353
CD-ROM (disco compacto com memória somente de leitura), 367-368
CD-RW (disco compacto para leitura e gravação), 367-368
Celulares, 229-231
Censura na Internet, 427-428
Center for American Progress, 51
Centro de negócio eletrônico do MIT, 150
Centro de Políticas Públicas Annenberg, 434
Centro médico da Hackensack University, 448-449
Centros de dados virtuais, 458-460
Certificado digital, 416-417
Cetron, Marvin, 565
Champy, James, 564
Chang, Richard, 564
Charles Schwab, 35, 197
Charlesschwab.com, 208-209
Chasney, Jeff, 483-484
Chave estrangeira, 94-95
Chave primária, 94-95
Chaves, 95
Chicago Tribune, 391-392

Chickowski, Ericka, 560
Child Online Protection Act (COPA), 424
Children's Online Privacy Protection Act (COPPA), 496
China
    governança na, 500-501
    indústria de laticínios na, 40-41
    terceirização para, 293
China Mengniu Dairy, 40-41
Chip de computador com conjunto reduzido de instruções (RISC), 364
Chips de computador com um conjunto complexo de instruções (CISC), 364
ChoicePoint, 103
Christensen, Clayton M., 197, 250, 252, 561
Ciberguerra, 416-417
Cibermediação, 201-202
Ciberterrorismo, 410, 416-417
Cibervandalismo, 427-428
Cícero, 74
Ciclo de vida do desenvolvimento de sistemas (SDLC), 268-275
    definição, 268
    e custo de erros, 275-277
    fase de análise, 270-271
    fase de desenvolvimento, 272-273
    fase de implementação, 274
    fase de manutenção, 275
    fase de planejamento, 270
    fase de projeto, 271
    fase de testes, 272-274
    saltando fases de, 277
Ciclo de vida do produto, 333-334
50 Cent, 226
CIO (diretor de sistemas de informação), 52
Circuit City, 375-376
CISC (Chip de computador com um conjunto complexo de instruções), 364
Cisco Systems, 191, 197, 199-200, 296, 489
Citibank, 144-145, 201-202
Citizens First (Cidadãos em primeiro lugar), 490
Citysense, 258-259
CKE Restaurants, 483-485
CKO (diretor de conhecimento), 54
Claburn, Thomas, 564
Clarke, Ian, 55
Classic Cars Inc., 183-184
Classificação (dados), 475
Classificação no mecanismo de pesquisa, 208-209
Clayton, Glenn, 64
Clearwire, 229-230
Click-through, 47-48, 202-203
Cliente, 380, 399
Clientes
    em mercados de nicho, 164-165
    monitoramento de, 304-305

Cloud bursting (ruptura de aplicação executada na nuvem), 466
CloudNine Communications, 297-298
CMI (Cummins), 499
CMMI (Capability Maturity Model Integration), 443, 492-494
CMS (sistemas de gerenciamento de conteúdo), 211-212
CNN.com, 208-209
Coakley, Kelly, 65
CoBIT (ISACA), 491-492
COBIT (Objetivos de controle de informação e tecnologia relacionada), 272-273
Coca-Cola, 375, 445-447
Coca-Cola Bottling Company do Egito (TCCBCEE), 95, 96
Código aberto, 215, 222-223
Código malicioso, 412-413
Código-fonte, 215
Cognos, 114, 478-479, 484-485
Cohen, Marshall, 446-448
Colaboração segura, 253
Cold sites, 384-385
Coles, Martin, 41
Collard, Tom, 479-480
Collins, Jim, 375
Comcast, 209-210, 303-304
Comércio eletrônico, 198-199
Comércio móvel (*m-commerce*), 223-225, 298
Commerce Bancorp, 406
Committee of Sponsoring Organizations (COSO), 492
Communications Assistance for Law Enforcement Act (1994), 425
Comparadores de preços, 145-146
Competências centrais, terceirização e, 293
Complain Complain, 183-184
Complaints.com Consumer Complaints, 183-184
Componentes centrais do ERP, 171-173
Componentes de contabilidade e finanças do ERP, 172
Componentes de gerenciamento de produção e de materiais do ERP, 172
Componentes de recursos humanos do ERP, 172-173
Componentes estendidos do ERP, 171, 173-174
Comportamento do consumidor, gerenciamento da cadeia de fornecimento e, 149-150
Composto de Marketing (*Marketing Mix*), 331-333
Computação autônoma, 512-513
Computação em grade, 454-457
Computação em nuvem, 459-462

Computação em nuvem de locação simples, 460-461
Computação em nuvem de multilocação, 460-461
Computação utilitária (por demanda), 461-462
Computação virtualizada, 455-460
Computador, 363
Computador Macintosh da Apple, 457-458
Computadores de bolso, 371
Computadores de mão, 371
Computadores de mesa, 371
Computadores mainframe, 371
Computadores pessoais, 371
Computadores tablet, 371
Computadores ultraportáteis, 371
Computer Fraud and Abuse Act (1986), 424
ComputerWorld, 69, 179
Comunicação assíncrona, 218
Comunicação de marketing, 331-332
Comunicação em tempo real, 210-211
Comunicação visual, 193
Comunicação(ões), 218
   assíncrona *vs* síncrona, 218
   entre o pessoal de negócios e pessoal de TI, 54-55
Comunidades virtuais, 253; *ver também* Second Life
Comutação de pacotes, 399
Concorrência, gerenciamento da cadeia de fornecimento e, 150
Concorrentes, rivalidade entre, 22-23
Concurso PennVention, 258-259
Condições de contorno, 279
Condições do teste, 272-274
Conexões de cabos, 370-371, 397
Conferência de Segurança Cibernética da AT&T, 253, 259-260
Confiabilidade (infraestrutura de TI), 388-390
Confiança do consumidor, gerenciamento, 212-213
Confidencialidade, 294, 422
Conformidade, TI, 491-492
Conformidade da informação, 424
Conhecimento, 11-12
Conhecimento explícito, 217
Conhecimento tácito, 217
Conselho de Estado (China), 393
Consentimento informado, 426-427
Consolidação (dados), 142-143
Consorte Media, 305-306
Constructech, 171
Consumidor-Consumidor (C2C), 207-208
Consumidor-Empresa (C2B), 207-208
Consumidores, poder dos, 159-161
Consumo de energia, 453-454

Contabilidade, 325
Contabilidade de gestão, 325
Contabilidade financeira, 325
Contaminação diária de produto, 40-41
Conteúdo gerado por usuários, 216-217
Controlador da malha em nuvem, 460-461
Controlador do jogo, 368-369
Conversão (SDLC), 268
Converse, 255
Cookies, 202-203
Cooper, Alice, 214
COPA (Child Online Protection Act), 424
COPPA (Children's Online Privacy Protection Act), 496
Corporações, 323-335
   gestão de operações/produção, 333-335
   operações contábeis, 325-328
   operações de marketing, 331-334
   operações de recursos humanos, 328-329
   operações de vendas, 329-332
   operações financeiras, 327
Corporações sem fins lucrativos, 323
Correções de software, 373-374
Corretores de transação, 208-209
Corte Distrital dos EUA para o Distrito Sul de Nova York, 120
COSO (Committee of Sponsoring Organizations), 492
Costco, 162-163
Costello, Michael, 104
Couric, Katie, 225
CPK (California Pizza Kitchen), 113-114
CPM (custo por mil), 47-48
CPO (diretor de privacidade), 54
CPR (Canadian Pacific Railway), 514-515
CPU (unidade de processamento central), 363-365
Crackers, 410
Crescimento, terceirização e, 293
Criadores de conteúdo, 99-100
Crianças
   compartilhamento de fotos de, 265-266
   monitoramento, 155-156
Criptografia, 240-241, 415-417
Criptografia de chave pública (PKE), 415-417
CRM; *ver* Gestão do relacionamento com o cliente
CRM analítico, 159-160
CRM operacional, 158-160
Crowdsourcing, 217-218
Crowley, Stacy, 564-565
CRT (tubo de raios catódicos), 369-370
CTO (diretor de tecnologia), 53, 54
Cubo (de informações), 107-108
Culver, Leah, 306-307

Cummins (CMI), 499
Curva de custo de recuperação de desastres, 384-385
Custo por mil (CPM), 47-48
Customização de software, 268
Customização em massa, 200-201
Custos
   da segurança da informação, 58-59
   de informações de baixa qualidade, 108
   de sistemas de ERP, 174
   e terceirização, 293
   em gestão de operações, 442
   negócio eletrônico e redução de, 201-203
Custos da mudança, 20
Cyberbullying, 426-427
Cyclescore, 368-369

D

D. E. Shaw & Co., 337
Dados, 8-9
   agrupamento de, 475
   clickstream, 203-204
   definição, 8
   em *microtargeting* político, 90-92
   manipulação, 51
   segurança de, 65, 103-104
Dados *clickstream*, 203-204
Dados espaciais, 235-236
Dados geoespaciais, 235-236
DaimlerChrysler, 150
Danescu, Adrian, 562
DARPA (Agência de projetos de pesquisa avançada de defesa), 47-48, 146-147
Darwinismo digital, 196
Dashboards
   desempenho, 50
   digitais, 142-143, 429
Dashboards de desempenho, 47-48
Dashboards de inteligência de negócios, 113-114
Dashboards digitais, 142-143, 429
Data centers, virtuais, 458-460
Data warehouse, 106-114
   e inteligência de negócios, 111-114
   histórico de, 105-106
   princípios básicos de, 106-110
Data Warehousing Institute, 108
Davenport, Tom, 559-560, 562-563
Davies, Owen, 564-565
DBMS (sistemas de gerenciamento de bancos de dados), 93-95
De Hoop, Herman, 378
Dean, James, 445
Deane, John, 484-485
Death March (Edward Yourdon), 295
DEC, 197
Decisões de negócios erradas, 65-66
Decisões desestruturadas, 136-137

Decisões estruturadas, 134-136
Decisões semiestruturadas, 136-137
Declaração de equivalência patrimonial, 326-327
Declaração de lucros acumulados, 326-327
Declaração de patrimônio líquido, 326-327
Declarações do escopo do projeto, 290
Deeley Harley-Davidson Canada (DHDC), 172
Defesa do consumidor, 212-213
Definições de dados, padronização global de, 497
Deformação, 235-236
Dejanovic, Darko, 392
Del.icio.us, 219
Delaney, Rob, 563, 564
Dell, Michael, 7, 66, 226
Dell Direct, 201-202
Dell Inc. (Dell Computers), 7, 149, 152, 181-182, 188, 197, 201-202, 296, 303-304, 489
Deloitte, 249
Delta Air Lines, 154, 160
Delta Produce, 64
Demonstração de resultados, 326-327
Demonstração dos fluxos de caixa, 327
Demonstrações contábeis, 325-326
Denison, Adam, 303-304
Departamento de contabilidade, 325-328
Departamento de Defesa dos EUA (DoD), 47-48, 233-235, 346-348, 401
Departamento de Segurança Interna dos EUA, 73
Departamento de tecnologia da informação (TI), 52-55
Departamento de TI, 52-54
Dependência tecnológica, 222-223
Dependências, 291
Deperimetrização, 493-494
Desafios culturais de negócios, 489
Desafios geoeconômicos de negócios, 490
Desafios políticos de negócios, 490
Descarte de TI sustentável, 453-454
Descriptografia, 415-416
Desempenho (infraestrutura de TI), 389-390
Desempenho, banco de dados, 97
Desempenho de clique, 131
Desenvolvimento de sistemas, global, 497
Desenvolvimento de software, 268-279
Desenvolvimento de tecnologia, 25-26
Desenvolvimento interno (internalização), 293
Desenvolvimento iterativo, 281, 282
Design de tela GUI, 271

Desinstalador de software, 372-373
Desintermediação, 200-202
Desmos, 64
Despesas, 326
Detecção de associação, 476
Detroit, Michigan, 89-90
DeWolfe, Chris, 8
DFD (diagrama de fluxo de dados), 271
DHDC (Deeley Harley-Davidson Canada), 172
DIA (Aeroporto Internacional de Denver), 300
Diagrama de fluxo de dados (DFD), 271
Diagramas de entidades e relacionamentos (ERDs), 271, 273
Diamond Rio, 204-205
Dicas de senha, 265
Dicionário de dados, 94-95
Diferenciação
  e fidelização de clientes, 178-179
  produto, 22-23
Diferenciação de produtos, 22-23
Diffie, Whitfield, 253, 259-261
Digg.com, 218
Digital Equipment Corporation, 401
Dimensionamento dinâmico, 462-464
Dimensões, 107
Diodos emissores de luz (LED), 369-370
Diodos orgânicos emissores de luz (OLED), 369-370
Dionisopoulos, Kosta, 64
Direitos autorais, 422
Direitos de propriedade intelectual, 55, 56
Diretiva de Isolamento de Dados (UE), 494-495
Diretor de conhecimento (CKO), 54
Diretor de privacidade (CPO), 54
Diretor de sistemas da informação (CIO), 52
Diretor de tecnologia (CTO), 53, 54
Disco de vídeo digital (DVD), 367-368
Disco de vídeo digital de leitura/gravação (DVD-RW), 367-368
Disco rígido, 366-368
Display de cristal líquido (LCD), 369-370
Disponibilidade (infraestrutura de TI), 388-389
Disponibilidade do sistema, 45
Dispositivo apontador, 368-369
Dispositivos, 370-371
Dispositivos BlackBerry, 231
Dispositivos de comunicação, 369-371
Dispositivos de entrada, 367-369
Dispositivos de saída, 368-370
Dividendos, 327
Documentação do usuário, 274
Documentos de requisitos de projeto, 290
Documentos-fonte, 138-139, 325

DoD; *ver* Departamento de Defesa dos EUA
Dodge, 161
Dole Organic, 221-222
Domino's Pizza, 429
Dong Lizhong, 40
Donotbuydodge.ca, 189
Doutrina do uso justo, 56
Dow Chemical, 249
DPW (Dubai Ports World), 187
Dr Pepper/Seven Up, Inc., 109, 236-237
DreamWorks Animation, 454-455
DreamWorks SKG, 338, 339
Drive de DVD-ROM, 367-368
Drive de leitura-gravação em disco compacto (CD-ROM), 367-368
Drive de memória somente de leitura em disco compacto (CD-ROM), 367-368
Drive-by hacking, 410
Drucker, Peter, 43, 44, 559, 565
DSL (Linha de assinante digital), 370-371
DSSS (sistemas de apoio à decisão), 139, 439
Du Yanjun, 41
Dubai Ports World (DPW), 187
Dubie, Denise, 564-565
Dudley, Brier, 560-561
Duração do contrato (terceirização), 294
DVD (disco de vídeo digital), 367-368
DVD-RW (disco de vídeo digital de leitura/gravação), 367-368
Dyche, Jill, 564-565

E

E Ink Corporation, 509, 511
E*Trade Financial Corporation, 407
EA (arquiteto corporativo), 381-382
EarthLink, 209-210
Eastman Kodak, 256
EB (Exabyte), 367-368
eBay, 46, 91-92, 103, 207-209, 213-214, 221-222, 249, 296, 489
E-book, 371
EC2 (Amazon Elastic Compute Cloud), 464-465
Echt, Martin, 393
Economia, domínio da tecnologia, 507-508
Economia global, integração de, 507-508
Economy.com Inc., 447-448
eCoupled, 243-244
EDI (intercâmbio eletrônico de dados), 58
e-discovery (descoberta eletrônica), 424
Editores de conteúdo, 99-100
Editores mashup, 221-222
Edmunds.com, 208-209
Efeito chicote, 149
Efeito de rede, 221-222

Eficácia (negócio eletrônico), 202-204
e-Grocery, 254-255
EISs (sistemas de informação executiva), 140-143, 439
Elastic Compute Cloud, 464-465
Electronic Communications Privacy Act (1986), 424
Elemento de dados (ou campo de dados), 93
Eletricidade, sem fio, 242-244
Eletrônicos de consumo, carregamento sem fio de, 243-244
Elevação de privilégio, 412-413
Email, uso do negócio eletrônico de, 209-210
Email bomba, 428-429
E-mango.com, 250
E-marketplaces, 207-209
Emergência, 385-386
Emerson, 84
Emirados Árabes Unidos, 187
Emissões de carbono, 453-454
Empreendedorismo, 164-165
Empresa, 322-336
   companhia aberta, 323-335
   empresa individual, 323
   sociedade limitada, 323
   sociedades, 323
   tipos de, 322-323
Empresa-Consumidor (B2C), 207-208
Empresa-Empresa (B2B), 206-208
Empresas, 323; *ver também* Corporações
Empresas departamentais, tecnologia para os negócios em, 12-13
Empresas virtuais, 207-208
Endereço, casa, 265-266
Endereço IP, 402
Endereço residencial, 265-266
Energizer, 243-244
Engardio, Pete, 27-28
Engenharia colaborativa, 153
Engenharia de software, 272-273
Engenharia de software auxiliada por computador (CASE – *Computer-Aided Software Engineering*), 271, 272-273
Engenharia gandhiana, 498
Engenharia social, 412-413
Enochs, Robert, 378
Enron, 16, 55, 432
Enterprise Rent-A-Car, 183-184
Entidades, 94-95
Entradas, 437, 438
Epstein, Keith, 565
Equifax, 423
Era da informação, 7, 60-61
ERDs (diagramas de entidade e relacionamentos), 271, 273
ERM (gestão de relacionamento com o empregado), 162-163

ERP; *ver* Planejamento de recursos empresariais (ERP)
Escalabilidade
   das bases de dados, 97
   de infraestrutura de TI, 389-390
Escola de *hackers*, 418-419
Escola Intense, 418-419
Escopo, projeto, 270, 277
Escopo do projeto, 270, 277
Escritório de gerenciamento de projetos (PMO – *Project Management Office*), 290
Escritório de Investigações Especiais, 73
Escrituração, 325
E-shop (loja virtual), 207-208
Esprit de Corps, 446-447
Estações de trabalho, 371
Estado de Nova York, 481-482
Estados Unidos
   diretor de tecnologia dos, 54
   e informações de privacidade, 494-496
   e sites de mídia social, 225
   faixa salarial de programador nos, 294
   passagens de fronteira, 73-74
   proteção de direitos autorais nos, 55
   site FirstGov.gov, 223-224
Estes, Matthew, 41
Estimativa (dados), 475
E-store (loja virtual), 207-208
Estradas autônomas, 514-515
Estratégia de negócios, 18
Estratégia(s)
   e sistemas globais de informação, 490-494
   execução, 24-27
   para a gestão de operações, 441-443
   para entrar em novos mercados, 23-25
Estratégias de recuperação de tecnologia, 386-387
Estruturas organizacionais, 52-61
   do departamento de TI, 52-54
   e ética, 55-56
   e lacuna entre o pessoal das áreas de negócios e na TI, 54-55
   e segurança, 55-58
   e tomada de decisão, 133-138
Estudo de viabilidade de tempo, 289
Estudo de viabilidade econômica, 289
Estudo de viabilidade jurídica, 289
Estudo de viabilidade operacional, 289
Estudo de viabilidade política, 289
Estudo de viabilidade técnica, 289
Estudos de viabilidade, 288, 289
ETA (tempo estimado de chegada), 235-236
E-tailer (loja virtual), 207-208
ETE (tempo estimado de viagem), 235-236
Ethernet, 400-401
Ética, 422-435
   com Twitter, 304-305

   definição, 55, 422
   e estrutura organizacional, 55-56
   informação, 422-431
Ética da informação, 422-431
   definição, 422-423
   desenvolvimento de políticas eletrônicas, 425-430
Etiquetas, 219; *ver também* Etiquetas de identificação por rádio-frequência
Etiquetas de bloqueio de RSA, 241-242
Etiquetas de identificação por radiofrequência (RFID), 155-156, 233-234
Etiquetas RFID, 155-156, 233-234
Etiquetas RFID ativas, 233-234
Etiquetas RFID passivas, 233-234
Etiquetas RFID sem chip, 234-235
Etiquetas RFID semipassivas, 233-234
ETL (extração, transformação e carregamento), 106
Etrade.com, 208-209
Etymotic Research, 3
Eudora, 373-374
E-waste (lixo eletrônico), 452-454
Exabyte (EB), 367-368
Excel, 131
Exército (UK), 100-102
Expectativa de vida, 506
Expedia.com, 199-200, 296, 489
Expedição de phishing, 413-414
Exposições de página, 47-48
Extensão de vocábulo, 365
Extração, transformação e carregamento (ETL), 106
Extricity, 170
ExxonMobil, 185-186, 304-305
Eyler, John, 337

F

Facebook, 7, 8, 86, 130, 192-194, 218, 225, 236-237, 247, 248, 252, 253, 264-267, 304-305
Facilidade de manutenção (infraestrutura de TI), 388-389
Facilidade de manutenção, 389-390
Failback, 383-384
Failover, 383-384
Fair and Accurate Credit Transactions Act (2003), 425
Fair Credit Reporting Act (FCRA), 423
Fake, Caterina, 305-306
Falha de tecnologia, 386-387
Family Education Rights and Privacy Act (1974), 424
FAO Schwarz, 322, 337, 338
Farmville, 253
Fase de análise (SDLC), 270-271
Fase de desenvolvimento (SDLC), 272-273

Fase de implementação (SDLC), 274
Fase de manutenção (SDLC), 275, 276
Fase de planejamento (SDLC), 270
Fase de projeto (SDLC), 271
Fase de testes (SDLC), 272-274
Fatiamento e agrupamento, 142-143, 164-165
Fato, 7
Fatores críticos de sucesso (FCS), 43, 44, 352-353
FBI, 419
FCRA (Fair Credit Reporting Act), 423
FCS; *ver* Fatores críticos de sucesso
FedEx, 19
Feedback, 15
Fenichell, Stephen, 564-565
Ferguson, Tim, 561-562
Ferramenta de consulta por exemplo (QBE), 93
Ferramenta QBE (de consulta por exemplo), 93
Ferramentas de gerenciamento dos processos de negócio, 351-352
Ferramentas de mineração de dados, 108, 475
Ferramentas de visualização de dados, 113-114
Fibra óptica, 404
Fidelidade; *ver* Fidelização de clientes
Fidelidade sem fio (Wi-Fi), 227-228
Fidelity.com, 208-209
Fidelização do consumidor
  e *podcasting*, 210-211
  e rentabilidade, 178-179
Fields, Jonathan, 304-305
Filipinas
  terceirização para, 293, 294
Filtragem de conteúdo, 415-416
Finanças, 327
FireFighter AI Robot (Robô Bombeiro com Inteligência Artificial), 143-144
Firefox, 198-199, 215-217
Firewalls, 416-417
FirstGov.gov, 223-224
Fita magnética, 366-367
Flexibilidade
  de infraestrutura de TI, 388-389
  de uma empresa, 443
Flickr, 130, 160, 194, 208-209, 216-217, 219, 221-222, 247, 305-306
Flixster, 248
Fluxo de trabalho (*workflow*), 29-30
Fluxos de dados transnacionais (TDF), 494-495
Focus: HOPE, 324
Foco de negócios, estratégias para a escolha, 23-25
Folksonomia, 219

Fontes alternativas de energia, 512
Força de trabalho móvel; *ver* Tecnologia(s) sem fio
Força de trabalho virtual, 145-147
Ford, 150, 251
Ford, Henry, 251
Forrester Research, Inc., 153, 199-200
Foursquare, 236-237
Franklin, Benjamin, 288
Fraude de cliques, 426-427
Fraude de cliques competitiva, 426-427
Freedom of Information Act (1967, 1975, 1994, 1998), 425
Freenet, 55
Fried, Ina, 559, 560
Friedman, Ted, 484-485
Friedman, Thomas L., 16-17, 68, 76, 488, 559, 560
Friendster, 264
Frito-Lay, 19, 362
FTP (File Transfer Protocol), 402
Fulton Innovation, 243-244
Funcionários, motivação e treinamento, 439

G

GAAP (Princípios contábeis geralmente aceitos), 325
Gap, 207-208, 298, 446-447
Gap Inc., 331-332
Garantia de qualidade, 439, 442-443
Garmin, 234-235
Gart Sports, 250
Gartner Dataquest, 394
Gartner Group, 56, 304-305, 481-485
Gates, Bill, 7, 17, 77, 393
GB (gigabyte), 366-368
Geffen, David, 338, 339
General Electric (GE), 338, 339, 375
General Motors (GM), 66, 146-147, 150, 197, 220, 235-236, 303-304, 371, 499
Gensets (conjuntos de geração), 499
Geocache, 234-235
Geocodificação, 235-236
Geocoin, 234-236
Geradores de regras de associação, 476
Gerenciamento da cadeia de fornecimento (SCM), 33-35, 148-156
  componentes de ERP para, 173
  definição, 33, 444
  fatores de sucesso para, 151-155
  integração de ERP, CRM e, 169-170
  métricas para, 46-48
  papel da TI no, 148-151
  RFID para, 152-155
Gerenciamento da cadeia de vendas, 153
Gerenciamento da informação, 424
Gerenciamento de estoque, 439

Gerenciamento de evento da cadeia de fornecimento (SCEM), 153
Gerenciamento de incidentes, 386-387
Gerenciamento de produção, 437
Gerenciamento de projetos, 287-295
  definição, 270
  fazer o projeto entrar nos trilhos, 284-286
  restrição tripla em, 288-289
Gerenciamento de recursos humanos, 25-26
Gerenciamento do processo de negócios (BPM), 349-353
Gerente de projetos, 270
Gerla, G., 560
Germanotta, Stefani Joanne Angelina (Lady Gaga), 7, 222-223
Gestão da reputação, 131
Gestão de operações (OM), 436-445
  definição, 437
  e a cadeia de fornecimento, 444
  estratégia competitiva para, 441-443
  papel da TI em, 439-441
  princípios básicos de, 437-439
Gestão de relacionamento com o empregado (ERM), 162-163
Gestão de relacionamento com o fornecedor (SRM), 162-163
Gestão de relacionamento com o parceiro (PRM), 162-163
Gestão do conhecimento, 216-217
Gestão do relacionamento com o cliente (CRM), 35-37, 157-165
  analítico, 159-160
  componentes de ERP para, 173
  definição, 35, 157-158
  e as tendências atuais no relacionamento com o cliente, 160, 162-163
  e o poder do consumidor, 159-161
  integração de ERP, SCM e, 169-170
  métricas para, 47-49
  operacional, 158-160
  tendências futuras para, 163
Get Satisfaction, 303-304
Ghoshal, Sumantra, 564
GHz (gigahertz), 364
Gigabit Ethernet, 401
Gigabyte (GB), 366-368
Gigahertz (GHz), 364
Giles, Jim, 560
Gillen, Al, 394
Giros de estoque (turn over), 47-48
GISs (sistemas de informação geográfica), 235-237
Gittins, Eileen, 305-306
Gladwell, Malcolm, 77
Globalização
  e sistemas globais de informação, 488-490

e terceirização, 293
   Michael Porter sobre, 27-28
Globalização 3.0, 16
GM; *ver* General Motors
Gmail, 469-470
Gnant, Jody, 214
Godin, Seth, 77
Goff, Leslie, 560
Goldman, Eric, 252, 259-260
Goldman Sachs, 120, 247, 249
Good Charlotte, 226
Good to Great (Jim Collins), 375
Google, 91-92, 130, 194, 207-209, 221-222, 247-249, 389-390, 457-459, 481-484
Google Analytics, 130, 131
Google Android, 4, 76
Google Application Engine, 465-466
Google Cloud Connect, 465-466
Google Creative Labs, 116
Google Docs, 252-253
Google Earth, 221-222
Google Mail (Gmail), 469-470
Google+, 194
Gopal, Prashant, 560
Gore, Al, 77
Governança
   global, 500-501
   TI, 491-492
Governança da informação, 89-91, 424
Governança de dados, 90-91
Governança global, 500-501
Governo eletrônico, 223-225
Gowalla, 236-237
GPS (sistema de posicionamento global), 234-236, 257-259
Gráfico PERT (Programa de Avaliação e Revisão Técnica), 291, 292
Gráficos de Gantt, 291, 292
Gráficos de informação, 82-84, 112-114
Graham, Ernie, 155
Grande Desafio da DARPA, 146-147
Granularidade
   definição, 140
   informação, 85
   na tomada de decisão, 140
Green, Heather, 565
Green, Peter S., 560
Green, Tonja, 33
Griffin Technology, 3
Grokster, 55
Group 1 Software, 109
Groupware, 373-374
Grow, Brian, 565
Grupo Experian, 117-118
Grupo Farmanova Intermed, 172
GUI (Interface gráfica do usuário), 271
Gungor, V. C., 560-562
Gupta, Vinod, 164
Gyricon Media, 511

H

H&R Block, 303-304
Hackathorn, Richard, 473
Hacker, 410-413
   armas usadas por, 412-413
   definição, 410
   engenharia social de, 412-413
   invasões de rede sem fio por, 240-241
Hackers black-hat (*hackers* criminosos ou maliciosos), 410
Hackers éticos, 410
Hacktivistas, 410
Halal, William, 565
Hamm, Steve, 565
Hammann, Greg, 446-447
Hammer, Michael, 562-563
Hanson, J. Greg, 52
Harald Bluetooth, rei da Dinamarca, 227-228
Hardee's, 483-485
Hardware, 362-371
   armazenamento primário, 364-367
   armazenamento secundário, 366-368
   definição, 362, 380
   dispositivos de comunicação, 369-371
   dispositivos de entrada, 367-369
   dispositivos de saída, 368-370
   unidade de processamento central, 363-365
Harley Owners Group (HOG), 157-158, 181
Harley-Davidson, 157-159, 172, 179-181
Harley-Davidson.com, 157-158
Harrington, H. James, 563
Harris Interactive Report, 180, 181
Harry e Sally: feitos um para o outro, 255
Hartmann, Chris, 484-485
Hasbro, 338
Hawkins Shipping, 95
HBOS, 162-163
Health Insurance Portability e Accountability Act (HIPAA), 58, 425, 495-496
Hefner AI Robot Cleaner (Hefner, o Robô Faxineiro com Inteligência Artificial), 143-144
Henry, John, 338, 339
Hernandez-Rebollar, Jose L., 369-370
Herzog, Jacques, 406
Hewlett-Packard (HP), 197, 375, 429, 512
Hi5, 248
Hill, Terry, 563-564
HIPAA; *ver* Health Insurance Portability and Accountability Act (HIPAA)
Hipóteses de projeto, 290
Hits, 204-205
Hitwise, 225
Hoaxes, 412-413
Hochman, Paul, 562

Hoff, Christofer, 304-305
HOG (Harley Owners Group), 157-158, 181
Holden, Jeff, 4
Hollender, Jeffrey, 565
Holstein, William J., 500-501, 565
Home Depot, 197, 338, 339
Homeland Security Act (2002), 425
Hooper, Mark, 483-484
Hoover, Brian, 250
Hoover's Rentals, 250
Hop-On, 256
Horário de trabalho, 508
Hospital da Criança (Boston), 54
Hosting.com, 120
Hot sites, 383-385
Hotels.com, 83
Hotmail, 202-203
Hotspots, 227-228
Houghton Mifflin Harcourt, 64
HP; *ver* Hewlett-Packard (HP)
HTTP (protocolo de transferência de hipertexto), 402
HTTP (protocolo de transporte de hipertexto), 198-199
Hub, 397
Hummer, 72
Hunt, Corrine, 468-469
Hutheesing, Nikhil, 560
Hyperion, 484-485
Hyundai, 72

I

i2, 169, 173, 268
IA (inteligência artificial), 142-147, 508
IaaS (infraestrutura como serviço), 462-465
IBM, 145-146, 197, 201-202, 249, 283, 293, 298, 393, 475, 476, 481, 493-494, 512, 515
IBM Alemanha, 393
IBM Business Consulting Services, 343
IBM Life Sciences, 475, 476
ICCS (Institute for Citizen-Centered Service), 490
iCloud, 5
ID de segurança digital, 406
ID do usuário, 415-416
IDC, 393, 394
Ideas Worth Spreading, 77
Identificação eletrônica, 298
Identificação por radiofrequência (RFID), 233-235
   definição, 298
   no gerenciamento da cadeia de fornecimento, 152-155
   problemas de privacidade com, 241-242

Identity Theft and Assumption Deterrence Act (1998), 425
IDS (software de detecção de intrusão), 417
IEEE (Instituto de Engenheiros Eletricistas e Eletrônicos), 229
IEEE 802.11n (Wireless-N), 229
ihatedell.net, 189
Illuminate Live, 211-212
Imagem de disco para software de recuperação de dados, 372-373
Imhoff, Claudia, 472, 564, 565
IMing (mensagens instantâneas), 210-211, 251
Immedia, 511
Immelt, Jeffrey, 338, 339
Implementação em fases, 275
Implementação paralela, 275
Implementação piloto, 275
Implementação por imersão, 275
Impostos sobre vendas
  para compras online, 212-213
Impressões digitais, 415-416
Impressora, 369-370
Impressora 3-D, 369-370
Impressora a laser, 369-370
Impressora multifuncional, 369-370
Incidente(s), 386-387
Inconsistência da informação, 87
Índia, 293, 294, 500-501
Indicadores-chave de desempenho (KPIs), 43, 44
Indústria da música, 489
Indústria do cinema, 489
Infográficos (gráficos de informação), 82-84, 112-114
Infomediários, 208-209
Infonetics, 56
Infopédia, 220
Informação, 112-113
Informação, 9-10; *ver também* Informações organizacionais
  analítica, 85-87
  definição, 9
  problemas globais com, 493-497
  qualidade da, 87-90, 108-110
  tempo real, 87
  transacional, 85-87
Informação em tempo real, 87
Informações analíticas, 85-87
  definição, 86
  para apoio gerencial, 138-139
Informações de séries temporais, 477-478
Informações dinâmicas, 99-100
Informações estáticas, 99-100
Informações financeiras, pessoais, 265-266
Informações organizacionais
  acesso, 105-114
  armazenamento, 93-104
  valorização, 85-92
Informações proprietárias roubadas, 60
Informações transacionais, 85-87, 137-138
Information Systems Audit Control Association (ISACA), 491-492
Information Technology Infrastructure Library (ITIL), 492
InformationWeek, 55
Infosys, 293, 500
infoUSA Inc., 164-165
Infraestrutura; *ver também* Infraestrutura de TI
  como atividade de valor de apoio, 25-26
  nas organizações do século XXI, 297
Infraestrutura como serviço (IaaS), 462-465
Infraestrutura de informações; *ver* Infraestrutura de TI
Infraestrutura de sistemas de informação, 381-387
  plano de backup e recuperação, 382-384
  plano de continuidade de negócios, 385-387
  plano de recuperação de desastres, 383-385
Infraestrutura de TI, 25-26, 380-388
  benefícios de negócios de, 380-382
  confiabilidade de, 388-390
  definição, 380
  desenvolvimento, 272-273
  design, 271
  disponibilidade de, 388-389
  escalabilidade de, 389-390
  infraestrutura de sistemas de informação ágil, 386-390
  infraestrutura de TI, 381-387
  manutenção de, 388-389
  plano de backup e recuperação., 382-384
  plano de recuperação de desastres, 383-385
  sustentável; *ver* Infraestruturas de TI sustentáveis
Infraestrutura de TI, 297
Infraestrutura de TI ágil, 386-390
Infraestrutura de Wi-Fi, 227-228
Infraestruturas de TI sustentáveis, 452-467
  arquitetura orientada a serviços, 461-466
  computação em grade, 454-457
  computação em nuvem, 459-462
  computação virtualizada, 455-460
  consumo de energia, 453-454
  emissões de carbono, 453-454
  lixo eletrônico, 452-454
  TI e o meio ambiente, 452-454
Ingram Micro, 479-480
Iniciativas estratégicas
  estruturas organizacionais de apoio, 52-61
  gerenciamento da cadeia de fornecimento, 33-35
  gestão do relacionamento com o cliente, 35-37
  medir o sucesso de, 43-51
  métricas para, 46-50
  para a implementação de vantagens competitivas, 29-41
  planejamento de recursos empresariais, 38-39
  reengenharia de processos de negócios, 29-32
Inner Mongolia Yili Industrial Group, 40-41
Inovação, 190-249
  criação de organizações inovadoras, 196-205
  integrando a tecnologia sem fio, 227-244
  negócio eletrônico, 206-214
  parcerias de colaboração, 215-226
Inovação tecnológica, ritmo da, 508
Inovant, 427-428
Inscrições abandonadas, 47-48
Insiders, 412-413
Instagram, 194
Institute for Citizen-Centered Service (ICCS), 490
Institute for Public Administration in Canada (IPCA), 490
Instituto de Engenharia de Software Carnegie Mellon, 492
Instituto de Engenheiros Eletricistas e Eletrônicos (IEEE), 229
Instituto Nacional de Padrões e Tecnologia (NIST), 415-416, 460-461
Integração
  da economia global, 507-508
  de RFID e software empresarial, 154
  entre bancos de dados, 100-102
  nas organizações do século XXI, 299-300
Integração direta, 101-102
Integração reversa, 101-102
Integridade (qualidade) da informação, 98-99
Intel Corporation, 191, 197, 229-230, 277, 363, 375, 401
Inteligência
  coletiva, 216-217
  competitiva, 19
  negócio; *ver* Inteligência de negócios (BI)
Inteligência artificial (AI), 142-147, 508

Inteligência coletiva, 216-217
Inteligência competitiva, 19
Inteligência de negócios (BI), 9-11, 80-118, 472–481
  acesso a informações organizacionais, 105-114
  armazenamento de informações organizacionais, 93-104
  baseado em dados, 99-101
  benefícios de negócios de, 478-480
  componentes para ERP de, 173
  de Zillow, 117-118
  definição, 9-10, 111-112
  e valorização da informação organizacional, 85-92
  mineração de dados, 474-479
  tipos de, 472-473
  valor operacional de, 473-474
Inteligência de negócios visual, 112-114
Intelopedia, 220
Interatividade, 202-203
Intercâmbio eletrônico de dados (EDI), 58
Interface gráfica do usuário (GUI), 271
Intermediários, 200-202
Internalização (desenvolvimento interno), 293
International Organization for Standardization (ISO - Organização Internacional para Padronização), 442
Internet, 191, 507-508
  alavancando valor competitivo de, 250
  avaliar as capacidades de, 250
  como maior revolucionário dos negócios, 198-199
  definição, 198-199
  e terceirização, 293
  estratégia para, 250
  infraestrutura, 297
  mudanças nos negócios causada por, 489
  para negócios internacionais, 493-494
  terceirização e, 293
  tributação das transações, 212-213
Internet Crime Complaint Center (FBI), 419
Internet Explorer, 198-199, 216-217
Internet protocol versão 6 (IPv6), 402
Interoperabilidade, 400
Intranets, 251
Intuit, 197, 249
IP, 401
iPad, 4-5, 229
IPCA (Institute for Public Administration in Canada), 490
iPhone, 4, 5, 22-23, 194, 231, 238-239
iPod, 3-5, 19, 389-390
iPod Mini, 377
Ipreo, 120
IPv6 (Internet protocol versão 6), 402

Irlanda, terceirização para, 293, 294
IRR (taxa de rendimento interno), 46-47, 327
ISACA (Information Systems Audit Control Association), 491-492
ISO (companhia de eletricidade), 470-471
ISO (Organização Internacional para Padronização), 442
ISO 14000, 442-443
ISO 9000, 442
ISP (provedor de acesso à Internet), 209-210
Israel, terceirização para, 293
IT Governance Institute, 491-492
ITIL (Information Technology Infrastructure Library), 492
iTunes, 4, 6, 19, 199-200, 208-209, 388-389, 469-470

J

Jackson, Warren, 257-259
JAD (Joint Application Development), 270
James, Josh, 69
Jato de tinta, 369-370
Jay-Z, 221-222
JCPenney, 255
Jen, Sandy, 305-306
Jensen, Bob, 38
Jepsen, Mary Lou, 305-306
JetBlue, 161, 187, 251, 303-305
Jobs, Steve, 19, 77
Jogos Olímpicos de Vancouver (Inverno de 2010), 468-469
John Deere, 443
Johnson & Johnson, 197
Johnson, Jim, 562
Johnson, Lynne, 562
Johnston, Morgan, 304-305
Joint application development (JAD), 270
Jones, Michael, 376
Jordan, Chris, 116
Josaitis, Eleanor, 324
Joseph, Damian, 562
Joystick, 368-369

K

Kagan, Jeffrey, 516
Kaiser Permanente, 36
Kaplan, Robert, 47-49
Karp, David, 224-225
Karrick, Bob, 348-350
Kate Spade, 4
Katzenberg, Jeffrey, 338, 339
Kaufman, Barry, 418
Kaufman, David, 418
KB (kilobytes), 367-368

Keighley, Geoff, 562
Keiningham, Timothy, 561
Kelkoo, 201-202
Kelleher, Kevin, 562
Kendrick, Wayne, 352-354
Kennedy, John F., 76, 222-223
Kennedy, Robert, 76, 222-223
Kerin, Dimitar, 253
Kern, Stephen, 258-260
Khanna, Tarun, 500-501
Kia, 72
Kiling, Julia, 560
Kill Codes, 241-242
Kill switch, 291
Kilobyte (KB), 367-368
Kilowatt Sport, 367-368
King, Rachel, 560
King, Val, 514, 515
KM (gestão do conhecimento), 216-217
KMS (sistema de gestão do conhecimento), 216-217
Knight, Philip, 268, 338-340
Koblin, Aaron, 116
Koch, Christopher, 559
Kodak, 63, 303-304
Kohl's, 447-448
Koolhaas, Rem, 405
Kovac, Carline A., 475, 476
KPIs (indicadores-chave de desempenho), 43, 44
KPMG Peat Marwick, 348-350
Kraft, 477-478
Kripalani, Manjeet, 499
Kroger, 22-23
Kutcher, Ashton, 225

L

L.L. Bean, 255
Lady Gaga, 7, 222-223
Lambert, FC, 561, 562
LaMonica, Martin, 563, 564
LAN (rede de área local), 396-397, 400-401
Lands 'End, 107, 255
LANs sem fios (WLANs), 227-229
LaPante, Alice, 560
Laptops, 371, 377
Largura da linha de chip, 365
Largura de barramento, 365
Larking, Daniel, 419
Lashinsky, Adam, 561
Last.fm, 249
Latência de análise, 473
Latência de dados, 473
Latência de decisão, 474
Latências, 473-474
Latitude, 234-235
Lauren Scott California, 156

LBS (serviços baseados em localização), 236-237, 239-243
LCD (display de cristal líquido), 369-370
Lea, Randy, 481-482
Leading Edge Forum, 493-494
LED (diodo emissor de luz), 369-370
Legend, John, 225
Lego, 160
Lei de comércio eletrônico, 212-213
Lei de Moore, 277, 452-453
Lei de Privacidade (1974), 424
Lei de Privacidade (1983, Canadá), 497
Lei de Proteção de Informações Pessoais e Documentos Eletrônicos (PIPEDA), 497
Lei Sarbanes-Oxley (2002), 90-91, 154, 425, 432, 491-492
Leiber, Nick, 560
Leilões online, 207-208
Leis de direitos autorais, 55, 56, 194-195
Leitor óptico de caracteres, 368-369
Leitor óptico de marcas, 368-369
Leitores/interrogadores de RFID, 233-234
LendingTree, 117-118, 199-200, 296, 489
Leno, Jay, 483-484
Lenovo/IBM, 66
Leste da Europa, terceirização para, 293
Levi Strauss, 201-202, 445-448
Levie, Aaron, 470-471
Levinson, Meridith, 565
Levitt, Steven, 77
Lexar, 377
LexisNexis, 220
Licença de provedor de serviços de aplicativos, 373-374
Licenças de site, 373-374
Licenças de usuário de rede, 373-374
Licenças de usuários únicos, 373-374
Limpeza ou depuração de informações, 108-110
Lin, John, 3
Linguagem de consulta estruturada (SQL), 93
Linguagem de script, 272-273
Linguagens de quarta geração (4GL), 272-273
Linguagens orientadas a objetos, 272-273
Linha de assinante digital (DSL), 370-371
LinkedIn, 130, 194, 218, 226, 247-249, 264, 266-267, 306-307
Linux, 371-373, 392-394
Liu, Roger, 41
LiveWorld, 249
Livre comércio, 346
Lixo eletrônico (*e-waste*), 452-454, 468-469
LMCS sem fio, 370-371

Localização automática de veículos (AVL), 234-235
Localizador de recursos universal (URL), 198-199, 225
Locher, Margaret, 563
Locussol, Virgini, 493-494
Lógica fuzzy, 144-145
Logística, 25-26
Logística de entrada, 25-26
Logística de saída, 25-26
Logística eletrônica (*e-logistics*), 173
Logitech, 243-244
Lomas, Natasha, 562
Longitude, 234-235
Loopt, 236-237
Los Angeles Times, 392
Lotus, 373-374
Lowermybills.com, 117-118
Luberoff, Eli, 64
Lucent Technologies, 511
Lucro, 322
Lucro líquido, 326
Lulu.com, 199-201
Lunden, Ingrid, 561
Luo Yunbo, 40
Lutz, Bob, 220

M

M&Ms, 200-201
Mac OS X, 372-373, 457-458
MacDonald, Kyle, 213-214
MacMillan, Douglas, 561
Macworld, 3
Macy's, 337, 509, 511
Madoff, Bernie, 55
Mahindra Satyam, 293
Making the Grade, 73
Malha em nuvem, 460-462
Malone, Michael S., 560
MAN (rede de área metropolitana), 397
MANs sem fio (WMANs), 229-230
Mantovani, Andres, 420
Manufacturers Bank, Los Angeles, 327
Manugistics, 173, 180
Manutenção, programação, 388-389
Manutenção corretiva, 275
Manutenção de sistemas, 388-389
Manutenção preventiva, 275
Mapeamento de processos de negócio, 347-348
Mapquest.com, 208-209
Marafatsos, Christos, 64
Marcador de site, 219
Marcas, celebridade, 224-226
Marconi, Guglielmo, 227
Marcos do projeto, 290
Marimba, 306-307
Marineau, Philip A., 445-447

Marketing, 331-334
como atividade de valor primário, 25-26
via blogs, 220
via negócio eletrônico, 202-203
viral, 202-203
Marketing viral, 202-203
Marks & Spencer, 298
Maruti Udyog, 498
Mashups, 220-222
Mason, Richard, 564
Massachusetts, 103-104
MasterCard, 144-145, 234-235
MasterCard International, 479-480
Matrizes de responsabilidade, 290
Matsushita, 143-144
Mattel Inc., 337, 338
MayasMom.com, 306-307
Mayo Clínica, 475, 476
MB (megabytes), 366-368
McCartney, Scott, 561
McCloud, Chad, 561
McDonald's, 66, 251, 489
McGirt, Ellen, 562
McGraw, Gary, 562
McGraw-Hill, 64
McKeon, Christina, 481-482
Mecanismo de pesquisa, 208-209
Medicaid, 481, 481-482
Medição do sucesso, 43-51
benchmark, 46
eficiência e eficácia, 44-46
métricas para iniciativas estratégicas, 46-50
Meebo, 305-306
Megabytes (MB, Meg), 366-368
Megahertz (MHz), 364
Meio magnético, 366-368
Meio óptico, 367-368
Meios, 403-404
Meios com fio, 403-404
Meios de transmissão de rede, 403
Melamina, 40
Melhores práticas, 44
Melhoria dos processos de negócio, 345-348
Melymuka, Kathleen, 560
Memória cache, 366-367
Memória de acesso aleatório (RAM), 364-365
Memória flash, 366-367
Memória somente de leitura (ROM), 366-367
Mengniu Dairy, 40-41
Mensagens instantâneas (IMing), 210-211, 251
Mercados de nicho, 164-165, 200-201
Mercados eletrônicos (*e-marketplaces*), 207-209
Mercados financeiros, 500-501

Mercados mundiais, 346
Mercados online, 208-209
Mercedes-Benz, 72
Mergulho no lixo, 412-413
Merrill Lynch, 77, 113-114
Meta Group, 174
Metadados, 94-95
Metal Works, 214
Método do payback, 46-47
Metodologia, desenvolvimento de software, 280-283
Metodologia de desenvolvimento rápido de aplicações (RAD), 282
Metodologia de programação extrema (XP), 282-283
Metodologia de programação extrema (XP), 282-283
Metodologia de prototipação rápida, 282
Metodologia em cascata, 280–281
Metodologia RAD (desenvolvimento rápido de aplicações), 282
Metodologia RUP (processo unificado racional), 283
Metodologia Scrum, 283
Metodologias ágeis, 281-283
Metodologias de desenvolvimento de software, 280-286
   ágeis, 281-283
   desenvolvimento rápido de aplicações, 282
   em cascata, 280-281
   iterativas, 281, 282
   processo unificado racional, 283
   programação extrema, 282-283
   prototipação rápida, 282
   scrum, 283
Metologia de Processo unificado racional (RUP), 283
Métrica
   dados *clickstream*, 203-204
   eficiência e eficácia, 44-46
   para iniciativas estratégicas, 46-50
Métrica de visitante identificado, 203-204
Métrica de visitante não identificado, 203-204
Métricas de eficácia da TI, 44-46, 202-203
Métricas de eficiência de Sistemas de Informações, 44-46
Métricas de hit, 204-205
Métricas de marketing, 49
Métricas de satisfação do cliente, 45
Métricas de serviço, 49
Métricas de vendas, 49
Métricas de visita, 203-204
Métricas de visitante, 203-204
Métricas de site, 46-48, 203-204
Métricas financeiras, 45
Metz, Peter J., 150

MHz (megahertz), 364
Microblog, 220
Microcomputadores, 371
Microfone, 368-369
Microprocessador, 363
Microsoft, 7, 145-146, 197, 204-205, 216-217, 221-222, 247, 249, 298, 373-374, 393-394, 434, 457-460, 484-485, 512
Microsoft Visio, 352-354
Microsoft Windows, 372-373
Microtargeting político, 90-92
Middleware, 169
Middleware de EAI (integração de aplicativos empresariais), 169-170
Middleware de integração de aplicações empresariais (EAI), 169-170
Mídia sem fio, 404
Mídia social, 130-132
   celebridades na, 224-226
   definição, 218
   Pinterest, 192-195
MiGente, 249
Mikita, Lois, 446-447
Miller, Rich, 563, 564
Mineração de dados, 108, 474-479
   análise de agrupamento, 475-476
   análise estatística, 477-479
   definição, 475
   detecção de associação, 476
   por Zillow, 117-118
Ming, Jenny, 331-332
Minicomputadores, 371
Ministério da Defesa (RU), 100-102
Ministério do Interior da Bulgária, 420
Minnesota Vikings, 194
Minority Report, 73
MIT, 368-369, 371-372
MIT Media Lab, 371-372, 511
Mitnick, Kevin, 418, 419
Mobil Oil Corporation, 352-354
Modelagem de processos, 271
Modelagem de processos de negócio, 347-348, 352-356
Modelo das Cinco Forças de Porter, 20-24
   definição, 20
   e cadeia de valor, 26-27
Modelo de banco de dados hierárquico, 94-95
Modelo de banco de dados relacional, 94-95
Modelo de melhoria contínua do processo, 345-346
Modelo de negócio, 206
Modelo de processo *As-Is*, 347-350
Modelo de processos de negócio, 347-348
Modelo de processos *To-Be*, 347-351
Modelos, 137-138
Modelos de dados, 93, 271

Modelos de negócio eletrônico, 206-209
Modelos de receita (negócio eletrônico), 208-210
Modo de segurança, 372-373
Moët et Chandon, 479-480
Monitoramento de campanha (Actionly), 131
Monitoramento de campanha de marketing, 131
Monitoramento de TI no local de trabalho, 429
Monitores, 369-370
Monroe, Marilyn, 445
Moore, Gordon, 277, 452-453
Morga, Alicia, 305-306
Motivação dos funcionários, 439
Motorola, 229-231, 256
Motorola DynaTAC, 231
Mouse, 368-369
Mozilla, 198-199, 204-205, 215-217
Mozy, 120
MP3 players, 377
MS-DOS, 372-373
MSN.com, 208-209, 247
MSP (provedor de serviços gerenciais), 335
Mudança climática, 51
Mudança de paradigma, 199-200
Mulheres na tecnologia, 305-307
Mullaney, Timothy, 561
Multitarefa, 371-372
My Docs Online, 120
My Starbucks Idea, 220
MyIntranet.com, 251
MyShape, 306-307
MySpace, 8, 130, 189, 225, 247, 248, 255, 264

N

Nagel, Brian, 420
Nano (carro), 498-500
Não repúdio, 427-428
Napster, 19, 296, 399, 489
Nardelli, Robert, 338, 339
NASA (National Aeronautics and Space Administration), 233-234
National Academy of Sciences Institute of Medicine, 448-449
National Aeronautics and Space Administration (NASA), 233-234
National Basketball Association (NBA), 188, 249
National Football League, 194
National Institute of Health, 220
National Science Foundation, 258-259
National Weather Service, 257-259
Nations, Daniel, 561
Navegação, online, 211-212
Navegador Mosaic, 370-371

Navegadores Web, 198-199
NBA (National Basketball Association), 188, 249
NCR, 481-482
Needapresent.com, 369-370
Neeleman, David, 187
Negócio eletrônico, 191, 206-214
    componentes de ERP para, 173-174
    definição, 129, 173, 191, 198-199
    desafios de, 211-213
    e Web 1.0, 198-200
    ferramentas de comunicação para, 209-212
    modelos de, 206-209
    modelos de receita para, 208-210
    nas organizações do século XXI, 298
    novas formas de, 207-209
    vantagens, 199-204
Negócio inteligente, 481-482
Negócio móvel (*m-business*), 223-225, 238-240
Negócios *brick-and-mortar*, 207-208
Negócios *click-and-mortar*, 207-208
Negócios *pure-plays* (virtuais), 207-208
Neiman Marcus, 24-25
Nestlé Group, 89-90, 477-479
Nestlé Italiana, 477-479
Netflix, 7, 8, 68, 122-125, 184-186, 188, 199-201, 208-209, 216-217
Netscape, 370-371, 373-374
Netscape Navigator, 204-205
Netzero, 209-210
New York Times Co., 66
News Corp., 225, 247, 248
Newsday, 392
NIC (placa de interface de rede), 397
Nielsen/Net, 47-48
NIIT, 293
Nike, 255, 268, 338-340
Ning, 225-226, 248, 305-306
Nintendo, 330-331
Nissan Motor Corporation, 433-434
NIST (Instituto Nacional de Padrões e Tecnologia), 415-416, 460-461
Nokia, 229-230, 241-242, 256
Nome do domínio, 198-199
Noodles & Company, 114
Nordstrom, 328-329
Norton, David, 47-49
NOS (sistema operacional de rede), 399
Novos mercados, abertura, 200-202
Novos participantes, ameaça de, 22-23
NPD Fashionworld, 446-448
NTA Monitor Ltd., 58
Números de telefone, 265-266
Nuts about Southwest, 220
Nuvem comunitária, 465-466
Nuvem híbrida, 466

Nuvem privada, 465-466
Nuvem pública, 465-466

O

O Aprendiz, 66
O Dilema da Inovação (Clayton M. Christensen), 197, 250, 252
O Mundo é Plano (Thomas Friedman), 16-17, 76
O'Brien, Conan, 76
O'Marah, Kevin, 436
O'Neal, Shaquille, 225
Obama, Barack, 54, 90-92, 119, 225
Objetivos de controle de informação e tecnologia relacionada (COBIT – *Control objectives for information and related technology*), 272-273
Objetivos do projeto, 290
Objetivos SMART, 291
Oficina de treinamento, 274
OLAP (processamento analítico online), 139
Old Navy, 331-332
OLED (diodo orgânico emissor de luz), 369-370
OLPC (One Laptop Per Child), 305-306
Olympus, 243-244
OM; *ver* Gestão de operações
Omniture, 69
One Laptop Per Child (OLPC), 306-307
One Red Paperclip, 213-214
Online Privacy Protection Act (2003, Califórnia), 495-496
OnStar, 235-236
OP&C (planejamento e controle operacional), 440, 441
Operações, 333-335
    como atividade de valor primário, 25-26
    e negócio eletrônico, 202-203
    gerenciamento da cadeia de fornecimento, 148-156
    gestão do relacionamento com o cliente, 157-165
    planejamento de recursos empresariais, 166-176
    tomada de decisão, 133-147
Operações de negócios; *ver* Operações
Opt out, 429
Oracle, 109, 113-114, 154, 169, 197, 298, 406
OrganicID, 156
Organizações, 323; *ver também* Corporações
Organizações ágeis, metodologias de apoio, 280-283
Organizações do século XXI, 296-300
Organizações inovadoras, 196-205
    e tecnologias diruptivas, 196-199

e Web 1.0, 198-200
    vantagens do negócio eletrônico, 199-204
Organizações sem fins lucrativos, 323
Orkut, 249
Ormerod, Paul, 560-561
Ostermann, Ken, 180
Otimização de mecanismos de pesquisa (SEO), 208-209
Overholdt, Alison, 562
Owens & Minor, 479-480

P

P&G; *ver* Procter & Gamble
P&O (Peninsular and Oriental Steam Navigation Co.), 187
PA Consulting, 188
PaaS (plataforma como serviço), 464-466
Padrão de Criptografia Avançada (Advanced Encryption Standard – AES), 415-416
Página inicial de um milhão de dólares, 212-214
Painel de controle, 372-373
Palis, Courteney, 561
Palmerino, Enrico, 63
PANs (redes de área pessoal), 227-228
Papel digital, 509-511
Papel eletrônico, 509, 511
Para organizações com fins lucrativos, 323
Parcerias de colaboração, 215-226
    e Web 2.0 (Business 2.0), 215-223
    e Web 3.0, 222-225
Pareek, Deepak, 561, 562
Pares de fios trançados, 403
Parques da Disney, 220
Parsons, Joey, 163
Partes interessadas do projeto, 290
Participação de mercado, 43, 329-332
Passagens de fronteira, 73-74
Passaportes, 73-74
Passikoff, Robert, 225
Passivo, 326
Passman, Jordan, 63
Patrimônio líquido, 326
Patrizio, Andy, 564
Patrocinadores executivos, 290
Patsuris, Penelope, 564-565
Paul, Frederic, 569
Payless, 24-25
Pay-per-call, 209-210
Pay-per-click, 209-210
Pay-per-conversion, 209-210
PB (petabyte), 367-368
PC World, 377
PDA (assistente pessoal digital), 371
PDA Newton da Apple, 204-205
PDV (ponto de venda), 368-369

Pearson, 64
Pelago Inc., 4
Pen drive JumpDrive Sport, 377, 378
Pen drives, 366-367, 377, 378
Peninsular and Oriental Steam Navigation Co. (P&O), 187
Penn BJ, 226
Penn's Weiss Tech House, 258-259
Pensamento sistêmico, 15
PepsiCo, 338, 339, 445-447
Perdas, negócio, 322-323
Perdue Farms, 151
Perlow, Jon, 564
Personalização, 200-201
Pesquisa paga, 208-209
Pesquisas online,, 208-209, 211-212
Pesquisas salariais, 69
Pessoal de negócios, lacuna entre o pessoal de TI e, 54-55
Pessoas influentes, 132
Petabyte (PB), 367-368
Pew Research Center, 264
Pfizer, 493-494
Pharming, 414-415
Philips Components, 511
Philips Electronics, 243-244
Phillips Petroleum, 197
Phishing, 413-414
Phishing de voz, 414-415
Phoenix, Arizona, 89-90
Photobucket, 194
Pick Up Stix, 484-485
Pillsbury Company, 433
Pinterest, 192-195
PIPEDA (Lei de Proteção de Informações Pessoais e Documentos Eletrônicos), 497
Pixel Qi, 305-306
PKE (criptografia de chave pública), 415-417
Placa de interface de rede (NIC), 397
Plágio, 222-223
Planejamento da continuidade de negócios (BCP), 385-387
Planejamento de capacidade, 389-390, 439
Planejamento de demanda colaborativa, 153
Planejamento de recursos empresariais (ERP), 38-39, 166-176
   componentes centrais do, 171-173
   componentes estendidos do, 173-174
   definição, 38
   evolução, 168-169
   integração de SCM, CRM e, 169-170
   métricas para, 47-48, 50
   vantagens e riscos de, 174
Planejamento e controle operacional (OP&C), 440, 441
Planejamento estratégico, 440, 441

Planejamento tático, 440, 441
Plano de projeto, 270, 277
Plano de recuperação de desastres, 383-385
Plano de segurança da informação, 412-414
Planos de comunicação, 290
Plataforma como serviço (PaaS), 464-466
Playnix Toys, 322
Plotter, 369-370
Plug-ins de negócios, 314-317
Plug-Ins de tecnologia, 318-321
PMBOK (Project Management Body of Knowledge), 288, 290
PMO (escritório de gerenciamento de projetos), 290
PNC Financial Services Group, 406
Podcasting, 210-211
Poder de compra, 20-22
Poder do fornecedor, 21-22
PointCast, 204-205
Polaroid, 21-22, 196
Polese, Kim, 306-307
Política antispam, 429
Política de mídia social, 429
Política de monitoramento de funcionários, 430
Política de privacidade da informação, 426-428
Política de privacidade de email, 428-429
Política de uso aceitável (AUP), 427-428
Política de uso da Internet, 427-428
Políticas de monitoramento no local de trabalho, 429-430
Políticas de segurança da informação, 412-413
Políticas eletrônicas (*e-policies*), 425-430
Ponto de equilíbrio, 328
Ponto de venda (PDV), 368-369
Pontos de acesso (APs), 227-228
Pontos de acesso sem fio (WAPs), 227-228, 257-258
Popova, Maria, 560
Pop-Tarts, 86-87
População mundial, 505-506
Portabilidade (infraestrutura de TI), 388-389
Portais, 208-209
Portal, 377
Porter, Michael E., 20, 23-28, 68, 75, 133, 559
Powergrid Fitness, 367-368
Pownce, 306-307
PR Newswire, 82
Prada, 405-406
Precisão (infraestrutura de TI), 388-390
Precisão da informação, 45, 88
Prêmio Nacional de Qualidade Malcolm Baldrige, 442
Prêmio Netflix, 122-124

Preparação para emergências, 385-386
Previsão, 439, 477-479
Previsão, 477-478
Previsão para série temporal, 477-479
Priceline.com, 207-209
Princípios contábeis geralmente aceitos (GAAP), 325
Privacidade
   com LBS, 241-243
   de registos de saúde, 58
   definição, 55, 422
   e tecnologia RFID, 241-242
   em redes sociais, 264-267
   informação, 493-497
   política de privacidade da informação, 426-428
   política de privacidade de email, 428-429
Privacidade de dados, 494-495
Privacidade de informações, 493-497
PRM (gestão de relacionamento com o parceiro), 162-163
Problemas de integridade das informações, 87
Processamento analítico online (OLAP), 139
Processamento online de transações (OLTP), 137-138
Processamento paralelo, 370-371
Processo de compra de Los Angeles, 38-39
Processo de negócios de vendas e marketing, 345
Processo de transformação, 437, 438
Processo de vendas, 329-331
Processos de *back-office* (voltados para o negócio), 31
Processos de *front-office* (voltados para o cliente), 31
Processos de negócio, 24-25, 29-32, 342-356
   como cadeias de valor, 343
   definição, 342-354
   exame, 342-345
   importância de, 343
Processos de negócio de atendimento ao cliente, 344
Processos de negócio de manufatura, 345
Processos de negócio de recursos humanos, 344
Processos de negócio de sistemas de informações, 345
Processos de negócio de transporte, compras e controle de estoque, 345
Processos de negócios ambientais, 344; *ver também* Infraestruturas de TI sustentáveis
Processos de negócios contábeis, 344

Processos de negócios financeiros, 344
Processos voltados para a empresa, 31
Processos voltados para o cliente, 31
Procter & Gamble (P&G), 34, 160, 185-186, 197
Produção, 14, 333-335, 436, 437
Produtividade, 14
Produtos em espera, 47-48
Produtos ou serviços substitutos, ameaça de, 21-23
Programação, 439
Programas associados, 202-203
Programas *backdoor*, 411
Programas de associados, 202-203
Programas de fidelização, 21-22
Progressive Corporation, 515-516
Progressive Insurance, 31-32, 333-335
Projeção de tendências, 504
Project Management Body of Knowledge (PMBOK), 288, 290
Projeto de processos de negócios, 347-350
Projeto Flight Patterns, 116
Projeto Zoetrope, 116
Projeto(s)
    Classificação de Yourdon de, 295
    definição, 43, 270
    terceirização, 291-294
Projetos feios, 295
Projetos kamikaze, 295
Projetos Missão Impossível, 295
Projetos suicidas, 295
Propriedade intelectual, 422
Proteção de dispositivos eletrônicos, 377-378
Protocolo de Controle de Transmissão/Protocolo Internet (TCP/IP), 400-402
Protocolo de transferência de hipertexto (HTTP), 402
Protocolo de transporte de hipertexto (HTTP), 198-199
Protocolo FTP (File Transfer Protocol), 402
Protocolo Gopher, 204-205
Protocolo SMTP, 402
Protocolo SNMP, 402
Protocolo Telnet, 402
Protocolos, 397, 399-402
Prototipação, 281
Prototipação para descoberta, 281
Provedor de acesso à Internet (Internet service provider – ISP), 209-210
Provedor de serviços de gerenciamento (MSP), 335
Provedores de conteúdo, 208-209
Provedores de serviços, 208-209
Publicidade online, 202-204
PVR (redução de variação de outros processos), 477-478

Q

Q-Tip, 226
Qualidade Seis Sigma, 442
Quantum, 197
Quente, plano e lotado (Thomas Friedman), 68
Quinlan, Ronald, 564
Quinn, Frank, 560

R

Rackspace, 163
Radiohead, 221-222
RadioPaper, 509, 511
RadioShack, 65, 375
Raizner, Walter, 393
Ralph Lauren Polo, 255
Raphel, J.R, 560
Rastreamento de ativos, 233-235
Raw visit depth, 204-205
Real Simple Syndication (RSS), 220
Realidade virtual, 145-146
Receita, 326
Receita Federal, 103
Reciclagem, 453-454, 468-469
Recuperação, 382-383
Recursos humanos (RH), 328-329
Rede, 380
Rede de área local (LAN), 396-397, 400-401
Rede de Área Metropolitana (MAN), 397
Rede de longa distância (WAN), 397
Rede inteligente, 454-456, 470-471
Redes, 396-404
    arquitetura, 397-399
    definição, 396
    mídia, 403-404
    protocolos, 399-402
    topologia, 399
Redes cliente/servidor, 399
Redes de área pessoal (PANs), 227-228
Redes de valor adicionado (VANs), 438
Redes neurais, 143-145
Redes neurais artificiais, 143-145
Redes P2P (ponto a ponto), 397-399
Redes ponto a ponto (P2P), 397-399
Redes Ricochet, 205
Redes sociais, 218
    questões de privacidade/segurança, 264-267
    sites de interesse geral, 248
    sites de nicho, 248-249
    sites internacionais, 249
    uso corporativo de, 249
Redução da variação de outros processos (PVR), 477-478
Redundância, 98-99
Redundância da informação, 98-99

Reengenharia de processos de negócio (BPR), 29-32, 346
    definição, 29-30
    etapas em, 346-348
    métricas para, 47-48, 50
Registro (banco de dados), 94-95
Regras de negócio (integridade de dados), 98-99
Reichheld, Frederick F., 564
Reidenberg, Joe, 423
Reimers, Barbara DePompa, 560
Reinemund, Steven, 338, 339
Reino Unido, 100-102, 492
Reintermediação, 201-202
Reiser, Paul, 76
Relatório de lucros, 326
Relatório de lucros e perdas (P&L), 326
Relatório de operações, 326
Relatórios de situação, 290
Relatórios do sistema, 275, 276
Relógio do sistema, 372-373
Rendimento, 45
Repórteres Sem Fronteiras, 493-494
Repositório de dados (data mart), 106
Requisitos ambíguos, 278
Requisitos de negócio
    coleta, 270-271
    incertos ou ausentes, 276
    reduzir a ambiguidade em, 278-279
Requisitos não ambíguos, 278
Responsabilidade, para segurança de dados, 103-104
Responsabilidade limitada, 323
Responsabilidade social corporativa, 452-453
Restauração do sistema, 372-373
Restrição de integridade crítica ao negócio, 98-99
Restrição tripla, 288-289
Restrições, 288-289
Restrições de integridade, 98-99
Restrições de integridade relacional, 98-99
Restrições do projeto, 290
Resultados finais do projeto, 290
Retorno sobre o investimento (ROI), 43-44, 46-47, 327
Reuters, 188, 249
Revista *48 Hour*, 253
Revista *Business 2.0*, 65, 159-160
Revista *BusinessWeek*, 27-28, 339, 499
Revista *CIO*, 55, 56
Revista *Fortune*, 69, 179, 180
Revista *InfoWeek*, 516
Revista *Real People*, 121-122
Revista *Smart Business*, 516
Revista *Wired*, 70, 200-201, 240-241
RFID; *ver* identificação por radiofrequência
RH (recursos humanos), 328-329

Ricadela, Aaron, 563
RIM (Research in Motion), 231
Riqueza de informações, 199-200
Ritmo da inovação tecnológica, 508
Rivalidade entre concorrentes existentes, 22-23
Rivolli, 515
Robôs, 508, 511
Rochester, Nova York, 89-90
ROI; *ver* Retorno sobre o investimento
ROI social, 131
ROM (memória somente leitura), 366-367
Romm, Joseph, 51
Rosen, Emanuel, 564
Rosso, Wayne, 55
Roteador, 399
Roubo
 de dispositivos móveis, 240-241
 de informações, 61
Roubo de identidade, 103, 413-414
Roubo de nome de site, 427-428
Royal Canadian Mounted Police, 420
RSS (Real Simple Syndication), 220
Rubber sheeting (casamento de borda), 235-236
Ruby Tuesday, 484-485
Ruf Strategic Solutions, 475
Ruiz, Hector, 563
Rússia, terceirização para, 293, 294

S

Saadi, Sommer, 559
SaaS; *ver* Software como serviço (SaaS)
Sabermetrics, 339
SABRE Airline Solutions, 397
Safeway, 22-23
Saídas, 437, 438
Salesforce.com, 464-465
Salomon, 357
Sam's Club, 162-163
Samsung Electronics, 229-230, 241-242, 256
Sandler, Adam, 222-223
Sanlu, 41
SAP, 154
Sarkozy, Nicolas, 225
SAS, 109, 478-479, 481-482
SAS Institute, 481-482
Satélite, 231, 232
Satélites de baixa órbita, 232
Satélites de comunicações, 227, 404
Savvion, 358
SBUs (unidades de negócios estratégicas), 440, 441
SC Johnson, 84
Scanner biométrico, 368-369
Scanner de código de barras, 368-369
Scanner de imagem, 368-369

SCEM (gerenciamento de evento da cadeia de fornecimento), 153
Schadler, Ted, 393
Scheduler.com, 250
Scheeres, Julia, 561-562
Schlosser, Julie, 559-562
Schoonover, Philip, 376
Schorn, Daniel, 563-564
Schrage, Michael, 559, 563-564
Schwartz, Jonathan, 220
Schwarz, Frederick, 337
Scientific American, 249
SCM; *ver* Gerenciamento da cadeia de fornecimento
ScoreAScore, 63
Scott, Lauren, 156
Script bunnies, 410
Script kiddies, 410
SDLC; *ver* Ciclo de vida do desenvolvimento de sistemas (SDLC)
Sears, 197, 328, 329
Second Life, 188, 253, 259-261
Security Portal, 394
Sega, 330-331
Sega of America, 108, 475
Segmentação de cliente, 333-334
Segmentação de mercado, 332-334
Segmentação demográfica, 333-334
Segmentação geográfica, 333-334
Segmentação psicográfica, 333-334
Segmentação comportamental, 333-334
Segmentos de mercado, 211-212
Segredos comerciais, roubados, 61
Segurança
 de bases de dados, 98-99, 103-104
 de redes, 406-407
 de redes sem fio, 257-258
 defesa do consumidor, 212-213
 e estrutura organizacional, 55-58
 em redes sociais, 264-267
 escola de *hackers*, 418-419
 etiquetas RFID para, 155-156
 informações, 58-59, 98-99, 410-417
 nas organizações do século XXI, 297-298
Segurança da informação, 58-59, 98-99, 410-417
 definição, 58
 hackers e vírus, 410-413
 papel das pessoas na, 412-414
 tecnologia para, 413-417
Segurança física, 429-430
Seidell, Streeter, 560
Seigenthaler, John, 76
Seigenthaler, John, Sr., 222-223
SelectMinds, 249
Semetka, Garry, 358
Senado dos EUA, CIO do, 52
SENECA (Sensory and Experimental Collection Application), 477-478

Senhas, 240-241, 265, 415-416
SEO (otimização de mecanismo de pesquisa), 208-209
Serviço de notificação de emergências, 385-387
Serviço Secreto dos EUA, 419, 420
Serviço(s), 443
 como atividade de valor primário, 25-26
 definição, 14, 461-462
Serviços baseados em localização (LBS), 236-237, 239-243
Serviços de informação (SI), 335
Serviços de sistemas de informações, 335
Servidores, 371, 380, 399
Setor aéreo, 22-24, 439
SG Cowen & Co., 376
ShadowCrew, 419-420
Shah, Agam, 563, 564
Shareholic, 194
Sharkey, Tina, 306-307
Sharptooth, 258-260
Shatner, William, 304-305
Shaw, Danny, 54
Shell Canada, 175-176
Shell Oil, 143-144
Shorter, Matthew, 246
Shrek (filme), 454-455, 457-458
Siebel, 169, 173
Signatures Inc., 308
Silicon.com, 246
Silva, Ken, 493-494
Simulação por computador, 504
Sinbad, 76
Sinegal, Jim, 162-163
Sinergia, 472-473
Sinha, Rashmi, 306-307
Siri, 5
Sirkin, Harold, 565
Sistema, 13
Sistema de gerenciamento de banco de dados (DBMS), 93-95
Sistema de gestão do conhecimento (KMS), 216-217
Sistema de Posicionamento Global (GPS), 234-236, 257-259
Sistema de processamento de transações (TPS), 137-139, 141
Sistema indisponível, 388-389
Sistema legado, 268
Sistema operacional de rede (NOS), 399
Sistema operacional Windows, 457-458
Sistemas abertos, 215, 247
Sistemas de apoio à decisão (DSSs), 139, 439
Sistemas de colaboração, 216-217
Sistemas de comunicação celular, 229-231
Sistemas de comunicação por satélite, 231-232, 404

Sistemas de gerenciamento de banco de dados relacionais, 93-95
Sistemas de gerenciamento de conteúdo (CMS), 211-212
Sistemas de gerenciamento de distribuição, 441
Sistemas de gerenciamento de estoque global, 441
Sistemas de gerenciamento e controle de estoque, 441
Sistemas de informação (serviços de informação para gestão), 335
Sistemas de informação; *ver* sistemas de informações para gestão empresarial
Sistemas de informação executiva (EIS), 140-143, 439
Sistemas de informação geográfica (SIG), 235-237
Sistemas de informações para gestão empresarial, 13-15, 333-335
    definição, 15
    fracasso de projeto de, 275-277
    medir o sucesso de, 43-46
    para melhorar a tomada de decisões, 136-143
    para negócio eletrônico, 209-212
    pensamento sistêmico em, 15
    WLANs para, 239-240
Sistemas de modelagem baseada em agentes, 145-146
Sistemas de planejamento das necessidades de materiais (MRP), 441
Sistemas de planejamento de transporte, 441
Sistemas de reputação, 216-217
Sistemas de segurança pessoal, 156
Sistemas de telecomunicações, 396
Sistemas em tempo real, 87
Sistemas especialistas, 143-144
Sistemas globais de informação, 488-498
    arquiteturas corporativas globais, 493-494
    desenvolvimento de sistemas globais, 497
    e globalização, 488-490
    estratégias de negócios de TI, 490-494
    problemas globais de informação, 493-497
Sistemas inteligentes, 142-144
Sistemas MRP (planejamento de necessidades de materiais), 441
Sistemas multiagentes, 145-146
SiteKey, 407
Sites, baseados em dados, 99-101
Sites baseados em dados, 99-101
Six Apart, 306-307
Skype, 229
SlideShare, 306-307
Smartphone PalmOne Treo 600, 377
Smartphones, 231, 371, 377

SmartPump, 143-144
SmartWear Technologies Inc., 156
Smith, Dylan, 470-471
Smith, Sherri, 562
SMTP (Protocolo de Transferência de Email), 402
Smyth, Michael, 433
SNA (análise de rede social), 218
Sniffers, 412-413
SNMP (Protocolo de Gerenciamento de Rede), 402
SOA; *ver* Arquitetura orientada a serviços (SOA)
Sociedade
    dependente do conhecimento, 506-508
    domínio de tecnologia da, 507-508
Sociedade Americana de Compositores, 63
Sociedade global dependente do conhecimento, 506-508
Sociedades, 323
Sociedades limitadas, 323
Sociedades unipessoais, 323
Soden, Michael, 429
Software, 362, 371-374
    adware, 411
    antispyware, 416-417
    antivírus, 416-417
    de aplicação pronto para comercialização (*off-the-shelf*), 268
    definição, 380
    detecção de intruso, 417
    falsificado
    metodologias de desenvolvimento para, 280-283
    pirateados, 423, 434
    problemas com, 275-277
    spyware, 411
Software à prova de falhas, 372-373
Software *antispyware*, 416-417
Software antivírus, 416-417
Software como serviço (SaaS), 464-465
    nuvem comunitária, 465-466
    nuvem híbrida, 466
    nuvem privada, 465-466
    nuvem pública, 465-466
Software de aplicação, 372-374
Software de aplicação pronto para comercialização (*off-the-shelf*), 268
Software de apresentações gráficas, 373-374
Software de comunicação, 373-374
Software de criptografia, 372-373
Software de detecção de intrusão (IDS), 417
Software de editoração eletrônica, 373-374
Software de email, 373-374

Software de execução da cadeia de fornecimento (SCE), 150
Software de gerenciamento de dados, 373-374
Software de navegação, 373-374
Software de otimização de disco, 372-373
Software de planejamento da cadeia de fornecimento (SCP), 150
Software de planejamento de demanda, 149
Software de planilha, 373-374
Software de processamento de texto, 373-374
Software de programação, 373-374
Software de proteção de textos, 372-373
Software de recuperação de arquivos e dados, 372-373
Software de segurança preventiva, 372-373
Software de sistema, 371-372
Software do sistema operacional, 371-373
Software falsificado, 56, 423
Software pirateado, 56, 423, 434
Software SCE (execução da cadeia de fornecimento), 150
Software SCP (planejamento da cadeia de fornecimento), 150
Software utilitário, 371-373
Soluções inteligentes, 472
Solvência, 326
SongDNA, 220
Sony, 66, 197
Sony BMG Music Entertainment, 248
Sony Music Entertainment, 225
Sophos, 265-266
Southwest Airlines, 251, 304-305
Spam
    CAN-SPAM Act, 425
    definição, 428-429
    política antispam, 429
Spear phishing, 413-415
Spielberg, Steven, 338, 339
SpikeSource, 306-307
Splogs (blogs de spam), 412-413
Spoofing, 412-413
Spotlight Analysis, 90-92
Sprint, 231
Sprint Nextel, 229-230
Spyware, 372-373, 411-413
SQL (Linguagem de consulta estruturada), 93
SRM (gestão de relacionamento com o fornecedor), 162-163
Stalk, George, Jr., 443
Stanford Racing Team, 146-147
Stang, Jeff, 33
Starbucks, 41, 65, 153, 220, 249
Starbucks Coffee International, 41

Stickiness (duração da visita), 203-204
Stilwell, Victoria, 559
Stone, Biz, 225, 304-305
Stonington, Joel, 559
Stonyfield Farm, 220
Stop & Shop, 103-104
Studivz, 249
StumbleUpon, 219
Sun Microsystems, 220, 253, 259-260, 306-307, 391, 512
Sun Tzu, 111-112, 560
Supercomputadores, 371, 508
Sweet Leaf Tea, 220
Sybase, 298

T

T.J. Maxx, 207-208, 445
Taco Bell, 248
Tagging (marcação) social, 219
Talon, 180
Target, 236-237, 322, 337, 338, 445
Tartan Racing, 146-147
Tata, Ratan, 499
Tata Consultancy Services, 293
Tata Motors, 498-500
Taxa de rendimento interno (IRR), 46-47, 327
Taxas de conversão, 45, 47-48
Taxonomia, 211-212
TaylorMade, 479-480
TB (terabyte), 366-368
TCCBCEE (Coca-Cola Bottling Company of Egypt), 95, 96
TCP, 401
TCP/IP (Protocolo de Controle de Transmissão/Protocolo Internet), 400-402
TDF (Fluxos de dados transnacionais), 494-495
Teck Resources Ltd, 468-469
Teclado, 368-369
Técnicas de gestão, 328-329
Tecnologia
   alterações na, 277
   como fator de mudança, 296-297
   mulheres na, 305-307
Tecnologia, Entretenimento e Design (TED), 77
Tecnologia 3G, 231
Tecnologia da informação (TI), 333-335, 362
   infraestrutura, 297
   no gerenciamento da cadeia de fornecimento, 148-151
Tecnologia MIMO (*multiple-in/multiple-out*), 227-228
Tecnologia *multiple-in/multiple-out* (MIMO), 227-228

Tecnologia orientada para gestão, 7-17
   em empresas departamentais, 12-13
   sistemas de informações, 13-15
Tecnologia(s) sem fio, 227-244; *ver também* Tecnologias móveis
   categorias de rede sem fio, 227-232
   para a transferência de eletricidade, 242-244
   para uso doméstico, 307
   vs. tecnologia móvel, 227
Tecnologias da saúde, 447-449
Tecnologias de análise de CRM, 37
Tecnologias de previsão de CRM, 37
Tecnologias de relatórios de CRM, 37
Tecnologias de RFID, 405, 406
Tecnologias diruptivas, 196-199
   definição, 196
   Internet e World Wide Web como, 198-199
   tecnologias sustentadas *vs.*, 196-197
Tecnologias móveis, 298
   aplicações de negócios, 232-237
   desafios/riscos de negócios, 239-243
   em redes sociais, 247-248
   tecnologias sem fio *vs.*, 227
   vantagens comerciais, 236-240
Tecnologias para hospitais, 447-449
Tecnologias sustentadas, 196-197
TED (Tecnologia, Entretenimento e Design), 77
Teergrubing, 429
Tela sensível ao toque (touch screen), 368-369
Telefone Simon da IBM, 205
Telégrafo, 227
Telegram & Gazette, 66
Teleliving, 511
Telematics, 298
Telstar (satélite de comunicações), 227
Tempo, valor do, 508
Tempo de ciclo de pedido prometido ao cliente, 47-48
Tempo de ciclo real do pedido do cliente, 47-48
Tempo de inatividade
   custo de, 57
   não planejado, 56, 57
Tempo de resposta, 45
Tempo do ciclo de reposição do estoque, 47-48
Tempo estimado de chegada (ETA), 235-236
Tempo estimado de viagem (ETE), 235-236
Tendências globais, 504-514
   dominação tecnológica da economia e da sociedade, 507-508
   expectativa de vida, 506
   integração da economia global, 507-508

   população mundial, 505-506
   razões para assistir, 504-505
   ritmo da inovação tecnológica, 508
   sociedade global dependente do conhecimento, 506-508
   tecnologias que moldam, 509-513
   valor de tempo, 508
Terabyte (TB), 366-368
Teradata, 481-482
Terceirização, 291-294
   definição, 293
   desafios com, 294
   tipos de, 293
   vantagens da, 293
Terceirização *nearshore*, 293
Terceirização *offshore*, 293
Terceirização *onshore*, 293
Terremoto de San Francisco (1906), 384-385
Teste Alpha, 275
Teste de integração, 275
Teste de sistema, 275
Teste de unidade, 275
Testes de aceitação do usuário (UAT), 275
Testes de desenvolvimento, 275
Tew, Alex, 212-213
TGI Friday's, 484-485
Thain, John, 77
The Castle, 124-125
The Complaint Department, 183-184
The Complaint Station, 183-184
The Crunch Factory, 124-125
The Guardian, 116
The New York Times, 65, 116, 483-484
The Onion, 77
The Wall Street Journal, 333-335
ThinkLite, 63
ThisWeKnow, 220
Thompson, Clive, 559
Thunderbird, 215
TI; *ver* Tecnologia da informação
TI ecológica, 452-453; *ver também* Infraestruturas de TI sustentáveis
TI sustentável, 452-453
TIBCO Software, 358
Tiffany & Co., 24-25
TIMBUK2, 255
Time Warner, 247
Times de Londres, 499
Tinta digital, 509
Tinta eletrônica, 509
Tipo de computador, 370-372
TJX Companies, 103-104
T-Mobile, 160, 231
Tokens, 415-416
Tolerância a falhas, 382-384
Tomada de decisão, 133-147
   apoio de Sistemas de Informação para, 136-143

com inteligência artificial, 142-147
e estrutura organizacional, 133-138
inteligência de negócios para, 111-114
latências em, 473-474
processo de, 133, 134
Tomada de decisões de nível gerencial, 135-137
Tomada de decisões de nível operacional, 134-136
Tomada de decisões nível estratégico, 136-138
Tommy Hilfiger, 255
Tong, Eric, 3
Topologia, 399
Topologia de barramento, 400
Topologia em anel, 400
Topologia em estrela, 400
Topologia híbrida, 400
Topologia sem fio, 400
Topologias de rede, 399
Torvalds, Linus, 371-372
Total de visitas, 47-48
Touch pad, 368-369
Toyota, 188, 248
Toys "R" Us, 185-186, 337-338
Tozzi, John, 559
TPS; *ver* Sistema de processamento de transações
Trabalhadores do conhecimento, 11
Trackur.com, 429
Tradutor da Língua de Sinais Americana (ASL – American Sign Language), 369-370
Tráfego da Web, 45
Transações, 325-326
Transferência de energia, sem fio, 242-244
Transformação de corporações, 333-335
Transmissão, 231
Transparency International, 501
Transporte, carregamento sem fio para, 243-244
Travelocity, 481-484
Treinamento, 439
Treinamento online, 274
Trek, 33
Trendsmap, 220
3Com, 358-359
Tribune Co., 392
Tributação, 212-213
Trimestre financeiro, 327
Trott, Bem, 306-307
Trott, Mena, 306-307
True Value Hardware, 473
TruServ, 473
Tschang, Chi-Chu, 559, 565
Tubo de raios catódicos (CRT), 369-370
Tumblr, 224-225, 225
Turner Industries, 171
Tweet, 303-304

Tweeter, 375
Twitter, 125-126, 130, 131, 192, 194, 220, 225, 236-237, 303-305, 429
Typosquatting, 427-428

U

UAT (teste de aceitação do usuário), 275
ULA (Unidade lógica e aritmética), 363, 365
União Europeia (UE), 494-496
Unidade de controle, 363
Unidade de crimes high-tech (Grã-Bretanha), 420
Unidade de processamento central (CPU), 363-365
Unidade Lógica e Aritmética (ULA), 363, 365
Unidades estratégicas de negócios (SBU), 440, 441
Union Bank of California, 384-385
United Parcel Service (UPS), 233-234, 467-469
Universal Music Group, 248
Universidade de Harvard, 258-259
Universidade de Minnesota, 252
Universidade de Yale, 469-470
University of Phoenix, 296, 489
UNIX, 372-373
Upgrades de software, 373-374
UPS (United Parcel Service), 233-234, 467-469
Urban Chat, 264
URLs (localizadores de recursos universal), 198-199, 225
URLs de vaidade, 225
USA Patriot Act (2001, 2003), 425
Usabilidade, 45, 389-390
Uso do computador, ética, 426-427
UTP (par trançado não blindado), 403

V

Valdes, Ray, 304-305
Valor do tempo, 508
Vandalismo, informações, 222-223
Vandalismo das informações, 222-223
Vanderhoef, C. Scott, 481
VANS (empresa), 255
VANs (redes de valor adicionado), 438
Vantagem do pioneirismo, 19, 204-205
Vantagens competitivas, 18-28
análise da cadeia de valor, 24-27
da Apple, 3
definição, 19
e boom da Internet, 198-199
estratégias para a escolha de foco de negócios, 23-25
identificação, 18-19

iniciativas estratégicas para a implementação, 29-41
Modelo das Cinco Forças, 20-24
terceirização e, 294
Variável(is), 9
VAs (assistentes virtuais), 511
Velocidade, no gerenciamento da cadeia de fornecimento, 151
Velocidade de clock, 365
Velocidade de entrega, 443
Velocidade de transação, 45
Vendas, 25-26, 329-332
VeriSign, 493-494
Verizon, 231, 256
Viabilidade, 288
Vídeo online, 389-390
Video Privacy Protection Act (1988), 424
Videoconferência, 210-212
Videoconferências multiponto, 210-211
Videoconferências ponto a ponto, 210-211
Violações de direitos autorais, 222-223
Virginia Tech, 146-147
Virtualização, 311, 456-457
Virtualização do sistema, 457-459
Vírus, 240-242, 411
Vírus cavalo de troia, 411
Vírus e *worms* polimórficos, 411
Visa, 144-145, 426-428
Visão física da informação (bases de dados), 98-99
Visão lógica da informação (bases de dados), 97
Vishing (*phishing* de voz), 414-415
Visibilidade
cadeia de fornecimento, 148-149
criação, 184-185
Visibilidade da cadeia de fornecimento, 148-149
VisiCalc, 204-205
Visit depth, 204-205
Visitantes únicos, 47-48
Visualização, 116-117, 140, 142-143
Visualização de dados, 113-114, 116-117
Vitria Technology, 170
Vivendi, 248
VoIP, 229
Volatilidade, 365
Volkswagen AG, 478-480
Vulnerabilidade, 389-390

W

Wachovia, 406
Wadhwani, Dinesh, 63
WAI (Web Accessibility Initiative), 387-388
Wales, Jimmy, 76
Walgreens, 152

Walmart, 24-25, 34-35, 46, 71, 86-87, 185-186, 197, 201-202, 234-235, 250, 296, 322, 337-339, 375, 376, 445-448, 489
Walton, Sam, 185-186
Wannier, Louise, 306-307
WANs sem fio (WWAN)
    sistema de comunicação celular, 229-231
    sistema de comunicação por satélite, 231-232
WAPs (pontos de acesso sem fio), 227-228, 257-258
War chalking, 240-241
War driving, 240-241
Warm sites, 384-385
Warner Music Group, 248
Web 1.0, 198-200, 215
Web 2.0 (Business 2.0)
    comunidades de redes, 218-219
    definição, 215
    desafios de, 222-223
    ferramentas de colaboração, 221-222
    infraestruturas ágeis para, 389-390
    vantagens de, 215-218
Web 3.0, 222-225, 246-247
Web Accessibility Initiative (WAI), 387-388
Web logs, 220
Web semântica, 223-224, 246
Webcam, 368-369
Webconferência, 211-212
WebEx, 211-212
Webinars, 211-212

Welberry, Chris, 304-305
Welch, Jerry, 337
Wells Fargo & Company, 407
Wendy's, 484-485
What You See Is What You Get (WYSIWYG), 221-222
Wherry, Elaine, 305-306
Whirlpool Corporation, 476
Whole Foods Market, 303-304
Wi-Fi (fidelidade sem fio), 227-228
Wi-Fi Protected Access (WPA), 240-241
Wiki for Higher Education, 220
Wikipédia, 76, 77, 216-217, 220-222, 251-252, 259-260, 389-390
Wikis, 220-223
Williams, Robbie, 76
Williams, Stephen, 516
WiMAX (Worldwide Interoperability for Microwave Access), 229-230
Windows, 393
Windows Azure, 466
Winfrey, Oprah, 225
Wipro, 293
Wired Equivalent Privacy (WEP), 240-241
WiTricity, 242-244
WLANs (LANs sem fio), 227-229
WMANs (MANs sem fio), 229-230
Wong, Venessa, 559
World Wide Web (WWW), 198-199, 493-494
WorldCom, 432
Worldwide Interoperability for Microwave Access (WiMAX), 229-230

Worms, 411
Worthen, Ben, 327
WWANs
    ver WANs sem fio
WWW (World Wide Web), 198-199, 493-494
WYSIWYG (What You See Is What You Get), 221-222

X

Xanga, 249, 495-496
Xcel Energy, 455-456
Xerox, 197, 400-401
Xerox PARC, 511

Y

Yahoo!, 208-209, 221-222, 247, 458-459
Yankee Group, 46-47, 260-261
Yarrow, Jay, 560
Yelp, 130, 216-217
Yili Industrial Group, 40-41
Yourdon, Edward, 295, 562
YouTube, 130, 160, 189, 194, 208-209, 216-218, 225, 246, 429

Z

Zappos, 7, 8, 99-101
Zestimate®, 117-118
Zillow, 116-118, 208-209, 220
Zimdars, Leroy, 561
Zuckerberg, Mark, 7, 8